KB275736

니체(1844~1900)

니체 하우스 니체가 살던 집으로 그의 삶과 작품의 흔적을 음미할 수 있는 기념관이다.

니체 하우스 내부 서재

▲루 살로메(1861~1937) 니체는 루 살로메를 만나자 마자 그녀에게 깊이 빠져들었다.

▶니체와 그의 어머니 프란치스카

니체는 피아노 연주를 즐겼다. 특히 쇼팽의 곡들을 좋아했다.

▲악보의 일부

◀리하르트 슈트라우스의 교향시 〈차라투스트라는 이렇게 말했다〉 음반 재킷

▼리하르트 슈트라우스(1864~1949)

칼 구스타프 융(1875~1961) 현대 분석심리학의 창시자 융은 분석가들과 함께 6년 동안이나 세미나를 열며 《차라투스트라는 이렇게 말했다》를 읽어 나갔다.

헤라클레이토스(B.C. 540?~B.C. 480?) 니체는 헤라클레이토스에 대해 이런 말을 남겼다. "히브리스(hybris)라는 위험한 단어는 모든 헤라클레이토스주의자의 시금석이다."

러셀(1872~1970) 니체 이후 가장 확고한 무신론자로 이름을 날린 러셀은 니체 철학을 하나의 낭만주의적 흐름으로 보았다.

야스퍼스(1883~1969) 실존 철학을 대표하는 철학자로 정신병리학의 연구에도 업적을 남겼다. 《차라투스트라는 이 렇게 말했다》를 문학서이자 철학서라고 표현했다.

남프랑스 에즈빌리지 니체는 이곳에서 영감(靈感)을 얻어 《차라투스트라는 이렇게 말했다》를 완성한 것으로 전해지고 있다.

니체는 에즈빌리지에서 쓴 작품을 통해 '신은 죽었다'고 말하는 자신의 분신 '차라투스트라'를 그려 냈다.

World Book 38

Friedrich Wilhelm Nietzsche
ALSO SPRACH ZARATHUSTRA
차라투스트라는 이렇게 말했다
프리드리히 니체/곽복록 옮김

동서문화사

차라투스트라는 이렇게 말했다

차례

차라투스트라는 이렇게 말했다

Also Sprach Zarathustra
차라투스트라는 이렇게 말했다

Also Sprach Zarathustra
차라투스트라는 이렇게 말했다

차라투스트라의 머리말

1

차라투스트라는 서른 살이 되었을 때, 고향과 고향 호수를 떠나 산으로 들어갔다. 10년 동안 산에서 지내는 동안 그는 자신의 정신 세계와 고독을 즐기느라 지루함은 전혀 느끼지 못했다. 그런데 어느 날 갑자기 마음에 변화가 왔다.

붉게 물든 동녘 하늘을 보며 일어난 어느 날 아침, 그는 태양을 향해 말했다.

"위대한 태양이여, 당신에게 빛을 비춰 줄 대상이 없었더라도 행복했겠는가? 당신은 10년 동안이나 이 산에 올라와 내 동굴을 비춰 주었다. 나와 내 독수리와 내 뱀이 없었더라면, 당신은 틀림없이 당신의 빛과 여행에 싫증을 느껴 지쳐 버렸을 것이다.

우리는 매일 아침 당신을 기다렸고, 당신에게서 넘쳐흐르는 것을 받았고, 감사와 축복을 보냈다.

나는 나의 넘치는 지혜에 싫증이 났다. 너무 많은 꿀을 모은 꿀벌처럼. 이젠 도움을 달라는 손길이 필요하다. 나의 모든 지혜를 나누고 싶다.

지혜로운 사람들이 다시 자신의 어리석음을, 또 가난한 사람들이 다시 자신의 넉넉함에 대해 즐거워할 때까지.

그래서 나는 저 아래로 내려가야만 한다. 저녁 무렵, 당신이 바다 저편에 잠겨 저 아래 암흑 세계로 빛을 가져가는 것처럼.

아, 풍요로운 태양이여, 나도 당신처럼 사람들을 만나기 위해 내려가야 한다. 이제, 내가 찾아가려는 사람들이 몰락*[1]이라 부르는 것, 그것을 행해야만 한다.

자, 평화롭고 고요한 눈이여, 나를 축복하라!

아무리 큰 행복이라도 질투하지 않고 바라볼 수 있는 당신이여, 이제 넘쳐

흐르려는 이 잔을 축복해다오. 황금빛 물이 잔에서 흘러넘쳐 이르는 곳마다 당신의 환희를 다시 비출 것이다.

보라! 이 잔은 다시 비워지기를, 차라투스트라는 다시 인간이 되기를 원한다."

이렇게 하여 차라투스트라의 몰락은 시작되었다.

2

차라투스트라는 홀로 산을 내려가면서 아무도 만나지 않았다. 그러나 숲 속으로 들어섰을 때 한 노인이 나타났다. 그 노인은 성스러운 자신의 암자에서 풀뿌리를 캐러 나온 것이다. 노인은 차라투스트라에게 이렇게 말했다.

"이 나그네는 낯설지 않구나. 몇 년 전 이곳을 지나간 적이 있지. 차라투스트라라는 이름을 가진 사람이었지. 그런데 그대는 전과는 많이 달라져 있군.

그때 그대는 타고 남은 재를 산 위로 옮겼는데, 오늘은 자신의 불을 골짜기 아래로 옮기려 하는가? 불을 지르고 다니는 자들에 대한 형벌이 두렵지도 않은가?

틀림없이 차라투스트라로군. 그의 눈은 참으로 맑고, 그의 입가엔 역겨움이 어려 있지 않지. 지금 그는 춤추는 사람마냥 가볍게 걷고 있지 않은가!

차라투스트라는 이제 어린아이가 되었구나. 차라투스트라는 이제 눈을 떴구나. 차라투스트라여, 그대는 잠든 사람들이 있는 곳으로 가서 이제 무엇을 하려고 하는가? 바다 속에서처럼 그대는 고독 속에서 살아 왔다. 바다는 그런 그대를 살그머니 수면에 띄워 놓았구나.

아, 지금 그대는 육지로 오르려는가? 아, 그대는 다시 그대의 몸을 이끌고 다니려는 것인가?"

"나는 인간을 사랑한다."

차라투스트라가 대답했다.

"그런가? 내가 왜 숲 속에, 그리고 황무지에 들어갔겠는가? 인간을 너무 사랑했기 때문임을 모르는가? 그렇지만 지금 나는 인간이 아니라 신을 사랑하지. 인간은 너무나 불완전한 존재. 인간을 사랑하는 것은 파멸을 뜻할 뿐이네."

성자가 말했다.

"내가 사랑 때문이라 말했는가? 나는 그저 인간에게 선물을 주려고 한다."

차라투스트라가 대답했다.

"인간에게는 아무것도 주지 마라. 차라리 인간들이 지고 있는 무거운 짐이나 벗게 하라. 그들의 짐을 나누어 지는 것이 나으리라. 그 일만이 그들을 기쁘게 할 것이다. 물론 그 일이 또한 그대의 기쁨이 되기도 한다면!

그대가 사람들에게 선물을 한다면 적선 이상의 것이 되어서는 안 된다. 이 경우에도 그들이 그 적선을 구걸하게 한 다음 주는 것이 낫다."

성자는 말했다.

"그렇지 않다. 나는 그런 식으로 선물을 주지는 않겠다. 고작 적선을 할 만큼 내가 구차한 것도 아니다."

차라투스트라는 대답했다.

성자는 차라투스트라를 비웃으며 말했다.

"그렇다면 그대의 가장 소중한 보물을 그들에게 주어 보라. 그들이 그것을 받는지 시험해 보라. 인간들은 은둔자에 대해 의심을 품지. 우리가 선물을 하려고 해도 그들은 믿지 않는다네.

그들의 귀에는 우리의 발소리가 너무나 쓸쓸하게 들리지. 마치 한밤중에 잠자리에 든 채 문 밖에서 나는 발소리에 귀를 기울이며 속삭이듯, 우리의 발소리를 들은 그들은 얼굴을 마주 보며 속삭일 것이다. '저 도둑은 지금 어디로 가는 걸까?'

그러니 인간이 살고 있는 곳으로 가지 말고, 숲 속에 그대로 있어라. 정 가고 싶거든 차라리 짐승이 사는 곳으로 가라. 왜 그대는 나처럼 여러 곰 가운데 한 마리 곰, 여러 새들 가운데 한 마리 새가 되려고 하지 않는가?"

"성자여, 그러면 그대는 대체 숲 속에서 무엇을 하시오?"

차라투스트라가 물었다.

"나는 노래를 만들어서 부르지. 그리고 노래를 만들 때 웃고 울고 신음한다네. 그러면서 나는 신을 찬미하지. 노래하고 웃고 울고 신음하면서 나의 신을 찬미하지. 그런데 그대는 우리에게 어떤 선물을 주려고 하는가?"

성자가 말했다.

이 말을 듣자 차라투스트라는 성자에게 작별을 고하며 말했다.

"선물? 대체 내가 그대들에게 무슨 선물을 하겠는가? 제발 나를 이곳에서 빨리 떠나게 해 다오. 내가 그대의 것을 빼앗기 전에."

그리고 그 두 사람, 그 노인과 젊은이는 마치 소년처럼 마주 보고 웃으며 헤어졌다.

이윽고 차라투스트라는 홀로 있게 되자 마음속으로 이렇게 말했다.

"이럴 수가! 저 늙은 성자는 숲 속에 있으면서도 '신이 죽었다'는 소식을 아직 듣지 못했단 말인가!"

3

차라투스트라는 숲을 나와 어느 도시로 들어섰다. 그 도시의 시장에는 많은 사람들이 모여 있었다. 가까이 가 보니 줄타기 곡예사에 대한 광고문이 붙어 있었다. 차라투스트라는 모여 있는 사람들을 향하여 말했다.

"그대들에게 초인에 대하여 가르쳐 주겠다. 인간이란 극복되어야 하는 어떤 것이다. 그대들은 자신을 극복하기 위하여 무엇을 했는가? 무릇 살아 있는 모든 것은 이제까지 자기 이상의 어떤 것을 만들어 왔다. 그런데 그대들은 이 커다란 조수의 썰물이 되겠단 말인가? 자신을 극복하지 않고 오히려 짐승으로 돌아가겠다는 말인가?

인간에게 원숭이는 어떤 것인가? 하나의 웃음거리자 고통으로 가득 찬 치욕일 뿐. 초인에게 인간이 바로 그렇게 보이는 것이다. 하나의 웃음거리, 고통으로 가득 찬 치욕인 것이다.

그대들은 모두 벌레에서 인간이 되었다. 그렇지만 아직도 그대들 속에는 수많은 벌레들이 꿈틀거리고 있다. *2

또한 그대들은 원숭이였다. 지금도 인간은 어떤 원숭이보다 더한 원숭이다.

그대들 가운데 아무리 현명한 자도 식물과 유령의 잡종에 불과하다. 그렇지만 나는 그대들에게 식물이나 유령이 되라고 말하지는 않겠다.

이제 내가 초인에 대하여 가르쳐 주겠다.

초인은 대지의 뜻이다. 그대들은 자신의 의지로 이렇게 말해야 한다. 초인이란 대지의 뜻이어야 한다고.

형제들이여, 나는 그대들이 대지에 충실하기를 간절히 바란다. 그대들은 하늘나라의 희망에 대해 설교하는 자들을 믿어서는 안 된다. 그런 자들이야말로 자신이 알든 모르든 독을 섞어 화를 입히는 사람들이다.

그런 자들이야말로 생명을 경멸하는 자요 죽어 가는 자며 스스로 독을 받고 있는 자다. 대지는 이런 자들에게 지쳐 버렸다. 그들은 저 하늘나라로 떠나도록 내버려두는 것이 좋다.

예전에는 신에 대한 모독이 최대의 죄악이었다. 그러나 이제 신은 죽었다. 그리고 그들 모독자도 신과 함께 죽었다. 이제는 대지를 모독하는 것이 가장 두려운 것이다. 또한 저 알 길 없는 뱃속을 대지의 뜻 이상으로 받드는 것 역시 가장 두려운 것이다.

영혼은 일찍이 육체를 경멸했다. 그리고 그때는 그것이 가장 가치있는 것이었다. 영혼은 육체가 쇠약해져서 굶주린 상태에 있기를 바랐다. 영혼은 이렇게 해야만 육체와 대지의 지배에서 벗어날 수 있다고 믿었던 것이다.

아, 그렇지만 그때는 영혼도 몹시 쇠약해져 굶주림에 빠져 있었다. 그 잔혹함, 바로 이것이 영혼이 누린 기쁨이었다.

나의 형제들이여, 나에게 말해 보라. 그대들의 육체는 그대들 영혼에 관해서 어떻게 생각하는지를. 그대들의 영혼도 가난하고 불결하며 비참하도록 안일한 것은 아닌가?

인간이란 진실로 더러운 강물과 같다. 우리는 우선 바다가 되려고 해야 한다. 더러운 강물을 삼켜 버릴 수 있기 위해서.

이제 나는 그대들에게 초인이 무엇인지 가르쳐 주겠다. 초인이란 바로 이런 바다다. 그대들의 커다란 경멸이 흘러들어 가라앉을 수 있는.

그대들이 체험할 수 있는 가장 위대한 것이 무엇이겠는가? 바로 커다란 경멸에 직면하는 시간이다. 행복이 구역질 나는 것이 되고 그대들의 이성이나 덕도 역겹게 느껴지는 시간이다.

또 그것은 그대들이 이렇게 말할 때다. '나의 행복, 그것이 무슨 소용이 있는가? 그것은 가난이고 더러움이며, 비참한 자기만족에 불과할 뿐이다. 나의 행복이란 나의 생존 자체를 정당화시키는 것이어야 한다.'

그것은 또한 그대들이 이렇게 말할 때다. '나의 이성, 그것이 무슨 소용이 있는가? 이성은 마치 사자가 으르렁거리며 먹이를 향해 곧장 달려들 듯이

지식을 열망하고 있는가? 내 이성은 가난하고 더러우며 비참한 자기만족일
뿐이다.'

그것은 또한 그대들이 이렇게 말할 때다. '나의 덕, 그것이 무슨 소용이
있는가? 일찍이 덕이 나를 열광시킨 적은 한 번도 없었다. 나는 나의 선과
악에 대해 얼마나 지쳐 있는가! 그것들은 모두 가난이고 더러움이며, 비참
한 자기만족일 뿐 그 외 아무것도 아니다.'

그것은 또한 그대들이 이렇게 말할 때다. '나의 정의, 그것이 무슨 소용이
있는가? 나는 타오르는 불꽃이었던 적이 없다. 정의의 인물이란 타오르는
불꽃이 아닌가.'

그것은 또한 그대들이 이렇게 말할 때다. '나의 동정심, 그것이 무슨 소용
이 있는가? 동정이란 바로 인간을 사랑하는 자가 못박히는 십자가가 아닐
까? 하지만 나의 동정은 그런 십자가가 아니다.'

그대들은 지금까지 그렇게 말해 본 적이 있는가? 그렇게 외쳐 본 적이 있
는가? 아, 그대들이 그렇게 외쳐 본 적이 있다면 얼마나 좋을까!

하지만 하늘을 향해 외쳤다고 해도 그대들의 죄가 아니다. 그건 그대들의
만족이며, 죄짓는 일에 대한 인색함이다. 그대들을 혀로 핥을 번개는 어디에
있는가? 그대들에게 접종되어야 할 광기는 어디에 있는가?

이제 나는 그대들에게 초인에 대해 가르쳐 주겠다. 초인이란 바로 그 번개
이며 그 광기이다."

차라투스트라가 이렇게 말하고 나자 모여 있던 군중 속에서 한 사람이 소
리쳤다.

"자, 이제야말로 줄타기 곡예사의 설명이 끝났나 보다. 이제는 그만 재주
를 보여 주었으면 좋겠는데!"

그 말을 들은 사람들은 모두 차라투스트라를 비웃었다. 그러나 그 말이 자
신을 향한 것이라고 생각한 줄타기 곡예사는 곡예를 시작했다.

4

하지만 차라투스트라는 이상한 듯한 눈길로 군중을 보았다. 그러고 나서
이렇게 말했다.

"인간이란, 동물과 초인 사이에 매어진 하나의 줄이다. 심연 위에 쳐진 줄

이다. 그 줄을 타고 가는 것도 위험하고, 가운데에 멈춰 있는 것도 위험하며, 뒤돌아보는 것도 위험하고, 두려워서 엉거주춤한 채 머물러 있는 것도 위험하다.

인간이 위대한 이유는 인간이 목적이 아니라 과정이기 때문이다. 인간이 사랑받을 만한 점이 있다면 그것은 인간이 하나의 '과정'이고 '몰락'이기 때문이다.

나는 몰락하는 자로서 사는 것 외에는 달리 사는 방법을 모르는 자들을 사랑한다. 그는 저쪽 피안을 향해 건너가는 자기 때문이다.

나는 위대한 경멸자를 사랑한다. 그는 위대한 숭배이며, 저쪽 기슭을 동경하는 화살이기 때문이다.

나는 사랑한다. 왜 몰락하고 희생해야 하는지, 그 까닭을 별이 빛나는 하늘 저편에서 구하려 하지 않고, 언젠가 대지가 초인의 것이 되도록 대지에 몸을 바치는 사람들을.

나는 사랑한다. 인식하려고 노력하며 사는 사람, 언젠가는 초인으로 태어나기 위해서 인식하려고 하는 사람들을. 그런 사람은 자신의 몰락을 바라기 때문이다.

나는 사랑한다. 일하고 공부하며, 초인을 위해 집을 짓고, 초인을 맞이하기 위해 대지와 식물과 동물을 준비하는 사람을. 그런 사람은 자신의 몰락을 바라기 때문이다.

나는 사랑한다. 자신의 덕을 사랑하는 사람을. 덕이란 바로 몰락을 향한 의지이며 동경의 화살이기 때문이다.

나는 사랑한다. 한 방울의 정신까지도 자신을 위해 지니려 하지 않고 오직 자신의 덕의 정신이 되려고 하는 사람을. 그런 사람만이 정신으로서 저 다리를 건널 수 있기 때문이다.

나는 사랑한다. 자신의 덕을 성향이나 숙명으로 여기는 사람을. 그런 사람은 자신의 덕을 위해서 살고 또 죽기 때문이다.

나는 사랑한다. 많은 덕을 가지려고 하지 않는 사람을. 하나의 덕은 두 가지의 덕보다 더 많다. 왜냐하면 하나의 덕이야말로 숙명의 무거운 짐을 매달 수 있는 보다 강한 갈고리가 될 수 있기 때문이다.

나는 사랑한다. 자신의 영혼을 아낌없이 내주는 데 인색하지 않은 사람을.

고마워하기를 바라지 않고 그 고마움에 답례하지 않는 사람을. [3] 그런 사람은 항상 주기만 하면서도 자기 것을 생각하지 않기 때문이다.

나는 사랑한다. 주사위 숫자 놀음으로 우연히 행운을 얻었을 때 부끄러워하며, '내가 사기 도박사가 아닐까?' 하고 스스로에게 묻는 사람을. 그런 사람은 자신이 몰락하기를 원하기 때문이다.

나는 사랑한다. 행위에 앞서 황금 같은 말을 던지고, 언제나 자기가 약속한 것보다 더 많이 행하는 사람을. 그런 사람은 자신의 몰락을 원하기 때문이다.

나는 사랑한다. 미래에 올 사람들의 의의를 인정하고, 이미 지나가 버린 과거의 사람들을 구하는 사람을. 그런 사람은 현존하는 사람을 상대로 몰락하려는 사람이기 때문이다.

나는 사랑한다. 신을 사랑하기 때문에 그 신을 채찍질하는 사람을. 그런 사람은 그 신의 노여움을 사서 몰락하기 때문이다.

나는 사랑한다. 상처 입었을 때도 계속 영혼의 깊이를 잊어버리지 않는 사람을. 그리고 아주 작은 체험으로도 몰락할 수 있는 사람을. 그런 사람은 이렇게 하여 기꺼이 저 다리를 건너는 자이기 때문이다.

나는 사랑한다. 영혼이 풍부해서 자신의 일을 잊어버리고, 모든 사물을 자신 속에 간직하는 사람을. 그런 사람에게는 만물이 몰락의 기회가 되기 때문이다.

나는 사랑한다. 자유로운 정신과 가슴을 가진 사람을. 그런 사람에게 머리란 다만 가슴의 부속물에 지나지 않으며, 그 가슴이 바로 그를 몰락의 길로 밀고 나가기 때문이다.

나는 사랑한다. 인류의 머리 위를 덮는 암흑의 구름에서 한 방울씩 떨어지는 무거운 빗방울 같은 사람을. 그런 사람은 번개가 가까이 오는 것을 알리며 예언자로서 몰락하기 때문이다.

자! 나는 번개가 내려칠 것을 알려 주는 사람이다. 먹구름에서 떨어지는 무거운 빗방울이다. 그리고 그 번개야말로 바로 초인이다."

5

이렇게 말하고 난 다음 차라투스트라는 다시 군중을 바라보았다. 그리고 침묵 했다. '저들은 그저 서 있을 뿐 반응이 없구나' 하고 그는 마음속으로 말했다.

'저들이 웃고 있다. 저들은 나를 이해하지 못한다. 나는 저들의 귀를 위한 입이 아니구나.

그렇다면 저들이 눈으로라도 볼 수 있도록 먼저 내 말을 이해하지 못하는 저들의 귀라도 짓이겨야 하는 것일까? 북처럼, 참회를 권유하는 설교자처럼 떠들어야 한단 말인가? 아니면 저들은 말더듬이의 말만 믿는단 말인가? 저들은 자기들만의 자랑거리를 가지고 있다. 그 자랑거리를 저들은 무엇이라고 부르는가? 교양이라 부른다. 그것이 저들을 목자보다 뛰어난 자로 만드는 것이다.

그래서 저들은 '경멸'이라는 말을 좋아하지 않는다. 그렇다면 나는 저들의 긍지를 향해 말하겠다. 그리고 가장 경멸해야 할 사람에 대해서 말하겠다. 바로 '비천하기 짝이 없는 인간이다.'

그래서 차라투스트라는 모여 있는 군중을 향해서 이렇게 말했다.

"지금이야말로 인간이 자신의 목표를 세워야 할 때다. 가장 높은 희망의 씨앗을 스스로 심어야 할 때다.

인간의 토양은 씨앗을 심을 수 있을 만큼 풍요하다. 그러나 그 토양은 곧 메마르고 척박해져서 큰 나무는 더이상 자라지 못하게 될 것이다.

슬프다. 그런 때가 오고야 말 것이다. 그때가 되면 인간은 동경의 화살을 쏘지 않을 뿐더러 자신의 활시위를 울리는 법조차 잊어버리고 말 것이다.

나는 그대들에게 말하노니, 춤추는 별을 탄생시킬 수 있으려면 인간은 자신 속에 혼돈을 지니고 있어야 한다. 탄생시킬 그대들에게 말하노니, 그대들은 아직 자신 속에 혼돈을 지니고 있다.

아, 슬프다. 정말 그때가 올 것이다. 그때가 되면 인간은 어떠한 별도 탄생시킬 수 없을 것이다. 슬프다. 비천하기 짝이 없는 인간의 시기가 올 것이다. 자기 자신조차 경멸할 수 없는 그런 인간의 시대가 올 것이다.

보라. 나는 그대들에게 그런 '종말의 인간'을 보여 주리라.

'사랑이란? 창조란? 동경이란? 별이란 무엇인가?' 비천하기 짝이 없는 인간은 이렇게 물으면서 눈을 껌벅거릴 것이다.

그때 이미 대지는 작아져 버리고, 그 위에 모든 것을 작게 만드는 비천하기 짝이 없는 인간이 날뛰고 있을 것이다. 그 종족은 마치 벼룩 같아서 근절시키기 힘들다. 비천하기 짝이 없는 인간이 누구보다 오래 산다.

'우리는 행복을 만들어냈다.' 비천하기 짝이 없는 인간은 이렇게 말하고 또 눈을 껌벅거린다.

그들은 살기 힘든 고장을 떠났다. 따뜻한 곳이 살기 편하기 때문이다. 더욱이 이웃을 사랑하고, 또 이웃과 몸을 비벼대기도 한다. 온기가 필요하기 때문이다.

그들에게 있어서 병든다는 것과 남을 의심한다는 것은 죄악이다. 그들은 걸을 때도 조심한다. 돌이나 사람에게 걸려 넘어지는 자는 바보기 때문이다.

그들은 가끔 적은 양의 독을 사용한다. 그렇게 하면 기분좋은 꿈을 꾸기 때문이다. 결국 그들은 많은 양의 독을 사용해 기분 좋게 죽음에 이른다.

그들도 일한다. 왜냐하면 일하는 것은 위로가 되기 때문이다. 그러나 그 위로가 몸을 상하게 하지 않도록 조심한다.

그들은 가난해지지도 않고, 부자가 되지도 않는다. 양쪽 모두 번거롭기 때문이다. 아무도 통치하려고 하지 않고 또 복종하려고도 하지 않는다. 둘 다 번거롭기 때문이다.

목자는 존재하지 않는다. 존재하는 것은 한 무리의 양 떼! 모든 사람이 평등을 원하고 또 평등하다. 그렇게 생각할 수 없는 자는 스스로 정신병원으로 들어간다.

'옛날에는 온 세계가 미쳐 있었다.'

총명한 사람은 이렇게 말하고 의미 있는 눈짓을 한다. 그들은 영리하며, 세상사에 해박한 지식을 가지고 있다. 그래서 그들의 조롱에는 끝이 없다. 그들도 다투기는 하지만 곧 화해한다. 그렇게 하지 않으면 소화불량에 걸리기 때문이다.

그들은 낮에도 약간의 쾌락을 즐기고, 밤에도 약간의 쾌락을 즐긴다. 그러나 그들은 건강을 가장 소중히 여긴다.

'우리는 행복을 만들어냈다.' 비천하기 짝이 없는 인간은 그렇게 말하고는 눈을 껌벅거린다."

여기에서 훗날 차라투스트라의 '머리말'이라고 불리는 그의 최초의 연설이 끝났다. 군중의 환희에 찬 외침이 그의 말을 가로막았기 때문이다.

"우리에게 그 비천하기 짝이 없는 인간을 데려오라, 차라투스트라여. 우리를 그 비천하기 짝이 없는 인간이 되게 하라! 그러면 그대가 초인이 되는 것을 허락하겠다."

군중이 이렇게 비웃으며 고함쳤다. 그러자 차라투스트라는 슬퍼하면서 마음속으로 말했다.

'저들이 나를 이해하지 못하는구나. 나는 저들의 귀를 위한 입이 아니다.

아마도 내가 너무 오랫동안 산 속에서 살았나 보다. 나는 너무 오래 골짜기의 시냇물과 나무들이 하는 이야기를 들어 왔다. 지금 나는 목자에게 말하듯이 저들에게 이야기하고 있구나.

내 영혼은 흔들림이 없고, 아침의 산처럼 밝고 영롱하다. 그렇지만 저들은 나를 냉정하고 무서운 해학을 품은 조소자라고 생각한다.

그래서 지금 저들은 나를 보면서 웃고 있다. 웃으면서 나를 미워하고 있다. 저들의 웃음은 얼음처럼 차갑구나.'

6

그런데 그때 모든 사람이 관심을 가질 만한 사건이 일어났다. 줄타기 곡예사가 드디어 줄을 타기 시작한 것이다. 그는 탑의 작은 문에서 나와 줄 위를 걸었다. 그 줄은 두 탑 사이, 즉 시장 거리와 군중의 머리 위를 지나고 있었다.

그가 줄 한가운데 이르렀을 때 탑의 작은 문이 다시 열리더니 다섯 가지 색의 알록달록한 옷차림의 곡예사가 튀어나왔다. 그는 빠른 걸음으로 앞 사람 뒤에서 줄을 타기 시작했다.

그는 무서운 목소리로 고함쳤다. "앞으로! 이 절름발이 녀석! 앞으로! 이 게으름뱅이 병신아! 내 발뒤꿈치에 채이지 않도록 조심해라. 지금 여기에서 무엇을 하는 거냐? 너는 저 탑 속에 처박혀 있는 것이 분수에 맞아. 너를 그대로 가두어 뒀어야 했는데. 너는 지금 너보다 나은 자들의 자유로운 앞길을 막고 있어!"

그는 한마디 한마디를 할 때마다 앞사람 가까이 다가갔다. 그러다 마침내 두 사람 사이가 한 걸음 차이로 가까워졌을 때, 모든 사람들의 입을 다물게 하고 눈을 얼어붙게 한 놀라운 일이 벌어졌다. 그 순간 곡예사는 악마처럼 소리를 지르면서 자기 앞길을 막고 있는 자를 뛰어넘었다. 그러자 서있던 곡예사는 그가 자기를 앞지르는 것을 보고 그만 냉정을 잃고 발을 헛디뎠다. 손에 들고 있던 장대도 놓치고 손과 발이 둥글게 원을 그리며 지상으로 떨어지기 시작했다. 시장은 폭풍이 몰아치는 바다처럼 변했다. 제각기 뛰어 달아나고, 달아나다가 걸려 넘어졌다. 줄타기 곡예사가 떨어지려는 곳은 더욱 심했다.

그러나 차라투스트라는 움직이지 않았다.

차라투스트라 바로 옆에 줄타기 곡예사가 떨어졌다. 비참한 몰골이었다. 그러나 숨은 아직 붙어 있었다.

이윽고 사지가 엉망이 된 사나이는 의식을 회복하더니 자기 옆에 있는 차라투스트라를 바라보았다.

그가 입을 열었다. "여기서 뭘 하고 있는 거요? 나는 진작 알고 있었소. 악마가 내 발을 헛디디게 하리라는 것을 말이오. 이제 그는 나를 지옥으로 데리고 갈 것이오. 그대가 이것을 막아 줄 수 있소?"

"맹세코 말하지만 그대가 말하는 그런 것은 존재하지 않네. 악마도 지옥도 없어. 그대의 영혼은 육체보다 더 빨리 죽음에 이를 것이오. [*4] 그러니 그대는 두려워할 게 아무것도 없소."

차라투스트라가 대답했다.

사나이는 의심스러운 듯한 눈길로 그를 쳐다보았다.

"그 말이 사실이라면 내가 생명을 잃어버린다 해도 아무것도 잃어버리는 것이 없는 셈이오. 나는 채찍과 약간의 먹이로 줄 위에서 춤추는 재주를 습득한 한 마리 동물에 불과하니까."[*5]

"그렇지 않네. 그대는 스스로 위험한 일을 직업으로 택했네. 그것은 비난받아야 할 일도 천한 일도 아니네. 지금 그대는 그 직업 때문에 몰락해 가고 있는 것이야. 그대를 위해 내가 직접 장사지내 주겠네."

차라투스트라의 말이 끝났을 때 곡예사는 아무 말이 없었다. 대신 손을 조금 움직였을 뿐이다. 마치 감사의 표시로 차라투스트라의 손을 붙잡기라도 하려는 듯.

어느새 해가 지고 시장은 어두워지기 시작했다. 군중들은 하나 둘 흩어졌다. 호기심과 공포도 지치는 법이다. 그렇지만 차라투스트라는 여전히 죽은 사람 옆에 앉아 깊은 생각에 잠겼다. 그는 시간가는 줄 몰랐다.

이윽고 밤이 되어 찬바람이 이 고독한 사람을 스쳐 지나갔다. 그러자 차라투스트라는 조용히 몸을 일으키며 마음속으로 말했다.

'나는 오늘 좋은 고기를 낚았구나! 인간을 낚지는 못했으나 시체 하나를 낚았으니.

인간으로서 생존한다는 것은 끔찍한 일이고, 그것은 결국 어떤 의미도 없다. 한낱 광대일 뿐인 자가 인간의 생명을 빼앗아 갈 수도 있으니. *6 나는 인간에게 그들이 존재하는 의미를 알려 주어야겠다. 인간 존재의 의미는 초인이다. 초인이란 인간이라는 암흑의 구름을 헤치고 번쩍이는 번개다.

그러나 나와 인간들과의 거리는 아직도 멀다. 그리고 나의 말은 그들의 가슴까지 이르지 못했다. 인간에게는 내가 곡예사와 송장 사이의 얼치기에 불과할 것이다. *7

밤은 어둡고, 내가 갈 길 역시 어둡다. 자, 오라. 차갑게 굳어 버린 동반자여! 내가 그대를 장사지낼 곳으로 운반하리라.'

차라투스트라는 마음속으로 이렇게 말하고 나서 시체를 짊어지고 걷기 시작했다. 그런데 백 걸음도 채 못 가, 한 사나이가 그에게 조용히 다가와서 속삭였다. 그는 바로 탑에서 뒤따라온 곡예사였다.

그는 말했다. "이곳을 떠나는 것이 좋을 것이다, 차라투스트라. 여기에서는 아직도 많은 사람들이 그대를 미워하고 있지. 선량하고 올바른 사람도 그대를 미워하며, 그대를 민중에게 위험한 인물로 여기고 있어.

사람들이 그대를 웃음거리로 여긴 것은 그대로서는 정말 다행한 일이야. 사실 그대는 곡예사처럼 말했으니까. 그리고 그대가 저 죽은 개를 벗삼은 것 역시 퍽 다행한 일이었네. 그대가 자신을 낮추었기 때문에 목숨을 건질 수 있었으니까. 그러나 이 거리에서 떠나! 그렇지 않으면 내가 내일은 그대를 뛰어넘으리라. 그래서 나는 살고, 그대는 떨어져 죽은 자가 되리라."

그렇게 말하고 나서 그 사나이는 모습을 감추었다. 차라투스트라는 어두운 거리를 계속 걸었다.

차라투스트라는 마을 입구에서 무덤을 파는 사람들을 만났다. 횃불로 차라투스트라의 얼굴을 비추어 보더니 그들은 조롱하기 시작했다.

"차라투스트라가 죽은 개를 업고 가네. 차라투스트라가 무덤 파는 인부가 되다니 정말 훌륭하군. 우리 손은 그 따위 썩은 고기를 다루기에는 너무 깨끗하지. 차라투스트라는 악마에게서 먹을 것을 훔칠 생각인가? 그것도 좋지. 실컷 처먹어라! 다만 악마가 차라투스트라보다 더 지독한 도둑놈이 아니라면 말이야! 악마는 살아 있는 인간도 죽은 개도 모두 다 잡아먹거든."

그들은 그렇게 말하면서 소리내어 웃더니 서로 마주 보며 고개를 끄덕였다. 차라투스트라는 한마디 대답도 하지 않고 계속 걸어갔다. 산기슭을 따라 숲과 늪을 지나 두 시간쯤 걸어갔을 때, 그는 굶주린 이리떼가 울부짖는 소리를 들었다. 이윽고 그도 허기를 느꼈다. 그래서 불이 켜져 있는 어떤 집 앞에서 걸음을 멈추었다.

'배고픔이 나를 습격하는군. 마치 강도처럼. 숲과 늪 가운데서 굶주림으로부터 습격을 받는구나. 이렇듯 깊은 밤중에. 나는 이상한 버릇을 가지고 있어 때로는 식사 바로 후에도 허기를 느끼는데 오늘은 하루 종일 느끼지 않았다. 왜 못 느꼈을까?'

차라투스트라는 그 집 문을 두드렸다. 손에 등불을 든 노인이 나타났다.

"누구요? 놀라 내 잠을 깨게 한 사람이?"

노인이 물었다.

"산 사람 하나와 죽은 사람 하나요. 먹을 것과 마실 것을 좀 주면 좋겠소. 하루 종일 먹는 걸 잊고 있었소. 굶주린 자에게 먹을 것을 주면 영혼이 새로워진다고 현자는 말했지요."

차라투스트라가 말했다.

노인은 안으로 들어갔다가 곧 다시 나와서 차라투스트라에게 빵과 포도주를 주었다.

"여기는 굶주린 자에게는 좋지 않은 땅이오. 그래서 나는 여기에 살고 있지. 동물도 인간도 은자인 나를 찾아오지. 그대의 길동무에게도 먹을 것과 마실 것을 주게나. 자네보다 더 지쳐 있는 것 같으니."

"나의 길동무는 죽었소. 그러니 그에게 먹고 마시라고 할 수가 없소."
차라투스트라는 대답했다.

"그건 내 알 바가 아니지." 하고 노인은 기분이 나빠진 듯이 말했다. "내
집 문을 두드린 자는 내가 주는 것을 받아야만 하네. 잘 먹고 편안하게 가게
나."

차라투스트라는 다시 길을 떠나 별빛 아래서 두 시간을 더 걸어 갔다. 그
는 밤길을 걷는 데 익숙했고, 모든 것이 잠든 모습을 바라보는 것을 즐기고
있었다.

동쪽 하늘이 차차 밝아지기 시작할 무렵, 차라투스트라는 너무 깊은 숲 속
에 들어와 있다는 것을 알았다. 길은 어디에도 없었다. 거기서 그는 시체를
큰 나무 밑동의 비어 있는 구멍 속에 내려놓았다. 늑대가 시체를 물어가지
못하도록 하기 위해서였다. 그리고 차라투스트라는 그 나무 뿌리를 베개 삼
아 흙과 이끼 위에 누웠다. 그는 곧 잠들었다. 몸은 지쳐 있었지만 영혼은
조금의 흔들림도 없이 고요했다.

9

차라투스트라는 오랫동안 잤다. 새벽빛이 스러지고 정오의 밝은 햇빛이
그의 얼굴을 스치고 지나갔다. 드디어 그는 눈을 떴다. 그는 놀라서 숲과 함
께 정적을 바라보았다.

그는 재빨리 몸을 일으키고, 오랜만에 육지를 발견한 뱃사람처럼 뛰어오
르며 환성을 질렀다. 그는 새로운 진리를 보았던 것이다. 그래서 그는 마음
속으로 이렇게 말했다.

'내 한 줄기 빛이 일어났다. 나는 길동무가 필요해. 그것도 살아 있는 길
동무가. 내가 가고자 하는 곳으로 내 자신이 메고 가야 하는 죽은 길동무가
아닌 살아 있는 길동무가 필요하다.

그 길동무는 스스로 나를 따르고 내가 가고자 하는 곳으로 함께 가는 자다.

내게 한 줄기 빛이 일어났다. 차라투스트라는 민중에게 말하는 것이 아니
라 길동무에게 말해야 한다. 차라투스트라는 짐승 무리를 이끄는 목자나 개
가 되지는 않겠다.

나는 짐승 무리 속에서 많은 자들을 끌어 내려고 왔다. 나는 군중과 짐승

들을 화나게 만들리라. 차라투스트라는 목자보다 강도로 불리게 되리라.

방금 나는 목자들이라고 말했다. 그러나 그들은 스스로를 좋은 사람, 올바른 사람이라고 여기고 있다. 방금 나는 목자들이라고 말했다. 그러나 그들은 자신을 바른 신앙을 가진 신자라고 부르고 있다.

이 착하고 올바른 자들을 보라! 그들은 누구를 가장 미워하는가? 그건 그들의 가치관을 깨뜨리는 자, 파괴자며 범죄자다. 그러나 그런 사람이야말로 창조하는 자다.

온갖 신앙을 가진 자들을 보라! 그들은 누구를 가장 미워하는가? 그들의 가치관을 깨뜨리는 자는 파괴자며 범죄자다. 그러나 그 사람이야말로 창조하는 자다.

창조하는 자가 바라는 것은 길동무다. 시체도 아니고 짐승의 무리나 신자들도 아니다. 창조자가 구하는 것은 새로운 가치를 새로운 목록에 기록할 동반자다.

창조하는 자가 구하는 것은 길동무다. 함께 거둬들이는 자다. 창조하는 자 앞에서는 모든 것이 무르익어 수확의 때를 기다리고 있다. 하지만 그에게는 백 개의 낫이 없으니, 그는 이삭을 떼내며 화내는 것이다.

창조하는 자가 구하는 것은 길동무다. 자신의 낫을 예리하게 갈아야 하는 사실을 아는 자다. 그들은 파괴자, 선과 악의 경멸자라고 불린다. 그러나 실제로 그들은 거둬들이는 자, 찬미하는 자다. 차라투스트라는 함께 창조하는 자를 구한다. 거둬들이는 자, 함께 찬미하는 자를 구한다. 짐승의 무리, 목자, 시체가 그와 무슨 관계가 있단 말인가? 그대, 나의 최초의 길동무여, 잘 있어라. 나는 조심해서 그대를 나무 밑동의 구멍 속에 잘 묻어두었다. 늑대 부리늘이 덤벼들지 못하도록 말이다.

이제 나는 그대와 헤어지려 한다. 때가 왔기 때문이다. 여명과 여명 사이에 새로운 진리가 나를 찾아왔기 때문이다.

나는 목자도 아니고, 무덤 파는 일꾼도 아니다. 나는 이제 군중을 상대로 결코 두 번 다시 말하지 않으리라. 죽은 자에게 말하는 것도 이것이 마지막이다.

나는 창조하는 자, 수확하는 자, 찬미하는 자와 함께하겠다. 나는 그들에게 무지개를, 그리고 초인에 이르는 계단을 모두 보여 주리라.

혼자서 혹은 단둘이서 숨어 살고 있는 은자들에게 내 노래를 들려 주리다. *8 그리고 이제껏 들어 본 적이 없는 것으로, 듣는 귀를 가지고 있는 자의 마음을 나의 행복으로 가득 채워 주겠다.

나는 목표를 향해 내 길을 가겠다. 나는 망설이는 자, 태만한 자를 뛰어넘어 나의 행로가 그들의 몰락이 되게 하리라.'

10

차라투스트라가 마음속으로 이렇게 말하고 났을 때, 태양이 이미 그의 머리 위에 있었다. 그때 그는 무엇인가를 묻는 듯한 시선으로 하늘을 보았다. 높은 곳에서 날카로운 새 울음소리를 들었기 때문이다. 그런데 독수리 한 마리가 커다란 원을 그리며 공중을 날고 있지 않은가! 그것도 뱀 한 마리가 엉겨붙어 있는 독수리가! 뱀은 독수리의 먹이라기보다는 친구처럼 보였다. 뱀은 독수리의 목에 의지하듯 감겨 있었던 것이다.

차라투스트라는 기뻐했다. '저들은 내 친구들이다. 태양 아래서 가장 자랑스러운 산짐승이며, 태양 아래에서 가장 지혜로운 살아 있는 짐승들이다. 그들은 지금 무언가를 알아내기 위해 하늘에 떠 있다.

그들은 차라투스트라가 아직 살아 있는지를 알고자 하는 것이다. 정말로 나는 아직 살아 있는 것일까?

나는 알았다. 사람과 같이 있는 것은 동물과 같이 있는 것보다 훨씬 위험하다는 것을. 차라투스트라는 위험한 길을 걷고 있다. 나의 짐승들이여, 나를 인도하라!'

이때 차라투스트라는 숲 속에서 만났던 성자의 말이 생각났다. 그래서 그는 탄식을 하고 자신을 향해 말했다.

'보다 현명해지고 싶다! 내 친구인 뱀처럼 현명해지고 싶다! 그러나 그것은 불가능한 바람이다. 그래서 나는 내 긍지가 언제나 내 지혜와 사이좋게 지내기를 바란다. *9

그리고 언젠가 나의 지혜가 나를 버릴 때가 온다면……. 아, 지혜는 언제나 여자처럼 달아나기를 좋아하지! 그때는 나의 자랑이 나의 어리석음과 함께 비상했으면 좋으련만! 이렇게 해서 차라투스트라의 몰락은 시작되었다.

1 높은 곳에서부터 낮은 곳으로 내려가는 것으로 보통은 마이너스의 의미이다. 그렇지만 차라투스트라에게 있어서는 인간의 세계로 내려가서 자아를 돌보지 않고 아낌없이 자신을 주어 버린다는 의미다.

2 니체의 사상이 진화론과 유사하다고 일컬어지는 것은 이런 데서 나온 말이다. 그러나 니체 사상의 중심은 초인으로의 향상 의지일 뿐 적자 생존은 아니다.

3 무상으로 주는 의지에 가득 차 있기 때문에 자신도 답례(반환)한다는 생각을 갖지 않는다.

4 차라투스트라는 줄타기 곡예사를 천국의 꿈, 지옥이나 악마에의 두려움 같은 환상으로 속이려 하지 않고, 다만 생사의 실상을 설명해 준다. 이것이 그들이 생각하는 사랑, 또 상대에 대한 존경이다. 영혼 불멸이라는 것은 꿈에 불과하기 때문에 사후 세계에 대한 공포도 있을 수 없다.

5 줄타기 곡예사는 위험을 직업으로 삼고는 있었지만, 결국 자신이 관습에 사로잡혀 진정한 독립인이 아니었다는 것을 자각하고 고백한다. 그러나 위험을 무릅쓴 그 삶의 방법에 대한 차라투스트라의 동정이 보인다.

6 요컨대 인생이란 헤아리기 어렵고 기분 나쁜 것이다. 한 사람의 곡예사가, 바꿔 말해 히틀러가 나타나도 세계의 역사는 변하고 무수한 사람들이 비운에 울게 된다.

7 민중이 자신의 참된 모습을 이해하지 못하는 것을 한탄한다.

8 은둔자(숨어 사는 자, Einsiedler)의 Ein을 하나의 의미로 잡아서 Zweisiedler(둘이서 숨어 사는 자)로 조어한 것이다. 은둔자라는 말에 의미가 있을 뿐, 숫자에는 특별한 의미가 없다. 그렇다고 둘이서 함께 사는 은둔자가 없는 것은 아니다.

9 자신이 그렇게까지 현명하지 못하더라도, 또 어리석은 자가 되는 일이 있더라도 자신의 운명이라고 생각하며 그것을 짊어지고 적극적으로 살아가는 긍지를 잃지 않겠다는 뜻이다.

제1부

세 가지 변화

그대들에게 정신의 세 가지 변화에 대해 말하겠다. 즉, 어떻게 해서 정신이 낙타가 되고, 낙타가 사자가 되며, 사자가 어린아이가 되는가에 관한 이야기다.

경외심을 품은 채 무거운 짐을 견뎌내는 정신은 수많은 무거운 것을 우연히 만나게 마련이다.

그리고 강인한 정신은 가장 무거운 것을 요구한다.

이 무거운 짐을 견뎌내는 정신은 '무엇이 무거워서 이렇게 힘이 드는가?' 하고 묻는다. 그러고는 낙타처럼 무릎 꿇은 다음 더 무거운 짐을 실어 주기를 바란다.

"영웅들이여, 가장 무거운 것은 무엇인가?"

이 무거운 짐을 견뎌내는 정신은 이렇게 묻는다. 그것을 자신의 몸에 지니고 자기가 강하다는 것을 기뻐하고 싶은 것이다.

그런데 가장 무거운 것이라면 자아의 교만에 상처 주기 위해 자신을 낮추는 일이 아니겠는가? 자신의 지혜를 비웃기 위해 자신의 어리석음을 밖으로 나타내는 일이 아니겠는가?

그것은 또 이런 것인지도 모른다. 자신의 뜻이 성취되어 자축할 때 그 뜻으로부터 이탈하거나, 유혹하는 자를 유혹하기 위해 높은 산으로 올라가는 것이 아닌가?

그것은 또 이런 것인지도 모른다. 이슬이 주는 목숨을 인식의 풀과 열매로 잇고, 진리를 위해 영혼의 굶주림을 참고 견디는 것이 아니겠는가?

그것은 또 이런 것인지도 모른다. 앓고 있으면서도 병문안 오는 자를 돌려보내고, 자기가 바라는 것을 결코 듣는 일 없는 귀머거리를 사귀는 것이 아닌가?

그것은 또 이런 것인지도 모른다. 아무리 더러운 물이라도 그것이 진리의 물이라면 그 속에 들어가서 차가운 개구리든 따뜻한 두꺼비든 쫓아 버리지 않는 것이 아닌가?

그것은 또 이런 것인지도 모른다. 우리를 경멸하는 자를 오히려 사랑하고, 우리를 두렵게 하는 유령을 향해 손을 내미는 것이 아닌가?

이처럼 가장 무겁게 보이는 모든 것을 견디는 정신은 스스로 그 짐을 떠맡는다. 그리고 무거운 짐을 지고 사막을 가는 낙타처럼, 그는 자신의 짐을 진 채 자신의 사막을 달려간다.

그러나 고독의 극단인 사막에서 두 번째 변화가 일어난다. 그때 정신은 사자가 되어 자유를 자신의 것으로 삼으려 하고, 자신이 선택한 사막의 주인이 되려고 한다.

그 사막에서 그는 자신을 마지막으로 지배한 자를 불러낸다. 그는 그 최후의 지배자인 자신의 신과 적이 되려 한다. 그는 승리하기 위해 이 거대한 용과 싸운다. 정신이 이미 주인임을 인정하지도, 신이라 부르려고도 하지 않는, 그 거대한 용은 도대체 무엇일까?

'너희는 행할지어다.' 그것이 그 거대한 용의 이름이다.

그러나 사자의 정신은 말한다.

"나는 하고자 한다."

'너희는 행할지어다'가 그 정신의 길을 막고 있다. 황금빛으로 번쩍이는 비늘 달린 동물로서, 그 비늘 한 장 한 장마다 '너희는 행할지어다'가 황금빛으로 찬란하게 새겨져 있다.

천 년 동안 전해져 내려온 온갖 가치가 그 비늘에서 번쩍이고 있다. 그래서 모든 용 가운데서 가장 유력한 이 용은 "모든 사물의 온갖 가치가 내 몸에서 번쩍이고 있다"고 말한다.

"모든 가치는 이미 창조되었다. 그리고 창조된 모든 가치, 그것은 바로 나다. 진실로 '나는 하고자 한다'는 더 이상 없을 것이다."

용은 이렇게 말한다.

나의 형제들이여, 무엇 때문에 정신의 사자가 필요한가? 무엇 때문에 무거운 짐을 지는, 체념과 공경으로 가득 찬 낙타로는 불충분하단 말인가?

여러 가지의 새로운 가치를 창조하는 일은 사자로서도 불가능하다. 그러나 새로운 창조를 위한 자유를 쟁취하는 것은 사자의 힘으로만 가능한 일이다.

자유를 자신의 것으로 한 채 의무에 대해서조차 성스럽게 '아니다'라고 말할 수 있기 위해서는 사자가 필요하다.

무거운 짐을 견디는 경건한 정신에게 자신을 위해서 새로운 여러 가치를 세우는 권리를 갖는다는 것은 몸서리가 쳐지는 행위다. 그에게 그것은 진실로 강탈이며, 강탈은 그것을 늘 일어나는 일로 여기는 맹수가 하는 행동이다.

정신은 일찍이 '너희는 행할지어다'라는 것을 자신이 받드는 가장 성스러운 것으로서 사랑하였다. 그는 이제 이 가장 신성한 것들 속에서 미망과 자의를 발견해야만 한다. 그리고 자신이 사랑하고 있던 것에서 자유를 강탈해야 한다. 이 강탈을 위해서 사자가 필요한 것이다.

그렇지만 형제들이여, 생각해 보라. 사자가 행할 수 없었지만 어린아이가 행할 수 있는 것을! 그것은 무엇이겠는가? 왜 강탈하는 사자가 다시 어린아이로 변해야 하는 것인가?

어린아이는 천진무구이며 망각이다. 어린아이는 새로운 시작, 유희, 스스로 돌아가는 수레바퀴, 최초의 운동, 그리고 '그렇다'라는 성스러운 긍정이다.

그렇다, 나의 형제들이여. 창조라는 유희를 위해서는 '그렇다'라는 성스러운 말이 꼭 필요하다. 바로 그때, 정신은 자의에 의해 움직이며, 세계에서 길 잃은 자는 자아의 세계를 정복한다.

나는 정신의 세 가지 변화에 대해 그대들에게 말했다. 어떻게 해서 정신이 낙타가 되며, 낙타가 사자가 되고, 사자가 어린아이가 되었는가에 대해 말했다.

차라투스트라는 이렇게 말했다. 그리고 그때 그는 '디 분테 쿠(얼룩소)'라는 도시에 머물고 있었다.

덕의 강단

차라투스트라는 한 현자의 이름을 들었다. 그 현자는 수면과 덕에 관해 잘 설명하기 때문에 존경받고 있으며 많은 젊은이들이 그가 강의하는 곳에 모인다고 한다. 차라투스트라도 그 현자의 강단에 가서 다른 젊은이들과 함께 강의를 들었다. 현자는 이렇게 말했다.

"잠에 대해서 경의와 함께 수치스러운 마음을 지녀라! 이것이 근본이다. 그리고 잘 자지 않는 자, 밤에 자지 않는 자를 피하라.

도둑도 잠든 사람을 보면 부끄러움을 느껴 밤에는 언제나 발소리를 죽이고 조용히 다닌다. 수치심 없는 자는 밤의 감시자다. 부끄러움도 없이 그는 호루라기를 가지고 다닌다.

잔다는 것은 결코 쉬운 일이 아니다. 잠자기 위해서는 종일 눈을 뜨고 있어야 하기 때문이다.

그대는 낮 동안에 자신을 열 번이나 이겨 내야 한다. 그것은 기분 좋은 피로를 가져오며 영혼을 마취시킨다.

그대는 자신과 열 번 화해를 해야 한다. 자신을 이기면 불만이 남기 때문에 화해하지 않은 자는 잠을 잘 잘 수가 없는 법이다.

그대는 낮 동안에 열 가지 진리를 알아야 한다. 그렇지 않으면 그대는 밤에도 진리를 찾아 헤매야 하기 때문이다. 그리고 그대의 영혼은 여전히 굶주려 있을 것이다.

그대는 낮에 열 번 웃어서 쾌활해져야 한다. 그렇게 하지 않은 날 밤에는 우울의 위장에 의해 괴로움을 당할 것이다.

다음과 같은 것을 아는 사람은 그리 많지 않다. 잠을 잘 자기 위해서는 모든 덕을 쌓지 않으면 안 된다.

거짓 증거를 댈 것인가, 간음을 할 것인가? 이웃집 여자를 보고 욕망을 일으킬 것인가? 그런 것들은 모두 편안한 삶을 방해한다.

그리고 우리가 모든 덕을 가지고 있다고 해도 우리는 거기에다 한 가지 더 가지고 있어야 한다. 그것은 덕조차도 제때에 잠들게 하는 것이다. 그것은 정숙한 여자들과 같은 덕이 서로 적대시해서 싸우지 않게 하기 위해서다. 그대를 서로 빼앗으려는 적대 행위가 시작되면 그때야말로 그대의 불행이 시작된다.

신과 이웃과도 평화롭게 지내라. 편안한 수면은 그것을 요구한다. 그리고 이웃 속에 숨어 있는 악마와도 평화를 유지하라. 그렇지 않으면 그 악마는 그대 주위를 맴돌며 그대를 괴롭힐 것이다.

관리를 공경하고 복종하는 것 또한 잊지 마라. 좋지 않은 관리라 할지라도 숙면은 그렇게 할 것을 요구한다. 권력이 스스로 못된 걸음을 걷는 것을 이쪽에서 어떻게 한단 말인가?

자신이 돌보고 있는 양의 무리를 푸른 풀이 가장 많은 들판으로 인도해 가는 자를 나는 가장 훌륭한 목자라고 칭찬하리라. 그런 태도는 편안한 잠과 친숙한 관계를 맺을 수 있다.

나는 많은 명예를 바라지 않는다. 많은 재산도 바라지 않는다. 그런 것은 비장에 염증을 일으킬 뿐이다. 그러나 어쨌든 좋은 평판과 약간의 재산이 없으면 편안한 잠을 이룰 수 없다.

조촐한 사교는 나쁜 사교보다 바람직하다. 그러나 그 사교도 나를 방해하지 않을 때에 이루어져야 한다. 그렇게 되어야 그것은 편안한 잠과 조화를 이룬다.

마음이 가난한 자들도 내 뜻에 잘 들어맞는다. 그들은 잠의 보호자다. 그들은 매우 행복하다. 특히 그들의 자세가 언제나 주위로부터 인정받고 있는 경우에는 더욱 그렇다.

덕을 가진 자는 낮 동안 이렇게 지낸다.

밤이 되면 나는 억지로 잠을 청하지 않는데, 그건 덕의 주인인 잠은 청해지는 것을 원치 않기 때문이다.

잠을 청하지 않고, 나는 낮 동안에 내가 한 일과 생각한 일을 떠올리고 되새김질하면서 자신에게 물어본다. 암소처럼 참을성있게 자신을 견디고 이기는 열 가지의 화해, 열 가지의 진리, 자신의 마음을 뒤엎어 놓은 열 가지의 웃음은 무엇이었던가를.

이런 것들에 대해 두루 생각하고, 마흔 가지 생각으로 뒤흔들리고 있자면 어느새 청하지 않은 모든 덕의 주인인 졸음이 나를 엄습해 온다.

졸음이 내 눈꺼풀을 두드리면 내 눈꺼풀이 무거워진다. 졸음이 내 입을 어루만지면 나는 마음놓고 입을 연다.

잠은 아무 소리도 내지 않고 걸어서 내게로 다가온다. 도둑 중에서 가장 사랑할 만한 도둑이 이 잠이다. 그 도둑은 내 상념을 빼앗는다. 어리석게도 나는 꼼짝도 안 한다. 마치 이 강단의 책상처럼 말이다.

그렇다고 언제까지나 꼼짝 않고 있는 것은 아니다. 나는 곧 옆으로 돌아 눕는다."

이러한 현자의 말을 들었을 때 차라투스트라는 속으로 웃었다. 그는 거기 서 새로운 진실을 깨달았기 때문이다. 그래서 그는 마음속으로 말했다.

'내가 보기에 마흔 가지 생각으로 뒤흔들리고 있는 이 현자는 바보다. 그 러나 나는 믿는다. 그가 잠자는 방법에 대해서는 잘 알고 있다는 것을.

이 현자 가까이에 살고 있는 사람은 그것만으로도 행복하다. 이런 잠은 아 무리 두꺼운 벽이라도 뚫고 전염된다. 어떤 마력이 그의 의지 속에까지 숨어 있다. 청년들이 이 덕의 설교자가 강의하는 것을 듣는 것은 시간 낭비가 아 니다.

그의 지혜는 눈뜨고 있다는 것을 단잠을 위한 한 방편으로 여기고 있다. 그리고 삶에 아무 의미도 없어 내가 무의미를 선택해야만 한다면, 이 지혜는 나에게 가장 선택할 만한 가치가 있는 무의미가 될 것이다.

나는 지금 확실히 깨달았다. 일찍이 덕의 교사를 찾아간 사람들이 맨 처음 추구했던 것이 무엇이었던가를. 사람들은 깊은 잠을 그리고 아편 같은 덕을 갈구했다.

명성 높은 현자에게 지혜란 꿈도 없는 잠을 의미한다. 그들은 보다 훌륭한 삶의 의미를 모르고 있다.

오늘날도 역시 이 덕의 설교자와 비슷한 사람이 더러 있다. 다만 그들은 이렇게 정직하게 이야기하지 않을 뿐이다.

이제 그런 자들의 시대는 지나갔다. 그리고 그들은 이제 더 이상 오래 서 있을 수 없다. 그들은 벌써 옆으로 누워 있지 않은가! 졸음에 취해 있는 그 들은 행복하다. 곧 그들의 머리는 끄덕거리기 시작할 것이니.'

내세론자

차라투스트라도 일찍이 다른 내세론자처럼 이 세계 저편에 있는 또다른 세계에 대해 환상을 품었다. 그때 세계란 고통스러워하고 괴로워하는 신의 작품이라고 생각되었다. [1]

그때 세계는 신의 꿈이며 시였다. 그리고 불만 가득한 신적인 존재자의 눈 앞에 피어오르는 다채로운 연기였다.

선과 악, 즐거움과 괴로움, 그리고 나와 그대, 이 모두가 창조자의 눈앞에 피어오르는 다채로운 연기였다. 창조자는 눈을 다른 곳으로 돌리고 싶어했다. 그래서 그는 이 세상을 창조했다.

괴로워하는 자에게는 괴로움을 벗어나 자신을 잊는 것이 도취적 쾌락이다. 나는 일찍부터 이 세상은 도취적 쾌락과 자신을 잊는 것이라고 생각했다.

영원히 불완전한 세계, 영원히 모순된 모조품, 이것이 불완전한 그 창조자에게는 도취적 쾌락이라고 일찍이 나는 생각했다. 그래서 나도 저편의 세계를 신봉하는 모든 내세론자처럼 환상에 사로잡혔다. 그러나 이 세계 저편에 대한 망상으로 진리에 이를 수 있을까?

아! 나의 형제들이여, 내가 만든 이 신은 다른 신들처럼 인간의 작품이고 인간이 만든 헛된 생각의 결과였다.

그 신은 인간이다. 더욱이 인간과 그 '자아'의 불쌍한 일부분에 불과하다. 나 자신이 타고남은 잿더미와 숯불 속에서 온 유령일 뿐, 진실로 이 세계 저편에서 온 것은 아니다.

그러면 이제 무슨 일이 일어날 것인가? 나의 형제들이여, 나는 괴로워하는 나 자신을 이겨냈다. 나는 내 잿더미를 산 위로 옮겼다. 나는 보다 강한 빛을 발하는 불꽃을 피워 올렸다. 그러자 그 유령은 나에게서 달아나 버렸다.

나는 회복했다. 그런 내가 지금 이런 유령을 믿으려 한다면 그것은 고통이고 번민이다. 이제 그것은 내게 괴로움이고 굴욕이다. 나는 내세론자를 향해 이렇게 말한다.

괴로움과 무능이야말로 내세를 창조한 것들이다. 그리고 가장 깊이 괴로워하는 자만 경험하는 저 순간적인 행복의 환상이 내세를 만들어 냈다.

한 번의 도약으로, 결사적인 도약으로 궁극적인 것에 도달하려는 데서 오는 피로감, 그 어떤 것도 더 이상 바라지 못하는 피로감과 같은 이 모든 것이 신과 내세를 창조해 낸 것이다.

형제들이여, 내 말을 믿는 것이 좋으리라. 대지에 절망한 것은 바로 혼미한 정신을 지닌 채 가냘픈 손가락으로 마지막 벽을 더듬기 시작한 우리의 육체였다. 형제들이여, 내 말을 믿는 것이 좋으리라. 대지가 절망한 것은 우리현실의 절망이었다. 존재의 배 속 깊은 곳에서 속삭이는 말을 듣던 육체였던 것이다.

그러자 육체는 머리로 마지막 벽을 들이받아 깨뜨려, *² '세계 저편'으로 넘어가려고 했다.

그러나 '세계 저편', 인간 세계와 멀리 떨어져 있는 그 비인간적인 세계는 일종의 하늘나라의 무(無)로서 인간이 찾을 수 없도록 감추어져 있다. 그리고 그 존재의 배는 인간적인 방식으로만 인간에게 말을 걸 뿐이다. *³

모든 존재는 증명하기도 설명하기도 힘들다. 그러나 형제들이여, 가장 불가사의한 것이야말로 그 존재를 가장 잘 증명하고 있지 않은가? 그렇다. 자아와, 자아의 모순, 혼란이 가장 솔직하게 자신의 존재를 말한다. 창조하고 의욕하고 평가하는 자아가 모든 사물의 척도이자 가치다.

그리고 가장 솔직하게 말하는 이 존재, 이 자아는 항상 육체에 관해서 이야기한다. 자아는 시를 짓고, 몽상에 빠지고, 찢긴 날개를 퍼덕거리며 날아다닐 때도 역시 육체를 원하고 있다.

이 자아는 드디어 정직하게 이야기하는 법을 배우게 된다. 그리고 이야기하는 법을 배울수록 육체와 대지를 더욱더 찬미하고 공경하게 된다.

나의 자아는 새로운 긍지를 내게 가르쳤다. 그리고 그것을 나는 사람들에게 가르친다. 머리를 저편 세계의 모래 속에 파묻지 말고 모든 속박에서 벗어나 자랑스럽고 당당하게 들라고 말이다. 이 세상에 의미를 부여하는 현세의 머리를 쳐드는 방법을 가르치는 것이다.

나는 자아의 새로운 의지를 사람들에게 가르친다. 인간이 맹목적으로 걸어 온 이 지상의 길을 받아들이라. 그리고 병자나 죽어가는 사람들처럼 그 길에서 벗어나려고 하지 말라.

병자와 죽어가는 사람들이야말로 육체와 대지를 경멸하고 하늘나라와 구원의 핏방울을 발명한 자들이다. 더욱이 이들 달콤하고 지독한 독은 그들이 육체와 대지에서 만들어냈다.

그들은 비참한 상태에서 벗어나려고 하지만 별은 너무나 멀리 있다. 그래서 그들은 탄식한다.

"아! 지금과 다른 존재와 행복으로 들어갈 수 있는 하늘나라의 길이 있다면 얼마나 좋을까!"

그래서 그들은 그들이 빠져나갈 수 있는 길과 피비린내 나는 음료를 발명한 것이다! 그 배은망덕한 자들은 자신의 육체와 대지에서 벗어났다고 착각했다. 그러나 그들이 기뻐하며 행한 이 탈출은 무엇 덕분인가? 그들의 육체와 대지 덕분이다.

차라투스트라는 병자에게 너그럽다. 나는 병자들이 자신의 방식으로 위로하고 은혜를 잊어버리는 것에 대해서 화내지 않는다. 내가 바라는 것은 병자들이 회복하고 극복하여 건강해지는 일이다.

또 차라투스트라는 회복되고 있는 자가 망상에 빠져서 한밤중에 자기 신의 무덤 언저리를 살그머니 배회한다 해도 노여워하지 않는다. 그러나 그런 자의 눈물도 내게는 역시 병이고 병든 육체다.

시를 짓고 신을 갈망하는 자들 가운데는 병적인 자들이 많다. 그들은 지식을 사랑하는 자와 여러 덕 중에서 가장 젊은 덕인 진실을 말하는 덕을 강렬하게 미워한다.

그들은 항상 어두웠던 과거를 회상한다. 물론 그 시대의 환상과 신앙은 지금과는 달랐다. 이성의 광기는 신성이었고, 의심은 죄악이었다. [4]

나는 신성하다는 자들을 잘 알고 있다. 그들은 자기가 사람들로부터 신임받기를 바라고, 자기를 의심하는 것이 죄가 되기를 바라고 있다. 또한 나는 그들이 무엇을 가장 믿고 있는가를 잘 알고 있다.

그들은 내세와 구원의 핏방울을 믿지 않는다. 그들이 가장 믿는 것은 육체다. 그리고 그들의 육체는 바로 그들의 본질이다. [5]

그러나 그들의 육체는 병들어 있다. 그래서 그들은 자신의 육체로부터 탈출하려고 한다. 그 때문에 그들은 죽음에 대해 설교하는 자의 말에 귀를 기울이고 자신도 내세에 대해 설교하는 것이다.

형제들이여, 차라리 건강한 육체의 소리에 귀기울여라! 그것이야말로 성실하고 순결한 소리다. 건강한 육체, 완전하고 튼튼한 육체는 보다 성실하고 보다 순결하다. 대지의 의미에 대해서 이야기해주는 것도 다름 아닌 육체다.

차라투스트라는 이렇게 말했다.

육체를 경멸하는 자

나는 육체를 경멸하는 사람에게 말하겠다. 나는 그들에게 새로운 가르침을 주려는 게 아니다. 나는 그들이 그저 육체에 이별을 고하고 침묵해 주기를 원한다.

"나는 육체며 영혼이다."

어린아이는 이렇게 말한다. 그런데 어째서 어른들은 그렇게 말하면 안 되는 것일까? 깨달음을 얻은 자, 통찰한 자는 이렇게 말한다.

"나는 육체일 뿐이다. 그리고 영혼이란 육체에 속한 어떤 것을 나타내는 말에 불과하다."

육체란 이성이며, 하나의 의미를 가진 다양한 실체다. 전쟁이며 평화고, 가축 떼인 동시에 목자기도 하다.

형제들이여, 그대가 '정신'이라고 부르는 그 작은 이성도 육체의 도구에 불과하다. 그대의 이성도 작은 도구이며 장난감일 뿐이다.

그대는 나를 '자아'라고 부르며, 이 말을 자랑으로 여긴다. 그러나 더 위대한 것은 그대가 믿으려 하지 않는 것, 즉 그대의 육체와 함께 그 육체가 지닌 이성이다. 그것은 '자아'를 주장하지 않으면서 '자아'를 행한다.

감각과 인식은 결코 그 자체가 목적이 될 수 없다. 그러나 감각과 인식이야말로 모든 것의 목적인 것처럼 그대를 설득하려고 한다. 그만큼 감각과 인식은 허영심에 가득 차 있다.

그러나 감각과 정신은 도구며 장난감일 뿐이다. 그들의 뒤에는 역시 본래의 자아*6가 있다. 이 본래의 자아는 감각의 눈으로도 찾을 수 있고, 정신의 귀로도 들을 수 있다.

이 본래의 자아는 항상 듣고 묻는다. 그것은 비교하고, 억압하고, 점령하고, 파괴한다. 이 자아는 또 지배하는 존재며 자아의 지배자기도 하다.

형제들이여, 그대의 사상과 감정 뒤에는 상력한 지배자, 알려져 있지 않은 현자가 있는데, 그 이름이 '본래의 자아'다. 그는 그대의 육체 속에 살고 있다. 그가 바로 그대의 육체인 것이다.

그대의 육체에는 가장 훌륭한 지혜보다 더 많은 이성이 있다. 그런데 무엇 때문에 그대의 육체는 그 훌륭한 지혜를 필요로 하는가?

'본래의 자아'는 그대의 '자아'를, 자아의 자랑스런 도약을 비웃는다. '본래의 자아'는 "사상의 이런 도약과 비상이 나에게 무엇이란 말인가?" 그것은 나의 목적지에 이르기 위한 우회로다. 나야말로 '자아'를 인도하는 줄이요,

‘자아’의 모든 개념을 제시하는 사람이다’라고.

‘본래의 자아’가 자아에게 “자, 고통을 느껴라”라고 말한다. 그러면 자아는 고통을 느끼고 어떻게 하면 괴로움에서 벗어날 수 있는지 곰곰이 생각해 본다. 자아가 생각하는 이유는 바로 그 때문이다.

‘본래의 자아’가 자아에게 “자, 쾌락을 느껴라”라고 말한다. 그러면 자아는 쾌락을 느끼고, 어떻게 하면 더욱더 즐거워질 수 있는지 곰곰이 생각해 본다. 자아가 생각하는 이유는 바로 그 때문이다.

나는 육체를 경멸하는 사람에게 한마디 더 하려고 한다. 그들의 경멸도 존경에서 비롯된 것이라고.

그러면 존경과 경멸, 가치와 의지를 창조한 것은 무엇인가? 창조적인 ‘본래의 자아’가 자기 자신을 위해 존경과 경멸을 창조했다. 그리고 쾌락과 고통을 창조했다. 창조적인 육체가 자아 의지의 도구로써 정신을 창조한 것이다.

육체의 경멸자들이여! 그대들의 어리석음과 경멸 때문에 그대들은 자신의 ‘본래의 자아’에게 봉사하고 있다. 나는 그대들에게 말한다. 그대들이 육체를 경멸하는 이유는 ‘본래의 자아’가 죽기를 원하며 생을 외면하고 있기 때문이라고.

그대들의 본래 자아는 자신이 가장 원하는 것, 바로 자신을 초월하여 창조하는 것을 실행할 만한 능력을 잃어 버렸다. 그것이야말로 ‘본래의 자아’가 가장 원하던 것이자 모든 정열의 원천이었건만.

그러기에는 이미 늦었다. 그래서 그대들의 ‘본래의 자아’는 몰락을 원한다. 그래서 그대들은 육체의 경멸자가 되었다. 그대들은 이제 자신을 초월하여 창조할 수 없는 몸이 되고 만 것이다.

그대들은 삶과 대지를 향해 화를 내고 있다. 그대들의 경멸하는 곁눈질 속에는 무의식적인 질투가 깃들어 있다. 나는 그대들과 같은 길을 걷지 않으리라. 육체의 경멸자여, 그대들은 나에게 있어 초인을 향해 건너가는 다리가 아니다.

차라투스트라는 이렇게 말했다.

희열과 정열

형제여, 그대가 덕을 지니고 있는데 그것이 그대 것이라면, 그대는 그것을 어느 누구와도 함께 갖지 않을 것이다. 그리고 그대는 이름을 붙여 그 덕을 부르고, 어루만져 주고 싶어하리라. 그 귀를 잡고 만지작거리고 싶어하리라. 그러나 보라! 그대는 그 덕에 어떤 이름을 붙임과 동시에 그것을 군중과 공유하게 되고, 그대는 군중이 되며 짐승의 무리가 되어 버린다.

차라리 그대는 이렇게 말하는 게 나을 것이다.

"내 영혼의 아픔이자 기쁨이며, 또한 배 속의 굶주림이기도 한 그것은 말로 표현하기 힘들고 이름붙이기도 힘든 것이다."

그대의 덕은 이름을 불러 친숙해지기보다 더 높은 것이 되기를 바란다. 그리고 그대가 덕에 대해 말해야 할 때에 더듬거리면서 말하는 것을 부끄러워하지 말라. 그때는 오히려 더듬거리면서 이렇게 말하는 게 좋을 것이다.

"이것이 나의 선이다. 나는 이것을 사랑한다. 이런 것들이 내 마음에 들며, 이런 선을 원한다. 나는 그것을 신의 법칙으로 바라는 것이 아니며, 또 인간들의 규약이나 필수품으로서 바라는 것도 아니다. 그것이 나를 세계 저편이나 하늘나라의 낙원으로 인도하는 것을 거절한다.

내가 사랑하는 것은 이 땅에서의 덕이다. 그 속에는 세상의 지혜가 거의 포함되지 않고, 모든 사람의 이성이 포함되는 일은 더더욱 적다.

그러나 이 새는 우리 속에 둥지를 틀었다. 그러므로 나는 그것을 가슴에 안는다. 지금 그것은 내 품속에서 황금알을 부화하고 있다."

그대는 이런 식으로 더듬거리며 그대의 덕을 찬미해야 한다.

일찍부터 그대는 여러 가지 정열을 가지고 있었으나 그것을 악이라 불렀다. 그렇지만 지금 그대는 그것을 덕이라고 말해도 된다. 그대의 덕은 정열에서 생겨난 것이기 때문이다.

그대는 이 정열에 최고 목적을 두었다. 그래서 그 정열이 그대의 덕과 기쁨이 되었다.

그대가 거칠고 난폭한 종족 출신이거나 음탕한 자, 광신자, 또는 복수심 강한 종족 출신이라고 하더라도 마찬가지다. 결국 그대의 정열은 모두 덕이 되고, 그대의 악마들은 다 천사가 되었다.

일찍이 그대는 그대의 움막 속에 사나운 개들을 키우고 있었다. 그렇지만 결국 그 개들은 작은 새와 사랑스럽게 노래하는 여자로 변했다.

그대는 그대의 독에서 향유를 만들어 냈다. 그대는 애수라는 그대 암소의 달콤한 젖을 빨고 있다.

이제 그대로부터는 아무런 악도 생기지 않는다. 생기는 것이 있다면 그대의 덕과 덕의 갈등에서 생기는 악뿐이리라.

형제여, 그대가 행운아라면 그대는 단지 하나의 덕을 지닐 뿐 그 이상의 덕은 지니지 않으리라. 그리고 그대는 보다 가볍게 다리를 건너가리라. 많은 덕을 갖는 것은 훌륭한 일이지만 그것은 가혹한 운명이다. 많은 덕 때문에 사막으로 가서 스스로의 목숨을 버린 자가 적지 않다. 그들이 여러 가지 덕의 투쟁과 싸움터가 되는 것에 지쳐 버렸기 때문이다.

형제여, 그대들은 전쟁이나 투쟁을 악이라고 생각하는가? 그러나 이 악은 필연적이다. 그대가 갖고 있는 덕과 덕 사이의 질투, 불신, 그리고 비방도 필연적인 것이다.

보라, 그대가 지니고 있는 덕 하나하나가 얼마나 높은 곳을 목표로 삼고 있는가를! 덕 하나하나가 그대의 온 정신을 요구하고 그것을 전령사로 삼으려고 한다. 덕 하나하나는 노여움이나 증오, 사랑에 있어서도 그대의 모든 힘을 요구한다.

모든 덕은 다른 덕을 질투한다. 질투란 참으로 무서운 것이다. 덕도 질투에 의해 파멸되는 수가 있다. 질투의 불길에 싸인 자는 결국 전갈처럼 자신에게 독침을 겨냥하게 되리라. *7

형제들이여, 그대는 자신에게 반항하여 자신을 죽인 그런 덕을 아직 보지 못했는가?

인간은 극복해야 할 존재다. 그 때문에 그대는 그대의 덕을 사랑해야 하리라. 그 덕이 그대를 파멸시킬 수 있기 때문이다. *8

차라투스트라는 이렇게 말했다

창백한 범죄자

법관들이여, 짐승을 제물로 바치는 사제들이여! 그대들은 제물인 짐승이 수긍해야만 그것을 죽이는가? 그렇다면 보라! 저 창백한 범죄자는 이미 자신의 고개를 끄덕였다. 그의 눈에는 경멸의 빛이 스며 있다.

"나의 자아는 극복해야 할 어떤 것이다. 나의 입장에서 볼 때 그것은 인간에 대한 커다란 경멸이다."

그의 눈은 이렇게 말하고 있다.

그가 자신을 심판한 것은 그의 최고의 순간이었다. 이 숭고한 인간을 원래의 그 저열했던 곳으로 되돌려 보내지 말라.

이처럼 자기 존재로 인해 괴로워하는 자를 구제하는 유일한 방법은 죽음이다.

법관이여, 그대들은 범죄자를 동정 때문에 죽여야지 복수 때문에 죽여서는 안 된다. 그리고 죽이는 것으로 자신의 삶을 정당화시키도록 노력하라.

그대들이 죽이는 자와 사형으로 화해하는 것만으로는 충분하지 않다. 그때 느끼는 그대들의 비애가 초인이 되고자 하는 사랑이 되도록 승화시켜라. 그렇게 함으로써 그대들이 아직 살아 남아 있다는 근거가 된다.

그대들은 범죄자를 '적'이라고 해야 하며, '악인'이라고 해서는 안 되리라. 또한 '병자'라고 해야 하며 '비열한 자'라고 해서는 안 된다. '어리석은 자'라고 말해야 하며 '죄인'이라고 해서는 안 된다.

붉은 법복을 입은 법관이여, 만일 그대가 생각 속에 이미 들어와 있는 것들을 큰 소리로 고백한다면 모든 사람이 이렇게 외칠 것이다.

"이 불순한 자를, 이 독충을 없애 버려라!"

그러나 생각과 행위, 그 행위의 표상은 서로 다르다. 이들 셋 사이에는 인과 관계의 바퀴가 돌고 있지 않다.

이 창백한 범죄자를 하나의 관념이 더 창백하게 한다. 그가 범죄 행위를 저질렀을 때 그와 그 행위는 한몸이었다. 더욱이 그 행위를 저지르고 난 뒤, 그는 그 행위의 표상에 견딜 수가 없다.

이제 그는 자신을 그 범죄 행위의 행위자로 보게 되었다. 나는 이것을 광기라고 부른다. 그는 예외적인 행위를 본질이라 잘못 인식하게 된 것이다.

암탉은 주위에 백묵으로 선을 그어 놓기만 해도 움직이지 못한다.

이처럼 범죄자의 행위는 그의 불쌍한 이성을 감금시킨다. 나는 이것을 행위 '뒤의' 광기라고 부른다.

들어라, 법관들이여! 그 외에도 광기는 더 있다. 바로 행위 '이전의' 광기다. 아, 그대들은 이러한 영혼 속으로 깊이 파고들 수가 없다.

붉은 법복을 입은 법관들은 이렇게 말한다.

"도대체 이 범죄자의 살인 동기는 무엇인가? 약탈이 목적이다."

그러나 나는 그대들에게 말한다. 그의 영혼은 피를 원했을 뿐이지 약탈을 원한 것은 아니었다. 그는 칼의 행복에 굶주려 있었다.

그러나 그의 불쌍한 이성은 자아의 광기를 이해하지 못했다. 그러고는 오히려 그를 설득하려 했다.

"피가 문제가 아니다. 이 기회에 약탈이라도 하지 않겠단 말인가? 복수는 어떤가?"

결국 광기는 자신의 불쌍한 이성의 소리에 따랐다. 이성이 하는 말은 그를 납처럼 무겁게 내리누르며 떠나지 않았다.

그래서 그는 살인과 동시에 약탈까지 했다. 그는 자아의 광기를 수치스러워하고 싶지 않았던 것이다. [9]

이제 그의 가슴은 죄책감의 납덩어리가 짓누르고 있다. 또 그의 불쌍한 이성은 경직되고, 마비되고, 무거워지고 있다.

그가 머리만 한 번 흔들 수 있어도 그의 무거운 짐은 굴러떨어지고 말리라. 그런데 어느 누가 그의 머리를 한 번 흔들게 할 수 있을 것인가?

이 인간은 무엇인가? 병의 퇴적물이다. 그 병이 정신을 통해 온 세계에 손길을 뻗으려고 한다. 그 병이 세계에서 먹이를 얻으려고 한다. [10]

이 인간은 무엇인가? 무리를 지어 싸움을 계속하는 광포한 뱀들의 무리다. 그 뱀들이 제멋대로 빠져 나와서 세계에서 먹이를 얻으려 한다.

그의 가녀린 육체를 보라. 그의 빈약한 영혼은 그 괴로움과 욕구를 제멋대로 살인의 쾌락과 칼의 행복이라고 해석한다. [11]

지금 병든 자는 악마의 습격을 받는다. 그는 자신을 괴롭힘으로써 다른 자에게도 괴로움을 주려고 한다. 그러나 지금은 이미 시대가 달라져 그때의 선악과 지금의 선악은 다르다.

과거에는 의심이 악이었고, 본래 자아의 의지가 악이었다. 그 시대에 병든 자는 이단자가 되거나 마녀가 되었다. 그래서 스스로 괴로워했으며 다른 사람들도 괴롭혔다.

그러나 그대들의 귀에는 이런 말이 들리지 않는다. 그대들은 그것이 선량한 사람들에게 해가 될 것이라고 말하리라. 그러나 선량한 사람들이 내게 무슨 소용이 있는가?

그대들, 선량한 사람들이 갖고 있는 대부분의 것은 나에게 구역질을 일으키게 한다. 그들의 악이 구역질의 원인이 아니다. 차라리 나는 그들이 저 창백한 범죄자처럼 자아 파멸의 근원이 될 듯한 광기라도 가지고 있었으면 좋았으리라 생각한다.

참으로 나는 진실, 성실, 정의라고 불리는 것들이 그들의 광기였으면 좋았으리라 생각한다.

그러나 그들은 다만 오래 살기 위해서, 비참한 안일 속에서 살기 위해 덕을 지니고 있을 뿐이다.

나는 격류의 기슭에 서 있는 난간이다. 나를 붙들 수 있는 자는 붙들어라! 그러나 나는 그대들의 지팡이가 아니다.

차라투스트라는 이렇게 말했다.

독서와 저술

모든 글 가운데서 나는 피로 쓴 것만 사랑한다. 피로 써라! 그러면 그대는 피가 바로 정신이라는 것을 알게 되리라.

다른 사람의 피를 이해하는 것은 그리 쉬운 일이 아니다. 나는 독서하는 게으른 사람을 미워한다.

독무엇인지를 알고 있는 자는 독서를 위해서 아무것도 하지 않는다. 앞으로 1세기 동안 이런 독서가 계속된다면 정신은 심한 악취를 풍기게 될 것이다.

독서에 대해 공부한다는 것은 쓰는 것뿐만 아니라 생각하는 것까지도 타락시킬 것이다.

일찍이 정신은 신이었다. 드디어 정신은 인간이 되었다. 그런데 지금 정신은 천민이 되고 있다.

피와 잠언으로 글을 쓰는 자는 읽히는 걸 바라지 않고 암송되기를 바란다.

산과 산 사이의 가장 가까운 길은 산꼭대기에서 산꼭대기로 바로 이어지는 길이다. 그러나 그런 길을 가려면 그대는 건강한 육체를 가져야 한다. 잠언이라는 것은 산꼭대기다. 그리고 잠언을 듣는 사람은 아주 건강한 체구의 소유자다.

거기에는 희박하지만 밝은 공기, 신변의 위험, 그리고 쾌활한 악의에 찬 정신, 이런 것들이 잘 어우러져 있다.

나에게는 용기가 있기 때문에 내 주변에 마귀가 있기를 바란다. 망령을 겁주고 물리칠 수 있는 용기는 나를 위해서 마귀를 창조해 낼 것이다. 용기는 자신에 찬 웃음을 원한다.

나는 더 이상 그대들처럼 느끼지 않는다. 내가 내려다보는 이 구름, 내가 비웃는 이 검고 무거운 구름이 그대들에게는 천둥이다.

그대들은 높이 오르기를 바라기 때문에 위를 본다. 그러나 나는 이미 높은 곳에 있기 때문에 아래를 내려다본다.

그대들 가운데 누가 크게 웃을 수 있을 것이며, 높은 곳에 있다고 할 수 있겠는가?

가장 높은 산꼭대기에 올라가 있는 자는 모든 비극과 슬픔, 비극적 현실을 비웃는다. *12

지혜는 우리에게 용기 있고, 태연하며, 조소하고, 난폭해지라고 한다. 지혜는 한 사람의 여성처럼 늘 전사만을 사랑한다.

그대들은 나에게 말한다.

"인생은 무거운 짐이다."

그러나 이렇게 말하는 그대들도 아침에는 자신에 차 있지만 저녁에는 체념하고 만다. 도대체 무엇 때문인가?

인생은 무겁다. 그러나 그렇게 연약한 꼴을 보이지는 마라.

우리는 그 짐을 질 정도로 힘이 센 한 쌍의 당나귀다.

한 방울의 이슬로도 떨리는 장미 꽃봉오리와 우리 사이에는 어떤 공통점이 있을까?

우리는 삶에 익숙해 있기 때문이 아니라 사랑하는 것에 익숙해 있기 때문에 삶을 사랑하는 것이다.

사랑 속에는 언제나 약간의 광기가 깃들어 있지만, 광기 속에는 언제나 약간의 이성이 들어 있다.

인생을 사랑하는 나도 나비나 비누 거품 같은 자들이 행복에 관해서 가장 잘 알고 있다고 생각한다.

이처럼 가볍고, 어리석고, 사랑스러운 데다 발랄한 작은 영혼들이 펄펄 날고 있는 것을 보면, 나 차라투스트라는 눈물을 흘리며 저절로 노래부르게 된다.

내가 신을 믿는다면 아마 춤출 줄 아는 신만을 믿으리라.

내가 악마를 보았을 때 그 악마는 진지하고 헤아리기 어려울 정도로 깊고 엄숙하기까지 했다. 그것은 무거운 영혼이었다. 모든 사물은 이 영혼의 지배를 받아 나락으로 떨어진다. 이것을 물리치는 것은 노여움이 아니라 웃음이다. 자, 무거운 영혼을 물리치자.

나는 걷는 법을 배우고 익혔다. 그 뒤 나는 발걸음 나아가는 대로 달렸다.

나는 날아다니는 법도 배우고 익혔다. 그 뒤 나는 사람에게 밀려 움직이는 것을 좋아하지 않는다.

지금 나는 가볍다. 지금 나는 날고 있다. 지금 나는 자신을 내려다본다. 한 신이 지금 나를 통해서 춤추고 있다.

차라투스트라는 이렇게 말했다.

산 위에 서 있는 나무

차라투스트라는 한 젊은이가 자신을 피해 달아나는 것을 보았다. '디 분테 쿠'라고 불리는 마을을 둘러싼 산 속을 혼자 걷고 있던 어느 날 저녁, 그는 우연히 그 젊은이를 보았다. 젊은이는 어느 나무 밑동에 기대 앉아서 피로한 눈으로 골짜기를 바라보고 있었다.

차라투스트라는 그 나무에 손을 대며 이렇게 말했다.

"내가 아무리 누 손으로 이 나무를 흔들려고 해도 할 수 없을 것이다. 그러나 우리 눈에 보이지 않는 바람은 이 나무를 괴롭히고 마음대로 흔든다. 우리를 가장 심하게 흔들고 괴롭히는 것은 바로 눈에 보이지 않는 손이다."

그 말에 젊은이는 놀라 일어나며 말했다.

"그대는 차라투스트라군요. 마침 그대를 생각하고 있어요."

"그런데 그대는 왜 그렇게 놀라는가? 인간도 나무와 마찬거지다. 높은 곳이나 밝은 곳으로 뻗어가려 할수록 그 뿌리는 더욱더 강한 힘으로 뻗어 내려가지. 땅으로, 아래로, 암흑 속으로, 깊은 곳으로, 악 속으로."

"그렇소. 악 속으로! 어떻게 그대는 내 영혼까지 꿰뚫어볼 수 있지요?"
젊은이가 물었다.

차라투스트라는 웃으며 말했다.

"영혼이란 그렇게 쉽게 꿰뚫어볼 수 있는 것은 아니네. 우리가 먼저 그 영혼을 꾸며내지 않는다면 말이지."

"그래요. 악 속으로!" 젊은이는 다시 외쳤다.

"그대는 진실을 말하고 있어요, 차라투스트라. 나는 높은 곳으로 몸을 뻗으려 한 뒤부터 나 자신을 믿을 수 없게 되었어요. 그리고 아무도 이제는 나를 믿으려 하지 않아요. 도대체 왜 그렇게 된 것이지요?

나는 너무도 빨리 변했어요. 오늘의 나는 어제의 나를 부정하지요. 나는 오를 때 계단을 건너뛰어 오르지요. 그러나 어떤 계단도 나의 그런 행동을 용서하지 않아요.

높은 데 올라가 보면 언제나 나는 혼자고, 아무도 나와 이야기하지 않아요. 고독이라는 매서운 추위가 나를 무서워 떨게 하지요. 도대체 나는 높은 데서 무엇을 하려는 걸까요?

경멸하는 마음과 동경하는 마음이 동시에 일어나곤 해요. 높이 오를수록, 나는 오르는 자를 경멸하지요. 도대체 높은 데 올라가 내가 무엇을 할 수 있을까요?

비틀거리며 오르는 내가 얼마나 부끄러운지 모르겠습니다. 숨이 차서 헐떡거리는 나 자신을 얼마나 비웃는지! 하늘을 날아다니는 자를 얼마나 미워하는지! 높은 데 오르고 나면 나는 얼마나 지쳐 있는지 모릅니다!"

여기서 젊은이는 입을 다물었다. 차라투스트라는 옆에 서 있는 나무를 보면서 이렇게 말했다.

"이 나무는 여기 산 위에 고독하게 서 있네. 이 나무는 인간과 동물을 뛰어넘어 우뚝 서 있지.

이 나무가 무엇인가 말하려 해도 그것을 이해할 만한 상대는 한 사람도 없네. 이 나무는 그만큼 높이 자랐기 때문이야.

지금도 이 나무는 한결같이 기다리고 있는데, 도대체 무엇을 기다리고 있을까? 이 나무는 구름이 있는 곳에 너무 가까이 서 있지. 이 나무는 혹시 최초의 번개를 기다리고 있는 것은 아닐까?"

차라투스트라가 이렇게 말하자 젊은이는 심하게 몸부림치며 외쳤다.

"그래요, 차라투스트라. 그대는 진실을 말했어요. 높은 데 오르려고 했을 때 나는 몰락을 바라고 있었어요. *13 그리고 그대는 바로 내가 기다리던 번개입니다. 그대가 내 앞에 나타난 뒤 내가 무엇이 됐겠습니까? 나는 그대에 대한 '질투' 때문에 괴로웠어요."

젊은이는 이렇게 말하고 나서 소리내어 울었다. 차라투스트라는 젊은이를 부축해서 함께 그 자리를 떠났다. 둘이 한참 걷고 나서 차라투스트라가 이렇게 말하기 시작했다.

"가슴이 찢어질 것 같군. 그대의 말보다도 그 눈빛이 그 모든 위험에 대해 말하고 있어.

그대는 아직 부자유스럽고, 아직도 자유를 '찾아 헤매고' 있어.

그 탐구가 바로 그대를 잠 못 들게 하고 계속 눈뜨게 하는 것이네.

그대는 자유로운 고지를 목표로 하고 있고, 그대의 영혼은 별의 세계를 갈망하고 있네.

그대 내부의 사나운 개들이 자유의 몸이 되고 싶어하는 게지. 그대의 정신이 온갖 감옥을 부숴 버리려고 노력할 때, 그 개들은 지하실에서 해방에 대한 기대와 욕망으로 몹시 짖어 댄다네.

내가 보기에 그대는 아직도 포로여서 자유를 생각하며 그 자유를 머리에 그리고 있을 뿐이네. 이런 포로의 영혼은 현명하고 재빠르지만, 동시에 교활해지거나 천해지기도 하지.

정신의 자유를 얻은 사람 역시 자아를 정화시켜야만 해. 그의 속에는 보다 많은 감옥과 곰팡이가 여전히 남아 있기 때문이지. 그의 눈 또한 깨끗해져야만 하지.

그렇다네. 나는 그대의 위험을 알고 있네. 하지만 나의 사랑과 희망을 걸고 그대에게 명령하노니, 그대의 희망과 사랑을 버리지 말라!

그대는 여전히 자신이 고귀하다고 느끼고 있다고, 그대에게 불쾌감을 느끼고 악의에 찬 시선을 던지는 다른 사람들 역시 그대가 고귀하다고 생각하네. 그러나 고귀한 자는 다른 사람에게 방해물이라는 것을 알아야 하네. 착하다는 사람에게조차 고귀한 자는 방해물이지. 그리고 그들은 이 고귀한 자를 착하다고 하면서, 사실은 그를 제거하려고 하는 것이네.

고귀한 자는 관습을 타파하고 새로운 것, 새로운 덕을 창조하려고 하지.

착하다는 사람은 오래된 것을 사랑하고, 오래된 것이 계속 유지되기를 바란다네.

그러나 고귀한 자에게는 그가 착한 사람이 될 수도 있다는 것보다 철면피한 자, 냉소하는 자, 부정한 자가 될 수도 있다는 사실이 위험하지.

아, 나는 가장 큰 희망을 잃은 고귀한 자들을 알고 있네. 그들은 희망을 잃고 온갖 높은 희망을 비방하게 되었지. 그리고 그들은 덧없는 쾌락에 빠져 몰염치해지고, 불과 하루 앞의 미래에도 목표를 두지 않게 되었다네.

"쾌락도 정신이다"라고 그들은 말했지. 그때 그들 정신의 날개는 찢겼고, 지금 그 정신은 엉금엉금 기어다니면서 모든 것을 물어뜯고 그것을 더럽히고 있네.

일찍이 그들은 영웅이 되려고 했네. 하지만 탕아가 되었지. 이제 그들에게 영웅은 원한과 공포의 대상일 뿐이야.

그러나 나는 나의 사랑과 희망을 걸고 그대에게 간절히 바라네.

그대 영혼 속의 영웅을 던져 버리지 말라! 그대에게 가장 큰 희망을 신성시 하라!"

죽음을 설교하는 자

세상에는 죽음에 대해 설교하는 자가 있다. 또 이 대지에는 삶에서 떠나라는 설교를 들어야 할 자들로 가득 차 있다.

대지는 쓸모없는 자들로 가득 차 있다. 삶은 '많은 이들의, 너무 많은 사람들'에 의해서 황폐해지고 있다. 그들은 그 '영원한 삶'이란 것을 좇아 삶에서 사라지는 편이 낫다.

죽음을 설교하는 자들은 '노란 사람들' 혹은 '검은 사람들'이라고 불린다. 그러나 나는 다른 색깔로 보여주겠다.

그들 중에는 자아 속에 사나운 짐승을 품고 쾌락을 즐기거나 자신의 육체를 찢어버리는 것 외에는 아무런 선택도 하지 않는 무서운 자들이 있다. 그들에게는 자신의 육체를 찢는 것도 쾌락이다.

이 끔찍한 자들은 아직도 사람이 되지 못했다. 그래서 자신은 물론 다른 사람에게까지 삶에서 벗어나라고 설교한다. 또 죽음을 설교하는 자들 가운데는 영혼이 결핵에 걸린 환자가 있다. 그들은 태어나자마자 죽음에 한 발을 들여 놓은 채 권태와 체념의 가르침을 동경한다.

그들은 언제나 죽은 자기를 바란다. 그들의 바람을 인정해 주자. 그리고 죽은 자들의 잠을 방해하지 말고, 이들이 살고 있는 관을 훼손하지 않도록 조심하자. 그들은 병자나 노인, 혹은 시체를 만나면 바로 이렇게 말한다.

"삶은 모순이다."

그러나 모순은 바로 그들 자신이다. 생존의 한쪽 면밖에 보지 못하는 그들의 눈, 그것이 모순일 뿐이다.

두터운 우울이라는 모피를 덮어쓴 채 그들은 죽음을 불러오는 작은 우연을 기다리고 있다. 이를 악물고 초조하게 기다리고 있다.

그들은 사탕과자에 손을 댄다. 그러면서도 어린아이 같은 자신의 행동을 비웃는다. 그들은 지푸라기 같은 삶에 매달려 있으면서도 그러는 자신들을 자조한다.

그들의 지혜는 이렇게 말한다.

"계속 살아가는 자는 어리석다. 이렇게 계속 살고 있는 우리도 어리석다. 그리고 그것을 알면서도 계속 살고 있다는 것이야말로 가장 어리석은 짓이다."

다른 어떤 자들은 이렇게 말한다.

"삶은 괴로움에 불과하다."

그것은 거짓말이 아니다. 그렇다면 최소한 그렇게 말하는 '그대들이야말로' 삶을 끝내도록 하면 어떻겠는가? 그대들의 덕에 대한 가르침은 이래야 한다.

"그대는 스스로 목숨을 끊어야 한다. 이 세상에서 조용히 떠나야 한다."

죽음의 설교자들 중 일부는 이렇게 말하기도 한다.

"육욕은 죄악이다. 육욕을 피하기 위해 자식을 만들지 말자."

"아이를 낳는 것은 고난이다. 그걸 알면서 무엇 때문에 사는가? 단지 불행을 낳을 뿐인데."

이런 식으로 말하는 자들 역시 죽음을 설교하는 자들이다.

또 다른 자들은 이렇게 말한다.

"동정은 꼭 필요하다. 내가 갖고 있는 것을 가지고 가라. 그대들이 그렇게 할수록 나는 삶의 구속으로부터 벗어날 수 있다."

만일 그들이 정말 연민을 가진 자라면 이웃 사람들이 삶을 더욱 혐오하게 만들어야 할 것이다. 사악해지는 것이 그들의 진정한 선일 것이다.

그들은 삶에서 벗어나기를 바란다. 그런데도 그들이 다른 사람들을 쇠사슬과 선물로 한층 더 강하게 삶에 붙들어 놓으려 하는 이유는 무엇인가?

삶을 격한 노동과 불안이라고 생각하는 그대들이 사실은 삶에 몹시 싫증을 느끼고 있는 것은 아닌가? 그대들도 죽음의 설교를 받아들일 만큼 삶에 지쳐 있는 것은 아닌가?

그대들은 힘든 노동을 사랑하고 새로운 것이나 이상한 것을 좋아하지만 스스로를 견디지 못하고 있다. 그대들이 성실하게 일하는 것은 도피고, 자신을 잊으려는 의지에 불과하다.

만일 그대들이 좀더 삶을 믿고 있다면 그처럼 순간에 몸을 맡기지는 않을 것이다. 그러나 그대들은 조용하게 기다릴 여유도 없고, 자기 속에 실제로 여유가 있는 것도 아니다.

곳곳에서 죽음에 대해 설교하는 자들의 소리가 울려 퍼지고 있다. 그리고 이 대지는 죽음의 설교를 들어야 할 자들로 가득 차 있다. 그러나 '영원한 삶'에 대한 설교를 들어야 할 자들이 대지를 가득 메우고 있다 하더라도 나는 상관없다. 오직 그들이 빨리 저편의 세계로 사라져 주면 좋겠다.

차라투스트라는 이렇게 말했다.

전쟁과 전사

우리는 가장 강력한 적으로부터 위로받기를 바라지 않는다. 진심으로 사랑하는 자들로부터 위로받는 것 또한 바라지 않는다. 그러니 내가 그대들에게 진실을 말하게 하라!

싸움터에 있는 내 형제들이여! 나는 진심으로 그대들을 사랑한다. 나는 그대들과 같은 사람이다. 그리고 그대들의 가장 강력한 적이기도 하다. 그러니 내가 그대들에게 진실을 말하게 하라!

나는 그대들의 미움과 질투에 대해 알고 있다. 그대들은 미움과 질투에 무관심할 만큼 위대하지는 않다. 그러니 그것을 부끄러워하지 않도록 위대해져라.

사물의 이치를 터득해 성자가 되지는 못한다면 적어도 그런 전사가 되도록 하라! 전사는 성자들의 길동무이자 선구자다.

군졸은 많지만, 내가 보기를 원하는 것은 전사다. 그들이 입고 있는 제복은 '유니폼'이라고 불린다. 그대들이 제복에 싸여 있을지라도 유니폼처럼 획일적이지 않기를! 그대들의 눈은 항상 '그대들에 걸맞은' 적을 찾고 있어야 한다. 그렇게 함으로써 그대들 가운데 몇 사람은 첫눈에 미움이라는 것을 찾아낼 수 있을 것이다.

그대들은 자신의 적을 찾아내야 한다. 그대들의 사상을 위해서 싸워야만 한다. 만일 그대들의 사상이 패배한다 해도 성실성은 승리의 소리를 외쳐야 한다.

평화는 오직 새로운 싸움의 수단으로 사랑해야 한다. 그리고 오랜 평화보다도 짧은 평화를 사랑해야 한다.

나는 그대들에게 노동이 아닌 전투를 권한다. 평화를 원하지 말고 승리를 원할 것을 권한다. 그대들의 노동은 전투여야 하고, 그대들의 평화는 오직 승리여야 한다.

인간은 활과 화살을 지니고 있을 때만 침묵하고 조용히 앉아 있을 수 있다. 그렇지 않을 때는 쓸데없는 말을 지껄이며 서로 적대시한다. 그대들의 평화는 승리의 평화다.

그대들은 이유가 정당하다면 전쟁까지도 신성한 것으로 만든다고 말한다. 나는 그대들에게 선의의 전쟁은 모든 이유를 신성하게 만든다고 말한다.

전쟁과 용기는 이웃에 대한 사랑의 결과보다도 더 많은 위대한 일을 해왔다. 지금까지 위험과 어려움에 빠져 있던 자를 구출한 것은 그대들의 연민이 아니고 바로 용기였다.

그대들은 "선이란 무엇인가?"라고 묻는다. 용감한 것이 '선'이다. "선한 것은 아름답고 동시에 감동적인 것이다"라고 소녀들이 말하게 하라!

사람들은 그대들을 보고 정이 없다고 한다. 그러나 그대들의 마음은 순수하다. 그리고 나는 애정을 겉으로 드러내기를 부끄러워하는 그대들을 사랑한다. 그대들은 마음의 밀물을 부끄러워하지만, 다른 자들은 마음의 썰물을 부끄러워한다.

그대들은 추한가? 그렇다면 나의 형제들이여, 숭고함을 몸에 지녀라. 숭고함이란 바로 추한 자들이 입어야 할 외투다.

그러나 그대들의 영혼이 위대해지면 그 영혼은 거만해진다. 그리고 그대들의 숭고함에 악의가 생기게 된다. 나는 그대들을 잘 알고 있다.

악의 속에서 거만한 자는 약한 자와 같다. 그러나 그것은 양 쪽이 서로를 오해한 결과다. *14 나는 그대들을 잘 알고 있다.

그대들은 다만 미워해야 할 적을 만들어야 한다. 경멸해야 할 적은 만들지 말아야 한다. 그대들은 적을 자랑할 수 있어야 한다. 그렇게 하면 적의 성공이 그대들의 성공이 되기도 한다.

반항, 그것은 노예에게는 미덕이다. 그대들의 미덕이 복종인 것처럼! 그대들이 명령하는 것까지도 복종이 되게 하라!

훌륭한 전사의 귀에는 '너희는 행할지어다'가 '나는 하고자 한다'보다 더 좋게 들린다. 그러므로 그대들은 좋아하는 것들을 먼저 자신에게 명령해야 한다. *15

삶에 대한 그대들의 사랑은 가장 큰 희망에 대한 사랑이어야 한다. 그리고 가장 큰 희망이라는 것은 그대들의 삶에 있어서 가장 중요한 최고의 사상이어야 한다.

그러나 그대들은 내가 그대들에게 가장 중요한 사상을 명령하도록 해야 한다. 인간이란 극복되어야 할 어떤 존재라는 가장 중요한 사상을.

이처럼 그대들은 복종하고 싸우는 삶을 살아가라. '오래 산다는 것'에 무슨 의의가 있는가? 남에게 위로받기를 바라는 전사가 있을까? 나는 그대들을 위로하지 않겠다. 나는 그대들을 진심으로 사랑한다. 나와 함께 전쟁하는 형제여!

차라투스트라는 이렇게 말했다.

새로운 우상

아직도 어딘가에는 민족과 민중이 있을 것이다. 하지만 우리에겐 없다. 나의 형제들이여, 여기에는 국가가 있을 뿐이다.

국가! 국가란 무엇인가? 자, 지금이야말로 귀기울여 잘 들을 때다. 이제

나는 그대들에게 민족의 죽음에 대해서 말할 것이다.

국가란 차디찬 괴물 가운데서도 가장 냉혹한 괴물이다. 국가는 싸늘한 거짓말을 거침없이 한다. 그 입에서 나오는 거짓말은 이런 것이다.

"나, 곧 국가는 민족이다."

그것은 거짓말이다! 일찍이 민족을 창조하고 그 머리 위에 신앙과 하나의 사랑을 걸어 놓은 것은 창조자들이었다. 그렇게 함으로써 그들은 삶에 봉사했다. 많은 사람을 빠뜨리기 위해 파놓은 함정을 국가라 부르는 자들이 있는데, 그들은 파괴자들이다. 그 파괴자들은 그 함정 위에 한 자루의 칼과 백 가지 욕망의 먹이를 달아놓았다.

민족이 존재하고 있는 곳에서, 민족은 국가라는 것을 이해하지 못한다. 그리고 국가를 사악한 눈으로, 또 풍습과 규율에 대한 죄로서 증오한다.

민족이란 이런 것이다. 민족이란 모든 선과 악에 대해 자신의 언어로 이야기한다. 그리고 다른 나라에서는 그 말을 이해하지 못한다. 민족은 저마다의 언어를 풍습이나 법칙 속에서 창조해낸다.

그러나 국가는 선과 악에 대해 모든 언어를 동원해 거짓말을 한다. 국가가 어떤 말을 하든 그것은 모두 거짓말이다. 국가가 어떤 물건을 소유하고 있든 그것은 모두 훔쳐 온 것이다.

국가가 지닌 것은 모두 가짜다. 그들은 훔친 이빨로 모든 것을 물어뜯는다. 내장까지도 가짜다.

선과 악에 대한 언어의 혼란이야말로 국가가 목표로 하는 것이다. 진정 그것은 죽음에 대한 의지를 나타낸다. 그것은 죽음을 설교하는 자들을 향해 눈짓한다. [16]

너무나 많은 사람이 태어난다. 국가는 이렇게 쓸데없이 태어난 자를 위해 생긴 것이다.

보라, 국가가 얼마나 많은 자들을 끌어들이는가를! 국가가 어떻게 그들을 집어삼켜 씹고 다시 씹고 있는가를!

"지상에 나보다 위대한 것은 없다. 나는 질서를 부여하는 신의 손을 가졌으니."

그 괴물은 이렇게 소리친다. 그때 무릎을 꿇고 고개를 숙이는 것은 귀가 얇은 자나 눈이 나쁜 자들만이 아니다. [17]

아, 위대한 영혼의 소유자여. 국가는 그대들에게도 음험한 거짓말로 속삭인다. 국가는 스스로를 낭비하고 몸을 내맡기려는 자들의 마음을 꿰뚫어보고 있다.

그렇다. 그대, 낡은 신들을 극복한 자들이여! 국가는 그대들의 마음까지 꿰뚫어본다. 그대들은 그 극복을 위한 전투로 지쳤다. 그래서 그대들은 새로운 우상을 섬기고 있다.

국가라고 하는 새로운 우상은 영웅이나 명예를 좋아하는 자들을 주위에 세우고 싶어한다. 그는 '양심의 편안한' 햇빛을 받고 싶은 것이다. 이 냉혈한 괴물이 말이다!

그대들이 이 새로운 우상인 국가를 숭배한다면, 국가는 모든 것을 '그대들에게' 줄 것이다. 그렇게 함으로써 그는 그대들의 빛나는 덕과 위엄 있는 시선을 매수할 것이다.

그는 그대들을 인질로 삼아 많은 사람들을 유혹하려고 한다. 그렇게 해서 지옥의 계략이 생긴 것이다. 빛나는 영예의 장식으로 꾸며진 채, 그 장식이 서로 부딪쳐 소리를 내고 있는 죽음의 말(馬)이 만들어진 것이다.

그렇다. 많은 사람들을 불러들이는 죽음이 발명된 것이다. 그리고 그 죽음은 자신이 '삶'이라고 찬미한다. 그것은 참으로 죽음을 설교하는 자들에게 가장 만족할 만한 봉사인 것이다!

착한 자들이나 나쁜 자를 불문하고 모든 자가 독을 마시는 곳을 나는 국가라고 부른다. 좋은 자나 나쁜 자, 모든 자들이 자아를 잊어버리는 곳, 모든 사람들이 서서히 자살하면서 '삶'이라고 불리는 그곳을 나는 국가라고 부른다.

이 쓰레기 같은 자들을 보라! 그들은 창조자들의 작품과 현자들의 보물을 훔쳐서 그것을 자기 것으로 만든 다음 '교양'이라고 부른다. 그래서 모든 것이 그들에게는 병과 재앙이 되어 버리는 것이다.

이 쓰레기 같은 자들을 보라! 그들은 언제나 병들어 있다. 그들은 담즙을 토해 내 그것을 신문이라고 부른다. 그들은 서로를 게걸스럽게 먹지만 소화시키지 못한다.

이 쓰레기 같은 자들을 보라! 그들은 부를 갖지만, 그 때문에 더욱 가난해진다. 그들은 권력을 탐한다. 그리고 권력의 지렛대인 많은 돈을 탐한다. 이 무능력자들은!

기어오르는 날랜 원숭이를 보라! 그들은 서로의 머리를 뛰어넘어 기어 오르면서 결국 진흙탕에 빠져 버린다. 그들은 모두 왕좌에 오르는 것을 탐낸다. 그들은 왕좌에 마치 행복이라도 있는 것처럼 생각하고 있다. 그러나 왕좌에는 진흙이 있을 뿐이다. 또 그 왕좌는 진흙 위에 놓여 있기도 하다.

내가 보기에 그들은 모두 미치광이이며 나무에 기어오르는 원숭이고, 열에 들뜬 자들이다. 그들의 우상인 이 냉혈한 괴물은 악취를 풍긴다. 이들 우상 숭배자도 모두 심한 악취를 풍긴다.

형제들이여, 그대들은 그 악취 속에서 질식하고 싶은가? 아니, 창문을 부수고 자유 속으로 뛰어나가라!

악취에서 벗어나라! 쓰레기 같은 자들의 우상 숭배에서 벗어나라!

악취에서 벗어나라! 인간을 제물로 바치는 후텁지근한 수증기 속에서 벗어나라!

위대한 영혼들에게는 아직도 대지가 열려 있다. 다만 고독자, 단 두 사람의 고독자를 위해서 아직도 많은 자리가 남아 있다. 그 주위는 조용한 바다 내음이 피어오르고 있다.

위대한 영혼들에게는 아직도 자유로운 생활이 열려 있다. 적게 소유하는 자는 남에게 그만큼 적게 소유당한다. 적당한 가난, 그것을 찬미하라!

국가가 종말을 고할 때 비로소 쓰레기 같은 인간이 아닌 참된 인간의 삶이 시작된다. 그때 비로소 없어서는 안 될 인간의 유일한 노래가 시작된다.

국가가 '종말을 고할 때' 저쪽을 보라, 형제들이여! 그대들은 보이지 않는가, 저 무지개가? 초인이 건너가는 다리가?

차라투스트라는 이렇게 말했다.

시장의 파리떼

벗이여, 그대의 고독 속으로 피하라! 나는 그대가 세상의 위인들이 일으킨 소란 때문에 귀머거리가 되고, 세상의 소인배들이 가진 바늘에 찔려 괴로워하는 것을 본다.

숲과 바위는 그대와 함께 품위 있게 침묵하는 법을 안다. 그대는 다시 그대가 사랑하는 나무, 저 큰 가지를 뻗고 있는 나무와 같아져야 한다. 그 나무는 입을 다문 채 바다 기슭에 서서 귀기울이고 있다.

고독이 없어지는 곳에 시장이 열린다. 시장이 열리는 곳에 유명 배우들의 소란과 독파리들이 윙윙대기 시작한다.

세상에서 가장 훌륭한 것도 그것을 연출하는 자가 없다면 아무 소용이 없다. 민중은 이 연출자를 위대한 인물이라 부른다. 민중은 참으로 위대한 것, 창조하는 힘에 대해서는 전혀 이해하지 못한다. 그러나 민중에게는 위대한 연출가와 배우들을 받아들이는 감각이 있다.

비록 눈에는 보이지 않을지라도 새로운 가치를 창조하는 사람을 중심으로 세상은 돈다. 배우들을 중심으로 해서 도는 것은 민중과 명성이다. 그것이 '세상의 모습'이다.

배우에게는 정신 활동이 있지만 정신에 동반하는 양심은 거의 없다. 배우는 사람들이 가장 강하게 믿는 것, 그 자신에게 믿음을 주는 것만을 믿을 뿐이다.

내일이면 그 배우는 새로운 신앙을 가질 것이며, 모레가 되면 한층 더 새로운 신앙을 가질 것이다. 그는 민중처럼 재빠른 감각을 가지고 있다. 그리고 민중처럼 변덕스러운 날씨 같은 기질을 가지고 있다.

그에게는 충격을 주어 놀라게 하는 것이 증명이며, 열광시키는 것이 설득이다. 그리고 피야말로 모든 논거 가운데 최상의 것이다.

예민한 귀에만 들리는 진리를 그는 거짓말, 혹은 무의미라고 부른다. 그가 진실로 믿는 것은 세상에 커다란 소란을 불러일으킬 뿐인 신들이다.

시장은 짐짓 위엄을 부리는 어릿광대들로 가득 차 있고, 민중은 그런 인물들을 자랑으로 여긴다. 그들은 민중에게 '현재'의 주인이다.

그러나 '현재'는 그들을 가만히 두지 않는다. 그리고 그들 역시 그대를 가만히 있게 하지 않는다. 그들은 그대에게 '그렇다', '아니다'를 말하도록 요구한다. 아, 그대는 '그렇다', '아니다'의 갈림길에 서려고 하는가? 그대, 진리를 사랑하는 자여. 이런 압제자들, 절대적 요구자들을 질투하지 말라. 왜냐하면 일찍이 진리가 압제자의 품에 몸을 맡긴 적은 한 번도 없었으니까.

그대는 이들 성급한 자들을 피해서 안전한 장소로 돌아가라. 사람들은 시장에서만 '그렇다', '아니다'의 질문을 받게 된다.

깊은 샘의 체험은 서서히 성숙하게 마련이다. 깊은 샘에서는 밑바닥으로 무엇이 떨어지는가를 알 때까지 오랫동안 기다려야 한다.

온갖 위대한 것은 시장과 명성을 떠난 곳에서 태어나는 법이다. 일찍이 새로운 가치의 창조자들은 시장과 명성을 떠난 곳에서 살았다.

벗이여, 그대의 고독 속으로 몸을 피하라! 나는 그대가 독파리떼에게 찔리고 있는 것을 본다. 피하라, 거센 바람이 부는 곳으로.

그대의 고독 속으로 피하라. 그대는 조그마한 것들, 하찮은 것들 속에 살고 있다. 눈에 보이지 않는 그들의 복수로부터 몸을 피하라. 그대에게 그들은 복수일 뿐, 그 외 아무것도 아니다.

그들을 향해 손을 들지 말라. 그들은 너무 많아 한이 없다. 파리채가 되는 것이 그대의 운명은 아니다.

이런 조그마한 것, 하찮은 것들은 너무 많다. 아무리 장엄한 건물이라도 빗방울과 잡초에 의해 무너진 예는 드물지 않다. 그대는 돌은 아니지만 이미 수많은 빗방울로 구멍이 뚫려 있다. 계속 빗방울을 받으면 그대는 파괴되고 말 것이다.

그대는 독파리에 지쳐 있다. 만신창이가 되어 피에 물들어 있다. 그러나 그대의 긍지는 화를 내지도 않는다.

파리들은 악의도 생각도 없이 그대의 피를 빨아먹으려 한다. 그들의 영혼은 피가 모자라 그대의 피를 원한다. 그래서 천진무구한 그대를 쏘고 있는 것이다.

깊은 마음을 가진 그대여, 그대는 작은 상처에도 몹시 괴로워한다. 게다가 그 상처가 낫기도 전에 같은 독충이 그대의 손등을 기어다니고 있다.

그대는 탐욕스러운 자들을 죽이기에는 너무나 자존심이 강하다. 그러나 독기 서린 그들의 부정을 견디는 것이 그대의 숙명, 그대의 비운이 되지 않도록 소심하라.

그들은 칭찬이라도 하듯 윙윙거리며 그대 주위에 몰려들 것이다. 귀찮게 달려드는 것이 그들로서는 칭찬의 표시다. 그들은 그대의 피부와 피를 향해 가까이 다가들려고 한다.

그들은 신이나 악마에게 아첨하듯 그대에게도 교태를 부린다. 신이나 악마 앞에서처럼 그대 앞에서 훌쩍훌쩍 울기도 한다. 그대는 그들이 어떤지 아는가? 그들은 아첨하는 자, 그리고 울보일 뿐 그 이상 아무것도 아니다.

그들은 그대에게 상냥한 얼굴을 보일 때도 있다. 그러나 그것은 겁쟁이의 교활함일 뿐이다. 겁쟁이는 언제나 교활한 법이다.

그들은 그대가 어떤 인간인지를 알기 위해 자신들의 좁은 소견으로 이것 저것 추측해 본다. 그들에게 있어 그대는 언제나 의심스러운 존재이다. 어떤 인간인지를 알기 위해 여러 가지로 추측하다 보면 의혹이 생기는 법이다. 그러니 그대는 항상 그들에게 의심받고 있는 셈이다.

그들은 그대의 모든 덕을 탓하고 벌한다. 그들이 정말로 용서하는 것은 다만 그대의 실수뿐이다.

그대는 온순하고 올바른 마음을 가지고 있기 때문에 "저 소인배들은 죄를 짓지 않는다"고 한다. 그러나 그들 속좁은 영혼은 말한다. "모든 위대한 존재는 죄가 많다"라고.

그대가 아무리 그들에게 온순하게 대해도 그들은 경멸당하고 있다고 느낀다. 그리고 그대의 은혜에 대해 은밀히 해를 끼침으로써 갚아준다.

그대의 고요한 자존심은 언제나 그들을 불쾌하게 만든다. 그대가 일부러라도 겸손해지면 그들은 깡충깡충 뛰면서 좋아한다.

우리가 어떤 사람을 인정하는 것은 결국 상대를 고무시키는 하나의 방법이다. 그러기에 소인배들에게 접근할 때는 조심해야 한다.

그들은 그대를 대할 때 자신을 소인배로 느낀다. 그리고 그들의 열등감은 그대의 눈에는 보이지 않는 복수심으로 불타오른다.

그대는 그것을 눈치채지 못했는가? 그대가 그들 앞에 모습을 나타내면 그들이 때때로 입을 다무는 것을 보지 못했는가? 그리고 스러져 가는 불에서 사라지는 연기처럼 그들에게서 힘이 빠져 버리는 것을 보지 못했는가?

나의 벗이여, 그대는 이웃에게 있어 양심의 채찍이다. 그들은 이웃으로서의 가치가 없는 존재다. 그래서 그대를 미워하고 그대로부터 피를 빨아먹으려 한다. 그대의 이웃들은 독파리임에 틀림없다. 그대의 위대함이 그들을 더욱 독 오르게 하고, 파리처럼 그대에게 착 달라붙게 하는 것이다.

피하라, 나의 벗이여! 그대의 고독 속으로, 거센 바람이 부는 곳으로! 파리채가 되는 것은 그대가 할 일이 아니다.

차라투스트라는 이렇게 말했다.

순결

나는 숲을 사랑한다. 도시에는 음탕한 자가 너무 많아 살기가 어렵다.

음탕한 여자의 꿈속에 빠지기보다는 살인자의 손에 떨어지는 편이 낫지 않겠는가?

저 사내들을 보라! 그들의 눈은 이 세상에서 여자와 자는 것보다 더 좋은 것은 없다고 말한다.

그들의 영혼 밑바닥에는 진흙이 두텁게 쌓여 있다. 더욱이 그 진흙에 정신이 있다는 것은 정말 슬픈 일이다! 인간이라기보다 차라리 완전한 짐승이었으면! 그러나 짐승이 되려면 순진함이 필요하다.

나는 그대들에게 관능을 죽이라고 말하지는 않겠다. 내가 권하는 것은 관능의 순진성이다.

나는 그대들에게 순결하라고 말하지 않겠다. 순결이란 어떤 사람들에게는 덕이 되지만 많은 사람들에게는 오히려 악덕이 되기 때문이다.

그런데 그런 많은 자들은 자신의 욕망을 억제한다. 그러나 그들의 행동에는 육욕에 가득 찬 관능이라는 암캐의 질투 섞인 눈빛이 번득인다.

그들이 이르게 될 덕의 경지나 항상 지니고 있는 차가운 정신의 밑바닥에도 이 암캐의 불만은 늘 붙어 다닌다.

그리고 이 암캐에게 한 조각의 고깃덩이라도 주지 않으면, 이 관능이라는 암캐는 한 조각의 정신을 심하게 졸라댄다.

그대들은 비극을 사랑하는가? 비통한 것을 사랑하는가? 그러나 나는 그대들 속에 살아 있는 암캐에게 마음을 줄 수가 없다.

내가 보기에 그대들은 너무나 잔인한 눈초리를 하고 있다. 괴로워하고 있는 자까지도 음당한 눈으로 바라본나. 음란한 욕망을 거짓으로 꾸며 동정이라고 자칭하고 있는 게 아닌가?

그대들에게 이런 비유를 보여 주고 싶다. 세상에는 자기 속의 악마를 내쫓으려다가 오히려 돼지 무리 속으로 뛰어드는 인간도 많다는 것을.

순결을 지키기가 어려운 자에게는 순결을 단념하도록 권하는 것이 좋다. 그것은 순결이 지옥, 즉 영혼의 진창과 음탕에 이르는 길이 되지 않게 하기 위해서다. 내가 더러운 것에 대해 말하고 있다고 생각하는가? 그러나 이것이 내가 말하는 가장 나쁜 것은 아니다.

사물의 이치를 터득하고 있는 자가 진리의 물 속에 들어가기를 꺼리는 것은 그 물이 더러운 경우가 아니라 그 물이 얕을 경우이다.

참으로 근본부터 순결한 사람이 있다. 그들은 마음으로부터 온순하여 그대들보다 더 자주 웃고 더 활짝 웃는다.

그들은 순결까지 비웃으며 이렇게 말한다.

"순결이란 무엇인가? 순결이란 어리석음일 뿐이다. 그러나 그 어리석음은 그쪽에서 우리에게 온 것이지 우리가 일부러 그 어리석음 쪽으로 가까이 가려 했던 것은 아니다.

우리는 이 손님에게 우리의 마음을 숙소로 제공했다. 그래서 그는 지금 우리의 마음속에 있다. 그가 있고 싶으면 얼마든지 있어도 좋다."[18]

차라투스트라는 이렇게 말했다.

벗

은자는 이렇게 생각한다.

'내 주위에는 언제나 한 사람이 있다. 하나에 하나를 곱하면 하나가 되지만, 오랜 시간이 흐르면 둘이 된다!'

나는 자신과의 대화에 너무 열중한다. 만일 거기에 한 사람의 벗도 없다면 이것을 어떻게 견딜 수 있겠는가?

은자에게 또 한 사람의 벗은 언제나 제3자다. 이 벗은 둘 사이의 대화가 너무 깊은 곳으로 가라앉는 것을 막는 코르크와 같다.

아, 은자에게는 깊은 심연이 너무나 많다. 그러기에 은자는 한 사람의 벗을 간절히 그리워하며 더 높은 곳을 동경한다.

다른 사람에 대한 우리의 믿음은 우리가 우리 안에 있는 어떤 것을 믿고자 하는지 보여준다. 벗에 대한 우리의 그리움은 우리가 누구인지를 드러내는 누설자인 셈이다.

사람은 벗에 대한 사랑으로써 벗에 대한 질투를 극복하려는 경우가 있다. 또 공격받기 쉬운 자신의 약점을 감추기 위해서 먼저 공격하고 적을 만드는 경우도 있다. [19]

"나의 적이라도 되어 달라!"

우정을 바라더라도 그것을 애원할 수 없는, 진정 두려워하고 공경하는 마음은 바로 이렇게 말한다.

벗을 원한다면, 그 벗을 위해 전쟁까지도 벌일 수 있어야 한다. 그리고 전쟁을 하기 위해서는 남의 적이 '될 수' 있어야 한다.

사람은 벗 안에 도사린 적까지도 공경할 수 있어야 한다. 그대는 그대의 벗에게 가까이 접근한 경우에도 그에게 예속되지 않을 수 있겠는가? [20]

그대는 벗 안에서 최선의 적을 찾아야 한다. 그대가 그에게 대항할 때야말로 그대의 마음이 그에게 가장 가까이 접근해 있을 때다.

그대는 벗 앞에서 어떤 옷을 입고 싶은가? 벗에게 있는 그대로의 모습을 보이는 것이 벗에 대한 예의라고 생각하는가? 아니다! 그는 그러한 그대를 보고 저주하여 악마가 데려갔으면 좋겠다고 생각할 것이다!

자기를 조금도 감추지 않는 것은 오히려 상대를 불쾌하게 한다. 이것이 그대들이 벌거숭이를 두려워해야 하는 이유다. 그렇다. 그대들이 만약 신이라면 옷 입는 것을 부끄러워해도 좋을 테지만.

그대는 벗을 위해서라면 자신을 최대한으로 아름답게 치장하는 것이 좋다. 벗에게 있어 그대는 초인을 목표로 날아가는 하나의 화살, 동경이 되어야 하기 때문이다.

그대는 벗의 얼굴을 알고 싶어서 그가 자고 있는 모습을 본 일이 있는가? 잠들어 있는 벗의 얼굴은 도대체 어떤 모습일까? 그것은 이지러진 거울에 비친 그대 자신의 얼굴이 아니던가?

그대는 자고 있는 벗의 모습을 본 일이 있는가? 벗의 얼굴을 보고 놀라지는 않았는가? 아, 나의 친구여, 인간이란 극복해야 할 존재인 것이다.

벗이라면 추측과 짐묵에 익숙한 사람이어야 한다. 또 그대는 모든 것을 다 보려고 해서는 안 된다. 그대는 벗이 깨어 있을 때 무엇을 하는가를 알아야 한다.

그대의 연민은 미루어 짐작하는 일에 익숙해야 한다. 우선 벗이 그대의 연민을 원하는가 그렇지 않은가를 알아야 한다.

그가 사랑하고 있는 것은 그대의 확고한 눈과 영원을 바라보는 시선일지도 모른다.

벗에 대한 연민은 단단한 껍질 속에 숨기는 것이 좋다. 그래서 그것을 씹으면 이가 부러질 정도로 단단해야 한다. 그래야만 그대의 연민은 섬세하고 감미로우리라.

그대는 벗에게 맑은 공기고, 고독이고, 빵이며, 약일 수 있겠는가?

자신의 쇠사슬을 풀지는 못해도 벗을 해방시킨 사람은 적지 않다.

그대는 노예인가? 그렇다면 그대는 벗이 될 수 없다. 그대는 독재자인가? 그렇다면 벗을 가질 수 없다.

아주 오랫동안 여성의 속에는 노예와 독재자가 살고 있었다. 그래서 여성에게는 우정을 맺을 능력이 없다. 여성은 사랑을 알고 있을 뿐이다.

여성의 사랑에는 그녀가 사랑하고 있지 않은 것에 대한 공평하지 않고 맹목적인 것이 들어 있다. 또 여성의 지적인 사랑에도 빛과 함께 발작과 번개와 어둠이 깃들어 있다.

여성에게는 아직 우정을 맺을 능력이 없다. 여성은 고양이이며 작은 새다. 기껏해야 암소일 뿐이다. 여성에게는 아직 우정을 맺을 능력이 없다. 그러나 그대 남성들 중에 도대체 누가 우정을 맺을 능력을 갖고 있는가?

아, 남성들이여! 그대들의 빈곤한 영혼과 탐욕스러운 영혼을 보라! 그대들이 벗에게 주는 것만큼 나는 적에게 주리라. 그렇게 했다고 해서 더 가난해지지는 않으리라.

세상에는 우정이라는 것이 있다. 진정한 우정이 있기를!

차라투스트라는 이렇게 말했다.

천 개의 목표와 하나의 목표

차라투스트라는 많은 나라와 민족을 보았다. 그리고 각각의 민족에게서 선과 악을 발견했다. 차라투스트라는 지상에서 선과 악보다 더 큰 힘을 가진 것을 발견하지 못했다.

어떠한 민족도 평가를 받아야만 생존할 수 있다. 그리고 그 민족이 존속하기를 바란다면 이웃 민족이 평가하는 것처럼 평가해서는 안 된다.

이 민족에게서는 선이라고 인정되는 많은 것들이 다른 민족이 보면 웃음거리가 되는 경우를 보았다. 이곳에서의 악이 다른 곳에서는 찬란한 영광으로 장식되는 것도 보았다.

이웃 민족끼리는 서로 이해하려 하지 않는다. 그들의 영혼은 항상 이웃 민족의 망상과 악의를 의심하고 있다.

각 민족의 머리 위에는 선에 관한 목록이 하나씩 걸려 있다. 보라! 그것은 그 민족이 극복해야 할 목록이며, 그 민족의 권력에의 의지가 내는 소리이다.

어떤 민족에게든 곤란하게 느껴지는 것이 찬미되고, 없어서는 안 되지만 얻기 어려운 것이 선이라 불린다. 가장 나쁜 상태에서도 그들을 구출해 주는 희귀한 것, 더 이상의 곤란이 없는 것을 그들은 성스러운 것으로 받들어 모신다.

그들을 지배와 승리와 영예로 인도하는 것, 이웃 민족의 두려움과 질투의 대상으로 만드는 것이 그들에게는 높은 것, 최우선의 것이 되고 모든 것의 척도가 되고 의의가 된다.

나의 형제여, 그대가 우선 어떤 민족이 처한 어려움과 풍토와 그 이웃에 대해서 알았다면, 아마도 그 민족의 극복의 법칙까지 짐작할 수 있으리라. 어떻게 그들이 이 사다리를 타고 희망을 향하여 올라갔는가 알 수 있으리라.

"언제나 그대는 제1인자이고 다른 사람보다 뛰어나야 한다. 질투심에 불타는 그대의 영혼은 벗 이외의 어느 누구도 사랑해서는 안 된다."

바로 이 가르침이 그리스인의 영혼을 전율케 하여 그들을 위대한 길로 가게 했던 것이다.

"진실을 말하고 활과 화살로 몸을 단련하라."

이 말은 내 이름인 차라투스트라라는 이름이 유래한 민족에게는 사랑할 만한 말인 동시에 어려운 말이기도 하다. 또한 나에게도 사랑할 만한 이름인 동시에 어려운 이름이다.

"부모를 공경하고 진심으로 그 의지에 따르라."

또 어떤 민족은 어려움을 견디기 위한 이런 목록을 자신의 머리 위에 걸어 놓고, 그것으로 위대해졌고 불멸의 존재가 되었다.

"충성을 다하자. 그 충성을 위해서라면 악하고 아무리 위험해도 명예와 피를 걸어라."

다른 민족은 이런 식으로 자신의 목록을 만들어 가르치고 극복하고 노력했다. 그러한 극복과 노력을 거듭하면서 그 민족은 위대한 희망을 품고 그것을 키웠다.

이렇듯 인간은 스스로에게 자신의 모든 선과 악을 부여했다. 그것은 다른 사람으로부터 받은 것도 아니고 어디선가 주워온 것도 아니다. 그렇다고 하늘에서 떨어져 내려온 것도 아니다.

모든 가치의 근원은 인간이다. 인간이 자아를 유지하기 위해서 그것들의 가치를 여러 사물에 부여한 것이다.

인간이 근원이고, 그것이 여러 사물의 뜻, 즉 인간적인 뜻을 부여한 것이다. 그러기에 인간은 스스로를 '인간', 즉 '평가하는 자'라고 부르는 것이다.

평가하는 것은 창조하는 것이다. 그대, 창조하는 자들이여! 들어라. 평가 그 자체가 평가받는 사물의 가치고 핵심이다.

오직 평가에 의해서만 비로소 가치가 존재한다. 평가가 없다면 생존은 텅 빈 호두에 불과하다.

이것을 잘 들어라, 그대, 창조하는 자여! 가치의 변화, 그것은 창조하는 자들의 변화다. 창조자가 될 사람은 항상 낡은 것을 무너뜨린다.

처음에는 모든 민족이 창조자였다. 그 후 개인이 창조자가 되었다. 개인이야말로 최근의 산물이다.

일찍이 저마다 민족은 선의 목록을 스스로 자기 머리 위에 걸어 놓았다. 모든 것을 지배하려는 사랑과 복종하려는 사랑이 결합해 이런 목록이 창조된 것이다.

군중 속에서의 기쁨은 자아 속에서의 기쁨보다 뿌리깊다. 그리고 '양심에 거리낌이 없다'는 것과 군중이라는 말이 같은 뜻인 한 '꺼림칙한 양심'만이 '자아'라는 것을 주장했다.

내가 보기에는 이렇다. 자아의 이익을 위한다는 동기에서 많은 이들이 이익을 꾀한다. 교활하고 사랑이 없는 '자아'는 집단의 근원이 아니라 그 몰락이다.

선과 악을 창조한 자는 항상 사랑을 갖고 창조하는 자였다.

덕이라는 이름 속에는 사랑의 불꽃과 함께 분노의 불꽃이 타오르고 있지 않은가.

나 차라투스트라는 많은 나라와 민족을 보았다. 나는 이 세상에서 사랑하는 자들이 행하는 사업보다 더 위대한 힘을 보지 못했다. 선과 악이 바로 그 사업의 이름이다.

이 여러 가지 선과 악이라는 힘은 괴물처럼 가공할 만하다. 말하라, 나의 형제들이여. 이 괴물을 극복할 수 있는 자가 누구인가? 이 괴물의 천 개나 되는 목에 멍에를 씌울 수 있는 자는 누구인가?

지금까지 천 개의 목표가 존재했다. 천 개의 민족이 있었기 때문이다. 다만 그 천 개의 목을 하나로 채울 수 있는 멍에가 아직까지 없다. 즉 '하나의' 목표가 없는 것이다. 인류는 아직도 목표를 가지고 있지 못하다.

대답하라, 형제들이여! 인류에게 목표가 아직도 없다면 인류 자체도 아직 없는 것이 아닐까?

차라투스트라는 이렇게 말했다.

이웃 사랑

그대들은 이웃에게 떼지어 몰려가서 온갖 아름다운 말을 내뱉는다. 그러나 나는 그대들의 이웃 사랑은 그대 자신에 대한 그릇된 사랑이라고 말하겠다.

그대들은 자신에게서 도피하기 위해 이웃에게 달려간다. 그리고 그것을 하나의 덕으로 여기고 싶어한다. 그러나 나는 그대들의 '자기를 잊는 상태'의 본질이 무엇인지 알고 있다.

'너'는 '나'보다도 먼저 존재했다. '너'는 이미 신성시되고 있지만 '나'는 아직 그렇지 않다. 그래서 인간은 이웃에게 달려가는 것이다.

나는 그대들에게 이웃 사랑을 권하지 않는다. 차라리 이웃을 피하라, 멀리 떨어져 있는 사람을 사랑하라고 권하고 싶다.

이웃 사랑보다는 가장 멀리 떨어져 있는 자, 미래에 나타날 자에 대한 사랑이 더 가치있다. 인간에 대한 사랑보다 사물과 눈에 보이지 않는 환영에 대한 사랑이 한층 더 높은 것이다.

나의 형제여, 그대를 앞서 가는 이 환영이 그대보다 더 아름답다. 그런데 어째서 그대는 이 환영에게 피와 살을 주지 않는가? 오히려 그대는 두려움에 빠진 나머지 이웃에게로 도망치고 있다.

그대들은 그대 자신을 견디지 못한다. 또한 자신을 충분히 사랑하고 있지도 않다. 그러면서도 이웃을 유혹해서 사랑하도록 하고, 그 이웃의 잘못으로써 자신을 미화하려고 한다.

나는 그대들이 이웃들과 가까이 있는 자들을 견디지 못하게 되기를 바란다. 그렇게 되면 그대들은 그대 안에서 벗을, 그리고 그 벗의 넘치는 심장을 창조해내야만 하게 될 것이다.

그대들은 자신을 예찬하려 할 때 증인을 부른다. 그리고 그 증인이 그대를 좋게 생각하도록 속인 다음, 그대 자신까지도 스스로를 칭찬할 가치가 있는 존재로 생각한다.

자신의 지식에 어긋나게 말하는 자만이 거짓말쟁이가 아니라 자기가 모르는 지식에 상반되게 말하는 자야말로 더 심한 거짓말쟁이다.

그대들은 이웃과 교제하면서 자신에 관해 그렇게 말함으로써 자신은 물론 이웃까지 속이는 것이다.

그래서 어릿광대들까지도 이렇게 말한다.

"인간들과의 교제는 성격을 어그러뜨린다. 특히 성격이 정립되지 않은 사람을."

어떤 사람은 자신을 찾기 위해서 이웃에게로 가고, 또 어떤 사람은 자신을 잃어버리기 위해서 이웃에게로 간다. 자신에 대한 좋지 못한 사랑으로 인해 고독이 그대들의 감옥이 되고 마는 것이다.

이웃에 대한 사랑 때문에 손해를 보는 것은 그 자리에 없는 자들이다. 그대들 다섯이 모이면 언제나 여섯 번째 사람이 희생의 제단에 오른다.

나는 그대들의 축제도 좋아하지 않는다. 그대들의 축제에는 너무나 많은 배우들이 등장한다. 그리고 손님들도 가끔 배우를 흉내내려고 한다.

나는 그대들에게 이웃에 대해 가르쳐 주지 않겠다. 대신 나는 그대들에게 벗에 대해 가르쳐 주리라. 벗이야말로 그대들에게 있어 지상의 축제이고 초인을 예감케 하는 자라는 것을.

나는 그대들에게 벗과 벗의 흘러넘치는 마음을 가르쳐 주겠다. 흘러넘치는 마음으로 사랑받고 싶다면, 그대는 사랑을 빨아들일 해면이 되는 법을 알아야 한다.

나는 그대들에게 벗을 가르친다. 이미 자아속에 완성된 세계를 가지고 있는 벗, 선의 그릇인 벗, 언제나 완성된 세계를 선물할 준비가 되어 있는 창조하는 벗을.

이와 같은 벗의 손에서라면 일찍이 펼쳐진 세계가 또다시 아름답게 접혀 간직된다. 악을 통해 선이 자라나듯이, 무의미를 통해 목적이 자라나듯이.

미래, 그리고 가장 먼 것을 그대들이 오늘 존재하는 존재이유로 삼아라!

그대 벗 안에 있는 초인을 그대의 존재이유로서 사랑하라.

형제들이여! 나는 그대들에게 이웃 사랑을 권하지 않는다. 나는 그대들에게 먼 곳에 있는 사람을 사랑하도록 권한다.

차라투스트라는 이렇게 말했다.

창조자로서의 길

형제들이여, 그대는 고독으로 들어서려 하는가? 자신의 길을 찾아 가려는 것인가? 그렇다면 가던 길을 멈추고 내 말에 조금만 더 귀를 기울여라.

"찾아 헤매고 다니는 자는 길을 잃기 쉽다. 고독에 들어서는 것은 언제나 죄악이다." 군중은 이렇게 말한다. 그리고 그대는 지금까지 오랫동안 그런 군중에 속해 있었다. 지금도 그대 안에서 그런 군중의 소리가 들려 오고 있을 것이다. 그리고 그대가 군중을 향해서 "우리는 이미 너희와는 다른 양심을 지니고 있다"고 말해도 그것 역시 탄식이자 고통의 소리에 불과하리라.

보라! 이 고통은 '일찍이 군중과 같이하던 그 양심'으로 인해 생긴 것이다. 그리고 그 마지막 양심이 타버린 찌꺼기가 지금도 그대의 고뇌에 그림자를 던지고 있다.

그런데도 그대는 고뇌의 길을 걸으려는 것인가? 그렇다면 그 길을 걸어야 할 그대의 권리와 힘을 내게 보여 달라!

그대는 새로운 힘이며, 새로운 권리인가? 최초의 운동인가? 자신의 힘으로 돌아가는 수레바퀴인가? 그대는 별들에게까지 지배력을 미쳐서 그대 주위를 돌게 할 수 있는가?

아, 세상에는 높은 것을 향한 열망이 얼마나 많은가! 야심가들의 경련이 얼마나 많은가! 그대가 그런 열망에 사로잡힌 자가 아니라는 것을, 야심가가 아니라는 것을 나에게 보여 달라!

아, 세상에는 풀무 구실밖에 못하는 것들이 얼마나 많은가! 그런 것들은 바람을 불어서 부풀게 하여 그 속을 더욱 텅 비게 할 뿐이다.

그대는 그대가 자유롭다고 생각하는가? 나는 그대를 지배하는 사상에 귀 기울이고 싶을 뿐, 그대가 어떤 멍에에서 벗어났다는 것을 듣고 싶어서 이러는 것이 아니다.

그대가 멍에를 벗어날 만한 자격이 있는 자란 말인가? 세상에는 타인에 대한 복종의 의무를 집어던지자마자 자신이 가진 마지막 가치까지 내버린 자가 적지 않다.

‘무엇으로부터의 자유인가?’ 차라투스트라는 그런 것에는 아무런 관심도 없다. 내가 그대 눈빛을 통해 분명히 알고 싶은 것은 ‘무엇을 위한 자유인가?’이다.

그대는 그대가 세워 놓은 선과 악을 자신에게 부과할 수 있는가? 그대의 의지를 법칙으로서 머리 위에 걸어 놓을 수 있는가? 그대는 자신에 대한 재판관이나 복수자가 될 수 있는가? 고독 속에 누운 그대가 자신의 법칙에 복종하는 수호자, 재판관과 함께 있다면 그건 끔찍한 일이다. 그것은 황량한 공간과 얼음같이 고립된 대기권에 내던져진 하나의 별과 같은 것이다.

홀로 된 자여, 오늘도 그대는 여전히 많은 이들 때문에 괴로워하고 있다. 하지만 아직 용기와 희망을 잃지 않았다.

그러나 언젠가는 고독이 그대를 피로에 지치게 할 것이다. 언젠가 그대의 긍지는 무릎을 꿇고, 용기는 꺾이고 말 것이다. 언젠가는 그대도 외칠 것이다. “나는 외롭다!”라고.

언젠가 그대는 그대 안에서 자라난 고귀함을 모른 채 그대의 저속한 부분만을 아주 가까이에서 보게 될 것이다. 그대의 숭고함까지도 유령처럼 그대를 두렵게 만들 것이다. 언젠가 그대는 외칠 것이다. “모든 것은 거짓이다!”라고.

고독한 인간을 죽이고 죽음에 이르게 하는 여러 감정이 있다. 그 감정은 그대를 죽이는 데 실패한다면 그 감정이 죽어야만 한다. 그러나 그대는 과연 그 감정들을 없앨 수 있겠는가?

형제여, 그대는 ‘경멸’이라는 말에 대해 알고 있는가? 그리고 그대를 경멸하는 자를 정의롭게 대할 때의 괴로움을 알고 있는가? 그대는 많은 사람들에게 그대에 대한 판단과 인식을 억지로 고치도록 요구한다. 그들은 그런 그대에게 거세게 반발한다. 그대는 그들의 옆에 이르렀는데도 그곳을 지나쳐 높은 곳으로 가 버리고 만다. 그들은 절대로 그런 그대를 용서하지 않는다.

그대는 그들을 뛰어넘는다. 그러나 그대가 높은 곳으로 올라가면 올라갈수록 질투 때문에 그대가 작은 사람으로 보이게 된다. 그리고 더 높이 날아가는 자는 누구보다 미움을 많이 받는다.

"너희들이 나에게 공정할 수 있겠는가?" 그대는 이렇게 말하게 될 것이다. "나는 차라리 너희들의 불의를 내 몫으로 선택한다"라고.

그들은 고독한 이들에게 불의로 대하고 오물을 던진다. 그러나 별이 되고자 하는 나의 형제여, 그들이 그렇게 한다고 해서 그대가 그들을 희미하게 비쳐 주어서는 안 된다.

그리고 선하다는 자들, 의롭다는 자들을 경계하라! 그들은 자신의 덕을 만들어 내는 자를 즐겨 십자가에 매단다. 그들은 고독한 자를 미워한다.

또 신성한 단순함을 경계하라! 그들에게 있어 단순하지 않은 것들은 모두 신성하지 않은 것이다. 그런 단순함은 불장난을 즐긴다. 그건 화형의 불길이다.

그리고 그대의 사랑이 일으키는 발작을 경계하라! 고독한 이들은 길에서 만난 사람에게 너무 급하게 손을 내민다.

그대가 손을 내밀면 안 되는 사람이 너무나 많다. 그들에게는 앞발을 내밀어라. 그리고 그 앞발에 맹수의 발톱이 감추어져 있다면 좋을 텐데.

그대가 만나게 되는 가장 나쁜 적은 언제나 그대 자신이다. 그대 자신은 동굴과 숲속에서 그대를 기다리고 있다.

고독한 자여, 그대는 자신의 길을 가고 있다.

그런데 그 길을 가고 있는 그대는 자신에게 도달하지 못하고, 자신도 모르게 자신을 지나쳐 버리고 만다. 또 그대의 일곱 악마도 지나쳐 버린다.

그대는 자신에게 이단자가 되고, 마녀·예언자·어릿광대·회의자·부정한 인간·악한이 되라!

그대는 자신의 불길로 자신을 불사르지 않을 수 없으리라. 재가 되지 않은 채 어떻게 거듭나기를 바라겠는가?

고독한 자여, 그대는 창조자의 길을 간다. 그대는 일곱 악마로부터 스스로를 위해 신을 창조해 내기를 바란다.

고독한 자여, 그대는 사랑하는 자로서의 길을 간다. 그대는 자신을 사랑하기 때문에 자신을 경멸하지 않으면 안 된다. 깊은 사랑을 가진 자만이 할 수 있는 경멸의 방식으로.

깊은 사랑을 가진 자는 경멸함으로써 창조하려 한다. 사랑하는 것을 경멸한 경험이 없는 자가 사랑에 관해 무엇을 알겠는가?

그대는 사랑과 창조의 힘을 지닌 채 고독 속으로 들어가라.

형제여, 이윽고 시간이 흐르면 정의는 다리를 절면서 그대를 따라가리라.

형제여, 나의 눈물을 지닌 채 그대의 고독 속으로 들어가라. 자신을 극복하여 창조하기를 원하고, 그래서 멸망하는 자를 나는 사랑한다.

차라투스트라는 이렇게 말했다.

늙은 여인과 젊은 여인

"차라투스트라여, 어째서 그대는 발소리를 죽인 채 어둠 속을 걷고 있는가? 그리고 무엇을 그토록 소중히 여겨 외투 속에 감추고 있는가? 그것은 그대에게 주어진 보물인가, 그대의 자식인가? 아니면 악인들의 벗인 그대가 이제는 스스로 도둑의 길을 걷고 있는 것인가?"

차라투스트라는 대답했다.

"그렇다! 형제여, 그것은 내게 주어진 보물이다. 내가 안고 있는 것은 작은 진리다.

그것은 갓난아기처럼 아주 작다. 그리고 내가 그 입을 누르고 있지 않으면 그것은 큰 소리를 지를 것이다."

나는 오늘 황혼 무렵 홀로 길을 걷다가 어떤 늙은 여자를 만났다. 그 여자는 나에게 말을 걸었다.

"차라투스트라는 우리 여자들에게도 많은 것을 이야기했는데, 정작 여자에 대해서 우리에게 이야기한 적은 한 번도 없군."

나는 그 말에 대답했다.

"여자에 대해서라면 남자에게만 말하면 된다."

"나에게도 여자에 대해 이야기해 주면 좋겠다. 나는 늙었기 때문에 들어도 곧 잊어버리고 말 테니까."

늙은 여자는 말했다.

그래서 나는 그 노파가 원하는 대로 이렇게 말해 주었다.

"여자에 대한 것은 모두 수수께끼다. 그러나 여자에 대한 문제는 모두 단 하나의 답으로 풀린다. 바로 임신이다.

여자에게 있어 남자란 하나의 수단에 불과할 뿐 목적은 언제나 어린아이다. 그러나 남자에게 있어 여자란 무엇인가?

남자는 두 가지 욕구, 위험과 유희를 가지고 있다. 그래서 남자는 여자가 가장 위험한 장난감이 될 것을 요구한다.

남자는 전투를 위한 교육을 받아야 하고, 여자는 그 전사의 몸과 마음에 용기를 북돋우는 교육을 받아야 한다. 그 밖에는 모두 쓸데없는 것이다.

전사는 감미로운 과일을 좋아하지 않는다. 그 때문에 전사는 여자를 좋아하는 것이다. 아무리 감미로운 여자도 쓴맛을 지니고 있기 때문이다.

여자는 남자보다 어린아이를 더 잘 이해한다. 남자는 여자보다 어린아이에 가깝다. 남자 속에는 어린아이가 숨어 있다. 남자 속에 숨어 있는 어린아이가 장난을 하고 싶어하는 것이다.

여자들이여, 남자 속에 숨어 있는 어린아이를 발견하라!

여자들이여, 장난감이 돼라. 청순하고 아름다운 장난감이 돼라. 또 아직 나타난 적 없는 세계를 장식할 만큼 찬란하게 빛나는 보석과 같은 존재가 돼라.

여자들이여, 그대들의 사랑 속에서 별이 빛나게 하라! 그대들은 '초인을 낳고 싶다'고 희망해야 한다.

그대들의 사랑을 용기 있는 것으로 만들어라! 그대들은 그대들을 사랑함으로써 두려움을 느끼는 남성을 향해 나아가야만 한다.

그대들의 사랑이 명예가 되도록 하라. 사랑을 빼놓고 여자가 명예를 가질 수 있는 경우는 거의 없다. 언제나 사랑받는 것 이상으로 사랑한다는 것, 사랑함에 있어서 항상 첫째가 되는 것이 그대들의 명예가 되어야 한다.

남자는 사랑에 빠진 여자를 두려워해야 한다. 여자는 사랑할 때 모든 것을 희생하며 바친다. 그 밖의 어떤 것에도 가치를 두지 않는다.

남자는 증오심을 품은 여자를 두려워해야 한다. 왜냐하면 영혼의 밑바닥에서 남자는 '악의를 지닌 사람'이지만 여자는 열악하기 때문이다.

여자는 어떤 남자를 가장 미워하는가?

쇠가 자석에게 말했다.

'내가 너를 가장 미워하는 이유는 네가 나를 끌어당기면서도 놓치지 않을 정도로 강하게 끌어들이지 않기 때문이다.'

남자는 '나는 하고자 한다'는 데서 행복을 찾지만 여자는 '그는 하고자 한다'에서 행복해 한다.

'보라, 지금이야말로 세계가 완전해졌다.' 여자는 온 힘을 바쳐서 사랑하고 순종할때 이렇게 생각한다.

여자는 순종을 통해 자신의 표면에서 어떤 깊이를 찾아야 한다. 여자의 본질은 표면이며 말은 수면처럼 쉽게 흔들리기 때문이다.

그러나 남자의 본질은 깊다. 그 흐름은 지하의 보이지 않는 곳에 있어 여자는 그 힘을 느끼기는 하지만 이해하지는 못한다."

이때 그 늙은 여자가 말했다.

"차라투스트라는 좋은 이야기를 많이 하는군. 그것은 특히 젊은 여자들이 들으면 좋은 이야기야. 그런데 이상한 일이다. 차라투스트라는 여자에 대해 잘 알지 못할 텐데 그렇게 정확하게 이야기하다니! 여자에게는 아무리 이상한 일이라도 이상할 게 없기 때문인가!

자, 그럼 내 감사의 표시로 작은 진리를 전해주지. 나이를 먹다 보니 그 진리를 알게 된 것이니.

그러나 그 입을 잘 막고 있는 것이 좋으리라. 그렇지 않으면 그 작은 진리라는 것이 제멋대로 큰소리로 떠들어 댈 테니까."

"여자여, 그 작은 진리라는 것을 나에게 말해 주오."

차라투스트라는 말했다.

그러자 늙은 여자는 이렇게 말했다.

"여자에게 갈 때면 잊지 말고 채찍을 가지고 가라!"

차라투스트라는 이렇게 말했다.

독사가 물어 버린 상처

어느 뜨거운 여름날 차라투스트라는 무화과나무 아래서 두 팔로 얼굴을 감싼 채 졸고 있었다. 그때 한 마리의 독사가 가까이 다가와서 그의 목을 물었다. 차라투스트라는 몹시 아파 소리를 질렀다. 그가 팔을 얼굴에서 내리고 독사를 쏘아보자 독사는 차라투스트라의 눈동자임을 알고 서둘러 몸을 돌려 달아나려 했다. 차라투스트라가 말했다.

"달아나지 말라! 너는 아직 내게서 감사의 인사를 받지 않았다. 너는 나를 적당한 때에 깨워 주었다. 내가 가야 할 길은 아직 멀기 때문이다."

"그대가 갈 길은 그다지 멀지 않다. 내 독이 그대의 목숨을 빼앗을 테니까."

슬프게 말했다.

차라투스트라는 웃으며 말했다.

"지금까지 용이 뱀의 독으로 죽은 일이 있었던가? 그러니 너의 독을 다시 가져가라. 너는 독을 나에게 나눠 줄 정도로 부자는 아니다."

그러자 독사는 다시 한 번 차라투스트라의 목에 긴 몸을 감더니 그 독을 핥았다.

언젠가 차라투스트라가 제자들에게 이 이야기를 하자 제자들이 물었다.

"오, 차라투스트라여. 도대체 그대는 그 이야기에서 어떤 교훈을 주시려는 것입니까?"

차라투스트라가 대답했다.

"선하고 의롭다는 사람들은 나를 도덕의 파괴자라고 한다. 내 이야기가 부도덕하다는 말이다.

그러나 내가 말하고 싶은 것은, 그대들에게 적이 있다면 그 적의 악에 대해 선으로 보답하지 말라는 것이다. 그렇게 하면 그대들의 적이 부끄러워하기 때문이다. 그보다는 적이 그대들에게 선한 일을 해 줄 수 있음을 입증해 주는 것이 좋으리라.

상대를 부끄럽게 만들기보다는 차라리 화를 내게 하라. 적이 그대들을 향해 저주의 말을 했을 때, 그대들이 축복의 말을 보내는 것이 나로서는 못마땅하다. 차라리 저주의 말을 내뱉도록 하라.

그리고 그대들을 향해 커다란 부정이 행해진다면 재빨리 다섯 가지의 작은 부정으로 보복하는 것이 좋으리라. 자기 혼자만 선한 사람이 되어 상대편 부정을 모르는 척하는 자는 보기만 해도 불쾌하다.

그대들은 이런 것을 알고 있었는가! 부정으로 보복하고, 상대편과 함께 부정을 행한다는 것은 이미 절반은 정의에 가까워진 사실이라는 것을. 그러므로 부정을 짊어질 수 있는 자는 그 부정을 한몸에 떠맡아라!

작게라도 복수를 하는 것이 아예 복수하지 않는 것보다 인간적이다. 징벌이 법의 위반자에 대해서 정의나 명예가 되지 않는다면, 나는 그대들이 행하는 징벌에 동의할 수가 없다. [21]

언제나 자신이 정당하다고 주장하는 것보다는 자신이 부정한 자로 보이는 것을 마음에 두지 않는 자가 더 고귀하다. 자신이 옳을 경우에는 더욱 그렇다. 다만 그렇게 하려면 사람은 풍요로워야 한다.

나는 그대들의 냉혹한 정의를 싫어한다. 그대들 재판관은 차가운 칼날이 숨어 있는 간수의 눈빛을 하고 있다.

말해 보라! 눈멀지 않은 사랑과 같은 정의가 도대체 이 세상 어디에 있는가? 모든 징벌뿐만 아니라, 모든 죄까지도 한몸에 받아들이는 사랑을 창조해 내도록 하라!

재판관들을 제외한 모든 자를 무죄라고 선고할 수 있는 정의를 그대들은 창조해 내도록 하라!

그대들은 또 이런 말도 듣고 싶은가? 철저하게 정의롭고자 하는 자의 경우에는 속임수까지도 우애가 된다는 것을.

그러나 어떻게 자신이 철저하게 정의롭기를 바랄 수가 있겠는가? 어떻게 그 사람들에게 인간으로서 저마다의 자세를 용인할 수가 있겠는가? 그래서 나는 그 사람들 하나하나를 내 입장에서 보아야겠다고 생각한다.

마지막으로 말한다.

형제들이여, 모든 은자에 대해서 불의를 행하지 않도록 조심하라. 은자는 잊어버리지 않을 뿐만 아니라 보복하지도 않는다.

은자는 깊은 샘과 같다. 돌을 던지는 것은 쉽지만 돌이 밑바닥에 가라앉았을 때, 누가 그것을 꺼낼 수 있겠는가?

그러니 은자에게 모욕을 주지 않도록 조심하라. 만일 그에게 모욕을 주어야만 한다면 차라리 그를 죽여라!"

아이와 결혼

형제여, 그대에게만 묻고 싶은 것이 한 가지 있다. 다림추처럼 그 질문을 그대의 영혼 속으로 던져 넣겠다. 그대 영혼의 깊이를 알기 위해서.

그대는 젊다. 그리고 결혼하여 아이를 가지기를 바란다. 그러나 나는 그대에게 묻는다. 그대는 아이를 바랄 수 있는 인간인가?

그대는 승리자이며, 신을 극복한 자인가? 관능을 다스릴 수 있는 자인가? 그대가 지닌 온갖 덕을 지배할 수 있는가?

아니라면, 그대가 결혼과 아이를 바라는 것은 짐승의 욕망 때문인가, 고독 때문인가? 아니면 자신에 대한 불만 때문인가?

나는 그대가 승리자이며 자신으로부터의 해방자이기 때문에 아이를 동경하기를 바란다. 그대는 그대가 이룩한 승리와 해방을 위해서 살아 있는 기념비를 세워야 한다. 그대는 그대 자신을 넘어서 그 기념비를 세워야만 하는 것이다.

그러나 그러기 위해서는 우선 그대 자신의 육체나 영혼을 바르게 세워야 한다.

그대는 자신의 분신을 번식하는 것뿐 아니라 자아를 더욱 고양시켜야 한다. 그것을 위해서 결혼의 꽃밭이 그대에게 필요한 것이 되어야만 한다.

그대는 보다 높은 육체를 창조해야 하며 최초의 운동, 자아의 힘으로 돌아가는 수레바퀴를 창조해야 한다. 그대는 창조하는 자를 창조해야 하는 것이다.

나는 결혼을, 창조한 것보다 더욱 많은 것을 창조해 내려는 두 의지의 결합이라고 부른다. 그들은 그런 의지의 의욕자로서 서로를 존경하는 것이다.

이것이 그대들 결혼의 의미이고 진실이어야 한다. 그러나 많은, 너무나 많은 쓸모없는 자들이 흔히 결혼이라 부르고 있는 것을 나는 무엇이라 불러야 하는가?

아, 두 사람이 공유한 저 빈약한 영혼, 저 더러운 영혼, 저 보잘것없는 안일이여! 그들은 이 모든 것을 결혼이라고 부른다. 그리고 그들은 말한다. 자신들의 결혼은 하늘에 의해 맺어진 것이라고.

그러나 나는 보잘것없는 자들이 말하는 그런 하늘을 싫어한다. 아니, 나는 그들도 싫어한다. 하늘의 그물에 걸린 이 물고기들을. 그 신이 나에게 가까이 오지 않았으면 좋겠다. 자기가 맺어 준 것도 아닌 두 사람을 축복해 주려고 다리를 절면서 서둘러 달려오는 신.

그러나 이제 이런 결혼을 비웃지 말자. 자기 부모의 불행을 보고 울지 않을 수 있는 아이가 어디 있겠는가? 내가 본 어떤 남자는 품위도 있고, 대지의 뜻을 실현할 수 있을 정도로 성숙한 것 같았다. 그러나 그의 아내를 보자 대지가 저능아의 살림집이 된 것이 아닌가 하고 생각되었다.

그렇다. 나는 성자가 한 마리의 거위와 맺어질 때, 대지가 경련을 일으켜 진동이라도 했으면 좋겠다고 생각한다.

또 어떤 남자는 진리를 찾기 위해 영웅처럼 여행을 떠났는데, 이윽고 화려하게 치장한 작은 허위를 손에 넣고 돌아왔다. 그는 그것을 결혼 생활에 들어갔다고 부른다.

또 어떤 남자는 쉽사리 타협하지 않고 고르고 또 골랐다. 그러나 그는 갑자기 교우 관계를 여지없이 파괴해 버리고 말았다. 그는 그것을 자신의 결혼 생활이라고 부른다.

또 어떤 사나이는 천사의 덕을 지닌 한 시녀를 찾았다. 그러나 갑자기 그는 한 여자의 시녀가 되었다. 이제 그는 천사가 되지 않으면 안 된다.

누구든 구매자의 입장에 서면 신중해지는 법이다. 그들은 모두 예리한 눈빛을 하고 있다. 그러나 아무리 예리한 눈빛의 남자라도 자기 아내를 사게 되는 경우에는 조사해 보지도 않은 채 자루에 들어 있는 그대로를 산다.

그대들은 짧은 기간 동안의 그 많은 어리석음을 연애라고 부른다.

그리고 결혼으로 짧은 기간의 그 많은 어리석음에 작별을 고하며, 오랜 기간의 어리석음을 시작한다.

여자를 향한 그대들의 사랑, 남자를 향한 여자의 사랑, 아, 최소한 그것이 괴로워하고 있는 숨어 버린 신들에 대한 동정이라면 좋겠다. 그러나 그것은 흔히 두 마리의 짐승이 느끼는 관능에 불과하다.

그대들의 최상의 사랑까지도 환희에 찬 하나의 비유, '불타는 고통'에 불과한 것이다. 사랑은 그대들을 비춰서 보다 높은 길로 인도하려는 횃불이다.

언젠가 그대들은 자신을 초월해서, 또한 상대를 초월해서 사랑해야만 한다. 그러나 우선 연습이 필요하다. 그러기 위해서 그대들은 사랑의 쓴잔을 마시는 것이 좋으리라.

더없이 감미로운 사랑의 잔에도 쓴맛은 있는 법이다. 그런 사랑은 그대에게 초인에 대한 동경을 불러일으켜 그대를 창조자를 갈망하는 사람으로 만든다. 창조자로서의 갈망, 초인을 목표로 한 화살과 동경. 형제여, 그것이 과연 결혼에 대한 그대의 의지인가?

나는 이러한 의지, 그리고 이러한 결혼을 신성이라고 부른다.

차라투스트라는 이렇게 말했다.

자유로운 죽음

대다수의 사람은 죽음이 너무 늦다고 하고, 또 어떤 자는 죽음이 너무 빠르다고 한다.

'적당한 때 죽어라.'

이 가르침은 당장은 이상하게 들릴지도 모른다.

'적당한 때 죽어라.'

차라투스트라는 이렇게 가르친다.

물론 적당한 때에 살아 보지 않은 자가 어떻게 적당한 때 죽을 수가 있겠는가? 그런 자는 차라리 태어나지 않는 게 더 좋았을 것이다. 나는 '쓸모없는 인간'들에게 그렇게 말한다.

그러나 그 쓸모없는 자들도 죽음에는 그럴듯한 의미를 붙이고 싶어한다. 속 빈 호두도 깨뜨려 주었으면 하고 바라는 것과 같다.

모든 사람이 죽음을 대단한 것으로 생각한다. 그러나 죽음은 아직 축제가 되지 못했다.

나는 살아 있는 사람들에게 자극이 되고 서약이 되는 그런 완성을 가져다 주는 죽음에 대해 알려 주고자 한다. 삶을 완성시킨 자는 희망에 차 서약하는 자들에게 둘러싸인 채 찬란한 승리 속에서 자신의 죽음을 맞이한다.

사람은 이처럼 죽는 것을 배울 것이다. 그리고 죽어 가는 자가 살아 있는 사람들의 맹세를 모독한다면, 그 어떤 축제도 열어서는 안 된다.

이렇게 죽는 것이 가장 최선이다. 그리고 두 번째는 전사로서 위대한 영혼을 아낌없이 바치는 죽음이다.

그대들처럼 민망스런 웃음을 띤 죽음은 전사에게나 승리자에게나 매우 혐오스럽다. 죽음은 도둑처럼 발소리를 죽이고 다가오지만, 실제로는 지배자로서 오는 것이다.

나는 그대들에게 나의 죽음을 자랑하겠다. 나의 죽음은 내가 원함으로써 나에게 오는 자유로운 죽음이다.

그렇다면 나는 언제 그 죽음을 원할 것인가? 목적과 함께 상속자가 있는 자는 그 목적과 상속자에게 필요할 때 죽기를 원한다.

그리고 목적과 상속자에 대한 존경심 때문에 그는 삶의 성전에 다 시들어 버린 꽃다발을 걸려 하지는 않으리라.

진실로, 나는 새끼줄 꼬는 사람처럼 되고 싶지는 않다. *22 그는 새끼를 길게 엮어 나가면서 자꾸만 뒤로 물러난다.

또 진리와 승리를 추구하기에는 이미 너무 늙어 버린 사람도 많다. 이가 빠진 입은 어떤 진리도 맛볼 권리가 없다.

그리고 영예를 얻으려는 자는 모두 적당한 때에 명예를 버리고 떠나는 어려운 기술을 습득해야만 한다.

사람들은 가장 훌륭한 것을 맛보았을 때 더 이상 먹지 말아야 한다. 오랫동안 사랑받기를 바라는 자는 이런 사실을 잘 알고 있다.

물론 몹시 신 사과도 있다. 그런 사과는 그것이 타고난 운명이라고 생각하고 가을까지 기다리려고 한다. 그러나 가을이 되면 그 사과는 익어 달콤해지기는 하지만 이미 시든 것이 되고 만다.

어떤 자는 마음이 먼저 늙고, 어떤 자는 정신이 먼저 늙는다. 또 어떤 자는 청춘에 이미 늙어 버린다. 그러나 청춘을 늦게 맞는 자는 오랫동안 그 청춘을 간직한다.

실패한 삶을 살고 있는 자도 많다. 독충이 그의 심장을 갉아먹고 있기 때문이다. 그런 자는 성공적인 죽음을 맞도록 주의하지 않으면 안 된다.

끝내 달콤해지지 않는 자도 수두룩하다. 그들은 여름에 이미 썩기 시작한다. 그들을 그대로 가지에 달라붙어 있게 하는 것은 비열함이다.

너무나 많은 사람들이 너무 오랫동안 가지에 붙어 있다. 이런 썩은 열매, 벌레 먹은 열매를 깨끗이 가지에서 쳐내 버릴 폭풍이라도 쳐 주었으면 좋겠다. '신속한' 죽음의 설교자라도 와주었으면 좋겠다. 그는 내가 말하는 폭풍으로 삶의 나무를 흔들어 댈 것이다. 그러나 내가 들을 수 있는 것은 느린 죽음과 현실적인 모든 것에 대해 인내하기를 부르짖는 설교뿐이다.

아, 그대들은 지상의 것에 대해 인내하기를 설교하는가? 그대, 모독자들이여. 현실적인 것은 그대들에 대해 너무나 많이 인내하고 있다.

정말 느린 죽음의 설교자들이 공경하는 저 히브리인은 너무 빨리 죽었다. 그리고 그 사실은 많은 사람들에게 재앙의 불씨가 되었다.

젊은 그는 히브리인들의 눈물과 우수, 그리고 정의로운 사람들의 미움을 알고 있을 뿐이었다. 그래서 그는 죽음에 대한 동경에 사로잡혔던 것이다.

그는 황야에서 계속 저 정의로운 자들로부터 떨어져 있었으면 좋았을 것이다. 그렇게 했으면 아마도 삶을 배웠을 것이며, 대지를 사랑하는 법이나 웃는 법까지 배웠으리라.

형제들이여, 내 말을 믿으라. 그는 너무 일찍 죽은 것이다. 만일 그가 계속 살아서 내 나이에 이르렀다면, 그는 그의 가르침을 취소했을 것이다. 그럴 수 있을 만큼 그는 고귀한 사람이었다.

그러나 그는 미숙했다. 젊은이라는 것은 사랑에 미숙하고, 인간과 대지를 미워하는 것에까지도 미숙한 법이다. 그 마음과 정신의 날개는 아직 속박되어 있어서 무겁기만 하다.

그러나 어른은 젊은이에 비해 그 속에 더 많은 아이와 더 적은 우수를 지니고 있다. 또 어른은 젊은이에 비해 삶과 죽음을 더 잘 이해한다.

그리고 죽음에 대해서 자유롭고 죽음이 가까워져도 자유롭다. "그렇다"고 말할 때가 아니면 "아니다"라고 말할 수 있는 자가 된다. [23] 어른은 이런 식으로 삶과 죽음에 대해 잘 알고 있다.

그대들의 죽음이 인간과 대지에 대한 모독이 되지 않게 하라.

친구여, 나는 이런 것을 그대들 영혼의 정수에서 얻고자 한다.

그대들이 죽을 때, 거기에는 여전히 그대들의 정신과 덕이 대지를 감싸는 황혼처럼 불타고 있어야 한다. 그렇지 않으면 그대들의 죽음은 실패한 것이다.

나는 그대들이 나의 죽음으로 대지에 대한 사랑을 더 깊게 할 수 있을 때 죽고 싶다. 그리고 나는 다시 대지의 한 부분이 되어 나를 낳은 어머니 품에서 안정을 얻고 싶다.

차라투스트라는 하나의 목적을 가지고 있다. 그는 공을 던졌다. 자, 친구여 내 목적의 상담자가 되어라. 나는 그대들을 향해 황금공을 던지리라.

친구들이여, 내가 가장 보고 싶은 것은 그대들이 그 황금공을 던지는 일이다. 그래서 나는 당분간 대지에 머무르겠다. 내가 그렇게 할 수 있도록 허락하라!

차라투스트라는 이렇게 말했다.

베푸는 덕

1

차라투스트라가 그동안 마음에 들어했던 '디 분테쿠(얼룩소)'라는 도시를 떠날 때, 그의 제자라고 자칭하는 많은 사람들이 그를 전송했다. 그들이 어느 사거리에 왔을 때, 차라투스트라는 여기서부터 혼자 가고 싶다고 말했다. 그는 혼자 가는 것을 좋아했기 때문이다. 제자들은 이별의 표시로 그에게 지팡이를 하나 주었다. 금으로 된 손잡이에는 한 마리의 뱀이 태양을 감고 있는 모습이 조각되어 있었다. 차라투스트라는 이 선물을 기쁘게 받아서 이 지팡이로 땅을 짚었다. 그러고 나서 그는 제자들을 향해 말했다.

"나에게 말해 보라. 금이 최고의 가치를 지니게 된 이유를? 그것은 금이 흔하지 않고, 특정한 용도로 사용되지는 않지만 반짝이는 부드러운 빛을 내기 때문이 아닌가! 금은 언제나 자신을 남에게 나누어 주고 있기 때문이 아닌가!

금은 가장 고귀한 덕의 상징이기 때문에 최고의 가치를 지니게 되었다. 베푸는 자의 눈빛은 금처럼 반짝거린다. 금빛은 달과 태양 사이에 평화를 조성한다.

최고의 덕은 이처럼 흔하지 않고, 특정한 곳에 사용되지는 않지만 빛을 가지고 있으며, 그 빛은 부드럽다. 최고의 덕은 베푸는 덕이다.

진실로 나는 알고 있다. 제자들이여, 그대들이 나처럼 남에게 베푸는 덕을 얻으려고 노력하고 있다는 것을. 어찌 그대들이 고양이나 늑대와 같을 수 있겠는가!

그대들은 자진해서 희생양이 되고 선물이 되기를 원한다. 그래서 그대들은 온갖 부를 자신의 영혼 속에 모아들이는 것이다.

그대들의 영혼은 부와 보물을 얻는 데 싫증을 느끼지 않는다. 그것은 그대들의 영혼이 그렇게 하고 싶은 의욕으로 가득 차 있기 때문이다.

그대들은 모든 것을 그대들 곁이나 그대들 속으로 세차게 불러들이는데, 그것은 그대들의 것을 사랑의 선물로 또다시 밖으로 흘려 보내기 위해서다.

이렇게 나누어 주는 사랑은 모든 가치를 빼앗는 자가 되어야 한다. 그러나 나는 이런 이기심을 건전하고 신성한 것이라고 생각한다.

이것과는 다른 종류의 이기심도 있다. 빈곤과 굶주림으로 훔치려고만 하는 이기심이다. 그리고 병자의 이기심이나 병든 이기심도 있다.

그런 이기심은 빛나는 모든 것을 도둑의 눈으로 본다. 굶주렸기 때문에 탐욕스런 눈으로 먹을 것이 풍부한 자를 곁눈질한다. 그리고 베푸는 자의 식탁 주위를 늘 어슬렁거린다.

그런 욕망 속에는 병과 함께 눈에 띄지 않는 타락이 숨어 있다. 좀도둑 같은 이런 탐욕은 육체가 쇠약해져 있다는 증거다.

말해보라, 형제들이여. 우리에게 열등하고 나쁜 것, 그중에서도 가장 열등하고 나쁜 것이 무엇인가? 그것은 바로 타락이다. 우리는 베푸는 영혼이 없는 곳에는 언제나 타락이 있거나 생긴다는 것을 짐작할 수 있다.

우리는 저 위를 향해 올라가게 되어 있다. 종(種)에서 보다 높은 종으로 올라간다. 그러나 '모든 것은 나를 위하여……'라고 말하는 타락한 마음은 혐오감으로 우리를 전율케 한다.

우리의 마음은 저 위를 향해서 날아오른다. 이 마음은 우리의 살아 있는 육체에 대한 비유, 상승에 대한 비유다. 모든 덕의 명칭은 이러한 상승의 비유적 표현이다.

육체는 생성하고 싸우면서 역사를 헤치고 나아간다.

정신이란 육체에 대해서 무엇인가? 정신은 육체의 전투와 승리를 알리는 전령사이고 동지고 메아리다.

선과 악에 대한 명칭은 모두 비유다. 그 명칭은 모든 내용을 말해 주는 것이 아니라 암시해 주고 있을 뿐이다. 그 명칭에서 지식을 얻으려는 자는 어리석은 자다.

형제들이여, 그대들의 정신이 비유로 말하고자 할 때는 항상 귀를 기울여라. 그때 바로 그대들 덕의 근원이 싹트는 것이다. 그때 그대들의 육체는 고양되고 다시 살아난다. 그대들의 육체는 기쁨으로 정신을 매료시키고, 정신은 창조자, 평가자, 사랑에 빠진 자, 그리고 모든 것에 대한 은인이 될 것이다.

그대들의 마음이 큰 강물처럼 넘쳐 흘러 주위에 사는 자들에게 축복과 동시에 위험이 될 때, 덕의 근원이 싹트는 것이다.

그대들이 칭찬이나 비난을 초월해서 높아지고, 그대들의 의지가 사랑에 전념하는 자의 의지로서 모든 것들에게 명령하고자 할 때, 덕의 근원이 싹튼다.

그대들이 쾌적한 집이나 푹신한 침대를 경멸하고, 마음 약한 자들에게서 멀어져 잠들고자 할 때 덕의 근원이 싹트기 시작한다.

그대들이 하나의 의지를 지향하여 모든 어려움과 고통을 극복하는 것을 필연으로 받아들일 때, 덕의 근원이 생겨나는 것이다.

진실로 그대들의 덕은 새로운 선과 악이다. 새롭고 깊은 물의 출렁거림, 새로운 샘의 소리다.

이 새로운 덕은 힘이다. 높고 강한 사상이며, 그것은 지배하는 힘을 지녔다. 그리고 총명한 영혼이 그것 주위를 휘감고 있다. 바로 황금빛 태양을 감고 있는 인식의 뱀이 꿈틀거리는 것이다."

2

이때 차라투스트라는 한동안 입을 다물더니 이윽고 제자들을 사랑의 눈길로 바라보며 계속해서 말했다. 그때 그의 목소리는 달라져 있었다.

"형제들이여, 그대들 덕의 힘으로 대지에 충실하라. 그대들이 베푸는 사랑과 지식이 대지의 뜻에 따르기를 바란다. 나는 그대들에게 간절히 부탁한다. 그대들의 사랑과 지식이 이 세상을 향해 날아가며 그 날개를 영원의 벽에 부딪치는 일이 없기를. 이제까지 하늘로 날아올라가 사라져 버린 덕이 얼마나 많았던가!

나처럼 날아가 버린 덕을 이 대지로 다시 찾아오라. 육체와 삶 속으로 다시 데리고 오라. 그리고 그대들의 덕이 대지에 인간적인 뜻을 부여하게 하라.

지금까지는 덕이든 정신이든 모두 수없이 잘못을 저지르고 자취를 감추었다. 우리 육체 속에는 아직도 여전히 이들 헛된 환상과 실수가 살고 있다. 이 헛된 환상과 실수가 우리의 육체가 되고 의지가 되어버릴 정도로. 지금까지는 정신이든 덕이든 모두 수없이 시도를 했음에도 길을 잘못 들었다.

그렇다, 인간은 하나의 시도였다. 아, 많은 무지와 잘못이 우리의 육체가 되었다.

몇천 년에 걸친 이성뿐 아니라 몇천 년에 걸친 헛된 환상까지 우리 안에서 폭발해 밖으로 튀어나간다. 그것들을 잊고 있는 자의 육체는 위험하다.

지금도 우리는 '우연'이라는 거인과 밀고 당기는 싸움을 하고 있다. 바로 오늘에 이르기까지 어리석음과 무의미가 온 인류를 지배해 왔다. *24

그대들의 정신과 덕이 대지의 의지에 따르게 하라!

형제들이여, 만물의 가치가 그대들에 의해 새롭게 정립되도록 하라! 그러기 위해 그대들은 투쟁하는 자가 되어야 한다. 창조하는 자가 되어야 한다.

육체는 지식을 얻으면서 스스로를 정화하고, 육체는 지식으로써 스스로를 고양시킨다.

인식하는 자에게 있어 모든 충동은 성스러워지며, 고양된 자에게 있어 영혼은 즐거움이 된다.

의사여, *25 그대 자신의 병부터 치료하라. 그런 뒤에야 환자를 치료할 수 있을 것이다. 자신을 고치는 사람을 눈앞에서 보는 것이야말로 환자에게 줄 수 있는 가장 큰 도움이다. 그것을 잊지 말라!

사람 발길이 닿지 않은 오솔길이 아직 수천 개나 있다. 수천 가지의 건강법과 수천 가지 숨겨진 생명의 섬이 있다. 인간과 인간이 살고 있는 대지는 아직도 다 개척되지 않아 발견의 여지가 남아 있다.

고독한 자들이여, 잠에서 깨어나 귀기울여라! 미래로부터 회오리바람이 조심스럽게 불어오고 있다. 그리고 예민한 귀에는 좋은 소식이 들려올 것이다.

그대, 오늘의 고독자여, 물러나 있는 자들이여. 그대들은 미래에 한 사람의 '백성'이 되어야 한다. 스스로 선택한 그대들 속에서 선택된 '백성'이 태어나서 성장해 가야 한다. 그리고 그 '백성' 속에서 초인이 탄생해야 한다.

진실로 대지는 이제부터 치유의 장소가 되어야 한다. 벌써 축복을 가져다주는 새로운 향기가 대지를 감싸고 있다. 그리고 새로운 희망이!"

여기까지 말한 차라투스트라는 입을 다물었다. 아직 마지막 말을 못한 사람처럼 한동안 여러 가지 생각으로 망설이듯 지팡이만 매만지고 있었다.

마침내 그는 말하기 시작했다. 그의 목소리는 달라져 있었다.

"제자들이여, 나는 이제부터 혼자 간다. 그대들도 나를 떠나 혼자가 되라. 나는 그대들에게 권한다. 내게서 떠나도록 하라. 그리고 차라투스트라를 거부하라! 차라투스트라를 창피하게 생각한다면 그건 더욱 좋은 일이다. 그는 그대들을 속였는지도 모른다.

인식할 수 있는 사람은 자신의 적을 사랑할 뿐 아니라, 자신의 벗을 미워할 수 있어야 한다. 계속 제자로 머물러 있는 것은 스승에게 보답하는 길이 아니다. 그대들은 어찌 내 월계관을 빼앗으려 하지 않는가? 그대들은 나를 공경한다. 그러나 그대들의 공경의 대상이 몰락하는 날이 없다고 누가 장담할 수 있겠는가? 그때 그대들은 넘어지는 나의 동상에 깔리지 않도록 조심하라!

그대들은 차라투스트라를 믿는다고 말할지 모른다. 그러나 차라투스트라에게 무슨 의미가 있단 말인가? 그대들은 나를 믿고 따르는 이들이다. 그러나 그것에 무슨 의미가 있단 말인가?

그대들이 아직 자신을 찾지 못하고 있는 동안 나를 발견했다.

뭔가를 믿고 따르는 이들은 언제나 그렇다. 그러니 신앙이란 참으로 쓸데없는 것이다.

지금 그대들에게 나를 버리고 그대 자신을 발견하라고 명령한다. 그리고 그대들이 나를 부인할 수 있을 때, 비로소 나는 그대들에게 돌아오겠다.

형제들이여, 그때 나는 지금과 다른 눈으로 나로부터 떨어져 나간 자들을 찾을 것이다. 또 지금과는 다른 사랑으로 그대들을 사랑할 것이다.

나는 그대들이 언젠가 나의 친구가 되기를 기대한다. 그때 나는 세 번째로 그대들을 방문하겠다. 그대들과 함께 위대한 정오를 축하하기 위해서!

위대한 정오란 인간이 짐승과 초인의 중간에 서서 저녁을 향하는 자신[*26]의 길을, 자신의 최고 희망으로 축하할 때다. 그 길이 새로운 아침으로 향하는 길이기 때문에 최고의 희망이 될 수 있는 것이다.

그때 몰락해가는 자는 내가 저쪽으로 건너가고 있는 과도기에 있는 자라는 것을 깨닫고 나를 축복하리라. 그리고 그의 인식의 태양은 정오에 머물러 있게 될 것이다.

'모든 신은 죽었다. 이제 우리는 초인이 번창하기를 바란다.' 이것이 그 위대한 정오에 갖는 궁극의 의지가 되게 하라!"

차라투스트라는 이렇게 말했다.

㊟

1 현실 세계는 불완전하므로 그것을 만든 신도 고뇌하고 불만을 느낀다고 생각지 않을 수 없다. 이 '하나의 신'을 형이상학적인 의지로 풀이하는 것이 쇼펜하우어 철학의 입장이다. 니체는 일찍이 쇼펜하우어 철학에 몰두했다.

2 '머리를'은 '정신으로'의 뜻. 정신을 가지고(아니 사실은 연약한 감정도 함께) 천상의 세계에 의지하기에 이르렀다.

3 존재의 본질은 영적으로 인간에게 말을 걸어 오는 일은 없고, 육체적으로 말을 걸어 오는 일이 있다면 오직 인간의 감각으로 파악할 수 있도록 인간적인 출현 방식에 의해서만이 가능하다.

4 고대 그리스의 디오니소스 예배처럼 '신과의 유사'다. '이성의 광기'는 강한 활력에 차 있고, 애매한 지적인 회의를 죄악으로 규정했다. 현대의 미지근한 종교적 태도와는 다르다.

5 물자체라고 한다. 불가지(不可知)한 궁극적인 것을 가리키는 칸트의 용어다. 종교적인 '그들'이 여러 가지로 궁극적인 것을 말하지만, 그들 종교의 근본적인 동기, 혹은 본래의 존귀성은 그들 자신의 육체다.

6 자각적인 주체인 '나'에 대해 육체와 정신, 본능과 지성이 일체가 되어 모든 종류의 활동을 하는 무의식적이고 총합적인 살아 있는 자아를 말한다. 니체는 이것을 생의 의지와 근원으로 보고, 그 현실성·지상성을 강조한다. 추상성이나 관념성을 피한 개념이지만, 이것을 제1의적인 것으로 설파하는 데서 일종의 관념성까지 느껴진다.

7 이를테면 중세의 기사가 무용이라는 희생에 지나치게 집착하면 과도한 경쟁심이나 타인에의 증오가 일어나 그 결과 무용 그 자체는 독기 있는 덕성이 되어 결국 자멸하기에 이른다.

8 진정한 덕은 미지근하고 세속적인 덕이 아니고 정열에서 우러나오고 파멸의 근원이 되기도 한다. 그러므로 그대는 그것을 사랑하고 높이고 강하게 해야 한다.

9 자신의 범죄 동기가 파괴를 위한 파괴욕일 뿐 달리 동기가 없었다고 고백하는 것은 너

무나 광기에 어려 있어서 창피를 당하게 된다. 그것을 두려워한 범죄자 자신이 강도, 복수 등 특수한 동기를 붙일 수 있는 행위로 상식적인 입장으로 돌아가 있다.

10 범죄자는 원래 생의 의지의 입장에서 행위를 하고 있다. 그러나 그는 초인적인 강자가 아니며, 지금까지 본문에서 말하고 있는 것처럼 약자고 병자다. 그 병자가 외적 세계와 교섭하려다 범죄가 행해진 것인데, 그것은 '괴로움'이나 '고통'의 극복이라는 것으로, 좋든 싫든 정신적 문제라는 형식을 취해 행해진다. 그것이 인간의 범죄다.

11 육체로부터의 괴로움, 즉 생의 의욕과 관계되는 불만을 '그' 나름대로 파괴 의식으로 전환했다. 초인이라면 이 괴로움과 불만을 인류 향상에 대한 노력으로 전환할 것이다. 여기에서 초인과 비교한 것은 좀더 깊이 분석하기 위해서다.

12 흔히 이 세상 높은 자의 눈으로 보면 비극이란 아이들 장난·놀이에 불과하다는 것을 시사한다. '비극적 현실'이라고 번역한 Trauer-Ernste-Spiele는 아이들 장난 같은 비극도 당사자들에게는 아주 심각한 것이라고 비꼰다.

13 청년이 높은 데 오르려고 결심한 것은 위험한 결심이고, 따라서 무의식적으로 몰락을 바라고 있었던 셈이다. 즉, 냉정한 승부 세계에 들어간 것이기 때문에 자기보다 강한 자에게 패하는 것은 필연적이며, 또 그것이 바로 그가 원하는 바다.

14 자기가 높다고 해서 낮은 자를 비웃는 교만한 악의와, 약자가 경쟁심이나 질투에서 어떤 것에 대해 악의를 갖는 경우가 있다. 두 악의의 대상이 같기 때문에 양쪽이 서로 한패라고 오인하는 경우가 있더라도, 악의의 동기나 성질은 전혀 다르다.

15 '세 가지의 변화'의 표현을 빌린다면 전사란 낙타로서, 사자의 자유에는 이르지 못한다. 따라서 '너희는 행할지어다'라는 도덕관이나 의무감에 따라서 행동하는 것이 마음 편하다. 여기에서의 '명령'은 그런 도덕관과 의무감에서 비롯된 명령이라는 의미를 담고 있다.

16 이해관계로 얽인 집합체이기 때문에 악의 기준도 때와 장소에 따른 편의주의로 많은 모순과 혼란을 포함하고 있다. 따라서 생명이나 창조를 좋아하지 않고, 오히려 적대시하며 모든 것을 기계화하려 한다. 이것이 죽음에 대한 의지고 그 때문에 저 '죽음의 설교자'들을 이용하려고 한다.

17 어리석은 자뿐만 아니라 총명한 자, 위대한 영혼의 소유자도 국가에 대해서는 고개를 숙인다.

18 도덕적인 요청으로서가 아니라 원래 순결하기 때문에 그것을 자랑하지 않고, 오히려 약간 부족한 어리석음이라든가 우연의 결과라고 생각하는 사람이 있다. 따라서 그 마음은 온순하고 사람을 탓하지 않을 뿐만 아니라 자기가 끝내 순결을 지킬 수 있다고 공언하지도 않는다.

19 타인에 대한 질투 때문에 괴로워하고, 그 타인을 벗으로 사랑함으로써 질투하지 않는
   다. 공격 등등의 말은 해석하기 쉽지만, 적을 만든다고 하면서 벗의 문제가 '적'으로
   비약한 것은 벗과 적이 불가분의 관계기 때문이다.

20 '벗의 내부에 도사린 적까지도……'는 앞 구절의 '남의 적이 될 수 있어야 한다……'
   과 함께 그 사상을 발전시켰다. 벗을 적과 같이. 생각하고 공경하다는 것으로, 벗과
   적이 하나가 된다. 그때 자신에게는 그 벗에 상당하는 고귀한 인격이 요구된다. 벗에
   게 아첨하면 안 된다는 뜻이다.

21 벌한다는 것은 법의 위반자를 인격자로서 다루는 것이어야 한다. 처벌됨으로써 그자
   는 법과 정의의 세계의 일원이라는 명예를 얻는 것이다.

22 '새끼줄'은 생명을 가리키는 것으로, 쓸데없이 오래 살려고 애쓰는 자가 되고 싶지 않
   다는 말이다.

23 '그렇다'는 대지와 삶에 대한 긍정과 태도가 일치하지만 때가 오면 태연하게 죽음을
   맞이할 수가 있다. 자아의 삶의 정점에 이르면 그때가 온 것이라고 해석된다.

24 광명과 암흑이 뒤섞인 이른바 혼돈이라는 상태가 '우연'이라는 거인이다. 그 거인 덕
   분에 어리석음과 무의미가 온 인류를 지배하고 있었다. 그러므로 인간의 의지는 지배
   자가 되어야 한다.

25 종교적 구원에 대하여 설교한 자, 즉 그리스도를 말한다.

26 해는 정오라는 정점에서 저녁, 이른바 몰락으로 향한다. 그러나 그 미래에는 아침이
   있다. 즉, '자아'의 몰락은 초인의 출현을 위해서 필수적인 것이다.

제2부

······그리고 그대들이 나를 부인할 수 있을 때, 비로소 나
는 그대들에게 돌아오겠다. 형제들이여, 그때 나는 지금과는
다른 눈으로 내게서 떨어져 나간 자들을 찾을 것이다. 또 지
금과는 다른 사랑으로 그대들을 사랑할 것이다.

제1부 「베푸는 덕」에서

거울을 가진 아이

차라투스트라는 다시 산에 있는 동굴의 고독 속으로 돌아감으로써 인간들
로부터 멀리 벗어났다. 그는 씨를 뿌린 사람처럼 기다렸다.

그러나 그의 영혼은 사랑하는 인간들을 향한 열망과 초조함으로 가득 차
있었다. 그에게는 아직도 그들에게 나눠줄 것이 많았기 때문이다.

진실로 사랑하기 때문에 내민 손을 거두고, 베푸는 자로서 계속 수치스러
워한다는 것은 지극히 어려운 일이다.

이렇게 고독한 가운데서도 세월은 흘렀다. 그러는 사이 그의 지혜는 끊임
없이 자라났고 그 풍요로움은 그에게 고통을 주었다.

어느 날 아침, 그는 날이 밝기 전에 잠에서 깨어 오랫동안 생각한 끝에 마
음속으로 말했다.

'왜 나는 꿈속에서 그처럼 놀라 눈을 뜬 것일까? 그렇다. 거울을 가진 아
이가 나에게 다가왔다.

그 아이는 '오, 차라투스트라여. 거울 속의 그대를 보라'라고 말했다.

나는 거울을 들여다보고 소리를 질렀다. 무서웠다. 나는 거기서 내 모습이
아닌 악마의 찌푸린 얼굴과 비웃음을 보았다.

나는 이 꿈의 의미와 경고를 확실하게 이해한다. 이제 나의 '가르침'은 위
험한 상태에 빠져 잡초*1가 밀 행세를 하려 하고 있다.

적들이 강해져서 내 가르침의 참뜻을 왜곡시키고 있다. 그래서 내가 가장 사랑하는 자들까지도 나에게서 받은 선물들을 부끄럽게 생각한다.

나는 벗들을 잃고 있다. 이제 내가 잃어버린 자들을 찾으러 갈 때가 되었다.'

차라투스트라는 자리에서 벌떡 일어났다. 그의 모습은 신선한 공기를 찾아 헐떡거리는 자가 아니라 영감을 받은 예언자, 혹은 노래하는 자 같았다. 그의 독수리와 뱀이 그를 바라보았다. 그의 얼굴이 아침 햇살처럼 찬란히 빛나고 있었기 때문이다.

"나의 짐승들이여, 나에게 무슨 일이 일어났는가? 나는 변하지 않았는가? 가장 큰 행복이 폭풍처럼 내게 밀어닥친 것은 아닌가!

나의 이 행복은 어리석다. 그리고 이 행복은 어리석은 말을 할 것이다. *2 나의 행복은 아직 너무나 젊다. 그러니 행복에 대해 관대해져라!

행복은 나에게 상처를 입혔다. 괴로워하는 모든 자들이여, 나를 치료하는 의사가 되어라.

나는 벗들 곁으로 다시 내려갈 수 있다. 또 적이 있는 곳에도 갈 수 있다. 차라투스트라는 다시 이야기하고, 베풀며, 사랑하는 자들에게 가장 큰 사랑을 보일 수 있다.

억제하기 힘든 나의 사랑은 흘러넘쳐 시냇물이 되고, 동쪽으로 혹은 서쪽으로 흘러간다. 침묵의 산 위에서, 고통의 폭풍우 속에서 나의 영혼은 골짜기마다 소리를 내며 쏟아진다.

나는 너무나 오랫동안 동경의 눈으로 먼 곳을 보고 있었다. 너무나 오랫동안 고독을 벗했기 때문에 끝내 침묵을 잊어버렸다.

나의 정신은 입이 되었고, 절벽 위에서 떨어지는 폭포의 물소리가 되었다. 나는 나의 말을 모든 골짜기 아래로 떨어뜨리고 싶다.

내 사랑의 물줄기가 길이 없는 곳으로 떨어진다 해도 개의치 않으리라. 물줄기가 바다로 흘러들어갈 길을 찾지 못할 리는 없을 테니까.

내 안에는 하나의 호수 *3가 있다. 그 호수는 조용히 숨어 있지만 물이 풍부하다. 내 사랑의 물줄기는 그 호수를 하류로, 바다로 이끌고 가리라.

나는 새로운 길을 가고 그대에게 들려줄 새로운 이야기들이 생겨났다. 나는 창조하는 모든 자의 흔하고 낡은 설명법에 싫증을 느꼈다. 나의 정신은 이미 닳아 버린 구두를 신으려 하지 않는다.

내게는 모든 언어의 흐름이 너무 늦다. 폭풍이여, 그대의 마차에 올라 타리라. 그리고 나는 악의와 함께 그대까지도 채찍질하리라.

절규와도 같은 환호처럼 나는 바다를 건너가리라. 나의 벗들이 살고 있는 더없이 행복한 섬을 발견할 때까지.

나는 그 벗들 사이에서 적을 발견하게 되리라. 그러나 나는 내게 말을 걸어 오는 모든 사람을 사랑하겠다. 내 적들 역시 행복의 일부다.

내가 사나운 말*4에 올라타려고 할 때 나를 도와 말 위에 태워주는 것은 창이다. 이 창은 언제라도 나를 도와 줄 수 있도록 모든 준비를 하고 있는 하인이다.

드디어 적을 향해서 이 창을 던져도 좋을 때가 온 것에 대해 나는 적들에게 무척 감사하고 있다.

내 구름은 너무나 무거운 번개를 포함하고 있다. 번개와 커다란 웃음 사이에서 우박을 아래로 퍼부으리라.

그때 내 가슴은 힘차게 고동칠 것이다. 강력한 폭풍을 일으켜 산들을 뒤흔들 것이다. 그러면 내 가슴은 가벼워지리라. 참으로 나의 행복과 자유는 폭풍처럼 다가온다. 그러나 적들은 사악한 것이 머리 위를 미친 듯이 날뛴다고 생각하리라.

그렇다. 벗들이여, 그대들도 나의 사나운 지혜에 놀랄 것이다. 그리고 아마도 나의 적들과 함께 달아나 버리고 말 것이다.

아, 그때 내가 부드러운 피리 소리로 그대들을 불러들일 수 있다면 얼마나 좋을까! 아, 나의 지혜의 암사자가 부드럽게 부르짖음으로써 그대들을 불러들인다면 얼마나 좋을까! 우리는 그동안 많은 것을 함께 배우지 않았던가.

나의 사나운 지혜는 쓸쓸한 산 위에서 아이를 뱄다. 그리고 거친 바위 위에서 그녀의 자식, 미래의 자식을 낳았다. 이제 나의 지혜는 부드러운 잔디를 찾으려고 막막한 사막을 미친 듯이 달려나간다. 내가 그리워하는 사나운 지혜의 암사자는.

벗들이여! 나의 사나운 지혜는 그대들 마음의 부드러운 잔디, 그대들의 사랑 위에 자신이 가장 사랑하는 자식을 잠재우고 싶어한다.”

차라투스트라는 이렇게 말했다.

행복의 섬

무화과가 나뭇가지에서 떨어진다. 그 과일은 맛있고 달콤하다. 떨어질 때 그 빨간 껍질이 벗겨진다. 나는 다 익은 무화과를 떨어뜨리는 북풍이다.

나의 가르침도 무화과처럼 그대들을 향해 떨어지리라. 자, 그 과즙과 달콤한 과육을 먹도록 하라. 때는 가을이다. 밝은 하늘, 그리고 오후다.

보라. 우리 주위는 부족함 없이 풍요로워 보인다. 이 풍요로움 가운데서 저 멀리 아득한 바다를 바라보는 것은 즐거운 일이다.

사람들은 일찍이 저 아득한 바다를 바라보며 "신이여!"라고 외쳤다. 그러나 나는 그대들에게 그것이 '초인'임을 가르쳐 주겠다.

신은 가상일 뿐이다. 나는 가상이 그대들이 창조하는 의지를 뛰어넘어 앞서 달리는 일이 없기를 바란다.

그대들은 신이라는 것을 '창조할' 수 있다고 생각하는가? 창조할 수 없다면 신에 대해 말하지 말도록 하라. 그러나 그대들은 초인을 창조할 수는 있을 것이다.

형제들이여, 아마도 그대들은 초인을 창조할 수 없을지도 모른다. 그러나 적어도 초인의 아버지나 조상은 될 수 있으리라. 그것이 그대들이 할 수 있는 가장 훌륭한 창조일 것이다.

신은 가상이다. 그러나 나는 가상이 그대들의 사유의 범위 안에 한정되기를 바란다. [*5]

그대들은 신이란 것을 생각할 수 있겠는가? 그러나 진리에 대한 그대들의 의지는 모든 것을 인간의 사고로 추구할 수 있도록, 그리고 시각과 감각으로 감지할 수 있는 것으로 변경시키려는 의지다. 그대들은 감지한 것을 끝까지 추구해야 한다.

그대들이 세계라고 이름지은 것, 그것은 우선 그대들에 의해 창조되어야 한다. 그대들의 이성, 마음, 의지, 사랑이 그대들의 세계가 되어야 한다. 그리고 그런 것들이 그대들의 더없는 행복이 되어야 한다.

그대, 인식하는 자들이여. 이러한 희망도 없다면 그대들이 삶을 어떻게 견딜 수 있겠는가? 그대, 인식하는 자들이여, 그대들은 인식할 수 없는 것,

이성이 없는 것 속에서 태어날 수는 없다.

벗들이여, 그대들에게 모두 털어놓겠다. 만일 신이 있다면 내가 신이 아닌 것에 어떻게 만족할 수 있겠는가? 그러므로 신은 존재하지 않는다. 이 결론은 분명히 내가 끄집어 낸 것이다. 그러나 이제는 이 결론이 나를 이끌어 가고 있다.

신은 가상이다. 그러나 이 가상의 괴로운 술잔을 마시고서 어느 누가 살 수 있겠는가? 창조자에게서 그의 신념을 빼앗고, 아득한 곳을 향해 날아가는 독수리에게서 그의 날아오름을 빼앗을 수 있을까?

신이란 모든 것을 뒤틀리게 하고, 서 있는 것을 비틀거리게 하는 사상이다. 대체 어떤 사상인가? 시간이 사라져 버린 것일까? 그리고 흘러가 버린 시간은 모두 거짓이었던가!

이러한 사상은 인간 육체에 있어서는 소용돌이고 현기증이며 구역질이다. 이런 것을 가상하는 것을 나는 현기증이라고 부른다. 나는 그것을 사악한 것, 염세적인 것이라고 부른다. 유일한 것, 완전한 것, 움직임이 없는 것, 충족된 것, 영원인 것을.

불변하는 것은 모두 하나의 비유에 불과하다. 시인들은 거짓말을 한다. 그러나 시간과 생성에 대해서는 가장 훌륭한 비유로써 말해야 한다. 그것은 모든 영원한 것을 대변하고 찬미하는 것이어야 한다.

창조, 그것은 우리를 괴로움에서 해방시킬 위대한 구원이고, 삶의 무게를 가볍게 하는 것이다. 그러나 창조자가 탄생하기 위해서는 괴로움과 많은 변화가 필요하다.

참으로 그대들의 삶 속에는 고통스러운 죽음이 많아야 한다. 창조자여, 그러고 나서야 그대들은 이 세상 모든 영원한 것의 변호인이자 대변자가 된다. 창조자 자신이 아이로 다시 태어나기 위해서는 산모가 되어야 하며, 출산의 고통을 견뎌야 한다.

참으로 나는 백 개의 영혼을 거쳐 내 길을 가며, 백 개의 요람과 진통을 겪으며 내 길을 걸어왔다. 나는 이미 수많은 이별을 경험해, 가슴이 터지는 듯한 이별의 마지막 순간이 어떤 것인지도 잘 알고 있다.

그러나 나의 창조적 의지와 운명이 그것을 원한다. 더 솔직하게 말하면, 내 의지가 그런 운명을 바란다.

나의 감수성은 언제나 괴로워하며 감옥에 갇혀 있다. 그러나 내 의지는 항상 나를 해방시키고 나를 위로해 준다.

의지는 자유를 가져다 준다. 이것이야말로 의지와 자유에 관한 진정한 가르침이다. 차라투스트라는 그대들에게 그것을 가르친다.

더 이상 의욕을 느끼지 않고, 평가하지 않고, 창조하지 않는 그러한 엄청난 권태가 끝까지 나에게 가까이 오지 못하도록!

내가 인식 활동에서 느낄 수 있는 것은 의지의 생식욕과 생성욕뿐이다. 내 인식에 순수함이 있다면, 그것은 그 인식 속에 생식에 대한 의지가 있기 때문이다.

이 의지가 바로 신과 신들로부터 나를 떼어 놓았다. 만일 신들이 존재한다면 창조할 무엇이 남을 수 있겠는가! 그러나 열렬한 창조에 대한 의지는 항상 나를 새로운 인간으로 몰아세우고 있다. 그건 마치 예술가가 쇠망치로 돌을 치는 것과 같다.

아, 인간들이여. 돌 속에 하나의 상이 잠들어 있다. 그것은 내가 상상으로 그리는 수많은 상 가운데 하나다. 아, 그것이 가장 강한, 가장 보기 흉한 돌 속에 잠자고 있어야 하다니. *6

이제 나의 쇠망치는 이 감옥을 부수려고 미친 듯이 무섭게 날뛴다. 돌에서 파편이 튄다. 그러나 그것이 나와 무슨 관계가 있단 말인가?

나는 이 상을 완성하리라. 하나의 그림자가 나를 찾아왔기 때문이다. 모든 사물 중에서 가장 조용하고 아름다운 것이 나를 찾아온 것이다!

초인의 아름다움이 그림자처럼 나를 찾아온 것이다. 아, 형제들이여, 지금 신들이 나와 무슨 관계가 있단 말인가! 저 신들이!

차라투스트라는 이렇게 말했다.

동정하는 자들

벗들이여, 그대들의 벗인 나는 이렇게 비웃는 소리를 들었다.

"차라투스트라를 보라! 그는 우리 주위를 짐승처럼 어슬렁거리고 있지 않은가?"

그러나 이렇게 말하는 것이 나았다.

"사물의 이치를 터득하는 자는 인간들을 '짐승처럼 생각하고' 그들 주위를 어슬렁거린다."

사물의 이치를 터득하는 자에게 인간은 빨간 뺨을 가진 짐승이다.

왜 인간은 얼굴이 빨개졌을까? 너무나 자주 수치심을 느꼈기 때문이 아닐까?

오, 나의 벗이여! 사물의 이치를 터득한 자가 말한다.

"수치, 수치, 수치야말로 인간의 역사다."

그러므로 고귀한 자는 수치감을 느끼지 않도록 스스로를 자제한다. 모든 괴로운 자들 앞에서 그는 자신의 수치심을 억제하고 있다. *7

나는 인간을 동정함으로써 행복을 느끼는 동정심 많은 자들을 좋아하지 않는다. 그들은 수치심을 너무 모르기 때문이다.

나는 동정해야 할 때라도 동정심 많은 자라고 불리기를 원하지 않는다. 또 동정할 때는 내 몸을 동정의 대상으로부터 멀리 떨어져 있게 하고 싶다.

나는 또 내 존재가 드러나기 전에 얼굴을 가리고 달아나고 싶다. 나의 벗이여, 나는 그대들에게도 그렇게 하기를 명한다.

내 운명이 내가 가는 곳마다 항상 그대들처럼 괴로워하지 않는 자와 만나게 해 주었으면. 또 희망과 식사와 꿀을 함께 나눌 수 있는 자와 만나게 해 주었으면.

참으로 나는 괴로워하는 자들을 위해 많은 일을 했다. 그러나 내가 보다 큰 즐거움이 무엇인가 깨닫게 되었을 때 보다 더 좋은 일을 했다고 생각했다.

인간이 존재한 뒤로 지금까지 인간에게는 즐거움이 너무 적었다. 형제들이여, 그것만이 우리의 원죄이다. *8

그리고 우리가 보다 큰 즐거움이 무엇인가를 배우게 된다면, 우리는 타인을 괴롭히려는 마음을 깨끗이 버릴 것이다. 또 타인이 고통받는 원인에 대해서는 생각하지도 않을 것이다.

그러므로 나는 괴로워하는 자를 구해 준 손을 씻음으로써 영혼까지 씻는다. 괴로워하는 자의 모습을 보게 되면 그의 부끄러움 때문에 나 역시 부끄러워지기 때문이다. 또 그를 구원함으로써 나는 그의 긍지를 가혹하게 손상시켰기 때문이다.

참으로 위대한 은혜는 그것을 베푼 자에게 감사하는 마음을 갖게 하지 않는다. 오히려 복수심을 불러일으킨다. 만일 작은 친절이 잊혀지지 않으면, 그것이 양심가책의 벌레가 되어 은혜를 입은 자의 마음을 갉아먹는다.

"받는 것을 부끄러워하라! 받는 것을 거절하라!"

나는 남에게 줄 게 아무것도 없는 사람들에게 이렇게 충고한다.

그러나 나는 주는 사람이다. 나는 벗에게 기꺼이 준다. 나를 모르는 사람이나 가난한 자들은 내 나무에서 직접 과일을 따먹어라! 그렇게 하면 그대들은 수치감을 덜 느낄 것이다.

그러나 거지들을 가까이하지 말라. 우리는 그들에게 주어도 화가 나며 주지 않아도 화가 난다.

또 죄인과 옳지 못한 양심을 지닌 사람들도 가까이하지 말라. 내 말을 믿어라. 벗들이여, 양심의 가책이란 것에 계속 물어뜯기는 자는 언젠가 다른 사람을 물어뜯게 된다.

그러나 무엇보다 나쁜 것은 여러 가지 쓸모없는 생각들이다. 그런 생각에 빠지기보다는 차라리 악을 행하는 편이 낫다.

그런 탓인지 그대들은 이렇게 말하리라.

"사사로운 악행을 저질러 즐거움을 느낌으로써 우리는 큰 악행을 저지르지 않게 된다. 보호받을 수 있다."

그러나 이 경우 악행은 마치 종기와 같다. 가렵다가 통증이 오고, 드디어는 터진다. 종기가 하는 말은 솔직하다.

"보라, 나는 질병이다." 악행은 이렇게 말한다. 그것이 악행의 정직성이다.

쓸모없는 생각은 마치 곰팡이와 같다. 그것은 숨어서 기어다니며 계속 자신의 모습을 감춘다. 몸 전체에 작은 곰팡이가 피어 썩어서 죽어 버릴 때까지.

하지만 나는 악마에 사로잡힌 자에게 이런 말을 들려 주리라.

"차라리 그대는 악마를 크게 키우는 것이 더 좋겠다. 그대에게도 위대함을 향한 길이 아직 남아 있다."

아, 형제들이여. 우리는 다른 사람들에 대해서는 너무나 잘 알고 있다. 그래서 많은 사람들을 꿰뚫어보지만 그렇다고 그들을 하나부터 열까지 다 꿰뚫을 수 있는 것은 결코 아니다.

사람들과 함께 사는 것은 힘들다. 왜냐하면 침묵을 지키기가 너무 어렵기 때문이다.

우리가 가장 부당하게 대하는 것은 우리가 싫어하는 사람이 아니라 우리와 아무 관계도 없는 사람들이다. *9

그러나 만일 괴로워하는 친구가 있다면 그대는 그를 위해 안식처가 되도록 하라. 딱딱한 침대, 간이 침대가 되도록 하라. 그래야만 그대는 그에게 가장 필요한 사람이 될 것이다.

만일 친구가 그대에게 사악한 짓을 한다면 이렇게 말하라.

"나는 네가 한 짓을 용서한다. 그러나 네가 자신에게 저지른 악행에 대해서는 내가 무슨 자격으로 용서할 수 있겠는가!"

모든 위대한 사랑은 이렇게 말한다.

"이런 사랑은 용서와 동정을 모두 뛰어넘는다."

우리는 감정을 자제할 줄 알아야 한다. 감정이 흐르는 대로 놓아 두면 당장 두뇌와 함께 이상한 방향으로 달아나 버리고 말리라.

아, 동정하는 자들보다도 더 어리석은 짓을 저지르는 자는 이 세상에 없다. 또 그들이 저지르는 어리석음보다 더 큰 고통을 불러일으키는 것도 이 세상에는 없다.

아, 동정을 뛰어넘지 못한 사랑을 하고 있는 사람은 모두 슬프다.

악마가 일찍이 나에게 이렇게 말한 적 있다.

"신에게도 지옥이 있는데, 그것은 인간에 대한 그의 사랑이다."

얼마 전에 나는 악마가 이렇게 말하는 것을 들었다.

"신은 죽었다. 인간에 대한 동정 때문에 죽었다." *10

그대들이여, 동정을 경계하라! 그곳으로부터 먹구름이 몰려올 것이다. 나는 폭풍의 징조를 알고 있다.

이 말 또한 명심하는 것이 좋으리라. 모든 위대한 사랑은 동정의 단계를 넘어서 있다. 위대한 사랑은 대상을 사랑할 뿐만 아니라, 사랑하는 대상을 창조하기까지 한다.

"나는 나 자신을 나의 사랑에 바친다. 그리고 나와 함께 이웃 사람들도 나의 사랑에 바친다."

모든 창조자는 이렇게 말한다.

그들은 모두 엄격하고 냉혹하다.

차라투스트라는 이렇게 말했다.

성직자들

어느 날 차라투스트라는 제자들을 손짓해 불러 다음과 같이 말했다.

"여기 성직자들이 있다. 그들이 적이기는 하지만 그들 옆을 조용히 지나가는 것이 좋다. 그대들의 칼도 잠재워 두는 편이 좋다.

그들 가운데도 영웅은 있다. 그들 대부분은 너무나 괴로운 나머지 타인에게도 고통을 주려고 한다.

그들은 사악한 적이다. 그들은 겸손보다 더 큰 복수심을 숨기고 있다. 그러므로 그들을 공격하는 자는 오히려 자신을 더럽힌다.

그러나 나의 피와 그들의 피는 통하고 있다. 나는 내 피가 그들의 핏속에서도 존경받기를 원한다."

그들이 지나가자 차라투스트라는 갑자기 고통스러워하기 시작했다. 한참 뒤 그는 말하기 시작했다.

"나는 저 성직자들을 가엾게 생각한다. 그들은 내 취향에 맞지 않는 자들이다. 그러나 내가 인간들과 교제하기 시작한 뒤 그런 것은 아주 사소한 일이 되었다.

나와 그들은 일찍이 함께 괴로워했고 지금도 그렇다. 나에게 있어 그들은 죄인이고, 낙인 찍힌 자들이다.

그들이 구세주라고 부르고 있는 자가 그들에게 멍에를 씌웠다. 그릇된 가치와 허망한 말의 멍에를.

아, 그들을 그 구세주로부터 구해줄 자가 어서 나타났으면!

그들이 바다에서 표류하고 있을 때 그들은 어떤 섬에 상륙했다고 믿었다. 그러나 그것은 섬이 아니라 잠들어 있는 괴물이었다.

그릇된 가치와 허망한 말, 그것은 죽을 운명을 타고난 인간들에게는 가장 나쁜 괴물이다. 이 괴물 속에서 재앙이 잠든 채 오랫동안 기다리고 있었다.

그러나 그 재앙이 드디어 오고 있다. 눈을 뜬 괴물은 자기 위에 오두막집을 짓고 살던 자들을 향해 입을 크게 벌리고는 집어삼킨다.

오, 이들 성직자들이 세운 오두막집을 보라! 감미로운 분위기의 그 동굴을 그들은 교회라고 부른다.

오, 잘못된 길로 인도하는 가증스런 빛이여! 이 탁한 공기여! 영혼이 마음껏 날아오를 수 없는 곳이여!

더욱이 그들의 신앙은 이렇게 명한다.

"무릎을 꿇은 채 계단을 오르라, 죄인들이여!"

수치와 기도라는 것으로 잘못된 그들의 눈보다는 차라리 뻔뻔스러워 수치가 무엇인지도 모르는 자의 얼굴을 보는 게 낫겠다.

이런 동굴과 속죄의 계단을 만든 자는 누구인가? 자신의 모습을 감추고자 하는, 밝게 갠 하늘을 부끄러워하는 자가 아닐까?

이 건물의 천장이 무너져서 밝게 갠 하늘이 다시 드러나고, 무너진 담 위의 풀과 빨간 양귀비꽃에 그 빛을 던지게 되어야만 비로소 나는 내 마음을 이런 신의 성지로 향하게 할 수 있으리라.

그들은 자신들과 뜻이 다른 자, 자신들을 아프게 하는 자를 신이라고 이름 지었다. 실제로 그들의 숭배 속에는 다분히 영웅주의가 섞여 있다. 그리고 신에 대한 그들의 사랑 표현은 인간을 십자가에 못박아 죽이는 것뿐이다!

그들은 그저 시체처럼 살려고 했다. 그래서 자신의 시체를 검은 옷으로 감쌌다. 그들의 말만 들어도 시체실의 불쾌한 냄새가 흘러 나오는 듯하다.

그들과 이웃해 산다는 것은 두꺼비의 달콤하고 우울한 노랫소리가 들려오는 시커먼 늪 가까이 살고 있는 것과 같다.

내게 그들의 구세주를 믿게 하려고 그들은 더 좋은 노래를 부르고 싶었으리라. 나에게 그의 제자들이 더 많이 구원받은 것처럼 보이고 싶었으리라.

나는 그들의 적나라한 모습을 보고 싶다. 왜냐하면 오직 이 아름다움만이 나를 바꿀 힘이 있기 때문이다. 얼굴을 감싸고 제 모습을 숨긴 이 비참한 꼴로 누구를 설득할 수 있을 것인가?

사실 그들의 구세주는 자유의 세계, 자유의 제7천국에서 온 것은 아니다. 그들의 구세주는 인식의 융단 위를 걸어 본 적조차 없다.

이들 구세주의 정신은 결함이 가득하다. 그리고 그 모든 결함의 틈바구니는 그들의 '헛된 생각'으로 가득 채워져 있다. 이것은 그들이 신이라고 부르는 임기응변이다.

그들의 정신은 동정심에 빠져 익사했다. 그리고 그 동정심이 둑을 넘쳐 흐를 정도로 불어났을 때 수면에 떠오르는 것은 거대한 어리석음뿐이다.

그들은 절규하며 그들 짐승 무리를 열심히 몰아세워, 외나무 다리를 건너게 한다. 마치 그것이 미래에 도달할 단 하나의 다리인 것처럼.

이 목자들도 양떼 중 한 마리에 불과하다. 이들 목자는 왜소한 정신과 광대한 영혼[11]을 지니고 있다. 그러나 형제들이여, 그들이 가지고 있는 광대한 영혼이라는 것도 얼마나 작은 땅조각일 뿐인가!

그들은 자기들이 걸어온 길에 피로 표적을 새겼다. 그리고 어리석게도 피가 진리를 증명한다고 가르쳤다.

그러나 피는 진리에 대한 최악의 증인일 뿐이다. 피는 가장 순수한 가르침에까지 독을 부어, 헛된 망상과 증오로 만들어 버리고 만다. [12]

그들의 가르침을 위해 불 속에 뛰어드는 자가 있다고 하더라도, 그것으로 무엇을 증명할 수 있겠는가! 차라리 맹렬하게 타오르는 불길 속에서 자신의 가르침이 생겨나는 것이 더 의미 있으리라.

뜨거운 심장과 차디찬 두뇌가 결합했을 때 구세주라는 광풍이 나타난다.

참으로 민중이 구세주라고 부르는, 저 사람을 미치게 하는 광풍보다 더 위대하고 고귀한 자들이 존재해 왔다.

형제들이여, 그대들이 진정한 자유에 이르는 길을 발견하기를 원한다면, 모두 구세주보다 더 위대한 자들의 지배로부터 구제되어야 한다.

이제까지 초인이 존재했던 적은 없다. 나는 가장 위대한 인간과 가장 비참한 인간의 벌거벗은 모습을 보았다.

그들 두 인간의 모습은 너무나 유사하다. 가장 위대한 인간도 내가 보기에는 너무나 인간적이다.

차라투스트라는 이렇게 말했다.

덕이 있는 자들

태만하게 잠들어 있는 마음에게는 번개와 벼락처럼 말해야 한다.

그러나 아름다운 소리는 조용하게 속삭인다. 그 소리는 가장 생기 있는 영혼 속으로만 조용히 스며든다.

오늘 나의 방패는 나를 향해 조용히 떨며 미소지었다. 그것은 아름다움의 성스러운 미소며 떨림이었다.

덕이 있는 자들이여, 오늘 나의 아름다움은 그대들을 향해 웃었다. 그 소리는 내게 이렇게 말했다.

"이 사람들은 아직도 대가를 바라고 있다."

그대들은 아직 대가를 바라고 있는가? 덕이 있는 자들이여, 덕에 대한 보답을, 이 세상 삶에 대한 대가로 천국을, '오늘'에 대한 대가로 영원을 바라고 있는가?

이제 내가 그대들에게 보수를 줄 자도, 대가를 줄 자도 존재하지 않는다고 가르치면, 그대들은 화를 낼 것인가? 나는 덕이 보답이라고 가르치지는 않겠다.

아, 이것이 나의 슬픔이다. 사람들은 사물의 밑바탕에 보수와 형벌이라는 거짓말을 그대들의 영혼 깊은 곳에까지 깔아놓았다.

덕이 있는 자들이여, 내 말은 멧돼지의 코처럼 그대들의 영혼 깊은 곳까지 파헤칠 것이다. 나는 그대들의 땅을 파헤치는 쟁기라고 불려야 할 것이다.

그대들의 마음속 깊은 곳에 깔린 모든 비밀은 온 세상에 드러날 것이다. 그리고 그대들이 파헤쳐지고 부서져서 드러날 때, 그대들 안의 진실도 거짓말에서 벗어날 수 있을 것이다.

이것이야말로 그대들 본래의 모습이다. 복수와 형벌과 보답과 보상 따위의 말로 더럽혀지기에 그대들은 너무 순수하다.

그대들이 덕을 사랑하는 것은 마치 어머니가 자식을 사랑하는 것과 같다. 그러나 어머니가 자식을 사랑하는 것에 보답을 받으려 하던가? 그대들이 가장 사랑하는 본래의 자아가 그대들 덕의 목표다. 그대들 속에는 순환하려는 갈망이 있다. 모든 순환은 자신에게 도달하기 위해서 존재한다.

그대들의 모든 덕행은 사라져 가는 별과 비슷하다. 그 별은 항상 운행하며 멈추는 법이 없다. 운행을 멈추는 일이 도대체 있을 수 있겠는가?

그대들 덕의 빛은 덕행이 끝난 뒤에도 계속 운행한다. 그 행위가 완전히 잊혀지는 경우가 있더라도 그 빛은 여전히 운행하고 있다.

그대들 덕의 목표는 본래의 자아지, 밖에 있는 어떤 것도, 피부나 옷도 아니다. 이것이 그대들 영혼 깊은 곳에 있는 본래의 모습이다. 그대, 덕 있는 자들이여!

채찍*¹³으로 인한 몸부림을 덕이라고 생각하는 자도 있을 것이다. 그대들은 그런 자의 비명을 너무나 오랫동안 들어 왔다.

자신이 악덕에 둔한 것이 덕이라고 말하는 자도 있다. 그런데 그런 인간들의 증오나 질투가 무기력해지면 정의가 눈을 뜨고, 기지개를 켜기 시작한다.*¹⁴

또 아래로 끌려가는 자들도 있다. 아래로 내려갈수록 그들의 눈은 열기를 띠며 신에 대한 욕망으로 불타오른다.

아, 덕이 있는 자들이여. 그대들도 이런 자들의 외침을 들었을 것이다. '내가 아닌 것, 그것이 나에게는 신이고 덕이다!'라는 외침을.

또 어떤 자들은 지친 듯 덜거덕거리며 가까이 다가온다. 그들은 돌덩이를 실어다가 기슭을 내려가는 수레와 비슷하다. 그들은 위엄이나 덕에 대해 끊임없이 이야기한다. 그들은 무엇을 하려고 할 때 제동을 거는 것을 덕이라고 한다.

또 태엽 감은 괘종시계 같은 자들도 있다. 그들은 똑딱똑딱 하는 소리를 되풀이하면서, 그 소리가 덕이라 불리기를 바라고 있다. 참으로 나는 그런 종류의 인간들을 재미있게 생각한다. 어디서나 이런 시계를 보면 나는 비웃으면서 태엽을 감을 것이다. 그러면 그 시계는 또 사랑스럽게 소리를 내기 시작할 것이다!

또 어떤 자들은 자신이 가진 한 줌의 정의를 자랑하며 그 정의를 위해 온갖 사물을 부정한다. 세상이 그들의 부정에 잠겨 버릴 정도다.

아, 그들의 입에서 '덕'이라는 말이 흘러나올 때, 그 소리가 얼마나 불쾌하게 들리는지 모른다. 그리고 그들이 '나는 정당하다'고 말할 때, 그것은 언제나 마치 '나는 복수를 했다'는 말로 들린다.

그들은 그들의 덕으로 적의 눈알을 도려내려 한다. 그들은 단지 남을 낮추기 위해서 자기를 높일 뿐이다. 또한 자아의 늪 속에 버티고 앉아 그 속에서 이렇게 말하는 자들도 있다.

"덕, 그것은 늪 속에 아무 말 없이 앉아 있다. 우리는 아무도 물지 않고, 물려는 자도 피한다. 그리고 무슨 일에든 남의 의견을 존중한다."*¹⁵

또 요란한 행동을 좋아해서 덕이 일종의 행동이라고 생각하는 자들도 있다. 그들의 무릎은 숭배 때문에 늘 구부러져 있고, 그 손짓은 덕을 한없이 치켜올린다. 그러나 그 마음은 덕과는 아무 관계가 없다.

"덕은 꼭 필요한 것이다"라고 말하는 것을 덕이라고 생각하는 자들도 있다. 그러나 그들은 사실 경찰이야말로 꼭 필요하다고 믿고 있을 뿐이다.

인간에게서 고귀한 것을 보지 못하는 자들도 적지 않다. 그들은 눈앞의 하찮은 것을 덕이라고 한다. 그들에게는 나쁜 눈이 덕인 것이다.

고상한 것으로 고양되려고 하며 그것을 덕이라고 부르는 자들도 있다. 또 어떤 자는 충격적인 감동을 받기를 열망하며, 그것을 덕이라고 일컫기도 한다. *16

이처럼 거의 모든 인간이 덕을 지니고 있다고 믿고, 자신은 '선'과 '악'에 대해 잘 알고 있다고 자처한다.

그러나 차라투스트라는 이들 거짓말쟁이와 광대들을 향해 "그대들은 덕에 대해서 알고 있는 게 무엇인가! 무엇을 알 능력이 있기는 하단 말인가!"라고 말하기 위해 온 것이 아니다.

벗들이여, 차라투스트라는 그대들이 이들 광대나 거짓말쟁이로부터 배운 낡은 언어에 싫증내기를 바란다. 보수, 보복, 벌, 정의에 의한 복수 따위의 언어에 싫증내기를.

"자아를 무시하는 행위가 선이다"라는 말에 그대들이 싫증내기를 나는 바란다.

아, 그대 나의 벗이여, 아이의 마음속에 어머니가 있는 것처럼 그대들의 행위 속에 본래의 자아가 있다는 것, 이것이 덕에 대한 그대들의 언어이기를 바란다.

나는 그대들로부터 백 가지의 언어와 그대들의 덕이 가장 좋아하는 장난 감을 빼앗았다. 그리고 지금 그대들은 아이처럼 나에게 화를 내고 있다.

아이들이 바닷가에서 놀고 있었다. 그런데 파도가 아이들의 장난감을 빼앗아가 버렸다. 그래서 아이들은 울고 있다.

그러나 아이들을 울린 그 물결이 그들에게 새로운 장난감을 가져다 줄 것이다. 형형색색의 찬란한 조개껍데기를 그들의 눈앞에 펼쳐 놓으리라. 그러면 아이들도 기분이 좋아지리라.

벗들이여, 그대들도 마찬가지로 기분이 전환되리라. 형형색색의 새로운 조개껍데기를 얻을 것이기 때문이다.

차라투스트라는 이렇게 말했다.

천한 자들

삶은 기쁨의 샘물이다. 그러나 천한 자들과 함께 마시는 샘물은 독으로 더럽혀져 있다.

나는 깨끗한 것을 좋아하지만, 불결한 자들의 일그러진 웃음과 갈망을 보는 것은 좋아하지 않는다. 그들이 샘물을 쳐다보기만 해도 그 끔찍한 미소가 샘물 밖 내 눈에까지 되비쳐 들어온다.

그들은 성스러운 물을 욕정이라는 독으로 더럽힌다. 그리고 그들이 더러운 꿈을 환희라고 부르는 순간, 그들은 말까지도 그 독으로 더럽히는 것이다.

그들의 축축한 심장을 불에 가까이 대면 불길은 타오르지 않는다. 천한 자들이 불 옆으로 다가오면 불꽃조차 불만스러워 소리를 내며 연기를 내뿜는다.

그들이 과일을 잡으면, 그 과일은 금방 물러져서 썩는다. 그들이 쳐다보는 과일나무는 바람에 대한 저항력을 잃어버리고 열매를 떨어뜨리며, 가지나 잎은 시들어 버린다.

삶을 등진 자들 대부분은 사실 천한 자들에게 등을 돌린 것이다. 그들은 샘과 불길과 과일을 천한 자와 함께 나누고 싶지 않았기 때문이다.

대부분의 사람들은 세상을 피해 사막으로 가서 사나운 짐승들 틈에서 갈증으로 괴로워하지만, 더러운 낙타 몰이꾼과 함께 물통 옆에 앉아 있고 싶어 하지는 않는다.

파괴자나 추수기에 들판을 내리치는 우박처럼 세상을 놀라게 한 자도 많지만, 그들은 오직 천한 자들의 입을 발로 틀어막아 그 숨을 끊으려 했을 뿐이다.

삶 자체가 적의와 죽음과 십자가의 괴로움을 필요로 한다는 것을 아는 것이 내가 가장 힘들게 섭취한 음식은 아니다.

"뭐라구? 삶은 이 천한 자들까지도 필요로 한단 말인가?"

나는 일찍이 이와 같이 묻고 이 물음에 거의 질식할 뻔한 적이 있었다.

독으로 더럽혀진 샘물이 생명의 빵이란 말인가? 악취를 내뿜는 불이나 더러운 꿈, 우글거리는 구더기가 생명의 빵이란 말인가?

나의 생명력을 게걸스럽게 갉아먹은 것은 그들을 향한 증오가 아니라 구역질이었다.

아, 천한 자들 중에도 재치 있는 정신을 지닌 자가 있다는 사실을 알았을 때, 나는 정신 그 자체에 혐오감을 느꼈다. 오늘날 지배자들이 무엇을 지배라고 부르는지 알고 난 뒤에 나는 그들에게 등을 돌렸다. 그것은 권력이 천한 자들을 상대로 벌이는 일종의 상거래였다.

군중 사이에서 나는 말이 통하지 않는 자로서 귀를 막고 살았다. 권력과 천한 자들이 벌이는 흥정과 거래의 언어가 언제까지나 다른 나라 말이기를 바랐다.

나는 코를 틀어막은 채 어제와 오늘의 사건 속을 불쾌한 기분으로 걸어 나왔다. 어제와 오늘은 천한 자들이 만든 악취로 가득 차 있다. *17

나의 이런 모습은 마치 귀머거리, 장님, 벙어리와 같은 불구자처럼 보였을 것이다. 이렇게 함으로써 나는 권력을 추구하는 천한 자들, 문필을 추구하는 천한 자들, 쾌락을 추구하는 천한 자들과 섞이지 않도록 노력하면서 살아왔다.

나의 정신은 조심스레 계단을 올라갔다. 간혹 맛보는 참된 쾌락이 주는 적선이 위안일 뿐이었다. 지팡이에 의지한 장님에게 삶은 발소리를 죽인 채 지나갔다.

도대체 내게 무슨 일이 일어났는가? 어떻게 나를 그 구역질에서 구원해 냈는가? 누가 내 눈을 다시 뜨게 하였는가? 어떻게 나는 어떤 천한 자들도 앉지 못하는 가장 높은 곳까지 날아 올라왔는가!

나의 혐오가 바로 내 몸에 날개를 달아 주고 샘물을 찾을 수 있는 힘을 주었을까? 참으로 나는 기쁨의 샘물을 발견하기 위해 가장 높은 곳으로 날아야 했다.

아, 형제들이여. 나는 발견했다. 그 기쁨의 샘은 가장 높은 곳까지 솟아오르고 있다. 거기에는 천한 자들의 더러운 입을 댈 수 없도록 삶이 솟아오르고 있다.

기쁨의 샘이여, 그대는 거세게 흘러넘친다. 그리고 그대는 잔을 채우기 위해 가끔 잔을 비운다.

그러나 나는 더욱 겸손하게 그대에게 접근하는 방법*18을 배워야 한다. 왜냐하면 나의 마음은 그대를 향해 너무나도 힘차게 흘러가기 때문이다.

나의 마음이여, 여름이 그대 위에서 타오르고 있다. 짧고 무더우며, 우울하고 행복한 여름이.

샘물이여, 이 여름의 마음은 그대의 청량함을 얼마나 갈망하고 있는가! *19

아쉬운 듯 머뭇거리는 봄의 괴로움이여! 6월의 악의에 찬 눈발도 사라졌다. 이제 여름이 되었다.

여름의 대낮이! 청량한 샘물과 더없이 행복한 고요함이 넘치는, 가장 높은 곳에 있는 여름. 아, 벗들이여, 오라. 이 고요함이 한층 더 청결해지도록!

여기야말로 '우리', 즉 그대들과 나의 높은 곳이자 고향이다.

모든 더러운 것들이 올라와 갈증을 풀기에는 너무 높고 험준한 바로 이곳이 우리가 살고 있는 곳이다.

벗들이여, 깨끗한 그대들 눈길을 내 기쁨의 샘에 던져다오! 그래도 그 샘물은 흐려지지 않는다. 샘물은 깨끗한 눈길로 그대들에게 미소를 보내리라.

우리는 미래라는 나무 위에 둥지를 틀자. 독수리가 고독한 우리에게 주둥이로 먹을 것을 물어다 줄 것이다. 그 음식은 더러운 자들이 우리와 함께 맛볼 수 있는 것이 아니다. 만일 더러운 자들이 그것을 먹는다면 그들의 입은 데고 말리라. 마치 불이라도 삼킨 것처럼!

참으로 우리가 여기에 더러운 자들을 위해 집을 준비하는 것은 아니다. 그들의 육체와 정신은 우리의 행복을 얼음의 동굴이라고 부르리라!

우리는 강풍처럼 그들을 뛰어넘어 살고 싶다. 강풍은 독수리와 이웃하고, 눈〔雪〕과 이웃하고, 태양과 이웃하며 살아간다.

언젠가 우리는 바람처럼 그들의 한가운데로 휩쓸려 들어가 나의 정신으로써 그들 정신의 연약한 호흡을 멈추게 하리라. 내 미래는 그것을 원한다.

참으로 차라투스트라는 모든 낮은 곳을 향해 몰아치는 강풍이다.

나는 적들과 침을 뱉을 만한 모든 자에게 이렇게 충고한다.

"바람에 맞서 침을 뱉지 말라!"

차라투스트라는 이렇게 말했다.

독거미

보라, 독거미가 사는 동굴이다. 그대는 직접 독거미를 보고 싶은가? 여기에 그 거미줄이 쳐져 있다. 줄을 흔들어 보라.

자, 거미가 기어나왔다. 잘 왔다, 독거미여! 네 등에는 검은 삼각형 문장이 찍혀 있다.

나는 네 영혼 속에 무엇이 숨어 있는지 알고 있다. 네 영혼 속에는 복수가 자리잡고 있다. 네가 물어뜯는 곳마다 검은 흠집이 생긴다. 그 복수심으로 네 독은 사람의 영혼을 혼란시켜 현기증을 일으킨다.

나는 지금 그대들에게 비유를 들어 말하고 있다. 많은 사람들의 영혼을 혼란시켜 현기증을 일으키는 그대, 평등의 설교자들이여! 그대들은 독거미고 복수심을 품은 채 몸을 숨기고 있는 자들이다.

나는 지금 그대들이 숨어 있는 집을 온 세상에 폭로하리라. 그리하여 나는 이 높은 곳에서 그대들의 얼굴을 향해 큰 소리로 웃으리라.

나는 그대들을 화나게 해 그 거짓 동굴 밖으로 유혹해내기 위해, 또 그대들이 즐겨 쓰는 '정의'라는 말의 배후에 숨어 있는 복수심을 드러내기 위해 거미줄을 걷어 버리겠다.

'인간이 복수심에서 구원된다는 것'이야말로 나에게는 최고의 희망에 이르는 다리며, 오랜 폭풍우 뒤에 오는 무지개다.

그러나 독거미는 생각이 다르리라.

"온 세계가 우리 복수심의 폭풍우로 가득 차는 것이야말로 우리가 정의라고 부르는 것이다."

그들은 이렇게 말하리라.

"우리와 같지 않은 모든 자에게 복수와 비방을 하자."

독거미들은 이렇게 맹세를 하고 있다.

"평등에 대한 의지, 이 자체가 덕의 이름이 된다. 권력을 가진 모든 것에 반대하는 우리의 주장을 펴자."

그대들, 평등의 설교자들이여! 이처럼 무력한 폭군의 광기가 '평등'을 찾아서 외쳐 대고 있다. 그대들의 가슴속에 숨어 있는 폭군 욕망이 이처럼 덕이라는 언어의 가면을 쓰고 있다.

상처받은 자부심, 억압당한 질투심, 아마도 조상 대대로 물려받았을 자부심과 질투심이 그대들 속에서 복수의 불길과 광란이 되어 뿜어져 나오리라.

아버지의 비밀이 자식에 의해 들통 난다. 나는 종종 그 자식이 아버지가 지녔던 비밀의 폭로자임을 알게 되었다.

그들은 잘 감격하는 사람과 비슷하다. 그러나 그들을 흥분시키는 것은 마음의 고조가 아니라 복수심이다. 그리고 질투심으로 치밀하고 냉정해진다.

그들의 질투심은 그들로 하여금 사상가의 길을 가게 할 수도 있다. 그런데 그 질투심은 언제나 너무 멀리까지 끌고 가 버린다. 그래서 그들은 너무 피로한 나머지 차가운 눈 위에 드러눕게 되는 파국에 빠진다.

그들의 불평에는 복수심이 깃들어 있다. 그들의 칭찬에는 사람을 다치게 하려는 악의가 숨겨져 있다. 그들에게 최상의 행복은 재판관이 되는 것이다.

벗들이여, 나는 그대들에게 이렇게 충고한다. 남을 벌하고 싶어하는 인간을 믿지 말라. 그들은 불순한 피를 이어받은 종족이다. 그들의 얼굴에서 찾아볼 수 있는 것이라고는 사형 집행인과 스파이의 눈빛뿐이다.

자신의 정의에 대해 곧잘 떠벌리는 인간도 믿지 말라. 그들의 영혼에 부족한 것은 단지 꿀만이 아니다.

그들이 스스로 '선하고 의로운 자'라고 하더라도, 그들이 바리새인이 되는 데 부족한 것은 오직 권력 한 가지라는 것을 잊지 말라!

벗들이여, 나는 하찮은 것들과 혼동되어 잘못된 취급을 받고 싶지 않다.

세상에는 삶에 대한 나의 가르침에 대해 말하면서 평등을 설교하는 독거미들이 있다.

이 독거미들이 자기는 삶에 등을 돌린 채 동굴 속에 앉아 삶의 의지를 그럴듯하게 말한다. 그러나 그것도 다른 사람에게 해를 끼치기 위한 술책이다.

그들은 현재의 권력자들에게 해를 끼치려 하고 있다. 왜냐하면 그들은 죽음의 설교에 익숙해 있기 때문이다.

만일 그렇지 않다면, 이 독거미들은 다른 것을 가르쳤을 것이다. 사실 그들이야말로 가장 악랄한 비방자며 이단자다.

나는 이들 평등론자와 혼동되어 취급받고 싶지는 않다. 왜냐하면 정의는 나에게 '인간은 평등하지 않다'고 말하고 있기 때문이다.

또 인간은 평등해야 하는 것도 아니다. 내가 그렇게 말하지 않으면 초인에 대한 나의 사랑은 대체 어떻게 되는 것인가?

인간들은 수천이나 되는 큰 다리와 작은 다리를 건너서 미래로 나아가야 한다. 그리고 그들 앞에는 더 많은 싸움과 불평등이 일어나게 되리라. 나의 위대한 사랑은 내게 그렇게 말하도록 한다.

인간들은 서로 적대하면서 여러 가지 환영의 창조자가 되어야 한다. 그리고 자신이 창조한 환영을 이용하여 창조를 위해 서로 치열하게 싸워야 한다.

선악, 빈부, 상하, 그 밖의 여러 가치들의 이름들. 그것들은 계속 무기가 되어야 하며, 삶은 스스로를 끊임없이 극복해야 한다는 것을 일깨워 주는 표지여야 한다.

삶은 스스로 기둥을 세우고 계단을 만듦으로써 높은 곳을 향해 자아를 세워 나가고자 한다. 삶은 아득히 먼 곳에 목표를 두고, 더없는 행복이라는 아름다움을 바라보려고 한다. 삶이 높이를 필요로 하는 것은 그 때문이다.

그렇기 때문에 삶은 계단이 필요하고, 또한 계단을 오르는 사람과의 싸움이 필요하다. 삶은 올라가기를 원하며, 오르면서 자신을 극복하고자 한다.

벗들이여, 보라! 독거미의 동굴이 있는 이곳에, 오래되어 폐허가 된 사원이 있다. 눈을 크게 뜨고 이것을 똑똑히 보라!

일찍이 여기에 자신의 사상을 돌로 높이 쌓아올린 그는 최고의 현자처럼 삶의 비밀에 대하여 알고 있었다.

아름다움 속에도 투쟁과 불평등, 그리고 권력과 더 높은 자리를 차지하기 위한 싸움이 있다는 것, 이것을 그는 여기서 가장 명료한 비유로 가르치고 있다.

여기 보이는 전당과 아치가 얼마나 엄숙하게 싸우면서 서로를 극복하고 있는가! 그것들이 빛과 그림자를 발산하면서 얼마나 서로 대항하고 있는가! 이것들이 신성하게 투쟁하는 것은 얼마나 아름다운가!

나의 벗들이여, 우리도 이처럼 아름답고 근사한 적이 되자! 우리도 서로 엄숙하게 대항해서 더 나아지도록 하자!

아! 예부터 잘 알고 있던 이 독거미가 지금 나를 물었다. 거룩할 정도로 아름답고 당당하게 내 손가락을 물었다.

'벌이 있어야 한다. 그리고 정의도. 이 사나이가 여기서 적에게 경의를 표하는 노래를 부르게 해서는 안 된다.'

독거는 이렇게 생각한다.

그렇다. 독거미는 복수를 한 것이다. 그리고 아, 또한 독거미는 복수로써 내 영혼까지 혼란에 빠뜨리고, 그것도 모자라서 미친 듯이 춤까지 추게 할 것이다.

그러나 벗들이여, 내가 미쳐서 춤추지 않도록 나를 이 기둥에 꼭 붙들어 매어 다오! 나는 복수의 광풍이 되기보다는 차라리 기둥에 묶인 성자가 되리라!

차라투스트라는 태풍도 회오리바람도 아니다. 나는 춤추는 사람일지언정 결코 독거미에 의해 춤을 추는 자는 아니다!

차라투스트라는 이렇게 말했다.

유명한 현자들

그대, 유명한 현자들이여! 그대들은 민중과 함께 민중의 미신을 섬겨 왔다. 진리를 따른 것은 아니다. 그리고 그 때문에 사람들은 그대들을 두려워하고 공경했다. 또 그 때문에 사람들은 그대들이 신앙을 가지고 있지 않아도 묵인해 주었다. 신앙을 가지고 있지 않다는 것은 민중에 도달하기 위한 재치 있는 우회로였기 때문이다. [20] 이것은 마치 노예들이 제멋대로 하게 내버려 둔 다음 주인은 그것을 보고 즐거움을 느끼는 것과 비슷하다.

이와 반대로 개들이 늑대를 무서워하고 증오하는 것처럼, 민중이 두려워하고 증오하는 것은 자유로운 정신과 쇠사슬에 묶인 적, 유순하지 않은 자, 숲 속에 살고 있는 자들이다.

그들을 은신처에서 쫓아내 버리는 것이 민중에게는 항상 '정의감'이었다. 민중은 지금도 여전히 앞니 날카로운 개들을 풀어 그들에게 덤벼들게 한다.

"민중이 있는 곳에 진리가 있다! 탐구하는 자에게 재앙이 있으라!"는 소리가 옛날부터 들려 오고 있다. [21]

유명한 현자들이여, 그대들은 민중을 숭배하고, 민중이 믿는 정의를 인정하고 변호하려 한다. 그것이 그대들의 진리를 향한 의지일 테니까!

"나는 민중으로부터 왔다. 신의 소리도 민중을 통해서 들려 왔다."

그대들의 마음은 항상 자신에게 이렇게 말했다.

그대들은 민중의 대변자로서 늘 당나귀처럼 완고하고 교활했다.

그래서 민중과 충돌하지 않고 마차를 달리고자 했던 권력자들 중 어떤 자는 말 앞에 또 한 마리의 당나귀를 매어 두었다. 바로 유명한 현자 한 사람을 매어 둔 것이다.

유명한 현자들이여, 이제 그대들이 쓰고 있는 사자가죽을 완전히 벗어 버려라. 아름다운 얼룩무늬로 장식된 맹수의 털가죽, 탐구하고 추구하는 자, 정복하는 자로서의 화려한 치장을 벗어 던져라!

아, 내가 그대들의 '진실함'을 믿을 수 있으려면 그대들이 우선 우러러 공경하려는 의지를 부숴 버려야 한다.

'진실한 자', 신들이 살지 않는 사막으로 달려가 자신이 가진 공경하려는 의지를 부숴 버린 자를 나는 이렇게 부르고 싶다.

모래 위에 사는 그는 뜨거운 햇볕 때문에 갈증을 견디지 못하고 짙은 나무 그늘 아래 생물이 쉬고 있는, 물이 풍부하게 솟아나는 섬 쪽으로 탐욕스런 눈길을 던진다.

그러나 그의 갈증은 이 같은 안락한 생물처럼 되라고 스스로를 설득하지는 않는다. 오아시스가 있는 곳에는 우상도 있기 때문이다.

굶주리고, 사납고, 고독하며, 신을 믿지 않게 되기를, 사자의 의지는 스스로 그렇게 되기를 바란다.

노예의 행복에서 벗어나고, 신들과 경배 드리는 것에서 해방되고, 두려워하지 않으면서도 위대하고 고독하게 되는 것이야말로 진실한 자의 의지다.

아득한 옛날부터 사막에는 진실한 자들, 자유로운 정신의 소유자들이 주인이 되어 살고 있었다. 반면에 도시에는 잘 사육된 유명한 현자들이 살고 있는데, 그들은 그저 짐수레를 끄는 동물일 뿐이다. 그들은 언제나 수레를 끄는 당나귀다. '민중'의 짐수레를!

그렇다고 해서 나는 그들에게 화를 내지는 않는다. 나에게 그들은 기껏 남을 섬기는 무리로서, 굴레를 쓴 짐승으로 보일 뿐이다. 설사 그들이 번쩍거리는 마구를 달고 있더라도.

때로 그들은 우수하고 칭찬할 만한 노예가 되기도 한다. 덕도 이렇게 가르치고 있다.

"네가 노예가 되어야 한다면, 너의 봉사가 가장 큰 도움이 될 수 있는 그런 사람을 찾아내어 주인으로 섬기는 것이 좋으리라!"

진실로 유명한 현자들이여, 민중의 하인들이여! 그대들은 민중의 정신이나 덕과 함께 성장했다. 그리고 민중도 그대들 덕분에 성장했다. 그대들에 대한 경의에서 이렇게 말하는 것이다.

그러나 내 입장에서 보면, 그대들도 역시 덕에 있어서는 민중과 다르지 않다. 눈이 밝지 않은 민중, 정신이 무엇인지도 모르는 민중이다.

정신이란 스스로 삶 속으로 뛰어 들어가는 것이다. 정신은 고통을 통하여 자신의 지식을 증대시킨다. 그대들은 일찍이 그러한 것을 알고 있었던가? 정신의 행복이란 헌신적인 희생의 제물로서 성유가 뿌려지고 눈물로 깨끗이 씻겨 신에게 바쳐지는 것이다. *22 그대들은 그것을 알고 있었던가?

그리고 장님의 맹목적 탐색은 역시 그가 본 태양의 힘에 의해서 증명해야 한다. *23 그대들은 일찍이 그것을 알고 있었던가?

그리하여 인식하는 자는 산으로 집을 짓는 것을 배울 필요가 있다! 정신이 산을 움직인다는 것만으로는 부족하다. 그대들은 일찍이 그것을 알고 있었던가?

그대들은 다만 정신의 불꽃을 알고 있을 뿐이다. 그대들은 정신의 본체인 모루를 보지 못하고 있다. 또 정신의 쇠망치가 얼마나 잔혹한지 모르고 있다!

진실로 그대들은 정신의 긍지를 모르고 있다. 그러나 정신이 겸손하게 말하고자 할 때면 그대들은 그 태도를 더욱 못 견뎌 했으리라!

또 그대들은 아직 한 번도 정신을 눈구덩이 속에 던진 적이 없다. 그럴 정도로 불타오르지 않은 것이다. 그대들은 아직도 눈의 싸늘한 황홀감조차 모르고 있다.

그대들은 매사에 정신을 너무 맹신한다. 그리고 그대들은 간혹 자신의 지혜로 엉터리 시인들을 위해 구호소나 병원을 만들곤 했다.

그대들은 결코 독수리*24가 아니다. 따라서 그대들은 공포 속에서 느낄 수 있는 정신의 기쁨도 알 수가 없다. 독수리가 아닌 자는 낭떠러지 위에 둥지를 만들면 안 된다.

그대들은 차갑지도 뜨겁지도 않는 미지근한 존재다. 그러나 깊은 인식은 모두 차갑게 솟아난다. 정신의 깊은 곳에 있는 샘은 얼음처럼 차갑다. 그리고 그것은 뜨거운 손을 지닌 행동가에게는 상쾌하게 느껴진다.

유명한 현자들이여, 그대들은 근엄한 모습으로 서 있다. 아무리 거센 바람이나 의지도 그대들을 그 자리에서 움직이게 할 수 없다.

그대들은 바람을 가득히 안은 돛이 강풍에 흔들리며 바다를 항해하고 있는 것을 본 일이 있는가? 나의 지혜는 그 돛처럼 정신의 강풍에 떨면서 바다를 건너간다. 나의 거친 지혜가!

그러나 그대, 민중의 하인이여, 유명한 현자들이여. 어찌 그대들이 나와 함께 갈 수 있겠는가!

차라투스트라는 이렇게 말했다.

밤의 노래

밤이다. 지금 용솟음치는 샘은 더욱 소리 높여 말한다. 나의 영혼도 용솟음치는 샘이다.

밤이다. 사랑하는 모든 자들의 노래가 이제 잠에서 깨어난다. 그리고 나의 영혼 또한 마음으로부터 사랑하는 자의 노래가 된다.

진정되지 않은, 진정할 수 없는 것이 내 안에 있다. 그것이 외치려 한다. 사랑에 대한 열망이 내 안에 있다. 그 열망이 사랑의 말을 속삭인다.

나는 빛이다. 아, 나는 밤이고 싶다. 그러나 내가 빛에 둘러싸여 있다는 것, 그것이 나의 고독이다.

아, 나는 어둡고 싶다. 나는 밤이고 싶다. 그렇게 되면 나는 빛이라는 유방에 매달려 그 젖을 빨려고 하리라!

그대, 작은 천상의 불꽃이여. 반짝이는 반딧불이여! 그대들도 나를 축복하고, 그대들로부터 빛의 선물을 받으면 행복해지련만!

그러나 나는 내 빛 속에서 살고 있다. 나는 내게서 발산된 불꽃을 나의 내부로 되삼킨다.

나는 받는 자의 행복을 모른다. 내가 만일 훔칠 수 있다면 받을 때보다도 한층 더 행복할 것이라고 꿈꾸곤 했다.

내 손은 계속 주기만 할 뿐 멈출 줄을 모른다. 그것이 나의 가난이다. 내 눈에 비치는 것은 기대에 찬 눈과 불 밝힌 동경의 밤뿐이다. 그것이 나의 질투다.

오, 주는 자의 불행이여! 내 태양빛을 빼앗아 가는 일식이여! 바라는 것을 향한 동경이여! 포만 속에 숨어 있는 심한 허기여!

그들은 나에게서 받는다. 그래도 나는 그들의 영혼에 다다를 수가 없다. 주는 것과 받는 것 사이에는 틈새가 있다. 아무리 작은 틈새라도 그것을 건너기 위해서는 다리를 놓아야 한다.

나의 아름다움에서 허기가 생긴다. 내가 빛을 주고 있는 자들에게 나는 아픔도 주고 싶다. 내가 준 자들에게서 다시 빼앗고 싶다. 이처럼 나는 악의에 굶주려 있다.

떨어지는 도중에 머뭇거리는 폭포수처럼, 누군가 손을 내밀 때 나는 내 손을 거두고 만다. 이처럼 나는 악의에 굶주려 있다.

나의 풍요로움은 그러한 복수를 생각해 낸다. 내 고독 속에서 이런 흉계가 솟아오른다. 주는 것 속에 있던 나의 행복은 그 속에서 죽어 버렸다. 나의 덕은 충만함으로 인해 자신에게 싫증을 냈다.

계속 주는 자는 수치를 잃어버릴지도 모르기 때문에 위험하다. 계속 나누어 주고 있는 자의 손과 마음은 이윽고 굳어 버린다.

나의 눈은 구걸하는 자의 수치를 보아도 눈물을 흘리지 않는다. 나의 손은 적선받는 사람들의 떨리는 손을 감지하기에는 너무 굳어져 버렸다.

내 눈의 눈물은 어디에 갔는가? 내 마음의 꽃은 어디로 갔는가? 오, 주는 자의 고독이여! 빛을 발하는 자의 침묵이여!

모든 천체는 황량한 공간을 돌고 있다. 그 천체들은 빛으로 어두운 것에게 말을 건넨다. 그러나 나에게는 말을 걸어 오지 않는다.

오, 이것이 빛나는 것에 대한 적대감이다. 냉혹한 빛은 자신의 궤도를 달리고 있다.

빛나는 것에 대한 마음 깊은 곳에서부터 못마땅해 하며, 태양에 대해 냉소를 보내며, 이렇게 모든 천체는 그 궤도를 달리고 있다.

태양은 폭풍처럼 자신의 궤도를 달린다. 이것이 그들의 운명이다. 그들은 저마다 꺾이지 않는 의지에 따를 뿐이다. 그것이 그들의 냉혹성이다.

오, 그대, 어두운 자들이여. 밤에 머물러 있는 것들이여! 그대들이야말로 빛나는 것에서 빛을 받아들여 온기를 만들어 낸다. 오, 그대들이야말로 빛의 유방에서 젖을 빨아 활력을 취하고 있다.

아, 얼음이 나를 둘러싸고 있다. 나의 손은 얼음 때문에 동상을 입는다.

아, 내 속에는 갈망이 있다. 그 갈망은 그대들의 갈망을 애타게 그리워하고 있다!

밤이다. 아, 지금 내 속에서는 열망이 샘물처럼 쏟아져 나온다. 이야기하고 싶은 열망이.

밤이다. 쏟아져 나오는 샘물은 이제야 모두 소리 높여 말한다. 그리고 나의 영혼도 쏟아져 나오는 샘물이다.

밤이다. 모든 사랑하는 자의 노래가 이제야 간신히 잠에서 깨어난다. 그리고 나의 영혼은 마음속에 사랑을 가진 고독한 자의 노래다.

차라투스트라는 이렇게 말했다.

춤의 노래

어느 날 저녁, 차라투스트라는 제자들과 함께 숲 속을 거닐고 있었다. 그들은 샘물을 찾아 헤매다가 우연히 푸른 초원으로 나왔다. 그곳은 숲으로 둘러싸인 조용한 곳이었다. 그곳에서는 소녀들이 손을 잡고 춤을 추고 있었다. 소녀들은 차라투스트라를 보자 춤을 멈추었다. 차라투스트라가 그들에게 다가가서 다정한 얼굴로 말했다.

"사랑스러운 소녀들이여, 계속 춤을 추어라! 나는 짓궂은 방해자가 아니다. 그대들의 적이 아니다. 나는 악마에 대해서는 신의 대변자다. 그 악마란 바로 무거운 영혼이다.

그대, 경쾌한 소녀들이여. 내가 그대들의 성스러운 춤에 적대감을 가질 리가 있겠는가? 아름다운 복사뼈를 가진 소녀들의 발에 적대감을 품을 리가 있겠는가?

나는 울창한 나무 사이의 숲이며 어둠이다. 내 어둠을 두려워하지 않는 자는 나의 삼나무 밑에 장미가 피어 있는 언덕을 발견할 것이다.

또 거기에서 그대들이 가장 좋아하는 어린 신도 찾을 수 있을 것이다. 그 어린 신은 샘물 주위에 조용히 눈을 감은 채 누워 있을 것이다.

밝은 대낮에도 어린 신은 잠들어 있다. 아마도 나비를 쫓아다니다가 지쳤을 것이다.

아름다운 소녀들이여, 내가 이 어린 신을 조금 야단치더라도*25 나를 나무라지 말라. 만일 내가 야단을 치면 그는 큰 소리로 울 것이다. 그러나 그는 울면서도 그대들을 웃기리라. 그러고는 눈물을 흘리면서 그대들에게 같이 춤을 추자고 부탁할 것이다. 그때는 내가 그의 춤에 맞추어 노래를 부를 것이다.

그것은 무겁고 괴로운 영혼에게 보내는 춤의 노래, 그 영혼에 대한 비웃음의 노래다. 사람들은 그 영혼을 '세계의 주인'이라고 부르고 있다. 그것은 나의 더없이 강력한 악마다."

어린 신이 소녀들과 함께 춤추기 시작하자, 차라투스트라는 다음과 같이 노래했다.

"오, 삶이여, 나는 그대의 눈을 조금 전에 들여다보았다. 나는 끝없는 심연으로 빠져 들어가는 것 같았다.

그러나 그대는 황금 낚싯바늘로 나를 끌어올렸다. 내가 그대를 가리켜 깊이를 알 수 없다고 말하자 그대는 나를 비웃었다.

그대는 말했다. '그것은 물고기들이나 하는 말이다. 물고기들은 깊이를 가늠할 수 없는 것은 모두 깊이를 알 수 없다고 말한다.

그러나 나는 변덕스럽고 길들여지지 않은, 유덕하지도 않은 여자일 뿐이다.

그런데도 나는 그대 남자들로부터 '깊은 사람', '절개 있는 자', '영원한 자', '신비로운 자'라고 불리고 있다.

그러나 그대, 남자들은 언제나 자신들이 추구하고 있는 덕을 우리에게 부여하고 있다. 아, 그대, 유덕한 자들이여!'

이렇게 말하더니 이 미덥지 못한 여자는 웃었다. 그러나 나는 그녀가 자기 일에 대해 나쁘게 말할 때 절대로 그 말과 웃음을 믿지 않는다.

그런데 내가 난폭한 나의 지혜와 마주 앉아 은밀히 이야기했을 때, 지혜는 나에게 화를 내면서 말했다.

'그대는 삶을 바라고 있다. 열망하고 사랑한다. 그러므로 그대는 삶을 찬미하는 것이다.'

나는 자칫 화를 내고 있는 그녀에게 진실을 말할 뻔했다. 우리의 지혜에 대해서 진실을 말할 때만큼 짓궂은 때는 없다.

왜냐하면 우리 셋 사이는 이렇다. 내가 진심으로 사랑하는 것은 삶뿐이다.

그리고 내가 진심으로 삶을 증오할 때야말로 삶을 가장 강하게 사랑하는 때다.

그러나 내가 지혜를 좋아하며, 또 간혹 너무 지나치게 호의를 갖게 되는 것은 지혜가 내게 삶을 강하게 상기시켜 주기 때문이다.

지혜는 눈과 웃음, 그리고 황금 낚싯대까지 가지고 있다. 삶과 지혜, 이 두 여자가 이렇게 많이 닮은 것은 내 탓이 아니다.

언젠가 삶이 나에게 이렇게 물어 본 적이 있다.

'지혜란 도대체 누구를 말하는 것인가?'

나는 힘주어 이렇게 말했다.

'아, 그렇다, 저 지혜! 사람들은 저 지혜를 애타게 사랑하여 아무리 가까이 가도 갈증을 해소할 길이 없다. 베일을 통해 지혜를 바라보며 그물로 그녀를 잡으려 하고 있다. 지혜는 아름다운지 그대는 묻는다. 나는 대답을 할 수 없다. 그러나 아무리 늙은 잉어라도 지혜라는 미끼에는 걸려들게 마련이다.

그녀는 변덕스럽고 제멋대로다. 나는 종종 보았다. 그녀가 입술을 악물고 거칠게 머리를 빗고 있는 모습을. 그녀는 어쩌면 짓궂고, 사악한 여자에 불과할지도 모른다. 그러나 그녀가 자신을 나쁘게 말할 때야말로 그녀가 가장 강하게 유혹할 때다.'

내가 삶을 향해 이렇게 대답했더니 삶은 짓궂게 웃고 나서 눈을 감았다.

그녀가 물었다.

'대체 그대는 지금 누구에 대해 말하고 있는가? 아마도 나에 대해서겠지? 그리고 그대의 말이 옳다고 하더라도 그렇게 경솔하게 내게 말할 수 있는가! 이번에는 그대의 지혜에 대해서 말해 다오.'

아, 그렇게 말하고 삶은 다시 눈을 떴다.

오, 사랑하는 삶이여. 나는 다시 끝없는 심연으로 빠져 들어가는 듯했다."

차라투스트라는 이렇게 노래했다. 그러나 춤이 끝나고 소녀들이 사라지자 그는 슬픔에 잠겨 조용히 중얼거렸다.

"드디어 해가 졌구나. 잔디는 이슬에 젖고 숲으로부터 냉기가 흘러 나온다. 미지의 것이 나를 둘러싼 채 걱정스러운 듯이 바라보고 있다. 아니, 그대는 아직도 살아 있는가? 차라투스트라여.

왜? 무엇 때문에? 무엇에 의해? 어디로? 어디서? 어째서? 아직까지 살아 있다는 것은 어리석은 일이 아닌가?

아, 벗들이여, 내 안에서 이렇게 묻는 것은 황혼이다. *26

나의 슬픔을 용서하라. 황혼이 되었다. 황혼이 된 것을 용서하라."

차라투스트라는 이렇게 말했다.

무덤의 노래

'저기 무덤의 섬, 침묵의 섬이 있다. 저곳에는 또 내 청춘의 무덤도 있다. 나는 항상 거기에 삶의 푸른 꽃다발을 바치리라.'

이렇게 결심한 나는 배를 저어 바다를 건넜다.

오, 그대, 내 청춘의 온갖 환영이여. 마음이여! 오, 사랑의 눈길이여. 성스러운 순간이여! 왜 그대들은 그렇게 앞다투어 빨리 죽어 갔는가? 오늘 나는 죽은 나의 친구들을 생각하듯 그대들을 추모한다.

죽은 자들과 함께 있는 나의 가장 사랑하는 친구들이여. 그대들에게서는 달콤한 향기가 풍겨 온다. 마음을 녹이고 눈물을 재촉하는 향기! 진실로 그것은 고독한 항해자의 마음을 흔들어 풀어 주는구나.

아직도 나는 가장 고독한 몸이면서 가장 풍족하고, 가장 선망받는 자다. 왜냐하면 내가 일찍이 그대들을 '지니고' 있었기 때문이다. 그리고 그대들이 아직도 나를 지니고 있기 때문이다. 말해 다오, 이처럼 아름다운 장밋빛 사과가 자기에게로 떨어진 것과 같은 경험을 한 사람이 나말고 또 누가 있는가?

지금도 나는 여전히 들에서 자란 형형색색의 덕인 야생화를 꽃피우는 그대들 사랑의 상속인이며 유산이다. 오, 사랑하는 그대들이여.

아, 상냥하지만 지금은 나에게서 멀리 떠나가 버린 기적들이여, 우리는 원래 서로 가까운 사이가 되도록 만들어졌다. 그리고 그대들은 나와 나의 갈망에 다가올 때 수줍어하는 새와 같았다. 아니, 그대들은 신뢰하는 자로서 신뢰하는 자에게 왔다.

그렇다. 그대들은 나와 진실을 향하여, 사랑하는 영원을 향하여 함께 나아갔다. 그러나 지금 나는 그대들의 불성실을 탓하지 않을 수 없구나. 성스러운 눈빛, 순간의 눈빛이여, 그대들을 그렇게밖에 부를 수 없으니.

그대들은 내가 보기에 너무 일찍 죽었다.

그대, 도망자들이여. 그렇지만 그대들은 나를 피해 달아난 것은 아니다. 또 내가 그대들을 피해 달아난 것도 아니다. 우리는 진실하지 못했다. 하지만 그것은 어느 누구의 잘못도 아니다. 나를 죽이기 위해 사람들은 그대들의 목을 졸랐다.

나의 희망을 노래 부르던 새들이여. 그렇다, 그대, 사랑하는 자들이여, 언제나 악의가 그대들을 향해 화살을 쏘았던 것이다. 그 화살은 나의 심장을 명중시키기 위해서였다!

악의의 화살이 드디어 과녁을 명중시켰다! 그대들은 항상 내가 가장 사랑하는 자들이었고, 내 소유물이었고, 나를 사로잡은 자들이었기 때문에 젊어서 죽어야 했다. 그것도 너무나 일찍!

그들은 내가 쉽게 상처받는 곳에 화살을 쏘았다. 피부가 새의 솜털 같아 눈짓 하나만으로도 죽는, 미소와 같은 그대들을 향해.

그러나 나는 적들에게 이렇게 소리치고 싶다.

"살인조차도 그대들이 내게 한 일에 비하면 아무것도 아니다.

적들이여. 그대들은 어떤 살인보다도 더 나쁜 짓을 나에게 했다. 그대들은 나에게서 돌이킬 수 없는 것을 빼앗아 갔다."

나는 그대들에게 이렇게 말한다, 나의 적들이여!

그대들은 내 청춘의 환영과 가장 사랑스런 기적을 죽였다. 그대들은 나에게서 가까운 친구, 더없이 행복한 정령들을 빼앗아 갔다. 나는 그들을 추모하기 위해 푸른 꽃다발과 함께 이 저주를 여기에 바치노라.

나의 적들이여, 이것은 그대들에 대한 저주다! 그대들은 영원한 것들을 차가운 밤에 스러지는 소리처럼 짧게 만들지 않았던가! 영원은 신성한 눈동자의 반짝임보다도 짧게, 한 순간 내게 왔다.

일찍이 행복한 시절에 나의 순결은 이렇게 말했다.

"나에게 이 세상 모든 것은 성스러운 것이어야 한다."

그때 나의 적들은 더러운 유령들을 이끌고 와서 나를 공격했다. 아, 그 행복했던 시절은 어디로 가 버렸단 말인가!

"내게는 모든 날이 신비로운 것이어야 한다."

일찍이 내 청춘의 지혜는 이렇게 말했다. 진실로 즐거운 지혜의 말이었다.

그러나 그때 그대, 나의 적들이여. 그대는 나의 밤을 모조리 훔쳐 가더니 불면의 밤에게 팔아 버렸다. 그리고 내게 고통만을 남겨 주었다. 아, 그 즐거운 지혜는 어디로 사라지고 없는 것인가!

일찍이 나는 행복을 가져다 줄 하늘의 새를 열망했다. 그런데 그대들은 흉조인 올빼미를 끌고 왔다. 아, 그때 내가 그렇게도 바라던 사랑스런 열망은 어디로 사라지고 없는가!

일찍이 나는 모든 혐오스러운 것들을 뿌리치기로 맹세했다. 그런데 그대들은 우리의 이웃들을 고름이 흐르는 종기로 변하게 했다. 아, 그때 나의 가장 고귀한 맹세는 어디로 사라지고 없는가!

일찍이 나는 장님으로서 행복의 길을 걸어왔다. 그런데 그대들은 그 장님의 앞길에 오물을 뿌려 놓았다. 그래서 나는 이제까지 걸어왔던 정든 길에 혐오감을 느끼고 말았다.

그리고 내가 가장 어려운 일을 끝내고 극복의 승리를 축하하고자 했을 때, 그대들은 내가 사랑하는 사람들을 부추겨 내가 그들에게 가혹한 고통을 주었다고 외치게 했다.

진실로 그대들이 하는 짓은 언제나 이랬다. 그대들은 나의 가장 감미로운 꿀을 쓰디쓰게 망쳐 놓았으며, 꿀벌들의 부지런함과 노력을 망쳐 놓았다.

그대들은 언제나 내 자애로운 마음에 가장 뻔뻔스러운 거지를 보내 왔다. 나의 동정심 주위에 구제 불능의 몰염치한 무리들이 모이게 했다. 그렇게 내 덕이 믿음으로 행했던 것에 상처를 입혔다.

그리고 내가 가장 신성한 것을 제단에 바치려고 할 때, 그대들의 신앙심은 서둘러 그대들의 기름투성이 제물을 내 제물 옆에 놓았다. 그 기름에서 나는 냄새로 내 신성한 제물이 형편없이 되고 말았다.

또 일찍이 나는 춰 본 적 없는 춤을 추려고 했다. 그때, 그대들은 내가 가장 사랑하는 가수를 설득했다. 그러자 그 가수는 소름끼치는 음산한 노래를 부르기 시작했다. 아, 마치 음산한 피리 소리처럼 그 노래는 내 귀를 괴롭혔다!

잔인한 가수여, 자신은 전혀 알지도 못한 채 악의 도구가 되어 버린 자여. 나는 가장 멋진 춤을 추려고 기다리고 있었다. 그런데 그때 그대는 나의 황홀경을 망쳐 버렸다!

나는 춤을 추고 있을 때만 가장 훌륭한 비유를 말할 수 있다. 내가 하고 싶은 가장 훌륭한 비유는 아직도 말로 표현되지 못한 채 내 몸 속에 머물러 있다.

나의 가장 큰 희망은 말로 표현되지 못한 채 사라져 버리고 말았다. 내 청춘의 환영과 위로의 모든 것은 그렇게 죽어 버리고 말았다!

어떻게 내가 그것을 견뎌 낼 수 있겠는가? 어떻게 내가 그 상처를 견뎌 낼 수 있겠는가? 어떻게 나의 영혼이 이들 무덤 속에서 다시 살아날 수 있겠는가?

그렇다. 내게는 상처입힐 수 없는 것, 영원히 묻어둘 수 없는 것, 바위까지도 부숴 버릴 수 있는 것이 있다. 바로 '나의 의지'다. 그것은 묵묵히 굴복하지 않고 세월 속을 걸어간다.

내 오랜 반려자인 나의 의지는 자신의 발로 길을 가려고 한다.

그의 생각은 견고해 꺾이는 법이 없다.

내 발뒤꿈치*27에서만 결코 상처 입지 않는다. 인내심 강한 나의 의지여, 지금도 그대는 삶을 계속하고 있으면서 변하지 않는구나! 그대는 어떠한 무덤도 뚫고 나왔다!

그대의 안에는 아직 채 완성되지 못한 내 청춘의 조각들이 살고 있다.

그리고 그대는 삶이나 청춘으로서 이 누런 묘석의 폐허 위에 희망을 그리며 살아 왔다.

그렇다, 지금도 그대는 나에게 모든 무덤의 파괴자다. 나의 의지여! 건강하라. 부활은 무덤이 있는 곳에만 존재한다.

차라투스트라는 이렇게 말했다.

자기 극복

그대, 최고의 현자들이여. 그대들을 고무시키고 선동하는 것이 '진리에 대한 의지'라고 생각하는가?

'존재하는 모든 것을 사유할 수 있게 만드는 의지', 나는 그대들의 의지를 이렇게 부른다. 그대들은 존재하는 모든 것들을 우선 사유할 수 있는 대상으로 만들려고 한다. 왜냐하면 그대들이 저마다 존재하는 모든 것이 사유할 수 있는 것인지 의심하고 있기 때문이다.

그러나 그대들의 의지가 원하는 것은 존재하는 모든 것이 그대들에게 순응하고 따르는 일이다. 존재하는 모든 것은 정신의 거울과 반영으로서 매끄러워져야 하며 정신에 복종해야 한다.

최고의 현자들이여, 그것이야말로 그대들 의지의 모든 것이다. 그것은 일종의 힘에 대한 의지다. 그대들이 선악이나 다른 여러 가치에 대해 말할 때도 마찬가지다.

그대들은 무릎을 꿇고 예배할 만한 가치 있는 세계를 그대들의 정신으로 창조하려고 한다. 그것이 그대들의 궁극적 희망이자 그대들이 몰두하고 있는 것이다.

현명하지 못한 민중은 저절로 흐르는 시냇물과 같다. 그러나 그 냇물에 작은 배 하나가 진로를 잡아 떠 가고 있다. 그리고 그 작은 배 위에 가면을 쓴 가치 평가라고 하는 것이 엄숙하게 앉아 있다.

그대들은 그대들의 의지와 가치를 생성이라는 냇물 위에 띄워 놓았다. 민중이 선과 악이라고 믿는 것들 속에 오랜 권력에 대한 의지가 분명하게 엿보인다.

최고의 현자들이여, 이런 여러 가치 판단이라는 손님을 배에 태우고는 화려한 장식과 자랑스러운 이름을 지어 준 것이 바로 그대들이다. 그대들과 그대들의 지배하려는 의지다.

냇물은 그대들의 작은 배를 멀리까지 싣고 간다. 냇물은 배를 운반해 가야 할 의무가 있다. 파도가 부서져서 거품이 일더라도, 그 용골에 아무리 거세게 부딪칠지라도.

최고의 현자들이여, 그대들의 위험, 다시 말해 그대들의 선과 악의 종말은 냇물에서 오는 것이 아니다. 그 위험은 그대들의 의지 속에 숨어 있는 것이다. 끊임없이 생겨나는 삶의 의지 속에.

그대들이 내가 말하는 선과 악이라는 말을 이해할 수 있도록 나는 삶에 대해서, 또 모든 존재들이 갖고 있는 삶의 본성에 대해 이야기하겠다.

나는 생명체의 본성을 알고자 노력해왔다. 그래서 가장 넓은 길이든 가장 좁은 길이든 가리지 않고 따라다녔다.

생명이 그 입을 다물고 있으면 나는 그 눈에 백 개의 거울을 비춰서 그 눈에게 이야기를 시키려 했다. 그 눈이 나에게 말했다.

"생이 있는 자들이 발견되는 곳마다 복종이라는 말이 쓰이고 있다는 것을 나는 안다. 살아 있는 모든 것은 복종하는 자들이다."

그리고 내가 다음에 들은 말은 "자신에게 복종할 수 없는 자는 남에게 명령을 받게 된다"는 것이다. 이것이 생명체의 본질이다.

그러나 내가 들은 세 번째 말은 "명령은 복종보다 힘들다"였다. 그것은 명령자가 복종하는 것 모두를 책임져야 하는데, 그 책임의 무게로 짓눌려 버리기 쉽다는 것만을 의미하는 것은 아니다.

나는 모든 명령 속에 새로운 시도와 모험이 포함되어 있다고 생각한다. 살아 있는 존재는 모두 명령할 때 언제나 자신을 거는 것이다.

그렇다! 그는 자신에게 명령할 때조차 자신의 명령에 책임을 져야만 한다. 그는 자신의 율법에 대한 재판관, 복수자, 또는 희생자가 되어야 한다.

나는 나 자신에게 대체 왜 이런 일이 일어났는지 물어본다. 무엇에 설득당해서 살아 있는 자가 복종하고 명령하고 또 명령하면서도 복종하고 있는 것인가?

최고의 현자들이여, 내 말을 들으라. 그리고 심각하게 음미해 보라! 내가 생의 심장, 또는 그 심장 가장 깊숙이까지 파고 들어갔는지 어떤지를.

나는 살아 있는 자를 발견할 때마다 권력에 대한 의지도 함께 발견한다. 그리고 복종하고 봉사하는 자의 의지 속에서 주인이 되려는 의지를 발견한다.

약자에게는 자신보다 약한 자의 주인이 되려고 하는 약자로서의 의지가 있기 때문에 강자에게 봉사한다. 살아 있는 자는 누구나 주인이 되고자 하는 기쁨만은 버릴 수가 없다.

보다 작은 것이 큰 것에 복종함으로써 가장 작은 것에 대한 지배의 기쁨과 힘을 얻으려고 하는 것처럼, 가장 큰 것 또한 지배의 기쁨을 위해 복종한다. 힘을 얻기 위해 생을 거는 것이다.

모험, 위험, 그리고 생명을 건 도박, 이것이 가장 큰 것에 대한 헌신이다.

그리고 희생과 봉사, 사랑의 눈길이 발견되는 곳에서는 여지없이 주인이 되려는 의지가 함께 발견된다. 그때 약자는 샛길을 통해 강자의 성곽과 심장으로 몰래 들어가 힘을 훔쳐 내려 한다.

그리고 생명은 나에게 직접 이 비밀을 말해주었다.

"보라. 나는 언제나 나 자신을 극복하고 뛰어넘어야 한다.

그대들은 분명 그것을 생산에 대한 의지, 목적에 대한 충동이라 부르고, 보다 높은 곳, 보다 먼 곳, 보다 다양한 것에 대한 충동이라고도 부른다. 그리고 이것들은 모두 같은 '하나의' 비밀이다.

하나를 단념해야 한다면 차라리 몰락을 택하리라. 그리고 몰락이 일어나 잎이 떨어질 때면 생명은 자아를 희생물로 바친다. 권력을 위해서!

내가 투쟁, 생성, 목표이고 모든 목적의 모순과 갈등이 되어야 한다는 것, 이러한 나의 의지를 알아 낼 수 있는 자는 그 의지가 얼마나 심하게 구불구불한 길을 걸어야 하는가도 알 수 있으리라.

내가 무엇을 만들든, 그리고 나의 창조물을 어떻게 사랑하든 나는 그것에 대해서, 또 그것에 대한 나의 사랑에 대해서 적대자가 되어야만 한다.

내 의지가 그렇게 하기를 바라기 때문이다.

그리고 그대, 인식하는 자여, 그대 또한 내 의지의 통로며 발자국에 불과하다. 힘에 대한 내 의지는 진리를 향한 의지의 발로 걷는다.

진실로 '살아남기 위한 의지'라는 말의 화살을 쏜 자*28는 결코 진리를 명중시킬 수 없다. 왜냐하면 그런 의지는 존재하지 않으며, 존재하지 않는 것을 바랄 수는 없기 때문이다. 이미 존재하고 있는 것이 다시 존재하기를 바랄 수가 있겠는가?

삶이 있는 곳에 의지가 있는 법이다. 그러나 그것은 삶에 대한 의지가 아니라, 내가 그대에게 가르치노니, 권력에 대한 의지다! 살아 있는 자에게 있어 많은 사람들은 삶 그 자체보다 더 높게 평가된다.

그러나 그런 평가를 통해 '힘에 대한 의지'를 분명히 발견할 수 있다!"

일찍이 삶은 나에게 이렇게 가르쳤다. 그리고 이 가르침을 통해 나는 가장 위대한 현자들의 마음 속 수수께끼까지도 풀어 주리라. 진실로 나는 그대들에게 말하노라. 변하지 않는 영원한 선과 악은 존재하지 않는다. 선과 악은 언제나 자신의 힘을, 그리고 자신을 극복해야 하는 것이다.

그대, 가치를 평가하는 자들이여, 그대들은 선과 악에 대해 자기들의 평가와 말로 폭력을 휘두르고 있다. 그것은 그대들의 감추어진 사랑이며, 그대들이 내뿜는 영혼의 불꽃이며 전율이고 정열이다.

그러나 한층 강한 폭력과 새로운 극복이 그대들이 세운 모든 가치 속에서 자라난다. 그래서 알과 껍질은 파괴된다.

선과 악에 있어서 창조자가 되어야 하는 자는 우선 파괴자가 되어 모든 가치를 부숴 버려야 한다.

이처럼 최고의 악은 최고의 선에 속한다. 그리고 그 최고의 선이란 창조적인 것이다.

최고의 현자들이여, 이렇게 말하는 것이 언짢은 일이라 하더라도 우리는 말하리라. 침묵은 더 나쁘다. 모든 것을 말하지 않은 채 감추고 있는 진리는 더 해롭다.

우리의 진리를 견디어 낼 수 없는 것은 모두 파괴해 버려라! 아직 많은 집을 세워야 한다.

차라투스트라는 이렇게 말했다.

숭고한 사람들

나의 바다 밑은 고요하다. 그러나 그 속에 심술궂은 괴물이 숨어 있다는 것을 그 누가 알겠는가?

나의 심층부는 흔들리는 일이 없다. 그러나 그곳은 헤엄쳐다니는 온갖 수수께끼와 미소로 빛나고 있다.

나는 오늘 한 숭고한 사람, [*29] 정중한 사람, 정신적 참회자를 보았다. 오, 나의 영혼은 그의 추한 꼴을 보고 얼마나 웃었는지 모른다!

그 숭고한 사람은 가슴을 떡 벌리고 숨을 한껏 들이마신 자세로 아무 말 없이 서 있기만 했다. 그는 사냥의 노획물인 보기 흉한 진리를 몸에 늘어뜨리고, 다 해어진 옷을 여러 겹 껴입고 있었다. 몸에는 가시가 잔뜩 달라붙어 있었는데, 장미는 한 송이도 없었다.

그는 아직 웃는 법을 모르고 있었다. 그리고 아름다움까지도. 이 사냥꾼은 인식의 숲에서 어두운 표정으로 돌아왔다.

그는 들짐승과 싸우다가 집으로 돌아온 것이다. 그러나 그의 엄숙함 속에는 아직 한 마리의 들짐승이 숨어 있었다. 극복되지 않은 들짐승이!

그는 여전히 덤벼들려는 호랑이처럼 서 있었다. 그러나 나는 이처럼 긴장한 영혼을 좋아하지 않는다. 이렇게 내부에 도사리고 있는 것은 내 취향에 맞지 않는다.

벗들이여, 그대들은 취향과 미각에 대해서는 논쟁할 필요가 없다고 말할 것이다. 그러나 모든 삶은 취향과 미각을 둘러싼 싸움이다!

취향, 그것은 저울이자 저울추며 동시에 저울질하는 사람이다. 저울, 저울추, 저울질하는 사람들과의 싸움 없이 살고자 하는 자는 구원받을 수 없다!

이 숭고한 자가 자신의 숭고함에 싫증을 낼 때 비로소 그의 아름다움이 솟아날 것이다. 그리고 그가 자신에게 몰두하기를 그만둘 때에야 비로소 그는 자신의 그림자를 뛰어넘어 태양 속으로 뛰어들어갈 수 있을 것이다.

그는 너무 오랫동안 그림자들 속에 앉아 있었다. 정신에 봉사하는 이 속죄자의 볼은 창백해져 있다. 그는 너무 오래 기다려서 거의 굶어 죽을 것 같았다.

그의 눈가에는 아직도 경멸의 빛이 서려 있고, 입가에는 혐오가 깃들어 있다. 비록 지금 그는 휴식을 취하고 있지만 아직까지 양지에서 따뜻하게 쉬어본 적이 없다.

그는 황소처럼 행동해야 한다. 그의 행복은 대지의 향기를 풍겨야 하며 대지를 경멸하는 냄새를 풍겨서는 안 된다.

나는 그가 황소처럼 세차게 콧김을 내뿜으면서 힘차게 쟁기를 끌고 있는 모습을 보고 싶다. 그 거친 숨소리가 이 땅의 모든 것을 찬미하고 있는 노래라면 얼마나 좋겠는가!

그의 표정은 아직도 어둡다. 손의 그림자가 그의 얼굴을 바쁘게 오르내리고 있기 때문이다. 그의 눈빛도 여전히 우울하다. 그의 행위가 아직도 그를 덮고 있는 어두운 그림자를 만드는 것이다.

손은 행동하는 사람을 어둡게 만든다. 그는 행위를 극복하지 못한 것이다.

나는 그의 황소 같은 목덜미를 사랑한다. 그러나 나는 그에게서 천사의 눈도 보기를 바란다.

그는 영웅적인 의지도 잊어버려야 하고, 높이 날아오르는 사람이 되어야 한다. 단순히 숭고한 사람으로 머물러 있어서는 안 된다. 하늘의 대기가 그를 의지로부터 벗어난 자로 드높여야만 한다.

그는 괴물을 정복했고 수수께끼를 풀었다. 그러나 그는 자신의 괴물과 수수께끼도 구출해야 한다. 그리고 그것들을 하늘나라의 어린아이들로 변화시킬 수 있어야 한다.

그의 인식은 아직도 웃는 법과 배타적인 의식의 긴장을 버리는 법을 배우지 못했다. 또 그의 넘치는 정열은 아름다움으로써 억제되지 않고 있다.

그의 갈망은 충만함 속에서가 아니라 아름다움 속에서 억제되어야 한다. 우아함이란 관대함 속에서 충족되고 침묵해야 한다.

영웅은 팔을 머리 위에 올려놓은 채 휴식을 취해야 한다. 그렇게 하여 휴식을 극복해야 한다.

그러나 영웅에게는 아름다움이 가장 어려운 일이다. 아름다움은 거센 의지를 가지고는 잡을 수 없기 때문이다. 아름다움에 있어서는 약간의 넘침과 약간의 부족함이 가장 중요하다.

숭고한 자들이여, 힘을 뺀 근육, 굴레를 벗은 의지가 그대들에게 가장 어려운 일이 될 것이다.

힘이 관대해져서 눈에 보이는 세계로 내려올 때, 나는 그런 겸손을 아름다움이라고 부른다.

그대, 힘을 가진 자들이여. 나는 누구보다도 그대에게 아름다움을 기대한다. 선을 얻는 것이 그대의 마지막 자기 극복이 되게 하라!

나는 그대들이 모든 악을 행하리라는 것을 알고 있다. 그래서 그대에게 선을 기대하는 것이다.

때때로 나는 허약한 이들을 비웃곤 했다. 그들은 무기력한 손발을 갖고 있다는 이유로 자신을 선량하다고 생각하기 때문이다.

그대는 기둥의 덕을 찾기 위해 노력해야 한다. 기둥은 높으면 높을수록 더 아름다워지고 우아해지며 그 안은 더 견고해져서 무거운 것을 버티는 힘이 커진다.

그렇다. 숭고한 자여, 그대도 언젠가 아름다워지지 않으면 안 된다. 그리고 자신의 아름다움을 거울에 비쳐 바라보아야 한다.

그때 그대의 영혼은 성스러운 욕망으로 전율하리라. 그리고 그대의 자만심 속에도 존경이 가득 차리라!

그것은 영혼의 비밀이다. 영웅은 영혼을 버릴 때에야 비로소 꿈속에서 영웅을 뛰어넘는 영웅이 된다.

차라투스트라는 이렇게 말했다.

교양의 나라

나는 너무도 먼 미래의 공간으로 날아올라 갔다. 그러자 공포에 사로잡혔다.

주위를 둘러보니, 아, 나와 동시대인은 시간뿐이었다.

나는 고향으로 방향을 돌렸다. 서둘러 날았다. 그래서 나는 그대들의 나라, 교양의 나라로 왔다.

나는 처음으로 그대들을 보려는 순수한 눈과 욕망을 가지고 돌아왔다.

진실로 나는 마음속에 동경을 품고 그대들에게 왔다.

그러나 내가 보고 들은 것은 무엇인가? 나는 가슴이 몹시 답답했지만 웃지 않을 수 없었다. 지금까지 나는 이렇게 알록달록한 얼룩무늬를 본 적이 한 번도 없었다.

나는 자꾸 웃었다. 내 다리와 심장은 여전히 답답하고 괴로워 떨리고 있는데도.

'이곳은 정말 그림물감의 본고장이군.'

나는 이렇게 생각했다.

그대, 현대인들이여, 그대들은 얼굴과 손발에 50가지 색깔의 그림물감을 칠한 채 앉아 있다. 그대들은 나를 놀라게 하고 어이없게 만든다. 그리고 그대들 주위에는 50개의 거울이 놓여 있다. 그것이 그대들의 색깔 변화에 우쭐해 하며 그 일을 반복하고 있다.

그대, 현대인들이여! 그대들의 얼굴이야말로 가장 훌륭한 가면이다! 그러니 누가 알아낼 수 있겠는가, 그대들이 누구인가를? 그대들은 과거의 기호로 몸 전체를 칠하고는 그 위에 새로운 기호로 덧칠하고 있다. 그대들은 어떤 기호 해독자도 알아볼 수 없을 만큼 자신을 교묘하게 감추고 있는 것이다.

신장[*30]을 검사하는 아무리 훌륭한 탐지자라도 그대들에게 신장이 있다는 것을 어떻게 알아 낼 수 있겠는가! 그대들은 그림물감으로 칠하고 갖풀로 붙인 종이조각을 구워 만든 것처럼 보인다.

그대들의 베일 저쪽에서 모든 시대와 민중이 가지각색으로 눈에 들어오는구나. 그대들의 몸짓을 통해 온갖 풍습과 신앙이 다채롭게 드러나고 있는 것이다.

그대들에게서 베일과 물감과 겉옷과 몸짓을 박탈해 버린다면, 그들에게는 겨우 새를 놀라게 할 정도의 것만 남으리라.

나는 그림물감을 칠하지 않은 적나라한 그대들을 보고 놀란 새다. 그리고 그 해골이 내게 추파를 던졌을 때 나는 깜짝 놀라서 날아가 버렸다.

차라리 땅 아래로 내려가서 망령들의 노예가 되리라. 오히려 저승의 망령들이 그대들보다 볼품이 있으리라.

그대들이 벌거벗었건, 온갖 색깔의 옷을 걸쳤건 나는 그대들을 견딜 수 없다. 그렇다! 바로 이것이 나의 슬픔이다. 그대 현대인들이여! 미래의 온갖 기분 나쁜 것, 또 과거에 새들을 놀래 날아가 버리게 했던 모든 것도 그대들의 현실에 비하면 오히려 친근감을 느끼게 한다.

"우리는 순전한 현실주의자다. 그러므로 신앙이나 미신에는 사로잡히지 않는다."

그대들은 이렇게 말하면서 우쭐거린다. 아, 우쭐댈 만한 것은 아무것도 없으면서!

그렇다! 그대들이 어찌 신앙을 가질 수 있겠는가? 온갖 색깔로 뒤덮인 자들이여! 과거에 신앙의 대상이 되었던 것들을 그대로 흉내낸 그림에 불과한 자들이여!

그대들은 신앙 그 자체에 대한 어지러운 반박 속에서 태어났다. 모든 사상의 어긋난 뼈마디일 뿐이다. 나는 그대들을 믿을 만한 가치가 없는 자라고 부르겠다. 이 현실적인 자들이여!

그대들의 머릿속에서는 온갖 시대가 뒤섞여 서로 모순된 말로 지껄인다. 그러나 어떤 시대의 꿈과 논란도 그대들의 깨달음 상태에 비하면 훨씬 현실적이다.

그대들은 출산을 할 수 없다. 그래서 그대들에게 신앙이 결여되어 있는 것이다. 그러나 창조해야만 했던 사람들은 예언적인 꿈과 별들의 징조를 가지고 있으며 신앙을 갖고 있었다.

그대들은 무덤 파는 자들이 기다리는 반쯤 열린 문짝이다. *31 그리고 그대들의 현실은 바로 이것이다.

'모든 것은 멸망하는 데 가치가 있다'고 하는. 아, 그대들은 왜 내 앞에 서 있는가? 그대, 출산할 수 없는 자들이여. 늑골이 앙상하게 드러난 그 꼴을 좀 보라. 얼마나 비참한가! 하긴 그대들 가운데 대부분은 그것을 인식하고 있을 것이다.

그들은 말했다.

"내가 잠들어 있는 동안 신이 몰래 나에게서 무엇인가 훔쳐 간 것은 아닐까? 그렇지 않다면 작은 소녀 하나쯤 만들 재료는 가지고 있었을 텐데. 나의 늑골이 이렇게 빈약하다는 것은 이상한 일이다."

대부분의 현대인들은 이렇게 말했다.

그대들은 우스꽝스러운 존재다, 현대인들이여. 더욱이 그대들이 자신을 의심할 때는 더욱 그렇다!

내가 만일 그대들의 놀라움을 비웃지 못한 채 그대들의 두개골 속에 있는 구역질 나는 것을 모두 마셔야 한다면, 나는 정말 비참해지리라. 그러나 나는 짊어져야 할 무거운 짐*32이 있기 때문에 그대들의 일을 가볍게 여긴다. 짐 위에 딱정벌레나 잠자리가 앉는다고 해도 무엇이 달라지겠는가!

진실로 그것들이 앉았다고 해서 내 짐이 더 무거워지지는 않는다. 그러니 그대들로 인하여 큰 피로가 나에게 올 리도 없다. 그대, 현대인들이여. 아, 그러면 나는 나의 동경을 등에 지고 어디로 올라가야 하는가?

나는 모든 산봉우리 위에서 아버지의 나라, 어머니의 나라를 바라본다. 그러나 고향은 아무 데도 보이지 않는다. 나는 어떤 도시에도 정착하지 못하고 성문을 떠나는 영원한 출발자다.

그동안 내가 관심을 가졌던 현대인은 이제 내게 있어 이방인이고 웃음거리일 뿐이다. 나는 아버지의 나라, 어머니의 나라로부터도 쫓겨났다.

아직까지 내가 유일하게 사랑하는 것은 어린아이의 나라*33뿐이다. 이곳은 먼 바다의 저 끝에 있는 아직 발견되지 않은 나라다. 나는 배를 타고 그것을 찾기 위해 항해하리라.

나는 내가 내 조상의 아이라는 것에 대해서, 나의 아이들에게 보상할 것이다. 그리고 모든 미래에게 이 현재에 대해 보상할 것이다.

차라투스트라는 이렇게 말했다.

순수한 인식

어젯밤 떠오르는 달을 보며 나는 달이 태양을 낳으려 한다고 생각했다. 달은 만삭이 된 둥그런 배를 하고 지평선 위에 떠 있었다.

그러나 달이 잉태한 것처럼 보인 것은 거짓이었다. 나는 달이 여성이 아니라 오히려 남성이라고 믿고 싶다. [*34]

그렇기는 해도 이 조심스러운 밤의 친구는 그다지 남자답지 못하다. 그는 떳떳하지 못한 양심을 가지고 지붕 위를 헤매고 다닌다.

이 달 속의 성직자는 호색가에 질투가 많다. 대지에 대해서, 또 연인들의 모든 기쁨에 대해서 심하게 질투한다.

아니다. 나는 지붕 위를 어슬렁거리는 이 수코양이를 싫어한다. 반쯤 닫힌 창가를 발소리를 죽인 채 살금살금 기어다니는 자들을 나는 좋아하지 않는다.

유달리 과묵한 그는 별들이 반짝거리는 양탄자 위를 걸어간다. 그러나 나는 소리도 내지 않고 가볍게 걸어다니는 그 걸음걸이를 좋아하지 않는다.

정직한 자의 발걸음은 소리가 난다. 그러나 고양이는 발소리를 죽이고 마루를 살금살금 걸어간다. 보라, 달이 고양이처럼 발소리를 죽이고 걷는 모습을!

나는 그대들 신경질적인 위선자들에게 이 비유를 들려 주겠다. 그대 '순수한 인식자들'을 나는 음탕한 자라고 부른다.

그대들도 대지를 사랑하고, 지상의 것을 사랑한다. 나는 그대들에 대해 충분히 알고 있다. 그러나 그대들이 지상의 것을 사랑하는 데는 수치심과 떳떳하지 못한 양심이 있다. 그대들은 마치 달과 같다.

그대들의 정신은 지상의 것을 경멸하도록 교육받았다. 그러나 그대들의 배 속 오장육부는 그렇지 않다. 오장육부야말로 그대들이 지닌 것 중에서 가장 강하다.

이제 그대들의 정신은 그대들이 오장육부의 뜻에 따라야 함을 부끄러워한다. 그리고 그 수치심을 감추기 위해 샛길과 허위의 길을 걷는다.

그런데 허위의 정신은 그대들에게 이렇게 말한다.

"그것이 나에게는 최고의 것이다. 혀를 늘어뜨린 개와 달리 어떤 욕망도 없이 인생을 관조한다.

모든 의지의 지배와 갈망에서 벗어나 아주 차가운 죽음의 의지로써, 그러나 술취한 달의 눈으로써 즐겁게 바라보는 것이야말로 나에게 있어 가장 바람직한 것이다."

이렇게 해서 타락한 자는 자신을 더욱 타락시킨다.

"달이 대지를 사랑하듯 대지를 사랑하자. 오직 눈으로만 대지의 아름다움을 어루만지자. 그래서 오직 백 개의 눈을 가진 거울처럼 그들 앞에 눕기만 허용해 주기를 바라는 것, 나는 그것을 순수한 인식이라 부른다."

오, 그대, 감상적인 위선자여! 그대, 음탕한 자들이여! 그대들의 욕망에는 순수성이 빠져 있다. 그래서 나는 그대들의 욕망을 비난한다.

진실로 그대들은 창조하고 생식하고, 생성을 기쁨으로 여기는 자로서 대지를 사랑하는 게 아니다.

순수성은 어디 있는가? 그것은 생식에 대한 의지가 있는 곳에 있다. 내가 보기에 자신을 극복하여 창조하려는 자가 가장 순수한 의지를 지닌 자다.

아름다움은 어디 있는가? 내가 모든 의지로 의욕해야 하는 곳에 있다.

형상이 단지 형상으로 끝나지 않도록 사랑하고 몰락하는 곳에 아름다움이 있다.

사랑하는 것과 몰락하는 것은 아주 옛날부터 서로 조화를 이뤄왔었다. 사랑에 대한 의지, 그것은 죽음까지도 원하는 것을 의미한다. 나는 그대 비겁자들에게 이렇게 말한다.

그러나 나는 이제 그대들의 눈길을 명상이라 부르려 한다. 그리고 비겁한 자의 눈에 비친 것을 아름다움이라고 이름지으려 한다. 오, 고상한 이름을 가진 모독자들이여.

순수한 자들이여, 순수하게 인식하는 자들이여! 그대들이 이제 두 번 다시 분만하지 못하리라는 것은 그대들에게는 저주다. 설령 그대들이 잉태한 모습으로 지평선에 누워 있을지라도!

진실로 그대들의 입은 고상한 말로 가득 차 있다. 우리는 그대들의 마음이 넘쳐흐르고 있다고 믿어야 한단 말인가, 그대 사기꾼들이여!

그러나 나의 말은 보잘것없고 비천하며 왜곡되어 있다. 나는 그대들이 식사 때 식탁 위에 떨어뜨린 말들을 기꺼이 주워 모은다.

그러나 이런 말들로 위선자들에게 진리의 말을 할 수 있다. 그렇다. 내가 주워 모은 생선뼈며 조개껍데기, 또는 가시 돋친 잎들을 가지고 그대들의 콧속을 간지럽힐 수 있다.

그대들과 그대들의 식탁 주위에는 언제나 탁한 공기가 맴돌고 있다. 그대들의 어수선하고 복잡한 사상, 거짓말, 그리고 비밀이 그 공기 속에 들어 있다.

그대들 자신과 내장을 믿어라. 자신을 믿지 않는 자는 항상 거짓말을 한다.

그대, 순수한 자들이여, 그대들은 신이라는 가면을 쓰고 있다. 그 가면 속에는 그대들이 싫어하는 벌레가 기어다니고 있다.

그대, 관조하는 자들이여. 실로 그대들은 사람들을 속이고 있다. 차라투스트라도 일찍이 그대들의 신성한 겉모습에 심취한 적이 있었다. 그 속에 숨어 꿈틀거리는 뱀을 알아채지 못했던 것이다.

그대, 순수하게 인식하는 자들이여. 나는 일찍이 그대들의 유희 속에 신의 영혼이 작용하고 있다고 믿었다. 일찍이 그대들의 예술보다 더 훌륭한 예술은 없는 것 같았다.

다만 멀리 떨어져 있었기 때문에 뱀 오물의 악취를 느끼지 못했던 것이다. 그래서 간사한 지혜를 지닌 도마뱀이 욕정을 품은 채 그곳을 기어다니고 있는 것도 알아차리지 못했다.

나는 그대들 바로 가까이까지 다가갔다. 그러자 깨달음의 아침이 밝아 오기 시작했다. 이제 그대들에게도 그 아침이 밝아 오고 있다. 이제 달의 정사는 끝난 것이다.

보라! 정체가 드러난 달은 새파랗게 질려 있다. 아침놀 앞에서!

이미 불타는 태양이 솟아오르고 있다. 대지에 대한 태양의 사랑이 다가오고 있다. 순수성과 창조의 욕망이 바로 태양의 사랑이다.

보라! 태양이 얼마나 급하게 바다*35를 건너오고 있는가? 그대들은 태양의 사랑에 대한 갈망과 뜨거운 숨결을 느끼지 못하는가?

태양은 바다를 들이마시고, 그 깊이를 자신의 높이로 빨아올리려 한다. 이제 바다의 욕망은 천 개의 가슴과 더불어 부풀어오른다.

바다는 태양의 갈망으로 입맞춤을 받고 흡수되기를 바란다. 바다는 대기가 되려 한다. 높은 곳으로, 햇빛을 내리쬐는 곳으로, 아니 햇빛 그 자체가 되려고 한다.

진실로 나는 태양처럼 삶과 깊은 바다를 사랑한다.

그리고 이것이 나에게는 인식이라는 것이다. 깊고 오묘한 것은 모두 나의 높이까지 올라오라!

차라투스트라는 이렇게 말했다.

학자

내가 잠자고 있을 때 한 마리 양이 담쟁이덩굴로 만든, 내 머리의 관을 뜯어 먹고 나서 말했다.

"차라투스트라는 이제 학자가 아니다."

양은 이렇게 말하고 어색하지만 자랑스러운 걸음걸이로 사라졌다. 한 아이가 나에게 들려준 이야기다.

나는 아이들이 놀고 있는 이곳에 즐겁게 눕는다. 무너져 가는 돌담 옆 엉겅퀴와 빨간 양귀비꽃이 피어 있는 이곳에.

아이들, 엉겅퀴들, 빨간 양귀비꽃들에게 나는 아직도 학자다. 이들은 악의를 지니고 있을 때조차도 순수하다.

그러나 양들에게 나는 이미 학자가 아니다. 나의 운명이 그렇게 되기를 바란다. 나의 운명이여, 찬양받으라!

진실을 말하면 이렇다. 나는 학자들의 집에서 뒷발로 문을 세차게 닫고*36 뛰쳐 나왔다.

나의 영혼은 오랫동안 그들의 식탁에 같이 앉아 있었지만 배고픔에 시달렸다. 나는 그들처럼 호두 깨는 일을 목적으로 인식의 훈련을 받은 것은 아니다.

나는 자유를 사랑한다. 그리고 생기 있는 대지를 감싸고 있는 공기를 사랑한다. 학자들의 지위와 위엄 위에서 자느니 차라리 황소 가죽으로 된 자리 위에서 잠들고 싶다.

나는 내 사상으로 인해 불타오르고 있다. 그 때문에 때로는 호흡이 곤란해지기도 한다. 그래서 나는 먼지투성이 방을 떠나 대기 속으로 나가야만 한다.

그러나 학자들은 차가운 그림자 속에 냉정하게 앉아 있다. 그들은 무슨 일에든 방관자로 남고 싶어한다. 그리고 태양빛이 타는 듯이 내리쬐는 계단에 내려서지 않으려 한다. 거리에 서서 입을 벌린 채 오가는 사람들을 바라보고 있는 사람처럼 그들은 꼼짝 않고 앉아 입을 벌린 채 멍하니 바라보고만 있다.

만일 누군가가 그들을 손으로 잡으면 그들은 밀가루 부대처럼 먼지를 일으킬 것이다. 그러나 그 먼지가 원래 곡물로부터, 또는 여름날 황금색 환희*37로부터 온 것임을 그 누가 알겠는가?

그들이 현자인 척할 때면 나는 그들의 초라한 잠언이나 진리에 오한을 느낀다. 나는 때때로 그들의 지혜에서 늪에서나 피어오를 듯한 썩은 냄새를 맡는다. 그 썩은 냄새에 섞여서 개구리의 울음소리마저 들려 오는 듯하다.

그들은 노련하다. 그들은 예리한 손가락을 가지고 있다. 그들의 다양성에 비해 나의 단순성은 무엇을 할 수 있겠는가? 그들의 손가락은 실을 다루는 법, 맺는 법, 짜는 법에 대해 완벽하게 알고 있다. 그래서 그들은 정신의 양말*38을 짜낸다.

그들은 고급 시계다. 다만 태엽을 적당히 감아 줘야 한다는 것을 잊어서는 안 된다. 그렇게만 해 주면 그들은 충실하게 시간을 가리키며 조용히 째깍거리리라.

그들은 맷돌이나 제분기처럼 일한다! 그들 속에다 곡식을 집어 넣기만 하면 된다. 그들은 그 곡식을 빻아 흰 가루로 만들 수 있다.

그들은 서로 감시하고 있다. 그리고 상대를 믿지 않는다. 그들은 잔 꾀를 잘 부리는 절름발이 지식의 소유자를 잡으려고 기다린다. 마치 거미들처럼.

나는 그들이 언제나 신중한 태도로 독을 만드는 것을 보았다. 그때 그들은 투명한 유리 장갑을 끼고 있었다.

그들은 부정한 주사위 도박을 하는 방법도 알고 있다. 나는 그들이 땀을 흘리면서 승부에 열중하는 꼴을 보았다.

그들에게 나는 이방인이다. 그들의 덕은 그들의 허위와 부정한 주사위보다 더 내 취향에 맞지 않는다.

그래서 나와 그들이 함께 살고 있을 때는 내가 그들 위에서 살고 있었다. 그래서 그들은 나를 증오한다.

그들은 자신들의 머리 위에서 사람이 걸어다니며 발소리를 내는 것을 참을 수 없어했다. 그래서 그들은 나와 자신들 머리 사이에 나무와 진흙과 오물을 끼워 넣었다.

그렇게 해서 그들은 내 발소리를 멀리했다. 그리고 지금까지 가장 훌륭한 학자들조차 나의 말에 귀기울이지 못하고 있다.

그들은 자신과 나 사이에 인간의 모든 잘못과 약점을 끼워 놓았으며, 그것을 집 안의 '방음판'이라고 불렀다.

그럼에도 불구하고 나는 지금도 살아 있는 사상을 간직한 채 그들의 머리 위를 걸어다니고 있다. 내가 내 잘못을 다리 삼아 걸어다닌다 하더라도 변함없이 나는 그들의 머리 위에 있을 것이다.

왜냐하면 '인간은 평등하지 않다'고 정의는 말하기 때문이다. 따라서 내가 바라는 것을 그들은 바랄 자격이 없다!

차라투스트라는 이렇게 말했다.

시인

차라투스트라는 어느 제자에게 말했다.

"내가 육체에 대해 보다 잘 알게 되었을 때, 정신은 그저 상징적인 것에 불과하다는 것을 알았다. 그리고 '불멸하는 것' 역시 모두 나에게는 그저 하나의 비유에 지나지 않는다는 것도."

그 제자가 말했다.

"그대는 전에도 그렇게 말한 적이 있습니다. 그리고 그때 그대는 '그러나 시인은 거짓말을 지나치게 많이 한다'고 덧붙였습니다. 어째서 그렇게 말했습니까?"

차라투스트라는 말했다.

"어째서냐고 묻는가? 그대들은 어떤 종류의 인간에게 왜라는 질문을 하면 안 된다. 내가 바로 그런 인간 가운데 한 사람이다. 나의 체험은 어제 오늘의 것이 아니다. 나는 내 의견의 근거를 오래전에 체험했다. 만일 그런여러 근거를 기억하고자 했다면 나는 기억의 창고가 되고 말았을 것이다.

내 의견을 기억하는 일조차 나에게는 몹시 힘들다. 그래서 멀리 도망가 버린 새도 적지 않다.

그러나 나는 내 비둘기장 속에서 다른 곳에서 날아온 낯선 새를 볼 때가 있다. 내가 손을 대면 그 새는 무서워서 몸을 떤다. *39

그러나 일찍이 차라투스트라가 그대에게 뭐라고 말했던가? 시인은 거짓말을 지나치게 많이 한다고 말했던가? 그러나 차라투스트라도 시인이다. 그런데 그대는 차라투스트라가 거기에 대해서 진실을 말했다고 생각하는가? 왜 그렇게 생각하는가?”

제자가 대답했다.

“저는 차라투스트라를 믿습니다.”

그러자 차라투스트라는 미소를 지으며 고개를 저었다.

“믿음은 나에게 기쁨을 주지 않는다. 특히 나에 대한 믿음은 더욱 그렇다. 누군가가 정색해서 ‘시인은 거짓말을 지나치게 많이 한다’고 말했다면 그 말은 사실이다. 우리는 거짓말을 너무 많이 한다.

우리는 아는 것이 너무 적고 배우는 데도 재주가 없다. 그래서 거짓말을 할 수밖에 없다.

우리 시인들 가운데 포도주에 물을 타지 않는 자가 있는가? 우리 양조장에서는 때때로 독하고 해로운 혼합주가 만들어지고 온갖 형용하기 어려운 일들이 행해진다.

또 우리는 아는 것이 적기 때문에 정신이 가난한 자를 특히 마음에 들어한다. 특히 젊은 여자인 경우에는 더욱 그렇다. 그리고 늙은 여자들이 밤이면 모여 서로 주고받는 이야기까지도 우리는 매우 좋아한다. 우리는 그것을 우리 속에 있는 영원히 여성적인 것이라고 부른다.

또 무언가를 배운 자에게는 닫혀 있는, 지식으로 통하는 비밀 통로가 있기라도 하듯 우리는 민중과 민중의 지혜를 믿는다. 그러나 시인들은 잔디밭이나 호젓한 산기슭에 뒹굴면서 귀기울이고 있으면 하늘과 땅 사이에 있는 모든 것에 대해 얼마쯤은 알 수 있게 된다고 믿는다.

그래서 시인들에게 그럴듯한 감동이 찾아오면 언제나 자기 만족에 빠진다. 바로 자연이 그들에게 반해 버렸다는 것이다.

그리고 자연이 그들의 귓가에 다가와 비밀과 연모의 말을 속삭인다고 생각한다. 그들은 모든 사람들 앞에서 떠벌린다.

아, 하늘과 땅 사이에는 시인만이 꿈꿀 수 있다고 자랑하는 사물이 아주 많다. 특히 하늘 위에 많다. 모든 신들은 시인들이 짜낸 비유이며 궤변이기 때문이다.

실로 우리는 항상 높은 곳에 마음이 끌리게 마련이다. 그래서 우리는 그 구름 위에 온갖 색깔의 껍데기를 얹어 놓고는 그것에 신이나 초인이라는 이름을 붙인다. 신들이나 초인은 구름 위에 실을 수 있을 정도로 가볍다.

아, 사실처럼 보이려는 터무니없는 것에 나는 얼마나 싫증을 느꼈는지! 아, 나는 얼마나 시인에게 진절머리를 내고 있는지!"

차라투스트라가 이렇게 말했을 때, 제자는 그에게 화가 났지만 침묵하고 있었다. 차라투스트라도 침묵했다. 그는 먼 곳을 바라보는 것 같았지만 사실은 자기 안을 바라보고 있었다. 마침내 그는 탄식하며 한숨을 쉬었다.

이윽고 그가 말했다.

"나는 '현재'며 '과거'다. 그러나 내 안에는 '내일'과 '모레', 그리고 '미래'에 속하는 그 무언가가 있다.

나는 옛 시인에게도, 새로운 시인*40에게도 싫증을 느꼈다. 나에게는 그들 모두가 껍데기고 얕은 바다다. 그들의 생각은 깊고 오묘한 경지까지 도달한 적이 없다. 그 때문에 그들의 감정도 밑바닥에까지 미치지는 못했다. 기껏해야 약간의 쾌락과 지겨움이 그들이 하는 최선의 사색이었다.

나에게는 그들이 내는 하프 소리가 유령의 숨소리나 옷자락 끄는 소리처럼 들린다. 그들은 지금까지 음의 열정에 관해 대체 무엇을 알고 있었 단 말인가!

내가 보기에 그들은 충분히 깨끗하지도 않다. 그들은 자신의 연못을 깊게 보이도록 하기 위해 일부러 흐려 놓는다. 그렇게 함으로써 스스로 조정자로 보이기를 원한다. 그러나 내가 보기에 그들은 언제나 중개자·혼합자일 뿐이며 잡종인 데다 불결한 존재다.

아, 나는 바닷속에서 좋은 물고기를 잡으려고 그물을 던졌다. 그러나 항상 늙은 신의 머리만을 건져올렸다.

바다는 이처럼 굶주린 자에게 돌 덩어리 하나를 던져 줄 뿐이다. 시인도 아마 바다가 던져준 조개껍데기 하나에 불과하리라.

시인속에서도 진주를 발견할 수 있다. 시인은 그만큼 딱딱한 조개류와 비슷하다. 나는 그들 속에서 영혼 대신 소금에 절어 짜디 짠 점액을 발견하곤 했다.

그들은 또 바다로부터 허영심도 배웠다. 바다는 공작새 가운데 공작새가 아니겠는가?

바다는 가장 추한 물소에게도 그 꼬리를 펴 보인다. 바다는 은과 비단으로 수놓인 자신의 레이스 부채에 싫증을 느끼는 법이 없다.

물소는 거만하게 바다를 바라본다. 그의 영혼은 모래에 가깝고, 수풀에 더욱 가깝다. 그러나 늪에 가장 가깝다.

물소에게 아름다움이 무슨 소용이겠는가? 바다나 공작새의 꼬리가 무슨 소용이겠는가? 나는 시인에게 이 비유를 들려 주고 싶다.

시인의 정신은 공작새 가운데 공작새며 허영의 바다다!

시인의 정신은 모든 것을 꿰뚫어보고자 한다. 설령 그것이 물소라 할지라도!

그러나 나는 이런 정신에 싫증이 났다. 그리고 그 정신이 자신에 대해 싫증을 느낄 때가 다 되었음을 알고 있다.

나는 시인들이 그들의 눈을 자신에게로 돌리고 있는 것을 보고 있다.

나는 다가오는 정신의 참회자*41들을 본다. 그들은 시인 속에서 성장한 자이다.”

차라투스트라는 이렇게 말했다.

중대한 사건

차라투스트라의 행복의 섬에서 얼마 떨어져 있지 않은 바다 한가운데에 섬이 하나 있다. 그 섬에는 계속 연기를 뿜어 내는 화산이 있다. 사람들, 그 중에서도 특히 늙은 여인들의 말에 따르면 이 섬은 마치 저승문 앞의 바위같고 화산을 뚫고 아래로 내려가는 좁은 길을 따라가면 바로 저승으로 갈 수 있다고 한다.

차라투스트라가 행복한 섬에 머무르고 있던 어느 날의 일이다.

그날 배 한 척이 그 화산섬에 닻을 내리고, 선원들이 토끼 사냥을 하기 위해서 정박했다.

점심 때쯤에 선장과 선원이 모두 모였을 때, 그들은 하늘을 날아 그들 쪽으로 다가오는 사람을 보았다. 그리고 그 사람의 목소리를 들었다.

“때는 왔다! 지금이 바로 그때다!”

그 사람의 모습은 아주 가까워진 듯 했지만 그림자처럼 날아가 화산섬 쪽으로 사라졌다. 선원들은 그 사람이 차라투스트라라는 것을 확인하고 놀랐다.[*42]

선장을 제외한 모두가 차라투스트라를 알고 있었던 것이다. 그리고 군중이 차라투스트라를 사랑하듯 그들도 차라투스트라를 사랑하고 있었다.

키잡이는 사랑과 두려움이 반반 섞인 목소리로 외쳤다.

"보라! 차라투스트라는 지옥으로 가고 있다!"

이 선원들이 그 화산섬에 상륙했을 무렵에 차라투스트라가 없어졌다는 소문이 퍼졌다. 사람들이 그의 친지에게서 알아본 바에 의하면, 그는 행방도 알리지 않은 채 밤에 배를 타고 여행을 떠났다는 것이다.

그러자 사람들이 동요하기 시작했다. 3일 뒤에는 그 선원들의 이야기가 전해져서 사람들의 불안은 한층 더 고조되었다. 민중들은 차라투스트라가 악마에게 잡혀 간 것이라고 했다.

제자들은 그 소문을 비웃었고, 그 가운데 한 사람은 "오히려 악마가 차라투스트라에게 잡혀 갔다고 생각한다"고 말하기까지 했다. 그러나 제자들 역시 마음속으로는 모두들 걱정하고 그를 그리워했다. 그러므로 차라투스트라가 5일 만에 그들 앞에 나타났을 때 제자들의 기쁨은 말할 수 없이 컸다.

차라투스트라는 불개들과 주고받은 대화에 대해 말했다. 그것은 다음과 같다.

"대지는 피부[*43]를 갖고 있다. 그런데 이 피부는 여러 가지 병을 앓고 있다. 예를 들어 이 병들 가운데 하나는 '인간'이라고 불린다.

그 병들 가운데 하나는 '불개'로 불리며 그 불개에 대해서 사람들은 서로 속이고 속아 왔다.

나는 이 비밀을 밝히기 위해서 바다를 건넜다. 그리고 있는 그대로의 진실을 보았다. 그것은 머리 꼭대기부터 발끝까지 적나라한 진실이다.

나는 이 불개라는 것이 무엇인지 알았다. 뿐만 아니라 분출과 뒤집어엎는 악마에 대해서도 알았다. 진실로 이런 악마를 두려워하고 있는 사람은 노파들만이 아니다.

나는 외쳤다.

'나오라, 불개여. 그대의 은신처에서. 그리고 그곳이 얼마나 깊은지 말하라! 그대가 뿜어 대고 있는 독기는 어디서 나오는 것인가?

그대는 바닷물을 지나치게 마시고 있다. 그대의 고통에 찬 호소로 알 수 있다. 깊은 곳에 살고 있는 그대는 영양분을 표면에서 지나치게 많이 섭취했다!

나는 그대를 기껏해야 대지의 복화술사 정도로 보고 있다. 그리고 나는 뒤집어엎고 분출하는 악마들의 말을 들을 때마다 그들이 그대처럼 짜디짜고 기만적이며 천박하다는 것을 발견한다.

그대들은 울부짖는 방법과 재로써 주위를 어둡게 하는 방법을 잘 알고 있다. 그대들은 최고의 거짓말쟁이로 진흙탕*44을 끓어오르게 하는 법도 알고 있다.

그대들 주위에는 항상 진흙탕이 있다. 또 해면 같은 것, 구멍투성이의 것, 짓눌린 것들도 많다. 그런 도구들은 그대 주위에 마땅히 있어야 할 것들이다. 그것들은 자유로워지기를 바란다.

그대들은 언제나 '자유'라고 부르짖는다. 그러나 중대한 사건 주위에 많은 외침과 연기가 흐를 때마다 때때로 나는 중대한 사건에 대한 신뢰를 잃어버렸다.

내 말을 믿으라. 나의 벗, 지옥의 소란이여. 가장 중대한 사건이란 우리에게 있어 가장 소란스러운 시간이 아니라 가장 조용한 시간이다.

새로운 소란을 발견한 자들이 아니라 새로운 가치를 발견한 자들을 중심으로 세계는 돈다. 소리 없이 돌고 있다.

그것을 솔직히 인정하는 것이 좋으리라. 그대의 소란과 연기가 사라지고 나면 항상 사소한 일밖에 일어나지 않는다. 하나의 도시가 미라로 변하고, 하나의 입상이 쓰러져서 진흙탕이 되었다고 한들 무슨 의미가 있겠는가!

나는 입상을 쓰러뜨린 자들에게 다시 이렇게 말하고 싶다. 바다속에 소금을 던져 넣고, 입상을 진흙탕에 던져 넣는 것은 아마도 가장 어리석은 짓일 거라고. 입상은 그대들 경멸의 진흙탕에 엉망이 된 채 누워 있다. 그러나 그런 경멸 속에서 생명과 함께 생생한 아름다움이 소생하는 것이야말로 입상의 법칙이다.

이제 입상은 전보다 훨씬 성스러운 모습으로, 고뇌에 찬 매력적인 모습으로 다시 일어나리라. 아마도 입상은 그대들에게 쓰러뜨려 주어 감사하다는 인사도 할 것이다. 그대, 전복자들이여!

나는 국왕이나 교회, 그리고 나이 들어 덕이 현저하게 줄어든 모든 자에게 충고하리라. 그대들이 새로운 삶을 시작할 수 있으려면 자신들을 전복시켜라! 그래서 덕이 다시 그대들을 찾아올 수 있도록 하라!'

이렇게 나는 불개 앞에서 말했다.

그러자 그 개는 불쾌한 듯이 내 말을 가로막고 물었다.

'교회? 그것이 대체 무엇인가?'

나는 대답했다.

'교회에 대해서 묻는 것인가? 교회는 일종의 국가다. 그것도 거짓이 가장 많이 들끓는 국가다. 위선의 개여, 조용히 하라. 그대는 그대의 종족을 누구보다 잘 알고 있을 것이다.

국가도 그대처럼 위선의 개다. 국가도 그대처럼 연기와 포효로 말하기를 즐긴다. 그리고 국가도 그대처럼 사물의 핵심을 말하고 있다고 믿게 하려 한다. 국가는 대지의 가장 중요한 짐승이기를 원한다. 그리고 사람들도 국가가 그런 것이라고 믿고 있다.'

내가 이렇게 말하자마자 불개는 질투심으로 미칠 듯이 몸부림쳤다. 그가 소리쳤다.

'뭐라고? 대지의 가장 중요한 생물이라고? 사람들도 국가가 그렇다고 믿는다고?'

불개의 목구멍에서 많은 독기와 함께 무시무시한 소리가 튀어나왔다. 그래서 나는 불개가 분노와 질투로 질식하는 것이 아닌가 싶었다.

이윽고 불개가 조금 조용해지고 분노를 가라앉혔다. 나는 웃으며 말했다.

'화가 났군, 불개여. 그렇다면 내가 그대에게 한 말이 적중한 셈이다! 적중했다는 것을 확실히 해두기 위해 다른 불개에 대한 내 말을 들으라.

그의 입김은 황금과 황금의 비를 뿜어낸다. 그의 심장이 그것을 원하기 때문이다. 재, 연기, 뜨거운 점액 따위가 그에게 무슨 소용이 있겠는가!

웃음이 그의 입에서 찬란한 무지개빛 구름처럼 쏟아져 나온다. 그는 그대의 목구멍에서 나오는 잡음이나 내장의 분노 같은 것은 외면한다.

그러나 그는 황금과 웃음을 대지의 심장에서 캐낸다. 그대도 잘 알아 두어라. 대지의 심장은 황금으로 되어 있다.'

불개는 이 말을 듣더니 더 이상 내 말에 귀기울일 기력조차 잃고 말았다. 그는 부끄러워 꼬리를 말고 한두 번 나직하게 울부짖더니 동굴로 들어가 버렸다.”

차라투스트라는 이렇게 말했다. 그러나 제자들은 그의 말을 거의 듣고 있지 않았다. 그들은 그 선원들과 토끼, 그리고 하늘을 날아간 인물에 대해 묻고 싶었기 때문이다.

차라투스트라가 말했다.

“내가 그 일을 어떻게 생각해야 할까? 그럼 나는 유령이란 말인가? 그것은 나의 그림자였을 것이다. 그대들은 분명히 방랑자와 그 그림자에 관해 들은 애기가 있을 것이다.

그러나 이것만은 분명하다. 내가 그 그림자를 단단히 붙잡아 두어야 한다는 사실. 그렇지 않으면 그것이 계속 내 이름을 더럽힐 테니까.”

차라투스트라는 다시 한 번 고개를 젓더니 의아한 표정을 지었다.

그는 거듭 말했다.

“그 일을 어떻게 생각해야 할까? 어째서 그 유령은 ‘때가 왔다! 지금이 바로 그때다!’ 하고 소리쳤을까? 대체 무엇을 하기 위한 때란 말인가?”

차라투스트라는 이렇게 말했다.

예언자

“그리고 나서나는 커다란 비애가 인류에게 다가오는 것을 보았다. 가장 훌륭한 자들도 자기 일에 지쳐버린 것이다.

하나의 학설이 나타나 신앙과 함께 퍼져 나갔다. ‘모든 것은 허무하다. 모든 것은 매한가지다. 그리고 모든 것은 지나가 버렸다’라는 가르침과 신앙이.

그러자 모든 언덕에서 메아리가 울려 퍼졌다. ‘모든 것은 매한가지다. 모든 것은 유사하다. 그리고 모든 것은 지나가 버렸다’라고.

정말 우리는 많은 것을 수확했다. 그런데 왜 모든 곡식이 썩어서 시꺼멓게 되었는가? 어젯밤 사악한 달에서 내린 것이 무엇이란 말인가? 우리는 쓸데없는 노력을 했다. 우리의 술은 독약이 되었다. 달의 사악한 눈길이 우리의 들판과 마음을 누렇게 태워 버렸다.

우리는 모두가 메말랐다. 그래서 우리 머리 위에 불덩이가 떨어져내리자 재처럼 흩어져 버렸다. 그렇다, 우리는 불까지도 지치게 했다.

우리의 샘물은 모두 말라 버렸고 바닷물까지도 움츠러들었다. 모든 것은 바닥이 드러났지만 심연은 우리를 삼키려 하지 않는다.

'아, 우리가 빠져 죽을 바다는 어디 있는가?' 우리가 탄식하는 말은 늪을 가로질러 울려 퍼진다.

우리는 너무 지쳐서 죽을 수도 없다. 그래서 눈을 뜬 채 계속 사는 것이다. 무덤 속에서!"

차라투스트라는 한 예언자가 이렇게 말하는 것을 들었다. 그 예언은 그의 가슴을 울려 그를 딴 사람처럼 만들어 버렸다.

차라투스트라는 비애에 잠긴 채 지친 몸으로 돌아다녔다. 그는 예언자가 말한 사람처럼 행동했다.

"참으로 이제 얼마 뒤면 그 예언자의 말처럼 긴 황혼이 온다. 아아, 어떻게하면 내 빛을 구원할 수 있겠는가! 이 비애 속에서 내 빛이 질식해 버리지 않았으면 좋겠는데. 그 빛은 보다 먼 세계를, 그리고 가장 먼 밤까지도 비추어야 한다!"

차라투스트라는 제자들에게 이렇게 말했다.

근심에 싸인 차라투스트라는 여기저기 돌아다녔다. 그리고 사흘 동안 먹지도 마시지도 않았으며 눕지도 않았다. 그는 말도 하지 않았다. 그러더니 드디어 깊은 잠에 빠졌다. 제자들은 그를 둘러싼 채 긴 밤을 뜬눈으로 새웠다.

그들은 차라투스트라가 눈을 뜨고 비애로부터 완쾌되어 또다시 이야기할 수 있게 되기를 기다렸다.

차라투스트라가 깨어났다. 그는 이렇게 이야기했다. 제자들은 그의 목소리가 마치 멀리서 들려 오는 것 같았다.

"내 꿈 이야기를 들어라, 벗들이여. 그리고 나와 함께 그 꿈이 무엇을 뜻하는지 생각해 보자. 그 꿈은 여전히 수수께끼다. 그 의미는 꿈속에 숨어 있거나 갇혀 있어 꿈을 뛰어넘어 자유롭게 날개짓하지 못하고 있다.

나는 모든 삶을 단념했다. 꿈속에서 말이다. 나는 저쪽 쓸쓸한 죽음의 성에서 밤을 지키고 무당을 지키는 사람이었다.

그곳에서 나는 죽음의 관을 지키고 있었다. 음산한 창고는 죽음의 승리를 알려 주는 징표로 가득 차 있었다. 유리관 속에서는 죽음에 정복된 삶이 나를 응시하고 있었다.

나는 먼지투성이가 된 영원한 존재들의 냄새를 들이마셨다. 내 영혼도 무더위에 몸부림치면서 먼지투성이가 된 채 누워 있었다. 그 누가 이런 곳에서 자기의 영혼을 드러낼 수 있겠는가!

한밤의 환한 빛이 나를 둘러싸고 있었으며, 그 곁에 고독이 웅크리고 앉아 있었다. 또 나의 가장 나쁜 여자 친구인 '죽음의 정적'이 펄떡거리고 있었다.

나는 아주 녹슨 열쇠를 가지고 있었다. 이 열쇠로 나는 무척 열기 어려운 문을 여는 방법을 알고 있었다. *45

그 문이 열리자 사나운 소리가 긴 복도에 울려 퍼졌다. 마치 새의 울음소리처럼. 이 새는 기이한 울음소리를 요란하게 내더니 억지로 눈을 떴다.

그 소리가 사라지고 주위가 조용해졌다. 적대감을 품은 침묵 속에 혼자 앉아 있던 나는 공포로 가슴이 죄어들었다.

시간은 그처럼 소리 없이 지나갔으며 살금살금 도망쳤다. 거기에 시간이라는 것이 있었다면 말이다. 그것에 대해서 내가 무엇을 알겠는가? 그런데 드디어 나를 깜짝 놀라게 하는 일이 일어났다.

문을 힘차게 두드리는 소리가 세 번 난 것이다. 그것은 마치 천둥 소리 같았다. 그 소리는 둥근 천장에 울려 세 번 메아리쳤다. 나는 문을 향해 달렸다.

나는 외쳤다.

'알파! 자신의 재를 산 위로 운반하는 자는 누구인가? 알파! 자신의 재를 산 위로 운반하는 자는 누구인가?'

나는 열쇠를 구멍에 넣고 힘을 주어 문을 열려고 했다. 그러나 문은 꼼짝도 하지 않았다. 그때 한 줄기 바람이 미친 듯이 세차게 불어 오더니 문을 열어젖혔다. 바람은 요란한 소리와 함께 검은 관 하나를 나를 향해 던졌다.

그 관은 날카로운 소리를 내며 바닥에 떨어지더니 깨져버렸다. 그리고 온갖 비웃음이 그 속에서 쏟아져 나왔다.

아이와 천사와 부엉이와 바보, 그리고 아이처럼 큰 나비 등 수많은 얼굴이 큰소리로 웃어대며 꾸짖고 외쳤다.

나는 놀라 몸을 떨다가 마루 위로 쓰러졌다. 그리고 일찍이 그렇게 크게 소리쳐 본 일이 없을 만큼 크게 공포의 고함을 질렀다.

그러자 내 고함 소리에 놀라 눈을 떴다. 나는 겨우 정신이 들었다.”

차라투스트라는 이렇게 이야기하고 침묵했다. 아직도 꿈이 무엇을 말하는지 알아 내지 못했던 것이다. 그러나 그가 가장 사랑하는 제자는 주저 없이 일어나더니 차라투스트라의 손을 쥐고는 말했다.

“그대의 생 자체가 우리에게 그 꿈이 무엇을 말하는지 가르쳐 줍니다. 오, 차라투스트라. 그대야말로 큰소리로 죽음의 성문을 열어젖힌 그 바람이 아닙니까?

그대야말로 삶의 여러 가지 악의와 천사의 얼굴로 가득 찬 관이 아닙니까?

차라투스트라는 온갖 모습을 띤 아이 웃음처럼 온갖 죽음의 방으로 들어가는 자입니다. 밤과 무덤을 지키는 자, 그리고 음산한 열쇠를 철거덕거리는 모든 자들을 비웃습니다.

그대는 그대의 웃음으로 그들을 놀라게 해 마루 위로 쓰러뜨리게 할 것입니다. 쓰러졌다가 다시 깨닫는 그것이 그들보다 그대가 강하다는 증거입니다.

그대, 생의 대변자여. 아무리 긴 어스름과 죽음의 권태가 오더라도 그대는 결코 우리의 하늘에서 사라지지 않을 것입니다.

그대는 우리에게 새로운 별들과 밤의 장려함을 보여 주었습니다. 그대는 생 그 자체를 다채로운 휘장처럼 우리의 머리 위에 펼쳐 놓았습니다.

이제부터 아이의 웃음소리가 관 속에서 항상 흘러 나올 것입니다. 언제나 거센 바람이 모든 죽음의 권태를 향하여 일어나 승리를 거둘 것입니다.

그대는 이 모든 것에 대한 증인이며 예언자입니다.

그대는 적에 대한 꿈을 꾼 것입니다. 그래서 그대의 꿈은 그토록 고통스러웠던 것입니다.

그러나 그대가 눈을 뜨고 적의 지배에서 벗어나 그대 자신으로 되돌아 온 것처럼, 적들도 눈을 뜨고 자신의 지배에서 벗어나 그대에게로 달려올 것입니다."

제자는 이렇게 말했다. 다른 제자들도 차라투스트라를 둘러싼 채, 그의 손을 잡고는 그에게 돌아오기를 간청했다. 그러나 차라투스트라는 침상에 앉은 채 낯선 눈빛으로 둘러보면서 아무 말도 하지 않았다.

그는 마치 오랫동안 여행하고 돌아온 사람처럼 제자들의 얼굴을 찬찬히 바라보았다. 그때까지도 그는 그들이 자기 제자임을 알아보지 못했던 것이다.

그러나 제자들이 그를 부축해 일으키자 그의 눈빛이 갑자기 변했다. 순간 그는 이제까지 일어난 모든 일을 이해했다. 그는 수염을 쓰다듬으며 힘찬 목소리로 말했다.

"자, 이제야 이 일은 끝났다. 제자들이여, 즐거운 잔치를 베풀도록 하자. 어서 준비하라. 나는 나쁜 꿈을 정화시키겠다.

나는 저 예언자들을 초대해 내 옆에 앉힌 다음 음식을 대접하도록 하겠다. 그리고 그들이 빠지면 정말 죽을 수도 있는 바다를 보여주리라."

차라투스트라는 이렇게 말했다. 그리고 해몽을 해 준 제자의 얼굴을 계속 바라보았다. 몇 번씩 머리를 가로저으면서. [*46]

구제

어느 날 차라투스트라가 큰 다리를 건너가는데 불구인 거지떼들이 그를 에워쌌다. 꼽추 하나가 그에게 말했다.

"차라투스트라여, 민중은 그대의 가르침을 배워 그것을 믿으려 한다. 그러나 민중이 그대를 완전히 믿게 하기 위해서는 한 가지 필요한 일이 있다. 그대는 우선 우리 불구자에게 그대를 믿는 마음이 일어나게 해야 한다. 여기 모든 불구자가 모여 있다. 그대가 가질 수 있는 기회는 모두 있는 셈이다. 그대의 능력으로 장님을 눈뜨게 할 수 있고, 앉은뱅이를 일어서게 할 수도 있다. 또 등에 불필요한 짐을 진 자들에게 그 짐을 내려 놓게 할 수도 있으리라. 그것이 우리 불구자가 차라투스트라를 믿을 수 있는 가장 좋은 방법이라고 생각한다."

그러나 차라투스트라는 그 거지에게 이렇게 대답했다.

"만일 꼽추에게서 등의 혹을 뗀다면 그것은 그의 정신을 없애는 것이 된다. 민중은 나에게 이렇게 가르쳐 주었다. 장님에게 앞을 보게 해 주면 그는 지상에 있는 너무나 많은 불쾌한 것으로 인해 자신을 고쳐 준 사람을 원망할 것이다. 또 앉은뱅이를 걷게 하는 것은 그에게 가장 큰 화를 내리는 것이다. 그가 걷기 시작하자마자 그의 악덕도 따라 일어날 테니까. 민중이 차라투스트라에게 배우고 있는 이상, 차라투스트라도 민중에게 배워야 한다.

인간 세상에서 이런 인간을 본다는 것은 내가 경험하는 많은 일 중 아주 사소한 것에 불과하다.

이 사람은 눈이 하나 없다. 저 사람에게는 귀가, 그리고 저 사람은 다리가 없다. 또 혀나 코, 또는 머리를 잃어버린 자도 있다는 것은 문제삼을 만한 일이 못 된다.

나는 지금까지 그보다 나쁜 것, 그리고 혐오할 만한 여러 가지를 보아 왔고 지금도 보고 있다. 그것들은 너무나 혐오스러워서 일일이 말하고 싶지 않을 정도다. 그리고 그 가운데 어떤 사람들은 그들에 대해서 침묵을 지키고 싶지 않을 정도로 나에게 혐오감을 준다. 바로 한 가지만을 지나치게 많이 가지고 있으며, 그 외에는 아무것도 가지고 있지 않은 자들이다. 그들은 하나의 큰 눈, 큰 입, 큰 배일 뿐 그 외의 아무것도 아니다. 나는 이런 인간을 어긋난 불구자*47라고 부른다.

내가 고독에서 벗어나서 처음으로 이 다리를 건넜을 때 나는 내 눈을 믿을 수가 없었다. 그래서 두세 번씩이나 자세히 본 뒤에 말했다.

'이것은 귀다. 인간만큼 큰 귀다.'

더욱 자세히 보니 정말 그 귀 아래에서 초라하고 작으며, 무척 여윈 무엇인가가 움직이고 있었다. 사실 그 거대한 귀는 작고 가는 손잡이 위에 놓여 있었고, 그 손잡이는 인간이었다. 돋보기를 쓰고 보면 질투어린 얼굴과 부석부석한 작은 영혼이 손잡이 끝에 매달려 건들거리고 있는 것도 보였을 것이다. 그러나 민중은 나에게 이렇게 말했다.

'이 커다란 귀는 인간일 뿐만 아니라 위대한 인간, 천재다.'

그러나 나는 위대한 인간에 관한 이야기를 믿은 적이 없다. 그리고 그런 위대한 인간이 어긋난 불구자라는 신념을 버리지 않았다. 그 불구자가 가지는 것은 너무나 적고, 다만 하나만을 너무 많이 가지고 있는 것이다."

차라투스트라는 꼽추와 그 꼽추를 대변자로 내세운 불구자들을 향해 이렇게 말한 다음 불쾌한 표정으로 제자들에게 말했다.

"나의 벗들이여, 나는 인간 사이를 걷고 있지만 마치 인간들의 단편과 산산조각난 손발 사이를 걷고 있는 것 같구나. 그들 사이에서 볼 수 있는 것은 토막난 인간들뿐이다. 토막난 것들이 전쟁터나 도살장에서처럼 흩어져 있는 광경을 보고 나는 전율한다.

나의 눈이 현재에서 과거로 피해 보아도, 내가 보게 되는 것은 언제나 그런 것들뿐이다. 토막난 손발, 참혹한 우연의 장난뿐 인간은 어디에도 없다.

대지의 현재와 과거, 아! 나의 벗들이여, 그것이 나로서는 가장 견디기 어려운 일이다. 만일 내가 미래에 대한 예언자가 아니라면 나는 어떻게 살아야 할지 몰랐을 것이다.

예언자, 의욕자, 창조자, 미래, 그리고 미래를 향한 다리, 아, 또 이 다리 위의 불구자. 이 모든 것이 바로 차라투스트라다.

그대들은 때때로 자신에게 물었을 것이다.

'우리에게 있어 차라투스트라는 어떤 사람인가, 우리는 그를 뭐라고 불러야 할까?'

그리고 나처럼 그대들 역시 자신에게 대답하는 대신에 물었다.

'그는 약속하는 자인가 아니면 약속을 이행하는 자인가? 정복자인가 아니면 계승자인가? 수확물인가 아니면 경작하는 쟁기인가? 의사인가 아니면 회복기의 환자인가? 그는 시인인가 아니면 성직자인가? 해방자인가 아니면 압제자인가? 선인인가 아니면 악인인가?'

나는 미래의, 내가 주시하는 저 미래의 단편들 사이를 거닐 듯 인간들 사이를 걷고 있는 자다.

나의 창작, 나의 목적은 단편이자 수수께끼이고 참혹한 우연을 하나로 집약하려는 노력이다.

인간은 시인이며 수수께끼를 푸는 자이고, 우연을 구제하는 자다. 그렇지 않다면 내가 어떻게 인간임을 견딜 수 있겠는가?

과거에 존재했던 것들을 구제하고, '그랬다'를 '나는 그러길 원했다'로 다시 만들어 내는 것이야말로 구제라는 이름에 합당하리라.

의지, 그것이야말로 해방과 기쁨을 가져다 주는 자의 이름이다. 나는 그대들에게 그렇게 가르쳤다.

벗들이여, 이제 이것 또한 배우도록 하라. 의지는 아직 사로잡혀 있는 몸이다.

의지는 해방자다. 그러나 이 해방자까지도 쇠사슬로 붙들어 매는 것이 있으니, 그것은 무엇일까?

'그랬다.' 이것은 의지에 있어 분노를 발하는 것이고 고독 가운데 최대의 슬픔이다.

의지는 이미 행해진 일에 대해서 저항할 힘이 없고 과거의 모든 일에 대해서 화만 내는 방관자다.

의지는 과거로 되돌아가기를 바랄 수 없다. 의지는 시간과 시간의 욕심을 꺾을 수 없다. 이것이 의지의 가장 깊은 고독이고 번민이다.

의지는 해방자다. 그렇다면 자아의 고독과 괴로움의 감옥에서 탈옥하기 위해 어떤 수단을 고안해 낼 것인가! 아, 잡힌 자들은 모두 바보가 된다. 사로잡힌 의지도 어리석은 짓으로 자아를 구출하려고 한다. 시간을 되돌릴 수 없다는 것이 의지의 통분이다. '그랬던 것', 그것은 의지가 아무리 노력해도 굴릴 수 없는 큰 바위의 이름이다.

그래서 의지는 통분과 불쾌감을 참지 못해 다른 여러 가지 돌을 굴리고, 그와 함께 불쾌해 하지 않는 자에게 복수한다. *48 해방자인 의지는 가해자가 된다. 그리고 괴로워하는 모든 자에게 자기가 돌아갈 수 없는 것에 대해 원한의 복수를 한다.

의지가 시간과 시간의 '그랬다'에 대하여 품은 적대감만이 '복수'다.

우리의 의지 속에는 커다란 어리석음이 살고 있다. 그리고 이 어리석음이 정신을 경영할 줄 안다는 것이 인간 세계에서는 화근이다. '복수하는 정신!' 벗들이여, 이 정신은 인간이 지금까지 해온 생각 중 최선의 것이다. 그래서 괴로움이 있는 곳에는 언제나 형벌이 있다.

'형벌'이라는 것은 복수가 붙인 자기 이름이다. 복수는 거짓말로 자기 양심에 거리낌 없는 것처럼 꾸몄다.

그리고 의욕 있는 자들에게는 과거로 되돌아갈 수 없다는 고통이 있기 때문에 의욕 그 자체와 모든 삶에 형벌이라는 이름을 붙였다.

정신 위에는 구름이 겹겹이 쌓이고 결국은 광기가 다음과 같은 설교를 하기에 이르렀다.

'모든 것이 지나쳐 간다. 그리고 모든 것은 지나가 버리도록 되어 있는 것이다. 자신의 아이들을 잡아먹어야 하는 시간의 법칙은 완전히 정당하다.'

광기는 이렇게 설교했다.

'세상의 모든 것은 정의와 형벌에 의해서 도덕적으로 질서가 잡혀 있다.

오, 사물의 유전과 형벌, 또 생존이라는 형벌로부터의 구제는 아무 데도 없다.'*49

광기는 또 이렇게 설교했다.

'영원한 정의가 있다면 구제라는 것이 존재할 수 있을까? 아, '그랬다'는 큰 바위를 밀어서 굴릴 수 없는 것이다. 모든 형벌 또한 영원할 수밖에 없다.'

광기는 이렇게도 설교했다.

'어떤 행위도 완전히 없애 버릴 수는 없다. 형벌을 받았다고 해서 그것에서 완전히 벗어날 수 있을 것인가! 생존은 영원히 행위와 죄를 되풀이해야 한다는 것, 이것이 형벌의 영원성이다. 이 순환을 끊는 길은 단 하나. 바로 의지가 자신을 구제하여 의욕이 무의욕으로 되는 것이다.'

형제들이여, 광기어린 이런 뱃노래는 그대들도 이미 잘 알고 있을 것이다.

그대들에게 '의지란 창조자다'라고 가르쳤다. 그렇게 나는 그대들을 이 옛 노래에서 끌어낸 것이다.

모든 '그랬다'는 하나의 단편이고, 수수께끼며, 참혹한 우연에 불과하다. 창조하는 의지가 그것을 향해 '그러나 나는 그러길 원했다'라고 말할 때까지는.

그러나 의지가 그런 말을 한 적이 있는가? 그러면 언제쯤 그런 일이 일어날 것인가? 의지가 자신의 어리석음이라는 멍에에서 벗어난 적이 있는가?

의지가 자신을 구제하는 자, 기쁨을 가져다 주는 자가 된 적이 있단 말인가! 의지가 복수의 정신과 모든 통분을 잊어버린 적이 있는가!

누가 의지에게 시간과의 화해, 또는 모든 화해보다도 중요한 것을 가르친 적이 있단 말인가.

권력에 대한 의지는 온갖 화해보다 더 중요한 것을 원해야 한다. 그러나 어떻게 그런 일이 일어나겠는가! 의지에게 누가 과거로 거슬러올라가 의욕하는 것까지 가르쳐 줄 것인가?”

여기까지 말한 차라투스트라는 입을 다물더니 몹시 놀란 눈빛으로 제자들을 둘러보았다. 그 눈은 화살처럼 제자들의 생각과 속마음까지 꿰뚫어보았다. 그러나 그는 곧 큰소리로 웃더니 부드러운 목소리로 말했다.

“인간들과 함께 산다는 것은 어려운 일이다. 침묵을 지키는 것이 몹시 힘들기 때문이다. 특히 말 많은 인간에게는 더욱 그렇다.”

차라투스트라는 이렇게 말했다. 차라투스트라와 제자들의 대화에 귀 기울이며 얼굴을 감싸고 있던 꼽추가 차라투스트라의 웃음소리를 듣고 호기심에 찬 눈길을 들었다. 그리고 천천히 물었다.

“하지만 왜 차라투스트라는 우리에게 말할 때와 제자들에게 말할 때 말투가 달라지는가?”

차라투스트라는 대답했다.

“그것은 이상한 게 아니다. 꼽추에게는 꼽추처럼 말해야 한다.”

꼽추가 말했다.

“좋다. 그럼 제자들에게 말할 때는 마음을 놓아도 된다는 뜻인가? 그렇다면 왜 차라투스트라는 제자들에게 말할 때 자신에게 말하는 것처럼 말하지 않는가?”

처세

무서운 것은 산 정상이 아니라 비탈이다! 비탈에서는 시선이 아래쪽으로 향하고, 손은 위를 향해 무엇을 움켜 쥔다. 그래서 마음은 이중의 의지 때문에 현기증을 일으킨다.

아, 벗들이여! 그대들은 내 마음이 지닌 이중의 의지를 짐작할 수 있겠는가? 나의 시선은 드높은 곳으로 향하고 나의 손은 심연에 매달린다. 이것이 나의 비탈이며 위험이다! 나의 의지는 인간 세계에 집착하여 쇠사슬로 나를 인간 세계에 붙들어 맨다. 그렇게라도 하지 않으면 내가 초인에게 끌려 가기 때문이다. 바로 나의 또다른 의지가 초인을 향해 가려고 하기 때문이다.

내가 인간들 속에서 장님으로 살고, 마치 그들을 알지 못하는 것처럼 하는 까닭은 나의 손이 확고한 것을 쥐고 있다는 신념을 완전히 잃어 버리지 않기 위해서다. 그대 인간들이 어떤 것인지 모른다는 무지와 위안이 때때로 내 주위에 퍼져 있다.

나는 모든 악한들이 드나드는 입구에 앉아서 묻는다.

"나를 속이는 자가 어디 있단 말인가?"

속이는 자가 나를 경계하지 않게 하기 위하여 스스로 속아 넘어가는 것, 이것이 나의 첫 번째 처세이다.

아, 만일 내가 인간들을 경계한다면 어떻게 인간이 내 기구의 닻이 되어 줄 수 있겠는가! 나는 아주 가볍게 위로 날아가 버리고 말리라. 조심성 없이 존재해야 한다는 섭리가 나의 운명을 지배하고 있다.

또 나는 인간들 사이에서 지쳐 버리지 않으려면 어떤 술잔으로도 마시는 방법을 배워야 한다. 더욱이 인간 세계에 있으면서 몸을 깨끗이 해 두고 싶어하는 자는 더러운 물로도 몸을 깨끗이 씻는 방법을 배워 두어야 한다.

나는 때대로 자아를 위로하기 위해서 이렇게 말했다.

"자, 친애하는 나의 마음이여, 그대에게 불행이 닥쳤다. 그렇지만 그대는 그 불행을 행복으로 받아들이는 것이 좋으리라."

그러나 나의 두 번째 처세는 오만한 자보다는 허영심 많은 자에게 더욱 관대해진다.

상처 입은 허영심은 모든 비애의 어머니가 아닌가? 그것과는 반대로 긍지가 손상되었을 경우에는 아마 더 좋은 것이 생길 것이다.

인생이 재미있는 구경거리가 되기 위해서는 인생의 연극이 잘 연출되어야 한다. 그러기 위해서는 훌륭한 배우가 필요하다.

나는 허영심 많은 자가 모두 훌륭한 배우라는 것을 알았다. 그들은 사람들이 구경해 주기를 바라는 마음에 연기를 한다. 그들의 온 정신은 이 의지 속에 들어 있다.

그들은 무대에 올라가 자기가 공부한 것을 연기한다. 나는 그들 가까이에서 인생극을 구경하기를 즐긴다. 그것은 우울증 치료에 아주 좋기 때문이다.

나는 허영심 강한 인간들에게 친절하다. 그들은 나의 우울증을 치료하는 의사이며 나를 연극에 붙들어매듯 인간이라는 것에 가까이 가게 한다.

달리 누가 허영심 강한 인간이 지닌 겸손함의 깊이를 측정할 수가 있겠는가? 나는 그 겸손함 때문에 그에게 호의를 가지고 그를 불쌍히 여긴다.

허영심 강한 인간은 자신의 신앙을 그대들에게서 배우고 싶어한다. 그는 그대들의 시선을 먹고 살며, 그대들의 손에서 찬사를 받으며 살아간다.

그대들이 칭찬의 말로 허영심 강한 인간의 귀를 솔깃하게 해 주면, 그는 그것이 거짓말이라도 믿는다. 그는 항상 마음속으로 '나는 도대체 무엇인가?' 하고 탄식하고 있기 때문이다.

또 자신에 대해서 알지 못하는 것이 덕이라 한다면, 허영심 강한 인간은 자신의 겸손에 대해서는 아무것도 모르고 있다.

그러나 나의 세 번째 처세는, 그대들의 비겁함이 악인들을 바라보는 나의 즐거움을 없애도록 내버려 두지 않는다는 점이다.

나는 작열하는 태양이 만들어 내는 기적, 즉 호랑이나 야자나무나 방울뱀을 보는 것이 매우 즐겁다. 인간들 사이에도 작열하는 태양에 의해 부화된 아름다운 병아리가 있다. 또 악인들에게는 기적적인 일들이 많이 있다.

그렇다고 하더라도 나는 인간의 사악성이 그 평판에 아직 미치지 못한다는 것을 알고 있다. 그것은 그대들 세계에서 최고의 현자들조차 내게는 그다지 현명해 보이지 않는 것과 마찬가지다.

나는 때때로 머리를 저으면서 물었다.

"그대 방울뱀들이여, 왜 아직도 딸랑딸랑 방울 소리만 내고 있는가?" 악에도 미래가 있다. 아직 인간에게는 가장 뜨거운 남국이 발견되지 않았다.

겨우 폭 12피트에 생후 3개월 정도밖에 안 되는 것이 오늘날 최대의 악이라 불리는 경우가 얼마나 많은지 모른다. 그러나 어느 날엔가는 보다 큰 용이 이 세상에 나타나리라.

초인이 생겨나기 위해서는 그의 적으로서 부족함이 없는, 모든 평범한 용을 능가하는 용이 출현해야 한다.

우선 그대들의 살쾡이는 호랑이가 되어야 하며, 독두꺼비는 악어가 되어야 한다. 유능한 사냥꾼이 훌륭한 사냥감을 얻어야 하기 때문이다.

참으로 그대 선량한 자, 올바른 자들이여. 그대들에게는 우스꽝스런 점이 많지만 지금까지 '악마'라고 불려 오던 자들에 대한 그대들의 공포야말로 가장 우스꽝스러운 것이다.

그대들의 영혼은 위대한 것과는 인연이 없다. 그래서 그대들에게 초인이라는 존재는 상냥함을 나타내고 있을 때조차도 '무서운' 것이리라.

그대, 현자와 지식인들이여! 그대들은 초인을 기꺼이 벌거벗게 만드는,

뜨겁게 내리쪼이는 지혜의 일광욕에서 도망쳐 버릴 것이다.

내가 본 중에서 최고의 인간들이여. 그대들에 대한 나의 의심과 비웃음 때문에 그대들은 초인을 악마라고 부를 것이다. 나는 그렇게 짐작한다.

아, 나는 이런 최고의 인간, 최선의 인간들에게는 진절머리가 났다. 나는 그들의 '높은 위치'로부터 위로, 밖으로, 저쪽으로 멀리 떠나 초인에게 가기를 바란다.

가장 훌륭한 자들의 벌거벗은 모습을 보았을 때 나는 전율했다. 그때 나에게서는 아득히 먼 미래로 날아가게 할 날개가 돋아났다. 지금까지 어떤 예술가가 꿈꾸었던 것보다 더 아득히 먼 미래로, 더 남쪽 나라로, 신들이 옷을 입은 것을 부끄러워할 곳으로!

그러나 이웃들이여, 형제들이여. 그대들은 차라리 선량한 자, 올바른 자로 치장한 다음 뽐내고 존경받는 편이 좋으리라. 나도 그렇게 가장하고 그대들 속에 앉아 있고 싶다. 그리고 그대들과 나의 참된 모습을 외면한 채 지내고 싶다.

바로 이것이 나의 마지막 처세이다.

차라투스트라는 이렇게 말했다.

가장 고요한 시간

나의 벗들이여. 나에게 무슨 일이 일어났는가? 그대들이 보는 것처럼 나는 마음이 어지럽고, 내쫓기고, 마지못해 그것에 복종해 사라지려고 하고 있다. 아, 그대들로부터 떠나 버리려고.

그렇다, 다시 한 번 차라투스트라는 자신의 고독 속으로 돌아가야 한다. 그러나 이번에 이 곰은 내키지 않는 듯 무거운 걸음으로 자신의 동굴로 되돌아간다.

나에게 무슨 일이 일어났는가? 누가 나에게 명령을 내리는가? 아, 나의 여주인이 화를 내며 나에게 요구하고 있다. 내가 그대들에게 그녀의 이름을 말한 적이 있었던가?

어제 저녁 '나의 가장 고요한 시간'이 나에게 말해 주었다. 이것이 바로 나의 무서운 여주인의 이름이다.

일은 그렇게 된 것이다. 그대들의 마음이 갑자기 사라진 자에 대해 냉혹해지는 일이 없도록 나는 그대들에게 모두 말해 주겠다.

그대들은 막 잠들려는 자에게 갑자기 들이닥치는 공포에 대해 알고 있는가? 대지가 무너져내리는 것처럼 느껴지면 꿈이 시작되기 때문에 그는 발끝까지 두려워한다.

나는 이것을 비유로 그대들에게 말하는 것이리라. 어제 가장 고요한 시간에 내가 서 있는 땅이 가라앉는 듯 느껴지면서 꿈이 시작되었다.

시계 바늘이 시간을 새기며 움직이고, 내 삶의 시계가 숨을 쉬기 시작했다. 지금까지 이렇게 고요한 정적에 둘러싸인 적은 없었다.

그래서 내 심장은 두려움으로 떨기 시작했다.

그때 나에게 나지막하게 말하는 것이 있었다.

"그대는 그것을 알고 있지 않은가, 차라투스트라?"

이 속삭임을 들었을 때 나는 너무 놀라 비명을 질렀다. 얼굴에서 핏기가 가셨다. 그러나 나는 침묵을 지켰다.

거듭 나지막한 소리로 말했다.

"그대는 그것을 알고 있지 않은가, 차라투스트라? 그런데도 그대는 말하지 않는구나."

나는 드디어 반항하듯 대답했다.

"그렇다. 나는 알고 있다. 그러나 말하고 싶지 않다."

그러자 다시 나지막한 목소리가 들려 왔다.

"말하고 싶지 않단 말인가? 차라투스트라, 그것도 진실인가? 그대의 반항심 속에 숨지 말라."

이 말을 듣고 나는 아이처럼 울면서 몸을 떨었다. 그리고 말했다.

"아, 나는 정말 그것을 말하려 했다. 그러나 어떻게 그것을 말할 수 있겠는가? 용서해다오. 그것은 나의 힘으로는 어쩔 수 없는 일이다."

그러자 또 나에게 속삭이는 것이 있었다.

"그대 한몸이 문제가 아니다, 차라투스트라. 그대의 가르침을 말하도록 하라. 그리고 부서져라."

나는 말했다.

"아아, 그것이 나의 가르침이겠는가? 나는 과연 무엇인가? 나는 더 귀한 분을 기다리고 있다. 나는 그 분 앞에 나아가서 부서질 가치조차 없는 몸이다."

그러자 다시 나지막한 소리가 나에게 말했다.

"그대 몸이야 어떻게 되든 문제가 아니다. 그대는 내가 보기에 아직 충분히 겸손하지 않다. 겸손은 더 단단한 껍질을 가지는 법이다."

나는 대답했다.

"내 겸손의 껍질은 이제까지 모든 것을 참아 왔다. 나는 높은 산기슭에 살고 있다. 그 산의 높이가 얼마나 되는지 나도 모른다. 아무도 나에게 그것을 말해 준 사람이 없었다. 그러나 나는 골짜기가 얼마나 낮은가는 잘 알고 있다."

또 나를 향해서 나지막한 소리가 말했다.

"오, 차라투스트라, 산을 움직이려 하는 자는 골짜기와 평지도 움직일 수 있다."

나는 대답했다.

"내 말은 아직 산을 움직여 본 적이 없다. 사실 나는 인간들에게 가까이 다가가긴 했어도 아직 인간들에게 도달하지는 못했다."

또다시 나지막한 소리가 나에게 말했다.

"그대가 그것을 어떻게 아는가? 이슬은 밤의 가장 고요한 때에 풀 위에 내려앉는다."

나는 대답했다.

"인간들은 나의 길을 발견하여 그 길을 가는 나를 보고 비웃었다. 그리고 사실 그때 내 다리는 몹시 떨렸다. 그러자 그들은 나에게 말했다. '그대는 길을 잃어버렸다. 그런데 지금은 떨려서 걷는 것조차 잊어버린 모양이구나'라고."

그러자 또다시 그 소리가 나를 향해 말했다.

"그들의 비웃음이 어떻다는 말인가? 그대는 복종하기를 잊어버린 사람 가운데 하나다. 이제 그대는 명령을 내려야 한다. 그대는 모든 사람에게 필요한 자가 누구인지를 모르는가? 그것은 바로 위대한 것을 명령하는 자다.

위대한 것을 성취하기는 매우 힘들다. 그러나 보다 힘든 것은 위대한 것을 명령하는 일이다. 이것이 바로 그대가 가장 용서받을 수 없는 점이다. 그대는 힘을 가지고 있으면서도 지배하려 하지 않는다.”

그래서 나는 대답했다.

“나에게는 명령을 내리기에 적당한 사자의 목소리가 없다.”

그러자 또다시 속삭이는 소리가 나에게 말했다.

“폭풍을 일으키는 것은 가장 고요한 언어다. 비둘기 다리로 걸어오는 사상이 세계를 지배한다.

차라투스트라, 그대는 반드시 와야 할 자의 그림자처럼 걸어야 한다. 따라서 그대는 명령하지 않으면 안 된다. 명령하면서 가장 앞에서 달려야 한다.”

나는 대답했다.

“나는 수치심을 느낀다.”

그러자 또다시 그 소리가 나를 향해 말했다.

“그대는 이제부터 어린아이가 돼라. 그리고 수치심을 버려야 한다. 그대 속에는 아직도 젊은 시절의 긍지가 있다. 하지만 그대는 젊은이 되기엔 너무 늦었다. 그러나 어린아이가 되려는 자는 젊은 시절까지 극복해야만 한다.”

그리하여 나는 오랫동안 생각에 잠겼다. 그리고 몸을 떨었다. 그러다 드디어 말했는데, 그것은 내가 처음에 한 말 그대로였다.

“나는 원하지 않는다.”

그러자 나의 주위에서 갑자기 웃음소리가 일었다. 아, 그 웃음소리가 얼마나 내 창자를 끊고 가슴을 찢었는지! 그러자 그 나지막한 소리는 마지막으로 나를 향해 말했다.

“차라투스트라, 그대의 열매는 익었다. 그러나 아직 그대는 열매에 어울릴 정도로 익지 못했다. 따라서 그대는 고독 속으로 되돌아가야 한다. 그대는 더 익어 부드러워져야 하기 때문이다.”

그리고 한 번 웃음소리가 나더니 멀리 사라져 갔다. 더욱 깊은 정적이 나의 주위를 휩쌌다. 나는 땅에 그대로 엎드려 있었다. 온몸에서 땀이 흘러내렸다.

벗들이여, 이제 그대들은 모든 것을 들었다. 나는 내가 고독 속으로 되돌아가야 하는 이유에 대해서 숨김 없이 다 말했다.

동시에 그대들은 나에게서 다음과 같은 얘기도 들었다. 모든 인간들 중에서 누가 가장 침묵하는 자며, 또 누가 가장 침묵을 원하는 자인가를.

벗들이여, 그대들에게 아직도 하고 싶은 말이 있다. 그대들에게 아직도 줘야 할 것이 있다. 그러나 나는 왜 그것을 주지 못하는가? 인색해서 그런 것일까?

차라투스트라가 이 말을 끝냈을 때 심한 고통이 그를 엄습했다. 그는 친구들과 헤어질 때가 다가왔음을 알고 슬퍼했다. 차라투스트라는 소리내어 울었다. 아무도 그를 위로할 수가 없었다.

그날 밤, 그는 벗들을 뒤에 남겨 놓은 채 혼자 떠나갔다.

㈜

1 차라투스트라의 가르침을 왜곡시키는 자칭 차라투스트라의 제자들을 말한다.

2 젊은이처럼 자아의 생명감에 도취해 절도 없이 다감하기 때문이다.

3 자기 자신을 향상시킬 수 있는 의지와 힘을 말한다.

4 지혜를 상징한다.

5 인간의 인식 능력의 범위에서 철저하게 사고하고 그것을 초월한 알 수 없는 것은 문제로 하지 않는 것을 말한다.

6 가장 보기 흉한 돌이란 현실의 인간을 말한다.

7 수치는 동정과 밀접하게 연관된다. 남을 동정하는 것은 수치심 없는 뻔뻔스러운 행동이다. 남을 약자로 취급하고 남에게 부끄러움을 느끼게 하기 때문이다.

8 일부러 그리스도교 교리상의 어휘를 써서 그리스도교가 현세의 기쁨에 부정적인 태도를 취한 것과 대조시킨다.

9 동정은 배제하지만, 무관심해도 좋다는 것은 아니다. 마땅치 않게 생각하는 것은 아직 상대방의 존재를 인정하지 않고 있기 때문이다.

10 동정에 정신을 빼앗겨서 자유로운 창조 행위를 잊어버렸기 때문에 신이 신일 수 있는 근거가 없어졌다.

11 사람을 포용하는 마음은 넓지만, 인간이라는 것을 자각하는 지성이나 의지력은 좁다.

12 순교와 같은 피의 요소가 들어가면 그것에 사로잡혀서 진리가 진리로서가 아닌 맹신이나 박해자에 대한 증오 같은 것을 동기로 신봉하게 된다.

13 스스로의 의지에 의해서가 아닌 강요에 의한 선행을 말한다.

14 악덕을 행할 만한 에너지가 없어진 상태를 덕이라고 부른다. 그러나 그런 인간도 뛰어난 인간을 보면 증오심이나 질투심이 고개를 쳐들어 활동을 시작한다.

15 더러운 곳에 안주하고 모든 일에 무사 안일주의로 행동한다.

16 둘 다 남의 힘만 믿고 정작 자신에게는 뿌리가 없다. 후자는 신문의 덕행 기사 같은 것만 알고 감격하는 사람을 말한다.

17 매일매일 일어나는 일은 모두 저널리즘에 기생하는 문필, 천한 자들의 펜에 달려 있기 때문이다.

18 자기 혼자서 삶의 샘을 발견한 것을 자랑으로 여기고, 맹렬하게 그것에 다가가는 것이 아니라 조용히 그 샘이 주는 고상한 기쁨을 맛본다.

19 지혜의 성숙은 여름에 비유된다. 여름에는 행복감과 함께 지나가 버리기 쉬운 것을 생각나게 하는 쓸쓸함과 번성의 절정기에 동반하는 우울이 있다.

20 그리스도교에서 이탈하는 듯한 말을 하고 있지만 인기 전술에 불과할 뿐, 진정으로 인습에 반항하는 것은 아니다.

21 민족 공동체가 절대적인 지배력을 가지고 있을 때부터의 사고방식.

22 생의 인식을 위해서 정신이 힘을 내어 노력하고, 그 때문에 쓰러져도 그것은 생의 인식, 즉 생의 진전을 위해 의의 있는 희생이다.

23 장님의 예에 따라서 참을 인식하기 위해 없는 힘을 다하는 정신의 모습을 말한다. 그 장님은 비록 보이지는 않지만 전에 본 태양의 이미지는 생생하게 지니고 있어서 그 존재는 알고 있다. 그와 같이 정신은 생의 위대한 진리를 예감하고 있어야 한다.

24 초인을 지향하는 의지.

25 그렇게 지나치게 나비를 쫓아다녀서는 안 되지 않겠느냐고 야단을 친다. 그러나 어린 신을 늘려 버리지 않는 점에 아이러니가 있다.

26 이런 비애를 느끼는 것은 삶의 황혼이 그에게 임박해 있기 때문이다. 삶의 강자인 차라투스트라가 이런 비애를 고백하는 것은 어울리지 않는다. 그래서 그는 "용서하라"고 말하는 것이다.

27 니체의 불굴의 의지가 담겨 있는 것으로서, 그리스 영웅 아킬레스의 발뒤꿈치를 비유해서 쓴 말이다.

28 쇼펜하우어를 가리킨다.

29 기독교도를 말한다.

30 인간의 정수, 즉 본질을 의미한다.

31 산송장과 같은 현대인들을 풍자한 것이다.

32 영원 회귀 사상을 말한다.

33 초인의 나라.

34 독일에서는 해가 여성 명사고, 달이 남성 명사다.

35 무한한 가능성을 가진 삶.

36 니체의 건강이 악화되어서 바젤 대학 교수직을 사임한 것을 의미한다.

37 위대한 사상가의 원숙한 사상.

38 무가치한 학문적 세공품.

39 타인의 사상이나 의견이 섞여 들어가는 수가 있지만, 그것은 주인에게 충분히 길들여
지지 않은 비둘기와 같은 것이다.

40 무한한 가능성을 지닌 삶을 상징한다.

41 보다 높은 경지로 향하려는 시인들.

42 이 사건이 이 장의 테두리를 이루고 있는데, 이상한 기분을 조성하면서도 충분히 전
개되어 있지 않다.

43 니체에게 대지는 삶, 또는 근원적 존재 방식을 의미한다. 대지의 '피부'란 그런 대지
의 표면적 현상, 즉 유기체를 말한다.

44 민중을 의미한다.

45 차라투스트라 자신도 의미를 모르는 꿈이기 때문에 일일이 의미를 적용시킬 필요가
없다. 절대로 입 밖에 내지 않는 중요한 사상, 바로 쓰지 않아서 녹슬어 버린 열쇠
로, 인간의 힘으로는 열 수 없는 생사의 비밀의 문을 열 수 있으리라 생각했던 것이
다.

46 가장 사랑하는 제자의 꿈 해석은 '죽음을 비웃는 삶'이란 점에서는 바로 맞히고 있다.
그 때문에 기운을 찾은 차라투스트라는 잔치를 준비하라고 명했다. 그러나 그것은 그
의 속에서 점차 무르익어 가고 있는 영원 회귀 사상에 대한 완전한 파악에는 이르지
못하고 있다. 차라투스트라는 아직 그 사상을 충분히 자각하지 못하고 있다. 그래서
또 꿈의 의미가 달리 있을 것이라 생각해 납득이 가지 않는 것처럼 머리를 가로젓는
것이다.

47 전문화된 인간을 말한다.

48 과거는 어떻게 할 수 없기 때문에 현재의 여러 가지 것에 이유를 붙여 적대감을 갖는
다.

49 많은 종교는 이러한 발상에 뿌리를 두고 있다. 도덕적으로 죄를 지으면 신의 벌을 받
는다. 죽고 사는 데 관계없이 신의 노여움을 피할 수가 없다. 신의 노여움을 두려워
하는 것이 좋으리라.

제3부

그대들은 높이 오르기를 바라기 때문에 위를 본다. 그러나 나는 이미 높은 곳에 있기 때문에 아래를 내려다본다. 그대들 가운데 어느 누가 크게 웃을 수 있으며, 높은 곳에 있다고 할 수 있겠는가?

가장 높은 산꼭대기에 올라가 있는 자는 모든 비극과 슬픔, 비극적 현실에 대해 비웃는다.

제1부 「독서와 저술」에서

방랑자

차라투스트라는 이튿날 새벽, 저쪽 해변에 도달하려고 한밤중에 섬의 산등성이를 넘고 있었다. 거기에서 배를 탈 예정이었다.

그곳에는 훌륭한 항구가 있어 외국 배들도 자주 닻을 내렸다. 그 배들은 이 행복한 섬에서 외국으로 여행하려는 사람들을 실어 나르고 있었다.

차라투스트라는 산을 올라가면서 젊은 시절에 겪은 여러 가지 고독의 방랑 생활을 회상하며, 자신이 지금까지 수많은 산들과 산꼭대기에 올랐던 일을 생각해 냈다.

그는 마음속으로 말했다.

'나는 방랑자며 높은 곳을 향해 오르는 자이다. 나는 평지를 좋아하지 않는다. 오랫동안 조용히 앉아 있기 힘들다.

앞으로 내가 어떤 운명을 맞이하든, 어떤 일을 체험하든 반드시 방랑과 함께 산을 오르는 일이 따르리라. 우리는 결국 자신만을 체험할 수 있을 뿐이다.

나에게 우연이 일어날 때는 이미 지나갔다. 그러니 이제부터 나에게 일어나는 일이 내 자신의 것이 아니고 무엇이겠는가. 그저 되돌아오는 것에 불과하며 결국 집으로 돌아올 뿐이다. '자아' 속으로, 집으로 되돌아올 뿐이다.

나는 또 하나의 일을 알고 있다. 나는 지금 나의 마지막 봉우리 앞에, 매우 오랫동안 보류되었던 것 앞에 서 있다. 아, 이제 나는 가장 험한 길을 올라가야만 한다. 가장 고독한 방랑이 시작된 것이다.

그러나 나와 같은 종류의 사람들은 이러한 시간을 피하지 않는다. 이 시간은 그대에게 이렇게 말한다.

'이제 그대는 위대한 것을 향해 길을 가야 한다. 산봉우리와 골짜기, 그것들은 이제 하나가 되었다.'

그대는 위대한 것을 향한 자신의 길을 가고 있다. 이제까지는 그대의 마지막 위험이었던 것이 마지막 은신처가 되었다.

그대는 위대한 것을 향한 그대의 길을 가야 한다. 그대 등 뒤에는 이미 길이 없다는 것이 지금 그대에게 최선의 용기가 되어야 한다.

그대는 위대한 것을 향한 그대의 길을 가야 한다. 여기서는 그대의 뒤를 따르는 자가 아무도 없으리라. 그대의 발자취를 그대 발이 지워 버리고, 그 위에 '불가능'이라는 문자가 새겨져 있다.

만일 올라갈 사닥다리가 없다면 그대는 머리 위로 기어 오르는 방법을 배워야 한다. 그렇게 하지 않고 어떻게 그대가 위로 오를 수 있겠는가!

그대 머리 위로 올라가 자신의 심장을 넘어서 앞으로 나아가야 한다. 그대에게는 가장 부드러운 것마저도 가장 가혹해져야 하는 것이다.

자신을 지나치게 아끼는 자는 그것 때문에 병들어 버린다. 우리를 가혹하게 하는 것을 찬미하자. 나는 기름진 버터와 달콤한 꿀이 흐르는 나라를 찬미하지 않으리라. '많은' 것을 보기 위해서는 자신에게서 '시선을 돌리는' 것이 필요하다. 높이 오르는 자에게 이 가혹함은 필수적이다. 인식자로서 오만한 견해를 지닌 사람은 사물의 표면만 볼 수 있을 뿐이다.

차라투스트라여, 그대는 모든 사물의 밑바닥과 배경까지도 보기를 원한다. 그러므로 그대는 어떤 방법으로든 자신을 초월하여 올라가야 한다. 저쪽 위로. 그대가 별들까지 내려다볼 수 있는 곳까지.

그렇다. 자신과 함께 별들이 내려다보이는 곳이야말로 자신의 '산봉우리'라 부르리라. 그것이 최후의 산봉우리로 남아 있는 것이다.'

차라투스트라는 산을 오르면서 마음속으로 이렇게 말했다. 그의 마음이 새로운 상처로 괴로워하고 있기 때문에 가혹한 격언으로써 마음을 위로했다.

그런데 산꼭대기에 이르자 그의 눈앞에는 다른 바다가 펼쳐져 있었다. 그는 걸음을 멈추고 오랫동안 묵묵히 서 있었다. 이 높은 곳의 밤은 더 춥고, 맑게 갠 하늘에서는 많은 별들이 찬란하게 반짝였다.

차라투스트라는 이윽고 슬픈 목소리로 마음속으로 말했다.

'나는 내 운명을 알고 있다. 자, 나는 준비가 되어 있다. 드디어 나의 마지막 고독이 시작되는 것이다.

아, 나의 발 밑에 펼쳐진 검고 슬픈 바다여. 아, 이 잉태된 어두운 밤의 괴로움이여. 운명이여, 바다여, 나는 그대들이 있는 곳으로 지금 내려가야 하리라.

나는 가장 높은 산 앞에, 가장 긴 방랑의 길 앞에 서 있다. 나는 전보다 훨씬 더 깊이 내려가야 한다. 나의 운명은 내가 일찍이 겪었던 고통보다 더 깊은 고통의 어두운 해류 속으로 내려가기를 원한다. 자, 나는 각오가 되어 있다.

'가장 높은 산은 어디에서 오는가?' 일찍이 나는 이렇게 물었다. 그때 나는 그것이 바다에서 온 것임을 배웠다. 이 증거는 산기슭의 바위와 산봉 우리의 암벽에 기록되어 있다. 가장 높은 곳에 이르기 위해서는 가장 깊은 것에서 비롯된 것이 아니면 안 된다.'

차라투스트라는 추운 산봉우리에서 이렇게 말했다. 그러나 바닷가에 이르러 드디어 혼자 낭떠러지 끝에 섰을 때, 그는 긴 여행으로 지쳐 버렸다. 하지만 전보다 더 동경에 불타기 시작했다.

그는 말했다.

'지금은 아직 모든 것이 잠들어 있다. 바다도 잠들어 있다. 바다는 잠에 취해 미지의 것이라도 보듯 나를 보고 있다.

그렇지만 바다는 따뜻하게 숨쉬고 있다. 나는 그것을 느낀다. 나는 또 바다가 꿈꾸고 있음도 느낀다. 바다는 딱딱한 잠자리에서 뒹굴면서 꿈꾸고 있다.

들으라, 들어 보라! 나쁜 추억과 기대 때문에 얼마나 바다가 신음하고 있는가를. 아, 그대, 검은 괴물이여. 나도 그대와 더불어 괴롭다. 나는 그대의 슬픔을 동정한 나머지 나 자신의 무력감에 화를 내기까지 했다.

　내 손이 힘을 가지고 있지 못하다니, 얼마나 안타까운 일인가! 그대를 악몽에서 구출해 낼 수 없다니!'

　차라투스트라는 이렇게 말하면서 우수와 괴로움으로 자기 자신을 비웃었다.

　'어떻게 된 것이냐, 차라투스트라. 그대는 바다에 대해서까지 위로의 노래를 불러 주려 하는가? 아, 애정이 지나친 바보, 차라투스트라. 지나치게 신뢰하는 미치광이여. 그러나 이것이 지금에야 시작된 것은 아니다. 그대는 항상 모든 두려운 것들을 신뢰하여 그것에 접근했다. 그대는 모든 괴물을 사랑하려 했다. 따뜻한 입김, 앞다리의 보드라운 털, 그것만 가지고도 그대는 그 괴물을 사랑하려 했고 또 친해지고 싶어했다.

　더없이 고독한 상태에 있는 자에게 사랑은 위험하다. 살아 있는 것이라면 무엇이든 사랑하려는 그런 사랑은 위험하다. 나의 바보스런 마음은 참으로 비난받아야 한다. 그리고 사랑에 있어서 나의 겸손함은 정말이지 비난받아야 한다.'

　차라투스트라는 이렇게 말하고 나서 또 한 번 웃었다. 그러나 그때 그는 뒤에 남겨 두고 온 친구들을 생각했다.

　그리고 친구들에게 죄를 진 것처럼 생각한 자신에 대해 화가 났다. 그래서 방금 웃었던 그는 소리내어 울었다. 노여움과 동경으로 차라투스트라는 몹시 서럽게 울었다.

환영의 수수께끼

1

　차라투스트라가 이 배에 타고 있다는 소문이 선원들 사이에 퍼졌을 때(왜냐하면 또 한 사나이가 행복한 섬에서 이 배를 타고 왔기 때문이다) 그들에겐 큰 호기심과 기대가 생겼다. 그러나 차라투스트라는 이틀 동안 아무 말도 하지 않았다. 슬픔으로 냉담해진 귀가 잘 들리지 않았고, 사람들이 눈짓을 하거나 물어 와도 아무 대답도 하지 않았다.

　이튿날 저녁 무렵에도 여전히 침묵을 지키고 있었지만 그의 귀는 다시 열렸다. 그래서 아득히 먼 나라에서 와서 아득히 먼 나라로 가고자 하는 이 배에서 일어난 여러 가지 신기하고 위험한 일들을 들을 수 있었다.

긴 여행을 좋아했던 차라투스트라는 모험을 즐기는 사람들의 친구였다. 보라, 그들의 이야기를 듣고 있는 동안 드디어 그의 입이 열리면서 그의 마음을 채우고 있던 얼음이 녹아 내렸다. 그래서 그는 말하기 시작했다.

"그대, 과감한 탐구자, 모험자여. 또 교활하게 돛을 달고 무서운 바다를 항해한 적이 있는 자들이여. 즐겨 수수께끼를 푸는 그대들이여. 여명을 기뻐하는 자들이여. 피리 소리에 이끌려 미궁의 골짜기로 들어가는 영혼을 지닌 자들이여.

겁먹은 손으로 한 가닥의 실을 더듬으며 어정쩡하게 걸으려 하지 않는 그대들은 추론하는 것을 싫어하고 짐작하기를 좋아한다.

나는 내가 본 수수께끼를 그대들에게만 말하리라. 그건 가장 고독한 자에게 찾아오는 환영이다.

나는 최근에 황혼 속을 걷고 있었다. 마음은 어둡고 냉정해졌으며 입은 꼭 다물고 있었다. 그때 내 눈에서 사라진 것은 태양만이 아니었다.

돌멩이가 널려 있는 험한 산길, 풀이나 나무조차 자랄 수 없을 만큼 황량한 산길. 그 길이 굳센 나의 발길 아래서 뿌드득뿌드득 소리를 낸다.

나의 발은 마치 비웃기라도 하듯 삐걱삐걱 소리내는 자갈 위에서 묵묵히 돌들을 짓밟으며 말없이 위를 향해 올라갔다. 오랜 나의 적, 중력의 영혼에 맞서 위쪽으로, 저 깊은 아래로 끌어내리는 영혼에 맞서서.

반은 난쟁이고 반은 두더지인, 자신도 절름발이이면서 남까지 절름발이로 만들려고, 나의 귀에는 납을 뇌수에는 납과 같은 사상을 집어 넣는 무거운 영혼이 나를 깔고 앉아 있음에도 불구하고 나는 위로 올라갔다.

그 영혼은 비웃음을 띤 말투로 속삭였다.

'오, 차라투스트라여! 그대, 지혜의 돌이여, 그대는 자신을 높이 던져 올렸다. 그러나 위로 던져진 돌은 모두 떨어지고 만다.

오, 차라투스트라. 그대, 지혜의 돌이여, 투석용 돌이여, 별의 파괴자여! 그대는 자신을 이처럼 높이 던져 올렸다. 그러나 위로 올려진 돌은 모두 떨어지고 만다. 그대는 자신에게 떨어져 내릴 돌을 위로 던질 것이다. 오, 차라투스트라. 그대는 정말 돌을 멀리 던졌다. 그러나 그 돌은 그대 머리 위에 떨어지리라.'

그렇게 말하고 난쟁이는 입을 다물었다. 오랜 시간이 흘렀다. 그 침묵은 나를 짓눌렀다. 이런 상태로 둘이 함께 있는 것은 혼자 있는 것보다 더 고독하다.

나는 오르고 또 올랐다. 꿈을 꾸었다고 생각했다. 그러나 모든 것이 나를 짓눌렀다. 나는 심한 고통에 시달리며 악몽에서 깨어난 병자 같았다. 그러나 내 안에는 용기라고 부르는 그 무엇이 있었다. 이것이 항상 나의 모든 의기소침함을 극복해 주었다.

그러자 이 용기가 마침내 나를 불러세우더니 이렇게 말하도록 명령했다.

'난쟁이여! 그대인가, 아니면 나인가!'

공격하는 용기야말로 최상의 살해자다. 이런 공격에는 사방에 울려 퍼지는 승리를 향한 함성이 있기 때문이다.

인간은 가장 용기 있는 동물이다. 인간은 그 용기로써 모든 동물을 이겨냈다. 그는 사방으로 울려 퍼지는 함성으로써 모든 고통을 정복했다. 그러나 인간이 받는 고통이야말로 가장 깊은 고통이다.

용기는 심연에 이르렀을 때의 현기증까지도 살해한다. 인간이 있는 곳 가운데 심연이 아닌 곳이 어디 있으랴! 삶을 들여다본다는 것 자체가 심연을 보는 것이 아닌가?

용기는 가장 훌륭한 살해자다. 용기는 동정까지도 죽인다. 그러나 동정은 가장 깊은 심연이다. 인간이 인생을 깊이 들여다보는 것만큼 고뇌도 역시 똑같은 깊이로 들여다보는 것이다.

그래도 공격적인 용기는 최상의 살해자다. 용기는 죽음까지도 살해한다.

용기는 '이게 인생이었던가? 좋아, 다시 한 번!' 하고 말하게 하기 때문이다.

그러나 이런 말 속에는 사방에 울려 퍼지는 수많은 함성이 있다. 귀를 가진 자는 들으리!"

2

내가 말했다.

"멈춰라, 난쟁이여! 내가 아니면 그대다! 그러나 우리 둘 중에서 내가 더 강하다. 그대는 나의 심오한 사상을 모른다. 설사 알 수 있다 하더라도 그대는 견뎌내지 못하리라."

그러자 내 몸이 가벼워졌다. 호기심 많은 난쟁이가 내 어깨에서 뛰어내린 것이다. 그는 내 앞에 있는 바위 위에 웅크리고 앉았다. 그러나 우리가 멈춰 선 그곳에 출입문 하나가 있었다.

나는 계속 말했다.

"이 문을 보라, 난쟁이여! 이 문은 두 개의 얼굴을 가지고 있다. 두 개의 길이 여기서 만나고 있는데, 그 어느 쪽 길도 끝까지 가 본 자가 없는 길이다.

우리 뒤의 긴 길은 영원으로 이어지고 있다. 그리고 저쪽으로 뻗어 있는 길 역시 또 다른 영원으로 이어진다.

이 두 갈래 길은 여기서 마주치고 있다. 그래서 정면 충돌한다. 그리고 이 문이 있는 곳에서 두 길이 만난다. 이 문의 이름은 그 위에 씌어 있다. '순간'이라고.

그런데 이 중의 한 길을 먼저 나아가는 자, 계속 멀리 나아가는 자가 있다고 하자. 그 경우 그대 난쟁이는 믿을 것인가? 이 두 개의 길이 영원히 상반된다고?"

난쟁이는 멸시하듯 중얼거렸다.

"모든 곧은 것은 거짓말을 한다. 모든 진리는 비뚤어져 있다. 시간 자체도 하나의 원을 이루고 있지 않은가."

나는 화를 내며 말했다.

"그대, 무게의 영혼이여! 그토록 가볍게 생각지 말라. 그렇게 나온다면 나는 그대를 웅크린 채 계속 앉아 있게 내버려 두겠다. 이 절름발이야. 그대를 이 높은 곳까지 데려온 것은 바로 나다! 이 순간을 보라. 이 순간이라는 문에서부터 영원한 하나의 길이 뒤로 뻗어 있다. 우리의 뒤에는 '영원'이 있는 것이다.

걸을 수 있는 모든 사물은 이미 이 길을 반드시 한 번은 걷지 않았는가? 모든 사물 중 일어날 수 있는 것이라면 꼭 한 차례 이미 일어나고 행해져서 이 길을 지나치지 않았던가? 난쟁이여, 모든 것이 이미 현존한 적이 있었다면 그대는 이 순간을 어떻게 생각하겠는가? 이 문 역시 현존한 적이 있었던 게 아니겠는가? 그리고 모든 사물은 진실로 굳게 결합되어 있기 때문에 이 순간은 반드시 오게 될 모든 것을 끌고 오는 것이 아니겠는가? 따라서 나 자신까지도 뒤에 끌고 오는 것이 아니겠는가? 왜냐하면 걸을 수 있는 모든 사물은 저쪽으로 뻗은 긴 길까지 다시 한번 더 걷지 않을 수 없기 때문이다.

그리고 달빛 아래 어슬렁어슬렁 기어가는 이 거미, 또 이 달빛 자체와 문에 선 채 속삭이고 있는, 영원한 사물에 대해 속삭이고 있는 나와 그대는 모두 현존한 적이 있었던 게 아닌가? 그래서 다시 저쪽으로 가는, 우리 앞에 있는 또 하나의 길을 걸어야 하는 것이 아닌가? 이 길고도 무시무시한 길을 따라 우리는 다시 영원에 와야만 하는 것이 아닌가?”

이렇게 말하는 나의 목소리는 점차 낮아졌다. 왜냐하면 나는 나의 생각과 생각 뒤의 생각이 두려웠기 때문이다. 그런데 그때 갑자기 가까이에서 개짖는 소리가 들려 왔다.

개가 그렇게 짖는 것을 일찍이 내가 들은 적이 있었던가? 내 생각은 옛날을 향해 달려갔다.

그렇다, 그건 내가 어렸을 때, 아득히 먼 어린 시절의 일이다. 그때도 나는 개가 이렇게 짖는 소리를 들었다. *1 개조차 유령의 존재를 믿을 만큼 아주 조용한 한밤중에 털을 곤두세운 채 머리를 쳐들고, 몸을 떨면서 짖는 것을 보았다. 그런 개의 모습에서 나는 연민의 정을 느꼈다. 그때 마침 보름달이 지붕 위로 떠올랐다. 달은 죽음처럼 조용히 평평한 지붕 위에, 마치 다른 사람의 소유지 위에라도 있듯이 멈춰 있었다.

그래서 개는 깜짝 놀랐다. 개는 도둑이나 유령을 믿기 때문이다.

나는 또다시 개 짖는 소리를 들었을 때 그 개가 불쌍해졌다.

이제 난쟁이는 어디로 갔는가? 그리고 문은? 거미는? 또한 그 속삭이던 모든 소리는? 나는 꿈을 꾸고 있었단 말인가? 아니면 깨어 있었단 말인가? 나는 갑자기 한없이 쓸쓸한 달빛 아래 험준한 절벽 사이에 홀로 서 있는 나 자신을 발견했다.

그런데 거기 한 인간이 가로누워 있었다! 그리고 저쪽에서는 한 마리 개가 날뛰며 털을 곤두세운 채 맹렬히 짖고 있었다. 그때 개는 다가가는 나의 모습을 보았는지 다시 짖으며 절규했다. 나는 개가 그토록 도움을 청하며 절규하는 것을 일찍이 들은 적이 있었던가?

· 정말이지 이런 광경을 일찍이 본 적이 없다. 나는 한 젊은 목자가 몸부림

치며 숨을 헐떡이고, 경련으로 얼굴을 온통 찡그리고 있던 모습을 보았다. 그 입에서는 시꺼먼 큰 뱀이 나와 늘어져 있었다.

한 인간의 얼굴에서 이처럼 심한 욕지기와 창백한 공포가 나타나 있는 것을 본 적이 있었던가? 아마 잠들어 있었겠지? 그런데 그에게 뱀이 다가와 그의 목구멍으로 기어들어 그것을 꼭 물고 늘어졌던 것이다.

나의 손은 그 뱀을 마구 끌어당겼다. 그러나 아무 소용이 없었다. 나의 손은 그 뱀을 목구멍에서 끌어 낼 수 없었다. 그러자 내 속에서 절규가 터져 나왔다.

"물어, 물어라! 뱀의 대가리를 물어 끊어라. 물어라!"

공포, 증오, 역겨움, 연민, 나의 모든 선악의 것이 하나의 절규가 되어 내 속으로부터 터져 나왔다.

그대, 내 주위에 있는 대담한 자들이여! 그대, 모험을 시도하는 자들, 또 교활하게 돛을 올리고 무서운 바다로 출범한 적이 있는 자들이여! 그대, 수수께끼를 즐기는 자들이여!

자, 내가 그때 본 수수께끼를 풀어다오! 그것은 환영이며, 예견이었다. 그때 나는 어떤 것의 비유를 본 것인가? 언젠가 꼭 와야만 하는 자는 누구인가? 목구멍으로 뱀이 기어들어간 목자는 누구인가? 그토록 무섭고 검은 것이 자신의 목구멍으로 들어가게 된 자는 도대체 누구인가? 그러나 목자는 나의 절규대로 뱀을 물었다. 확실하게 물었다! 그리고 그는 뱀의 대가리를 멀리 내뱉더니 벌떡 일어났다.

그는 이미 목자도 아니고, 인간도 아니었다. 변신한 인간이자 빛으로 둘러싸인 자였다. 그는 웃었다. 나는 이제껏 그가 웃은 것처럼 웃는 인간을 이 지상에서 본 적이 없다!

오, 형제들이여. 나는 인간의 것이 아닌 웃음소리를 들었다. 이제 하나의 갈망이 나를 괴롭힌다. 싫증을 느끼지 않는 동경이 나를 괴롭힌다.

이 웃음을 향한 나의 동경이 나를 괴롭힌다. 오, 어떻게 내가 아직 살아 있는 것을 견딜 수 있겠는가? 그리고 어떻게 내가 지금 죽는다는 것을 견딜 수 있겠는가?

차라투스트라는 이렇게 말했다.

바라지 않는 축복

차라투스트라는 이런 수수께끼와 우울한 마음을 품은 채 바다를 건넜다. 그래서 행복한 섬들과 자신의 벗들로부터 떠난 지 나흘째 되는 날에야 그는 온갖 고통을 극복했다. 그는 자랑스럽게 굳건한 두 발로 다시 자신의 운명 위에 우뚝 선 것이다. 차라투스트라는 기뻐하고 있는 양심을 향하여 다음과 같이 말했다.

"나는 다시 내가 바라던 외톨이가 되었다. 맑게 갠 하늘과 확 트인 바다와 함께 외톨이가 되었다. 그리고 다시 오후가 내 주위에 있다.

내가 전에 친구들을 처음 발견한 것은 오후의 일이고, 두 번째로 친구들을 발견한 것도 오후의 일이다. 모든 빛이 사라지는 그런 때였다.

하늘과 땅 사이에 있는 행복은 이제 그가 머물 반짝이는 영혼을 찾고 있다. 너무나 행복한 나머지 이제 모든 빛이 조용해졌다.

오, 내 삶의 오후여! 일찍이 나의 행복도 머물 곳을 찾아 골짜기로 내려왔다. 거기서 내 행복은 손님을 환영하는 열린 영혼들을 발견했다.

오, 내 삶의 오후여! 하나의 일, 내 사상의 살아 있는 숲과 내 최고의 희망인 이 아침 햇살을 위해 내가 던져 버리지 않은 것이 하나라도 있었던가!

일찍이 창조자는 길동무와 자기 희망을 이룰 자식들을 찾았다. 그러나 보라! 그는 스스로 자신을 창조해야만 그들을 발견할 수 있다는 것을 알게 되었다.

그래서 나는 내 자식들이 있는 곳으로 갔다가 그 자식들에게서 돌아오는, 과업을 진행하는 중에 있다. 자기 자식들을 위해 차라투스트라는 우선 자기 스스로를 완성해야 한다. 사람이 진심으로 사랑하는 것은 오직 자기 자식과 자신에게 맡겨진 과업뿐이니까. 그리고 자신에 대해 커다란 사랑이 있다면 그것은 잉태의 징후이다. 나는 그것을 알았다.

내 자식들은 그 최초의 봄에 싸여서 초록색으로 물들어 서로 가까이 줄지어 선 채 바람에 나부끼고 있다. 그것들은 가장 비옥한 나의 동산에서 자라나는 나무들이다. 그래서 진실로 이러한 나무들이 줄지어 서 있는 곳에 행복한 섬들이 있다.

그러나 나는 언젠가 때가 되면 그 나무들 하나하나가 고독과 반항과 예지를 배울 수 있도록 그것들을 뽑아 따로 심을 것이다.

각각의 나무에는 마디가 생기고 구부러지고, 그렇게 부드러운 강함을 지닌 채 바닷가에 서 있어야 한다. 정복하기 어려운 삶의 산 등대로서.

폭풍이 바다 한가운데로 휘몰아치는 곳, 산줄기 끝이 조수를 머금은 곳, 언젠가는 그곳에다 나무들을 밤낮으로, 자신의 시련과 인식을 위한 파수꾼으로 세우지 않으면 안 된다.

그 나무가 과연 나와 같은 종족이며 같은 혈통인지 조사하기 위해 인식되고 시련을 받지 않으면 안 된다. 또한 그것이 과연 불굴의 의지를 지닌 자인지, 말을 할 때 과묵한지, 무엇인가 줄 때 받은 만큼 주는지 조사하기 위해.

또한 언젠가 나의 길동무가 될지 어떨지, 차라투스트라와 함께 창조하는 자, 함께 기뻐하는 자인지 아닌지, 모든 사물을 한층 더 완성시키기 위해 나의 의지를 기록판에 기록할 자가 될지를 조사하기 위하여.

그런 자들을 위해, 그와 같은 자들을 위해 나는 나 자신부터 완성해야 한다. 그 때문에 나는 지금 행복을 멀리하고 온갖 불행에 몸을 바치노라. 내 마지막 시련과 인식을 위하여. 진실로 내가 가야 할 때가 온 것이다. 저 방랑자의 그림자와 가장 오랜 머무름, 가장 조용한 시간, 이들 모두가 나를 향해 말했던 것이다.

'드디어 떠날 때가 왔다!'

열쇠 구멍으로 불어 들어온 바람이 '오라!' 하고 나에게 말했다. 문짝이 교활하게 확 열리면서 '가라!' 하고 말했다.

그러나 나는 자식들의 애정에 얽매여 누워 있었다. 사랑에 대한 욕망이 함정을 파놓았던 것이다. 내가 내 자식들의 희생물이 되어, 그들로 말미암아 나 자신을 잃고 싶다는 욕망이. 욕망이란 나 자신을 잃는 것을 뜻한다.

'나의 자식들이여, 나는 너희들을 소유하고 있다!' 이 소유에는 확실성만 있어야지 욕망은 조금도 있어서는 안 된다.

그러나 내 사랑의 태양은 내 위에서 꼼짝도 하지 않은 채 계속 내리쬐고 있다. 차라투스트라는 그 자신의 체액 속에서 끓어올랐다. 그러자 그림자와 의문이 내 머리 위를 살짝 스치고 날아갔다.

나는 성급하게도 추위와 겨울을 갈망했다.

'추위와 겨울이 또다시 나의 배에서 소리가 나게 하고, 나의 이가 맞부딪치게 했으면 좋으련만!'

나는 이렇게 탄식했다. 그러자 내 몸에서 얼음처럼 찬 안개가 피어 올랐다. 내 과거가 나의 무덤을 파헤치자 생매장된 수많은 고통이 되살아났다. 그것들은 수의에 감추어져 있었을 뿐이었다.

이렇게 모든 것이 나를 향해 상징적인 말투로 말을 걸어 왔다.

'때가 왔다.'

그러나 나는 듣지 않았다. 그러자 나의 심연은 흔들리고 나의 사상은 나를 물어뜯게 되었다.

아, 그대, 나의 심연의 사상이여! 언제쯤이면 나는 그대의 땅 파는 소리를 듣고도 떨지 않을 만큼 강해질 것인가?

무덤을 파헤치는 그대의 소리를 들으면 나의 심장은 몹시 두근거려 그 고동이 목젖까지 전해진다! 그대, 심연처럼 침묵하는 것이여! 그대의 침묵까지도 나의 목구멍을 조여 온다!

또 지금껏 나는 굳이 그대를 불러들이지 않았다. 나로서는 그대를 업고 있는 것만도 힘에 겨웠다. 또 나는 감히 죽은 자의 마지막 불손과 방자함을 감당할 만큼 강하지도 않다.

나에게 있어서 그대는 언제나 그 무게만으로도 힘에 겨웠다. 그러나 언젠가는 나도 그대를 위로 불러 올릴 만큼 강한 힘과 죽은 자의 소리를 발견해야 할 것이다!

우선 내가 이 일을 할 수 있게 나 자신을 극복하면, 앞으로는 한층 더 큰 일을 할 수 있게끔 나를 극복하게 되리라. 그리고 하나의 승리를 내 완성의 봉인으로 삼게 되리라.

그렇게 될 때까지 나는 불확실의 바다를 계속 표류하리라.

부드러운 혓바닥을 지닌 우연이 나에게 아첨을 떤다. 나는 앞뒤를 바라 보지만 끝은 보이지 않는다.

또 나에게는 마지막 투쟁의 시기가 오지 않았다. 아니, 그것이 지금 진실로 오고 있는 중일까? 진실로 음모로 가득 찬 아름다움을 지닌 바다와 삶이 나를 응시하고 있다!

오, 내 삶의 오후여! 해지기 전의 행복이여! 바다 한가운데 있는 항구여! 불확실 속의 평화여! 나는 그대 모두를 절대 믿지 않으리! [2]

진실로 나는 그대들의 음모에 가득 찬 아름다움을 의심하고 있다! 나는 벨벳처럼 부드러운 미소를 지니고 불신으로 시기하는 연인과 같다.

질투심 강한 이 연인이 가장 사랑하는 연인을 가혹하면서도 가장 우아하게 뒤에서 밀며 괴롭히듯, 나도 이 행복한 때를 뒤에서 밀어낸다.

사라져라, 그대, 행복한 시간이여! 그대와 함께 있기를 바라지 않는 행복이 나를 찾아온다! 나는 가장 깊은 고통을 각오하고 서 있다. 너는 잘못된 때에 온 것이다.

가 버려라, 그대, 행복한 시간이여! 차라리 저쪽 나의 자식들이 있는 그곳에 머물러라. 서둘러라. 그리고 저녁이 되기 전에 나의 행복으로 그들을 축복하라!

벌써 해가 넘어가고 있다. 저쪽으로 사라져라, 나의 행복이여!"

차라투스트라는 이렇게 말했다.

그리고 그는 밤새도록 자신의 불행이 찾아오기를 기다렸으나 헛수고였다. 밤은 언제까지나 밝고 조용했다. 그리고 행복이 점점 더 그를 향해 다가왔다. 새벽녘에 차라투스트라는 마음으로 크게 웃더니 경멸하듯이 이렇게 말했다.

"행복이 나를 뒤쫓아온다. 내가 여자들을 뒤쫓지 않았기 때문이다. 그런데 행복이란 결국 한 여자다."

해뜨기 전에

오, 내 머리 위의 하늘이여, 밝은 존재여! 심오한 자여! 빛의 심연이여! 그대를 바라보면서 나는 신성한 욕망으로 몸을 떤다.

그대의 높이까지 나를 던지는 것, 이것이 나의 깊이다! 그대의 밝음 속에 내 몸을 숨기는 것, 이것이 나의 순진함이다.

신은 자신의 아름다움 속에 감춰져 있다. 그처럼 그대는 자신의 별들을 감추고 있다. 그대는 말하지 않는다. 그렇게 함으로써 그대는 그대와 지혜를 나에게 알려준다.

오늘 그대는 파도치는 바다 위로 떠올랐다. 그대의 사랑과 수줍음이 두근거리는 내 영혼을 향해 계시를 내린다.

그대는 그대의 아름다움에 싸인 채 아름다운 모습으로 나를 향해 왔으며, 지혜로써 나에게 명확하게 계시한 것이다.

오, 이 같은 그대 영혼의 수줍음을 어찌 꿰뚫어보지 않겠는가! 그대는 태양보다도 먼저 내가 있는 곳으로 가장 고독한 자를 찾아왔다.

우리는 원래 친구였다. 우리는 비통과 공포와 그 근본까지도 함께 나누고 있다. 게다가 우리는 태양 또한 함께 나누고 있다. 우리는 서로 너무 많은 것을 알고 있기 때문에 이야기하지 않는다. 우리는 침묵하고 지혜의 미소로 서로를 대한다.

그대는 나의 불에 이르는 빛이 아닌가? 그대는 나의 통찰에 있어서 자매의 영혼이 아니었던가? 우리는 모든 것을 함께 배웠다. 자신을 초월하여 밝게 미소짓는 법을 함께 배웠다.

우리 아래에 강제와 목적과 죄악이 비안개처럼 자욱하게 끼어 있을 때, 어둠 속을 걷고 빛나는 눈길로 까마득히 먼 데를 내려다보는 법을 배웠다.

내가 홀로 방황할 때 나는 어둠과 미로 속에서 누구를 찾아 헤매었던가? 또한 내가 산에 올랐을 때, 그 산 위에서 찾아 구했던 것이 그대가 아니고 누구였겠는가?

나의 방랑과 등산은 어쩔 수 없는 궁여지책에 불과하다. 나의 모든 의지는 오직 나는 것만을, '그대' 속으로 뛰어드는 것만을 원한다.

내가 떠도는 구름과 그대를 더럽히는 것보다 더 내가 증오한 게 있었던가? 또한 나는 나 자신의 증오까지도 미워했다. 그 증오가 그대를 더럽히므로!

나는 떠도는 구름을 미워한다. 발소리를 죽이고 걷는 이 도둑고양이를. 그것은 그대와 내가 공유하고 있는 거대하고 끊임없는 '예'와 '아멘'이란 말을 빼앗아 가기 때문이다.

참견하는 자와 얼치기들, 그리고 떠도는 구름, 축복하는 것은 물론 철저하게 저주하는 것도 배우지 못한 이 어중이떠중이들을 보면 우리는 화가 난다. 빛나는 하늘이 떠도는 구름에 의해 더러워지는 걸 보느니 차라리 밀폐된 하늘 아래에서 큰 통 속에 앉아 있는 편이 낫겠다. 차라리 하늘이 없는 심연 속에 앉아 있는 게 나으리라.

그리고 나는 자주 톱니 같은 번개의 쇠바늘로 떠도는 구름을 얽어매 큰 북의 배로 삼아 우레 소리가 나게 두들기고 싶었다. 성난 고수가 되고 싶었다.

떠도는 구름은 나에게서 그대의 '예'와 '아멘'을 앗아 갔기 때문이다.

내 머리 위의 하늘, 그대, 밝은 것이여! 빛에 가득 찬 자여! 빛의 심연이여! 떠도는 구름은 그대에게서 나의 '예'와 '아멘'을 앗아 갔다. 나는 이 정체 불명의 의심 많은 도둑고양이가 주는 안정보다는 차라리 소란스런 우레 소리와 해질녘의 저주를 원한다.

그리고 나는 인간들 가운데서도 발소리를 죽이고 다니는 자와 어중이떠중이와 의심 많고 자주 망설이며 떠도는 구름 같은 자들을 가장 미워한다.

'축복할 수 없는 자는 저주하는 방법을 배워야 한다!'

이 명석한 가르침은 밝은 하늘이 내게 준 것이다. 이 별은 어두운 밤에도 나의 하늘에서 빛나고 있다.

나는 그대만 주위에 머물러 준다면 축복받은 자요, '예'라고 말하는 자다.

그대, 청순한 자여! 빛에 가득 찬 자여! 빛의 심연이여! 나는 어떤 심연 속에서도 나의 축복하는 '예'의 말과 함께 가리라. 나는 축복하는 자, '예'라고 말하는 자가 되었다. 그리고 내가 오랫동안 싸워 온 투사였던 것은 언젠가는 내 두 손으로 자유를 얻기 위해서였다.

나의 축복이란 이런 것이다. 축복은 모든 사물 위에 있는 그 사물 자체의 하늘과 그것의 둥근 지붕으로서, 그것의 푸르고 둥근 덮개와 영원의 보초로 관계하는 것이다. 그래서 이처럼 축복하는 자는 행복하다!

모든 사물은 선악의 피안에 있는 영원의 샘에서 세례를 받았다. 그래서 선악은 다만 중간의 그림자, 축축하게 떠도는 구름에 불과할 뿐이다.

진실로 내가 "모든 사물 위에는 우연이라는 하늘, 순진무구함이라는 하늘, 예측 불가능이라는 하늘, 분방함이라는 하늘이 걸려 있다"고 가르치는 것은 하나의 축복일 뿐 결코 모독이 아니다.

'예측 불가능이라는 하늘', 이것은 세계에서 가장 오래된 귀족이다. 나는 이것을 모든 사물에게 되돌려 준 것이다. 나는 모든 사물을 목적이라는 예속에서 구제해 주었다.

모든 사물 위에서, 또 그것들을 수단으로 하는 어떠한 '영원의 의지'도 바라고 있지 않다고 내가 가르쳤을 때, 나는 모든 사물 위에 이 자유롭고 밝게 갠 하늘을 푸르고 둥근 덮개처럼 놓았던 것이다.

"모든 사물에게 있을 수 없는 것이 한 가지 있다. 그것은 합리성이다!"라고 가르쳤을 때, 나는 저 의지 대신에 방자함과 우매함을 올려놓은 것이다.

약간의 이성, 별들 사이에 뿌려져 있는 지혜의 씨앗 한 알, 이런 효모가 온갖 사물에 섞여 있다. 지혜는 어리석음을 위해 모든 사물에 섞여 있는 것이다. 확실히 약간의 지혜는 있을 수 있다. 그러나 내가 모든 사물에서 발견한 행복한 확실성은, 차라리 여러 사물들이 우연이라는 다리로 춤추고 싶어 한다는 것이다.

아, 머리 위의 하늘이여, 밝은 것이여! 드높은 것이여! 내게 있어서 그대의 청순함. 그대에게 영원한 이성의 거미도, 거미줄도 존재하지 않는다.

또 그대는 나에게 있어 신성한 우연이 춤추는 무도장이며, 신성한 주사위와 신성한 도박자를 위한 신들의 탁자라는 점이다.

그런데 그대는 얼굴을 붉히는가? 내가 해서는 안 될 말을 했단 말인가? 그대를 축복하려다가 도리어 모독이라도 했단 말인가? 아니면 그대는 우리 둘만 있다는 게 수치스럽기 때문에 얼굴을 붉히는 것인가? 이제 낮이 오므로 조용히 사라지라고 명령하는 것인가?

세계는 깊다. 낮이 생각했던 것보다 훨씬 더 깊다. 낮이라고 해서 모든 것을 말해도 좋다는 것은 아니다. 이제 낮이 온다. 그러니 우리는 이제 그만 헤어지자!

오, 머리 위의 하늘이여, 부끄러워하는 자여! 얼굴을 붉히는 자여! 오, 해 뜨기 전의 나의 행복이여! 낮이 온다. 그러니 우리는 이제 그만 헤어지자.

차라투스트라는 이렇게 말했다.

왜소하게 만드는 덕

1

차라투스트라는 다시 육지로 올라 곧장 자기의 산과 동굴로 가지 않고 방랑하며 여러 가지 질문을 던지고 많은 것을 조사했다. 그러고는 자기 자신에 대해 희롱하듯 말했다.

"보라, 여러 번 굽이치며 원천으로 되흘러드는 시냇물을!"

그는 자신이 없는 동안 인간이 어떻게 되었는지, 즉 인간이 더 커졌는지, 아니면 작아졌는지 알고자 했다. 그런데 그는 한 줄로 나란히 선 새로운 집을 보고 의심스런 얼굴로 말했다.

"이 집들은 무엇을 의미하는가? 진실로 이것들은 위대한 영혼을 지닌 자들이 자신의 위대함을 드러내려고 세운 것이 아니다.

어리석은 아이들이 장난감 상자에서 *끄집어* 낸 것일까? 그렇다면 다른 아이들이 그것을 다시 장난감 상자 속에 넣어 버리면 좋으련만!

어른들이 이렇게 작은 방을 드나들 수 있을까? 이 방은 마치 비단 인형의 방처럼 보인다. 아니, 자기 몸뚱이까지도 집어삼키기를 좋아하는 듯한 암코양이를 위해 만들어진 집처럼 보인다."

이렇게 해서 차라투스트라는 그 자리에 멈춰 선 채 생각에 잠겼다. 한참 뒤에 드디어 그는 슬프게 말했다.

"모든 것이 작아졌다. 모든 곳에서 나는 전보다 낮아진 문을 본다. 나 같은 족속도 지나갈 수는 있지만, 그러자면 몸을 굽혀야 한다!

내가 소인들 앞에서 몸을 굽히지 않고 고향에 언제쯤 돌아갈 수 있을까!"

차라투스트라는 이렇게 탄식하고 먼 곳을 보았다.

그러나 같은 날 그는 왜소하게 하는 덕에 대해 말했던 것이다.

2

나는 이 민중 속을 걸으면서 눈을 크게 뜨고 있다. 그들은 내가 그들이 지닌 모든 덕을 부러워하지 않는다면서 나를 용납하지 않았다.

내가 그들을 향해 소인들에게는 작은 덕이 필요하다고 말했기 때문이다.

또 이 세상에 소인이 필요하다는 것이 나로서는 쉽게 납득이 되지 않는다고 말했기 때문에 그들은 나를 물어뜯었다.

나는 이웃 농장에 들어간 수탉과 비슷하다. 암탉들이 달려들어 쪼아대는 것이다. 그렇다고 해서 나는 결코 암탉들을 나쁘게 생각지 않는다. 나는 그녀들을 대할 때 모든 사소한 고뇌를 대하는 것처럼 너그럽다. 사소한 일에 일일이 신경을 곤두세우는 것은 고슴도치에게나 알맞은 지혜라고 생각한다.

사람들은 밤에 난롯가에 둘러앉아 모두 나에 대해 이야기한다. 그들은 나에 대해 이야기하기만 할 뿐, 아무도 나에 대해 생각하지는 않는다!

이것이 내가 새로 배운 침묵이다. 내 주위에서 일어나는 소란은 내 사상 위에 외투를 덮어씌운다.

그들은 소리 높여 서로 부르짖고 있다.

"이 먹구름은 우리에게 무슨 짓을 하려는 것인가? 그것이 우리에게 전염병을 가져다 주지 않도록 조심해야겠다!"

그래서 지난번에 한 여인은 나에게 오기를 원하는 자기 자식을 끌어안고 소리쳤다.

"아이들은 저쪽으로 가라! 저런 눈은 아이들의 영혼을 불태워 죽일 것이다."

내가 이야기하면 그들은 기침한다. 그들은 기침하는 것이 강풍에 대한 저항이라고 생각한다. 그들은 나의 행복이 몰아쳐도 조금도 느끼지 못한다!

"우리에게는 차라투스트라를 위해 허비할 시간이 없다." 그들은 그렇게 항의한다. 그러나 차라투스트라를 위한 '시간이 없다'는 따위의 시간에 무슨 의미가 있겠는가?

그러니 그들이 나를 칭찬하는 경우에도 나는 그들의 칭찬 위에서 편히 잠들 수 없다. 내게 있어 그들의 칭찬은 가시 돋친 허리띠일 뿐이다. [*3] 그것은 풀 때도 나에게 상처를 입힌다.

나는 그들에게서 이런 것도 배웠다. 즉 칭찬하는 자는 무엇인가 돌려 주는 것처럼 보이지만 사실은 받기를 원한다는 것을.

그들이 칭찬하는 노래, 유혹하는 노래의 구절이 마음에 들었는지 나의 다리에게 물어보라. 진실로 그런 박자나 장단에 맞추어 춤추어야 한다면, 나의 다리는 춤추는 것도, 멈춰 서는 것도 좋아하지 않는다.

그들은 나를 유혹하여 칭찬함으로써 작은 덕으로 이끌어 붙이고 싶어한다. 나의 다리를 설득하여 작은 행복의 장단에 맞춰 춤추게 하고 싶어한다.

나는 이 민중 사이를 걸으며 눈을 크게 뜨고 있다. 그들은 작아졌고 점점 더 작아진다. 그러나 이렇게 된 것은 행복과 덕에 대한 그들의 가르침 때문이다.

그들은 덕에 있어서 겸손하다. 그것은 안일을 바라기 때문이다. 그러나 안일과 조화를 이루는 것은 겸손한 덕뿐이다.

그들은 또 그들 나름대로 걷고 앞으로 나아가는 것을 배웠다. 나는 그것을 '절름발이'라고 부른다. 이 때문에 그들은 급히 가는 자의 방해물이 된다.

그래서 그들 가운데 많은 자는 앞으로 나가면서도 목을 곧추세운 채 뒤를 돌아다본다. 나는 그런 자를 보면 서슴없이 몸을 부딪친다.

다리와 눈은 거짓말을 해서는 안 되고, 또 서로에게 거짓말을 했다고 질책

해서도 안 된다. 그러나 소인들 사이에는 많은 거짓말이 행해지고 있다.

그들 중 일부는 의지를 지니고 있으나 대부분은 오직 타인에게 의지하고 있을 뿐이다. 그들 중 일부는 진짜지만 대부분은 가짜 배우다.

그들 중에는 자신도 모르게 배우가 된 자와 어쩔 수 없이 배우가 된 자가 있다. 진짜는 언제나 드문 법이지만, 그중에서도 진짜 배우는 정말 드물다.

그들 중에는 사나이다운 사나이가 거의 없다. 그래서 그들의 여자들이 남성화된다. 다분히 사나이다운 자만이 '여자 중의 여자를 구제할' 수 있다.

내가 그들에게서 발견한 가장 악독한 거짓은 명령하는 자들까지도 봉사하는 자의 온갖 덕을 가장한다는 사실이다.

'나는 봉사한다. 그대는 봉사한다. 우리는 봉사한다.' 여기서는 지배자들 또한 거짓으로 이렇게 기원한다. 그래서 첫 번째 주인이 첫번째 노예에 불과한 것이다. 한심할 수밖에!

아, 내 눈의 호기심은 그들의 거짓 속에까지 뛰어들었다. 그래서 나는 햇빛 비치는 창가에서 그들 파리의 행복과 윙윙거리는 날개짓 소리를 놓치지 않고 꿰뚫어보고 있었다.

나는 선의가 있으면 그만큼의 약함이 있고, 공정과 동정이 있으면 그만큼의 약함이 있다는 것을 알고 있다.

그들은 서로에 대해 모나지 않고 정직하며 친절하다. 모래알이 모래알에 대해 모나지 않고 정직하고 친절한 것처럼.

겸손하게 하나의 작은 행복을 받아들이는 것, 그들은 이것을 '참고 따름'이라고 부른다. 그러면서 그들은 겸손하고, 성급하게 또 다른 새로운 작은 행복을 곁눈질한다.

흔히 그들은 단 한 가지, 누구도 자기에게 해를 입히지 않기를 바라고 있다. 그러기에 그들은 누구에게나 스스로 나서서 은혜를 베푼다.

이것은 덕이라고 불리지만 실은 비겁이다.

그래서 이 소인들이 간혹 거친 말투나 쉰 목소리로 떠들 때에도 나는 단지 들을 뿐이다. 바람만 불어도 그들의 목소리는 쉬어 버리는 것이다.

그들은 현명하다. 그들의 온갖 덕은 현명한 손가락을 가지고 있다. 그러나 그들의 온갖 덕은 주먹은 갖고 있지 않다. 손가락은 주먹의 그늘에 들어 간다는 것을 모르는 것이다.

그들에게 있어서 덕이란 겸손하고 온순하게 길들이는 것이다. 그들은 늑대를 개로 길들이고, 인간 자체를 인간의 가장 온순한 가축으로 만든다.

"우리는 우리의 의지를 '중간'에 놓았다. 죽어 가는 칼잡이들로부터, 만족하고 있는 돼지로부터 같은 거리만큼 떨어진 데다 두었다." 회심의 미소를 지은 채 그들은 나에게 이렇게 말한다.

그것은 비록 중용이라고 불리고는 있지만 실은 '범용(凡庸)'이라는 것이다.

3

나는 이 민중 사이를 걸어가면서 수많은 이야기를 길에다 뿌렸다. 그러나 그들은 그 말을 줍지도 보존하지도 못한다.

그들은 내가 환락과 악덕을 비방하지 않는 것을 의아하게 생각한다. 실로 나는 소매치기를 조심하라고 말하기 위해 오지는 않았다. 그들은 나에게 그들의 현명함을 더욱 갈고 닦아 날카롭게 하고자 할 마음이 없음을 알고 의아해한다. 그들 현명한 자들의 목소리가 석필처럼 내 귀를 따갑게 하는데도 아직 모자라기나 한 것처럼!

그래서 내가 그대들의 가운데 있는, 훌쩍훌쩍 울면서 두 손 모아 숭배하고자 하는 모든 겁쟁이 악마에게 저주를 부르짖는다면, 그대들은 차라투스트라는 '신을 모멸하는 자'라고 외친다.

특히 참고 따를 것을 가르치는 교사들이 그렇게 외친다. 그러나 나는 바로 그 교사들의 귀에다 "그렇다, 나는 신을 모멸하는 차라투스트라다"라고 외치기를 좋아한다.

이들 참고 따를 것을 가르치는 교사들. 그들은 마치 징그러운 이 같아서 작고 병들고 부스럼 생긴 피부라면 어디든 상관 않고 파고든다. 내가 그들을 잡아 죽이지 않는 이유는 단지 구토증이 그것을 방해하기 때문이다.

좋다! 나는 그들의 귀에 대고 이렇게 설교한다.

'내가 그 가르침에 귀를 기울일 만큼 나보다 더 신을 모멸하는 자가 누군가?' 하고 말하는, 신을 모멸하는 자, 차라투스트라다.

나는 신을 모멸하는 자, 차라투스트라다. 어디에서 나의 동료를 찾아볼 수 있는가? 스스로 자신의 의지로 참고 따르는 모든 것 떨쳐 버리는 자들은 모두 나의 동료다.

나는 신을 모멸하는 자, 차라투스트라다. 나는 어떠한 우연도 나의 솥에 넣어서 찐다. 그래서 우연이 그 속에서 잘 익었을 때 비로소 나는 그것을 먹을거리로서 반갑게 맞는다.

그래서 진실로 많은 우연이 주인 행세를 하며 나에게로 찾아왔다. 그러나 나의 의지는 그것을 향해 훨씬 더 주인에 가까운 탈을 쓰고 말했다. 그러자 우연은 재빨리 무릎을 꿇고 애원했다.

나에게 머물 곳과 동정을 구걸하고 아첨하면서 우연은 이렇게 말했다.

"오, 보라, 차라투스트라여. 친구로서 친구를 찾아온 것을!"

그러나 아무도 내 말을 알아들을 귀를 가지고 있지 않은데 내가 무엇이라고 말을 할 것인가! 그러니 나는 사방의 바람을 향해 이렇게 소리쳐야겠다.

그대들은 점점 더 작아진다! 소인들이여. 그대들은 작게 부서져 사라진다, 안일한 자들이여! 그대들은 멸망해 가고 있다.

그대들의 많고 왜소한 덕에 의해, 그대들의 수많은 태만에 의해, 그대들의 수많은 인종에 의해!

그대들의 토양은 동정이 지나치고 응석을 지나치게 받아 준다! 그러나 하나의 나무가 거목이 되려면 그 나무는 단단한 바위 주위에 뿌리를 굳건히 뻗어 내려야 한다!

그대들의 나태는 모두 인간의 미래라는 직물의 실이 되어 짜여 들어간다. 그대들의 '무'도 하나의 거미줄이며, 미래의 피를 먹고 살아야 하는 한 마리 거미다.

그리고 왜소한 유덕자들이여, 그대들은 빼앗을 때도 마치 훔치듯이 빼앗는다. 그러나 악한들 사이에서조차 명예심은, 약탈하지 않으면 안 될 때 외에는 그렇게 하면 안 된다고 말한다.

'그것은 저절로 주어진다.' 이것 역시 인종의 가르침이다.

그러나 안일한 자들이여, 나는 그대들에게 말하리라. 그것은 그대 스스로 취하는 것이다. 그래서 더욱더 많은 것을 그대들로부터 취하게 되리라!

언제나 이웃을 자신처럼 사랑하라. 그러나 우선 자신을 사랑하는 자가 돼라.

아, 그대들이 모든 '반푼어치 의욕'을 물리치고 나태든 행위든 앞으로 나아 갈 결심을 하면 좋으련만!

아, 그대들이 내 말을 이해하면 좋으련만. '그대 자신이 바라는 것이라면 무엇이든 하라. 그러나 먼저 의욕할 수 있는 자가 돼라!'라는 말을.

큰 사랑으로 자기 스스로를 사랑하되, 큰 경멸을 지닌 채 사랑하는 자가 돼라! 신을 경멸하는 자, 차라투스트라는 이렇게 말한다.

그러나 나는 무엇에 대해 말하고 있단 말인가? 아무도 나의 말을 알아들을 귀를 갖고 있지 않은데! 내가 말하기엔 아직 한 시간이나 빠르다.

민중 가운데에서 나는 스스로의 선구자다. 어두운 거리에서 들려 오는 나 자신의 울음소리다.

그러나 그들의 때는 온다! 그리고 나의 때도 온다! 그들은 시시각각 작아지며 가난해지고, 불모지가 되어 간다. 가련한 잡초여! 가련한 토양이여!

그리고 머지않아 그들은 시들어 버린 초원처럼 내 앞에 길게 나타날 것이다. 그래서 진실로 그들 스스로 지쳐서 숨을 헐떡이며 물보다도 불을 갈망하리라!

오, 축복받은 번개의 시간이여! 오, 오전의 비밀이여! 나는 언젠가는 그들을 다시 한 번 질주하는 불길이 되게 하고, 다시 한 번 화염의 혓바닥을 가진 예고자가 되게 하리라!

그들은 언젠가는 화염의 혓바닥으로 이렇게 알리게 되리라!

"그것이 온다, 그것이 가까워지고 있다. 저 '위대한 한낮이!'"

차라투스트라는 이렇게 말했다.

감람나무 산에서

겨울이라는 반갑지 않은 손님이 내 집에 들어와 있다. 내 손은 그의 우정 어린 악수로 새파래졌다.

나는 이 반갑지 않은 손님을 존경하지만 같이 있고 싶지는 않다. 나는 그로부터 달아나고 싶다. 그에게서 달아날 수도 있다.

따뜻한 사상을 품은 채 따뜻한 다리로 나는 바람이 잔잔한 곳을 향해 달려가고 있다. 나의 감람나무 산*4의 양지바른 곳으로.

그곳에서 나는 이 엄한 손님을 생각하고 비웃는다. 그러면서도 그가 내 집에서 파리들을 쫓아 냄으로써 자질구레한 소란을 가라앉혀 주는 것에 감사한다.

다시 말해 그는 단 한 마리의 모기 소리도 참지 못한다. 하물며 두 마리의 모기라면 더욱 참지 못하리라. 또한 거리를 쓸쓸하게 만들어 밤에는 달빛조차도 두려움을 느낄 정도다.

그는 냉혹한 손님이지만, 나는 그를 존경한다. 그래도 나는 연약한 무리들처럼 배불뚝이 불의 우상*5에게 빌지는 않는다.

우상을 숭배하느니 차라리 이를 딱딱 가는 게 낫겠다! 나는 그런 걸 바라는 성질이다. 그래서 특히 나는 정열적이고 바람기 있는 귀찮은 불의 우상을 싫어한다.

나는 여름보다도 겨울에 내가 사랑하는 자를 훨씬 더 사랑한다. 나의 집에 겨울이 들어앉은 뒤부터 나는 이제 적들을 더 과감하게 비웃는다.

진실로 내가 잠자리에 들어가는 순간조차도 과감하게 조소한다. 기어들어온 나의 행복까지도 큰소리로 웃으며 방자하게 행동한다. 나의 거짓 꿈조차도 웃어대는 것이다.

나는 아부하는 자일까? 나는 이제까지 한번도 권력자 앞에서 기어 본 적 없다. 거짓말을 한 적이 있다 하더라도 너무 사랑한 나머지 그런 것이다.

나는 겨울의 잠자리 속에서도 즐겁다. 초라한 잠자리는 호화로운 잠자리보다 나를 더 따뜻하게 해 준다. 내가 나의 가난에 집착하고 있기 때문이다. 그래서 그 가난은 겨울이 되면 나에게 더욱 충실해진다.

나는 하루 하루를 악의를 지닌 채 시작한다. 나는 냉수욕으로 겨울을 비웃는다. 나의 엄한 손님은 그것을 투덜댄다.

또 나는 곧잘 그를 한 자루의 촛불로 간지럽혀 마침내 잿빛 어스름 속에서 하늘을 보고 만다.

우물가에서 두레박 소리가 나고, 잿빛 거리에서 말들이 따뜻한 콧김을 내뿜으며 달리는 이른 아침에 나는 특히 악의에 차 있다.

그때 나는 밝은 하늘이, 눈발을 머금은 겨울 하늘이, 겨울의 백발 노인이 내 앞에 나타나기를 기다리고 있다. 때때로 자신의 태양조차도 침묵으로 감싸고 있는 과묵한 겨울 하늘이 드디어 내 앞에 오기를!

나는 길고도 밝은 침묵을 겨울 하늘로부터 배운 것일까? 아니면 겨울 하늘이 나에게서 배운 것일까? 아니면 나와 겨울 하늘이 함께 그것을 생각해

낸 것일까?

홀륭한 사물의 근원은 수천 겹이다. 온갖 훌륭하고 자유 분방한 사물은 기쁨에 넘쳐 현존하는 것들 속으로 뛰어든다. 그들이 이 도약을 단 한 번으로 그칠 리 있겠는가!

오랫동안 침묵하는 것, 겨울 하늘처럼 밝고 둥근 눈을 가진 얼굴로 바라보는 것, 겨울 하늘처럼 자신의 태양과 불굴의 의지를 침묵으로 감싸는 것. 정녕 나는 이런 기술과 이런 겨울의 분방함을 분명히 배웠던 것이다.

침묵을 지킴으로써 자신을 노출시키지 않는 방법을 배운 것이야말로 내가 가장 사랑하는 악의와 기술이다.

나는 큰 소리로 말하고 주사위 소리를 내어 엄숙한 감시인들을 속인다. 모든 엄한 감시자의 눈을 피해 나의 의지와 목적을 살짝 빼내야 한다.

아무도 내 마음속 최후의 의지를 들여다볼 수 없도록, 그것만을 위해 나는 길고 밝은 침묵을 생각해 냈다.

나는 영리한 자들을 많이 발견했다. 그들은 누구에게도 자기 모습을 보여주지 않고 마음속을 들여다보지 못하게 하기 위해 얼굴에 베일을 쓰고 자신의 물을 탁하게 했다.

그러나 바로 그런 자들이 있는 곳에 훨씬 더 영리하고 의심 많은 호두 까는 사람들*6이 찾아와서 그들로부터 가장 깊은 곳에 숨어 있는 고기를 낚아 올리는 것이다.

그들보다는 차라리 밝고 깨끗한 자, 착실한 자, 투명한 자야말로 나에게 있어서 가장 영리한 침묵자다. 그들의 마음속은 너무나 깊기 때문에 아무리 맑은 물이라도 그 속이 보이지 않는다.

눈발을 머금고 침묵하는 겨울 하늘이여. 내 머리 위의 둥근 눈을 가진 백발의 얼굴이여! 오, 나의 영혼과 분방한 천상의 비유여!

그래서 나는 황금을 집어삼킨 사람처럼 몸을 숨기지 않으면 안 되는 것이 아닐까? 사람들이 나의 영혼을 찢지 못하도록?

나는 죽마를 타고 있어야 하는 것이 아닐까? 내 주위의 질투며 고뇌하는 무리들이 나의 긴 다리를 보지 못하게 하기 위해.

시커먼 그을음투성이의 방 안에서 데워진, 시들고 푸른 곰팡이가 핀 영혼들의 질투가 어떻게 나의 행복을 견딜 수 있겠는가!

그래서 나는 그들에게 나의 산봉우리의 얼음과 겨울만을 보여 주고, 나의 산이 두르고 있는 태양의 찬란한 띠는 보여 주지 않는다.

그들은 단지 나의 겨울에서 휘몰아치는 폭풍 소리를 들을 수 있을 뿐이다. 내가 동경으로 무겁고 뜨거워진 남풍처럼 따뜻한 바다 위를 지나는 소리는 듣지 못한다.

그들은 나의 여러 가지 사고와 우연을 가엾게 여기기조차 한다. 그러나 나는 이렇게 말하리라.

"우연이 내게로 오게 내버려 두라. 그것은 어린아이처럼 천진하다."

그들이 나의 행복을 어떻게 참을 수 있으랴. 만일 내가 불의의 재난과 겨울의 궁핍과 흰 곰의 모자와 눈 내리는 하늘의 망토로 나의 행복을 감싸지 않았더라면!

만일 내가 그들의 질투로 고뇌하는 무리들의 동정을 가련하게 여겨 주지 않았더라면!

만일 내가 자진해서 그들 앞에서 탄식하며, 추위에 떨고, 끈기 있게 그들의 동정으로 나의 몸을 감싸지 않았더라면!

내 영혼이 그 겨울과 그 차가운 폭풍을 감추지 않는 것, 그것이 내 영혼의 현명한 의지와 선의다.

내 영혼은 또 내 동상조차 감추지 않는다.

어떤 사람의 고독은 병자로서의 도피지만, 또 어떤 사람의 고독은 병자로부터의 도망이다.

내 주위에 있는 모든 질투심 많은 가련한 자들은 내가 추위서 이를 딱딱 부딪치며 탄식하는 소리를 좋아한다. 나는 탄식하고 떨리는 소리를 냄으로써 그들의 따뜻해진 방에서 도망칠 수 있다.

그들은 내 동상을 보고 나에게 동정을 보내고 나와 함께 탄식하는 것이 좋으리라. '그는 인식의 얼음으로 우리까지도 얼어죽게 한다'고 그들은 탄식해야 한다.

그동안 나는 따뜻한 다리로 나의 감람나무 위를 이리저리 뛰어다닌다.

나는 나의 양지 바른 감람나무 동산에서 노래하며 모든 동정을 비웃는다.

차라투스트라는 이렇게 말했다.

지나침

차라투스트라는 이렇게 하여 많은 사람들과 여러 도시를 천천히 거쳐 우회로를 통해 그의 동굴로 걸어갔다.

보라! 가는 도중에 그는 자신도 모르는 사이에 대도시의 성문 앞에 서게 되었다. 그때 바보 하나가 입에 거품을 물고 팔을 크게 벌린 채 그를 향해 곧장 달려와서 앞을 막아 섰다. 그는 사람들이 '차라투스트라의 원숭이'라고 부르는 바보였다. 그는 차라투스트라의 말과 말투를 조금 배웠고, 또 차라투스트라의 지혜를 빌려 쓰고 있었기 때문이다. 그 바보는 차라투스트라에게 이렇게 말했다.

"오 차라투스트라여, 여기는 대도시다. 당신이 구하는 것은 여기에 아무 것도 없으며, 오히려 당신은 모든 것을 잃어버리고 말 것이다.

당신은 어째서 이 진흙길을 걸으려고 하는가? 그대의 발을 불쌍히 여기라. 차라리 성문에 침을 뱉고 돌아가라!

여기는 은둔자의 사상을 펴기에는 지옥과 같다. 여기서는 위대한 사상이 산 채로 삶기고 왜소한 사상은 그대로 난도질당한다. 여기서는 온갖 위대한 감정은 썩어 버리거나 메마르고 작은 감정만이 삐걱거리는 소리를 낼 뿐이다.

그대는 이미 정신의 도살장과 정신의 요릿집에서 나는 냄새를 맡지 않았는가? 이 도시는 도살당한 정신의 냄새로 가득 차 있지 않은가?

그대는 영혼이 누더기처럼 후줄근하게 널려 있는 것을 보지 않았는가? 그들은 이 누더기로 신문을 만들기까지 한다.

그대는 여기서 정신이 어떻게 말의 장난감이 되어 버리고 말았는지 듣지 않았는가? 정신은 더러운 말의 찌꺼기를 토해 낸다. 그리고 그들은 특히 이 말의 찌꺼기로 신문을 만든다.

그들은 모두 서두르고 있지만, 자신이 어떤 이유로 서두르는지를 모른다. 그들은 서로 흥분시키지만 왜 그러는지조차 모른다. 그들은 자신들의 양철을 두드리면서 그것과 함께 금화를 쩔렁거린다.

그들은 자신의 몸이 차가워지면 끓어오르는 물에서 온기를 찾는다. 몸이 따뜻해지면 싸늘한 정신에서 차가움을 찾는다. 그들은 모두 여론에 의해 쇠약해지고 상처를 입는다.

여기서는 모든 욕망과 악덕이 멋대로 날뛰고 있다. 그러나 여기에 유덕한 자도 있으며, 그의 유덕함이 고용되기도 한다.

글쓰는 데 익숙한 손가락이 있으며, 기다리거나 참는 데 익숙해진 솜씨가 있다. 가슴에는 작은 별 모양 훈장을 달고, 박제된 자녀들로 둘러싸여 있다.

여기에는 또 만군의 주인인 신에 대한 경건함과 군침까지도 핥을 수 있는 신앙심, 온갖 감언이설의 아첨이 있다. 참으로 위에서부터 그 별 모양의 훈장과 은혜로운 침이 떨어지고 있고, 별 모양의 훈장이 없는 가슴은 높은 것으로 올라가기를 갈망하고 있다.

달에는 궁전이 있고, 궁전에는 바보들이 있다. 거기에는 이상한 사람들이 즐겁게 머문다. 거지 같은 백성과 솜씨 있는 거지의 능력은 모두 궁전에서 오는 자에게 그 기원을 두고 있다.

'나는 봉사한다. 그대는 봉사한다. 우리는 봉사한다.'

모든 솜씨 있는 사람은 왕을 우러러보며 이런 기도를 한다. 자기의 공로가 인정되어 별 모양의 훈장을 여윈 가슴에 장식케 하기 위해!

그러나 기도를 듣는 달은 세속적인 모든 것 주위를 돌고 있다. 왕 역시 가장 세속적인 것 주위를 돌고 있다. 즉 상인들의 황금을 중심으로 돌고 있다.

그러나 만군의 주인인 신도 황금을 늘리는 것만은 마음대로 할 수 없다. 왕은 생각만 할 뿐, 결정하는 것은 상인이다.

오, 차라투스트라여, 그대 마음속의 밝은 모든 것, 강한 것, 착한 것에 걸어 권고하리라. 이 상인의 도시에 침을 뱉고 돌아가라.

여기서는 모든 피가 썩어 차디찬 거품을 일으키며 혈관을 돈다. 모든 찌꺼기가 모여 거품을 일으키고 있는 커다란 폐수장인 이 도시에 침을 뱉어라!

억눌려 일그러진 영혼, 여윈 가슴, 퀭한 눈, 끈적거리는 손가락이 널려 있는 이 도시에 침을 뱉어라. 뻔뻔스럽고 염치 없는 자, 입과 붓으로만 떠 벌리는 자, 야심으로 불타고 있는 자들이 몰려 있는 이 도시에! 여기에는 모든 것이 썩어빠지고, 더럽고, 난잡하고, 음흉하고, 짓무르고, 곪아터져서 고름이 흘러내리고 있다. 이 도시에 침을 뱉고 돌아가라!"

이때 차라투스트라는 거품을 물고 있는 이 바보를 가로막고 입을 다물게 했다. 그리고 외쳤다.

"이제 그만 해 둬라. 오래전부터 그대의 말과 행동은 나를 구역질나게 했다. 그대는 어째서 그대 자신이 개구리가 되고 두꺼비가 될 정도로 오랫동안 늪에서 살았는가?

그대 자신의 혈관 속에도 썩어서 거품을 일으키는 늪의 피가 흐르고 있지 않은가? 그래서 그대는 개구리 울음소리를 내면서 비웃고 있는 것이다.

그대는 왜 숲 속으로 들어가지 않는가? 왜 대지를 경작하지 않는가? 바다에는 푸른 섬들이 많이 있지 않은가? 나는 그대의 비웃음을 경멸한다. 그리고 그대는 나에게는 경고를 해 주면서 왜 그대 스스로에게는 경고하지 않는가?

내 경멸과 내 경고의 새는 오직 사랑의 둥지를 날아다녀야 한다. 그 새가 늪을 날아다녀서는 안 된다.

그대, 입에 거품을 문 바보여! 세상 사람들은 그대를 나의 원숭이라고 부른다. 그러나 나는 그대를 불평만 늘어놓는 나의 돼지라고 부르리라. 그대는 불평을 늘어놓음으로써 그대가 의지했던 나의 예찬까지도 아무 가치가 없는 것으로 만들어 버린다.

도대체 그대는 왜 불평을 늘어놓는 돼지가 되었는가? 그것은 아무도 그대에게 아첨하지 않아 그대의 마음을 만족시켜 주지 않았기 때문이리라. 그래서 그대는 이 더러운 곳에 앉아 있는 것이다. 불평할 구실을 찾기 위해, 끊임없는 복수의 구실을 만들어 내기 위해!

허영심에 들떠 있는 바보여! 그대가 입에 물고 있는 모든 거품이 바로 복수다. 나는 그대를 잘 알고 있다.

그대의 어리석은 말은 비록 그것이 옳다고 해도 나에게 상처를 준다. 그리고 그대가 이치에 맞는 차라투스트라의 말을 흉내내게 되면, 그대가 바로 그 말을 입에 올림으로써 나의 말은 상처를 입게 된다."

차라투스트라는 이렇게 말했다.

그리고 큰 도시를 바라보면서 한숨을 쉬더니 오랫동안 입을 다물고 있었다.

"이 바보뿐만 아니라 이 도시까지도 나를 구역질나게 만든다. 이곳은 더 좋게 할 수도, 더 나쁘게 할 것도 없는 도시다.

이 대도시에 재앙 있으라! 나는 이 도시를 태워 버릴 불기둥을 하루라도 빨리 보고 싶다. 위대한 대낮이 오려면 이러한 불기둥이 있어야 한다.

그러나 위대한 대낮에는 그 스스로의 때와 운명이 있다.

그대, 바보여. 이별에 즈음하여 나는 이 가르침을 그대에게 준다.

더 이상 사랑할 수 없는 것은 '지나쳐야' 한다."

차라투스트라는 이렇게 말했다.

그리고 바보와 대도시를 지나쳤다.

배신자

1

아, 얼마 전까지만 해도 이 초원을 푸르고 화려하게 물들이던 모든 것들은 벌써 시들어 버리고 말았다. 나는 여기에서 얼마나 많은 희망의 꿀을 내 벌통으로 옮겼던가!

젊은 가슴은 이제 모두 늙어 버렸다. 아니, 늙어 버린 것이 아니라 지치고 피로해져 세속적으로 되고 안이해졌다. 그런데 그들은 "우리는 다시 신앙이 깊어졌다"고 말한다.

얼마 전까지만 해도 나는 그들이 아침 일찍 일어나 씩씩하게 달려 나가는 모습을 보았다. 그러나 이제 그들의 인식의 발걸음은 지쳐 버렸고, 그들은 자신의 이른 아침의 용감함까지도 비난한다. 진실로 그들 대부분은 일찍이 춤추는 사람처럼 다리를 들어올렸고, 내 지혜 속에 깃든 웃음이 그들을 향해 손짓했다. 그러자 갑자기 그들은 생각에 잠겼다. 나는 그들이 무릎 꿇은 채 십자가를 향해 기어가는 모습을 보았다.

그들은 일찍이 빛과 자유의 주위를 모기처럼, 젊은 시인들처럼 힘차게 돌아다녔다. 그런데 이제 조금 늙고, 조금 추위를 느끼게 되자 어느새 그들은 사기꾼·음모자·비겁자가 되었다.

고독이 나를 고래처럼 삼켜 버렸기 때문에 그들의 마음이 울적해진 걸까.[7] 아마도 그들은 오랫동안 나와 나의 나팔 소리와 전령의 외침을 쓸데없이 애타게 기다리고 있었기 때문이 아닐까?

아, 오랫동안 용기와 오만을 지니고 있는 자는 언제나 아주 적다. 몇몇 사람들만이 인내심 강한 정신을 지니고 있을 뿐 그 나머지는 모두 겁쟁이들이다.

나머지 사람들은 대부분 범속한 사람들이다. 진부하고 하찮은 존재들인 그들의 수는 너무나 많다. 이들은 모두 겁쟁이다.

나와 같은 종류에 속하는 사람은 나와 같은 경험을 하게 될 것이다. 그러므로 그 최초의 동료는 시체와 어릿광대*8일 수밖에 없다.

그러나 그의 두 번째 동료들, 그들은 자칭해서 그의 '신자'라고 하리라. 그들은 풍부한 애정, 풍부한 어리석음, 풋내나는 숭배 따위를 지닌 군중이다.

인간들 가운데 나와 같은 종류에 속하는 사람이라면 이런 신자에게 마음을 두어서는 안 된다. 쉽게 변하는 비겁한 인간의 본성을 아는 사람이라면 이런 봄과 화려한 들판을 믿어서는 안 된다.

그들은 사정이 달랐다면 또 다른 길을 갔을 것이다. 이것도 저것도 아닌 얼치기들이 모든 것을 더럽힌다. 나뭇잎이 시들어 떨어졌다고 탄식할 필요가 있겠는가?

오, 차라투스트라여. 나뭇잎이 시들어 떨어지게 내버려 둬라. 그리고 탄식하지 말라! 오히려 그 나뭇잎을 흩날리게 하는 바람을 불어 보내는 것이 좋으리라. 이들 나뭇잎을 힘차게 불어 젖혀라. 오, 차라투스트라여. 시들어 버린 모든 잎들이 그대로부터 더 빨리 사라지도록!

2

"우리는 다시 믿음이 깊어졌다."

배신자들은 이렇게 고백한다. 또 그들 중에는 그처럼 고백하는 것조차 하지 못하는 겁쟁이들도 많다.

나는 그들의 눈을 똑바로 바라본다. 그렇게 함으로써 그들의 볼이 빨갛게 달아오르도록. 그리고 이렇게 말해준다.

"그대들은 다시 기도나 드리는 사람이군!"

기도한다는 것은 치욕이지만, 모든 사람에게 그런 것은 아니다. 그대와 나에게만은 치욕이다. 또 양심을 간직하고 있는 자에게도 치욕이다. 따라서 그대에게는 치욕이다. 그대에게는 기도한다는 것이 치욕일 테니까!

그대도 알고 있으리라. 그대 마음속의 비겁한 악마, 걸핏하면 두 손을 모아 무릎에 놓고 안일하게 살려는 자, 이 비겁한 악마가 그대를 설득하는 것이다. 신은 존재한다고.

그 악마의 말에 귀를 기울임으로써 그대는 빛 속에서는 결코 마음을 놓지 못하는, 빛을 싫어하는 사람에 속하게 된다. 그렇게 되면 너는 날이 갈수록 네 머리를 밤과 안개 속에 깊이 틀어박아야 할 것이다.

그리고 그대에게 마침 참으로 알맞은 때가 왔는지도 모른다. 지금 막 밤의 새들이 다시 날아올라 하늘을 온통 뒤덮고 있다. 빛을 싫어하는 모든 자에게 좋은 때, 해질녘의 안일한 때가 온 것이다. 그곳에 안일은 있지만 축복의 기쁨은 없다.

나는 소리와 냄새로 그것을 알 수 있다. 사냥을 하며 이리저리 돌아다니는 그들의 때가 온 것이다. 그러나 그것은 난폭한 사냥이 아닌, 힘빠진 발걸음으로 소리를 죽인 채 조용히 기도하면서 냄새를 찾아다니는 얼빠진 사냥이다. 감정이 풍부한 위선자들을 쫓는 사냥이다.

인간의 마음을 노리는 온갖 쥐덫이 다시 놓여졌다. 가까이 다가가서 드리워진 장막을 열어 보면, 그 속에서는 어김없이 한 마리의 모기가 튀어나온다.

그것은 다른 모기와 함께 그 속에 웅크리고 있었을 것이다. 왜냐하면 나는 가는 곳마다 숨어 있는 작은 교단의 냄새를 맡기 때문이다. 작은 방에서는 어디든지 새로운 기도 소리와 그 모임이 풍기는 악취가 흘러나온다.

그들은 모여서 기나긴 밤을 새우며 이렇게 말한다.

"우리는 다시 아이처럼 천진한 마음으로 돌아가서 '하느님'의 이름을 부르자." 그들의 입과 위는 신앙심 깊은 제과업자의 과자에 의해 손상되고 있다.

또 그들은 기나긴 밤마다 교활한 십자 거미*9를 쳐다보고 있다. 그 거미는 다른 거미들에게 언제나 영리한 술책을 가르친다. 거미줄은 십자가 아래에 치는 것이 좋다고.

또 그들은 하루 종일 늪에 낚싯대를 드리우고는 자신들을 '깊이 사색하는 자'라고 생각한다. 물고기가 한 마리도 없는 곳에서 낚시질을 하는 자를 천박한 자라고 부를 수는 없다.

어쩌면 그는 노래하는 시인에게서 조심스럽고 즐겁게 하프 타는 법을 배울지도 모른다. 그 시인은 하프 소리로 젊은 여자들의 마음을 사로잡으려 하고 있다. 이제 나이 먹은 여자들과 그 칭찬의 말에는 싫증이 났기 때문이다.

또 그들은 유식한 반미치광이*10에게서 전율할 만한 지식을 배우려 한다. 그 반미치광이는 어두운 방에 앉아 사람들이 찾아오기를 기다리고 있지만,

사람들은 그에게서 달아나 버린다.

또 그들은 방랑하는 노인의 피리 소리에 귀를 기울인다. 그 노인은 구성진 피리 가락을 바람에게서 배웠으므로 이제는 바람 소리처럼 피리를 불고 구성진 가락으로 슬픔을 설교한다.

또 그들 중 몇 사람은 야경꾼이 되었다. 그들은 피리 부는 법을 익혀서 밤마다 순회하며 오래전에 잠든 옛것들을 불러 깨운다.

나는 어젯밤 정원의 돌담 곁에서 옛것에 대한 다섯 가지 이야기를 들었다. 그 이야기는 늙고 우울하고 여윈 야경꾼의 입에서 흘러나온 이야기다.

"그는 아버지로서 자식들을 자상하게 보살피지 않는다. 인간의 아버지가 더 나은 편이다."

"그는 너무 늙어서 자식들을 보살피고 싶은 생각이 전혀 없다." 다른 야경꾼이 이렇게 대답했다.

"그가 과연 자식이 있는 아버지였던가? 그 자신이 그것을 증명하지 않는 한 어느 누구도 증명할 수 없다. 나는 그가 그 점을 철저히 증명해 주기를 오래전부터 바라고 있었다."

"증명? 그가 무엇이든 증명한 적이 있는가? 그에게는 증명한다는 것이 몹시 어려운 일이다. 그보다 그는 믿어 주기를 바라고 있다."

"그렇다. 믿음, 자기에 대한 믿음이 그에게는 가장 큰 행복이다. 노인이란 그런 것이다. 우리 역시 그렇다."

이렇게 두 늙은 야경꾼, 즉 빛을 두려워하는 자들이 이야기를 나누었다.

그리고 그들은 구성진 가락의 피리를 불었다. 이것이 어젯밤 정원 돌담 곁에서 일어났던 일이다.

그러나 그 소리를 들은 나의 심장은 너무 우스워서 뒤틀리다 못해 거의 터질 지경이었다. 나는 배를 움켜쥘 수밖에 없었다.

진정, 당나귀가 술 취한 것을 보고, 야경꾼들이 그처럼 신을 의심하는 말을 듣고, 나오려는 웃음을 참기 위해 숨이 막히는 것, 어쩌면 이것이 내 죽음이 될지도 모른다.

아마 이런 의심도 벌써 오래전에 잊혀진 것이 아닐까? 이렇게 낡고 잠에 취한 어두운 문제를 새삼스럽게 누가 세워 일으키려 하겠는가!

사실, 여러 신들은 이미 죽은 지 아주 오래다.

그리고 그들은 착하고, 즐겁고, 신성한 최후를 가졌다. 그들이 죽음에 대해서 '얼굴을 찌푸렸다'고 말하는 자가 있다면 그것은 거짓말이다. 오히려 신들은 '웃다가' 죽었다! 그것은 어떤 신이 신답지 않은 말, 즉 "신은 오직 하나다. 너희는 나 이외의 어떤 신도 섬겨서는 안 된다"고 했을 때의 일이다.

수염이 텁수룩한 노여움의 신, 질투의 신이 제정신을 잃고 그렇게 말했다.

그 말을 들은 신들은 모두 웃었고, 의자에 앉은 채 몸을 뒤틀면서 외쳤다.

"신들은 있지만, 유일신은 없다. 그것이 바로 참다운 신성이 아니겠는가!"

귀 있는 자는 들으라.

차라투스트라는 그가 사랑하던 '얼룩소'라는 별명의 도시에서 이렇게 말했다.

여기에서 이틀만 더 가면 그의 동굴과 동물들이 있는 곳으로 갈 수 있다. 귀향이 가까워지자 그의 가슴은 몹시 뛰기 시작했다.

귀향

오, 고독이여! 나의 고향인 고독이여. 나는 너무나 오랫동안 타향에서 고된 생활을 했기 때문에 눈물 없이는 네 품에 안길 수 없다.

지금은 단지 어머니처럼 손가락으로 나를 어루만져 주기만 하면 되리라. 어머니가 미소짓는 것처럼 내게 미소지어 다오. 그리고 단지 이렇게 말해 다오.

"일찍이 폭풍처럼 나에게서 떨어져 갔던 것은 누구인가?

'너무나 오랫동안 고독 속에서 살았기 때문에 나는 더 이상 침묵하고 있을 수 없게 되었다'고 외치며 떠났던 자는 누구인가? 너는 이제까지 그 침묵에 대해 배워 온 것이 아닌가?

오, 차라투스트라여. 나는 모든 것을 알고 있다. 그대, 유일한 자여. 그대는 일찍이 나와 더불어 많은 사람들 사이에 있었을 때보다 더 외로워졌다는 것을. 혼자 버려지는 것과 고독은 아주 다른 것이다. 그대는 지금 그것을 배워서 알고 있으리라. 그리고 또 군중 속에서 그대는 항상 낯선 타향 사람이라는 것을. 사람들이 그대를 사랑하고 있을 때조차도 그대는 낯선 타향 사람이다.

왜냐하면 그들은 무엇보다도 위로받기를 원하기 때문이다.

그러나 여기라면 그대는 진정한 그대 자신으로 되돌아가도 좋다. 어떤 말이라도 할 수 있으며, 가슴속 깊이 있는 것을 말해도 좋다. 여기서는 감추어지고 억압된 감정이라도 부끄러워할 필요가 없다.

여기서는 모든 것이 그대의 말을 그리워하고, 그대에게 아양을 떤다. 여기서는 모든 것이 그대에게 업히고 싶어한다. 또 여기서 그대는 온갖 비유의 등에 올라타고 온갖 진실을 향해 달려갈 수 있다.

여기서 그대는 모든 것에 대해 진실되고 분명하게 말할 수 있다. 그렇기 때문에 그대의 말이 그들의 귀에는 칭찬으로 들리는 것이다. 그러나 버려지는 것은 그것과 다른 것이다.

차라투스트라여 그대는 아직 기억하고 있는가? 그대는 어디로 가야 할지 몰라 숲 속에서 시체 곁에 서 있었다. 그때 그대의 독수리가 그대 머리 위에서 울부짖던 일을 기억하고 있는가?

그때 그대는 이렇게 말했다.

'나의 동물이 나를 인도해주면 좋으련만! 나는 동물들과 함께 있는 것보다 사람과 함께 있는 것이 더 위험하다는 사실을 알았다.'

그것이 혼자 버려지는 것이다.

그대는 아직 기억하고 있는가? 오, 차라투스트라여. 그대가 그대의 섬에 앉아 포도주의 샘물이 되어 목마른 자들의 빈 통에 포도주를 나누어 주었던 때를.

그대가 마침내 정신 없이 취한 자들 속에서 혼자만 갈증을 느껴 밤마다 '받는 것은 주는 것보다 행복하지 않겠는가? 그리고 훔치는 것은 받는 것보다 더 행복하지 않겠는가?' 하고 말했을 때, 그것이 혼자 버려지는 것이다.

그대는 기억하고 있는가? 그대의 가장 고요한 시간이 다가와 그대를 그대 자신으로부터 쫓아 버렸을 때의 일을. 그때 그대의 가장 고요한 시간은 그대를 향해 짓궂게 속삭였다.

'말하라. 그리고 죽어라' 그때 그대의 가장 고요한 시간이 그대의 모든 기다림과 침묵을 탓하고, 그대의 겸손한 용기를 좌절시켰다. 그것이 혼자 버려지는 것이다!"

오, 고독이여. 나의 고향 고독이여. 그대가 이야기하는 목소리는 얼마나 행복하고 상냥한가!

우리는 서로 질문도 불평도 하지 않는다. 우리는 서로 손을 잡고 활짝 열린 문으로 모든 곳을 자유롭게 드나든다.

그대가 있는 곳이라면 모든 것이 열려 있고 환하기 때문이다. 여기서는 시간조차도 가볍게 걸어간다. 시간이라는 짐은 빛 속에서보다 어둠 속에서 더욱 무거운 법이다.

여기서는 모든 존재의 언어와 그 언어의 진열장이 나를 향해서 열려 있다. 여기서는 모든 존재가 언어가 되기를 원한다. 여기서는 모든 생성이 내게서 말하는 법을 배우려고 한다.

그러나 저 아래에서는 모든 언어가 부질없다. 거기서는 잊어버리는 것과 지나쳐 버리는 것이 최선의 지혜이다. 나는 그것을 분명히 배웠다.

사람들 사이의 모든 것에 대해 알고 싶으면 그 모든 것에 손을 대야 하리라. 그러나 그렇게 하기에는 내 손이 너무나 깨끗하다.

나는 그들의 숨결을 들이마시고 싶지도 않다. 아, 나는 그토록 오랫동안 그들의 소란과 더러운 숨결 속에서 살고 있었다.

오, 나를 둘러싸고 있는 축복받은 고요함이여! 오, 나를 감싸고 있는 순수한 향기여! 이 고요함은 얼마나 가슴속 깊이까지 순수하게 숨쉬고 있는 것일까? 이 고요함은 얼마나 조용하게 듣고 있는 것일까?

저 아래에서는 모든 것이 말하고 있지만 귀를 스치고 지나갈 뿐 들리지 않는다. 어떤 사람이 종이나 북을 울리며 자신의 지혜를 알리려 해도 시장 상인들의 돈 세는 소리에 묻혀 들리지 않을 것이다.

거기서는 모두가 말하지만 아무것도 성취되거나 완성되지 않는다. 모든 것이 꺽꺽 울어댄다. 그러나 둥지 속에 조용히 앉아 알을 품으려는 것은 아무것도 없다.

거기서는 모두가 말하고 있고, 그렇게 함으로써 모든 것이 파괴된다. 그리고 어제까지만 해도 시간 그 자체 및 이빨로도 씹히지 않을 만큼 단단했던 것이 오늘은 씹히고 부서져서 사람들의 입에서 내뱉어진다.

거기서는 모두가 말하고 있고, 감춰진 모든 것들이 밝혀진다. 그래서 일찍이 심오한 영혼을 가진 자들의 비밀이었던 것들이 오늘은 거리의 나팔수나 북치는 사람의 소유물이 되어 버렸다.

나의 가장 큰 위험은 항상 친절하다는 것과 동정하는 것이다. 게다가 인간은 항상 위로받고 동정받기를 바란다.

진실을 말하기를 억제하고, 낙서를 갈겨 쓰는 바보의 손과 마음을 가지고, 동정으로 인한 작은 거짓말을 하면서 나는 늘 사람들 사이에서 살아 왔다.

나는 변장을 한 채 그들 사이에 앉아 있었다. 내가 그들을 견뎌 낼 수 있도록 내 자신이 오해받을 각오를 하고 '바보 같은 그대여, 그대는 인간에 대해 모른다' 하고 스스로 타일렀던 것이다.

사람들 속에 섞여 살고 있을 때는 인간이라는 것에 대해 모른다. 모든 인간에게는 너무나 많은 전경*[11]이 있다. 그런데 멀리 볼 수 있는 눈, 먼 곳을 찾는 눈이 무슨 소용이 있겠는가? 그리고 나는 그들이 나를 잘못 보았을 때도 잘못 비친 나를 위로하지 않고 잘못 본 그들을 더 위로했다. 그리고 나는 자신에 대한 가혹함에 익숙해져 있기 때문에 가끔 나 자신에게 복수하기도 했다.

독파리떼에게 쏘이고, 악의의 빗방울에 의해 움푹 패인 돌 같은 모습으로 나는 그들 사이에 앉아 있었다. 그리고 자신에게 타일렀다. '모든 사소한 것들은 그 사소함에 대해 아무 죄가 없다'

특히 선인이라고 자칭하는 자들이 더 지독한 독파리임을 나는 알았다.

그들은 아무런 죄의식도 느끼지 않고 거짓말을 한다. 그런 그들이 어떻게 나를 올바르게 대할 수 있겠는가?

이런 선인들 사이에서 살고 있는 사람은 동정심 때문에 거짓말을 하게 된다. 동정심은 모든 자유로운 영혼들이 견디기 힘들 만큼 숨막히는 공기를 만든다. 선인이라는 자들의 어리석음은 그 깊이를 알 수 없다.

내가 자신과 나의 재산을 감춰야 한다는 것, 나는 그것을 저 아래에서 배웠다. 그곳의 모든 사람들은 정신이 가난하기 때문이다.

그들 한 사람 한 사람에 대해서 그들이 만족할 수 있는 정신은 어떤 것인가? 그들이 견뎌낼 수 없는 무엇인가를 내가 보아서 알고 냄새맡는 것, 그것이 바로 나의 동정심이었다.

나는 그들 중에 완고한 현자들을 보면 완고하다고 하지 않고 현명하다고 했다. 나는 이런 식으로 진실한 말을 이해하는 방법을 배웠다. 나는 그들 가운데 무덤을 파는 사람을 연구자나 검토자라고 부른다. 나는 이런 식으로 말을 바꾸는 것을 배웠다.

무덤을 파는 자들은 구덩이를 파고 나면 병에 걸린다. 오래된 쓰레기 밑에는 병균이 숨어 있는 악취가 잠겨있다. 그 늪을 휘저으면 안 된다.

사람은 산 위에서 살아야 한다. 나는 다시 행복해진 코로 산 위의 자유를 호흡한다. 내 코는 마침내 모든 사람의 악취로부터 구제되었다.

거품 이는 포도주 향기를 맡을 때처럼 상쾌한 공기를 들이마신 나의 영혼은 재채기를 한다. 재채기를 하고 난 내 영혼은 자신을 향해 환호하며 외친다.

"그대, 건강하라!"

차라투스트라는 이렇게 말했다.

세 가지 악

1

나는 계속 꿈을 꾸었다. 아침에 꾼 마지막 꿈속에서 나는 어떤 벼랑 위에 서 있었다. 그것은 세계 저편에 있는 벼랑이었는데, 나는 손에 저울을 들고 세계를 저울질하고 있었다.

아, 그런데 유감스럽게도 붉은 새벽빛이 찾아와 내 꿈을 너무나 빨리 깨뜨려 버렸다. 이 시기심 많은 여인이 자신의 빛으로 나를 눈뜨게 했다. 그녀는 언제나 아침 꿈의 빛을 시기한다.

시간을 가진 자라면 측정할 수 있는 것, 좋은 저울을 지닌 자라면 잴 수 있는 것, 힘찬 날개를 가진 자라면 날아갈 수 있는 것, 신처럼 호두알을 깰 수 있는 자라면 꿰뚫어볼 수 있는 것, 내가 꿈속에서 본 세계는 바로 그런 것이다.

내 꿈은 항해자다. 반은 배고, 반은 폭풍이다. 나비처럼 말이 없고 독수리처럼 성급하다. 그런데 오늘 그것이 어떻게 세계를 저울질할 만한 인내와 여유를 갖게 된 것인가?

아마도 갖가지 '무한한 세계'를 비웃는 나의 대낮의 지혜가 내게 은밀하게 이렇게 설명했을 것이다.

"힘이 존재하는 곳에서는 수가 지배자가 된다. 수는 큰 힘을 가지고 있기 때문이다."

새로운 것과 밝은 것에 쫓기거나 바라지도 않고 두려워하지도 않으며 얼마나 자신 있게 이 유한한 세계를 바라보았던가! 마치 둥근 사과, 차가우면서도 부드러운 벨벳의 피부를 가진 잘 익은 황금 사과가 내 손에 자신의 몸을 맡기는 것처럼 세계는 나에게 몸을 맡겼다.

마치 한 그루의 나무, 여행으로 지친 길손이 몸을 기대고 다리까지 얹어 놓을 수 있도록 이리저리 굽은 나무, 사방으로 가지를 뻗어 강한 의지를 드러내는 나무가 나를 부르는 것처럼 세계는 나의 벼랑 위에 서 있었다.

마치 부드럽고 아름다운 손이 나에게 작은 상자 하나를, 부끄러운 듯 우러러보는 눈을 위해 열려 있는 작은 상자를 내미는 것처럼, 세계는 오늘 내게 자기 몸을 내밀고 있었다.

나에게 오늘의 세계는 인간애를 위협할 만큼 어려운 수수께끼도 아니고, 그렇다고 인간의 지혜를 잠들게 할 만큼 쉬운 해답도 아니다. 사람들이 그처럼 나쁘게 말하는 세계가 나에게는 인간적이라 더욱 좋다.

나는 이른 아침 꿈에서 이처럼 세계를 저울질해 본 것에 대해 얼마나 감사하는지 모른다. 그 꿈은 훌륭하고 인간적인 것으로 나를 찾았다.

그래서 나는 대낮에 그 꿈에서 가장 훌륭한 것을 배우기 위해 세 가지 최대의 악을 저울 위에 올려놓고 정당하게 인간적으로 저울질해 보려고 한다.

축복하는 법을 가르친 자는 또한 저주하는 법도 가르쳤다. 이 세상에서 가장 심하게 저주받은 세 가지 악은 무엇인가? 나는 그것을 저울 위에 올려놓으려 한다.

쾌락·지배욕·이기심, 이 세 가지는 언제까지나 가장 심하게 저주받고 가장 나쁘게 비방되며, 가장 혹독하게 평가받았다. 이 세 가지를 저울질해서 나는 그것이 인간적으로 좋은 것임을 보여 주려고 한다.

자! 여기 나의 벼랑이 있고 저쪽에는 바다가 있다. 그 바다가 나를 향해 다가오고 있다. 텁수룩한 모습에 꼬리를 흔들면서 나를 향해 물결쳐 온다. 사랑스럽고 늙고 충실한, 백 개의 머리를 지닌 이상한 개여!

자! 이제 다가오는 바다 위에 나의 저울을 얹어 놓으리라. 그리고 증인도 한 사람 택하리라. 은둔자인 그대, 강렬한 향기를 뿜으며 가지와 잎을 둥글게 말고 있는 사랑하는 나무여. 나는 너를 증인으로 택하겠다.

현재인 '지금'은 어떤 다리를 건너 미래로 가는가? 그리고 높은 것은 어떤 힘에 의해서 낮은 것으로 내려가는가? 가장 높은 것까지도 어떤 힘이 계속 높이 성장하라고 명령하는가?

지금 저울은 수평이다. 나는 세 가지 무거운 물음을 저울의 한쪽에 던졌다. 그러자 저울의 다른 쪽에 세 가지 무거운 해답이 놓여졌다.

2

쾌락. 이것은 참회자의 옷을 걸친 채 육체를 경멸하는 자에게는 양심을 찔러대는 가시이자 괴로움이고, 저편의 또다른 세계를 믿는 자들에게는 세속적인 것으로 간주되어 저주받고 있다. 이 쾌락은 혼란을 주고 그릇 가르치는 사람을 비웃고 무시하기 때문이다.

쾌락. 이것은 천한 자들에게는 그들을 서서히 태우는 불길이다. 벌레 먹은 나무와 악취 풍기는 누더기에게는 당장 그것을 불태우고 녹여 버리는 화덕이다.

쾌락. 이것은 자유로운 마음을 가진 자에게는 천진무구하고 자유로운 것이다. 또한 지상 낙원의 행복이며, 미래가 현재에게 보내는 넘치는 감사다.

쾌락. 이것은 시들어 버린 사람에게는 달콤한 독약이다. 그러나 사자 같은 의지를 지닌 사람에게는 훌륭한 강심제며, 소중하게 저장된 술 중에서도 최고급 술이다.

쾌락. 이것은 보다 높은 행복과 최고의 희망을 나타내는 상징적인 행복이다. 왜냐하면 쾌락에 의해서 많은 사람에게 결혼 생활이나 결혼 생활 이상의[*12] 것이 약속되기 때문이다.

남자와 여자보다도 서로에게 더 낯선 존재인 많은 사람들에게 약속되는 것이다. 그런데 남자와 여자가 얼마나 낯선 존재인가를 완전히 이해한 자가 있기나 할까?

쾌락. 나는 내 사상과 말의 주위에 울타리를 치리라. 내 낙원에 돼지와 방탕자가 침입하지 못하게 하기 위해서.

지배욕. 이것은 가장 강한 마음의 소유자를 때리는 불타는 채찍이다. 가장 잔인한 자에게 가해지도록 보류된 잔인한 가책이다. 살아 있는 것을 화장하는 음산한 불길이다.

지배욕. 이것은 가장 허영심 많은 민중들의 코를 꿰어 끌고 돌아다니는 짓궂은 코뚜레다. 모든 위태로운 덕의 조소자다. 이것은 모든 말과 모든 긍지에 올라타고 다니는 것이다.

지배욕. 이것은 모든 썩어빠진 것, 천박한 것들을 때려부수고 파헤쳐 버리는 지진이다. 회칠한 모든 무덤을 파괴하는 자들이다. 지나치게 서두른 대답에 던져진 의문 부호이다.

지배욕. 이것의 눈에 띄기라도 하면 인간은 뱀이나 돼지보다도 더 천박해진다. 그래서 마침내 그 인간의 속에서 커다란 경멸이 큰소리로 외치게 된다.

지배욕. 이것은 커다란 경멸을 가르치는 무서운 선생이다. 도시나 국가를 향해 '그대는 물러가라'고 설교를 해댄다. 그리고 마침내 도시나 국가 스스로 '나는 물러간다!'라고 외치게 된다.

지배욕. 이것은 순결한 자, 고독한 자, 더 높이는 스스로 만족하고 있는 자들까지도 유혹하며 올라간다. 지상 천국에 찬란한 축복을 그리는 사랑처럼 불타오르고 번쩍이면서.

지배욕. 그러나 높은 자가 권력을 추구하여 아래쪽으로 내려가려 할 때, 어떻게 그것을 욕심이라고 부를 수가 있겠는가? 진실로 이러한 욕구와 하강에는 비속한 곳이나 꺼림칙한 곳이라고는 전혀 없다.

높은 곳에 고독하게 있는 자가 영원한 고독과 자기 만족에 빠지지 않고 산골짜기로 감으로써 높은 곳의 바람이 낮은 곳으로 불기를!

오, 이러한 동경의 다른 이름, 즉 덕의 이름을 누가 알 수 있을까? '베푸는 덕', 차라투스트라는 일찍이 이름 붙이기가 어려운 이것을 그렇게 불렀다.

그때 또 다른 일이 처음 일어났다. 차라투스트라는 이기심까지도 지극히 복된 것이라고 칭찬했던 것이다.

그는 힘찬 영혼으로부터 솟아나오는 건강한 이기심을 칭찬했다. 그리고 그 힘찬 영혼이란 고귀한 육체와 아름답고 승리감에 도취한 싱싱한 육체를 겸비한 것이다. 주위 모든 사물에 아름다움을 반영시키는 아름다운 육체, 매혹적이고 설득력 있는 육체, 무희와도 같은 육체를 겸비하고 있는 자기향락적인 영혼인 것이다.

이런 육체와 영혼이 맛보는 자기향락은 스스로를 '덕'이라고 부른다.

이처럼 지극히 복된 이기심은 신성한 숲을 스스로 자랑하는 것처럼 그 우열이라는 말로써 스스로를 지킨다. 그리고 그것은 행복이라는 이름 아래 모든 경멸해야 할 것들부터 멀리한다.

그것은 소심하고 비겁한 모든 것을 멀리한다. 이 이기심을 열등하다고 평할 때 그것은 비겁해진다. 이 이기심은 언제나 걱정하고 탄식하며 호소하는 자, 아무리 작은 이익이라도 주워 모으는 자를 경멸한다.

그것은 또 슬픔에 찬 모든 지혜를 경멸한다. 세상에는 어둠 속에서 피어나는 지혜도 있기 때문이다. 그것은 밤의 그림자 같은 지혜로 언제나 모든 것이 허무하다고 탄식한다.

이 이기심은 소심한 의혹까지도 하찮게 본다. 눈빛과 악수만으로는 부족해 맹세를 요구하는 자도 하찮게 보며, 너무나 의심 많은 지혜까지도 하찮은 것으로 본다. 그것들은 소심한 영혼 특유의 것이기 때문이다.

그런데 이 이기심이 한층 더 하찮은 것이라고 경멸하는 자들이 있다. 그것은 재빨리 영합해 버리는 자, 개처럼 벌렁 누워 하늘을 보는 비천한 자들이다. 사실 세상에는 개처럼 비굴하고 분별 없이 남의 뜻을 받아들이는 지혜도 있는 법이다.

저항하지 않는 자, 독침과 악의에 찬 눈초리까지도 꿀꺽 삼켜 버리는 자, 너무나 인정이 많은 자, 모든 것을 참아 내는 자, 어떤 것에도 만족하는 자들은 복된 이기심을 가진 혐오스럽고 역겨운 존재들이다. 그런 자들은 노예 근성을 지닌 사람들이다.

아무리 신과 신성한 발길 아래 굴복해도, 또 인간과 그 저능한 세상의 여론에 굴복해도 이처럼 지극히 복된 이기심은 모든 노예 근성에 침을 뱉는다.

복된 이기심은 부러진 목처럼 허리를 굽히는 자, 노예처럼 비굴한 자, 자유를 빼앗긴 자가 껌벅거리는 눈, 억압당한 가슴, 겁많고 두툼한 입술로 입을 맞추는 거짓 양보적 태도를 모두 저열하다고 부른다.

지극히 복된 이기심은 노예와 노인과 권태에 지친 자가 현명한 듯 입에 올리는 모든 것을 사이비 지혜라고 부른다. 특히 사악하고 거짓된 지혜를 지닌 성직자들의 바보스러운 말을 모두 그렇게 부른다.

이렇게 말하는 사이비 현자들, 인간 세상에 대해 권태를 느끼는 지친 자들, 여자와 노예의 영혼을 가진 자들, 옛날부터 이들이 하는 짓이 얼마나 이기심을 괴롭혔겠는가?

특히 이기심을 괴롭히는 것이 덕이라고 인정되어 그렇게 불렸던 것이다.

그러므로 이 세상에 권태를 느낀 모든 비겁자와 십자 거미들이 '몰아'가 되고자 한 것은 참으로 당연한 일이었다.

그러나 이들 모든 자들에게 드디어 그날이, 변화가, 심판의 칼이, '위대한 대낮'이 다가오리라. 그때 많은 것이 분명히 밝혀질 것이다.

그리고 자아를 건전하고 성스러운 것으로 선언하고, 이기심을 지극히 복된 것이라고 선언하는 자가 한 사람의 예언자로서 자신이 알고 있는 바를 이렇게 선언하는 것이다.

"보라, 위대한 대낮이 다가온다. 가까워지고 있다, 위대한 대낮이!"

차라투스트라는 이렇게 말했다.

무게 있는 영혼

1

나의 입은 민중의 것이다. 내 말은 앙고라 토끼[*13]에게 이야기하기에는 너무나 거칠고 진지하다. 글을 쓰는 여우[*14]에게 내 말은 한층 더 낯설게 들린다.

내 손은 낙서를 좋아하는 바보의 손이다. 모든 책상과 벽, 바보가 장식을 하거나 함부로 낙서할 여백이 있는 것이라면 모두 수난을 당한다.

내 다리는 말의 다리다. 나는 이 다리로 광야를 똑바르게 혹은 자유자재로 달린다. 그리고 질풍처럼 달리는 기쁨에 도취한다.

나의 위는 아마 독수리의 위일 것이다. 왜냐하면 귀여운 양고기를 가장 좋아하기 때문이다. 어쨌든 그것은 하늘을 나는 한 마리 새의 위다.

하찮은 것을 조금 섭취함으로써 몸을 지탱하고 언제나 날아갈 준비를 하고 초조하게 기다리고 있다. 이것이 나의 천성이다. 어찌 새의 천성이 아니라고 할 수 있겠는가?

그리고 무엇보다 무게 있는 영혼에 적의를 품고 있는 것, 이것이야말로 새의 천성이다. 정녕 이 적의는 영원한 적, 최대의 적, 근본적인 적에 대해 품고 있는 것이다.

오, 나의 이 적개심이 이미 날아보지 않은 곳, 또 잘못 날다가 헤매지 않은 곳이 있었던가!

그것에 관해서라면 나는 하나의 노래를 부를 수 있을 정도다. 그리고 지금 노래를 부르려고 한다. 내가 비록 인기척 없는 조용한 집에 홀로 있으면서 내 자신에게밖에 들려 줄 수 없을지라도.

물론 청중이 많아야 비로소 목소리가 부드러워지고 몸짓이 능숙해지며, 눈의 표정이 풍부해지고, 생기를 띠는 가수들도 있다. 나는 그런 가수들과는 다르다.

2

인간에게 나는 것을 가르치는 자는 언젠가 모든 경계석을 옮길 것이다. 그의 눈앞에서 경계석들이 일제히 하늘로 날아 올라갈 것이다. 그리고 그는 이 대지에 새로운 이름을 붙일 것이다. '가벼운 것'이라고.

타조는 가장 빠른 말보다 더 빨리 달린다. 그러나 그 타조도 무거운 대지에 머리를 깊숙이 처박곤 한다.

날지 못하는 인간도 마찬가지다. 그는 대지와 인생을 무거운 것이라고 생각한다. 무게 있는 영혼이 그러기를 바라는 것이다.

무게 있는 영혼에 맞서서 가벼운 새가 되고 싶은 자는 우선 자신을 사랑해야 한다. 이것이 나의 가르침이다.

물론 병자들처럼 사랑하라는 얘기는 아니다. 왜냐하면 그들에게서는 자신에 대한 사랑조차도 악취를 풍기기 때문이다.

사람은 건강하고 온전한 사랑으로 자기 스스로를 사랑하는 법을 배워야 한다. 나는 그렇게 가르친다. 사람들이 자기 자신을 저버리지 않고 여러 곳을 방황하며 돌아다니지 않도록.

이러한 방랑은 스스로에게 '이웃 사랑'이라고 이름짓는다. 그러한 이름 아래 지금까지 커다란 기만과 위선이 행해져 왔다. 특히 세계를 벅차도록 무겁게 억눌렀던 사람들에 의해서.

그리고 정녕 자신을 사랑하는 것을 배우라는 계명은 하루 아침에 이루어질 수 있는 것이 아니다. 그것은 가장 훌륭하며 가장 정교하고 가장 인내력을 필요로 하는 최고의 기술이다.

정녕 인간은 자기 소유물을 자기 자신에게까지 깊이 감춘다. 모든 보고 가운데에서 자신의 보고가 파헤쳐지는 것이 가장 두렵기 때문이다. 무게 있는 영혼이 그렇게 시킨다.

요람에 누워 있을 때부터 우리는 이미 여러 가지 무거운 말과 무거운 가치를 소유하고 있다. '선'과 '악', 이것이 그 소유물의 이름이다. 이것을 소유하고 있기 때문에 우리는 이 세상을 살아가도록 허락된 것이다.

사람들이 아이들을 가까이에 두고 사랑하는 까닭은, 아이들이 자기 자신부터 사랑하는 것을 일찍부터 막기 위해서다. 이것도 무게 있는 영혼이 그렇게 시키는 것이다.

그리고 우리는 우리에게 주어진 것을 어깨어 힘들게 짊어진 채 험한 산을 넘어간다. 우리가 땀을 흘리면 사람들은 "그렇다, 인생은 무거운 짐이다"라고 말한다.

그러나 인간에게는 오직 그 자신만이 무거운 짐일 뿐이다. 인간들은 남의 짐까지 모두 자기 어깨에 짊어진 채 살아간다. 그때 인간은 낙타처럼 무릎을 꿇고는 미련할 정도로 마음껏 짐을 싣게 한다.

특히 경건한 생각을 지니고 무거운 짐을 잘 견뎌내는 강인한 인간은 너무도 많은 남의 말과 무거운 가치를 어깨에 짊어진다. 그러므로 그에게 있어서 인생은 사막일 뿐이다.

인간은 자기의 것만 짊어져도 무거운 법이다. 그리고 인간 속에 있는 것들은 대부분 굴처럼 역겹고 미끌미끌해서 붙잡기 힘들다.

그렇기 때문에 고상하게 장식한 훌륭한 조개껍데기가 그들을 조정해야 한다. 그러므로 사람도 아름다운 조개껍데기처럼 훌륭한 외모와 영리한 맹목 상태를 갖추는 기술을 배워야 하는 것이다.

그런데 가끔 이런 일이 일어난다. 많은 조개껍데기가 볼품 없고 초라해서 조개껍데기 이상의 것이 될 수 없다는 사실이 인간 속에 있는 여러 가지를 기만한다. 이처럼 감추어진 많은 선과 힘은 결국 드러나지 않고, 또 가장 훌륭한 맛을 알아 주는 사람은 드문 법이다.

외모가 아름다운 여자들은 그것을 잘 알고 있다. 그녀들의 고민은 좀더 뚱뚱해지고 싶다든가 좀더 마르고 싶다든가 하는 것이다. 오, 얼마나 많은 운명이 이처럼 사소한 것에 매달려 있는가!

인간이란 정체를 밝혀 내기 어려운 존재이며, 특히 자기 자신을 발견해 내는 것은 더욱더 어렵다. 가끔 정신은 영혼에 대해 거짓말을 한다. 무게 있는 영혼이 그렇게 시키는 것이다.

그러나 "이것이 내 선과 악이다"라고 말하는 사람은 자기 자신을 발견해 낸 사람이다. 그렇게 말함으로써 그는 "모든 사람을 위한 선, 모든 사람을 위한 악!"이라고 말한 두더지와 난쟁이의 입을 다물게 했다.

진실로 나는 "모든 것은 선이며, 이 세상은 그중 최선의 것이다"라고 말하는 자들을 좋아하지 않는다. 나는 이런 종류의 인간을 무엇에나 만족하는 사람이라고 부른다.

모든 것을 맛볼 줄 아는 완전한 만족이 최선의 입맛은 아니다. 나는 반항적이고 까다로워서 '나'와 '그렇다'와 '아니다'라고 말할 줄 아는 혀와 위를 좋아한다.

그와 반대로 모든 것을 씹고 소화시키는 것은 돼지의 본성이다. 언제나 좋다고 말하는 사람은 당나귀나 당나귀 정신을 지닌 사람이다.

짙은 노랑과 뜨거운 빨강, 그런 색이 내 취향에 맞는다. 내 취향은 모든 빛깔에 피를 섞는 것이다. 자기 집을 하얗게 칠하는 것은 덕지덕지 회칠한 영혼의 소유자임을 드러내는 것이다.

어떤 사람은 미라에게 반하고, 또 다른 사람은 유령에게 반한다. 둘 다 모든 살과 피를 적대시하고 있다. 아, 둘 다 내 취향에 얼마나 거슬리는 자들인가! 나는 피를 사랑하는 사람이다.

나는 사람들이 가래와 침을 내뱉는 곳이라면 더 이상 머무르기를 원하지 않는다. 오히려 도둑이나 거짓 맹세를 하는 사람들 틈에 사는 게 내 취향에 맞는다. 그런 곳에는 적어도 입에 돈을 물고 있는 사람은 한 사람도 없기 때문이다.

그러나 그보다도 내가 더욱 싫어하는 것은 남의 침까지 핥으며 아첨하는 사람들이다. 나는 이렇게 구역질나는 사람을 '기생충'이라고 부른다. 이런 기생충들은 스스로는 다른 사람을 사랑하려고 하지 않으면서 다른 사람으로부터 사랑받으려 하며 살아간다.

나쁜 짐승이 되든가 나쁜 짐승을 부리는 조련사가 되든가, 둘 중에 하나를 선택하는 것 말고는 다른 길이 없는 사람들을 나는 '저주받은 자'들이라고 부른다. 나는 그들이 있는 곳에 나의 오두막을 짓지 않으리라.

또 언제나 기다려야만 하는 사람들을 나는 '불쌍한 자들'이라고 부른다. 이들도 나의 취미에 거슬린다. 세금 징수원, 소상인, 왕, 지주가 바로 그런 사람들이다.

나도 기다리는 것을 배웠다. 그것도 아주 철저하게 배웠다. 내가 배운 것은 나 자신을 기다리는 것이다. 그러나 내가 가장 먼저 배운 것은 서는 것, 걷는 것, 뛰는 것, 기어오르는 것, 그리고 춤추는 것이었다.

나는 이렇게 가르치리라. 나는 것을 배우려는 사람은 무엇보다 먼저 서는 것, 걷는 것, 뛰는 것, 기어오르는 것, 그리고 춤추는 것을 배우라고. 처음부터 날려고 하면 하늘 높이 나는 힘을 얻지 못하는 법이라고.

나는 줄사다리를 가지고 몇 개의 창문에 기어오르는 것도 배웠다. 또 재빨리 발을 놀려 높은 돛대에 기어오르는 것도 배웠다. 인식의 높은 돛대 위에 올라앉는 것은 적지 않은 행복이라는 생각이 든다.

높은 돛대 위에서 반짝이는 가냘픈 불꽃은, 사실 작은 불빛이지만 표류하는 선원들이나 난파선의 사람들에게는 커다란 위로가 되는 것이다.

나는 여러 가지 길과 지식을 통해 나의 진리에 도달했다. 나의 시야가 먼 곳까지 도달할 수 있게 한 것은 단 하나의 사다리가 아니다.

그리고 남에게 길을 물었을 때 나는 언제나 마음이 즐겁지 못했다. 길을 묻는 것은 내 취향에 맞지 않았기 때문이다. 차라리 나는 길에게 묻고, 또 길 자체를 시험해 보고 싶었다.

시험해 보는 것과 묻는 것이 내 행로의 전부였다. 그리고 이런 물음에 대답하는 것까지도 배워야 한다. 이것이 내 취향이다.

좋지도 나쁘지도 않은 이 취향을 나는 부끄러워하지 않을 뿐만 아니라 숨기려고도 하지 않는다.

"이것이 나의 길이다. 그대들의 길은 어디에 있는가?" 나는 나에게 길을 물었던 사람을 향해 대답했다. 왜냐하면 그 길은 존재하지 않기 때문이다.

차라투스트라는 이렇게 말했다.

낡은 목록과 새로운 목록

1

나는 부서진 낡은 목록과 반쯤밖에 쓰지 않은 목록에 둘러싸인 채 여기 앉아서 기다리고 있다. 내 시간은 언제 올 것인가? 내가 하강하는 때는 언제며 몰락하는 때는 언제인가? 내가 이렇게 묻는 것은 다시 한 번 인간들에게로 가고 싶기 때문이다.

나는 지금 때를 기다리고 있다. 내 시간은 이때라고 나타내는 징후, 즉 비둘기떼를 거느린 웃는 사자가 먼저 나에게로 와야 한다.

기다리는 동안 여유 있는 나는 내 자신에게 말한다. 아무도 나에게 새로운 것에 대해 말해 주지 않기 때문에 내 자신에게 말하는 것이다.

2

내가 일찍이 인간들에게로 갔을 때, 나는 그들이 낡은 자부심 위에 앉아 있는 것을 발견했다. 그들 모두는 인간에게 있어서 무엇이 선이며, 무엇이 악인가를 벌써 오래전부터 알고 있다고 생각하고 있었다.

그들은 덕에 대해 논의하는 것은 이미 쓸데없고 지루한 일이라고 생각하고 있었다. 그리고 숙면을 원하는 사람은 잠자리에 들기 전에 다시 ‘선’과 ‘악’에 대해서 이야기했다.

그들이 잠에서 깨어났을 때 나는 다음과 같이 가르쳤다.

무엇이 선이며 무엇이 악인가는 ‘창조자’만 알고 있을 뿐이다. 창조자란 인간의 목표를 세우고, 대지에 그 의미와 미래를 주는 자다. 이런 사람만이 비로소 선과 악을 창조한다.

나는 인간들에게 그들의 낡은 강의와 낡은 자부심이 자리한 곳을 뒤엎으라고 명령했다. 나는 또 그들에게 그들의 위대한 도덕가와 성자와 시인과 구세주를 비웃으라고 명령했다.

그들의 침울한 현인들을 비웃으라고 명령했다. 또 검은 허수아비처럼 생명의 나무 위에 위협적으로 앉아 있는 모든 사람들을 비웃으라고 명령했다.

나는 썩은 시체와 큰 독수리가 있는 그들의 무덤 옆에 앉아서 그들의 모든 과거와 썩어 없어지는 과거의 영광을 비웃었다.

진실로 속죄를 권고하는 설교자나 바보처럼, 나는 그들의 크고 작은 모든 일에 대해서 분노해 소리쳤다. "그들 최대의 선이 이렇게 작단 말인가! 그들 최대의 악이 이토록 작단 말인가!" 나는 이렇게 말하면서 웃었다.

산 위에서 태어난 나의 현명한 동경이 그렇게 외치고, 또 그렇게 웃었다. 날개를 파닥거리는 나의 동경은 참으로 난폭한 지혜다.

그리고 내 웃음은 때때로 나를 저 멀리 높은 곳으로 데리고 갔다. 그때 나는 화살처럼 햇빛에 취해 몸을 떨며 황홀한 공간을 꿰뚫었다.

아무도 꿈꾼 적 없는 아득한 미래로, 예술가의 꿈보다 더 뜨거운 남국으로, 신들이 춤추면서 걸쳐 입은 모든 옷을 치욕으로 느끼는 곳으로. 결국 나에게는 이런 식의 비유 외에는 말할 방법이 없다.

아, 내가 시인처럼 말을 더듬거리고, 나의 다리도 생각처럼 움직이지 못하다니! 나는 내가 아직도 시인이어야 함을 부끄럽게 생각한다.

거기에서는 모든 생성이 신들의 춤이고 신들의 방종으로 보였다. 거기에서는 세계가 속박에서 벗어나 자기 자신에게 되돌아가는 것처럼 보였다.

많은 신들이 영원히 자기 자신으로부터 도망쳐 다시 자기 자신을 되찾는 것처럼 생각되고, 또한 많은 신들이 행복에 넘쳐 서로 모순을 일으키면서 다시 만나고 재결합하는 것처럼 보였다.

거기서는 모든 시간이 순간에 대한 지극히 행복한 조소로 보였다. 거기서 필연은 자유 그 자체고, 자유의 가치를 지닌 채 지극히 행복하게 놀고 있는 것으로 보였다.

거기에서 나는 나의 옛 친구인 악마, 즉 무게 있는 영혼과 그 영혼이 만든 모든 것, 강제·법률·필요와 결과·목적과 의지·선과 악을 다시 발견했다.

왜냐하면 그 위에서 춤을 추고, 또 춤추며 뛰어넘을 것이 있어야 하지 않겠는가? 가벼운 자들, 보다 가벼운 자들을 위해서는 두더지나 무거운 난쟁이들이 있어야 하지 않겠는가?

3

내가 초인이라는 말과 인간은 극복되어야 한다는 말을 주운 곳도 바로 거기였다.

인간은 다리일 뿐 결코 목적이 아니라는 것, 즉 그는 새로운 새벽을 향해 나아가는 길로서 대낮과 밤을 기대하며 맞아들인다는 말을 주운 곳이. 위대한 대낮에 대해 차라투스트라가 한 말, 그 밖에 내가 인간들의 머리 위에 붉은 저녁 노을처럼 걸어 놓은 것을 주운 곳도 바로 그곳이었다.

진실로 나는 인간들에게 새로운 별이 빛나는 밤을 보여 주었다. 그리고 구름과 낮과 밤 위에 나는 화려한 천막처럼 웃음을 펼쳐 놓았다.

나는 인간에게 단편적이고 수수께끼며 무시무시한 우연의 것을 하나로 짜 맞추는 창조와 나의 모든 노력을 가르쳤다.

창조자로서, 수수께끼를 푸는 자로서, 우연의 구제자로서 나는 그들에게 미래를 창조해야 하며, 그리고 일찍이 있었던 모든 것을 창조에 의해 구제해야 한다고 가르쳤다.

인간의 과거를 구제하고 '일찍이 그랬던' 모든 것을 재창조해서 마침 내 의지로 하여금 "그러나 나는 그렇기를 원한다. 그렇기 때문에 나는 그렇기를 원할 것이다"라고 말하도록 가르쳤다.

이것을 나는 구제라고 부른다. 그리고 나는 이것만을 구제라고 부르도록 그들에게 가르쳤다.

지금 나는 나의 구제*15를 기다리고 있다. 그래서 최후에 내가 그들에게 갈 수 있게 되기를! 나는 다시 한 번 인간들에게 가고 싶다. 나는 인간들 사이에서 몰락하고 싶다. 나는 죽어 가는 사람으로서 그들에게 가장 풍요로운 선물을 주고 싶다.

나는 넘치도록 풍요로운 태양이 기울어 갈 때 그에게서 이것을 배웠다.

태양은 그 무한한 보고로부터 무진장 황금을 바다에 뿌렸다.

그래서 가장 가난한 어부마저 황금으로 된 노를 갖게 되었다. 나는 일찍이 이 광경을 오랫동안 바라보면서 흐르는 눈물을 멈출 수가 없었다.

차라투스트라도 태양처럼 몰락하기를 원한다. 그래서 그는 지금 부서진 낡은 목록과 반쯤 씌어진 새 목록을 주위에 늘어놓은 채 여기 앉아 기다리고 있는 것이다.

4

보라, 여기 새로운 목록이 있다. 그러나 나와 함께 그 목록을 골짜기로, 혹은 인간의 심장 속으로 짊어지고 갈 내 형제들은 어디에 있는가?

가장 멀리까지 도달할 수 있는 나의 위대한 사랑은 이렇게 명령한다. "그대의 이웃을 위로하지 말라!"라고. 인간은 극복되어야 할 존재인 것이다.

극복의 길과 방법에는 여러 가지가 있다. 그것에 유의하라! 그러나 익살 꾼들은 이렇게 생각하기도 한다. '인간은 극복당할 수도 있다'고.

그대의 이웃 사이에서도 그대 자신을 극복하라. 그리고 그대가 자신의 힘으로 빼앗아 가질 수 있는 권리를 남에게서 선물로 받아서는 안 된다.

다른 어느 누구도 그대가 한 것과 같이 그대에게 할 수는 없다. 보라, 보복이란 없다.

자기 자신에게 명령하지 못하는 자는 복종해야 한다. 많은 사람들이 자기 자신에게 명령할 수는 있지만 자기 자신에게 복종하는 데 있어서는 익숙지 않다.

5

고귀한 영혼을 지닌 자들은 어떠한 것도 무상으로 얻기를 원하지 않는다. 특히 인생을! 천민 근성을 지닌 사람은 공짜로 살기를 원한다. 그러나 인생으로부터 인생 그 자체를 받은 우리는 인생에게 어떻게 해야 가장 잘 보답하는 길인지에 대해 끊임없이 생각해야 한다.

진실로 '인생이 우리에게 약속한 것을, 우리는 인생을 위해 지켜야 한다'라는 말은 참으로 고귀하다.

우리는 남에게 즐거움을 주지 않는 한 즐거움을 바라서는 안 된다. 사람은 즐거움을 바라면 안 되는 것이다. 왜냐하면 즐거움과 순결은 부끄러움을 가장 잘 타기 때문이다. 이것은 모두 구한다고 얻어지는 것이 아니다. 그러므로 우리는 그것을 소유하고 있어야 하며, 죄악과 고통을 추구해야 한다.

6

오, 형제들이여. 첫자식은 언제나 제물로 바쳐진다. 그리고 우리는 첫자식이다. *16

우리는 모두 은밀한 제단에서 피를 흘린다. 우리는 모두 낡은 우상들의 영예를 위해 불태워지고 구워진다.

우리에게 있어서 최상의 것은 아직 젊다는 것이다. 그것이 늙은이들의 입맛을 돋운다. 우리의 살은 연하고 우리의 피부는 어린 양가죽처럼 부드럽다.

어떻게 우리가 우상을 숭배하는 늙은 사제들의 입맛을 돋우지 않을 수가 있겠는가!

늙은 사제는 '우리 자신 속에' 살고 있다. 그는 우리의 최상의 것을 구워 자신의 식탁 위에 올려놓는다. 아, 형제들이여. 그러니 어찌 첫자식이 제물이 되지 않을 수 있겠는가!

그러나 우리의 천성은 그렇게 되기를 원한다. 그리고 나는 자신을 애써 지키지 않는 자들을 사랑한다. 나는 몰락해 가는 사람을 내 모든 사랑을 다하여 사랑한다. 왜냐하면 그들은 저쪽으로 건너가고 있으니까.

7

진실한 것, 그것을 행할 수 있는 자는 거의 없다. 그리고 행할 수 있는 자는 그렇게 되기를 원하지 않는다. 그러나 가장 진실해질 수 없는 자야말로 가장 선한 자들이다.

오, 이들 선량한 자들이여! 선한 사람들은 결코 진리를 말하지 않는다. 그처럼 선량하다는 것은 일종의 정신병이다.

선량한 사람들은 굴복하고 스스로를 포기한다. 그들의 가슴은 맞장구치고 마음 밑바닥으로부터 복종한다. 그러나 복종하는 사람은 자기 자신의 목소리를 듣지 않는다.

선량한 사람들에 의해서 악이라고 불리고 있는 모든 것은 모여서 하나의 진리를 낳지 않으면 안 된다.

오, 형제들이여. 그대들은 이런 진리를 낳을 수 있을 만큼 충분히 악한가?

무모한 모험, 끊임없는 회의, 가혹한 부정, 혐오, 살아 있는 것들을 잘라 버리는 용기들을 한데 모으기는 참으로 어렵다. 그러나 진리는 그런 씨앗에서 싹트는 것이다.

지금까지 모든 인식은 죄의식과 함께 자라났다. 때려 부숴라. 그대, 인식을 사랑하는 자들이여, 낡은 목록을 부숴 버려라!

8

흐르는 물 위에 교각이 서 있고 판자 다리와 난간이 놓여졌을 때 누군가가 '모든 것은 흐른다'고 말해도 사람들은 그 말을 믿지 않는다.

그뿐만 아니다. 바보까지도 이렇게 반박한다.

"뭐라고! 모든 것이 흐른다고? 그러나 다리와 난간은 흐름 위에 서 있지 않은가?"

흐름 위에서는 모든 것이 고정되어 있다. 모든 사물의 가치, 다리, 개념, 선과 악의 모든 것, 그것들은 모두 고정되어 있다.

또한 모든 게 얼어붙는 혹독한 겨울이 되면 아무리 현명한 자들이라도 의심하기 시작한다. 그때 모든 것은 "정지되어 있지 않은가?" 하고 말하는 사람은 바보뿐만이 아니다.

'근본적으로 만물은 정지해 있다.'

이것이 바로 겨울의 가르침이며, 불모의 계절로서는 그럴듯한 구실이자 동면하는 자와 난롯가에 웅크리고 있는 자에게는 좋은 위로다.

'근본적으로 만물은 정지해 있다.'

그러나 얼음을 녹이는 따뜻한 바람은 그와 상반되는 것을 가르친다.

이 따뜻한 바람은 황소다. 그러나 밭을 가는 황소가 아닌 광포한 소이며 격노한 활을 휘둘러 얼음을 깨는 파괴자다. 그래서 깨진 얼음이 다리를 부수는 것이다.

오, 형제들이여. 지금 만물이 흐르고 있지 않은가? 모든 다리와 난간은 물 속으로 무너져 버리지 않았는가? 어느 누가 아직도 움직이지 않는 선과 악에 매달려 있으려고 할 것인가?

"우리에게 재난 있으라! 우리에게 축복 있으라! 얼음을 녹이는 바람이 분다."

형제들이여, 거리를 돌아다니며 이렇게 말하라!

9

세상에는 하나의 오래된 망상이 있는데, 그 이름은 선과 악이다. 지금까지도 이 망상의 수레바퀴는 예언가와 점성가를 둘러싼 채 돌고 있다.

사람들은 일찍부터 예언가와 점성가를 믿었다. 그래서 사람들은 다음과 같은 말도 믿었다.

"모든 것은 운명이다. 너는 그렇게 되어야만 하기 때문에 그렇게 된다."

이윽고 사람들은 모든 예언가와 점성가들을 믿지 않게 되었다. 그래서 사람들은 다음과 같은 것을 믿게 되었다.

"모든 것은 자유다. 그대가 어떤 일을 할 수 있는 것은 그대가 그렇게 하기를 원하고 있기 때문이다."

오, 형제들이여! 별과 미래에 관한 이제까지의 믿음은 다만 망상일 뿐 지식으로써 파악된 것이 아니다. 따라서 지금까지의 선과 악에 관한 믿음도 다만 망상이었을 뿐 지식에 의해 파악된 것은 아니다.

10

"강도질하지 말라. 살인하지 말라!" 사람들은 이런 말을 일찍이 신성시했다고 한다. 사람들은 이 말 앞에 무릎 꿇고 머리 숙이고 신발을 벗었다.

그러나 나는 그대들에게 묻노라. 지금까지 이러한 신성한 말보다 더 훌륭한 강도와 살인자가 이 세상에 존재한 적이 있었던가를!

모든 삶에 강도질과 살인 행위가 있지 않았는가! 그리고 이러한 말이 신성하다고 인정되었던 탓에 진리 그 자체가 살해되지 않았던가!

모든 삶을 반박하고 모든 삶에 모순되는 것을 신성하다고 부른 것은 죽음을 설교한 것이었던가?

오, 형제들이여, 때려 부숴라, 낡은 목록을!

11

나는 과거의 모든 것들이 버림받는 것을 볼 때 동정하지 않을 수 없다.

머지않아 과거에 일어났던 모든 것이 자아에 이르기 위한 다리라고 고쳐 해석하는, 여러 세대의 편애나 정신, 광기에 사로잡혀 있는 것을 내가 보기 때문이다.

한 사람의 폭군, *17 교활한 악마가 올지도 모른다. 그 사람은 지나간 모든 것을 편애하게 하거나 불쾌하게 만들어 그것을 자기의 뜻에 억지로 따르도록 했다. 그래서 마침내 과거의 모든 것이 그를 위한 다리가 되고 전조가 되고 선구자가 되고, 아침을 알리는 첫닭의 울음소리가 될지도 모른다.

그러나 또 다른 위험이 있는데, 그것은 또 다른 나의 연민이다. 천민 근성을 지닌 자가 과거를 기억할 때 그 할아버지까지는 거슬러 올라갈 수 있지만 그 이상은 올라갈 수 없다. 과거는 할아버지로 끝나게 된다.

이처럼 지나가 버린 모든 것은 버림받고 다음 세대의 변덕에 사로잡히고 만다. 그래서 천민 근성을 지닌 자가 주인이 되고 얕은 물 속에 모든 과거가 빠져 버리는 때가 올지도 모른다.

형제들이여. 그 때문에 하나의 새로운 귀족이 필요하다. 모든 천한 자들과 폭군에 대항하여 새 목록에 '고귀'라는 말을 새롭게 기록할 귀족이 필요하다.

새로운 귀족을 위해서는 여러 종류의 고귀함과 고귀한 자가 필요하다. 내가 일찍이 비유한 대로 "신은 있지만 유일신은 없다는 것이야말로 신성인 것이다."

12

오, 형제들이여. 나는 그대들을 새로운 귀족으로 임명한다. 그대들은 미래를 낳는 자, 미래를 가꾸는 자, 미래의 씨를 뿌리는 자가 되어야 한다.

진실로 이 귀족 신분은 장사치들처럼 돈으로 살 수 있는 것이어서는 안 된다. 가격이 있는 것은 가치가 작은 것들뿐이다.

이제부터 그대들을 영예롭게 하는 것은 그대들이 어디서 왔느냐가 아니라 그대들이 어디로 가느냐는 것이어야 한다. 그대 자신을 뛰어넘어 저쪽으로 향하는 그대들의 의지와 다리가 그대들의 새로운 명예가 되게 하라!

그대들이 어떤 왕후를 섬겼다는 것이 그대들의 명예가 되는 것은 아니다. 새삼스레 왕후가 무슨 가치가 있단 말인가? 또 지금 서 있는 곳을 더욱 튼튼하게 하기 위해 하나의 요새가 된다고 해서 그것이 그대들의 명예가 되지는 않는다.

그대들의 가족이 궁정 생활에 익숙해지고, 또 그대들이 홍학처럼 화려하게 오랫동안 얕은 못에 서 있는 법을 배웠다고 해서 그것이 그대들의 명예가 되지는 않는다.

오래 서 있을 수 있다는 것은 신하들에게나 하나의 공적이다. 그리고 모든 신하들은 앉아도 좋다는 허락이 내려지는 것이 죽은 뒤의 행복에 속한다고 믿고 있다.

성스러운 어떤 영혼이 그대들의 조상을 약속된 땅으로 인도했다고 해서 그것이 그대들의 명예가 되지는 않는다. 나는 그런 땅을 찬양하지 않는다.

나무들 중 가장 나쁜 나무인 십자가가 자라는 그 땅을 찬양해야 할 이유는 전혀 없다.

그리고 진실로 이 성령이 기사들을 인도해 간 곳에서 언제나 선두에 선 것은 양과 타조와 십자가에 홀려 머리가 이상해진 자들뿐이다.

오, 형제들이여. 그대들은 뒤돌아봐서는 안 된다. 앞만 보아야 한다. 그대들은 조상의 나라, 할아버지의 나라라고 이름 붙일 수 있는 곳에서 추방된 자여야만 한다.

그대들은 그대들 '자식의 나라'를 사랑해야 한다. 이 사랑으로 인해 그대들은 새로운 귀족이, 아득히 깊은 바닷속에 잠겨 있어서 아무도 발견하지 못한 귀족이 되리라. 나는 그대들의 돛대에 그 나라를 찾고 또 찾으라고 명령한다.

그대들은 그대들 어버이의 자식으로서 태어난 것을 그대들의 자식들에게 보상해야 한다. 그대들은 과거의 모든 것을 그런 식으로 구제해야 한다.

이 새로운 목록을 그대들의 머리 위에 쳐들어 보인다.

13

"무엇 때문에 사는가? 모든 것은 허무하다. 산다는 것은 보릿짚을 터는 것과 같다. 자기 자신을 태우지만 따뜻해지지 않는 것이다."

이처럼 낡아빠지고 하찮은 지껄임이 여전히 '지혜'로 간주되고 있다. 그것은 몹시 낡아서 곰팡이가 생겼기 때문에 더욱 존경을 받는다. 곰팡이까지도 사물을 고귀하게 만든다.

아이들이라면 그렇게 말할 수도 있을 것이다. 불에 데어 본 적이 있는 아이들은 불을 무서워한다. 낡은 지혜의 책 속에는 이런 아이다운 유치한 데가 많다.

특히 언제나 보릿짚만을 털고 있는 자가 어떻게 보릿짚 터는 것을 비웃고만 있겠는가? 그런 어리석은 자가 있다면 입을 다물게 해야 할 것이다.

그런 자들은 식탁에 앉을 때 무엇 하나 가져오지 않으며 자신의 식욕조차도 가지고 오지 않는다. 그러면서도 모든 것은 허무하다고 비웃는다.

그러나 나의 형제들이여, 잘 먹고 잘 마시는 것이 결코 가치 없는 기술은 아니다. 때려 부숴라! 즐거운 것이란 하나도 없는 낡은 목록을!

14

"마음이 깨끗한 사람에게는 모든 것이 깨끗한 법이다."

사람들은 이렇게 말한다. 그러나 나는 그대들에게 이렇게 말하리라. "돼지에게는 모든 것이 돼지처럼 보인다."

이런 이유로 머리뿐만 아니라 심장까지 축 늘어져 있는 광신자들은 이렇게 설교한다.

"세상 자체가 하나의 거대한 오물이다."

그들 자신이 불결한 정신을 지니고 있기 때문에 이렇게 설교한다. 특히 세계를 배후에서 보지 않으면 안심 못하는 저편의 또다른 세계를 신봉하는 자들은 더욱 불결하다.

그다지 점잖은 표현은 아니지만 그런 자들에게 나는 확실히 말해 주리라. "세계는 배후에 밑구멍을 가지고 있으며, 그 점에서는 인간도 같다." 이것만은 진실이다.

세계는 수많은 오물을 토해 낸다. 이것은 진실이다. 그러나 그렇다고 해서 세계 자체가 결코 거대한 오물 덩어리는 아니다.

세계의 많은 것들이 악취를 풍긴다. 이 진실 속에는 지혜가 감추어져 있다. 구역질이야말로 날개를 만들고 샘을 찾는 힘을 만들어 낸다.

가장 훌륭한 자 속에도 구역질나게 하는 어떤 것이 존재한다. 그들도 극복되어야 할 존재이다.

오, 형제들이여! 세계가 많은 오물로 가득 차 있다는 사실 속에는 많은 지혜가 감추어져 있다.

15

나는 믿음이 깊은 저편의 또다른 세계를 신봉하는 자들이 자신의 양심을 향해 악의도 거짓도 없이 말하는 것을 들었다. 그러나 세계에서 그보다 더 악의와 거짓을 포함한 말은 없을 것이다.

"세계는 세계에 맡겨 두는 게 좋다. 그것을 향해 손가락 하나도 까딱하지 않는 것이 좋으리라.

사람들을 목 졸라 죽이고, 찔러 죽이고, 가죽을 벗기고, 살을 깎으려는 자가 있어도 그대로 두어라. 세계에 대해서는 손가락 하나 들어올리지 않는 것이 좋다. 그렇게 함으로써 사람들은 세계를 단념하는 법을 배우게 된다.

그리고 그대 자신의 이성을 그대의 손으로 목 졸라 죽여야 한다. 왜냐하면 그것은 이 세상의 이성이기 때문이다. 이렇게 함으로써 그대는 스스로 이 세상을 버릴 수 있게 된다.”

때려 부숴라! 오, 형제들이여! 믿음 깊은 자들의 이 낡은 목록을! 세계를 비방하는 자들의 격언을 때려 부숴라!

16

“너무 많은 것을 배우는 사람은 모든 격렬한 욕망을 잊어버린다.”

오늘날에는 어두운 거리마다 사람들이 이렇게 속삭인다.

“지혜는 사람을 권태롭게 할 뿐 아무 소용이 없다. 너는 아주 작은 욕심도 가져서는 안 된다.”

나는 이 새로운 목록이 시장터에 걸려 있는 것을 보았다.

오, 형제들이여! 이 새로운 목록도 때려 부숴라! 그것을 걸어 놓은 자는 세상에 권태를 느낀 나머지 지쳐 버린 자들이거나 죽음의 설교자, 감옥의 간수들이다. 그들은 감옥에 들어가라고 설교한다.

그들은 잘못 배웠고 가장 훌륭한 것을 전혀 배우지 않았으며, 모든 것을 너무 일찍 서둘러 배운 데다 먹는 방식조차 나빴기 때문에 그들의 위는 망가져 버렸다.

그들의 정신은 망가져서 기능을 상실한 위다. 그것이 죽음을 재촉한다. 형제들이여, 정신은 위의 일종이다.

삶은 기쁨이 솟아나는 샘물이다. 그러나 우울과 번민의 아버지인 망가진 위의 말 참견을 허락하는 자들에게는 모든 샘물이 독물로 변한다.

사자의 의지*18를 가진 자에게 있어 인식하는 것은 ‘즐거움’이다. 그러나 권태로 지친 자는 남의 ‘의욕에 짓눌릴’ 뿐이며, 모든 파도가 그를 놀릴 것이다.

약한 인간들은 도중에 자신을 잃어버린다는 특징을 지니고 있다. 그러다가 마침내 그들은 피로해져서 이렇게 묻는다.

“도대체 무엇 때문에 우리는 길을 헤매기 시작했던가? 모든 것은 마찬가지인데!”

이런 사람들의 귀에는 “인간이 하는 것은 다 소용이 없다. 너희들은 의지에 짓눌려서는 안 된다”라는 설교가 달콤하게 들린다. 그러나 그것은 노예가 되라고 권하는 설교다.

오, 형제들이여. 차라투스트라는 방황으로 지쳐 버린 모든 자들을 향해 신선한 폭풍처럼 다가간다. 그는 또한 여러 사람의 코를 자극해서 재채기를 하게 할 것이다.

나의 자유로운 숨결은 두꺼운 벽을 지나 감옥이나 감옥에 갇혀 있는 자들의 정신 속에까지도 스며들어간다.

의지는 해방시킨다. 왜냐하면 의지를 갖는다는 것은 곧 창조를 의미하기 때문이다. 나는 이렇게 가르친다. 그리고 그대들은 오직 창조하기 위해서만 배워야 한다.

그대들은 우선 어떻게 배울 것인가, 어떻게 하면 잘 배울 것인가에 대해서 나에게 배워야 한다. 귀가 있는 자는 들어라!

17

여기 아주 작은 배가 있다. 이 배를 타면 거대한 허무로 건너갈 수 있을지도 모른다. 그러나 어느 누가 이 ‘아마’라는 것 속으로 뛰어들기를 원하겠는가? 그대들 가운데 아무도 이 죽음의 작은 배를 타려고 하지 않을 것이다.

그렇다면 어떻게 그대들이 세상 일에 시달려 지친 자라고 할 수 있단 말인가?

그대들의 입술은 부질없이 달려 있는 것은 아니다. 어떤 지상적이고 작은 욕망이 그 위에 앉아 있는 것이다.

그대들의 눈에는 잊을 수 없는 지상의 쾌락이 조각구름처럼 떠돌고 있지 않은가!

지상에는 근사한 발명품이 아주 많다. 그중 어떤 것은 유용하고 또 어떤 것은 기쁨과 만족을 주기도 한다. 그 때문에 대지는 사랑스럽다. 또 지상에는 여자의 젖가슴을 연상시킬 만큼 훌륭한 발명품도 많다. 그러한 것은 유익한 동시에 쾌적하기까지 하다.

그대, 세상일에 지쳐 버린 자들이여, 지상의 게으른 자들이여! 우리는 그대들을 채찍질해서 쓰러뜨린 다음 그대들로 하여금 다시 활발하게 걸어 가도록 해야 한다.

대지로부터 버림받은 병자나 극도로 쇠약해져 가련한 자가 아닌 한 그대들은 교활하고 하찮은 존재, 아니면 발소리를 죽이고 돌아다니며 쾌락을 탐내는 도둑고양이임에 틀림없다. 기운차게 달릴 생각이 없다면 그대들은 사라져야 한다.

그대가 불치병 환자라면 우리가 아무리 치료하려 해도 소용이 없다. 그래서 차라투스트라는 가르친다, 그대들은 사라져야 한다고. 그러나 결말을 내기 위해서는 새로운 시 한 줄을 짓는 것보다 더 큰 용기가 필요하다. 모든 의사와 시인들은 이러한 사실을 잘 알고 있다.

18

오, 형제들이여! 세상에는 극도의 피로가 쓴 목록이 있고, 부패한 태만과 타성이 쓴 목록도 있다. 이 둘은 비슷한 말을 하지만 별개의 것으로 생각해야 한다.

보라! 빈사 상태에 빠져 허덕이는 자를. 그는 자신이 목표로 하는 곳까지 한 걸음만 더 가면 되는데 피로로 인해 먼지 속에 누워 버렸다. 그러면서도 여전히 그 먼지 속에서 버티고 있다, 이 용감한 자는!

그는 길과 다리, 목표, 그리고 자기 자신에게 지쳐 헐떡거리면서 바라보고 있다. 이제 그의 다리는 한 걸음도 앞으로 나아가려 하지 않는다, 이 용감한 자의 다리가!

이제 태양이 그를 내리쬔다. 개들이 그의 땀을 핥는다. 그래도 그는 꼼짝 않고 그곳에 누운 채 차라리 그곳에서 힘이 다해서 죽기를 기다리고 있다. 자신의 목적지를 한 걸음 앞두고!

정녕 그대들은 그의 머리채를 움켜쥔 다음 그를 그의 천국으로 끌어올리지 않고는 못 견디리라. 이 영웅을!

그를 쓰러진 장소에 그대로 놓아 두는 편이 오히려 좋다. 그렇게 하면 위로의 손길인 잠이 비처럼 퍼부어서 그를 상쾌하게 할 것이다.

누워 있는 대로 두어라. 그가 혼자서 잠에서 깨어나 온갖 피로와 함께 피로가 그에게 가르쳐 준 것을 떨쳐 버릴 수 있을 때까지.

형제들이여, 그대들은 다만 그의 주위에서 게으른 위선자인 개를 쫓아 버려라! 떼지어 모여든 '교양인'이라는 이 구더기를! 이 구더기는 영웅들의 땀을 핥으며 기뻐하는 벌레일 뿐이다.

19

나는 내 주위에 동그라미를 그려서 신성한 경계선을 만든다. 내가 점점 더 높은 산으로 올라감에 따라 나와 같이 가는 사람의 수는 점점 적어진다.

나는 점점 더 성스러워지는 산들로 하나의 산맥을 만든다.

형제들이여, 그대들이 나와 함께 어디까지 올라가든 '기생충'이 그대들과 함께하지 않도록 조심하라. 기생충은 그대들의 짓무른 상처 구석구석에 달라붙어 살찌기를 원하는 구더기들이다.

그리고 이 구더기는 올라가고 있는 영혼의 어디가 지쳐 있는지를 아주 잘 간파해 내는 특이한 재주를 지녔다. 그들은 그대들의 상심과 불만, 예민한 수치심 속에 구역질나는 그들의 집을 짓는다.

구더기는 강한 자의 약점, 고귀한 자의 너무나도 유약한 곳에 그 구역질나는 집을 짓는다. 기생충은 위대한 자가 지닌 아주 작은 상처에 달라붙어 산다.

모든 존재자 중에서 가장 높은 존재는 무엇이며, 가장 낮은 존재는 무엇인가? 기생충은 가장 낮은 존재다.

그러나 가장 높은 존재는 그 영혼에 기생충을 많이 기르고 있다. 가장 긴 사다리를 가지고 있기 때문에 가장 깊이 내려갈 수 있는 영혼에 가장 많은 기생충이 깃들이는 것은 당연한 일이다.

자기 자신의 가장 넓은 영역 속에서 가장 먼 거리를 달리고 방황할 수 있는 영혼, 가장 필연적인 영혼이면서도 즐겁게 우연 속으로 뛰어드는 영혼, 현존하는 영혼이면서도 생성의 흐름 속으로 뛰어드는 영혼. 소유하는 영혼이면서도 의욕과 욕구 속으로 뛰어드는 영혼.

자기 자신에게서 달아나면서 가장 큰 활 모양의 선을 그리며 자기 자신을 뒤쫓는 영혼, 가장 지혜로운 영혼이면서도 미치광이의 달콤한 유혹에 귀기울이는 영혼, 자기 자신을 가장 사랑하는 영혼이면서도 그 안에 만물의 흐름과 역류, 썰물과 밀물이 되풀이되는 영혼.

오, 어째서 최고의 영혼이 가장 고약한 기생충을 지녀야만 하는가?

20

오, 형제들이여. 그렇다면 나는 잔인한가? 그러나 나는 말한다. 쓰러지는 자는 오히려 걷어차 버려야 한다고.

오늘날 모든 것은 쓰러지고 허물어져 버린다. 누가 그것을 지탱할 수 있을 것인가? 그러나 나까지도 그것을 걷어차 버리기를 원한다!

그대들은 절벽 아래 심연으로 돌을 굴려서 떨어뜨릴 때의 즐거움을 알고 있는가? 오늘날 사람들이 나의 심연으로 굴러떨어지는 꼴을 보라!

형제들이여, 나는 훌륭한 연주자들을 예고하는 하나의 서곡이다. 하나의 예다. 나의 예대로 따라하라!

그리고 그대들이 날아가는 방법을 가르쳐 줄 수 없는 사람들에게 더 빨리 떨어지는 방법을 가르쳐 줘라!

21

나는 용감한 사람을 사랑한다. 그러나 칼을 휘두르며 공격하는 것만으로는 충분치 않다. 사람은 자신이 누구를 상대로 칼을 휘두르는가 알고 있어야 한다.

때때로 자제하고 마음을 가누는 편이 더 용감한 경우도 있다. 왜냐하면 자기의 적수가 될 만한 적과 싸우기 위해서 힘을 아껴 둘 필요가 있기 때문이다.

그대들은 증오해야 할 적만을 가져야 하며, 경멸해야 할 적을 가져서는 안 된다. 그대들은 그대들의 적을 자랑할 수 있어야 한다. 나는 이미 그렇게 가르쳤다.

형제들이여! 그대들은 자신의 적수가 될 만한 적과 싸우기 위해 자신을 아껴야 한다. 그래서 그대들은 많은 사람들을 무시하고 지나쳐 버려야 한다.

그대들은 그대들의 귀에 대고 민중에 대해, 또는 여러 민족에 대해 시끄럽게 떠들어대는 많은 천박한 사람들을 무시하고 지나쳐 버려야 한다.

그들의 갑론을박에 휩쓸려 그대들의 눈이 더러워지지 않게 하라. 그들은 서로 자신만 옳다고 주장하면서, 특히 자기 잘못에 대해서는 눈을 감아 버린다. 그래서 그것을 보고 있는 사람으로 하여금 분노를 느끼게 한다.

그들의 처세에 대해 아는 것이 그들을 정복하는 길이다. 그러므로 그대로 숲 속에 들어가 그대들의 칼을 잠재우는 것이 좋다.

그대들은 자신의 길을 가라. 그리고 민중과 여러 민족이 그들의 길을 가게 내버려 두는 것이 좋다. 한줄기 희망의 빛조차 번쩍이지 않는 어두운 길을!

조금이라도 빛나는 것이 있다면 그것은 모두 소상인의 황금에 지나지 않는다. 그런 곳이라면 소상인이 지배하는 편이 좋다. 이제 왕의 시대는 갔다. 오늘날 민중이라고 자처하는 자는 왕으로서의 자격이 없다.

지금 이들 여러 민족이 얼마나 소상인과 같은 행동을 하고 있는지 보라. 그들은 아무리 작은 티끌이라도 마다하지 않고 아무리 작은 이익이라도 주워 모은다.

그들은 서로 동정을 살피며, 서로 무엇인가를 빼앗는다. 그들은 이러한 것을 '이웃과의 우정'이라고 부른다.

오, 민족이 "나는 여러 민족의 '지배자'가 되고자 한다"라고 스스로 말했던 저 아득한 행복의 시대여! *19

왜 그것을 행복이라고 하는가? 최선의 것은 지배해야 하고, 또 그것은 지배하기를 원하기 때문이다. 그러나 이와 다르게 가르치는 곳, 그곳에서는 최선의 것이 결여되어 있다.

22

그들이 아무런 노력도 하지 않았는데 빵을 얻을 수 있다면 매우 유감스러운 일이다. 그때 그들은 무엇을 구하기 위해 외칠 것인가? 그들의 생계 문제야말로 그들의 진정한 즐거움이다. 그래서 그들은 생계를 위해 고생해야 하는 것이다.

그들은 약탈을 일삼는 맹수다. 그들의 생계를 위한 노동 속에도 역시 약탈이 있다. 그들의 소득 속에도 역시 책략에 의한 약탈이 있다. 그래서 그들은 그것을 위해 고생해야 한다.

그러므로 그들은 더욱 뛰어난 맹수가 되어야 한다. 더욱 세련되고, 보다 영리하고, 보다 '인간적인' 맹수가 되어야 한다. 인간이야말로 가장 뛰어난 맹수다.

인간은 이미 동물들로부터 그들의 덕을 빼앗았다. 이것은 온갖 동물들 중에서 인간이 가장 많이 괴로워하는 동물이었기 때문이다.

오직 새만이 인간 위에 있다. 그리고 만일 인간이 새보다 높이 날아가는 것을 배웠다면, 아, 도대체 인간의 탐욕은 얼마나 높은 곳을 향해 날아갈 것인가!

23

남자는 전투에 능해야 하고, 여자는 출산에 능해야 한다. 그리고 남녀 모두 머리와 발로 춤추는 데 능하기를 바란다.

하루라도 춤추지 않는 날은 헛된 날이다. 그리고 웃음이 따르지 않는 진리는 모두 거짓이다!

24

그대들의 결혼이라는 결합이 나쁘게 되지 않도록 조심하라! 그대들은 너무나 빨리 결합하기 때문에, 그 결과 파탄이 생긴다.

그러나 왜곡되고 거짓으로 가득 찬 결혼보다는 파탄이 더 낫다. 어떤 여자가 내게 말했다.

"나는 결혼 생활을 파탄에 빠뜨렸다. 그러나 그에 앞서 결혼 생활이 나를 파탄에 빠뜨렸다."

어울리지 않는 부부는 최악의 복수심을 가진 사람들이다. 그들은 자신들이 혼자 살아갈 수 없다는 사실 때문에 온 세상 사람을 괴롭힌다.

나는 정직한 부부들이 이렇게 말해야 한다고 생각한다.

"우리는 서로 사랑한다. 그러므로 그 사랑을 언제까지 간직하도록 노력하자. 그렇지 않으면 우리의 약속이 하나의 실수가 될지도 모른다.

우리가 성공적인 결혼 생활을 할 수 있을지 판단하기 위해 잠깐 동안의 유예 기간과 짧은 결혼 생활을 하도록 하는 것이 어떨까? 언제나 둘이 함께 지낸다는 것은 중대한 일이므로."

나는 모든 정직한 남녀에게 이렇게 권한다. 그게 아니라면, 초인에 대한 나의 사랑으로 오게 될 모든 것에 대한 나의 사랑은 도대체 무엇이란 말인가?

오, 형제들이여. 다만 그대들이 계속 번식시켜 갈 뿐만 아니라 낳아 '더욱 높이' 올라가도록!

이를 위해 결혼 생활의 낙원이 그대들을 도와주기를 바란다!

25

옛 근원에 대해 깨달은 자는 마침내 미래의 샘과 새로운 근원까지도 찾게 될 것이다.

오, 형제들이여. 곧 새로운 민족이 생기고, 새로운 심연에서 새로운 샘물이 넘쳐 흐를 것이다. 왜냐하면 지진이 일어나서 많은 샘을 메우고 많은 것을 메마르게 한 다음 그 깊은 곳의 힘과 비밀을 드러낼 것이기 때문이다.

지진이 새로운 샘을 드러낸다. 옛 민족을 뒤엎은 지진에 의해 새로운 샘이 솟아오른다.

그리고 그때 "보라, 여기에 수많은 목마른 자들을 위한 샘이 있다. 동경에 가득 찬 수많은 자들을 위한 심장이, 많은 도구를 움직이기 위한 의지가 있다"라고 외치는 자 주위에 많은 사람들이 모여 한 민족을 이룰 것이다. 즉, 수많은 시도자들이 모일 것이다.

누가 명령할 수 있으며, 누가 복종하는 사람인가? 이것이 거기에서 시도되는 것이다. 아, 얼마나 오랜 탐구와 추측과 실패와 습득과 새로운 시도를 거친 뒤에야 시도되는 것일까?

인간 세상이 바로 하나의 실험이며, 하나의 오랜 탐구다. 나는 그렇게 가르친다. 인간 사회는 명령하는 자를 찾고 있다.

오, 형제들이여 그것은 하나의 시도다. 계약이 아니다. 때려 부숴라! 연약한 자들과 어중이떠중이들이 했던 그 말을.

26

오, 형제들이여. 인간의 모든 미래에 걸쳐서 가장 큰 위험은 누구와 더불어 있는가? 그것은 착하고 의로운 사람과 더불어 있는 것이 아닐까?

"우리는 이미 무엇이 선이며, 무엇이 정의인가를 알고 있다. 우리는 그것을 몸에 지니고 있다. 아직도 그것을 찾고 있는 자에게 화 있으라!" 이렇게 말하고, 이렇게 느끼는 자들에게 그것이 있는 것이다.

그리고 악인이 끼치는 해악보다 선인이 끼치는 해악이 더욱 해로운 법이다. 세계를 비방하는 자가 끼치는 해악보다 선인이 끼치는 해악이 더욱 해롭다.

오, 형제들이여. 일찍이 "그들은 바리새인 같은 사람이로다"라고 말한 어떤 사람은 이미 착한 자, 의로운 자들의 마음을 간파하고 있었다. 그러나 그 말의 의미를 제대로 이해한 자는 없었다.

착하고 의로운 자들도 그의 말을 이해할 수 없었다. 그들의 정신은 그들 자신의 떳떳한 양심이라는 감옥 속에 갇혀 있었다. 착한 자들의 어리석음이란 헤아리기 어려운 영리함이다.

그러나 진실로 착한 사람들은 바리새인일 수밖에 없다. 그들은 다른 어떤 것도 선택하지 않는다.

착한 사람들은 자신의 덕을 만들어 내는 사람을 십자가에 못박지 않을 수 없다. 이것이 진리다.

착하고 의로운 자들의 나라와 마음과 땅을 발견한 두 번째 사람은 바로 "그들은 누구를 가장 미워하는가?"라고 질문한 사람이다.

그들은 창조하는 사람을 가장 미워한다. 그들은 낡은 목록과 낡은 가치를 때려 부수는 사람을 보고 범죄자라고 한다.

왜냐하면 착한 사람들은 창조할 수 없기 때문이다. 그들은 언제나 종말의 시작이다.

그들은 새로운 가치를 새로운 목록에 써 넣는 자를 보면 십자가에 못박는다. 그들은 자신을 위해 미래를 희생시킨다. 그들은 모든 인류의 미래를 십자가에 못박는다.

착한 자들은 언제나 종말의 시작이었다.

27

오, 형제들이여. 그대들은 내가 지금 말한 것을 이해했는가? 또 내가 일찍이 '종말의 인간'에 대해서 말한 것도 이해했는가?

모든 인류의 미래에 있어 가장 큰 위험은 누구와 더불어 있는가? 그것은 착하고 의로운 자들과 더불어 있는 것이 아닐까?

"때려 부숴라. 착하고 의로운 자들을 부숴라."

오, 형제들이여. 그대들은 이 말의 의미를 참으로 이해했는가?

28

그대들은 내게서 도망치려 하려는가? 그대들은 놀랐는가? 그대들은 이 말을 듣고 두려워졌는가? 오, 형제들이여. 내가 그대들에게 착한 자와 그들의 목록을 때려 부수라고 명령했을 때, 비로소 나는 인간을 그들의 거친 바다로 내 보낸 것이다.

이제야 비로소 커다란 경악이, 커다란 절망이, 커다란 질병이, 커다란 구역질이, 커다란 뱃멀미가 인간에 닥쳐온다.

착한 자들은 그대들에게 거짓 해안과 거짓 안전에 대해 가르쳤다. 그대들은 착한 자들의 거짓 속에서 태어나 자라났다. 착한 자들에 의해 모든 것이 철저히 기만되고 왜곡되어 왔다.

그러나 인간이라는 땅을 발견한 자는 '인간의 미래'라는 땅까지도 발견했다. 이제 그대들은 씩씩하고 끈기 있는 뱃사람이 되어야 한다.

오, 형제들이여. 이제 주저하지 말고 의연하게 걸어라. 의연하게 걷는 것을 배워라. 바다는 물결이 드높고, 많은 사람들이 그대들의 도움을 받아 일어나기를 원한다.

바다는 물결이 드높고, 모든 것은 바닷속에 있다. 자, 지금이다. 그대, 노련한 뱃사람이여.

조상의 땅이 우리와 무슨 상관이 있는가? 우리는 자식들의 땅을 향해 키를 돌리고 있다. 아득한 그곳을 향해서 우리의 커다란 동경심은 바다보다 더 거세게 물결친다.

29

"어째서 그처럼 단단한가? 그렇다면 우리는 가까운 친척이 아니란 말인가?" 숯이 다이아몬드에게 물었다.

어째서 그처럼 부드러운가? 오, 형제들이여. 나는 그대들에게 묻는다. 그대들과 나는 형제가 아니란 말인가?

어째서 그처럼 약한가? 어째서 그처럼 연약하고 순종적인가? 왜 그대들의 마음에는 그처럼 많은 자기 부정과 억제만 있는가? 어째서 그대들의 시선 속에는 그처럼 작은 운명만이 들어 있는가?

만일 그대들이 운명이 되지 않는다면, 준엄한 자가 되기를 바라지 않는다면 어떻게 그대들이 나와 함께 승리할 수 있겠는가?

만일 그대들의 단단함이 빛나기를 바라지 않고, 구분짓고 자르는 것을 바라지 않는다면 어떻게 그대들이 언젠가 나와 함께 창조할 수 있겠는가?

창조자는 단단한 것이다. 그러므로 그대들은 그대들의 손을 밀랍에 찍듯이 수천 년에 걸친 미래 위에 뚜렷하게 찍는 것을 지극한 축복으로 여겨야한다.

수천 년에 걸친 미래의 의지 위에 마치 청동 위에 기록하듯 그대들의 의지를 기록해야 한다. 아니, 청동에 기록하는 것보다 더 단단하고 더 고귀한 힘으로 써 놓아야 한다. 가장 고귀한 것은 가장 단단하기 때문이다.

오, 형제들이여. 나는 그대들의 머리 위에 이 새로운 목록을 쳐들어 보인다. 단단해져라!

30

오, 그대, 나의 의지여. 온갖 고난의 회전이여, 나의 필연이여. 온갖 사소한 승리로부터 나를 지켜 다오!

내가 운명이라고 부르는 내 영혼의 숙명이여! 그대, 내 안에 있는, 내 위에 있는 것이여! 하나의 커다란 운명을 위해 나를 지키고 아껴다오.

그리고 그대, 마지막 위대함, 나의 의지여! 그대의 마지막을 위해서 아껴다오. 그렇게 해야 그대는 승리 한가운데서 단호한 자가 될 수 있다. 아, 이제까지 나의 승리에 굴복하지 않았던 자가 있었던가?

아, 승리라는 이 황홀한 어스름 속에서 눈이 부시지 않은 자가 있었던가?

아, 승리에 취해서 비틀거리며 일어서는 것을 잊어버리지 않은 자가 있었던가?

언젠가 위대한 대낮을 맞이할 때 내가 완전히 성숙해져서 모든 준비가 끝나 있었으면!

불타는 청동처럼, 빛을 품고 있는 구름처럼 부풀어 오르는 암소의 젖처럼 성숙해서 모든 준비가 끝나 있었으면!

나 자신을 위해, 내 가장 깊은 곳에 숨어 있는 의지를 위해 내가 모든 준비를 마치고 있었으면! 화살을 갈망하는 활, 별을 갈망하는 화살 같은 그 의지를 위해!

대낮을 맞이할 모든 준비를 마쳐 성숙해진 별이 되어 만물을 불태우는 태양의 무수한 화살에 맞아 불타오르며 지극한 행복에 떨고 있듯이!

또한 나는 태양 그 자체가 되거나 냉엄한 태양의 의지가 되어 승리 속에서도 섬멸시킬 만반의 준비를 하고 있도록!

오, 의지여, 온갖 고난의 회전이여. 그대, 나의 필연이여. 위대한 승리를 위해 나를 아껴 다오!

차라투스트라는 이렇게 말했다.

회복기의 환자

1

동굴로 돌아온 지 얼마 되지 않은 어느 날 아침, 차라투스트라는 잠자리에서 미친 사람처럼 벌떡 일어나 크게 소리치면서 누군가 다른 사람이 잠자리에서 일어나려 하지 않아 돕는 듯한 몸짓을 했다.

차라투스트라의 목소리가 너무 커서 그의 동물, 즉 독수리와 뱀이 놀라서 그의 곁으로 다가왔다.

그동안 차라투스트라가 사는 동굴 주위의 동굴이나 은신처에 살고 있던 모든 동물들이 재빨리 도망쳐 버렸다. 어떤 것은 날고, 어떤 것은 날개를 파닥거리고, 어떤 것은 기고, 어떤 것은 날뛰면서 달아났다. 그러나 차라투스트라는 이렇게 말했다.

"심연의 사상이여, 나의 심연으로부터 일어나라. 잠꾸러기 벌레여, 나는 그대를 일어나게 하는 수탉의 울음소리이고 새벽이다. 일어나라, 일어나라!

나의 소리가 기어코 그대를 깨우고야 말리라. 그대의 귀에 채워진 사슬을 풀고 들어라! 나도 그대의 소리를 듣고 싶다.

일어나라, 일어나라! 지금 이곳에서는 무덤까지도 귀를 기울이게 하는 우레소리가 천지를 울리고 있다.

그대의 눈에서 졸음과 모든 어렴풋한 것과 맹목적인 것을 씻어내 버려라. 그대의 눈으로 내 말을 들어라. 내 목소리는 태어날 때부터 장님인 사람까지도 고칠 수 있는 약이다.

일단 눈을 뜨면 그대는 영원히 깨어 있어야 한다. 나는 계속 더 자라고 말하기 위해 이미 잠들어 있는 증조모들을 깨우는 것은 내 방식이 아니다. [20]

이제야 그대는 몸을 뒤척이며 기지개를 켜는구나, 투덜거리고 있구나. 일어나라, 일어나라! 그대는 그렇게 투덜거려서는 안 된다. 내게 말하라. 차라투스트라가, 이 무신론자가 그대를 부르고 있다.

나 차라투스트라가, 삶의 대변자, 괴로움의 대변자, 윤회의 대변자가 그대를 부르는 것이다. 나의 가장 깊은 심연의 사상을.

오, 나를 축복하라! 그대가 다가온다. 그대 목소리가 들린다. 내 심연은 말한다. 나는 내 궁극적인 심연을 끌어내, 햇빛 속에 던져 놓았다.

오, 나를 축복하라! 더욱 가까이 다가오라. 악수를 하자꾸나! 아, 놓아라! 아! 구역질, 구역질, 토할 것만 같다! 나는 슬프다! 아, 이 괴로움!"

2

여기까지 말한 차라투스트라는 시체처럼 쓰러지더니 오랫동안 움직이지 않았다. 이윽고 정신을 차렸을 때 그의 얼굴은 창백했고, 몸을 떨면서 한동안 먹지도 마시지도 않았다.

일주일 동안 이런 상태가 계속되었다. 그동안 독수리와 뱀은 그의 곁을 떠나지 않았으며, 다만 독수리가 때때로 먹이를 찾기 위해 날았을 뿐이다.

독수리는 잡아 온 것, 빼앗아 온 것을 모두 차라투스트라의 침대 위에 놓았다. 차라투스트라는 노랗고 붉은 딸기, 포도, 사과, 향기로운 야채나 잣으로 파묻힐 정도가 되었다. 그의 발 밑에는 두 마리의 어린 양까지 놓여 있었다. 이것은 독수리가 목동들에게서 애써 훔쳐 온 것이었다.

이윽고 일주일이 되던 날 차라투스트라가 몸을 일으켰다. 사과 한 개를 들고 그 향기를 즐기는 듯했다. 그래서 독수리와 뱀은 그와 이야기할 때가 왔다고 확신했다. 그들은 이렇게 말했다.

"오, 차라투스트라여. 그대는 일주일 동안 눈을 감고 죽은 듯이 누워 있었다. 자, 이젠 그만 일어나는 게 좋지 않겠는가? 그대의 동굴에서 나오는 것이 좋으리라. 세상은 낙원처럼 그대를 기다리고 있다. 바람은 그대가 그리워 온갖 향기를 머금고 있으며, 시냇물은 모두 당신의 뒤를 따라 흐르고 싶어한다.

그대가 일주일 동안 혼자서 들어앉아 있었기 때문에 모든 것들이 그대를 그리워하고 있다. 그대여, 동굴에서 나오라. 만물이 당신을 치료하는 의사가 되기를 원한다.

하나의 새로운 인식이, 하나의 괴로운 인식이, 하나의 무거운 인식이 그대를 찾아온 것일까? 발효가 시작된 반죽처럼 당신은 가로누워 있었다. 당신의 영혼은 부풀어올라 그릇에서 넘쳐 흘렀다."

차라투스트라는 대답했다.

"오, 나의 동물들이여. 계속 이야기해서 내 귀를 즐겁게 해 다오. 너희들의 이야기를 듣노라면 힘이 생긴다. 그런 이야기를 듣는 것만으로도 세상은 벌써 낙원처럼 생각된다. 언어와 음조가 있다는 것은 얼마나 좋은 일인가? 언어와 음조란 영원히 격리되어 있는 것 사이에 걸쳐진 무지개며 환상의 다리가 아닌가?

모든 영혼은 저마다의 세계를 가지고 있다. 저마다의 영혼에 대해 다른 영혼은 모두 하나의 저편의 세계다.

가장 비슷한 것 사이에서 환상은 비록 거짓이라 하더라도 매우 아름답다. 왜냐하면 가장 좁은 골짜기에 다리를 놓는 것이 가장 힘들기 때문이다.

내게 어떻게 바깥이 있을 수 있겠는가? 바깥이라는 것은 존재하지 않는다. 그러나 음악을 들을 때면 나는 그러한 것을 잊어버린다. 망각이란 얼마나 좋은 일인가!

인간은 기쁨을 얻기 위해 모든 사물에게 이름과 소리를 주었다. 소리 내어 말한다는 것은 아름다운 어리석음이다. 그렇게 함으로써 인간은 모든 사물들을 넘어 춤추며 나아가는 것이다.

모든 언어와 모든 음악의 기만은 얼마나 달콤한가! 우리의 사랑은 음악에 맞추어서 아름다운 무지개 위에서 춤춘다."

그때 동물들이 말했다.

"오, 차라투스트라여. 우리처럼 생각하는 자들의 입장에서 보면 모든 사물은 스스로 춤추고 있는 것이다. 그들은 와서 손을 내밀고 웃다가 달아난다. 달아났다가는 또다시 되돌아온다.

모든 것은 갔다가 또다시 돌아온다. 존재의 수레바퀴는 영원히 돌고 있다. 모든 것은 죽어가고 있다. 그리고 모든 것은 또다시 꽃을 피운다. 존재의 시간은 영원히 돌고 있는 것이다.

모든 것은 파괴되고 또 새롭게 결합된다. 똑같은 존재의 집이 영원히 재건된다. 모든 것은 헤어졌다가 또다시 만난다. 존재의 수레바퀴는 영원히 자신에게 충실하다.

모든 순간마다 존재는 시작한다. '저쪽'이라는 모든 공은 '이쪽' 주위를 돌고 있다. 중심은 모든 곳에 있다. 영원의 길은 곡선이다."[*21]

차라투스트라는 대답하더니 다시 웃었다.

"오, 그대 익살꾼, 손풍금이여. 너희들은 일주일 동안 이뤄져야 했던 것을 얼마나 잘 알고 있는가! [*22] 또 저 괴물이 내 목구멍 속으로 기어들어가 나의 호흡을 멈추게 한 것도! 그러나 나는 그의 머리를 물어뜯어 그것을 입에서 뱉어냈다.

그런데 너희들은 그것을 재빨리 손풍금의 노래로 만들어 버리고 말았단 말인가? 그렇지만 나는 물어뜯고 뱉어내느라 지쳐 누워 있다. 나 자신을 구제하는 일로 아직도 병에 시달리고 있다.

'그런데 너희들은 이 모든 것을 구경만 하고 있었는가!' 오, 나의 동물들이여, 너희들 역시 잔인하단 말인가? 너희들도 나의 끔찍한 고통을 인간들처럼 구경만 하려고 했단 말인가? 가장 잔인한 동물인 인간들처럼.

이제까지 인간에게는 비극이나 투우, 십자가에 못박아 죽이는 형을 보는 것이 지상에서 가장 즐거운 일이었다. 그리고 인간이 지옥을 만들어냈을 때, 보라! 그것이야말로 지상 천국이었다.

위대한 인간이 고통으로 절규하는 순간, 소인배들이 모여든다. 그 입 속의 혀는 난폭한 즐거움으로 축 늘어진다. 그러나 인간은 그것을 동정이라고 부른다.

소인배, 특히 시인은 얼마나 열심히 말로 삶을 비난하는가? 그러나 이 모든 비난 속에 포함되어 있는 쾌락을 제대로 들어야 한다.

삶은 삶을 비난하는 자들을 향해 단 한 번 눈짓해 보일 뿐, 그들을 속인다.

'그대는 나를 사랑하는가? 그럼 좀더 기다려라. 내게는 아직 그대를 상대할 시간이 없다.'

이 삶이라고 하는 뻔뻔스러운 여자는 말한다.

인간은 자신에게 가장 잔인한 짓을 하는 동물이다. 그들은 스스로를 '죄인', '십자가를 짊어지는 자', '속죄자'라고 부른다. 그대들은 그 탄식과 비난 속에 포함되어 있는 관능적 쾌락을 놓치지 마라!

그런데 나 자신도 이러한 인간의 비난자가 되려는 것인가? 아, 나의 동물들이여. 나는 지금까지 이러한 것을 배웠다. 인간에게는 최선의 것을 위해 최악의 것이 필요하다는 것을 배웠다.

모든 최악의 것은 그의 최선의 힘이고, 최고의 창조자에게는 가장 단단한 돌이기 때문에 인간은 더욱 선해지거나 더욱 악해지지 않으면 안 된다는 것을.

인간이 악하다는 것이 나로서는 고난의 십자가는 아니다. 오히려 나는 지금까지 그 누구도 그렇게 외친 적이 없을 정도로 큰소리로 외쳤다.

'아아, 인간의 최악의 것이 어쩌면 그렇게도 왜소한 건가! 아, 인간의 최선의 것이 어쩌면 그렇게도 왜소한 건가!'

인간에 대한 지독한 권태가 나의 목을 조르고, 나의 목구멍 속으로 깊숙이 기어들어와 나를 질식시켰다. 바로 저 예언자가 예언한 '모든 것은 동일하다. 무엇을 어떻게 하든지 소용없다. 지식은 우리 목을 죈다'는 말이 나의 목을 눌렀다.

하나의 기나긴 여명이 절뚝거리며 내 앞으로 걸어오고 있다. 죽도록 지치고, 죽도록 취한 슬픔이 하품을 하며 이렇게 내게 말했다.

'그대가 싫어하는 인간, 저 소인배는 영원히 되돌아온다.'

나의 슬픔은 이렇게 말하고는 내 앞을 떠나지 않고 언제까지나 잠을 이루려 하지도 않았다.

인간의 대지는 동굴로 변하고 말았다. 대지의 가슴은 움푹 패어 모든 생이 곰팡이, 뼈, 썩어 버린 과거가 되고 말았다.

모든 인간들의 무덤 위에 앉아버린 내 신음 소리는 이미 일어날 수도 없게 되었다. 나의 신음과 의문은 밤낮 원망하고 호소하며 내 목을 조르고 내 뼈를 깎았다.

'아, 인간은 영원히 되돌아온다. 왜소한 인간은 영원히 되돌아온다.'

나는 일찍이 가장 위대한 인간과 가장 왜소한 인간의 적나라한 모습을 모두 보았다. 그 둘은 서로 너무 닮아 가장 위대한 인간도 너무나 인간적이다.

가장 위대한 인간도 너무나 왜소하다. 이것이 인간에 대해 내가 권태를 느낀 이유였다. 그리고 가장 왜소한 인간 역시 영원 회귀한다. 이것이 생존에 대해 내가 권태를 느낀 이유다. 아, 구역질, 구역질, 구역질!"

차라투스트라는 이렇게 말하고 탄식하며 몸을 떨었다. 자신의 병에 대해 생각해 냈던 것이다.

그러나 그때 동물들이 그의 말을 가로막았다.

"말을 멈추어라. 그대, 회복기의 환자여. 그리고 밖으로 나가라. 세상의 낙원이 당신을 기다리고 있다. 거기 장미와 꿀벌과 비둘기떼가 있는 곳으로 가라! 특히 노래하는 새들에게로 가는 게 좋으리라. 당신은 그들로부터 노래하는 법을 배울 수 있으리라. 노래하는 것이야말로 회복기의 환자에게 가장 필요한 일이다. 말하는 것은 건강한 자가 하도록 하라. 설령 건강한 자가 노래하기를 원하더라도 그것은 회복기의 환자의 노래와는 다른 것이다."

독수리와 뱀이 이렇게 말했다.

"오, 그대, 익살꾼이여, 손풍금이여, 그만하라! 정말 너희들은 잘 알고 있구나. 내가 오늘까지 일주일 동안 나를 위해 어떤 위안을 생각해 냈는가를.

나는 또다시 노래를 불러야 한다. 나는 이 위로를, 이 회복을 나를 위해 생각해 낸 것이다. 너희들은 이것까지도 재빨리 손풍금의 노래로 만들어 버릴 작정인가?"

차라투스트라는 이렇게 대답하더니 그의 동물들을 향해 미소를 지었다.

그의 동물들은 다시 말했다.

"더 이상 말하지 마라. 그보다도 회복하고 있는 자여, 우선 하프를 준비하라. 하나의 새로운 하프를!

오, 차라투스트라여. 당신의 새로운 노래에는 새로운 하프가 필요하다.

노래하라! 울려 퍼지게 하라! 오, 차라투스트라여. 새로운 노래로 그대의 영혼을 치료하라. 그리고 이제까지 누구의 운명도 아니었던 그대의 위대한 운명을 짊어져라. 오, 차라투스트라여. 그대가 누구며 어떤 사람이 되어야 하는가를 그대의 동물들은 잘 알고 있다. 보라, 그대는 '영원 회귀의 스승'이다. 이제 그것이 그대 운명이 되었다.

그대가 이 가르침을 주는 최초의 인간이 되어야 한다는 것, 이 커다란 운명이 어찌 그대의 최대의 위험과 병이 되지 않을 수 있겠는가!

보라, 우리는 그대의 가르침을 알고 있다. 만물은 영원히 회귀하고, 우리 자신도 그와 함께 회귀한다는 것을. 또 우리는 이미 헤아릴 수 없이 존재해 왔으며, 만물도 우리와 함께 헤아릴 수 없이 존재해 왔다는 가르침을 알고 있다.

그대는 생성의 순환이 이루어지는 거대한 해〔年〕라는 것이 존재한다고 가르친다. 그 해는 모래 시계처럼 언제나 다시 새로워진다. 이렇게 해서 모든 것은 다시금 새로워졌다가 곧 지나가 버리는 것이다.

되돌아오는 그 모든 해는 그것이 아무리 크든 작든 간에 항상 서로 동일한 것이다. 그래서 우리 자신은 이 거대한 세월을 몇 번 거듭 살아도 처음의 존재와 같은 것이다. 가장 위대한 자든 가장 왜소한 자든.

만일 지금 당신이 죽음을 맞게 된다면, 우리는 당신이 스스로에게 무슨 말을 할 것인가 알고 있다. 물론 당신의 동물들은 당신에게 죽지 말라고 애원할 테지만!

당신은 그때 떨지도 않고 오히려 지극히 행복한 나머지 가슴 가득 숨을 들이쉬고 말할 것이다. 그때야말로 인내심 있게 견디어 온 당신에게서 커다란 무서움과 불안이 제거될 것이다.

당신은 '지금 나는 죽어간다. 그리고 소멸한다'고 말할 것이다. '그래서 곧 나는 무(無)가 된다. 영혼도 육체와 마찬가지로 죽게 되는 것이다.'

그러나 내가 엮여있는 인과의 매듭은 되돌아와 다시 나를 창조할 것이다. 나 자신이 영원 회귀의 여러 가지 인과 중 하나이니까. 나는 이 태양·지구·독수리·뱀과 함께 또다시 오리라. 새로운 삶이나 훌륭한 삶, 또는 그와 유사한 삶은 되돌아오지 않는다.

나는 가장 위대한 것에서나 가장 왜소한 것에서나, 영원히 되풀이하여 동일한 이 삶으로 되돌아오는 것이다. 또다시 모든 사물의 영원 회귀에 대해 가르치기 위해서, 또다시 대지와 인간의 위대한 대낮에 대해서 말하고, 또다시 인간들에게 초인을 알리기 위해.

나는 내 말을 다했다. 나는 내 말에 의해서 파괴된다. 그것이 나의 영원한 운명이다. 즉 나는 예고자로서 죽는 것이다.

몰락해 가는 사람 스스로 축복할 때가 되었다. 이렇게 해서 차라투스트라의 몰락은 끝난다."*23

동물들은 이렇게 말하고 나서 차라투스트라가 질문을 할 수 있게 잠자코 기다렸다. 그러나 차라투스트라는 그들의 침묵에 아랑곳하지 않았다. 눈을 감은 채 조용히 엎드려 있을 뿐이다. 자고 있는 것은 아니지만 자고 있는 사람 같았다. 사실은 그는 자신의 영혼과 대화하고 있었던 것이다. 그가 이처럼 침묵하고 있는 것을 본 뱀과 독수리는 그를 둘러싼 고요함을 존중해 조용히 그곳을 떠났다.

위대한 동경

오, 나의 영혼이여! 나는 그대에게 '예전에' '언젠가'와 마찬가지로 '오늘'이라고 말하는 법을 가르쳤다. 그리고 모든 '이곳'과 '그곳'과 '저곳'을 초월하여 춤추는 것도 가르쳤다.

오, 나의 영혼이여! 나는 그대가 처박혀 있기를 원하는 모든 은신처로부터 그대를 밖으로 끌어냈다. 나는 그대에게서 먼지와 거미와 황혼의 빛을 털어주었다.

오, 나의 영혼이여! 나는 그대에게서 하찮은 수치심과 위축된 덕을 씻어내고, 그대를 설득하여 태양 앞에 적나라한 모습을 드러내도록 했다.

나는 '정신'이라는 이름의 폭풍이 되어 그대의 바다 위로 몰아치며 파도를 일으켰다. 온갖 구름을 날려 보내고 '죄'라는 이름의 살인자까지도 목졸라 죽여 버렸다.

오, 나의 영혼이여! 나는 그대에게 폭풍처럼 부정의 말을 할 권리와 함께 구름 한 점 없는 푸른 하늘처럼 긍정의 말을 할 권리도 주었다. 그대는 빛처럼 조용히 서 있다가도 그대를 가로막는 폭풍이 있으면 그것을 들고 앞으로 나아갔다.

오, 나의 영혼이여! 나는 그대에게 이미 창조된 것과 아직 창조되지 않은 것에 대한 자유를 되돌려 주었다. 그러니 그대만큼 미래에 대한 환희를 알고 있는 자가 누가 있겠는가?

오, 나의 영혼이여! 나는 그대에게 설득하라고 가르쳤다. 마치 바다를 설득하여 이것을 자신의 높이까지 끌어올리는 태양처럼, 그대 또한 여러 가지 근본까지 설득해서 그대의 높이까지 끌어올리도록.

오, 나의 영혼이여! 나는 그대로부터 복종하는 것과 무릎 꿇는 것, 또한 경의를 표하는 것을 모두 빼앗았다. 나는 내 스스로 그대에게 곤경의 전환과 운명이라는 이름을 주었다.

오, 나의 영혼이여! 나는 그대에게 여러 새로운 이름과 다양한 장난감을 주었다. 나는 그대를 '운명', '포괄', '시간의 탯줄', '푸른 종'이라고 불렀다.

오, 나의 영혼이여! 나는 그대의 토양에 온갖 지혜를 마시도록 했다. 온갖 새로운 포도주를, 그리고 언제 담았는지 기억할 수 없을 만큼 오래 묵은 진한 지혜의 포도주를.

오, 나의 영혼이여! 나는 그대에게 모든 태양, 모든 밤, 모든 침묵, 모든 동경을 불어넣었다. 그래서 그대는 포도나무처럼 빨리 자랐다.

오, 나의 영혼이여! 그대는 지금 부푼 젖가슴과 황금빛 열매를 풍성하게 늘어뜨린 포도나무처럼 풍요스럽고 의젓한 모습으로 서 있다.

그리고 그대는 행복에 겨워 흘러 넘칠 것을 기다리며, 기다리고 있다는 사실에 부끄러워하고 있다.

오, 나의 영혼이여! 이제 그대보다 더 사랑스럽고 풍요하고 드넓은 영혼은 아무 데도 없다. 미래와 과거가 그대와 결합하는 것보다 더 밀접하게 결합하는 것이 어디 있겠는가?

오, 나의 영혼이여! 나는 그대에게 모든 것을 주었다. 나의 두 손은 이제 그대를 위해 빈손이 되었다. 그런데도 그대는 지금 나에게 미소를 지으며 우울한 표정으로 묻는다.

"우리 둘 중에 감사해야 할 자가 누구인가? 받는 자가 받았기 때문에 주는 자가 감사해야 할 것이 아닌가? 주는 것은 억제할 수 없는 충동이 아니겠는가? 그것을 받아 준다는 것은 동정이 아니겠는가?"

오, 나의 영혼이여! 나는 그대의 우울한 미소를 이해한다. 이제 그대의 충만한 재산은 받아 줄 자를 향해 동경의 손을 뻗어야 하는 것이다.

그대의 충만함이 성난 바다를 바라보며 무언가를 찾고 기다리고 있다. 지나친 충만함이 품은 동경은 그대의 미소 어린 눈망울의 하늘에서 흘러 나오고 있다.

오, 나의 영혼이여! 그리고 진실로 그대의 미소를 보고서 그 누가 울지 않고 견딜 수 있겠는가? 천사도 그대의 미소 속에 흘러넘치는 선의를 보면 눈물을 흘릴 것이다. 그대의 선의, 넘치는 선의는 탄식하고 우는 것을 바라지 않는다.

오, 나의 영혼이여! 그대의 미소는 눈물을 그리워하며 그대의 떨리는 입은 흐느낌을 그리워하고 있다.

"모든 눈물이란 호소가 아니겠는가? 그리고 모든 호소는 불평이 아니겠는가?"

그대는 자신에게 이렇게 말한다. 그러므로 그대는 눈물보다 미소를 택하는 것이다.

그대는 그대의 충만함에서 오는 괴로움과 수확의 손길과 가위질을 기다리는 포도나무의 열망에 대해 솟구치는 눈물을 퍼부으려고 하지 않는다.

그러나 만일 울고 싶지 않고, 그대의 보랏빛 우울을 눈물로 씻지 않으려면 그대는 노래를 해야만 한다.

오, 나의 영혼이여! 보라, 그대에게 이것을 예언하는 나는 미소를 짓는다.

그대는 성난 파도처럼 노래를 불러야 한다. 모든 바다가 조용해져서 그대의 그리움에 귀를 기울이게 될 때까지.

고요한 그리움으로 가득 찬 바다에 황금빛 조각배가 노저어 오고 황금빛 주위를 모든 선악과 이상한 괴물이 춤추고 뛰어다니게 될 때까지.

크고 작은 무수한 동물, 놀라울 만큼 가벼운 발걸음으로 보랏빛 길을 달릴 수 있는 모든 것이 이 황금빛 기적, 자유 의지에서 오는 조각배와 그 배의 주인을 향해 춤추며 온다. 그 주인은 바로 다이아몬드로 된 가위로 포도나무를 가꾸는 사람이다. *24

오, 나의 영혼이여! 이름 없는 이 사람은 그대의 위대한 구원자다. 미래의 노래가 비로소 그대에게 이름을 지어 줄 것이다. 그리고 정녕 그대의 숨결은 이미 미래에 부를 노래의 향기를 품고 있다.

벌써 그대는 열에 들떠 꿈꾸고 있다. 벌써 그대는 소리치며 솟구치는 모든 위로의 깊은 샘물을 정신 없이 마시고 있다. 벌써 그대의 슬픔은 미래의 노래를 예감하는 지극한 행복 속에서 쉬고 있다.

오, 나의 영혼이여! 나는 지금 그대에게 모든 것을, 내가 가진 마지막 것까지 주고 말았다. 나의 두 손은 이제 그대를 위해 빈손이 되었다. 보라, '내가 그대에게 노래하라고 명령한 것'이야말로 나의 마지막 재산이었다.

나는 그대에게 노래하라고 명령했다. 자, 말해 보라! 우리 두 사람 중 감사해야 할 자는 누구인가? 그러나 그것을 따지기보다는 노래를 부르는 것이 더 낫겠다. 노래하라. 나를 위해 노래하라!

오, 나의 영혼이여! 나로 하여금 그대에게 감사하게 하라!

차라투스트라는 이렇게 말했다.

두 번째 춤곡

1

나는 그대의 눈을 바라본다. 오, 삶이여! 그대 밤의 눈 속*25에서 나는 반짝이는 황금을 보았다. 나의 심장은 너무 즐거운 나머지 고동을 멈췄다.

황금빛 조각배 한 척이 밤의 수면에서 반짝이는 것을 보았다. 가라앉을 듯 흔들거리다가도 다시 떠올라 흔들리는 황금빛 작은 배였다.

그대는 열광적으로 춤추는 나의 발을 힐끗 바라보았다. 그것은 웃는 듯한, 동요하는 듯한 매력이 넘치는 시선이었다.

그대는 작은 손으로 내 캐스터네츠를 두 번 울렸다. 그러자마자 내 발은 열광적으로 춤추기 시작했다.

내 발뒤꿈치는 하늘 높이 올라가고, 내 발끝은 그대의 마음을 깨닫기 위해 귀를 기울였다. 춤추는 사람은 발끝에 귀를 가지고 있다.

나는 그대에게 뛰어들었다. 그러자 그대는 뒤로 물러섬으로써 나를 피했다. 그러면서 그대는 나를 향해 머리카락을 나부꼈다.

나는 그대와 그대의 뱀 같은 머리카락으로부터 몸을 피했다. 그러자 그대는 재빨리 나를 향해 몸을 돌리더니 멈춰 서서 무언가를 갈구하는 눈빛으로 나를 응시했다.

그대는 나에게 왜곡된 눈빛으로 왜곡된 길을 가르친다. 나의 발은 왜곡된 길을 가면서 술책을 배운다.

나는 가까이 있는 그대를 두려워하고, 멀리 떨어진 그대를 사랑한다. 그대가 달아나면 나는 쫓아가고, 그대가 나를 찾으면 나는 몸을 숨긴다. 답답하다. 나는 지금까지 그대를 위해서 온갖 괴로움을 참지 않았는가? 그대의 냉혹함에 나는 화가 난다. 그대의 증오는 나를 유혹하고, 그대의 도주는 나를 구속하며, 그대의 비웃음은 나로 하여금 눈물을 흘리게 한다.

그 누가 이런 여자를 증오하지 않을 수 있겠는가!

그대, 위대한 구속자·설득자·유혹자·탐구자·발견자여! 과연 누가 그대를 사랑하지 않을 수 있겠는가? 그대, 순결하고, 성급하고, 바람처럼 빠르고 순진한 어린아이의 눈을 지닌 죄 많은 여자여!

그대는 나를 어디로 끌고 가려고 하는가? 그대, 다루기 힘든 장난꾸러기여! 그대는 또 나를 피해 달아난다. 그대, 부드러운 장난꾸러기여!

나는 춤을 추면서 그대를 쫓아간다. 발자국이 아무리 희미하더라도 따라간다. 그대는 어디 있는가? 나에게 손을 내밀어 다오. 손가락 하나라도 좋다.

여기에는 많은 동굴과 숲이 있다. 우리는 길을 잃을 것이다. 기다려라, 서라! 그대에게는 올빼미와 박쥐가 날개를 퍼드득거리며 날고 있는 모습이 보이지 않는단 말인가?

그대야말로 올빼미며 박쥐다. 그대는 나를 놀릴 작정인가? 여기는 어디인가? 그렇게 짖는 것을 개에게서 배웠는가?

그대는 나에게 하얗고 귀여운 이를 드러낸다. 그대의 긴 눈썹 아래 짓궂은 눈동자가 나를 노려본다.

이것은 나무와 바위와 모든 것을 밟고 넘어서 돌진하는 춤이다. 나는 사냥꾼이다. 그대는 나의 사냥개가 될 것인가, 아니면 영양이 될 작정인가?

지금은 내 옆에 있지만 그대는 곧 짓궂게 달아나리라. 위로, 저쪽으로. 나도 달리려 한다. 그러나 아, 나는 그 자리에 쓰러지고 만다.

오, 그대, 교만한 자여. 이처럼 쓰러진 채 은혜를 구하는 나를 보라! 나는 그대와 함께 좀더 나은 길을 걷고 싶다. 조용하고 아름다운 수풀 사이의 사랑의 길을. 여러 종류의 금붕어가 헤엄치며 춤추는 호숫가의 오솔길을.

그대는 지쳤는가? 저쪽에는 저녁놀 아래에 양떼가 있다. 양치는 목동들의 피리 소리를 들으면서 잠들면 얼마나 멋지겠는가?

그대는 그처럼 심하게 지쳤는가? 나는 그대를 끌고 가리라. 팔을 내려라.

그리고 그대가 목이 마르다면 나는 그대에게 물을 마시게 해 주리라. 그러나 그대는 입을 다물고 물을 마시려고 하지 않는다.

오, 이 저주스럽게 민첩하며 날씬한 뱀이여. 재빨리 달아나 버리는 마녀여. 그대는 어디로 가 버렸는가? 나는 그대의 얼굴에 만들어 놓은 두 개의 반점과 빨간 흠집을 알아차린다.

나는 그대의 어리석은 양차기 노릇을 하는 데 지쳐 버렸다. 그대, 마녀여! 이제까지는 내가 그대에게 노래를 불러 주었지만 이번에는 그대가 나를 위해 노래를 불러 주어야 한다.

그대는 내 채찍의 박자에 맞추어서 춤추고 울부짖어야 한다! 나는 채찍을 잊지 않고 가지고 오겠다. 어떻게 그것을 잊을 수 있단 말인가!

2

그러자 삶이 자신의 사랑스러운 두 귀를 막은 채 대답했다.

"오, 차라투스트라여. 그대의 채찍을 그처럼 무섭게 휘두르지 않았으면 좋겠다. 그대는 채찍 휘두르는 소리가 사상을 죽인다는 것을 잘 알고 있지 않은가! 그리고 때마침 내게는 부드러운 사상이 떠오르려 하고 있다.

우리 두 사람은 정녕 선악의 어느 쪽에 있어도 사이가 벌어질 수밖에 없다. 우리는 선과 악 너머에서 우리의 섬과 푸른 목장을 발견했다. 그것은 우리 둘만의 것이다! 따라서 그 사실만으로도 우리는 친하게 지내야 한다.

우리가 아무리 진심으로 사랑하지는 않는다고 하더라도 서로 미워해야 한단 말인가? 진심으로 사랑하지 않는다고 하더라도 말이다.

내가 그대에게 호의를 가지고 있으며 때로는 지나치게 호의를 가진다는 것은 그대도 잘 알고 있다. 그것은 결국 내가 그대의 지혜를 부러워 하고 있다는 얘기다. 아, 이 바보스런 지혜여!

만일 지혜가 그대에게서 도망간다면, 아, 그때는 나의 사랑도 그대에게서 달아나 버리고 말 것이다."

이렇게 말한 삶은, 깊은 생각에 잠긴 듯 자기 뒤와 주위를 둘러보더니 낮은 목소리로 계속 말했다.

"오, 차라투스트라여. 그대는 내게 충실하지 않다. 그대는 아직도 그대의 말처럼 나를 사랑하지는 않는다. 나는 알고 있다. 그대가 머잖아 나로부터 떠나갈 생각이라는 것을.

둔한 소리를 내는 무겁고 오래된 종이 있다. 그 종소리는 밤마다 그대의 동굴에까지 울려 퍼진다. 한밤중에 시간을 알리는 이 종소리를 들으면, 하나에서 열둘까지 종이 울리는 동안 그대는 생각하리라.

오, 차라투스트라여. 나는 그대가 머잖아 나에게서 떠나갈 것임을 잘 알고 있다는 것을!"

나는 머뭇거리면서 대답했다.

"그렇다! 그러나 그대 역시 그걸 잘 알고 있다."

이렇게 말하고 나는 그녀의 헝클어진 노란 머리카락 사이의 귀에다가 어떤 말을 속삭였다.

"그대는 그것을 알고 있는가? 오, 차라투스트라여, 그것은 아무도 모르는 일인데?"

그리고 우리는 서로를 바라보았다. 그러고 나서 서늘한 저녁 기운이 감돌기 시작한 푸른 목장을 바라보며 함께 울었다. 그때 나는 이 삶이 지금까지 내게 있어서 가장 소중하게 여겨졌던 지혜보다도 더 소중하게 생각되었다.

차라투스트라는 이렇게 말했다.

3

"하나!"

오, 인간이여, 조심하라!

"둘!"

깊은 밤은 무엇을 말하는가?

"셋!"

나는 잠들어 있었다.

"넷!"

나는 깊은 꿈에서 깨어났다.

"다섯!"

세계는 심오하다.

"여섯!"

낮이 생각했던 것보다 더 심오하다.

"일곱!"

세계의 슬픔은 깊다.

"여덟!"

기쁨은 마음의 고뇌보다 더 깊다.

"아홉!"

슬픔은 말한다. "사라져 버려라!"라고.

"열!"

그러나 모든 기쁨은 영원을 바란다.

"열하나!"

깊고 깊은 영원을 바란다!

"열둘!"

일곱 개의 봉인*26

1

내가 두 바다 사이의 높은 산마루를 헤매는 예언적 정신에 가득 차 있는 예언자라면.

그 정신이 과거와 미래 사이를 무거운 구름처럼 떠돌면서 무더운 평야에 지치고 피로해서 살지도 죽지도 못하는 모든 것을 적대시한다면.

그 정신은 어두운 속에서 번갯불을 번쩍일 준비, 구원의 빛을 번쩍일 준비가 되어 있다. '그렇다'고 말하고, '그렇다'고 웃는 번개를 잉태한 예언적인 번갯불을 번쩍일 준비가 되어 있다.

이렇게 잉태하고 있는 자는 행복하다. 진정으로 언젠가 미래의 빛을 밝힐 자는 오랫동안 무거운 구름이 되어 산에 드리워져 있어야 한다!

내가 그러한 예언자의 정신에 차 있다면, 오, 어찌 내가 영원을 열렬히 갈구하는 열망으로 불타오르지 않을 수 있겠는가! 반지들 중에서 반지인 결혼반지, 아, 어찌 회귀의 반지를 열렬히 원하는 열망으로 불타오르지 않을 수 있겠는가!

나는 아직 나의 아이를 낳아 주었으면 하는 여자를 발견하지 못했다. 그러나 단 한 사람, 내가 사랑하는 여자가 여기 있다. 오, 그대가 내 아이를 낳아다오. 왜냐하면 그대를 사랑하고 있기 때문이다. 오, 영원이여!

'왜냐하면 그대를 사랑하고 있기 때문이다. 오, 영원이여!'

2

만일 나의 노여움이 일찍이 모든 무덤을 파헤치고 경계석을 움직이고, 오래된 목록을 천길이나 되는 심연으로 던져 버렸다면.

만일 나의 비웃음이 일찍이 곰팡내나는 말을 날려 버리고, 십자 거미를 쓸어 내는 빗자루처럼 상쾌하고 시원한 바람이 되어 낡고 축축한 무덤을 찾아

왔다면.

만일 내가 신들이 묻혀 있는 곳에 마음 편히 앉아 낡은 염세자의 기념비 옆에서 세계를 축복하고 사랑하면서 오랫동안 시간을 보냈다면.

나는 교회나 신의 무덤까지도 사랑하는 것이다. 부서진 그 천장에서 하늘이 순수한 눈으로 들여다보기만 한다면, 나는 잡초와 붉은 양귀비처럼 교회의 폐허 위에 앉기를 좋아하는 것이다.

오, 그런데 어찌 내가 영원을 열렬히 갈구하는 열망으로 불타오르지 않을 수 있겠는가! 반지들 중에 반지인 결혼 반지, 아, 어찌 회귀의 반지를 열렬히 원하는 열망으로 불타오르지 않을 수 있겠는가!

나는 아직 나의 아이를 낳아 주었으면 하는 여자를 발견하지 못했다. 그러나 단 한 사람, 내가 사랑하는 여자가 여기 있다. 오, 그대가 내 아이를 낳아다오. 왜냐하면 그대를 사랑하고 있기 때문이다. 오, 영원이여!

'왜냐하면 그대를 사랑하고 있기 때문이다. 오, 영원이여!'

3

만일 일찍이 창조의 숨결이 나를 찾아온 적이 있다면, 우연일지라도 별의 윤무를 추게 하는 저 천상의 필연적인 숨결이 나를 찾아온 적이 있다면.

만일 내가 일찍이 창조적인 번개의 웃음으로 웃었다면. 그 웃음에는 행위라고 하는 긴 우레가 불평하는 소리를 울리면서도 온순하게 따라온다.

만일 내가 일찍이 대지라고 하는 신들의 도박장에서 신들과 주사위놀이로 경쟁하고, 그 때문에 땅이 진동하고 부서지고 불의 냇물을 뽑아 내기에 이르렀다면. 대지는 신들의 도박장이며, 창조적인 새로운 언어와 신들의 주사위놀이로 떨고 있는 것이다.

오, 그렇다면 어찌해 내가 영원을 갈구하는 열망으로 불타오르지 않을 수 있겠는가! 반지들 중에 반지인 결혼 반지, 아 어찌 회귀의 반지를 열렬히 원하는 열망으로 불타오르지 않을 수 있겠는가!

나는 아직 나의 아이를 낳아 주었으면 하는 여자를 발견하지 못했다. 그러나 단 한 사람, 내가 사랑하는 여자가 여기 있다. 오, 그대가 내 아이를 낳아다오. 왜냐하면 그대를 사랑하고 있기 때문이다. 오, 영원이여!

'왜냐하면 그대를 사랑하고 있기 때문이다. 오, 영원이여!'

4

만일 내가 모든 것이 잘 섞여 거품이 이는 향신료 항아리에 들어있는 것을 마음껏 마셨다면.

만일 내 손이 일찍이 가까운 것에 가장 먼 것을, 정신에 불을, 슬픔에 기쁨을, 가장 좋은 것에 가장 나쁜 것을 섞었다면.

만일 나 자신이 모든 사물을 항아리 속에서 잘 섞이게 하는 한줌의 소금이라면.

선과 악을 결합시키는 소금이 있기 때문이다. 약재로 쓰거나 또는 마지막 거품이 일게 하기 위해서는 아무리 나쁜 악이라도 가치가 있다.

오, 그렇다면 어찌 내가 영원을 갈구하는 열망으로 불타오르지 않을 수 있겠는가! 반지 중에 반지인 결혼 반지, 아, 어찌 회귀의 반지를 열렬히 원하는 열망으로 불타오르지 않을 수 있겠는가!

나는 아직 나의 아이를 낳아주었으면 하는 여자를 발견하지 못했다. 그러나 단 한 사람, 내가 사랑하는 여자가 여기 있다. 오, 그대가 내 아이를 낳아다오. 왜냐하면 그대를 사랑하고 있기 때문이다. 오, 영원이여!

'왜냐하면 그대를 사랑하고 있기 때문이다. 오, 영원이여!'

5

만일 내가 바다와 바다의 천성을 지닌 모든 것을 사랑하고, 그것들이 나에게 분노하여 반항할 때 오히려 가장 사랑한다면.

만일 미지의 나라를 향해 돛을 달고 달려가는 모험의 즐거움이 내 안에 있다면, 그 뱃사람의 즐거움이 나의 즐거움 속에 있다면.

만일 내가 일찍이 기뻐하며 "해안이 보이지 않게 되었다. 이제 나의 마지막 쇠사슬이 끊어졌다. 무한의 것이 나를 둘러싸고 울부짖으며 물방울을 튕기고 있다. 저 멀리에서 시간과 공간이 빛나고 있다. 자, 일어나라. 내 마음이여." 하고 외쳤다면.

오, 그렇다면 어찌 내가 영원을 갈구하는 열망으로 불타오르지 않을 수 있겠는가! 반지 중에 반지인 결혼 반지, 아, 어찌 회귀의 반지를 열렬히 원하는 열망으로 불타오르지 않을 수 있겠는가!

나는 아직 나의 아이를 낳아 주었으면 하는 여자를 발견하지 못했다. 그러나 단 한 사람, 내가 사랑하는 여자가 여기 있다. 오, 그대가 내 아이를 낳아다오. 왜냐하면 그대를 사랑하고 있기 때문이다. 오, 영원이여!

'왜냐하면 그대를 사랑하고 있기 때문이다. 오, 영원이여!'

6

만일 나의 덕이 춤추는 사람의 덕이고, 그래서 내가 두 발로 황금빛과 초록빛으로 빛나는 환희 속에 뛰어 들어갔다면.

만일 나의 악의가 비웃는 악의로서, 장미꽃 언덕과 백합꽃 울타리 밑에 웅크리고 있다면.

비웃음 속에는 온갖 악의가 깃들여 있지만, 그것들은 모두 그 자신의 행복에 의해서 신성해지고 면죄받는 것이다.

그리고 무거운 모든 것이 가벼워지고, 모든 육체가 춤추는 사람이 되고, 모든 정신이 새가 되는 그것이 나의 알파요, 오메가라면. 진실로 그것이야말로 나의 알파요, 오메가다.

오, 그렇다면 어찌 내가 영원을 갈구하는 열망으로 불타오르지 않을 수 있겠는가! 반지 중에 반지인 결혼 반지, 아, 어찌 회귀의 반지를 열렬히 원하는 열망으로 불타오르지 않을 수 있겠는가!

나는 아직 나의 아이를 낳아 주었으면 하는 여자를 발견하지 못했다. 그러나 단 한 사람, 내가 사랑하는 여자가 여기 있다. 오, 그대가 내 아이를 낳아다오. 왜냐하면 그대를 사랑하고 있기 때문이다. 오, 영원이여!

'왜냐하면 그대를 사랑하고 있기 때문이다. 오, 영원이여!'

7

만일 내가 일찍이 내 머리 위에 조용한 하늘을 펼치고는 나 자신의 날개로 나의 하늘로 날아갔다면.

만일 내가 깊은 빛 속에서 헤엄치고, 그래서 새의 지혜가 나의 자유로움을 찾아왔다면.

결국 새의 지혜는 이렇게 말할 것이다.

"보라, 위도 없고 아래도 없다. 마음껏 뛰어라. 밖으로, 뒤로. 그대, 경쾌한 자여. 노래 불러라. 이제 그만 이야기하라. 모든 말은 무거운 자들을 위해 만들어진 것이 아닌가? 가벼운 자에게 있어서 말이란 모두 거짓이 아닌가? 노래 불러라. 이제 그만 이야기하라.”

　오, 그렇다면 어찌 내가 영원을 갈구하는 열망으로 불타오르지 않을 수 있겠는가! 반지 중에 반지인 결혼 반지, 아, 어찌 회귀의 반지를 열렬히 원하는 열망으로 불타오르지 않을 수 있겠는가!

　나는 아직 나의 아이를 낳아주었으면 하는 여자를 발견하지 못했다. 그러나 단 한 사람, 내가 사랑하는 여자가 여기 있다. 오, 그대가 내 아이를 낳아다오. 왜냐하면 그대를 사랑하고 있기 때문이다. 오, 영원이여!

　‘왜냐하면 그대를 사랑하고 있기 때문이다. 오, 영원이여!’

1 개가 놀라서 짖는 소리를 들었던 것도 과거로의 회귀이다. 일상 생활을 하다 보면 어느 순간의 체험이 과거에도 있었던 일처럼 생각되는 때가 있다. 감각적으로는 이것이 니체의 영원 회귀설의 한 근거를 이루고 있다고 할 수 있다.

2 ‘의심’은 그림자와 동일물이다. ‘언제까지나 이런 상태로 지내도 괜찮은가?’ 하는 의심을 말하는 것이다.

3 옛날 그리스도교의 고행자가 자신을 괴롭히기 위해 몸에 지녔던 것을 말한다.

4 삶의 인식의 근원.

5 기도한다는 것은 불을 쬔다는 것이며, 이렇게 하면 스스로 만족하게 되므로 ‘배불뚝이’라고 한 것이리라.

6 몹시 발전하기 어려운 비밀스러운 일의 진상까지도 발견해 내는 사람.

7 고래가 삼킨다는 것은 구약성서 「요나서」에서 요나가 고래에게 먹혔던 것에 대한 연상이다.

8 무력자들, ‘어릿광대’는 자기 반성이 없는 자를 말한다.

9 등에 십자 표시가 있는 거미. 성직자를 말한다.

10 영계(靈界)에 통달했다고 자칭하는 심령술사.

11 일상적 이해나 지위 등 때문에 먼 곳이 보이지 않는 상태를 말한다.

12 남녀 두 사람의 단순한 결합에 그치지 않고 인류의 향상을 목표로 하는 자세.

13 빈약한 내용을 아름답게 꾸미려는 자를 말한다.

14 문필가와 저널리스트.

15 고독과 침묵의 상태에서 벗어나는 것을 말한다.

16 구약성서 「창세기」 제22장에 나오는 것처럼, 신은 첫자식을 희생물로 요구한다. 그런

데 우리는 새로운 가치를 표방하는 새 시대의 첫자식, 즉 선구자다.

17 나폴레옹과 같은 폭군을 말한다.

18 철저히 자기를 부정하는 의지를 말한다.

19 그리스의 여러 국가들을 말하며 그들은 권력이나 의지, 명예심 등을 숨기지 않았다.

20 바그너의 〈지그프리트〉 3막에, 보탄이라는 나그네가 어머니 대지인 에르다를 깨워 15
   분간 이야기하고선 다시 자라는 말을 하는 장면이 있다.

21 곡선은 순환을 의미하며, 영원도 커다란 순환을 뜻한다.

22 신이 일주일 동안 천지를 창조한 것을 의미한다.

23 '몰락의 완료', 이것이 차라투스트라의 생의 정점이다. 회귀를 거듭하는 분수의 정점
   과도 같다.

24 기다리는 자는 반드시 오며, 자유 의지로 다가온다. 거기에는 풍성한 포도를 수확해
   주는 사람, 즉 영혼의 과잉을 '행동'으로 전환해 주는 사람이 올라타고 있는 것이다.

25 삶의 비밀을 상징한다.

26 자신이 맛본 일곱 가지 행복을 봉인함으로써 영원(영원 회귀의 삶)에 대해서 사랑의
   맹세를 하고 긍정적인 삶을 최고로 살아가고자 하는 결의를 말하는 장이다.

제4부

아, 동정하는 자들보다도 더 어리석은 짓을 저지르는 자는 이 세상에 없다. 또 그들이 저지르는 어리석음보다 더 큰 고통을 불러일으키는 것도 이 세상에 없다.

아, 동정을 뛰어넘지 못한 사랑을 하고 있는 사람은 모두 슬프다. 악마가 일찍이 나에게 이렇게 말한 적 있다.

"신에게도 지옥이 있는데, 그것은 인간에 대한 그의 사랑이다."

얼마 전에 나는 악마가 이렇게 말하는 것을 들었다.

"신은 죽었다. 인간에 대한 동정 때문에 죽었다."

제2부 「동정하는 자들」에서

꿀의 제물

그리고 차라투스트라의 영혼 위로 여러 달과 여러 해가 지나갔지만, 그는 그것에 초연했다. 그러나 그의 머리는 백발이 되었다. 어느 날 동굴 앞의 돌 위에 앉아서 말없이 먼 곳을 바라보고 있었다. 그곳에서는 깊은 골짜기와 함께 그 너머로 넓은 바다가 바라보였다.

독수리와 뱀은 깊은 생각에 잠긴 채 그의 옆을 서성거리다가 마침내 그에게 다가가서 말했다.

"오, 차라투스트라여. 그대는 행복이 찾아오기를 기다리고 있는 것이 아닌가?"

차라투스트라가 대답했다.

"행복이 뭐란 말인가? 나는 벌써 오래전부터 행복 따위는 바라지 않았다. 내가 추구하는 것은 나의 과업이다."

그 동물들이 다시 말했다. "오, 차라투스트라여. 마치 그대는 그대가 좋은 것을 지나치게 많이 가지고 있는 사람처럼 말하는구나. 당신은 하늘처럼 푸른 행복에 잠겨 있는가?”

차라투스트라가 대답하며 미소를 지었다. “그대, 익살꾼이여. 그대들은 교묘하게 비유하는구나. 그러나 그대들도 알고 있는 것처럼 나의 행복은 무거워 물보라 같지는 않다. 그것은 녹아 버린 역청*¹처럼 내게 달라붙어 떨어지지 않는다.”

그 말을 들은 동물들은 또다시 깊은 생각에 잠긴 듯 그의 주위를 서성거리더니 다시 다가와서 그의 앞에 섰다.

그들은 말했다. “오, 차라투스트라여. 그대의 머리카락은 세어서 이제는 아주 하얗게 보이는데, 그대 자신은 더욱 누렇고 어두운 빛으로 변해 가는 것은 그 때문이란 말인가? 보라, 그대는 그대의 역청 속에 앉아 있다.”

“그대들은 무슨 소리를 하는 건가? 나의 동물들이여. 사실 역청이라는 표현은 내가 조금 지나쳤다. 그러나 모든 익어 가고 있는 과일에는 이런 일이 생기는 법이다. 나의 혈관에 흐르는 ‘꿀’이 내 피를 짙게 하고 또 내 영혼을 과묵하게 만든다.”

차라투스트라가 말하더니 큰소리로 웃었다.

“그렇겠지. 오, 차라투스트라여. 그보다도 그대는 오늘 높은 산에 올라가지 않겠는가? 공기가 맑아서 여느 때보다 한결 더 세상을 자세히 바라볼 수 있다.”

동물들은 이렇게 대답하더니 그에게 몸을 기댔다.

“그렇다. 나의 동물들이여. 그대들의 말은 훌륭하며, 그것은 내 마음에 든다. 나는 오늘 산에 올라가 보겠다. 그러나 산 위에서 꿀을 손에 넣도록 그대들이 배려해 주어야 한다. 더욱 노랗고 더욱 흰, 얼음처럼 신성한 벌통에서 새로 딴 좋은 꿀이어야 한다. 왜냐하면 나는 거기에서 꿀을 제물로 바치기를 원하기 때문이다.”

그러나 차라투스트라는 산꼭대기에 도착하자마자 그를 따라온 독수리와 뱀을 돌려 보냈다. 그래서 그는 혼자 남게 되었다. 그는 마음속으로 소리를 내어 웃고는 사방을 둘러본 다음 이렇게 말했다.

“내가 제물에 대해, 특히 꿀의 제물에 대해 이야기한 것은 단순히 나의 책략이었다. 그것은 정말 어리석긴 하지만 꼭 필요한 것이었다. 나는 이 산꼭대기에서 은둔자의 동굴 앞이나, 은둔자의 동물들 앞에서보다 더 자유롭게 말할 수가 있기 때문이다."

어째서 이것이 제물이 되겠는가? 나는 내게 주어진 것을 낭비한다. 나는 천 개의 손을 가진 낭비자다. 그런데 어째서 제물을 바친다고 말할 수 있겠는가!

앞서 내가 꿀을 갈망했을 때 그것은 다만 달콤한 먹이를 갈망한 것에 지나지 않았다. 언제나 불만을 늘어놓는 곰이나 기묘한 불평꾼인 나쁜 새들까지도 군침을 흘리면서 몰려올 달콤한 먹이에 대해 말했던 것이다. 사냥꾼이나 어부에게 꼭 필요한 가장 좋은 미끼에 대해 말했던 것이다.

세상이란 한편으로는 짐승들이 사는 어두운 숲이고 용감한 사냥꾼들의 놀이터지만, 다른 한편으로는 도저히 깊이를 잴 수 없는 풍요로운 바다인 것 같다. 또 내게는 그렇게 생각하는 편이 바람직하기도 하다.

오색 찬란한 물고기와 갑각류로 가득 찬 바다다. 그것을 보면 신들까지도 욕정을 일으켜 자신의 그물을 던지려 할 것이다. 그처럼 이 세계는 크고 작은 기이한 것으로 가득 차 있다.

특히 인간의 세계, 인간의 바다는 더욱 그렇다. 나는 '그 바다'에 지금 나의 황금 낚싯대를 던지고는 외친다.

그리고 이렇게 말한다.

"열려라, 그대, 인간의 심연이여!"

열려라, 그리고 그대의 물고기들과 반짝이는 갑각류들을 내 앞으로 던져라. 오늘 나는 가장 훌륭한 미끼로 가장 진귀한 인간이라는 물고기를 낚을 것이다.

나는 나의 행복 자체를 아주 멀리 던진다. 동쪽으로, 남쪽으로 그리고 서쪽으로. 인간이라는 많은 물고기떼가 몰려와서 나의 행복을 배우려고 펄떡거리는 모습을 보려고 한다.

그리고 기다린다. 그 물고기들이 숨겨진 날카로운 내 낚싯바늘을 물고, 내가 있는 높이까지 올라오지 않을 수 없을 때까지. 가장 다채로운 심연의 물고기들이 가장 나쁜 인간을 낚는 어부의 손에 들어갈 때까지.

나는 근본적으로 그와 같은 인간을 낚는 어부다. 끌어당기고, 끌어올리고 키워낸다. 끄는 자고, 키우는 자고, 징계해서 가르치는 자다. 내가 일찍이 나 자신을 향해 "그대는 본래의 그대로 돌아가라!"라고 말한 것은 공허한 말이 아니었다.

그러므로 인간들도 내가 있는 곳까지 올라와야만 한다. 왜냐하면 나는 또 하강의 시기를 알리는 징후를 기다리고 있기 때문이다. 언젠가는 그래야 함에도 불구하고 나 자신은 지금 인간들 사이로 하강하고 있지 않은 것이다.

그 몰락을 위해 나는 여기서 기다리고 있다. 높은 산 위에서 교활하고 비웃는 심정으로 성급하게 기다리는 것이 아니다. 그렇지만 인내하면서 기다리는 것도 아니고, 오히려 인내심조차 잊어버리며 기다리고 있다. 왜냐하면 나에게는 이미 인내심이란 없기 때문이다.

결국 운명은 나에게 시간적 여유를 주었다. 운명은 나를 잊어버리고 말았을까? 아니면 커다란 바위 뒤 그늘에 숨어서 파리를 잡고 있을까?

정말 나는 내 영원한 운명에 감사하고 있다. 나를 재촉하지도 않고 나에게 짓궂은 장난을 할 시간을 주기 때문이다. 내가 오늘 물고기를 낚기 위해 이 높은 산에 올라올 수 있었던 것도 그 운명의 호의 덕분이었다.

높은 산에서 물고기를 낚은 인간이 있었던가? 그러나 비록 내가 산꼭대기에서 하려 하고 또 하고 있는 것이 어리석은 짓이라고 할지라도, 저 평야에서 기다리다 지쳐 침통한 나머지 창백한 얼굴을 하는 것보다는 낫다.

기다리다 지쳐서 화를 내는 것보다는, 산에서 불어내리는 거룩한 폭풍우가 되는 것보다는, 성급하게 골짜기를 향해 "들어라, 그렇지 않으면 나는 그대들을 신의 채찍으로 후려치리라"라고 외치는 것보다는.

그러나 아무리 그렇더라도 나는 그렇게 화내는 자들을 증오할 수는 없다. 그들은 나에게 있어서는 웃음거리일 뿐이다. 오늘 이 소란스런 소리를 내는 큰 북을 울리지 않으면 다시는 그것을 울릴 때가 오지 않기 때문에 그 북들은 초조해 하지 않을 수 없는 것이다.

그러나 나와 내 운명은 오늘을 향해서 말하는 것도 아니며, 또 끝내 오지 않을 때를 향해 말하는 것도 아니다. 나와 내 운명은 말하기 위해서 인내와 시간과 초시간*2을 가지고 있다. 왜냐하면 언젠가 그것은 반드시 올 것이며, 그냥 지나쳐 버리는 일이 없기 때문이다.

언젠가 오지 않을 수 없는 것, 지나쳐 버리는 일이 없는 것이란 무엇인가? 우리의 위대한 하자르*3다. 즉, 우리의 위대하고 아득한 인간의 나라, 천 년으로 이어지는 차라투스트라의 나라다.

그 아득함이란 어느 정도인가? 그런 것이 나와 무슨 상관이 있는가? 그렇다고 해서 그 나라의 존재가 불확실하다는 것은 아니다. 나는 두 다리로 이 대지 위에 버티고 서 있는 것이다.

영원한 대지, 견고한 원시의 바위, 가장 높고 가장 견고한 원시의 바위 위에 서 있는 것이다. 그리고 지상의 경계선을 이루고 있는 여기에는 온갖 바람이 몰아치고 있다.

'여기는 어딘가? 어디서 와, 어디로 가는가?'를 물으면서.

이 꼭대기에서 마음껏 웃어라, 나의 밝고 건전한 악이여! 높은 산에서 그대의 반짝이는 비웃음을 아래로 던져라. 그대의 반짝이는 미끼로 가장 아름다운 인간 물고기를 낚아 올려라.

나의 악이여, 바닷속에 있으면서 내게 속하는 모든 것, 모든 사물 속에 있는 나인 것들을 낚아 올려라. 나는 그것을 기다리고 있다. 모든 어부 중에서 가장 나쁜 어부인 내가!

깊은 곳으로, 깊은 곳으로! 나의 낚싯바늘이여! 내려라, 잠겨라, 내 행복의 미끼여! 그대의 가장 달콤한 이슬을 떨어뜨려라. 내 마음의 꿀이여, 깊이 찌르라! 내 낚싯바늘이여, 어두운 슬픔의 모든 배〔腹〕를 물어뜯어라!

저 멀리, 저 멀리로! 내 눈이여, 오, 내 주위에는 얼마나 많은 바다가 있는가! 밝아 오는 인간의 미래!

그리고 머리 위에는 뭐라고 표현하기 어려운 장밋빛 정적! 뭐라고 말할 수 없이 맑게 갠 침묵!

비명

이튿날 차라투스트라는 다시 자신의 동굴 앞 바위 위에 앉아 있었다. 독수리와 뱀은 바깥 세계 여기저기를 돌아다니며 새로운 식물과 새로운 꿀을 찾고 있었다. 차라투스트라가 오래된 꿀의 마지막 한 방울까지 써 버리고 말았기 때문이다. 그는 거기에 앉은 채 지팡이로 땅바닥에 자기 그림자를 그리면서 생각에 잠겨 있었다. 자신과 자기 그림자를 생각하는 것은 아니었다.

그때 그는 갑자기 놀라 몸을 떨었는데, 자기 그림자 옆에서 또 하나의 다른 그림자를 발견했기 때문이다. 그는 일어나서 주위를 둘러보았다. 그의 옆에는 그가 일찍이 식탁에서 음식을 나누었던 적 있는 예언자가 서 있었다.

그는 위대한 권태의 예고자로서, "모든 것은 동일하다. 무슨 일을 하든 부질 없다. 세계는 아무런 의미가 없다. 지식은 인간을 질식시킨다"라고 가르쳤던 자다.

그러나 그의 얼굴은 변해 있었다. 차라투스트라가 그의 눈을 바라보았을 때 그는 마음속으로 다시 한 번 깜짝 놀랐다. 수많은 불길한 예고와 잿빛 섬광이 그 사람의 얼굴 위를 스치고 지나갔기 때문이다.

차라투스트라의 마음속에 동요가 일어나고 있음을 알아차린 그 예언자는 얼굴 껍질을 벗기기라도 하듯 손으로 자신의 얼굴을 쓰다듬었다. 차라투스트라도 그렇게 했다. 그런 식으로 서로 마음을 가라앉히고, 두 사람은 악수를 하며 첫 친구로서의 정을 나누었다.

차라투스트라가 말했다.

"어서 오라. 위대한 권태의 예언자여. 그대가 일찍이 나와 함께 식사했던 일을 잊고 싶지 않다. 오늘도 그렇게 해주었으면 한다. 그리고 유쾌한 노인이 그대와 함께 식탁에 앉는 것을 용서하라."

"유쾌한 노인이라고?" 예언자는 이렇게 반문하더니 머리를 흔들었다. "오, 차라투스트라여, 그대가 누구든 간에 그대는 이 높은 곳에 너무 오래 있었다. 머지않아 그대의 조각배는 이 마른 땅에 머무를 수 없게 될 것이다."

"그렇다면 나는 지금 마른 땅에 있는 건가?"

차라투스트라는 웃으며 물었다. 그러자 예언자가 대답했다.

"그대의 산을 둘러싼 파도는 점차 높아져 커다란 고통과 슬픔의 파도가 된다. 마침내 그 파도는 그대의 조각배를 휩쓸어 가 버릴 것이다."

차라투스트라는 그 말을 듣고 의아해 하면서도 침묵을 지켰다.

예언자가 물었다.

"그대에게는 들리지 않는가? 저 밑바닥에서 술렁거리는 소리와 으르렁거리는 소리가 들려 오지 않는가?"

차라투스트라는 여전히 침묵한 채 귀를 기울였다.

그때 긴 비명이 아래쪽에서 들려 왔다. 한 골짜기가 다른 골짜기에 보내는 비명이었다. 어떤 골짜기도 그 소리를 자신의 가슴속에 간직해 두려고 하지 않았다. 그 정도로 혐오스러웠다.

드디어 차라투스트라가 말했다.

"그대, 악의 예언자여. 저것은 구원을 청하는 인간의 부르짖음이다. 아마도 어느 곳엔가에 있는 검은 바다로부터 나오는 소리리라. 내게 남겨진 마지막 죄를 무엇이라고 부르는지 그대는 알고 있는가?"

예언자는 넘쳐 흐르는 마음으로 대답하고는 두 손을 높이 쳐들었다.

"동정이다."

"오, 차라투스트라여. 나는 그대를 그대의 이 마지막 죄로 유인하기 위해서 온 것이다."

그 말이 끝나기도 전에 그 비명이 다시 들려 왔다. 전보다 더 길고 더 불안하게 들렸다. 그리고 그것은 훨씬 가까이에서 들려 왔다.

예언자가 소리쳤다.

"들었는가? 차라투스트라여. 저 비명은 그대를 위한 것이다. 그대를 부르고 있다. 그대를 부르고 있다. 오라, 오라, 오라. 때는 왔다. 지금이야말로 바로 그때다!"

차라투스트라는 아직도 생각을 정리하지 못한 채 깊은 충격으로 침묵하고 있었다. 이윽고 그는 머뭇거리며 물었다.

"그런데 저기서 누가 나를 부르고 있는 것인가?"

예언자는 거친 말투로 대답했다.

"그대는 그것을 알고 있다. 어째서 그대는 자신을 숨기는가? 그대를 찾아 외치고 있는 것은 '보다 높은 사람'이다."

차라투스트라는 몸을 떨면서 큰 소리로 되물었다.

"보다 높은 사람이라고? 무엇을 원하는가? 그는 무엇을 바라는가? 보다 높은 사람! 그는 이 산 속에서 무엇을 찾고 있는가?"

이렇게 말하는 그의 온몸은 땀에 젖어 있었다.

예언자는 차라투스트라의 불안에 찬 질문에는 대답하지 않고 골짜기를 향해 귀를 기울였다. 그러나 아무리 기다려도 그 소리는 다시 들려 오지 않았다. 그러자 예언자는 차라투스트라에게로 눈길을 돌렸다. 차라투스트라는 선 채로 부들부들 떨고 있었다.

예언자는 슬픈 말투로 이야기하기 시작했다.

"오, 차라투스트라여. 그대는 행복에 겨워 현기증을 느끼는 것이 아니다.

그대가 쓰러지지 않으려면 춤을 추어야 한다. 그러나 그대가 내 앞에서 춤을 추고, 온갖 재주를 부려 보인다고 해도, '보라, 여기에 최후의 행복한 인간이 춤추고 있다!'고 누군가가 말하는 것을 허락하지 않겠다.

그런 인간을 찾아 이 높은 곳에 오는 자가 있다면, 그는 헛수고를 한 셈이다. 그가 여기서 발견하는 것은 동굴과 그 속의 동굴, 잠복자를 위한 은둔처일 뿐, 행복의 움집, 보물의 창고, 새로운 행복의 금광맥은 발견할 수도 없을 것이다.

이처럼 묻혀 사는 은둔자들에게서 어떻게 행복을 발견할 수 있단 말인가? 나는 역시 최후의 행복을 아득히 먼 잊혀진 바다 한가운데, 행복의 섬들에서 찾아야 하는 것인가?

그러나 모든 것은 똑같다. 무슨 짓을 해도 별수 없다. 찾는다는 것은 부질없는 짓이다. 이미 행복의 섬들은 존재하지 않는다."

예언자는 이렇게 탄식했다. 그러나 그 최후의 탄식을 들은 차라투스트라는 깊은 계곡에서 빛 속으로 나온 사람처럼 밝고 확고한 말투로 이야기했다.

"아니다. 아니다. 아니다!" 그는 소리치고, 수염을 쓰다듬었다. 그리고 계속 말했다.

"그것은 내가 잘 알고 있다. 행복의 섬들은 아직도 존재한다. 그것에 대해 그대는 말하지 마라! 그대, 탄식하는 슬픈 자여.

그것에 빗줄기를 뿌리는 일은 그만두어라. 오전의 비구름이여! 나는 그대의 불행 때문에 물에 빠진 개처럼 흠뻑 젖어 있지 않은가? 이제 나는 빗방울을 떨쳐 버리고 그대에게서 떠나 내 몸을 말리려 한다. 그것은 당연하지 않겠는가! 내가 무례한 사람으로 보이는가? 그러나 여기는 나의 왕국이다.

그러나 그대가 말하는 보다 높은 사람에 대해서라면, 나는 그를 곧 저 숲속에 서 찾으리라. 그곳에서 그의 비명이 들렸다. 그는 아마도 그곳에서 나쁜 짐승들로부터 괴로움을 당하고 있을 것이다.

그는 내 영토 안에 있다. 이곳에서 그가 상처 입어서는 안 된다. 그리고 사실 내 주위에는 나쁜 짐승들이 수없이 많다."

이렇게 말하고 난 차라투스트라는 몸을 돌려 떠나려고 했다. 그러자 예언자가 말했다.

"오, 차라투스트라여. 그대는 간교에 뛰어나구나! 나는 알고 있다. 그대가 나에게서 도망치려고 한다는 것을. 나와 같이 있기보다는 숲 속에서 나쁜 짐승들을 따르는 편이 차라리 낫다고 생각하고 있는 것을.

그러나 그것이 그대에게 무슨 도움이 되겠는가? 저녁이 되면 그대는 다시 나를 만나고 싶어할 것이다. 나는 그대의 동굴 속에 앉아 있겠다. 통나무처럼 참을성 있게 눌러앉아서 그대를 기다리고 있겠다."

"마음대로 하라. 내 동굴 안에 있는 나의 것들은 모두 그대의 것이다. 나의 손님이여! 만일 그대가 꿀을 발견하면 서슴지 말고 먹어라, 불만투성이 곰이여! 그래서 그 꿀을 마구 핥으며 그대의 영혼을 달콤하게 하라. 그대는 낮이 끝났다는 사실에 대해 기뻐하고 즐거워해야 한다. 그대는 나의 노래에 맞춰서 춤추게 될 것이다.

그대는 믿지 않는가? 고개를 가로젓고 있는가? 자, 기운을 내라, 늙은 곰이여! 그러나 나도 역시 한 사람의 예언자다!"

차라투스트라는 그곳을 떠나면서 말했다.

왕들과의 대화

1

차라투스트라가 그의 산과 숲 속을 한 시간도 채 가기 전에 그의 앞에 이상한 사람들이 나타났다. 그가 내려가는 길을 두 사람의 왕이 올라오고 있었다. 왕관을 쓴 그들은 비단띠로 장식된 홍학처럼 화려한 옷을 입고 있었다.

그들 앞에는 짐을 실은 한 마리의 당나귀가 오고 있었다.

'이 왕들이 도대체 내 영토에 무슨 볼일이 있단 말인가?'

차라투스트라는 마음속으로 이상하게 생각하면서 재빨리 숲 속으로 숨었다. 그러나 왕들이 그가 숨어 있는 곳에 다가왔을 때 그는 나직하게 중얼거렸다.

"이상하다, 이상해. 이해할 수 없는 일이다. 왕은 둘인데 당나귀는 한 마리뿐이라니."*4

그 소리를 들은 왕들이 걸음을 멈추고는 미소를 짓고 소리나는 곳을 바라보았다. 그들은 얼굴을 마주 보았다.

"우리나라에서도 다들 저런 생각을 하고 있을 것이다. 다만 아무도 입밖에 내지 않을 뿐이다."

오른쪽 왕이 말했다.

왼쪽 왕이 어깨를 으쓱하며 대답했다.

"저건 아마 양치기거나, 너무나 오랫동안 바위와 나무 사이에서만 살아온 은둔자일지도 모른다. 사회에서 오랫동안 떠나 있으면 훌륭한 풍습을 잊어버리는 법이다"

다른 왕이 못마땅한 듯 말했다.

"훌륭한 풍습이라고? 도대체 우리는 무엇으로부터 도망해 왔는가? 그 '훌륭한 풍습'이라는 것으로부터 도망해 온 것이 아닌가? 우리의 상류 사회로부터 도망해 온 것이 아닌가?

진실로 저 허위에 가득 차 짙게 화장한 천한 자들과 함께 사느니 은둔자나 양치기들과 함께 사는 편이 훨씬 바람직하다.

그러나 그 천한 자들은 자기 자신의 사회를 '상류 사회'라고 부른다. '귀족'이라고도 부른다. 그러나 거기서는 모든 것이 거짓이며 썩어 버렸다. 특히 피는 더욱 심하게 썩었다. 그것은 오래전부터 시달려온 악질적인 병과, 그보다 더 나쁜 돌팔이 의사들 때문이다.

오늘날 나에게 있어 가장 훌륭하며 가장 친근하게 생각되는 것은 역시 건강한 농부다. 그들은 투박하고, 빈틈없고, 강인하고, 참을성 있다. 오늘날의 농부야말로 가장 고귀한 종족이다.

오늘날 가장 훌륭한 사람은 농부다. 농부야말로 지배자가 되어야 한다. 하지만 지금 우리나라는 천한 자들의 왕국이다. 나는 이제 절대로 속지 않는다. 천한 자들, 그것은 잡동사니를 의미한다.

천한 자들이라는 잡동사니. *5 그 속에는 성자와 사기꾼, 신사와 유대인, 노아의 방주에서 나온 모든 짐승들이 한데 뒤섞여 있다.

훌륭한 풍습이라고? 우리가 있는 곳은 모든 것이 거짓이고 부패하고 있다. 존경할 줄 아는 사람은 이제 하나도 남아 있지 않다. 우리는 그런 곳에서 도망해 온 것이다. 그곳에는 달콤하게 꼬리를 흔들어 대는 뻔뻔스러운 개들이 있을 뿐이다. 그들은 종려나무 잎에까지도 화장을 한다.

내가 더욱 구역질을 일으키는 것은 왕인 우리까지도 가짜가 되었다는 사실이다. 낡고 퇴색한 조상의 영화를 온몸에 걸친 채 온갖 훈장을 가슴에 잔뜩 붙임으로써 가장하고 있는 우리다. 가장 어리석은 자, 가장 교활한 자,

또 오늘날 권력을 위한 거래에 빈틈 없는 모든 사람을 위해 만들어진 훈장을 우리는 가슴 가득히 붙이고 있다.

우리는 제1인자가 아니면서도 제1인자라는 표지를 달고 있어야 한다. 우리는 마침내 이 사기극에 싫증났고 구역질났던 것이다.

우리는 천한 자들로부터 도망쳐 왔다. 그들 절규하는 자, 글쓰는 쇠파리 떼, 소상인의 악취, 발버둥치는 야심, 썩는 냄새를 품기는 숨결, 이 모든 것으로부터 도망쳐 온 것이다. 천한 자들과 같이 산다는 것은 얼마나 구역질 나는 일인가!

천한 자들 사이에서 제1인자인 체해야 하는 연극! 아아, 구역질, 구역질, 구역질. 도대체 우리 왕들이 무슨 의미가 있는가!"

왼쪽 왕이 말했다.

"그대의 고질병이 또 발작하기 시작했군. 불쌍한 형제여, 또 구역질을 일으켰군 그래. 그러나 누군가가 우리 말을 엿듣고 있다는 것을 알고 있을 텐데!"

이때 차라투스트라가 몸을 일으켜 숨어 있던 곳에서 나왔다. 그는 귀와 눈을 집중시켜 왕들의 이야기를 엿듣고 있었다. 그는 왕들에게 가까이 다가가서 말하기 시작했다.

"왕들이여, 그대들의 말을 들은 자, 즐겨 엿듣고 있던 자는 차라투스트라라는 사람이다. 일찍이 '새삼스럽게 이제 왕이 무슨 소용이 있는가!' 하고 말했던 차라투스트라다. 그래서 나는 그대들이 '도대체 우리 왕들이 무슨 의미가 있는가!'라고 말하는 것을 듣고 기뻤다. 그런 나를 탓하지 않았으면 좋겠다.

이곳은 나의 영토며 나의 지배하에 있다. 그대들은 나의 영토에 무엇을 하러 왔는가? 아마도 그대들은 이곳으로 오는 도중 내가 찾고 있는 자를 발견했을 것이다. 보다 높은 사람을."

이 말을 들은 왕들은 자신들의 가슴을 치며 동시에 한꺼번에 말했다.

"우리의 마음을 꿰뚫어보았구나. 그대는 그 말의 칼로써 우리들 가슴속의 짙은 어둠을 도려냈다. 그대는 우리의 고민을 알아차렸다. 보라! 우리도 보다 높은 사람을 찾는 중이다. 우리는 왕인 우리보다 높은 사람을 찾고 있다. 우리는 그가 있는 곳으로 이 당나귀를 끌고 가는 중이다. 왜냐하면 가장 높은 인간이 지상에서 최고의 지배자가 되어야 하기 때문이다.

인간의 모든 운명 중에서 가장 가혹한 불행은 지상의 권력자가 제1인자가 아니라는 것이다. 그때부터 모든 것은 거짓이 되고 일그러지며 기괴한 것이 된다.

또한 권력자가 가장 천한 인간이고, 인간이라기보다는 짐승일 경우에는 천한 자들의 가치가 점차 높아져 마침내는 천한 자들의 덕이 '보라, 오직 나만이 덕이다'라고 말하게 된다."

차라투스트라는 대답했다.

"이 얼마나 훌륭한 말인가? 왕들이 얼마나 훌륭한 지혜를 가지고 있는가! 나는 황홀하다. 그리고 그것에 대해 시를 한 구절 지어 보고 싶다.

그 시가 모든 사람들의 귀에 거슬린다 하더라도 나는 벌써 오래전에 긴 귀들*6에 대해 유의할 것을 잊어버리고 말았다. 자, 그러면 해 보자."

그때 뜻밖에도 당나귀가 말을 했다. 당나귀는 명확하게, 그리고 악의에 찬 어조로 "이——아!" 하고 말했다.

그 옛날, 아마 구원의 해였으리라.

그때 술도 마시지 않고 취한 무녀가 말했다.

"아, 슬프다. 모든 것이 잘못되어 간다. 퇴락! 퇴락! 세상이 이처럼 깊이 가라앉은 적은 없었다.

로마는 창부가 되고, 유곽이 되었다. 로마의 황제는 짐승이 되고 신은 유대인이 되었다!"

2

두 왕은 이 시를 듣고 기뻐했다. 오른쪽의 왕이 말했다.

"오, 차라투스트라여, 우리가 그대를 만나기 위해 길을 떠난 것이 얼마나 잘한 일인가?

그대의 적들은 그들 자신의 거울 속에 비친 그대의 모습을 우리에게 보여 주었다. 그대는 악마의 얼굴로 비웃고 있었다. 그래서 우리는 당신을 두려워했다.

그러나 그것은 아무 소용 없다. 그대의 말은 계속 우리의 귀와 심장을 찔렀다. 그래서 결국 우리는 이렇게 말하게 되었다. 그의 모습이 아무리 무서워 보여도 그것은 전혀 상관이 없다고.

우리는 그를 만나 직접 이야기를 들어야겠다. '그대들은 새로운 전쟁 수단으로 평화를 사랑해야 한다. 그리고 오랜 평화보다도 짧은 평화를 사랑해야 한다!'고 가르치는 그의 말을.

이처럼 전투적인 말을 한 자는 일찍이 없었다. 선이란 무엇인가? 용감한 것이 선이다. 훌륭한 전쟁은 모든 것을 성스럽게 한다.

오, 차라투스트라여, 이런 말을 들었을 때 우리의 혈관에서 조상의 피가 용솟음쳤다. 그것은 오래된 포도주 통에다 속삭이는 봄의 말과 같았다.

칼과 칼이 마치 붉은 반점을 띤 뱀처럼 서로 엇갈려 번득일 때, 우리의 조상들은 삶을 사랑했다.

그들은 모두 평화의 태양을 생기 없고 미지근한 것으로 생각했으며 긴 평화는 굴욕이라고 느꼈다.

우리 조상들은 헛되게 번득이는 메마른 칼이 벽에 걸려 있는 것을 보고 얼마나 탄식했는가! 그들은 그 칼처럼 전쟁에 굶주렸다. 칼은 언제나 피를 갈망하며 번득이고 있는 것이다."

왕들이 이처럼 열심히 그들 조상의 행복에 대해서 말하고 있을 때, 차라투스트라는 그들의 열성적인 태도를 조롱하고 싶어졌다. 왜냐하면 지금 그와 말하고 있는 두 늙은 왕은 온순해 보이는 외모에다 우아한 풍채를 가지고 있었기 때문이다. 그러나 차라투스트라는 참았다.

그가 말했다.

"자, 이 길은 저쪽으로 이어져 차라투스트라의 동굴에 이른다. 그리고 오늘 저녁에 우리는 한가한 시간을 보낼 수 있을 것이다. 그러나 지금은 어떤 다급한 비명이 나를 부르고 있기 때문에 우선 나는 그대들과 헤어져야 한다.

만일 그대들 왕이 나의 동굴에서 나를 기다려 준다면 그것은 동굴의 영광이 될 것이다. 그러나 물론 그대들은 오랫동안 기다려야 할 것이다.

그러나 그것이 무슨 문제가 되겠는가? 오늘날 왕궁에 사는 사람보다 기다리는 것을 더 잘 배운 자가 어디 있겠는가? 그리고 '기다릴 수 있는 것'이야말로 왕들에게 남아있는 모든 덕이 아니겠는가?"

차라투스트라는 이렇게 말했다.

거머리

그러고 나서 차라투스트라는 깊은 명상에 잠긴 채 숲 속을 계속 걸어 들어가 늪지대에 이르렀다. 무엇인가 생각에 몰두하는 자에게 흔한 일이지만, 그는 전혀 느끼지도 못한 채 한 사람을 밟았다. 그러자, 보라. 외마디 비명과 두 마디 저주와 스무 마디의 심한 욕설이 갑자기 차라투스트라의 얼굴로 날아들었다. 차라투스트라는 놀라서 자기가 밟은 사람을 지팡이로 계속 내리쳤다. 그러나 곧 냉정을 되찾고는 자신이 방금 저지른 바보 짓에 대해 비웃었다.

그는 화가 나 있는 그 사내에게 말했다.

"용서하라. 용서하라. 그리고 우선 하나의 비유를 들어 보아라. 아득히 먼 일을 꿈꾸면서 걷고 있던 방랑자가 자기도 모르게 양지 쪽에서 햇볕을 쬐며 누워 있는 개에 걸려 넘어지는 일이 있는 것처럼, 그리고 둘 다 소스라치게 놀라 뛰어 일어나 원수처럼 서로 달라붙어 싸우는 것 같은 일이 지금 우리에게 일어난 것이다.

사정이 조금만 달랐더라도 그 개와 고독자는 서로 얼싸안고 애무했을지도 모른다. 왜냐하면 그들은 모두 고독하기 때문이다."

밟힌 사람은 계속 화를 내면서 말했다.

"그대가 누구이든, 그대는 나를 발로 짓밟았을 뿐만 아니라 그대의 비유로 나를 모욕하기까지 했다. 보라. 내가 개인가?"

이렇게 말하더니 앉아 있던 그 사람은 팔을 늪에서 빼내고 일어났다. 즉, 그는 지금까지 몸을 쭉 편 채로 땅바닥에 납작 엎드려 있었던 것이다. 늪의 사냥감을 기다리며 엎드리고 있는 자처럼, 몸을 감춘 채.

차라투스트라는 놀라 외쳤다. 그의 팔뚝에서 많은 피가 흘러내리고 있었기 때문이다.

"그런데 그대는 도대체 무엇을 하고 있었는가? 어떻게 된 것인가? 그대, 불행한 자여! 나쁜 짐승에게 물리기라도 했는가?"

피를 흘리고 있는 자는 아직 노여움을 가라앉히지 못한 채 웃었다.

"그것이 그대와 무슨 상관이 있는가? 여기는 나의 집이고, 그리고 나의 영토다. 묻고 싶거든 얼마든지 물어라. 하지만 무례한 자에게는 아무 대답도 하지 않으리라."

그는 이렇게 말하고 나서 떠나가려 했다.

"그것은 잘못된 생각이다. 그대는 잘못 생각하고 있다. 여기는 그대의 영토가 아니라 나의 나라다. 그러므로 여기서는 아무도 해를 입어서는 안 된다.

나를 뭐라고 불러도 좋다. 그러나 나는 나 이외의 아무것도 아니다. 나는 나 자신을 차라투스트라라고 부른다.

자, 저쪽으로 올라가면 차라투스트라의 동굴이 있다. 그리 멀지 않다. 나의 동굴에서 그대의 상처를 치료하지 않겠는가, 가엾은 자여! 그대의 삶은 불행했다. 처음에는 짐승에게 물렸고, 그 다음에는 인간에게 밟혔다."

차라투스트라는 동정 어린 투로 말하며 그를 붙잡았다.

차라투스트라의 이름을 듣자 밟힌 자의 표정이 변했다.

그는 소리쳤다.

"이거 어떻게 된 일이야! 내 삶에서 관심을 가진 것은 오직 한 사람, 즉 차라투스트라와 저 피를 빨아먹고 사는 거머리뿐이다.

나는 거머리를 위해 이 늪가에 어부처럼 누워 있었다. 그리고 내가 늘어뜨리고 있던 팔은 벌써 열 번이나 물렸다. 그런데 보다 아름다운 거머리인 차라투스트라가 와서 나를 물고 피를 빨았다.

오, 행복이여! 오, 기적이여! 나를 이 늪으로 유인한 오늘이라는 날을 찬미하고 싶다. 오늘날 살아 있는 것 중에서 가장 훌륭하고 가장 생기에 넘쳐 있는 흡혈동물을 나는 찬미하고 싶다. 위대한 양심의 거머리인 차라투스트라를!"

밟힌 자는 이렇게 말했다. 차라투스트라는 그의 품위 있는 말과 정중한 태도에 기뻤다.

"그대는 누구인가? 우리 둘 사이에는 다시 명백히 해명해야 할 것과 해결해야 할 것이 많이 남아 있다. 그러나 이미 하늘이 밝아오는 모양이다."

그는 이렇게 묻고 손을 내밀었다.

"나는 지적인 양심을 지닌 자다. 그리고 정신적인 문제에 대해서 나보다 더 엄격하고 치밀한 자는 절대로 없을 것이다. 내게 그것을 가르친 차라투스트라를 제외하고는.

많은 것을 어설프게 알기보다는 차라리 아무것도 모르는 것이 낫다. 남의 견해에 따라서 현인이 되기보다는 차라리 자기 힘만을 믿는 바보가 되리라. 나는 지식의 뿌리까지 내려가 근원을 밝힌다.

그 뿌리가 크든 작든 그것은 문제가 안 된다. 그것이 늪이든가, 하늘이라든가 하는 것 또한. 손바닥만한 뿌리일지라도 그것이 진정한 뿌리요, 토대라면 충분하다.

손바닥만한 크기의 뿌리 위에서라도 사람은 설 수 있다. 참으로 양심적인 지식의 세계에는 큰 것도 작은 것도 없다."

"그렇다면 그대는 거머리 연구가인가? 그리고 거머리에 대해서라면 그 근본까지 철저하게 파헤치려 하는가? 지적 양심을 지닌 자여."

차라투스트라가 물었다.

"오, 차라투스트라여. 그것은 너무나도 엄청난 문제다. 어떻게 그렇게 큰 문제를 파헤칠 수가 있겠는가? 내가 정통해 있는 것은 거머리의 지혜다. 그것이 나의 세계인 것이다.

그것 또한 하나의 세계다. 그러나 여기서 내 자랑을 하는 것을 용서해 주기 바란다. 이 문제에 있어서는 나와 견줄 만한 자가 없기 때문이다. 내가 '여기는 나의 집이다'라고 말했던 것도 그 때문이다.

지금까지 무척 오랫동안 나는 이 하나의 세계, 거머리의 지혜를 연구해 왔다. 도망쳐 버리기 쉬운 진리가 내 손에서 빠져 나가는 일이 없도록. 여기는 나의 영토다.

이 때문에 나는 다른 모든 것을 던져 버렸다. 이 때문에 다른 모든 것은 내게 무관심한 것이 되었다. 내 지식의 바로 곁에 나의 무지가 살고 있다.

내 지적 양심은 오직 하나만을 알고 다른 것은 알려고 하지 말라고 나에게 요구한다. 나는 어설픈 정신의 소유자, 애매하고 뜬구름 같으며 환상에 빠진 자들을 보면 구역질이 난다.

내 정직함이 멈추는 곳에서 나는 맹목적이며, 또 맹목적인 것을 선택하기를 바란다. 그러나 내가 알고자 할 때면 나는 자신에게 정직해지려고 한다. 즉 치밀하고, 엄격하고, 냉혹하기를 원한다.

오, 차라투스트라여, 그대가 일찍이 말한 '정신이란 생명 속으로 파고드는 생명이다'라는 것이 나를 그대의 가르침으로 인도하고 유혹했다. 정녕 나는 내 자신의 피로 내 지식을 늘려 갔다."

"척 보니 알만 하군."

차라투스트라가 말을 가로챘다. 이 엄격한 양심을 가진 자의 드러난 팔뚝에서는 여전히 피가 뚝뚝 떨어지고 있었기 때문이다. 열 마리의 거머리가 그의 팔을 물어뜯고 있었다.

"오, 그대, 신기한 자여! 내가 보고 있는 것이 그대 자신에 대해 많은 것을 가르쳐 주고 있다. '동시에 나는 아마도 그대의 엄격한 귀에 모든 것을 들려주어서는 안 될 것이다.

자, 그럼 이제 헤어지자. 하지만 그대와 다시 만나고 싶다. 저곳으로 올라가면 내 동굴이 있다. 오늘 저녁 그대를 나의 동굴로 초대하고 싶다.

또 나는 그대 몸을 밟은 데 대해 보상하고 싶다. 나는 그 일도 생각해 보고 싶다. 그러나 지금은 다급한 비명이 나를 부르고 있다. 나는 재빨리 가야만 한다."

차라투스트라는 이렇게 말했다

마술사

1

차라투스트라가 어느 바위를 돌아가 그 길 아래쪽 그다지 멀지 않은 곳에서 한 사람을 보았다. 그 사람은 미쳐 날뛰듯이 손발을 휘젓다가 마침내는 땅바닥에 배를 깔고 엎드렸다.

"멈춰라!" 차라투스트라는 외쳤다. "저 사나이가 그 다급한 비명을 지른, 보다 높은 사람임에 틀림없다. 도와 줄 여지가 있는지 살펴보자."

그리고 나서 그는 그 사나이가 쓰러져 있는 곳까지 달려갔다. 그곳에서 그는 눈을 크게 뜬 채 떨고 있는 노인을 발견했다. 차라투스트라는 그 노인을 부축해 일으켜 보려고 했지만 아무 소용이 없었다. 게다가 이 불행한 사람은 자기 옆에 다른 사람이 있다는 사실조차 모르고 있었다. 오히려 그는 끊임없이 동정을 불러일으키는 몸부림을 치며 주위를 둘러보고 있었다. 모든 세계로부터 버림받은 사람과 같았다.

전율과 경련과 몸부림 끝에 그는 드디어 다음과 같이 통곡의 노래를 부르기 시작했다.

이제는 아무도 나를 따뜻하게 대해 주지 않는단 말인가?
아무도 나를 사랑해 주지 않는단 말인가?
뜨거운 손을 다오.
마음을 녹일 화로를 다오.
쓰러지고 몸부림치면서,
남들이 나서서 발을 녹여 주는 빈사 상태의 사람처럼
아, 열병에 걸려 떨면서
날카롭고 얼음처럼 차디찬 화살을 두려워하며
그렇게 쫓겨났다, 나의 사상이여!
말로 표현할 수 없는 베일에 싸인 두려운 자여!
구름 뒤에 숨은 사냥꾼이여!
어둠 속에서 나를 응시하는 모멸의 눈길이여!
그대의 번갯불에 맞아 쓰러졌다.
나는 이렇게 쓰러진 채,
몸을 굽히고 뒤틀며
은갖 영원의 가책으로 괴로워하면서.
잔인한 사냥꾼이여, 그대의 화살에 맞아
상처입은 아픔이 불타오르고 있다.
그대, 알 수 없는 신이여!

보다 깊숙이 쏘아라!
다시 한 번 쏘아라!
이 마음을 꿰뚫고 찢어라.
무딘 활촉에 의한 이 고문이 무슨 의미가 있겠는가!
왜 그대는 아직도 노려보는 것인가?
인간의 고통에 지치지도 않은 채
기뻐하는 신들의 번개 같은 눈초리로.
그대는 죽이려고 하지는 않고
계속 고문만을 계속할 셈인가?
왜 나를 학대하는 것인가, 그대, 알 수 없는 신이여!

아, 살며시 다가오는가, 그대는?
이 한밤중에
무엇 때문에 그러는가? 말하라.
그대는 다가온다. 가까이 온다.
아, 벌써 가까이 왔다.
아, 사라져라, 사라져!
그대는 내 숨소리를 듣는다.
내 심장에 귀기울인다.
질투 많은 자여!
무엇을 질투하는 건가?
사라져라, 사라져!
그 사다리로 무엇을 하려는 것인가?
파고 들어오려는가, 그대는?
마음속으로 내려가려고 하는가?
나의 가장 깊숙한 생각 속으로?
뻔뻔스럽고도 알 수 없는 도둑이여!
무엇을 훔쳐가려는가?
무엇을 엿들으려 하는가?
무엇을 탓하려고 하는가?
그대, 고문하는 자여!
형리 같은 신이여!
아니면 개처럼 그대 앞에서 뒹굴기를 원하는가?
몸을 맡기고, 기쁨으로 나 자신을 잃은 채
사랑을 표현하기 위해 그대를 향해 꼬리치란 말인가?

그것은 헛일이다. 좀더 찔러라!
잔인한 가시여! 아니다.
개가 아니다. 나는 그대의 사냥감일 뿐이다.
잔인한 사냥꾼이여!
나는 그대가 가장 자랑스럽게 여기는 포로다.

그대, 구름 뒤에 있는 도둑이여!
이제 말하라.
그대, 협박자여, 내게서 무엇을 바라는가?
번개 뒤에 숨어 있는 자여! 알 수 없는 자여, 말하라.
그대는 무엇을 원하는가, 알 수 없는 신이여!

뭐라고? 몸값이라고?
어느 정도의 돈이 필요한가?
많이 요구하라. 나의 긍지는 그렇게 하기를 권한다.
그리고 간단히 말하라. 또 하나의 나의 긍지가 그렇게 하기를 권한다.

하하! 그대는 나를 원하는가?
나의 전부를?

하하!
나를 학대하다니, 어리석은 그대여!
나의 긍지를 깨 버리려 하는가?
나에게 사랑을 달라. 이제 아무도
나를 따뜻하게 대해 주지 않을 것인가?
아무도 나를 사랑해 주지 않으려는가? 뜨거운 손을 달라.
마음의 화로를 달라, 가장 고독한 나에게.
아! 얼음은, 일곱 겹의 얼음은
내게 적까지도 동경하라고 가르친다.
달라, 아니 맡겨라!
잔인한 적이여.
나에게, 그대를!

도망친다!
그는 스스로 도망쳐 버렸다.
최후의 유일한 친구가,

내 최대의 적이,
알 수 없는 신이,
형리인 나의 신이!

도망치지 말고 돌아오라,
그대의 모든 고문과 함께!
모든 고독자 중에 최후의 사람인 나에게로.
오, 돌아오라.
내 눈물의 시냇물은
그대를 따라 흐른다.
내 마음의 최후의 불길은 그대를 위해 타오른다.
오, 돌아오라.
알 수 없는 나의 신이여, 나의 고통이여!
나의 최후의 행복이여!

2

여기서 차라투스트라는 그만 참을 수 없어서 지팡이를 들고는 통곡의 노래를 부르는 사람을 향해 내리쳤다.

"그만해라!" 차라투스트라는 노여워 소리치면서도 큰 소리로 웃었다.

"그만해라, 그대, 광대여! 위조 지폐를 만드는 자여! 철저한 거짓말쟁이여! 나는 그대가 누구인지 알고 있다. 그대가 바라는 대로 그대의 다리를 불태워 주마. 사악한 마술사여. 나는 그대와 같은 자를 불태우는 방법을 잘 알고 있다."

늙은 사람은 펄쩍 뛰면서 말했다.

"그만 때려라. 나는 다만 장난으로 소리를 질렀을 뿐이다. 나는 그대를 시험해 보려고 연기했던 것이다. 그런데 그대는 나를 잘 간파해냈다.

그러나 그대도 연기로 그대 자신을 적잖이 보여 주었다. 그대는 가혹하다. 현명한 차라투스트라여. 가혹하게도 그대는 그대의 '진실'로 나를 쳤다. 그대가 나를 쳤을 때 나는 그 진실을 고백했던 것이다."

"아첨하지 마라! 그대는 철저한 배우에 거짓말쟁이다. 그런 그대가 어떻게 진실을 말할 수 있겠는가?

그대, 공작 중 가장 뛰어난 공작이여. 허영심의 바다여. 그대는 나에게 무엇을 연출해 보였단 말인가? 사악한 마술사여. 그대가 그런 모습으로 연기를 해 보였을 때 내가 그대를 어떤 자라고 믿기를 바라는 건가?”

차라투스트라는 대답했다. 노여움이 가라앉지 않은 눈은 암담하고 우울해 보였다.

늙은 사람은 말했다.

“정신의 속죄자다. 내가 연출한 것이 바로 그것이다. 그러나 그대 자신이 일찍이 이 말을 만들어 냈다. 나는 자기 정신의 칼 끝을 마침내 자기 자신에게 들이대게 된 시인, 마법사, 그리고 자기의 나쁜 지식과 왜곡된 양심 때문에 얼어붙어 버린 자를 연출했다.

오, 차라투스트라여. 숨기지 말고 말해 다오. 그대가 나의 기술과 거짓말을 간파해 낼 때까지는 꽤 오랜 시간이 걸렸다. 그대는 나의 괴로움을 믿었다. 그리고 나의 머리를 그대의 두 손으로 감싸 주었다.

나는 그대가 연민에 사로잡혀 이렇게 말하는 것도 들었다. ‘이 사나이는 남에게 전혀 사랑받지 못했다. 전혀 받지 못했다’라고 탄식하는 것을. 그대가 그렇게 속아 넘어가자 나의 악의는 남모르게 껑충거리며 기뻐했다.”

“그대는 나보다 더 현명한 자들까지도 속였겠지?

나는 기만하는 자를 경계하지 않는다. 그래야만 한다. 내 운명이 그렇게 하라고 시키고 있다. 그러나 그대는 그대의 운명 때문에 기만하지 않을 수가 없다. 나는 그 정도까지 그대를 알고 있다. 그대는 언제나 이중 삼중 사중 오중의 의미를 가진 자가 되어야 한다. 그대가 지금 나에게 고백한 것도 내게는 충분한 진실도 못 되고 충분한 허위도 못 된다.

사악한 지폐 위조자여! 그대는 달리 행동할 수가 있겠는가? 그대는 의사에게 알몸을 보일 때도 자신의 병을 꾸며댈 것이다.

그리고 아까 그대가 ‘나는 다만 장난으로 소리질렀을 뿐이다’라고 말했을 때, 그대는 거짓말을 꾸며댔다. 그 속에는 약간의 진지함이 있었다. 그러니 그대는 어느 정도는 정신의 속죄자다.

나는 그대에 대해 잘 알고 있다. 그대는 모든 사람에게 마법을 걸었지만, 그대 자신에 대해서는 마법을 걸 수 없는 것이다.

그대는 구역질을 유일한 진실로 거둬들였다. 그대에게 있는 어떠한 말도 진실이 될 수 없다. 그러나 그대의 입은, 즉 그대의 입에 붙어 있는 구역질만은 진실이다."

차라투스트라는 엄한 표정으로 말했다.

이때 늙은 마술사가 큰 소리로 물었다.

"도대체 그대는 누구냐? 오늘날 살아 있는 사람 중 가장 위대한 사람에게 누가 감히 이렇게 말하는가?"

그리고 그의 눈에 녹색의 섬광이 일면서 차라투스트라를 쏘아보았다. 그러나 그 순간뿐 그의 태도는 슬프게 변했다.

"오, 차라투스트라여. 나는 이제 지치고 말았다. 나는 나의 연기에 구역질이 난다. 나는 위대하지 않다. 연기로 위대하게 보여 봤자 무슨 소용이 있겠는가? 그러나 그대도 알고 있는 것처럼 나는 위대해지기를 원했다.

나는 위대한 인간을 연출해 내려고 했고, 많은 사람들은 내 연기를 진실로 믿었다. 그러나 이 거짓말은 내게 힘겨웠다. 이 거짓말로 인해 나는 부서져 내려앉는 것이다.

오, 차라투스트라여. 내 주위의 모든 것이 거짓말이다. 그러나 내가 부서진다는 것, 그것만은 진실이다."

차라투스트라는 시선을 떨구면서 음울하게 말했다.

"그것은 그대를 명예롭게 만든다. 그대가 위대함을 원했다는 것은 그대를 명예롭게 하지만, 그것은 그대의 정체를 드러내게도 한다. 즉, 그대는 전혀 위대하지 않다. 사악한 마술사여, 그대는 자신의 권태에 지쳐서 '나는 위대하지 않다'고 고백했다. 그 고백이 내가 인정하는, 그대에게 있어 가장 좋은 것이며, 가장 정직한 점이다.

그 점 때문에 나는 그대를 정신의 속죄자 중 한 사람으로 인정한다. 비록 그것이 한순간의 것이었다 하더라도 그대는 그 순간만은 진실했다.

그러나 말해 보라. 그대는 나의 숲과 바위 사이에서 무엇을 찾고 있었는가? 그리고 그대는 나에게 무엇을 시험하려고 나의 길을 막고 누워 있었는가?

그대는 무엇 때문에 나를 유혹했는가?"

차라투스트라는 이렇게 말했다. 그의 눈은 불타고 있었다. 늙은 마술사는 한동안 잠자코 있더니 이윽고 입을 열었다.

"내가 그대를 시험했다고? 나는 다만 찾고 있었을 뿐이다. 오, 차라투스트라여. 나는 찾고 있었다. 진실한 인물, 올바른 인물, 단순한 인물, 명쾌한 인물, 정직한 인물, 지혜의 그릇, 지식의 성자, 위대한 인물을.

오, 차라투스트라여. 그대는 모르는가? 나는 차라투스트라를 찾고 있었다."

오랫동안 두 사람 사이에 침묵이 흘렀다. 차라투스트라는 눈을 감은 채 자기 자신 속으로 깊이 가라앉아 있었다. 그러나 이윽고 그는 상대에게 시선을 돌리더니 손을 잡고서 친절하고 교활하게 말했다.

"자, 저기에 올라가면 차라투스트라의 동굴이 있다. 그 속에서 그대가 원하는 것을 찾도록 하라. 그리고 나의 동물인 독수리와 뱀에게 조언을 청하는 것이 좋다. 그들이 그대가 찾는 것에 도움을 줄 것이다.

물론 나 자신은 아직 그대가 찾는 위대한 인간을 보지 못했다. 아무리 예민한 눈이라도 위대한 것을 가려 내기에는 너무도 부족하다. 오늘날은 천한 자들의 시대이기 때문이다.

나는 이제까지 기지개를 켜면서 자기 자신을 부풀려 보이려는 자들을 여럿 보았다. 그런데 민중은 '보라, 위대한 인물을!' 하고 외쳤다. 그러나 그들이, 아무리 많은 풀무*7가 있더라도 무슨 소용이 있겠는가! 결국 바람은 빠지게 마련이다. 개구리는 자신을 지나치게 부풀리다가 마침내 배가 터져 죽었다. 그렇게 되면 바람이 빠진다. 부풀어오른 배를 바늘로 찌르는 것이야말로 아주 재미있는 놀이라고 생각한다. 내 말을 들어 보라. 그대, 어린아이여!

오늘날은 천한 자들의 것이다. 그 누가 무엇이 위대하고 무엇이 왜소한가를 알 것인가? 그런 곳에서 누가 위대함을 성공적으로 찾아 내겠는가? 바보*8 뿐이다. 바보이기 때문에 성공한다.

이상한 바보여. 그대는 위대한 인간을 찾고 있는가? 그대에게 이렇게 하라고 누가 가르쳐 주었는가? 오늘은 그것을 행할 때인가? 오, 간악한 탐구자여. 어째서 그대는 나를 시험하려고 하는가?"

차라투스트라는 이렇게 말하고 나자 비로소 마음이 후련해졌다. 그는 웃으면서 자기의 길을 걸어갔다.

퇴직자

그러나 마술사에게서 벗어난 지 얼마 안 되어 차라투스트라는 길가에 앉아 있는 사람을 보았다. 그 사람은 검은 옷을 입었으며, 키는 크고 여윈 데다 창백한 얼굴을 하고 있었다. 차라투스트라는 그 사람을 보고 몹시 불쾌해졌다. 그는 마음속으로 중얼거렸다.

'아, 저기에 변장을 한 우울이 앉아 있다. 저것은 성직자일 것이다. '그들'은 나의 영토에 무엇을 하러 온 것일까? 도대체 어떻게 된 일인가? 마술사에게서 간신히 빠져 나왔다고 생각했는데 다른 요술쟁이를 또다시 만나게 되다니.

안수로 능력을 나타내는 주술사, 신의 은총으로 음울한 기적을 일으키는 자, 기름 바른 세계의 비방자. 이런 사람들을 모두 악마가 붙잡아 가면 좋으련만!

그런데 악마는 꼭 필요할 때 나타난 적이 한 번도 없다. 악마는 언제나 지각한다. 괘씸한 새우다리의 난쟁이는! *9

차라투스트라는 화를 참지 못하고 이렇게 저주했다.

그런 다음 못 본 척하고 그 사람 곁을 조용히 지나치려고 했다. 그런데 보라! 그렇게 할 수 없었다. 그 순간, 앉아 있던 사람이 차라투스트라를 보았던 것이다. 그리고 마치 뜻밖의 행복이라도 만난 것처럼 펄쩍 뛰어 일어 나더니 차라투스트라를 향해 달려왔다.

그 사나이는 말했다.

"방랑자여. 그대가 누구든지 간에 길 잃은 노인을 구해 다오. 나는 길을 찾아 여기까지 왔는데 여기서는 언제 무슨 일을 당할지 모른다.

이곳은 내게는 낯선 세계다. 더욱이 들짐승들의 울부짖는 소리까지 들린다. 나를 보호해 주던 사람들도 이젠 죽고 없다.

내가 찾고 있는 사람은 최후의 경건한 사람이자 성자, 그리고 은둔자, 자기의 숲 속에서 혼자 살면서 오늘날 세상 사람이 다 알고 있는 것을 전혀 듣지 못한 사람이다."

"오늘날 세상 사람이 다 알고 있는 것이란 무엇인가? 그것은 일찍이 전 세계가 믿고 있던, 오래 된 신은 이미 살아 있지 않다는 것인가?"

차라투스트라가 물었다.

노인은 슬픈 듯이 대답했다.

"그렇다! 그리고 나는 그 오래된 신이 죽을 때 그 옆에서 시중을 들었던 자다. 이제 나에게는 모셔야 할 사람이 없다. 나는 퇴직자다. 그렇지만 내가 자유로운 몸이 된 것은 아니다. 게다가 한 순간도 마음이 편치 않다. 내가 갖고 있는 것은 추억의 즐거움뿐이다.

내가 이 산에 올라온 이유는, 늙은 교황이자 교부에 어울리는 제전을 다시 한 번 올리기 위해서다.

그러나 이제 가장 경건한 사람, 숲의 성자는 죽고 말았다. 노래 부르고 중얼거리며 자신의 신을 찬미해 왔던 숲의 성자는. 나는 그의 오막살이를 발견했는데, 그 사람은 그곳에 없었다. 다만 나는 그곳에서 두 마리의 늑대가 그의 죽음을 슬퍼하면서 울부짖는 모습을 보았을 뿐이다. 그는 모든 동물들로부터 사랑받고 있었다.

나는 재빨리 도망쳐 왔다. '그렇다면 내가 이 숲, 이 산중에 들어온 것이 헛수고란 말인가?' 하는 생각이 들자 나는 또 다른 한 사람을 찾아내야겠다고 결심했다. 신을 믿지 않는 모든 자들 중에서 가장 경건한 사람인 차라투스트라를 찾아야겠다고."

노인은 이렇게 말한 다음 자기 앞에 서 있는 사람을 날카로운 눈초리로 바라보았다. 차라투스트라는 늙은 교황의 손을 잡고 한동안 바라보다가 감탄의 소리를 질렀다.

차라투스트라가 말했다.

"고귀한 사람이여, 보라! 얼마나 아름답고 부드러운 손인가! 바로 이 손은 언제나 축복을 나누어 주던 사람의 것이다.

지금 이 손은 그대가 찾아 헤매고 있던 자를 꼭 잡고 있다. 내가 바로 차라투스트라다. 신을 경멸하는 그 차라투스트라다. '나보다 더 신을 경멸하는 자가 있는가? 있다면 나는 기꺼이 그의 가르침을 받으리라'고 말했던 차라투스트라다."

차라투스트라는 이렇게 말했다. 그러고는 날카로운 눈초리로 늙은 교황의 생각과, 그 속에 숨어 있는 생각까지도 꿰뚫어보았다. 늙은 교황은 한참 만에야 입을 열었다.

"신을 가장 많이 사랑하고 가장 많이 소유하고 있던 자가 이제는 신을 가장 많이 잃어버린 사람이 되어 버렸다. 보라! 아마 지금의 나야말로 우리 두 사람 중에 훨씬 더 신을 믿지 않는 사람일 것이다. 그러나 어떻게 그것을 기뻐할 수 있겠는가?”

깊은 침묵 끝에 차라투스트라는 신중하게 말했다.

“그대는 신의 임종 때까지 그의 시중을 들고 있었다. 그렇다면 그대는 신이 어떻게 죽었는지 알 것이다. 듣기로는, 동정이 신을 질식시켜 죽게 했다고 하는데, 그것이 사실인가?

신은 십자가에 못박힌 인간을 보고 견딜 수가 없었다. 그래서 인간에 대한 사랑이 신의 지옥이 되고, 마침내는 신의 죽음이 되었다는데, 그 말이 사실인가?”

그러나 늙은 교황은 아무 대답도 하지 않았다. 그는 괴로운 듯 어두운 표정으로 조심스런 눈길을 돌렸다.

“떠나가는 신은 가도록 내버려 두라! 떠나가는 신을 잡을 필요는 없다. 신은 간 것이다. 그리고 그대가 죽은 신에 대해 나쁘게 말하지 않음으로써 그대의 품위는 높아지지만, 그대도 나와 마찬가지로 그가 어떤 자였는지 잘 알고 있다. 또 그가 이상한 길을 걸었다는 것까지도.”

한동안 침묵을 지키던 차라투스트라가 노인의 눈을 똑바로 바라보며 말했다.

“세 개의 눈을 증인으로 한, 우리 둘 사이의 비밀 이야기지만, [*10] 신에 대해선 내가 차라투스트라보다 더 잘 안다. 그것은 당연한 일이다.

나의 사랑은 오랫동안 그에게 봉사했다. 나의 의지는 그의 모든 의지에 복종했다. 그러나 훌륭한 하인은 모든 것을 알고 있는 법이다. 그리고 때로는 주인이 자기 자신에게 숨기고 있는 것까지도 알고 있다.

그는 비밀투성이의 숨어 있는 신이었다. 진실로, 신은 그의 자식을 낳을 때도 샛길로 다녔다. [*11] 그의 신앙의 입구에는 간통이 있다.

그를 사랑의 신이라고 찬미하는 자는 사랑 그 자체를 충분히 높은 것으로 생각하지 않는다. 이 신은 심판자가 되려고 하지 않았던가? 그러나 정말 사랑하는 자는 보상과 복수를 넘어서야 한다.

동방에서 온 이 신이 젊었을 때는 잔인할 정도로 복수심이 강했다. 그래서 그를 따르는 자들을 즐겁게 해 주려고 지옥을 만들어 냈던 것이다.

그러나 마침내 그도 늙으면서 연약하고 동정심이 많아졌다. 아버지라기보다는 할아버지처럼 되었다. 아니, 차라리 늙어빠진 할머니처럼 되었다고 말하는 편이 더 적당하겠다.

그는 시들고 지쳐서 난로 옆에만 붙어 앉은 채, 자신의 다리가 약해졌다는 핑계로 세상일에 무관심하고 의지에 지친 나날을 보내고 있었다. 그러던 어느 날 그는 그의 너무나 큰 동정심 때문에 질식해 죽었던 것이다.”

늙은 교황은 말했다. 그의 목소리는 쾌활해져 있었다.

차라투스트라는 그의 말을 가로챘다.

“늙은 교황이여! 그대는 그것을 직접 보았는가? 아마 그는 그렇게 죽었을 수도, 또는 다르게 죽었을 수도 있다. 신들은 언제나 여러 가지 이유로 죽는 법이다. 그러나 그런 건 아무래도 상관없다. 어떤 이유든 그는 죽었다. 그는 내 귀에도, 눈에도, 취미에도 거슬리는 자였다. 더 이상 악담은 그만두자.

나는 맑은 눈동자로 정직하게 말하는 모든 사람을 사랑한다. 그러나 늙은 성직자여, 그대는 잘 알고 있으리라. 그에게는 다소 그대와 비슷한 점, 즉 성직자와 비슷한 점이 있었다. 그는 이중적이었다.

그는 또 말하는 것이 분명치 않았다. 이 성급한 자는 우리가 그를 이해하지 못한다고 얼마나 우리에게 화를 냈던가! 그러나 왜 그는 좀더 분명하게 말하지 않았던가!

만일 이해하지 못하는 것이 우리의 귀 때문이라면 어째서 그는 그가 말하는 것도 알아듣지 못하는 귀를 우리에게 주었단 말인가? 우리의 귓속에 진흙이 차 있다면, 그 진흙을 넣은 자는 누구였던가?

이 도공은 기술을 충분히 습득하지 못했기 때문에 너무나 많은 도자기를 만드는 도중에 망가뜨렸다. 그러나 그에 대한 복수를 자기가 만든 도기, 즉 피조물에게 가한다는 것은 훌륭한 취미에 거슬리는 죄악이다.

경건이라는 것에 대해서도 훌륭한 취미가 있다. 그 훌륭한 취미가 마침내 이렇게 말했다.

‘이따위 신은 사라져 버려라. 차라리 신은 없는 편이 더 낫다. 차라리 스스로 운명을 만들어 가는 편이 더 낫다. 차라리 바보가 되는 편이 더 낫다.

차라리 우리 자신이 신이 되는 편이 더 낫다!’”

귀를 기울여 차라투스트라의 이야기를 듣던 늙은 교황이 말했다.

"나는 무슨 소리를 들은 거냐? 오, 차라투스트라여. 그대는 그처럼 신앙이 없는데도 스스로 생각하고 있는 것보다 훨씬 더 경건하다. 그대 안에 있는 어떤 신이 그대를 무신론자로 개종시켰다.

그대로 하여금 어떤 신도 믿지 않도록 만든 것은 그대의 경건함 때문이 아니겠는가? 그대의 지나친 정직함이 그대를 선악의 저편으로 이끌어 줄 것이다.

보라! 그대를 위해 무엇이 남아 있는가? 그대는 먼 옛날부터 사람들에게 축복을 내리도록 되어 있는 두 눈과 손과 입을 가지고 있다. 손으로만 축복을 줄 수 있는 것은 아니다.

그대가 비록 스스로 가장 신을 모멸하는 자라고 말하지만, 나는 그대의 몸에서 오랜 축복이 약속하는 은밀한 향기를 맡는다. 그것은 내게 기쁨과 슬픔을 동시에 느끼게 한다. 나를 그대의 손님으로 맞아주면 좋겠다.

오, 차라투스트라여. 단 하룻밤이라도 좋다. 지금 이 지상에서 그대와 함께 있는 것보다 나에게 행복한 일은 없다."

차라투스트라는 매우 의심스러운 표정을 지으며 말했다.

"아멘! 그렇게 하라! 저쪽 길로 올라가면 차라투스트라의 동굴이 있다. 내가 직접 그대를 안내하겠다, 고귀한 사람이여! 나는 모든 경건한 사람을 사랑하기 때문이다.

그러나 지금은 어떤 다급한 비명이 나를 부르고 있기 때문에 빨리 그쪽으로 가야 한다. 나의 영토에서 누구든 해를 입어서는 안 된다. 나의 동굴은 좋은 항구다. 나는 슬픔에 빠진 모든 사람들을 그곳에 상륙시켜 그들을 힘차게 되살려 내고 싶다.

그러나 그대의 어깨에서 그대의 슬픔을 없애 줄 수 있는 사람은 누구인가? 그렇게 하기에 나는 너무나 약하다. 참으로, 누군가가 그대의 신을 다시 깨울 때까지 우리는 오랫동안 기다려야 한다.

이 늙은 신은 이제 살아 있지 않기 때문이다. 그는 아주 숨을 거두고 말았다."

차라투스트라는 이렇게 말했다.

가장 추한 인간

차라투스트라는 다시 산과 숲을 돌아다녔다. 그의 눈은 열심히 찾았으나 그가 찾고 있는 그 사람, 즉 크나큰 고뇌자, 비명을 지르던 자는 아무 데도 없었다. 그럼에도 불구하고 그동안 그는 마음속으로 기뻐하고, 감사했다. 그는 중얼거렸다.

"오늘이란 날은 시작이 좋지 않았는데도 얼마나 좋은 것들을 내게 선사해 주었는가? 나는 얼마나 귀한 말벗을 만났는가? 나는 이들 말을 좋은 곡식처럼 천천히 씹으려 한다. 그것이 젖처럼 나의 영혼 속에 흘러들어올 때까지 나의 이는 그것을 잘게 씹어서 부드럽게 하리라!"

그러나 바위 모서리를 끼고 구부러진 길을 돌자 갑자기 경치가 바뀌었다. 그리고 차라투스트라는 죽음의 왕국에 들어섰다. 거기에는 검붉은 절벽이 깎아지른 듯 서 있었고, 풀 한 포기, 나무 한 그루는 물론 새의 지저귐조차 들리지 않았다.

그곳은 모든 동물이 꺼려하여 가까이 가지 않는 골짜기였다. 맹수조차 얼씬하지 않았다. 다만 추한 모습의 굵고 푸른 뱀들이 죽음을 맞이하러 올 뿐이었다.

그래서 목자들은 이 골짜기를 '뱀의 죽음'이라고 불렀다.

차라투스트라는 어두운 추억 속에 잠겼다. 왜냐하면 일찍이 이 골짜기에 섰던 때의 일이 생각났기 때문이다. 여러 가지 괴로운 생각이 그의 마음을 짓눌러 왔다. 그래서 그는 천천히 걸었다.

마침내 그는 걸음을 멈추고 눈을 떴다. 길가에 무언가 웅크리고 있는 것이 보였다. 사람 형상을 하고 있지만 사람 같아 보이지는 않고 뭐라고 말로 형용하기 어려웠다.

차라투스트라는 갑자기 몹시 부끄러워졌다. 자신이 그런 것에 시선을 돌렸기 때문이다. 그는 흰 머리카락까지 붉히고 시선을 돌려 이 언짢은 곳을 떠나려고 했다.

그때 이 죽음의 황야가 소리쳤다. 땅이 기침을 하고 가래를 뱉는 듯했다.

밤중에 막힌 수도관에서 물이 졸졸 흐르는 것 같은 소리가 이윽고 인간의 말이 되었다. 그것은 이렇게 외쳤다.

"차라투스트라여, 차라투스트라여! 나의 수수께끼를 풀어라. 말하라, 말하라! '목격자에 대한 복수는 과연 무엇인가?' 나는 그대를 유인해 왔다. 이 골짜기에는 미끄러운 얼음판이 있다. 조심하라. 그대의 긍지가 여기서 다리를 다치지 않도록 조심하라.

그대는 스스로 현명하다고 생각한다, 오만한 차라투스트라여. 그럼 수수께끼를 풀어 보라. 그대, 호두를 깨는 냉혹한 자여. 수수께끼를 풀어 보라. 그 수수께끼란 바로 나다. 말하라, 나는 도대체 누구인가?"

차라투스트라가 이 말을 들었을 때 그의 영혼에는 어떤 일이 일어났는가? '동정'이 그를 엄습했다. 그래서 그는 땅바닥에 쓰러졌다. 마치 벌목자들의 끈질긴 공격을 오랫동안 견디던 나무가 넘어지는 모습 같았다. 육중하게, 그리고 참나무를 넘어뜨리려고 노력하던 사람까지도 놀라게 할 정도로 갑자기 넘어졌다. 그러나 차라투스트라는 재빨리 일어났는데, 그때 그의 얼굴은 차갑게 굳어 있었다.

차라투스트라는 쇳소리를 내며 말했다.

"나는 그대를 잘 알고 있다. 그대는 신을 살해한 자다. 나를 붙잡지 마라. 그대는 그대를 본 사람, 그대를 철저하게 꿰뚫어본 사람을 용서할 수 없었다. 그대, 가장 추한 인간이여. 그래서 그대는 이 목격자에게 복수를 했던 것이다."

차라투스트라는 이렇게 말하고는 그곳을 떠나려고 했다. 그러나 말로 형용할 수 없게 생긴 그자는 차라투스트라의 옷깃을 잡고 할 말을 찾는 듯 웅얼거리기 시작했다.

이윽고 그가 말했다.

"잠깐만 기다려라! 멈춰라. 그대로 지나치지 마라. 나는 그대를 넘어뜨린 것이 어떤 도끼인지 알고 있다. 훌륭하다. 오, 차라투스트라여. 그대가 다시 일어났다니!

그를 죽인 자, 신을 살해한 자의 기분이 어떠한지 그대는 알고 있으리라. 나도 그것을 잘 알고 있다. 나의 곁으로 오라. 그것은 부질없는 짓이 아니다.

내가 그대말고 다른 누구에게로 가려고 했겠는가? 이곳에 머물러 내 곁에 앉아라. 그러나 나를 응시하지는 마라. 그리고 나의 추악함을 공경하라! 사람들은 나를 박해하고 있다. 이제 '그대'가 나의 마지막 피난처다. 증오심 때문에 그들이 나를 박해하는 것도 아니고, 그들의 포수로 하여금 나를 뒤쫓게 하지도 않았다. 오, 그런 박해라면 나는 얼마든지 비웃었을 것이다. 그리고 그것을 자랑으로 삼고 기쁨으로 삼았을 것이다.

지금까지 인간이 이룩한 모든 성과는 심한 박해를 받는 자들이 올린 것이다. 그리고 심하게 박해하는 자는 추종하기도 잘한다. 왜냐하면 그는 남의 뒤쪽에서 박해하기 때문이다. 그러나 내가 도망쳐 나온 것은 그들의 '동정'으로부터다.

나는 그들의 동정에서 도망쳐서 그대가 있는 곳으로 달려왔다.

오, 차라투스트라여. 나를 보호해 다오. 나의 마지막 피난처여! 나를 알아본 유일한 사람이여!

그대는 그*¹²를 죽인 자의 기분이 어떠한지 알고 있으리라. 여기 그대로 있어 다오! 그러나 그대, 성급한 자여, 그래도 그대가 가고자 한다면 내가 온 길로는 가지 마라. 그 길은 나쁜 길이다.

그대는 내가 이렇게 오랫동안 횡설수설한다고 화를 내고 있는가? 내가 그대에게 충고했다고 화를 내는가? 그러나 알아 다오. 나는 가장 추한 인간이고 이 가장 추한 인간은 또한 가장 크고 가장 무거운 다리를 가지고 있다는 것을. 내가 걷는 길은 하나같이 험악한 길로 변한다. 나는 모든 길을 밟아서 엉망으로 만들어 버린다.

그러나 그대가 아무 말도 하지 않고 내 앞을 지나치려 했을 때, 나는 그대가 얼굴을 붉히는 것을 분명히 보았다. 그래서 나는 그대가 차라투스트라라는 것을 알게 되었다.

다른 사람이라면 모두 내게 시선이나 말로 연민의 정을 보였을 것이다. 그러나 나는 그것을 받을 만큼 거지는 아니다. 그대는 그것을 알아차린 것이다.

연민의 정을 받기에 나는 지나치게 부유하다. 위대한 것들과 추한 것, 끔찍한 것들과 말로 표현하기 어려운 것들에 있어서 나는 부유하다. 오, 차라투스트라여! 그대의 부끄러움이 나를 영예롭게 했다.

나는 동정하는 무리로부터 간신히 빠져 나왔는데 그것은 오늘날 다음과 같이 가르치는 유일한 사람을 발견하기 위해서였다. 동정은 뻔뻔스러운 것이라고 가르치는 당신을 발견하기 위해서였다.

오, 차라투스트라여! 신의 것이든 인간의 것이든 간에 동정은 뻔뻔스러운 것이다. 그리고 도우려고 하지 않는 것이 도우려고 서둘러 달려오는 덕보다 고귀할 때가 있는 법이다.

오늘날 왜소한 인간들 사이에서는 그런 동정이 덕이라고 불린다. 그들은 위대한 불행, 위대한 추함, 위대한 실패에 대해서는 전혀 경건한 마음도 가지지 않는다.

나는 그 모든 자들의 움직임을 뛰어넘어 먼 곳을 바라보고 있다. 마치 개가 떼지어 움직이는 양떼 너머를 바라보고 있는 것처럼. 그들은 작고 호의적이며, 부드러운 털을 가진 회색 군중이다.

마치 백로가 얕은 못을 경멸하여 고개를 들고 저쪽을 바라보듯, 나는 회색의 잔물결과 의지와 영혼의 무리 너머 저쪽을 바라본다.

그들은 너무나 오랫동안 권리를 인정해 왔다. 그래서 마침내 그들은 권력까지도 손에 넣게 되었다. 그래서 그들은 지금 소인배들이 선이라고 부르는 것만이 선이라고 가르친다.

그리고 오늘날 '진리'라는 것도 그 소인배 출신의 설교자가*¹³ 말했다. 저 기이한 성자, 소인배의 대변자는 자기 자신을 '내가 곧 진리'라고 증언했던 것이다.

이 불손한 자의 가르침이 오랫동안 소인들을 오만하게 만들어 놓았다. 그의 '내가 곧 진리다'라는 가르침은 적지 않은 오류를 범했다.

불손한 자 중에서 이보다 더 정중한 호응을 받은 자가 일찍이 있었을까? 그러나 그대, 오, 차라투스트라여! 그대는 그의 곁을 지나치면서 말했다. '아니다! 아니다! 세 번 말해서 아니다!'

그대는 그의 잘못을 경고했다. 그대는 동정하지 마라고 경고한 최초의 인간이었다. 만인을 향해서 말한 것이 아니라, 그대 자신과 그대와 비슷한 사람들을 향해서 말했다.

그대는 위대한 고뇌자의 수치를 부끄러워한다. 그대가 '거대한 구름은 동정에서 피어난다. 명심하라, 인간들이여'라고 말하는 그 순간에. 또 그대가 '모든 창조자는 냉혹하다. 모든 위대한 사랑은 동정을 초월한 것이다'라고 가르치는 그 순간에.

오, 차라투스트라여! 나는 그대가 천기를 얼마나 잘 안다고 생각했던가?

그러나 그대 자신이야말로 동정심의 포로가 되지 않도록 그대 자신에게 경고하라. 왜냐하면 많은 사람들이 그대에게로 오고 있기 때문이다. 괴로워하는 자, 의심에 빠진 자, 절망하는 자, 물에 빠진 자, 얼어 죽은 자들 거의 대부분이 그대에게 오고 있다.

나는 그대에게 또 나까지도 경계하라고 경고해 주겠다. 그대는 내 가장 훌륭한 수수께끼*14이자 가장 고약한 수수께끼인 나 자신과 내가 한 일을 꿰뚫어보았다. 나는 그대를 쓰러뜨리려는 도끼가 무엇인지 알고 있다.

그러나 그는 죽을 수밖에 없었다. 그는 인간의 깊이와 숨겨진 모든 것을 눈으로 보았던 것이다. 인간의 감춰진 모든 치욕과 모든 추악함을 보았다.

그의 동정은 부끄러워할 줄을 몰랐다. 그는 나의 가장 더러운 구석구석까지 파고들어왔다. 지나치게 호기심 많은 사람, 지나치게 덤비는 사람, 지나치게 동정심 많은 사람을 나는 살려 둘 수 없었다.

그는 항상 나를 보고 있었다. 나는 이러한 목격자에게 복수하고 싶어졌다. 복수할 수 없다면 차라리 죽고 싶었다.

모든 것을, 인간까지도 꿰뚫어본 신은 죽을 수밖에 없었다. 인간은 그런 목격자가 살아 있다는 사실을 참을 수 없는 것이다."

가장 추한 인간은 이렇게 말했다. 차라투스트라는 일어나서 그곳을 떠나려 했다. 그는 뼛속까지 스며드는 추위를 느꼈다.

차라투스트라는 말했다.

"뭐라고 말로 표현할 수 없는 자여! 그대는 나에게 그대의 길을 가지 말라고 경고했다. 그것에 대한 답례로, 나는 나의 길을 그대에게 권한다. 보라! 저쪽으로 올라가면 차라투스트라의 동굴이 있다.

나의 동굴은 넓고 깊으며, 많은 귀퉁이가 있다. 가장 깊숙이 숨으려는 자는 거기에서 훌륭한 은신처를 발견할 수 있다. 또 그 주위에는 기어다니는 짐승들, 날짐승들, 뛰어다니는 동물들을 위한 은밀한 샛길이 백 개나 있다.

그대, 추방당한 자여! 자기 자신을 추방한 자여! 그대는 인간과 인간의 동정에 뒤섞여 사는 것을 원하지 않는다. 그렇다면 나처럼 행동하라. 그렇게 하면 내게서 배우는 것이 있으리라. 행동하는 자만이 배울 수가 있다.

그리고 우선 나의 동물들과 이야기하라. 그들은 가장 긍지 있고 가장 영리한 짐승들이다. 그들은 우리 두 사람에게 훌륭한 충고자가 될 것이다."

차라투스트라는 이렇게 말하고는 자신의 길을 걸어갔다. 그는 전보다 한 층 더 깊은 사색에 잠겼기 때문에 그 걸음은 훨씬 더 느렸다. 그는 자신에게 많은 질문을 던졌지만 쉽게 대답할 수 없었다.

그는 마음속으로 중얼거렸다.

'인간이란 얼마나 불쌍한가! 또한 얼마나 추악하며 얼마나 소란스럽고, 얼마나 남모를 수치심으로 가득 차 있는가!

사람들은 내게 말한다. 인간은 자신을 사랑한다고. 아, 이 자기애는 얼마나 위대한가? 자기에 대해 자기애는 얼마나 많은 경멸을 하고 있는가! *15

지금 만난 그자도 자기를 사랑하기 때문에 자신을 경멸하는 것이다. 내 입장에서 보면, 그는 위대한 사랑을 하는 사람이기 때문에 위대한 경멸을 하는 사람이다.

그보다 더 자기를 경멸하는 자를 나는 아직 보지 못했다. 이것도 역시 높은 것이다. 가슴 아픈 일이다. 비명을 질렀던 보다 높은 사람이 바로 그 사람이 아니었을까?

나는 위대한 경멸자를 사랑한다. 누가 뭐라 하든 인간은 극복되어야 할 존재다.'

스스로 거지가 된 사람

차라투스트라는 가장 추악한 인간에게서 멀어진 뒤에도 몸이 얼어붙는 듯했으며 고독을 느끼고 있었다. 여러 가지 차가운 생각, 고독한 생각이 그의 가슴을 꿰뚫어 그의 손발까지 싸늘하게 했다.

그는 계속 걸어 올라가거나 내려가기도 했고, 때로는 푸른 벌판을 지나가기도 했다. 때로는 아마도 거세게 냇물이 흘러내렸을 돌투성이의 황무지를 넘어갔다. 그러면서 그의 가슴은 다시 따뜻해졌고, 부드러운 생각으로 가득 차 왔다.

그는 생각했다.

"도대체 어떻게 된 일일까? 무언가 따뜻하게 살아있는 것이 내 마음을 긴장시킨다. 그것은 틀림없이 내 가까이에 있을 것이다.

이제 나는 훨씬 덜 고독하다. 눈에 보이지 않는 벗과 형제들이 나를 감싸고 있는 것 같다. 그들의 따뜻한 입김이 나의 영혼을 따뜻하게 해준다."

차라투스트라는 두리번거리며 그의 고독을 위로해 준 자를 찾았다. 보라!
그의 마음을 부드럽게 해 주었던 것은 작은 언덕 위에 무리지어 있는 암소들
의 온기와 냄새였다. 그러나 이 암소들은 무언가 열심히 이야기를 하고 있는
어떤 사람을 보고 있었으며, 가까이 다가가고 있는 차라투스트라에게는 관
심이 없었다. 차라투스트라가 암소 가까이까지 다가가자, 사람 목소리가 뚜
렷하게 들려 왔다. 그 소리는 암소 무리 한가운데서 들려 왔고 암소들은 모
두 머리를 그 사람 쪽으로 돌리고 있었다.

차라투스트라는 재빨리 달려가서 암소들을 헤치고 나아갔다. 누군가 거기
서 암소들의 동정만으로는 구출될 수 없는 난처한 일을 당해 상처를 입었을
지도 모른다는 생각이 들었기 때문이다. 그러나 그의 생각은 빗나갔다. 그곳
에는 한 사람이 땅 위에 앉은 채 동물들에게 자기를 두려워할 필요가 없다고
설득하고 있었다. 그는 평화를 사랑하는 산상의 설교자로서, 그 눈과 행동은
자기애의 가르침에 대해 말하고 있었다.

차라투스트라가 물었다.

"당신은 여기서 무엇을 얻으려는 것인가?"

그 사람은 되물었다.

"내가 여기서 무엇을 구하고 있느냐고? 그것은 그대가 찾고 있는 것이다.
방해하는 자여, 나는 지상의 행복을 찾고 있다.

나는 이 암소들에게서 그것을 찾는 방법을 배우려고 한다. 그리고 나는 벌
써 반나절 동안이나 암소들과 말을 했다. 그리고 지금 막 암소들은 내게 그
답을 해주려고 하던 참이었다. 그런데 어째서 당신은 방해를 하는가?

우리는 마음을 고쳐서 암소처럼 되지 않으면 천국에 들어갈 수가 없다. 우
리는 암소로부터 하나의 교훈을 배워야 하는데, 그것은 되새김질을 하는 것
이다.

한 인간이 온 세계를 얻었다 할지라도 이 한 가지, 즉 되새김질하는 것을
배우지 않았다면 모든 것이 소용없게 된다. 인간은 자기 힘으로 슬픔에서 벗
어날 수 없을 것이다. 인간이 가진 커다란 괴로움에서. 그러나 오늘날 인간
은 그 괴로움을 구역질이라고 부른다. 오늘날 가슴과 입과 눈이 구역질로 가
득 차 있지 않은 자가 어디 있는가? 그대도 그렇다. 그러나 이 암소들을 보
라."

산상의 설교자는 이렇게 말하고 나서 차라투스트라에게로 시선을 돌렸다. 그는 지금까지 애정 어린 눈길을 암소 쪽에만 주고 있었다. 그러자 그의 태도는 갑자기 변했다.

"나와 이야기하고 있는 사람은 누군가?"

그는 놀라 소리지르고는 땅바닥에서 벌떡 일어났다.

"구역질을 가지지 않는 사람이다. 차라투스트라, 거대한 구역질을 극복한 자다. 저것은 차라투스트라의 눈이며 입이고 심장이다."

이렇게 말하면서 그는 눈물을 흘리며 차라투스트라의 두 손을 붙잡더니 그 위에 입맞추었다. 그 기뻐하는 모습은 마치 귀중한 선물, 귀중한 보배를 하늘로부터 받은 것 같았다. 암소들은 의아스러운 눈초리로 그 광경을 보고 있었다.

"나에 대해서는 말하지 마라, 이상한 자여. 평화스러운 자여! 우선 그대 자신에 대해서 말하라. 그대는 일찍이 많은 재산을 내동댕이치고 스스로 거지가 된 사람이 아닌가? 자신이 부자임을 부끄럽게 여기고 자아의 충만함과 자신의 마음을 주려고 가장 가난한 사람들에게로 간 사람이 아닌가? 그러나 그들은 그대를 받아들이지 않았다."

차라투스트라는 이렇게 말하면서 그의 감정을 가라앉히려고 했다.

"그렇다. 그들은 나를 받아들이지 않았다. 그대도 알고 있구나. 그래서 나는 마침내 동물에게로, 이 암소들에게로 온 것이다."

스스로 거지가 된 사람이 말했다.

차라투스트라는 상대방의 말을 가로챘다.

"그래서 그대는 배웠던 것이다. 올바르게 받는 것보다 올바르게 주는 것이 얼마나 어려운 일인가를. 또 올바르게 주는 것은 하나의 기술이고, 친절을 베푸는 가장 교묘한 마지막 기술이라는 것을."

스스로 거지가 된 사람이 대답했다.

"특히 오늘날에는 더욱 그렇다. 오늘날은 모든 비천한 것이 반란을 일으키고 이탈해서 그들 나름대로, 즉 천한 자들의 방식으로 오만해진 시대다.

당신도 잘 알고 있는 것처럼 천한 자들과 노예근성을 가진 자들의 거대하고도 사악한, 오랜 반란의 때가 온 것이다. 이 반란은 날이 갈수록 커질 뿐이다.

오늘날 비천한 자들은 온갖 자선과 작은 적선에도 분노한다. 지나치게 부자가 된 사람은 조심해야 한다.

호리병처럼 좁디좁은 목으로 물을 떨어뜨리듯 행동하는 자는 조심하라. 오늘날, 사람들은 그런 병의 목을 사정 없이 부러뜨리기 좋아한다.

끝없는 탐욕, 사나운 질투, 끈질긴 복수심, 천박한 오만, 이 모든 것이 나의 얼굴로 날아왔다. 가난한 자에게 복이 있다는 것은 이제 진리가 아니다. 천국은 도리어 암소들과 함께 있다.”

“어찌 천국은 부자들과 함께 있지 않은가?”

차라투스트라는 친근하게 콧김을 내뿜는 암소들을 밀어내면서 온화한 사람에게 떠보는 듯 물었다.

그 온화한 자가 대답했다.

“어째서 나를 시험하려고 하는 것인가? 그런 것이라면 그대가 나보다 더잘 알고 있을 텐데. 어쨌든 나를 가장 가난한 자들이 있는 곳으로 몰아세운것은 무엇인가? 오, 차라투스트라여, 그것은 우리 부자들에 대한 구역질이아니겠는가!

냉정한 눈초리와 욕정으로 가득 찬 이들 부에 집착하여 노예가 된 이들은온갖 쓰레기 속에서 자기 이익을 주워 모으고 있다. 하늘 끝까지 악취를 풍기는 이들 천한 자들에 대한 구역질이야말로 나를 가장 가난한 자들이 있는곳으로 몰아세운 것이 아니겠는가?

그것은 금으로 번지르르하게 겉칠을 한 천한 자들에 대한 구역질이 아니겠는가? 그들의 조상은 날치기든가, 아니면 썩은 고기를 먹는 새든가, 아니면 넝마주이였다. 그리고 그의 아내들은 고분고분하고 음란하고 건망증 심한 창부와 다름없었다.

위에도 천한 자들, 아래에도 천한 자들! 오늘날의 ‘가난하다’는 것이나 ‘부유하다’는 것이 도대체 무엇인가? 나로서는 그것을 구별할 수 없게 되어버렸다.

그래서 나는 그곳에서 도망쳤다. 멀리, 아주 멀리! 그래서 드디어 이 암소들이 있는 곳으로 오게 된 것이다.”

온화한 사람은 이렇게 말했다. 말하면서 숨을 거칠게 내뿜었고, 땀을 흘렸다. 암소들은 그의 모습을 의아하게 바라보았다. 차라투스트라는 그가 그렇게 격하게 말하고 있는 동안 계속 미소를 머금은 얼굴로 그를 바라보며 때때로 머리를 가로저었다.

"산상의 설교자여. 그대의 그런 격한 말은 그대 자신에 대한 폭력과 같다. 그대의 입은 그런 가혹한 말에는 어울리지 않는다. 그대의 눈도 그렇다. 그대의 입과 눈은 그런 가혹함을 위해 그대에게 주어진 것이 아니다.

내 생각에는 그대의 위장도 그렇다. 그런 노여움과 증오는 그대의 위장에 맞지 않다. 그대의 위장은 좀더 온화한 것을 요구한다.

그대는 육식을 하는 사람이 아니다. 내 생각에 그대는 채식을 하는 사람, 나무 뿌리를 찾는 사람이다. 그대는 곡식의 낟알을 씹는 사람이리라. 그대가 육식의 쾌락을 싫어하고 꿀을 좋아하는 것은 확실하다."

스스로 거지가 된 사람이 가벼운 마음으로 대답했다.

"그대는 나를 꿰뚫어보았다. 나는 꿀을 좋아한다. 나는 낟알을 씹어 먹기도 한다. 나는 맛있고 숨결을 맑게 해주는 것을 찾고 있었다.

또 먹는 데 시간이 걸리는 것을 찾았다. 하릴없이 유순한 사람과 게으른 사람에게 어울리는 하루하루의 일과 입을 움직일 뭔가를 찾았다.

그런데 그 일을 철저하게 하고 있는 것은 이 암소들뿐이다. 암소들은 되새김질하는 것을 발명했다. 또 양지 바른 곳에서 잠자는 것까지도. 게다가 암소들은 심장을 부풀리는 모든 무거운 사상을 멀리한다."

차라투스트라가 말했다.

"좋다. 그대는 나의 동물도 보아야 한다. 나의 독수리와 뱀을. 오늘날 지상에는 그들과 같은 동물이 더 이상 존재하지 않는다.

보라, 저 길로 해서 나의 동굴로 갈 수 있다. 오늘밤 나의 동굴에 찾아오라. 그리고 나의 동물들과 동물의 행복에 대해서 이야기해 보라.

나도 돌아갈 것이다. 하지만 지금은 갈 수 없다. 어떤 다급한 비명이 나를 부르고 있기 때문이다. 나는 그대와 헤어져야 한다. 그대는 나의 거처에서 새로운 꿀도 발견할 것이다. 얼음처럼 신선한 벌통에서 금방 따온 황금빛 꿀을 발견하거든 먹어도 좋다.

그러나 지금은 서둘러 그대의 암소들과 헤어져야 하겠다. 이상한 사람이여, 상냥한 사람이여! 암소들과 떨어지기는 좀 괴로울 것이다. 어쨌든 그들은 그대의 가장 따뜻한 친구요, 스승이었으니."

스스로 거지가 된 사람이 대답했다.

"내가 아직도 사랑하는 그 단 한 사람을 제외한다면, 그런 말을 하는 당신은 너무 상냥하다. 암소보다도 더 상냥하다. 오, 차라투스트라여."

"가라. 어서 가라, 그대, 사악한 아첨꾼이여!"

차라투스트라는 화가 나서 소리쳤다.

"어째서 그대는 칭찬과 아첨의 꿀로 나를 손상시키는가? 가라, 나에게서 떠나가라!"

차라투스트라는 다시 한 번 외치고, 그 아첨 잘하는 거지를 향해 지팡이를 휘둘렀다. 그러자 거지는 허둥지둥 달아나 버렸다.

그림자

스스로 거지가 된 사람이 달아나고, 차라투스트라는 다시 혼자가 되었다고 생각할 틈도 없이, 그는 또 등 뒤에서부터 날아온 하나의 새로운 외침 소리를 들었다.

"멈춰라, 차라투스트라여! 기다려라, 나다. 오, 차라투스트라여, 나란 말이다. 그대의 그림자다."

그러나 차라투스트라는 걸음을 멈추지 않았다. 그는 갑자기 그처럼 많은 사람들이 한꺼번에 밀려 와서 자기의 산이 어수선해졌기 때문에 화가 났다.

그가 말했다.

"나의 고독은 어디로 갔단 말인가? 너무 심하다. 사람들로 들끓고 있는 이런 세계는 이제 나의 왕국이 아니다. 나는 새로운 산이 필요하다.

내 그림자가 나를 부르는가? 내 그림자가 나와 무슨 관계가 있단 말인가! 만일 그가 나를 뒤따라온다면 나는 도망치고 말리라!"

차라투스트라는 이렇게 말하고는 뛰기 시작했다. 그러나 등 뒤에 있던 자가 그를 쫓아왔다. 그래서 세 사람은 한 줄로 서서 달리게 되었다. 제일 앞에 스스로 거지가 된 자, 그 뒤에 차라투스트라, 그리고 세 번째, 즉 맨 뒤에는 그의 그림자가 달리고 있었다. 한동안 이런 상태가 계속되었다.

이윽고 차라투스트라는 자신의 어리석음을 깨닫고는 곧바로 모든 불쾌감과 혐오감을 뿌리쳤다.

그는 말했다.

"어떻게 된 일인가! 옛날부터 우리 늙은 은둔자나 성인들에게는 여러 가지 이상한 일이 일어나지 않았던가? 진실로 나의 어리석음은 산 속에서 자랐다. 나는 지금 여섯 개의 바보 같은 다리가 앞을 다투어 달리고 있는 소리를 듣는다.

차라투스트라라는 이름을 가진 자가 자기 그림자를 무서워하다니! 게다가 그림자는 나보다 더 긴 다리를 가지고 있는 듯하다."

차라투스트라는 이렇게 말했다. 그는 눈과 내장으로 크게 웃더니 걸음을 멈추고 갑자기 뒤돌아보았다. 그랬더니, 보라. 그는 하마터면 그를 쫓아오는 그림자를 땅바닥에 넘어뜨릴 뻔했다. 그림자는 그의 발뒤꿈치에 바싹 붙어 오고 있었으며, 그 그림자는 너무도 약했다.

그가 그림자를 자세히 살펴보았을 때, 그는 갑자기 나타난 유령에게 위협이라도 받은 것처럼 깜짝 놀랐다. 이 추적자는 너무 쇠약해서 어둡고 눈마저 퀭했으며 생기라고는 전혀 없었다.

차라투스트라가 거칠게 물었다.

"그대는 누구인가? 이 산 속에서 무엇을 하고 있느냐? 어째서 그대는 나의 그림자라고 자처하느냐? 그대는 내 마음에 들지 않는다."

"용서해 다오, 내가 그대의 그림자인 것을. 차라투스트라여, 내가 그대의 마음에 들지 않는다니 과연 그대답다. 그대의 고상한 취향을 칭찬한다.

나는 방랑자며, 벌써 오랫동안 그대 뒤를 쫓아다녔다. 언제나 타향을 떠돌아다니는 몸으로 목적지도 없고 고향도 없다. 그래서 나는 거의 영원히 방랑하는 유대인과 같다. 하긴 나는 영원도 아니고 유대인도 아니지만. 나는 언제까지 이렇게 타향을 떠돌아다녀야 하는가? 온갖 바람에 휘말리고 끊임없이 동요하면서 뒤쫓고만 있어야 하는가? 오, 대지여, 그대는 나에게 있어 너무나 둥글다.*16

나는 모든 것의 표면에 앉아 보았다. 지친 티끌처럼 나는 거울이나 창문에 달라붙어서 잤다. 모든 것은 나에게서 빼앗아 가기만 할 뿐, 나에게 무엇 하나 주지 않았다. 나는 너무 여위어서 거의 그림자 같다.

오, 차라투스트라여. 물론 나는 그대를 뒤쫓는 동안 가장 오래 날았고, 가장 오래 걸어다녔다. 그리고 내가 그대에게 모습을 숨기긴 했지만 나는 그대의 가장 좋은 그림자였다. 그대가 앉는 곳이라면 어디든지 나도 앉았다.

나는 그대와 함께 가장 먼 세계, 가장 추운 세계까지 걸어다녔다. 눈 쌓인 겨울의 지붕 위를 즐겨 걸어다니는 유령처럼.

나는 그대와 함께 온갖 금지된 것, 사악하기 그지없는 것, 가장 먼 것 속에도 들어가려 했다. 만일 내게 무슨 덕이 있다면 그것은 아마 내가 어떤 금지령도 무서워하지 않는다는 것이다.

나는 그대와 함께 내 마음속으로 일찍이 공경했던 것을 파괴시켰다. 온갖 경계석과 환상을 무너뜨리고 가장 위험한 욕망을 추구했다. 진실로 나는 어떤 범죄라도 그 봉우리를 단번에 넘었다.

나는 그대와 함께 말의 가치와 위대한 이름에 대한 신앙을 잊어버리고 말았다. 악마가 껍질을 벗으면 악마라고 하는 그의 평판 역시 껍질을 벗는다. 그 평판이 껍질이기 때문이다. 아마 악마 자체가 껍질이리라.

'진리는 어느 곳에도 없다. 모든 것은 용서받는다.' 나는 내게 이렇게 말했다. 나는 가장 차가운 물 속으로 뛰어들어 머리와 가슴을 처박았다.

아, 그 때문에 얼마나 자주 붉은 게처럼, 벌거벗은 몸뚱이를 드러냈던가!

아, 모든 선과 모든 수치, 그리고 착한 인간에 대한 모든 신앙은 어디로 가 버렸는가? 아, 내가 일찍부터 지녔던 거짓 순수성은 어디로 가 버렸는가? 인간들이 지니는 순수성, 그 고귀한 거짓 순수성은 어디로 가 버렸단 말인가?

실로 나는 너무나도 자주 진실의 발뒤꿈치를 바짝 따라다녔다. 그랬더니 진실은 나의 얼굴을 걷어찼다. 나는 가끔 내가 거짓말을 하고 있는 것 같았다. 그랬더니, 보라. 그때 비로소 나는 진실과 마주쳤다.

나에게는 많은 것, 너무나도 많은 것이 명백해졌다. 그러나 이제 나의 관심을 끄는 것은 하나도 없다. 내가 사랑하는 것은 이제 아무것도 없다. 내가 어떻게 지금도 나 자신을 사랑할 수 있겠는가?

나는 '내가 살고 싶은 대로 살거나 아니면 살지 않기를' 바란다. 가장 성스러운 사람도 그것을 바란다. 그러나, 아, 어떻게 내게 아직까지 의욕이라는 것이 있겠는가?

내게 아직도 무슨 목표가 있겠는가? 어찌 나의 돛이 목표로 삼은 항구가 있겠는가? 좋은 바람이? 아, 어떤 바람이 좋은가? 어느 것이 순풍인가를 아는 사람은 자신의 목표가 어디인지 알고 있는 사람뿐이다.

내게 남겨진 것은 무엇인가? 피로에 지친 오만한 마음, 언제나 흔들리는 의지, 불안전한 날개, 부러진 등뼈뿐이다.

고향을 찾는 이 열망. 오, 차라투스트라여! 그대는 알고 있는가? 이 열망이 나의 괴로움이다. 그것이 나를 좀먹고 있다.

나의 고향은 어디 있는가? 나는 묻고, 찾고, 또 찾았다. 그러나 발견할 수 없었다. 오, 영원히 어디에나 있으며, 영원히 어디에도 없는 헛된 노력이여!"

그림자는 이렇게 말했다.

그 말을 듣는 동안 차라투스트라의 얼굴은 흐려졌다. 드디어 그가 슬프게 말했다.

"그대는 나의 그림자다. 그대의 위험은 일시적인 것이 아니다. 그대, 자유로운 정신이여, 자유로운 방랑자여! 그대는 불길한 대낮을 보냈다. 그대에게 가장 불길한 저녁이 오지 않도록 조심하라!

그대처럼 정처없이 흔들리며 돌아다니는 자에게는 마침내 감옥도 행복이 넘치는 곳으로 여겨지는 법이다. 그대는 감옥에 갇힌 죄수들이 잠자는 모습을 본 일이 있는가? 그들은 편안하게 잔다. 전에 없는 안전을 즐기며.

어떤 편협한 신앙이 그대를 가두지 않도록 경계하라! 또한 가혹하고 준엄한 것들이 그대를 사로잡을 위험이 도사리고 있다. 이제부터 온갖 편협하고 고루한 것들이 그대를 유혹하고 시험하려 할 것이다.

그대는 목표를 잃었다. 그대는 어떻게 이 상실감을 헤쳐 나가려고 하는가? 그 고통을 어떻게 잊어버리려 하는가? 그대는 목표를 잃음으로써 갈 길까지 잃어버렸다.

불쌍한 방랑자여, 몽상가여, 피로에 지친 나비여! 그대는 오늘 저녁 휴식할 곳을 원하는가? 그렇다면 저쪽에 있는 나의 동굴로 올라가라!

저것이 나의 동굴로 통하는 길이다. 그러나 지금 나는 그대와 빨리 헤어지고 싶다. 그림자 비슷한 것이 나를 붙잡으려 한다.

내 주위가 다시 밝아지도록 혼자 사라지길 원한다. 그러려면 나는 좀더 쾌활하게 두 다리를 움직여야 한다. 그러나 저녁에는 우리가 춤을 추게 되리라."

차라투스트라는 이렇게 말했다.

정오

차라투스트라는 계속해서 달렸다. 그는 아무도 만나지 않았으며 혼자였다. 언제나 다시금 자신을 발견하고, 고독을 즐겼다. 그리고 여러 가지 좋은 일들을 회상하면서 시간을 보냈다, 몇 시간이고.

대낮이 되어 태양이 차라투스트라 머리 위에 왔을 때 그는 뒤틀리고 구부러진 한 그루 고목 앞에 이르렀다. 그 고목은 한 그루의 포도나무 덩굴에 둘러싸여 자기 몸을 숨기고 있었다.

그 포도 덩굴에는 포도 송이가 소담스럽게 주렁주렁 늘어져 있어 우연히 그 앞을 지나가는 방랑자의 시선을 끌었다. 그도 역시 포도 한 송이를 따서 갈증을 조금이나마 해소하고 싶은 생각이 들었다. 그러나 그가 손을 뻗었을 때, 그는 훨씬 더 큰 다른 욕망을 느꼈다. 즉, 이 완벽한 대낮에 그 나무 그늘에 누워서 잠자고 싶었던 것이다.

차라투스트라는 그렇게 했다. 그는 여러 가지 풀의 정적과 친밀함 속에 눕자마자 갈증도 잊어버린 채 잠들어 버렸다. 그것은 차라투스트라가 흔히 하는 말대로 이 하나의 일이 다른 일보다 더 필요하기 때문이다. 그러나 눈만은 뜨고 있었다. 그 고목과 그것을 감싼 포도 덩굴의 사랑을 싫증도 내지 않고 바라보며 감탄하고 있었다. 잠에 빠져 들면서 차라투스트라는 마음속으로 이렇게 말했다.

'조용하라, 조용해! 세계는 이제 완전해지지 않았는가? 도대체 내게 무슨 일이 일어날 것인가? 거울 같은 바다 위에서 눈에 보이지 않는 깃털처럼 가볍게 춤추는 미풍처럼 졸음이 나를 찾아오고 있다.

이 잠은 나의 눈을 감게 하지 않고, 나의 영혼을 깨어 있게 한다. 이 잠은 진실로 새의 깃털처럼 가볍다.

이 잠은 계속해서 나를 설득시킨다. 이 잠은 부드러운 손길로 나를 안으로부터 가볍게 토닥거려서 얌전하게 만든다. 그렇다, 잠은 나를 껴안고 나의 영혼을 향해 가장 편안한 자세로 누워 있으라고 한다.

나의 이상한 영혼이여! 얼마나 오랫동안 답답한 자세로 누워 있었던가? 이 정오에 일곱 번째 날 저녁이 내 영혼을 찾아왔단 말인가? 내 영혼은 무르익은 것들 사이를 너무 즐겁게 방황한 나머지 지친 것일까?

내 영혼은 몸을 뻗는다. 길게, 더욱더 길게! 그리고 내 영혼은 조용히 누위 있다. 이 이상한 영혼은 좋은 것을 너무 많이 맛보았다. 오늘 황금빛 슬픔이 그 영혼을 짓누르자, 그 영혼은 입을 삐죽거린다.

가장 고요한 항구에 들어간 배처럼 내 영혼은 지금 대지에 기대고 있다. 오랜 항해와 불안한 바다에 싫증나 버린 내 영혼에게 바다보다는 대지가 더 성실하지 않겠는가?

이렇게 지친 배가 육지에 기대고 있을 때는 육지에서 거미 한 마리가 거미줄을 치는 것만으로도 충분하다. 이런 배에 더 질긴 밧줄은 필요하지 않다.

조용한 항구에서 휴식을 취하는 지친 배처럼 나도 지금 대지에 기대어 편히 쉬고 있다. 가느다란 줄로 연결된 채 성실한 마음으로 신뢰하고 기다리면서.

오, 행복이여, 행복이여! 오, 나의 영혼이여! 그대는 노래를 부르려 하는가? 그대는 숲 속에 누워 있다. 그러나 지금은 어떤 목자도 피리를 불지 않는 은밀하고 엄숙한 시간이다.

조심하라! 뜨거운 대낮이 들을 뒤덮고 잠들어 있다. 노래하지 말고 조용히 하라. 세상은 완전해졌다.

노래하지 마라! 풀숲의 날벌레여! 오, 나의 영혼이여! 속삭이지도 마라. 보라, 조용히! 늙은 대낮이 잠들어 있다.

지금 그는 입을 움직인다. 그는 지금 막 한 방울의 행복을 마신 참이 아닌가? 금빛 행복, 밝은 갈색 포도주 한 방울을 막 마신 참이 아닌가?

그의 얼굴을 스치고 지나가는 것이 있다. 그의 행복이다. 그의 행복의 웃음이다. 신과 비슷한 웃음이다. 조용하라!

'행복해지기 위해서는 아주 작은 것이라도 충분하다!' 나는 일찍이 이렇게 말하고 자신을 현명하다고 생각했다.

그러나 그것은 대단한 모독이라는 것을 나는 지금에야 알았다. 훌륭한 바보라면 더 나은 말을 할 것이다.

정말 가장 작은 것, 가장 희미한 것, 가장 가벼운 것, 쪼르르 달리는 한 마리의 작은 고슴도치, 하나의 숨결, 하나의 잘못, 한 순간 등, 이런 사소한 것들이 최고의 행복을 만든다. 조용히 하라!

내게 무슨 일이 일어나고 있는가? 들어라! 시간은 사라지고 만 것인가? 나는 지금 떨어져 내리는 중인가? 아니 벌써 떨어진 것은 아닌가? 영원의 샘물 속으로? 귀를 기울여라!

네게 무슨 일이 일어났는가? 조용히 하라! 나를 찌르는 것이 있다. 아! 심장을 찌른다, 심장을! 오, 터져라, 터져, 심장이여! 이런 행복을 맛본 다음에는, 이처럼 찔리고 난 다음에는!

어떤가? 세계는 지금 완전해지지 않았는가? 둥글게 익어서? 오, 황금의 반지여! 어디로 날아가느냐? 나는 그 뒤를 따라가리라. 서둘러라! 조용히!'

이때 차라투스트라는 몸을 쭉 뻗었다. 그리고 자기가 잠들어 있다는 것을 의식했다.

그는 자신에게 말했다.

"일어나라. 잠들어 있는 자여. 대낮에 자는 자여, 자, 일어나라. 늙은 두 다리여! 때가 되었다. 이제 때가 지났다. 그대는 아직도 먼 길을 걸어야 한다. 두 다리여!

이제 그대는 실컷 잤다. 오래오래 잤다. 영원의 한 절반쯤! 자, 일어나라, 나의 늙은 심장이여! 그토록 오랫동안 잠을 잔 뒤에 그대는 얼마나 오랫동안 눈뜨고 깨어 있을 수 있는가?"

그러나 차라투스트라는 다시 잠에 빠지고 말았다. 그의 영혼은 그에게 말대꾸하고 저항하며 다시 누워 버렸다.

차라투스트라가 스스로에게 말했다.

"나를 혼자 있게 해 달라! 조용하라! 세계는 완전해지지 않았는가? 아, 황금빛 둥근 지구는. 일어나라! 그대, 좀도둑이여, 낮을 훔치는 자여. 어찌된 일이냐? 여전히 누운 채 하품을 하고 한숨을 내쉬고, 심연 속으로 빠져들고 있다니! 그대는 대체 누구냐? 오, 나의 영혼이여."

이때 차라투스트라는 깜짝 놀랐다. 하늘로부터 한 줄기 햇살이 그의 얼굴을 비추었기 때문이다.

차라투스트라는 탄식하듯 말하며 일어나 앉았다.

"오, 내 머리 위의 하늘이여. 그대는 나를 보고 있는가? 나의 이상한 영혼에 귀기울이고 있는가? 오, 하늘이여, 그대는 지상의 모든 사물에 내린 이 이슬방울을*¹⁷ 언제 마시려 하는가? 이 이상한 영혼을 언제 마시려 하는가? 오, 영원의 샘물이여, 밝고 처절한 대낮의 심연이여! 언제 그대는 나의 영혼을 마셔 그대 자신 속으로 되돌아오려는가?”

그리고 그는 신기한 취기에서 깨어나는 사람처럼 나무 그늘의 잠자리에서 일어났다.

그런데 보라! 태양은 여전히 그의 머리 위에서 빛나고 있었다. 그러니 차라투스트라가 그다지 오랫동안 자지 않았다고 믿는 것은 당연한 일이다.

인사

차라투스트라가 오랫동안의 탐구와 방황 끝에 동굴로 돌아온 것은 늦은 오후였다. 그런데 동굴에서 스무 걸음도 못 되는 곳에 이르렀을 때 전혀 예기치 않은 일이 일어났다. 그는 또다시 위급함을 알리는 커다란 비명 소리를 들었던 것이다.

놀랍게도 이번 비명 소리는 그의 동굴에서 들려 왔다. 그것은 여러 가지 의미를 내포하고 있는 듯 길고 이상스러운 비명이었다. 차라투스트라는 그것이 여러 사람이 한꺼번에 지르는 소리라는 것을 분명히 알 수 있었다. 더 멀리서 들었다면, 아마 한 사람의 입에서 나온 비명처럼 들렸을 것이다.

차라투스트라는 동굴로 뛰어갔다. 그랬더니, 보라! 조금 전의 이상한 비명 뒤에 그를 기다리고 있던 것이 얼마나 놀라운 광경인지! 거기에는 낮에 그와 만났던 모든 사람들이 자리잡고 앉아 있었다. 오른쪽 왕과 왼쪽 왕, 늙은 마술사, 교황, 스스로 거지가 된 사람, 그림자, 지적 양심의 소유자, 슬픔에 잠긴 예언자와 당나귀가 모여 있었다. 그 가장 추한 인간은 관을 쓰고 자색 띠를 두 개나 허리에 두르고 있었다. 모든 추한 자가 그렇듯이, 그도 치장해 아름답게 보이려고 했다.

이들 슬픈 인간들 가운데 차라투스트라의 독수리가 털을 곤두세운 채 불안하게 서 있었다. 왜냐하면 독수리는 자기의 긍지로써는 대답할 수 없는 많은 질문을 받았기 때문이다. 그리고 그 영리한 뱀은 독수리의 목을 감고 있었다.

이 광경을 본 차라투스트라는 몹시 놀랐다. 그는 모든 손님을 호기심으로 가득 찬 눈길로 찬찬히 바라보며 그 영혼을 읽고는 다시금 놀랐다. 그 사이 모여든 무리들은 모두 일어나 경건한 마음으로 차라투스트라의 말을 기다렸다. 그러자 차라투스트라는 이렇게 말했다.

"그대, 절망하고 있는 사람들이여, 이상한 사람들이여! 그렇다면, 내가 들었던 비명은 그대들의 것이었단 말인가? 이제서야 나는 내가 오늘날까지 그토록 찾아 헤매면서도 발견할 수 없었던 자를 어디서 찾아야 할 것인가를 알았다. 보다 높은 사람을 어디서 찾아야 하는가를.

내 동굴 속에 보다 높은 사람이 앉아 있다. 그러나 내가 어찌 놀라겠는가? 나 자신이 그를 나의 동굴로 청하지 않았던가? 꿀의 제물과 나의 행복을 미끼삼아 교활한 유혹의 말로써, 그러나 그대들은 한자리에 모여 즐기기에는 서로 어울리지 않는 것 같다.

다급한 비명을 지르는 자들이여, 그대들은 여기에 함께 앉아 있으면서 서로 상대방의 기분을 상하게 하고 있지 않은가? 그러니 우선 어떤 한 사람이 나타나지 않으면 안 되겠다. 그대들을 다시 웃게 할 선량하고 쾌활한 익살꾼, 춤추는 자면서 산들바람이며 이상한 자가, 늙은 바보가 어디에선가 나타나지 않으면 안 되겠다.

그대들은 어떻게 생각하는가? 절망하고 있는 자들이여, 내가 그대들에게 이렇게 어처구니없는 말을 해도 용서해 다오. 정말 이런 손님들에게는 부적당한 말이다. 그러나 그대들은 무엇이 내 마음을 이처럼 즐겁게 만들고 있는지 모를 것이다.

그것은 그대들과 그대들의 모습 때문이다. 이런 말을 하는 나를 용서해 다오. 그러나 절망에 빠진 자의 얼굴을 보면 누구든 즐거워지게 마련이다. 사람이라면 누구든 자기가 절망에 빠진 자에게 이야기할 수 있는 정도의 용기는 가지고 있다고 생각하고 있다.

그대들은 나에게도 그러한 용기를 주었다, 내 고귀한 손님들이여! 그것은 좋은 선물이다. 자, 그러면 내가 그대들에게 어떤 것을 선물할 테니 나무라지 마라. 여기는 나의 왕국이고, 나의 영토다. 그래서 내것인 이 저녁과 이 음식을 그대들에게 아낌없이 주려고 한다. 내 동물들도 그대들에게 봉사할 것이며, 내 동굴도 당신들의 숙소로 제공될 것이다.

내 집에서는 어느 누구도 절망에 빠지면 안 된다. 나는 내 영토 안에 있는 어떤 사람도 짐승의 공격으로부터 그를 보호해 준다. 이것이 내가 그대들에게 주는 첫 번째 선물이다. 즉 안전하게 지켜 준다는 것이다.

그리고 두 번째 선물은 이 새끼손가락이다. 그대들이 이 새끼손가락을 갖게 된 이상 사양 말고 손 전체를 가져도 좋다. 자, 그리고 이 마음까지도. 잘 왔다. 정말로 잘 왔다. 나의 귀한 손님들이여!"

차라투스트라는 이렇게 말했다. 그리고 사랑과 악의로 크게 소리내어 웃었다. 이런 인사를 받은 손님들은 거듭 고개를 숙이며 존경 어린 표정으로 계속 침묵하고 있었다. 드디어 오른쪽 왕이 그들을 대표해서 대답했다.

"오, 차라투스트라여. 우리에게 손을 내밀고 인사하며 환영하는 방식을 보고 우리는 그대가 틀림없는 차라투스트라라는 것을 알았다. 그대는 우리 앞에서 몸을 낮추었다. 그대는 우리의 경건한 마음을 무색하게 만들었다. 그렇지만 누가 그대처럼 이러한 긍지를 지닌 채 자신을 낮출 수 있겠는가? 그것 이 우리의 기운을 북돋아주며, 우리의 눈과 마음을 활기 있게 만들어 준다.

그래서 그대가 우리에게 이 산보다 더 높은 산으로 올라가라 해도 마다하지 않았으리라. 우리는 보고 싶었다. 우리는 흐린 눈을 밝게 하는 것을 보고 싶었다.

그리고 보라! 우리의 다급한 비명은 사라져 버렸다. 이제 우리의 가슴과 마음은 열려 기쁨으로 가득 차 있다. 이제 한 걸음만 더 나가면 우리의 용기는 즐거움으로 변할 것이다.

오, 차라투스트라여. 지상에 살고 있는 것 중 높고 강한 의지보다 더 큰 기쁨을 주는 것은 아무것도 없다. 그것은 지상에서 가장 아름다운 산물이다. 이런 나무 한 그루로 인해 전체 풍경이 활기를 띠는 것이다.

오, 차라투스트라여. 그대처럼 자라고 있는 자를 나는 소나무에 비유하고 싶다. 큰 키에 묵묵하고, 준엄하고, 가장 훌륭한 재질을 지니고 있으면서도 장엄한 소나무. 그러나 마침내 무성한 초록의 큰 가지를 뻗어 자기 지배권으로 도전해 들어간다.

바람과 번개와 그리고 이 높은 곳에 살고 있는 모든 것에게 힘찬 질문을 던진다. 그리고 그것은 물음보다 더 강한 대답을 한다. 명령자로서, 승리자로서.

오, 이런 나무를 보기 위해서라면 그 누가 높은 산에 오르기를 마다할 것인가! 오, 차라투스트라여. 그대의 나무를 보면 암담한 자, 절망에 빠진 자도 활기를 되찾는다. 그대를 보고 있으면 항상 동요하고 있던 자도 확고해지고 안정을 찾게 된다.

그리고 진실로 수많은 눈이 오늘날 그대의 산들과 그대의 나무들을 지켜보고 있다. 크나큰 동경이 일어났고, 모든 사람이 묻게 되었다. '차라투스트라란 도대체 어떤 자인가?' 하고.

그래서 그대가 일찍이 그대의 노래와 꿀을 귀에 부어 주었던 자들, 몸을 감추고 있는 자, 혼자 숨어 사는 은둔자, 둘이 숨어 사는 은둔자는 모두 갑자기 자신의 마음을 향해 말하기 시작했다.

'차라투스트라가 아직 살아 있는 것일까? 삶은 아무 가치도 없다. 모든 것은 똑같으며 모든 것은 허무하다. 우리가 차라투스트라와 함께 살지 않는 한.'

여러 사람들이 이렇게 묻는다.

'그렇게까지 오랫동안 자신의 도래를 예고하고 있는 그는 왜 오지 않는가? 고독이 그를 삼켜 버렸는가? 아니면 우리가 그가 있는 곳으로 가야 하는 것인가?'

이제 고독 그 자체가 무르익어 터질 지경이 되었다. 그것은 갈라져서 마치 더 이상 시체를 수용할 수 없는 무덤과 같다. 가는 곳마다 부활한 자들을 볼 수 있다.

이제 그대의 산 언저리의 파도가 드세지고 있다. 오, 차라투스트라여. 그대의 꼭대기가 아무리 높더라도 많은 파도가 그대를 향해 밀어닥치리라. 그대의 조각배는 메마른 육지에 그다지 오래 머물러 있을 수 없다.

그리고 절망하고 있는 우리가 지금 그대의 동굴 속으로 와서 이미 절망에서 헤어났다는 것, 그것은 한층 뛰어난 사람들이 그대를 향해 오는 도중임을 일러주는 징조에 불과하다.

왜냐하면 인간들 사이에 남은 신의 마지막 잔재가 그대를 찾아오는 중이기 때문이다. 즉, 커다란 그리움과 커다란 구역질과 커다란 혐오를 지닌 모든 사람들이.

오, 차라투스트라여. 다시 희망하는 것을 배우지 않는 한, 그대로부터 커다란 희망을 배우지 않는 한 삶을 원하지 않는 모든 자들이 그대를 향해 오고 있는 중이다.”

오른쪽 왕은 이렇게 말하고 차라투스트라의 손에 입맞추려 하였다. 그러자 차라투스트라는 깜짝 놀라서 뒤로 물러서며 경의의 표시를 거절했다.

그러고는 아무 말없이 도망치듯 멀리 뛰어가 버렸다. 그러나 한참 뒤에 손님들이 있는 곳으로 다시 들어오더니, 날카롭고 음미하는 듯한 눈초리로 그들을 응시하며 말했다.

"나의 손님들이여, 보다 높은 사람들이여! 나는 그대들과 '독일식으로 명확하게' 이야기하고자 한다. 내가 이 산 속에서 기다리고 있었던 것은 '그대들'이 아니다."

"독일식으로 명확하게?"*18

왼쪽 왕이 차라투스트라의 말을 되풀이하며 옆을 향해 말했다.

"동방에서 온 현자라서 독일에 대해 잘 모르는 모양이다. 아마 저 사람은 '독일식으로 투박하게' 하겠다는 뜻이겠지? 글쎄 그렇다면 그리 나쁜 취향은 아니다."

차라투스트라가 말했다.

"그대들 모두가 보다 높은 사람일지 모른다. 그러나 내가 보기에 그대들은 충분히 높지도 않고 강하지도 않다. 내 안에 숨어서 침묵하고는 있지만 반드시 침묵하고 있기만 하는 것은 아닌 가차없는 자가 보기에는 말이다. 그리고 그대들이 나에게 속해 있다 하더라도 나의 오른팔로서가 아니다.

그대들처럼 병들고 가냘픈 다리로 서 있는 자는 자기가 그 사실을 알든, 아니면 자기에게 숨기고 있든 우선 남에게서 위로받기를 바라고 있다.

그러나 나는 내 팔다리를 위로하지 않는다. 나는 내 전사를 위로하지 않는다. 그런 그대들이 내 전투에 도움을 줄 수 있겠는가?

그대들과 함께라면 나는 어떤 작은 승리도 망쳐버리고 말 것이다. 그대들 중 몇 사람은 내 북소리만 들어도 그만 나자빠지고 말 것이다.

게다가 그대들은 충분히 아름답지도 못하며 혈통이 그리 대단하지도 않다.

내 가르침을 위해서는 밝고 깨끗한 거울이 필요하다. 그러나 그대들의 거울 표면 위에서는 내 모습까지 일그러져 버린다.

그대들의 어깨는 온갖 무거운 짐과 온갖 기억으로 짓눌려 있다. 온갖 사악한 난쟁이들이 그대들 속 구석구석에 도사리고 있다. 또 그대들 속에는 감추어진 천한 자가 있다.

비록 그대들이 높은 종족, 보다 더 높은 종족이라 하더라도 그대들 속에 있는 많은 부분은 기형적이다. 그대들을 올바르게 단련시킬 수 있는 대장장이는 이 세상에 존재하지 않는다.

그대들은 다리〔橋〕에 불과하다. 보다 높은 자들이 그대들을 밟고 건너가리라! 그대들은 계단이다. 그래서 그대들을 딛고 넘어서 높은 곳으로 올라가는 사람에게 화를 내면 안 된다!

언젠가는 그대들의 씨앗으로부터 진정한 자식, 완전한 상속자가 나를 위해 자라게 될지도 모른다. 그러나 그날은 아직 멀었다. 그대들은 내 유산과 이름을 물려받을 자격이 없다.

내가 이 산 속에서 기다리는 것은 그대들이 아니다. 나는 그대들과 함께 영원히 산에서 내려갈 수는 없다. 그대들은 다만 보다 높은 사람들이 나에게로 오고 있다는 전조로서 내게 왔을 뿐이다. 그러나 그것은 커다란 동경, 커다란 구역질, 커다란 혐오를 가지고 있는 인간들, 또 그대들이 신의 잔재라고 부르는 자들은 아니다.

아니다, 아니다! 세 번 말해서 아니다! 내가 이 산 속에서 기다리고 있는 것은 다른 자들이다. 그들이 오지 않는 한 내 몸은 여기에서 꼼짝도 하지 않을 것이다.

보다 높은 사람, 보다 강한 사람, 보다 승리감에 넘치는 사람, 보다 기분이 좋은 사람, 육체와 영혼이 당당한 사람, 즉 웃는 사자*19들이 와야 한다! 오, 나의 손님들이여, 기묘한 사람들이여! 그대들은 내 자식들에 대해 아직 아무 소리도 듣지 못했는가? 내 자식들이 내가 있는 곳으로 오고 있다는 것에 대해서 아무 소리도 듣지 못했는가?

내게 말해 다오! 나의 동산에 대해, 행복의 섬들에 대해, 나의 새롭고 아름다운 종족에 대해. 그대들은 어째서 그것에 대해 나에게 이야기하지 않는가?

내게 애정이 있다면 손님으로서의 답례를 이것으로 해주기 바란다. 내 아이들에 대해 그대들이 내게 말해 주길 바란다. 그들을 기다리고 있기 때문에 나는 부유해졌으며, 그들을 기다리고 있기 때문에 나는 가난해졌다.

내가 아끼느라고 주지 않았던 것이 무엇이 있는가? 내가 가지려고 단 하나라도 주지 않았던 것이 있었던가? 하물며 이 아이들, 이들 살아 있는 동산, 나의 의지와 최고의 희망이 깃들어 있는 이 생명의 나무를 얻기 위해서라면 더욱 그러하리!"

차라투스트라는 이렇게 말하고는 갑자기 입을 다물었다. 강한 동경이 그를 사로잡았기 때문이다. 마음의 흥분으로 인해 그는 눈과 입을 다물었다.

손님들도 모두 말없이 잠자코 서 있을 뿐이었다. 늙은 예언자만이 손짓과 몸짓으로 신호하기 시작했다.

최후의 만찬

예언자는 차라투스트라와 손님들의 인사를 가로막았다. 그는 조금도 지체할 수 없다는 듯 앞으로 달려나왔다. 그리고 차라투스트라의 손을 잡고는 큰 소리로 말했다.

"차라투스트라여! 하나의 일은 다른 일보다 더 필요하다고 그대는 말했다. 그렇다. 지금이야말로 내게 하나의 일이 다른 일보다 더 필요하다.

시기 적절한 말인데, 그대는 나를 저녁 식사에 초대하지 않았던가? 그리고 여기에는 먼 길을 걸어서 온 사람이 많다. 그대는 우리에게 오직 말의 만찬만을 베풀지는 않을 것이다.

게다가 그대들은 동사나, 익사나, 질식사와 같은 육체의 위급한 상황에 대해 너무 많은 말을 하며 시간을 낭비했다. 그런데 그대들 중 나의 위급한 상태, 아사에 대해 말한 사람은 하나도 없다."

예언자는 이렇게 말했다.

이 말을 들은 차라투스트라의 동물들은 깜짝 놀라 재빨리 도망쳤다. 그들은 그들이 낮에 부지런히 모아들인 것으로는 예언자 한 사람의 배를 채우기에도 부족하다는 것을 알았기 때문이다.

예언자는 계속 말했다.

"게다가 갈증도 여간 심한 것이 아니다. 그리고 저 지혜의 말처럼 지치지도 않고 풍부하게 솟아오르는 샘소리가 여기까지 들리지만, 내가 진심으로 바라는 것은 포도주다. 모든 사람이 차라투스트라처럼 태어나면서부터 물을 좋아하지는 않는다. 더욱이 물은 피로하고 쇠약한 사람에게는 아무 소용 없다. 우리에게 필요한 것은 포도주뿐이다. 포도주야말로 우리를 빨리 회복시켜 준다."

예언자가 포도주를 원한다는 말을 한 순간, 침묵을 지키던 왼쪽 왕이 말했다.

"우리가 준비한 포도주가 있다. 나와 내 형제인 이 오른쪽 왕은 술을 충분히 가지고 왔다. 당나귀 등에 가득 싣고 왔다. 그러니 없는 것은 빵뿐이다."

차라투스트라가 되묻고는 큰소리로 웃었다.

"빵이라고? 빵이야말로 은둔자가 가지고 있지 않다. 그러나 인간은 빵만으로 사는 것이 아니다. 착하고 어린 양고기가 있어야 산다. 나에게는 그런 양이 두 마리나 있다.

서둘러 양을 잡아 샐비어 잎을 넣고 맛있게 요리하리라. 나도 이 음식을 좋아한다. 무나물과 과일도 준비되어 있다. 이것이면 미식가들도 만족할 것이다. 깨뜨려 먹는 것으로는 호두가 있다. 또 수수께끼도 있다.

우리는 잠시 뒤 훌륭한 식사를 하게 될 것이다. 그러나 식사하고 싶은 자는 일을 거들어 주어야 한다. 왕들도 마찬가지다. 차라투스트라와 함께 있을 때는 왕이라도 요리사가 되어야 한다."

모든 사람이 이 제안에 찬성했다. 그런데 스스로 거지가 된 사람만은 고기와 술과 향신료에 반대했다.

온화한 거지는 빈정거리는 투로 말했다.

"이 미식가인 차라투스트라의 말을 들어 보라! 우리가 이런 만찬을 갖기 위해 이 높은 동굴까지 왔던가? 이제야 나는 차라투스트라의 '작은 가난은 복이로다!'라는 가르침의 의미를 알겠다. 또한 그가 거지들을 멀리한 이유까지도."

차라투스트라가 대답했다.

"나처럼 즐거워하라! 그대, 훌륭한 자여! 그대의 습속을 지켜라. 그대의 곡식을 씹고, 그대의 물을 마시고, 그대의 요리법을 찬미하라. 만일 그것이 그대를 즐겁게 해 준다면!

나는 다만 나와 같은 인간들을 위한 하나의 율법일 뿐, 모든 사람을 위한 율법은 아니다. 그러나 나와 같은 종류의 인간은 튼튼한 골격과 가벼운 발을 가지고 있어야 한다.

전쟁과 축제를 즐겨야 하며 음울하거나 몽상에 빠져서는 안 된다. 축제를 기다리듯 즐거운 마음으로 지극히 어려운 일을 기다리고, 건강하고 활달해야 한다.

가장 좋은 것은 나와 내 친구들의 것이다. 만일 사람들이 그것을 내게 주지 않으면 우리는 그것을 빼앗고 말 것이다. 가장 훌륭한 식사, 가장 밝은 하늘, 가장 강한 사상, 가장 아름다운 여인을!"[20]

차라투스트라는 이렇게 말했다.

오른쪽 왕이 그 말에 대답했다.

"희한한 일이다! 현자의 입에서 지금까지 이처럼 이치에 맞는 말이 흘러나온 적은 한 번도 없었다. 그리고 진실로 이토록 빈틈없는, 더욱이 당나귀가 아닌 현자가 있다니 얼마나 희한한 일인가!"

오른쪽 왕은 이렇게 감탄했다. 그 말을 들은 당나귀는 악의에 찬 목소리로 대꾸했다.

"그렇다."

이것이 많은 역사책에 '최후의 만찬'이라고 부르고 있는 저 긴 향연의 시작이었다. 그리고 그 만찬이 진행되는 동안, 오직 '보다 높은 사람'에 대한 이야기만 오갔다.

보다 높은 사람

1

내가 처음 인간들에게로 갔을 때, 나는 은둔자로서 아주 어리석은 짓을 저질렀다. 나는 나 자신을 시장에 내세웠던 것이다.

나는 모든 사람에게 말을 걸었지만, 사실 나는 그 누구에게도 말한 것이 아니었다. 그날 저녁 나의 벗은 곡예사와 시체였다. 그리고 나 자신도 거의 시체 같았다.

그러나 새로운 아침과 함께 새로운 진리가 나를 찾아왔다. 나는 이렇게 말하는 법을 배웠다.

'시장과 천한 자들과, 천한 자들의 소란과 천한 자들의 큰 귀가 나와 무슨 관계가 있는가!'

그대, 보다 높은 사람이여! 나에게서 이것을 배워라. 시장에서는 그 누구도 보다 높은 사람의 존재를 믿지 않는다. 그러나 그대들이 거기서 이야기하기를 원한다면, 그렇게 하라. 그렇지만 천한 자들은 눈을 껌벅이며 "우리는 모두 평등하다"라고 말할 것이다.

천한 자들은 눈을 껌벅거리며 이렇게 말할 것이다.

"그대, 보다 높은 사람이여! 보다 높은 사람이란 존재하지 않는다. 우리는 모두 평등하다. 신 앞에서 인간은 인간일 뿐이다. 우리는 모두 평등하다."

신 앞에서! 그러나 신은 이제 죽었다. 그리고 우리는 천한 자들 앞에서 평등하기를 바라지 않는다. 그대, 보다 높은 사람이여, 시장에서 사라져라!

2

신 앞에서! 그러나 신은 이미 죽었다. 그대, 보다 높은 사람이여! 이 신은 그대들에게 가장 위험한 사람이었다.

신이 무덤으로 들어간 다음에야 그대들은 비로소 부활했다. 이제 위대한 대낮이 다가온다. 이제야 비로소 보다 높은 사람이 주인이 된다.

내 말을 알아듣겠는가? 형제들이여, 놀랐는가? 어지러운가? 그대들 앞에 있는 심연이 입을 열었는가? 지옥의 개가 그대들을 향해 짖어 대며 달려 드는가?

자! 그대, 보다 높은 사람이여! 지금이야말로 인간이라는 미래의 산이 진통을 시작하리라. 신은 죽었다. 이제 우리는 초인이 태어나기를 바란다.

3

오늘날 걱정이 가장 많은 사람이 묻는다.

"인간은 어떻게 하면 불멸할 수 있는가?"

그러나 차라투스트라는 유일한 사람, 최후의 사람으로서 묻는다.

"인간은 어떻게 하면 극복될 수 있는가?"

초인은 내 가슴속에 있다. 나의 최대의 유일한 관심사는 결코 인간이 아니다. 이웃 사람도 아니고, 가난한 자도 아니며, 고통받는 자나 선한 자도 아니다.

오, 형제들이여! 인간을 내가 사랑할 수 있는 것은 인간이 하나의 과정이며 하나의 몰락이라는 점이다. 그리고 그대들은 나에게 사랑과 희망을 가지게 하는 많은 것을 가지고 있다.

보다 높은 사람들이여! 그대들이 경멸하는 것은 나로 하여금 희망을 갖게 한다. 위대한 경멸자는 위대한 숭배자기 때문이다.

그대들이 절망하고 있는 것에는 존경할 만한 것이 많다. 왜냐하면 그대들은 고분고분 순종하는 법과 함께 여러 가지 작은 잔꾀를 배우지 않았기 때문이다.

오늘날은 왜소한 사람들이 주인이다. 그들은 대개 복종, 겸손, 조심, 근면, 추측 및 무한히 작은 덕을 설교한다. 여자의 근성을 가진 자, 노예 근성을 가진 자, 특히 천한 자들의 잡동사니, 이런 족속들이 오늘날 인류 운명의 주인이 되려 한다.

오, 구역질! 구역질! 구역질!

이런 족속들이 지칠 줄 모르고 질문을 되풀이한다.

"어떻게 하면 인간은 가장 잘, 가장 오래, 가장 즐겁게 보존될 것인가?"

그들이 오늘날 주인이 된 것이다.

이 오늘날의 주인을 극복하라, 형제들이여! 이 소인배들을! 그들은 초인에게 가장 큰 위험이다.

극복하라, 보다 높은 사람이여! 왜소한 덕을, 왜소한 지혜를, 모래알 같은 추측을, 개미 같은 초조함을, 비참한 안일을, 최대 다수의 행복을!

복종하기보다는 절망하라! 그리고 진실로 보다 높은 사람들이여, 그대들이 오늘날 어떻게 사는가를 모르기 때문에 나는 그대들을 사랑한다. 그대들이야말로 가장 훌륭한 삶을 산다.

4

그대들은 용기가 있는가? 오, 형제들이여! 그대들은 용감한가? 목격자가 있는 곳에서의 용기가 아니라 어떠한 신도 보고 있지 않은 고독자의 용기, 독수리의 용기를 가지고 있는가?

우리는 싸늘한 영혼을 가진 자나 당나귀 같은 자, 눈먼 자, 주정뱅이를 보고 용감하다고 말하지 않는다. 용감한 자란 공포를 알면서도 그 공포를 정복하는 자다. 심연을 보고도 뒷걸음질치지 않는 자다.

독수리의 눈으로 심연을 바라보는 자, 독수리의 발톱으로 심연을 움켜쥐는 자야말로 정말 용기 있는 자다.

"인간은 악하다."

현자들은 나를 위로하기 위해 이렇게 말했다. 아, 이 말이 여전히 진실이라면! 왜냐하면 악은 인간의 가장 훌륭한 힘이기 때문이다.

"인간은 보다 착해져야 하며 또한 보다 악해져야 한다."

나는 이렇게 가르친다. 초인의 최선을 위해서는 최대의 악이 필요하다.

스스로 나서서 인간의 죄를 짊어진 채 괴로워하는 것은 소인배들의 설교자*[21]에게는 훌륭한 일이었는지도 모른다. 그러나 나는 큰 죄를 나의 커다란 위안으로 생각하고 즐긴다.

당나귀 귀를 가진 자에게 이런 이야기를 들려 주기 위해서 내가 말하고 있는 것은 아니다. 모든 말이 누구의 입에나 어울리는 것은 아니다. 이것은 미묘하고 심원한 것이다. 양의 발톱으로는 그것을 움켜쥘 수 없다.

그대, 보다 높은 사람이여! 그대들은 자신들이 그릇되게 한 것을 바로잡기 위하여 내가 여기에 있다고 생각하는가? 고통받고 있는 그대들에게 지금부터 즐거운 잠자리를 주기 위해서라고 생각하는가?

언제나 그대들, 불안한 자들, 방황하는 자들, 길 잃은 자들에게 평탄한 길을 가르쳐 주기 위해서라고 생각하는가? 아니다! 아니다! 세 번 말해서 아니다! 나는 그대들 종족 중에 더욱더 많은 자들이, 더욱더 선한 자들이 몰락하기를 바란다.

나는 그대들의 행로가 더욱더 험악해지기를 바란다. 그렇게 되어야만, 그렇게 되어야만 인간은 번갯불이 그들을 후려치고 그들을 때려부술 정도로 높은 곳까지 자라날 수 있다! 나의 마음과 동경은 예사롭지 않은 것, 오래된 것, 먼 것에 있다.

내가 보기에 그대들은 아직도 괴로움이 부족한 사람들이다. 그대들은 자신에 대해서만 괴로워하고 있을 뿐 인간에 대해서는 괴로워한 적이 없기 때문이다.

그대들이 그렇지 않다고 말한다면, 그것은 거짓말이다. 그대들은 모두 내가 괴로워했던 이유 때문에 괴로워하고 있지는 않다.

번개가 더 이상 인간을 해치지 않게 되었다는 것만으로는 충분하지 않다. 나는 번개를 피할 생각이 없다. 오히려 나는 번개가 나를 위해서 일하도록 가르칠 생각이다.

내 지혜는 이미 아득한 옛날부터 구름처럼 모이려 하고 있다. 그것은 더욱더 고요해지고 더욱더 어두워진다. 미래의 번개를 탄생시킬 지혜는 모두 그렇다.

나는 이들 오늘날의 인간에 대해서 빛이 되기를 원치 않는다. 빛이라고 불리고 싶지도 않다. 나는 '이들'을 눈멀게 하고 싶다.

나의 지혜의 번개여! 그들의 눈을 후벼 파내라!

8

그대들의 능력 이상의 것을 바라지 마라. 능력 이상의 것을 바라는 자 주위에는 사악한 속임수가 떠돌게 마련이다.

특히 그들이 거대한 것을 원할수록 더욱 그렇다. 그들은 위대한 것에 대한 불신을 불러일으키기 때문이다. 이 교묘한 사기꾼, 배우들은. 그리고 마침내 그들은 스스로를 속이고 사팔뜨기가 되며, 간사한 말과 겉치레뿐인 덕과 위선에 찬, 겉만 그럴듯한 벌레 같은 존재가 되고 만다.

그 점을 주의하라! 보다 높은 사람들이여, 오늘날 나에게 정직보다 소중하고 귀한 것은 없다.

오늘날 모든 것이 천한 자들의 지배 아래 있다. 그렇지만 천한 자들은 무엇이 위대하고 무엇이 왜소하며, 무엇이 바르고 정직한 것인지 모른다. 천한 자들은 무지한 상태에서 왜곡되어 있다. 그들은 항상 거짓말만을 일삼는다.

모든 것을 불신하라, 보다 높은 사람들이여! 용기 있는 사람들이여, 솔직한 사람들이여. 그리고 그대들의 정체를 드러내지 마라! 오늘날은 천한 자들의 시대이기 때문이다.

일찍이 천한 자들이 맹목적으로 믿었던 것은 어느 누가 타당한 이유를 대도 뒤엎을 수는 없다. 시장에서는 몸짓, 손짓으로 설득한다. 이유를 대면 천한 자들이 불신하게 된다.

만일 시장에서 진리가 승리를 거두었다면 그때는 건전한 불신을 갖고 자문해 보아라.

'어떤 강력한 오류가 그 진리를 위해 싸웠던가?' 하고.

또 학자들을 경계하라! 학자들은 그대들을 미워한다. 왜냐하면 그들에게는 창조력이 없기 때문이다. 학자들은 싸늘하고 준엄한 눈을 가지고 있어서, 그 눈 앞에서는 어떤 새도 깃털 뽑힌 벌거숭이가 되고 만다. [*22]

그들은 거짓말을 하지 않는다고 자랑한다. 그러나 거짓말을 할 능력이 없는 것과 진리를 사랑하는 것에는 커다란 차이가 있다. 경계하라!

열병에서 벗어나는 것과 인식하고 있다는 것과는 전혀 다르다. 나는 싸늘한 정신의 소유자는 믿지 않는다. 거짓말할 줄 모르는 사람은 진리가 무엇인지 모를 수밖에 없다.

10

높은 곳으로 올라가기를 원한다면, 자신의 발로 올라가라! 남의 힘으로 올라가서는 안 되고, 남의 등에 타지도 말고 남의 머리에도 올라타지 마라. 그런데도 그대는 말을 타고 가려 하는가? 그렇게 하면 그대의 목표를 향해 빨리 올라갈 수 있는가? 좋다, 나의 친구여! 그대의 약한 다리도 그대와 함께 말을 타고 있는 것이다.

그대는 목적지에 도달하면 말에서 뛰어내리리라. 그대, 보다 높은 사람이여! 바로 그때 높은 곳에서 그대의 다리는 걸려 넘어질 것이다.

11

그대, 창조하는 사람들이여! 보다 높은 사람이여! 사람은 오직 자신의 자식만 잉태한다.

누구에게도 속아서는 안 되고, 어느 누구에 의해 설득되어서도 안 된다.

그대들의 이웃은 도대체 누구인가? 그대들이 이웃을 위해서 행동한 적은 있겠지만 '이웃을 위해서' 잉태하는 일은 없으리라. 그대, 창조하는 사람들이여!

이 '위해서'를 잊어버려라. 그대들의 덕은 '위해서'라든가 '때문에'라든가

'이유로' 등과 무관하기를 바란다. 그대들은 거짓투성이인 쓸모없는 말에 대해서는 귀를 막아 버려야 한다.

이 '이웃을 위해서'는 소인배들의 덕일 뿐이다. 그들 사이에서는 '끼리끼리 모인다'라든가 '가는 정이 있어야 오는 정이 있다'라는 속담이 통한다.

그 소인배들은 그대들이 가지고 있는 것과 같은 이기심을 가질 권리도 힘도 없다.

그대, 창조자들이여! 그대들의 이기심 속에는 잉태한 자만이 가질 수 있는 세심한 배려가 깃들어 있다. 아직 아무도 보지 못한 열매를, 그대들의 완전한 사랑을 감싸고 아끼고 키운다.

그대들의 완전한 사랑이 있는 곳, 그대들의 자식이 있는 곳에 그대들의 완전한 덕이 있다. 그대들의 일, 그대들의 의지야말로 그대들에게 가장 가까운 '이웃'이다. 거짓된 가치에 현혹되어서는 안 된다!

12

창조자들이여! 그대, 보다 높은 사람들이여! 출산할 때 사람은 고통을 겪고 출산이 끝나면 불결해진다.

여자들에게 물어보라! 즐거움을 위해 아기를 낳는 것은 아니다. 고통으로 인해 암탉도, 시인도 큰 소리로 운다.

창조자들이여! 그대들에게는 불결한 것이 많은데, 그것은 그대들이 어머니가 되지 않을 수 없었기 때문이다.

새로운 아기의 탄생. 오, 얼마나 많은 오물이 그와 함께 이 세상에 태어났는가! 피하는 것이 좋다! 그리고 출산 뒤에는 누구나 자기 영혼을 깨끗이 씻어야 한다! *23

13

그대들의 능력보다 더 도덕적이기를 바라지 마라! 스스로 해낼 수 없는 것을 자신에게 요구하지 마라!

그대 조상들의 덕이 남긴 발자취를 더듬어라! 그대 조상들의 의지가 그대들과 함께 올라가지 않는다면 어떻게 그대들이 높이 올라갈 생각을 했겠는가?

그리고 최초의 자손이 되려고 한다면, 최후의 자손이 되지 않도록 조심하라.

그리고 그대들은 조상의 악덕이 쌓인 곳에서 성인처럼 행동해서는 안 된다.

조상이 여자와 독한 술과 멧돼지 고기를 즐겼는데, 그 자손이 자기 자신에게 순결을 요구한다면 어떻게 되겠는가? 그것은 바보 같은 짓이다. 진실로 그런 자가 여러 여자의 남편이라면 그에게 어울리는 일이다.

그리고 만일 그런 자가 수도원을 세우고, 그 출입구에 '신성으로 가는 길'이라고 써붙였다고 하더라도, 나는 역시 이렇게 말할 것이다.

"어디로 가는 길인가? 또 하나의 어리석은 행동이 아닌가!"

그것은 자기 자신을 위한 참회실을 만드는 것과 같다. 참회실이 그에게 많은 도움이 되기를! 그러나 나는 도움이 되리라고는 믿지 않는다.

사람의 고독 속에서는, 그 속으로 끌려들어온 모든 것이 자라며, 그 내면의 야수성도 자란다. 그래서 많은 사람들이 고독을 단념하지 않을 수 없게 되는 것이다.

이제까지 사막의 성자들보다 더 불결한 자가 지상에 존재했던가? 그 성자 주위에는 악마들뿐만 아니라 돼지까지도 날뛰고 있었다. *24

14

그대, 보다 높은 인간들이여! 그대들이 도약에 실패한 호랑이처럼 수줍고 부끄럽고 어색해져 남몰래 옆길로 도망치는 것을 나는 자주 보았다. 그대들은 주사위를 잘못 던졌던 것이다.

그대, 도박자들이여! 그런 실패가 대체 어떻다는 말인가? 그대들은 도박하는 자와 비웃는 자로서의 태도를 배우지 않았다. 우리는 언제나 하나의 거대한 도박과 비웃음의 책상에 붙어 앉아 있는 것이 아닌가?

그리고 그대들이 큰일을 하다가 실패했다고 하더라도, 그대들 자신이 실패한 것인가? 또 그대들 자신이 실패했다고 하더라도, 인간이 실패했다는 것인가? 인간이 실패했다고 하더라도, 좋다! 자!

15

보다 높은 종에 속하면 속할수록 성공률이 낮은 법이다. 그대들, 보다 높은 사람들이여! 그대들이 모두 완성된 자는 아니지 않은가?

용기를 잃지 마라! 그런 것이 무슨 문제가 되겠는가! 가능한 일이 얼마나 많은가! 그대들은 자신에게 비웃음을 던지는 법을 배워라.

그대들이 불충분하게 만들어졌거나 절반만 만들어진 부족한 인간이라 하더라도, 그것은 조금도 이상한 일이 아니다!

그대들, 반쯤 부서진 인간들이여! 그대들 안에서 인간의 미래가 몸부림치고 있지 않은가?

인간이 도달할 수 있는 가장 먼 것, 가장 깊은 것, 별처럼 높은 것, 거대한 힘들은 그대들의 항아리 속에서 서로 부딪치며 거품을 일으키고 있지 않은가?

수많은 항아리가 깨지는 일은 당연하다. 인간으로서 마땅히 그렇게 해야 하듯 그대 자신들을 비웃는 법을 배워라!

그대, 보다 높은 사람들이여! 가능한 일들이 아직도 얼마나 많은가!

그리고 진실로 얼마나 많은 일들이 벌써 훌륭하게 이루어져 있는가! 이 대지는 작으면서도 훌륭하고 완전한 것, 제대로 된 것을 얼마나 많이 가지고 있는가!

그대들 주위에 작지만 훌륭하고 완전한 것들을 아주 많이 놓아 두도록 하라!

황금빛으로 무르익은 모습은 마음의 병을 치료해 준다. 완전한 것들은 희망을 가져야 한다고 우리를 위로한다.

16

지상에서 가장 큰 죄악은 무엇이었던가? 그것은 "재앙이 내리리라, 그대, 웃는 자들이여!"라고 말한 자의 말이 아니었던가?

그 자신은 이 땅 위에서 웃을 이유를 발견하지 못했던가? 그렇다면 그것은 그의 탐구 방법이 서툴렀기 때문이다. 어린아이들조차도 이 세상에서 웃을 이유 몇 가지쯤은 찾아 낼 수 있지 않은가?

그는 충분히 사랑하지 못했다. 그렇지 않다면 그는 웃는 우리까지도 사랑했을 텐데! 그는 우리를 미워하고 비웃었다. 그는 우리에게 울고 이를 갈게 하리라는 저주의 말을 했다.

사랑하지 않는다고 바로 저주해야 하는 것일까? 그것은 내게는 악취미로 보인다. 그러나 그는 그렇게 했다. 이 요구가 지나친 자는! 그는 출신이 천했던 것이다.

그리고 그는 충분히 사랑하지 못했던 것이다. 그렇지 않으면 그는 자신이 다른 사람들한테 사랑받지 못한 것에 대해 그처럼 화내지는 않았을 것이다. 위대한 사랑은 사랑받기를 요구하지 않는다. 그것은 '사랑받는 것' 이상의 것을 요구한다.

그처럼 지나친 사랑을 요구하는 자들을 피하라! 그들은 가난하고 병든 천한 자들의 자식이다. 그들은 이 지상의 삶을 잘못된 관점에서, 이 대지를 사악한 눈초리로 바라본다.

그처럼 지나친 요구를 하는 자들을 피하라! 그들은 무거운 다리와 숨막히는 심장을 가지고 있다. 그들은 춤출 줄도 모른다. 이런 자들에게 어떻게 대지가 가벼운 것이 될 수 있을 것인가?

17

훌륭한 일들은 모두 우회해서 목적지를 향해 접근해 온다. 그것은 고양이처럼 등을 구부린 채 가까워지는 행복을 바라보며 목청을 돋운다. 모든 훌륭한 것들은 웃게 마련이다.

사람이 자신의 길을 걷고 있는지 어떤지는 그 걸음걸이를 보면 알 수 있다. 나의 걸음걸이를 보면 알 수 있다. 그리고 목적지가 가까워지면 춤을 춘다.

나는 동상이 되지는 않았다. 나는 또 기둥처럼 단단하게, 돌처럼 둥글게 서 있지는 않다. 나는 질주를 즐긴다.

지상에 늪과 함께 깊은 슬픔의 수렁이 있다 하더라도 가벼운 다리를 가진 자는 진흙탕을 뛰어넘어 얼음판 위에서 춤추는 것처럼 가볍게 춤춘다.

형제들이여! 그대들의 가슴을 높여라, 높이, 더 높이! 그리고 그대들의 다리도 잊어버리지 마라, 춤 잘 추는 자들이여! 그대들의 다리도 들어올려라. 더 좋은 방법은 거꾸로 서는 것이다!

18

비웃는 자의 이 왕관, 장미꽃으로 장식된 이 왕관을 내 머리 위에 올려놓았다. 그럼으로써 나의 웃음을 신성한 것이라고 선언했다. 나는 오늘날에 와서야 비로소 그렇게 할 수 있을 만큼 강한 사람을 발견했다.

춤추는 사람 차라투스트라, 날갯짓으로 신호하는 경쾌한 차라투스트라,

날아오를 준비를 완전히 마치고 행복에 취해 있는 차라투스트라.

진실을 말하는 차라투스트라, 진실에 웃는 차라투스트라, 초조해 하지도 않고 절대적인 폭군도 아닌 자, 도약을 사랑하는 자, 그런 나 자신이 나의 머리 위에 왕관을 을려놓았다.

19

형제들이여! 그대들의 가슴을 높여라, 높이, 더 높이! 그리고 그대들의 다리도 잊어버리지 마라. 그대들의 다리도 들어올려라. 춤 잘 추는 자들이여! 더 좋은 방법은 거꾸로 서는 것이다.

행복을 얻고도 움직일 수 없는 동물이 있다. 태어나면서부터 다리를 절뚝거리는 동물이 있다. 그들은 거꾸로 서기 위해 애쓰는 코끼리처럼 경쾌하게 행동하려고 안간힘을 쓴다.

불행한 나머지 바보가 되는 것보다는 행복한 나머지 바보가 되는 것이 차라리 낫다. 절뚝거리며 걷는 것보다는 잘 추지는 못하지만 춤추는 편이 차라리 낫다. 그러므로 내 지혜를 배워서 아는 편이 더 나은 것이다. 가장 나쁜 것조차도 두 개의 선한 면을 가지고 있다는 지혜를.

가장 나쁜 것조차도 춤추는 좋은 다리를 가지고 있다는 지혜를. 하물며 그대, 보다 높은 사람들이여! 그대들은 그대들의 다리로 춤추는 것을 배우도록 하라. 슬픔의 피리를 이제 그만 불고, 천한 자들처럼 슬픔에 젖는 일을 떨쳐버려라! 오, 오늘날 천한 자들의 어릿광대는 얼마나 슬프게 보이는지 모른다. 그러나 오늘날은 천한 자들의 시대인 것이다.

20

그대들은 산 위의 동굴에서 불어내리는 바람처럼 행동하라! 바람은 나의 피리 소리에 맞추어 춤추려 한다. 그 춤추는 발자취 아래에서 바다가 몸부림치며 춤춘다.

당나귀에게 날개를 주고, 암사자의 젖을 짜 주는 이 자유분방한 훌륭한 정신을 찬미하라. 오늘날과 천한 자들에게 폭풍처럼 불어닥치는 정신을 찬미하라.

엉겅퀴 머리, *25 쓸데없는 잡념투성이 머리, 시들어 버린 잎과 잡초들에게 적의를 품는 억세고 자유롭고 좋은 정신을 찬미하라. 그것은 늪과 슬픔의 수렁 위에서도 푸른 잔디 위에서 춤추는 것처럼 춤춘다. 말라빠진 개들과 잘못된 음산한 족속을 증오하는 이 정신, 온갖 자유로운 정신의 소유자에 깃든 이 정신을 찬미하라. 그것은 비관론자와 궤양 환자들의 짓무른 눈 속에 먼지를 불어넣는 웃음의 폭풍이다.

그대, 보다 높은 사람이여! 그대들에게 가장 나쁜 것은 그대들 모두가 춤추는 것을 배우지 않았다는 사실이다. 그대들은 마땅히 배웠어야 했는데도 그대 자신을 뛰어넘어 춤추는 것을 배우지 않았다. 그대들이 불충분한 미완성품이라 해도 그것은 아무 상관이 없다.

얼마나 많은 일이 아직도 가능한지 모른다. 그러니 그대들 자신을 뛰어넘어 웃는 방법을 배워라! 그대들의 가슴을 높이 들어라! 높이, 더 높이! 춤 잘 추는 자여, 잘 웃는 것도 잊지 말도록 하라!

비웃는 자의 왕관, 장미꽃으로 장식된 왕관. 형제들이여, 나는 이 왕관을 그대들에게 던져 주리라. 나는 웃음을 신성이라고 선언했다. 그대, 보다 높은 사람들이여! 웃는 것을 꼭 배워라!

우울의 노래

1

차라투스트라는 그의 동굴 입구에 서서 이렇게 말했다. 말을 끝내자마자 그는 손님들 옆을 빠져 나와 문 밖으로 나왔다.

그는 소리쳤다.

"오, 나를 둘러싼 상쾌한 공기여, 오, 나를 둘러싼 지극히 복된 정적이여! 나의 동물들은 어디 있는가? 이곳으로 오라, 나의 독수리여, 나의 뱀이여!

말하라, 나의 동물들이여! 보다 높은 사람들은 모두들 악취를 풍기고 있는지도 모른다. 오, 나를 둘러싼 신선한 분위기여! 이제 비로소 나는 알 것 같다. 나의 동물들이여! 나는 느낀다, 내가 얼마나 그대들을 사랑하는지!"

그리고 차라투스트라는 거듭 말했다.

"나는 그대들을 사랑한다, 나의 동물들이여!"

차라투스트라가 말하는 동안 독수리와 뱀은 그의 옆으로 와서 그를 쳐다보고 있었다. 셋은 신선한 공기를 들이마셨다. 바깥 공기가 보다 높은 사람들 곁의 공기보다 신선했기 때문이다.

2

차라투스트라가 그의 동굴에서 나가자마자 그 늙은 마술사가 일어서더니 교활한 표정으로 주위를 둘러보며 말했다.

"차라투스트라는 가 버렸다. 그리고 보다 높은 사람들이여! 나도 차라투스트라처럼 그대들을 찬사와 아첨의 말로 간지럽혀도 좋다면……. 이미 내 기만과 마술의 구름, 즉 내 우울의 악마가 나를 엄습해 온다.

이 악마는 차라투스트라의 적수다. 그렇다고 이 악마를 책망하지는 마라. 자, 이 악마가 그대들 앞에서 마술을 보여 주기를 원한다. 그는 지금 마침 때를 잡았다. 내가 이 악마에게 아무리 저항해도 아무 소용이 없다.

그대들이 자신을 어떤 명예로운 말로 부른다고 해도, 즉 '자유로운 정신', '성실한 자', '정신의 속죄자', '쇠사슬을 끊은 자', '위대한 동경자'라고 스스로를 부른다 해도 마찬가지다.

그대들은 모두 나처럼 심한 구역질에 괴로워하고 있다. 그대들에게 밝은 신은 죽어서 없어졌지만, 새로운 신은 아직 요람 속에서도 기저귀 속에서도 발견되지 않는다. 그런 그대들 모두에게 나의 악령, 마술의 악마는 호의를 가지고 있다.

나는 그대들을 알고 있다, 보다 높은 사람들이여! 나는 또한 그도 알고 있다. 내가 그의 뜻에 반해서 사랑하고 있는 이 괴물, 차라투스트라를. 나의 눈에 가끔 그는 아름다운 성인의 가면처럼 보인다. 또한 새롭고 기묘한 가장무도회처럼 보이기도 한다. 그 가장무도회에는 악령과 내 우울의 악마까지도 기꺼이 참가하고 있다. 내가 차라투스트라를 사랑하는 이유도 내 악령의 탓이 아닌가 생각될 때가 가끔 있다.

그동안에도 우수의 정신, 저녁 노을의 악마는 나를 짓누른다. 이 악마는 가만히 있을 수가 없는 것이다.

자, 눈을 똑바로 뜨고 보라. 그는 벌거벗고 이 자리에 오고 싶은 욕망에 들떠 있다. 남자의 모습으로 올 것인지 여자의 모습으로 올 것인지는 나도 아직 모른다. 어쨌든 그는 올 것이다. 그리고 무조건 나에게 강요하리라.

아, 더 이상 저항할 수 없다. 그대, 감각의 문을 열어라!

날이 저문다. 이제 모든 사물에 저녁이 찾아오고 있다. 자, 보다 높은 사람들이여! 들어라, 그리고 보라! 이 저녁의 우수의 정신이 남자의 모습을 하고 있는지, 아니면 여자의 모습을 하고 있는지! 어떤 악마인가를!"

늙은 마술사는 이렇게 말하고 나서 교활한 표정으로 주위를 둘러보더니 그의 하프를 잡았다.

3

맑은 대기 속에서
벌써 이슬의 위로가
보이지도 않고, 들리지도 않게
공평하게 위로의 손길을 내민다.
위로를 간직한 이슬은
다정한 사람이라도 대하듯
부드러운 구두를 신고 있다.
땅에 내려올 때,
그때 그대는 기억하는가, 그대는 기억하는가!
뜨거운 가슴이여,
일찍이 그대가 얼마나 애타게 갈망했던가를.
더위에 지치고 피로해져
하늘의 눈물과 이슬방울을 얼마나 애타게 갈망했는가를.
그때 노랗게 물든 풀밭길에는
악의에 찬 석양의 눈초리가
검은 나무숲을 뚫고 그대를 괴롭혔다.
저 짓궂고 눈부신 태양의 눈초리가!

"진리의 구혼자라고? 그대가?"
태양의 눈초리는 비웃듯 말했다.
"아니, 그대는 단지 시인일 뿐이다.
고양이처럼 살며시 다니며

먹이를 노리는 교활한 자,
고의로 거짓말을 하지 않을 수 없는 한 마리의 짐승.
먹을 것을 찾아다니고
여러 가지 가면을 쓰고
자기 자신에게조차 가면을 쓰고,
자기가 자신의 먹이가 된다.
그것이 진리의 구혼자인가?
아니, 바보에 불과하다,
시인에 불과하다.
화려한 이야기를 하고,
광대의 가면 속에서 큰 소리로 부르짖고
허망한 언어의 다리를 오가며,
아름다운 무지개를 목표로
위장한 하늘과 위장한 땅 사이를
이리저리 헤매며 돌아다니는
단지 바보일 뿐이다, 시인일 뿐이다.

그런 자가 진리의 구혼자인가?
고요하고 단단하고 매끄럽고 싸늘한,
조상이 된 적도 없고
신의 입상이 된 적도 없고
신전 앞에 세워진
신의 문지기가 된 적도 없다.
아니! 그런 진리의 입상에 적의를 지닌 채
신전 앞보다는 황량한 땅에 안주하는,
고양이처럼 제멋대로
모든 창문을 뚫고
홀연히 온갖 우연 속으로 뛰어들며
온갖 원시림 냄새 맡고
무절제한 동경으로 냄새 맡으며

원시림 속에서
얼룩무늬 반점의 맹수들 사이를
죄에 빛나는 건강한 모습으로,
화려하고 아름답게 달리기 위해서.
욕망의 혓바닥을 늘어뜨린 채
행복 속에서 비웃음의 악귀가 되어
행복 속에서 피에 굶주려
고양이 걸음으로 기웃거리며
제마음대로 약탈하려고 한다.

아니면 독수리처럼
오랫동안 심연을,
자아의 심연을
응시한다.
오, 그 심연은 얼마나 험하고,
아래로, 아래로 얼마나 깊은 곳으로 굽이쳐 떨어지고 있는 것인가!
그러자 별안간 그 독수리는
똑바로,
날개를 한 번 치고
새끼양들에게로 내려가 덮친다.
굶주림에 불타 급강하한다.
이 먹이를 노려,
모든 새끼양의 영혼을 가진 자들을 저주하여
새끼양과 같은 눈동자를 가진 모든 것,
곱슬곱슬한 털을 가진 양과,
새끼양처럼 유순한
회색빛의 모든 것에 격분해서!

시인의 동경은!
천 개의 가면을 쓴 그대의 동경은!

이렇게 독수리처럼, 표범처럼.
그대, 익살꾼이여! 그대, 시인이여!

그대는 인간을 양으로,
또는 신으로 보았다!
인간들 속에 사는 양을 찢어 놓고는,
그러고는 웃는다.
이것, 이것이야말로 그대의 축복이다!
표범의, 독수리의 축복이다!
시인의, 익살꾼의 축복이다."

맑은 대기 속에서
이미 조각달이
붉은 하늘을 초록으로 물들이며
시기하듯 고양이 걸음으로 걸어갈 때,
달은 해에게 적의를 품고
남몰래 한 걸음씩
장미 해먹을
낫질해가며
마침내 창백한 빛을 남기며
저 먼 밤을 향하여 가라앉을 때까지.

그처럼 나도 일찍이
진리에 대한 광기에서,
나의 대낮의 동경에서 벗어나,
낮에 지치고 빛에 병든 채
기울어 갔다.
밑으로, 황혼 속으로, 그림자 속으로,
하나의 진리에
불타서 그을리고, 마라비틀어진 채

기울어 갔다.
그대는 기억하는가, 그대는 기억하는가, 뜨거운 마음이여!
그때 그대가 얼마나 갈증을 느꼈는지를.
모든 진리로부터
추방되었다는 것을.
그대는 단지 바보일 뿐이다!
시인일 뿐이다!

과학

마술사는 이렇게 노래했다. 그 자리에 있던 모든 사람들은 저절로 그의 교활하고 우울한 쾌락의 그물에 새처럼 걸려들었다.

다만 정신의 양심을 지닌 사람만은 그 그물에 걸려들지 않았다. 그는 재빨리 마술사의 손에서 하프를 빼앗고 이렇게 소리쳤다.

"공기를! 신선한 공기를 들게 하라! 차라투스트라를 불러라! 그대는 이 동굴을 숨막히게 하고 독으로 가득 채운다. 이 늙고 사악한 마술사여!

거짓으로 가득 찬 자여, 교활한 자여. 그대는 알 수 없는 욕망과 혼란으로 우리를 유혹한다. 이 무슨 재앙이냐? 그대 같은 자가 진리에 대해 지껄이다니! 이러한 마술사들을 경계하지 않는 모든 자유로운 정신에게 재앙 있으라! 그들의 자유는 달아나리라!

그대는 사람에게 말을 걸어 유혹한 다음 감옥으로 끌고 가는 자다. 그대, 늙은 우수의 악마여! 그대가 탄식하는 말에서는 유혹의 피리 소리가 들린다. 그대는 순결을 찬미하면서 은밀히 음란한 쾌락으로 유혹하는 자다."

양심을 지닌 사람이 이렇게 말했다. 그러나 늙은 마술사는 주위를 둘러보고는 자기의 승리를 확인한 듯 미소지었다. 양심을 지닌 사람으로 인해 생긴 불쾌감까지도 억누를 수 있었다.

그는 겸손한 말투로 명령했다.

"조용히 하라! 훌륭한 노래에는 여운이 있어야 한다. 훌륭한 노래가 끝나면 사람은 잠깐 동안 입을 다물고 있어야 한다.

여기에 있는 보다 높은 사람들은 모두 그렇게 한다. 그대는 나의 노래를 이해하지 못했다. 그대에게는 마술을 음미하는 정신이 거의 없는 듯하다."

양심적인 사람이 대답했다.

"그대가 나를 그대와는 다른 종류의 사람으로 보다니, 그것은 내게 칭찬의 말이구나. 좋다. 그러나 그대, 나머지 사람들이여. 나는 이런 광경을 처음 보았다. 그대들은 아직도 탐욕의 눈초리를 하고 앉아 있다.

그대, 자유로운 영혼들이여! 그대들의 자유는 어디로 가 버렸는가? 그대들은 마치 벌거벗은 무희들의 음란한 춤을 오랫동안 보고 있던 자와 같다.

그대들의 영혼은 아직도 춤추고 있다.

보다 높은 사람이여! 그대들 속에는 이 마술사가 그의 마술과 속임수의 악령이라고 부르고 있는 것이 틀림없이 더 많이 숨어 있을 것이다. 그대들과 나는 다른 종족임에 틀림없다.

우리는 아까 차라투스트라가 이곳으로 돌아오기 전에 충분히 이야기도 해 보고 생각도 나누어 보았다. 우리는 서로 다른 종족이라는 것을 알게 되었다.

그대들과 나는 이 산 위에서 서로 다른 것을 찾고 있다. 나는 보다 '확실한 것'을 구하고 있다. 그래서 차라투스트라를 방문했다. 누가 뭐라고 해도 그는 모든 것이 흔들리고 온 대지가 떨고 있는 오늘날 가장 확고한 탑이며 의지다.

그대들의 그 눈초리를 보면 그대들은 더욱 불확실한 것을 찾아 헤매는 것을 알 수 있다. 그대들은 보다 많은 공포를, 보다 많은 위험을, 보다 많은 지진을 찾고 있는 것 같다. 보다 높은 사람들이여, 나의 억측을 용서하라! 그대들의 욕망은 나에게 가장 큰 공포를 일으키고, 가장 나쁘며, 가장 위험한 삶을 찾고 있는 것으로 보인다. 야수의 삶, 숲, 동굴, 험한 산들, 협곡의 미로를 갈망하고 있는 것 같다.

그리고 그대들을 가장 즐겁게 하는 것은 이러한 위험에서 그대들을 끌어내는 지도자가 아니라 그대들을 온갖 바른 길에서 벗어나게 하는 유혹자다. 그러나 현실적으로 이러한 갈망이 그대들에게 있다는 것은 불가능하다고 나는 생각한다.

공포야말로 인간의 원초적이고도 근본적인 감정이기 때문이다. 온갖 타고난 죄도 덕도 이 공포라는 것으로 설명될 수 있다. 덕 또한 공포에서부터 생기는 것이다.

이를테면 야수에 대한 공포는 아주 먼 옛날부터 인간의 마음속에 간직되어 왔던 것이다. 물론 나는 인간 속에 도사리고 있는 짐승들까지도 포함해서 말하고 있다. 차라투스트라는 이것을 '내적 동물'이라고 부른다.

이처럼 오래 간직해 온 낡은 공포가 마침내 다듬어지고, 신성시되고, 정신적인 것이 되어 오늘날에는 정밀한 지식, 즉 과학이라고 불리고 있다고 생각한다."

양심적인 사람이 이렇게 말했다. 그때 마침 차라투스트라가 동굴로 돌아왔다. 그 말의 끝부분을 듣고 그 의미를 알아챈 차라투스트라는 양심적인 사람을 향해 한 다발의 장미꽃을 던지면서 그가 말한 '진리'에 대해 비웃었다.

그는 외쳤다.

"무슨 소리를! 나는 지금 무슨 소리를 들었는가? 그대가 바보가 아니라면 내가 바보인 것 같다. 나는 그대가 말한 진리를 지금 당장 뒤엎어 보이겠다.

공포는 우리에게는 예외적 감정이다. 이와 반대로 용기와 모험, 불확실한 것, 시도되고 있지 않은 것에 맞서는 의욕, 한마디로 말하면 '용기'야말로 인간의 역사 전부를 이루는 것이라고 나는 생각한다.

인간은 가장 야성적이고 가장 용감한 동물들의 덕을 시기하여 빼앗아 버렸다. 그래서 비로소 인간은 인간이 되었던 것이다.

이 용기가 차차 다듬어지고, 신성시되고 영화되고 정신화되어 왔다. 그렇게 해서 오늘날처럼 독수리의 날개와 뱀의 지혜를 가진 이 인간의 용기가 나타났다. 내 생각에 오늘날 '이것'의 이름은……."

"차라투스트라다!"

그 자리에 있던 사람들이 이구동성으로 외치고는 크게 웃었다. 그때 그들의 웃음소리는 무거운 구름처럼 피어올랐다.

마술사까지도 웃고는 영악하게 말했다.

"자, 그는 사라졌다, 나의 악령은. 내가 그대들에게 그는 기만자이며 거짓된 영혼이라고 말해 주지 않았던가? 그리고 그대들에게 그를 경계하라고 말하지 않았던가? 특히 그가 벌거숭이로 나타날 때 더욱 경계하라고 말했다.

그러나 그의 간계를 내가 어떻게 막는단 말인가? 내가 그를 창조했단 말인가? 내가 세계를 창조했단 말인가? 자, 우리 이제 기분좋게 지내도록 하자! 설사 차라투스트라가 화난 눈초리로 노려본다고 하더라도. 보라, 그는 나에게 화가 나 있다.

밤이 되기 전에, 그는 다시 나를 사랑하고 칭찬하게 될 것이다. 그는 그런 어리석은 행동을 하지 않으면 살아갈 수가 없다.

그는 나의 적을 사랑한다. 그는 내가 본 모든 사람 중에서 이 요령을 가장 잘 터득하고 있다. 그러나 그는 그것에 대해 자기 친구들에게 복수한다."

마술사는 이렇게 말했다. 그리고 사람들은 그의 말에 갈채를 보냈다. 그런 데도 차라투스트라는 자리를 한 바퀴 돌면서 악의와 사랑을 가지고 모든 친구들과 악수를 나누었다. 마치 그들에게 무엇인가 보상하고 사과하려는 사람 같았다.

그렇게 하면서 동굴 입구에까지 이르자, 그는 문 밖의 신선한 공기와 그의 동물들에 대한 동경에 사로잡혔다. 그래서 그는 밖으로 몰래 빠져 나가려고 했다.

사막의 딸들 가운데서

1

방랑자가 외쳤다. 그는 차라투스트라의 그림자라고 자처했던 자다.

"여기서 떠나지 마라! 우리와 함께 여기 있자. 그렇게 하지 않으면 낡고 음산한 슬픔이 또다시 우리를 덮칠 것이다.

저 늙은 마술사는 이미 자기가 가지고 있는 것 중 가장 나쁜 것을 우리에게 주었다. 그리고, 보라! 저기 저 선량하고 경건한 교황은 눈물을 머금은 채 다시금 우울의 바다에 배를 띄웠다.

이쪽에 있는 두 사람의 왕은, 아직도 기분좋은 얼굴을 보이려 하고 있다.

이 두 사람은 우리 가운데 가장 재주가 뛰어난 자들이다. 그러나 아무도 그들을 보지 않으면 그들에게도 다시 나쁜 유희가 덮칠 것이다.

떠도는 구름, 습기 찬 우울, 구름으로 덮인 하늘, 도둑 맞은 태양, 울부짖는 가을바람이 벌이는 짓궂은 유희가! 나는 내기를 걸 수도 있다.

우리의 부르짖음과 비명이 들리는 유희가 다시 시작될 것이다. 우리와 함께 있자, 오, 차라투스트라여! 여기에는 숨겨져 있지만 소리내고 싶어하는 수많은 불행이 있다. 많은 저녁, 많은 습기 찬 구름, 탁한 공기가 있다.

그대는 우리에게 강력하고 남성적인 식사와 함께 힘찬 격언을 대접해 주었다. 그러므로 후식으로 유약하고 여성적인 영혼들이 다시 우리를 엄습하는 것을 허락하면 안 된다.

그대만이 그대 주위의 공기를 맑게 할 수 있다. 나는 지상에서, 이 동굴에서 그대와 함께 있을 때만큼 맑은 공기를 마셔 본 적이 일찍이 없었다.

나는 지금까지 수없이 많은 나라를 보아왔다. 나의 코는 온갖 공기를 음미하고 감정해 보았다. 그러나 나의 코는 그대와 함께 있을 때 가장 큰 기쁨을 느낀다.

단 하나의, 단 한 번의 예외가 있었다. 오, 오래된 추억을 용서해 다오. 식후의 노래를 들어다오. 이것은 일찍이 내가 사막의 딸들과 함께 있을 때 지은 것이다.

그 딸들 주위에도 이곳처럼 맑고 깨끗한 동양의 공기가 있었다. 나는 습기 차고 우울하고 낡은 서양에서 가장 멀리 떨어져 있었다!

그때 나는 이런 동양의 딸들을, 우리가 있는 곳에서는 볼 수 없는 푸른 하늘을 사랑했다. 한 조각의 구름도, 한 조각의 사상도 걸려 있지 않은 푸른 하늘을.

그대들은 믿지 않을 것이다. 사막의 딸들은 춤추지 않을 때에는 얼마나 사랑스럽게 앉아 있었던가? 심오하지만 아무 상념 없이, 작은 비밀처럼, 리본으로 묶인 수수께끼처럼, 후식용 호두처럼.

참으로 화려하고 신비로웠다. 한 조각 구름도 없고, 풀기 쉬운 수수께끼 같은 그 딸들을 즐겁게 해 주려고 그때 우리는 식후의 찬미가를 지었다."

스스로 그림자라고 자처하는 방랑자가 이렇게 말하더니, 누군가가 대답도 하기 전에 재빨리 늙은 마술사의 하프를 손에 들고 다리를 벌린 채 조용하고 지적인 눈으로 주위를 둘러보았다. 천천히 의아스러운 듯 코로 공기를 들이마시고 있었다. 새로운 나라에 와서, 새로운 공기를 맛보려는 듯한 태도였다. 이윽고 그는 웅얼거리는 듯한 목소리로 노래부르기 시작했다.

2

'사막은 자란다, 사막을 속에 간직하고 있는 자에게 재앙 있으라!'

오! 장엄하다!
진실로 장엄하다!
위엄 있는 '노래가 시작하는구나!'
아프리카에나 어울리는 장함엄이다.
사자에게나 어울리는 위풍당당함이다!
아니면, 도덕을 부르짖는 원숭이에게나 어울리는 위풍이다!
하지만 그대들에겐 상관없는 것,
가련하고 사랑스러운 소녀들이여!
그대들의 발 밑에
유럽인으로서는 최초로 내가
비로소 쉴 수
있었던 것이다.
그 야자나무 그늘에서. 셀라. [*26]

정말 놀랍도다!
난 여기에 앉아 있다.
이처럼 사막에서 떨어져 있다.
사막처럼 황폐한 곳은 어디에도 없다.
이 작은 오아시스가
나를 삼켜 버렸다.
오아시스는 마침 하품을 하느라

그 사랑스런 입을 지금 막 열었다,
세계에서 가장 향기로운 입을.
나는 그 속으로 빠져 버렸다.
그래서 그대들이 모인 곳으로 왔다.
그대, 가련하고 사랑스러운 소녀들이여! 셀라.

기쁘다, 기쁘다, 저 고래여!
그처럼 손님을 기분좋게 대접해 주었다면!

그대들은 이해하는가?
나의 이 해박한 변죽을?
기쁘다. 고래의 배〔腹〕여!
그것은 이렇게 사랑스러운
오아시스라는 배.
그렇지만 난 아무래도 믿을 수 없다.
아무튼 나는 멀리 유럽에서 왔으니.
이 유럽이라는 곳은
늙은 부인보다도 더 의심이 많다.
신이여, 그것을 개선해 주소서!
아멘!

나는 여기 앉아 있다.
이 작은 오아시스에.
나는 야자 열매를 닮아
다갈색으로, 아주 달콤하게 황금빛으로 무르익은
소녀의 동그란 입을 갈망한다.
그러나 그것보다도
얼음처럼 차갑고 눈처럼 희고 날카로운
소녀의 앞니를 애타게 그리워한다,
그런 소녀의 이빨을.
왜냐하면 모든 뜨거운 야자 열매의 가슴은
이러한 것들을 애타게 그리워하게 마련이다. 셀라.

방금 말한 남쪽 나라의 과실과 너무나 닮은
내가 여기 누워 있다.
작은 딱정벌레들이
내 냄새를 맡으며 기어다닌다.
그것보다 훨씬 작고 훨씬 어리석은
죄스러운 원망과 생각도

내 냄새를 맡고 내 주위를 기어다닌다.
그리고 나는 그대들에게 둘러싸여 있다.
그대, 말없이 예감하는 소녀, 암코양이여.
두두와 줄라이카여! *27
이 가슴에 넘치는 많은 감정을 단 한마디로 줄인다면
'스핑크스에 둘러싸여.'*28
(신이여, 이렇게밖에 말할 수 없음을 용서하라!)
나는 이렇게 앉아 있다.
신선한 공기를 호흡하며,
이것은 실로 낙원의 공기,
밝고 가볍고 황금빛 무늬의 공기를 호흡하며,
이렇게 상쾌한 공기는 달에서 떨어져 내린 것이 틀림없다.
그것은 우연히 생긴 일이었던가?
아니면 옛날 시인들의 노래처럼
그렇지만 의심 많은 나는 그것을 믿지 않는다.
나는 유럽에서 왔으니.
이 유럽이라는 곳은
늙은 부인보다 더 의심이 많다.
신이여, 그것을 개선해 주소서!
아멘!

향긋하고 아름다운 이 공기를 마시느라
술잔처럼 콧구멍을 부풀리며,
미래도 추억도 없이
나는 여기 앉아 있다.
그대, 가련하고 아름다운 소녀들이여!
저 야자나무를 바라보라!
춤추는 무희처럼 몸을 비틀고 엉덩이를 흔드는 모습을.
오래 보고 있으면 저절로 허리가 움직인다.
저 야자나무의 모습은

위태로울 만큼 너무 길어서
한 다리로 서서 춤추는 아가씨 같지 않은가!
그래서 그 춤추는 아가씨는
다른 한쪽 다리가 있다는 것마저 잊어버렸나 보다.
그래서 나는 그 잊어버린
쌍둥이 보석의 한쪽을
그 아가씨의 귀엽고 예쁘며
부채꼴로 펄럭이는, 번쩍이는 스커트의 신성한 곳 근처에서
찾아봤지만 소용이 없었다.
그렇다, 그대, 아름다운 소녀들이여!
그대들은 내 말을 믿지 않겠지만
야자나무는 그것을 잃어버렸다!
그것은 사라졌다, 영원히!
그 다른 쪽 다리는!
오, 가여워라. 저 귀여운 다른 쪽 다리
그것은 어디로 가 버렸는가?
어디에 버려져 슬퍼하고 있는가?
그 외로운 다른 쪽 다리는?
금빛 갈기를 늘어뜨린,
소름끼치는 사자들 앞에서
지금 떨고 있는가?
아니면 벌써 먹혀 버렸단 말인가?
오, 가련하다, 슬프다, 슬프다!
모두 다 먹혀 버렸으니! 셀라.

오, 울지 말아라.
상냥한 마음이여!
울지 말아라, 그대들이여.
야자 열매 같은 마음이여, 젖가슴이여!
귀여운 감초 같은

작은 마음의 주머니여!
이제 울지 마라.
파랗게 질린 두두여.
자, 용감하라! 줄라이카여.
기운을 내라, 기운을!
아니면 무엇인가 기운을 북돋워 주는 것,
마음을 단단하게 하는 것을
끄집어 내는 것이 적당하지 않을까?
그럴듯한 잠언이?
엄숙한 권고가?

아, 일어나라! 위엄이여!
덕의 위엄이여, 유럽인의 위엄이여!
바람을 일으켜라, 계속 바람을 일으켜라!
덕의 풀무여!
자,
한 번 더 부르짖어라!
도덕적으로 부르짖어라!
도덕적인 사자로서,
사막의 딸들 앞에서 부르짖어라!
그대, 가장 귀여운 소녀들이여!
덕의 외침 소리는,
그것은 유럽인의 열정,
유럽인의 갈망보다 훨씬 뛰어나다!
그리고 나는 지금 여기에 서 있다.
역시 한 사람의 유럽인으로
달리 어떻게 할 수가 없다.
신이여, 나를 도와 주소서!
아멘!

'사막은 자란다. 사막을 간직하고 있는 자에게 재앙 있으라!'

각성

1

그림자라고 자처하는 방랑자가 노래를 끝내자 동굴은 소란과 웃음소리로 떠들썩했다. 모든 손님들이 갑자기 큰 소리로 이야기하기 시작했다. 당나귀까지도 그 분위기에 휩쓸려 입을 다물고 있지 않았기 때문에 차라투스트라는 그들에게 약간의 반감과 경멸을 느끼고 있었다. 하지만 손님들이 즐거워하자 그도 마음이 기뻤다. 그것은 회복되어 가는 징후처럼 생각되었다. 그래서 그는 손님들을 피해 문 밖으로 나가 자기 동물들에게 말했다.

"그들의 괴로움은 어디로 달아났는가?" 그는 벌써 혐오감에서 벗어난 것 같았다. 나와 함께 있는 동안 그들은 다급한 비명을 잊어버린 것 같다. 그렇지만 유감스럽게도 아직 그들의 비명은 계속되고 있다."

차라투스트라는 이렇게 말하고 두 귀를 막았다. 그때 마침 당나귀가 '그렇다' 하고 우는 소리가 보다 높은 사람들의 환성과 합쳐져 기묘한 소리가 되어 들려 왔다.

그는 다시 말하기 시작했다.

"그들은 흥분해 있다. 그러나 그것이 주인에게 폐가 된다는 걸 알지도 못하는구나. 게다가 그들이 나에게서 웃는 것을 배웠지만 저것은 나의 웃음이 아니다. 하지만 아무래도 좋다! 그들은 모두 노인이다. 그들은 자기들 방식대로 회복하고 자기들 방식대로 웃는 것이다.

내 귀는 그보다 더 나쁜 것을 들었더라도 참았다. 손님들에게 불친절하게 대하지 않았다.

오늘은 승리를 거둔 날이다. 나의 가장 큰 적인 '무게 있는 영혼'은 벌써 질려서 달아나 버리고 말았다. 그처럼 나쁘고 음울하게 시작한 오늘 하루가 얼마나 훌륭하게 막을 내리고 있는가!

진실로 이 날이 끝나가고 있다. 벌써 저녁이 다가왔다. 훌륭한 기사인 저녁이 바다를 건너오고 있다. 붉은 안장 위에 앉아서 여유 있는 자세로 오고 있다. 이 축복받은 자, 귀환자가!

하늘은 밝은 눈빛으로 그것을 바라보고 있고, 세계는 낮게 드러누워 있다.

오, 그대, 나를 찾아온 이상한 자들이여! 나와 함께 사는 것은 과연 보람있
는 일!”

차라투스트라가 말했다. 그러자 보다 높은 사람들의 고함소리와 웃음소리
가 동굴로부터 또다시 들려 왔다. 차라투스트라는 계속 말했다.

“그들은 미끼를 물었다. 내가 드리운 미끼가 효력을 나타냈다. 그들의 적
인 무게 있는 영혼이 그들에게서 물러가고 있다. 이미 그들은 자기 자신을
비웃는 법까지 알고 있다. 아마 내가 잘못 들은 것은 아닐 것이다.

내가 대접한 전사의 음식, 싱싱하고 활기찬 내 격언은 효력을 발휘하고 있
다. 나는 함부로 배를 불리는 채소가 아닌 전사의 음식을 주었던 것이다.

나는 그들로 하여금 새로운 음식맛을 알게 했다. 그들의 팔과 다리는 새로
운 희망으로 가득 차 있다. 그들의 가슴은 기지개를 켠다. 그들은 새로운 말
을 발견하며 그들의 정신은 자유를 호흡하리라.

물론 그런 음식은 어린아이에게는 맞지 않으며, 늙은 여자나 젊은 여자의
동경을 만족시키지도 않는다. 그들의 위장을 만족시키는 다른 것이 있으리
라. 나는 그런 자들의 의사도 선생도 아니다.

그들, 보다 높은 사람에게서 구역질이 물러나려 한다. 그렇다. 이것은 나
의 승리다. 나의 왕국에서 그들은 안전해지고 있으며 어리석은 수치심이 모
두 사라지고 있다.

그들은 자신을 비우고 마음을 비우고 있다. 좋은 시기가 그들에게 오고 있
다. 그들은 축하 인사를 하고는 되새김질을 한다. 그들은 감사해 하는 마음
을 갖게 된다.

나는 그들이 감사해 하는 마음을 가지게 되는 것을 최선의 징후로 받아들
인다. 머지않아 그들은 축제를 생각해 내서, 옛친구와의 조우에 대한 기쁨에
기념비를 세우리라. 그들은 ‘회복해 가고 있는 자’들이다!”

이렇게 차라투스트라는 기쁜 듯 중얼거리고는 저 아득히 먼 곳을 바라보
았다. 그의 독수리와 뱀은 그에게 몸을 기댄 채 그의 행복과 그의 침묵에 경
의를 표했다.

2

그러나 차라투스트라는 갑자기 놀랐다. 소란과 웃음소리로 떠들썩하던 동

굴이 금방 죽은 듯이 조용해졌기 때문이다. 그리고 차라투스트라의 코는 솔 방울을 태우는 듯한 향기로운 연기와 향내를 맡았다.

"어떻게 된 일인가? 그들은 무엇을 하고 있는 건가?"

차라투스트라는 이렇게 중얼거리고는 입구에서 손님들 모르게 안을 들여 다보았다. 그러나 모든 기적을 뛰어넘은 놀라운 기적! 그가 거기서 무엇을 보았단 말인가?

"그들은 모두 또다시 신앙심 깊은 사람이 되었다. 그들은 기도를 하고 있 다! 그들은 미쳐 버린 것이다!"

차라투스트라는 이렇게 말하고는 몹시 놀랐다. 진실로! 모든, 보다 높은 사람들, 두 사람의 왕, 퇴직한 교황, 마술사, 스스로 거지가 된 사람, 그림 자라고 자처하는 방랑자, 늙은 예언자, 지적 양심의 소유자, 그리고 가장 추 한 인간, 모두가 마치 어린이처럼, 신앙심 깊은 노파처럼 무릎을 꿇은 채 당 나귀를 향해 예배와 기도를 하고 있었다.

그리고 마침 그때 가장 추한 인간이 그르렁거리는 소리와 함께 씩씩거리 기 시작했다. 차마 말로 표현할 수 없는 것이 그의 입으로부터 막 튀어나오 려는 듯했다.

그것은 당나귀, 경배와 분향을 받고 있는 저 당나귀를 찬미하는 경건하고 이상한 기도였다. 그 기도는 다음과 같은 것이었다.

'아멘, 명예와 영광과 지혜와 감사와 찬미와 힘이 영원히 우리의 신에 있 기를!'

그러자, 당나귀는 이것에 응답해서 "이 야" 하고 울었다.

'신은 우리의 무거운 짐을 대신 지고 있으며, 노예의 모습을 하고 있다.

그는 참을성이 있으며, 일찍이 부정의 말을 한 적이 한 번도 없다. 이렇게 해서 자기의 신을 사랑하는 자는 누구든 그 신을 박해한다.'

그러자 당나귀는 그것에 답해서 "이 아" 하고 울었다.

'그는 말하지 않는다. 그가 자신이 창조한 세계에 대해서 언제나 '그렇다' 고 하는 것도 그 때문이다. 그럼으로써 그는 자신의 세계를 찬미한다. 그는 교활한 지혜를 가졌기 때문에 말하지 않는 것이다. 따라서 그가 잘못을 범해 질책을 받는 일은 거의 없다.'

그러자 당나귀는 그것에 응답해서 "이 아" 하고 울었다.

'그는 초라한 모습으로 세상을 돌아다닌다. 회색 몸 속에 자신의 덕을 감싸고 있다. 그는 정신을 가졌지만 그것을 숨긴다. 그러나 모든 사람은 오직 그의 긴 귀만을 믿는 것이다.'

그러자 당나귀는 그것에 응답해서 "이 아" 하고 울었다.

'그가 긴 귀를 가지고 있으면서도 단지 "이 아" 하고 말할 뿐 절대로 부정의 말을 하지 않는 것은 얼마나 심오한 지혜인가! 그는 자신의 모습을 본떠서 미련하고 우둔하게 이 세상을 창조했던가?'

그러자 당나귀는 그것에 응답해서 "이 아" 하고 울었다.

'그대는 곧은 길도 가고, 구부러진 길도 간다. 우리 인간의 어디가 곧게 보이든 어디가 구부러져 보이든 그대는 상관하지 않는다. 선악의 피안에 그대의 나라가 있다. 순진성이 무엇인지 모르는 것이야말로 그대의 순진성이다.'

그러자 당나귀는 그것에 응답해서 "이 아" 하고 울었다.

'보라, 그대는 어느 누구도 물리치지 않는다. 거지든 왕이든 물리치지 않는다. 그대는 어린이를 그대 곁으로 불러들인다. *29 그리고 나쁜 어린아이들이 그대를 유혹할 때도 그대는 천진하게 '그렇다'고 대답한다.'

그러자 당나귀는 그것에 응답해서 "이 아" 하고 울었다.

'그대는 암탕나귀와 신선한 무화과를 즐긴다. 그대는 어떤 음식이든지 가리지 않는다. 그대가 굶주려 있을 때는 엉겅퀴까지도 그대를 유혹한다. 그렇게 하는 것에 신의 지혜가 담겨 있다.'

그러자 당나귀는 그것에 응답해서 "이 아" 하고 울었다.

당나귀의 축제

1

기도가 여기까지 진행되었을 때 차라투스트라는 더 이상 참을 수가 없었다. 그는 당나귀보다 훨씬 더 큰 소리로 "이 아" 하고 외치고는 미친 손님들 한가운데로 뛰어 들어갔다.

"그대들은 무엇을 하고 있는가? 사람의 아들이여!"

그는 다시 소리쳤다. 그러고는 기도중인 자들을 잡아 일으켰다. "그대들이 지금 하고 있는 일을 차라투스트라가 아닌 다른 사람이 본다면 어떻게 할 것인가? 어떤 누구도 그대들이 이 새로운 신앙에 빠져들어 극악한 신성 모독자나, 아니면 가장 어리석은 노파가 되어 버렸다고 판단할 것이다.

그리고 그대, 늙은 교황이여, 도대체 그대가 이런 식으로 당나귀를 경배하는 것이 그대와 어울린다고 생각하는가?"

교황이 대답했다.

"오, 차라투스트라여. 용서해 다오. 그러나 신에 관해서라면 그대보다는 내가 더 잘 알고 있고, 그것은 당연한 일이다.

전혀 보이지 않는 신을 경배하는 것보다는 당나귀일망정 이처럼 보이는 것을 경배하는 편이 훨씬 바람직하다. 내 말을 잘 생각해 보기 바란다.

나의 고귀한 벗이여. 이 말 속에 지혜가 숨어 있다는 것을 그대는 곧 깨달으리라. '신은 정신이다'라고 말한 자는 지금까지 지상에서 무신앙을 향해 최대의 도약을 행한 자다. 이런 말이 일단 입에서 흘러나온 뒤에는 이 세상에서는 쉽게 돌이킬 수 없다.

나의 늙은 마음은 지상에 아직도 경배해야 할 무엇이 있음을 알고 기뻐하고 있다. 오, 차라투스트라여, 그것을 이 신앙심 깊은 늙은 교황의 이름으로 용서해 다오!"

차라투스트라는 그림자라고 자처하는 그 방랑자를 향해 말했다.

"그리고 그대, 그대는 스스로를 자유로운 정신이라고 일컫고, 또 자유로운 정신임을 자랑으로 생각하고 있지 않은가? 그런데 새삼스럽게 이런 우상 숭배와 성직자를 흉내내기 시작하다니……. 그대는 내 곁에서 사악한 갈색 소녀들 곁에서보다 더 나쁜 짓을 했다. 그대, 사악한 신출내기 신자여!"

그림자라고 자처하는 방랑자가 대답했다.

"정말 나쁜 짓이다. 그대 말이 맞다. 그러나 내가 어찌할 수 있겠는가? 늙은 신은 부활했다. 오, 차라투스트라여, 그대가 뭐라고 하든 간에. 가장 추한 인간은 모든 것에 책임을 져야 한다. 그가 늙은 신을 되살려 놓았다. 그리고 그는 자신이 신을 죽였다고 말했지만, 신들에게 있어서 죽음은 언제나 하나의 편견일 뿐이다."

차라투스트라가 말했다.

"그리고 그대, 이 사악한 늙은 마술사여. 그대는 무슨 짓을 했는가? 그대가 당나귀를 신으로 모시는 이런 장난을 믿는다면 앞으로 이렇게 자유로운 시대에 누가 그대를 믿겠는가? 그대의 행동은 어리석었다. 영리한 그대가 어떻게 이토록 어리석은 짓을 할 수 있었단 말인가?"

영리한 마술사가 대답했다.

"오, 차라투스트라여, 그대 말이 맞다. 나는 어리석었다. 그리고 나에게 있어 그런 어리석은 짓을 하기란 참으로 어려운 일이었다."

차라투스트라는 지적 양심의 소유자를 향해 말했다.

"그리고 그대까지도! 그대 가슴에 손가락을 대고 깊이 생각해 보도록 해라. 이런 짓을 했는데 그대는 양심의 가책을 느끼지 않는가? 그대의 정신은 이런 기도와 이런 광신도의 향기에 물들기에는 너무나 순결하지 않은가?"

양심적인 자는 손가락을 코에 갖다 대고는 대답했다.

"왜 그런지 이 연극 속에는 나의 양심에도 기분좋게 생각되는 무언가가 있다. 아마도 나로서는 신을 믿을 수 없을 것이다. 그러나 신이 이런 모습이라면, 그것은 나로 하여금 신의 존재를 쉽사리 믿도록 할 것이 확실하다.

신앙심 깊은 자들의 증언에 따르면 신은 영원하다고 한다. 그래서 그처럼 무한한 시간을 가지고 있는 자라면 서두를 필요가 없을 것이다. 되도록 천천히 얼빠진 모습으로 움직일지라도, 그 영원한 자는 상당히 많은 일을 할 수 있을 것이다.

또 지나치게 많은 영혼을 가진 자는 오히려 어리석어지거나 광기에 빠지기가 쉽다. 그대 자신의 경우를 생각해 보라. 오, 차라투스트라여.

정말로 그대는 지혜가 넘쳐흘러 한 마리의 당나귀가 되지 않을 수 없는 사람이다. 완전한 현자가 구불구불한 길을 걷고 싶어하는 것과 마찬가지다. 오, 차라투스트라여, 증거가 그것을 가르쳐 주고 있다. 그대의 증거가!"

차라투스트라는 가장 추한 인간을 향해 말했다. 그 사나이는 여전히 땅에 누워 있었지만, 두 팔은 당나귀를 향해 들어올리고 있었다. (그는 당나귀에게 포도주를 마시게 하고 있었다.)

"그리고 마지막으로 그대, 어디 말해 보라. 그대, 뭐라고 표현할 수 없는 자여! 그대는 지금 무엇을 하고 있었는가? 그대는 딴 사람이 된 것처럼 보인다. 그대의 눈은 불타고 있다. 숭고한 자와 같은 표정이 그대의 추함을 뒤덮고 있다. 그대는 무슨 짓을 했던가?

그대가 신을 되살아나게 했다는 저들의 말이 사실인가? 무엇 때문에 그런 짓을 했는가? 신이 살해되고 배척된 것은 그럴 만한 이유가 있었기 때문이라고 생각지 않는가?

그대 자신이야말로 지금 막 되살아난 사람처럼 보이는구나. 그대는 무슨 짓을 했는가? 왜 그대는 생각을 바꾸었는가? 무엇이 그대로 하여금 그렇게 하도록 했는가? 말해 보라. 그대, 뭐라고 표현할 수 없는 자여!"

가장 추한 인간이 대답했다.

"오, 차라투스트라여, 그대는 악인이다! 신이 아직 살아 있는지, 되살아났는지, 아니면 영원히 죽어 버리고 말았는지에 대해 가장 잘 알고 있는 자는 우리 둘 중에 하나다. 나는 그대에게 묻고자 한다.

다만, 나는 한 가지만은 알고 있다. 나는 그대 자신에게서 일찍이 그것을 배웠다. 오, 차라투스트라여, 가장 철저하게 죽이려 하는 자는 '웃는다'는 것을!

'노여움이 아니라 웃음으로 사람을 죽인다.' 그대는 일찍이 이렇게 말했다. 오, 차라투스트라여, 알 수 없는 자여, 화내는 일 없이 파괴하는 자여, 위험한 성자여, 그대는 무뢰한이다!"

2

이처럼 무례한 대답을 듣고 있던 차라투스트라는 놀라 동굴 입구로 되돌아갔다. 그리고 모든 손님을 향해 소리쳤다.

"오, 그대들, 이상한 자들이여, 광대여! 왜 그대들은 내 앞에서 위장하거나 숨기는가?

그대들 저마다의 마음은 모두 환희와 악의로 인해 미쳐 날뛰고 있지 않은가! 마치 어린아이처럼 경건해져 있지 않은가!

그대들은 어린아이처럼 행동하게 되었다. 기도를 하거나 '사랑하는 신이여!' 하고 말하면서.

그렇지만 이제 이 어린아이의 방에서 나가도록 하라. 오늘, 온갖 유치함이 행해진 이 동굴에서 나가라! 그래서 그대들의 어린아이다운 신나는 행동과 마음의 소란을 가라앉혀라! 그대들은 그렇게 하지 않고서는 천국으로 갈 수가 없다."

차라투스트라는 그렇게 말하고 두 손으로 머리 위를 가리켰다.

"그러나 우리는 천국에 가고 싶은 마음이 전혀 없다. 우리는 어른이 된 것이다. 따라서 우리는 지상의 왕국을 원한다."

3

그러고 나서 차라투스트라는 다시 말하기 시작했다.

"오, 새로운 친구들이여. 그대, 이상한 인간들이여! 보다 높은 사람들이여! 지금 그대들은 나의 마음을 만족시켜 준다. 그대들이 다시 쾌활해졌기 때문이다. 진실로 그대들은 모두 꽃을 피웠다. 나는 이 꽃을 위해 새로운 축제가 필요하다고 생각한다.

작고 활발하며 어리석은 소동, 신을 위한 의식, 당나귀 축제, 쾌활한 친구인 차라투스트라식의 광대 놀이, 그대들의 영혼을 맑게 해 줄 돌풍, 그런 것들이 필요하다고 생각한다.

보다 높은 사람들이여! 이 밤과 함께 당나귀의 축제를 잊지 마라! 그대들은 차라투스트라의 동굴에서 그것을 생각해 냈으며 나는 그것을 좋은 징조라고 생각한다. 회복되어 가는 사람만이 이런 것을 생각해 낼 수 있다.

그대들이 이 당나귀 축제를 또다시 벌인다면 그대들 자신과 나를 위해서 축제를 열어라! 나를 회상하는 의미에서!"

차라투스트라는 이렇게 말했다.

취한 자의 노래

1

이윽고 손님들이 하나씩 동굴 밖의 넓고 싸늘하고 명상적인 밤 속으로 걸어 나갔다. 차라투스트라는 가장 추한 사람 손을 잡고는 그에게 자신의 밤 세계와 커다란 달, 그리고 동굴 가까이 있는 은빛 폭포를 보여 주었다. 드디어 그들은 조용히 서로 마주 서게 되었다. 그들 모두 늙었지만 마음만은 기쁨을 얻어서 들떠 있었다. 모두가 지상에도 이처럼 유쾌한 일이 있다는 것에 놀라면서도 한편으로는 의심쩍어했다. 그동안에도 밤의 신비는 그들의 가슴에 감동을 불어넣었다. 그리고 차라투스트라는 생각했다.

'오, 보다 높은 사람들은 참으로 나의 마음에 드는구나!'

그러나 입 밖에 내어 말하지는 않았다. 왜냐하면 그는 그들의 행복과 침묵을 존중했기 때문이다.

그때, 이 길고도 놀라운 하루 중에서 가장 놀라운 일이 일어났다. 가장 추한 인간이 다시 한 번, 그리고 이제 마지막이라는 듯이 그르렁 소리를 내며 씩씩거리기 시작한 것이다. 그리고 마침내 그가 말을 했는데, 보라! 그의 입에서는 훌륭하고 심오하며 명쾌한 질문이 튀어나왔다. 그것은 모든 자의 마음을 감동시켰다.

가장 추한 인간이 말했다.

"나의 벗인 여러분! 그대들은 어떻게 생각하는가? 오늘 이 하루가 있었기 때문에 나는 처음으로 그동안의 내 생애에 대해 만족했다.

하지만 그것을 증언하는 것만으로는 부족하다. 지상에서 산다는 것은 보람 있는 일이다. 차라투스트라와 함께 보낸 하루의 축제가 나로 하여금 대지를 사랑하도록 가르쳐 주었다.

나는 죽음을 향해 말하리라.

'이것이 삶이었던가? 좋다! 그렇다면 다시 한 번.'

친구들이여, 그대들은 어떻게 생각하는가? 그대들도 나처럼 죽음을 향해 말하고 싶지 않은가?

'이것이 삶이었던가? 좋다, 차라투스트라를 위해서 다시 또 한 번' 하고."

가장 추한 인간은 이렇게 말했다. 벌써 한밤중이 가까워진 때였다.

그리고 그때 어떤 일이 일어났겠는가? 보다 높은 사람들은 가장 추한 인간에게서 질문을 받자마자 별안간 자신들이 변화하고 회복되었으며, 또 누구 때문에 그렇게 되었는지를 깨달았다. 그들은 차라투스트라에게 달려가서 저마다 독특한 방법으로 감사하고, 경의를 표하고, 애무하고, 그의 손에 입 맞추었다. 어떤 자는 웃고, 어떤 자는 울었다. 늙은 예언자는 만족한 나머지 춤을 추었다.

그리고 전설을 얘기하는 모든 사람이 전하는 것처럼 그때 그 늙은 예언자가 감미로운 포도주에 잔뜩 취해 있었다 하더라도, 그는 그보다 더욱 감미로운 삶에 잔뜩 취해 모든 피로를 잊고 있었던 것이다. 게다가 그때 당나귀까지도 춤추었다고 말하는 사람도 있다. 가장 추한 인간이 당나귀에게 술을 먹였던 것도 그리 소용 없는 것은 아니었다. 그것이 사실인지도 모르고 그렇지 않은지도 모른다.

그날 밤 당나귀가 춤을 추지 않았는지도 모르지만, 당나귀가 춤을 추었다는 사실보다 훨씬 더 중대하고 이상한 여러 가지 사건이 일어났다. 요컨대 당나귀의 춤 같은 것은 차라투스트라의 말투를 빌리자면, "무슨 상관이 있단 말인가!"

2

가장 추한 인간이 이렇게 행동하고 있을 때 차라투스트라도 취한 사람처럼 서 있었다. 그의 눈은 흐려지고, 혀는 굳어졌으며, 다리는 휘청거렸다. 그때 차라투스트라의 영혼에 어떤 사상이 스치고 지나갔는가를 누가 짐작이나 할 수 있었을까?

그러나 그때 분명히 그의 정신은 그 뒤로 물러서서 아득히 먼 곳으로 사라졌다. 그리고 이미 기록된 것처럼, '두 바다 사이의 높은 산마루에, 과거와 미래 사이를 무거운 구름처럼 떠돌고' 있었다.

보다 높은 사람들이 그를 팔로 부축하고 있는 동안 그는 어느 정도 정신을 차렸다. 그리고 그는 그를 둘러싼 사람들이 내미는 존경과 위로의 손길을 거절했다. 그러던 그가 갑자기 아무 말도 하지 않은 채 머리를 들었다.

무슨 소리를 들은 모양이었다. 그리고 손가락을 입에 대고 말했다.

"오라!"

그러자 그의 주위가 별안간 조용해지고 신비로워졌다. 그리고 골짜기 저 아래에서 종소리가 천천히 들려 왔다. 차라투스트라는 그것에 귀를 기울였다. 보다 높은 사람들도 귀를 기울였다. 한참 후에 그는 다시 한 번 손가락을 입에 대고 거듭 말했다.

"오라! 오라! 한밤중이 다 되었다!"

그의 목소리는 변해 있었다. 그러나 여전히 그는 그 자리에서 꼼짝도 하지 않았다. 그러자 주위는 한층 더 조용해지고 신비로워졌다. 모든 사람이 귀를 기울였다. 당나귀까지도, 또 차라투스트라의 영예로운 동물들인 독수리와 뱀, 그리고 차라투스트라의 동굴과 크고 싸늘한 달과 밤까지도 귀를 기울였다.

차라투스트라는 세 번째로 손을 입에 대고 말했다.

"오라! 오라! 오라! 이제 떠나자! 때가 왔다! 밤을 향해 떠나자!"

3

그대, 보다 높은 사람들이여! 한밤중이 다가오고 있다. 지금 나는 그대들에게 어떤 말을 하려고 한다. 저 낡은 종이 나에게 말하는 것처럼.

저 한밤중의 종이 내게 말하고 있듯이 나 또한 은밀하고 남몰래 두렵게, 그리고 진심으로 이야기하리라. 저 종은 한 인간보다 더 많은 것을 체험해 왔다.

저 종은 이미 그대들의 조상이 마음의 상처를 입었을 때 심장의 고동을 헤아렸다. 아, 아, 한밤중은 얼마나 탄식할 것인가! 얼마나 꿈꾸면서 웃을 것인가! 오래전부터 있었던 깊고 깊은 한밤중은!

조용히, 조용히 하라! 지금 낮에는 들리지 않는 많은 소리가 내 귀에 들려온다. 대기는 차가워지고, 그대들 마음의 소란도 완전히 가라앉은 지금……

지금 그것은 말한다. 지금 그것이 들려 온다. 지금 그것은 깨어 있는 밤의 영혼 속으로 은밀히 파고든다. 아, 아, 얼마나 탄식할 것인가! 그것은 얼마나 꿈꾸면서 웃을 것인가? 그대에게는 들리지 않는가? 그가 몰래, 두렵게, 그리고 진실된 마음으로 그대에게 말하는 소리가! 오래전부터 있었던 깊고 깊은 한밤중이 말하는 소리가!

오, 인간이여, 명심해서 들어라!

4

아, 슬프다! 시간은 어디로 가 버리고 말았는가? 나는 깊은 우물 속에 가라앉은 것이 아닐까? 세계는 잠들어 있다.

아, 아, 개가 짖고 달은 빛나고 있다. 한밤중에 마음속으로 생각하는 것을 그대들에게 말하느니 나는 차라리 죽겠다.

나는 이미 죽었다. *30 이제 끝나 버렸다. 거미여, 왜 그대는 나를 그대의 줄로 얽어매려고 하는가? 피를 원하는가? 아, 아, 이슬이 내린다. 때가 가까워 온다.

나를 추위에 떨게 하고 얼어붙게 할 때가 다가온다. 그때는 묻고 묻고 또 묻는다. "그것에 견딜 수 있는 용기를 가진 자는 누구인가? 대지를 지배하게 될 자는 누구인가? '크고 작은 냇물들이여, 그대들은 지금 그대로 계속 흘러가지 않으면 안 된다!'라고 말하려는 자는 누구인가?"

때가 임박했다. 오, 인간이여, 보다 높은 사람이여, 똑바로 들으라! 예민한 그대 귀에 말하고 있다. '한밤중은 무엇을 말하고 있는가?'

5

그것은 나를 싣고 간다. 나의 영혼은 춤춘다. 대낮의 일이여! 대낮의 일이여! 대지를 지배해야 할 자는 누구인가?

하지만 지금 달은 싸늘하고 바람은 고요하다. 아, 그대들은 충분히 날아올랐는가? 그대들도 춤을 추었다. 그러나 다리는 날개가 아니다.

그대, 뛰어난 무용수들이여! 이제 모든 기쁨은 사라져 버렸다. 포도주는 찌꺼기만 남고 술잔은 모두 못 쓰게 되어 버렸다. 그리고 모든 무덤이 중얼거리기 시작했다.

그대들은 충분히 날아오르지 않았다. 지금 모든 무덤들이 중얼거리기 시작했다.

"죽은 자를 구원하라! 왜 밤은 이렇게 긴가? 달은 우리를 취하게 만들지 않는가?

그대, 보다 높은 사람들이여! 무덤을 구원하고 시체를 깨우라! 아, 왜 아직도 벌레가 계속 갉아먹고 있는가? 때가 가까워 오는데, 가까워 오는데.

종이 울리고 심장은 아직도 신음하고 있다. 벌레가 아직도 나무를 갉아 먹고 있다. 심장의 벌레도 계속 먹고 있다. 아!

세계는 깊다!"

6

감미로운 하프여, 감미로운 하프여, 나는 그대의 가락을 사랑한다. 취기 어린 두꺼비 울음소리 같은 그대의 소리를 사랑한다. 얼마나 먼 옛날부터, 얼마나 먼 곳으로부터 그대의 가락이 나에게 들려 왔던가! 아득히 먼 곳에서, 사랑의 연못에서!

그대, 낡은 종이여, 감미로운 하프여! 온갖 고통이 그대의 심장을 찢었다. 아버지의 고통, 할아버지의 고통, 조상의 고통이. 그대의 말은 무르익었다. 황금빛 가을과 오후처럼, 은둔자인 내 마음처럼 무르익었다.

그리고 지금 그대가 말한다.

"세계, 그 자체가 무르익었다. 포도 송이가 갈색으로 물든 것처럼. 이제 세계는 죽기를 원한다. 행복한 나머지 죽으려 하는 것이다."

그대, 보다 높은 사람이여! 그대들은 그 냄새를 맡지 못하는가? 은밀하게 피어오르는 그 냄새를! 영원한 향기, 영원한 냄새를! 낡은 행복의 냄새, 장미꽃처럼 행복하고 갈색을 띤 황금빛 포도주 냄새와 비슷한 행복의 그 냄새를! 한밤중의 죽음으로부터 오는 행복의 냄새가 피어오르고 있지 않은가! 그리고 그 행복은 노래하고 있다.

"세계는 깊다. 대낮이 생각하는 것보다 더 깊다."

7

나를 내버려 두라! 내버려 두라! 나는 그대와 손잡기에는 너무나 깨끗하다. 내게 손대지 마라. 나의 세계는 이제 막 완전해지지 않았는가?

나의 피부는 그대의 손이 닿기에는 너무 깨끗하다. 나를 내버려 두라. 그대, 어리석고 우둔하고 지루한 대낮이여. 한밤중이 그대보다 더 밝지 않은가?

가장 깨끗한 자가 대지의 지배자가 되어야 한다. 가장 알려지지 않은 자, 가장 강한 자, 어느 대낮보다도 밝고 한밤중보다 깊은 영혼을 가진 자가 대지의 지배자가 되어야 한다.

오, 대낮이여, 그대는 나를 붙잡으려고 더듬고 있는가? 나의 행복을 탐내고 있는가? 그대에게는 내가 부유하고 금광맥이나 황금 창고처럼 보인단 말인가?

오, 세계여, 그대는 나를 탐내고 있는가? 그대가 보기에 내가 세속적이란 말인가? 종교적이란 말인가? 신적이란 말인가? 대낮과 세계여, 그대들의 솜씨는 너무나 형편없다.

좀더 지혜로운 손을 가져라! 좀더 깊은 행복을 향해 손을 내밀어라. 좀더 깊은 불행을 향해 손을 내밀지는 마라! 어딘가에 있는 신에게 달려들어라! 그대신 나에게는 달려들지 마라!

그대, 이상한 낮이여. 나의 불행과 행복은 깊다. 그러나 나는 신이 아니다. 신의 지옥도 아니다. 그 고통은 깊다!

8

신의 고통은 더욱 깊다, 그대, 이상한 세계여! 신의 고통을 잡는 것이 좋으리라. 나에게는 달려들지 마라. 그렇다면 나는 무엇이겠는가? 취해서 지쳐 버린 감미로운 하프다.

한밤중의 하프다. 두꺼비 울음소리를 내는 종이다. 아무도 그 소리를 이해하지 못하지만 귀머거리들을 향해서 계속 말하지 않을 수가 없다. 보다 높은 사람들이여, 그대들은 나를 이해할 수 없다.

사라져 버렸다. 사라져 버렸다! 오, 청춘이여, 오, 대낮이여, 오, 오후여! 그리고 이제 저녁과 밤과 한밤중이 오고 있다. 개가 짖고, 바람이 소리친다.

바람이 바로 개가 아닌가? 바람은 울고 외치고 짖는다. 아아! 그것은 얼마나 탄식을 해야 하는가? 얼마나 웃어야 하는가? 얼마나 그르렁거리면서 허덕이고 있는가, 이 한밤중은!

이 취한 여류 시인 '한밤중'은 지금 얼마나 말짱한 정신으로 말하고 있는가? 그녀는 자신의 취기까지도 마셔 버리고 만 게 아닌가? 그녀는 완전히 깨어나 눈이 또렷해졌는가? 그녀는 회상하고 있는가?

아주 오래된 깊은 한밤중은 그녀의 슬픔을 꿈속에서 회상하고 있고 그 이상으로 자신의 기쁨을 회상하고 있다. 왜냐하면 고통이 깊기는 하지만 기쁨은 마음의 고통보다 훨씬 더 깊기 때문이다.

9

그대, 포도나무여! 내가 그대를 잘라 버렸는데도 그대는 왜 나를 칭찬하는가? 나는 잔인하고, 그대는 피를 흘리고 있다. 그대가 나의 취해 버린 잔인성을 칭찬하다니, 어찌 된 일인가?

"완전해진 것, 무르익은 모든 것, 모든 것은 죽기를 바란다!"

그대는 이렇게 말한다. 그래서 포도를 따는 가위는 행복하다.

그것에 반해 성숙하지 못한 모든 것은 살려고 한다. 가슴 아픈 일이다! 슬픔은 말한다.

"사라져라, 가 버려라! 그대, 슬픔이여!"

그러나 고통을 받는 모든 자는 살려고 한다. 무르익고 기뻐하고 동경하기 위해서. 보다 먼 것, 보다 높은 것, 보다 밝은 것을 동경하기 위해서.

고통받는 모든 자는 이렇게 말한다.

"나는 상속자를 원한다. 나는 어린아이들을 바란다. 내가 바라는 것은 나 자신이 아니다."

그러나 기쁨은 상속자를 바라지 않고 어린아이들을 바라지도 않는다. 기쁨은 오직 그 자신만을 바랄 뿐이다. 영원을, 회귀를, 영원 불변하는 모든 것들을 바란다.

슬픔은 말한다.

"심장이여, 터져라! 피를 뿜어라! 다리여, 정처 없이 방황하라! 날개여, 날아라! 고통이여, 위로, 위로 올라가라!"

오, 나의 늙은 심장이여! 좋다, 좋다. 고통은 말한다. "사라져라!" 하고.

10

그대, 보다 높은 사람들이여! 그대들은 어떻게 생각하는가? 나는 예언자인가? 꿈꾸는 자인가? 취한 자인가? 해몽하는 자인가? 한밤중의 종인가?

한 방울의 이슬인가? 영원의 향기인가? 그대들의 귀는 듣지 못하는가? 그대들의 코는 냄새 맡지 못하는가? 나의 세계는 이제 완전해졌다. 한밤중은 대낮이기도 하다.

슬픔은 또한 기쁨이기도 하다. 저주는 축복이기도 하다. 밤은 태양이기도 하다. 그대들은 현자가 바보이기도 하다는 것을 배우게 될 것이다.

그대들은 일찍이 어떤 기쁨에 대해서 '그렇다'고 말한 적이 있는가? 오, 친구들이여! 그렇게 말한 적이 있다면 그대들은 모든 슬픔에 대해서도 '그렇다'고 말한 것이 된다. 모든 것은 쇠사슬로, 실로, 사랑으로 연결되어 있다.

그대들은 일찍이 한 번 있었던 일이 다시 한번 오기를 바란다. 그대들은 "그대는 내 마음에 들었다. 행복이여, 찰나여, 순간이여!"라고 말한 적이 있다면 그대들은 모든 것이 다시 돌아오기를 바라는 것이다.

그대들은 모든 것이 새롭고, 모든 것이 영원하기를, 그리고 쇠사슬로, 실로, 사랑으로 연결되어 있기를 그대들은 원했다. 오, 그대들은 세계를 그처럼 사랑했다.

그대, 영원한 자들이여. 세계를 사랑하라! 영원히 사랑하라! 슬픔에 대해서도 "그대들은 사라져라. 그러나 되돌아오라!" 하고 말하라! 왜냐하면 모든 기쁨은 영원을 바라기 때문이다.

11

모든 기쁨은 언제나 모든 것이 영원하기를 바란다. 꿀을 바라며, 찌꺼기를 바라고, 취해서 지쳐 버린 한밤중과 무덤까지도 바란다. 무덤에서 흘리는 눈물의 위로를 바라며, 황금빛 저녁 노을을 바란다.

기쁨이 바라지 않는 것이 있겠는가? 기쁨은 모든 슬픔보다 더 목 말라 있고, 더 굶주려 있으며, 더 열정적이고, 더 무섭고, 더 은밀한 영혼을 가지고 있다. 기쁨은 자신을 바라며 자신 속으로 파고든다. 기쁨 속에는 둥근 고리를 향한 의지가 소용돌이치고 있다.

기쁨은 사랑을 바라며 미움도 바란다. 기쁨은 넘치도록 풍요로우며 누군가가 자기에게서 빼앗아 가기를 갈구하며, 그것을 취한 자에게 고마워하고 스스로 증오의 대상이 되기를 즐긴다.

기쁨은 너무나 풍부하기 때문에 슬픔을 갈망한다. 지옥을, 증오를, 굴욕을, 불굴을, 한마디로 말해서 세계를 갈망한다. 이 세계는 그대들이 알고 있는 그대로다.

그대, 보다 높은 사람들이여, 기쁨은 그대들을 동경하고 있다. 이 분방하고 지극히 행복한 기쁨은! 그대, 실패자들이여! 모든 영원한 기쁨은 실패자들을 그리워한다. 기쁨은 항상 자기 자신을 바라기 때문에 마음의 괴로움까지도 바란다.

오, 행복이여! 오, 고통이여! 오, 터져라, 심장이여! 그대, 보다 높은 사람들이여! 이것을 확실하게 배워라! 기쁨은 영원을 바란다는 것을! 기쁨은 모든 것이 영원하기를 바란다. 깊고 깊은 영원을 바란다!

12

자, 그대들은 나의 노래를 배웠는가? 그 노래가 무엇을 바라는가를 깨달았는가? 어쨌든 좋다. 그대, 보다 높은 사람들이여, 이제 나의 순환의 노래를 불러라! 자, 그대들 자신이 노래를 불러라. 그 노래의 제목은 '다시 한 번' 그 노래의 뜻은 '영원의 속으로'이다. 노래하라! 보다 높은 사람들이여,

차라투스트라의 순환의 노래를!

> 오, 인간이여, 명심하라!
> 깊은 한밤중은 무엇이라고 말하는가?
> "나는 잠을 잔다, 나는 잠을 잔다
> 나는 깊은 꿈에서 깨어났다
> 세상은 깊다
> 대낮이 생각한 것보다 더 깊다.
> 세계의 슬픔은 깊다.
> 기쁨, 그것은 마음의 슬픔보다 훨씬 더 깊다.
> 슬픔은 말한다, 사라지라고.
> 그러나 모든 기쁨은 영원을 바란다.
> 깊고 깊은 영원을 바란다!"

징조

그러나 그 밤이 지나고 다음 날 아침이 되자 차라투스트라는 잠자리에서 벌떡 일어났다. 그는 허리띠를 두르고 동굴 밖으로 나왔다. 그에게서는 타오르는 열기와 힘이 넘치고 있었다. 마치 어두운 저 산너머에서 떠오르는 아침 태양처럼.

그는 일찍이 했던 것과 똑같은 말을 했다.

"그대, 위대한 태양이여! 그대, 행복에 찬 깊은 눈이여! 만일 그대에게 그대의 빛을 비추어 줄 자들이 없었다면 그대의 행복이란 무엇이었겠는가!

만일 그대가 이미 깨어나서 밖으로 나와 나누어 주려고 하는데 그들이 그들의 침실에 그대로 틀어박혀 있다면, 그대의 자랑스러운 수치심이 얼마나 화가 날 것인가! 그렇다! 나는 깨어 있는데, 그대, 보다 높은 사람들은 아직 잠들어 있다.

그들은 나의 참된 동반자가 아니다. 내가 이 산 위에서 기다리고 있는 것은 그들이 아니다.

나는 나의 사업을 향해, 나의 대낮을 향해 가려고 한다. 그러나 그들은 아침의 징조를 이해하지 못한다. 나의 발소리는 그들의 잠을 깨우는 신호가 되지 못한다.

그들은 아직도 나의 동굴 속에서 잠들어 있다. 그들의 꿈은 아직도 나의 명정가에 취해 있다. 그러나 그들에게는 내 말에 귀기울일 귀, '듣고 복종하는' 귀가 없다."

태양이 떠오르고 있을 때 차라투스트라는 이렇게 중얼거렸다. 그리고 그는 하늘을 쳐다보았다. 머리 위에서 독수리의 날카로운 울부짖음을 들었기 때문이다.

그는 위를 향해서 소리쳤다.

"좋다! 마음에 든다. 그래야 한다. 내가 깨어나자 나의 동물들도 깨어났다.

나의 독수리는 깨어나 내가 하고 있는 것처럼 태양을 향해 경배하고 있다. 나의 독수리는 자신의 발톱으로 새로운 빛을 붙잡는다. 그대, 나의 참된 동물들이여! 나는 그대들을 사랑한다. 그러나 나에게는 아직 참된 나의 인간이 없다."

차라투스트라는 이렇게 말했다. 그러나 그때, 그는 갑자기 무수히 많은 새들이 자기를 둘러싸고 날아다니며 내는 날갯짓 소리를 들었다. 그의 머리를 둘러싼 새들의 날갯짓 소리가 너무도 요란해서 그는 눈을 감았다. 그리고 진실로 그것은 구름처럼, 새로운 적을 향해 퍼붓는 화살의 구름처럼 그를 향해 쏟아져 내렸다. 보라! 그것은 사랑의 구름이었다. 새로운 친구의 머리 위에 퍼붓는 사랑의 구름이었다.

"이것은 무슨 일인가?"

차라투스트라는 놀라 생각에 잠겼다. 그리고 동굴 입구 한 모퉁이에 놓여 있는 커다란 돌 위에 천천히 앉았다. 그러나 그가 좌우 양쪽과 아래위를 두 손으로 털면서, 달려드는 새를 막고 있는 동안 더 이상한 일이 일어났다. 그는 자신도 모르게 푹신하고 따뜻한 갈기를 손으로 움켜잡았다. 그러자 갑자기 그의 앞에서 길고 부드럽게 울부짖는 소리가 일어나더니 근처에 울려 퍼졌다. 부드럽고 긴 사자의 울부짖음이!

"징조가 나타났다."

차라투스트라는 말했다. 그때 그의 마음에 변화가 일어났다. 그리고 진실로 그의 눈앞이 밝아지면서 그의 발 아래에 황색의 사나운 짐승 한 마리가 엎드려 있었다. 머리를 그의 무릎에 기댄 채, 마치 옛주인을 만난 개처럼 그의 곁을 떠나려 하지 않았다.

한편 그의 주위를 날고 있는 비둘기들도 이 사자 못지 않게 사랑의 마음을 표현했다. 그리고 비둘기 한 마리가 사자의 코를 스치고 날 때마다 사자는 머리를 저으면서 재미있다는 듯 소리 높여 웃었다.

이 모든 것에 대해서 차라투스트라는 한마디 말을 했을 뿐이다.

"나의 자식들은 가까운 곳에 있다, 나의 자식들은."

그러고는 입을 다물어 버렸다. 그러나 그의 마음은 풀어지고 그의 눈에서는 눈물이 뚝뚝 떨어져 손등을 적셨다. 그는 아무 일에도 주의를 기울이지 않는 듯, 달려드는 새들도 쫓으려 하지 않았다. 비둘기들은 끊임없이 날아갔다가는 다시 와서 그의 어깨에 앉은 다음, 그의 흰 머리카락을 애무하고 간절한 사랑과 생생한 기쁨을 표현했다. 그리고 힘센 사자는 차라투스트라의 손등에 떨어지는 눈물을 쉴 새 없이 핥으면서 조심스럽게 으르렁거렸다. 짐승들은 이렇게 행동했다.

이 모든 일이 오랫동안 계속되었다. 그러나 그것은 어쩌면 아주 짧은 시간 동안의 일인지도 모른다. 정확히 말해서 이 지상에는 이 모든 일을 측정할 시간이 없기 때문이다.

그동안 차라투스트라의 동굴에 있는 보다 높은 사람들이 잠에서 깨어 났다. 그리고 줄지어서 차라투스트라가 있는 곳으로 와서 아침 인사를 하려고 했다. 눈을 떠 보니 차라투스트라가 보이지 않았기 때문이다.

그들이 동굴 입구까지 나와서 그들의 발소리로 자신들이 다가가고 있음을 알렸을 때, 사자가 갑자기 몸을 일으켰다. 그러고는 차라투스트라에게서 떨어지더니 처절하게 울부짖으며 동굴을 향해 달려들었다. 보다 높은 사람들은 일제히 비명을 지르며 허둥지둥 뒤로 물러났고, 순식간에 그들의 모습은 사라져 버렸다.

차라투스트라는 어리둥절한 표정으로 자리에서 일어나 주위를 둘러보았다. 그는 자기 자신에게 질문을 던지면서 여러 가지 생각을 해 보았다.

"나는 지금 무슨 소리를 들었는가? 지금, 나에게 무슨 일이 일어났단 말인가?"

그러자 곧 기억이 되살아났다. 그는 순식간에 어제와 오늘 사이에 일어났던 일을 모두 기억해 냈다.

"그래, 여기에 돌이 있군." 그는 이렇게 말하고 수염을 쓰다듬었다. "나는 어제 아침 그 위에 앉아 있었다. 그리고 예언자를 바로 여기에서 만났다. 그리고 나는 방금 내가 들었던 비명을 여기에서 처음 들었다, 고통의 비명을. 오, 그대, 보다 높은 사람들이여, 어제 아침 그 늙은 예언자가 내게 예언했던 것은 바로 그대들의 고통이었다.

그는 나를 그대들의 고통으로 유혹해서 시험하려 했다. '오, 차라투스트라여! 나는 그대를 그대의 마지막 죄로 유혹하기 위해 찾아왔던 것이다' 하고. 나의 마지막 죄에?"

차라투스트라는 이렇게 소리쳤다. 그리고 자기 말에 화가 난 듯 큰 소리로 웃었다.

"도대체 아직도 남아 있는 나의 마지막 죄란 무엇인가?"

그리고 차라투스트라는 생각에 잠기며 그 커다란 돌 위에 다시 앉았다. 그는 생각 속으로 빠져들었다. 이윽고 그가 뛰어 일어나면서 부르짖었다.

"동정이다! 보다 높은 사람들에 대한 동정!"

그는 이렇게 외쳤다. 마침내 그의 얼굴은 구릿빛으로 변했다.

"그렇다. 그것은 이제 끝났다! 나의 고통과 타인들의 고뇌에 대한 나의 동정, 그것이 무엇이란 말인가? 도대체 나는 나의 행복을 추구하고 있는가? 내가 열망하는 것은 나 자신의 일이다.

자! 사자가 왔다. 내 아이들은 가까이에 있다. 차라투스트라는 성숙해졌다. 나의 때가 온 것이다.

이것이 나의 아침이다. 나의 대낮이 시작되는 것이다. 자, 솟아라, 떠올라라. 그대, 위대한 대낮이여!"

차라투스트라는 이렇게 말했다. 그러고는 자신의 동굴을 떠났다. 마치 어두운 산봉우리 뒤에서 떠오르는 아침 태양처럼 찬란하고 힘차게!

㊟

1 '역청'이란 속어로 '곤경'이라는 의미도 가지고 있다.

2 '초시간'이란 시간에 뒤이어 한 말로서 별다른 의미는 없다. 계속 기다릴 수 있다는 심
  적 자세를 나타낸다.

3 페르시아어로서 '천'을 뜻한다. 차라투스트라에게도 그가 지배하는 천 년이라는 시간, 나라가 오도록 되어 있다.

4 주권은 둘인데, 지배받는 것은 하나인 형태를 풍자한 것이다. '당나귀'라는 말에는 창의력이나 판단력, 선악의 구별 등이 분명하지 못한 민중의 뜻이 내포되어 있다.

5 가치관의 혼란 상태.

6 민중을 의미한다.

7 민중·천한 자들을 말한다.

8 시대에 적응하지 못하는 반항자들.

9 생명력과 실천력이 없는 자.

10 교황이 외눈박이라는 것은 성직자들의 인식이 결핍되어 있음을 풍자한 것이다.

11 예수는 신으로부터의 잉태 고지에 의해서, 목수인 요셉의 아내 마리아의 몸에서 태어났다는 것을 말한다.

12 신을 말한다.

13 소인배 출신의 설교자는 예수를 말한다.

14 나 자신의 본질.

15 자기를 사랑하기 때문에 현재의 자기를 경멸하고 보다 나은 자신을 목표로 삼게 된다. 인간의 자기 경멸은 자기애의 다른 이름이다.

16 그림자에게 있어 대지는 굴러가는 공과 같아서 그 위에 발붙일 곳이 없다.

17 '이슬방울'은 차라투스트라 자신을 말한다. 한 방울이기는 하지만 지상의 모든 사물에 내렸다고 하는 것은, 그가 지상의 모든 것과 관련되어 그것을 긍정하는 입장인 것을 자각하고 있기 때문이다. 그리고 그 이슬방울이 하늘로 돌아갈 것을 생각한다.

18 차라투스트라가 말한 '독일식으로 명확하게'는 '확실하고 솔직하게'라는 의미의 관용구다.

19 이상적인 어린이들을 웃는 사자로 표현했다.

20 반금욕적인 강자의 태도를 거지의 금욕주의와 대립시켜서 한 표현이다.

21 예수를 말한다.

22 학자는 매사에 분석을 하기 때문에 모든 것의 생명이나 미를 빼앗아 버린다는 뜻이다.

23 창조를 출산에 비유해서, 출산에는 고통과 불결함이 수반된다고 말했다.

24 고독하면 육욕을 비롯해 마음속의 잡념이 짐승처럼 날뛰리라.

25 괴테의 시 '프로메테우스' 중에서 제우스의 폭풍이 엉겅퀴의 줄기를 잘라 버린 것이 나온다. '엉겅퀴의 머리'는 가시 돋친 것처럼 까다로운 사람을 말한다.

26 구약성서 〈시편〉의 한 소절 끝에서 사용되는 말로 '쉬라'는 뜻으로 이르는 헤브루어.

27 동양적 매력을 지닌 여성을 가리킨다.

28 소녀들을 수수께끼로 가득 찬 스핑크스로 보고 있다.

29 〈마태복음〉 19장 14절에서 따온 말. 당나귀는 모든 바람을 가까이하고, 모든 사람이
   끌고 가는 대로 따른다. 신도 그렇다는 것을 뜻한다.

30 영원 회귀 세계의 해석에서는 시간이 없어지기 때문에 '나는 죽었다'는 것이 된다.

Die Geburt der Tragödie

비극의 탄생

자기비판의 시도(1886년)

1

이 수상쩍은 책의 밑바닥에 무엇이 깔려 있든지 간에 그것은 가장 중요하고 매력적인 문제임에 틀림없다. 뿐만 아니라 그것은 글쓴이의 깊은 개인적인 문제이기도 하다. 그 증거는 이 책이 1870~71년에 있던 보불전쟁의 어수선한 시기에 완성되었다는 것이다. 뵈르트(Wörth) 전투의 포성이 온 유럽을 뒤흔들고 있는 동안에 수수께끼를 좋아하는 이 책의 저자는, 알프스 산 어느 한 구석에 앉아 수수께끼를 풀기 위해 골똘히 생각에 잠겨 있었다.

그는 몹시 근심하면서도 평온했다. 그리고 그리스인에 대한 자신의 생각을 적어 내려갔다. 이것은 기묘하고도 어려운 이 책의 핵심을 이루는데, 여기에 뒤늦게 이 서문(혹은 후기)이 바쳐진다.

그로부터 몇 주 뒤 그는 메츠 성벽(Mauern von Metz) 아래로 출전했는데 여전히 의문은 풀리지 않고 있었다. 그것은 그가 그리스인과 그리스 예술의 '명랑성'에 대해서 오래 전부터 품고 있었던 의문이었다. 그러나 마침내 베르사이유 강화 회담이 준비되던 몹시 긴장된 달에 그에게도 평화가 찾아왔고, 싸움터에서 얻은 병도 서서히 회복되어 가면서 '음악의 정신으로부터 비극의 탄생'을 끝마쳤다. 음악으로부터? 음악과 비극? 그리스인과 비극적 음악? 그리스인과 염세주의의 예술 작품? 이제까지의 인간 가운데서 가장 훌륭하고, 가장 아름답고, 가장 부러워할 만하고, 삶에 대한 가장 큰 유혹을 지닌 종족인 그리스인이—뭐라고? 바로 그리스인들이야말로 비극을 필요로 했다고? 게다가—예술까지도? 무엇 때문에—그리스 예술이 필요했던가?

이것으로써 생존의 가치에 대한 커다란 물음표가 어디에 찍힐 것인가를 다들 짐작할 것이다. 염세주의란 늘 몰락, 퇴폐, 실패, 지치고 무력한 본능의 징후인가? 인도인이 그러했던 것처럼, 또한 이와 비슷한 우리 현대인과 유럽인이 그러한 것처럼? 강건함에서 오는 염세주의는 없는가?

생존의 냉혹함, 전율, 사악함, 그리고 문제점에 대한 지적 편애는 행복과 넘치는 건강과 생의 충만에서 오는 것이 아닐까? 어쩌면 과잉 자체에 대한 괴로움이 있는 것은 아닌가? 두려운 것을 가장 날카로운 눈초리로 꿰뚫을 것 같은 용감성은 적을 통해서 스스로의 힘을 시험해볼 수 있는 것이 아닌가? 또한 그 적을 통해서 두려움이 무엇인가를 배우려는 것이 아닌가?

비극적 신화는 가장 훌륭하고 가장 굳세고 가장 용감했던 시대의 그리스 인에게 무엇을 의미하는가? 그리고 디오니소스적이라는 괴상한 현상은 무엇을 의미하는가? 그것으로부터 태어난 비극이란 또 무엇인가? 다른 한편으로 비극을 쇠망케 한, 도덕적 소크라테스주의[1], 변증법, 이론적 인간의 만족과 명랑성은 어떠한가? 이 소크라테스주의가 몰락과 피로, 병폐의 징후이며, 무질서로 해체해 가는 본능의 징후일 수는 없는가?

그리고 후기 그리스 문화의 '그리스적 명랑성'이 다만 황혼에 지나지 않는다면? 염세주의에 맞서는 에피쿠로스적 의지[2]가 고통 받는 자의 조심성에 지나지 않는다면? 그리고 학문 자체와 우리의 학문—삶의 징후로서 모든 학문은 도대체 무엇을 의미하는가? 학문은 무엇 때문에, 더 깊게 말한다면 어디에서 유래하는가?

학문은 어쩌면 염세주의에 대한 공포나 도피에 불과한 것은 아닌가? 학문은 진리에 대한 하나의 교묘한 정당방위가 아닌가?

도덕적으로 말하면 비겁과 허위와 같은 것이 아닌가? 오, 소크라테스여! 소크라테스여! 이것이 너의 비밀이 아니었는가! 오, 비밀에 가득 찬 아이러니의 대가여, 혹시 이것이 너의—아이러니였는가?

2

그때 내가 파악할 수 있었던 문제는 어떤 무섭고 위험한 것이었다. 그것은 뿔 달린 짐승 같았으나, 그렇다고 해서 황소는 아니었으며, 어쨌든 새로운 문제였다. 지금의 나라면, 그것은 학문 자체에 대한 문제였다고 말할 것이다. 처음으로 문제점 많고, 의심스러운 것으로 파악된 학문에 대한 문제 말이다.

그러나 나의 젊은이다운 용기와 회의를 나타낸 그 책은—젊은이답지 않은 과제로부터 나와야 했던 거의 불가능한 책이었다! —순전히 때 이른 미숙한 자기 체험, 그것도 겨우 전달할 수 있을 정도의 자기 체험에서 이루어졌으며, 예술의 기초 위에 세워졌다. 왜냐하면 학문의 문제는 학문의 기초 위에서는 인식될 수 없기 때문이다.

아마 이것은 분석적이며 회고적인 능력을 겸비한 예술가를 위한(말하자면 세상 사람들이 찾아다녀야 하는데 전혀 찾아다니려 하지 않는 일종의 예외적인 예술가를 위한) 책일 것이다. 또한 심리학적으로 새로운 내용과 예술가의 비밀들로 가득 차 있고, 예술가의 형이상학을 배경으로 삼은 책이다.

젊은이의 용기와 젊은이의 우수가 가득한 책으로서 권위를 인정하고 그에 대해 존경을 표하는 것처럼 보이는 대목에서도 독립적이며 반항적이라 할 정도로 자립적인 작품이다. 요컨대 이 책은 노숙한 문제의식이 담겨 있기는 하지만 청년기의 모든 결점, 특히 '장황함'과 '질풍노도'를 지닌 처녀작이다. 한편, 이 책이 거둔(특히 이 책이 마치 대화하는 것처럼 말을 걸고 있는 위대한 예술가 리하르트 바그너에게서 거둔) 성과를 고려해 볼 때, 이미 그 가치가 증명된 책이다.

아무튼 '당대 최고 인사들'을 만족시킨 책이라는 뜻이다. 따라서 이 책은 당연히 약간의 배려와 묵인 아래 다루어져야 한다. 그럼에도 나는, 이 책이 16년이 지난 지금 나에게 얼마나 불만스러우며, 얼마나 낯설게 내 앞에 있는가를 완전히 숨기지는 않겠다.

나의 눈은 늙고, 수백 배 버릇이 없어졌지만, 결코 냉담해지지는 않았으며, 이 대담한 책이 처음으로 과감하게 도전한—학문을 예술가의 관점에서 보고 예술을 삶의 관점에서 본다는 과제에 대해서도 결코 서먹서먹해지지 않았기 때문이다.

3

다시 한번 말해서 지금의 나로서는 이런 책을 쓸 수 없다. 나는 이 책을 형편없이 썼다. 서투르고, 지나치게 꼼꼼하고, 비유가 난무하고, 감상적이며, 곳곳에 달콤한 표현을 사용하여 여성적으로 보이기까지 하고, 빠르기가 고르지 않고, 논리적 명료성에 대한 의지가 없고, 너무나 확신에 차서 증명의 필요성을 인정하지 않는다. 그 결과, 증명의 적절성 자체까지도 의심하고 있다. 이 책은 전문가를 위한 책, 즉 음악의 세례를 받고 처음부터 공통적이면서도 드문 예술적 경험에 의해 맺어져 있는 사람들을 위한 '음악'이며, 예술의 혈족관계를 보여주는 식별표이다.

이것은 교만하고 열광적인 책이며, 처음부터 일반 '민중'보다 '교양인'들을 더 꺼려하고 있다. 그러나 이 책은 그 영향이 지금까지 증명해 왔고, 또 지금도 증명하고 있는 것처럼, 열광할 자를 찾아서 그를 새로운 샛길과 무도장(武道場)으로 이끌기에 충분하며 어떻게 이런 일이 가능한지 잘 이해하고 있음에 틀림없다.

어쨌든 여기에서 말한 것은—사람들이 호기심과 혐오감을 동시에 느끼며 시인하는 것이지만—한 낯선 소리의 주인공 '미지의 신'의 사도였다. 즉 한 때 학자의 두건 아래, 독일인의 둔중함과 변증법적인 무뚝뚝함 아래, 바그너주의자의 무례한 태도 아래 그 정체를 여태껏 숨기고 있던 신의 사도였다.

여기에는 낯설고, 아직 이름도 없는 욕구를 가진 하나의 정신이 있었다. 디오니소스라는 이름이 물음표처럼 붙어 있는 의문과 경험과 비밀로 가득한 기억이 있었다. 여기서 말한 것은—사람들은 시기심을 가지고 인정했다—어떤 신비로운, 거의 바카스의 무녀 마이나데스의 영혼과 같은 존재였다. 그런데 이 영혼은 힘겹게 제멋대로, 스스로를 알릴 것인지 숨길 것인지도 결정하지 못한 채 마치 외국어로 말하는 것처럼 더듬거린다.

이 '새로운 영혼'은 노래했어야 했다. 말을 하지 말았어야 했다! 내가 그때 말해야 했던 것을 시인으로서 과감하게 표현하지 못했다는 것은 얼마나 유감스런 일인가.

아마 그렇게 할 수 있었을 텐데! 적어도 문헌학자로서라도 발언하면 좋았을 것을. 지금도 이 분야에는 거의 모든 것이 문헌학자가 발견하고 발굴해야 하는 것으로 남아 있지 않은가! 특히 여기에 하나의 문제가 있다는 것—"무엇이 디오니소스적인가?"라는 물음에 우리가 아무런 대답을 할 수 없는 한 그리스인은 절대 인식되지 않으며, 상상도 할 수 없다는 문제 말이다.

4

그럼 무엇이 디오니소스적인가? 이 책 속에 그에 대한 해답이 있다. 여기서 신의 신비에 정통한 사도인 한 '지자(知者)'가 말하고 있다. 지금 내가 디오니소스적인 것이 어떻게 그리스인의 비극의 기원이 된 것인가라는 몹시 어려운 심리학적 문제를 다룬다면, 아마도 훨씬 신중하고 간략하게 말할 것이다.

근본적인 문제는 고통에 대한 그리스인의 관계, 즉 그 감수성의 정도이다—이 관계는 아무런 변화도 없었던가? 더해가는 아름다움에 대한 갈망, 즉 축제와 환락과 새로운 예배에 대한 그리스인의 욕구가 과연 결핍에서, 궁핍, 우울, 고통에서 자라났는가?.

페리클레스(혹은 투키디데스)가 큰 장례식 연설에서 우리에게 시사하고 있는 것처럼—그것이 참이라면—시간상으로 그 이전에 나타난 정반대의 욕구, 즉 추한 것에 대한 욕구, 염세주의, 비극적 신화, 삶의 밑바닥에 가로놓여 있는 모든 두려움, 악, 수수께끼, 파괴적인 것, 운명적인 것의 표상에 대한 고대 그리스인의 강한 의지는 도대체 어디서 생겨난 것인가? 비극은 도대체 어디에서 생겨났단 말인가?

그것은 쾌감에서, 힘에서, 넘치는 건강에서, 과도한 풍요에서 나오는 것이 아닐까? 비극 예술과 희극 예술이 만들어낸 광기, 즉 디오니소스적 광기는 생리학적으로 어떠한 의미를 갖는 것일까? 광기라고 해서 반드시 퇴화하고 몰락한, 말기적 문화의 징후는 아니지 않은가? 이것은 정신과 의사에게 하는 질문이다—어쩌면 건강에서 오는 노이로제가 있지 않을까? 민족의 청년기와 젊음에서 오는 노이로제가 있지 않을까? 신과 염소가 사티로스[3]의 몸 안에 함께 섞여 있다는 것은 무엇을 암시하는가? 그리스인은 어떠한 자기 체험과 충동 때문에, 디오니소스적인 열광자와 디오니소스적 인간 원형을 사티로스라고 생각한 걸까?

그리고 비극 합창단의 기원에 대해 말해 보자. 그리스인의 육체가 꽃피고, 그 영혼에 생명력이 넘치고 있었던 수세기 동안에도, 풍토병적인 광란이 있었던가! 공동체와 예배에 모인 사람들 전체에 번져나간 환영과 환각이 있었던가? 그리스인들이, 바로 자신들의 청년기의 풍요로움 속에서도 비극적인 것에 대한 의지를 가지고 있었을 뿐만 아니라 염세주의자였다면 어떨까?

플라톤의 말을 빌려서, 그리스 땅에 가장 큰 축복을 가져온 것이 바로 그 광기였다고 한다면? 거꾸로 그리스인들이 해체와 쇠약의 시기에 더 낙천적이며, 피상적이며, 연극적이며, 논리와 세계의 논리화에 대해 한층 더 열성적으로 되어 마침내 '명랑'하게 되는 동시에 '과학적'으로 되었다면 어떨까?

어떤가? 민주주의적인 취향의 모든 '현대적 이념'은 편견에도 불구하고 낙관주의가 승리하고 합리성이 우세하며, 실천적이고 이론적인 공리주의가 나타난다는 것은, 이와 시대를 같이하는 민주주의와 마찬가지로 힘이 약해지고 늙고 생리적 피로를 느끼는 징후가 아닐까? 에피쿠로스가—바로 고뇌하는 자로서—낙천주의자가 아니었던가? 보다시피 이 책은 온갖 어려운 커다란 문제를 짊어지고 있다. 우리는 이 책에다 가장 어려운 문제를 덧붙이기로 하자! 삶의 관점에서 볼 때 도덕이란 무엇을 의미하는가?

5

리하르트 바그너에게 부치는 서문에서, 예술은—도덕이 아니라—인간의 고유한 형이상학적인 활동으로 이미 설정되어 있다. 본문 속에서도 세계의 존재는 미적 현상으로서만 긍정된다는 풍자적인 명제가 되풀이 되고 있다. 실제로 이 책 전체는 모든 현상의 뒤에 숨겨진 예술적인 의미와 깊은 의미만을 다룬다. '신'이라고 불러도 좋으나, 이 신은 전혀 걱정하지 않는 비도덕적인 예술가로서의 신이다. 이 신은 파괴에서나 건설에서나, 악에서나 선에서나 변함없는 쾌락과 독재권을 느끼려고 하며, 여러 세계를 창조하여 충실과 과잉의 궁핍에서, 자기 안에서 억압된 고통에서 벗어난다. 다만 가상 속에서만 자기를 구원할 줄 아는 가장 괴로운 자, 가장 대립적인 자, 가장 모순에 차 있는 자는 영원히 변하며, 영원히 새로운 환영인 세계에서 매 순간 신의 구원이 실현된 상태에 있다.

이 모든 예술가의 형이상학을 보고 자의적이고 무익하며 공상적이라고 말할지 모른다. 중요한 점은 이미 어떠한 위험도 무릅쓰고 삶에 도덕적 해석과 의미를 부여하는 것에 저항했던 한 정신이 이 예술가의 형이상학을 통해 모습을 드러내게 된다는 것이다. 이 책에서 아마도 처음으로 《선악을 넘어서》에 있는 어떤 염세주의가 자신을 예고하고 있다.

여기에 표현되고 형식화되어 있는 것은 쇼펜하우어가 이미 분노의 저주와 번갯불을 퍼부어대던 '정신 태도의 전도'—도덕 자체를 현상의 세계 속에 두려고 하는 철학이다. 이 철학은 도덕을 여러 가지 '현상'(관념론적 술어의 의미에서) 속에 포함시킬 뿐만 아니라 가상, 망상, 오류, 해석, 가식, 기교의 허구 아래로 끌어내리려 한다.

아마 이러한 반도덕적인 성향의 깊이는 이 책 전체에서 그리스도교를 다루는 태도, 즉 신중하고 적대적인 침묵으로도 충분히 짐작할 수 있을 것이다. 그리스도교야말로 도덕적 주제의 철저한 표준으로써 인류가 여태껏 귀기울여온 것 가운데 가장 극단적인 것이었기 때문이다. 실제로 이 책에서 설명하고 있는 순전히 미적인 세계의 해석과 세계의 긍정에 대해 그리스도교의 교리보다 더 크게 대립하는 것도 없다.

그리스도교의 교의는 오직 도덕적이며 또 도덕적이기를 바랄 뿐이요, 스스로의 절대적 척도를 만들어, 예컨대 신은 절대로 거짓말을 하지 않는다는 식으로 모든 예술을 거짓의 세계 속으로 내쫓아 버린다. 즉 예술을 부정하고, 저주하고 유죄판결을 내린다. 이런 사고방식을 고집하는 한, 예술에 대해 적대적이지 않을 수 없다. 나는 오래 전부터 이런 사고방식의 배후에 삶을 적대시하는 태도와 삶 자체에 대한 원한에 찬 거역을 느끼고 있었다. 왜냐하면 그쪽에서 볼 때 모든 삶은 가상, 기교, 기만, 관점, 원근법과 오류의 필연성에 토대를 두기 때문이다.

그리스도교는 처음부터 본질적으로, 근본적으로 삶이 삶에 대해서 느끼는 구토요 권태였다. 이러한 것들이 '다른', 혹은 '더 좋은' 삶에 대한 믿음 아래 거짓으로 꾸며지고 숨겨지고, 치장될 뿐이다. '현세'에 대한 증오, 감정에 대한 저주, 미와 관능에 대한 공포는 이 세상을 더 잘 비방하기 위해서 피안(彼岸)을 생각해냈다. 이것은 궁극적으로 허무, 종말, 휴식에, '안식일 중의 안식일'에 도달하려는 욕구이다. 내게는 이 모든 것이 도덕적인 가치만을 인정하려는 그리스도교의 절대적인 의지와 마찬가지로, 언제나 '몰락에의 의지'의 모든 가능한 형식 가운데서 가장 위험하고 불쾌한 형식처럼 보였다.

적어도 삶에 대한 가장 깊은 질병, 피로, 불만, 소모, 가난의 징후처럼 보였다. 왜냐하면 도덕(특히 그리스도교적, 즉 절대적 도덕) 앞에서 삶은 본질적으로 비도덕적이라 항상 불가피하게 부정될 수밖에 없기 때문이며, 결국 삶은 경멸과 영원한 부정의 중압 아래 짓눌려 갈망할 만한 가치가 없는 것, 그 자체로서 무가치한 것으로 느껴져야만 하기 때문이다.

도덕 자체는—어떤가? 도덕은 '삶을 부정하는 의지'이며, 은밀한 파괴 본능, 몰락과 무시와 비방의 원리, 종말의 발단이 아닌가? 그렇다면 위험한 것 가운데서도 가장 위험한 것이 아닐까? 따라서 삶을 변호하는 나의 본능은 이 의심스런 책을 씀으로써 도덕에 대항하여 등을 돌렸다. 그리고 나의 본능은 삶에 대한 근본적으로 대립되는 가르침과 평가, 즉 하나의 순전히 예술적이고 반그리스도교적인 가르침과 평가를 생각해냈던 것이다.

이것을 뭐라고 부를까? 나는 문헌학자로서, 그리고 언어학자로서 어느 정도 자유롭게—반그리스도교인의 이름을 누가 제대로 알 것인가? —어떤 그리스의 신의 이름을 빌려서 불렀다. 나는 그것을 디오니소스적인 것이라 부른 것이다.

6

내가 이 책에서 어떠한 과제를 감히 다루려고 했는지 이해할 것이다. 매우 유감스러운 것은, 모든 점에서 이처럼 독자적인 견해와 시도를 독특한 언어로 표현할 만한 용기(혹은 불손?)가 내게 없었다는 것이다. 나는 쇼펜하우어와 칸트의 정식에 따라 그토록 힘들게 새로운 가치 평가를 표현하려고 노력했지만, 그것들은 칸트와 쇼펜하우어의 정신과 취미에 근본적으로 어긋나는 것이었다.

쇼펜하우어는 비극에 대해서 어떻게 생각했는가? 그는 《의지와 표상으로서의 세계》 제2편, 495쪽에서 다음과 같이 말하고 있다.

"모든 비극적인 것은, 세계와 삶은 참된 만족을 줄 수 없고, 따라서 우리가 집착할 만한 것이 못된다는 깨달아서야 획득되는 것이다. 여기에 비극적 정신의 본질이 있다. 그러므로 비극적 정신은 체념으로 이끈다."

오오, 디오니소스는 얼마나 다르게 말해주었는가! 오오, 바로 이 모든 체념주의가 당시의 나에게 얼마나 먼 것이었던가! 그러나 이 책에는 내가 유감으로 생각하는 것이 있는데, 그것은 쇼펜하우어의 방식에 따라서 디오니소스적 예감을 애매하게 하고 못 쓰게 만들어버린 것보다 훨씬 나쁜 것으로, 나의 마음에 떠오른 장대한 그리스적 문제를 최근의 일들과 섞음으로서 이를 못 쓰게 한 것이다! 그리고 아무런 희망도 없는 곳에, 모든 것이 너무나 명백하게 종말을 가리키고 있는 곳에 내가 여러 가지 희망을 걸었다는 것—최근의 독일 음악을 근거로 내가 '독일적 본질'에서 마치 지금 내 자신을 발견하고, 내 자신을 재회시키려고 하는 것처럼 헛소리를 지껄이기 시작했다는 것이다.

그것도 얼마 전에야 유럽 지배의 의지와 유럽을 지도할 힘을 가지고 있던 독일 정신이 유언을 남기며 마침내 자리에서 물러나버리고 제국 건설이라는 허울 좋은 구실 아래 평범화로, 민주주의로, '근대 이념'으로 이행해 가던 바로 그 시대에 말이다! 진실로, 그동안 나는 '독일의 본질'에 대해 아무런 희망도 품지 않고서 냉정히 생각하게 되었다.

완전히 낭만주의이며, 모든 가능한 예술 형식 가운데서도 가장 비그리스적인 현대 독일 음악에 대해서도 마찬가지였다. 게다가 독일 음악은 가장 크게 신경을 파괴했으며 술을 좋아하고 불명료성을 미덕으로 삼아 찬양하는 민족에게는 몽롱케 하는 마취제로서의 특질을 지니고 있어서 더욱 위험했다.

당시 나의 처녀작을 망친, 가장 현대적인 것에 대한 성급한 기대나 그릇된 판단과는 관계 없이, 이 책 속에 찍혀 있는 디오니소스적 물음표는 음악에도 여전히 적용된다. 즉, 독일 음악과 같은 낭만적 기원을 더이상 갖고 있지 않은—디오니소스적 기원을 가진 음악은 어떠한 성질을 지녀야 하는가?

7

그러나 그대여(니체 자신을 가리킴), 만일 그대의 책이 낭만주의가 아니라면, 도대체 무엇이 낭만주의란 말인가? 그대의 예술가적 형이상학에 나타나 있는 것보다 '현재', '현실', '근대 이념'에 대해 더 깊은 증오심을 나타낼 수 있는 것이 있을까? 그대의 예술가적 형이상학은 '지금'보다는 오히려 '무(無)'나 '악마'를 더 믿고 있지 않는가? 그대의 모든 대위법적 발성술과 귀의 유혹 기술 아래서 분노와 파괴욕의 기저음이 윙윙거리고 있지 않는가? '지금' 모든 것에 분노를 터뜨리는 결의는, 실천적 허무주의와 그다지 멀지 않는 하나의 의지가 아닌가? 그리고 이 의지는 "당신들이 옳다면, 당신들의 진리가 정당하다면, 도리어 아무것도 진리인 것은 없다!"고 말하는 것처럼 보이지 않는가!

염세주의자며 예술의 숭배자인 그대여, 귀를 열고 그대의 책에서 고른 한 대목에 귀를 기울여보라. 젊은 귀와 마음에는 쥐잡이의 피리[4]처럼 유혹적으로 들릴지 모르는, 웅변이라 할 수 있는 용(龍) 정벌자가 나오는 대목을. 어떤가? 그것은 1850년의 염세주의의 가면을 쓰고 있지만, 사실은 1830년의 진정한 낭만주의자의 고백이 아닌가? 그 고백 뒤에서는 이미 낭만주의자의 마지막 악장이 연주되기 시작한다. 좌절, 붕괴, 낡은 신앙과 낡은 신 앞으로의 복귀와 굴복이.

어떤가? 그대의 염세주의적인 책은 그 자체로서 반그리스주의와 낭만주의이며, 그 자체로서 '도취하게도 하며, 몽롱하게도 하는' 무엇이며 하여간 일종의 마취제가 아닌가? 뿐만 아니라 한 편의 음악, 독일 음악이지 않은가? 들어보라.

대담한 눈초리로 괴물을 향해 뛰어드는, 영웅적 성향을 지닌 다음 세대를 상상해보자. 이들 용을 물리치는 자들의 대담한 발걸음과 완전하고 충실한 가운데 '과감하게 살기 위해서' 낙관주의의 모든 허약한 가르침에 등을 돌리는 당당한 과감성을 생각해 보자. 이러한 문화의 비극적 인간은 진지함과 두려움에 대해 스스로를 훈련하면서 하나의 새로운 예술인 형이상학적 위안의 예술을, 즉 자신들에게 어울리는 헬레나[5]와도 같은 비극을 갈망하며 파우스트처럼 다음과 같이 부르짖지 않을 수 없었다.

내가 동경하는 힘으로 오직 하나뿐인 인물을 되살려서는 안 되는가?

"그것은 어쩔 수 없는 일 아닌가?" 아니다, 거듭 말하지만 아니다! 그대들 젊은 낭만주의자들이여, 그것은 어쩔 수 없는 일이어서는 안 된다! 그대들이 진지함과 두려움에 대해서 자신을 훈련했음에도 불구하고 '형이상학적으로 위로받아', 요컨대 낭만주의자들처럼 그리스도교적으로 끝나는 일은 충분히 있을 수 있다.

그러나 그래서는 안 된다! 그대들은 먼저 이 세상의 위로인 예술을 배워야 한다. 나의 젊은 친구들이여, 그대들이 전적으로 염세주의로 남아 있기를 원한다면 웃는 것을 배워야 한다.

그러면 아마 그대들은 웃는 자로서 언젠가는 모든 형이상학을 악마에게로 보낼 것이다. ―특히 형이상학적 위로를 맨 먼저! 차라투스트라라고 불리는 저 디오니소스적인 괴물의 언어로 말하자면 이러하다.

"나의 형제들이여, 그대들의 가슴을 들어올려라. 높게 더욱 높게! 그리고 두 다리 또한 잊지 말아라! 그대들 다리도 들어 올려라. 그대들 훌륭한 춤꾼들이여, 물구나무를 선다면 더욱 좋으리라!

웃는 자의 이 왕관, 장미꽃으로 엮은 이 왕관, 나는 이 왕관을 스스로 머리에 썼노라. 나 스스로 나의 웃음을 신성한 것이라고 말한다. 나 말고 이러한 일을 하기에 넉넉히 강한 사람을 아무도 발견하지 못했기 때문이다.

춤추는 자 차라투스트라, 날개로 신호하는 가벼운 자 차라투스트라, 모든 새들에게 신호를 보내며 날아오를 준비를 갖춘 자, 축복받는 경솔한 자—예언자 차라투스트라, 진정으로 웃는 자 차라투스트라, 조바심내지 않는 자, 절대적이지 않은 자, 도약과 탈선을 좋아하는 자, 나는 스스로 이 왕관을 쓰노라!

웃는 자의 이 왕관, 장미꽃으로 엮은 이 왕관을. 형제들이여, 나는 이 왕관을 그대들에게 던져 주노라! 나는 웃음이 신성하다고 말했노라. 그대들 고상한 인간들이여 나에게 배울지어다—웃음을!”

《차라투스트라는 이렇게 말했다》(제4부)

음악정신으로부터 나온 비극의 탄생

리하르트 바그너에게 바치는 서문

나는 깊이 존경하는 친구인 당신이 이 책을 받아보실 순간을 마음속에 그려보고 있습니다. 그것은 우리 미적 사회의 독특한 성격 때문에, 이 책 속에 종합되어 있는 사상이 어쩌면 불러일으킬지도 모르는 온갖 의혹과 흥분과 오해를 생각하지 않게 하기 위함이며, 훌륭하고 감격적인 순간의 화석처럼 이 책의 한 장 한 장마다 그 흔적을 남기고 있는 명상적 환희를 가지고 이 책의 머리말을 쓰기 위함입니다.

아마 당신은 겨울 눈 속의 저녁 산책을 끝낸 다음, 책의 표지 위에 그려진 〈쇠사슬에서 풀려난 프로메테우스〉를 바라보고, 또 나의 이름을 읽고 곧 이렇게 확신할 것입니다. 이 책에 무엇이 씌어 있든 간에 저자는 뭔가 진지하고 절실한 것을 말하려고 하고 있다는 것을. 그리고 저자가 생각해낸 모든 것이 당신과 얼굴을 마주하고 있는 것처럼 대화하며 이 대화에 알맞은 것만을 써 내려가고 있다는 것을.

당신은 베토벤에 관한 당신의 훌륭한 기념 논문이 나온 것과 같은 시기에 때마침 일어난 전쟁의 공포와 감격 속에서 내가 이 사상에 몰두했다는 점을 떠올리게 될 것입니다.

그러나 이러한 몰두와 관련하여 애국적 흥분과 미적 탐닉의 대립, 용기 있는 진지함과 쾌활한 유희 사이의 대립을 생각하는 사람이 있다면, 그 사람은 오해를 하고 있는 것입니다. 그 사람들이 실제로 이 책을 읽는다면, 오히려 우리가 얼마나 진지하게 독일적인 문제를 다루고 있는가를 알고 놀랄 것입니다. 이 문제를 던짐으로써 우리는 진정 처음으로, 독일이 품고 있는 희망의 한복판에 하나의 소용돌이, 전환점을 불러일으킨 것이니까요.

그러나 그들이 예술 속에서 '삶의 진지함'에 대한 유쾌한 첨가물, 또는 없어도 상관없을 방울소리 이상의 것을 인식할 능력이 없다면, 미적인 문제를 이처럼 진지하게 다루고 있는 것을 보고 대체로 불쾌해할 것입니다. 마치 그런 '삶의 진지함'에 대한 이러한 대조가 얼마나 중요한지를 아무도 모르는 것처럼 말입니다.

내가 예술이 삶의 최고의 과제이며 진정한 형이상학적인 행동이라고 확신하고 있다는 사실은 이러한 독자들을 계몽하는 데 도움이 될 것입니다. 나는 이제 이러한 길을 나보다 앞서 나간 나의 숭고한 투사인 당신에게 이 책을 바칩니다.

1871년 말, 바젤에서

1

예술의 발전은 아폴론적인 것과 디오니소스적인 것의 이중성과 관련이 있다. 이는 마치 생식이라는 것이 끊임없는 투쟁 속에서도 단지 주기적으로 화합하는 남녀의 이중성에 의존되어 있는 것과 유사하다. 우리가 이 점을 단지 논리적 통찰에서가 아니라 직접적으로 확실한 직관에 의해 알게 된다면, 미학을 위해 큰 소득을 얻게 될 것이다. 위의 이름들은 그리스인으로부터 빌린 것이다.

그리스인들은 자신들의 예술관의 심오하고 신비한 가르침을 개념을 통해서가 아니라, 그들이 만들어낸 신의 세계의 명료한 형상을 통해서 통찰력 있는 사람에게 알려주고 있다. 그리스 세계에서는 아폴론적인 조각가의 예술과 디오니소스적인 비조형적 음악 예술이 그 기원과 목표 면에서 크게 대립하고 있다고 우리는 인식한다. 아주 다른 이 두 가지 충동은 서로 평행하고 있다.

이 충동들은 대체로 공공연하게 서로를 자극하여 싸움의 흔적을 영원히 보존하기 위해 새롭게 거듭 태어나며 공존한다. 이 대립은 '예술'이라는 공통언어로 겨우 해소될 뿐이다.

이렇게 해서 이 두 충동은 그리스적인 '의지'의 형이상학적 기적에 의해 부부가 되고, 이 결혼에 의해서 디오니소스적인 동시에 아폴론적인 아티카 비극이 태어난다.

이 두 충동을 더 쉽게 이해하기 위해서 우선 이것들을 꿈과 도취라는 분리되어 있는 예술 세계로 생각해 보자.

이 두 생리현상 사이에는, 아폴론적인 것과 디오니소스적인 것의 사이에 있는 것과 같은 대립이 존재한다. 루크레티우스의 생각에 따르면 웅장하고 화려한 여러 신들의 자태가 인간의 마음에 처음으로 나타난 것은 꿈속에서였으며, 위대한 조각가가 초인적 존재의 매혹적인 신체 구조를 본 것도 꿈속에서였다고 한다. 그리고 그리스의 시인이 시적 창조의 비밀에 대한 질문을 받는다면, 그도 역시 꿈을 떠올리고 비슷한 가르침을 주었을 것이다. 이는 한스 작스[6]가 〈직업 시인〉 속에서 말하는 것과 같다.

> 나의 친구여, 자신의 꿈을 해석해 적어두는 것,
> 이것이 바로 시인의 일이로다.
> 믿으라, 인간의 가장 진실한 환상은
> 꿈속에서 나타난다는 것을.
> 모든 시 예술과 시작(詩作)은
> 꿈을 해석한 것에 지나지 않는다는 것을.

꿈의 세계를 낳는다는 점에서 모든 사람은 완전한 예술가이다. 이 꿈의 세계의 아름다운 가상은 모든 조형 예술의 전제이며, 앞으로 우리가 보겠지만 창작의 중요한 전제이기도 하다. 우리는 꿈에 나타난 형상을 직접 이해함으로써 즐기고 모든 형상은 우리에게 말을 걸어온다.

거기에는 있으나 없으나 상관 없는 것과 불필요한 것은 하나도 없다. 꿈속 현실의 최고의 삶에서도 우리는 이것이 가상이라는 것을 어렴풋이 느낀다. 적어도 나의 경험은 그러하다는 것, 즉 정상이라는 것을 입증하기 위해서 나는 많은 증거와 시인들의 말을 제시할 수도 있다. 게다가 철학적인 인간은, 우리가 그 속에서 살며 또한 존재하는 이 현실의 밑바닥에 또 하나의 전혀 다른 현실이 숨어 있으며, 어떤 사람의 이 현실 역시 하나의 가상일뿐이라는 것을 예감하고 있다. 그리고 쇼펜하우어는, 인간과 만물을 때때로 단순한 환영이나 꿈처럼 생각하게 하는 소질이야말로 철학적 재능의 대표적 표시로 본다. 철학자가 삶의 현실을 보듯 예술적으로 민감한 사람은 꿈의 현실을 본다.

그는 자세하게, 기꺼이 꿈의 현실을 바라본다. 이 형상으로부터 그는 인생이 무엇인가를 해석하고 이러한 과정을 통해서 자신의 삶을 연습하기 때문이다. 명확한 이해력을 가지고 그가 경험하는 것은, 결코 유쾌하거나 좋아하는 형상만은 아니다.

진지한 것, 음울한 것, 슬픈 것, 암담한 것, 뜻하지 않은 장애, 우연의 놀림, 불안한 예감 등, 요컨대 삶의 '신곡(神曲)' 전체가 '지옥편'과 함께 그의 곁을 스쳐 지나가는 것이다. 그것은 단지 그림자 연극처럼 스쳐지나가지는 않는다. 왜냐하면 이 장면들 속에서 함께 살고 함께 괴로워하기 때문이다. 그러나 이것 역시 가상이라는 어렴풋한 느낌이 남아 있다. 그리고 아마 많은 사람들도 나처럼 꿈속의 위험과 공포의 순간에 스스로 용기를 내려고 "이것은 꿈이야. 나는 이 꿈을 더 꾸고 싶어!" 하고 소리쳐서 성공한 적이 있음을 기억할 것이다.

나는 또한 사흘 밤이 넘도록 같은 꿈의 인과관계를 계속 유지했다는 사람의 이야기를 들은 일이 있다. 이러한 사실들이야말로 우리 모두의 공통 기반이 꿈을 경험할 때, 우리의 가장 깊은 본질, 즉 필연적으로 깊은 쾌감과 기쁨을 느낀다는 것을 분명히 입증하는 것이다.

그리스인들 또한 그들이 필연적으로 받아들이는 꿈 경험을 그들의 신 아폴론 속에 표현하고 있다. 아폴론은 조형신인 동시에 예언의 신이다. 그 어원에 따르자면 '빛나는 자', 즉 빛의 신인 아폴론은 내면의 환상 세계의 아름다운 가상까지도 지배한다.

대낮의 현실이 불완전한 데 반해서 꿈 속 상태는 진실하고 완전하다. 나아가 잠과 꿈속에서 치유하고 도와주는 자연의 깊은 배려는 예언하는 능력과 삶을 가능케 하는 동시에 가치 있게 해주는 일반적 예술의 상징적 유사물이기도 하다. 그러나 꿈속 형상이 병적으로 작용하지 않도록 하기 위해서는, 넘어서지 말아야 할 미세한 선이 있다. 그렇지 않으면, 가상은 조잡한 현실로서 우리를 기만할 것이다. 그 미세한 선 또한 아폴론의 형상에 없어서는 안 되는 것인데, 그 형상이란 적절한 한정, 광폭한 격정으로부터의 자유, 조형신의 예지에 찬 평정이다. 아폴론의 눈은 그의 기원에 알맞게 '태양다워야' 한다. 그가 화를 내고 불쾌한 눈초리로 바라볼 때도 아름다운 가상의 장중함은 그에게 서려있다.

쇼펜하우어가 마야의 베일[7] 속에 사로잡힌 인간들에 대해 말하고 있는 것

은, 중심에서 조금 벗어난 의미이기는 하지만 아폴론에게도 적용된다.《의지
와 표상으로서의 세계》제1권, 416쪽에서는 "끝없이 펼쳐진 채 포효하며 산
더미 같은 파도를 올렸다 내렸다 하는 광란의 바다 위에서, 한 뱃사람이 조
각배 위에 그 허약한 배를 믿으며 앉아 있는 것처럼, 고통의 세계 한복판에
서 개개의 인간은 개별화의 원리[8]를 의지하고 믿으며 고요히 앉아 있다."

그렇다. 그 원리에 사로잡힌 자의 이 원리에 대한 확고부동한 신뢰와 그
안에 사로잡혀 있는 자의 조용한 앉음새가 아폴론의 형상 속에 가장 숭고하
게 표현되어 있다고 말할 수 있을 것이다. 그리고 사람들은 아폴론을 개별화
원리의 장려한 신상(神像)이라고 불러도 좋을 것이다. 그의 아름다움과 더
불어 '가상'의 모든 쾌락과 지혜가 그의 태도와 눈초리를 통해 우리에게 말
을 건넬 것이다.

같은 곳에서 쇼펜하우어는 근거의 원리 가운데 어느 하나의 형태를 예외
로 인정해야 하는 것처럼 보이기 위해서, 인간이 현상의 인식 형식들에 대해
갑자기 혼란스러워할 때 그를 장악하는 끔찍한 전율을 묘사해 주고 있다. 이
전율과 함께 개별화의 원리가 깨졌을 때, 인간의 가장 깊은 근저로부터, 즉
자연으로부터 솟아오르는 기쁨에 넘치는 황홀감을 생각한다면, 우리는 디오
니소스적인 것의 본질을 엿볼 수 있게 된다.

이 디오니소스 적인 것은 도취를 유추하면 쉽게 설명된다. 디오니소스적
인 격정은 모든 원시인이나 원시 민족이 찬가 속에서 이야기하고 있는 마취
적 음료의 영향에 의해서, 혹은 모든 자연을 흥겹게 관통하는 봄이 힘차게
다가올 때 눈뜨게 된다. 이 감동이 고조되면서 주관적인 것은 완전한 자기
망각 속으로 사라진다.

독일 중세에도 동일한 디오니소스적인 힘의 영향을 받은 군중들이 점점
늘어나면서 노래하고 춤추며 이곳저곳으로 몰려다니곤 했다.

성 요한제[9]나 성 화이트제[10]의 난무하는 군중 속에서, 우리는 그리스인의
바커스 합창단의 면모를 볼 수 있다. 바카스제는 소아시아의 바빌론 축제와
열광적인 사카이엔제(祭)까지 거슬러 올라가는 역사를 가지고 있다. 세상에
는 경험 부족이나 둔감함 때문에, 그러한 현상들을 마치 '대중병(大衆病)'처
럼 보고, 자신은 건강하다고 생각하면서 그들을 조소하거나 동정하며 등을
돌리는 사람들이 있다.

그 불쌍한 사람들은 물론 디오니소스제 열광자들의 불타는 생명이 그들 곁을 스쳐 지나갈 때, 자신들의 '건강함'이 시체 같고, 유령처럼 보이는지를 전혀 느끼지 못한다.

디오니소스적인 것의 마력 아래서는 인간과 인간 사이의 유대만 다시 맺어지는 것 아니다. 소외되고 적대시되거나 억압되어 왔던 자연도 자신의 잃어버린 탕아인 인간과 화해의 축연을 다시 여는 것이다. 대지는 스스로 선물을 보내고, 암벽과 황야의 맹수들은 온순히 다가온다. 디오니소스의 수레는 꽃과 꽃다발에 묻히고, 표범과 호랑이가 그 멍에를 메고 걸어간다. 베토벤의 '환희의 송가'를 한 폭의 그림으로 바꾸어 보아라. 그리고 수백만의 사람들이 공포에 사로잡혀 땅에 엎드릴 때도 상상력을 버리지도, 움츠러들지도 말아라. 그러면 디오니소스적인 것에 다가갈 수 있으리라.

이제 노예는 자유인이다. 이제 곤궁과 자의와 '뻔뻔스러운 풍조'가 인간들 사이에 심어놓은, 완강하고 적대적인 구분들을 모두 파괴한다. 이제 세계의 조화라는 복음 속에서, 모든 사람은 저마다 그 이웃과 결합하고, 화해하고, 융화되어 있음을 느낄 뿐만 아니라 하나라는 것을 느낀다.

마치 마야의 베일이 갈가리 찢어져 신비로운 근원적인 유일자 앞에서 펄럭이고 있는 것처럼 노래하고 춤추면서, 인간은 더 높은 공동체의 일원임을 나타낸다. 그는 걷는 법, 말하는 법조차 잊어버리고, 춤추면서 허공으로 날아오르려고 한다. 그의 몸짓이 그가 마법에 걸려 있음을 말해 준다.

이제는 짐승이 말을 하고, 대지에는 젖과 꿀이 흐르는 것처럼, 인간으로부터도 어떤 초자연적인 것이 울려퍼진다. 그는 자신을 신으로 느끼며, 꿈에 본 신들이 자유롭게 거닐듯 한껏 고양되어 황홀하게 헤매고 다닌다. 인간은 더 이상 예술가가 아니다. 그는 예술품이 되어버린 것이다. 근원적 유일자에게 최고의 환희를 안겨주기 위해, 전체 자연의 예술적 힘은 도취의 소나기 아래 스스로를 드러낸다.

가장 고귀한 점토가 반죽되고, 가장 값진 대리석이 여기에서 조각된다. 그리고 디오니소스적인 세계 예술가의 끌 소리에 맞추어서, 엘레우시스의 비밀 종교 의식의 부르짖음이 울려퍼진다. "수백만의 사람들이여, 너희들은 무릎 꿇으려 하느냐? 세계여, 너는 창조주를 예감하느냐?"

지금까지 우리는 아폴론적인 것과 그에 대립물인 디오니소스적인 것을 예술적인 힘으로 보아왔다. 이 힘들은 예술가라는 인간을 매개로 하지 않고 자연 그 자체에서 쏟아져 나오며 이 힘들 속에서 자연의 예술 충동은 처음으로 그리고 직접적으로 충족된다.

하나는 꿈의 형상 세계로서, 이 세계의 완전성은 개인의 지적 수준이나 예술적 교양과는 아무 상관이 없다. 다른 하나는 도취적 현실로서 이것은 개인을 존중하지 않으며, 도리어 개인을 완전히 파괴하려 하고, 신비주의적인 일체감으로 이를 구제하려고까지 한다. 자연의 이러한 직접적인 예술 상태에 대해 모든 예술가들은 '모방자'이다. 그것도 아폴론적인 꿈의 예술가, 디오니소스적인 도취의 예술가 혹은 마지막으로—예컨대 그리스 비극에서처럼—도취와 꿈의 예술가, 이 셋 중에 하나이다.

우리는 세 번째 예술가를 다음과 같이 생각해야 한다. 그는 디오니소스적인 명정(酩酊)과 신비로운 자기 포기의 상태에서 열광하는 합창단으로부터 동떨어져 홀로 쓰러진다. 그리고 아폴론적인 꿈의 영향을 받아 이제 자신의 독특한 상태, 즉 세계의 가장 깊은 근저와 하나가 된 비유적인 꿈의 형상으로 나타난다.

이러한 일반적인 전제와 대조에 따라, 우리는 이제 그리스인에게 접근하자. 저 자연의 예술 충동이 어느 정도까지, 그리고 어떤 수준까지 그들에게서 전개되었는지를 알아보자. 이렇게 함으로써 우리는 그리스 예술가와 그의 원형인 자연과의 관계 혹은 아리스토텔레스가 표현한 '자연의 모방'[11]을 더욱 깊이 이해하고 평가할 수 있게 된다.

그리스인의 꿈에 관해서는 여러 가지 문헌과 많은 일화가 있음에도 불구하고, 다만 추측으로 말할 수밖에 없다. 그러나 이것은 어느 정도 확실한 이야기다. 믿기 어려울 만큼 명확하고 확실한 그들의 조형 능력과 그들의 밝고 솔직한 색채감각을 아울러 생각해 본다면 후세 사람들이 부끄러워해야 할 일이지만, 우리는 그리스인들의 꿈에서도 역시 선과 윤곽, 색채와 배열의 논리적 인과성이 있고 그들 최고의 부조작품과도 유사한 장면이 있었다는 것을 생각하지 않을 수 없다. 만약 이런 비유가 가능하다면, 이 인과성과 완전한 연속적 장면에 비추어 꿈꾸는 그리스인들을 호메로스라고 부르고 호메로스를 한 사람의 꿈꾸는 그리스인이라고 부른다 해도 부당하지는 않을 것이다.

현대인이 자신의 꿈에 대해 생각해 보고서 자신을 감히 셰익스피어에 비유하는 것보다 더 깊은 의미에서 그러하다. 한편, 디오니소스적 그리스인을 디오니소스적 야만인으로부터 구별하는 커다란 차이를 발견하려고 할 때 우리는 단순히 추측으로 말할 필요는 없다.

로마로부터 바빌로니아에 이르기까지 고대 세계의 모든 구석에서—새로 생긴 지역은 제외하고—우리는 디오니소스적 축제의 존재를 증명할 수 있다. 이 축제의 전형과 그리스인 축제의 전형의 관계는 기껏해야 염소에서 이름과 속성을 빌려온 수염 난 사티로스와 디오니소스와의 관계와 흡사하다. 거의 모든 곳에서 이들 축제의 중심을 이루고 있는 것은 과도한 성(性)적 방종이었다.

이 물결은 범람하여 모든 가족제도와 그 신성한 법규를 휩쓸어버렸다. 바로 자연의 가장 광포한 야수성이 여기에 풀리어, 음욕과 잔인의 흉측한 혼합이 이루어졌고, 이 혼합이 내게는 언제나 '마녀의 음료'로 보였다. 이러한 축제의 열광적인 흥분에 대한 풍문은 모든 육로와 해로를 통해서 그리스인에게 밀려 왔는데, 대단한 긍지를 가지고 우뚝 서 있는 아폴론의 모습에 의해서 오랫동안 완전히 보장받고 보호받는 것처럼 보였다. 아폴론이 메두사의 머리를 가지고 대항했던 적 가운데서 이 추악하고 기형적인 디오니소스의 힘보다 더 위험한 것은 없었다.

위엄을 갖추어 거부하는 아폴론의 태도가 영원히 표현되어 있는 것이 바로 도리스 예술이다. 그러나 그리스적인 것의 가장 깊은 근원으로부터 비슷한 충동이 일어나자 아폴론의 저항은 미심쩍고 심지어 불가능하게 되었다. 이제 델포이 신이 해야 할 일은 적당한 때 화해해서 이 강적으로부터 파괴적인 무기를 빼앗는 것뿐이다.

이 화해는 그리스 제전의 역사에서 가장 중요한 순간이다. 어디를 보더라도 우리는 이 사건이 가져다 준 변혁을 볼 수 있다. 그것은 이제부터 그들이 지켜야 할 경계선을 명확하게 긋고 주기적으로 명예의 선물을 보내는 것을 조건으로 하는 두 적수의 화해였다. 그러나 근본적으로는 양자의 간격은 좁혀지지 않았다.

저 평화협정의 압력 아래서 디오니소스적인 힘이 어떻게 스스로를 드러냈는가를 본다면, 우리는 그리스인의 디오니소스 비제(秘祭)에서 세계 구원의 축제와 변종의 날이 지니는 의미를, 저 바빌로니아의 사카이엔 족의 인간이 호랑이나 원숭이로 타락해 버리는 것과 비교하여 알게 된다. 그 축제일에 비로소 자연은 예술적 환희의 절정에 도달하여, 개별화 원리의 파기가 하나의 예술적 현상이 된다.

음욕과 잔학성으로 이루어진, 저 소름끼치는 마녀의 음모도 여기서는 힘을 잃는다. 디오니소스적 열광자들의 감정에서 볼 수 있는 이상한 혼합과 이중성만이—마치 약이 치명적인 독을 상기시키는 것처럼—마녀의 술을 생각나게 한다. 그것이 바로 고통이 쾌락을 불러일으키고, 환희가 가슴으로부터 비통한 소리를 자아내는 현상이다.

최고의 환희에서 울려나오는 것은 경악의 절규나 보상할 수 없는 상실을 애도하는 탄성이다. 마치 자연이 여러 개체로 분열할 수밖에 없는 것을 탄식하는 것처럼, 저 그리스의 축제에서는 자연의 감상적인 특성이 솟아난다. 이러한 이중의 기분을 가진 열광자들의 노래와 몸짓, 언어는, 호메로스적 그리스 세계에서는 새로운 것이었고 전대미문의 것이었다. 그리고 특히 디오니소스적 음악은 그들에게 이 세계에 공포와 전율을 불러일으켰다. 음악은 이미 아폴론적인 예술이 잘 알려져 있었지만, 그것은 엄밀하게 말하면 리듬의 파동에 지나지 않았으며, 이 리듬의 조형적인 힘은 아폴론적인 상태를 표현하기 위해서 전개되었다. 아폴론의 음악은 도리스 양식에 의한 음조의 구성이었다.

그 음조는 칠현금의 고유한 특성인 암시적인 음조에 지나지 않았다. 디오니소스적 음악, 음악의 일반적 성격을 이루고 있는 요소, 즉 격동적인 음조의 힘, 멜로디의 통일적인 흐름, 비길 데 없는 화음의 세계는 비아폴론적인 음악이라 하여 조심스럽게 배척당하고 있었다. 디오니소스 송가를 부르면서 인간은 자신이 지닌 모든 상징적인 능력을 최고로 발휘하도록 자극 받는다.

즉 마야의 베일의 파기라든가, 인간 종족의, 즉 자연의 영혼으로서의 일체화라든가 지금까지 느껴보지 못했던 그 무엇의 표현이 가까이 다가온다. 이제 자연의 본질을 상징적으로 표현해야 한다. 상징의 새로운 세계가 필요하다.

우선 입술, 얼굴, 말의 상징뿐만 아니라, 몸의 모든 부분을 율동적으로 움직이는 춤추는 몸짓을 사용하는 상징법이 필요하다. 그런 다음에 다른 상징적인 힘들, 즉 리듬과 강약과 화음을 통한 음악의 상징력이 갑자기 맹렬하게 커지게 되는 것이다. 모든 상징력을 이해하기 위해서 인간은 저 힘들 속에서 스스로를 상징적으로 표현하려는 자기 포기의 높이에 이미 도달해 있어야 한다.

주신찬가를 부르는 디오니소스 숭배자를 이해하는 자는 오직 그와 비슷한 이들뿐이다! 아폴론적 그리스인이 그를 바라보고서 얼마나 놀랐던가! 그 놀라움은, 이 모든 것이 원래 자기에게 무관한 것이 아니었고, 자기의 아폴론적 의식이 다만 한 장의 베일처럼 이 디오니소스적인 세계를 은폐하고 있다는 두려움에서 더욱 커졌다.

3

이것을 이해하기 위해서 우리는 아폴론적인 문화의 저 정교한 건물을, 건물의 토대를 발견할 때까지 돌 하나하나씩 헐어 내야 한다. 여기에서 우리는 우선 웅장하고 화려한 올림푸스 신들의 모습을 보게 된다.

이들 신의 형상은 이 건물의 박공(博栱) 위에 서 있으며, 그들 행동은 뛰어난 부조에 조각되어 건물의 소벽(小壁)을 장식하고 있다. 다른 신들과 나란히 서 있는 아폴론이 첫째가는 자리를 요구하지 않은 채 다른 신들과 함께 서 있다고 하더라도, 우리는 이를 보고 잘못 생각해서는 안 된다. 아폴론 속에 구체화된 그 충동이 올림푸스적인 세계 전체를 낳았으며, 이러한 의미에서 아폴론이야말로 세계의 아버지라고 해도 좋다. 올림푸스 신들의 그처럼 빛나는 사회를 낳게 한 거대한 욕구는 도대체 무엇이었을까?

어떤 다른 종교를 마음속에 지닌 채, 이들 올림푸스 신들에게 접근하여 도덕적 숭고, 비육체적 정신성, 자애로운 사랑의 눈길을 찾으려는 사람이 있다면, 그 사람은 환멸을 느끼고 화가 나서 곧 그들에게서 등을 돌리게 될 것이다. 여기에는 금욕, 정신성, 의무를 생각하게 하는 것은 아무것도 없기 때문이다.

의기양양하기까지 한 존재만이 우리에게 말할 뿐이다. 이 존재 안에 있는 모든 것은 선악에 관계 없이 신격화되어 있다. 그래서 이를 보는 관찰자는 이 환상적인 삶의 충만 앞에서 깜짝 놀라 이렇게 자문할 것이다. 도대체 어떤 마법의 술을 마셨기에 이 오만한 사람들은, 그들이 어느 쪽을 보든, 그들 자신의 존재의 이상상인 헬레나가 '감미로운 관능 속을 떠돌며' 그들에게 미소를 던지는 것을 볼 수 있을 정도로 삶을 향락할 수 있었을까라고. 그러나 이미 등을 돌린 이 관찰자에게 우리는 다음과 같이 부르짖어야 한다. "자리를 떠나지 말고 우선 들어 보게. 여기서 도저히 설명할 수 없는 명랑성을 가지고 자네 앞에 펼쳐진 이 삶에 대해서 그리스인들의 민족적 지혜가 무엇을 말하고 있는지를."

오랜 전설이 있다. 미다스왕[12]은 디오니소스의 시종인 현자 실레노스[13]를 오랫동안 숲 속에서 추적했으나 잡지 못했다. 그가 마침내 왕의 손에 잡혔을 때 왕은 그에게 인간에게 가장 좋은 것, 그리고 가장 중요한 것이 무엇이냐고 물었다.

그 마신(魔神)은 꼼짝도 않은 채 입을 다물고 있었다. 그러다가 왕이 강요하자 마침내 껄껄 웃으면서 대답했다. "가련한 하루살이여, 우연의 자식이여 고생의 자식이여, 듣지 않는 편이 가장 복된 일일 텐데, 왜 내게 말하라고 강요하는가? 그대에게 가장 좋은 것은 그대들이 도저히 할 수 없는 것이네. 태어나지 않는 것, 존재하지 않는 것, 무(無)라는 것이지. 그러나 그대에게 차선(次善)의 것은—곧 죽어버리는 것이네."

이 민족적 지혜와 올림푸스 신들의 세계는 어떠한 관계를 가지고 있었을까? 그것은 고문 받는 순교자의 황홀한 환상과 그의 고통의 관계와 같다.

이제 우리 앞에 올림푸스의 마(魔)의 산이 나타나 그 뿌리를 우리에게 보여준다. 그리스인은 삶의 공포와 전율을 알고 있으며 또 느끼고 있었다. 살아가기 위해서 그들은 이러한 공포와 전율 앞에 올림푸스 신들이라는 꿈의 산물을 세워 두어야 했던 것이다. 자연의 거대한 힘에 대한 저 커다란 불신, 모든 인식 위에 무자비하게 군림하는 저 운명의 여신 모이라, 인간의 위대한 벗인 프로메테우스[14]를 공격하는 저 독수리(Geier), 현명한 오이디푸스의 저 잔혹한 운명, 오레스트(Orest)에게 모친 살해를 강요하는 아트레우스[15] 일가에 대한 저주, 요컨대 우울한 에트루리아인(Etrurier)을 멸망하게 한, 저 숲 속의 신의 철학 전체와 그들의 신화 속의 여러 사례들—이 모든 것은 올림푸스 신들의 저 예술적 중간 세계를 통해 그리스인들에 의해서 끊임없이 극복되었고 은폐되고 시야에서 사라지게 되었다. 살기 위해서 그리스인은 가장 절실한 필요성에 의해 신들을 창조했다. 그 과정은 이렇게 상상해볼 수 있다. 원래의 거대한 공포의 신의 질서가 아폴론적 미의 충동에 의해서 서서히 변화하면서 올림푸스 환희의 신의 질서로 발전했다. 마치 장미꽃이 가시 덤불에서 피어나는 것처럼.

만일 삶이 보다 높은 영광에 휩싸여 그리스 신들 속에 표현되어 그들에게 나타나지 않았다면 그토록 민감하고 그토록 욕망이 강렬하며, 고뇌하는 능력만을 가진 그 민족이 어찌 삶을 지탱할 수 있었을 것인가. 계속 살아가도록 유혹하는 삶의 보충 및 완성으로서의 예술을 불러일으킨 그 충동이 올림푸스의 세계를 탄생시켰으며, 그리스적 '의지'가 이 세계를 정화의 거울로 삼고 거기에다 자기 모습을 비추어보았던 것이다.

신들은 스스로 인간의 삶을 살아감으로써 인간의 삶을 정당화한다. 이것만으로도 충분한 변신론(辯神論)이지 않는가! 이러한 신들의 밝은 햇빛 아래서의 삶은 그 자체만으로도 추구할 가치가 있는 것으로 느껴진다. 이리하여 호메로스적 인간의 고통스런 삶은 이별, 특히 곧 찾아올 이별과 관계가 있는 것이다.

그러므로 이제 우리는 실레노스의 지혜를 거꾸로 뒤집어서 그리스인들에 대해 이렇게 말할 수 있을 것이다. "그들에게 가장 나쁜 것은 머지않아 죽는다는 것이며, 그 다음으로 나쁜 것은 누구나 언젠가는 죽는다는 것이다." 이 비탄이 한 번 울려 퍼지면, 단명했던 아킬레스로부터, 나뭇잎과 같은 인간의 무상함으로부터, 영웅시대의 종말에로부터 탄성이 들리게 된다.

가장 위대한 영웅이 비록 날품팔이로 산다고 해도 더 살고 싶어한다는 것은 부끄러운 일이 아니다. 이렇게 아폴론적인 단계(Apollinischen Stufe) 16)에서 '의지'는 삶을 뜨겁게 갈망했고, 호메로스적인 인간은 자신이 이러한 삶과 하나임을 느꼈기에 비탄마저도 삶의 찬가가 된다.

여기서 말해 두어야 할 것이 있다. 근대인이 동경에 가득 찬 눈으로 바라보던, 실러가 '소박'이라는 말로 표현한 자연과 인간의 조화, 즉 합일은 우리가 모든 문화의 입구에서 인류의 낙원으로서 만날 수밖에 없는 단순하고 자연 발생적인 불가피한 상태는 아니라는 것이다. 이러한 것을 믿을 수 있었던 것은 루소의 에밀을 예술가로서 생각하려 하고, 호메로스 속에, 자연의 품속에서 자란 예술가 에밀을 발견했다고 망상한 시대뿐이었다.

우리가 예술에서 '소박한 것'을 만날 경우, 거기에는 언제나 아폴론적인 최고의 문화 작용이 있다는 것을 알아야 한다. 아폴론적인 문화는 언제나 먼저 거인 왕국을 뒤엎어 괴물들을 죽여야 하고, 강력한 광기의 기만과 환희에 찬 환영으로 세계관의 무서운 심연과 민감한 고통의 능력을 이겨내야 한다. 그러나 소박한 것, 즉 가상의 미에 완전히 몰입하고 있는 상태는 얼마나 이루기 어려운가! 그러니 호메로스는 얼마나 말로 표현할 수 없을 정도로 숭고한가!

왜냐하면 그는 마치 꿈의 예술가가 그 민족과 자연이 꿈꾸는 능력을 대표하는 것처럼 아폴론적 민족 문화를 대표하기 때문이다. 호메로스적 '소박성'은 아폴론적 환상의 완전한 승리로 이해되어야 한다.

이것은 자연이 자신의 의도를 달성하기 위해서 자주 사용하는 것과 같은 환상이다. 참다운 목표는 환상에 의해 은폐된다. 우리는 이 환상을 잡으려고 두 손을 뻗고, 자연은 우리를 속임으로써 그 목표를 성취한다. 그리스인들 속에서 '의지'는 천재와 예술 세계를 찬미하면서 스스로를 나타내려고 했다.

스스로를 찬미하기 위해서는 의지의 피조물들도 자신을 찬미할 만한 가치가 있는 것으로 느껴야만 했다. 의지의 피조물들은 보다 높은 영역에서 서로 다시 만나야 했는데, 이렇게 완성된 직관의 세계는 그리스인들에게 무엇을 명령하거나 비난하지 않았다. 이것은 미의 영역이었고, 거기서 그리스인들은 거울에 비친 자신들의 영상인 올림푸스의 신들을 보았다. 미의 거울을 가지고 그리스의 '의지'는 예술적 재능과 관계있는 고뇌의 재능, 고뇌의 지혜에 이르는 재능에 맞서 싸웠다.

그리고 승리의 기념비로서 호메로스라는 소박한 예술가가 우리 앞에 서 있었다.

4

이 소박한 예술가에 대해서는 꿈의 비유가 몇 가지 가르침을 준다. 꿈을 꾸는 사람이 꿈속의 환영을 깨뜨리지 않고 '이것은 꿈이야. 나는 이 꿈을 더 꾸고 싶어' 이렇게 부르짖는다고 하자. 우리는 곧 꿈의 세계를 바라보는 일 자체가 내면적으로 깊은 쾌감을 준다는 결론을 이끌어낼 수 있다.

반면 꿈을 꿀 때 쾌감을 맛보기 위해서는 대낮과 대낮의 끔찍하고 귀찮은 일들을 완전히 잊어버려야만 한다. 이 모든 현상을 우리는 꿈 해설가인 아폴론의 인도에 따라 다음과 같이 해석할 수 있다. 삶은 확실히 반은 깨어 있고 반은 꿈꾸고 있는 상태로 있다. 그러나 우리는 깨어 있는 때가 비교도 안 될 만큼 우월하며, 중요하고 귀중하며, 살 만한 가치가 있다고 생각하거나 그때만 진정으로 살고 있는 것이라고 생각한다. 그렇더라도 나는 역설적으로 보이지만 우리 본질의—이 본질의 현상이 우리다—비밀스러운 근거를 해명하기 위해서 그와 정반대로 꿈을 평가할 수 있다고 주장한다. 즉 내가 자연 속에서 저 강력한 예술 충동을 감지하고, 이 충동들 속에서 가상에 대한 열렬한 동경과 가상을 통한 구원의 열렬한 갈망을 인식하면 할수록, 나는 다음과 같은 형이상학적 가설을 점점 더 받아들이게 된다.

실재하는 근원적 한 사람은 영원히 고통받는 자이자 모순에 가득 차 있는 자로서 자기를 끊임없이 구제하기 위해서 동시에 황홀한 환영, 환희에 넘치는 가상을 필요로 한다. 가상 속에 사로잡혀 있으며, 또 가상으로 이루어져 있는 우리 인간은 이 근원적 한 사람이 만들어 내놓은 가상을 참으로 존재하지 않는 시간과 공간과 인과율 속에 나타나는 부단한 생성으로, 바꾸어 말하면 경험적 실재로 느껴야 한다.

우리가 우리의 '실재'에서 잠시 눈을 돌려, 우리의 경험적 존재를 세계의 경험적 존재와 마찬가지로 매 순간 만들어져 나온 근원적 한 사람의 표상으로서 파악한다면, 우리는 이제 꿈을 가상의 가상으로, 그리고 가상에 대한 근원적 욕망의 보다 고차원적인 충족으로 보아야 한다. 이와 같은 이유에서 자연의 가장 내면적인 핵심은 소박한 예술가에 대해서, 그리고 '가상의 가상'에 지나지 않는 소박한 예술 작품에 대해서 말할 수 없는 환희를 느낀다.

불멸의 '소박한 예술가' 가운데 한 사람이었던 라파엘로는 어떤 비유적인 그림 속에서 가상이 가상으로 약화되는 과정(현실계라는 가상의 세계를 바꾸어 환상적 가상을 만들어내는 과정), 즉 소박한 예술가 및 아폴론적인 문화의 근원적 과정을 우리에게 묘사해 주고 있다. 그의 작품 〈그리스도의 변용〉의 하반부에는 미친 소년, 절망하는 운반자들, 어찌할 바를 모르고 겁에 질린 사도들의 모습이 그려져 있는데, 이 부분은 세계의 유일한 근거인 영원한 근원적 고통을 반영한다. '가상'은 여기서 영원한 모순, 즉 여러 사물의 아버지를 반영한다.

이 가상으로부터 이제 감미로운 향기처럼, 환영 같은 새로운 가상 세계가 솟아오른다. 첫 번째 가상(눈에 보이는 세계)에 사로잡혀 있는 사람은 이것을 전혀 볼 수 없다. 이것은 가장 순수한 환희와 크게 뜬 눈으로부터 반사되는 고통 없는 관조 속에 밝게 떠 있는 빛의 세계이기 때문이다.

여기서 우리는 최고의 예술적 상징을 통해 아폴론적인 미의 세계와 그 토대인 실레노스의 무서운 지혜를 똑똑히 보고 이 둘의 상호 필연성을 파악하게 된다. 그러나 아폴론은 또다시 우리에게 개별화 원리의 신격화로서 나타난다.

오로지 이 원리에서만 근원적 한 사람이 영원히 추구하는 목표, 즉 가상을 통한 자기 구원이 실현된다. 아폴론은 숭고한 몸짓으로 고통의 세계가 얼마나 필요한가를 우리에게 보여 준다. 개개인은 이 고통의 세계로 인해서 자기를 구원할 환영을 어쩔 수 없이 만들어내고, 이 환상의 관조에 깊이 잠겨들어 바다 한가운데 흔들리는 조각배 위에서도 고요히 앉아 있을 수 있다는 것을 보여준다.

이러한 개별화의 신격화를 일반적으로 명령적이고 훈계를 주는 것으로 생각하는 경우에는 오로지 하나의 법칙밖에 모른다. 개인의 한계를 지킨다는 것, 즉 그리스적 의미의 중용이 바로 그것이다. 윤리적인 신으로서 아폴론은 자신의 신자들에게 중용을 요구하며, 이 중용을 지킬 수 있도록 하기 위해 자기 인식을 요구한다. 그리하여 아름다움에 대한 미학적 요구와 함께 "너 자신을 알라!" "지나치지 말라!" 이런 요구가 생겨난다.

반면에 불손함과 지나침은 비아폴론적인 영역에 본래 적의를 가진 악령들로, 아폴론 이전의 시대인 거인 시대와 아폴론 이외의 세계, 즉 야만인 세계의 특성으로 생각되었다. 인류에 대한 거인적 사랑 때문에 프로메테우스는 독수리에게 몸이 찢겼고, 오이디푸스는 스핑크스의 수수께끼를 풀 정도로 지나친 지혜 때문에 범죄의 어지러운 소용돌이에 빠져야만 했다. 델포이의 신은 그리스의 과거를 이렇게 해석했다.

아폴론적인 그리스인에게는 디오니소스적인 것이 불러일으키는 영향도 '거인적'이고 '야만적'인 것으로 생각되었다. 그러나 이때도 그 자신이 내면적으로는 멸망한 거인이나 영웅들과 닮았다는 것을 스스로에게 감출 수 없었다.

뿐만 아니라 그 이상의 것을 느껴야만 했다. 고통과 인식의 은폐된 기반 위에 안주하고 그의 존재 전체는 모든 아름다움과 중용을 지녔음에도 불구하고, 저 디오니소스적인 것에 의해 다시 모습을 드러내게 된 것이다.

보라! 아폴론은 디오니소스 없이는 살아갈 수 없었다! '거인적인 것'과 '야만적인 것'은 결국 아폴론적인 것과 마찬가지로 필연적이다. 이제 우리는 가상과 중용 위에 세워져 인공적인 둑으로 둘러싸인 이 세계 속으로 디오니소스제(祭)의 황홀한 음조가 어떻게 점점 더 유혹적인 마법의 멜로디를 타고 흘러들어갈 수 있는지 생각해 보자. 또 어떻게 이 멜로디 속에 환희와 고통과 인식이 폐부를 찌르는 절규가 되었는지 생각해 보자. 유령 같은 하프 소리를 울리며 노래 부르는 아폴론의 예술가가 이 신 내리는 민요에 대해 도대체 무엇을 표현할 수 있었겠는가 생각해 보자! '가상' 예술의 여신 뮤즈들도 도취 속에서 진리를 말하는 예술 앞에서는 창백해지고 만다. 실레노스의 지혜가 명랑한 올림푸스 신들에게 '슬프도다! 슬프도다!' 탄식한다.

모든 한계와 절도를 지닌 개체들은 디오니소스적인 상태의 자기 망각 속에 빠져 갔고, 아폴론적인 규칙을 망각했다. 지나침이 진실로 모습을 드러냈고, 고통에서 탄생할 환희라는 모순이 자연의 가슴으로부터 자신을 알렸다. 그리고 디오니소스적인 것이 휩쓸고 지나간 모든 곳에서 아폴론적인 것이 지양되고 소멸되었다.

그러나 또한 명백한 사실은 첫 번째 공격을 견딘 곳에서는 델포이 신의 명성과 위엄이 훨씬 더 견고하고 위압적으로 되었다는 것이다. 따라서 나는 도리스 국가[17]와 도리스 예술을 아폴론적인 것이 살아남은 진영으로 설명할 수 있다. 디오니소스적인 것의 거인적이고 야만적인 본질에 부단히 저항함으로써 성벽으로 둘러싸인 예술, 그토록 전투적이고 가혹한 교육, 그토록 잔혹하고 용서 없는 국가 조직이 오랫동안 존속할 수 있었던 것이다.

여기까지는 내가 이 책의 첫머리에서 말한 것을 좀 더 상세하게 논한 것에 지나지 않는다. 디오니소스적인 것과 아폴론적인 것이 계속해서 새로운 탄생을 되풀이하고 서로 강화시켜 나가면서 어떻게 그리스인의 본질을 지배해 왔는가를 다루었다.

거인들의 투쟁이 있었고 잔혹한 민간철학이 있었던 '청동기' 시대로부터 아폴론적 미의 충동의 지배 아래서 어떻게 호메로스의 세계가 발전했고, 디오니소스적인 것의 거센 물결이 밀려와 이 '소박'한 장엄을 어떻게 삼켰으며, 이 새로운 세력에 맞서 아폴론적인 것이 어떻게 스스로를 도리스 예술과 도리스 세계관의 굳건한 위엄으로 고양시켰는가를 다루었다.

고대 그리스의 역사는 저 적대적인 두 원리의 투쟁 속에서, 네 가지 커다란 예술 단계로 구분된다. 그러나 마지막에 도달한 단계, 즉 도리스식 예술의 시기가 저 예술 충동의 절정도 의도도 아니라면, 우리는 이제 이러한 생성과 활동의 궁극적 계획에 대해 묻지 않을 수 없다. 여기서 아티카 비극과 극적인 주신찬가라는 숭고하고 찬양받는 예술 작품이 이 두 충동의 공통적 목표로 우리 눈앞에 나타난다.

오랜 투쟁 끝에 이루어진 두 충동의 신비로운 결혼은 그들의 자식인 작품—안티고네[18]인 동시에 카산드라[19]—속에서 영광을 입었다.

5

이제 우리는 연구의 본래 목적에 가까이 가고 있다. 디오니소스적—아폴론적 예술가와 그 예술 작품을 인식하고, 적어도 그 통일성의 신비를 예감하며 이해하려 했던 목표에 다가간 것이다. 여기에서 우리는 우선 그 뒤에 비극과 연극적 주신찬가로 발전해갔던 저 새로운 싹이 그리스 세계의 어디에서 맨 처음 나타났는가 하는 의문을 제기한다. 이 점에 대해선 고대가 구체적 실례를 제공한다.

고대는 그리스 문학의 시조 및 봉화 전달자인 호메로스와 아르킬로코스를 조각이나 보석 등에 나란히 새겨 넣었는데, 이것은 쌍벽을 이루는 두 독창적인 인물만을 그리스의 후대 전체에 걸쳐서 흐른 불꽃의 흐름의 원천으로 생각해야 한다는 확신에서 비롯된다.

자기 내면으로 침잠하는 백발의 예술가, 아폴론적인 소박한 예술가의 전형인 호메로스는, 이제 삶 속을 내닫는 전투적인 뮤즈의 시종 아르킬로코스의 정열적인 정신을 깜짝 놀란 눈으로 바라본다. 이 점에 대해 근대 미학은 비로소 '객관적' 예술가 앞에 최초로 '주관적' 예술가가 대립되어 나타난 것이라고 해석할 뿐이었다.

이러한 해석은 우리에게 그다지 도움이 되지 않는다. 우리가 주관적 예술가를 열등한 예술가에 지나지 않는다고 생각하고 있고, 예술의 모든 종류와 단계에서 무엇보다 먼저 주관적인 것을 극복하고, '자기'로부터 해방되고, 모든 개인적인 의지와 욕망을 억제하도록 요구하기 때문이며, 게다가 객관성 즉 이해관계를 떠난 순수한 직관 없이는 진정한 예술적 창작은 기대할 수 없다고 생각하기 때문이다.

그러므로 우리의 미학은 '서정시인'이 어떻게 해서 예술가가 될 수 있는가 하는 문제를 먼저 해결해야 한다. 서정시인은 모든 시대의 경험에 비추어 볼 때, 항상 '나'를 말하고 자기의 열정과 욕망의 반음계(半音階) 모두를 우리에게 노래한다. 바로 이 아르킬로코스는 호메로스의 옆에서 증오와 조소를 부르짖으면서, 도취 상태에서 자기 욕망을 분출하여 우리를 놀라게 한다.

그렇다면 아르킬로코스는 최초의 주관적 예술가라고 불리는 그야말로 비예술가가 아닌가. 이것이 사실이라면, '객관적' 예술의 중심지인 델포이의 신탁마저도 주목할 만한 잠언에서 시인인 그에게 비친 그 찬양은 어디에서 온 것일까?

실러는 자기 스스로도 설명할 수는 없지만, 자신의 시 창작 과정을 의심할 여지가 없어 보이는 심리학적 관찰로써 밝힌다. 그는 시 창작을 하기에 앞서 오히려 음악적 기분을 갖는다고 한다. 사상의 질서정연한 인과율에 따라 배열된 일련의 영상들 같은 것을 마음속에 떠올리는 것이 아니다. ('나의 경우, 그 느낌은 처음에는 일정하고 명확한 대상을 갖지 않는다. 대상은 뒤에 가서 형성된다. 어떤 음악적 기분이 먼저 일어나고 그것에 이어 비로소 시적 이념이 나타난다.') 고대 서정시 전체의 가장 중요한 현상은 서정시인과 음악가의 결합, 즉 동일 인물이 시를 썼다는 사실이다—이에 비해 우리 근대 서정시는 머리가 없는 신상처럼 보이지만—이 현상은 당시에는 당연하게 생각되었다. 우리는 이제 앞서 말한 미적 형이상학을 근거로 서정 시인에 대해 이렇게 설명할 수 있다. 서정시인은 우선 디오니소스적 예술가로서 근원적한 사람과 일체되고 그의 고통 및 모순과도 완전히 하나가 되어서 음악을 만들어낸다.

만일 이 음악이 세계의 반복, 세계의 이차원적인 유출이라고 정당하게 불린다면 그는 이원적 유일자의 모상을 음악으로 산출한 것이다. 그러나 이제 이 음악은 그에게 마치 비유적인 꿈의 현상과 같은 모습으로 아폴론적인 꿈의 영향을 받아 눈에 보이게 된다. 영상도 개념도 없이 이루어진 음악 속에 아폴론적인 꿈의 영향은 근원적 고통을 구원하여 개개의 비유 혹은 표본을 만들어낸다.

예술가는 이미 디오니소스적 과정 속에서 자신의 주관성을 탈피했다. 이제 세계의 마음과 하나가 된 영상은 근원적인 쾌감과 함께 근원적 모순과 근원적 고통을 구체화 하여 눈으로 보게 해주는 꿈의 장면이 된다. 따라서 서정시인의 '자아'는 존재의 심연에서 울려나온다. 근대 미학자들이 사용하는 의미에서 그의 '주관성'은 하나의 망상일 뿐이다. 그리스의 제일의 서정시인 아르킬로코스가 뤼캄베스의 딸들[20]에게 자신의 미칠 듯한 사랑과 경멸을 표할 때, 우리 앞에서 도취의 황홀경에 빠져 춤추는 것은 그 개인의 정열이 아닌 것이다.

우리는 디오니소스와 그의 여자 시종 마이나데스이며 잠들어가고 있는 도취한 열광자 아르킬로코스다. 에우리피데스가 《바커스의 무녀들》 속 디오니소스를 그리듯이, 아르킬로코스는 높은 알프스의 목장에서 한낮의 태양 아래 잠든다. 그리고 이제 아폴론이 다가와 월계수 잎으로 그의 몸을 건드린다.

잠자는 사람의 디오니소스적·음악적 마력은 이제 형상의 불꽃처럼 그의 주위에서 타오르고 있다. 이것이 바로 최고로 발전한 비극과 연극적 주신찬가로 불리는 서정시들이다.

조각가와 이와 같은 계통의 서정시인은 형상에 대한 순수한 관조에 몰두한다. 디오니소스적인 음악가는 아무런 형상도 없이 단지 근원적 고통과 이 고통의 반향(反響)일 뿐이다. 서정적 천재는 신비한 자기 포기 상태와 합일 상태로부터 조각가나 서사시인의 세계와는 전혀 다른 색채, 인과율, 속도를 가지고 있다.

조각가와 서사시인은 이 형상들 속에서만 즐거움을 느낄 수 있고, 그 형상들을 아주 미세한 부분까지도 지칠 줄 모르고 애정 어린 시선으로 바라본다. 그들에게 화난 아킬레우스는 하나의 형상에 지나지 않으며, 그의 화난 표정은 가상에 대한 꿈의 욕망을 가지고 관상을 보는 대상에 지나지 않는다. 그래서 서사시인은, 이러한 가상의 반영을 통해서 작품 속의 인물과 융합하거나 하나가 되는 위험에서 벗어난다.

이와는 반대로 서정시인의 형상들은 그 자신에 지나지 않는다. 말하자면 그것은 자기 자신의 여러 가지 다양한 객관화일 뿐이다. 그러므로 그는 세계의 움직이는 중심점으로서 '나'를 말해도 되는 것이다. 다만 이 '자아'는 깨어 있고, 경험적·현실적인 인간의 자아도 아니며, 참으로 존재하는 유일한 자아, 여러 가지 사물의 근저에 자리잡은 자아이다. 서정적 천재는 이 자아의 모상을 통해서 사물의 근저까지 꿰뚫어 본다.

우리는 이제 어떻게 서정적 천재가 이러한 모상 아래서 자기도 천재가 아니라고 인정하는지, 그리고 커다란 자아의 모상 속에 자신의 '주관'을 인정하는지 생각해 보자. 또한 그가 실재한다고 생각되는 어떤 사물에 대한 주관적 열정과 의지가 뒤섞인 전체를 인정하는 지를 생각해 보자. 만약 서정적 천재와 그에 결부된 비천재가 마치 하나인 것처럼 보이고, 마치 서정적 천재가 자기 자신에 대해서 '나'라는 말을 하는 것처럼 보이더라도, 이러한 겉모습에 속은 사람들이 서정시인을 주관적 시인이라고 부르는 것처럼 더 이상 우리는 속지 않을 것이다. 정열에 불타올라 사랑하는 인간인 아르킬로코스는 사실 정령의 환상에 지나지 않는다.

이 정령은 이미 아르킬로코스 개인이 아니라 세계의 영이며, 자신의 근원적 고통을 인간 아르킬로코스라는 비유를 써서 상징적으로 표현한다. 이와 반대로 주관적인 의지와 욕망을 가진 인간 아르킬로코스는 결코 시인이 될 수 없다. 그러나 서정시인은 자기 앞의 인간 아르킬로코스의 현상만을 영원한 존재의 반영으로 볼 필요는 없다. 비극은 서정시인의 환영 세계가 가장 가까이 있는 저 현상으로부터 얼마나 멀리 떨어질 수 있는가를 증명한다.

서정시인이 철학적인 예술관을 갖는 데 어려움이 있다는 것을 감추지 않았던 쇼펜하우어는 하나의 탈출구를 발견했다. 나는 그와 함께 이 길을 갈 수는 없지만, 어려움을 결정적으로 없앨 수 있는 수단은 그의 손에, 즉 음악에 대한 그의 심오한 형이상학에 주어져 있다.

나는 그의 정신을 계승하여 그리고 그의 명예를 위해서 여기에 어려움을 해결했다고 믿는다. 그는 노래의 고유한 본질에 대해《의지와 표상으로서의 세계》제1권, 295쪽에서 다음과 같이 말한다.

"노래하는 자의 의식을 가득 채우는 것은 의지의 주체, 즉 자신의 의욕이다. 그것은 가끔 해방되고 충족된 의욕(환희)으로서, 그보다는 훨씬 더 자주 억압된 욕구(비애)일 수도 있다.

그것은 항상 정념, 열정, 감동의 마음 상태이다. 그러나 이와 동시에 주위의 자연을 바라봄으로써 노래하는 자는 자신을 순수하고 의지가 없는 인식의 주체로서 인식하게 된다. 이제 이 인식의 흔들림 없는 심적 고요는 항상 제한되어 여전히 충족되지 못한 의욕의 충동과 대조를 이룬다.

이 대조의 느낌이야말로 노래 전체에 표현되는 것이며, 일반적으로 서정적 상태를 이루는 것이다. 서정적 상태에서 말하자면 순수한 인식이 우리를 의욕과 그 충동으로부터 구원하기 위해 다가온다. 우리는 이 인식을 따른다.

이것은 잠시뿐이다. 우리는 의욕과 우리의 개인적인 목적을 상기하여 고요한 관조에서 빠져나온다. 그러나 가장 가까이 있는 아름다운 환경은 항상 다시금 우리를 의욕에서 꾀어낸다. 이 환경 속에서는 순수하고 의지가 없는 인식이 우리 앞에 나타난다. 그러므로 노래나 서정적 기분에서는 욕구(목적에 대한 개인적 관심)와 눈앞의 환경에 대한 순수한 관조가 기묘하게 뒤섞인다.

이 둘의 관계를 탐구하고 상상하면 주관적인 기분이나 의지의 흥분은 자기 색채를 관조된 환경에 반영하고, 이 환경은 다시 그 색채를 전자에 반영한다는 것을 알 수 있다. 이처럼 혼합되고 분열된 정서의 모든 상태를 복사(複寫)한 것이 진정한 노래이다."

이 서술을 읽고, 서정시가 이리저리 뛰어다니면서 목표에 도달하지 못하는 예술, 불완전하게 달성된 예술로 특정지어져 있다는 것을 오해하는 사람이 있을까? 또 의욕과 순수한 관조, 즉 비미학적인 상태와 미학적 상태의 기묘한 혼합 속에 반예술(半藝術)적 본질이 있다는 것을 오해하는 사람이 있을까?

쇼펜하우어 또한 예술을 분류할 때 마치 주관적인 것과 객관적인 것의 대립 관계 가치기준으로 사용했는데, 우리는 도리어 이러한 대립 자체가 일반적으로 미학에서는 부적당하다고 주장한다. 왜냐하면 주체, 욕구를 가지고 자기의 이기적 목적을 추구하는 개체는 예술의 근원으로서가 아니라 오로지 예술의 적으로서만 생각되기 때문이다.

그러나 그 주체가 예술가인 이상, 그는 이미 자신의 개인적 의지로부터 해방되었고 그로 인해 실재하는 하나의 주체는 가상에서의 자기 구원을 축복하는 매개자가 되었다. 왜냐하면 모든 예술 연극이 결코 우리를 위해서, 우리의 개선과 교육을 위해서 상연된 것이 아니며, 우리가 저 예술 세계의 본래 창조자도 아니라는 사실을 자각해야 하기 때문이다. 그러나 우리는 우리 자신이 예술 세계의 진정한 창조자에게는 이미 영상들이고 예술적인 투영(投影)이며, 또한 예술 작품의 의미 속에서 최고의 존엄을 가진다는 사실을 인정해도 될 것이다. 실존과 세계는 미적 현상으로서만 영원히 정당화기 때문이다.

물론 우리의 의미에 대한 이러한 의식은 화폭 위에 그려진 군인들이 그 화폭에 표현된 전투에 대해 가지는 의식과 다르지 않다. 그러므로 우리의 예술에 대한 모든 지식은 완전히 환상적인 것이다. 왜냐하면 저 예술이라는 연극의 유일한 창조자이자 관객으로서 영원히 향락을 누리는 그 존재와 우리는 결코 하나가 아니며, 동일하지도 않기 때문이다.

다만 천재가 예술적 창조 행위를 할 때 세계의 근원적 예술가와 융합한다면, 그는 예술의 영원한 본질에 대해서 무엇인가 알게 된다. 그러한 상태에서 그는 이상하게도 눈알을 빙글빙글 돌려서 자기 자신을 바라볼 수 있는 동화 속의 섬뜩한 인물과 흡사하기 때문이다. 이때 그는 주체인 동시에 객체이며, 시인인 동시에 배우이며 관객이다.

6

아르킬로코스에 대해 학자들이 발견한 것은, 그가 문학에다 민요를 도입하였다는 것, 그리고 이 업적 때문에 그리스인의 일반적 평가에서 호메로스와 어깨를 나란히 할 수 있는 유일한 지위가 그에게 주어졌다는 것이다.

그러나 서사시가 완전히 아폴론적인 데 반해서 민요의 본질은 무엇인가? 아폴론적인 것과 디오니소스적인 것이 결합하는 부단한 흔적이 아니고 무엇이란 말인가. 항상 새로이 탄생하면서 강화되며 모든 민족에 퍼져가는 민요의 맹렬한 전파력은 우리에게 자연의 저 이중적 예술 충동이 얼마나 강한가를 보여주는 하나의 증거이다. 어떤 민족의 열광적인 운동이 그의 음악 속에 영원히 흔적을 남기는 것과 마찬가지로 저 자연의 이중적 예술 충동은 그 흔적을 민요 속에 남긴다.

실제로 민요가 풍미했던 시대가 동시에 디오니소스적 조류의 강력한 영향을 받았다는 사실은 역사적으로도 증명할 수 있을 것이다. 우리는 디오니소스적 조류를 항상 민요의 바탕이자 전제로 보아야 한다.

우리는 민요를 무엇보다도 음악적인 세계의 거울이며 근원적인 선율로 생각한다. 이 선율이 이제 이에 대응하는 꿈의 현상을 찾아 그 현상을 시로 표현한다. 선율이야말로 최초의 것이고 보편적인 것이다. 그렇기 때문에 여러 가지 가사에 의해서 여러 가지로 대상화할 수 있다. 민중의 소박한 평가에서도 선율은 훨씬 더 중요시되며 필수불가결한 것으로 생각된다.

선율은 그 자신의 몸에서 시를 낳는다. 그리고 그것을 늘 새롭게 되풀이한다. 바로 민요의 분절 형식이 이것을 알려준다. 마침내 이러한 해석을 발견할 때까지 나는 이 분절 형식을 늘 경탄하며 고찰했다. 예컨대 《소년의 마적》 같은 민요집을 이 이론에 비추어 보면, 이 끊임없이 산출되는 선율이 주위에 형상의 불꽃을 흩뿌리는 수많은 사례를 발견할 것이다. 이 형상들은 그 다채로움, 급격한 변화, 그리고 그 미쳐 날뛰는 점에서 서사시적인 가상이나 그 고요한 흐름과는 매우 이질적인 힘을 나타낸다. 서사시의 관점에서 보면 이러한 서정시의 불균형하고 불규칙적인 형상의 세계는 바로 부정되어야 한다. 테르판드로스(Terpandros)[21] 시대의 아폴론 축제에서 장엄하게 서사를 읊은 음유시인들은 그렇게 했다.

우리는 민요의 가사 속에서 언어가 음악을 모방하려고 매우 긴장하고 있는 것을 본다. 호메로스의 시 세계와 가장 근본적으로 모순되는 하나의 새로운 시 세계가 아르킬로코스와 함께 시작된다. 이로써 우리는 시와 음악, 언어와 음조 사이의 유일하게 가능한 관계를 설명했다. 언어, 형상, 개념은 음악과 유사 표현을 찾으며 이제는 음악의 위력을 전면적으로 받는다.

이러한 의미에서 우리는 그리스 민족의 언어 역사를, 언어가 현상계와 형상계를 모방했는가, 아니면 음악 세계를 모방했는가에 따라 두 개의 주요 흐름으로 구별할 수 있을 것이다.

이 대립의 의미를 파악하기 위해서는 호메로스와 핀다로스(Pindar)[22]에서 나타나는 색채, 통사적 구조와 어휘의 차이점에 대해 좀더 생각해 보는 것이 좋다. 그러면 호메로스와 핀다로스 사이에 올림푸스의 열정적 피리 가락이 울려 퍼졌다는 사실이 구체적으로 분명해질 것이다. 이 피리 가락은 음악이 비교도 안 될 만큼 발달한 아리스토텔레스 시대에도 사람들을 도취적 열광 상태로 몰아넣었고, 그 근원적 영향력은 당시 사람들을 유혹하여 그 피리 가락에서 모든 시적 표현 수단을 모방하도록 만들었다. 나는 여기서 우리 미학에는 불쾌하게만 생각되는, 우리시대의 잘 알려진 한 현상에 주의를 돌리고자 한다. 우리가 되풀이해서 경험하는 일이지만, 예컨대 베토벤의 교향악을 들을 때 개개의 청중은 아무래도 머릿속에 어떤 형상을 그리게 된다.

하나의 악장에서 산출된 여러 가지 형상 세계들이 모이면, 참으로 환상적으로 다채롭게, 또 서로 모순되게 보일 것이다. 거기에 빈약한 기지를 발휘하여 그것들을 조합하지만, 진정 설명할 만한 가치가 있는 현상을 간과해 버리는 것, 이것이 우리 미학의 수법이다. 설령 작곡자 자신이 작곡에 대해서 비유적으로 말하는데, 예컨대 어떤 교향곡을 《전원교향곡》이라 부르고, 그 한 악장을 〈시냇가의 풍경〉, 다른 악장을 〈농부의 즐거운 모임〉이라 이름을 붙이는 경우가 미학의 수법이라 할 수 있다.

그것은 다만 음악에서 태어난 비유적 표상에 불과하다. 음악이 모방하는 대상이란 전혀 없다. 이러한 표상은 음악의 디오니소스적인 내용에 대해 어느 측면도 우리에게 가르쳐줄 수 없다. 또한 다른 형상들과 마찬가지로 어떤 독자적인 가치도 지니고 있지 않다. 분절 형식의 민요가 어떻게 해서 생겨나는가, 또 언어능력 전체가 음악의 모방이라는 새 원리에 의해서 어떻게 자극되는가를 예감하기 위해서는 이제 먼저 있던 음악이 형상들 속으로 폭발적으로 표현되는 과정을 젊고 활기찬, 언어적으로 창조적인 어떤 대중들에게 적용해 봐야 한다.

이처럼 서정시는 언어가 음악을 모방한 것이며, 따라서 음악은 언어의 상징적 비유나 언어의 개념을 통해서 섬광처럼 비치는 것이라 볼 수 있다. 그렇다면 그 다음에 제기되는 문제는 그러한 상징성과 개념의 거울에 음악은 어떠한 것으로 나타나는가 하는 점이다. 그 답은 '음악은 의지로서 나타난다'는 것이다.

여기서 '의지'란 쇼펜하우어가 말하는 의미에서 해석한 것이다. 따라서 음악은 미학적이고 순수하게 관조적이며, 의지가 없는 미적 기분의 반대로를 의미한다. 이때 사람들은 가능한 한 명확하게 본질의 개념을 현상의 개념과 구별해야 한다. 음악은 그 본질상 의지일 수 없기 때문이다.

음악이 의지라고 한다면, 예술의 영역에서 완전히 추방되어야 한다. 왜냐하면 의지는 그 자체로는 미적인 것이 아니기 때문이다. 그러나 음악은 의지로서 나타난다.

왜냐하면 음악이 형상 속에 표현되기 위해서 서정시인은 사랑의 속삭임부터 광기의 노여움에 이르기까지 온갖 정열의 충동을 필요로 하기 때문이다. 아폴론적인 비유로 음악을 이야기하려는 충동에 사로잡힌다면, 서정시인은 모든 자연과 그 속에 있는 자기 자신을 영원히 갈망하고, 열망하고, 동경하는 자로서 이해하게 된다.

그러나 그가 음악을 형상으로 해석하는 한, 비록 음악이라는 매개체를 통해 관조하는 모든 것이 그의 주위에서 아무리 밀고 당기며 움직이고 있더라도, 그 자신은 아폴론적인 고요의 바다에서 편히 쉰다. 물론 그가 음악의 매체를 통해 자신을 바라본다면, 자신이 불만스러운 감정 상태에 있다는 것을 발견하게 될 것이다. 그에게 자기 자신의 의욕, 동경, 신음, 환호는 음악을 해석하기 위한 비유이다.

이것이 서정시인의 현상이다. 그 자신은 완전히 의지의 욕구로부터 벗어난 순수하고 맑은 태양의 눈이지만, 아폴론적인 천재로서 음악을 의지의 형상으로 해석한다.

이러한 모든 논의는 서정시가 음악 정신에 의존하고 있다는 사실은 물론 음악 자체가 그 무제약성 때문에 형상과 개념을 필요로 하지 않고 오히려 그 형상과 개념을 옆에 두고 참고 있는 것이라고 주장한다.

서정시인 음악을 들었을 때 자신의 느낌을 어떤 비유적인 형상과 개념으로 표현하고 싶더라도, 그의 작품인 시는 원래 음악 속에 보편타당한 것으로 존재하지 않았던 것은 아무것도 표현할 수는 없다. 음악의 세계 상징은 바로 이런 이유에서 언어로는 도저히 충분히 설명할 수 없다.

왜냐하면 음악이라고 하는 것은 근원적 한 사람의 가슴속에 있는 근원적 모순과 고통과 상징적으로 관계를 맺고 있으며, 따라서 모든 현상은 도리어 단순한 비유에 지나지 않기 때문이다. 그러므로 언어가 현상들의 기관이자 상징인 이상 결코 음악의 가장 깊은 내부를 드러낼 수는 없으며, 음악을 모방하려고 하더라도 언제나 언어는 음악과의 피상적인 접촉에만 머무를 뿐이다.

서정시가 아무리 그 표현을 다한다 하더라도, 음악의 가장 깊은 의미에서는 한 발자국도 가까이 다가갈 수 없는 것이다.

그리스 비극의 기원은 미로라고 표현할 수밖에 없는데, 우리가 이 미로에서 빠져나갈 길을 찾기 위해서는 지금까지 논의된 모든 예술 원리의 도움을 받아야 한다. 고대 전승의 단편적인 누더기가 이미 자주 조합되고, 쪼개졌음에도 불구하고, 비극의 기원에 대한 문제가 해결되기는커녕 지금까지 한 번도 본격적으로 제기된 적이 없었다고 말한다면, 나는 그것이 전혀 불합리한 주장은 아니라고 생각한다.

이러한 전승은 우리에게 비극은 비극 합창단에서 발생했으며, 비극은 근원적으로 합창에 지나지 않으며, 합창단 이외의 아무것도 아니라는 것을 단호히 말한다.

우리는 비극 합창단이란 이상적인 관객이라든가, 무대 장면이라는 제후들의 영역과는 반대되는 민중을 대표하는 영역이라는 상투적인 예술의 미사여구에 만족하지 않고, 본래의 연극으로써의 이 비극적 합창의 핵심에 접근해야 한다. 앞에서 마지막 해석—민중으로 이루어진 합창단에는 민주적 아테네 시민의 영원한 도덕률이 나타나 있으며, 이 합창단이야말로 왕후들의 정열적인 난행과 방종을 초연하게 바라 본다—은 아리스토텔레스의 한 마디 말로 아무리 강력하게 시사되었다 할지라도, 비극이 원래 어떻게 해서 성립되었는가 하는 근본 문제에 대해서는 어떤 실마리를 제공하지 못한다.

왜냐하면 민중과 왕후와의 대립이라든가, 일반적으로 정치적, 사회적 영역의 문제는 순전히 종교적인 기원에서는 제외되고 있기 때문이다.

우리는 아이스킬로스와 소포클레스의 고전적 비극 합창 형식에 관해서도 거기에 '입헌적 대의제도'가 예감된다고 하는 설을 모독이라고 본다. 그러나 사람들은 이러한 모독을 감수하며 받아들였던 것이다. 입헌적 대의제도와 같은 것은 고대의 국가 제도가 실제로 알지 못했으며, 아마 그 비극 속에서도 '예상'조차 할 수 없었던 것이다.

합창단의 이러한 정치적 해석보다는 A.W. 슐레겔[23]의 견해가 훨씬 유명하다. 그는 합창단을 관중의 핵심이요 진수로서, 즉 '이상적 관객'으로 볼 것을 우리에게 권장하고 있다. 이 견해는 비극이 원래 합창단에 지나지 않았다고 하는 역사적 전승과 비교할 때 그 정체가 드러난다. 즉 이 견해는 조잡하고 비과학적이기는 하지만 빛나는 주장이다.

그러나 이 견해가 빛나고 있다 하더라도 그 표현의 집중적인 형식에 의해서, '이상적'이라고 불리는 모든 것에 대한 게르만적인 편파성에 의해서, 그리고 우리의 일시적인 경이에 의해서 얻어진 것에 지나지 않는다. 즉, 우리가 잘 알고 있는 극장의 관중을 저 합창단과 비교하면, 그리고 이러한 관중을 이상화함으로써 거기에서 비극 합창단과 닮은 것을 만들어낼 수 있는가를 묻게 된다면, 우리는 놀라게 되는 것이다.

우리는 이것을 마음속에서 은밀히 부정하면서 이제 그리스 관중이 전혀 다른 성질을 가졌다는 것에 놀라는 동시에, 슐레겔의 주장의 대담함에도 놀라게 된다. 왜냐하면 진정한 관객이란, 비록 그 관객이 누구든지 간에 자기들이 보고 있는 것은 예술 작품이며, 경험적 현실이 아니라는 것을 자각해야 한다는 것은 당연하다고 생각해 왔기 때문이다.

그런데 그리스인의 비극 합창단은 무대의 인물을 생생한 실재의 인물로 보게 한다. 바다의 신 오케아노스 딸들의 합창단²⁴⁾은 실제로 거인 프로메테우스를 눈앞에 보고 있다고 믿고 있으며, 자신을 무대 위의 신과 마찬가지로 실재한다고 생각하고 있다.

그러면 오케아노스의 딸들처럼 프로메테우스가 육체를 가지고 거기에 존재하며 실재하고 있다고 생각하는 것이 과연 최고의, 그리고 가장 순수한 부류의 관객이라고 할 수 있을까? 무대 위에 뛰어올라 신을 그 고통에서 벗어나게 하는 것이 이상적인 관객의 특징이라고 할 것인가? 우리는 미적 감각을 가진 관객을 믿었으며, 개개의 관객은 예술 작품을 예술로서, 즉 미적으로 받아들이는 능력이 있으면 있을수록 그만큼 유능한 관객이라고 생각했다.

그런데 이제 슐레겔의 말은 이상적인 관객이란 무대의 세계에서 미적인 감명을 받는 것이 아니라, 생생한 경험적인 인상을 받는다는 것을 우리에게 시사한다. 오오, 이 그리스인들이여! 그대들은 우리의 미학을 뒤집어 놓는 것이 아닌가! 우리는 탄식했다. 그러나 이러한 일에 익숙해진 우리는 합창단이 문제될 때마다 슐레겔의 말을 되풀이했던 것이다.

그러나 이 경우 극히 명확한 전승이 슐레겔에게 이의를 제기한다. 비극의 원시적 형태였던 무대 없는 합창단과 이상적인 관객으로 이루어진 합창단과는 양립될 수 없는 것이다. 관객이라는 개념에서 벗어난 예술이란 도대체 어떠한 종류의 것일까? 이러한 예술의 형식으로는 '관객 자체'를 생각하지 않으면 안 될 것이다.

연극 없는 관객이란 모순된 개념이다. 우리는 비극의 탄생을 합창단에 나타나 있는 민중의 도덕적 판단력에 대한 존경으로부터, 그리고 연극 없는 관객이라는 개념으로부터도 설명할 수 없는 것이 아닌가 하고 생각한다. 이러한 천박한 고찰 방법을 가지고서는 도저히 다룰 수 없을 만큼 이 문제의 내력은 너무나 깊다는 것이 우리의 견해이다.

합창단의 의의에 대한 훨씬 가치 있는 통찰은 실러가 이미 《메시나의 신부》의 유명한 서문에서 시사하고 있다. 그는 합창단을 현실의 세계로부터 차단된 비극이 비극 특유의 이상적인 영역과 그 시적 자유를 확보하기 위해서 자기의 주위에 둘러친 살아 있는 성벽이라고 보고 있다.

실러는 이 무기를 가지고 자연적이라는 비속한 생각, 연극의 경우에 자각이라는 것이 일반적으로 요구되고 있다는 견해에 맞서 싸운다. 그에 의하면 대낮이라 하더라도 무대 위에서는 인공적인 대낮에 지나지 않으며 건축물도 상징적인 것이며, 운율적인 언어도 이상적인 성격을 띠고 있으나, 결국 여전히 오해가 지배하고 있다는 것이다.

즉, 사실은 모든 시의 본질인데 사실을 단순히 시적 자유로 허용하는 것만으로는 충분하지 못하기 때문이다. 합창단을 끌어들이는 것은 그것으로 예술상의 모든 자연주의에 대해 공개적으로 선전포고하는 결정적인 조치라고 실러는 말한다. 이와 같은 고찰 방법은 자기의 우월을 함부로 믿는 현대가 '사이비 이상주의'라는 모욕적인 슬로건을 사용하는 것처럼 보인다.

내가 두려워하고 있는 것은 자연적인 것, 현실적인 것을 존중하는 나머지, 그들 현대인이 모든 이상주의와 정반대의 극에 다다른 것이 아닌가 하는 점이다. 즉, 납세공(蠟細工)의 진열장이라고도 할 영역에 다다른 것이 아닌가 하는 것이다. 이들 진열실에도 예술은 있다. 마치 현대의 어떤 통속 소설에도 예술이 있는 것처럼. 다만 이러한 예술에 의해서 실러, 괴테의 이른바 '사이비 이상주의'가 극복되었다고 자부함으로써 우리를 괴롭히지 말기를 바랄 뿐이다.

실러의 올바른 통찰에 의하면 원시 비극의 합창단, 즉 그리스의 사티로스 합창단이 언제나 걸어가는 곳은 물론 이상적인 땅이다. 이 땅은 보통의 인간이 왕래하는 현실의 길보다 훨씬 높은 장소이다. 그리스인은 이 합창단을 위해서, 가공적인 자연 상태를 나타내는 발판을 만들고 그 위에다 가공적인 자연적 존재자를 두었다.

비극은 이러한 기반 위에서 성장했으며, 이 이유만으로도 이미 처음부터 현실의 꼼꼼한 묘사는 외면되고 있었다. 그러나 그것은 멋대로 하늘과 땅 사이의 공상에 의해서 설정한 세계는 아니다. 오히려 그것은 올림푸스 산과 거기에 살고 있는 신들이, 신앙심이 두터운 그리스인에게 갖고 있었던 것과 같은 현실성과 신빙성을 가진 세계였다. 디오니소스제 합창 단원인 사티로스는 신화와 예배에 의해서 정화(淨化)된, 종교적으로 승인된 현실의 세계에 살고 있다.

사티로스와 함께 비극이 시작했다는 것, 사티로스의 입을 빌려서 비극의 디오니소스적인 지혜가 이야기되었다는 것은 일반적으로 비극이 합창단으로부터 발생한 것과 마찬가지로 우리에게는 기이하다고 생각되는 현상이다. 만약 우리가 가공의 자연적 존재자인 사티로스와 문명인에 대한 관계가 디오니소스적인 음악과 문명에 대한 관계와 같다는 주장을 듣는다면, 아마 우리는 고찰의 출발점을 얻을 것이다.

문명에 관해서 리하르트 바그너는 마치 등불이 햇빛에 의해서 그 빛을 잃는 것처럼, 문명은 음악에 의해서 무력화되었다고 말하고 있다. 마찬가지로 그리스의 문화인은 사티로스 합창단의 얼굴을 보았을 때, 그 자신의 무력함을 느꼈음에 틀림없다고 나는 생각한다.

국가와 사회, 일반적으로 인간과 인간의 간격은 자연의 가슴으로 우리를 도로 데려가는 강력한 일체감 앞에서 사라진다. 이것이 디오니소스적 비극의 가장 첫 번째의 영향이다. 사물의 밑바닥에 있는 생명은 현상의 모든 변화에도 불구하고 파괴하기 어려울 만큼 강력하고 환희에 차 있는 형이상학적 위안—내가 이미 여기에서 시사하고 있는 것처럼, 어떠한 비극을 막론하고 진정한 비극은 궁극적으로는 우리에게 형이상학적 위안을 가져다 준다—이 위안이 구체적이며 명료하게 나타난 것이 바로 사티로스 합창단이다.

말하자면 모든 문명의 배후에 불사신으로서 살아 있어, 세대와 민족사의 모든 변천에도 불구하고 영원히 동일한 자연적 존재자들의 합창단은 구체적으로 이 위안을 나타낸다.

그리스인들은 아무리 적은 고뇌에도, 아무리 무거운 고뇌에도 비할 바 없는 감수성을 가지고 있었다. 그 뛰어난 관찰력을 가지고, 이른바 세계사의 무서운 파괴 활동과 자연의 잔학성의 핵심을 다같이 통찰함으로써 불교적인 의지의 부정을 동경하는 위험 앞에 서 있었던 그리스인은 이 합창단에 의해서 위안을 얻었던 것이다.

그들을 구제한 것은 예술이다. 그리고 예술을 통해서, 스스로를 위해서 그들을 구제한 것은 삶이다.

생존의 일상적 제한과 한계를 파괴하는 디오니소스적 상태의 황홀경은, 그것이 계속하고 있는 동안에는 혼수상태적 요소를 포함하고 있으며, 과거에 개인적으로 체험한 모든 것은 잊어버리게 된다.

이러한 망각의 틈에 의해서 일상적 현실계와 디오니소스적 현실계가 서로 단절하게 된다. 그러나 저 일상적 현실계가 다시 의식에 떠오르면, 그 자각은 구토를 동반한다. 금욕과 의지에 대한 부정적인 기분은 디오니소스적인 상태에서 생겨난 것이다.

이 의미에서 디오니소스적인 인간은 햄릿과 흡사하다. 둘 다 사물의 본질을 진정으로 통찰했다. 즉 그들은 인식했던 것이다. 그들은 행동하는 것에 구토를 느낀다. 왜냐하면 어떻게 행동하더라도, 그들이 사물의 영원한 본질에 아무런 변화도 가져오지 못하기 때문에 뒤죽박죽이 된 세계를 다시 정돈하도록 기대하는 것은 우습거나 불명예스럽다고 느끼기 때문이다.

인식은 행동을 죽인다. 행동하기 위해서는 환상의 베일에 싸일 필요가 있다. 이것은 햄릿의 교훈이지, 지나친 반성 때문에 행동에 이르지 못하는 몽상가 한스의 평범한 지혜는 아니다. 행동을 촉진하는 모든 동기를 압도하는 것은—결코 반성은 아니다! —참된 인식, 전율할 만한 진리의 통찰이다. 햄릿의 경우에도, 디오니소스적 인간의 경우에도 그러하다. 이제 어떠한 위안도 쓸모가 없다.

동경은 죽음의 세계를 넘고 신들마저 넘어서 저쪽으로 달려간다. 생존은 신이나 죽지 않는 피안에서의 눈부신 반영과 함께 부정된다. 인간은 한 번 꿰뚫어본 진리를 의식하면서, 곳곳에서 존재의 두려움이나 부조리만을 본다. 이제 인간은 오필리아의 운명 속에 깃든 상징적인 것을 이해하며 숲의 신 시레노스의 지혜를 인식한다. 구역질이 그를 엄습한다.

이때 의지의 최대 위기 속에서 이를 구제하고 치료하는 마법사로서 다가오는 것은 예술이다. 예술만이 생존의 공포나 부조리에 관한 구역질나는 생각을 그것과 더불어 살 수 있는 표상으로 변화시킬 수 있다. 이 표상이야말로 두려워할 만한 것을 예술적으로 제어하고, 숭고한 것과 부조리한 것의 구역질을 예술적으로 희극화한다.

주신찬가(디티람보스)를 부르는 사티로스 합창단은 그리스 예술의 구제 행위이다. 디오니소스 축제의 이 시종들이 만드는 중간 세계에 의해 앞에서 말한 염세적인 기분은 진정되었던 것이다.

8

사티로스도, 근대 목가 속의 목자도 마찬가지로 근원적이며 자연적인 것에 대한 동경의 소산이다. 그러나 그리스인은 얼마나 무서움 없이 저 숲의 인간을 꽉 잡았던가! 이에 반해서 피리 부는 가련하고 연약한 양치기의 달콤한 모습을 가진 근대인은 얼마나 부끄럽고 연약했던가! 아직 인식이 가해지지 않은 자연, 아직 문화의 문이 열려 있지 않은 자연—그러한 것을 그리스인들은 그들의 사티로스 속에서 보았다. 따라서 그리스인에게 사티로스는 원숭이와 동일시된 것이 아니었다.

반대로 사티로스야말로 인간의 원래 형상, 인간이 갖는 최고, 최대의 감동의 표현이었다. 즉 신의 측근자임을 기뻐하는 감격한 열광자이며, 반복되는 신의 고뇌를 몸으로서 함께 괴로워하는 동반자이며, 자연의 가슴속에서 예지를 알리는 자이며, 그리스인이 버릇처럼 외경에 가득찬 경탄으로 바라보는 도덕을 가로막는 생식력(生植力)의 상징이었다.

사티로스야말로 숭고하고 신적인 존재였다. 특히 디오니소스적인 인간의 슬픔에 잠긴 눈에는 그렇게 비쳤음에 틀림없다. 치장을 한, 거짓된 양치기였다면, 틀림없이 디오니소스적 인간의 마음을 상하게 했을 것이다. 사티로스의 눈은 움츠러들지 않고 웅대하고, 드러나 있는 대자연의 자취 위에 서서 숭고한 만족을 느끼면서 대자연을 바라보고 있었다.

여기서 문명에 대한 환상은 인간의 원래 형상에서 말끔히 지워지고 있었다. 문명의 옷을 벗어 던지고 여기에 모습을 나타낸 것은 진실한 인간, 그의 신을 향해서 환호성을 올리는 수염 난 사티로스였다. 그의 앞에서 문명인은 움츠러들어서 기만적인 희화(戲畵)로 변해버렸다. 비극 예술의 발단에 대한 실러의 말이 옳다. 합창단은 밀어닥쳐오는 현실에 대한 살아 있는 장벽이다.

왜냐하면 합창단—사티로스 합창단—이 모방하고 있는 현실은 보통 자신들이야말로 유일한 현실이라고 생각하고 있는 문명인들의 현실보다 훨씬 진실에 가까우며, 훨씬 현실적이며 완전하기 때문이다. 시의 영역은 시인의 머릿속에 그려진 공상적이고도 실현 불가능한 것으로서, 이 현실 세계를 벗어난 바깥에 있는 것은 아니다. 그것은 어디까지나 정반대로 진실을 꾸밈없이 표현하려고 한다. 그러므로 시는 문명인의 현실 속에 있는 거짓된 꾸밈을 벗어 던지지 않을 수 없다.

이 본래의 자연적 진리와 유일한 현실을 가장하고 있는 거짓된 문명의 대조는, 사물의 영원한 핵심인 물자체와 모든 현상계의 대조와 매우 비슷하다. 그리고 형이상학적 위안을 가져오는 비극이 현상계에 끊임없는 몰락에도 불구하고 존재의 핵심에는 영원한 생명이 있다는 것을 지시하는 것처럼, 사티로스 합창단은 물자체와 현상의 근원적 관계를 하나의 비유로써 상징적으로 표현하고 있다. 근대인에게는 목가적 양치기는 자연인이 교양적 환상을 축적하는 것을 단순히 모사할 뿐이다. 디오니소스적인 그리스인들은 진리와 자연의 최고의 힘을 바라고 있다. 그들은 마술에 걸려서 자신들 스스로가 사티로스로 변하는 것을 본다.

이와 같은 기분과 깨달음 속에, 디오니소스 시종들의 열광적 군중은 환호성을 올린다. 그 기분과 깨달음의 위력은 그들을 자신의 눈앞에서 변신시킨다. 그 결과 그들은 자기들이야말로 다시 살아난 자연의 정령, 즉 사티로스라고 생각한다. 후세의 비극 합창단은 자연적 현상을 예술적으로 모방한 것에 지나지 않는다. 이 경우에는 물론 디오니소스적인 관중과 디오니소스의 신이 들린 사람들과 구별할 필요가 있었다. 다만 우리가 항상 유의해야 할 것은 아티카 비극의 관중은 춤추며 노래하는 합창단 속에서 자기의 모습을 다시 찾았다는 것, 결국 관중과 합창단의 대립은 없었다는 것이다. 왜냐하면 모든 것은 다만 춤추며 노래하는 사티로스이든가, 아니면 이들 사티로스에 의해서 대표되는 사람들로 이루어진 위대하고 고귀한 합창단에 지나지 않기 때문이다.

여기에서 우리는 슐레겔의 말을 더욱 더 깊은 의미로 풀어서 밝힐 필요가 있다. 합창단은 유일한 관찰자, 무대라는 환상적 세계의 관조자인 한 '이상적 관객'이다. 그리스인은 우리들이 의미하는 관객을 알지 못했다. 그들의 극장은 관객석이 중심을 향해 반원형을 그리면서 높아지는 계단 구조를 이루고 있다. 그래서 누구나 주위의 문화 세계 전체를 그대로 내려다보며, 마음껏 무대를 바라보면서 자신을 합창단의 일원이라고 생각할 수 있었다.

이와 같은 견해에 따른다면, 우리의 합창단은 비극 발생기의 원시적 단계에서는 디오니소스적 인간의 자기 반영이라고 해도 상관없을 것이다. 자기 반영의 현상은, 배우의 심리적 과정을 통해서 가장 확실히 설명된다. 즉 참으로 재능이 있는 배우는 자기가 연출하는 역할의 인물이 손에 잡히는 것처럼 선명하게 그의 눈앞에 떠 있는 것을 본다. 사티로스 합창단은 무엇보다 디오니소스적 군중의 환상이며, 무대의 세계는 또한 이 사티로스 합창단의 환상이다. 그리고 이 환상의 힘은 매우 강력해서 '현실'의 인상에 대항하여, 계단 좌석에 둘러앉아 있는 교양인의 눈을 둔감케 하고 마비시키는 것이다.

그리스의 극장 형식은 사람의 그림자조차 없는 산골짜기를 떠올리게 한다. 무대의 구성 양식으로는 산속을 미쳐 돌아다니는 바카스의 무녀들이 골짜기의 무대를 내려다보는 빛나는 구름의 형상처럼 보이며, 이 구름의 형상을 테두리로 삼아 그 한복판에 디오니소스의 모습이 나타난다.

예술의 기본적 과정에 관한 당대 학자의 견해에서 본다면, 우리가 비극 합창단을 설명하기 위해 여기서 언급하는 이 예술적 근원 현상은 거의 기괴하다고 해야 할 것이다.

그러나 시인이 시인인 까닭은, 시인이 여러 현상들에 둘러 싸여 그것들이 그의 눈앞에서 살며 행동하는 것을 보고, 그것들의 가장 깊숙한 본질을 꿰뚫어보기 때문이다. 근대인이 지닌 재능의 특유한 결함 때문에, 우리는 자칫 미적인 근원 현상을 너무 복잡하게, 너무 추상적으로 생각하는 경향이 있다.

진정한 시인에게 비유는 수사적인 형용이 아니라, 개념 대신에 그의 눈앞에 떠 있는 대리적 형상이다. 그에게 성격이란 낱낱의 특징을 끌어 모아서 구성한 전체가 아니라, 오히려 그의 눈앞에 끊임없이 생생하게 움직이고 있는 인물이다. 이 인물이 화가의 머릿속에 그려지는 동일한 인물상과 다른 점은 끊임없이 살아가며 행동한다는 것이다. 호메로스의 묘사가 모든 시인보다 훨씬 구상적인 것은 무엇 때문인가? 그것은 그가 그만큼 많이 눈으로 보았기 때문이다.

우리가 추상적으로 신을 논하는 것은 우리 모두가 보통 졸렬한 시인이기 때문이다. 근본적으로 미적인 현상이란 단순한 것이다. 항상 생기 있게 노는 것을 보고, 항상 정령의 무리 속에 둘러싸여서 살아가는 능력을 가지기만 한다면, 그 사람은 시인이다. 자기의 몸을 변신하며, 타인의 육체와 영혼이 되어 이야기하려는 충동을 느낀다면, 그 사람은 극작가이다.

디오니소스적 흥분은 앞에서 말한 예술적 능력, 즉 정령의 무리에 둘러싸여서 융합되어 내면적으로 하나가 되는 능력을 군중 전체에 전달할 수 있다.

비극 합창단의 이 과정은, 즉 자기가 눈앞에서 변모하는 것을 보고 마치 실제로 타인의 성격에 자신이 옮아간 것처럼 행동하는 이 과정은 연극의 근원적 현상에 지나지 않는다. 연극 전개 가운데 발단에 있는 것이 바로 이 과정이다. 여기에는 음유시인과는 다른 무엇이 있다. 음유시인은 자기가 낭송하는 이야기와 동화되는 일이 없다. 화가처럼 관찰하는 눈으로 자기 밖의 형상을 보기 때문이다.

연극의 초기 단계인 여기서는 이미 남의 천성에 몰입함으로써 개체를 포기하는 것이 보인다. 그리고 이 현상은 전염병처럼 나타난다. 군중 전체가 이와 같은 방식으로 전염되어, 신들린 상태에 빠지는 것을 느낀다. 그러므로 디티람보스는 다른 합창단과 본질적으로 구분된다. 월계수 가지를 손에 들고, 행진곡을 부르면서 엄숙하게 아폴론신전으로 걸어가는 처녀들은 어디까지나 그녀들 자신이며, 시민으로서의 이름도 변함이 없다. 그러나 디티람보스의 합창단은 변모한 사람들의 합창단이며, 시민으로서의 과거나 사회적 지위는 완전히 잊어버리고 있다.

그들은 디오니소스의 시종으로서 시간을 뛰어넘어서 모든 사회적 영역 밖에서 사는 자들이다. 그리스인의 다른 합창용 서정시는 아폴론적인 독창자(獨唱者)의 감정의 고양에 지나지 않는다.

그런데 디티람보스에서는 자신을 변모한 것으로 보는 무의식적인 배우의 무리가 우리 앞에 서 있다.

화법의 힘은 모든 극예술의 전제이다. 이 마법의 힘 속에서 디오니소스적인 열광자는 자기를 사티로스로 보며, 사티로스로서 신을 본다. 즉 그는 변신하면서 자기 상태의 아폴론적 완성으로서 새로운 환상을 자기 밖에서 본다. 새로운 환상을 통해서 극은 완성된다.

이렇게 본다면, 우리는 그리스 비극을 끊임없이 새로이 아폴론적 형상계로서 폭발하는 디오니소스적 합창단으로 이해하지 않으면 안 된다. 그러므로 비극 속에 여러 개로 나뉘어 편성되어 있는 합창 부문이야말로 대화 전체, 즉 무대라는 세계 전체의 모태이며, 본래 극의 모태이다. 비극의 이 근원은 차례차례로 일어나는 여러 번의 폭발에서 연극의 환상을 사방으로 분출한다.

이 환상은 어디까지나 꿈의 현상이며 서사시적 성격을 띤다. 그러나 한편으로 이 환상이 디오니소스적인 상태의 객관화인 이상, 가상의 아폴론적 구제가 아니라 반대로 개체의 파괴와 개체의 근원적 존재와의 일체화를 나타낸다. 이리하여 연극은 디오니소스적인 거대한 간격이 있는 것처럼, 서사시로부터 분리되어 있다.

디오니소스적 흥분 속에 빠진 모든 군중의 상징인 그리스 비극의 합창단은 우리의 이러한 견해로 설명된다. 우리는 근대 무대에서의 합창단, 특히 오페라 합창단의 지위에 익숙해 있기 때문에, 그리스인의 비극 합창단이 본래의 '연기'보다 더 오래이고 근원적이며, 아니 더 중대한 의미를 갖는다는 것을—이것은 매우 명료하게 전승된 사실임에도 불구하고—이해할 수가 없었다.

그리고 이 전승에서는 합창단이 근원적인 것으로서 매우 중요시되고 있는데도 왜 합창단이 미천한 시종들로, 아니 맨 처음에는 다만 염소를 닮은 사티로스만으로 구성되었는가 그 이유를 납득할 수 없었다. 그리고 무대 앞에 놓인 오케스트라가 우리에게는 언제나 수수께끼였다.

그러나 이제 우리는 무대나 연기는 다 함께, 그리고 결국 근원적으로는 단순한 환상으로 생각하게 되었으며, 유일한 '현실'은 바로 합창단이라는 견해에 이르렀다. 자기 속에서 환상을 낳고, 이 환상을 무용과 음조와 언어 등의 상징적 표현으로써 이야기하는 합창단이야말로 유일한 '현실'인 것이다. 이 합창단은 그 환상 속에서 그의 주인이자 스승인 디오니소스를 본다. 그러므로 그것은 영원히 봉사하는 합창단이다.

합창단은 디오니소스가 괴로워하고 영광을 누리는 것을 바라볼 뿐, 스스로 행동하지는 않는다. 이처럼 신에 대해서는 어디까지나 시종의 지위에 있음에도 불구하고, 합창단은 자연과 마찬가지로 감격하면서 자연의 가장 숭고한 표현, 즉 디오니소스적인 표현으로 신탁과 지혜의 말을 한다. 합창단은 신과 더불어 괴로워하는 자인 동시에 세계의 가슴속에서 진실을 알리는 현자이다.

이리하여 신과는 다른 '말 못하는 인간'인, 현명하고 감격에 도취한 사티로스의 기괴하면서도 참으로 불쾌하게 보이는 모습이 나타난다. 그것은 자연이 지닌 가장 강한 충동을 모방한 형상, 아니 자연의 상징인 동시에 자연의 지혜와 예술을 알리는 자이다. 음악가, 시인, 무용가, 영을 보는 자를 한 몸에 두루 갖춘 자이다.

이와 같은 견해와 전승에 따른다면, 무대의 본래 주인공이며 환상의 중심점인 디오니소스는 비극의 가장 오랜 시대에는 실제로 존재하지 않았으며, 다만 존재한다고 생각되고 있을 뿐이다.

즉 기원적으로 비극은 단순히 '합창'이었으며, '연극'은 아니다. 그 뒤에 디오니소스를 실재하는 신으로 드러내 보이고, 이 환상의 모습을 성스럽게 만들어주는 틀과 함께, 누구의 눈에도 볼 수 있는 것으로 표현하려는 시도가 나타나게 된다. 여기에서 좁은 의미의 '연극'이 시작된다. 이제 디티람보스 합창단은 새로운 사명을 띠게 된다. 그 사명이란 비극의 주인공이 무대에 나타났을 때, 관중이 흉한 가면을 쓴 인간을 보지 않고, 그들의 황홀경에서 나타난 환상의 모습을 보는 것처럼, 관중의 기분을 디오니소스적 흥분으로 몰아넣는 것이다. 깊은 생각에 잠겨, 얼마 전에 사별한 왕비 아르케스티스의 모습을 한결같이 눈앞에 그리는, 초췌해진 아드메트스 왕을 상상해 보자. 거기에 갑자기 자태도, 걸음걸이마저도 닮은 한 부인이 쓰개치마를 입은 모습으로 그의 앞에 다가온다.

그때 그가 느낄 몸서리칠 만큼 갑작스러운 불안, 그 요란스러운 비교, 본능적인 확신을 상상해 보자. 우리는 디오니소스적인 흥분을 일으킨 관객이, 무대 위의 신을 보았을 때와 비슷한 감정을 느낄 것이다. 관객은 신의 고뇌와 이미 하나가 된 상태이다. 관객은 그의 영혼 앞에서 마술처럼 흔들리고 있는 신의 형상을, 가면을 쓴 인물에게로 옮겨서, 가면을 쓴 인물의 실재성을 어떤 망령 같은 비현실성으로 해소시켰던 것이다.

이것이 아폴론적인 꿈의 상태이다. 이 상태 속에서 대낮 세계는 베일에 싸이고 하나의 새로운 세계가 대낮의 세계보다 더욱 선명하게, 더욱 이해하기 쉽게 손에 잡힐 것 같으면서도 어딘가 그림자처럼 끊임없이 번갈아 우리 눈앞에 나타난다. 이것으로 우리는 비극 속에서 하나의 결정적인 양식의 대립을 인식한다. 즉 대화의 말, 색채, 움직임, 역할은 합창단의 디오니소스적인 서정시의 경우와 무대의 아폴론적인 꿈의 세계의 경우라는 완전히 서로 다른 표현 영역으로 구별된다.

디오니소스가 객관화되는 아폴론적인 현상은 이미 합창단의 음악처럼 '영원한 바다, 난무하는 파도, 격렬한 생활'이 아니다. 감격한 디오니소스의 시종들이 그 속에서 신의 측근자임을 느끼는 저 힘, 형상으로 굳어지지 않는 힘이 아니다. 이제 무대에서는 서사시적 표현의 선명함과 확고함이 그들을 향해서 이야기한다.

이제 디오니소스는 힘을 가지고 말하지 않고 도리어 서사시의 주인공으로서 거의 호메로스의 말을 사용하여 이야기한다.

9

그리스 비극의 아폴론적 대화 부분에서 표현되는 것은 모두 단순하고 투명하며 아름답게 보인다. 이 의미에서 대화는 그리스인—그 타고난 본성은 무용에 나타나 있다. 무용에서는 가장 큰 힘이 숨겨져 있으면서, 동작의 유연성과 풍부함에서 암시되기 때문이다—을 모방한 형상이다.

그처럼 소포클레스의 주인공들의 말도 아폴론적 확실성과 명쾌성으로 우리를 어리둥절하게 하여, 우리는 곧 이들 주인공들의 가장 내부적인 밑바닥까지 꿰뚫어 보는 것처럼 생각할 정도이며, 이 밑바닥까지의 길이 뜻밖에도 짧다는 것에 어느 정도 놀라는 것이다. 그러나 겉으로 드러나 눈으로 볼 수 있는 주인공의 성격으로부터 일단 눈을 돌려 보라. 주인공은 결국 어두운 벽 위에 던져진 광선의 그림자 이외의 아무것도 아니다.

바꾸어 말하면 어디까지나 현상에 지나지 않는다. 도리어 우리가 이 밝은 영상 속에 그림자를 던지고 있는 신화 속에 들어가 보면, 갑자기 우리는 알고 있듯 광학적 형상을 뒤집어 놓은 것 같은 현상을 체험하게 된다. 억지로 태양을 보려고 하다가 눈이 부셔서 눈을 돌릴 때, 우리 눈앞에는 그것을 치료하는 수단으로서 색깔이 있는 어두운 반점이 떠오른다.

그런데 그것과는 반대로, 소포클레스의 주인공으로 보이는 빛의 그림자 현상, 즉 가면을 쓴 아폴론적인 것은 자연 안의 무서운 것을 본 눈의 필연적인 사물이며, 소름끼치는 밤을 들여다 본 눈을 치료하기 위한 빛의 반점이다. '그리스적 명랑성'이라는 엄숙하고도 중요한 개념은, 다만 이 의미에서만 올바로 파악한 것이라고 우리는 믿는다. 물론 아무런 위험도 없는 안일한 상태를 '명랑성'으로 잘못 이해하는 경우도 요즘 곳곳에서 발견된다.

그리스 연극에서 가장 고뇌에 찬 인물, 불행한 오이디푸스를 소포클레스는 고귀한 인간으로 이해하고 있다. 오이디푸스는 뛰어난 지혜를 갖고 있음에도 그릇된 일과 비참함에 떨어지는 운명을 타고 났다. 하지만 그도 결국에는 무서운 고뇌에 의해서, 죽은 뒤에도 활동력을 잃지 않고, 마력을 주위에 미치는 복 많은 고귀한 인간이라고 한다. 고귀한 인간은 죄를 범하지 않는다고 심오한 시인은 우리에게 말하려는 것이다.

그의 행동에 의해서 모든 법칙과 자연 질서, 윤리적 세계마저 멸망하지만, 바로 이 행위에 의해서 낡은 세계가 전복되고 폐허 위에 하나의 새로운 세계가 수립되어 여러 가지 작용을 가진, 한층 더 높은 마법의 원이 그려지게 된다. 시인은 동시에 종교적인 사상가 입장에서 우리에게 이것을 말하려고 하는 것이다. 시인 소포클레스가 우리에게 맨 처음 보여 주는 것은 놀랄 만큼 엉클어진 사건의 매듭이다.

재판관 오이디푸스 왕은 이 매듭을 하나하나 풀어서, 마침내 자신의 파멸을 가져온다. 이 변증법적 해결에 대한 진정한 그리스적인 기쁨은 대단하다. 그러므로 작품 전체에 뛰어난 명랑성이 감돌고 있으며, 저 사건의 몸서리나는 전제는 곳곳에서 완화되어 있다.

'클로노스의 오이디푸스'[15]에서도 우리는 같은 명랑성에 부딪힌다. 그러나 그것은 고양되어 무한한 정화에 도달하고 있다. 극심한 불행 때문에 늙은 왕은 자신이 관계하는 모든 일에 순전히 참고 따르며 몸을 내맡긴다. 이 왕에 대립해 서 있는 것은 하늘로부터 강림한 초지상적인 명랑성이다.

이 주인공의 이전 생활에서는 의식적인 창작과 계획이 그를 수동적으로만 움직이게 했는데, 이제 그는 도리어 순수하게 수동적인 태도 속에, 그의 생애를 훨씬 넘어선 최고의 능동성을 얻는다는 것이다. 이것이 이 명랑성으로 암시된다. 이렇게 해서 인간의 눈으로는 풀 수 없을 만큼 엉클어진 오이디푸스 이야기 전개 부분의 매듭이 서서히 풀린다. 그리고 변증법의 신적인 모사 속에서 우리는 가장 깊은 인간적인 기쁨을 얻게 된다. 지금까지의 설명이 시인에게는 흡족할지 모르지만, 신화의 내용을 충분히 드러내고 있는지는 여전히 의문이다.

그리고 여기에서 시인의 해석은, 심연을 들여다본 우리의 상처를 치료하기 위해 자연이 제시하는 빛의 그림자 이외에는 아무것도 아니라는 것이 분명해진다. 아버지를 죽이고 어머니의 남편이 된 오이디푸스, 스핑크스의 수수께끼를 푼 오이디푸스! 이 운명적 행위의 신비스러운 삼중성은 우리에게 무엇을 말하고 있는가?

재주 있는 사제는 근친상간을 통해서만 태어날 수 있다는 예부터의, 특히 페르시아에서 행해지고 있는 민간 신앙이 있다. 우리는 이것을, 수수께끼를 풀고 자기 어머니에게 구혼하는 오이디푸스에게서 다음과 같이 해석하게 된다.

즉 예언적이고 마술적인 힘이 현재와 미래의 항거하기 어려운 힘, 개별화의 움직일 수 없는 법칙, 일반적으로 자연의 본래적 마력을 깨뜨리는 곳에서는 엄청난 반자연성(反自然性)—저 근친상간의 경우처럼—이 원인으로써 선행해 있어야 한다. 자연에 반항해서 승리하는 것, 즉 반자연성을 통해서가 아니고는 어떻게 해서 자연이 그 비밀을 내던지도록 강요할 수 있을까? 나는 이러한 인식이 오이디푸스의 무서운 삼중의 운명 속에 분명히 나타나 있다고 생각한다.

즉, 자연의—이중적 성질을 지닌 스핑크스[26)의 수수께끼를 푸는 동일한 인물이 또한 아비의 살해자이며 어미의 남편으로서 가장 신성한 자연의 질서를 깨뜨리지 않을 수 없었던 것이다. 그렇다, 이 신화는 우리에게, 지혜라는 것, 바로 디오니소스적인 지혜야말로 자연을 거스르는 만행이며, 그 지식으로 자연을 파멸의 늪으로 밀어 넣는 사람은 자신 역시 자연의 해체를 경험해야 한다고 속삭이는 듯하다. "지혜의 칼끝은 현자에게 향한다. 지혜는 자연에 대한 범죄이다."

이러한 무서운 명제를 이 신화는 우리에게 호소하고 있다. 그러나 그리스의 시인이 이 신화의 숭고하고 무서운 멤논의 거상을 햇빛처럼 쓰다듬자, 그런 신화는 갑자기 소리 내어 울리기 시작한다. 소포클레스의 멜로디로!

이 수동적인 영광에 나는 지금, 아이스킬로스의 《프로메테우스》를 둘러싼 채로 빛나고 있는 능동적인 영광을 대치해 놓는다. 아이스킬로스는 여기에서 우리에게 사상가로서 말하려고 하지만 다만 시인으로서 그 비유적인 인물상을 예감케 한다. 이것을 젊은 괴테는 그의 《프로메테우스》의 대담한 말로 드러낼 수 있었던 것이다.

> 나 여기에 앉아 인간을 만드노라.
> 나의 모습에 따라서
> 괴로워하며 울며
> 즐기며 기뻐하는
> 나와 흡사한 한 민족을.
> 그런데 너를 존경하지 않으니
> 나와 같도다!

거인의 경지로 올라가는 인간은 자신을 위해 문화를 바꿔 취하고 신들에게 인간과 동맹하도록 강요한다.

그것은 인간이 그 개인의 지혜로 신들의 존재와 제약을 자기 마음대로 정할 수 있기 때문이다. 그런데 그 근본 사상에서 말하면, 불경스러움에 대한 찬가인 괴테의 프로메테우스의 시에서 가장 놀랄 만한 것은, 정의를 찾는 깊은 아이스킬로스적 경향이다. 한쪽에는 대담한 '개인'의 측정할 수 없는 고뇌가 있고, 다른 쪽에는 신들의 곤궁, 아니 신들의 황혼에 대한 예감이 있다.

이 두 개의 고뇌의 세계를 화해시켜, 형이상학적 합일로 강요하는 힘이 작용한다. 이 모든 것은 신들과 인간 위에 운명이 영원한 정의로 군림하고 있는 것을 보는 아이스킬로스 세계관의 핵심을 가장 강하게 떠올리게 한다.

아이스킬로스가 올림푸스의 세계를 그의 정의의 거울 위에 놓을 때 놀랄 만큼 대담한 것을 보더라도, 사색적인 그리스인의 형이상학적 사유의 확고한 기반은 그 은밀한 회의 속에 있었다는 것과, 그들의 회의적 기분은 올림푸스 신들에게 얼마든지 발산시킬 수 있었다는 것을 우리는 마음속에 새겨

돼야 한다. 더욱이 그리스의 예술가는 이들 신에 대해서, 서로 의존하고 있다고 하는 희미한 느낌을 가지고 있었다. 그리고 바로 아이스킬로스의 《프로메테우스》 속에 이 감정이 상징되어 있다. 이 거인적 예술가 소포클레스는 자기의 가슴속에서 인간을 창조하고, 적어도 올림푸스의 신들을 멸망시킬 수 있다는 반항적인 신념을 발견했다. 그리고 이것은 더 높은 지혜에 의해 가능했으며 그 지혜의 대가로 영원한 고뇌를 강요당하는 것은 당연한 일이었다.

비록 영원한 고뇌를 강요당한다 하더라도, 그 정도의 대상이라면 가벼운 것이라고 할 만큼 위대한 천재의 훌륭한 '능력', 예술가의 쓰디쓴 자부심— 이것이 아이스킬로스 문학의 내용이며 영혼이다. 소포클레스가 그의 《오이디푸스 왕》에서 성자의 개선가를 전주로 노래하기 시작하는 데 반해서, 아이스킬로스는 예술가를 주제로 삼고 있다. 그러나 아이스킬로스가 신화에 대해서 내린 해석을 가지고도, 이 신화의 놀랄 만한 공포의 깊이는 측량되지 않는다.

오히려 예술가의 창작의 기쁨, 모든 불행을 무시하는 예술 창작의 명랑성은 비애의 검은 호수 위에 비치는 밝은 구름과 하늘의 영상에 지나지 않는다. 프로메테우스의 전설은 모든 아리안계 민족의 근원적인 재산이며, 이 민족이 명상적, 비극적인 것에 타고난 소질을 가지고 있었다는 것을 증명하는 하나의 기록이다.

실제로 이 신화가 아리아족의 본질에 대해서 가지는 의미는, 타죄신화(墮罪神話)가 셈족의 본질에 대해 가지고 있는 것과 같은 특성적 의미를 가지며, 이 두 신화 사이에 남매와 같은 혈연관계가 있다는 것은 아주 불가능한 일도 아니다. 프로메테우스 신화에 전제로 깔려 있는 것은, 소박한 인류가 모든 향상하는 문화의 진정한 수호신으로서 불에 엄청난 가치를 부여한다는 것이다. 그러나 인간이 불을 마음대로 지배한다는 것과 번갯불이나 태양열 등의 하늘의 선물에 의하지 않고도 불을 얻는다는 것은 명상적인 원시인에게는 신적인 자연에 대한 일종의 모독이자 약탈로 보였다. 이와 같이 인간과 신 사이에 귀찮고 풀기 어려운 모순이 최초의 철학적 문제가 되어, 모든 문화의 입구에서 하나의 바위처럼 뒹군다. 인류가 관여할 수 있는 최고의 선을 얻기 위해서는 모독을 범하지 않을 수 없다.

따라서 그 결과 역시 받아들이지 않으면 안 된다. 즉, 모욕당한 천상의 신들이 고귀한 향상을 위해 노력하고 있는 인류에게 내린—내리지 않을 수 없는 홍수와 같은 고뇌와 비애를 인류는 받아들이지 않을 수 없는 것이다. 이것은 매우 신랄한 생각이다. 이 생각은 모독에 존엄성을 베풀어 주며, 셈족의 타죄신화와 기묘한 대조를 이루고 있다.

왜냐하면 타죄신화에서는 호기심이라든가, 거짓된 사기라든가, 유혹되기 쉬운 성질이라든가, 호색이라든가, 특히 여성적인 성정이 재앙의 근원으로 여겨지기 때문이다. 이와는 반대로 아리아적 관념을 특징 지우는 것은 능동적인 죄를 본래 프로메테우스적인 덕으로 보는 숭고한 견해이다. 이 견해에 따라서 염세주의적인 비극의 윤리적 기초가 발견되었다.

그것은 인간의 죄를 시인하는 동시에, 그 죄로 인해 일어나는 고뇌도 시인하기 때문이다. 사물의 본질 속에 있는 불행—명상적인 아리아인은 이러한 해석을 좋아하지 않는다—즉 세계의 심장부에 있는 모순은, 아리아인에게 신의 세계와 인간의 세계라고 하는, 저마다 다른 세계가 뒤섞여 있는 것으로 나타난다.

이러한 세계는 개체로서 따로따로 있을 때에는 제각기 옳지만, 다른 세계와 연결되어 있는 개별적 세계로서는 스스로의 개체화를 위해서 시달릴 수밖에 없다. 개체적인 것이 보편적인 것으로 나아가려고 하는 영웅적인 충동이 일어날 때, 개체화의 넘기 어려운 힘을 넘어서서 세계의 본질 자체가 되려고 시도할 때, 개인은 사물 속에 숨어 있는 근본적 모순을 스스로 감수하게 된다. 즉, 개인은 모독을 범하여 괴로워하게 된다.

이처럼 아리아인은 모독을 남성으로, 셈족은 죄를 여성으로 해석했다. 마·찬가지로 최초의 모독은 역시 남성이, 최초의 죄는 여성이 저질렀다. 게다가 〈마녀(魔女)의 합창〉은 다음과 같이 말하고 있다.

그렇게 꼼꼼할 필요야 있을라고.
아무리 여자가 서둘러
천 걸음을 달린다 해도
남자는 한 걸음에 앞지르나니

프로메테우스 전설의 가장 깊은 핵심—거인적 노력을 하는 개인은 필연적으로 모독을 범할 수밖에 없는 것—을 이해하는 사람은, 동시에 이 염세주의적인 사상의 비아폴론적 측면을 느끼지 않을 수 없었다.

왜냐하면 아폴론은 개체 사이에 경계선을 그어서, 자기인식과 절도를 요구하면서, 이 경계선을 세상에서 가장 신성한 세계 법칙으로 준수하도록 다시금 주의를 환기하여 낱낱의 존재를 안정시키려고 하기 때문이다. 그러나 이러한 아폴론적 경향 때문에 형식이 굳어져서 이집트적인 딱딱함과 차가움이 생겨서는 안 되며, 낱낱의 물결에 그 궤도와 영역을 지정하려고 노력한 나머지 호수 전체의 움직임이 죽어 버려서는 곤란하다.

그러한 일이 일어나지 않도록 때때로 디오니소스적인 것의 높은 밀물이 밀려와서는 소경계(小境界)를 파괴했다. 아폴론적인 데만 기울어진 '의지'가 그리스 정신이 짙게 깔린 소경계를 흐리게 하려 했기 때문이다. 그때 갑자기 높아진 디오니소스적인 것의 밀물이 개체라고 하는 낱낱의 작은 물결을 등에 짊어지는 것은 흡사 프로메테우스의 형제인 거인 아틀라스[29]가 대지를 짊어진 것과 같다. 마치 그것은 모든 개개인의 아틀라스가 되어 그들을 넓은 등에 업고, 점점 더 높게 그리고 더 멀리 데리고 가려는 듯하다. 이 거인적 충동이야말로 프로메테우스적인 것과 디오니소스적인 것의 공통점이다.

이 점에서 본다면, 아이스킬로스의 프로메테우스는 하나의 디오니소스적인 가면이다. 한편 아이스킬로스는 앞에서 말한 정의를 추구하는 깊은 성향에서 개체화와 정의의 한계의 신인 아폴론으로부터 그의 아버지의 혈통을 받고 있다는 것을 분별 있는 사람에게 알려 주고 있다.

이처럼 아이스킬로스의 프로메테우스가 가지고 있는 이중의 본질, 디오니소스적인 동시에 아폴론적인 그의 성질은 개념적인 형식으로 말하면 이렇게 표현할 수 있을 것이다. "모든 현존하는 것은 정당한 동시에 부당하다. 그리고 어느 쪽이나 같은 권리를 갖고 있다."

이것이 너의 세계로다! 이것이 세계라고 하는 것이로다!

10

그리스 비극은 그 가장 오랜 형태에서는 디오니소스의 고뇌만을 대상으로 하고 있었고, 상당히 긴 시간 동안 디오니소스만이 무대에 나타난 유일한 주인공이였다. 의심할 여지없이 전승에 나타난다.

그러나 이와 꼭 같은 확실성을 가지고 말할 수 있는 것은 디오니소스가 비극의 주인공을 그만둔 일은 에우리피데스에 이르기까지 한 번도 없었고, 그리스 연극의 유명한 인물들인 프로메테우스와 오이디푸스 등도 모두 본래의 주인공인 디오니소스의 가면에 지나지 않았다는 것이다. 이들 가면 뒤에 하나의 신이 숨어 있다는 것, 이것이야말로 유명한 인물들이 전형적인 '이상형'을 가지고 있다는 것에 우리가 놀라게 되는 본질적인 이유이다.

누구였는지는 잊어버렸지만, 다음과 같이 주장한 사람이 있었다. 모든 개인은 개인 그 자체로서 익살스러우며, 따라서 비극적이지 않다. 이것은 다음과 같이 해석될 수도 있을 것이다. 그리스인이 일반적으로 비극의 무대에 있는 개인을 참을 수 없었던 까닭도 이런 점에서 알 수 있을 것이라고. 실제로 그리스인은 그렇게 느끼고 있었던 것 같다. 그것은 일반적으로 말해서 플라톤이 그리스적 본질에 근거를 두고 '이데아'를 '우상', 즉 그림자와 구별하여 높이 평가하고 있는 것과 흡사하다. 그러므로 플라톤적 용어를 쓴다면, 그리스 무대의 비극적 인물에 대해서 이렇게 말할 수 있을 것이다. 디오니소스야말로 참으로 실재하는 유일한 것이며, 그것은 영웅의 가면을 쓰고 전쟁터로 나와 개개의 의지의 그물에 걸려서 여러 인물이 되어 나타난다고 말이다. 그런데 이렇게 해서 나타난 신이 말을 하고 행동을 하게 되면, 그는 방황하고 노력하며 괴로워하는 개인을 닮게 된다.

그리고 대체로 신은 이러한 서사시적 정확성과 선명성을 가지고 나타나는데, 이것은 꿈의 해석자 아폴론의 작용이다. 아폴론은 합창단을, 그 디오니소스적 상태를 비유적인 현상으로 암시한다. 그러나 실제로 주인공은 은밀한 회의로 고민하는 디오니소스, 개체의 고뇌를 몸소 체험하는 신에 지나지 않는다.

이 신에 대해서 놀랄 만한 신화는 이렇게 전하고 있다. 디오니소스는 소년 시절에 거인들에 의해서 갈기갈기 찢기고, 그 뒤 이 상태 그대로 제그레우스[30]로서 숭배를 받고 있다고. 여기에 디오니소스 본래의 고뇌가 암시되어 있는데, 이 지리멸렬은 지(地), 수(水), 화(火), 풍(風)의 변화와 같다. 따라서 우리는 개체화의 상태를 모든 고뇌의 원천이요, 근원으로서 그 자체를 비난해야 할 것으로 보아야 한다는 것이다.

이 디오니소스의 미소에서 올림푸스의 신들이 태어나고, 그의 눈물에서 인간이 태어났던 것이다. 갈기갈기 찢겨진 신으로 존재함으로써, 디오니소스는 잔인하고 사나운 마신과 상냥하고 부드러운 지배자라는 이중의 성질을 지니고 있다. 그러나 에폭푸테스[31]들의 희망은 디오니소스의 부활이었는데, 이 부활로써 개체화의 괴로움이 끝나는 것이라고 보아야 한다.

에폭푸테스들의 법석대는 환호의 노래가 울려 퍼진 것은 이 세 번째의 디오니소스[32]에 대해서였다. 그리고 이 희망이 있었기에 찢겨서 많은 개체로 부서진 세계의 얼굴에 한 가닥 환희의 빛이 드는 것이었다. 신화는 영원한 슬픔에 빠진 데메테르가[33] 다시 한 번 디오니소스를 낳았을 때에야 비로소 또다시 기쁨을 되찾았다고 상징적으로 이야기를 나타내고 있다.

위에서 말한 몇 가지 견해 가운데, 우리는 이미 염세주의적인 세계관의 모든 구성 요소를 갖고 있으며, 그것으로 동시에 비극의 비밀스런 가르침도 얻을 수 있었다. 즉, 모든 현존하는 것은 오직 하나뿐이라는 근본 인식, 개체화를 불행의 근원이라고 보는 생각, 예술이 개체화라는 금지된 규칙을 때려 부술 수 있다는 즐거운 희망, 합일이 부활될 거라는 예감이다.

앞에서 암시한 것처럼, 호메로스적 서사시는 올림푸스 문화의 시이며, 이 문화는 거인들과의 싸움에서 오는 공포를 이겨서 스스로 올린 개가였다. 그러나 이제 비극 문학의 강력한 영향을 받아서, 호메로스의 신화는 새로이 태어난다.

그리고 이렇게 새로이 태어난다는 것은 올림푸스 문화 역시 그 사이에 더욱 깊은 세계관에 의해 정복당하고 있었다는 것을 보여준다. 반항적인 거인 프로메테우스는 자신을 괴롭히는 올림푸스의 제우스에게, 만일 제우스가 적당한 시기에 자기와 동맹을 맺지 않으면 언젠가는 그의 지배에 중대한 위험이 닥쳐올 것이라고 통고했다. 협박당하며 자기의 말로를 두려워하는 제우스가 거인 프로메테우스와 동맹을 맺은 것을 우리는 아이스킬로스에게서 볼 수 있다. 이리하여 예전의 거인 시대가 저 세상에서 또다시 밝은 세상으로 되돌아온다.

야성적이며 적나라한 자연의 철학은 호메로스적 세계의 지나치게 춤추는 신화들을 진리를 감추지 않는 듯한 표정으로 바라본다. 신화들은 자연의 철학이라는 이 여신의 번개와 같은 눈앞에서 창백해져 몸서리친다. 이들 신화는 디오니소스적 예술가의 억센 주먹 때문에 새로운 신에게 봉사하도록 강요받는다. 디오니소스적 진리는 신화의 모든 영역을 자기의 인식을 표현하는 상징적 수단으로써 넘겨받는다. 그리고 이 디오니소스적 진리의 인식은 일부는 비극이라는 공개된 제사에서, 일부는 극적인 비제(秘祭)라고 하는 비밀 행사에서 표현되었는데, 항상 낡은 신화의 껍질을 쓰고 있다.

그런데 어떠한 힘이 프로메테우스를 그 독수리로부터 벗어나게 하고, 신화를 디오니소스적 지혜의 수레로 변하게 한 걸까? 그것은 음악이 갖는 헤라클레스와 같은 힘이었다. 음악은 비극에서 최고로 표현되는 동시에 신화를 가장 깊은 의미로 해석하는 힘을 지니고 있기 때문이다. 이것은 음악의 가장 강력한 능력으로, 우리가 앞에서 이미 그 특징을 지적한 것이다.

어떠한 신화라 할지라도, 차츰 그 신비성을 상실하여 이른바 하나의 역사적 현실의 구석으로 기어들어가고, 그 어떤 후대로부터 역사적 필연성이 있는 일회적인 사실로 다루어질 운명을 벗어날 수 없기 때문이다. 그리고 그리스인은 그들 청춘기의 꿈이라고도 할 신화를 통찰하여 제멋대로 역사적, 실용적인 청년 시대의 역사로 바꾸어 쓰는 일에 이미 착수했던 것이다.

이것은 종교가 사멸하는 방식이다. 어떤 종교의 신화적 여러 전제들이 어떤 독단적인 정통 신앙의 엄격한 지적인 눈 아래서 역사적인 사건의 총체로 체계화되고, 사람들이 근심스럽게 신화의 믿을 만한 점을 변호하면서도 신화가 자연적으로 더 오래 성장하는 것에 저항할 때, 그 종교는 보통 생명력을 가지지 못하게 된다. 즉, 신화에 대한 감정이 사멸하고 그 대신에 역사적 기초에 대한 종교의 요구가 나타날 때, 그 종교는 대개 사멸한다.

이 죽어 가는 신화를 붙잡는 것은 새로이 태어난 디오니소스적 음악의 정령이었다. 이 정령의 손에서 신화는 다시 한번 여태껏 한 번도 보여 주지 않았던 색채와 어떤 형이상학적 세계를 그리워하는 예감을 자아내는 향기를 가지고 꽃피었던 것이다. 이 마지막 광채를 보인 다음, 신화는 무너지고 그 잎은 시든다. 그리하여 곧 고대의 조소적인 루키아노스[34]들이 바람에 휘날리어 퇴색하고 시든 꽃들을 붙잡게 된다. 신화가 가장 깊은 내용, 가장 표현이 풍부한 형식에 도달한 것은 비극을 통해서였다. 다시 한번 신화는 상처 입은 영웅처럼 일어선다. 죽어가는 자의 지혜에 넘치는 평온과 함께, 남은 모든 힘이 그의 눈 속에서 마지막 힘찬 빛을 내며 불타고 있다.

고약한 에우리피데스여, 내가 이 죽어가는 자를 위해 다시 한번 너에게 견디기 어려운 일을 강요하려고 할 때, 너는 무엇을 원했던가? 그는 네 폭력의 손에서 죽었던 것이다. 그리고 이번에 너는 마치 낡은 장식품으로 맵시를 내는 것밖에 모르는 헤라클레스의 원숭이처럼[35] 가면을 쓴 신화를 사용하였던 것이다.

신화가 죽어 버린 것처럼, 네게는 음악의 정령 역시 죽어 버렸다. 비록 네가 탐욕의 손을 뻗쳐서, 모든 음악의 정원들을 약탈한다 하더라도, 너는 흉내를 내는 정도의 가면을 쓴 음악을 할 수 있을 뿐이었다. 네가 디오니소스를 돌보지 않았던 까닭에, 아폴론 역시 너를 떠났던 것이다. 모든 정열을 그의 잠자리에서 쫓아내어, 너의 영토에 가두어 두라.

네 주인공의 대사를 위해서, 소피스트식의 대화술을 적당하게 다듬는 것이 좋다. 그래도 역시 너의 주인공들은 흉내 정도의 가면을 쓴 정열밖에 가지지 못하며, 그런 대사밖에 말하지 못한다.

11

그리스 비극은 그 이전의 모든 손위의 자매 예술과는 다른 방식으로 멸망해 갔다. 풀리지 않은 갈등 대문에 자살하여 비극적으로 죽어갔다. 한편, 자매 예술은 모두 고령에 이르러서 가장 아름답게, 그리고 가장 고요하게 숨을 거두었다. 만약에 훌륭한 자녀를 거느리고, 임종의 마지막 발악도 없이 이 세상을 떠나는 것이 행복한 자연 상태에 알맞은 것이라면, 저들 손위 예술의 최후야말로 그와 같이 행복한 자연 상태를 보여 주고 있다. 그것들은 서서히 사라져 갔고, 그 죽어가는 눈앞에는 이미 훌륭한 후계자가 서서 용감한 몸짓으로 초초하게 머리를 뻗치고 있다.

그러나 그리스 비극의 죽음은 곳곳에서 느낄 수 있는 처절한 공허만을 남겨놓았다. 옛날 티베리우스[36] 시대에 그리스 선원들이 육지에서 멀리 떨어진 바다에서 "위대한 판(牧羊神)은 죽었다"고 하는 영혼을 뒤흔드는 외침을 들은 것처럼, 온 그리스 세계에 비통한 탄성이 들려 왔다.

"비극은 죽었도다! 시(詩)도 비극(悲劇)과 더불어 멸망하였도다! 멀리 멀리 떠나려무나. 너희들 위축되고 말라빠진 아류들이여! 저승으로 가려무나! 너희들은 거기에서 옛날 거장들의 빵 부스러기라도 배불리 먹는 게 나을 게다!"

그러나 이제 비극을 선배로, 그리고 스승으로 존경하고 있는 새로운 종류의 예술이 꽃피게 되었을 때, 거기에 어머니의 모습이 깃들어 있다고는 하지만 사실 그것은 오랜 죽음의 고투에서 보여 준 어머니의 모습이었다는 것을 알고 사람들은 놀랐다. 비극의 죽음에 시비를 걸어 싸운 것은 바로 에우리피데스였다. 비극 뒤에 온 새로운 종류의 예술은 아티카의 새 희극으로 알려져 있다. 거기에는 비극의 비참한 횡사의 기념비로서 비극의 변질된 형태가 존속해 왔다.

이러한 연관성을 생각하면 새로운 희극 작가들이 에우리피데스를 정열적으로 좋아한 까닭을 알 것이다.

따라서 "저승에서 에우리피데스를 방문할 수만 있다면 지금 곧 목 매달아 죽어도 좋다"고 한 휠레몬의 소망도 그다지 이상하지 않다. 물론 죽은 사람이 지금도 역시 제정신이라는 확신을 가질 수 있을 때의 이야기지만.

에우리피데스가 메난드로스나 휠레몬과 어떤 공통된 점을 가졌는가. 어떤 점이 희극 작가들에게 그처럼 자극적으로 모범으로 작용했는가. 이것을 장황함을 피하여 간결하게 나타내기 위해선, 관객이 에우리피데스에 의해서 무대 위에 올라오게 되었다고 말하면 충분하다.

에우리피데스 이전의 프로메테우스적 비극 작가가 어떠한 소재로부터 그들의 주인공을 만들었는가. 그리고 현실의 충실한 가면을 무대 위에 올려놓는 의도가 얼마나 그들의 생각과 먼 것이었던가. 이것을 알고 있는 사람이라면, 에우리피데스가 전혀 다른 경향을 가지고 있다는 점에 대해서도 분명히 이해할 수 있을 것이다.

에우리피데스의 손에 이끌려 관객석에서 무대 위로 나오게 된 것은 일상 생활을 하는 인간이었다. 이전에는 크고 눈에 띄는 특징만을 비쳐주었던 거울이, 지금은 자연의 실패작인 선(線)까지도 양심적으로 재현하는 꼼꼼한 충실성을 보여주었다. 옛날 예술의 전형적 그리스인인 오디세우스는, 지금은 새로운 시인의 손에 의해서 그레클루스[37]의 모습으로 전락하게 되었고, 그 뒤에는 선량하고 약삭빠른 몸종이 되어 극적 흥미의 중심점에 서게 된다.

에우리피데스가 아리스토파네스의 '개구리' 속에서 자기의 공로라고 말하고 있는 것, 즉 그의 조제약으로 비극 예술을 화려한 비만증으로부터 구해준 것은, 무엇보다 그의 비극 주인공들의 여윈 모습에서 알 수 있다. 이제 관객이 에우리피데스의 무대 위에서 보고 들은 것은 본질적으로는 그들의 분신이었다. 그리고 이 분신이 그렇게도 말을 잘 하는 것을 보고 그들은 기뻐했다. 기쁨은 이에 그치지 않았다. 에우리피데스 곁에서 그들 스스로가 말하는 법을 배웠다.

이것은 그들이 아이스킬로스와의 경연에서 스스로 칭찬하고 있는 바이다. 그의 덕분에 민중은 이제 기교적으로 교활한 소피스트 논법을 가지고, 관찰하고 담판하고 추론하는 것을 배우게 된 것이다. 에우리피데스는 이처럼 공개적인 말에 일대 변혁을 가져옴으로써 새로운 희극을 가능케 했다.

왜냐하면 일상성이라는 것이 어떻게, 그리고 어떤 격언을 가지고 무대 위에 나타나게 되었는가는 이때 이후에는 이미 비밀이 아니기 때문이다. 그때까지 비극에서는 반신(半神)이, 희극에서는 술 취한 사티로스 또는 반인(半人)이 말의 성격을 규정하고 있었으나 지금은 시민적 평범함이 발언권을 얻게 되었다. 그리고 에우리피데스는 모든 정치적 희망을 이 시민적 평범함 위에 세웠다.

그래서 아리스토파네스 작품 속에 나오는 에우리피데스는 자화자찬하며, 자기가 표현한 것은 누구나 판단할 수 있는 일반적이며 이미 알려진 일상생활에 지나지 않다는 것을 강조한다. 이제 모든 대중이 철학을 하고, 일찍이 들어보지 못했던 영리함을 가지고 토지와 재산을 관리했다. 소송을 하게 된 것도 그의 공적이며, 그가 민중에게 심어놓은 지혜의 성과였다는 것이다.

이와 같이 마련되고 계몽된 대중이 새로운 희극의 관객이 되었는데, 에우리피데스는 이 희극 합창단의 교사가 되어 있었다. 이 경우 관객이라는 합창단만이 연습해야 할 필요가 있지만 말이다. 이 합창단이 에우리피데스식 음조의 노래 연습을 끝내자마자, 마치 장기놀이처럼 약삭빠르고 교활한 것이 줄곧 승리하는 새로운 희극이 일어나게 된다. 그러나 합창단 교사인 에우리피데스는 끊임없이 찬양받았다.

뿐만 아니라 그에게서 더 많이 배우기 위해서라면 자살을 해도 좋다고 말하는 사람이 있을 정도였다. 비극이 죽은 것처럼, 비극의 작가들도 이미 죽어서 살아날 수 없다는 것을 모르는 사람들의 이야기였지만 말이다. 그리스인은 비극을 버림과 동시에 자기들이 죽지 않을 거라는 믿음마저도 버렸다.

그들은 이상적 과거에 대한 믿음을 버렸을 뿐 아니라 이상적 미래에 대한 믿음마저 버렸던 것이다. "늙으면 경솔하고 변덕스럽다"는 유명한 묘비명[38] 속의 말은 그리스 말기의 노쇠한 그리스 정신에도 들어맞는다. 경우에 따라 재치 있게 대응하는 지혜, 경솔, 변덕이야말로 그들에게는 최고의 신이었다. 제5계급, 즉 노예 계급이 적어도 마음속에서는 이제 지배권을 잡게 되었다.

그래서 지금도 그리스적 명랑성을 말할 수 있다면, 그것은 다만 노예의 명랑성에 지나지 않는다. 그들 노예는 무거운 책임을 질 줄 모르며, 위대한 일을 이루려고 노력할 줄도 모르기 때문이다. 그리스도교 최초의 4세기 동안에 신중하고 두려워할 만한 사람들을 그토록 격분시킨 것은 이 외관상의 '그리스적 명랑성'이었다.

성실과 공포에 대한 이와 같은 여성적 도피, 그리고 안이한 향락을 즐기는 이와 같은 비겁한 자기 만족은, 그리스도교도들에게는 경멸해야 할 것일뿐만 아니라 반그리스도교적인 근성으로 보였다. 그리고 초기 그리스도교도들의 이러한 견해 때문에, 고대 그리스에는 분홍색의 명랑성이 달라붙었으며, 그것이 거의 극복하기 어려울 만큼 질기게 수세기 동안에 걸쳐 지속되었다. 이러한 고대 그리스관에서는 비극의 탄생, 비제(秘祭), 피타고라스나 헤라클레이토스가 살고 있었던 기원전 6세기라는 세기는 없었던 것 같다. 게다가 위대한 시대의 예술 작품마저 없었던 것처럼 보인다. 그러나 이러한 예술 작품은 어느 하나를 보더라도 이와 같이 늙은, 노예적인 향락과 명랑성의 지반 위에서는 결코 설명될 수 없으며, 그 존재의 근거로써 전혀 다른 세계관을 지시한다.

에우리피데스는 관객을 무대 위에 올려놓았다. 그렇게 함으로써 동시에 연극을 판단하는 진정한 힘을 관객에게 부여했다고 앞에서 말했는데, 그러면 그 이전의 비극 예술은 관객과 불균형을 이루고 있었던 것처럼 들릴 수도 있다. 따라서 예술작품과 관객의 균형을 시도한 에우리피데스의 급진적 경향은, 소포클레스를 앞지른 진보였다고 칭찬하는 사람이 나올지도 모른다.

그러나 '관객'이란 말뿐이고 동질적인 집단이 아니며 수도 일정하지 않은 상대일 뿐이다. 예술가는 숫자만을 과시하려는 힘과 타협해야 할 아무런 의무도 없지 않는가? 그의 타고난 소질과 의도 쪽을 보든지, 자기가 이러한 관객 어느 누구보다도 우월하다는 자신이 있다면, 자기보다 열등한 능력밖에 가지지 않은 사람들의 평판에 주위를 기울이지 않고 비교적 높은 능력을 가진 몇몇 관객만을 염두에 두면 그만이지 않는가?

사실 그리스 예술가로서 에우리피데스 이상으로 대담하고, 자존심을 지닌 채 자신의 긴 일생 동안 관객을 다룬 이는 없었다. 대중이 그의 발 아래 무릎을 꿇었을 때도, 그는 자신 있게 자기 자신의 경향, 바로 대중으로부터 승리를 거둔 그 경향을 공공연하게 정면으로 공격한 인물이다.

만약에 이 천재가 관객이라고 하는 악마의 무리에게 조금이라도 외경심을 가지고 있었다면, 그의 생애는 실패작이라는 몽둥이에 맞아서 중도에서 무너지고 말았을 것이다. 이렇게 보면 에우리피데스가 관객을 무대 위에 올려 놓고, 관객에게 진정한 판단을 할 수 있게 했다는 앞서의 발언은, 사실 잠정적인 것에 지나지 않으며, 그의 경향을 좀더 깊이 이해할 필요가 있다는 것을 보여준다.

그와는 반대로 아이스킬로스와 소포클레스는 살아있을 때 아니, 죽은 뒤에도 민중의 인기를 한 몸에 받았다. 따라서 에우리피데스의 이들 선배들에 대해서는 작품과 관객들의 사이에 균형이 잡혀 있었다고 말할 수 있는 것도 이미 알려진 사실이다.

가장 위대한 시인이라는 명예가 태양처럼 빛나고, 민중의 인기라는 맑은 하늘이 미소 짓고 있는 와중에, 천부적 재능이 풍부하고, 끊임없는 창작욕에 사로잡혀 있었던 예술가 에우리피데스가 그처럼 강제로 떠날 수밖에 없었던 이유는 무엇 때문인가? 그가 관객에게 등을 돌리게 된 것은 관객에게 어떤 특별한 견해를 가졌기 때문인가? 관객을 존중한 나머지 관객을 경멸할 수 있었다는 것은 무슨 까닭인가?

이것이 지금 막 내놓은 수수께끼의 해답이다. 에우리피데스는 시인으로서 대중 따위는 안중에도 없었으나, 자기의 관객 가운데 두 사람에게만은 자기가 훨씬 고상하다고 생각하지 않았다. 그는 대중을 무대 위에 올려놓기는 했지만, 두 사람의 관객에게는 그의 예술을 판단할 수 있는 유일한 자격을 가진 심판자 또는 스승으로서 존경을 바쳤다. 이 두 사람은 지금까지 축제가 열릴 때마다, 눈에 보이지 않는 합창단으로서 관객석에 자리를 차지하고 있었다.

그는 이 두 사람의 지시와 충고에 따라서, 감정과 정열과 경험의 모든 세계를 그의 주인공의 영혼 속에 집어넣었다. 이들 새 등장인물을 위해서 새로운 말과 음조를 찾을 때도 이 두 사람의 요구에 따랐다. 관객의 판단에 의해서 자기가 처벌받는 한이 있더라도, 그는 이 두 사람의 소리에만 자기의 창작에 대한 판결을 듣는 동시에, 승리를 약속하는 격려의 소리를 들었던 것이다.

이 두 관객 가운데 한 사람은—에우리피데스 자신이다. 시인으로서가 아니라 사상가로서의 에우리피데스였다. 그에 대해서는 이렇게 말할 수 있을 것이다. 즉, 이상하게도 풍부했던 그의 비판력은 레싱의 경우와 흡사하며, 창작적 예술가다운 부차적 충동을 낳지는 않았지만 끊임없이 열매 맺게 했다고 말할 수 있다.

이러한 재능을 가지고 에우리피데스는 그의 비판적 사고를 밝고 민첩하게 움직이면서, 극장에 앉아 있었다. 그리고 그의 위대한 선배들의 걸작을 긴장하여 바라보면서, 마치 퇴색한 그림의 획 하나, 선 하나에 이르기까지 다시 확인하는 데 노력을 기울이고 있었다.

그리하여 여기서 아이스킬로스 비극의 더 깊은 비밀을 잘 알고 있는 사람에게는 전혀 이상할 것이 없는 일을 그는 만나게 된다. 그는 선 하나 획 하나에서도 뭔가 헤아릴 수 없는 것이 있다는 것을 알았다. 사람을 홀리게 하는 일종의 명확성과 동시에 배경의 수수께끼 같은 깊이, 아니 무한성을 알게 되었다. 아무리 분명한 인물도 반드시 혜성의 꼬리를 갖고 있으며, 뭔가 알 수 없는 것, 해명할 수 없는 것을 암시하고 있는 것처럼 보였다.

동일한 땅거미가 극의 구조 위에, 특히 합창단의 의미 위에 가로놓여 있었다. 그리고 윤리적인 문제의 해결도 그에게는 여전히 의심스러웠다! 신화의 취급도 얼마나 의심스러운가! 행복과 불행의 분배도 얼마나 불공평한가! 옛날 비극의 말 속에는 불쾌한 것, 적어도 그렇게 생각되는 것이 많았지만, 특히 그는 단순한 상황에 비해서 묘사가 너무나 화려하며, 성격의 단순함에 비해서는 수사와 기괴한 사건이 너무나 많다고 생각했다. 이처럼 그는 조마조마한 가운데 꼬치꼬치 생각하면서 극장에 앉아 있었다. 그리고 관객으로서 이들 위대한 선배들이 자기에게는 아무래도 이해되지 않는다는 것을 스스로 인정했다.

그러나 그는 오성(悟性)을 모든 감상과 창작의 기본으로 삼았기 때문에 주위를 둘러보고, 자기와 같은 생각을 하는 사람이 없는가, 자기 이외에 헤아릴 수 없는 느낌을 솔직하게 고백하는 사람이 없는가를 묻지 않을 수 없었다. 그러나 많은 사람들은 그에게 의심스러운 미소를 던질 뿐이었다. 그의 의혹과 다른 논리에 대해서 그의 선배인 대가들이 왜 끄떡도 하지 않는지, 그 이유를 설명해주는 사람은 한 명도 없었다. 이러한 괴로운 상태에서 그는 또 한 사람의 관객을 발견했다.

이 관객은 비극을 전혀 몰랐기에 비극 따위는 문제삼지 않았다. 이 사나이와 손잡음으로써 비로소 지금까지 고군분투하고 있던 그는 아이스킬로스와 소포클레스의 예술 작품에 맞서 무서운 싸움을 시작하게 된다. 서투른 논문을 가지고서가 아니라 자기의 비극관을 전해 내려오는 비극관에 대결시키는 극작가로서……

12

또 다른 관객의 이름을 밝히기 전에, 아이스킬로스의 비극의 본질에는 어떤 분열적이며 헤아릴 수 없는 느낌이 있는지, 앞에서 말한 것을 돌이켜 생각해 보자. 비극의 합창단과 그 주인공에 대해서 우리 자신이 의아하게 생각한 것을 떠올려 보자.

아이스킬로스의 합창단과 비극의 주인공은, 아무리 생각해도 우리의 관습과 일치하지 않으며 전승에도 맞지 않았다. 결국 우리는 그리스 비극의 근원과 본질은 서로 얽혀 있는 두 개의 예술 충동, 즉 아폴론적인 것과 디오니소스적인 것이라는 이중성 자체에 있다는 것을 발견했던 것이다.

근원적이고 강력한 디오니소스적 요소를 비극에서 배제하여 디오니소스적이지 않은 예술과 관습과 세계관 위에 순수하고 새로운 비극을 건설하는 것, 이것이 지금 밝은 조명 속에 그 정체를 나타내는 에우리피데스의 경향이다.

이 경향이 얼마만큼의 가치를 가지며 어떠한 의미를 갖는가 하는 문제는, 에우리피데스가 만년에 한 작품 속에서 같은 시대 사람들에게 강조하여 제시했다. 도대체 디오니소스적인 것은 있어도 좋은가? 그것은 강제로 그리스 땅에서 뿌리 뽑혀야 하는가? 만일 그것이 가능하다면 확실히 그렇다고 시인은 말한다. 그러나 디오니소스 신은 너무나 힘이 세다. 적의 동향에 가장 정통한 반항자—마치 《바카스의 무녀들》에 나오는 펜테우스처럼—도 모르는 사이 디오니소스의 마력에 걸려 신의 판단으로 이 늙은 시인은 갑작스레 운명을 다하게 된다.

두 노인 카드무스[39)]와 티레시아스[40)]의 판단이 이것처럼 보인다. 오랜 민중의 전통, 영원히 계승되어 가는 디오니소스 숭배는 아무리 현명하다 하더라도 몇 사람의 깊은 생각으로 뒤집어지는 것이 아니다. 실제로 이와 같은 이상한 힘에 대해서는 적어도 외교관과 같은 주의 깊은 관심이라도 보여주는 것이 적당할 것이다. 그러나 이때도 이러한 미지근한 협력에 신이 화를 내어, 마침내 외교관—이 작품에서는 카드무스—을 용으로 변신시키는 일은 있을 수 있다.

긴 일생을 통해 영웅적인 힘을 발휘해서 디오니소스에 대항해온 시인이 우리에게 이것을 말해 주고 있는 것이다. 그는 생애가 끝날 무렵 적에게 영광을 돌리고 일종의 자살로 삶을 끝마쳤는데, 그것은 현기증이 있는 사람이 더 이상 참을 수 없는 무서운 소용돌이로부터 벗어나기 위해서 탑에서 뛰어내리는 것과 아주 비슷하다.

비극 《바카스의 무녀들》은 에우리피데스의 경향이 실현 가능성을 가지고 있는 것에 대한 일종의 항의이다. 아아, 그리고 그것은 이미 실행되었다! 이상한 일이 일어났다. 시인이 그 시도를 멈추려 했을 때, 그의 경향은 이미 승리를 거두고 있었다. 디오니소스는 이미 비극의 무대에서 쫓겨나 있었다. 게다가 그것은 에우리피데스가 말하는 일종의 재앙을 주는 신의 힘에 의해서였다. 에우리피데스 역시 어떤 의미에서는 가면에 지나지 않았다.

그가 말하는 신은 디오니소스도, 아폴론도 아니었다. 그것은 새로 태어난 재앙의 신, 소크라테스였다. 디오니소스적인 것과 소크라테스적인 것, 이것은 새로운 대립이다. 그리고 그리스 비극이라는 예술 작품은 이 대립 때문에 멸망했다. 지금에 와서 에우리피데스가 철회를 외치면서 우리를 위로한다 해도 잘 될 리가 없다. 가장 훌륭했던 신전은 이미 폐허로 변해 버렸다.

이제 와서 이 파괴자가 울음을 터뜨려도, 신전에 무슨 도움이 되랴? 에우리피데스가 그 벌로, 모든 시대의 예술 비평가에 의해서 용으로 변해버렸다는 것—이 가련한 보상에 누가 만족할 것인가?

이제 우리는 에우리피데스가 무기로 삼아 아이스킬로스의 비극과 싸워 물리친, 소크라테스적 경향에 접근해 보기로 하자.

지금 우리가 묻지 않을 수 없는 것은, 극을 완전히 비디오니소스적인 것 위에 세우려고 하는 에우리피데스의 의도가 완전히 이상적으로 행해지는 경우, 일반적으로 어떠한 목표를 가질 수 있는가 하는 문제이다.

바꾸어 말하면, 연극이 음악의 모태에서 나오지 않는 경우, 디오니소스적인 것이 신비로운 어두컴컴한 데서 나오지 않는 경우, 어떠한 형식의 극이 아직 남아 있는가 하는 것이다. 단지 연극화된 서사시만이 남아 있다. 서사시라고 하는 아폴론적 예술 영역에서는 비극적 효과를 나타낼 수 없는 것은 말할 것도 없다. 이것은 표현된 사건의 내용에 달려 있지 않다. 아니, 나는 이렇게 주장하고 싶다. 괴테라 할지라도 그가 계획한 《나우지카》[41]에서는 목가적인 인물의 자살—제5막을 메울 예정이었다—을 비극적인 감동을 줄 수 있도록 묘사하는 것은 불가능했을 것이라고. 서사시적, 아폴론적인 것의 힘은 아무리 무서운 것이라도 가상에 대한 아폴론적인 쾌감과 가상에 의한 구제로써 우리의 눈을 홀리게 할 만큼 대단하다. 연극적인 서사시의 시인은 서사시를 읊는 음유시인과 마찬가지로, 자기가 묘사하는 형상과 완전히 융합할 수 없다.

그는 여전히 거리를 두고 바라볼 뿐이며, 결코 마음이 흔들리지 않는다. 즉 형상과 일체가 되지 않고, 현상을 자기 앞에 있는 것으로 바라볼 뿐이다. 연극화된 서사시에 등장하는 배우는 결국 역시 서사시를 낭송하는 음유시인임에는 변함이 없다. 그의 모든 동작에는 마음속에서 꿈꾸고 있다는 영감이 감돌고 있다. 그러므로 그는 결코 완전한 배우는 아니다.

그런데 아폴론적 연극의 이러한 이상과 에우리피데스의 작품은 어떠한 관계가 있는가? 그것은 고대의 엄숙한 음유시인과 후세의 낭송자의 관계와 같다. 후세의 낭송자는 플라톤의 《이온》[42]에서 자기의 본질을 다음과 같이 말하고 있기 때문이다. "슬픈 일을 말할 때에는, 나의 눈은 눈물로 가득 찬다. 그러나 내가 말하는 것이 무섭고 놀라울 때, 나의 머리털은 쭈뼛 서고 가슴은 두근거린다." 여기에는 이미 서사시적인 가상으로의 몰입, 진정한 배우가 갖는 비정은 전혀 볼 수 없다. 진정한 배우는 바로 자기 최고의 연기에 이르러서는 완전한 가상이 되며, 가상에 대한 쾌감을 느낀다. 에우리피데스는 두근거리는 가슴과 쭈뼛 선 머리카락을 가진 배우이다. 그는 계획을 짤 때는 소크라테스적 사상가이며, 연기할 때는 열정적인 배우이다.

계획을 짤 때나 연기를 할 때나, 그는 순수한 예술가는 아니다. 이처럼 에우리피데스의 극은 차가운 동시에 불 같으며, 얼 수도 있으며 동시에 불타오를 수도 있다. 그의 극에서 서사시 특유의 아폴론적 효과를 내는 일은 불가능하다.

한편 그의 극은 디오니소스적 효과로부터 가능한 한 멀리 떨어져 있기 때문에, 일반적으로 감동을 얻기 위해서는 새로운 자극이라는 감동수단을 필요로 한다. 그런데 이것은 두 가지 독특한 예술 충동, 즉 아폴론적 충동과 디오니소스적 충동 속에는 있을 수 없다. 냉정한 역설적인 사상—아폴론적 충동 대신에—과 불같은 격정—디오니소스적 황홀 대신에—이 이러한 자극의 수단이 되며, 이 사상과 격정은 지극히 사실적으로 모방되어 있다고 해도, 예술의 영기(靈氣) 속에는 결코 잠기지 않았다.

지금까지 살펴본 결과, 에우리피데스가 극을 전적으로 아폴론적인 것 위에 세우려고 했던 것이 완전히 실패했으며, 도리어 그의 비디오니소스적 경향은 자연주의적, 비예술적인 경향을 향해 길을 잃게 되었다는 것을 알았다. 이제 미적 소크라테스주의의 본질에 더 접근해 보도록 하자.

그 최고 원칙은 대체로 다음과 같다. "아름답기 위해서는 모든 것이 지적이어야 한다." 이것은 소크라테스의 원칙 "지식이 많고 사리에 밝은 사람만이 덕이 있다"고 하는 명제와 병행한다. 이 기준을 가지고 에우리피데스는 개개의 것을 측정하고, 이 원리에 따라서 언어, 성격, 극의 구성, 합창단의 음악 등을 수정해 갔다.

보통 우리가 에우리피데스의 극을 소포클레스의 비극과 비교할 때 대체로 철저한 비판적 수속, 과감한 이지성의 산물을 자주 에우리피데스의 문학적 결함과 후퇴로 본다. 에우리피데스의 서시(序詩)는 합리주의적 방법의 생산성을 나타내는 한 예로 유용할 것이다. 에우리피데스의 극 속에 있는 서시만큼 우리의 무대 기술에 적합하지 않은 것은 없다.

한 사람의 등장인물이 작품의 첫머리에서 자기가 누구이며 무엇이 줄거리의 처음인지, 지금까지 어떠한 일이 일어났으며, 작품의 진행 중에는 어떠한 일이 일어날 것인가를 말하는 것은, 긴장의 효과를 없어지게 하는 방자한 것으로서 허용할 수 없는 것이라고 근대의 극작가는 말할 것이다. 이제부터 어떤 일이 일어날지를 다 알고 있는데, 그것이 실제로 일어나는지 보자고 기다릴 사람이 있을까? 여기서는 예언적인 꿈에, 뒤에 나타나는 현실이 갖는 긴장 관계가 생겨날 수 없기 때문이다.

에우리피데스는 다른 생각을 했다. 비극의 효과는 결코 서사시적인 줄거리의 긴장에서 나오는 것이 아니다. 지금 무엇이 일어나며, 뒤에 어떤 것이 일어날 것인가 하는, 자극적인 불확실성에 나오는 것이 아니었다. 오히려 주인공의 정열과 변론술 속에 폭넓고, 힘찬 물결이 부풀어 오르는, 장대한 수사학적, 서정시적 장면에서 비롯되는 것이다.

모든 것이 줄거리를 위한 준비가 아니라 정열을 위한 준비이다. 그리고 정열을 위한 준비가 되지 않는 것은 장애물이라고 생각한다. 그러나 이와 같은 장면을 감상하는 데 곤란한 것은, 이야기의 연결을 청중이 알 수 없다는 것, 즉 줄거리 이전의 이야기 짜임새에 빈틈이 있다는 것이다. 이 인물 저 인물이 어떠한 의미를 가지며, 애정과 의도에서 일어나는 갈등의 하나하나가 무엇을 전제로 하고 있는가에 대해서 청중이 머리를 써야 하기에, 주요 인물의 고뇌와 행위에 완전히 몰두할 수도 없고, 숨을 죽일 만큼 주인공과 함께 괴로워하고, 함께 두려워할 수도 없다. 아이스킬로스와 소포클레스의 비극은 재치 있는 예술 수단을 사용해서, 우연과 같이 첫 장면에서 이해에 필요한 여러 가지 단서를 청중에게 주도록 되어 있다.

필연적인 일에 가면을 씌워서, 그것을 우연한 사건처럼 생각하게 하는 뛰어난 예술적 수완을 입증하는 특징이다. 그러나 에우리피데스는 다음과 같은 것을 인정하지 않을 수 없다고 믿었다. 즉, 관중은 처음 장면이 전개되는 동안에는 줄거리 이전의 이야기라는 계산 문제를 풀기 위해서 독특한 불안에 빠져 있으며, 따라서 서막의 시적인 아름다움과 정열을 잃어버리게 된다는 것이다.

그래서 그는 서막 앞에 서시(序詩)를 놓고, 신뢰할 수 있는 인물의 입을 통해서 그것을 말하도록 했다. 때로는 신이 나타나서 비극의 경과를 보증하고 신화의 실재성에 대한 의혹을 제거해야 할 때도 있었다. 마치 데카르트가 경험적 세계의 실재성을, 신은 성실하며 거짓말을 할 수 없다는 것에 호소함으로써 비로소 증명할 수 있었던 것과 흡사한 방법이다.

이 신의 성실성을 에우리피데스는 극의 마지막 장에서 다시 한번 사용하며, 주인공들의 미래를 관객에게 보증한다. 이것이 악평 높은 기계 장치의 신[43]의 임무이다. 서사시적인 회고와 전망 사이에 극적, 서정시적인 현재, 본래의 '극'이 가로놓여 있다.

이처럼 시인으로서 에우리피데스는 무엇보다 그의 의식적 인식을 드러낸다. 그리고 바로 이것이 그에게 그리스 예술 역사에서 주목할 만한 지위를 부여했다. 그는 자기의 비판적, 생산적인 창작 활동을 돌이켜보고, 자기가 아낙사고라스[44] 저서의 첫머리를 연극으로 꾸미기 위해서 활동하고 있는 것이 아닌가 하는 생각을 틀림없이 자주 가졌을 것이다. 아낙사고라스 책의 첫머리는 다음과 같이 말하고 있다. "최초는 모든 것이 뒤섞여 어지럽게 있었다. 거기에 누스(理性)가 와서 질서를 창조했다."

아낙사고라스가 그의 '누스'를 가지고 철학자들 사이에 나타났을 때, 그 모습이 마치 술주정꾼들 사이에 술에 취하지 않은 사람이 처음으로 나타난 것처럼 보였듯이, 에우리피데스도 역시 다른 비극 시인들과 자기의 관계를 그와 흡사한 것으로 생각했을지도 모른다. 만물의 유일한 조각자이며 지배자인 '누스'가 예술 창작에서 제외되어 있는 한, 모든 것은 아직 뒤섞여 어지럽고 혼돈된 상태에 있을 수밖에 없다고 에우리피데스는 판단했다. 따라서 최초의 '안 취한 남자'로서 '술 취한' 시인들을 처벌하지 않을 수 없었다.

소포클레스가 아이스킬로스에 대해서 "무의식적으로 해도 그가 하는 일은 정당하다"고 한 말은, 확실히 에우리피데스의 의미로 말한 것은 아니었다. 에우리피데스라면 "아이스킬로스는 무의식적으로 창작하기 때문에 그의 창작은 정당하지 못하다"는 것밖에 인정하지 않았을 것이다. 신과 같은 플라톤마저 시인의 창조적 능력을 말할 때, 그것이 의식적 통찰인 경우를 제외하고는 대체로 반어적으로 보고, 그 능력을 예언자나 해몽가의 타고난 기품과 같은 위치에 두고 있다. 시인이란 오성이 그의 속에 조금도 깃들지 못하는 무의식 상태가 되기까지는 시를 쓸 수 없다고 플라톤은 말한다.

플라톤이 그것을 시도한 것처럼, 에우리피데스는 '이지적이지 못한' 시인과 대립하는 것을 세상에 제시하려고 시도했다. "아름답기 위해서는 모든 것은 의식적이어야 한다"는 그의 미학 원칙은, 내가 이미 말한 것처럼 "선(善)이기 위해서는 모든 것이 의식적이어야 한다"는 소크라테스의 원칙과 일치하는 명제이다. 따라서 에우리피데스를 미적 소크라테스주의의 시인이라고 보아도 무방하다.

그런데 소크라테스는 옛 비극을 이해하지도, 존중하지도 않았던 제2의 관객이었다. 에우리피데스는 소크라테스와 짜고, 새로운 예술 창조의 선구자가 되려고 했다. 만일 이 새로운 예술 창조 때문에 옛 비극이 몰락했다면, 미적 소크라테스주의는 살인적인 원리가 되는 셈이다.

그러나 옛날의 예술인 디오니소스적인 것에 대한 싸움인 만큼 우리는 소크라테스를 디오니소스의 적, 즉 새로운 오르페우스[45]로 인식한다. 오르페우스는 디오니소스에 반항해서 일어났고, 비록 아테네 법정의 디오니소스 무녀들에 의해서 갈기갈기 찢기는 운명을 타고 났지만, 그 우세한 신을 스스로 도망치게 했다. 디오니소스는 마치 옛날에 에도의 왕 류크르코스[46]로부터 도망쳤을 때처럼 깊은 바다 속으로 피난했다. 즉, 차츰 온 세상에 퍼져가는 비제(秘祭)라는 신비로운 물결 속에 몸을 던졌던 것이다.

13

소크라테스가 그 경향에서 에우리피데스와 밀접한 관계가 있다는 것은, 같은 시대의 고대인도 간과하지 않았다. 이러한 사실을 가장 잘 표현하고 있는 것은, 소크라테스가 항상 에우리피데스의 시 창작을 도왔다는 소문이 아테네에 퍼져 있었다는 사실이다.

"옛날이 좋았다"고 하는 사람들은 당대의 민중 선동가를 손꼽을 때 두 명의 이름을 단숨에 들었다. 마라톤을 하던 그 옛날에 지녔던 몸과 마음의 씩씩함이 갈수록 갈피를 잡지 못하는 계몽의 희생이 되어 체력과 정신력이 움츠려 들게 된 것은, 이들 민중 선동가 때문이라고 한다. 아리스토파네스의 희극은 분격과 경멸을 반반씩 섞어가면서, 이 두 사람에 대해 곧잘 말하고 있다.

새 시대의 사람들도 이것에 놀랐다. 사람들은 에우리피데스쯤이야 웃음거리로 만들어도 좋다고 생각했다. 하지만 소피스트의 제일인자며 두목인 소크라테스, 모든 소피스트적 노력의 거울이자 정수인 소크라테스마저 아리스토파네스의 작품에 등장하자 아연실색하지 않을 수 없었다. 이때 유일하게 위안을 주는 것은, 아리스토파네스를 주책없이 거짓말을 하는 문단의 아르키비아데스[47]로 간주하여 망신을 시키는 것뿐이었다.

나는 여기서 이와 같은 공격에 대해 아리스토파네스의 깊은 본능을 감싸

주지는 않겠다. 단지 소크라테스와 에우리피데스의 밀접한 관련을 고대인의 감정을 통하여 논증해 가려고 한다. 이런 의미에서 특히 기억해야 할 것이 있다. 그것은 비극 예술의 적이었던 소크라테스는 비극의 관람을 삼가고 있었는데, 에우리피데스의 신작이 상연될 때만 관객 속에 나타났다는 것이다.

그러나 가장 유명한 것은 델포이의 신탁에 두 사람의 이름이 나란히 있었다는 것이다. 이 신탁은 소크라테스를 인간 가운데서 가장 현명한 자로 손꼽고 있는데, 동시에 지혜의 경쟁에 있어서 두 번째 자리는 에우리피데스에게 주어야 한다고 판정하고 있다.

세 번째로 소포클레스가 손꼽혔다. "내가 하는 일은 옳다. 어떻게 하면 옳은가를 알고 있기 때문이다"라고 아이스킬로스에게 자랑했던 소포클레스의 이름이 올라 있기 때문이다. 명확한 지식의 정도가 바로 이 세 인물을 당대의 세 '지자(知者)'로서 공통으로 특징짓는 것이었음에 틀림없다.

그러나 지식과 통찰을 높이 평가하는 새롭고도 전대미문의 가장 날카로운 말을 한 것은 소크라테스였다. 그는 넓은 세상에서도 자기만이 아무것도 모른다고 스스로 인정하는 유일한 인간이라는 것을 발견했다고 말했다. 비판적인 태도로 아테네 시내를 거닐면서 최고의 정치가, 웅변가, 시인, 예술가들과 이야기를 나누는 도중에 그가 만날 수 있었던 것은 지식의 자만뿐이었기 때문이다. 그는 그러한 사람들이 모두 자기의 직업에 대해서 올바르고 확실한 통찰을 가지지 못하고 다만 본능적으로 그것을 하고 있는 데 지나지 않다는 것을 간파하고 놀랐다. "다만 본능에서." 이 말로 우리는 소크라테스적 경향의 정수와 중심점에 이르게 된다. 소크라테스주의는 이 말을 가지고 기존의 도덕과 예술을 비판한다. 심판의 눈을 어디로 돌리나 소크라테스주의의 눈에 띄는 것은 통찰의 결여와 망상의 위력뿐이다.

소크라테스주의는 이 결여 때문에 현존하는 것이 내부적으로 어긋나 있으며, 따라서 이것을 배척해야 한다고 추론한다. 소크라테스는 다만 이 한 가지 점에서 현존하는 것들을 바로잡아야 한다고 믿었다. 우리가 그 조그만 것에 공경하며 손을 잡는 것만으로도 분에 넘치는 행복이라고 생각하는 세계 속에, 오직 개인으로서 소크라테스는 전혀 질이 다른 문화, 예술, 도덕의 선구자로서 오만불손한 얼굴로 걸어 들어간다.

이것이 소크라테스를 접할 때마다 우리가 사로잡히게 되는 엄청난 의혹이

며, 몇 번이고 고대의 이 문제적인 인물의 의미와 의도를 알 것을 우리에게
자극한다. 호메로스, 핀다로스와 아이스킬로스로서, 피디아스[48]로서, 페리클
레스로서, 피티아[49]와 디오니소스로서 가장 깊은 심연과 숭배의 대상인 그리
스적 본질을 개인으로서 감히 부정하려고 하는 이 인물은 도대체 누구인가?

이 마법의 술을 대담하게도 먼지 속에 부으려고 하는 것은 도대체 어떠한
마신(魔神)의 힘인가? 인류의 가장 고귀한 사람들로 이루어진 정령의 합창
단에게서 "슬프도다! 슬프도다! 너는 아름다운 세계를, 힘센 주먹을 가지
고 파괴하였도다. 넘어져가는 세계여! 허물어져가는 세계여!" 이런 부르짖
음을 들어야 하는 반신(半神)은 누구인가?

소크라테스의 본질을 나타내는 하나의 열쇠는 '소크라테스의 다이모니온
(다이몬의 신호)'이라고 불리는 이상한 현상이다. 그의 오성이 동요하는 특
별한 상황 아래서 그는 그 순간 들려오는 신의 소리에 의해 튼튼한 발판을
얻었다. 이 소리는 들려올 때 이것은 반드시 무언가로부터 손을 떼도록 경고
했다. 이 이상한 인물에게는 때때로 의식적인 인식을 저지하는 경우에만, 본
능적 지혜가 나타난다.

모든 생산적인 인간들에게 본능은 바로 창조적, 긍정적인 힘이며, 의식은
비판적이고 경고적인 역할을 하는 데 반해서, 소크라테스에게는 본능이 비
판자이며 의식이 창조자이다. 이것이야말로 결함에서 나타난 진정한 괴물이
아닌가! 여기에는 신비로운 소질의 기괴한 결함이 인정되므로, 소크라테스
를 특별한 비신비가라고 불러도 좋을 것이다.

왜냐하면 신비가에게 본능적 지혜가 지나치게 발달하고 있는 것과 마찬가
지로 비신비가에게는 논리적 천성이 이상 발육에 의해서 과도하게 발달하고
있기 때문이다. 그러나 한편 소크라테스 속에 나타난 논리적 충동에는 자신
에게로 돌리는 힘은 전혀 없었다. 이처럼 아무런 구속이 없는 분류처럼 논리
적 충동이 발휘되는 모습은 자연의 위력과도 흡사하다.

그것은 큰 본능이 위력에 부딪쳤을 때 우리가 느끼는 소름끼치는 놀람과
도 같다. 소크라테스의 생활신조가 신과 같은 소박함과 의젓함을 지니고 있
었다는 것을 플라톤의 저서를 통해서 조금이라도 느끼는 사람이라면, 소크
라테스 배후에 논리적 소크라테스 주의의 거대한 충동이 움직이고 있으며,
이것을 마치 그림자를 통해서 관찰하듯이 소크라테스를 통해서 관찰해야 할

필요가 있다고 느낄 것이다.

그러나 그 자신이 이러한 관계에 관해서 어떤 예감을 가지고 있었다는 것은, 다만 한 가지 단죄 형식이 있을 뿐이었다. 바로 추방이다. 사람들은 그를 수수께끼 같은 사람, 이름을 붙일 수 없는 사람, 해명할 수 없는 사람으로 여기고 국경 밖으로 내쫓았어야 했다. 그러면 후세 사람들이 이것을 부끄러워할 행위로 취급하여 아테네 시민을 책망하는 일은 없었을 것이다.

그런데 추방에 그치지 않고 사형이 선고된 것은, 소크라테스가 신으로부터 받은 사명을 언제 어디서나 그의 재판관 앞에서도 위엄을 갖고 성실하게 주장했기 때문이다.

이런 점을 가지고 그를 반박하는 일은 불가능했다. 그것은 여러 가지 본능을 해체하는 그의 영향을 시인할 수 없는 것처럼 불가능한 일이었다. 이러한 풀리지 않는 갈등이 일어나는 가운데 그가 일단 그리스 국가의 법정에 끌려 나온 것을 보면, 완전히 맑은 심경에서 죽음에 대한 당연한 공포도 없이 스스로가 죽음을 꿰뚫어 보았을 것으로 생각된다. 마치 연회석을 담담한 기분으로 떠나듯, 그는 침착하게 죽음의 길을 갔던 것이다.

플라톤이 묘사한 바에 따르면, 동이 틀 무렵 마지막 남은 주객인 소크라테스는 새로운 하루를 시작하기 위해서 연회석을 떠났다고 한다. 그의 뒤에 있던 의자와 땅 위에는 친구들이 남아서, 진정한 에로스의 벗인 소크라테스를 꿈꾸고 있었다. 또한 죽어가는 소크라테스는 고귀한 그리스 청년들에게는 다른 데서는 절대로 발견할 수 없는 새로운 이상이 되었다. 특히 전형적인 그리스 청년인 플라톤은 그를 사모하는 마음으로 열렬하게 헌신하여 이 이상적인 모습 앞에 무릎을 꿇었던 것이다.

14

이제 우리는 소크라테스의 치클로페스[50])의 눈과 같은 커다란 눈, 예술적 감동의 아리따운 광기가 한 번도 타오른 적이 없는 저 눈이 비극을 보는 것을 상상해 보자. 그 눈은 디오니소스적 심연도 기쁨을 가지고 들여다보지 않았다. 플라톤이 말하는 것처럼 '숭고하고 높이 평가되는' 비극 예술 속에서 저 눈은 무엇을 보아야 했던가? 전혀 이치에 맞지 않는 것, 어떠한 결과도 가져오지 않는 것처럼 보이는 원인과 원인이 없는 것처럼 보이는 결과를 가진 불합리한 것을 그는 거기에서 보았다.

게다가 이것의 전체는 매우 다채롭고 복잡하기 때문에 생각이 깊은 사람들에게는 반감을 사고, 신경질적이며 감격하기 쉬운 영혼에는 일종의 위험한 도화선이 되는 것처럼 보였다. 소크라테스가 이해한 유일한 문학 장르가 이솝 우화였다는 것을 우리는 알고 있다. 그리고 그는 이것을 정직하고 선량한 겔러트가 〈꿀벌과 암탉〉의 우화 속에서, 시가를 찬미해서 노래했을 때와 흡사한 입장에서 이해하고 있다.

그것이 무슨 소용이 있는지 보면 알리라.
그다지 머리가 좋지 않은 사람에게
형상(形象)을 가지고 진실을 말하노라.

그러나 소크라테스에게 비극 예술은 한 번도 '진실을 말하지 않는 것'으로 보인 적은 없었다. 그것이 '그다지 머리가 좋지 않은 사람'을 상대로 하고, 따라서 철학자를 상대로 하는 것이 아니라는 것은 제외하더라도 말이다. 이것이 비극을 멀리해야 할 두 가지 이유이다. 플라톤과 마찬가지로 소크라테스는, 비극을 쾌적한 것만을 묘사하고 유용한 것을 묘사하지 않는 대중에게 알랑거리는 예술로 간주하고, 제자들에게 이러한 비철학적인 자극을 멀리하도록, 엄격히 물러나도록 요구했다. 그 성과로 젊은 비극작가 플라톤이 소크라테스의 제자가 되기 위해서 맨 먼저 그 작품을 불살라 버릴 정도였다.

그러나 그렇게 쉽사리 억제할 수 없는 소질을 타고난 사람들이 소크라테스의 원칙에 반항하는 모습도 보였다. 그러한 경우에도 굉장한 인격의 무게와 함께 소크라테스의 원칙이 지닌 힘은 여전히 컸으며, 문학 자체를 그때까지 알려지지 않았던 새로운 지위로 높이기에 충분했다.

그 예가 바로 방금 말한 플라톤이다. 그는 비극과 일반적인 예술을 판단할 때, 확실히 스승의 소박한 냉소적 혹평에 뒤지지 않았지만, 넘치는 예술가적 기질 때문에 하나의 예술 형식을 마련하지 않을 수 없었다. 그러나 사실 이 예술 형식은 그가 배척한 기존의 예술 형식과 내면적으로 밀접한 관계가 있었다. 플라톤이 옛날의 예술에 대해서 비난한 점은 그것이 다만 가상의 모방에 그치고 있다는 것이고, 따라서 경험적 현실계보다 훨씬 낮은 영역에 속해 있다는 것이었다. 이러한 비난은 어떤 일이 있더라도 플라톤이 마련한 새로운 예술 작품에는 적용되지 말아야 했다. 이리하여 우리는 플라톤이 현실을 넘어서려고 노력하며 사이비 현실계의 밑바닥에 있는 이데아를 묘사하려고 노력하는 것을 본다.

그러나 이러한 생각을 가진 사상가 플라톤은 하나의 우회로를 통해서, 결국 시인으로서의 그가 항상 고향처럼 살고 있었던 곳에 다다랐다. 그곳은 또한 소포클레스와 옛날의 예술 전체가 그의 비난에 대해 엄숙히 항의하고 있는 곳이기도 했다. 비극이 그 이전의 모든 예술의 종류를 흡수한 것이라고 한다면, 어떤 기묘한 의미에서 그러한 것은 플라톤의 대화편에도 들어맞는다.

그의 대화편은 모든 기존 스타일과 형식을 혼합하여 만들어서, 이야기와 서정시와 극의 중간, 산문과 운문의 중간에 떠돌고 있으며, 따라서 통일적인 언어 형식이라고 하는 예부터 내려오던 엄격한 법칙을 깨뜨리고 있었기 때문이다. 이 길을 더욱 전진한 것이 견유파의 문필가들이었다. 그들은 문체를 다양하게 산문 형식과 운문 형식 사이를 오감으로 그들이 생활에서 일삼았던 '미친 소크라테스'의 문학적 초상화를 그리는 데까지 이르렀던 것이다.

플라톤의 대화편은 배를 난파당한 옛날의 문학이, 그 자식들을 구하기 위해서 옮겨 탄 작은 배와 같은 것이었다. 좁은 곳에 함께 몰려, 단 한 사람의 사공인 소크라테스에게 걱정스럽게 복종하면서, 그들은 새로운 세계로 배를 타고 갔는데, 세상 사람들은 이 행렬의 환상적 모습을 보는 데 결코 싫증이 나지 않았다.

실제로 플라톤은 후세에 새로운 예술 형식의 모범을 제공해 주었다. 바로 소설(Roman)이라는 모범이다. 이 소설은 무한히 높아진 이솝 우화라고 할 수 있다. 거기서 문학은 변증법적 철학에 대해, 이 철학이 수세기에 걸쳐서 신학에 대해서 취한 것과 같은 신분으로, 즉 시녀로 살았던 것이다. 이것이 문학의 새로운 지위였다. 플라톤이 마신적인 소크라테스의 압박을 받아서 문학을 이러한 위치로 몰아넣었던 것이다.

여기서는 철학적 사상이 예술을 덮어서 무성하게 자라며, 예술은 변증법의 줄기에 꽉 매달리지 않을 수 없게 된다. 아폴론적 경향은 번데기처럼 논리적 형식주의 속에 들어앉게 된다. 우리는 에우리피데스에게서 이와 같은 것을 볼 수 있고, 나아가서 디오니소스적인 것이 자연주의적 격정으로 옮겨지는 것도 볼 수 있다. 플라톤 극의 변증법적 주인공인 소크라테스는, 에우리피데스의 주인공이 갖고 있는 것과 흡사한 성질을 떠올리게 한다.

에우리피데스의 주인공은, 이유와 반대 이유를 통해서 자기의 행동을 변호하지 않으면 안 되며, 그래서 비극적 동정을 상실할 위험에 자주 빠지기 때문이다. 결론이 나올 때마다 환호성을 올려 이를 축하하고, 차가운 밝음과 의식 속에서만 호흡할 수 있는 변증법의 본질에 낙천주의적 요소가 깃들어 있다는 것을 모르는 사람이 어디 있을까.

이 낙천주의적 요소가 일단 비극에 침입하면, 차츰 비극의 디오니소스적 영토 위에 퍼져서 필연적으로 비극을 자멸시킨다. 그 결과 비극은 시민극으로 빠져 죽음의 도약을 강요당한다. "덕은 지식이다. 무지에서만 죄를 범하게 된다. 덕이 있는 자는 행복한 사람이다"라는 소크라테스의 명제는 어떠한 귀결을 갖는가. 구체적으로 생각해 보면 된다. 낙천주의의 이 세 가지 기본 형식 속에 비극의 죽음이 가로놓여 있다. 이제 유덕한 주인공은 변증가여야 하며, 덕과 지, 신앙과 도덕 사이에 필연적인 연결이 있어야 하기 때문이다. 또한 아이스킬로스의 초월적인 정의의 대단원은, 이제 관례적인 기계 장치의 신을 가진 '권선징악'이라는 평범하고 뻔뻔스러운 원리로 타락하고 말기 때문이다.

이 새로운 소크라테스적, 낙천주의적 연극 세계에 비해 이제 합창단과 일반적인 비극의 음악적, 디오니소스적인 기반이 어떻게 보일 것인가? 뭔가 우연한 것, 비극의 기원에 대한 없어도 괜찮을 추억으로 생각되었다. 그러나 앞에서 본 바와 같이, 실제로는 합창단이야말로 비극의 원인이며, 일반적인 비극의 원인으로 이해되는 것이다.

이미 소포클레스에게서 합창단에 관한 당황함이 나타나 있다. 이것은 이미 그가 비극의 디오니소스적인 기반을 무너뜨리기 시작하고 있는 것을 보여 주는 중요한 징후이다. 그는 효과의 주요 부분을 합창단에게 맡길 만한 용기를 지니고 있지 않다. 그가 영역을 제한한 합창단은 지금은 거의 배우와 같은 배열에 놓인 것처럼 보이며, 마치 합창단석에서 무대 위에 밀려 올라간 것처럼 된다.

물론 아리스토텔레스가 합창단을 이렇게 보는 데 찬성한다고 하더라도,

합창단의 본질은 완전히 파괴되어 있다.

전해오는 바에 따르면, 소포클레스가 이 합창단의 위치를 이동시켰다고 한다. 그가 글을 통해서까지 추천하기도 한 이 위치의 이동은 합창을 부정하는 첫걸음이었다.

그리고 이 부정의 변화는 에우리피데스, 아가톤과 신흥 희극에서 놀랄 만한 속도로 연달아 일어난다. 낙천주의적 변증법은 그 삼단논법의 채찍을 가지고 음악을 비극에서 내쫓는다. 즉, 비극의 본질을 파괴한다. 왜냐하면 비극의 본질은 디오니소스적 상태의 징후와 형상화로, 눈으로 볼 수 있는 음악의 상징화로, 디오니소스적 도취의 꿈의 세계로 해석되기 때문이다.

그 밖에 소크라테스 이전에도 반디오니소스적 경향이 있었지만, 다만 그것은 소크라테스에게서 전례가 없을 만큼 강력한 표현을 얻게 되었다는 것뿐이다. 그러므로 우리는 소크라테스라는 현상이 무엇을 지시하고 있는가 하는 물음에 대해서 꽁무니를 빼서는 안 된다. 플라톤의 대화편을 보면, 이 현상을 단순히 해체해가는 소극적인 힘으로는 해석할 수 없기 때문이다. 소크라테스적 충동의 가장 직접적인 작용이 디오니소스적 비극의 해체를 목적으로 한 것은 확실하다고 하더라도, 소크라테스 자신의 심원한 생활 체험을 토대로 말하면, 과연 소크라테스주의와 예술 사이에 필연적으로 대립적 관계밖에 없는가, '예술적인 소크라테스'의 탄생은 일반적으로 그 자신에게 모순된 일인가를 다시 물어야 한다.

저 전제적인 논리가도 예술 방면에서는 자기에게도 일종의 결함과 허점이 있는 것이 아닌가 하고 생각하고 있었으며, 반쯤은 자책하는 기분이 되어 의무를 게을리 하고 있는 것이 아닌가 하는 것을 때때로 느끼고 있었다. 그가 감옥에서 친구들에게 설명한 바에 따르면, 자주 그의 꿈에 같은 환영이 나타나서 "소크라테스여, 음악을 하라!"고 말을 했다고 한다. 그는 죽는 날까지 철학하는 일이야말로 최고의 뮤즈의 솜씨라고 생각하여 안심했으며, 신이 '비속하고 대중적인 음악'을 생각하고 있으리라고는 전혀 생각지 않았다. 결국 감옥 속에서 그는 양심의 무거운 짐을 완전히 내려놓기 위해서, 그가 경멸했던 음악을 하기로 동의한다. 그리고 이러한 심정에서 아폴론에게 바치는 노래를 짓고, 몇 개의 이솝 우화를 운문으로 바꾸어 놓았다.

그에게 이와 같은 습작을 하게 한 것은, 마신의 경고와 같은 무엇이었다.

그것은 자신이 야만인의 왕처럼 고귀한 신상(神像)을 이해하지 못하고, 이 몰이해 때문에 자기의 신에 대해서 어쩌면 죄를 짓고 있는 것이 아닌가 하는 아폴론적 통찰이었다.

소크라테스의 꿈속에 나타난 말은, 논리적 천성에도 한계가 있는 것이 아닌가 하는 의혹을 나타내는 유일한 표지이다. 아마—그는 이렇게 자문하지 않을 수 없었다—자기가 모른다고 해서, 그것이 곧 비합리적이라고 할 수는 없지 않은가? 논리가에 의해서 추방당한 지혜의 나라가 어쩌면 있는 것이 아닌가? 어쩌면 예술은 학문과 필연적으로 연관되어 있고 이것을 보충하는 것이 아닌가?

15

불안에 가득 찬 이러한 의문에 관련해서 말해 두어야 할 것이 있다. 즉, 소크라테스의 영향은 오늘에 이르기까지, 아니 미래에 걸쳐 석양 아래서 점점 더 커가는 그림자처럼 후세에 퍼져가고, 이 영향은 예술—더욱이 형이상학적인 의미에 있어서 가장 넓고 깊은 의미의 예술—을 다시 창조하지 않을 수 없도록 촉진하는 것이다. 그 자신의 무한성에 의해서, 예술의 무한성도 보증한다는 것이다.

이것을 알기 전에는, 즉 어떠한 예술도 내면적으로는 그리스인에 의존하고 있다는 것과 호메로스에서 소크라테스에 이르는 그리스인에 연결되어 있다는 것이 납득할 만큼 증명되기 전에는, 아테네 시민이 소크라테스로부터 겪은 것처럼 우리는 이들 그리스인 때문에 괴로움을 당할 수밖에 없다.

거의 어느 시대, 어느 문화의 단계도, 언짢은 기분으로 그리스인에게서 벗어나려고 했다. 왜냐하면 그리스인에 직면하면 자기가 한 모든 것이, 완전히 독창적이라 생각하고 진정으로 감탄하고 있었던 것까지도 갑자기 색채와 생명이 사라지는 것처럼 보이며, 실패한 모방, 아니 단순한 희화로 오그라들기 때문이다.

그래서 자기 나라 것이 아닌 모든 시대의 것은 완강하게 '야만인의 것'이라고 뻔뻔스럽게도 꼬리표를 붙이는 저 불손한 소민족에 대한 가슴 속의 분통이 되풀이해서 터져 나온다. 도대체 저들은 무엇인가 하고 사람들은 자문한다. 자랑할 만한 것이라고는 일시적인 역사적 영광, 우스울 정도로 소규모의 제도, 갈피를 잡지 못하는 도의심밖에 없으며, 그뿐 아니라 추악한 악덕의 소유자라는 꼬리표까지 붙어 있으면서도, 무슨 까닭으로 천재에게만 부여하는 위엄과 특별한 지위를 다른 여러 나라 국민에게 요구하는가?

유감스럽게도, 이러한 존재를 간단하게 처리할 수 있는 독배는 좀처럼 발견되지 않았다. 왜냐하면 질투, 중상, 격분이 스스로 자아낸 어떠한 독도 스스로 만족하는 웅장함을 파괴하기에는 충분하지 않았기 때문이다. 그래서 사람들은 그리스인을 마주하면 부끄러워하고, 그들을 두려워했다. 그러한 쓸데없는 두려움을 가지지 않기 위해서는 철저하게 진리를 존중하여 대담하게 다음과 같은 진리를 인정해 버리면 그만이다. 즉, 그리스인은 마부로서 우리의 문화뿐만 아니라 모든 문화의 고삐를 쥐고 있다. 그러나 이 마차와 말은 거의 항상 너무도 초라해서 안내자의 영광에는 합당하지 않다. 그래서 그들은 이러한 말을 골짜기에 몰아넣는 것쯤은 장난 정도로 생각한다. 그리고 그들 자신은 아킬레스의 도약으로, 그 골짜기를 건너뛴다.

소크라테스 역시 그러한 지도적 지위에 알맞은 인물이라는 것을 증명하기 위해서는 이전에 전례가 없었던 존재 형식, 즉 자기 속의 이론적 인간의 형태를 인정하는 것만으로 충분하다. 그리고 이 이론적 인간의 의의와 목표를 통찰하는 것이 우리의 과제이다. 이론적 인간도 눈앞에 있는 것에 한없는 즐거움을 느낀다. 예술가와 다름없이 말이다.

그리고 이 즐거움 때문에, 염세주의의 실천 윤리에 빠지는 일 없이 암흑 속에서만 빛나는 륜케우스의 눈[51]으로부터 보호되어 있다는 점도 예술가와 같다. 하지만 예술가는 진리의 여신이 걸치고 있는 베일을 한 장 한 장 벗기면서 아무리 벗겨도 여전히 베일에 싸여 있는 여신의 모습을 황홀한 눈으로 보지만, 이론적 인간은 내동댕이친 베일에서 즐거움을 느껴 만족하며, 그의 최고 목표는 자기의 힘으로 베일을 벗기는 과정 자체에 있다.

오로지 벌거숭이가 된 진리의 여신만이 학문의 목표이며 그 이외에는 아무 상관없다고 한다면, 이 세상에 학문은 존재하지 않을 것이다. 왜냐하면 그렇게 되면, 학문의 사도(使徒)들은 지구를 꿰뚫고 곧장 하나의 구멍을 파려고 하는 사람과 같은 기분이 될 것이 틀림없기 때문이다.

이러한 사람들이라면 누구나 다음과 같은 사실을 알 수 있을 것이다. 아무리 열심히 평생 동안 노력하더라도 자기가 팔 수 있는 것은 엄청난 깊이의 일부분에 지나지 않으며, 그것은 자기의 눈앞에서 다음 사람의 노동에 의해 다시 메워지기 때문에, 세 번째 사람에게는 오히려 자기 힘으로 새로운 장소를 선택하는 것이 좋을 것처럼 보인다는 것을.

지금 만일 누군가가 이러한 직접적인 방법으로는 도저히 지구 반대편의 목표에 도달할 수 없다는 것을 납득할 만큼 증명해 보인다면, 그래도 낡은 구멍 밑에서 작업을 계속하려고 하는 사람이 있을까. 물론 그동안 보석의 발견, 즉 자연 법칙의 발견에 만족을 느낀다면 이야기는 다르다. 가장 정직한 이론적 인간이었던 레싱은 진리 자체보다는 진리의 탐구가 자기의 문제라고 과감하게 말했다.

이 발언은 학문의 근본적 비밀을 폭로한 것이며, 학자들을 놀라게 했다. 아니 격분케 했다. 거만하지는 않지만 지나친 정직함의 산물이었던 이러한 개별적 인식과 함께 소크라테스라는 인물로부터 처음으로 나타난 하나의 망상적 관념이 있다. 사유는 인과율이라는 끈으로, 존재의 가장 깊은 심연까지 다다를 수 있다고, 존재를 인식할 수 있을 뿐만 아니라 바로잡을 수도 있다는 흔들리지 않는 신념이다.

이 숭고한 형이상학적 망상은 본성으로서 학문에 덧붙어 있으며, 학문을 점점 더 그 한계로 이끌지만, 이 한계에서 학문은 예술로 넘어갈 수밖에 없다. 원래 예술은 이러한 메커니즘을 목표로 한 것이었다.

이상과 같은 생각에 비추어서 소크라테스에게 눈을 돌리면, 그는 우리에게, 학문의 본성에 이끌려 살 뿐만 아니라—훨씬 중대한 것은—그것을 위해 죽을 수도 있었던 최초의 인물로 나타난다. 그래서 죽어 가는 소크라테스의 모습은 지식과 논거를 통하여 죽음의 공포를 초월한 인간의 모습으로 학문의 입구에 걸려, 누구나 학문의 사명을 상기하는 문장이 그려진 방패가 된다. 즉, 우리 존재를 이해할 수 있게 하고, 그럼으로써 시인할 수 있도록 하는 것이다.

논거가 풍부하지 않는 경우에는, 결국 신화 역시 봉사해야 한다는 것은 말할 것도 없다. 신화야말로 학문의 필연적 귀결, 아니 학문의 목적에 지나지 않았던 것이다.

학문이라는 밀교의 사제인 소크라테스 이후, 밀려오는 파도처럼 철학의 유파가 차례차례로 교대했고, 지금까지 예상조차 할 수 없을 만큼 지식욕이 교양 세계의 가장 넓은 범위에 보급된 결과, 학문이 높이 추켜올려져 다소나마 재능이 있는 사람에게는 모두 학문이 본래의 과제가 되었다. 그리고 학문은 그 무대에서 다시는 추방되는 일이 없었으며, 또 이 보편화된 지식욕 덕분에 사상이라는 공통의 그물이 모든 지구상에 펼쳐졌을 뿐만 아니라 온 태양계에 걸친 법칙까지도 세울 수 있게 되었다. 실제로 이 모든 것들을 현대의 놀랄 만한 높은 지식의 피라미드와 함께 생각하는 사람은, 소크라테스 속에서 이른바 세계사의 한 전환점과 소용돌이를 바라보지 않을 수 없다.

이러한 세계적 경향에 엄청나게 많은 힘이 소비되었는데, 그것은 인식을 위해서가 아니라 개인과 민족의 실천 목표, 즉 이기적인 목표를 위해서 사용된 것이라고 가정하면 한결 이해하기 쉽다. 서로 피로써 피를 씻게 되고, 계속되는 민족 이동 때문에 같은 민족 사이에서도 양육강식이 일어나서, 그 결과 생에 대한 본능적인 기쁨이 매우 약화되었을 것이다.

그리하여 자살이 상습적으로 일어나고, 개인은 피지섬[52] 주민처럼 자식은 부모를, 친구는 친구를 목 졸라 죽임으로써 비로소 의무를 다한 것처럼 느낄 것임에 틀림없다. 결국 동정심으로 민족을 대량으로 살해하는 몸서리나는 윤리를 낳을지도 모르는 극단적인 실천적 염세주의가 나타나는 것이다.

그것은 그렇다 치고, 이와 같은 염세주의는, 예술이 어떠한 형식으로, 특히 종교와 학문이라는 형식으로, 독한 기운의 치료제로, 그리고 예방제로 나타나지 않은 곳에서는 어디서나 볼 수 있었으며 지금도 볼 수 있다.

이 실천적 염세주의에 비추어 보면, 소크라테스는 이론적 낙천주의자의 기본 형상이다. 이론적 낙천주의자란, 사물의 본성을 깊이 연구하여 밝힐 수 있다는 신념에서 지식과 인식을 만병통치약으로 인정하고, 오류야말로 악 자체라고 해석하는 인간을 말한다. 사물의 밑바탕으로 파고 들어가 참된 인식을 가상과 오류로부터 구별하는 것이, 소크라테스적 인간에게는 가장 고귀한 사명으로 여겨진다. 아니, 참으로 인식적인 유일한 사명으로 여겨졌다. 그것은 개념, 판단, 추리라는 기구가 소크라테스 이후 자연의 최고 활동이며, 가장 감탄할 만한 선물로서 다른 모든 능력 이상으로 평가된 것과 같다.

동정이라든가 희생이라든가, 영웅적 정신의 활동인 가장 숭고한 도덕적 행위, 아폴론적 그리스인이 '소프로시네(절제)'라고 부른, 쉽사리 얻을 수 없는 영혼의 바다와 같은 고요함마저도 소크라테스와 그와 같은 생각을 가진 후계자들에 의해 현대에 이르기까지 지식의 변증법으로부터 파생되었으며, 가르칠 수 있는 것으로 간주되어 왔다. 소크라테스적 인식의 기쁨을 맛본 사람, 그리고 그 인식이 차츰 윤곽을 넓혀가며 모든 현상계를 포괄하려고 하는 것을 감지하는 사람은, 이때 이후 그를 생존으로 몰아내는 가장 격렬한 자극으로 정복을 완성하고, 들어갈 틈도 없을 만큼 굳게 망을 치려는 욕망 이상의 것을 가지지 못하게 될 것이다.

이와 같은 기분을 가진 사람에게는, 플라톤이 묘사한 소크라테스야말로 전혀 새로운 형식의 '그리스적 명랑성'과 생존의 기쁨을 가르치는 교사로 나타난다. 생존의 기쁨은 물론 행동으로 폭발하려고 한다. 그리고 천재를 낳을 것을 궁극적 목적으로 삼아 고귀한 청년들을 산파술적이고 교육적으로 감화시키는 데서 주로 그 탈출구를 발견할 것이다.

그러나 학문은 강력한 망상의 자극을 받아서 제지하기 어려운 자기의 한계에 서둘러 간다. 거기에서 논리의 본질 속에 숨어 있는 학문의 낙천주의는 좌절된다. 왜냐하면 학문의 원둘레에는 무한히 많은 점이 있고, 이 원의 측정이 언제 완전히 끝날지 전혀 예견할 수도 없으며, 고귀하고 재능있는 인간은 그 생애의 반에도 미처 도달하기 전에 불가피하게 그 원주의 한계점에 부닥쳐, 거기에서 해명할 수 없는 것을 바라보게 되기 때문이다.

논리가 이 한계에서 꼬불꼬불해져, 마침내 자기의 꼬리를 무는 것을 보고 몸서리칠 때 새로운 형식의 인식, 비극적 인식이 터져 나온다. 이것은 그 무서움을 참아내기 위한 보호와 약으로서의 예술을 필요로 하는 인식이다.

그리스인의 생기 있는 힘찬 눈으로 우리를 에워싸고 있는 세계의 최고 영역을 바라보자. 그때 우리는 소크라테스에게서 모범적으로 나타나는 만족할 줄 모르는 낙천주의적 인식의 욕망이, 비극적 체념과 예술의 욕구로 전환하고 있는 것을 본다. 물론 이 욕구도 낮은 단계에서는 예술에 적대적인 것으로 나타나고, 특히 디오니소스적, 비극적 예술을 마음속으로 싫어하지 않을 수 없다. 이것은 소크라테스주의가 아이스킬로스의 비극을 공격하는 예에서 설명한 바와 같다.

그러면 여기에서 두근거리는 마음을 가지고, 현대와 미래의 문을 두드려 보기로 하자. 과학이 예술로 변하는 '변화'의 결과는 항상 새로운 천재의 형성, 즉 음악을 하는 소크라테스와 통하는 것이 아닌가? 종교와 학문의 이름 아래서라도, 생존 위에 펼쳐진 예술의 그물은 점점 더 튼튼하고 정교하게 짜이게 되는가? 그렇지 않으면 지금 '현대'라고 부르는 불안한 야만적인 번잡함과 소용돌이에서 조각조각 찢길 운명에 있는 것인가? 마음을 졸이면서 그러나 희망을 버리지 않고, 잠시 옆에 서서 저 엄청난 싸움과 변화의 증인이 될 것을 허락받은 방관자로서 머무르지 않겠는가. 아! 이 싸움의 매력은 이것을 구경하는 자 역시 싸우지 않으면 안 된다는 것이다!

16

이 역사적인 예에서 우리가 밝히려고 한 것은, 음악의 정신에서만 비극이 탄생하는 것과 마찬가지로 음악의 정신이 소멸할 때는 비극 역시 확실히 멸망한다는 것이다. 이 주장의 이상한 점을 완화하는 동시에 이 인식의 근원을 제시하기 위해서, 우리는 이제 자유로운 눈으로 현대에 나타나는 유사한 현상과 대결해야 한다.

앞에서도 말한 것처럼 현대 세계의 최고 영역에서는 만족할 줄 모르는 낙천주의적 인식의 입장에 서는 자와, 비극적 예술을 추구하는 진영의 사이에 싸움이 벌어지고 있는데, 우리는 이 싸움의 한가운데로 들어가야 한다.

이때 나는 어느 시대나 예술, 특히 비극에 대항하는 모든 적대적 충동을 무시하고 싶다. 이러한 충동은 현대에도 승리를 확신하고 함부로 여기저기 손대고 있다. 예컨대 무대예술 가운데서도 소극(笑劇)과 발레만이 무성하게 자라나서 모든 사람에게 향기롭다고는 할 수 없는 꽃을 피우고 있을 정도다. 이와 같은 것을 제외하고 내가 지금 말하고자 하는 것은 다만 비극적 세계관의 가장 고귀한 적대 세력에 대해서이다.

이것은 그 조상 소크라테스를 선두로 하는, 가장 본질적인 낙천주의의 학문을 의미한다. 비극의 재생—독일적 본질을 위해서 이것 말고 다행스러운 희망이 또 있을까—을 보장하고 있는 것 같은 여러 가지 힘의 이름을 곧 듣게 될 것이다.

우리는 싸움의 한가운데로 뛰어들기 전에, 먼저 지금까지 얻은 인식으로 무장을 갖추기로 하자. 어떤 삶들은 모든 예술 작품에 생명의 원천으로서 오직 하나의 원리가 있다고 보고, 그것으로부터 여러 가지 예술을 이끌어 내려고 한다. 이와는 반대로, 나의 눈은 그리스인의 두 예술신, 아폴론과 디오니소스에게 향하고 있으며, 이 두 신 속에 그 가장 깊은 본질과 최고의 목표에서 서로 다른 두 개의 예술 세계가 생생하고 구체적으로 대표되어 있다고 본다. 아폴론은 개체화의 원리를 깨끗하게 하는 정령으로서 내 앞에 서 있다. 가상에서의 구제는 이 정령에 의해서만 이루어진다.

이에 비해 디오니소스의 신비적인 환호의 부르짖음 아래서는, 개체와의 속박은 풀어지고 '존재의 어머니들'에 대한 길, 즉 사물의 가장 깊은 핵심에 이르는 길이 열린다.

아폴론적 예술로서의 조형 예술과 디오니소스적 예술로서의 음악 사이에 나타나고 있는 이 엄청난 대립을 아는 사람은 많은 대사상가들 가운데서 단 한 사람밖에 없다. 그는 그리스의 신들이 갖는 상징적 표현이라고 하는 단서조차 없이, 음악에 다른 예술과는 다른 성격과 기원을 인정했다. 음악은 다른 예술처럼 현상의 모방이 아니라 의지 자체의 직접적 모사이며, 세계의 모든 형이하학적인 것에 대해서는 형이상학적인 것을, 모든 현상에 대해서는 물자체(物自體)를 표현하기 때문이라고 그는 말하고 있다(쇼펜하우어의 《의지와 표상으로서의 세계》 제1편). 이것은 모든 미학 가운데서 가장 중요한 인식이며, 엄격한 의미에서 미학은 이 인식과 더불어 비로소 시작된다.

리하르트 바그너도 이 인식에 도장을 찍어, 이것이 영원한 진리라는 것을 보증하고 있다. 그는 '베토벤론'에서 다음과 같이 확언하고 있다. 보통 바르지 못한 길에 빠진 타락한 예술에 의존하는 그릇된 미학은, 조형의 세계에서 통용되는 미의 개념을 음악에도 요구하려 한다. 즉 조형 예술 작품에 요구할 것 같은 아름다운 형상에 대한 쾌감을 불러일으키도록 요구하는 것이다. 그러나 바그너는 음악이라는 것은 조형 예술과는 다른 미학적 원리로 측정되어야 하며, 일반적인 미의 범주로 측정되어서는 안 된다고 단정한다.

나는 엄청난 대립을 알고 난 다음에, 어떻게 해서든지 그리스 비극의 본질에 접근하여 그리스 정신의 가장 깊은 계시에 접해 보고 싶은 강력한 욕구를 느꼈다. 왜냐하면 이제야 비로소 속된 무리의 미학 용어법에서 벗어나, 내가 비극의 근본 문제를 생생하게 마음에 그려낼 수 있는 마법을 가지게 되었다고 믿기 때문이다. 그 덕분에 나는 이상할 만큼 그리스적인 것을 보는 독자적인 눈을 갖게끔 허락되었다. 그 때문에 나에게는 지금 뽐내고 있는 고전 그리스학도 중요한 점에서 볼 때 오늘날까지 그림자놀이와 같은 외면적인 것에만 즐거워했던 것처럼 여겨질 수밖에 없다.

근본 문제는 다음과 같이 묻는 것이 좋을 것이다. 아폴론적인 것과 디오니소스적인 것으로 분리되어 있는 것 자체가, 즉 분리되어 있는 예술의 힘이 병행해서 작용하는 경우, 어떠한 미적 효과가 일어나는가? 혹은 간단한 형식으로 묻는다면, 음악은 형상과 개념에 대해서 어떠한 관계를 맺고 있는가? 쇼펜하우어는 바로 이 점에 대해서는 리하르트 바그너만큼 더 명확하고 투철하게 서술할 수는 없다며 그를 칭찬했다. 하지만 쇼펜하우어 자신의 설명이 가장 상세하다. 나는 여기에 그것을(《의지와 표상으로서의 세계》 제1편) 그대로 인용하기로 한다.

위에서 설명해 온 바에 따라서 우리는 현상, 자연, 그리고 음악을 동일한 사물의 다른 두 가지 표현이라고 볼 수가 있다. 따라서 이 사물은 양의 유사성을 매개하는 유일한 것이며, 두 가지의 유사성을 살피기 위해서는 이 동일한 사물 자체의 실체를 인식할 필요가 있다.

음악은 세계의 표현으로 간주될 때, 최고로 보편적인 하나의 언어이다. 이 보편적인 언어는 개개의 사물이 개념과 관계있는 것처럼 보편적 개념과 거의 같은 관계에 있다. 그러나 이 음악이라고 하는 언어의 보편성은 결코 추상적인 공허한 보편성이 아니라 전혀 다른 종류의 것이며, 어디까지나 명확한 한정성과 결부되어 있다. 이 점에서 음악의 보편성은 기하학적 도형이나 수와 흡사하다. 도형과 수는 경험 가능한 모든 대상의 보편적 형식이며, 선험적으로 적용할 수 있는데다 추상적이지 않고 구체적이며 전면적으로 한정되어 있기 때문이다. 의지의 모든 가능한 노력과 흥분과 표현, 즉 인간의 마음에 일어나는 모든 일—이성은 이 일들을 감정이라고 하는 넓고 소극적인 개념 속에 던져 버린다—은 부단히 많은 멜로디로 표현될 수 있다. 그러나 그것은 언제나 소재가 없는 단순한 형식의 보편성으로 표현되고 있으며, 항상 본체에 따라서 표현될 뿐, 현상에 따라서 표현되지는 않는다.

말하자면 가장 내부적인 영혼만이 표현되고, 육체는 가지지 않는다. 음악이 모든 사물의 참된 본질과 밀접한 관계를 맺고 있는 것처럼 이것 역시 마찬가지이다.

만일 어떤 장면, 행동, 과정, 환경에 적당한 음악이 연구된다면, 이 음악은 이들의 가장 신비스러운 의미까지 해명하는 것처럼 이들에 대한 가장 옳고 명확한 주해자로서 나타난다. 이것은 교향곡의 인상에 완전히 심취해 있는 사람이 마치 자기 곁을 인생과 세계의 모든 사건들이 지나가는 것을 구경하고 있는 것 같은 느낌을 받는 것과 비슷하다.

그러나 그 사람도 스스로 생각해 보면, 교향곡의 선율과 그의 마음에 떠오른 사물과의 사이에 아무런 유사점도 들 수 없다. 왜냐하면 음악은 이미 말한 것처럼 현상의 모사가 아니기 때문이다. 좀더 정확하게 말하면, 의지에 어울리는 객관성을 모사하는 것이 아니라, 직접적인 의지 자체를 모사하는 것이다. 세계의 모든 형이하적인 것에 대해서는 형이상적인 것을, 모든 현상에 대해서는 물 자체를 표현한다는 점에서 다른 예술과 다르다.

따라서 세계를 구체화된 음악, 구체화된 의지라고 부를 수 있을 것이다. 어떠한 그림에서도, 아니 현실적인 생활과 세계의 어떠한 장면에서도 왜 음악이 높은 의미를 갖게 되는가 하는 까닭도 명백해진다. 물론 그 멜로디가 주어진 현상의 내면적 정신과 유사하면 할수록, 더욱 의미를 갖게 되는 것은 당연하다. 시를 노래로, 또는 구상적인 연출을 무언극으로, 또는 이 둘을 오페라로 음악에 맞출 수 있는 것도 이 때문이다.

음악의 보편적인 언어에 맞춘 이러한 개개의 인생 모습은, 결코 완전히 필연적으로 음악에 결부되어 있는 것도 아니며 음악에 대응하고 있는 것이 아니다. 이들 인생의 모습이 음악에 대해 갖는 관계는 임의의 실례가 보편적 개념에 대해 갖는 관계에 지나지 않는다.

즉 이들 형상은 음악이 단순한 형식의 보편성으로 표현하고 있는 것을 현실의 한정성으로 표현하는 것이다. 멜로디는 보편적 개념과 마찬가지로, 현실의 한 가지 추상이기 때문이다. 현실, 즉 개개의 사물의 세계는 보편적 개념에 대해서나, 보편적 멜로디에 대해서나 구상적인 것, 특수하고 개별적인 것, 개개의 경우를 제공할 뿐이다.

그런데 보편적 개념과 보편적 멜로디는 어느 점에서는 대립한다. 개념은 우선 직관에서 추상된 형식에 지나지 않는다. 개념은 말하자면, 사물의 벗겨진 바깥 껍질을 포함하고 있으며, 따라서 문자 그대로 추상물이다. 이에 비해서 음악은 모든 형식에 선행하는 가장 내면적인 핵심, 즉 사물의 심장을 제공하는 것이다. 이 관계는 스콜라 철학자의 용어로 잘 표현될 수 있을 것이다.

즉, 개념은 사물 이후의 보편이지만, 음악은 사물 이전의 보편을 나타내는 것이며, 현실은 사물 속의 보편을 나타내는 것이라고 할 수 있을 것이다. 그러나 일반적으로 작곡과 구체적 묘사 사이에 어떤 관계가 성립될 수 있다는 것은, 이미 말한 것처럼 이 둘이 세계의 동일한 내적 본질을 서로 전혀 다르게 표현한 것뿐이라는 사실에 기인한다.

그런데 이러한 관계가 현실적으로 존재한다면, 즉 작곡가가 어떤 사건의 핵심을 이루는 의지 활동을 음악이라는 보편적 언어로 표현할 수 있다면, 노래의 멜로디와 오페라의 음악은 표현이 풍부해진다. 그러나 작곡가가 이 둘 사이에 유사성을 발견하더라도, 그것은 이성이 개입되지 않은 채, 세계의 본질이라는 직접적인 인식에서 유래해야 하며, 의식적인 의도로 개념이 매개시킨 모방이어서는 안 된다. 그렇지 않으면 음악은 내적 본질, 즉 의지 자체를 표현하지 못하고, 본래 모사적인 모든 음악이 하고 있는 것처럼 그 현상을 불충분하게 모방하는 데 그친다.

이와 같이 우리는, 쇼펜하우어의 학설에 따라서 음악을 의지의 언어로서 직접적으로 이해하는 동시에 우리에게 말을 걸어오는 영(靈)의 세계, 볼 수는 없으나 생기있게 움직이고 있는 영의 세계에 형태를 부여하여, 어떤 유사한 실례로 이 본체의 세계를 구체화해보려고 공상을 자극한다.

한편 형상과 개념은 참으로 이에 일치하는 음악의 영향을 받으면 높은 의미를 갖게 된다. 따라서 디오니소스적 예술은 아폴론적인 예술의 힘에 보통 두 가지 영향을 미친다. 첫째는, 음악이 디오니소스적 보편성을 비유의 형식으로 눈으로 볼 수 있도록 자극하는 일이며, 둘째는 음악이 비유적 형상으로 그 최고의 의미를 발휘시킨다는 것이다.

이 사실은 그 자체가 이해하기 쉬우며, 조금 깊이 관찰해 보면 결코 접근할 수 없는 것도 아니다. 나는 이 사실에서 신화, 즉 가장 의미가 깊은 실례를 낳는 힘이 음악에 있다는 결론을 이끌어 낸다. 그리고 음악이 낳는 신화는 바로 비극적 신화이다. 즉, 디오니소스적 인식에 관해서 비유로 이야기하는 신화에 지나지 않는다.

나는 이미 서정시인의 현상에 대해서, 음악이 서정시인 속에서 어떻게 아폴론적 현상을 빌려서 그 본질을 알리려고 하는가를 말했다. 이제 음악이 최고로 고양될 때 틀림없이 음악은 현상의 본질을 최고로 구체화하려고 할 것이다. 이렇게 생각하면, 우리는 음악이 그 본래의 디오니소스적 지혜를 위한 상징적 표현을 발견한다는 것도 알아야 한다. 만일 그 표현을 비극 속에, 일 반적으로 비극적인 것의 개념 속에서 찾아서는 안 된다고 한다면, 도대체 어 디에서 이를 찾아야 할 것인가?

보통 아름답게 보이는 유일한 범주로 해석되는 예술의 본질은 비극적인 것을 결코 떳떳한 방법으로 이끌어 낼 수 없다. 우리는 개체 파멸의 환희를 음악의 정신에서 비로소 이해할 수 있다.

이러한 파멸이라는 낱낱의 실례에서 명백해지는 것은 디오니소스적 예술 의 영원한 형상뿐이다. 디오니소스적 예술은 개체화 원리의 배후에서 전능 의 힘으로 의지를 표현하며, 모든 현상의 저쪽에서 모든 파멸에도 불구하고 살아 있는 영원한 생명을 표현한다. 비극적인 것에서 우리가 형이상학적인 환희를 느끼는 것은, 본능적이고 무의식적인 디오니소스적 지혜를 형상의 언어로 옮겼기 때문이다.

최고 의지의 현상인 비극의 주인공이 파멸되는 것을 보고 우리는 쾌감을 느낀다. 왜냐하면 주인공은 현상일 뿐이며, 의지의 영원한 생명은 그의 파멸 에 의해서 조금도 손상되는 일이 없기 때문이다. 비극은 이렇게 외친다. "우 리는 영원한 생명을 믿는다." 한편, 음악은 이 생명의 직접적인 이념이다. 그러나 조형 예술가의 목표는 이것과는 전혀 다르다. 여기서는 아폴론이 현 상의 영원성이라는 빛나는 찬미로 개체의 고뇌를 극복하며, 미가 삶에 내재 하는 고뇌를 극복한다. 고통은 어떤 의미에서는 자연의 성질에서 말끔히 씻 긴 것처럼 보인다.

그런데 바로 이 자연은 디오니소스적 예술과 그 비극에 의한 상징적 표현 에 대해 거짓 없는 진실한 소리로 우리에게 이렇게 말한다. "너희들은 나를 닮을지어다! 현상의 끊임없는 변천 속에서도 영원히 창조하고, 영원한 생존 을 강요하고, 이 현상의 변천에 영원히 만족하고 있는 근원의 어머니인 나 를!"

17

디오니소스적 예술 역시 우리에게 생존의 영원한 쾌감을 확신시키려고 한 다. 다만 우리는 이 쾌감을 현상 속에서 찾을 것이 아니라 현상의 배후에서 찾아야 한다. 어떤 것이나 모두 한번 생겨난 이상, 고뇌에 찬 몰락을 각오해야 한다는 것을 우리는 깨달아야 한다. 우리는 개별적 존재의 공포를 어쩔 수 없이 들여다보게 된다. 그러나 겁을 먹고 머뭇거려서는 안 된다. 어떤 형이상학적인 위안이 우리를 덧없는 세상살이로부터 도망치게 하기 때문이다.

우리는 실제로 잠시 동안 근원적 존재가 되어, 그 감당하기 어려운 생존의 갈망과 쾌감을 느낀다. 삶에 뛰어들고 밀려드는 헤아릴 수 없이 많은 생존 양식을 보고, 세계 의지의 넘쳐나는 생산성에 접할 때, 여러 가지 현상의 투쟁, 고민, 파멸은 당연한 것처럼 생각된다. 이 고민의 난폭한 가시에 찔리는 그 순간에 우리는 이미 생존의 측량할 수 없는 근원적 쾌감과 하나가 되고, 이 쾌감이 파괴할 수 없는 성질을 가지며, 영원한 것이라는 것을 디오니소스적 황홀 속에 예감한다.

두려움과 동정심에도 불구하고 우리는 행복하게 사는 존재이다. 개체로서가 아니라 유일한 생명적인 존재자로서, 우리는 이 유일한 생명적인 존재자의 만물을 낳는 생식의 쾌감과 융합되어 있는 것이다.

그리스 비극의 발생 역사는, 그리스인의 비극적 예술 작품이 실제로 음악 정신에서 탄생했다는 것을 우리에게 분명히 말해 주고 있다. 그렇게 생각함으로써 비로소 합창단의 근원적이며, 놀랄 만한 의미도 올바로 파악했다고 우리는 생각한다. 그러나 동시에 우리가 인정해야 하는 것은, 앞에서 말한 비극적 신화의 의미를 그리스 철학자들은 물론, 그리스의 시인들도 개념적인 명확성을 가지고 파악했다고는 말할 수 없다는 것이다. 비극의 주인공들은 행동으로 나타내기보다는 피상적으로 이야기한다. 신화는 이야기한 말 속에서, 그것에 대응하는 객체화를 발견할 수 없다.

무대 위 장면의 구성과 구체적 모습이, 시인이 언어와 개념으로 파악한 것보다 더 깊은 지혜를 나타내고 있다. 그러한 것은 셰익스피어에서도 발견되는데, 예컨대 같은 의미에서 햄릿의 대사는 행동보다는 피상적이다. 따라서 앞에서 언급한 햄릿의 가르침도 말에서 끌어내기보다는 전체를 깊이 통찰하고 개관함으로써 얻을 수 있다.

그리스 비극은 처음부터 우리에게 언어의 극으로서만 전해 오고 있었다. 내가 앞서 암시한 것처럼, 신화와 불일치한 언어에 현혹되어서, 자칫 우리는 비극을 실제보다 천박하고 무의미한 것으로 생각하기 쉬우며, 따라서 고대인의 증언에 의해서 신화에 있었으리라고 생각되는 효과보다도 피상적인 효과밖에 없었던 것처럼 생각하기 쉽다.

왜냐하면 신화의 최고 정신화와 이상성에 도달하는 것이 언어의 시인에게는 불가능했지만, 창조적 음악가인 시인에게는 언제나 가능했다는 것을 우리가 쉽게 잊어버리기 때문이다. 물론 우리는 참된 비극이라면 반드시 가지고 있을, 비할 바 없는 위안을 어느 정도 받아들이기 위해서, 이 음악의 압도적인 효과를 거의 학문적인 방법으로 재구성해 보는 도리밖에 없다. 그러나 이 압도적인 음악의 힘마저 우리가 그리스인일 때 비로소 그 진정한 위력을 느낄 수 있을 뿐이다.

사실 우리는 그리스 음악을 들으면서—우리에게 잘 알려지고 친근하고 무한히 풍부한 음악에 비해서—자기의 역량을 아직 모르고 겨우 수줍게 노래하기 시작한 천재적 음악가의 노래를 듣는다고만 생각하기 때문이다. 그리스인은 이집트 사제들이 말한 것처럼 영원한 아이들이다.

그들은 비극적 예술에서도 아이들에 지나지 않았다. 어떤 숭고한 장난감이 자신들의 손에 의해 만들어졌는지도 모르는 아이들—그리고 이것이 망가진 것조차도 모르는 아이들이었다.

음악의 정신은 비유적 신화의 형식으로 그 모습을 나타내려고 한다. 그 투쟁은 서정시에서 시작되어 아티카 비극에 이르기까지 점점 더 고조되어 가지만 겨우 방대하게 전개되는가 하면 갑자기 중단되곤 했다. 그러다가 그리스 예술의 표면에서 자취를 감추게 된다.

한편, 이 투쟁에서 생겨난 디오니소스적 세계관은 비밀의식 속에 계속해서 살아남아, 가장 이상한 변형과 변질 속에서도 멈추지 않고 비교적 진실한 사람들의 마음을 끈다. 이 세계관이 그 신비스러운 심연에서, 다시 예술로 올라올 날이 오지 않을까?

여기에서 우리가 맞닥뜨린 문제는 대항하여 비극을 멸망시킨 힘이, 어느 시대나 비극 및 비극적 세계관이 예술적으로 다시 눈뜨지 못하도록 방해할 만큼 강한가 하는 문제이다. 고대의 비극은 지식 및 학문의 낙천주의에 대한 변증법적 충동에 의해서 그 궤도에서 밀려나고 말았지만, 우리는 이러한 사실에서 이론적 세계관, 비극적 세계관이 영원히 싸우게 된다는 결론을 이끌어 낼 수 있다.

그리고 과학의 정신이 그 한계까지 나아가, 여러 가지 한계가 증명되고 보편 타당성에 대한 요구가 무효로 되었을 때, 비로소 비극을 기대할 수 있을 것이다. 앞에서 설명한 의미에서 음악을 하는 소크라테스라는 상징이야말로, 그러한 문화 형식을 위해서 주장할 필요가 있을 것이다.

이와 같은 대비 속에서 내가 과학정신이라는 말로 이해하고 있는 것은 소크라테스라는 인물에게서 비로소 세상에 나타난 신념, 즉 자연은 설명될 수 있는 것이며, 지식이 만병통치의 힘을 가지고 있다는 신념에 지나지 않는다.

이 쉴 줄 모르고 앞으로 나아가기만 하는 과학정신이 어떠한 결과를 가져왔는가를 생각해 보는 사람은 신화가 그 때문에 멸망했고, 이 파멸에 의해서 문학 역시 그 자연의 이상적인 지반에서 쫓겨나 고향을 상실하게 되었다는 것을 곧 기억할 것이다. 음악이 그 태내에서 신화를 다시 낳는 힘을 가지고 있다는 견해가 옳다면, 우리는 신화를 창조하는 음악의 힘을 적대하면서 과학정신을 찾지 않으면 안 된다. 이것은 아티카의 새로운 디티람보스의 전개에서 일어났다.

그 음악은 이미 내적 본질, 즉 의지 자체를 표현하는 것이 아니라 개념이 매개시킨 모방에 의해서 현상을 불충분하게 재현하는 데 지나지 않았다. 참으로 음악적인 사람들은 소크라테스의 예술 살해적 경향에 대해 느낀 것과 같은 혐오로 내면적으로 타락한 음악에 등을 돌렸다. 아리스토파네스는 소크라테스와 에우리피데스의 비극, 그리고 새로운 디티람보스 작가들의 음악을 똑같이 미워했다. 그리고 이 세 가지 현상에서 타락된 문화의 징후를 예감하고 있는데, 확실한 이해력을 가진 그의 본능은 여기에서 확실히 핵심을 찔렀다.

새로운 디티람보스는 부당하게도 음악을, 전투나 해상의 폭풍과 같은 현상의 모사로 만들어 버렸다. 그 때문에 음악은 신화 창조의 힘을 완전히 잃어버렸다.

대체로 모사적인 음악은 인생과 자연의 어떤 사건, 그리고 음악의 리듬 형식과 특징적인 음의 사이에 외면적인 유사성을 찾게 하여, 그것만으로 흥미를 끌려고 한다. 즉 그러한 유사성을 발견함으로써 우리의 오성을 만족시키고자 할 뿐이다. 이러한 음악을 들으면 우리는 신화적인 것을 수용할 수 없는 감정상태에 빠지고 만다.

새로운 디티람보스의 음악이 신화 창조의 힘을 가질 수 없게 된 것은 그 때문이다. 우리는 신화를 무한한 것을 응시하는 보편적 진리의 유일한 실례로서 직관적으로 깨달아야 한다. 디오니소스적인 음악은 세계 의지의 그러한 보편적 거울로서 우리 앞에 나타난다. 이 거울 속에서 직관적으로 느껴지는 것이 우리의 감정에서는 곧 영원한 진리의 모상으로 확대된다.

그와는 반대로 직관적인 사건은 새로운 디티람보스의 회화적 음악, 즉 음에 의한 회화적 모사에 의해서 그 신화적 성격을 모조리 박탈당한다. 이제 음악은 현상의 초라한 모방으로 바뀌어 현상 자체보다 훨씬 초라한 것이 되어 버린다. 이러한 빈약한 음악은 현상 자체의 품위를 우리의 감각보다 떨어지게 할 뿐이다. 예컨대 이러한 종류의 음악으로 모방된 전투는 진군의 소음과 호령 소리에 그치며, 우리의 공상은 바로 이러한 피상적인 것에 매이고 만다. 따라서 음에 의한 회화적 모사는 어떤 점에서 신화를 창조하는 힘을 가진 참된 음악의 대립물이다.

그러나 디오니소스적인 음악에 의해 하나하나의 현상은 세계의 형상으로 충실하게 확대된다. 새로운 디티람보스가 발전하면서 비디오니소스적인 정신이 음악을 자기로부터 멀리하고, 이것을 현상의 노예로 끌어내린 것은 비디오니소스적인 정신의 당당한 승리였다.

더 높은 의미에서 비음악적인 인물이라고 불리어야 할 에우리피데스가 새로운 디티람보스의 열렬한 애호자였다는 것도 이러한 이유에서이며, 그는 도둑처럼 대담하게 그 음악의 효과적인 기교와 수법을 이용했던 것이다.

소포클레스 이후의 비극에서 성격 묘사와 심리 묘사가 눈에 띌 만큼 세련되어진 것을 볼 때, 우리는 이 비디오니소스적인, 반신화적(反神話的)인 정신의 힘이 다른 방면에도 작용하는 것을 본다. 성격은 더 이상 영원한 형태로 확대되도록 다루어지지 않는다. 반대로 인위적인 부차적 특징이나 음영이 모든 선(線)에 매우 미묘한 명확성으로 개성의 인상을 부여해야 한다. 그리하여 관객은 신화를 느끼지 않게 되며, 힘찬 박진성과 예술가의 모방능력만을 느끼게 된다. 여기에서도 우리는 보편성에 대한 현상의 승리를 개개의 해부학용 표본에 대한 쾌감으로 느낀다. 우리는 학문적인 인식을 세계법칙의 예술적 반영보다 높다고 보는 이론적 세계의 공기를 이미 호흡하고 있다. 성격을 묘사하려고 하는 움직임은 급속도로 발전한다.

소포클레스가 여전히 성격 전체를 묘사하여 이들 성격의 미묘한 전개를 위해 신화를 사용하고 있는 데 반해서, 에우리피데스에 이르러서는 이미 격렬한 정열로 표명되는 하나하나의 커다란 성격적 특징만을 묘사한다. 아티카의 새 희극에서는 경솔한 노인이라든가, 기만당한 뚜쟁이라든가, 교활한 노예라든가 하는 하나의 표정밖에 없는 가면만이 되풀이해서 나타날 뿐이다.

음악의 신화적 형성의 힘은 이제 어디로 갔는가? 아직도 음악으로 남아 있는 것은 선정적 음악이든가, 회상적 음악이든가 이 둘 중에 하나다. 즉 소모되고 둔한 신경을 자극하는 수단으로써의 음악이나, 회화적 모사에 지나지 않는 음악 가운데 하나라는 말이다. 자극적인 음악에는 가사 같은 건 거의 문제되지 않는다. 이미 에우리피데스의 음악에서도 주인공이나 합창단이 노래 부르기 시작하면, 실로 야무지지 못한 데가 많았다. 하물며 그의 추종자들에 대해서야 말할 필요조차 없지 않은가?

그러나 이 새로운 비디오니소스스적인 정신은 새 연극의 결말에서 가장 뚜렷이 나타난다. 고대 비극에서는 결말에 이르러 반드시 형이상학적 위안이 느껴졌고 그것이 없다면 무엇 때문에 비극을 즐기는지 모를 정도였다. 예컨대 이 세상이 아닌 다른 세계로부터 화해의 소리가 가장 순수하게 들려오는 비극을 말하면, 아마 '크로노스의 오이디푸스'일 것이다.

음악의 정신이 비극으로부터 사라진 지금, 엄밀한 의미에서 비극은 죽어 버렸다. 사람들이 지금도 형이상학적 위안을 받을 수 있을까? 사람들은 이제 불협화음이라고도 할 비극적 모순에 대한 현세적인 해결을 찾게 된다. 주인공은 운명의 손에 시달린 뒤에, 호화로운 결혼과 은총으로 그에 알맞은 보상을 얻었다. 비극의 주인공은 매우 혹사되어 만신창이의 몸이 된 다음에야, 때때로 자유를 얻게 된다. 노예 투사의 몸이 되어 버린 것이다. 기계 장치의 신이 형이상학적 위안을 대신하여 등장한 것이다.

나는 비극적 세계관이 곳곳에서 밀어닥치는 비디오니소스스적인 정신에 의해 완전히 파괴되었다고 말하고 싶지는 않다. 우리가 알고 있는 것은 다만 이 비극적 세계관이, 비밀의식으로 변질함으로써 예술의 세계에서 저승으로 도주하지 않을 수 없었다는 것뿐이다. 그러나 그리스 정신의 표면에서는 넓은 범위에 걸쳐 '그리스적 명랑성'이라는 형식으로 알려져 있는 정신의 파괴적 독기가 굉장한 힘으로 퍼지고 있었던 것이다.

이 정신은 노쇠한 비생산적인 생존욕으로 이미 앞에서 말한 '그리스적 명랑성'이라는 형식으로 나타난다. 이러한 명랑성은 고대 그리스인의 훌륭한 '소박성'의 대립물에 지나지 않는다. 왜냐하면 '소박성'은 앞에서 그 특징을 설명한 것처럼 음울한 심연에서 피어난 아폴론적 문화의 꽃이며, 그리스적 의지가 자기의 모습을 미의 거울에 비춤으로써 고뇌의 지혜에 대해 거둔 승리라고 해석해야 하기 때문이다. '그리스적 명랑성'의 다른 형식인 알렉산드리아적 명랑성[53]의 가장 고귀한 형식은 이론적 인간의 명랑성이다.

이 이론적 인간의 명랑성은 내가 지금 막 비디오니소스적인 정신에서 이끌어 낸 것과 같은 특징을 갖추고 있다. 즉, 그것은 디오니소스적 지혜와 예술을 공격하여 신화를 해체하려고 한다. 그것은 형이상학적인 위안 대신에 현세적인 조화, 아니 독자적인 기계 장치의 신, 즉 기계와 도가니의 신, 바꾸어 말하면 고도의 이기주의에 봉사하도록 자연이라는 정령의 힘을 인식하고 이용한다.

그것은 지식으로써 세계를 바로잡을 수 있으며, 학문에 의해서 삶이 인식된다고 믿고 있다. 그리고 실제로도 한 인간을 해결할 수 있는 과제의 가장 좁은 테두리 속에 매어 놓는 힘을 가지고 있다. 이 테두리 속에 갇혀 있는 인간은 인생에 대해서 이렇게 말한다. "나는 너를 원하노라. 너는 인식할 만한 가치가 있기 때문이다."

18

여기 영원한 현상이 있다. 탐욕적인 의지는 사물 위에 펼쳐진 환상에 의해 의지의 피조물을 삶에다 얽어매어, 피조물이 좋든 싫든 삶을 지속하도록 끊임없이 강요한다.

이런 환상에 젖는 사람들이 있다. 소크라테스적인 인식의 쾌락에 빠진 사람도 있고 생존의 영원한 상처를 고칠 수 있다는 망상에 얽매인 사람도 있다. 또 눈앞에 어른거리는 유혹적인 예술의 아름다운 베일에 농락당하는 사람도 있으며, 소용돌이치는 현상의 배후에 영원한 삶이 늘 존재하고 있다는 형이상학적인 위로에 농락당하는 사람도 있다.

더욱이 더 일반적이고 강력한 환상을, 의지가 언제나 만약의 경우를 대비하여 준비하고 있다면, 이것은 더 말할 여지도 없다. 환상의 이와 같은 세 단계는 일반적으로 고귀한 천성을 지닌 사람들만의 것으로, 그들은 생존의 무거운 압력에 대해 범상한 사람보다 더 깊게 혐오하며, 잘 선택된 자극제가 아니면 이 혐오감을 잊어버리지 못한다.

우리가 문화라고 말하는 것은 모두 이와 같은 자극제에 의하여 성립된다. 혼합 비율에 따라 우수한 소크라테스적인 문화, 우수한 예술적인 문화, 비극적인 문화를 갖게 되는 것이다. 또한 역사적인 예증이 허용된다면 이를 알렉산드리아적인 문화, 그리스적인 문화, 인도적인(바라문교적인) 문화로 불러도 좋을 것이다.

우리 근대 사회는 알렉산드리아적인 문화의 영역에 사로잡혀 있으며, 학문을 위해 일하는 극히 고도의 인식능력을 구비한 이론적인 인간, 즉 소크라테스를 원상(原像 Urdild) 및 시조로 하는 인간을 이상으로 삼고 있다. 우리의 교육 수단은 모두 처음부터 이상을 염두에 두고 있다.

이론적 인간 이외의 인간은 의도된 인간이 아니라 다만 존재가 허용된 인간으로서, 그 이상과 대등한 곳까지 올라가기 위해 악전고투해야만 한다. 오랫동안 우리를 거의 놀라게 했던 의미로, 교양인이면 바로 학자라는 형태로 간주되어 왔던 것이다. 우리의 문학 예술 자체도 학문적인 모방에서 발전되어야 했다. 또한 우리의 시 형식이 모국어가 아니라 학자들의 말에 인위적인 실험을 거쳐 나왔다는 것은 지금의 운율의 효과를 보면 알 수 있다.

그 자체로 이해되는 근대의 문화인인 파우스트가 자신의 모든 재능에도 만족하지 않고 더 많은 지식을 구하고자 마법과 악마에 몸을 판 것을 보면, 진정한 그리스인은 그를 얼마나 이해하기 어려운 사람으로 여길까? 근대인이 소크라테스적인 인식욕의 한계를 예상하기 시작했으며 황량하고 넓은 지식의 바다에서 탈출하여 한쪽 해안에 도달하기를 원했다는 것을 알려면, 파우스트를 소크라테스와 비교하는 것만으로 충분하다.

괴테가 나폴레옹을 비판하는 에커만에게 이렇게 말했었다. "자네, 생산적인 행동을 하고 있다네."[54] 그는 비이론적인 인간이 근대인에게는 뭔가 놀라움을 일으키는 믿기 어려운 존재이기 때문에 이렇게 기괴한 존재 형식이 이해되고 허용되는 것을 간파하기 위해서는 자신과 같은 사람의 예지가 필요함을 우아하고 소박한 방법으로 상기시킨 것이었다.

우리는 그러한 소크라테스적인 문화의 태내에 비장되어 있는 것을 자신 속에 감추어 두어서는 안 된다! 자신을 무제한적으로 감추어야 한다고 망상하는 낙관주의, 이러한 낙관주의의 열매가 아무리 성숙했다 해도, 즉 최하층에 이르기까지 그와 같은 문화에 익숙해진 사회가 점차 높아지는 격앙과 갈망으로 전율한다 해도, 모든 사람에 대한 지상의 행복을 위한 신념이, 다시 말하면 보편적인 지적 문화의 가능성에 대한 신념이, 점차 알렉산드리아적인 행복에 필요한 요구에 에우리피데스적인 기계장치의 신(deus ex machina)의 부름에 호응할지라도, 우리는 조금도 놀라지 않는다. 우리가 기억해야 할 것은 알렉산드리아 문화가 오랫동안 존속하기 위해서 노예 제도를 필요로 했다는 사실이다.

그런데 낙관주의적인 생존권 때문에 그와 같은 계급의 필요성을 부정하고, 그것 때문에 '인간의 존엄성'이라든가, '노동의 존엄성' 따위의 아름다운 유혹적인 말과 위안을 주는 말을 효과적으로 사용할 때, 이 문화는 이미 무서울 만큼 파멸로 치닫기 시작했다. 자신의 존재가 부당하게 간주됨을 느끼고, 자신뿐만 아니라 다른 사람에게도 복수하려고 기회를 엿보는 야만적인 노예 계급보다 무서운 것이 또 있을까. 이와 같이 긴박한 때 태연하게 지쳐 버리고 창백한 종교에 감히 구원을 구하려고 한단 말인가? 우리의 종교는 근원적인 면에서 학자적 종교로 퇴화해 버렸다. 그 결과 모든 종교의 필연적인 전제인 신화는 이미 모든 곳에서 위축되어 침체되고, 이 종교 영역에서까지도 우리가 사회를 파멸시키는 병균이라고 부르는, 낙관주의적인 정신이 지배권을 잡기에 이르렀던 것이다.

이론적인 문화의 태내에 잠자고 있던 파멸성이 점차 근대인을 불안 속으로 몰아넣기 시작했고, 그는 불안하게 여태껏 쌓아 두었던 경험의 보고에서 위험을 피하기 위한 수단을 탐구하고 있었다. 그렇지만 그 자신조차 그러한 수단을 진심으로 믿지 않았다. 그리고 그가 그 자신의 말로를 예감하기 시작한 동안, 보편적으로 재능이 풍부하고 위대한 사람들이 믿기 어려운 깊은 생각으로 학문의 무기를 이용하여 인식의 한계와 제약을 명시하고, 이것으로 보편타당성과 보편적 합목적성에 대한 과학의 요구를 단호하게 부정하는 데 성공했던 것이다.

인과율로 사물의 가장 밑바닥에 있는 핵심을 탐구할 수 있다고 보는 망상은, 이 논증에 의해 비로소 그 정체가 논파되었다. 칸트와 쇼펜하우어의 거대한 용기와 예지는 극히 어려운 승리를 거두었다. 그것은 논리의 본질에 감추어져 있고 우리 문화의 밑받침이 되어 있는 낙관주의에 대한 승리이다.

그와 같은 낙관주의는 영원한 자기 진리에 대해 아무런 의구심도 갖지 않고 도리어 그 진리에 의거하여 모든 세계의 수수께끼를 풀 수 있고 탐구할 수 있다고 믿는다. 공간과 시간과 인과성을 무제한적이고 가장 보편 타당한 법칙으로 취급했을 때, 칸트는 다음과 같은 것을 폭로했다.

즉 공간, 시간, 인과율은 원래 마야(Maja)의 작품인 단순한 현상을 유일한 최고의 현실에까지 추켜올려, 이 현상을 사물의 가장 깊은 밑바닥에 있는 참된 본질로 대치시키고, 이것에 의해 그 본질의 실제적인 인식을 불가능하게 하는 데만 이바지한다는 것이다.

다시 말해 쇼펜하우어의 말에 따른다면 꿈꾸고 있는 사람을 더욱 깊이 잠들어 버리게 하는 데만(《의지와 표상으로서의 세계》 제1권) 필요할 뿐이라는 것이다. 이런 인식과 함께 하나의 문화가 도입되었다. 나는 이 문화를 비극 문화라고 부르겠다.

비극 문화의 가장 중요한 특징은 최고 목표로써 지혜가 학문을 대신하고, 이런 지혜가 여러 과학의 유혹적인 견제에 넘어가지 않고 거리낌 없이 세계의 전모를 응시하여, 거기에 나타나는 영원의 고뇌를 자신의 고뇌로 받아들이고, 동정적인 사랑을 갖고서 세계를 파악하려고 노력하는 것이다. 다음 세대가 두려움 없는 안목과 절륜의 영웅적인 성벽을 갖고 성장하는 것을 상상한다면, 완전한 충실함 속에서 '확고히 살기 위해' 낙관주의의 모든 유약한 원리들을 배반할 때, 그들의 거만한 무적성과 용(龍)을 퇴치하는 대담한 발자취를 생각할 수 있다. 그리고 이러한 문화의 비극적인 인간이 진지함과 공포를 견디어 나가기 위해 자신을 훈련할 때 하나의 새로운 예술, 형이상학적인 위로의 예술, 즉 그들에게 어울리는 헬레네적인 비극을 열망하여 파우스트처럼 이렇게 외치는 것은 어쩔 수 없는 일 아닌가?

"나 또한 그리워 마지않는 힘을 갖고서, 세상에 비할 바 없는 오직 하나뿐인 이 모습을 삶 속으로 이끌어 넣어선 안 된단 말인가?"

그러나 소크라테스적인 문화는 두 가지 면에서, 하나는 점차 예감하기 시작한 자신의 말로에 대한 공포 때문에, 또 다른 하나는 자신의 그 기초적인

영원한 타당성을 이미 이전과 같은 소박한 신뢰감을 갖고서 확신하지 않는
다는 이유 때문에 두려워져서, 그 정직한 왕홀마저도 떨리는 손으로 간신히
잡고 있는 상태가 되었다. 오늘날 소크라테스적인 문화의 춤추는 사유가 새
로운 형태를 포용하기 위해 항상 새로운 형태를 동경하여 덤벼들다가, 마치
메피스토펠레스가 그의 유혹적인 라미아들[55])을 추방한 것처럼 떨면서 그 대
상을 추방하는 모습은 정말 비참한 광경이다. 참으로 이것이 근대문화의 근
원적인 고뇌에 대한 '파탄'의 징조이다.

즉, 이론적 인간은 자기의 말로에 놀라 불안스러워 하며 이미 생존의 가공
할 만한 빙류(氷流)에 몸을 맡기는 용기마저 잃고, 언덕을 떠돌고 있는 것
이다. 그는 이미 어떠한 사물도 완전한 모습으로 가지려 하지 않는다. 사물
의 모든 자연적인 잔학상을 바라보며 그것을 완전한 모습으로 가지려고 하
는 의욕은 사라져버린 것이다. 낙관주의적인 고찰은 그를 그처럼 유약하게
만들어 버렸다.

뿐만 아니라 학문의 원리 위에 이루어진 문화가 비논리적으로 되기 시작
하자, 즉 자기가 자기의 말로가 두려워 도망쳐 돌아오기 시작하자 이런 문화
는 몰락할 수밖에 없다는 것을 그는 느끼고 있다. 우리 예술은 그와 같은 보
편적인 궁핍을 드러내고 있다. 모든 위대한 생산적인 시대와 사람을 거슬러
올라가 모방하는 것도 무의미한 일이다. 근대인을 위안하기 위해서 '세계 문
학'을 그의 주위에 모으고, 모든 시대의 예술 양식과 예술가의 한가운데에
그를 세워두고, 아담이 동물의 이름을 지어 부른 것처럼 이들 예술 양식과
예술가에게 그의 이름을 짓도록 해도 무의미한 일이다.

그는 영원히 굶주린 자요, 쾌락도 힘도 없는 '비평가'요, 근본적으로 사서
(司書)요, 교정자이며, 책의 먼지와 오식 때문에 불행하게도 시력을 잃은 알
렉산드리아적인 인간인 것이다.

19

이 소크라테스적인 문화의 가장 내면적인 내용을 오페라 문화라고 부른다
면 가장 예민하게 표현한 것이리라. 왜냐하면 소크라테스적인 문화는 이 영
역에서 특히 그의 의욕과 인식을 표명하고 있기 때문이다. 이것은 우리에게
는 우스꽝스럽게 보이지만, 우리가 오페라의 발생과 그 발전상의 사실을 아

폴론적인 것과 디오니소스적인 것이라는 영원의 진리와 비교 대조한다면, 틀림없이 그렇다고 할 수 있다.

나는 먼저 무대조(無臺調)와 음송조(吟誦調)의 발생이 기억난다. 겉으로 보기에 전혀 경건함이 없는 오페라 음악이 팔레스트리나라는 참으로 숭고하고 신성한 음악을 일으켰던 시대에, 참된 음악의 재생으로서 열광적으로 받아들여지고 또 포용되는 힘을 갖고 있었다는 것은 믿을 만한 일인가? 그러나 다른 한편 그 플로렌스 사회의 유흥에 빠진 사치와 그들 연극 가수의 경박성이, 맹렬하게 퍼져나간 오페라 열기 때문이라고 책임을 지우는 것에 대해 그 누구도 주저하지 않을 것이다.

같은 시대에 혹은 꼭 같은 민족 가운데 중세 그리스도교가 모든 시대에 걸쳐 이루어 놓은 팔레스티나적인 화음의 돔 건축과 함께 반음악적인 화법에 대한 정열에 눈을 떴다는 사실은, 나는 레치타티브의 본질 속에 작용하고 있는 예술 외의 경향이라고밖에 해석할 수가 없다.

청중이 노래 속에 있는 언어를 명료하게 알아들으려 한다면, 가수는 노래를 부르기보다 오히려 이야기하는 편이 좋다. 이와 같이 반가요(半歌謠, Halfgesange)에 파토스적인 언어 표현을 예민하게 사용함으로써 대응하는 것은 가수에게는 좋다. 그는 파토스를 이처럼 날카롭게 하여 말의 이해를 쉽게 하고 남겨진 음악의 전반을 극복하게 한다. 이제 그를 위협하는 진정한 위험은, 그가 좋지 않은 음악에 중점을 두어서 단지 이야기의 파토스와 말의 명료성이 파괴될 수밖에 없는데도, 다른 한편으로는 그가 음악적인 폭발과 그의 노련한 발성 표현에 대한 충동을 항상 느끼고 있다는 것이다.

여기서 '시인'이 그를 돕는다. 시인은 서정적인 감탄사와 어구 문장의 반복 등으로 그에게 충분한 기회를 제공할 줄 안다. 이와 같은 입장에서 가수는 말을 고려하지 않고 순수하게 음악적인 영역에 머물 수 있다.

격정적이고 강렬한, 하지만 절반밖에 노래되지 않는 이야기와 철저하게 완전히 노래되는 감탄사와의 교체, 어느 때는 청중의 개념과 관념에, 어느 때는 그 음악적 밑바탕에 작용하려는 그런 무서운 교체의 노력은, 부자연스러우며 디오니소스적인 것과 아폴론적인 것의 예술적 충동에 모두 똑같이 매우 심각하게 모순된다.

그러므로 레치타티브의 기원은 모든 예술적 본능의 외부에 있다고 단언할 수 있다. 이 논술에 따라 레치타티브를 정의한다면, 그것은 서사시적인 낭독과 서정적인 낭독의 혼합이라고 말할 수 있다. 그러나 그것은 내면적으로 안정된 혼합—이것은 그처럼 전혀 이질적인 사물의 경우엔 이루어질 수 없다—으로써가 아니고, 극히 외면적인 모자이크식으로 붙여 모은 것으로, 자연과 경험의 영역에 그 원형을 갖고 있지 않다. 그러나 이것은 레치타티브의 창시자들의 본의는 아니었다.

오히려 그들은 동시대인들과 함께 그의 무대조(舞臺調)를 통해 고대 음악의 비밀이 풀리고 그 비밀로부터만 오르페우스, 암피온, 게다가 그리스 비극의 거대한 작용이 설명된다고 믿어왔다. 이 새로운 양식은 가장 영향력이 풍부한 고대 그리스 음악의 부활로 간주되었다.

호메로스의 세계를 원시 세계로 간주하는 속된 일반적인 견해 때문에, 이제 우리는 다시 인류의 낙원적인 원시 사회에 되돌아 들어간 것과 같은 몽상에 사로잡힐 수 있게 되었다. 그리하여 이 원시 사회에서는 음악 역시 시인들이 전원극에서 그토록 감동적으로 이야기했던 그 탁월한 순수성과 힘 및 순결성을 틀림없이 갖고 있었을 것이라고 사람들은 상상하는 것이다.

여기서 우리는 오페라라고 하는 참으로 근대적인 예술 장르의 가장 내면적인 본질을 통찰한다. 어떤 강력한 욕구가 여기서 특정 예술을 강탈하고 있는 것이다. 그러나 그것은 비심미적인 종류의 욕구이다. 즉 목가에의 동경이요, 예술적으로 선량한 인간이 옛날 원시 사회에 존재하고 있다는 신념이다.

레치타티브는 그와 같은 원시인에게 재발견된 언어로 간주되고, 오페라는 그의 목가적인, 혹은 영웅적인 선량한 인간의 재발견된 고향으로 간주되었다. 이와 같이 인간은 동시에 항상 자연적인 예술의 충동에 따라 행동한다. 어떤 것을 말해야 할 경우에도 적어도 약간은 노래를 부르고, 감정이 격해지면 곧장 큰 소리로 노래하는 것이다.

낙원적 예술가라는 새로 창조된 모습을 지닌 당시의 인문주의자들은, 인간이란 원래 부패되고 타락적인 것이라는 옛 그리스도교적 사상과 투쟁을 해 왔다. 따라서 오페라는 선량한 인간이 지니는 정반대의 교의로 해석되었다. 그러나 이 교의를 통하여 그 시대의 진정한 마음의 소유자는, 모든 불안정한 상황과 두려운 세상을 관찰하여 가장 강하게 마음을 끄는 비관주의에 대한 위로 수단을 발견했던 것이다. 그러나 이것은 지금 우리가 다룰 것은 아니다.

고유한 매력과 더불어 생겨난 이 새로운 예술형식이 비심미적인 욕구의 충족, 인간 자체의 낙관주의적인 찬미, 원시 인간을 태어날 때부터 선량하고 예술적인 인간으로 간주하는 견해를 가졌다는 것을 인식하기만 하면 충분하다. 오페라의 이런 원리는 요즘 점차 위협적이고 무서운 요구로 변화되어 버렸다. 이러한 요구가 현재의 사회주의적 운동에 직면할 때, 더 이상 보아 넘기기가 불가능하다. '선량한 원시인'이 자신의 권리를 요구하고 있기 때문이다. 얼마나 낙원적인 기대인가!

오페라가 우리 알렉산드리아식 문화와 같은 원리 위에 세워져 있다는 나의 견해와 마찬가지로 명료한 확증을 하나 더 들겠다.

오페라는 이론적 인간과 비관적인 세속인의 산물이요, 결코 예술가가 만들어낸 것이 아니다. 이것은 모든 예술 역사상 가장 괴이한 사실 가운데 하나이다. 무엇보다 우선 말을 이해해야 하는 것이 원래 비음악적인 청중의 요구였다. 여기서 마치 주종 관계에 있는 것처럼 가사가 대위법을 지배하는 노래의 방법이 발견되어야 비로소 음악의 재생을 기대할 수 있을 거라고 그들은 생각했다.

왜냐하면 말은 반주되는 화음의 체계보다 훨씬 고귀한 것으로, 이것은 마치 영혼이 육체보다 고귀한 것과 마찬가지이기 때문이다. 오페라가 발단하면서, 음악과 형상과 말의 결합은 이런 견해에서 알 수 있듯이 세속인과도 같은 난폭한 비음악으로 취급당했다. 플로렌스의 상류 사회에서는 오페라를 편애하던 시인과 가수의 손에 의해 이런 미학을 근거해 실험이 행해졌다.

예술적으로 무력한 인간이 자신이 비예술적인 인간이라는 바로 그 이유로 일종의 예술을 낳았다. 그는 음악의 디오니소스적인 깊이를 상상조차 하지 못하므로 음악의 맛을 무대조에 있는 말과 소리를 갖고 하는 지성적인 정열 수사법(情熱修辭法)에, 그리고 노래법의 쾌감에 옮겨 놓았던 것이다. 그는 어떤 환상도 볼 수 없기 때문에 도구 취급자와 장식 예술가를 강제로 자기의 일에 봉사하게 했다.

그는 예술가의 참된 본질을 파악하지 못하기 때문에 그의 취미에 맞는 '예술적인 원시인', 즉 정열에 휩싸여 노래하고 시를 읊는 인간을, 마술을 부려 자기의 눈앞에 홀연히 불러낸 것이다. 그는 정열만 있으면 충분히 노래와 시를 짓는 시대에 태어난 것처럼 상상하고 있었다. 정열이 예술적인 것을 창조할 수 있는 것처럼 말이다. 오페라의 전제에는 예술 과정에 대한 잘못된 신념이 깃들어 있다. 이것은 감수성이 풍부한 인간은 모두 다 본래 예술가라는 목가적인 신념인 것이다.

그러한 신념을 내포하는 의미에서 오페라는 세속인들의 표현이요, 이 세속인들은 이론적 인간의 명랑성과 낙관주의적 사상을 지니고서 자신의 법칙을 이어받고 있다.

만약 우리가 오페라의 발생에 작용했던 앞서 서술한 두 가지 관념을 하나의 개념으로 통합하려고 한다면, 오페라의 목가적 경향이라는 말만이라도 하는 수밖에 다른 도리가 없다.

실러의 표현을 빌려 설명해보자. 실러는 이렇게 말했다. "자연과 이상은 비애의 대상이든가, 환희의 대상이다. 자연이 상실되고 이상이 실현되지 못할 경우는 비애의 대상이고, 양자가 현실적인 것으로 생각될 때는 환희의 대상이다. 첫째 경우는 좁은 의미의 비가(悲歌)를, 둘째 경우는 극히 넓은 의미로서의 목가(牧歌)를 나타낸다."[56]

여기서 우리는 오페라가 발생했을 때 나타나는 두 가지 관념의 일반적인 특징을 알 수 있다. 이들 관념 속에서 이상은 실현되지 않는 것으로, 자연은 상실되지 않은 것으로 받아들여지고 있다는 것에 우리는 주목해야 한다.

이런 느낌에 따르면, 인간이 자연의 가슴에 안겨 자연 그대로 존재하며 그 자연 속에서 낙원적인 선량함과 예술적 재능이라는 인류의 이상이 실현되었던 원시 시대가 존재하고 있었던 것이 된다. 따라서 우리는 모두 그와 같은 완전한 원시인에서 유래하고 있으며, 지금도 그를 충실히 모방하고 있다. 자신을 그런 원시인간으로 다시 인식하기 위해서 우리는 넘쳐흐르는 학식과 여유 있는 문화를 자발적으로 버리기만 하면 된다. 즉 약간의 것을 우리로부터 던져 버려야만 하는 것이다.

르네상스의 교양인은 그리스 비극을 오페라식으로 모방하여, 자연과 이상의 화음으로 하나의 목가적 현실로 되돌아왔다. 그는 낙원의 입구까지 이르기 위해 단테가 버질을 이용했던 것처럼 이 비극을 이용했던 것이다.

그는 여기서 독자적으로 전진하여 그리스 최고 예술형식의 모방에서 '만물의 부흥'으로, 인간의 근원적인 예술 세계의 모방으로 옮겨 갔던 것이다. 이론적 문화의 울타리 안에서 그처럼 대담한 노력을 하다니, 이 얼마나 확신에 찬 선량한 행동인가! '인간 자체'는 영원히 덕 있는 오페라의 주인공이요, 영원히 피리를 불거나 노래를 부르는 목자이다.

그와 같은 목자는 언젠가 실제로 자신을 잃어버린다 할지라도, 결국 자기 본래의 모습을 목자로서 반드시 재발견하게 될 것이라는 위로의 신념만으로 설명될 수 있다. 이것이야말로 소크라테스적인 세계관의 깊이로부터 감미롭게 사람의 마음을 유혹하는 향연처럼 솟아오르는 낙관주의의 성과인 것이다.

따라서 오페라의 얼굴에 서려 있는 것은 영원의 상실이라는 비극적인 고통이 아니며, 도리어 영원의 재발견이라는 명랑성이요, 사람이 적어도 어느 순간이나 현실의 것으로 상상할 수 있는 목가적 현실의 안일한 기쁨이다. 그때 사람은 아마 한 번쯤 이 잘못된 현실이 하나의 공상적이고 어리석은 장난질에 지나지 않는다는 것을 예감할 것이다. 이런 장난을 참된 자연의 무서운 엄숙성에 비추어 측정하고 인간 시초의 본래적인 정경과 비교한다면, 어느 누구도 그와 같은 장난에 대해 적의를 품고서 환상이여 꺼져라! 고 외치지 않을 수 없을 것이다.

그럼에도 불구하고 오페라와 같은 것을 유령처럼 큰 호통으로 추방할 수 있다고 믿는다면, 그것은 잘못 생각한 것이다. 오페라를 절멸하려면 알렉산드리아식 명랑성과 싸울 것을 각오해야만 한다. 이 명랑성만이 오페라에 매우 솔직히 그 본의를 나타내고 있으며 오페라야말로 본래의 예술 형식이다. 그런데 그 기원을 심미적 영역에 머물지 않고 오히려 반(半)도덕적 분야에서 예술적인 영역으로 옮겨왔다. 여기저기서 일시적인 능력밖에 안 되는 예술 형식을 빌려 성장한 이 잡종적인 예술 영역에서 예술 자체를 위해 무엇을 기대할 수 있단 말인가!

오페라라는 이런 기생충적인 존재는 참된 예술의 수액(樹液)에 의하지 않고 어떤 수액에 의해 몸을 양성할까? 예술이 오페라적 존재의 목가적 유혹, 그 알렉산드리아식의 대중 영합의 예술 아래서 참으로 엄숙하다고 하기에 충분한 최고의 과제—어두운 전율 속을 응시한 눈을 구제하고, 가상이라는 향유에 의해 의지 활동의 경연으로부터 주관을 구조한다는 것—로부터 공허하고 분산된 오락적 경향으로 떨어져 버림은 상상할 수 없었을 것이다!

　내가 무대조의 본질에 대해 말했던 그런 양식의 혼돈 속에서 디오니소스적인 것과 아폴론적인 것의 영원한 진리는 어떻게 될 것인가? 그러한 혼돈에서는 음악은 하인으로 가사는 주인으로 간주되고, 음악은 육체로 가사는 영혼으로 비유된다.

　최고의 목표는 앞서 말한 새로운 아티쉬 디티람보스의 경우처럼 단지 소리 나는 그대로 음화(音畵)에 돌리는 것이다. 음악은 디오니소스적인 세계의 거울이라는 품위를 박탈당하고, 현상의 노예로서 현상의 형식적 존재를 모방하여, 선과 균형의 유희 속에서 외면적인 즐거움을 불러일으키기만 하면 그만인 것이다. 엄밀히 관찰한다면 음악에 미치는 오페라의 이 불행한 영향은 바로 근대 음악의 모든 발전과 꼭 들어맞는다.

　오페라의 발생과 오페라로 대표된 문화의 본질 속에 잠복하여 기회를 노리던 낙관주의는, 음악으로부터 디오니소스적인 세계적 사명을 빼앗고, 음악에 형식적 유희물인 오락적 성격을 재빨리 새겨넣는 데 성공했던 것이다. 그와 같은 변화에 비교될 수 있는 것은 아이스킬로스적 인간이 알렉산드리아적 명랑한 인간으로 변화했다는 것뿐이다.

　그러나 여기에 제시한 것처럼 디오니소스적인 정신의 소멸이 극히 주목을 요하긴 하지만, 여태껏 설명되지 않고 있었던 그리스적 인간의 변화와 타락에 관련시키는 것이 정당하다면—우리 현실 세계에서 그 반대의 과정인 디오니소스적 정신의 점진적인 각성을 우리에게 보증할 때, 어떤 희망이 우리 속에 소생할까? 헤라클레스의 신통력이 옴팔레의 유약한 남편[57]으로 영원히 위축된다는 것은 있을 수 없는 일이다.

　즉, 독일 정신의 디오니소스적인 근저에서 한 줄기의 힘이 나타난 것이다. 이 힘은 소크라테스적인 문화의 근원적 제약과는 아무런 공통점이 없고, 그것으로는 설명도 변호도 되지 않는다. 오히려 그런 문화에 의해 설명할 수 없는 무서운 것, 강대한 적의에 찬 것으로 느껴진다. 바로 이 힘은 독일 음악이다.

　우리는 특히 이 음악이 바흐에서 베토벤까지, 베토벤에서 바그너까지 강력한 태양의 운행처럼 진보했다는 것을 이해해야 한다. 인식에 몰두하는 우리 세대의 소크라테스적 문답이 아무리 유리한 점을 지니고 있다 해도, 이 끝없는 심연에 나타나는 다이몬을 상대로 과연 얼마만큼의 승산이 있을 것인가? 오페라 선율이라는 톱니나 아라베스크 같은 대체물로부터 둔주곡(遁走曲)과 대위법적 변증법의 산술적인 산판(算板)의 조력을 빌린다 해도, 삼중의 강력한 빛으로 그 귀신을 굴복하게 하고 말을 하게 하는 방식은 결코 발견되지 않을 것이다.

오늘날 우리 미학자들이 영원한 미의 규준에 의해서도, 숭고한 기준에 의해서도 판단할 수 없는 운동을 스스로 행하고 있는 주제에, 그들만의 독특한 '미'라는 또다른 희망을 손에 잡고, 눈앞에서 이해할 수 없는 생명을 갖고 뛰어 놀고 있는 음악의 정령을 잡으려고 떠들며 돌아다니는 모습은 얼마나 가관인가! 이들 음악 기호자들이 지치지 않고 아름다움이여! 아름다움이여! 부르짖고 있을 때, 그들 곁에서 살펴보아라. 그들이 미의 태중에서 육성되어 세련된 자연의 총아처럼 보이지만, 자신의 조잡함을 기만적으로 은폐하기 위한 형태를 찾고 자신의 감수성 없음과 무미건조함을 변호하기 위해 미학적 구실을 찾고 있는지를 말이다.

내가 이렇게 생각함은 예를 들면 오토 얀(Otto Jahn)과 같은 사람 때문이다. 거짓말쟁이나 위선자는 독일 음악에 대해 주의하는 것이 좋다. 왜냐하면 독일 음악은 마치 에페소스의 위대한 헤라클레이토스의 가르침처럼 우리 모든 문화의 한가운데 있는, 홀로 깨끗하고 순수하고 순화한 불의 정(精)이기 때문이다. 독일 음악은 만물이 이 불의 정에서 나와 다시 이 불의 정으로 되돌아가듯, 두 갈래 길의 원궤도를 그리며 움직이고 있다. 우리가 오늘날 문화, 교양, 문명이라고 부르는 것은, 어느 때인가는 심판자 디오니소스의 앞에 나타나야만 하는 것이다.

우리는 이와 같은 것을 떠올려 보자. 어떻게 동일한 원천에서 흘러나오는 독일 철학의 정신이 칸트와 쇼펜하우어에게, 학문적 소크라테스식의 한계를 실증하게 함으로써 그 풍요한 생존 쾌락을 완전히 없앨 수 있었는지, 어떻게 이 실증을 통해 윤리적 문제와 예술의 더 깊고 진지한 고찰, 즉 곧바로 개념적으로 파악된 디오니소스적 예지로 불리는 고찰이 생겨날 수 있었는지를 말이다.

그런데 독일 음악과 독일 철학이 융합할 때 비밀스런 종교가 새로운 생존 형식을 지시하지 않는다면, 그것은 도대체 무엇을 지시한단 말인가? 우리는 이 새로운 생존 형식의 내용에 관해 다만 그리스를 생각해 봄으로써 예감할 수 있다. 두 갈래의 서로 다른 생존 형식의 경계선에 서 있는 우리에게 그리스의 범례는 헤아리기 어려울 정도로 값진 가치를 준다. 그 속에 아직 과도적 투쟁의 모든 것이 각인되어 있고, 개발할 수 있는 많은 고전적 형식이 이루어져 있다.

다만 우리는 알렉산더 시대로 거슬러 올라가 비극의 시대로 향하는 것처럼 전도된 순서로 그리스적 본질의 위대한 중요 시기를 유추적으로 소급하여 체험하는 것이다. 이때 우리는 마치 비극 시대의 탄생이 독일 정신을 위해 자기 자신에로의 복귀, 축복스러운 자기의 재발견을 해야만 하는 것 같은 느낌을 받는다. 이러한 복귀와 재발견은 외부로부터 침입해 온 거대한 세력이 오랫동안 형식의 도움 없는 야만성 속에서 시간을 보낸 독일 정신을, 자기 세력의 형식 아래 강제로 복종하게 만들어버린 뒤에 이루어졌다.

오늘날 마침내 독일 정신은 그 본질의 원천에 복귀하여, 라틴 문명에 연결됨 없이 대담하고 자유로이 활보하는 것이 허용된다. 독일 정신은 이제부터, 배우는 것을 이미 하나의 높은 명예요 드문 일로 여기는 그리스 민족으로부터 의연히 배운다는 마음만 단단히 먹고 있으면 된다. 비극의 재탄생을 체험하면서 그것이 어느 곳에서 온 것인지 알지 못하고, 또한 어디로 갈 것인가를 깨달을 능력마저 없는 위기에 빠져 있는 오늘날, 이러한 최고의 스승을 이보다 더 필요로 한 적이 있었던가?

20

이전에 독일 정신이 그리스인에게서 배우려고 가장 힘썼던 것이 어느 시대, 어떤 인물에 대해서인가 하는 것은 뒷날 공정한 재판관 앞에서 판정될 것이다. 그리하여 우리는 괴테, 실러, 빙켈만의 매우 고귀한 교양의 싸움에 유일한 예찬을 부여해야 하는 것이다. 여기서 덧붙여 두어야 할 것은, 확고한 신념으로 이것을 인정할지라도 그 시대 이래, 즉 그 싸움의 첫 영향 이후에 동일한 길을 걸어와서 교양과 그리스인에게 도달하려는 후배들의 노력이 웬일인지 점점 약해졌다는 것이다. 독일 정신이 아주 절망하지 않고 나아가기 위해서 다음과 같은 결론을 이끌어 내지 않으면 안 된다.

즉 어떤 중요한 시점에서는 그들 전사(戰士)들도 그리스적인 본질의 핵심에 밀고 들어가, 독일 문화와 그리스 문화 사이에 영속적인 사랑의 끈을 만들어 내는 데 성공하지 못했을 것이다. 그 결과 그러한 결함을 무의식적으로 인식하면서 사정에 따라선 진지한 사람들도 그들의 선인들 뒤를 따랐고, 그로 인해 이 교양의 길을 그들보다 더 나아갈 수 있을까, 간신히 목표에 도달할 수나 있을까 하는 절망적인 의혹을 불러일으켰다. 그리하여 우리는 그 시대 이래 그리스 사람이 우리의 교양에 대해 내리는 가치 판단이 위험하게 변질됨을 보게 된다. 자신을 높임으로 타인을 가엾게 보는 동정적인 우월의 표현이, 지적이건 그렇지 않건 거의 모든 영역에서 들려온다. 그런가 하면 다른 한편에선 전혀 아무런 효과도 없는 미사여구, '그리스적 조화'라든가, '그리스' 및 '그리스 명랑성'이라든가를 시시덕거리고 있다. 바로 독일적 교양 때문에 그리스의 하천에서 지칠 줄 모르고 물을 퍼 올리는 것을 스스로의 임무로 여기는 사회에서, 즉 고등 교육 기관에 봉사하는 교사의 사회에서 사람들은, 그리스 사람과 알맞은 때에 안일하게 타협하는 것을 곧잘 배웠다. 그 결과 그리스적인 이상을 회의적으로 포기하거나, 모든 고대 연구의 참된 의도가 완전히 뒤바뀌는 것을 어렵지 않게 보게 되었다. 일반적으로 그와 같은 사회에서 고대 원전의 신뢰할 만한 교정자, 언어의 박물학적이고 현미경적인 연구자가 되려고 힘껏 노력했지만 완전히 지쳐 버린 사람은, 아마 그리스의 고대를 다른 나라의 고대와 같이 '역사적'으로 이해하려고 노력할 것이다. 그러나 어느 경우건, 현대의 교양 있는 역사 기술에 뛰어난 재간을 갖고 그 방법에 따른다.

고등 교육 본래의 교화력이 요즘만큼 저하되고 약화된 적이 없다. 교양 면에서 고등 교육 교사를 능가하는 이는 매일매일 종이의 노예가 되고 있는 '저널리스트'이다. 이미 가끔 체험했던 전향 이외에 별 방법이 없는 교사에게 남은 방법은, 저널리스트적으로 말하고 저널리즘 특유의 '경쾌한 우아함'을 갖추어 명랑하고 교양 있는 나비로서 날아다니는 것뿐이다. 이러한 현대의 교양인들은 어떤 괴롭고 혼란스러운 상태로 저 현상을 바라보아야 할까? 여태껏 좀처럼 이해되지 못했던 그리스 정신의 가장 깊은 밑바닥에서 비교해야 겨우 이해할 수 있었던 현상, 즉 디오니소스적 정신의 부활과 비극의 재생을 말이다.

모든 교양과 본래의 문화가 현재 우리 눈에 보이는 것보다 더 서로 불쾌해하고 혐오하며 대립하는 예술 시대는 존재하지 않을 것이다. 우리는 이 허약한 교양이 무엇 때문에 참된 예술을 증오하고 있는가를 이해하고 있다. 그것은 교양이 예술에 의해 몰락하게 될까봐 두려워하기 때문이다.

그러나 어떤 종류의 문화, 즉 소크라테스적이거나 알렉산더적인 문화는 현대 교양이 보는 것처럼 우아하고 가냘프고 허약한 것이 되어 버렸기 때문에, 벌써 그 생명이 끝났다고 해도 과언이 아닐 것이다! 괴테, 실러와 같은 영웅들도, 그리스의 마법의 산을 통과하는 마법의 문을 때려 부술 수 없었다. 그들이 매우 용감하게 투쟁한다 해도 괴테의 이피게네이아에서 보는 것처럼, 야만의 땅 타우리스에서 바다 저쪽 고향을 향하여 애절한 망향의 눈동자만을 던지는 일밖에 할 수 없다면, 그와 같은 영웅들에게 과연 어떤 희망이 있을 것인가? 다행히도 그들에게 홀연히 마법의 문이, 종래 문화가 행했던 노력이 손을 대지 않은 부분에서 스스로 열렸다—부활절 비극 음악의 신비로운 영향 아래서.

그 누구도 눈앞에 재현되는 그리스 고대의 재생에 대한 우리의 신념을 헐뜯지 않을 것이다. 왜냐하면 이 신념 속에서만 우리는 음악이라는 불의 마력에 의한 독일 정신의 갱신과 정화에 대한 희망을 발견하기 때문이다. 현대 문화의 황폐와 피폐 속에서 무언가 미래에 위로를 준다는 기대를 불러일으킬 수 있는 것이 이 신념 말고 또 무엇이 있단 말인가? 굳게 뻗은 나무 뿌리 하나, 혹은 풍요롭고 건전한 토양 한 움큼이라도 찾아보려는 것은 헛된 일이다. 곳곳에는 먼지, 모래, 마비, 초췌함만 있을 뿐이기 때문이다. 이 절망적이고 고독하고 울적한 상태에 몸을 둔 사람은 뒤러가 우리에게 그려 보인 죽음과 악마를 데리고 있는 기사일 것이다. 이보다 더 자기 신세를 잘 나타내는 것은 찾아볼 수 없을 것이다. 갑옷과 투구를 쓰고, 무서운 길에도 마음의 의혹 없이, 그러나 아무런 희망도 지니지 않은 채 단지 홀로 말과 개를 벗삼아, 청동과 같은 준엄한 눈빛을 하고서 자신의 공포의 길을 걸어가는 기사 말이다. 바로 그런 뒤러적인 기사가 쇼펜하우어였다. 그에게는 아무런 희망이 없었다. 그러나 그는 진리를 추구했다. 참으로 비할 바 없는 인물이다.

방금 암담하게 묘사된 우리의 지쳐 버린 문화의 황야도 디오니소스의 마력에 접촉했을 때, 얼마나 순식간에 모습을 바꾸었던가!

한 가닥의 폭풍이 온갖 노쇠한 것, 부패한 것, 좌절적인 것, 위축된 것을 움켜잡고, 빙빙 돌려 붉은 구름 속에 처넣어, 독수리처럼 허공으로 사라져간다. 당황한 우리의 시선은 멀리 사라져가는 것을 뒤쫓을 뿐이다. 왜냐하면 지금 우리 눈에 비치는 것은, 디노니소스의 충실함, 왕성한 생명력, 헤아릴 수 없을 만큼의 그를 향한 그리움에서 금색 찬연한 햇빛이 솟아올라 마치 아래로 떨어뜨리듯 광선을 내리쏘는 광경이기 때문이다.

숭고한 황홀 속에서의 비극은, 생명과 고뇌와 환희의 충일(充溢) 속에 자리 잡고 앉아 은은하고 우울한 소리에 귀를 기울인다—이 소리는 그 이름이 각각 망상, 의지, 비애인 존재의 어머니들[58]에 대해 이야기한다.

확실히 그러하니 나의 벗이여, 나와 함께 디오니소스적인 생명과 비극의 재생을 믿자. 소크라테스적인 인간의 시대는 이미 지나가버렸다. 담장나무로 그대들 머리를 장식하고 바카스의 지팡이[59]를 손에 잡아라. 그리하여 호랑이와 표범이 그대들 발밑에 기어 다니더라도 놀라지 말라.

이제 분연히 비극적 인간이 되어라. 그대들은 구제받아야 하므로. 디오니소스 축제의 행사를, 인도에서 그리스로 돌려야 한다! 격투를 준비하라. 그러나 그대들 신의 기적을 믿어라!

21

이 격려적인 어조로부터 진리를 인식하는 사람에게 어울리는 기분으로 되돌아와서 재차 말해둔다. 나는 그렇게 기적처럼 갑자기 일어난 비극의 각성을 민족의 가장 깊은 생명의 밑바탕에서 비추어볼 때, 그것이 무엇을 의미하는지를 오로지 그리스 사람만이 가르쳐 줄 수 있다고 생각한다. 페르시아 전쟁을 치렀던 사람들이야말로 이 비극적 신비에 젖은 민족이다. 또한 그런 전쟁을 수행했던 민족은 자신들이 반드시 해야 하는 회복의 음료수로서 비극을 필요로 했다.

이 민족이 여러 세대에 걸쳐 디오니소스적인 다이몬의 강렬하고 비길 데 없는 약동에 의해, 가장 깊은 밑바닥에 이르기까지 뒤흔들린 뒤에 극히 단순한 정치적 감정, 매우 야생적인 향토 본능, 원시적인 남성적 투쟁심 같은 것을 강력하게 발휘했다고 누가 추측할 것인가? 개체의 속박으로부터의 디오니소스적 해방은 무엇보다 정치적 본능에 대한 무관심뿐 아니라 적의로까지 발전되는 정치적 본능의 훼손으로 인정되는 것이다.

이것은 사실 디오니소스적 흥분이 현저히 맹위를 떨치고 있는 한편, 개별화 원리의 정령인 아폴론은 국가를 형성하고 있다는 것을 의미한다. 따라서 국가와 향토심은 개인들의 동의 없이는 존립할 수 없다고 하는 것도 동시에 확실시된다. 한 민족에서 그런 조직이 나아갈 길은 다만 한 가지, 인도의 불교라는 길뿐이다. 불교는 무(無)에의 동경을 견뎌내기 위해, 공간과 시간과 개체를 초월하려는 것으로 혼을 잃고 자신을 잊어버리는 상태를 필요로 한다. 이 상태는 중간 상태의 기술할 수 없을 정도의 한탄과 오뇌를 하나의 관념에 의해 극복할 것을 가르치는 철학적 요구이다. 또한 정치적 충동이 무제한의 힘을 구사할 경우에는 민족은 극단적인 세속화의 길로 떨어진다. 이것은 피할 수 없는 일인데, 이러한 세속화의 가장 거대하고 놀랄 만한 표현이 바로 로마 제국이다.

인도와 로마의 중간에 끼어 어느 것을 선택해야 한다는 유혹을 강요받던 그리스인은 이것과 대등한 제3의 형식을 고전적 순수성으로 창안해 내는 데 성공했다. 물론 이것을 오랫동안 사용하지는 않았지만, 바로 이것 때문에 그것을 불멸의 것으로 만들었다.

왜냐하면 신들의 총아들이 젊어서 세상을 떠난다는 것은 어떤 사물의 경우에도 동일한 것이요, 아울러 그들이 신들과 더불어 죽은 뒤 영생한다는 것도 확실한 사실이기 때문이다. 사람은 고귀한 것에 대해 가죽의 내구적인 강인성을 요구해서는 안 된다. 예를 들면 로마의 국민성에 고유한 것이 깃들어 있었던 것과 같은 지속성은, 완전하게 필요 불가결한 빈사 상태에서는 속해 있지 않은 것과 같다.

그러나 그리스 사람은 디오니소스적인 충동과 정서적 충동의 이상한 힘에도 불구하고, 어떤 약제의 힘으로 그 중대한 시기에, 황홀한 명상이나 세계적 권력과 영예에 대한 불타는 열망에 빠져들어 정력을 소진하지 않았다. 오히려 심혼을 높임과 동시에 정관적(靜觀的)인 기분에 이끌리게 하는 고귀한 술 같은 그런 탁월한 화합을 달성하려고 했다. 도대체 어떤 약제로 그들은 그렇게 할 수 있었을까? 우리는 민족의 온 생명을 흥분시키고 정화하고 폭발케 하는 비극의 힘을 떠올리게 된다.

비극이 그리스 사람들에게처럼 우리에게 모든 예방 치료력의 정수로서, 또 매우 강력하지만 그 자체는 매우 해로운 두 가지 민족성 속에 작용하는 조정자로서 우리와 관계를 맺을 때, 우리는 비로소 비극의 최고 가치를 예감하게 된다.

비극은 음악의 최고 황홀성을 자기 속으로 흡수한다. 따라서 비극은 그리스 사람들이나 우리에게도 단적으로 음악을 완성하는 역할을 하는 것이다. 비극은 음악의 옆에 비극적 신화와 비극의 주인공을 세워 둔다. 이때 비극의 주인공은 강력한 거인처럼, 모든 디오니소스적인 세계를 등에 지고 우리의 무거운 짐을 없애 준다. 다른 한편 비극은 동일한 비극적인 신화에 의해서 비극적 주인공의 몸을 통하여, 이 생존에 대한 탐욕적인 충동에서 무엇을 구제할지 알고, 경고적인 수법으로 하나의 다른 존재와 보다 높은 환희를 상기시킨다.

이보다 높은 환희는 싸우는 주인공이 자신의 승리에서가 아니라 몰락에 의해서 예감적으로 준비하는 것이다.

비극은 자기 음악의 보편적인 효과와 디오니소스적 감수성을 지닌 청중의 사이에 신화라는 하나의 숭고한 비유를 놓는다. 그리고 청중에게 음악이 다만 신화의 조형적인 세계를 약동하게 하는 최고의 묘사 수단이라는 가상을 불러일으킨다.

이와 같은 고귀한 착각에 의해 음악은 이제 사지를 움직여 열광적인 춤을 추기 시작하고, 두려움 없이 만취한 채 어지럽게 춤추는 자유감에 몸을 맡긴다. 음악은 그런 착각 없다면, 그러한 자유감에 감히 끼어들 용기를 갖지 못했을 것이다. 신화는 우리를 음악으로부터 지킨다. 그러나 다른 한편 신화는 음악에 최고의 자유를 부여한다.

그 대신 음악은 그에 대한 보상으로서 비극적 신화의 말과 형상에 그의 유일한 도움 없이는 결코 달성되지 않을, 매우 선명하고 설득력 있는 형이상학적 의의를 부여한다. 특히 음악을 통하여 비극의 관객에게 최고 환희에 대한 확실한 예감이 생겨나는 것이다. 이 환희에 이르는 길은 몰락과 부정을 뛰어넘는 길이다.

그리하여 관객은 사물의 가장 밑바닥의 심연이 그들을 향하여 명료하게 말하는 것을 듣는 것처럼 상상하고 있는 것이다.

앞서 설명한 여러 명제에 걸쳐 내가 어려운 관념에 대해 소수 사람들만이 이해할 수 있는 잠정적인 표현을 썼다면, 여기서 독자에게 한 번 격려하고 간청함으로써, 여러분이 우리의 공통된 경험인 하나하나의 실례에 근거하여 이 보편적인 명제를 인식할 준비를 해주기를 바랄 뿐이다.

나는 음악적 감각에 더욱 가까이 다가가기 위해 무대 위에서 벌어지는 여러 가지 사건의 모습과 배우들의 말과 격정을 실례로 이용하고 싶지는 않다. 이 사람들은 모두 음악을 모국어로 취급하지 않고, 또한 형상과 말과 격정의 도움을 받았다 해도 음악적 지각의 문보다 더 깊이 들어가지도 못한다. 더욱이 가장 깊은 곳에 있는 신비로운 영역에는 거의 접촉조차 허용받지 못한다. 그들 중의 많은 무리들은 게르비누스처럼 그런 방법으로 그 문에조차 이르지 못하고 있다.

내가 이야기하려는 사람들은 음악과 직접적인 혈연관계를 맺고 있고, 음악을 그의 모태로 하고, 거의 무의식적인 음악적 관계를 통해서만 사물과 관계를 맺는다. 이와 같은 참된 음악가에게 나는 다음과 같은 질문을 하려고 한다. 즉 《트리스탄과 이졸데》의 제3막을 말과 형상의 도움을 빌리지 않고, 순수하고 거대한 교향악의 악장으로서, 그러나 모든 마음과 영혼의 날개가 급속히 펴지는 상황 아래서 숨을 죽이고, 지각하려는 인간을 당신들은 상상할 수 있는가 하고.

여기서 보는 바처럼, 세계 의지의 심실(心室)에 귀를 갖다 대고, 사납게 소리치는 큰 바다로서, 혹은 가냘프게 흘러가는 작은 시냇물로서의 이 심실로부터 삶에 대한 광포한 갈망이 세계의 모든 혈관 속에 흘러들어가는 것을 느끼는 인간, 이와 같은 인간은 순식간에 부서져버려야 하지 않는가? 그는 인간 개체라는 초췌한 유리 같은 껍질을 얽어매고서, '세계의 밤의 광막한 공간'60)으로부터 울려오는 무수한 환희와 애수의 메아리를 견뎌내야 하며, 형이상학적인 목동들의 어지러운 춤을 보면서도 과연 자신의 고향으로 도피하지 말아야 하는가? 그럼에도 불구하고 그런 작품이 전체로서, 개체적 존재를 파괴함 없이 지각된다면, 또 그런 창조가 그의 창조자를 파괴함 없이 창조되었다면, 우리는 이 모순의 해결을 어디서부터 찾아야 할까?

여기서 우리 최고의 음악적 흥분과 그 음악 사이에 끼어 들어오는 것은 비극적 신화와 비극의 주인공이다. 이것들은 근본적으로 음악만이 직접 이야기할 수 있는 가장 보편적인 사실에 대한 비유에 지나지 않는다. 그런데 만약 우리가 순순히 디오니소스적인 존재자로서 신화를 받아들인다면, 신화는 완전 무시된 채로 우리 옆에 머물러 있어야 하며, 우리가 사물 이전의 보편적인 것의 메아리에 귀를 기울이는 것은 한순간이라도 방해받아서는 안 된다.

그러나 여기서 아폴론적인 힘이 거의 티끌처럼 부서져 버린 개체의 재건을 목표로 하여, 환희에 찬 착각이라는 치료할 수 있는 향유를 가지고 나타났다. 갑자기 우리는 '옛 노래, 이것이 왜 나를 눈뜨게 하는가?'[61] 하고 의연히 그리고 음울하게 자문하는 트리스탄의 모습이 보인다고 생각하게 된다.

이전에는 존재의 중심에서 울려온 헛된 신음소리처럼 우리의 마음을 끌던 것이, 이제는 단지 얼마나 '바다가 황량하고, 아득히 넓은가'[62]를 말하고자 한다. 우리는 모든 감정이 급격하게 격앙된 상태에서 숨 가쁘게 소멸해 가고 있다고 추측한다. 다만 사소한 것만이 우리를 이 삶에 묶어 두어, 이제 우리는 치명적인 상처를 입고도 죽지 못하는 주인공이 절망적으로 "그리워라! 그리워라! 죽음 속에 있는 나를 그리워하라! 그리움으로 죽지도 못하고"[63] 이렇게 외치는 모습만을 보고 듣고 있다.

이전에는 너무나 크고 너무나 많은 불타는 고뇌 뒤에 들려오는 호른의 환호가 마치 최고의 고통인 것처럼 우리의 가슴을 아프게 했지만, 지금은 우리와 이 '환호 자체' 사이에 이졸데를 싣고 가는 배를 향하여 환호하는 쿠르베날(Kurwenal)이 서 있는 것과 같다.

동정심이 아무리 격렬하게 우리 마음속에 들어올지라도, 동정심은 어떤 의미에서는 세계의 근원적 고뇌로부터 우리를 구해 준다. 신화의 비유적 형상이 우리를 세계 최고 이념의 직접적인 관조에서 구해 주고, 사상과 말이 우리를 무의식적인 의지의 분주한 발현으로부터 구해주는 것처럼. 그의 훌륭한 아폴론적인 착각에 의해 마치 소리의 영역이 우리에게는 하나의 조형적인 세계처럼 나타나는 것 같고 또한 그 세계에서도 트리스탄과 이졸데의 운명만이 이 세계를 하나의 우수하고 표현력이 풍부한 소재로 삼는 것처럼 형태를 이루고, 조각되어 있는 것 같다.

아폴론적인 것은 우리를 디오니소스적인 보편성에서 분리시키고, 우리에게 여러 개체에 대해 황홀감을 느끼게 한다. 아폴론적인 것은 이들 개체에 우리의 끓어 오르는 동정심을 고정시켜 놓고, 이들 개체를 통하여 위대하고 숭고한 형식을 갈망하는 미적 의식을 만족시킨다. 그것은 모든 삶의 형상을 이끌고 우리 옆을 지나게 하고, 이들 형상 속에 포함되어 있는 삶의 핵심을 사변적으로 파악하게끔 우리를 자극한다. 아폴론적인 것은 형상, 개념, 윤리적인 교훈, 솟아오르는 공감의 절대적인 힘을 갖고서, 술에 취해 어지럽게 춤추는 자기 부정으로부터 인간을 빼내고 그를 속여 디오니소스적인 여러 일의 보편성을 보지 못하도록 눈을 감기며, 다음과 같이 망상하게 한다. 그가 보는 것은 특수한 세계의 형상, 예를 들면 트리스탄과 이졸데인데, 지금은 다만 이것을 음악을 통해서 더 잘 깊숙이 보아야 한다고 말이다.

아폴론이 우리에게 착각을 일으켜, 정말 디오니소스적인 것이 아폴론적인 것을 도와 그 효과를 높일 수 있고 게다가 음악이 본질상 아폴론적인 내용의 표현 기술인 것처럼 생각된다면, 아폴론의 마법 의술이 무엇을 못하겠는가?

완성된 연극과 음악의 사이에 작용하는 예정조화를 통해 연극은, 언어 연극에서는 보통 도달하기 힘든 최고도의 생생함에 도달한다. 무대 위에서 생동하는 모든 인물이 제각기 독립적으로 움직이는 선율이 되어 우리 앞에서 단순 명쾌한 곡선을 만들어 낸다. 이들 선의 병립은 발전하는 여러 사건과 매우 미묘하게 공명하면서 교체하는 화음으로서 우리에게 들려온다. 이 화음이 교체하면서 사물의 관계는 좀 더 감각적으로 지각되고, 전혀 추상적이지 않은 방법으로 직접 우리에게 들린다. 또한 우리는 이 화음이 교체할 때 그러한 관계 가운데서 등장 인물 성격과 선율의 핵심이 명확하게 드러나는 것을 인식한다.

그리하여 음악이 우리를 어느 때보다도 훨씬 더 내면적으로 보게끔 강요하고, 그 결과 무대 위 사건이 미세한 거미집처럼 우리 앞에 펼쳐지는 동안에 무대 위의 세계를 바라보는 우리 내면의 시선은 무한히 확대되고 안으로부터 빛난다.

언어시인이 생생한 무대세계의 내면적 확대와 내면적인 조명을 달성하기 위해 말과 개념에서 출발하여 훨씬 불완전한 기구와 간접적인 방법을 쓴다면, 이것과 비슷한 어떤 것을 제공할 수 있겠는가? 음악 비극도 물론 말을 사용하기는 한다. 하지만 동시에 언어의 토대와 출생지도 덧붙이고, 우리에게 말의 생성을 안으로부터 밝혀준다.

그러나 지금까지 말한 여러 일에 대해 확실히 말할 수 있는 것은, 이러한 것들이 단순히 훌륭한 가상에 지나지 않는다는 것이다. 즉 우리를 디오니소스적인 충동과 과도함으로부터 벗어나게 하는, 앞서 언급한 아폴론적인 착각일 뿐이라는 것이다. 그러나 실제로 음악과 연극의 관계는 근본적으로 그 반대이다. 즉 음악이야말로 세계의 참된 이념이요, 연극은 단순히 그와 같은 이념의 반영, 이념의 개별적인 영상에 지나지 않는다. 선율의 선과 생동하는 인물 사이의 일치, 화음과 등장인물의 성격적 관계 사이의 일치는 음악 비극을 감상할 때 우리에게 떠오르는 생각과 반대의 의미로 진실하다.

우리가 인물을 선명하게 움직이고 생동하게 하며 안으로부터 조명한다 해도, 그는 어디까지나 현상에 지나지 않는다. 그와 같은 현상으로부터는 진정한 실재로 세계의 심장으로 통하는 어떤 다리도 존재하지 않는다. 그러나 이 심장에서부터 음악은 말한다.

이런 종류의 무수한 현상이 불변적인 음악의 곁을 아무리 스쳐 지나간다 하더라도, 음악의 본질을 빨아들이는 것은 결코 아니며, 늘 피상적인 모방에 그칠 뿐이다. 물론 정신과 육체라는, 인기는 있지만 완전히 잘못된 대조를 갖고서는 음악과 연극의 난해한 관계에 대해 아무것도 설명할 수 없다. 혼란만 일으킬 뿐이다.

그러나 그와 같은 대립의 비철학적인 조잡성이 바로 우리 미학자에게는, 어떤 이유에선지는 모르겠지만 즐겨 신봉되는 하나의 신념 조항이 된 것이다. 그들은 현상과 사물 자체의 대립에 대해서는 아무것도 배운 게 없거나 역시나 알 수 없는 이유로, 무엇 하나 배우려 하지 않았던 것이다.

우리가 명백하게 분석했다시피, 비극에서 아폴론적인 것이 자신의 착각에 의해 음악이라는 디오니소스적인 근본 요소에 완전히 승리를 거두고, 음악이 착각의 의도 때문에, 즉 연극을 최고로 명확하게 하기 위해 이용되었다 해도, 여기에는 하나의 중대한 제한을 부가해야 한다. 즉 그 아폴론적 착각이 가장 중요한 점에서 파괴되었고 부서졌다는 것이다.

방직기가 상하로 급히 움직이며 천을 짜가는 것을 우리가 보듯, 우리 눈앞에 펼쳐지는 연극은 모든 운동과 형태를 명료하게 내적으로 비쳐주는 음악의 도움을 받아 모든 아폴론적인 예술 작용의 피안(彼岸)에 있는 하나의 작용을 달성한다. 비극의 전체적 작용에 있어서 디오니소스적인 것이 다시 우위에 이른다.

비극은 아폴론적인 예술의 영역에서는 결코 울리지 않는 음조로 끝나는 것이다. 그러고 나서 아폴론적인 착각은 있는 그대로의 모습으로 자신이 비

극이 진행되는 동안 본래의 디오니소스적 작용을 가리고 있는 베일임을 폭
로한다. 그러나 디오니소스적인 작용은 매우 강력해서, 결국에는 아폴론적
인 연극을 디오니소스적 예지를 갖고 이야기하기 시작하고, 자기 자신과 아
폴론적인 구상적 가능성을 부정하기에 이른다.

비극에서 아폴론적인 것과 디오니소스적인 것의 난해한 관계는, 바로 두
신의 혈맹에 의해 상징될 수 있다. 즉 디오니소스는 아폴론의 언어로 말을
함으로써—그러나 아폴론은 마지막에 이르러서는 디오니소스의 언어로 말한
다—비극과 일반 예술의 최고 목적이 달성된다.

22

주의 깊은 독자는 참된 음악적 비극의 작용을, 경험하는 그대로 순수하게
다른 것과 섞지 않고 떠올리는 것이 좋다. 나는 이 작용의 현상을 두 가지
측면에서 설명해 왔다고 생각한다. 따라서 독자는 이제 자기의 경험을 스스
로 명백하게 해석할 수 있을 것이다. 즉, 자기 앞에서 움직이는 신화에 대해
마치 자기 눈이 이제야 표면만 보는 데 머물지 않고 내면까지도 들여다볼 수
있는 것처럼, 의지의 격동·모든 동기의 갈등·정열의 높은 흐름을 음악의 도
움으로 감각적으로 명석하게, 마치 발랄하게 움직이는 선(線)의 충만과 모
습을 눈으로 보게 된다.

그리하여 무의식적인 마음의 움직임이 미묘한 비밀 속으로 들어갈 수 있
게 하기 위해, 어떤 종류의 전지(全知)한 영역에까지 올라가려고 한다. 그
는 명확성과 정화를 지향하는 충동이 최고도로 고양되는 것을 인식하게 된
다. 그러나 한편 오랜 그는 아폴론적인 오랜 예술 작용이 의지 없는 관조 속
에 황홀하게 침잠하는 것은 아니라고 느낀다.

이와 같은 침잠은 조각가와 서사시적 시인, 즉 본래 아폴론적인 예술가의
예술 작품으로 인해 일어난다. 이것은 개체와 세계의 관조에 의해 이루어지
는데, 여기에서 시인이 탄생한다. 이 시인이야말로 아폴론적 예술의 극치이
요 정수이다.

그는 무대 위의 정화되는 세계를 보면서 이것을 부정한다. 그는 서사시적
인 명료함과 미에 포함된 비극의 주인공을 눈앞에 보면서, 자기 주인공의 파
멸을 즐기고 있다.

그는 무대의 여러 일을 가장 깊은 곳까지 이해하면서도 기꺼이 이해할 수 없는 것으로 도피하고 있다. 그는 주인공의 행동을 정당하다고 느끼면서도 그의 행동이 그 자신을 파멸시킬 때 한층 쾌감을 느낀다. 그는 주인공을 괴롭히는 고뇌에 전율하면서도 보다 높고 훨씬 강렬한 환희를 예감한다. 그는 끊임없이 넓고 깊게 보면서도, 스스로 장님이기를 원한다. 이와 같은 자기 분열, 즉 아폴론적인 극치의 붕괴가 디오니소스적인 마력에서 나오지 않는다고 한다면, 우리는 어디서 이를 이끌어 낼 수 있을까?

디오니소스적인 마력은 아폴론적인 감동을 극도로 자극하는 것처럼 보이면서도 아폴론적인 힘의 이 충만함을 자신에게 봉사하는 것같이 강제하고 있는 것이다. 비극적 신화는 아폴론적인 예술 수단이 디오니소스적인 예지로 구체화한 것으로 이해된다.

신화는 현상의 세계를 그 한계에까지 이끌고, 현상의 세계는 그와 같은 한계에서 자신을 부정하고, 진실하고 유일한 실재의 대중 속으로 다시 도피하려 한다. 그리하여 이졸데같이 그의 형이상학적인 백조의 노래를 부르기 시작하는 것처럼 보인다.

> "환희의 바다
> 물결치는 거센 파도 속에,
> 영감어린 파도의
> 울려 퍼지는 음향 속에,
> 우주의 숨소리가
> 바람결에 실려 오는 온갖 사물과 현상 속에,
> 빠져 들어가네—가라앉아가네—
> 의식 없이—이것 바로 쾌락의 극치여!"[64]

이와 같이 우리는 진실한 심미적 청중의 경험에 근거하여, 비극 예술가의 모습을 눈앞에 생생하게 그려내려고 한다.

그가 개체의 다산적인 신성(神性)과 유사하게 그 형태를 창조하는 모습을 보기란 쉽지 않다. 이런 의미에서 그의 작품을 이해하기 위해 '자연의 모방'을 사용하는 것은 거의 불가능한 일이다. 그러나 다음에 그의 절대적인 디오니소스적인 충동이 이전 현상 세계를 삼켜버린다. 우리의 미학자는 이 세계의 배후에서, 그리고 이 세계의 파괴로 근원적인 한 사람의 품안에 있는 예술적인 최후의 근원적인 환희를 예감하려 한다. 그러기 위해서는 물론 근원적인 고향으로의 귀향에 대해, 비극에 있어서의 두 기둥이 되는 예술신의 혈맹(血盟)에 대해, 아폴론적인 동시에 디오니소스적인 청중의 흥분에 대해 알아야 하지만 그는 무엇 하나 전할 것을 알지 못하고 있다.

그리하여 그는 지칠 줄 모르게 주인공의 운명과 싸우고, 도의적인 세계 질서의 승리, 혹은 비극에 의해 일어나게 되는 감정의 발산 등을 참으로 비극적인 것으로 특징짓는 데 정신을 팔고 있다.

그의 이와 같은 끈기를 볼 때마다 나는 그가 아마 미적 감수성을 갖고 있는 인간이 아니었던가, 또는 비극을 들을 때 아마도 단순한 도덕적 존재로서 문제가 되지 않는가 회상하게 된다.

아리스토텔레스 이래 한 번도 비극의 작용에 관한 것과, 거기에 유래되는 예술적 상태와 청중의 심미적 활동을 추론하는 데 만족할 만한 설명은 없었다.

엄숙한 사실에 대해 동정심과 공포심이 일고, 또 완화된다고 하며, 선하고 고귀한 원리가 승리할 때, 또 도의적 세계관 때문에 주인공이 몸을 희생할 때, 우리는 황홀한 감격을 깨닫게 된다고 한다. 대부분의 사람들은 바로 이것을, 단지 이것만을 비극의 작용이라고 한다. 나도 그것을 확신한다. 그러나 거기서 나오는 결론 또한 명백하다.

즉 그러한 사람들은 모두 그들에게 해석해 주는 미학자와 함께 최고의 예술인 비극을 무엇 하나 경험하지 못했다. 문헌학자들은 아리스토텔레스의 카타르시스[65]라는 그 병리학적 폭발이 의학적 현상에 해당되는지, 도덕적 현상에 해당되는지 잘 모르고 있지만, 여기서 우리는 괴테가 그것에 대해 어떻게 생각했는지 주목하게 된다. 그는 이렇게 말한다.

"활발한 병리학적 관심이 없을 경우 실제로 나는, 어떤 비극적 상황을 다루지 못했다. 그렇기 때문에 나는 비극적 상황을 찾아내기보다 오히려 피했던 것이다. 최고의 파토스적인 것도 고대인의 경우에는 다만 심미적인 유희에 지나지 않았다는 것, 이것이 아마 그들의 장점 가운데 하나가 아니었던가? 우리의 경우에 그와 같은 작품을 만들어 내기 위해서는 사실성이 협력하지 않는다는 것을 생각한다면 말이다.”

우리는 이제 훌륭한 경험을 토대로, 이 깊은 의미를 갖는 최후의 문제를 긍정해도 좋으리라. 우리가 바로 음악적 비극에 근거하여, 사실 파토스적인 것은 역시 단지 하나의 심미적인 유희에 지나지 않는다는 것을, 경탄하며 체험한 이상 말이다. 따라서 우리는 이제 비극의 근원적 현상을 어느 정도 성공적으로 서술했다고 믿어도 좋으리라.

아직도 미 이외의 영역으로부터 그의 대리적 작용을 하는 것밖에 모르거나, 병리학적 도덕 과정을 탈피하지 못한 것을 자각하는 사람은, 단지 자신의 심미적 소질을 절망하는 편이 나으리라. 그 대신에 우리는 게루이누스(Geruinus)류의 셰익스피어 해석과 ‘권선징악’의 탐색을 위험하지 않은 대용품으로 권장하리라.

이렇게 하여 비극의 재생과 더불어 심미적 청중도 역시 재생했던 것이다. 이제까지 극장의 관람석에는 그를 대신하여 기이하고 잘못된 장소의 대용품(Quidproquo)인 ‘비평가’가 반은 도덕적이요, 반은 학문적 요구를 간직하면서 버릇처럼 자리를 차지하고 있었다. 그는 지금까지의 영역에 모든 것을 인공적으로, 그리고 단지 삶의 가상으로 호도해 온 데 지나지 않다.

실제 배우도 그런 비판적인 태도의 청중을 어떻게 대해야 좋을지 알 수 없게 되어 버렸다. 거기서 그는 영감을 주는 극작가나 오페라의 작곡가와 함께, 이 요구만이 많은 살풍경하고 관상 능력이 없는 것에도 삶의 마지막 한 파편 정도는 남아 있지 않은가 하고 두리번거리면서 살피고 있는 것이다. 종래 관중은 이런 종류의 ‘비평가’로 구성되어 있는 것이었다.

학생과 학동, 독에도 약에도 쓸모없는 여자에 이르기까지, 그들은 무의식중에 이미 교육과 저널리즘에 의해 예술 작품의 틀에 박힌 감상방법을 미리 훈련받았던 것이다. 예술가 가운데 다소 고귀한 인물은, 그런 관중 밑에서 도덕적 종교적인 힘의 진흥을 기대했다. 그리하여 ‘도덕적 세계 질서’라고 부르짖으며, 원래 강력한 예술적 마력이 진정한 청중을 매혹시키는 바로 그곳에 대신 등장했던 것이다.

또한 현대의 정치적인 면 및 사회적인 면에서 비교적 주목할 만한, 적어도 자극적인 경향이 극작가에 의해 똑똑히 무대 위에 올려졌다. 그 결과 청중은 비판의 철저한 수행을 잊고, 애국적이고 용감하게 투쟁하는 전쟁의 요소를, 혹은 의정 단상의 열변 앞에서나 범죄와 악덕의 탄핵의 소리를 들을 때와 꼭 같은 감동을 잊을 수 있게 되었다.

본래의 예술이 의도하는 대로 그와 같은 소외는 때때로 곧 경향성의 예찬으로 흐르지 않을 수 없었다. 그런데 예부터 모든 사이비 예술의 이름 밑에 나타난 것은 그 경향의 극히 신속한 타락이었던 것이다. 예를들면, 극장을 국민의 도덕적 교화의 도구로 제공하려는 경향은, 이것은 실러의 시대에는 진지하게 고찰되었던 것이지만, 이제는 이미 시대에 뒤떨어진 교양의 괴이한 유물 가운데 하나로 간주되고 있는 것이다.

비평가가 극장과 연주회에서, 저널리스트가 학교에서, 신문이 사회에서 지배권을 잡게 되었던 사이에, 예술은 극히 저속한 일종의 오락물로 타락하고, 미학자적 비평은 이기적이고 경박하여 취할 바도 못 되며, 그 위에 초라하고 특색 없는 사교의 접합제에만 이용되는 것이다. 그와 같은 사교의 의의는 쇼펜하우어의 가시다람쥐 우화[66]가 가르쳐 줄 것이다.

그리하여 예술에 대해 많이 지껄이는 것은 이제 한물 갔다. 예술을 경시한다는 것도 이제는 의젓함이 없는 상태가 되었다. 그렇다고 베토벤과 셰익스피어를 소재로 이야기의 즐거움을 나누는 사람과 아직도 교제를 계속할 수 있겠는가? 어떤 사람이든 좋아하는 그대로 대답해도 좋다. 어떻든 그는 그 대답으로, 자신이 '교양'적인 것을 어떻게 해석하고 있는가를 증명할 것이다. 그는 이 물음에 대답하려고 노력하지만, 결국은 경악한 나머지 입을 다물게 될 것이다.

이에 반해 비교적 고귀하고 섬세한 천성을 타고난 다수의 사람들은, 위에서 말한 것처럼 점차 비판적인 야만인이 되었다. 그러나 예를 들면 굉장한 성공을 했던 《로엔그린》의 공연이 그들에게 미친, 의외이기도 하며 또한 전혀 이해할 수 없는 그 작용에 대해서는 이야기하지 않을 수 없다. 단지 그들에게는 아마 그를 채찍질하여 경고하고 지시해 주는 어떠한 손도 없었던 것이다.

그 때문에 당시 그들을 감동시켰던 그 불가해한 이상한 종류, 전혀 비교할 수 없는 인상도 고립한 채로 머물고, 요성(妖星)처럼 순간적인 빛을 발하면

서 사라져 갔던 것이다. 당시 그들은 심미적 청중이란 무엇인가를 예감하고
있었던 것이다.

23

매우 정밀하게 자신을 음미하여, 어느 정도로 자신이 참된 심미적인 청중
을 닮았는지, 혹은 어느 정도로 소크라테스적인 비판적 인간의 계열에 속하
고 있는지를 알려고 하는 사람은, 무대 위에 연출되는 기적을 그가 받아들일
때의 인상, 예를 들면 엄밀한 심리학적 인과성에 지향되는 그의 역사적 감각
이 모욕되는 것을 느끼든가, 또는 호의적인 양보심으로 그 기적을 어린이다
운 것으로, 인연이 없는 현상으로서 용인하든가, 혹은 어떤 무엇인가를 달리
감수하든가를 정확하게 자문하면 된다.

이것에 근거하여 그는 현상을 축소하여 기적을 낳지 않을 수 없는 신화를,
압축된 세계상을 어느 정도로 자신이 이해할 수 있는가 추측할 수 있으리라.
그러나 엄밀히 음미한다면, 틀림없이 거의 대부분은 학문적 방법, 매개적인
추상 관념에 의해 신화 속 과거의 존재를 믿을 수 없을 것이다. 그리하여 우
리는 우리 교양의 비판적 역사적 정신이 우리를 해체했다는 것을 느낄 수 있
으리라.

그러나 신화를 갖지 않는다면, 어떤 문화도 그의 건전하고 창조적인 자연
력을 잃어버리게 된다. 신화로 둘러싸인 지평선 속에서 비로소 하나의 문화
운동 전체를 완성하고, 이것에 통일을 주었던 것이다. 공상과 아폴론적인 꿈
과의 모든 힘은, 신화에 의해 비로소 무선택적인 방황에서 구출되는 것이다.

신화의 형상은 사람도 모르는 사이에 어느 곳에나 존재하는 귀신과 같은
감시자라야 한다. 그의 보호 밑에 젊은 혼은 성장하고, 그의 개시에 응하여
남자는 그의 인생과 투쟁을 이해하게 된다. 국가라 할지라도 신화적 기초 이
상으로 강력한 불문법을 알지 못한다. 이 기초는 국가와 종교와의 관련, 신
화적 표상으로부터의 국가의 성장을 보증한다.

지금 그 옆에 신화 없이 이끌어낸 추상적인 인간, 추상적인 교육, 추상적
인 풍습, 추상적인 법률, 추상적인 국가를 나란히 세워 보라. 어떤 토착의
신화에 의해서도 제어되지 않는 무규율적이고 예술적인 공상의 방황을 생각
해 보라. 어떤 확고하고 신성한 본래의 고향을 갖지 않고, 모든 가능성을 고

갈시키고, 모든 문화로부터 가련하게도 그의 몸을 부양할 양식을 구하지 않으면 안 되게끔 운명지어져 있는 하나의 문화를 상상하여 보라. 이것이 신화를 부인하려는 소크라테스주의의 말로이다.

이제야 신화 없는 인간은 영원히 굶주린 상태에 있으며, 모든 과거라는 나무 밑에 서서, 그 나무를 파고 구멍을 뚫으면서 그 뿌리를 찾고 있다.

가령 그 뿌리를 파서 찾으려면 아무리 먼 고대로 소급해 올라가야 할지라도, 아마 그는 별로 개의하지 않을 것이다. 어마어마한 현대 문화의 지나친 역사적 요구, 무수한 타국 문화의 수집, 몸을 불태울 것 같은 인식욕 등이 신화의 상실, 신화적 고향인 신화적 모태의 상실을 지시하지 않고 무엇을 지시할 것인가? 사람들아 스스로 물어봄이 좋으리라. 그와 같은 문화의 열병적이고 불건전한 활용이야말로 굶주린 자의 끝없는 탐식과 탐욕적인 손 벌림이 아니고 무엇이란 말인가. 그리고 어떤 것을 집어넣어도 배부른 줄을 모르고, 이것과 접촉할 때는 아무리 강력하고 효능 있는 어떤 자양물도 '역사와 심판'으로 으레 변화하는 이 문화에 무엇을 주려고 하는 사람이 어디 있겠는가?

우리는 놀랍게도 이것을 문명국 프랑스에서 보아 왔지만, 만약 우리의 독일적 본질이 이와 꼭 같이 독일의 문화와 풀 수 없게끔 결합되어 있다고 한다면, 뿐만 아니라 그것과 하나가 된다면, 우리는 독일적 본질에 대해서도 비통한 절망을 품지 않을 수 없을 것이다. 나는 오랫동안 프랑스의 장점이요, 거대한 우세의 원인을 이루고 있는, 민족과 문화와의 일체화를 보고 도리어 이와 같은 우리의 애매한 이 문화가 오늘날까지 우리 민족성의 고귀한 핵심과 공통점을 갖고 있지 않다는 것을, 행복에 겨워 찬양하지 않을 수 없다.

우리의 모든 희망은 불안 속에 우왕좌왕하는 문화생활과 교양의 경연 밑에 내면적으로 훌륭하고 건강한, 아주 먼 옛날의 힘이 잠겨 있는 그 인지를 추구하기 위해 몸을 일으켜 세우고 있는 것이다.

이 아주 먼 옛날의 힘은 물론 중대한 순간에만 강력히 활동하는 것으로, 한 번 활동하면 다음에는 미래의 각성을 기대하며 다시 잠들기 시작한다. 이 심연에서 독일의 종교 개혁이 나타나고, 그 찬미가 속에서 독일음악의 미래의 선율(멜로디)이 울렸던 것이다.

루터의 이 찬미가는, 그리고 봄의 언저리에서 돋아 나오는 풀처럼 뚫고 나오는 최초의 디오니소스의 유혹의 소리는, 실로 장엄하고 웅장하게, 패기 충만하게, 또한 한없이 온화하고 우아하게 울려퍼지고 있는 것이다.

이 찬미가에 마치 경쟁이나 하는 것 같은 반향으로 대답하는 것이 디오니소스적인 열광자들의 성스럽고 오만한 축제의 행렬이었다. 우리는 그들에게 독일 음악에 감사하고, 독일 신화의 재생에 대해 감사해야 될 것이다!

관심을 갖고 따라온 독자를 이제 나는 고독한 고찰의 높은 고개로 이끌어 가야 한다. 그리고 그곳에는 독자 거의가 동행하지 않을 것으로 알고 있다. 그러므로 나는 독자를 격려하기 위해 다음과 같이 말하려 한다. "우리는 우리의 길을 비쳐 주었던 선인들인 그리스 사람을 단단히 잡고 놓아서는 안 된다."

우리는 이제 우리의 심미적 인식을 순화하기 위해 그들로부터 두 가지 신상(神像)을 빌려 왔다. 이 신들은 각각 별개의 예술 영역을 독립적으로 지배하고 있고, 그들 상호 접촉과 고양에 대해 우리는 그리스 비극을 통하여 하나의 예감에 이른 것이다.

우리는 그리스 비극의 몰락이 예술적 근원 충동의 주목할 만한 분리에 의해 초래되었다고 생각한다. 그리스 민족성의 타락과 변화는 이 몰락의 과정에 호응하고 있으며, 이것이 예술과 민족, 신화와 풍습, 비극과 국가가 그 기초 위에 얼마나 필연적으로, 또한 밀접하게 결합되어 있는가 하는 진지한 반성을 하게끔 우리를 재촉했던 것이다. 비극의 그와 같은 몰락은 동시에 신화의 몰락이었다.

그리스 사람은 체험하는 모든 것을 바로 그들의 신화에 결부시키기 위해, 체험되는 것을 오로지 그런 결합에 의해 이해할 수 있게끔 무의식적으로 강제하고 있다. 또한 가장 가까운 현재도 그들에게는 바로 영원한 모습 아래의 것(Sub Specie aeterni), 어떤 의미로는 초시간적인 것으로 나타나지 않으면 안 되었다. 그리하여 국가도, 예술도, 초시간적인 것의 이 흐름 속에 몸을 잠기게 하고, 그 곳에서 순간의 중압과 갈망으로부터 탈피하여 안정을 발견했던 것이다.

민족은—바로 인간도 그렇듯이—자신의 체험을 통해 영원한 각인(刻印)을 찍을 능력을 어느 정도로 갖고 있는가에 따라서 그 가치가 결정되는 것이다. 바로 이런 것에 의해 민족은 이른바 세속에서 탈피하게 된다. 왜냐하면 민족은 시간의 상대성과 삶의 진실함, 즉 형이상학적인 의의에 관한 자신의 무의식적이고 내면적인 확신을 제기하기 때문이다. 그러나 어떤 민족이 자기를 역사적으로 이해하고 자기 주위에 둘러싸여 있는 신화의 방파제를 파괴한다면, 반대현상이 나타난다. 모든 윤리적 귀결로써 결정적인 세속화, 민족의 생존을 이제까지 이끌어 오고 있었던 무의식적인 형이상학과의 결렬은, 일반적으로 이미 말한 바와 같이 파괴와 결합하고 있기 때문이다.

그리스 예술, 특히 그리스 비극은 무엇보다도 신화의 파괴를 억제했던 것이다. 고향의 땅에서 해방되어 사유와 풍습과 행위의 황야에 아무 제약도 받지 않고 살아가기 위해서는, 그리스 비극을 파괴하지 않으면 안 되었다.

그런데 아직도 그 형이상학적인 충동은 약간 쇠약하기는 했지만 하나의 성화(聖化) 형식을, 생존을 촉구하는 과학상의 소크라테스주의라는 형태를 창조하려고 시도하고 있다. 그러나 그와 같은 저급한 단계에서는 동일한 형이상학적 충동도 도처에서 모은 신화와 미신과의 복마전 속에 점차로 흘러 빠지는 열병적인 탐구로 이끌어가는 데 지나지 않았다. 그런데 그리스 사람은 그런 복마전 중앙에 충만하지 않는 마음으로 앉아 있었는데, 그리스적 명랑성과 그리스적 경박성을 갖고서—가련함이여, 이것이 후세의 그리스 사람인 것이다—그 열병을 위장하는 방법을, 혹은 무엇인가 동양적인 음울한 미신에 의해 완전히 자기를 마비시키는 방법을 발견하게 되었던 것이다.

우리는 그와 같은 상태에 대해 15세기의 알렉산드리아적 로마적인 고대의 부활 이래 서술하기조차 곤란한 오랫동안의 중간 시기를 거친 다음에, 극히 현저하게 접근하여 왔던 것이다.

똑같이 과잉된 지식욕, 똑같이 싫증나지 않은 행복, 똑같이 거대한 세속화가 극점에 달하고, 그 옆에는 고향 없는 방황, 타인의 식탁에 대한 쇄도하는 탐욕, 현재에 대한 경박한 찬미, 혹은 둔하고 마비된 도피, 시대의 아래에 있는 모든 것, 즉 '현대'의 모든 것이 놓여 있다. 바로 그와 같은 여러 징후는 이 문화의 핵심에 있는 결함, 즉 신화의 파괴가 추측되는 것이다. 타국의 신화를 이식하는 데 오랫동안 계속 성공하는 것은 거의 불가능하다.

그것은 나무가 그의 이식으로 치명상을 입기 때문이다. 나무가 이 이질의 요소를 무섭게 투쟁해서 다시 배제할 수 있을 만큼 건강하고 건전하다는 것도 때에 따라서는 가능할 것이다. 그러나 보통나무는 쇠약하고 위축하며, 혹은 병적으로 무성하여 말라 죽을 수밖에 없다.

우리는 독일적 본질의 순수하고 강력한 핵심을 극히 높이 평가하므로, 바로 이 독일적 본질에 폭력적으로 생긴 이질적 요소들을 배제하기를 감히 기대하는 것이며, 독일 정신이 본래의 자기를 자각하고 본래 자기 모습으로 되돌아가는 것이 가능하다고 간주하는 것이다. 아마 많은 사람들은, 독일 정신이 프랑스적인 것을 배제하기 위해 투쟁을 개시해야 된다고 생각할 것이다.

독일 정신은 그것을 위한 외적 준비와 격려를 이번 전쟁에서 보여주어 무적의 무용과 피에 젖은 영광 속에서 인정하는 것이 좋다. 그러나 그 내적인 요청은 루터와 우리의 위대한 예술가, 시인들과 같은 이 길의 숭고한 선구자들을 항상 욕되게 하지 않는 경쟁심 속에서 구해야 한다.

그렇지만 독일 정신은 그런 투쟁을 자기 집의 수호신 없이, 자신의 신화적 고향 없이, 모든 독일적인 사물의 '탈환' 없이, 투쟁할 수 있다고 결코 믿어서는 안 된다! 그리고 독일 사람이 소심하여 오래 전에 잃어버리고 거의 길을 알지 못하는 고향에 자신을 다시 데리고 갈 선도자를 찾으려고 한다면, 그때 그는 다만 디오니소스적인 새(鳥)의 유혹적인 노랫소리에 귀를 기울이는 것이 좋을 것이다. 이 새는 그의 머리 위에서 몸을 흔들며 가는 길을 지시해 주기 때문이다.

24

우리는 음악적 비극의 고유한 예술 작용 중에 특히 아폴론적인 착각을 강조해야만 했다. 이 착각이야말로 우리를 디오니소스적인 음악과의 직접적인 일체화로부터 구출하고, 다른 한편 우리의 음악적 흥분이 아폴론적인 영역과 그 사이에 놓여진 가시적인 중간 세계에 의해 발산될 수 있기 때문이다.

그때 우리는 바로 이 발산에 의해 무대 위에 일어나는 사건의 그 중간 세계, 즉 일반적으로 연극이 그 밖의 아폴론적인 예술에서는 도달할 수 없을 정도로 내부로부터 명료하게 이해할 수 있게끔 되었다고 믿었다. 그리하여 우리는 아폴론적 예술이 음악의 정신에 의해 날개를 얻고 하늘 높이 날아오를 지점에 아폴론적인 예술의 힘이 최고로 상승한 점을 인정하고, 또한 아폴론과 디오니소스와의 그 혈맹 속에 아폴론적인 예술적 의도 및 디오니소스적인 의도의 여러 극치를 인정하지 않을 수 없었던 것이다.

물론 아폴론적인 빛의 형상은 바로 음악에 의한 이 내면적 조명을 받으면서 저급한 아폴론적인 예술의 고유한 작용에 이를 수 없었다. 서사시와 마음과 혼이 깃든 석상(石像)이 할 수 있는 것, 즉 관조하는 눈을 개체의 세계에 고요한 황홀로 빠져들게 하는 것은, 더 뚜렷한 그의 생동감과 그의 명료함에도 불구하고 어떻게 해도 달성할 수가 없었다.

우리는 연극을 관조하면서, 난폭하게 날뛰는 내적 동기의 세계로 찌르는 듯한 시선으로 뚫고 들어갔다. 그럼에도 불구하고 마치 단순히 비유적인 형상이 우리 옆을 지나가는 것처럼 우리에게 생각되었다.

그리하여 그 형상의 극히 깊은 의미 가운데 아주 작은 부분만 우리가 고찰한 것처럼 생각되고, 그 배후에 잠겨 있는 형상을 보기 위해 장막 같은 비유의 형상을 걷어 올려 볼 생각에 사로잡히게 된다. 형상의 어떤 찬란한 명료성도 우리를 만족하게 하지는 못했다.

이런 형상은 어떤 것을 나타내 주기도 하고, 또한 가리어 숨겨 주기도 한다. 즉 이 형상은 그 비유적인 공개에 의해 장막을 찢고 신비에 찬 배후를 폭로하도록 재촉하는 것처럼 보인다. 그러나 예외 없이 구석까지 비쳐 내는 명료성이 눈을 흐리게 하고, 눈이 다시 깊은 곳까지 파고들어가는 것을 막는다.

관조해야 하고 동시에 관조를 초월하여 동경하는 것을 체험하지 못한 사람은 비극적 신화를 고찰할 때 이 두 과정이 얼마나 명확하고 명료하게 나란히 존재하고 똑같이 느끼는가를 상상하기 곤란하다. 반면 진실로 심미적인 청중은 비극의 고유한 작용 속에 이 병립을 가장 주목할 만한 것으로 증언할 것이다. 이제 심미적 청중의 이 현상을 비극 예술가의 비슷한 과정으로 옮겨 보자. 그러면 비극적 신화의 발생이 이해될 것이다.

비극적 신화는 가상과 관조에 대한 충실한 쾌감을 아폴론적인 예술 영역과 함께 나누고, 동시에 이 쾌감을 파괴하는 가시적인 가상의 세계를 부정하는 것에 한층 높은 만족을 얻는다. 비극적 신화의 내용은 우선 투쟁하는 주인공을 찬미하는 서사시적인 사건이다.

그러나 그 자체는 수수께끼와 같은 경향, 즉 주인공의 운명에서 보게 되는 고뇌, 모든 동기의 가장 비통스러운 극복, 극한 고민에 찬 대립, 요컨대 시레노스의 지혜의 예증, 혹은 심미적으로 표현된다면 추악함과 부조화가 수 없는 형태로 그와 같이 편애를 받으며 언제나 새롭게 묘사된다. 그것이 바로 한 민족의 가장 혈기 왕성한 청년 시대에 바로 이 추악함과 부조화에 대해 더 높은 쾌감이 느껴지는 것이 아니라면, 도대체 어디서 느껴진단 말인가?

예술이 다만 자연적 현실의 모사가 아니라 자연적 현실적 형이상학적인 보충이요, 그런 현실의 극복 때문에 그 옆에 나란히 놓여지는 것이라면 삶이 현실적으로 그렇게 비극적이라는 것이 예술 형식의 발생을 설명할 수 있다. 비극적인 신화는 그것이 예술에 속하는 한, 예술 일반의 이 형이상학적인 성 화(聖化)의 의도에 전폭적인 관심을 갖는다.

신화가 현상 세계를 괴롭히는 주인공의 모습을 빌려 제시할 때, 그것은 무 엇을 성화하는 것일까? 그것은 이 현상 세계의 '현실'이 아니다. 왜냐하면 신화는 우리를 향하여 바로 다음과 같이 말하기 때문이다. "보라! 똑똑히 보라! 이것이 그대의 삶이다. 이것이 그대 실존 시계에 달려 있는 시침이 다."

그렇다면 신화가 그와 같은 삶을 제시한 것은 삶을 우리 앞에서 성화하기 위함이었단 말인가? 그러나 만약 그렇지 않다면, 그들 형상이 우리 옆을 스 쳐 지나갈 적에 실제로 우리가 느끼는 저 심미적 쾌감은 무엇 때문인가? 나 는 이와 같은 심미적 쾌감을 묻고 있는 것이다. 이들 형상 가운데 대부분은 때에 따라 그 이외의 도덕적인 즐거움, 예를 들면 동정이라든가, 혹은 도의 적 승리라든가 하는 형태로 만들어지게 되는 것을 나도 충분히 알고 있다.

그러나 비극적인 것의 작용을 그런 도덕적인 원천에서 이끌어 내려 하는 사람은—물론 이것이 너무나도 오랫동안 미학에서 폐단을 이루고 있지만— 이것에 의해 미학을 위한 어떤 일을 수행했다고는 믿지 않는 것이 좋으리라. 예술은 무엇보다도 그 영역에서 순수성을 요구해야 하기 때문이다.

비극적 신화의 설명 때문에 첫 번째로 요구된 것은 신화의 고유한 쾌감을 순수하게 심미적인 영역에서 구하는 것이고 동정심, 공포, 도의적 숭고의 분 야와 관련되어서는 안 된다는 것이다. 비극적 신화의 내용인 추함과 부조화 는 어떻게 해서 심미적 쾌감을 일으킬 수 있는가?

이제 여기서 대담하게 돌진하기 위해 예술의 형이상학 속으로 들어가는 것이 필요하다. 그것 때문에 나에게는 존재와 세계가 하나의 심미적 현상으로서만 시인되는 것처럼 보인다. 이것 때문에 이전에 말했던 명제를 되풀이하련다. 비극적 신화는 추함과 부조화마저도 하나의 예술적 유희이다. 우리는 이와 같은 명제의 의미를 확신하지 않으면 안 된다.

디오니소스적인 예술의 이 파악하기 힘든 근원적인 현상은 다만 직접적인 방법에 의해서만 이해되고, 음악적 불협화음의 놀랄 만한 의미로서 단적으로 파악된다. 일반적으로 세계 옆에 세워진 음악만이 심미적 현상으로서 세계의 시인을 어떻게 해석할 것인가를 깨닫게 해준다. 비극적 신화가 만들어 내는 쾌감은 음악에서 불협화음을 듣고 느끼는 쾌감과 근본적으로 동일하다. 고통에 대해서조차 근원적인 쾌감을 주는 디오니소스적인 것은 음악과 비극적 신화와의 공통의 모태이다.

우리는 불협화음이라는 음악적 관계의 도움을 받아 비극적 작용의 곤란한 문제를 본질적으로 쉽게 없앨 수 있지 않았던가? 이제 우리는 비극을 관조하려 하며 이 관조를 초월하여 동경하는 것이 무엇을 의미하는가를 이해하고 있지 않는가! 그와 같은 상태, 이것을 예술적으로 사용되는 불협화음에 관계하여 말한다면, 우리는 다음과 같이 특징지을 수 있을 것이다. 즉, 우리는 들으려고 함과 동시에 듣는 것을 초월하기를 바란다.

명료하게 지각되는 현실에 대해 최고의 쾌감을 느끼면서, 무한한 것에 향하려는 동경의 날개짓은, 이 두 상태 속에 포함된 디오니소스적인 현상이 개체 세계의 유희적인 건설과 파괴를 근원적 쾌락의 분출로서 되풀이한다는 것을 새롭게 우리에게 나타내 준다. 그것은 어두움의 사람인 헤라클레이토스가 세계를 형성하는 힘을, 장난처럼 돌을 옮겨 놓기도 하고 모래산을 쌓고 또 이를 무너뜨리는 어린이 놀이에 비유한 것과 아주 비슷한 현상이다.

우리가 한 민족의 디오니소스적인 능력을 올바르게 평가하기 위해서는 그 민족의 음악뿐 아니라 필연적으로 민족의 비극적 신화마저도 그 능력의 제2의 증언자로서 다루지 않을 수 없다. 이제 음악과 신화가 밀접한 혈연관계에 있는 것처럼, 한편의 변질과 타락은 다른 한편의 위축과 침체와 연결되어 있다는 것을 추측할 수 있다.

그런데 이것은 디오니소스적인 능력의 쇠약이 신화 일반의 쇠퇴로써 나타나는 것을 전제한다. 그러나 독일적 본질의 발전을 잠시 살펴본다면, 우리는 이미 말한 두 가지 사실에 대해 의심할 이유는 없으리라. 즉 오페라에서도,

우리의 신화가 없는 생존의 추상적 성격에서도, 실로 오락에 떨어져 버리고 만 예술에서도, 개념이 이끄는 삶에서도, 소크라테스적인 낙관주의의 비예 술적이며 삶을 침식하는 성질이 우리에게 폭로된 것이다.

그럼에도 불구하고 우리를 위로하는 것으로서, 독일정신은 그의 빛나는 건전함과 깊은 생각, 디오니소스적인 힘을 파괴하지 않고 선잠에 떨어진 기 사처럼 밑바닥을 알 수 없는 심연 속에서 꿈꾸고 있는 증세를 타나낸다. 이 심연에서 그의 디오니소스의 노래가 우리에게로 들려오고 있다.

그것은 이 독일의 기사가 아주 먼 옛날 디오니소스의 신화를 지금도 즐거 위하면서도 엄숙한 환상 속에 꿈꾸고 있다는 것을 우리에게 깨닫게 하기 위 함이다. 보금자리를 그리워하는 새소리를 아직도 명료하게 이해하고 있는 이상, 독일 정신이 그의 신화의 고향을 영원히 잃어버렸다고 믿어서는 안 된 다. 어느 땐가 독일 정신은 깊고 긴 잠에서 깨어난 뒤에 자신이 깨어나 있음 을 깨닫게 될 것이다. 그때야말로 그는 용을 퇴치하고, 간악한 난쟁이들을 쳐 없애고, 브륀힐데를 잠에서 깨울 것이다. 그러면 보탄의 창도 그의 가는 길을 막을 수 없을 것이다! [67)]

나의 벗이여, 디오니소스적인 소리를 믿는 여러분들, 여러분들도 또한 비 극이 우리에게 무엇을 의미하는가를 알고 있다. 비극 속에서 우리는 음악에 서 재생된 비극적 신화를 갖는다—그리하여 이 신화에서 모든 것을 희망하 고, 가장 고통스러운 것까지 잊을 수 있다! 우리에게 가장 고통스러운 것은 독일 정신의 집과 고향으로부터 떨어져, 간악한 난쟁이들에게 봉사하며 살 아 왔던 오랜 동안의 굴욕뿐이다. 여러분에게는 이 말이 이해될 것이다—여 러분들이 결국 나의 희망을 이해하게 되는 것과 같이.

25

음악과 비극적 신화는 꼭 같이 한 민족의 디오니소스적인 능력의 표현이 요, 서로 분리할 수 없다. 둘은 아폴론적인 것의 너머에 존재하는 하나의 예 술적 영역에서 유래한다. 이 둘은 불협화음도 무서운 세계상과 같이 '즐거 움'을 향한 화음 속으로 매력 있게 사라져 들어가는 하나의 영역을 성화한 다. 양자는 자신의 강력한 요술을 믿고 불쾌한 자극물을 가지고 유희하면서 어떤 '극악의 세계'의 존재도 시인한다. 여기서 디오니소스적인 것은 아폴론적인 것과 비교할 때, 영원하고 또한 근원적인 예술의 힘으로 나타난다. 이 힘이 일반적으로 모든 현상 세계를 생존으로 불러들이는 것이다.

그 현상계의 중앙에는 약동하는 개별화의 세계를 삶 속에 붙잡아두기 위해서 하나의 새로운 성화라는 가상이 필요하게 된다. 우리가 불협화음의 인간화를 만약 가정할 수 있다면, 인간이란 그 밖에 또 무엇이란 말인가? 그와 같은 불협화음은 살아 나가기 위해 자신의 본질에 미의 장막을 걸쳐 주는 장엄한 환상을 필요로 한다. 이것이 아폴론의 참된 예술적 의도이다.

우리는 이 아폴론의 이름에 의해 아름다운 가상의 그 무수한 환상을 모두 총괄하며, 이들 환상은 어느 순간에도 실존 일반에 삶의 가치를 두며 사람을 다음 순간을 체험하도록 밀어준다.

이 경우 모든 존재의 기초, 즉 세계의 디오니소스적인 밑바닥에는 그 아폴론적인 성화의 힘으로 다시 극복할 수 있는 범위 안에서만 인간 개인의 의식이 허용된다. 따라서 이 두 가지 예술적 충동은 영원한 정의의 법칙에 따라 엄밀한 상호 균형 속에서 자신의 힘을 발휘하게끔 강요받는다. 디오니소스적인 것의 위력이 우리가 현재 체험하고 있는 것과 같이 맹렬한 기세로 치솟아오를 경우에는, 아폴론 또한 이미 구름에 싸여 우리에게로 내려와 있음에 틀림없다. 아마도 다음의 세대가 그의 매우 왕성한 미적 작용을 볼 수 있을 것이다.

그러나 그와 같은 작용이 필요하다고 하는 것은—가령 꿈속에라도—고대 그리스 사람들의 생활 속으로 한 번쯤 거슬러 올라간다고 가정한다면, 어떤 사람이든 이것을 직관에 의해 확실히 알게 될 것이다. 높은 이오니아식의 기둥이 세워진 복도를 거닐면서, 맑고 고귀한 선으로 절단된 지평선을 바라보면서, 빛나는 대리석에 자신의 성화된 모습을 비추면서 주위를 정중하게 거닐고 있는 사람들, 혹은 조화롭게 소리 나는 음율과 율동적인 몸가짐을 갖고 우아하게 움직이는 사람들은 끊임없이 밀어닥치는 미의 흐름 속에서 아폴론을 향하여 손을 들며 다음과 같이 외쳐야 한다.

"행복한 그리스 민족이여! 델로스의 신 아폴론이 그대들 디오니소스적인 광기를 고치기 위하여 그와 같은 마법이 필요하다고 생각한다면, 그대들 사이의 디오니소스는 역시 위대함에 틀림없다!"

그러나 그와 같은 감회를 품는 사람에 대해 백발의 그리스 사람은, 아이스킬로스와 같이 콧대 센 눈으로 쳐다보면서 다음과 같이 대답할지 모른다.

"그러나 또한 이것을 말하게. 아, 그대 이상한 이방인이여! 그렇게도 아름답게 되기 위하여, 이 민족은 얼마나 괴로워해야만 했던가! 그러나 이제 나를 따라 비극에게로 오라. 그리하여 나와 함께 두 신의 신전에 산 제물을 바치자!"

〈주〉

1) 인간의 성품을 본래 선한 것으로 보고, 나쁜 짓을 하는 것은 무지 때문이라고 하는 소크라테스의 주장.

2) BC 3세기 경의 그리스 철학자. 그는 인생의 최고선은 '쾌락'이며, 그것은 '마음의 평정'에 있다고 보고 검소한 생활을 했다. 만년의 니체는 거기에 '디오니소스적 그리스인의 반대 유형'을 인정하고 그리스도교에 가장 가까운 것이라고 보았다.

3) 염소의 특징을 가진 요정으로서 디오니소스의 시종. 주색을 좋아함.

4) 독일의 전설 속에 나오는 마법사. 요술 피리로 쥐를 잡았으나, 마을 사람들이 약속을 어겨 화를 내어 아이들을 꾀어서 데려갔다. 보통 '유혹자'의 뜻으로 쓰인다.

5) 그리스 제일의 미녀. 여기서는 괴테의 《파우스트》 제1부 제3막에 등장하는 파우스트의 아내.

6) 16세기 독일의 작가.

7) 마야는 산스크리트에서 미망(迷妄) 또는 '트리'라는 뜻. 새끼줄을 보고 뱀이라고 생각하는 것처럼, 환상계를 나타내게 하는 힘을 가진 베일.

8) 쇼펜하우어가 한 말. 우주의 본체인 의지는 하나이지만, 현상 또는 사물은 많다. 즉 개체의 차별상은 반드시 시간과 공간의 제약을 받고 있으며, 그러한 제약 속에서만 생각할 수 있다는 뜻. 《의지와 표상으로서의 세계》 제1편 제2권 25장.

9) 성 요한제는 6월 24일로 세례요한을 위한 의식이다. 옛날 하지의 축제일로써 많은 이교적 관습이 섞여 있었다.

10) 성 화이트제는 6월 15일에 치르는 비토우스 성자의 제일이다.

11) 아리스토텔레스 미학의 근본 개념. 그는 예술의 본질은 "자연의 충실한 모방"에 있다고 했다.

12) 프류기아의 전설적인 왕. 디오니소스의 친구인 시레노스에 친절을 다한 결과 그 답례로 디오니소스는 무엇이든지 그의 손이 닿는 것은 황금으로 변하도록 해 주었다. 그러나 음식마저 황금으로 변했으므로 마침내 용서를 빌었다고 한다.

13) 지혜가 있었기 때문에 디오니소스의 스승이 된 반수신(半獸神). 용모는 대머리에 납

작 코, 짧은 뿔과 말의 귀와 발과 꼬리를 가지고 있다. 주색을 좋아하는 장난꾸러기.

14) 제우스가 인간에게 불을 빼앗았을 때, 프로메테우스는 하늘에서 이것을 훔쳐서 인간에게 주었다. 제우스는 그를 코카서스의 큰 바위에 매달아 놓고 독수리에게 그의 간을 쪼아 먹게 했다. 그러나 그의 간은 밤마다 새로이 생겨났고 오랜 괴로움 끝에 헤라클레스에 의해서 해방되었다고 한다.

15) 아킬레우스는 트로이 전쟁 때 그리스군 총사령관 '아가멤논'의 아버지. 이 일족은 대대로 저주를 받아, 트로이에서 귀국한 아가멤논은 불의의 아내에게 살해당하고, 아가멤논의 아들 '오레스테스'는 간부(姦夫)와 어머니를 죽이고 미쳐서 방황한다.

16) 호메로스 시대를 말함.

17) 스파르타에 의해 대표되는 무예를 중히 여기는 국가. 도리스는 중부 그리스 지방의 이름. 도리스 족은 처음 그리스의 북부 지방에 정주하고 있었으나 남하하여 도리스를 본거지로 했고 뒤에 스파르타로 옮아갔다.

18) 오이디푸스의 딸. 소포클레스의 비극 《안티고네》가 있다.

19) 트로이왕의 딸. 아가멤논과 함께 살해되었다. 아이스킬로스의 《아가멤논》에 묘사되고 있다. 아폴론에게서 예언하는 힘을 얻었으나, 아폴론의 사랑을 거절한 까닭에 아무에게서도 신용을 얻지 못했다.

20) 뤼캄베스는 아르키로코스와 같은 고향 사람. 두 딸이 있었다. 큰딸 네오브레를 아르키로코스와 결혼시킨다고 약속하고서는 이를 지키지 않아 아르키로코스의 저주를 받았다. 아버지와 딸은 견디다 못해 목매어 죽었다고 한다.

21) BC 7세기 전반에 살았던 스파르타의 서정시인. 칠현금을 발명했다고 한다.

22) 프류기아의 유명한 피리의 명수. 아폴론과 피리부는 시합을 하여 패배했다 함.

23) 유명한 독일 낭만파의 이론가. 프리드리히 슐레겔의 형. 《극예술과 문학에 관한 강의》(1805년) 제3장에서 "합창단은 한마디로 말해서 이상적 관객이다"라고 말한다.

24) 오케아노스의 딸들은 아이스킬로스의 비극 《포박된 프로메테우스》에 합창단으로 등장한다.

25) 소포클레스의 비극. 장님이 되어 방랑의 길을 떠난 오이디푸스는 아테네 교외 코로노스에서 온갖 정략적 유혹을 물리치고 편안하게 죽어간다.

26) 스핑크스는 이집트에서는 남성이지만 그리스에서는 여성으로 되어 있다. '자연'이라는 명사는 독일어에서는 여성 명사이다. 생(生)과 사(死)의 이중의 성질을 가진 '자연'은 일종의 스핑크스라는 것이다.

27) 이집트와 멤논의 테바이에 있는 주상(柱像)은 해뜰 때와 해질 때에 울려 퍼졌다는 설이 있다.

28) 아담과 이브의 실낙원 이야기. 셈족은 유태인.

29) 거인족의 반역에 가담했기 때문에, 그 벌로 그는 천공을 떠받치도록 명령받았다고 한다.

30) 오르휘크교에서 디오니소스와 동일시되고 있는 신.

31) 어의는 '목격자'라는 뜻. 에레우시스의 비밀의식에서 성상(聖像)을 보도록 허가된 자.

32) 디오니소스의 어머니 세메레는 헬라의 책략에 걸려 제우스의 진정한 모습을 보려고 원했기 때문에 제우스의 번개로 불타 죽었지만, 태내에 있었던 디오니소스는 제우스의 허벅다리에 꿰매져서 달이 차자 제3의 디오니소스가 태어났다.

33) 에레우시스의 비밀의식의 주신.

34) BC 2세기 그리스의 풍자시인. 〈루키아노스들〉은 BC 5세기의 아티카 희극 작가를 말함.

35) 헤라클레스가 잠자고 있는 동안에 그 무기를 훔치려고 하다가 실패하고 지독히 혼이 난 케르코베스라고 하는 원숭이와 같은 종족.

36) 로마 제2대의 황제. (BC 42-AD 37)

37) '그리스인'의 축소 명사. 헬레니즘 시대 이후의 말로 로마의 유력자에게 의지하고 있는 그리스인의 지식 계급을 경멸해서 부를 때 쓰인다.

38) 괴테의 시 〈묘비명〉(grabschrift).

39) 카드므스는 테바이시의 전설적 건설자. 그의 딸 아가웨는 펜테우스의 어머니. 그의 딸 세메레와 제우스 사이에 태어난 것이 디오니소스다.

40) 테바이의 장님 예언자.

41) 괴테가 이탈리아 여행 중에 쓴 미완성 희곡. 《나우지카》는 〈오디세이아〉 제6권에 나오는 소녀. 이미 아내가 있는 오디세우스에게 연정을 품은 그녀는 그녀의 아버지와 오디세우스가 그 해결책을 생각하고 있는 동안에 죽어 버린다.

42) 이온은 호메로스를 이야기하는 사람. 호메로스의 옛 시를 암기하고 있으면서 부분적으로 암송하기도 하고 해설하기도 하는 사람.

43) 고대 그리스의 비극에서 기계 장치 위에 탄 신이 공중에 나타나서는 비극의 대단원의 막을 내린다.

44) BC 5세기 경 그리스의 자연 철학자. 에우리피데스보다 15세 연장이며 에우리피데스에게 영향을 주었다.

45) 호메로스 이전의 최대의 시인이며 음악가. 오르휘크교의 창설자라고도 한다. 그는 아폴론으로부터 하프를 배워서 노래와 음악의 거장이 되었다. 아내 에우리디케 이외

의 여자를 접근시키지 않았기 때문에, 혹은 미소년을 사랑했기 때문에, 혹은 그의 비밀의식에 여성의 참가를 거부했기 때문에 디오니소스제의 광란 속에 여자들에 의해서 갈가리 찢겨 죽었다.

46) 트라키아의 에도노스인의 왕. 디오니소스신을 모욕하고 추방한 최초의 사람이라고 함. 신의 시종들은 포로가 되었지만, 신 자신은 바다 속으로 도망쳤다. 그러나 류크르코스는 신의 저주를 받아 발광하게 되었고, 후에 백성들에 의해서 갈가리 찢기었다.

47) 아테네의 장군, 정치가. 재산이 많고 미남으로 유명했으나 교만했다.

48) BC 5세기 그리스의 가장 위대한 조각가.

49) 델포이의 신탁을 알리는 여신관.

50) 외눈의 거인.

51) 아르고선(船)의 사공으로서 예리한 눈을 가지고 있었다. 괴테의 《파우스트》 제2부에 나오는 탑의 감시인.

52) 남태평양에 있는 섬. 한때 식인(食人)의 풍속이 있었다.

53) 알렉산더 대왕의 출현부터 약 2, 3세기 동안의 헬레니즘의 경향을 가리킴.

54) 에커만의 《괴테와의 대화》 제3부 1828년 3월 11일의 항 참조.

55) 괴테의 《파우스트》 제2부 제2막 참조. '라미아들'은 인간의 피에 굶주린 요괴로서 요염한 교태로 인간을 유혹함.

56) 실러의 《소재 문학과 감정 문학에 대하여》 2의 B—2참조.

57) 노예로서 헤로메스신에게 팔린 헤라클레스는 뤼데이아의 여왕 옴팔에 팔려 그 밑에서 3년 동안 여장하여 실을 뽑는 여자의 얼굴을 하며 극히 유약한 생활을 함.

58) 괴테의 《파우스트》 제2부 제1막 〈어두운 낭하〉에서 괴테는 '어머니들'은 모든 사물의 원형, 이상적인 것의 모든 '근원 현상'을 신화적으로 의인화했다.

59) 그리스 주신 중의 하나. 난쟁이며, 포도잎을 감은 지팡이를 갖고 다님.

60) 바그너의 가극 《트리스탄과 이졸데》의 제3막 트리스탄의 말. 그러나 원문은 "세계의 밤의 광막한 나라"로 되어 있다.

61) 바그너의 가극 제3막의 서두.

62) 동 3막 목인의 말.

63) 동 3막 트리스탄의 말.

64) 동 3막 최후의 이졸데의 말. 작곡되어 있는 것은 〈환희의 바다〉와 〈영기(靈氣)의 바다〉와의 2행이 생략되어 있다.

65) 아리스토텔레스의 《시학》 제6장 참조. "비극은……그리하여 애련함과 공포를 일으

키는 일을 포함하고, 그것을 통하여 그런 정서의 비극 카타르시스를 행한다." 이것은
아리스토텔레스의 비극 정의의 제 일절이다. 이 정의의 해석에는 두 가지 유형이 있
다. 하나는 병리학적 해석이요, 또 하나는 윤리적 종교적 해석이다. 전자는 카타르
시스를 '배설', '방출', '해방', '폭발'이라 해석하고 후자는 '정화'라고 해석한다.

66) 쇼펜하우어의 《파레르가와 파라리포메나》 제400절의 우화.

67) 바그너의 오페라 4부작 《니벨룽겐의 반지》의 제3부 〈지그프리트〉 제2막·제3막 참조.
용은 용으로 화하여 반지를 갖고 있는 거인 후아후나를 뜻하며 '난쟁이'는 알베리히
의 동생인 매미를 뜻한다. 여기서 니체가 '용'과 '난쟁이'를 복수로 든 것은 물론 비
유적 용법이다.

Morgenröthe

아침놀

서문

1

이 책에서는 지하에서 작업하고 있는 사람을 볼 수 있을 것이다. 이 사람은 구멍을 뚫고, 파내고, 파 엎는 일을 하고 있다.[1] 그와 같이 깊은 곳에서 작업하는 모습을 보는 안목이 있다면, 그가 오랫동안 빛과 공기를 맛보지도 못하고 고생을 거의 입 밖에 내지도 않으면서, 얼마나 천천히 신중하게, 또 온화하지만 가차 없이 전진해 가는가를 알 수 있을 것이다. 그 암흑 속에서 그는 만족하고 있다고 할 수 있으리라. 어떤 신념이 그를 인도하고, 어떤 위로가 그 노력의 보상이 되는 것처럼 보이지 않는가? 어쩌면 그는 자기가 결국 무엇에 도달할지를 알고 있기 때문에, 즉 자신의 아침, 자신의 구원, 자신의 아침놀에 도달하게 될 것을 알고 있기 때문에, 자신의 긴 암흑, 그 이해하기 어렵고 비밀스럽고 수수께끼 같은 것을 감수하는 것이 아닐까? …… 틀림없이 그는 돌아온다. 그에게 땅속에서 무엇을 하려는지 묻지 말라. 겉으로는 트로포니오스[2] 같은 지하적인 인간은 다시 '인간이 될' 때에 비로소 그대들에게 반드시 스스로 그것에 관해 말할 것이다. 그와 같이 오랫동안 두더지처럼 홀로 존재했다면 사람들은 침묵을 완전히 잊고 만다.

2

참을성 강한 나의 벗들이여, 저 지하에서 내가 무엇을 하려고 했는가를 이 뒤늦은 서문[3]에서 그대들에게 말하겠다. 이 서문 대신에 자칫하면 추도문, 조사(弔辭)가 실릴 뻔했다. 그러나 나는 돌아왔다. 나는 간신히 빠져 나왔다. 나와 같은 모험을 그대들에게 전한다고는 생각지 말아 달라! 또한 내가 맛본 것과 동일한 고독을 맛보라고 요구한다고도 생각하지 말라! 왜냐하면 자신만의 길을 걷는 자는 누구와도 만날 수 없기 때문이다. 그것이 '자신의 길'을 가는 데 반드시 따르게 마련인 결과이다. 거기에 그를 도우러 오는 자는 한 사람도 없다. 닥쳐올 위험, 우연, 악의, 악천후, 그 모든 것을 그는 혼자서 해결해야 한다. 그는 정말 자기의 길을 혼자서 간다. 그래서 그가 이 '혼자서'라는 것에 대하여 괴로워하고 때때로 화내는 것은 당연한 일이다. 예를 들면 친구들조차도 그가 어디에 있는지 어디로 가는지 추측할 수 없고 "뭐라고? 어쨌든 그는 가고 있을까? 그에게 아직 길이 있을까?" 이렇게 때때로 서로 묻는다는 것을 알고 있기 때문에 더욱 고독해진다.

그즈음 나는 아무도 해낼 수 없는 중요한 일을 시도했다. 나는 깊은 곳으로 내려갔고, 바닥에다 구멍을 뚫었다. 우리 철학자들이 수천 년 동안 가장 확실한 지반이라고 생각한 낡은 '신념'을 조사하기 시작했고 파기 시작했다. 철학자들은 어떤 건축물이라도 지금까지 몇 번이고 무너졌음에도 불구하고 그 위에다 건축하는 것이 습관이었다. 나는 도덕4)에 대한 우리의 신뢰를 파 엎기 시작했다. 그런데 그대들은 내가 말하는 것을 이해하지 못했는가?

3

지금까지의 선악에 관한 고찰은 지독하게 조악한 것이었다.5) 이것은 너무 위험한 일이다. 양심, 높은 평판, 지옥, 사정에 따라서는 경찰마저도 어떤 것에도 얽매여서는 안 되었고, 지금도 그렇다. 권위와 마찬가지로 도덕 앞에서도 따져서는 안 되고 말해서는 더더욱 안 된다. 여기서는 복종만 해야 한다! 세계가 생겨난 이후, 자기를 비판의 대상으로 만드는 권위는 일찍이 존재하지 않았다. 도대체 도덕을 비판하다니, 도덕을 문제삼고 의문시하다니, 그것은 비도덕적인 것이 아닐까? 그러나 도덕이 비판의 손길을 거부하기 위해, 모든 종류의 무시무시한 것들을 마음대로 다루는 것만은 아니다. 도덕의 안전성은 일종의 마술에서 비롯된다. 도덕은 이 마술에 숙달되어 있다. 그것을 '열광시키는' 술수를 알고 있다. 얼핏 보기만 해도, 도덕은 비판적인 의지를 마비시키고, 자기편으로 꼬이는 일에 성공한다. 그뿐만 아니라 도덕은 비판적인 의지로 그 자신에게 등을 돌리게 하는 법을 안다. 따라서 그때 이 비판적인 의지는 전갈처럼 가시로 자신의 육체를 찔러버린다.

도덕은 아주 옛날부터 악마 같은 설득력을 갖고 있다. 오늘날에도 역시 도덕에 도움을 청하지 않는 연설가는 없다. (예를 들면 우리의 무정부주의자들이 하는 연설을 혼자서 듣기만 하면 된다.) 설득하기 위해 그들은 어찌나 도덕적으로 말하는지! 그들은 '선의와 정의의 사람들'이라고 자칭한다. 이 세상에서 연설과 설득이 가능해진 이래, 도덕은 옛날부터 최대의 유혹임을 드러냈다. 그리고 본래 철학자가 키르케[6]임을 입증했다. 플라톤 이래 유럽의 철학적 건축가들이 무익한 건축을 해 온 것은 도대체 무엇 때문일까? 그들이 정직하게, 그리고 진심으로 청동보다도 영원하다[7]고 생각했던 것 모두가 붕괴 직전에 있거나 이미 폐허로 바뀐 것은 무엇 때문일까? '그들 모두가 전제로 하는 작업인 기초의 검토, 이성 전체의 비판이 흔들리게 되었기 때문'이라는 칸트의 저 숙명적인 답[8]은 아 얼마나 잘못된 것인가! 오늘날에도 여전히 칸트의 이 답변은 확실히 우리 근대 철학자들을 좀더 확실하고 속임수가 적은 지반으로 유인하지 못했다! (그리고 나중에 문제삼는다면, 이성이라는 도구에 자신의 우위성과 유용성을 비판하도록 요구하는 것은 이상하지 않았을까? 지성에게 그 가치, 힘, 한계를 '인식'하도록 요구하는 것은 약간 모순이지 않았을까? [9])

오히려 그 올바른 답은, '모든 철학자들은 도덕의 유혹 위에다 건축물을 지었다, 칸트도 또한 그랬다'일 것이다. 그들의 의도는 겉보기에는 확실성과 '진리'로 끝난다. 하지만 원래는 다시 한번 칸트의 죄 없는 말을 사용하면 '장엄한 도덕적 건축물'[10]로 끝나는 것이리라. 칸트는 '저 장엄한 도덕적 건축물의 지반을 고르게 하고 흔들리지 않게 하는 것'[11]을, 그 자신의 '그다지 빛나지는 않지만 공적이 없는 것은 아닌'[12] 과제와 일이라고 보았다 (《순수이성비판》 II, p. 257). 그렇지만 그는 성공하지 못했다!

우리는 오늘날 이렇게 말해야 한다. 칸트는 그와 같은 열광적인 의도를 품음으로써, 다른 어떤 세기보다도 더 '열광의 세기'라고 불려도 될 그가 살던 세기의 진정한 아들이었다. 그는 운좋게도 더 가치 있는 측면에서도 그 세기의 진정한 아들이었다. (예를 들면 그가 그의 인식론으로 가지고 들어온 저 상당한 감각론[13]에서도) 칸트 또한 도덕의 독거미인 루소에게 물렸다. 칸트 역시 영혼 밑바닥에는 도덕적인 광신사상이 숨어 있었다. 이 사상의 집행자라는 것을 자부하고 공언한 자는 루소의 다른 제자, 즉 '예지와 정의와 덕의 나라를 지상에 건설'[14] (1794년 6월 7일 연설)하고자 한 로베스피에르였다. 한편 그러한 프랑스인의 광신을 마음속에 품고서 칸트보다 더 비프랑스적으로 깊게, 철저하게, 독일적으로—오늘날에도 '독일적'[15]이라는 말을 이러한 의미에서 역시 사용할 수 있다면—추구했던 사람은 없었다.

칸트는 자신의 '도덕 왕국'의 장소를 열기 위해 증명할 수 없는 세계, 즉 논리적인 '피안'을 설정할 수밖에 없다는 것을 깨달았다. 바로 그 때문에 그는 자신의 《순수이성비판》이 필요했던 것이다! 달리 표현한다면, 칸트에게는 이성이 '도덕의 왕국'을 공격하지 못하게 하고, 게다가 파악하지도 못하게 하는 일이 다른 일보다 중요했다. 그렇지 않았다면, 칸트는 《순수이성비판》이 필요하지 않았을 것이다. 그는 정말로 사물의 도덕적인 질서가 이성으로부터 공격당할 가능성이 있다는 것을 강하게 느끼고 있었던 것이다! 왜냐하면 자연과 역사의 철저한 비도덕에 직면한 칸트는 옛날의 모든 선량한 독일인과 마찬가지로 염세주의자였기 때문이다. 도덕이 자연과 역사를 통해 증명되기 때문이 아니라, 자연과 역사를 통해 끊임없이 반박당함에도 불구하고, 칸트는 도덕을 믿고 있었다.

이 '그럼에도 불구하고'를 이해하기 위해서는, 또 한 명의 위대한 염세주의자 루터에게 존재하는 유사한 것을 생각하는 것이 좋을 것이다. 루터는 자신다운 대담성으로 친구들에게, "저토록 많은 분노와 악의를 보이는 신이 얼마나 은혜롭고 정의로운가를 우리가 이성으로 파악할 수 있다면, 무엇 때문에 신앙이 필요하겠는가?" 이 말을 명심하게 했다. 여러 추론 중에서 불합리한 것이기 때문에 믿는다는 가장 위험한 이 추론은 진정한 로마 민족에게는 정신에 반하는 죄였던 반면, 옛날 독일인의 혼에는 깊은 인상을 주어 아주 강하게 유혹했다. 이러한 추론과 함께 독일 논리학은 처음으로 기독교적 교의의 역사에 등장한다. 그러나 천 년이 지난 오늘날에도 역시 오늘날의 독일인, 모든 점에서 끄트머리에 있는 독일인은 당시 독일 정신이 유럽에 승리하도록 하기 위해 헤겔이 사용했던 유명한 변증법적인 근본 명제인 "모순이 세계를 움직인다. 만물은 스스로 모순되어 있다" 속에 어느 정도 진리가 있으며, 진리의 가능성을 내포한다고 믿는다.[17] 우리는 참으로 논리학의 내부에 들어가서도, 염세주의자인 것이다.

4

그러나 논리적인 가치판단이 우리가 하는 의심의 가장 밑바닥이자 근본은 아니다. 이 판단의 타당성은 이성을 얼마만큼 신뢰하느냐에 따라 증감하는

데, 이러한 신뢰는 신뢰로서 도덕적인 현상이다……. 어쩌면 독일적 염세주의는 그 최후의 수단을 더 강구해야 하는 것일까? 어쩌면 그것은 다시 한번 무서운 방식으로 그 믿음과 불합리[18]를 바꾸어 놓아야 하는 것일까? 그리고 이 책이 도덕의 내부에 돌진해 들어갈 때까지, 또는 도덕에 대한 신뢰를 넘어 멀어져갈 때까지 염세주의적이라면, 이 책은 참으로 독일적인 책이 아닐까? 왜냐하면 이 책은 실제로 모순을 명시하고 있고, 그것을 두려워하지 않기 때문이다. 이 책은 도덕에 대한 신뢰를 깨뜨린다. 그런데 어째서 그런가? 도덕 때문이다! 이 책 속에서, 우리의 내면에서 일어나는 것을, 우리는 어떻게 부르면 될까? 우리의 취미는 좀더 겸손한 말을 하는 것이다.

그러나 의심할 수 없는 것은, 우리에게 역시 '너는 해야 한다(du sollst)'라는 말이 들려오며, 우리 역시 우리 위에 있는 엄격한 법칙에 복종한다는 사실이다. 이것은 우리 귀가 들을 수 있고 할 수 있는 최후의 도덕이다. 바로 이런 점에서 우리도 아직은 양심적인 인간이다. 즉 우리는 노쇠하고 부식된 것처럼 보이는 신이든, 진리든, 정의든, 이웃에 대한 사랑이든, 무언가 '믿을 가치가 없는 것'으로 다시 되돌아가려 하지 않는다는 점에서 양심적인 인간이다. 그리고 옛 이상에 대한 거짓된 다리를 허용하지 않는, 우리의 내면을 중재하고 혼합하고 싶어하는 모든 것에 대해 철두철미하게 적의를 품는 것, 신앙과 기독교적인 것에 있는 현재의 모든 양상에 적의를 품는 것, 낭만주의와 조국애 사이의 어중간한 것에 적의를 품는 것, 우리가 더 이상 믿지 않을 때는 숭배하라고 설득하려 하는 예술가의 향락주의, 예술가의 양심의 결여에 적의를 품는 것—왜냐하면 우리는 예술가이기 때문에—간단하게 말하면 영원히 '끌어올리고' 영원히 '끌어내리는' 유럽의 여성적 경향 전체(만약 듣고 싶어한다면 이상주의)[19]에 적의를 품는 것이 양심을 가진 자가 하는 일이다.

이 양심적인 인간만이 우리 도덕을 부정하고, 오늘날의 우리 신을 상실한 자[20]이다. 비록 그가 가장 의심스러운 최후의 후예일지라도, 역시 수천 년 이래의 독일적인 올바름과 경건에 가까운 사람이라고 우리는 느낀다. 그뿐 아니라 어떤 의미에서는 그 상속자라고도 느끼며, 가장 내면적인 의지, 즉 기쁨을 느끼면서도 부정하기 위해 자신을 부정하는 것을 두려워하지 않는, 염세적 의지의 집행자라고 느낀다! 정식(定式)을 표현한다면, 우리 내면에서는 도덕의 자기지양(自己止揚)이 수행된다.

5

　마지막으로, 우리가 무엇이고, 무엇을 바라고, 무엇을 바라지 않는가를, 그토록 높은 소리로 열심히 말할 필요가 있는가? 우리는 그것을 더욱 차갑게, 더욱 멀리, 더욱 현명하게, 더욱 높이 보자. 우리는 그것을 우리끼리의 이야기처럼 모든 사람들이 그것을 넘겨듣거나 우리 말을 알아듣지 못할 정도로 비밀스럽게 이야기하자! 무엇보다 우리는 느릿느릿 말하자……. 이 서문은 늦게 씌어졌다. 그러나 너무 늦지는 않았다. 사실 5, 6년이 무슨 문제인가? 이러한 책, 이러한 문제는 서두를 필요가 없다. 더구나 나와 나의 책은 느린 가락[21]의 친구이다. 문헌학자였던 것이 헛된 일은 아니다. 아직도 문헌학자, 즉 천천히 읽는 방법을 사용하는 교사이다. 결국 쓰는 것도 느려진다. '서두르는' 종류의 인간을 절망시키지 못할 경우에는 아무것도 쓰지 않는 것, 그것이 지금 나의 습관뿐만 아니라 나의 취미이다. 이것은 심술궂은 취미일까?

　요컨대 문헌학은 치밀하고 신중한 작업만을 해야 하고, 느린 가락이 아니면 무엇 하나도 달성하지 못하는 말의 금세공술이며 말에 숙달되는 기술일 뿐이다. 문헌학은 숭배자에게 옆으로 다가가서 서두르지 않고 조용해지고 느려지는 것을 아마 무엇보다도 먼저 요구하는 존경할 만한 기술이다. 그러나 바로 이 때문에 문헌학은 지금까지보다 오늘날 더 필요하다. 오늘날은 '노동'의 시대, 즉 모든 것을 즉석에서 '해치우고', 오래된 책이든 새로운 책이든 성급하고 성의 없이, 땀 흘리면서 대충 끝마치려는 황망한 시대이다. 문헌학은 이 한가운데서 가장 강하게 우리를 끌어당기고 매혹한다.

　물론 문헌학은 그토록 손쉽게 무언가를 해치우진 않는다. 그것은 잘 읽는 것, 즉 저의를 가지고 첫 장을 펼쳐 놓은 채 민감한 손가락과 눈으로 천천히, 그리고 깊게 전후를 고려하면서 읽는 것을 가르친다……. 참을성 강한 벗 그대들이여, 이 책은 완전한 독자와 문헌학자에게만 '나를 잘 읽는 것을 배우라'고 열망한다!

제노바 교외 루타에서
1886년 가을

제 I 서

1

덧붙여진 이성.[22] 모든 사물은 오랫동안 존속되면 조금씩 이성이 배어들기 때문에, 그 근본을 따지면 원래 비이성에서 나왔다는 것이 그럴듯하지 않은 것처럼 보이게 된다. 기원에 관한 거의 모든 역사는 역설적이고 신성모독적인 감정을 일으키지 않는가? 훌륭한 역사가라면 실제로 끊임없이 반박하지 않는가?

2

학자의 편견. 모든 시대의 인간이 무엇이 선이고 악인지, 무엇이 칭찬받을 만하고 비난받을 만한지 알고 있다고 학자들이 판단한 것은 올바르다. 그러나 어느 시대보다도 현재 우리가 그것을 더 잘 알고 있다고 믿는 것은 학자의 편견이다.

3

모든 것에는 때가 있다. 인간이 모든 사물의 성(性)을 구별했을 때, 그는 장난할 생각이 아니라 깊은 통찰을 할 생각이었다. 이러한 생각이 얼마나 큰 오류인지 그는 너무 늦게 깨달았고, 현재도 아직 완전히 깨닫지 못할지도 모른다. 마찬가지로 인간은 현존하는 모든 것을 도덕에 관련지었고, 세계에는 윤리적인 의의를 부여했다. 이윽고 태양의 남성 혹은 여성에 대한 신앙이 오늘날 가지고 있는 것과 같은 정도의 가치밖에 갖지 않게 될 것이다.

4

천체가 조화롭지 않다고 몽상하는 것에 반대하여, 우리는 많은 그릇된 웅대함을 다시 없애 버려야 한다. 그것은 모든 사물들이 우리에게 요구하는 올바름에 어긋나기 때문이다! 이를 위해서는 세계를 있는 그대로 보고 조화롭지 않는 것으로 보아서는 안 된다!

5

감사하라! 이제까지 인류의 위대한 성과는 우리가 야수에 대해, 야만인에 대해, 신들에 대해, 우리의 꿈에 대해 끊임없이 품어왔던 두려움을 더 이상 품을 필요가 없다는 점이다.

6

요술쟁이와 그 반대. 과학에서 놀라운 일은 경탄할 만한 요술쟁이의 솜씨와 대비된다. 요술쟁이는 사실 매우 복잡한 인과관계가 작용하고 있는 곳에서 단순한 인과관계만을 보도록 우리의 흥미를 유발하기 때문이다. 이에 반해 과학은 얼핏 봐서 모든 것이 대단히 쉽게 이해할 수 있는 것처럼 보이는 바로 그곳에서, 우리에게 단순한 인과관계에 대한 신뢰를 저버리게 한다. '가장 단순한' 사물이 사실은 아주 복잡하다. 이 얼마나 놀라운 사실인가!

7

공간감각을 다시 배우기. 실제의 사물들이 인간의 행복에 더 많이 기여했는가? 그렇지 않으면 상상된 물이 인간의 행복에 더 많이 기여했는가? 분명한 것은 최고의 행복과 최고의 불행 사이의 넓이는 상상된 사물을 통해 비로소 만들어졌다는 점이다. 따라서 이런 종류의 공간감각은 학문의 영향을 받아 점점 작아진다. 바로 우리는 지구를 작다고 느끼고, 태양계를 점으로 느끼는 것을 과학을 통해 배웠으며, 또한 지금도 역시 배우고 있다.

8

변용. 어찌할 바를 모르고 괴로워하는 사람들, 복잡한 꿈을 꾸는 사람들, 이 세상을 초월한 환희에 잠긴 사람들. 이것은 라파엘이 구분한 인간의 세 가지 등급이다. 우리는 세계를 더 이상 그와 같이 보지 않는다. 라파엘도 현재는 더 이상 그렇게 할 필요가 없을 것이다. 그는 새로운 변용을 자신의 눈으로 알아챌 것이다.

풍습의 윤리 개념.[23] 수천 년 동안 인류가 생존한 방식과 비교하면 오늘날 우리 인간은 대단히 윤리적인 시대에 살고 있다. 풍습의 힘은 놀랄 만큼 약해졌고 윤리의 감정은 매우 세련되고 높아졌기 때문에, 풍습의 윤리 개념이 증발해 버렸다고 말할 수 있을 것이다. 그래서 우리처럼 나중에 태어난 자에게, 도덕의 발생에 대한 근본적인 통찰이 어려워진다. 그러나 이에 대한 통찰을 찾아냈다고 할지라도, 그것들은 혀에 착 달라붙어서 떨어지려 하지 않는다. 상스럽게 들리기 때문이다! 혹은 윤리를 비방하는 것처럼 보이기 때문이다! 예를 들면 윤리란 어떤 종류의 풍습이든 간에 풍습에 대한 복종 이외의 아무것도 아니다(따라서 특히 그것 이상의 것은 아니다!)는 주요 명제가 그렇다.

풍습은 관습적인 행위이며 평가방식이다. 관습의 명령이 없는 사물에는 윤리도 없다. 그리고 생활 속에서 관습이 규정하는 일이 적으면 적은 만큼 더 윤리의 범위는 작아진다. 자유로운 인간은 모든 점에서 자기에게 의존하고 관습에 의존하지 않기를 바라기 때문에 비윤리적이다. 인류의 원시적인 상태에서 '나쁘다'라는 것은, '개인적이다', '자유롭다', '제멋대로이다', '길들여지지 않는다', '예측되지 않는다', '계산하기 어렵다' 정도의 것을 의미한다. 그러한 상태의 척도로 항상 측정되기 때문에, 어떤 행위가 관습이 명령하기 때문이 아니라 다른 동기 때문에(예를 들면 개인적인 이익 때문에), 즉 일찍이 그 관습이 비롯된 동기 때문에 이루어졌다면, 그 행위는 비윤리적이라고 불리고 그 행위를 하는 자에게서도 그렇게 느껴진다. 왜냐하면 그 행위는 관습에 대한 복종으로 행한 것이 아니기 때문이다. 관습이란 무엇인가? 그것은 우리에게 이익이 되는 것을 명령하기 때문에 우리가 복종하는 것이 아니라, 단순히 그것을 명령한다는 그 이유 때문에 우리가 복종하는 고도의 권위이다.

관습에 대한 이 감정은 어떤 점에서 일반적인 두려움과 구별되는가? 그것은 관습이 명령하는 고도의 지성과 이해할 수 없는 불명료한 힘, 그리고 개인적인 것 이상의 무엇인가에 대한 두려움이다. 이 두려움 속에는 미신이 숨어 있다. 원시적으로 전체적인 교육과 보건, 결혼, 의술, 농업, 전쟁, 이야기와 침묵, 사람들간의 교제 및 신들과의 사귐 등은 윤리의 영역에 속해 있었다. 이 윤리는 사람이 개인의 사리를 꾀하지 않고, 명령에 따를 것을 요구했다. 그렇기 때문에 원시적인 모든 것은 풍습이었다. 그리고 풍습을 뛰어 넘으려고 하는 자는 입법자와 마술사와 일종의 반신(半神)이 되어야 했다. 즉, 그는 풍습을 만들어야 했다. 두렵고, 생명에 위험을 느낄 만한 일이었다!

가장 윤리적인 자란 누구인가? 첫째, 법을 가장 자주 이행하는 자, 따라서 브라만[24]처럼 법의 의식을 도처에, 더욱이 작은 시간 속에도 가지고 들어가고, 법을 이행하는 기회를 끊임없이 만들어내는 자이다. 둘째, 가장 곤란한 경우에도 법을 이행하는 자이다. 셋째, 풍습에 가장 많이 희생을 바치는 자이다. 그러나 최대의 희생이란 무엇인가? 이 물음의 답에 따라 여러 가지 다른 도덕이 전개된다. 그러나 가장 중요한 것은 역시 가장 빈번하게 이행되는 도덕과 가장 곤란하게 이행되는 도덕과의 차이다. 풍습의 가장 곤란한 이행을 윤리의 표지로 요구하는 저 도덕의 동기에 대해 잘못 이해하지 않기 바란다!

극기는 개인에게 이익이 되는 결과를 가져다주기 위해 요구되는 것이 아니라, 개인적인 반대욕망과 이익에도 불구하고 풍습, 즉 관습이 지배적인 것으로 나타나기 위해 요구되는 것이다. 개인은 자기를 희생해야 한다. 풍습의 윤리는 이것을 요구한다. 이에 반해 소크라테스의 발자취를 따르는 자들처럼 극기와 절제의 도덕을 개인의 가장 고유한 이익으로서, 행복에 이르는 가장 개인적인 열쇠로서 개인에게 열렬히 권하는 저 도덕학자들은 예외이다. 그들이 예외적인 인간들로 생각되지 않는다면, 이는 우리가 그들의 영향 아래에서 교육받았기 때문이다. 그들 모두는 풍습의 윤리를 대표하는 사람들을 격렬하게 비난하고 새로운 길을 간다. 그들은 비윤리적인 사람들로서 공동체에서 멀어진다. 그리고 깊은 의미에서 볼 때 약하다. 마찬가지로 덕성이 높은 고대의 로마인에게 '무엇보다도 먼저 자신의 행복을 얻으려고 노력한' 모든 기독교도는 악한 것처럼 보였다.

공동체가 있고 풍습의 윤리가 존재하는 모든 곳에서는 어디서나 풍습을 위반하면 공동체에 벌이 내려진다는 생각이 무엇보다 지배적이다. 이러한 벌은 초자연적이어서 그 현상이 어떠하며 그 한계가 어디까지인지 이해하기가 곤란하며 미신적인 불안으로 추측될 뿐이다. 공동체는 개인을 독촉하여 그가 한 행위 때문에 일어난 주변의 손해를 개인이나 공동체에 배상하게 할 수 있

다. 공동체는 또 개인의 영향으로 신의 구름과 분노의 뇌우가 공동체 위에
집중된, 일종의 복수를 개인에게 가할 수 있다. 그러나 공동체는 개인의 죄
를 역시 무엇보다 공동체의 죄로 느끼고, 개인의 벌을 공동체의 벌로 떠맡는
다. 그러면 '그러한 행위가 가능하게 되었다니, 풍습마저 사라졌다'며 각자
마음속에서 한탄하게 된다. 어떤 개인적인 행위도, 어떤 개인적인 생각도 전
율을 일으킨다.

다른 사람보다도 비범하고 선택되고 독창적인 정신의 소유자들은 역사의
과정 속에서 언제나 나쁘고 위험한 사람들로 느껴졌을 뿐 아니라 그들 자신
도 그렇게 느꼈다. 이 때문에 그들이 얼마나 괴로워했는가는 전혀 짐작할 수
없다. 풍습의 윤리가 지배하는 상황에서는 어떤 종류의 독창성도 양심의 거
리낌을 느꼈다. 지금까지 가장 뛰어난 사람들의 하늘은 그 때문에 필요 이상
으로 음울한 것이다.

10

윤리 감각과 인과관계 감각의 상호운동. 인과관계의 감각이 늘어나는 정
도에 따라 윤리 감각의 범위는 줄어든다. 왜냐하면 사람들이 필연적인 작용
을 파악하고, 모든 것을 우연으로 돌리거나 앞서 일어난 사건에 원인을 두는
것에서 벗어나야 한다고 생각한다면, 그때마다 풍습의 기초로 이제까지 믿
어 온 무수한 공상적 인과관계는 파괴되기 때문이다. 현실적인 세계는 공상
적인 세계보다도 훨씬 작다. 그리고 그때마다 한 조각의 불안과 강제가 세계
에서 사라지고, 풍습의 권위에 대한 존경 또한 조금씩 사라진다. 윤리는 많
이 상실되었다. 이에 반해 윤리를 증가시키려고 하는 자는 인간이 성과를 '검
사하지 못하도록 막을 수 있어야 한다.

11

민간도덕과 민간요법. 사람들은 공동체를 지배하는 도덕을 끊임없이 가공
한다. 대다수 사람들은 원인과 결과의 관계, 죄와 벌의 관계를 뒷받침하는
예를 덧붙여, 그 관계에 확실한 이유가 있다는 것을 확증하고 그것에 대한
믿음을 강화한다. 몇몇 사람들은 행위와 그 결과에 대해 새롭게 관찰하고,
거기에서 결론과 법칙을 끌어낸다. 극소수의 사람들은 여기저기에 동의하지

않으면서 신앙을 약하게 만든다. 그러나 모두 조잡하고 비학문적인 활동 방식이란 점에서는 같다. 법의 예, 관찰, 장애 등을 취급하든 법의 증명, 강화, 표현, 반론 등을 취급하든, 그것은 민간요법에서 사용되는 소재와 형식처럼 가치 없는 소재이고 가치 없는 형식이다. 민간요법과 민간도덕은 동일한 성격을 지녔기 때문에 더 이상 다른 평가를 내려서는 안 된다. 둘 다 위험한 거짓 학문이다.

12

부가물로서의 결과. 옛날 사람들은 행위의 성공을 결과가 아니라 자유로운 부가물, 즉 신의 부가물이라고 믿었다. 이것보다 더 큰 혼란을 생각할 수 있을까? 사람들은 다양한 수단과 책략을 사용하여 행위를 하고 성공을 얻으려 하는데, 그러기 위해서는 노력하지 않으면 안 되었다!

13

인류의 새로운 교육을 위하여.[26] 그대들 자비롭고 친절한 사람들이여, 전 세계에 만연되어 있는 벌의 개념을 세계에서 제거하는 일에 부디 손을 빌려주게! 이것만큼 성미가 나쁜 잡초도 없다! 단지 우리의 행위 방식이 초래한 결과에만 이 개념이 적용되었던 것은 아니다. 그리고 원인과 결과를 원인과 벌로 이해한다고 하는 이 점을 봐도, 얼마나 무섭고 이성에 반하는 것인가! 더군다나 그 이상의 일이 일어났다. 벌의 개념을 극악무도하게 해석해서 완전한 우연성으로부터 사건의 순수성을 빼앗았던 것이다. 그뿐만이 아니라 존재 자체를 벌로 느끼라고 명령할 만큼, 광기의 사태가 극에 달했다. 마치 간수와 사형 집행인의 망상이 지금까지 인류의 교육을 이끌어 온 것처럼!

14

도덕의 역사에서 광기의 의미. 기원전 수천 년 동안, 또 그 뒤 오늘날에 이르기까지 인류의 모든 존재가 저 무서운 '풍습의 윤리'라는 중압 속에서 살아왔다(우리 자신은 예외로서의 작은 세계에, 말하자면 사악한 지대에 살고 있다). 그럼에도 불구하고, 실제로 새로운 빛나간 사상과 평가, 충동이 몇 번이고 되풀이하여 튀어나오는 것은 무서운 호위자가 있었기 때문이었다. 새로운 사상에 길을 열고, 존경받고 있던 습관과 미신의 속박을 부수는 것은 거의 광기였다. 그대들은 어째서 그것이 광기일 수밖에 없었나를 이해하는가? 폭풍과 바다의 악마적인 변덕처럼 소리와 몸짓이 전율을 일으키는 재기 어려운 것, 그리고 이로 인해 똑같은 두려움과 관찰에 합당한 어떤 것을 이해하는가? 간질 증상의 마비와 거품처럼 완전히 자유의지를 갖지 않은 징후를 명백히 지니고, 이와 같이 광인을 신성의 가면 및 확성기로 특정지우는 것처럼 보이는 어떤 것을 이해하는가? 새로운 사상의 소유자에게, 자기에 대한 외경과 공포를 주고, 더 이상 양심의 가책을 주지 않고, 나아가서 그를 채찍질하여 새로운 사상을 지닌 예언자이자 순교자로 만든 어떤 것을 이해하는가?

천재에게는 한 알의 소금 대신에 약간의 미치광이풀이 주어진다고 오늘날의 우리에게 누차 설명되는데도, 이전의 인간에게는 광기가 존재하는 곳에서는 어디서나 약간의 천재성과 예지 또한 존재한다. 그들이 귓속말로 들었던 것처럼 무언가 '신적인 것'이 존재한다는 사상을 쉽게 받아들였다. 아니, 오히려 그들 마음속에서 충분히 강하게 표현하고 있었다. "광기로 인해 그리스는 최대의 재산을 얻었다." 플라톤이 고대 인류 전체와 함께 한 말이다. 한 걸음 더 나가자. 무언가 윤리의 질곡을 부수고 새로운 법을 주려고 하는, 거역하기 어려운 매력에 유혹된 저 뛰어난 사람들에게는, 그들이 참으로 미치지 않았을 때는 자기를 미치게 하거나 미친 짓을 하는 것 외에는 다른 길이 없었다. 더욱이 이 사실은 모든 영역의 개혁자에게 들어맞았다. 단지 종교나 정치에만 들어맞는 것이 아니다. 시의 운율을 개혁하는 사람들조차, 광기를 갖고 자기를 증명해야 했다. (훨씬 평온한 시대에 이를 때까지, 그 이유 때문에 시인들에게는 이러한 광기의 관례가 남아 있었다. 예를 들면 솔론은 아테네인에게 살라미스 섬의 재점령을 선동했을 때[27], 이 관례에 따랐다.)

"미치지도 않았고 미친 짓을 할 용기도 없을 때, 어떻게 자기를 미치게 하는가?" 고대문명의 거의 모든 중요한 사람들은 이 무서운 사상의 과정을 걸었다. 그와 같이 생각과 의도를 성스럽게 하고 요령과 성식에 대한 비밀스런 가르침이 전해졌다. 아메리카 인디언에게 마술사가, 중세 기독교도에게 성자가, 그린란드인에게 안게코크[28]가, 브라질인에게 파헤[29]가 되도록 하는 처방은 본질적으로 같다. 즉 무의미한 단식, 연속적인 성적 억제, 사막으로 가거나 산에 오르거나 기둥 위에 올라가는 것[30] '멀리 호수가 보이는 오래된 버드나무 위에 앉는 것', 이 모든 것들이 황홀경과 정신의 무질서를 초래하는 처방이었다. 아마 모든 시대의 생산적인 인간들이 고뇌했을, 가장 쓰라리고 또 과잉된 혼의 위기가 가져오는 혼란을 누가 감히 무심하게 보겠는가! 저 고독한, 어찌할 바를 몰랐던 자들의 신음을 누가 감히 듣겠는가.

"아, 하늘에 계신이여, 아무쪼록 광기를 내려 주소서! 나 자신을 믿도록 광기를 부어 주소서! 착란과 마비를, 돌연한 빛과 어두움을 주소서! 어떤 죽어야 할 자도 아직 느낀 적이 없는 혹한과 작열로 나를 위협해 주소서. 포효와 방황하는 모습으로 나를 위협하여 주소서. 나를 울부짖고 신음하는 동물처럼 기게 해 주소서. 오직 내가 나 자신만을 믿도록 해주소서! 의혹은 나를 파먹어 갑니다. 나는 법을 없앴습니다. 주검이 생명 있는 자를 불안하게 하는 것처럼 법은 나를 불안하게 합니다. 만약 내가 법 이상의 것이 아니라면, 나는 모든 것 중에서 가장 벌 받아 마땅한 자입니다. 내 내면의 새로운 정신이 만약 당신들로부터 온 것이 아니라면, 어디에서 온 것입니까? 내가 당신들의 것이라는 점을 나에게 부디 증명해 주소서. 광기만이 나에게 그것을 증명해 줍니다."

그리고 이 정열은 지나칠 정도로 자주 그 목표에 잘 도달했다. 기독교가 성자와 황야의 운둔자들에게 가장 풍족한 것을 보여줌으로써 자기를 증명했다고 생각한 저 시대에, 예루살렘에는 최후의 소금 한 알을 단념하고 만 좌절한 성자들을 위한 거대한 정신병원이 있었다.

15

가장 오래된 위로 수단. 제1단계, 인간은 불쾌함을 느끼거나 재난에 처하면, 그 때문에 누군가 다른 사람을 괴롭히지 않으면 안 된다는 것을 간파한다. 그때 그는 자기에게 아직 힘이 있다는 것을 의식하고, 이 사실에 위로받는다. 제2단계, 인간은 불쾌함을 느끼거나 재난을 당하면 이것이 벌이라는 것을 알아챈다. 즉 죄의 대가임을 알아차리고, 또 현실이나 가상의 불의가 가져다 주는 지독한 마력에서 해방되는 수단임을 알아차린다. 불행이 수반하는 이 이익을 깨달으면, 그는 더 이상 그 때문에 남을 괴롭혀야 한다고는 믿지 않게 된다. 그는 이러한 만족을 버린다. 이제 그는 다른 만족을 얻었기 때문이다.

16

문명 최초의 명제. 야만적인 민족에게는, 풍습 자체를 위한 풍습이 있다. 거기에는 지나치게 면밀하고 근본적으로 쓸모없는 규정이 있다. (예를 들면 캄차카인 사이에는 신발에 묻은 눈을 작은 칼로 긁어내지 않고, 석탄을 작은 칼로 찌르지 않고, 쇠를 불 속에다 넣지 않는다는 규정이 있다. 이런 규정을 위반하는 자는 죽게 된다!) 그러나 이 규정들은 풍습이 끊임없이 가까이에 있다는 것과 풍습에 따르라고 하는 끊임없는 강제 등을 부단히 의식시키고, 어떤 풍습이라도 없는 것보다는 낫다는 위대한 명제를 강화하기에 이른다. 이 명제가 문명의 기원이 된다.

17

좋은 자연과 나쁜 자연. 처음에 인간은 자연 속에 자기를 투영하여 생각했다. 인간은 곳곳에서 자기와 같은 종류를 보았다. 즉 그들의 나쁘고 변덕스러운 의향이 구름, 폭풍, 맹수, 나무, 풀 사이에 감추어져 있는 것을 보았다. 당시에 그들은 '나쁜 자연'을 생각해냈다. 그러고 나서 인간이 자연으로부터 다시금 떨어져 나온 시대, 루소의 시대가 왔다. 사람들은 서로에게 몹시 싫증났기 때문에, 인간이 그 고뇌를 수반하는 일이 없는 세계의 구석을 무슨 일이 있어도 가지고 싶다고 생각했다. '좋은 자연'을 생각해낸 것이다.

18

자발적 의지를 통한 고뇌의 도덕. 가장 엄격한 윤리가 지배하고 있는, 저 조그마하고 끊임없이 위험에 노출되어 있는 공동체가 전시 상태에 있을 때, 인간이 누릴 수 있는 최고의 향락은 어떤 것일까? 다시 말해서 힘에 넘치고, 복수심이 강하고, 적의에 불타고, 악의가 가득하고, 앙심이 깊고, 어떤 무서운 일이라도 기꺼이 하는, 결핍과 윤리로 단련된 사람들에게는 어떤 것이 최고의 향락일까? 바로 잔혹의 향락이다. 아무리 잔혹한 행위를 계속해서 만들어내더라도, 만족할 줄 모른다는 것은 이 상태에 있는 사람들의 덕으로 평가된다. 공동체는 잔혹한 자의 행위에서 원기를 얻고, 끊임없는 불안과 조심이라는 음울함을 던져 버린다.

잔혹은 인류의 가장 오랜 축제이며 환락 가운데 하나이다. 따라서 사람들이 신에게 잔혹한 광경을 제공할 때, 신들도 역시 원기를 얻고 축제 기분이 된다고 사람들은 생각한다. 이리하여 자발적인 의지에 의한 고뇌, 스스로 선택한 가책이 중요한 의미와 가치를 지닌다는 생각이 세계 속으로 들어온다. 이 생각에 따라 공동체의 풍습은 차츰 관습으로 굳어진다. 사람들은 이때부터 도가 지나친 쾌감은 신용하지 않게 되고, 쓰디쓴 고통에 가득 찬 상태는 신뢰하게 된다. 사람들은 말한다. 아무쪼록 신들이 우리의 행복을 위해 우리를 눈여겨보게 되기를, 우리의 고뇌를 보고 자비를 베풀기를. 그러나 동정은 하지 않기를! 동정은 경멸할 만한 것으로, 강하고 무서운 인간에게는 어울리지 않는다고 간주되었기 때문이다. 그게 아니라 신들이 인간의 고뇌 때문에 흥겨워하고 기분이 좋아져 자비를 베풀기를 바란다. 잔혹한 자는 힘의 감정이 주는 최고의 쾌감을 향유하기 때문이다.

이리하여 공동체의 '가장 윤리적인 인간'[31]의 개념 속으로 잦은 고뇌, 결핍, 힘든 생활방식, 잔혹한 고행이라는 덕이 들어간다. 되풀이해서 말하는데, 훈련, 극기, 개인적인 행복의 요구를 위한 수단으로써가 아니라 공동체를 위해 악의 있는 신들에게 향기를 피우고, 제단 위의 끊임없는 속죄의 제물처럼 신들을 향하여 증기가 되어 올라가는 것이다. 그 완만하고 비옥한 풍습의 진창 속에서 어떤 것인가를 움직일 수 없었던, 저 민중의 정신적 지도자들은 신앙을 찾아내기 위해, 게다가 언제나 그런 것처럼 자신의 신앙을 찾아내기 위해 광기 외에도 자발적인 의지에 의한 가책을 필요로 했다! 다름 아닌 그들의 정신이 새로운 길을 걷고, 따라서 양심의 가책과 불안 때문에 고뇌할수록 그만큼 더 잔혹하게 그들은 자기의 육체와 욕망, 건강에 폭행을 가했다. 무시되거나 극복된 습관과 새로운 목표를 위해, 신이 화를 내기라도 한다면 신에게 쾌락의 대용물을 제공하려는 것처럼.

우리는 오늘날 그러한 감정의 논리로부터 완전히 벗어났다고 경솔하게 믿어선 안 된다! 대단히 용맹한 사람들이라면, 그 점을 스스로 숙고하는 게 좋다. 자유로운 사색의 영역과 개인적으로 형성된 생활 영역을 걸을 때 아무리 작은 한 발자국이라도, 옛날부터 정신적·육체적인 가책을 갖고 싸워 언은 것이다. 단지 앞으로 나아가는 것만이 아니라, 무엇보다 먼저 걷는 것, 움직이는 것, 변화하는 것이 그 무수한 순교자들을 필요로 했다. 오랫동안 좁은 길을 찾고 기초를 부여해 왔던 수천 년 동안 계속해서 말이다. 보통 '세계사', 즉 인간 존재의 이 우스울 정도로 작은 한 단면에 대해 말할 때는 이 수천 년은 물론 생각하지 않는다. 그리고 근본적으로 최근의 새로운 사건에 관한 소음인 이른바 세계사에도, 진창을 움직이려 했던 순교자들의 오랜 비극보다 중요한 주제는 없다. 인간의 이성과 자유의 감정만큼 값비싼 희생을 치르고 얻어진 것은 없다. 이것이 오늘날 우리의 긍지를 이루고 있다.

그러나 이 긍지야말로 인류의 성격을 확정한, 참되고 결정적인 주요 역사였던 저 엄청나게 긴 '풍습의 윤리'의 시기에 현재 우리가 동감하는 것을 거의 불가능하게 만들었다. 풍습의 윤리가 지배했던 역사는 시기적으로 세계사보다 앞선다. 이 주요 역사에서는 고뇌와 잔혹, 위장, 복수, 이성의 부인은 덕으로, 이와 반대로 만족과 지식욕, 평화, 동정은 위험으로서, 그리고 동정 받는 것과 일은 모욕으로, 광기는 신성으로, 변경은 비윤리적이고 파멸을 잉태한 것으로 통용되었다! 이 모든 것은 바뀌었다. 그대들은 인류가 틀림없이 그 성격을 바꾸었다고 생각하는가? 오, 그대들 인간에 대한 정통자들이여, 자신을 좀더 잘 아시기를!

19

윤리와 우둔함. 풍습이란 이익이나 해가 된다고 여겨지는 것에 대한 옛날 사람들의 경험을 반영한다. 그러나 풍습을 위한 감정(윤리)은 경험 자체에 관계되지 않고, 풍습의 오래됨, 신성함, 명백함에 관계된다. 따라서 그 감정은 사람들이 새로운 경험을 쌓고, 풍습을 수정하는 일에 반대 작용을 한다. 즉 윤리는 새롭고도 보다 나은 풍습의 발생을 막는다. 윤리는 사람들을 우둔하게 한다.

20

자유행위가와 자유사상가. [32] 자유행위가는 자유사상가에 비해 불리한 입장에 있다. 인간은 분명히 사상의 결과보다도 행위의 결과에 괴로워하기 때문이다. 그러나 자유행위가나 자유사상가나 만족을 구한다는 것, 또 자유사상가에게는 금지된 사물을 숙고하고 이야기함으로써 이미 만족을 얻는다는 점을 잘 생각하면, 동기 면에서는 모두 하나이다. 그러나 아주 가깝고 대단히 조잡한 겉모양으로 판단하지 않는다면, 즉 일반 세상과 같은 판단을 하지 않는다면, 결과 면에서는 자유사상가의 반대가 될 것이다. 행위로 풍습의 속박을 깬 모든 사람들에게—일반적으로 그들은 범죄자로 불리는데—인간이 던진 비방의 대부분은 다시 철회되지 않으면 안 된다. 지금까지 현존의 윤리 법칙을 전복시킨 자는 누구나, 처음에는 항상 악한 인간으로 여겨졌다. 그러나 실제로 나중에 그 법칙을 다시 제정할 수 없고, 사람들은 그것에 만족했기 때문에, 그 술어는 점차로 바뀌었다. 역사는 거의 나중에 보증받게 된 이들 악한 인간만을 취급하는 것이다.

21

‘법의 이행’. 도덕적인 명령에 따랐는데 약속되고 기대되던 결과와는 다른 결과를 낳고, 약속된 행복이 아니라 기대에 어긋나는 불행과 비참이 윤리적인 인간에게 덮치는 경우, 이 양심적이고 소심한 인간의 구실은 언제나 이렇다. "실행에서 무언가가 잘못되었던 것이다." 가장 형편이 나쁜 경우, 깊이 괴로워하고 눌려 찌부러진 인류는 다음과 같이 판결하기도 한다. "명령을 훌륭하게 실행하기란 불가능하다. 우리는 철저하게 약하고, 근본에서부터 도덕을 지킬 능력이 없다. 따라서 우리는 행복과 성공에 대한 요구도 가지지 못한다. 도덕적인 명령과 약속은 우리보다 뛰어난 존재를 위하여 주어진 것이다."

22

일과 신앙. 여전히 신교도 교사들은, 모든 것은 오직 신앙에 달려 있고, 행위는 신앙으로부터 필연적으로 나온다는 저 근본적인 오류를 이식하고 있다. 이것은 전혀 진실이 아니지만 매우 유혹적으로 들리기 때문에, 매일 겪는 온갖 경험들이 그 반대 상황을 보이고 있음에도 불구하고, 이미 루터 이외의 지성(즉 소크라테스와 플라톤의 지성)을 꾀었던 것이다. 가장 신뢰할 만한 지식이나 신앙이라도 행위에 힘을 줄 수도, 유능함을 줄 수도 없다. 신앙은 어떤 것이 생각에서 행동으로 변화되기 위해 선행되어야 하는 저 정교한 여러 부분에 걸친 기계장치의 실행을 대용할 수 없다. 무엇보다도 먼저,

첫째 행위! 즉 실행, 실행, 실행! 이것에 어울리는 '신앙'은 반드시 모습을 나타낼 것이다. 그것은 확실하다!

23

우리는 어떤 점에서 가장 정교한가. 수천 년 동안 사람들은 사물(자연, 도구, 각종 소유물) 또한 살고 있고, 혼을 가지고 있고, 손해를 주는 힘과 인간의 의도를 회피하는 힘을 갖추고 있다고 생각해왔다. 이런 생각 때문에, 사람들은 무력감을 필요 이상으로 매우 빈번하게 느꼈다. 인간과 동물을, 폭력, 강제, 아첨, 계약, 희생 등으로 붙잡는 것처럼, 사물도 그렇게 획득할 필요가 있었다. 여기에 대부분의 미신적인 관습의 기원이 있다. 즉 인간이 이제까지 실행한 모든 활동 가운데 어쩌면 압도적인 부분이지만 낭비되고 쓸모없는 관습이 있다! 그러나 무력감과 공포감이 아주 강하게, 또 대단히 오랫동안 거의 끊임없이 자극받았기 때문에 힘의 감정은 오늘날 그 점에서 가장 예민한 황금저울에 비견될 수 있을 정도로 정교하게 발달했다. 그것은 인간의 가장 강한 경향이 되었다. 이 감정을 획득하기 위해서 발견된 수단이 거의 문화의 역사[33]이다.

24

명령의 증명. 일반적으로 어떤 명령, 예를 들면 빵을 구우라는 명령의 좋고 나쁨은 명령을 엄밀하게 실행했다고 전제할 때 그 약속된 결과가 나오는가 나오지 않는가에 의해 증명된다. 그러나 도덕적인 명령의 경우는 사정이 다르다. 왜냐하면 여기서는 결과가 예측될 수 없거나 해석하기에 애매하기 때문이다. 이 명령은 거의 학문적 가치가 없는 가설에 의존해 있는데, 결과를 가지고 이 가설을 증명하고 반박하기란 근본적으로 불가능하다. 그러나 옛날에는 모든 학문이 원시적인 미숙 상태여서, 어떤 사물을 증명하기 위해 충족시켜야 할 조건은 매우 적었다. 옛날에는 풍습이 지시하는 명령의 좋고 나쁨은 현재 다른 명령의 좋고 나쁨이 확정되는 것과 마찬가지로 결과가 어땠느냐에 따라 확정되었다. 알래스카의 원주민들 사이에 동물의 뼈를 불 속에 던져 넣거나, 개에게 주어서는 안 된다는 명령이 통용될 때, 그 명령은 "그렇게 해보라, 그러면 당신은 사냥이 잘 되지 않을 것이다"라는 식으로 증명된다. 그렇지만 그들이 어떤 의미에서는 거의 언제나 "사냥이 잘 되지 않는다"고 할 수 있다. 따라서 이런 명령의 좋고 나쁨을 반박하기란 쉽지 않다. 특히 개인이 아니라 공동체가 벌을 받을 때 그렇다. 이럴 경우 오히려 명령을 증명하는 것처럼 보이는 상태가 나타날 것이다.

25

풍습과 아름다움. 누구라도 풍습에 마음 깊이 완전히, 처음부터 복종하는 자는 공격기관과 방어기관이—육체적 기관과 정신적 기관이—기형화된다. 즉 그는 점점 더 아름다워진다. 풍습을 위해 이 사실을 비밀로 하지 않기를! 왜냐하면 기관 및 그것에 어울리는 의향이야말로 추함을 지키고, 추함을 더 한층 증대하기 때문이다. 그러므로 늙은 비비가 어린 비비보다 더 추하고, 어린 암컷 비비는 인간과 가장 비슷하다. 따라서 가장 아름답다. 여기에서 여성의 미에 대한 기원을 추론하기 바란다!

26

동물과 도덕. 상류사회에서 요구되는 술책, 즉 우스꽝스러움, 눈에 두드러짐, 불손함 등을 신중하게 피하는 것, 자기의 격렬한 욕망과 마찬가지로 자기의 미덕을 무시하는 것, 같은 종류처럼 행동하는 것, 즉 무리가 되는 것, 자기의 품위를 떨어뜨리는 것, 이 모두는 사회적 도덕으로서 일반적으로 최저의 동물 세계에 이르기까지 어디서나 발견할 수 있다. 그리고 이 낮은 세계에서 비로소 우리는 이 사랑할 만한 예방수단의 배후에 어떤 의도가 있는지 알아차릴 수 있다. 그 의도는 추적자에게서 벗어나려는 것이며, 전리품을 획득하기 위해 유리한 상황을 확보하려는 것이다. 그러므로 동물은 자제하는 것이나 위장하는 것을 배운다. 예를 들면 많은 동물들은 그 색을 주변의 색에 적응시키거나(이른바 '색채작용'의 결과로서) 죽은 체하거나, 다른 동물, 모래, 잎, 이끼 버섯 등의 형태와 색을 가장한다(영국의 연구가는 모방[34]이라고 부른다).

이와 같이 개인은 '인간'이라는 개념의 보편성이나 사회 밑에 숨고, 군주, 계급, 당파, 시대나 환경의 의견에 순응한다. 그리고 우리는 행복하고, 감사한 마음을 품고, 힘을 가지고, 열애하는 체하는 모든 정교한 방법에서 쉽사리 동물적인 비유를 찾아볼 수 있을 것이다. 근본적으로 인간은 안전에 대한 감각, 진리에 대한 감각도 동물과 공통으로 가지고 있다. 인간은 자기에게 속지 않으려 하고 미혹되지 않으려 하고, 자기 정열을 불신하고, 자기를 억제하고, 자기를 언제나 감시한다. 인간과 마찬가지로 동물도 이 모든 것에 정통하다. 동물도 역시 현실에 대한 감각으로부터 자제력이 생긴다. 마찬가지로 동물은 다른 동물의 마음속에 미치는 영향을 관찰한다. 동물은 그렇게 해서 자신을 되돌아보는 것을 배우고, 자기를 '객관적'으로 생각하는 것을 배운다.

동물도 나름대로의 자기인식을 가지고 있다. 동물은 적과 동지의 움직임을 판정하고, 그 특징을 암기하고, 그것에 대응하는 태도를 취한다. 특정 동물의 개체에 대해서 동물은 한사코 투쟁을 단념하고, 마찬가지로 많은 종류의 동물의 접근 속에서 평화의 의도와 조약의 의도를 읽어낸다. 정의의 기원은 현명함, 절제, 용기의 기원과 같이 동물적이다. 간단히 말해서 우리가 소크라테스의 덕이라고 부르는 모든 것이 동물적이다. 즉 먹을 것을 구하고 적에게서 도망치는 것을 배우는 것은 동물이기 때문에 가능한 것이다. 그러면 최고의 인간이라 할지라도 그 먹을거리의 종류에서, 또 그에게 적대적인 모든 것만 향상하고 고생했을 뿐이라는 점을 신중하게 생각해 보자. 그렇다면 도덕적 현상 전체를 동물적이라고 불러도 무방할 것이다.

27

초인적인 정열에 대한 믿음의 가치. 결혼제도는 다음과 같은 믿음을 철저하게 고집한다. 사랑은 하나의 정열이지만, 사랑으로 결혼을 지속할 수 있다는 믿음, 확실히 지속적인 전 생애에 걸친 사랑이 규칙으로 정해질 수 있는 믿음 말이다. 이 고귀한 믿음은 대단히 자주, 그리고 거의 대부분 반박된다. 따라서 그러한 믿음이 경건한 속임수[35]임에도 불구하고, 끈질기게 신봉되기 때문에 결혼제도는 사랑에 한층 뛰어난 고귀함을 주었다. 정열의 본질에 반하여 정열이 지속할 수 있다는 믿음과 정열을 지속해야 한다는 책임을 용인하는 모든 제도는 정열에 새로운 지위를 주었다. 그리고 그러한 정열에 사로잡히는 자는 옛날처럼 품위를 더럽혔다거나 위태롭게 되었다고 믿지 않고, 자기와 자기의 동류보다도 높아졌다고 믿는다. 잠깐 동안 타오르는 탐닉으로부터 영원한 충실함을, 분노에 불타는 욕망으로부터 영원한 복수를, 절망에서 영원한 비애를, 갑작스럽고 한 번뿐인 약속으로부터 영원한 의무를 창조한 제도와 풍습을 생각해보라. 그때마다 그와 같은 개조로 인해 대단히 많은 기만과 거짓이 탄생했다. 또 그때마다 이러한 희생을 떨쳐버리고 새로운 초인적인, 즉 인간을 높이는 개념이 탄생했다.

28

논거로서의 기분. 기분 좋게 행위를 결단하는 원인은 무엇일까? 이 물음은 인간의 마음을 꽤 많이 점유해 왔다. 가장 오래 되었지만 변함없이 잘 알려진 답은 신이 그 원인이며, 신이 우리의 의지에 동의함을 암시한다는 것이다. 옛날, 어떤 의도에 대해 신탁을 물었던 것은 신탁에 의해서 기분 좋은 결단을 하고 집으로 돌아가려고 했기 때문이었다. 또 사람들은 몇 가지의 가능한 행위가 마음속에 떠올라 어떤 행동을 해야 할지 고민스러울 때는 이렇게 결정했다. "나는 감정이 일어나는 대로 하겠다." 그러므로 사람들은 가장 합리적이고 희망에 넘치는 것을 하기로 했다. 좋은 기분은 논거로서 저울 위에 올려졌고, 합리성보다 무거워졌다. 그것은 성공을 약속하고, 그 덕분에 자기 이성을 최고의 합리성으로서 이야기하는 신의 작용으로 해석되었기 때문이다. 그러한 편견의 결과를 숙고하기 바란다. 현명하고 힘을 갈망하는 사람들이 그 결과를 이용했고, 또한 이용하고 있으니 말이다! "기분을 만들라!" 사람들은 이것으로 모든 논거를 대신하고 반대 논거를 이길 수 있다!

29

덕의 배우와 죄의 배우. 덕을 통해서 유명해진 고대 사람들 사이에는 배우처럼 연기한 사람들이 셀 수 없을 정도로 많았던 것으로 보인다. 특히 그리스인은 태생적으로 배우이기 때문에, 이 일을 참으로 무의식적으로 행하고, 좋은 일이라고 생각했을 것이다. 게다가 각 사람은 자기의 덕으로 다른 모든 사람들의 덕과 경쟁했다. 자기의 덕을 구경거리로 만들기 위해, 무엇보다 자신에게 보이기 위해, 연습할 때 사람들은 모든 수단을 사용했다. 보일 수도 없고, 보이는 방도도 알지 못하는 덕이 무슨 소용이 있었겠는가! 이들 덕의 배우들을 저지했던 것은 기독교였다. 그 대신에 기독교는 죄의 메스꺼운 과

시를 생각해냈고, 날조된 죄의식을 세계에 가지고 들어왔다. (오늘날에 이르기까지 훌륭한 기독교도들 사이에서는 이것이 '고상한 예의'로 간주되고 있다.)

30

덕으로서의 고상한 잔혹함. 여기에 우월을 느끼려는 충동에 의존해 있는 도덕이 있다. 그것을 너무 좋다고 생각하지 말기를! 도대체 그것은 원래 어떠한 충동이고, 그 저의는 무엇일까? 우리는 우리 모습을 통해 타인을 슬프게 하고, 그에게 질투심, 무력한 감정, 몰락의 감정을 일으키고 싶어 한다. 우리는 타인의 혀 위에 우리의 꿀 한 방울을 떨어뜨리고는 선행을 베풀었다고 착각하면서 신랄하게 그 불행을 기뻐하면서 그를 직시함으로써 그에게 운명의 괴로움을 맛보게 하고 싶어한다. 이 인간은 겸허해졌다. 지금 그의 겸허는 완전하다. 그는 이렇게 해서 오래 전부터 고문하고 싶어했던 사람들을 찾는다! 그대들은 반드시 그 사람들을 발견할 것이다! 저 인간은 동물에 동정심을 품고 있으며, 그 때문에 찬탄을 받고 있다.

그러나 바로 이 때문에 자기의 잔혹함을 모조리 떨쳐버리려는 사람이 있다. 그는 바로 위대한 예술가이다. 그가 위대해지기까지 그의 힘을 일깨워주었던 것은 정복당하는 경쟁자의 질투심을 통절하게 느끼는 쾌락이었다. 위대해지기 위해 그는 다른 사람들에게 얼마나 많은 고통스런 순간을 맛보게 했는가! 순결한 수녀, 그녀는 어떤 비난이 깃든 눈길로 다른 생활을 하는 여성을 똑바로 쳐다볼 것인지! 이 눈길에는 얼마나 많은 복수의 쾌감이 있을지! 주제는 짧고, 그 변주곡은 수없이 많을 수 있다. 그러나 쉽사리 지루해지진 않는다. 왜냐하면 우월의 도덕이 근본적으로 고상한 잔혹함에 대한 쾌감이라는 점은, 언제나 변함없이 너무나도 역설적이고 거의 고통스러울 만큼 새로움이기 때문이다. 근본적으로 우월한 행위의 습관은 유전될지라도, 저의는 함께 유전되지 않는다는 것을 의미한다. (감정은 유전되는데, 사상은 유전되지 않는다.)[36] 그리고 교육에 의해 저의가 다시 배후로 미끄러져 들어가지 않는다면, 제2세대에는 더 이상 잔혹의 쾌감은 존재하지 않고 습관 자체에 대한 쾌감만이 존재하게 된다. 그런데 바로 이 쾌감이 '선'의 맨 처음 단계이다.

31

정신에 대한 긍지. 인간의 긍지는 동물로부터 인간이 유래했다는 진화설에 반대하여, 자연과 인간 사이에 커다란 틈을 두려한다. 이 긍지는 정신의 본질에 관한 편견에 근거를 둔다. 그리고 이 편견은 비교적 새롭다. 긴 선사시대 동안 사람들은 모든 곳에 정신이 존재한다고 생각했고, 그것을 인간의 특권으로 존중하지 않았다. 오히려 사람들은 정신적인 것을 (모든 충동, 악의, 경향과 나란히) 공유 재산으로 보았다. 이렇게 보통의 것으로 보았기 때문에, 동물이나 꽃으로부터 진화했다는 것을 부끄러워하지 않았고(신분이 높은 종족은 그러한 우화로 인해 존경받았다고 믿었다), 정신에 의해 우리가 자연으로부터 분리되지 않고 자연과 결합한다고 보았다. 이리하여 사람들은 자기를 겸손에 익숙하게 했다. 이것도 마찬가지로 편견의 결과이다.

32

습관. 도덕적으로 괴로워함, 이런 괴로움의 근저에 오류가 있다는 말을 듣는 것, 이것은 부아가 치미는 일이다. 우리는 괴로워함으로써 모든 그 밖의 세계보다도 '더욱 깊은 진리의 세계'를 긍정할 수 있다고 생각하며 자신을 위로하는 경우가 있다. 이런 위로는 매우 드물다. 그래서 우리는 괴로움 없는 숭고한 상태보다도 오히려 훨씬 더 괴로워하면서 현실을 뛰어넘은 숭고한 느낌을 맛보고 싶다고 생각한다. (그럼으로써 저 '더욱 깊은 진리의 세계'에 접근한다고 의식한다.) 그러므로 도덕의 새로운 이해를 저지하는 것은 긍지와 이 긍지를 만족시키는 습관적인 방식이다. 그렇기 때문에 우리는 이 습관을 제거하기 위해 어떤 힘을 사용해야 하는가? 더욱 많은 긍지인가? 새로운 긍지인가?

33

원인과 결과, 그리고 현실에 대한 경멸. 공동체에 덮치는 재난, 즉 생각 밖의 기후와 흉작과 전염병은 구성원에게 풍습의 붕괴가 일어난 것이 아닌가, 혹은 새로운 악마적인 힘과 변덕을 진정시키기 위해 새로운 습관을 생각해야 하는 것이 아닌가 하는 그릇된 추측을 품게 한다. 이러한 종류의 그릇된 추측과 생각은 실제 자연적인 원인을 탐구하지 못하게 한다. 그것은 악마적인 원인을 전제로 한다. 여기에 인간의 지성을 유전적으로 전도하는 한 원천이 있다.

그리고 이것말고도 또 다른 원천이 있는데, 그것은 사람들이 똑같이 원칙적으로 어떤 행위의 초자연적인 결과(이른바 신의 벌과 은총)보다는 실제 자연적인 결과에 훨씬 덜 주목했다는 점에서 비롯된다. 예를 들면 정해진 시간에 목욕을 하라고 명령받았다고 하자. 사람들은 청결해지기 위해 목욕하는 것이 아니라 명령받았기 때문에 목욕한다. 사람들은 불결의 실제적인 결과를 피하는 것을 배우는 것이 아니라, 목욕을 소홀히 한 것으로 생길 수 있는 신들의 불만을 피하는 것을 배운다. 사람들은 미신적인 불안에 쫓겨서 불결을 씻어내는 것에 의의를 두어야 한다고 잘못 추측한다. 사람들은 불결을 씻어내는 행위에 제2, 제3의 의의를 부여한다. 사람들은 현실적인 것에 대한 감각과 쾌감을 망치고, 결국 현실적인 것은 상징적일 때만 아직 가치가 있다고 생각한다.

이리하여 인간은 풍습의 윤리에 위압되어 첫째 원인, 둘째 결과, 셋째 현실을 경멸하고, 모든 고급스런 감각(외경, 숭고, 긍지, 감사, 사랑의 감각)을 상상된 세계, 이른바 고급스러운 세계에 맞춰간다. 그리고 역시 오늘날에도 우리는 인간의 감정이 높아지는 경우에는 무언가 저 상상의 세계가 작용하는 결과를 본다. 슬픈 일이다. 그러나 언젠가는 학문적인 인간이 모든 고급스런 감정을 틀림없이 의심쩍게 볼 것이다. 이 감정이 그처럼 대단하게 망상과 무의미와 뒤섞여 합쳐져 있다든가, 그것 자체가 그렇다든가, 영구히 그러할 것임에 틀림없다는 것은 아니다. 그러나 인류가 직면해 있는 모든 점차적인 순화 속에서, 고급스런 감정의 순화는 확실히 가장 점차적인 것 가운데 하나일 것이다.

34

도덕적인 감정과 도덕적인 개념. 도덕적인 감정은 특정 행위에 대한 어른의 강한 호감과 혐오를 아이들이 지각하고, 아이들은 태어나면서부터 원숭이처럼 이 호감과 혐오를 모방하는 식으로 분명하게 전해진다. 아이들은 습득되고 숙련된 이 감정으로 가득 차면 그 뒤의 생활에서 그 호감과 혐오가 왜 정당한지 묻고, 일종의 이유를 붙이는 것이 예의에 맞는 것이라고 생각한다. 그러나 이렇게 '이유를 붙이는 것'은 그들 감정의 유래와도, 정도와도 아무 관계가 없다. 사람들은 이성적 존재로서 찬성과 반대의 이유를, 더구나 진술할 수 있고 받아들일 수 있는 이유를 가져야 한다는 규칙에 만족하고 있을 뿐이다. 따라서 도덕적인 감정의 역사는 도덕적인 개념의 역사와는 완전히 다르다. 전자는 행위 앞에서 힘이 있고, 후자는 특히 행위 뒤에서 행위에 대해 말할 필요가 있을 때 힘을 발휘한다.

35

감정과 감정의 판단에서 유래. "그대의 감정을 신뢰하라!" 그러나 감정은 궁극적인 것도, 근원적인 것도 아니다. 감정의 배후에는 판단과 평가가 있고, 감정(경향, 혐오)의 형태를 띠고 우리에게 유전된다. 감정에 바탕을 둔 영감은 판단의—더군다나 흔히 잘못된 판단의!—자손이다. 그리고 어쨌든 이 판단은 그대 자신의 것이 아니다. 자기의 감정을 신뢰하는 것은 우리 내부에 있는 신들, 즉 우리 이성과 경험에 따르는 것보다 더 자기의 조부와 조모, 더 나아가서 그들의 조부모를 따르는 것을 의미한다.

36

저의(底意)를 갖는 어리석은 외경. —뭐라고! 고대 문화의 창시자, 도구와 줄자, 수레와 배와 집의 가장 오랜 제작자, 천체의 법칙성과 구구단의 최초 관찰자, 그들은 우리 시대의 발명자나 관찰자와는 비교도 안 될 정도로 다른, 차원 높은 사람들이 아닐까? 발견의 나라에서는 최초의 몇 걸음이 우리의 여행과 세계일주 항해에도 필적할 수 없는 가치를 가지고 있는 것이 아닐까? 그런 편견을 갖고서 사람들은 그와 같이 현대의 정신을 경시한다. 그렇지만 옛날의 모든 발견자와 관찰자에게는 우연이 가장 위대한 것이고, 재간에 찬 고대인의 호의적인 후견인이었다는 것과, 또 현대에 이루어지는 가장 하찮은 발명에도 이전 시대 전체에 일반적으로 존재했던 것보다도 많은 정신, 훈련, 학문적인 구상이 사용되고 있다는 것은 명백하다.

37

효용에서 비롯된 잘못된 추론. 우리가 어떤 것의 최고 효용을 증명했다 할지라도, 그로써 그 기원을 설명하는 데 한결 수월해진 것은 아니다. 즉 효용으로는 존재의 필연성을 결코 추론할 수 없다. 실제로 반대의 판단이 지금까지 지배적이었다. 더욱이 가장 엄밀한 과학의 영역에서조차 지배적이었다. 천문학에서도, 위성 배치의 (이른바) 효용(태양으로부터 멀리 떨어져 천체의 주민에게 빛이 부족하지 않도록 약해진 빛을 다른 장소에서 보충하는 것)을 위성 배치의 궁극 목적이고 위성의 발생을 설명하는 근거자료라고 칭하지 않았던가? 그때 우리는 콜럼버스의 추론을 생각해 낼 것이다. 지구는 인간을 위해 만들어졌다. 따라서 토지가 있다면 사람이 살고 있음에 틀림없다. "태양이 아무것도 비추지 않고, 별이 매일 밤 지킬 길 없는 바다와 사람 없는 토지를 위해 있다는 것이 있을 법한 일일까?"

38

도덕적 판단이 변형시킨 충동. 같은 충동이라도, 풍습이 이 충동을 비난할 경우에는 비겁이라는 고통스러운 감정이 되고, 기독교적 풍습 같은 것이 이 충동을 깊이 중시하여 인정한 경우에는 겸손이라는 쾌적한 감정이 된다. 즉 이 충동에는 가책을 느끼는 양심이, 또는 가책을 느끼지 않는 양심이 붙어 다닌다! 그것 자체에는 모든 충동과 같이 일반적으로 도덕적인 성격이나 이름, 더욱이 유쾌나 불쾌라는 특정한 부수적 감각조차도 없다. 이 충동은 이 모든 것을 그 제2의 천성으로 흡수하게 되는데, 이것은 이미 선과 악으로 명명된 충동과 관계될 때나 민중에 의해 이미 도덕적이라고 확정되고 평가받는 존재의 성질로서 인정될 때 가능하다. 이와 같이 고대 그리스인은 질투에 대해 우리와는 다른 느낌을 가지고 있었다.

헤시오도스는 자비를 베푸는 에리스[37]의 작용 때문에 질투를 하고 있다고 보았다. 그리고 신들에게 질투하는 성질이 있다고 인정하는 것을 조금도 불쾌히 여기지 않았다. 이것은 경쟁을 마음의 본성으로 보았고, 경쟁이 좋은 것으로 확정되고 평가받았기 때문에 이해할 수 있는 일이었다. 마찬가지로 그리스인은 희망을 평가하는 점에서도 우리와 달랐다. 그들은 희망을 맹목적이고 악의가 있는 것으로 느꼈다. 헤시오도스는 희망에 관한 생각을 어떤 우화 속에 강하게 내비쳤다. 이 우화는 너무 낯설어 근대의 해설가는 아무도 이해하지 못했다. 왜냐하면 그것은 기독교로부터 희망을 하나의 덕으로 믿는 것을 배운 근대정신에 반대되기 때문이다.

이에 반해 그리스인은 미래를 아는 길이 완전히 닫혀 있는 것처럼 생각하지 않고, 또 우리가 희망으로 만족하는 수많은 경우에, 미래를 문의하는 것을 종교적인 의무로 삼았다. 그리스인에게는 아마 모든 신탁과 예언자 덕분에 희망이 격하되고 악한 것, 위험한 것으로 취급될 수밖에 없었을 것이다. 유대인은 분노를 우리와 다르게 느꼈고, 신성한 것으로 여겼다. 그 때문에 유대인은 분노와 하나되어 나타나는 인간의 음울한 존엄을 유럽인이 상상할 수도 없는 높이에 있는 것으로 보았다. 유대인은 그들의 분노하는 신성한 예언자를 본떠 분노하는 신성한 여호와를 만들어 냈다. 그들과 비교하면, 유럽인 중에서 가장 분노하는 인물도 낡은 인물일 뿐이다.

39

'순수한 정신'에 대한 편견. 순수한 정신성에 대한 학설이 지배적이었던 곳에서는 어디서나 이 학설이 극단적으로 작용하여 신경의 힘을 파괴했다. 그것은 육체를 소홀히 하고, 괴롭히는 것을 가르쳤다. 그것은 육체의 모든 충동을 위해 인간을 괴롭히고, 경시할 것을 가르쳤다. 그것은 음울하고, 긴장되고, 압박된 혼의 소유자들을 낳았다. 이 사람들은 거기에 더해 자기의 비참한 감정의 원인을 알고, 그 원인을 제거할 수 있으리라고 믿었다! "육체 속에 원인이 있음에 틀림없다! 육체는 언제나 지나치게 번성해 있다!" 이 사람들은 이렇게 결론지었다.

한편 실제로는 자신의 고통으로 인해 육체가 끊임없이 조롱당하는 것을 느끼고서 이의를 제기했다. 전신에 걸친 만성적 신경과민이 마침내 저 덕이 높은 순수하고 정신적인 사람들의 운명이 되었다. 그들은 쾌락에 대해 자기를 잊어버린 상태 또는 광기보다 앞서 나타나는 증상으로밖에는 생각지 않았다. 그들의 체계는 자기를 잊어버린 상태를 삶의 최고 목표라고 생각하고 이 세상의 모든 것에 유죄 판결을 내려야 한다고 생각했을 때, 정점에 달했다.

40

관습에 대한 숙고. 일회적이고 진귀한 사건에서 신속하게 찾아낸 무수한 풍습의 규정은 쉽게 이해하기 어려운 것이 되었다. 규정이 세워진 의도는 위반에 따르는 벌만큼 확실하게 계산되지 않았다. 의식(儀式)의 결과마저도 의심받게 되었다. 그러나 사람들이 이것에 대해 이것저것 추측하는 동안에 그렇게 숙고할 대상에 대한 가치가 증가하고 불합리한 관습이 마침내 더할 나위 없이 신성한 것으로 바뀌어 갔다. 수천 년 동안 여기서 소모된 인류의 힘에 경의를 품지 않는 것은 좋지 않다. 관습에 대한 이러한 숙고의 결과에 전혀 경의를 품지 않는 것은 좋지 않다! 우리는 이러한 숙고를 거듭하여 지성을 훈련시켰다. 그래서 종교가 계속 나오고, 무섭지만 존경할 만한 학문의 이전 세계가 생기고, 여기에서 시인, 사상가, 의사, 입법자가 성장했다! 모호한 방법으로 우리에게 의식을 요구하는 이해할 수 없는 것에 대한 불안은 점차 난해한 것에 대한 매력으로 바뀌어 갔다. 그리고 사람들은 어떤 근거를 해명할 수 없는 경우, 근거를 창조하는 것을 습득했다.

41

관상(觀想)적인 생활38)에 대한 평가. 관상적인 생활을 하는 우리는 관상의 여러 영향에 의해 어떤 종류의 해악과 불운이 실천적인 생활39)을 하는 인간을 덮쳤는가 잊지 않도록 하자. 요컨대 우리가 자기의 선행을 너무 뽐내고 자만하면, 실천적인 생활이 우리에게 어떤 식으로 책임을 돌리는지 잊지 않도록 하자.

첫째, 관상적인 인간 가운데서 수적으로 우위를 점하고 따라서 가장 일반적인 종류에 해당되는 이른바 종교적 인간은 언제나 실천적인 인간의 생활을 무겁게 만들고, 사람들이 실천적인 생활을 싫어하도록 노력했다. 그들은 하늘을 음울하게 하고, 태양을 말소하고, 기쁨을 헐뜯고, 희망을 무가치하게 하고, 활동적인 손을 마비시키는 것에 숙달되어 있었다. 바로 그들이 비참한 시대와 감각에 대비해 위로, 희사(喜捨), 원조, 축복의 기도를 가지고 있었던 것과 같다.

둘째, 종교적인 인간보다는 드물지만, 언제나 종종 있는 관상적인 생활의 인간인 예술가는 사람 됨됨이로 볼 때는 대체로 불쾌하고, 변덕스럽고, 질투심 많고, 무법이고, 싸움을 좋아하는 자였다. 이 영향은 그들 작품이 기분을 좋게 하고 마음을 고양하는 영향들에서 제거해야 한다.

셋째, 철학자는 종교적인 힘과 예술적인 힘, 그리고 제3의 것, 즉 변증법적인 것의 논증에 대한 욕망을 갖고 있다. 장소를 점하고 있는 종류로서 철학자는 종교적인 사람들의 방식과 예술가의 방식으로 해악을 끼치고, 더욱이 그 변증법적인 경향으로 많은 인간을 지루하게 했다. 그러나 그들은 언제나 매우 소수였다.

넷째, 사상가와 과학자들은 사람들에게 영향을 주려는 경우가 드물었고, 두더지가 조용히 구멍을 파듯 자신의 학문에 몰두했다. 이리하여 그들은 거의 화내지도 불쾌해하지도 않고, 자주 조롱과 웃음거리가 되었다. 스스로 그것을 바라지도 않았는데 실천적인 인간의 생활을 편하게 만들었다. 결국 과학은 역시 모든 사람에게 상당히 이익이 되었다. 이 이익을 위해 현재 실천적인 생활을 영위하도록 예정된 많은 사람들이 얼굴에 땀을 흘리고, 더구나 몹시 머리를 앓고, 저주하면서 학문의 길을 걷고 있다. 그래도 그러한 노고는 사상가와 과학자의 탓은 아니다. 그것은 '스스로 만들어낸 고생'이다.

42

관상적인 생활의 유래. 인간과 세계에 대한 염세적인 판단이 지배하고 있는 야만스런 시대에는, 개인은 그 힘의 충만함을 느끼면 언제나 그러한 염세적인 판단에 따라 행동하려 했다. 그러므로 그는 사냥, 약탈, 습격, 학대, 살인에 의해, 또는 그와 같은 행위를 공동체 내부에서만 허용하는 심하지 않은 모방의 형태로 만들어 생각을 실행에 옮기려 했다. 그러나 그의 힘이 약해져 피로, 병, 우울, 신물이 남을 느끼고, 그 결과 때때로 소망과 욕망을 잃게 되면, 그때 그는 비교적 더 나은 인간, 즉 덜 해로운 인간이 된다. 그리고 그때 그의 염세적인 생각은 겨우 말과 사상으로, 예를 들면 자기의 동료, 또는 아내, 생활, 신 등의 가치에 관한 말과 사상으로 흘러나온다. 그의 판단은 악의 있는 판단이 된다. 이 상태가 되면, 그는 사상가가 되고, 예언자가 되고, 혹은 그의 미신을 꾸며내고, 새로운 습관을 고안하고, 혹은 그 적을 조롱한다.

그러나 그가 무엇을 생각해내든, 모든 소산은 그의 상태를 반영한다. 즉 공포와 피로가 늘어나고 행위와 향락에 대한 그의 폄하를 반영하지 않을 수 없다. 이러한 소산의 내용은 이 시인적, 사상가적, 사제적 감정의 내용에 대응할 수밖에 없다. 요컨대 악의적인 판단이 그의 소산을 지배할 수밖에 없다. 나중에 사람들은 이전에 어떤 개인이 그 상태에서 행한 것을 지속적으로 행한 모든 사람들, 그러므로 악의를 품고 판단했고, 우울하고 행위가 결핍된 채 살았던 모든 사람들에게 시인, 혹은 사상가, 혹은 사제, 혹은 마술사라는 이름을 붙였다. 그런 인간은 충분한 행위를 하지 않았기 때문에, 사람들은 그들을 경시하고 공동체로부터 쫓아내고 싶어서 견딜 수 없었다.

그러나 그때 어떤 위험이 있었다. 그가 미신에 빠져서 신적인 힘의 발자취를 쫓았던 것이다. 사람들은 그가 알지 못하는 힘의 수단을 지배하고 있다는 것을 의심하지 않았다. 바로 이것이 관상적인 성격을 가졌던 가장 오랜 종족이 받았던 평가이다. 그는 두려움의 대상이 되지 않은 만큼 경멸당했다! 관상은 그러한 가면의 모습에서, 그러한 모호한 신앙에서 악한 마음을 가지고, 또 흔히 불안한 머리를 가지고 처음으로 이 세상에 나타났다. 관상은 약하지만 동시에 무서운 것으로 은근히 경멸당하면서도 공적으로는 미신적인 존경을 받았다. 이것 또한 마찬가지로 수치스러운 기원[40]이라고 하지 않을 수 없다.

43

얼마나 많은 힘이 현재 사상가 속에 모여야 하는가. 감각적인 직관을 멀리 하고 추상적인 것을 추구하는 것, 이것은 실제로 일찍이 향상으로 느껴졌다. 우리는 그것을 더 이상 옛날 사람들이 느꼈던 것처럼 느낄 수 없다. 가장 창백한 말과 사물의 형상에 탐닉하는 것, 즉 볼 수도, 들을 수도, 느낄 수도 없는 존재와의 유희는 감각적으로 맛볼 수 있는 유혹적이고 악한 세계에 대한 깊은 경멸 때문에, 더 높은 세계의 생활처럼 느껴졌다. "이 추상적인 것들[41]은 더 이상 유혹하지 않고도 우리를 이끌어갈 수 있다!" 그때 사람들은 이렇게 말하면서 고양된 것처럼 몸을 흔들며 움직였다.

과학이 발달하기 전에는 이들 정신적인 유희의 내용이 아니라, 유희 자체가 '고급의 것'이었다. 그러므로 변증법에 대한 플라톤의 찬탄과, 비감각적 인간과 변증법의 필연적인 관계에 대한 플라톤의 열광적인 믿음이 생겼다. 단지 인식만이 아니라, 인식 일반의 수단, 인간이 인식에 선행하는 상태와 조작 또한 개별적·점차적으로 발견되었다. 그리고 그때마다 새로이 발견된 조작이나 상태는 마치 모든 인식을 위한 수단이 아니라 이미 인식할 모든 것들의 내용, 목표, 총괄인 것처럼 보였다.

사상가는 상상력, 추상화, 비감각화, 고안, 예감, 귀납, 변증법, 연역, 비판, 재료의 수집, 개인적이지 않은 사고 양식, 관상(觀想), 개관, 그리고 존재하는 모든 것에 대한 적지 않은 정의와 사랑이 필요하다. 그러나 이 모든 수단들은 일찍이 관상적인 생활의 역사 속에서 개별적인 목적으로, 더구나 궁극적인 목적으로 간주되었다. 그리고 이 수단들은 궁극적인 목적이 빛날 때 인간의 혼에 들어오는 저 행복을, 그것을 생각해낸 자에게 주었던 것이다.

44

기원과 의의. 다음과 같은 사상이 자꾸 되풀이되어 나에게 일어나고, 점점 더 다채로운 색채로 빛나는 것은 어째서일까? 나는 이전의 학자가 사물의 기원을 탐구할 때 그들은 언제나 모든 행위와 판단에 평가할 수 없을 만한 의의가 있다는 것을 발견했다고 생각했다. 그뿐 아니라 인간의 구원은 사물의 기원에 대한 통찰에 틀림없이 의존한다고 사람들이 끊임없이 전제했으며, 우리는 현재 이와 반대로 기원을 좇으면 좇을수록 그만큼 더 우리의 관심이 적어지고, 게다가 우리가 우리의 인식과 함께 후퇴하고 사물 자체에 접근할수록 그만큼 더 우리가 사물 속에 넣은 평가와 '관심'이 그 의미를 상실하기 시작한다고 생각했다. 기원에 대해 통찰하면 할수록 그 기원은 점차 무의미하게 된다. 한편 가까이 있는 것, 우리 주변의 것과 우리 내부의 것은 고대의 인류가 꿈도 꾸지 못했던 색채·아름다움·수수께끼·풍족함을 점차 나타내기 시작했다. 일찍이 사상가들은 붙잡힌 짐승처럼 원한을 품고 이리저리 돌아다니고, 항상 그 우리의 기둥 너머를 살피면서 기둥에 달려들어 그 기둥을 부수려고 했다. 그리고 그들은 틈을 통해 외부, 즉 피안과 먼 곳의 얼마쯤인가를 보았다고 믿으면서 행복한 것처럼 자신을 나타냈다.

45

인식의 비극적 종말. 인간을 향상시키는 모든 수단 가운데 언제나 인간을 가장 크게 향상시켰던 것은 인간의 희생이었다. 그래서 아마 하나의 거대한 사상, 자기를 희생하는 인류의 사상이라면 언제나 다른 어떤 노력도 좌절시킬 수 있을 것이고, 그 사상은 아무리 압도적인 것에도 이기는 데 성공할 것이다. 그러나 인류는 누구를 위해 자기를 희생하는 것인가? 우리는 이에 대해 다음과 같이 단언할 수 있다. 즉 언젠가 이 사상의 별자리가 지평선에 나타날 때는 진리의 인식이 그와 같은 희생이 어울리는 단 하나의 거대한 목표로 남을 것이다. 어떤 희생도 그 목표에 비하면 크지 않기 때문이다. 그럼에도 인류 전체에 인식을 촉진하는 단계가 어느 정도까지 가능한가 하는 문제는 아직 한 번도 제기된 적이 없다. 더욱이 어떤 인식충동이 자기를 희생하고 선구적인 예지의 빛을 바라보면서 죽어가는 정도까지 인류를 휘몰아댈 수 있는 것인가 하는 문제가 제기된 적도 없다. 아마 언젠가 인식을 목적으로 다른 별의 주민들과 친목이 이루어질 때, 그리고 사람들이 수천 년이나 오랫동안 서로 그 지식을 별에서 별로 전해 주면, 그때 인식의 감격이 그와 같은 높은 상태에 달할지도 모른다!

46

회의에 대한 회의. "뛰어난 머리에게 회의는 얼마나 좋은 베개인가" 몽테뉴의 이 말에 파스칼은 항상 분개했다. 왜냐하면 파스칼만큼 좋은 베개를 강하게 열망한 사람은 없었기 때문이다. 그런데 무엇이 부족했던가!

47

말이 우리에게 방해가 된다! 태곳적 사람들은 어떤 말을 할 때 언제나 어떤 발견을 했다고 믿었다. 사실은 얼마나 잘못된 것인가! 그들은 어떤 문제에 부딪쳐 있었다. 그러나 그것을 해결했다고 잘못 생각해서 해결의 장애물을 만들어 냈다. 현재 우리는 어떤 인식을 하든 돌처럼 단단한 불멸의 말에 걸려 넘어질 수밖에 없다. 그렇다면 그때 말을 부수기보다도 오히려 다리가 부러질 것이다.

48

'너 자신을 알라'는 학문의 전부이다. 모든 사물을 완전히 인식했을 때에야 비로소 인간은 자신을 인식하게 될 것이다. 왜냐하면 사물은 인간의 한계에 불과하기 때문이다.

49

새로운 근본적 감정, 우리는 결정적으로 무상(無常)하다는 것. 옛날에 사람들은 자기가 신의 혈통이라는 것을 보이며 인간의 감정에 다다르려고 했다. 이것은 현재는 금지된 길이다. 왜냐하면 그 입구에는 소름끼치는 다른 동물과 나란히 원숭이가 서 있고, '이 방향으로는 더 이상 못 감!'이라고 말하기라도 하는 것처럼 날카로운 이를 드러내고 있기 때문이다. 그래서 오늘날 사람들은 반대 방향을 시도한다. 인류가 향하여 가는 길을, 인류의 영광 및 신과의 친족 관계를 증명하는 데 사용하려고 한다. 아, 이것도 역시 헛되다! 이 길 끝에는 마지막 인간이자 무덤 파는 사람의 납골 항아리가 있다. (그 납골 항아리에는 "인간적인 어떤 것도 나와 무관하다고는 생각되지 않는다"[42]라는 명(銘)이 새겨져 있다.) 인류가 아무리 높이 발전했다고 할지라도―더구나 최후에 인류는 처음보다도 아주 낮아져 있을 것이다!―인류에게는 고차원적인 질서로 통하는 통로는 없다. 마치 개미나 집게벌레가 그 '인생 행로'의 최후에 신과의 친족 관계나 영원으로까지 높아지지 않는 것과 같다. 생성은 과거를 자기의 배후로 끌고 간다. 어째서 이 영원한 연극 속에서 어떤 작은 별, 더욱이 다시 또 작은 종인 인류에게 예외가 적용되는 것인지! 그러한 감상은 버려라!

50

도취에 대한 신앙. 숭고한 환희의 순간을 맛보는 인간은 보통 그 대가 때문에, 또 그들 신경이 낭비적으로 소모했기 때문에 비참하고 비관적인 기분이 들긴 하지만, 그들은 그 순간을 본래의 자기, 즉 '자신'이라고 생각하고 비참과 비관을 '자신의 외부'의 결과로 생각한다. 그러므로 그들은 그 환경, 시대, 세계 전체에 대해 복수심에 불탄다. 도취는 그들에게는 참된 생명이고, 본래의 자아로 간주된다. 그들은 그것 이외의 모든 것 속에서 도취의 적과 방해자를 본다. 도취가 정신적인 성질의 것이든 도덕적, 종교적, 예술적인 성질의 것이든, 이들 열광적인 술고래 때문에 인류는 엄청난 해악을 입고 있다. 왜냐하면 그들은 지치지도 않고 자신과 이웃에 대한 불만, 시대와 세계에 대한 경멸, 특히 염세라는 잡초의 씨앗을 뿌리기 때문이다.

아마 지옥에 있는 범죄자라도 자유분방한 사람들, 공상가, 반미치광이들의—자제할 수 없고 완전히 자기를 상실했을 때, 비로소 가능한 향락을 소유하는 천재들의—조그마하고 고귀한 공동체처럼, 가장 멀리 떨어진 곳까지 미쳐, 짓누르는 땅도 하늘도 못쓰게 하는 이러한 무시무시한 영향을 소유할 수 없을 것이다. 한편 범죄자는 자주 뛰어난 자제심과 희생, 현명함을 나타내고, 더군다나 그러한 특성을 자기를 두려워하는 사람들 옆에 깨어 있는 상태로 둔다. 범죄자로 인해 인생 위에 있는 하늘은 위험해지고, 한층 더 음울해질 것이다. 그러나 대기는 언제나 변함없이 힘 있고 준엄하다. 이 모든 것에 저 열광적인 자들은 전력을 다 쏟아 인생의 가장 귀중한 것으로서 도취에 대한 신앙을 심는다. 무서운 신앙을! 야만인이 오늘날 '독한 술'로 급속히 타락하고 멸망하는 것처럼, 인류 대부분은 천천히 그리고 철저하게 도취시키는 감정의 정신적인 독한 술과 또 그것을 찾는 욕망을 흘러넘치게 했던 사람들로 인해 타락하게 되었다. 아마 인류는 그것 때문에 멸망할지도 모른다.

51

우리가 그런 것처럼! "위대한 외눈박이 용(龍)들에게 관대하자!" 스튜어트 밀은 말했다. 그들에게 신앙을 갖고, 거의 숭배하는 것이 습관이 되었는데도, 마치 관대함을 간청하는 것이 필요한 것처럼! 나는 말한다. 크든 작든, 눈을 두 개 가진 사람들에게 관대하자고. 왜냐하면 우리가 현재 그런 것처럼, 우리는 관대함보다 더 진보하는 것은 역시 없을 것이기 때문에!

52

영혼을 치료하는 새로운 의사는 어디에 있는가? 사람들은 인생에 괴로움이 가득 차 있다고 믿었다. 처음으로 이런 근본적인 성격을 갖게 된 원인이 바로 위안이라는 약이다. 인간에게 가장 심한 병은 병을 이겨내고 나서 생겼다. 그리고 약제라고 생각되었던 것이 오랜 시간이 지나서는, 고쳐져야 할 것보다도 더욱 악성의 병을 만들어냈다. 무지하기 때문에 사람들은 순간적인 효과가 있는 마비적이고 도취적인 약, 이른바 위안을 본래 약의 효과라고 생각했다. 그뿐 아니라 이들 진통제로 인해 자주 몸 전체가 심각하게 악화되었고, 도취의 부작용으로 나중에는 도취를 느낄 수 없었고, 더 나중에는 불안, 신경의 떨림, 좋지 못한 건강에서 오는 숨막히는 감정으로 괴로워했다는 것을 깨닫지 못했다. 어느 정도까지 병이 깊어지면, 사람들은 더 이상 회복하지 못했다. 그것을 염려했던 것은 혼의 의사, 즉 일반적으로 신뢰받고 숭배되었던 사람들이었다. 사람들이 쇼펜하우어에 대해 그가 인류의 괴로움을 다시 진지하게 생각했다고 말하는 것은 옳다. 이 괴로움에 대한 해독제를 다시 또 한번 진지하게 생각하고, 가장 빛나는 이름 밑에서 지금까지 습관적으로 인류의 혼이 걸린 병을 치료해 온, 들어보지도 못한 엉터리 치료제를 완전히 없앨 자는 어디에 있는가?

53

양심적인 사람들의 악용. 양심적인 사람들이 특히 공상이 풍부한 인간이었을 때는, 참회를 권하는 설교와 지옥의 불안에 짓눌려서 아주 무섭게 괴로워해야 했다. 그러나 양심 없는 사람들은 그렇지 않았다. 그러므로 쾌활과 쾌적한 자세를 필요로 했던 사람들—단지 자기들의 휴양과 자신의 회복을 위해서만이 아니라, 인류가 그들 때문에 즐거워할 수 있고, 그들의 아름다움에서 광선을 자기 속에 받아들이기 위해 필요로 했던 바로 그 사람들에게 인생은 가장 음울한 것이 되었다. 오, 죄를 생각해낸 저 종교가 얼마나 많은 쓸데없는 잔혹함과 동물 학대를 자행했는지! 그리고 그 종교를 통해 자기 힘을 최고로 맛보려 했던 인간들도!

54

병에 대한 생각! 병자가 적어도 지금까지 그랬던 것처럼 그 병 자체보다 병에 대한 생각 때문에 더 많이 괴로워하지 않도록 병자의 공상을 진정시킬 것. 나는 이것이 중요한 일이라고 믿는다! 그리고 사소한 일이 아니다! 그래, 그대들은 우리의 과제를 알 수 있겠는가?

55

'길'. 이른바 '지름길'은 언제나 인류를 커다란 위험으로 인도했다. 그와 같은 지름길이 발견되었다는 복음에 접하면, 인류는 언제나 자신이 걸어온 길을 떠난다—그리고 길을 잃는다.

56

자유정신의 배교자. 도대체 경건하고 신앙심 깊은 인간에게 혐오감을 품는 자가 있을까? 오히려 우리는 조용히 존경의 마음을 품고 그들을 주시하고, 이 뛰어난 인간들이 우리와 공통된 느낌을 갖고 있지 않다는 유감의 마음을 품으면서도 그들을 달가워하지 않는가? 그러나 일찍이 우리가 모든 정신적 자유를 누렸으면서도 결국 '신앙심이 깊어'진 사람에게 아무런 이유 없이 심각하고 돌발적인 반항심을 갖게 되는 것은 왜일까? 우리는 그 사람에 대하여 생각하면 구역질나는 모습을 볼 것 같은 기분이 들어서, 급히 마음에서 지워내지 않을 수 없다! 가장 존경받는 인간이라도 이런 점에서 우리에게 의심을 받게 되면, 우리는 그에게서 등을 돌리지 않겠는가? 그것도 도덕적인 유죄판결 때문이 아니라 돌발적인 구역질과 공포의 전율 때문이라면 말이다. 이 예리한 감각은 어디에서 비롯되는가! 어쩌면 여러 사람들이 우리에게 사실 자신을 완전하게 확신하고 있진 않다는 점을 암시하는 것이 아닐까? 나이가 들어 우리가 약해지고 잊기 잘하는 결정적인 순간에, 우리 자신의 경멸을 간과할 수 없도록 우리는 아주 적절한 때에 자기 주위에 가장 예리한 경멸의 가시나무 울타리를 심어 놓은 것은 아닐까?

솔직하게 말하겠다. 이 억측은 헛짚은 것이다. 이런 억측을 하는 자는 자유정신을 움직이고 규정하는 것을 전혀 모른다. 자유정신에는 그 의견을 바꾸는 것 자체가 결코 경멸할 만한 것이라고는 생각되지 않는다! 반대로 자유정신은 의견을 바꾸는 능력을 특히 그것이 노령에까지 미칠 때는 희귀하고 높은 영예로서 얼마나 존경하는가! 더더욱 그렇지 않은가! 그리고 자유정신의 명예심은 자기가 무시당하는 것을 무시하면서도[43] 자신을 무시하는[44] 금단의 열매를 딴다. (자유정신이 무기력해서 그런 것은 아니다.) 하물며 자유정신은 자만심이 강한 자와 무정한 자가 가지는 불안을 느끼지 않는다! 이 모든 것에 덧붙여서 자유정신에는, 모든 의견은 죄가 없다고 하는 설은 모든 행위는 죄가 없다는 설과 마찬가지로 중요하다.

자유정신이 어떻게 정신적 자유정신의 배교자에 대해 판사가 되고 사형 집행인이 될 수 있는가! 오히려 배교자의 모습은 불쾌한 병자의 모습이 의사의 마음을 움직이는 것처럼 자유정신의 마음을 움직인다. 부풀어 오르고, 부들부들하고, 비대하고, 잔뜩 곪은 자를 보고 느끼는 생리적인 구역질은 이성과 구제하려는 의지를 순간적으로 쳐부수고 만다. 이리하여 우리 선한 의지는 틀림없이 자유정신의 배교자를 지배했을 거대한 불성실이라는 생각, 즉 성격의 중심부까지 침투해 들어가는 전반적인 이질화라는 생각에 압도된다.

57

공포가 바뀌면 안전도 바뀐다. 기독교는 인생에 아주 새롭고 한이 없는 위험성을 주었다. 그와 함께 아주 새로운 안전, 즐거움, 휴양, 모든 사물에 전적으로 새로운 평가를 창조했다. 우리 세기는 이 위험성을 부인한다. 그것도 양심에 거리낌을 느끼지 않고. 그러나 이 세기는 기독교적인 안전, 기독교적인 향락, 휴양, 평가라는 옛 습관을 아직 끌고 다니고 있다! 더구나 우리 세기의 가장 고귀한 예술과 철학 속에 이르기까지! 만물에 대한 저 무서운 대조, 즉 기독교도가 영원한 구원에 집중한 공포가 상실된 현재에는 저 만물이 얼마나 기운빠지게 소모하는지, 얼마나 어중간하고 보기 흉하며 얼마나 제멋대로이고 광신적인지, 무엇보다 모든 것이 얼마나 안전하지 않은 것처럼 보이는지!

58

기독교와 열정. 우리는 기독교로부터 철학에 반대하는 민중적인 항의를 들을 수 있다. 고대 현인들의 이성은 인간에게 열정을 단념시켰으나, 기독교는 열정을 인간에게 다시 주려고 한다. 기독교는 이 목적을 위해 철학자가 파악했던 것과 같은 덕—열정을 이긴 이성—에 모든 도덕적인 가치를 취소하고, 합리성에 유죄판결을 내리고, 감동이 그 극단적인 강함과 화려함으로, 즉 신에 대한 사랑, 신에 대한 공포, 신에 대한 광신적인 신앙, 신에 대한 완전히 맹목적인 희망으로 나타날 것을 요구한다.

59

청량음료와 같은 오류. 사람들이 무엇을 말하든 간에, 기독교는 완전성을 향한 지름길을 보여주려고 함으로써 인간을 도덕적인 요구라는 무거운 짐으로부터 해방시키려고 한다. 이는 몇몇 철학자가 심히 고통스럽고 지루한 변증법과 엄밀하게 검토된 사실에서 벗어날 수 있다고 망상하고, ‘진리를 향한 왕도'를 지시한 것과 똑같다. 어느 것이나 오류였다. 그러나 사막 가운데서 녹초가 되고 절망적이었던 자에게는, 가치 있는 청량음료였다.

60

모든 정신은 결국 육체적으로 밝혀진다. 기독교는 수많은 복종하기 좋아하는 사람들, 고상하든 천박하든 모든 겸손한 열광적인 숭배자의 정신을 자기 속에다 가두어 놓았다. 기독교는 그것으로 시골풍의 답답함에서—예를 들면 사도 베드로의 가장 오래된 상(像)에서 강하게 상기되는데—몇 천의 주름살, 의도, 변명을 얼굴에 나타낸 대단히 정신이 풍성한 종교가 되었다. 기독교는 유럽의 인류를 영리하게 했으며, 단지 신학적으로만 교묘하게 한 것은 아니다. 이 정신과 힘을 결합하고, 자주 헌신에 대한 가장 깊은 확신과 정직으로 기독교는 인간 사회에 이제까지 없었던 가장 고상한 인물을 조각해 냈다. 이러한 인물은 고위급이나 최고위급의 가톨릭 성직자들을 의미한다. 특히 천성적인 우아한 언행, 위엄 있는 눈빛, 아름다운 손발을 가지고 있을 인물이 그렇다.

여기에서 인간의 얼굴은 고안된 생활양식이 인간 속의 동물성을 제어한 뒤, 두 종류의 행복(힘의 감정과 복종의 감정)의 끊임없는 인도로 탄생한 저 총명한 용모를 드러내게 된다. 여기서는 축복을 하고, 죄를 용서하고, 신을 대리하는 행위가 초인간적인 사명의 감정을 끊임없이 혼 속에, 뿐만 아니라 육체 속에도 눈뜨게 한다. 여기서는 천성적인 군인이 소유하고 있는 것과 같은 깨지기 쉬운 육체 및 행복한 안녕에 대한 숭고한 경멸이 인간을 지배한다. 그들은 복종을 자랑으로 생각한다. 이것이 모든 귀족을 특징짓는다. 그들은 그 과제의 거대한 불가능성을 그들의 변명이자 이상이라고 생각한다. 고위 성직자의 힘찬 아름다움과 우아함은 끊임없이 교회의 진리를 민중에게 증명해 보였다. 이따금 천박한 성직자는(루터의 시대처럼) 끊임없이 그 반대의 신앙을 수반했다. 그렇다면 겉모습, 정신, 과제의 조화 속에 있는 인간의 아름다움과 우아라는 이 소산은 종교의 종말과 함께 파묻히는 것인가? 이것보다 높은 것은 달성되지도 않고, 생각되지도 않는단 말인가?

61

필요한 희생. 오늘날도 역시 혼의 밑바닥에서부터 진지하고 유능하고, 정직하고, 깊이 느끼는 인간들, 기독교인들은 언젠가 꽤 오랫동안 기독교 없이 생활할 의무가 있다. 그들은 그 신앙을 잃고 언젠가 이러한 방법으로 '황야에' 머물 의무가 있다. 기독교가 필요한가 그렇지 않은가 하는 문제에 대해 발언할 권리를 얻기 위해서라도 말이다. 당분간 그들은 고향을 떠날 수 없고, 거기에서 고향 밖의 세계를 비방한다. 그렇지만 고향 밖의 세계에는 바로 지금이라도 완전한 세계가 있다! 기독교는 전체적으로 보면 참으로 구석에 불과하다! 누가 이렇게 암시하면, 그들은 감정이 상하고 화를 낸다. 그렇다. 정직한 열정을 품고 기독교의 반대를 견디고, 몇 년 간 기독교 없이 생활한 뒤가 아니면, 또 기독교에서 멀리 멀리 떠나 방랑의 여행을 가진 뒤가 아니면, 그대들의 증언은 그다지 중대한 것이 아니다. 향수 때문이 아니라 엄밀한 비교에 바탕을 둔 판단에 의해 되돌아올 때, 그대들의 귀향은 중요하다! 장래에 언젠가는 인간은 과거의 모든 평가에 대해 똑같은 방식을 쓸 것이다. 그들은 이 평가를 자발적인 의지로 다시 한번 체험해야 한다. 마찬가지로 그 반대도 체험해야 한다. 마침내 그것들을 채로 쳐서 제거할 권리를 가지기 위해.

62

종교의 기원에 대해. 사물에 대한 자신의 의견을 어떻게 계시로 느낄 수 있는가? 이것은 종교의 발생 문제이다. 매번 그러한 상황이 가능했던 인간이 있었다. 그 전제는 그가 이전에 이미 계시를 믿고 있었다는 것이다. 어느 날 그는 갑자기 새로운 사상을 획득한다. 세계와 존재를 포괄하는 독자적인 위대한 가설이라는, 환희에 가득 찬 느낌이 그의 의식 속에서 아주 힘차게 나타나기 때문에, 그는 자신이 그러한 환희의 창조자라고 감히 느낄 수 없고, 그 원인, 더 나아가서 그 새로운 사상의 원인을 신의 계시로, 그의 신에게 돌리는 것이다. 어떻게 인간이 그런 위대한 행복의 창시자일 수 있겠는가! 이것이 그의 염세적인 회의의 내용이다. 게다가 지금 슬그머니 다른 지레가 움직인다. 예를 들면 의견을 계시로 느낌으로써, 그것을 자기에게 확신시키고, 그럼으로써 가설적인 것을 삭제하고, 의견을 비판이나 회의의 손에서 빼앗고, 그것을 신성하게 한다. 이리하여 그 사람은 자기를 도구로까지 끌어내리기는 하지만, 우리의 사상은 결국 신의 사상으로 승리를 거둔다. 그 것과 함께 결국 여전히 승리자의 이 감정은 저 비하의 감정에 비해 우위를 점한다. 배후에는 다른 감정도 역시 작용하고 있다. 사람들이 자신에게서 비롯된 것을 자신 이상으로 높이고, 겉보기에 자기의 가치를 무시한다고 할지라도, 역시 그때 아버지의 자애와 아버지의 긍지라는 커다란 기쁨이 있으며, 이것이 모든 것을 조화롭게 하고 또 조화시키는 일 이상의 소임을 하고 있다.

63

이웃에 대한 증오. 다른 사람이 그 자신을 느끼는 것과 똑같이, 우리가 다른 사람을 느낀다고 하면—쇼펜하우어가 동정[45]이라고 부르는 것, 좀더 정확하게는 괴로움을 일치시킴,[46] 함께 괴로워함[47]이라고 할 수 있는데—다른 사람이 자신을 파스칼처럼 미워할 만한 사람이라고 느낄 때는 우리는 다른 사람을 미워할 수밖에 없다. 그리고 아마 파스칼 역시 일반적으로 인간에 대해 그렇게 느꼈을 것이고, 마찬가지로 타키투스가 말하고 있듯이 네로 밑에서 인류를 증오[48]한 '죄가 확인'되었던 기독교도 그렇게 느꼈다.

64

절망하는 사람들. 기독교는 어떤 무언가 때문에 절망에 빠질 수 있는 사람들에게 수렵가와 같은 본능을 느낀다. 인류 가운데 오로지 선택된 사람들만이 절망할 수 있다. 기독교는 항상 그들을 추적하고, 숨어서 기다린다. 파스칼은 가장 예리한 인식의 도움을 받는다면 누구라도 절망에 빠지지 않을 수 있는지 시험해 보았다. 이 실험은 실패했고, 파스칼은 제2의 절망에 빠졌다.

65

브라만교와 기독교. 힘의 감정을 위한 처방이 있다. 첫째는 자제함으로써 이미 어떤 힘의 감정에 정통해 있는 사람들을 위한 것이며, 둘째는 바로 이 감정이 결여되어 있는 사람들을 위한 것이다. 첫 번째 종류의 인간은 브라만교가 보살폈고, 두 번째 종류의 인간은 기독교가 보살폈다.

66

환상을 볼 수 있는 능력. 중세 전체를 통해 최고 인간의 본래적이고 결정적인 특징으로 여겨졌던 것은 환상을 볼 수 있는 능력이 있다는 것, 즉 심한 정신적인 장애를 가질 수 있다는 것이다. 그리고 중세의 모든 고차원적인 인물(종교인)[49]의 생활규정은 근본적으로 인간이 환상을 볼 수 있는 능력을 가지는 것을 목표로 하고 있다! 우리 시대에 와서도 아직 반쯤 착란되고 환상적이고 광신적인, 이른바 천재적인 인물에 대한 과대평가가 범람하고 있는 것은 이상한 일이 아니다. "그들은 다른 사람이 보지 못한 것을 보았다." 틀림없이! 그러나 이것은 우리가 그들에게 조심해야 한다는 기분은 들지만, 믿음을 가질 마음은 들지 않는다!

67

신자의 가치. 자기가 신앙의 대상이 되는 데 중점을 두고, 이 신앙에 대해 누구에게라도—비록 십자가 위의 범죄자[50]일지라도—천국을 보증하는 자는 무서운 절망으로 괴로워하고 모든 종류의 고행을 안 자임에 틀림없다. 그렇지 않다면 그는 그의 신자를 그토록 높은 값으로 사지는 않을 것이다.

68

최초의 기독교도. 세상 전체는 변함없이 성경이 '성령'에 의해 씌어졌다고 믿거나, 이러한 믿음의 영향 아래 있다. 사람들이 성서를 펼치는 것은, '신앙심을 깊게 하기' 위해서, 그 자신의 크고 작은 개인적인 위기 속에서 위안을 발견하기 위해서이다. 요컨대 성경 속에 자기를 넣고 자기를 읽어낸다. 성서 속에는 가장 야심적이고 뻔뻔스러운 혼의 소유자, 또는 빈틈없으면서 미신적이기도 한 머리를 가지고 있는 사람의 역사, 바로 사도 바울의 이야기도 역시 씌어 있다. 몇몇 학자를 제외하면 누가 이것을 알고 있겠는가? 그러나 이 독특한 역사가 없다면, 그러한 머리와 그러한 혼의 곤혹과 폭풍이 없다면, 기독교 세계는 없을 것이다. 우리는 조그마한 유대 종파에 대해 거의 듣지 못했을 것이다. 그리스도는 십자가에서 죽었다. 물론 우리가 바로 이 역사를 적절한 때에 이해했다면, 그리고 바울의 편지를 '성령'의 계시로서 읽는 것이 아니라, 우리의 모든 개인적인 위기를 생각하지 않고 성실하고

자유로운 정신으로 읽었다면—1500년 동안 그런 독자는 한 사람도 없었다
—기독교는 오래 전에 끝났을 것이다.

이 유대의 파스칼이 쓴 편지들은 기독교의 기원을 드러낸다. 마치 프랑스
의 파스칼이 쓴 글이 그의 운명과 그의 운명이 파멸하게 된 이유를 함께 드
러내는 것처럼. 기독교의 배가 유대 밑바닥에 있는 짐의 상당 부분을 물 속
에 던졌다는 것, 또 그것이 이방인 사이에 들어가고 또 들어갈 수 있었던 것
은 이 한 사람의 인간, 심하게 괴로워하고 정말 동정할 만하고 대단히 불유
쾌한 그 자신에게도 불유쾌한 인간의 역사에 의존하고 있다. 그는 어떤 고정
관념으로 괴로워했다. 좀더 명확하게 말하면 '유대의 율법에는 어떤 사정이
있는가? 더구나 이 율법을 이행하는 데는 어떤 사정이 있는가?' 이런 물음
을 던지며 항상 현존하고 결코 해결되지 않는 고정적인 문제로 괴로워했다.
젊었을 때 그는 유대인이 생각할 수 있는 최고의 영예를 갈망하면서, 스스로
이 율법을 따르려고 했다.

이 민족은 다른 어느 민족보다도 뛰어난 윤리적 우수성을 가지고 있다고
공상하고, 신성한 신과 더불어 죄를 신의 신성함에 위배되는 것으로 보는 사
상을 나란히 창조하는 데 성공했다. 바울은 이 신과 그 율법의 광신적인 옹
호자 및 명예의 파수꾼이 되어, 끊임없이 그 위반자와 의심을 품는 자에 대
항하여 싸우고, 매복하여 기다리고, 그들에게 준엄하게 분노하고, 가장 무거
운 벌에 처하게 했다. 그런데 이번에는 그 자신이 경험했다. 그는 사실 성질
이 격하고, 감각적이고, 우울하고, 악질적인 증오심을 품고 있었기 때문에,
율법을 스스로 이행할 수 없다는 것을 깨달았을 뿐 아니라 가장 기묘하게 생
각되었던 다음의 사실도 깨달았다. 즉 일정한 틀을 벗어난 그의 야심은 율법
을 위반하도록 끊임없이 자극받았고, 그는 그 자극에 따를 수밖에 없다는 것
을 경험했다. 몇 번이고 되풀이하여 율법을 위반하게 하는 것이 참으로 '육
체'인가? 오히려 그가 나중에 의심한 것처럼, 육체의 배후에서 끊임없이 실
증될 수밖에 없고, 저항하기 어려운 힘으로 위반하게 유혹하는 것은 율법 자
체가 아닐까?

그러나 당시에 바울은 아직 이 타개책을 가지고 있지 않았다. 갖가지의 것
이 그의 양심을 괴롭혔다. 그는 적의, 살해, 마법, 우상숭배, 버릇없음, 술
취함, 일정한 틀을 벗어난 잔치의 쾌락을 암시한다. 그는 극단적으로 광신적

인 율법을 숭배하고 율법을 옹호하며 자신의 양심과 야심의 울분을 다시 풀려고 시도했다. 그러나 "모두 헛되다! 이행할 수 없는 율법의 가책을 정복하기란 불가능하다." 스스로 이렇게 말하는 순간이 있었다. 루터도 수도원에서 성직자의 이상인 완전한 인간이 되려고 했을 때, 똑같이 느꼈을지도 모른다. 그리고 어느 날, 고백할 수 없었던 것만큼, 참으로 치명적인 증오의 마음을 품고 성직자의 이상, 교황, 성자들, 성직자 전체를 증오하기 시작했던 루터와 같이—바울도 그와 같은 상태가 되었다. 바울은 율법을 자신이 매달려 있는 십자가로 느꼈다. 그는 얼마나 그것을 증오했는지! 얼마나 그것에 원한을 품었는지! 더 이상 자기의 인격을 위해 이행하는 것이 아니라, 그것을 파괴하기 위한 수단을 발견하려고 찾아 헤맸는지! 결국 구원의 사상이 이러한 간질병자에게 그것 이외에는 일어날 수 없다는 환상을 심어주었다.

율법에 대한 격렬한 열광자이자 내면적으로는 율법에 죽을 정도로 녹초가 된 그에게, 고적한 길에서 얼굴에 신의 광채를 띤 그리스도가 나타났고, 바울은 이런 말을 듣는다. "어째서 나를 박해하느냐?"[51] 거기에서 일어난 본질적인 일은 다음과 같다. 바울의 머리는 갑자기 명민해졌다. 그는 스스로 말했다. "이 그리스도를 박해하는 것은 불합리하다! 바로 여기에 타개책이 있다. 여기에 바로 완전한 복수가 있다. 바로 여기에서, 나는 확실히 율법의 파괴자를 소유하고 소지하고 있다!" 자부심 때문에 가장 괴로워했던 병자는 단번에 회복된 느낌이 든다. 도덕적인 갈망은 마치 혹 날려 없어진 듯하다. 왜냐하면 도덕은 날려 없어지고 파괴되어 저 십자가에서 이행되고 있기 때문이다. 그때까지 그에게 그리스도의 저 굴욕적인 죽음은, 새로운 가르침의 신봉자들이 말한 '구세주라는 것'을 반박하는 주된 논거라고 생각되었다. 그러나 율법을 없애기 위해 죽음이 필요했다면 어쩌겠는가! 이 착상, 이 수수께끼의 해결이라는 거대한 결과가 그의 눈앞에 소용돌이친다. 그는 갑자기 가장 행복한 인간이 된다. 그에게는 유대인의 운명, 아니 모든 인간의 운명이 이 착상, 돌발적인 번득임의 이 순간에 연결되어 있는 것처럼 보인다. 그는 사상 중의 사상, 열쇠 중의 열쇠, 빛 중의 빛을 가지고 있다. 앞으로는 그 자신을 둘러싸고 역사가 회전한다! 왜냐하면 이제부터는 그가 율법 파괴의 교사이기 때문이다!

악을 버린다는 것은 곧 율법을 버리는 것이다. 육체 속에 거한다는 것은 곧 율법 속에 머무르는 것이다. 그리스도와 함께 한다는 것은 곧 율법의 파괴자가 되는 것이다. 그리스도와 함께 죽었다는 것은 곧 율법을 사멸시킨 것이다! 죄를 범할 가능성이 있더라도 더 이상 율법을 위반하는 죄가 아니다. "나는 율법 밖에 있다." "내가 이제 다시 율법을 받아들이고 그것에 따르려 한다면, 나는 그리스도를 죄의 공범자로 만들게 될 것이다." 왜냐하면 율법은 죄를 범하기 위해 존재했던 것이기 때문이다. 세포를 죽이는 액체가 병을 일으키는 것처럼, 율법은 죄를 끊임없이 일으켰던 것이다. 만약 이 죽음이 없어도 율법을 이행할 수 있다면, 신은 그리스도의 죽음을 절대로 결심할 수 없었으리라. 이제 단지 모든 죄가 제거되었을 뿐만 아니라 죄 자체가 전멸되었다. 이제 율법은 죽었다. 이제 율법이 깃드는 육체는 죽었다. 혹은 적어도 끊임없이 사멸해가고 있다. 이를테면 부패해가고 있다.

아직 잠깐 동안 이 부패의 한 가운데 있는 것! 이것이 기독교도의 운명이다. 기독교도가 그리스도와 한몸이 되고, 그리스도와 함께 부활하고, 그리스도와 함께 신의 영광에 참여하고, 그리스도처럼 '신의 아들'이 될 때까지 겪어야 하는 운명 말이다. 이로써 바울의 도취는 그 혼의 주제넘음과 마찬가지로 정점에 달했다. 한 몸이 된다고 하는 사상과 함께 모든 부끄러움, 모든 복종, 모든 제한은 그의 혼에서 제거된 것이다. 그리고 야심이라는 억제하기 어려운 의지가, 신의 영광에 대한 선구적인 탐닉으로 나타나게 된다. 이것이 최초의 기독교도이고, 기독교도의 발명자이다! 그때까지는 몇몇 유대교인이 존재한 것에 불과하다.

69

모방할 수 없음. 거대한 긴장과 거리가 질투와 우정 사이, 자기 경멸과 긍지 사이에 존재한다. 그리스인은 전자 속에서 살았고, 기독교도는 후자 속에서 살았다.

70

조잡한 지성은 어디에 필요한가. 기독교 교회는 매우 잡다한 성격을 지닌 옛 제사 의식과 견해의 백과사전이기 때문에 사람들을 쉽게 전도할 수 있다. 그것은 가고자 하는 곳에 옛날에도 갈 수 있었고 지금도 갈 수 있다. 그것은 옛부터 지금까지 무언가 유사한 것을 찾아내고, 이것에 적응하고, 이것에 점차로 자기의 의미를 칠할 수 있다. 이 세계종교가 전파될 수 있었던 이유는 기독교적이라서가 아니라 그 관습이 보편적·이교적이기 때문이다. 그 사상은 유대적인 것에도, 그리스적인 것에도 동시에 뿌리박고 있으며, 처음부터 국민적·종교적인 분리와 순도(純度), 편견을 뛰어넘을 수 있었다. 전혀 다른 것을 섞어서 자라게 하는 이 힘을 사람들이 감탄한다고 할지라도, 이 힘이 가지고 있는 경멸할 만한 성질, 즉 교회 형성 시대에 모든 먹을 것에 만족하고 부싯돌 같은 반대물도 소화할 정도인 그 지성의 놀랄 만한 조잡함과 자기 만족을 잊어서는 안 된다.

71

로마에 대한 기독교의 복수. 아마 변함없이 승리하는 자를 보는 것보다 더 지치는 것은 없을 것이다. 사람들은 로마가 200년 동안 민족을 차례차례 복종시키는 것을 보았다. 원이 주위에 둘려쳐졌다. 장래는 모두 마지막 국면에 달한 것처럼 보였다. 모든 것이 영원한 상태로 지속될 것만 같았다. 실제로 제국을 건설할 때, 사람들은 '청동보다도 영위한 제국을 세운다'는 의도를 가지고 건설했다. '폐허의 우울'만을 아는 우리는, 전혀 이질적이고 영원한 건축물에 스며드는 우울은 거의 이해할 수 없다. 호라티우스의 경솔함에서 쉽게 볼 수 있듯이 사람들은 이 우울에서 벗어나려고 시도해야 했다. 절망과 거의 가까운 권태에 대해, 그리고 모든 사상과 혼의 발걸음에 이제는 희망이 없고, 어디에나 커다란 거미가 있고, 어디서 피가 내뿜어지든 간에 피라는 피는 모조리 먹겠다고 하는 파괴적인 의식에 대해 사람들은 다른 위안 수단을 찾았다. 오직 로마만이 지배하는 한, 로마에 대해 지친 방관자가 품은 이 세기에 걸친 말없는 증오는, 기독교가 로마, 즉 '세계'와 '죄'를 하나의 감각 속에다 총괄했을 때, 기독교 속에서 마침내 폭발했다.

사람들은 세계의 돌발적인 몰락이 접근하고 있다고 생각함으로써 로마에 복수했다. 로마는 모든 것을 자기의 이전 역사와 현재로 만들 수 있었기 때문에 사람들은 장래를 다시 눈앞에 그림으로써 로마에 복수했다. 더욱이 로마가 더 이상 가장 중요한 것이라고는 생각되지 않는 장래를 그림으로써 로마에 복수했다. 사람들은 최후의 심판을 꿈꾸며 로마에 복수했다. 그리고 구원의 상징으로서 십자가에 달린 유대인은 로마의 화려한 지방총독들을 가장 심하게 조롱했다. 왜냐하면 이제 그들은 불행의 상징으로서, 또한 몰락할 때가 무르익은 '세계'의 상징으로 나타났기 때문이다.

72

'죽음 이후'. 기독교는 로마제국 전체에 지옥의 벌이 퍼져 있다고 생각했다. 수많은 비밀의 제식이 기꺼이 이 생각을 자기들 힘을 확대시킬 수 있는 수단으로 삼으며 퍼져나갔다. 에피쿠로스는 그의 동료를 위해 이 신앙의 뿌리를 뽑아내는 것보다 더 큰 일은 없다고 믿고 있었다. 그의 학설은 음울하긴 하지만 총명한 제자, 로마인 루크레티우스의 입에서 가장 아름다운 소리가 되어서 끝을 맺는다. 에피쿠로스의 승리가 너무나 빨리 온 것이다. 기독교는 이미 시들어가고 있던 지하의 귀신에 대한 신앙을 특별히 보호했다. 그리고 그렇게 하는 것이 이득이었다! 모든 이교도를 이렇게 대담하게 흡수하지 않는다면, 기독교가 어떻게 당시 유행하던 미트라스 숭배[52)와 이시스 숭배[53)에 승리할 수 있었겠는가! 이리하여 기독교는 가장 겁 많은 자들을 자기편으로 끌어들였다. 새 신앙을 가진 가장 강한 신봉자들을! 그리스인과 마찬가지로, 또 그리스인 이상으로 유대인은 생명에 집착했고 집착하는 민족으로서 그 생각을 거의 개척하지 않았다.

죄인들이 받는 벌로써의 최종적으로 죽음을 당하는 것, 더 나아가서 두 번 다시 부활하지 못한다고 극단적으로 위협하는 것, 이것이 이미 이 별난 인간들에게 충분히 강한 영향을 미쳤다. 그들은 그 육체를 벗어나려고 하지 않고, 그 세련된 이집트주의로 육체를 영원히 구원하는 것을 희망했다. (《마카베오2서》에서 읽을 수 있는 유대의 순교자는, 뽑혀져 나온 그의 창자를 단념한다는 건 생각도 않는다. 그는 부활할 때 그것을 가지려고 하는 것이다.[54) 이것이 유대적이다!) 최초의 기독교도들에게는 영원한 고뇌라는 사상은 전혀 무관한 것이었다. 그들은 '죽음에서' 구원받는 것을 생각하고 매일 변화를 기대했고 더 이상 죽음은 기다리지 않았다. (이 기다리는 사람들 사이에서, 최초의 죽음은 얼마나 기묘한 영향을 주었는가! 거기에는 경이와 환희와 회의와 부끄러움과 정열이 얼마나 뒤섞여 있었는지! 위대한 예술가에게는 정말 하나의 소재이다!)

바울은 그의 구세주가 모든 사람을 위해 영생에 이르는 통로를 열었다는 것보다 더 좋은 것을 말할 수 없었다. 바울은 구원받지 못한 사람들의 부활을 아직 믿지 않는다. 아니, 이행할 수 없는 율법, 그리고 죄의 결과인 죽음이라는 그의 가르침의 결과로, 그는 근본적으로는 지금까지 아무도 영생에 이른 적은 없다(있더라도 극소수이고, 더구나 은총으로 영생에 이른 것이지 공적 때문이 아니다)고 잘못 추측한다. 이제 겨우 영생이 그 문을 열기 시작하는 참이다. 결국 이 문에서도 아주 적은 자밖에 뽑히지 않는다. 이런 생각은 뽑힌 자들의 오만에서 불가피하게 비롯된 것이다.

어떤 장소에서는 생명의 본능이 유대인이나 유대인 기독교도 사이에서처럼 강하지 않고 영생에 대한 희망이 최종적인 죽음에 대한 희망보다도 가치가 많다고 생각되지 않았는데, 이런 장소에서는 이교적이긴 하지만 또한 완전히 비유대적이랄 것도 없는 지옥이라는 부가물이 전도자들의 아주 적절한 도구가 되었다. 죄인도, 구원받지 못한 자에게도 영생에 이르는 새로운 가르침이 일어났다. 즉, 영원히 지옥에 떨어진다고 하는 가르침이 이제는 완전히 색이 바래가고 있는 최종적인 죽음이라는 사상보다도 강력했다. 우선 학문이 이 사상을 다시 탈환하지 않으면 안 되었다. 더구나 학문은 죽음에 관한 다른 생각과 모든 피안적인 생활을 거절함으로써, 그것을 탈환하지 않으면 안 되었다. 우리는 관심이 하나 줄어들었다. '죽음 이후'는 우리와 더 이상 아무 관계도 없다! 이것은 이루 말할 수 없는 좋은 일이다. 그러나 좋은 일로 어디에서나 널리 느껴지기에는 너무 이르다. 그래서 다시 에피쿠로스가 승리를 얻게 된다!

73

'진리'를 위해! —"기독교의 진리가 참이라는 것을 증명한 것은, 기독교도들의 절도 있는 행실, 괴로움에 처했을 때의 침착한 그들의 모습과 굳은 신앙, 무엇보다 모든 시련에도 기독교를 보급하고 성장했다는 점이다." 이와 같이 그대들은 오늘날에도 말한다! 가엾은 일이다! 이 모든 것들은 진리가 참이라는 것도 거짓이라는 것도 증명하지 않는다는 것과, 진리는 진실과는 다른 증명이 이루어지고 진실은 전혀 진리의 논거가 되지 않는다는 것을 부디 배우도록 하라!

74

기독교의 의도. 다음과 같은 것이 1세기 기독교도의 가장 통상적인 목적이 아니었을까. "죄가 없다고 믿기보다는 죄가 있다고 믿는 쪽이 낫다. 왜냐하면 아주 강력한 재판관이 어떤 기분인지 잘 알 수 없기 때문이다. 그러나 재판관이 죄를 의식하고 있는 자만 발견하고 싶어하는 것은 아닌가 염려하라! 그는 커다란 힘을 가지고 있기 때문에, 자기 앞의 인간이 옳다는 것을 인정하기보다 죄인을 용서하는 것이 더 쉬울 것이다." 로마 식민지의 가난한 사람들도 로마의 지방총독 앞에서 그와 같이 느꼈다. ─"그는 오만하기 때문에, 우리는 무죄가 아닐지도 모른다." 최고 재판관을 기독교적으로 그려볼 때, 바로 이 느낌이 다시 작용했을 것이다!

유럽적이지도 않고, 고상하지도 않음. 기독교에는 무언가 동양적인 면과 여성적인 면이 있다. 이것은 "신은 자신이 사랑하는 자를 징계한다"[55]라는 사상 속에 나타나 있다. 왜냐하면 동양의 여성들은 세상으로부터 엄격하게 격리하는 것과 징계를 남편의 사랑의 표시로 여기고, 이 표시가 끊어지면 불평을 하기 때문이다.

76

악하게 생각하는 것은 악하게 만드는 것을 의미한다. 정열이 악하고 기분 나쁘게 고찰되면, 악하고 기분 나쁜 것이 된다. 마찬가지로 기독교는 성적으로 흥분이 일어날 때, 신자의 양심 속에 가책을 불러일으켜 에로스[56]와 아프로디테[57]─위대한, 이상적 자격을 가진 힘─를 지옥의 요괴와 환상으로 창조할 수 있었다.

필연적이고 규칙적인 감각을 내면적인 비참함의 원천으로 삼고, 이렇게 해서 내면적 비참함을 모든 인간에게 필연적이고 규칙적인 것으로 만드는 것은 무서운 일이 아닐까! 거기에다 이 비참함은 비밀로 지켜지고, 그 때문에 더욱 깊은 곳에 뿌리내리게 된다. 왜냐하면 모든 사람이 이 점에 관한 그들의 기독교적인 우울을, 셰익스피어가 그의 14행시에서 했던 것처럼 고백할 용기를 가지고 있는 것은 아니기 때문이다.

도대체 우리가 싸우고, 억제하고, 혹은 사정에 따라 완전히 머리에서 지워버려야 한다는 것을 항상 악하다고 말해야 하는가! 적을 항상 나쁘다고 생각하는 것은 비천한 혼이 하는 짓이 아닌가! 우리가 에로스를 적이라고 부를 권리가 있는가! 원래 성적인 감각은 동정과 숭배의 감각과 마찬가지로, 한 인간이 자기의 만족을 통해 다른 인간을 즐겁게 하는 것이다. 자연에서 우리는 이러한 호의적인 현상을 그다지 자주 경험하지 못한다! 더욱이 바로 그러한 것을 욕하고, 그것을 양심의 가책 때문에 못쓰게 만들다니! 인간의 생식을 양심의 가책과 결부하다니!

결국 에로스의 악마화는 희극적인 종말을 맞았다. '악마' 에로스는 교회가 연애에 대해 소곤거리거나 비밀스럽게 이야기한 덕분에, 점차로 모든 천사와 성자보다도 인간의 관심을 끌게 되었다. 이야기는 우리 시대에까지 영향을 미쳐 연애는 온 세상에 공통된 단 하나의 참된 관심사가 되었다. 고대에는 이해할 수 없을 정도로 과장되어 있었는데, 이 과장은 후세 언젠가는 또한 역시 웃음거리가 될 것이다. 우리의 시와 전반적인 사상에는 최상의 것에서 최하의 것에 이르기까지 연애 이야기가 주요 이야기로 등장한다. 이렇게 연애 이야기는 우리의 시와 사상을 특징짓고, 특징짓는 것 이상의 역할을 할 만큼 대단히 중요하다. 아마 그 때문에 후세는, 기독교 문화유산 전체에 무언가 좀스럽고 광기 어린 것이 있다고 판단할 것이다.

77

영혼 고문에 대해. 어떤 사람이 타인의 신체에 어떤 고문을 가한다면, 오늘날에는 누구나 큰 소리로 항의한다. 그런 짓을 할 수 있는 인간에 대한 분노가 즉시 일어난다. 그뿐 아니라 우리는 인간이나 동물에 가해지는 고문을 생각하는 것만으로 전율하고, 그와 같은 사실이 확실하게 증명된다면 그것을 듣고 완전히 참을 수 없을 정도로 괴로워한다. 그러나 우리는 영혼에 고문을 가하는 것과 고문을 가하는 것의 무서움에 대해서는 분명하게 느끼지 못하고 있다. 기독교는 영혼 고문을 엄청날 정도로 이용해 왔고, 이런 종류의 고문을 끊임없이 설교하고 있다. 그뿐인가. 기독교는 그러한 고문 없는 상태와 만나면, 아주 순진하게 배교라고 탄식하든가 미지근하다고 탄식한다. 이 모든 결과로 오늘날 인류는 정신적인 화형에 의한 죽음, 정신적인 고문과 고문 도구를 불안한 마음으로 참고 망설이며 대하고 있다. 옛날 인간과 동물의 신체에 가해진 잔학성에 대해 품었던 것처럼.

지옥은 단순히 말로 남아 있지 않다. 새로 만들어진 현실적인 지옥의 불안에도 역시 새로운 종류의 동정이 생겨났다. 예를 들면 돌로 만들어진 손님이 돈 후안에게 알려주었던 것 같은,[58] '지옥에 떨어진 사람들'에 대해 매우 무섭고도 강한, 이전에는 알려져 있지 않았던 연민이 생겨났다. 기독교가 수 세기 동안 돌이라도 종종 비탄에 잠기게 했을 그런 연민 말이다. 플루타르크는 이교의 내부에 어떤 미신적인 인간의 상태를 음울하게 그리고 있다. 이 형상도 '영원한 고뇌'를 더 이상 피할 수 없으리라고 추측하는 중세의 기독교도와 비교하면, 천진무구한 것이 되고 만다.

무서운 통고자들이 그에게 나타난다. 또는 뱀을 주둥이 안에 넣고 삼키기를 아직 주저하고 있는 황새가 나타난다. 자연이 갑자기 색을 잃는다. 또한 작열하는 색이 지상을 난다. 죽은 친척의 모습이 무서운 고통의 흔적을 남긴 얼굴을 하고 다가온다. 또한 잠자고 있는 자의 방의 어두운 벽이 밝아지고, 벽 위에서 고문 도구와 뱀과 악마의 뒤엉킴이 노란 연기로 나타난다. 참으로 기독교는 도처에 십자가를 세우고 이 세상을 '옳은 자가 죽음에 이를 때까지 고문 받는' 곳이라고 이름 붙임으로써, 이 세상을 얼마나 무서운 장소로 만들었는지 이미 알고 있기나 하는! 또 참회를 전하는 위대한 설교자의 직권이 일찍이 개인의 비밀스런 괴로움 모두를, 즉 '침실'의 고문을 드러냈을 때, 그때마다 이 세상을 '재해의 골짜기'로 바꾸려는 것처럼 보였는지! 예를 들면 화이트필드 같은 사람이 '다 죽게 된 자가 다 죽게 된 자에게 하는 것처럼' 어떤 때는 격하게 울면서, 어떤 때는 요란스럽게 발을 구르고, 정열적으로 더할 수 없이 통절(痛切)하고 급격한 가락으로 어려워하지도 않고 그 자리에 있던 한 사람 한 사람의 인간을 공격하고, 그를 무서운 방식으로 교회원에서 분리시키려고 설교했을 때 세상이 '재해의 골짜기'로 바뀌는 것처럼 말이다. 그때 모여들었던 사람들은 광기의 발작에 걸린 것처럼 보였다. 많은 사람들은 불안으로 마비를 일으켰다. 다른 사람들은 의식을 잃고, 움직이지 않고 거기에 누워 있었다. 몇몇 사람들은 격렬하게 흔들고, 혹은 날카롭게 몇 시간이나 계속 소리를 질렀다. 곳곳에서 반쯤 질식하여 공기를 마시려고 헐떡이는 사람들의 소란스러운 호흡이 들렸다.

그러한 설교의 목격자는 말한다. "실제로 거의 모든 귀에 들려오는 소리는 격렬한 고뇌 속에서 죽는 인간의 소리였다." 임종의 침대를 고문의 침대로 만든 것은 기독교가 처음이었다는 것을 결코 잊지 말자. 또한 그 이후 그 침상에서 보인 광경과 여기에서 비로소 처음으로 나타난 무서운 소리가, 무수한 목격자들의 감각과 피를 그들의 전 생애 동안, 그들 자손의 생애 동안 해쳤다고 하는 것을! 다음과 같은 말을 한번 듣고 잊지 못하는 순진한 인간을 생각해 보기를! "오, 영원이여! 오, 나에게 영혼이 없었다면! 오, 내가 차라리 태어나지 않았다면! 나는 벌 받아 마땅하다. 벌 받아 마땅하다. 영원히 구원받지 못한다. 엿새 전이라면 그대들은 나를 구원할 수 있었다. 그러나 이젠 다 틀렸다. 지금 나는 악마의 무리에 속해 있다. 악마와 함께 지옥으로 간다. 불쌍한 돌로 된 심장이여, 깨져라, 깨져라! 깨지지 않겠는가? 돌로 된 심장에 더 이상 무슨 일이 일어날 수 있겠는가? 너희들이 구원받기 위해 내가 마땅히 벌 받았던 것이다! 오라! 그래, 오라! 와, 악마여, 와!"

78

벌을 내리는 정의. 불행과 죄 이 두 가지를 기독교는 하나의 저울에 놓았다. 그러므로 죄 다음에 일어나는 불행이 큰 경우에는, 지금도 변함없이 알지도 못하는 사이에, 죄의 정도에 따라 계산된다. 그러나 이것은 고대적인 것이 아니다. 그 때문에 불행과 죄를 대단히 풍부하게, 더구나 아주 다른 의미에서 다루는 그리스 비극은, 고대인 자신이 느낄 수 없었을 정도로 위대한 심정의 해방자에 속한다. 고대인은 죄와 불행 사이에 '등치관계(等値關係)'를 놓지 않았을 정도로 순진했다. 그들 비극 용사들의 죄는 분명히 그들이 걸려 넘어지고, 그 때문에 팔이 꺾어지게 하고, 눈알을 나오게 하는 작은 돌이다. 고대인의 감각은 그것에 대해 이렇게 말했다. "그런데 그는 약간 더 사려 깊게, 조금 덜 오만하게 걸어야 했다!" 그러나 기독교는 처음으로 다음과 같이 말했다. "여기에는 혹독한 불행이 있다. 그 배후에는, 우리가 명확하게 볼 수는 없지만 불행과 같은 무게의 지독한 죄가 숨어 있음에 틀림없다! 불행한 그대가 그렇게 느끼지 않는다면, 그대는 냉혹하다. 그대는 좀더 나쁜 일을 겪게 될 것이다!"

그 결과 고대에는 실제로 불행이 있었다. 순수하게 죄 없는 불행이 있었

다. 기독교에서는 모든 것이 벌이 된다. 지극히 당연한 벌이 된다. 기독교는
또한 괴로워하는 자의 상상력을 괴로움의 씨앗으로 만든다. 그래서 그는 형
편이 나쁠 때는 언제나 자기가 도덕적으로 비난받아야 할 자이고, 또한 비난
받은 자로 느끼게 되었다. 불쌍한 인류! 그리스인은 다른 사람의 불행에 분
개를 나타내는 고유한 말을 가지고 있다. 이러한 감동은 기독교의 여러 민족
사이에서는 허용되지 않았기 때문에, 거의 발전하지 못했다. 그래서 이 여러
민족에게는 '동정'이란 단어보다 ('다른 사람의 불행에 분개한다'는 의미를
지닌) 더 남성적인 형제를 기리키는 단어도 없다.

79

하나의 제안. 파스칼과 기독교가 말하는 것처럼 우리의 자아가 언제나 미
워해야할 대상이라면, 신이든 인간이든 다른 것이 우리의 자아를 사랑해 주
는 것을 우리가 어떻게 그대로 허용하거나 받아들일 수 있겠는가! 사랑받고
있으면서 증오받을 존재에 불과하다는 것을 잘 알고 있다는 것은 완전히 격
에 맞지 않는 일이 될 것이다. "그러나 이것이 바로 은총의 나라다." 이렇게
주장한다면 그대들에게 이웃사랑은 은총인가? 그대들의 동정은 은총인가?
그래, 그대들에게 이것이 가능하다면 또 한 걸음 전진하라. 그대들 자신을
은총으로 사랑하라. 그러면 그대들은 신이 더 이상 필요하지 않게 된다. 그
리고 타락과 구원이라는 연극은 그대들 자신의 내부에서 끝나게 된다!

80

동정적인 기독교도. 이웃의 고통에 대한 기독교적인 동정의 이면(裏面)은
이웃의 모든 기쁨을, 이웃이 바라고 또 할 수 있는 모든 것에 대한 그 기쁨
을 깊게 의심하는 것이다.

81

성자(聖者)의 인간성. 한 성자가 신도들의 손아귀에 빠져서, 죄에 대한
그들의 끊임없는 증오를 더 이상 참을 수 없게 되었다. 마침내 그는 말했다.
"신은 만물을 창조했지만, 죄만은 창조하지 않았다. 신이 죄에 호의를 품지
않은 것이 무엇이 이상한 일인가? 그러나 인간은 죄를 창조했다. 게다가 인

간은 자기의 또 다른 자식인 죄를 죄의 할아버지인 신의 마음에 들지 않기 때문이라는 이유만으로 쫓아내려고 한다. 이것이 인간적인 것인가? 존경할 만한 자는 존경하라! [59] 그러나 마음과 의무는 무엇보다 자식을 변호해야 할 것이다! 그리고 그 다음에 비로소 할아버지의 영예를 변호해야 할 것이다!"

82

성직자의 습격. "그대는 그것을 혼자 해결해야 한다. 왜냐하면 그것은 그대의 생명의 문제이기 때문이다!" 이렇게 외치며 루터가 덤벼든다. 머리에 단도가 와 닿은 것처럼 우리가 느낄 것이라고 그는 생각한다. 그러나 우리는 고차원적이고 좀더 사려 깊은 사람의 말 때문에 루터를 가까이 하지 않는다. "이런저런 것에 대해 전혀 의견을 내세우지 않음으로써 우리의 영혼이 불안에서 벗어나게 하는 것은 우리 자신이다. 왜냐하면 사물 자체는 그 본성상 우리에게서 어떤 판단을 강탈할 수 없기 때문이다."

83

가련한 인류! 뇌 속의 피가 한 방울 더 많거나 더 적으면, 우리의 인생은 말할 수 없을 정도로 비참해지고 고통스러워질 수 있다. 그래서 프로메테우스[60]가 독수리로 인해 고통을 받았던 것 이상으로, 우리는 이 피 한 방울로 고통을 당할 수 있다. 그러나 그 한 방울이 원인이라는 것을 우리가 알지도 못하는 바로 그때, 가장 무서운 것이 온다. 알지도 못하고 '악마'라든가 '죄'라고 할 때이다.

84

기독교의 문헌학. 기독교가 성실과 정의에 대한 감각을 기르는 일이 얼마나 적은가 하는 것은, 기독교 학자들의 저작의 성격으로 미루어서 어림짐작할 수 있다. 그들은 그들이 추측하는 바를 뻔뻔스럽게도 마치 교의처럼 제시하지만, 성서의 구절 해석에 대해서는 정직하게 곤혹스러워하는 일은 드물다. 그들은 자꾸 되풀이해서 이렇게 말한다. "나는 옳다. 왜냐하면 씌어져 있기 때문에." 그러고는 부끄러움을 모르는 멋대로의 해석을 이어간다. 그래서 그것을 듣는 문헌학자는 통분과 웃음 한가운데 멈추고서 거듭 묻는다. 그런 것이 가능하겠는가! 이것을 신뢰할 수 있을까? 그것은 실제로 예의바른 것일까? 이 점에 관해 변함없이 신교의 설교 단상에서 불성실하게 이행하고 있는지, 즉 다시 말해 여기에서는 누구라도 말참견하지 않는다는 이점을 설교사가 얼마나 난폭하게 이용하고 있는지, 여기에서는 성서가 얼마나 심하게 들볶이는지 나쁜 독서 기술이 민중에게 정식으로 가르쳐지고 있는지 제대로 평가하지 않는 자는 교회에 전혀 가지 않는 사람이나 항상 교회에 가는 사람밖에 없다.

그러나 그 창세 이후 수세기 동안, 《구약성서》에 관한 저 전대미문한 문헌학적인 광대극을 상연한 종교의 영향에서 우리는 무엇을 기대할 수 있겠는가. 내가 생각하고 있는 것은, 《구약성서》는 기독교의 가르침 이외의 아무것도 포함하고 있지 않고, 이스라엘이 참된 민족으로서 기독교도에 속해 있다고 사람들이 주장하면서 유대인이 제 것인 양 부당하게 차지했던 《구약성서》를 유대인에게서 떼어내려는 시도이다. 그런데 이리하여 사람들은 양심있는 사람이라면 도저히 시도할 수 없는 설명과 뒤틀린 해석에 열중하는 데 빠졌다.

아무리 심하게 유대 학자들이 항의하더라도, 《구약성서》 곳곳에서 그리스도가, 그것도 그리스도만이 화제가 되었다. 그리고 하나의 재목, 막대기, 사닥다리, 가지, 나무, 버들, 지팡이의 이름이 나오기라도 하면, 그때 그것은 십자가에 대한 예언을 의미한다고 했다. 외뿔 짐승, 청동의 뱀의 직립도, 기도하기 위해 팔을 뻗치는 모세도, 그뿐 아니라 유월절의 어린양이 꿰어져서 구워지는 꼬챙이마저도 모두가 십자가의 암시이고 이른바 그 서곡(序曲)이다! 이 점을 주장한 사람으로 일찍이 그것을 믿은 사람이 있었는가? 교회가, 밀수입된 구절을 나중에 기독교적인 예언의 의미에 이용하기 위해, 70인 역 그리스어 《구약성서》의 원문을 늘리는 것을 (예를 들면 시편 96장 10절) 두려워하지 않았던 것을 고려하라. 사람들은 전쟁 중에 있었기 때문에, 적은 생각했지만 정직은 생각하지 못했다.

85

부족함 가운데 있는 정교함. 그리스인의 신화가 그대들의 심원한 형이상학에 필적하지 않는다고 해서 경멸해서는 안 된다! 그의 날카로운 지성에게 바로 여기서 멈추라고 명하고, 스콜라 철학과 당치도 않은 미신의 위험을 회피하는 능력을 충분히 오랫동안 소유했던 민족을 그대들은 경탄해야 한다!

86

육체에 대한 기독교적 해석자. 특히 위, 심장, 심장의 고동, 신경, 담즙, 정액에서 비롯된 모든 것—모든 불쾌함, 쇠약, 과도한 자극, 우리에게는 잘 알려져 있지 않은 기계의 우연성 전체! —이 모두를 파스칼 같은 기독교도는 거기에 숨어 있는 것은 신인가 악마인가, 선인가 악인가, 구원인가 지옥인가 하고 물음으로써, 그 모든 것은 하나의 도덕적·종교적 현상이라고 생각했다! 오, 불행한 해석가 같으니! 어디까지나 올바르기 위해서는 그가 얼마나 자기의 체계를 비틀고, 괴로워해야 하는가!

87

윤리적인 기적. 기독교는 윤리적인 것 중에서 기적만을 인정한다. 즉 모든 평가의 갑작스러운 변화, 모든 습관의 갑작스러운 방임, 새로운 대상과 인격에 대한 갑작스럽고 피할 수 없는 호감만을 인정한다. 기독교는 이 현상을 신의 섭리로 파악하고, 그것을 재생 활동이라고 부르며 그것에 단 하나의 특별한 가치를 준다. 그것 때문에 윤리라고 부르며 더욱이 기적과 관계없는 모든 것이 기독교도는 관심을 갖지 않는다. 그뿐 아니라 그 현상이 쾌감과 자부심을 포함한다면 공포의 대상마저 될 것이다.

《신약성서》에는 덕의 규준, 완성된 율법의 규준이 나와 있다. 그러나 그것은 불가능한 덕의 규준이 되고 있다. 윤리적으로 여전히 노력하고 있는 인간은, 그러한 규준에 직면하여 그들의 목표에서 점점 멀어지는 것을 느낀다. 그들은 덕에 절망하고, 결국 자비심 많은 자의 마음에 몸을 던지게 된다. 이러한 결말을 수반해야만, 윤리적인 노력이 기독교도에게 가치가 있다고 여겨졌다. 그 노력이 항상 효과 없고 불쾌하고 우울한 노력으로 시작되고 끝난다는 것이 전제가 되지만 말이다. 이리하여 이 노력 역시 인간이 '회심'과 윤리적인 기적을 체험하는, 황홀한 순간을 초래하는 데 유용할 수 있었던 것이다. 그러나 윤리를 얻고자 하는 이 노력은 필연적인 것이 아니다.

왜냐하면 죄인이, 이를테면 죄로 인해 문둥병에 걸렸을 때, 기적이 드물지

않게 일어났기 때문이다. 참으로 가장 깊고 가장 근본적으로 죄를 많이 지었
는데도 그 반대의 것으로 비약하는 것 자체가 무언가 좀더 쉽고, 또한 기적
의 명백한 증명으로 좀더 바람직한 것처럼 보이기 때문이다. 더 나아가서 그
러한 갑작스럽고 비이성적이고 불가항력적인 전환, 그와 같은 가장 깊은 비
참함과 가장 깊은 쾌감의 교체가 생리학적으로 의미하는 것(아마 가장한 간
질인지 아닌지?), 그것은 물론 그러한 '기적'을 (예를 들면 살인광, 자살광
으로서) 풍부하게 관찰해 온 정신과 의사가 고려할 과제이다. 기독교도의
경우 비교적 '더 긍정적인 결과'는 아무런 본질적 차이가 없다.

88

위대한 자선가 루터. 루터가 미친 영향 중에서 가장 의의 있는 것은 성자
들과 기독교의 관상적인 생활 전체에 대해 불신을 일깨웠다는 점이다. 그때
이후에 비로소 유럽에서 비기독교적인 관상적인 생활을 향한 길이 열리고,
세속적인 활동과 세속인에 대한 경멸이 제한되었다. 루터는 수도원에 있을
때도 변함없이 유능한 광부의 아들이었다. 여기에는 다른 깊음과 '깊은 곳'
이 없었기 때문에 자신 속으로 파고들어서 무섭고 어두운 광맥을 팠던 것이
다. 마침내 그는 관상적이고 신성한 생활이 자기에게는 불가능하다는 것, 영
혼과 육체의 천성적인 '활동성'이 자기를 파멸하리라는 것을 깨달았다. 너무
나 오랫동안 그는 고행으로 성자가 되는 길을 발견하려고 노력했다. 마침내
그는 결심하고 말했다. "진짜 관상적인 생활은 존재하지 않는다. 우리는 속
임을 당하고 있었다! 성자들은 우리 모두보다 가치있는 존재들이 아니었
다." 이것은 물론 정당한 주장인데, 그 방법은 촌스러웠다. 그러나 그 당시
의 독일인에게는 올바른 단 하나의 방법이었다. 그들은 루터의 신앙문답서
중에서 다음 것을 읽고, 얼마나 신앙심이 일어났던 것인가. "십계명 이외에
신의 마음에 들 수 있는 일은 아무것도 없다. 찬양받고 있는 성자들의 성직
적인 일은, 그들이 꾸며낸 것이다."

89

죄로서의 회의. 기독교는 스스로를 지키기 위해 온 힘을 다했다. 그리고
회의는 이미 죄라고 선고했다. 사람은 이성 없이 기적으로 신앙 속에 내던져

져야 한다. 그러고 나서 가장 맑고 명백한 활동 무대에 들어간 것처럼 신앙 속에서 헤엄쳐야 한다. 대륙을 바라보는 것만으로도, 사람은 헤엄치기 위해서만 존재하고 있는 것이 아니라는 사상만으로도, 우리의 양서류적인 본성의 미미한 활동만으로도 죄인 것이다! 그러나 그것과 함께 신앙의 기초 및 신앙의 유래에 관한 모든 고찰이, 똑같이 이미 죄로서 배제되고 있다는 것을 생각해 보라. 사람들은 맹목과 도취, 이성이 빠진 파도 위에서 영원한 노래를 바라고 있는 것이다!

90

이기주의 대 이기주의. 수많은 사람들이 변함없이 다음과 같이 결론을 내린다. "신이 존재하지 않는다면 인생은 견딜 수 없을 것이다!"(혹은 이상주의자들이 말하는 것처럼 "삶의 뿌리에 윤리적인 의의가 없다면, 삶은 견딜 수 없을 것이다!") 따라서 신이 (혹은 존재의 윤리적인 의의가) 존재하지 않으면 안 된다! 외치는 것이다. 참으로 이 생각에 길들여진 자는 그런 생각 없는 삶을 바라지 않으며, 그러므로 그것은 그와 그의 유지를 위해 필수적인 생각일 뿐이라는 것이다. 그러나 나의 유지를 위해 필수적인 모든 것이 마찬가지로 실제로 존재해야 한다고 판단하는 것은 얼마나 불손한가! 마치 나 자신을 유지하는 것이 필연적인 것이라도 한 듯이! 만약 다른 사람들이 반대로 생각하면 어떻겠는가! 그들이 두 신앙 신조를 바탕으로 살고 싶어하지 않고, 삶은 더 이상 살 가치가 없다고 생각한다면, 어떻겠는가! 그런데 지금이 그와 같은 상태이다!

91

신의 정직. 전지전능하면서도 자기의 의도를 자신의 피조물이 이해하게끔 배려하지 않는 신이 자비의 신일까? 수많은 회의와 의심을, 인류의 구원에 위험하지 않은 것처럼 수천 년이나 오래 존속시킨 신, 더욱이 진리를 잘못 붙잡은 경우에는 다시 가장 무서운 결과를 약속하는 신이 과연 자비의 신일까? 진리를 가지고 있고, 인류가 진리를 찾아 비참하게 괴로워하는 상태를 관찰한다면 잔혹한 신이 아닐까? 그러나 아마 그 신은 역시 자비의 신일 것이다. 그는 단지 자기를 더 분명하게 표현할 수 없었을 뿐이다! 그렇다면 어쩌면 신에게는 그렇게 하기 위한 정신이 결여되어 있었던 것일까? 혹은 웅변이? 만약 그렇다면 더 나쁘다!

그 경우 아마 그는 스스로 '진리'라고 명명하는 것에도 오류를 범하는 것이고, '기만당한 가련한 악마'와 그다지 크게 다르지 않다! 그 경우 그는 자신의 피조물이 그를 인식하기 위해 그렇게 그리고 영원히 점점 더 심하게 괴로워하는 것을 보며 지옥에 빠진 듯한 고통을 견뎌야 하는 것이 아닐까? 마치 귀머거리가 그의 자식과 개가 극히 무서운 위험에 빠져 있을 때 여러 가지 잡다한 몸짓을 하는 것 이외에는 충고도 도움도 줄 수 없다는 것처럼 말이다. 이와 같은 추론을 하며 곤혹스러워하는 신자가 '이웃'보다, 괴로워하는 신을 더 많이 동정한다면, 그는 참으로 용서받아야 할 것이다. 왜냐하면 가장 고독하고 가장 최초의 것이 모든 것 중에서 가장 괴로워하고 가장 위로를 필요로 하는 것이라면, 그것은 더 이상 신자의 이웃은 아니기 때문이다.

모든 종교에는 인류 초기의 미숙한 지성에서 유래한다는 특징이 있다. 그것들은 모두 진리를 말한다는 의무를 놀랄 만큼 가볍게 생각한다. 그것들은 성실하고 명백하게 판단해서 인류에 알려야 하는 신의 의무에 관하여 아직 아무것도 모른다. 숨어버린 신에 대해 그리고 그렇게 자기를 감추고 말로는 언제나 반밖에 드러내지 않는 이유에 관해 파스칼보다 말을 더 많이 한 사람은 없다. 이것은 파스칼이 이 점에 관해 결코 만족할 수 없었다는 증거이다. 그의 소리는 아주 확신에 찬 것처럼 들린다. 마치 언젠가 장막 뒤에 함께 앉았던 적이 있었던 것처럼. 그는 '숨어버린 신'[61]의 비도덕을 냄새 맡고, 이것을 자백하는 것에 대해 가장 큰 치욕과 공포를 느꼈다. 그래서 그는 두려움을 품은 사람처럼 가능한 한 큰 소리로 말했던 것이다.

92

죽음을 맞이하는 기독교의 침상에서. 오늘날 참으로 활동적인 인간은 마음속으로는 기독교를 믿지 않는다. 좀더 온건하고 좀더 관상적인, 정신적으로는 중류계급의 인간은 정돈된 기독교, 즉 놀랄 만큼 단순화된 기독교를 간신히 믿을 뿐이다. 자신의 사랑으로 모든 것이 우리에게 결국 최선이 되도록 하는 신, 우리의 행복과 같이 덕을 우리에게 주거나 빼앗으며, 일반적으로 언제나 올바르고 좋은 상태로 인도하고 삶에 대해 불평하거나 비난할 이유

를 조금도 남기지 않는 신, 요컨대 신성까지 높여진 체념과 겸양—이것이
기독교 속에 남아 있는 최상의 것이고 가장 활발한 것이다. 그러나 이것과
함께 기독교는 온건한 도덕주의로 바뀌고 있다는 것을 우리는 인정해야 한
다. '신, 자유, 불사'라기보다는 호의와 절도 있는 의향이며, 우주 전체를 호
의와 절도 있는 의향이 지배할 것이라는 신앙이 남아 있었다. 그것은 기독교
의 안락사이다.

93

진리란 무엇인가? 신자들이 즐겨 하는 다음과 같은 추론을 시인하지 않을
사람이 있겠는가. "과학은 참일 수 없다. 왜냐하면 과학은 신을 부인하기 때
문이다. 따라서 과학은 신으로부터 나온 것이 아니다. 따라서 과학은 참이
아니다. 왜냐하면 신이 진리이기 때문이다." 여기에서는 추론이 아니라 전제
에 오류가 포함되어 있다. 신이 참으로 진리가 아니라면, 그리고 이 점이 증
명되었다면 어떻겠는가? 신이 인간의 허영심이고 권력욕이고 성급함이고 공
포이고 기쁨과 놀라움의 망상이라고 하면 어떻겠는가?

94

비위가 뒤틀린 사람들을 치료하는 법. 이미 바울은 죄에 대한 신의 깊은
불쾌함이 사라지려면 희생이 필요하다고 생각했다. 그 이후로 기독교도들은
자기 자신에 대한 불쾌함을 다른 희생물에다 돌렸다. 그것이 '세계'든 '역사'
든 '이성'이든 즐거움이든 다른 사람들의 안온한 평화든, 무언가 좋은 것이
그들의 죄를 위해 죽지 않으면 안 된다. (겉으로[62]만이라도!)

95

최종적인 반박으로서의 역사적 반박. 옛날 사람들은 신이 존재하지 않는
다는 것을 증명하려고 했다. 오늘날 우리는 신이 존재한다는 신앙이 어떻게
발생했는가, 또 이 신앙이 무엇에 의해 그 무게와 중요성을 온전하게 지켜왔
는가를 증명한다. 이로써 신은 존재하지 않는다는 반대 증명은 쓸데없는 것
이 된다. 예전 사람들이 '신의 존재에 대한 증명'을 반박했을 때, 반박된 증
명보다 더 좋은 증명을 아직도 발견할 수 있지 않을까 하는 의심이 변함없이

남아 있다. 당시 무신론자들은 문제를 해결하는 데 숙달되어 있지 않았다.

96

"이 표시로 너는 승리할 것이다."[63] 그 외의 점에서 유럽이 그토록 발달했다고 해도, 종교적인 문제에 관해서 유럽은 고대 브라만의 소박하고 얽매이지 않은 마음에 아직 도달해 있지 않다. 인도에서는 4천 년 이전에 현재의 우리 사이에서 이루어지는 것보다 더 많은 것이 사색되고 더 많은 사색의 즐거움이 전달되었다.

즉 브라만은 첫째, 승려가 신들보다 더 힘이 있다는 것, 둘째, 관습은 승려의 힘에서 유래한다고 믿고 있었다. 그 때문에 브라만의 시인들은 관습(기도, 의식, 희생, 노래, 박자)을 모든 좋은 것을 주는 것으로서 찬양했고 그에 물리지 않았다. 아무리 많은 천한 시와 미신이 여기에 개입되어 있다고 해도, 논지는 올바르다! 한 걸음 더 나아가자. 그들은 신들을 배제했다. 유럽도 언젠가는 그렇게 해야 한다! 또 한 걸음 더 나아가자. 그들은 승려와 신을 매개하는 사람들도 더 이상 필요로 하지 않았다. 그래서 자기를 구원할 종교의 선생, 부처가 나타났다. 유럽은 아직 이 단계로부터 얼마나 멀리 떨어져 있는지!

마지막으로 신, 승려, 구원자 등의 힘이 의존하고 있는 모든 관습과 풍습도 없어져 버리고, 따라서 낡은 의미의 도덕이 죽는다면, 그때에는 무엇이 오는가? 이것저것 추측하지 말자. 우선 유럽이 사색자의 민족 인도에서 이미 수천 년 전에 사색의 명령으로 실행되었던 것을 회복하도록 하자! 오늘날 유럽의 여러 민족 속에는 아마 천만 명에서 2천만 명에 달하는, 더 이상 '신을 믿지' 않는 인간이 있을 것이다. 그들이 서로 신호한다는 것은 과도한 요구인가? 그들이 이렇게 서로를 인식하자마자, 그들은 또한 자기의 타고난 성품을 털어놓을 것이다.

그들은 곧 유럽에서 하나의 힘이 될 것이다. 그리고 다행히도 민족 사이의 힘이 될 것이다! 계급 사이에! 가난한 자와 부유한 자 사이에서! 명령하는 자와 복종하는 자 사이에서! 가장 불안한 인간들과 가장 평온하고 안정된 인간들 사이에서!

97

도덕적으로 되는 이유는 도덕적이지 않기 때문이다! 도덕에 복종하는 것은 왕에게 복종하는 것과 같이 노예적일 수도 있고, 우쭐댐이나 이기심일 수도, 체념이나 음울한 열광일 수도, 사려 없음일 수도, 절망의 행위일 수도 있다. 그것 자체로서는 도덕적인 것이 아니다.

98

도덕의 변화. 도덕에는 끊임없이 변화와 수고가 가해지고 있다. 이것은 행운의 결말을 가진 범죄가 일으킨다. (예를 들면 도덕적인 사색의 모든 혁신은 그 범죄자의 일부이다.)

99

우리 모두가 비이성적인 점. 우리는 변함없이 틀렸다고 생각하는 판단과 더 이상 믿고 있지 않은 학설에서 결론을 이끌어낸다. 우리의 감정에 의해서 말이다.

100

꿈에서 깨어나. 일찍이 고귀하고 현명한 인간들은 천체의 음악이 존재한다고 믿었다. 고귀하고 현명한 인간들은 여전히 '존재의 윤리적 의의'를 믿고 있다. 그러나 언젠가는 이 천체의 음악도 그들의 귀에 더 이상 들리지 않게 될 것이다! 그들은 깨어나 귀가 꿈을 꾸고 있었다고 깨닫는다.

101

염려스럽다. 어떤 신앙을 풍습이라는 이유만으로 받아들인다는 이것은 불성실하고 비겁하고 부패해 있다는 것을 의미한다! 그렇다면 불성실, 비겁, 부패가 윤리의 전제라는 것인가?

102

가장 오래된 도덕적 판단. 우리 주위에 있는 어떤 인간의 행위를 우리는 실제로 어떻게 다루는가? 우선 우리는 그 행위가 우리에게 어떤 결과를 가져오는지 주목한다. 우리는 이 시점에서만 그 행위를 본다. 이 결과를 우리는 그 행위의 의도로 생각한다. 결국 우리는 그러한 의도를 가진다는 것을 그의 영속적인 성질로서 간주하고 그 이후로 그를 '해로운 인간'이라고 부른다. 이런 추론에는 삼중의 오류가 있다! 매우 오래되고 잘못된 삼중의 처사다! 아마 동물과 그 판단력으로부터 우리가 계승했을 것이다!

모든 도덕의 기원은 다음과 같은 혐오할 만한 짧은 추론 속에서는 찾을 수 없는가. "나에게 해를 입히는 것은 나쁜 것(그것 자체로서 해를 주는 것)이다. 나에게 한 번 또는 몇 번 해를 주는 것 자체가 적대적인 것이다. 나에게 한 번 또는 몇 번 이익을 주는 것 자체가 친밀한 것이다." 아, 수치스러운 기원! 이것은 우리와 타인이 맺게 되는 사소한 관계에서 달라진다. 이것은 흔히 우연한 관계를 타인의 본질이고 가장 본질적인 것이라고 생각해 내는 것을 의미하지 않을까. 그는 세상 일반과 자신에 대해 우리가 한 번 또는 몇 번 체험한 관계밖에 가질 수 없다고 주장하는 것을 의미하지 않을까? 그리고 이 전적으로 어리석은 짓의 배후에는, 우리가 선과 악을 재기 때문에 우리 자신이 선의 원리여야 한다는 터무니없는 저의가 있는 것이 아닐까?

103

윤리를 부정하는 사람은 두 종류가 있다. "윤리를 부정한다."―이것은 첫째, 인간이 내세우는 윤리적 동기가 실제로 그들의 행위를 가져왔다는 사실을 부정한다는 의미이다. 따라서 그것은 윤리란 말 가운데 있고, 인간의 조야한 기만과 날카로운 기만(특히 자기기만)의 일부이고, 미덕으로 가장 이름 높은 사람들이 아마 가장 많을 것이라는 주장이다. 둘째, 그것은 윤리적인 판단은 진리에 의거한다는 것을 부정한다는 의미일 수 있다. 여기서 인정되고 있는 것은, 윤리적인 판단은 실제로 행위의 동기지만, 모든 윤리적인 판단의 근거는 오류이며 그 오류가 인간에게 도덕적인 행위를 하게 한다는 것이다. 이것이 나의 관점이다. 그러나 상당히 많은 경우, 전자의 관점 방식에 따르는 라 로슈푸코식의 정신에 입각한 예리한 의심이 정당하기도 하고, 어쨌든 최고로 일반적 이익이 된다는 사실을 나는 결코 오인하고 싶지 않다. 그러므로 나는 연금술을 부정하듯이 윤리를 부정한다. 즉, 나는 윤리의 전제들을 부정한다.

그러나 이 전제들을 믿고 그것들을 바탕으로 행동한 연금술사가 있었다는 것을 부정하지는 않는다. 나는 비윤리도 부정한다. 셀 수 없이 많은 사람들이 자기를 비윤리적이라고 느낀다는 것을 부정하는 것이 아니라, 그렇게 느끼는 이유가 진리 가운데 있다는 것을 부정한다. 자명한 것인데—내가 바보가 아니라면—비윤리적이라고 불리는 많은 행위를 피해야 하고 극복해야 한다는 것을 나는 부정하지 않는다. 마찬가지로 윤리적이라고 불리는 많은 행위는 실행해야 하고 촉진해야 한다는 것을 부정하지 않는다. 그러나 전자도 후자도, 이제까지와는 다른 이유로 이행해야 한다고 나는 생각한다. 우리는 다시 배우지 않으면 안 된다. 결국 아마 아주 나중일지도 모르지만, 그것 이상에 도달하기 위해, 다시 느끼기 위해.

104

우리의 평가. 모든 행위는 평가에 근거한다. 모든 평가는 자기 자신의 것이든가 받아들여진 것이다. 후자가 거의 대부분이다. 어째서 우리는 그것들을 받아들이는 것일까? 공포 때문이다. 즉, 우리는 그것들도 우리의 것인 듯한 태도를 취하는 것이 상책이라고 생각한다. 그리고 우리는 이 생각에 길들여지고 마침내 이 생각은 결국 우리의 본성이 된다. 자기 자신의 평가, 이것은 어떤 것이 타인이 아니라 바로 자신에게 얼마만큼의 유쾌함이나 불쾌감을 주는가 하는 점에 관해 측정하는 것을 말한다. 매우 진기하지 않는가! 그러나 적어도 우리는 대개의 경우 타인의 평가를 이용하는데, 그 동기가 되는, 타인에 대한 평가는 우리로부터 나오는 것이고, 틀림없이 우리 자신이 결정하는 것은 아닐까? 그렇다. 그러나 아이로서 우리는 평가하는 것이고, 다시 그것을 고쳐 배우는 일은 드물다. 우리는 대체로 일생 동안 우리의 이웃(그 정신, 지위, 도덕, 모범적인 점, 비난받을 만한 점)에 대해 판단하고,

그들에 대한 평가를 옳다고 생각할 필요가 있다고 여긴다는 점에서, 어렸을 때 익힌 판단에 따라 움직이는 어릿광대이다.

105

사이비 이기주의. 대다수의 사람들은 자기의 '이기주의'에 대해 어떻게 생각하고 어떻다고 말하든 간에, 일생 동안 자기의 자아를 위해서는 아무것도 하지 않고, 그들 주위 사람들의 머릿속에서 형성되어 그들에게 전해진 자아의 환영을 위하는 일만을 한다. 그 결과 그들은 모두 개인적이지 않은 의견과 비인격적인 의견, 그리고 제멋대로의, 말하자면 문학적인 평가의 안개 속에서 지내고 있다. 어떤 사람은 항상 다른 사람의 머릿속에서 살고 이 머리는 또 다시 다른 사람들의 머릿속에서 산다. 그것은 기묘한 환영의 세계지만 동시에 몹시 냉정한 겉모습을 나타낼 줄 안다! 의견과 습관의 이 안개는 그것이 둘러싸는 인간들과는 거의 관계없이 살고 또 존속한다. '인간'에 대한 일반적인 판단이 이 안개 속에서 거대한 영향을 미치고 있다. 자기 자신을 알지 못하는 이 모든 인간들은 피가 흐르지 않는 추상물인 '인간', 즉 하나의 허구를 믿고 있다. 이 추상물에 시도되는 모든 변화는 몇몇 권력자(왕이나 철학자 등)의 판단에 의해 대다수 사람들에게 생각조차 할 수 없을 정도로 엄청난 영향을 미친다. 이 모든 것은 이 대다수 개개인마다 참 자아에 접근하고 그 결과 규명되는 참 자아를 일반적으로 색이 바랜 허구와 대립시킨다 하더라도, 이 허구를 멸할 수는 없기 때문이다.

106

도덕적인 목표의 정의에 대한 반대. 오늘날 우리는 여기저기에서 도덕의 목표는 대체로 인류의 유지와 촉진이라는 이야기를 듣는다. 그러나 그것은 하나의 정식(定式)을 가지려는 것이지, 그 이상은 아니다. '유지'라면 어디까지 유지한다는 것인지 즉시 그에 대해 묻지 않을 수 없다. '촉진이라면 어디로 촉진한다는 말인가? 바로 본질적인 것, 이 '어디까지를?'과 '어디로?'의 답이 정식 속에서 빠진 것은 아닐까? 따라서 이 정식을 따른다면, 윤리학을 위해서는 현재 이미 암묵적으로 사려없이 확정되었다고 여겨지는 것 이외의 무엇이 우리의 의무인지 알 수 있는가! 이 정식에서 인류가 가능한

한 오랜 시간 동안 존재하는 것을 목표로 삼아야 하는지 혹은 인류가 가능한 한 동물로부터 벗어나는 것을 목표로 삼아야 하는지 충분히 판별할 수 있을까? 두 경우에 목표를 위한 수단, 즉 실천적인 도덕은 얼마나 다른 것이어야 하는지!

인류에 가능한 최고의 합리성을 주려고 한다면, 실천적 도덕은 분명히 인류에게 가능한 최고의 영속을 보증하는 것을 의미하지는 않는다! 혹은 인류의 '최고의 행복'을 '어디까지'와 '어디로'로 생각한다면, 그때는 개개인이 점차 도달할 수 있는 최고의 정도를 생각하고 있는 것일까? 혹은 어쨌든 전혀 계산할 수 없는, 모든 사람이 최후에 도달할 수 있는 평균적인 행복을 생각하고 있는 것일까? 그리고 무엇 때문에 도덕은 그곳을 목표로 삼을까? 윤리가 고상해질 때마다 인간은 지금까지 자기에 대해, 자기 이웃에 대해, 자기의 존재의 운명에 대해 더 불만을 느끼게 되었다고 판단할 정도로, 많은 불쾌함의 원천이 대체로 도덕에 의해 열리지 않았는가? 지금까지 가장 도덕적인 인간은, 도덕을 눈앞에서 보았을 때 인간이 유일하게 도달할 수 있는 정당한 상태는 가장 깊은 불행이라고 믿지는 않았을까?

107

우리의 우둔함에 대한 우리의 요구권. 어떻게 행동해야 하는가? 무엇을 위해 행동해야 하는가? 이 물음들은 개인의 대단히 직접적이고 조잡한 요구에는 쉽게 대답할 수 있는 것들이다. 그러나 좀더 고상하고, 좀더 넓고, 좀더 중요한 행위의 영역으로 올라갈수록, 해답은 더 불명확해지고 더 임의적인 것이 될 것이다. 그러나 여기에서는 바로 임의성이 결의에서 배제되지 않으면 안 된다! 도덕의 권위는 이렇게 명령한다. 그 목적과 수단을 인간이 즉각적으로 가장 분명하게 이해하지 않는다면, 인간은 애매한 불안과 외경을 지체 없이 따라야 한다! 도덕의 이 권위는 잘못 생각하면 위험해질 수 있기 때문에 사색을 구속한다. 도덕의 권위는 이와 같이 그 고발자에게 자신을 정당화한다. '잘못된'이라는 것은 여기서는 '위험한'이라는 의미이다.

그러나 누구에게 위험한가? 크든 작든 자기 자신의 이성에 따라 임의로, 그리고 우둔하게 행동할 권리가 모든 사람에게 인정되자마자, 권위적인 도덕의 소유자들이 주목하는 것은 보통, 행동하는 자의 위험이 아니라 위험으로 그들이 힘과 가치를 잃지는 않는가 하는 것이다. 즉, 그들은 임의성과 우둔함의 권리를 자기 스스로 주저하지 않고 행사한다. 그들은 "나는 어떻게 행동해야 하는가? 나는 무엇을 위해 행동해야 하는가?" 하는 물음에 거의 답할 수 없거나 답하기가 대단히 곤란한 때라도 명령한다. 그리고 인류의 이성은 아주 느리게 성장했기 때문에 인류가 역사 과정 전체에 걸쳐 성장해왔다는 사실이 자주 부정되었다. 도덕적 명령은 '무엇을 위해?' 그리고 '어떻게?'에 대한 개인적인 물음이 공공연하게 나도는 것을 전혀 허용하지 않는다. 이 도덕적 명령의 장엄한 존재와 편재보다 인류의 이성이 서서히 성장하게 된 것에 더 책임이 있는 것이 있겠는가? 우리는 지성이 가능한 한 분명하고 냉정하게 주시해야 할 바로 그때, 감정이 격앙되어 암흑 속으로 도망치는 것을 목표로 교육받아 온 것이 아닐까? 즉, 모든 고차원적이고 중요한 사항과 관련해서 말이다.

108

몇 가지 주장들. 개인이 자신의 행복을 바라는 한, 우리는 그에게 행복을 향한 길에 대한 지령을 해서는 안 된다. 왜냐하면 개인적인 행복은 독자적이고, 누구에게나 알려져 있지 않은 법칙에서 솟아나오므로, 밖에서 명령하는 지침에 의해 방해받고 저지당할 수 있기 때문이다. 이른바 '도덕적'인 지령은 사실 개인과 반대 방향이고, 개인의 행복은 전혀 바라지 않는다. 마찬가지로 이 지령은 '인류의 행복과 안녕'과는 아무런 관계가 없다. 이 말에 엄밀한 개념을 덧붙이는 것은 일반적으로 불가능하고, 하물며 그것들을 도덕적인 노력의 어두운 대양 위로 인도하는 별로 사용하기란 더더욱 불가능하다.

편견이 바라는 것처럼, 도덕이 비도덕보다 이성의 발전에 적합하다는 것은 참이 아니다. 어떤 의식을 지닌 존재(동물, 인간, 인류 등)이 발전할 때도, 무의식적인 목표가 그 존재의 '최고 행복'이라는 것은 참이 아니다. 오히려 발전의 전 단계에서 특수하고 비교하기 어려운, 고차원적이지도 저차원적이지도 아닌, 참으로 독특한 행복이 획득되어야 한다. 발전은 행복을 바라지 않고 발전 자체를 바라며, 그것 이상의 아무것도 바라지 않는다. 인류가 일반적으로 인정된 목표를 가질 때만, '이것저것을 행해야 한다'고 전제할 수 있을 것이다. 당분간 그러한 목표는 존재하지 않는다. 따라서 인류에 도덕적인 요구를 해서는 안 된다. 그렇게 하는 것은 비합리적이고 무책임한 짓이다. 인류에 목표를 권하는 것은 완전히 다른 일이다. 그때 목표는 우리의 임의에 달려 있다고 생각된다. 그 목표가 제시된 그대로 인류의 마음에 든다면, 인류는 그것에 따라 똑 같이 내키는 대로 자기에게 도덕 법칙을 줄 수 있을 것이다. 그러나 지금까지 도덕 법칙은 임의를 넘은 것으로 되어 있었다. 사람들은 이 법칙을 원래 자기에게 주려 하지 않고, 어딘가에서 받고 어딘가에서 발견하고 어딘가에서 명령받기를 바란다.

109

자제와 절제, 그 궁극적 동기. 나는 격렬한 충동을 본질적으로 억제하는 여섯 가지 방법을 발견한다. 첫째, 동기를 만족시키는 기회를 피하고, 불만족이 점차 오래 지속됨으로써 충동을 약화시키고 시들게 할 수 있다. 둘째, 충동을 만족시킬 때의 엄격한 규칙적 질서를 법칙으로 만들 수 있다. 이렇게 충동 자체에 규칙을 부과하고, 충동의 간만(干滿)을 확실한 시간적 한계 안에 가둠으로써 더 이상 충동으로 교란당하지 않는 중간 시기를 획득할 수 있다. 그리고 이를 통해 아마 첫째 방법으로 옮겨갈 수 있을 것이다. 셋째, 일부러 충동을 거칠고 자유분방하게 만족시키면서 혐오를 받고, 이 혐오로써 충동을 이겨내는 힘을 얻을 수 있다. 죽을 때까지 말을 몰아대다가 자기도 목뼈가 부러지는—유감스럽게도 이러한 시도에서는 이런 일이 보통이다—기수와 경쟁하지 않는 것이 전제되어야 한다.

넷째, 지적인 책략이 있다. 즉, 어떤 대단히 고통을 주는 생각을 일반적으로 만족과 굳게 결부시켜서 약간 연습한 뒤에, 만족했다는 생각 자체가 항상 바로 대단히 고통을 주는 것으로 느껴지게 하는 것이다. (예를 들면 기독교인이 성적 향락에 처하여 악마가 접근해 자신을 조롱한다고 생각하거나, 복수심으로 인한 살인에 대해 영원한 지옥의 벌을 생각하거나, 또 돈을 훔친 자에 대해 가장 존경받는 인간들의 눈에 떠오르는 경멸만을 생각하는 데 길들여져 있거나, 혹은 많은 사람이 이미 백 번이나 자살할 것을 격렬한 욕망에 대해 친척이나 벗이 비탄하고 자책할 것을 생각하고, 그럼으로써 삶을 겨우 지탱해 온 경우, 이제는 이 생각들이 그의 마음속에서 점차로 원인과 결과처럼 연이어 일어난다.) 이를테면 바이런 경과 나폴레옹처럼, 인간의 긍지가 격앙되어 하나하나의 흥분이 전체적인 태도와 이성의 질서보다도 우세하게 되는 것을 모욕이라고 느낄 때도 이것에 속한다. ("나는 무언가 어떤 식욕의 노예가 되는 것을 바라지 않는다." 바이런은 일기에 이렇게 적었다.) 충동을 전제 군주화한다. 그러면 삐걱거리게 하는 습관과 그에 따른 즐거움이 생긴다.

다섯째, 무언가 특히 심하게 힘이 드는 일을 자기에게 부과하거나 일부러 새로운 자극과 즐거움에 복종하고, 사상과 육체적인 힘의 활동을 다른 길로 인도함으로써, 많은 힘의 방향 전환을 이룰 수 있다. 다른 충동을 일시적으로 장려하고 그것이 만족할 수 있는 기회를 많이 제공하여, 그렇게 하지 않으면 격렬함으로 인해 무거운 짐이 되었을 충동이 제 마음대로 제 힘을 낭비할 때도 역시 결과는 완전히 같아진다. 또한 이런저런 사람은 그가 알고 있는 다른 충동에 일시적인 고무와 축제의 시간을 주고, 전제군주처럼 충동이 자기 혼자 차지하려 하는 사료를 다 먹어치우라고 다른 충동들에게 명함으로써, 전제군주 노릇을 하려는 하나하나의 충동을 억제하는 것이다.

마지막 여섯째, 육체와 정신의 조직 전체를 약화시키고 억제하는 것을 견디고, 이를 합리적이라고 생각하는 사람 또한 하나하나의 격렬한 충동을 약화시키는 목표에 도달한다. 즉, 고행자처럼 감각을 굶겨서 지치게 하고, 동시에 그 강건함도, 때로는 그 지성도 함께 굶겨서 쓸모없게 만드는 사람의 방법이 여섯째 방법에 속한다. 따라서 기회를 피하는 것, 규칙을 충동에 심는 것, 충동에 대한 배부름과 혐오를 만들어내는 것, 고뇌를 주는 사상(치욕, 나쁜 결과, 혹은 모욕당한 긍지 같은)을 연상하는 것, 힘의 방향 전환, 마지막으로 전신적(全身的)인 쇠약과 허탈—이것이 여섯 가지 방법이다.

그러나 일반적으로 격렬한 충동을 이겨내려는 의지는 우리의 힘이 미치는 범위 밖에 있다. 마찬가지로 어떤 방법을 착상하든가, 이 방법으로 효과를 거두는가 못 거두는가 하는 것도 역시 우리의 힘이 미치는 범위 밖에 있다. 오히려 우리의 지성은 이 모든 과정에서 명백하게 우리를 격렬하게 괴롭히는 충동의 경쟁자인 다른 충동의 맹목적인 도구에 지나지 않는다. 그것이 안식에 대한 충동이든, 치욕이나 다른 나쁜 결과에 대한 두려움이나 사랑이든 말이다. 따라서 '우리'가 어떤 격렬한 충동에 대해 한탄하고 있다고 생각하는데도, 근본적으로는 다른 충동에 대해 어떤 충동이 한탄하고 있는 것이다. 즉, 그와 같은 격렬한 충동으로 고통받고 있는 것을 인정하는 것은 이 충돌과 똑같이 혹은 더욱 격렬한 다른 충동이 존재한다는 것, 또 우리의 지성이 어느 쪽이든 편들어야 하는 싸움이 임박했다는 것을 전제로 하고 있다.

110

거스르는 것. 사람들은 다음과 같은 과정 자체를 관찰할 수 있다. 그리고 나는 그것이 자주 관찰되고 확인되길 바란다. 우리는 우리 내부에서 아직 몰랐던 일종의 쾌감의 낌새를 느낀다. 그리고 새로운 욕망이 생겨난다. 그런데 이 욕망을 무엇이 거스르는가가 문제이다. 거스르는 것이 평범한 종류의 사물과 여러 가지 고려할 사항들이고, 또한 우리가 존경할 수 없는 인간이라면, 이 새로운 욕망의 목표는 '고귀하고 선하며, 칭찬할 만하고, 희생할 만한' 감각이라는 의복을 걸친다. 유전적인 도덕적 소질 전체는 이 목표를 지금 자기의 내부에 받아들이고, 도덕적이라고 느껴 온 여러 가지 목표에 덧붙인다. 그리고 이제 우리는 더 이상 쾌감이 아니라, 도덕을 추구하고자 한다. 이것은 우리가 추구하는 것이 정당하다는 확신을 증가시킨다.

111

객관성을 찬미하는 사람들에게. 어떤 사람은 아이일 때 그 자신에게 영향을 준 친척과 지인들의 다양하고 강한 감정은 인정했지만, 올바른 지성에 대한 예리한 판단과 기쁨은 거의 인정한 적 없고, 따라서 부족한 감정을 회복하기 위해 최상의 힘과 시간을 소비한다. 이런 사람은 성인이 되었을 때 새로운 사물이나 어떤 새로운 인간에 대해 애정이나 증오, 질투나 경멸을 느낀다는 사실을 알아챘다. 이 경험에 짓눌리고 그것에 무력감을 느끼면서, 그는 감각의 중립성이나 '객관성'을 불가사의한 것처럼 천재 또는 드문 도덕적인 일로 찬미한다. 그리고 이것 역시 단지 훈육과 습관에서 비롯된 것에 불과하다는 것을 그는 믿지 않으려 한다.

112

박물학적인 의무와 권리를 위해. 우리의 의무는 우리에 대한 다른 사람들의 권리이다. 그들은 이 권리를 어떻게 획득했는가? 그들은 우리가 계약 능력이 있고 보상 능력이 있다고 생각하고, 자기와 같고 또한 비슷하다고 어림잡고, 그에 따라 우리에게 무언가를 맡기고, 우리를 교육하고, 바른길을 가리켜 주고, 지지함으로써 획득했다. 우리가 의무를 이행한다는 것은 우리 힘에 관한 저 생각을 정당화하는 것, 타인이 우리에게 준 것 만큼 돌려주는 것을 의미한다. 따라서 우리에게 의무를 다하라고 명하는 것은 우리의 긍지이다. 타인이 우리를 위해 한 것에 대한 대가로 우리가 그들을 위해 무언가를 할 때, 우리는 자기의 독재를 회복하려 한다. 왜냐하면 타인이 우리를 위해 어떤 것을 하면서 우리 힘의 영역을 침해할 때 우리가 '의무'로써 다시 보복하지 않는다면, 즉 그들의 힘을 침해하지 않는다면, 그들은 끊임없이 우리 힘의 영역을 침해할 것이기 때문이다.

우리의 힘이 미치는 것에만 타인의 권리가 관계할 수 있다. 그들이 우리에게 속해 있지 않은 것을 우리에게 바라는 것은 비합리적일 것이다. 좀더 정확하게는 다음과 같이 말해야 할 것이다. 우리가 우리의 힘이 미친다고 생각하는 것과 타인이 그렇게 생각하는 것이 동일하다면, 우리의 힘이 미친다고 타인이 생각하는 것에만 타인의 권리가 관계할 수 있고, 양쪽에 자칫하면 똑같은 오류가 있을 수 있다. 의무감은 우리가 자기 힘의 범위에 대해 타인과 같은 신념을 가지고 있다는 것에 의존한다. 그것은 우리가 특정 사항을 약속하고, 그것에 우리가 의무를 지을 수 있다('의지의 자유')는 신념이다. 내게 권리는 타인이 나에게 인정했을 뿐만 아니라 그들이 나를 그 속에서 유지하려고 하는 내 힘의 부분이다.

이 타인들은 어떻게 해서 내 권리를 인정했는가? 첫째 그들의 현명함과 두려움과 신중함 때문이다. 그들은 우리에게 우리의 권리를 인정해주는 대신에 그들이 유사한 것을 우리에게 반대로 기대하거나(그들의 권리의 보호), 우리와의 싸움을 위험하다거나 목적에 맞지 않는다고 보거나, 우리의 힘이 감소할 때마다 우리는 그들과 연합하여 제3의 적대 세력에 대립하기에 부적당하다고 본다. 둘째 증여와 양도 때문이다. 이 경우에는 타인은 자신의 힘의 일부를 줄 수 있을 만큼, 그리고 그들이 증여받은 자에게 증여된 힘을 보증할 수 있을 만큼 힘을 충분히 가지고 있다. 그때 증여받는 쪽에는 빈약한 힘의 감정밖에 없다고 전제된다. 이를 통해 권리 즉, 승리되고 보증된 힘의 정도가 발생한다. 힘의 관계가 본질적으로 어긋나면 권리는 소실되고 새로운 권리가 형성된다. 국제법은 끊임없이 소멸과 발생을 거듭하면서 이 사실을 드러낸다.

우리의 힘이 본질적으로 감소하면, 지금까지 우리의 권리를 보증한 사람들의 감정이 변화한다. 그들은 우리를 다시 옛날처럼 완전한 소유로 가져올 수 있는지를 계산한다. 이것이 불가능하다고 느끼면, 그들은 그 이후로 우리의 '권리'를 부인한다. 마찬가지로 우리의 힘이 꽤 증대하면 그것을 지금까지 승인했던 사람들의 승인을 더 이상 필요로 하지 않으며, 동시에 그 사람들의 감정은 변화한다. 그들은 아마 이 힘을 이전과 같은 정도로 밀어 내려 할 것이다. 그들은 침해하려고 할 것이다. 동시에 그들의 '의무'를 주장할 것이다. 그러나 이것은 허튼수작에 불과하다.

권리가 지배하는 경우에는 힘의 상태와 정도가 유지되고, 힘의 감소와 증대는 배척당한다. 타인의 권리는 이 타인들의 힘의 감정에 우리 힘의 감정이 양보한 데서 비롯된다. 우리의 힘이 깊이 동요되고 파괴되었다는 것이 밝혀지면, 우리의 권리는 끝난다. 이와 반대로 우리에게 힘이 아주 많아지면, 지금까지 우리가 인정했던 우리에 대한 타인의 권리는 끝난다. '공정한 인간'은 헛된 종류의 인간적인 사항에서 언제나 극히 짧은 시간만 균형 상태를 유지하고, 대개는 가라앉거나 솟아오르는 힘과 권리의 정도를 측정할 수 있는 저울과 같은 예리한 감각을 끊임없이 필요로 한다. 따라서 공정하다는 것은 어렵고, 공정한 정신을 위해서는 많은 연습과 많은 선한 의지, 그리고 대단히 많은 좋은 정신이 필요하다.

113

우월하려는 노력. ─우월해지려는 노력은 끊임없이 이웃을 주목하고, 그가 어떤 기분인가를 알려고 한다. 그러나 이 충동이 자기를 만족시키기 위해 필요로 하는 공감과 이에 대한 인식은 순진하다거나 동정적이거나 호의적인 것과는 거리가 멀다. 우리는 오히려 이웃이 우리 때문에 얼마나 외적으로나 내적으로 괴로워하는지, 그리고 그가 얼마나 자제를 잃고 우리의 손길 또는 단순한 우리의 모습이 그에게 주는 인상에 복종하는지 인정하려 하고 추측하려 한다. 그리고 우월을 추구하는 사람은 기뻐하게 하고, 향상시키고, 쾌활하게 하는 인상을 줄 때조차 또는 주려고 할 때조차도, 그가 이웃을 기쁘게 하고 향상시키고 쾌활하게 했기 때문이 아니라 그가 자기를 타인의 영혼에 인상지우고, 그 영혼의 형태를 바꾸고, 자기의 의지에 따라 그것을 지배했기 때문에 성공을 즐기는 것이다.

우월해지려는 노력은 이웃을 압도하려는 노력이다. 비록 그것이 매우 간접적이고 단지 느껴진 압도일지라도 혹은 몽상된 압도일지라도, 이 슬머시 갈망된 압도의 긴 계열이 존재한다. 그리고 이 계열의 완전한 표는 초기의 아직 바보 같은 야만 상태에서 지나치게 정교하고 병적으로 이상적인 상태에 이르기까지의 문화의 역사에 거의 필적할 만하다. 우월해지려는 노력은 이웃에 대해 다음과 같은 것을 수반한다. 이 긴 사다리의 몇 단계만 이름을 들면 고문, 때림, 공포, 불안, 놀람, 경탄, 질투, 찬탄, 향상, 기쁨, 쾌활, 웃음, 조소, 비웃음, 경멸, 자기를 때리는 것, 자기에게 고문을 가하는 것, 사다리의 마지막에는 고행자, 순교자가 있다. 그는 그 사다리의 첫 단계에 있는 그의 대립자인 야만인이, 그보다도 뛰어나고자 하는 타인에게 주는 고통을 짊어진다. 바로 이 고통을 자기의 우월에 대한 충동의 결과로 스스로 고통을 짊어지는 데서 최고의 향락을 느낀다.

고행자가 자기 자신에게 승리할 때, 인간이 괴로워하는 자와 방관하는 자로 분열되어 있는 것을 본다. 그리고 외부 세계를 주시하며 자기를 화형에 처하기 위해 장작을 모을 뿐이다. 우월에 대한 충동이 도달하는 이 최후의 비극, 거기에는 자기 자신 속에서 타버리는 겨우 한 사람의 인물밖에 없다. 이것은 첫 단계에 딱 들어맞는 부끄럽지 않은 결말이다. 어느 경우나 고문을 바라보는 데 말할 수 없는 행복이 있다! 실제로 힘의 가장 활발한 감정이라고 생각되고 있는 행복이, 아마 이 세상에서 미신적인 고행자의 영혼 속에서만큼 컸던 곳은 없을 것이다.

브라만들은 이것을 천 년 동안 참회하여 새로운 하늘을 세우려 할 정도의 힘을 발휘한 비슈바미트라 왕의 이야기에서 표현하고 있다. 나는 이런 내면적인 체험 전체에서, 우리는 현재 조잡한 초심자이고 손으로 더듬으며 수수께끼를 헤매는 자라고 믿는다. 4천 년 전에 사람들은 이 극악무도한 자기 향락에 대해 더 많은 것을 알고 있었다. 세계의 창조, 아마 그것은 당시 인도의 몽상가가 신이 기도하는 고행자적인 절차로 생각했음에 틀림없다! 아마

신은 고문 도구에 걸리려 하는 것처럼 격동하는 자연 속에 몸을 가두고, 동시에 그의 더없는 행복과 힘을 두 배로 느끼려 했음에 틀림없다!

게다가 그것이 사랑의 신이라고 하면, 그러한 신에게는 괴로워하는 인간을 창조하는 것, 그것을 바라볼 때의 그치지 않은 가책에 의하여 참으로 신적·초인적으로 괴로워하는 것, 그리고 이런 식으로 자기 자신을 학대한다는 것은 얼마나 큰 향락인지! 더구나 그것이 단지 사랑의 신일 뿐만 아니라 신성과 무죄의 신이기도 하다면, 그 신이 죄, 죄인, 영원한 벌, 그리고 그 하늘과 옥좌 밑에서 영원한 고뇌, 영원한 신음, 탄식을 창조할 때, 이 신적인 고행자의 어떠한 착란 상태가 예감되는지! 바울, 단테, 칼뱅, 그리고 그와 동류의 사람들의 영혼 등도 언젠가 그러한 힘의 환희라는 무서운 비밀을 알아낸 적이 있었다는 것이 전혀 불가능한 일은 아니다. 그리고 그와 같은 영혼을 대면했을 때 우리는 다음과 같이 물을 수 있다.

그런데 도대체 우월해지려는 노력의 순환은 실제로 고행자와 함께 궁극의 끝에 도달하고, 자기 속으로 굴러 돌아오고 있는 것일까? 고행자가, 그리고 동시에 동정하는 신이 고집하고 있는 근본적인 기분으로 이 순환은 또 한번 처음부터 한바퀴 돌 수 있는 것이 아닐까? 따라서 타인에게 고통을 주는 동시에 자기에게 고통을 주고, 그것으로 다시 자기와 자기의 동정에 승리를 거두고, 이 극단적인 힘에 탐닉한다! 힘에 대한 갈망이 이 세상에서 정신적인 일탈로 치달릴 때 이미 가늠할 수 있었던 모든 방식에 대한 숙고를 용서해주기 바란다!

114

병자의 인식에 대해. 오랫동안 그리고 무섭게 병고로 시달렸는데도 지성이 희미해지지 않는 병자의 상태는 인식을 얻는 데 무가치하지 않다. 깊은 고독과 모든 의무와 습관으로부터 갑작스럽게 허용된 자유가 수반하는 지적인 이익을 완전히 도외시한다고 하더라도, 무서운 병고에 시달리는 자는 그의 상태에서 대단히 냉정하게 외부의 사물을 본다. 그에게는 건강한 자의 눈이 사물을 볼 때, 그 사물이 떠다니고 있는 저 작은 기만적인 마술은 사라져버린다. 그뿐 아니라 자신이 자기의 눈앞에 솜털도 색채도 없는 모습으로 놓여 있다.

그가 지금까지 무언가 위험한 환상 속에서 살아왔다면, 고통에 의해 이렇게 최고의 냉정함을 회복하는 것은 그를 환상에서 벗어나게 하는 수단이며, 어쩌면 단 하나의 수단일지 모른다. (이것이 십자가에 달린 기독교의 창시자에게 일어났다고 할 수 있다. 왜냐하면 모든 말 중에서 가장 통절한 말인 "나의 하나님, 어찌하여 나를 버리셨나이까."[64]라는 말이 가장 깊은 의미에서 이해된다면, 그의 생애의 망상에 대해 크게 실망하고 진상을 파악했음을 증명하는 말일 것이다. 그는 최고로 고통스러운 순간에 자기 자신을 꿰뚫어 보았다. 마치 작가가 거의 죽을 지경에 있는 돈키호테에 대해 이야기하고 있는 것처럼.) 고통에 저항하려는 지성의 소름끼치는 긴장은 그가 지금 바라보는 모든 것을 새로운 빛 속에서 빛나게 한다. 그리고 모든 새로운 빛이 주는 말로 다할 수 없는 자극은 자주 자살하고 싶은 모든 유혹을 저지하고, 병자에게 계속 살아가는 것이 가장 바람직하다고 생각하게 할 만큼 충분히 강력하다.

병자는 건강한 자가 아무 의심도 품지 않고 거니는, 안개에 둘러싸인 편안하고 따뜻한 세계를 경멸적인 시선으로 본다. 그는 이전에 자신이 탐닉했던 가장 고귀하고 가장 마음에 드는 환상을 경멸적인 것으로 생각한다. 그는 이 경멸을 지옥의 밑바닥에서 소리 내어 불러내고 자신의 영혼에 가장 쓰라린 고통을 주는 데서 쾌감을 느낀다. 그는 이 대항물로 육체적인 고통에 저항한다. 바로 이 대항물이 지금 필요하다고 느낀다! 그는 자기의 본질을 무서울 정도로 꿰뚫어 보고, 자기에게 호소한다. "너 자신의 고발자, 사형 집행자! 자, 너의 괴로움을 네가 스스로 내린 벌로 떠 맡으라! 판사로서 너의 우월을 즐겨라! 게다가 너의 의향을, 너의 전제군주적인 방자함을 향락하라! 너의 괴로움과 같이 너의 삶을 경멸하라! 깊은 바닥과 심연을 내려다보라!"

우리의 긍지는 지금까지 전혀 없었던 것처럼 경악한다. 이 긍지는 고통과 같은 전제군주에 반대하고 고통이 우리 삶을 혐오하도록 우리를 부추기는 모든 유혹에 반대하고, 삶을 그러한 전제군주에 반대하여 변호한다는, 유례를 찾을 수 없는 자극을 가지고 있다. 이 상태에서 우리는 염세주의가 우리 상태의 결론이라고 생각되지 않도록, 또 그것이 우리에게 패자로서의 치욕을 느끼게 하지 않도록 모든 염세주의를 막는다. 마찬가지로 옳은 판단을 실행하려는 자극이 이때만큼 강한 적은 없다. 왜냐하면 우리의 승리가 현재 모든 부당한 판단을 용서할 수 있을 듯하고, 모든 상태 중에서 가장 자극에 민감한 상태에 승리를 거두었기 때문이다. 그러나 우리는 용서받고 싶지 않다.

바로 지금 우리는 '빛 없이'도 있을 수 있다는 것을 보이려 한다. 우리는 진짜 마비를 일으킬 정도로 오만한 상태에 빠져 있다. 이제야 참으로 완쾌의 첫 여명이 나타난다. 그리고 거의 그 최초의 결과는 우리가 자기의 오만방자함을 막는 것이다. 우리는 그 점에서 자기는 바보 같고, 자만심이 강하다고 말한다. 마치 우리가 단 하나만을 체험한 것처럼! 우리는 바로 고통을 견뎌 낸 전능의 긍지에 아무런 감사의 마음을 품지 않고 긍지를 굴복시키고, 또 긍지에 대한 해독제를 심하게 요구한다. 고통이 우리를 너무나 강력하게, 그리고 너무나 오랫동안 개인적인 것으로 만들어 버린 뒤에, 우리는 자기로부터 멀어지고 비개인적으로 되고 싶어 한다. 우리는 외친다. "긍지여, 가라, 가라!" "이 긍지는 병이고, 오히려 마비였다!"

우리는 전보다 더 갈망하는 듯한 시선으로 다시금 인간과 자연을 응시한다. 그들은 슬픈 얼굴로 웃으면서, 인간과 자연에 관한 약간의 것을 이전과는 다른 새로운 방식으로 알고 있다는 것을, 그리고 장막에 거두어졌다는 것을 생각해 낸다. 그러나 다시 인생의 약해진 빛을 보는 것, 또 우리가 거기에서 병자로서 사물을 보았고 사물을 꿰뚫고 보았던 무서울 정도의 냉정한 밝음에서 벗어나는 것은 우리의 기분을 참으로 상쾌하게 한다. 우리는 건강의 마술이 다시 시작되더라도 성내지 않는다. 우리는 딴 사람이 되어 다시 태어난 것처럼 지켜본다. 온화하게, 변함없이 피로를 느끼면서, 이 상태에서는 눈물을 흘리지 않고 음악을 들을 수 없다.

115

이른바 '자아'. 언어와 그것에 의거하여 세워져 있는 편견은 우리가 내면적인 과정과 충동을 탐구할 때, 자주 장애가 된다. 예를 들면 본래 말은 이러한 과정과 충동이 가장 강하게 나타날 때만을 가리킨다는 편견을 들 수 있다. 그런데 우리는 말이 없을 때는 더 이상 정확하게 관찰하지 않는 습관이 있다. 그때 더욱 정확하게 생각하는 것이 고통스럽기 때문이다. 그뿐 아니라 이전 사람들은 언어의 세계가 끝나는 경우에는 존재의 세계 또한 끝난다고 은연중에 결론을 내렸다. 분노, 미움, 사랑, 동정, 욕망, 인식, 기쁨, 고통

—이 모든 것들은 극단적인 상태의 이름이다. 좀더 온건하고 중간쯤 되는 정도도, 더욱이 끊임없이 연출되는 보다 낮은 정도도 우리는 보지 못하고 만다. 게다가 이것들이야말로 우리의 성격과 운명의 직물을 짜내는 것이다.

저 극단적인 감정의 폭발은—식사를 하거나 어떤 소리를 들을 때 매우 평범하게 우리가 의식하는 만족과 불만도, 정확하게 평가한다면 하나의 극단적인 폭발이다. 매우 자주 운명의 직물을 자르는데, 그것은 그동안 쌓였던 것들이 분출하면서 나타나는 난폭한 예외인 경우이다. 이 폭발 자체는 얼마나 관찰자를 그르치게 하는 힘이 있는지! 그것은 행동하는 인간을 그르친 길로 인도하는 힘이다. 우리가 의식하고 말로 표현하는 상태, 이를테면 칭찬하고 비난하는 상태가 우리의 본모습을 나타내는 것은 아니다. 우리에게만 알려지는 이 조잡한 감정의 폭발에 따라 우리는 자기를 오인한다. 우리는 예외가 규칙을 능가하는 재료로부터 결론을 끌어낸다. 우리는 우리 자신이라는 가장 분명한 표음문자를 잘못 읽는다. 이 잘못된 길에서 발견한 우리에 관한 우리의 의견, 이른바 ‘자아’는 그 이후로 우리의 성격과 운명에 협력한다.

116

‘주관’이라는 미지의 세계. 태초부터 오늘날에 이를 때까지 인간으로서 대단히 이해하기 어려운 것은 자기 자신에 대한 인간의 무지이다! 단지 선과 악뿐만 아니라 훨씬 더 본질적인 것에 대해서도 무지하다! 모든 경우에 인간의 행위가 어떻게 성취되는지 아주 정확하게 알고 있다는 매우 오래된 망상이 변함없이 존재하고 있다. 단지 ‘마음을 보는 신’이나 자기의 범행을 숙고하는 범인만이 아니라, 어떤 다른 자라도 다른 모든 자의 행위의 과정에서 본질적인 것을 알 수 있다는 것을 의심하지 않는다. "나는 내가 바라는 것, 행한 것을 알고 있다. 나는 자유이고, 내 행위에 책임을 진다. 나는 다른 사람에게 책임을 지게 한다. 나는 어떤 행위에 앞서서 존재하는 모든 윤리적인 가능성과 마음의 모든 움직임이 무엇인지 분명히 알 수 있다. 그대들이 원하는 대로 행동할지라도, 나는 나와 그대들 모두를 안다!" 예전 사람들은 그렇게 생각했고, 지금도 거의 모든 사람이 그렇게 생각하고 있다.

이 점에서 위대한 회의가이자 칭찬할 만한 개혁자였던 소크라테스와 플라톤은 "올바른 인식에는 올바른 행위가 뒤따르지 않으면 안 된다"라는 가장 치명적인 편견, 가장 깊은 오류를 순진하게 깊이 믿었다. 그들은 이 원칙이란 점에서 변함없이 행위의 본질에 관한 인식이 있다는 일반적인 망상과 자부심의 상속자였다. "옳은 행위의 본질에 대한 통찰에 옳은 행위가 뒤따르지 않는다면, 대단히 무서운 일이다." 이것이 저 위인들이 이 사상을 증명하는 데 필요하다고 생각했던 유일한 논증이다. 그 반대는 그들에게는 생각할 수도 없는 바보 같은 짓이라고 생각되었다. 더구나 이 반대야말로 바로 오랜 옛날부터 매일 시시각각 증명되었던 적나라한 현실이다! 어떤 행위에 대해 일반적으로 알 수 있는 것을 행하기에는 결코 충분하지 않다는 것, 인식에서 행위로 가는 다리는 이제까지 단 한 번도 우리에게 나타난 적이 없었다는 사실이야말로 무서운 진리이다.

우리는 외적인 사물이 우리에게 나타난 그대로의 것이 아니라는 점을 배우는 데 아주 큰 고생을 했다. 자! 내적인 세계도 꼭 같다! 도덕적인 행위는 사실은 '무언가 다른 것'이다. 그 이상 말할 수는 없다. 그리고 모든 행위는 본질적으로 알 수 없다. 이 반대가 일반적인 신념이었고, 지금도 그렇다. 가장 오래된 실재론이 우리를 반대하고 있다. 지금까지 인류는 "행위란 우리에게 나타나는 그대로의 것이다" 생각했다(이 말을 다시 읽고 보니, 쇼펜하우어가 매우 힘주어 말한 구절이 생각난다. 나는 그 역시 아무 주저 없이 이 도덕적 실재론에 의존했다는 증거로써 다음의 구절을 인용하려고 한다. "실제로 우리는 유능한 선과 악을 정확히 알고 있는도덕적인 판사로서 선을 사랑하고, 악을 혐오한다. 그 자신의 행위가 아니라 타인의 행위를 음미하고, 그는 단지 시인하든가 부인하기만 하면 된다. 실행의 책임은 타인의 어깨에 지워져 있는 한, 누구나 모두 그렇다. 따라서 누구나 고해신부로서 완벽하게 신(神)을 대신할 수 있다.")[65]

117

감옥에서. 내 눈은 아무리 좋든지 나쁘든지 아주 조금밖에 멀리 보지 못한다. 더구나 이 하잘것없는 곳에서 나는 활동한다. 이 지평선은 나의 가까운 커다란 숙명과 작은 숙명이고, 나는 그곳에서 벗어날 수 없다. 어떤 존재 주위에도 중심점을 가지고 있고, 이 존재에 고유한 하나의 동심원이 있다. 마찬가지로 귀도 우리를 하나의 작은 공간 속에 가두어둔다. 촉각도 같다.

형무소의 벽처럼, 우리의 감각은 우리 한 사람 한 사람을 가두는 이 지평선에 따라 세계를 측정한다. 우리는 '이것은 가깝고 저것은 멀다. 이것은 크고 저것은 작다. 이것은 딱딱하고 저것은 부드럽다'고 말한다. 이 측정을 우리는 감각이라고 부른다. 모두 오류이다! 평균적으로 우리는 어떤 시점에서 가능한 많은 체험과 자극에 따라 자기의 삶을 짧거나 길다, 가난하거나 부하다, 충실하거나 공허하다고 측정한다. 그리고 평균적인 자기의 삶에 따라 다른 생물의 삶을 측정한다. 모두 오류이다!

우리가 가까운 곳을 백 배나 예리한 눈으로 볼 수 있다면, 인간은 엄청나게 높게 보일 것이다. 그뿐인가. 그렇다면 인간이 측정할 수 없다고 느끼는 기관을 생각할 수도 있다. 한편 어떤 감각 기관들은 태양계 전체가 좁아지고, 쥐어져 단 하나의 세포처럼 느낄 만한 성질을 가질 수도 있을 것이다. 그리고 그것과 반대되는 조직을 가진 존재에는 인간의 신체 가운데 하나의 세포는 운동, 구조, 조화라는 점에서 하나의 태양계임을 보여줄 수 있을 것이다.

우리 감각기관의 습관은 우리를 감각의 기만으로 자아 넣었다. 이 감각기관들이 다시 우리의 모든 판단과 '인식'의 기초가 된다. 현실적인 세계로의 도주도, 빠져나갈 길도, 샛길도 전혀 없다! 우리는 자기의 그물 속에 있다. 우리 거미는 거기에서 무엇을 붙잡으려고 해도, 바로 그물에 걸리는 것 이외에는 아무것도 붙잡을 수 없다.

118

도대체 이웃이란 무엇인가? 우리는 도대체 이웃에 대해, 이웃이 우리와 접하는 경계, 즉 이웃이 우리에게 자신을 각인시키고 인상을 주는 것—이외에 무엇을 파악하겠는가? 우리는 이웃이 우리를 변화시키는 것—그 원인은 그인데—이외의 아무것도 파악하지 않는다. 이웃에 대한 우리의 지식은 속이 비어 있는 공간과 비슷하다. 우리는 거기에다 이웃의 행위가 우리 내면에 불러일으키는 감각을 덧붙인다. 이리하여 우리는 거기에 잘못된 정반대의 성격을 준다. 우리는 우리 자신에 관한 우리의 지식에 따라 이웃을 자신의 천체의 위성으로 만들어 낸다. 그리고 그것이 우리를 비추거나 어두워지면,

우리는 양쪽의 궁극적 원인인데도 그 반대를 믿는다! 우리가 살고 있는 환상의 세계! 전도되고, 뒤집어지고, 공허한데도 충만하고, 똑바르다고 몽상되고 있는 세계! [66)

119

　체험과 창작. 어떤 사람이 아무리 넓게 자기를 인식하더라도, 그의 본질을 구성하고 있는 충동 전체를 인식하는 것만큼 불완전한 것은 없다. 그는 더 조잡한 충동의 이름을 댈 수 있는 위치에 있는데, 그것들의 수와 세기, 증강, 상호작용과 반작용, 무엇보다도 그것들의 영양의 법칙은 그에게는 전혀 알려져 있지 않다. 따라서 이 영양은 우연한 것이 된다. 하루하루 우리의 체험은 어떤 때는 이 충동에, 어떤 때는 저 충동에 먹이를 던진다.

　충동은 먹이를 탐욕스럽게 붙잡는다. 그러나 이 사건들의 진행 전체는 충동 전체의 영양 욕구와 이성적인 연관이 없다. 그러므로 항상 어떤 충동은 굶어서 위축되고, 다른 충동은 지나치게 먹는 두 가지 일이 나타날 것이다. 우리 생활의 어떤 순간도, 그것이 갖추고 있는 영양, 혹은 갖추고 있지 않은 영양에 따라 우리 존재가 가진 히드라의 촉수를 성장시키고 또 다른 몇몇 촉수를 말라비틀어지게 한다. 이미 말한 것처럼 우리의 경험은 모두 이 의미에서 음식물이다. 그러나 굶고 있는 것은 누군지, 이미 포식한 것은 누군지에 대한 지식을 가지지 않은 채, 맹목적인 손에 의하여 흩뿌려진 음식물이다. 그리고 부분적으로 이 우연적인 영양을 받고, 성장한 히드라는 그 생성과 마찬가지로 무언가 우연적인 것이 된다.

　좀더 명확하게 말하면 어떤 충동이 만족을, 혹은 그 힘의 행사를, 그 전개를, 혹은 공허의 만족을―모두 비유적 이야기인데―갈망하고 있는 지경에 있다고 하자. 이때 이 충동은 일상의 모든 사건을 어떻게 하면 자기의 목적을 위해서 사용할 수 있을까 하는 관점에서 본다. 인간이 뛰든, 쉬든, 화내든, 읽든, 말하든, 싸우든, 환성을 지르든, 충동은 갈망하면서 인간이 빠져 있는 모든 상태를 건드려 본다. 그리고 충동은 대개 거기서는 자기에게 어울리는 것을 아무것도 발견하지 못한다. 충동은 기다려야 하고 더욱이 계속 갈망해야 한다. 잠깐 지나면 이 충동은 지친다. 충동은 불만족할 경우 며칠, 몇 개월 지나면 비를 맞지 않은 식물처럼 말라버리고 만다. 아마 우연이 야기하는 이 잔혹성은, 만약 모든 충동이 꿈속 식물로 만족하지 않는 기아처럼 근본적인 것으로 생각된다면, 좀더 두드러지게 나타날 것이다. 그러나 대부분의 충동, 특히 이른바 도덕적인 충동은 꿈의 식물로 만족한다. 우리의 꿈은 저 낮 동안 우연히 '영양'을 섭취할 수 없었던 상태를 어느 정도 보상하는 가치와 의미를 갖는다고 추측한다.

어째서 어제의 꿈은 깊은 애정과 눈물로 가득 차 있고, 그저께의 꿈은 쾌활과 원기에 차 있고, 그 전의 꿈은 모험적이고 끊임없이 우울한 탐색 상태였을까? 어째서 나는 이 꿈에서는 음악의 말로 다할 수 없는 아름다움을 즐기고, 다른 꿈에서는 독수리의 환희를 품고 아득한 산꼭대기를 목표로 높이 날아가는 것일까? 깊은 애정, 익살, 모험이라는 우리의 충동에, 혹은 음악과 산에 대한 갈망에 활동의 여지와 해방을 주는 이들 창작은—어떤 사람이라도 보다 정확한 예를 가지고 있을 텐데—잠자는 동안 느끼게 되는 우리의 신경 자극에 대한 해석이고, 혈액과 내장의 운동, 팔과 이불의 압박, 종탑의 종, 풍향계, 나방, 이런 것 이외의 것 등의 음에 대한 대단히 자유롭고도, 대단히 멋대로의 해석이다.

이 원문은 일반적으로 어떤 밤도 다른 밤과 매우 유사한 것인데도 그와 같이 다양하게 해석된다는 것, 창작적인 이성은 똑같은 신경의 자극에 대해, 오늘과 내일, 전혀 다른 원인을 마음에 그린다는 것, 그것은 이 이성의 후견인이 오늘은 내일과 다른 자였다는 것에 근거한다. 즉, 어떤 다른 충동이 만족하고, 활동하고, 실행하고, 기운차게 되고, 해방되기를 바랐는데, 바로 그 충동이 최고조였다. 그리고 어제는 그것과는 다른 충동이 최고조였다. 깨어 있는 삶은 꿈꾸는 삶이 가진 것과 같은 자유를 가지고 있지 않다. 그것은 창작력과 자유로움에서 뒤떨어진다. 어쨌든 나는 다음과 같이 상세히 말해야겠다.

깨어 있을 때 우리의 충동 또한 신경의 자극을 해석한다는 것, 자기의 욕구에 따라 그 '원인'을 결정하는 일 이외의 아무것도 하지 않는다는 것, 깨어 있을 때와 꿈꾸고 있을 때나 본질적인 차이는 결코 존재하지 않는다는 것, 아주 다양한 문화의 단계를 비교할 때마저도 어떤 단계에서 깨어 있을 때의 해석의 자유는 꿈꾸고 있을 때의 다른 해석의 자유에 결코 뒤떨어지지 않는다고 말이다. 그리고 우리의 도덕적인 판단과 평가 또한, 우리에게 알려지지 않은 생리학적인 과정에 관한 영상과 상상, 어떤 신경의 자극을 특징짓는 일종의 습관이 된 언어에 불과하다는 것, 우리의 의식은 알려져 있지 않고 어쩌면 알려질 수 없지만 느껴지고 있는 원문에 대한 다소나마 상상적인 주석이라고 말이다.

작은 체험을 예로 들어 보면 우리가 어느 날 시장을 지나갈 때, 누가 우리를 조롱하는 것을 알아차렸다고 하자. 우리 내면에서 이런저런 충동이 최고조에 달하기 때문에, 이 사건은 우리에게 이런저런 것을 의미하게 될 것이다. 그리고 우리가 어떤 종류의 인간이냐에 따라 그것은 전혀 다른 사건이 된다. 어떤 자는 그것을 빗방울처럼 받아들이고, 다른 자는 벌레처럼 흔들어 떨어뜨린다. 어떤 자는 그것 때문에 다투고, 어떤 자는 조롱당할 꼬투리를 주지는 않았나 하며 옷을 매만지고, 어떤 자는 우스운 것 자체를 그 결과로 반성하고, 어떤 자는 세계의 쾌활함과 햇빛에게 바라지 않았는데도 광선을 준 것을 기뻐한다. 불쾌한 충동이든, 호전적인 충동이든, 숙고의 충동이든, 호의의 충동이든, 어떤 경우에도 충동은 그것으로 자기만족을 얻는다. 이러한 충동은 사건을 자기의 포획물처럼 붙잡았다. 어째서 다름아닌 이 충동이? 그것은 갈망하고, 굶주리고, 잠복해 있었기 때문이다.

어느 날 오전 11시에 한 남자가 바로 내 앞에서, 갑자기 벼락을 맞은 것처럼 푹 쓰러졌다. 주위의 여자들은 모두 큰 소리로 비명을 질렀다. 나는 그를 세워서 그가 다시 입을 열 때까지 기다렸다. 그동안 내 얼굴의 근육은 조금도 움직이지 않았고, 공포와 동정의 감정 또한 일지 않았다. 나는 가장 가까이에서 가장 이성적인 처치를 하고 냉정하게 떠났다. 내일 11시에 누군가가 내 옆에서 이런 식으로 쓰러질 것이라고 내가 그 전날 통고받았다고 하자. 나는 온갖 종류의 고뇌로 괴로워하고, 잠을 못 자고, 결정적인 순간에 그 남자를 도와주기는커녕 그와 비슷한 상태가 되었을 것이다. 왜냐하면 그러는 동안 모든 가능성이, 충동이 체험을 마음속에 그리고 해석할 시간을 가졌을 것이기 때문이다. 도대체 우리의 체험이란 무엇인가? 그 속에 있는 것보다도 우리가 집어넣는 것이 훨씬 많다! 그렇지 않으면 그것 자체로서는 그 속에는 아무것도 없다고도 말해야 하는 걸까? 체험하는 것은 창작하는 것일까?

120

회의주의자를 안심시키기 위해. "나는 내가 무엇을 하고 있는지 전혀 알지 못한다! 나는 내가 해야 할 것을 전혀 모른다!" 그대는 옳다. 그러나 다음 것을 의심하지 말라. 그대는 행한다! 어떤 순간에도! 인류는 언제나 능동태와 수동태를 혼동해 왔다. 그것은 인류의 영원한, 문법의 오류이다.

'원인과 결과!' 우리의 지성은 하나의 거울인데, 이 거울 위에서 규칙성이 나타난다. 어떤 일정한 사물이 그때마다 어떤 다른 일정한 사물을 뒤따라온다. 그것을 지각하고 이름 붙이려 할 때, 우리는 그것을 원인과 결과라고 이름 붙인다. 우리 멍청이들은! 마치 우리가 거리에 무언가가 있다는 것을 이해한 것 같고, 이해할 수 있는 것처럼! 우리는 실제로 '원인과 결과'의 상(像) 이외의 아무것도 보지 못했다! 그리고 이러한 상이라는 것이야말로 계기의 결합보다 더 본질적인 결합을 통찰하는 것을 불가능하게 한다!

122

자연의 목적. 편견 없는 탐구자로서 최하급 생물의 눈과 그것의 형태들의 역사를 뒤쫓고, 눈이 서서히 발달해가는 그 전체를 증명하는 자는, 본다는 것이 눈의 발생 당시의 목적이었던 것이 아니라 우연이 기관을 정리했을 때에 모습을 나타냈다는 결론에 도달할 수밖에 없다. 단 하나의 그와 같은 예가 있는데, 그것은 '목적'이 비늘처럼 우리의 눈에서 떨어지는 것이다!

이성. 어떻게 이성이 세계에 나타났는가? 당연히 비이성적인 방식으로, 우연에 의해서이다. 사람들은 이 우연을 수수께끼처럼 풀어야 할 것이다.

원한다는 것은 무엇인가! 우리는 태양이 잠에서 깨어나는 순간에 자기 침실을 나와서 "나는 태양이 솟아오르기를 바란다"고 말하는 사람을 조롱한다. 바퀴를 멈출 수 없으면서, "나는 그것이 구르기를 바란다!"고 말하는 사람을 조롱한다. 격투에서 내팽개쳐져서 "나는 여기에 누워 있다. 그러나 나는 여기에 눕기를 바란다!"고 말하는 사람을 조롱한다. 이렇게 조롱하지만 "나는 바란다"라는 말을 우리가 사용할 때, 우리는 언제나 이 세 사람과는 다른 식으로 그 말을 사용한다고 말할 수 있는가?

125

'자유의 나라'에 대해. 우리는 행동하거나 체험하기보다 훨씬 더 많은 것을 생각할 수 있다. 즉, 우리의 사색은 표면적이고 표면으로 만족하며, 그뿐 아니라 표면도 알아채지 못한다. 우리의 지성이 엄밀하게 우리 힘의 정도와 힘의 행사 정도에 따라 발달하고 있다면, 우리는 할 수 있는 것만을 파악할 수 있다—일반적으로 파악이라는 것이 있다면—는 원칙을 사색의 최고 원칙으로 삼을 것이다. 목이 마른 자에게 물이 없다. 그러나 그의 공상은 마치 그것만큼 얻기 쉬운 것은 없는 것처럼, 끊임없이 물을 그 눈앞에 날라 온다. 표면적이고 쉽사리 만족하는 종류의 지성은 무엇이 필요한지 깨닫지 못하면서 자신이 더 뛰어나다고 자부한다. 이 지성은 더 많은 것을 할 수 있고, 더 빨리 달리고, 눈 깜짝할 사이에 목표에 도달하는 것을 자랑으로 여긴다. 이리하여 사상의 나라는 이미 말한 것처럼 표면, 자기 만족의 나라에 지나지 않는데도, 행위, 원망, 체험 등의 나라와 비교하면 자유의 나라인 것처럼 보인다.

126

망각. 망각의 존재는 아직 증명되지 않았다. 우리가 알고 있는 것은 단지 회상에는 우리의 힘이 미치지 않는다는 사실뿐이다. 임시로 우리는 우리 힘이 미치지 않는 이 틈새에 '망각'이라는 말을 놓았다. 마치 능력이 또 하나 있기라도 한 것처럼. 그러나 결국 우리 힘이 어디에 미치는지! 저 말이 우리 힘 미치지 않는 틈새에 있다면, 다른 말은 우리의 힘에 대한 우리의 인식이 미치지 못하는 틈새에 있는 것은 아닐까?

127

목적에 따라서. 모든 행위 중에서 아마 가장 이해되지 않는 것은 목적에 따른 행위일 것이다. 그것은 언제나 가장 알기 쉬운 행위로 인정되어 왔기 때문이고, 우리의 의식에서 가장 평범한 것이기 때문이다. 중대한 문제는 길거리에 있다.

128

꿈과 책임. 그대들은 모든 것에 책임을 지려 한다! 다만 그대들의 꿈만은 책임을 지려 하지 않는다! 얼마나 가련할 정도로 약한지, 얼마나 일관성을 유지하려는 용기가 부족한지! 그대들의 꿈보다 더 그대 자신의 것은 없다! 그대들의 일인 것도 없다! 재물도, 형식도, 기간도, 배우도, 관객도 이 극에서는 그대 자신이 그 모든 것이다! 더구나 여기서 그대들은 자신을 참으로 두려워하고, 수치스러워 한다. 그리고 이미 현명한 오이디푸스는 자기가 꿈꾸는 것에 대해 아무것도 할 수 없다는 생각에서 위로를 받을 줄 알았다!
　나는 여기에서 대다수 인간은 불길한 꿈을 의식하고 있음에 틀림없다고 추론한다. 그렇지 않다면, 인간은 그 매일 밤의 천한 시작(詩作)을 인간의 오만을 위해 얼마나 이용했을 것인지! 현명한 오이디푸스는 옳았다는 것, 우리는 실제로 우리의 꿈에 대해 책임이 없으며, 마찬가지로 우리가 깨어 있을 때도 책임이 없다는 것, 그리고 자유의지설은 인간의 긍지와 힘의 감정에서 비롯된다는 것을 나는 덧붙이지 않으면 안 되는 걸까? 나는 이 점을 어쩌면 너무 자주 말하는 것인지도 모른다. 그러나 그렇다고 해서, 그것이 아직 오류가 되지는 않을 것이다.

129

이른바 동기들 간의 싸움. 사람들은 '동기들 간의 싸움'에 대해 말한다. 그러나 그것은 동기들 간의 싸움이 아닌 다른 싸움이다. 즉 행동하기 전, 우리가 숙고할 때 의식 속에는 우리가 그 모두를 할 수 있다고 생각하는 다양한 행위의 결과가 차례대로 나타나서, 이 결과를 비교한다. 어떤 행위의 결과가 더 유리한 것이 될 것이라고 확신했을 때, 우리는 그 행위를 하기로 결심했다고 생각한다. 우리가 이 결론에 도달하기 전에 결과를 추측하고 그것을 그 전체적인 강도 면에서 꿰뚫어 보고, 결점을 없애기가 어렵기 때문에 우리는 자주 몹시 고민한다. 더군다나 이때 계산은 우연으로 나눗셈을 해야 하기 때문에 정확성이 떨어진다. 그뿐인가. 가장 곤란한 것은 하나하나씩 확인하기도 어려운 결과들을 이제 함께 하나의 저울 위에서 서로 무게를 재지 않으면 안 된다. 더구나 이 모든 가능한 결과로 생긴 질(質)의 차이 때문에, 우리에게는 이익을 계산하기 위한 저울도 없는 일이 아주 흔하다.

그러나 우리가 이것을 해결하여 서로 무게를 잴 수 있는 결과를 우연히 저울 위에 올려놓았다고 하자. 그러면 우리는 지금 실제로 특정한 행위 결과의 상(像) 속에 이 행위를 하는 동기를 가지게 된다. 그렇다, 하나의 동기를 가지게 된다! 그러나 우리가 결국 행동하는 순간에는 여기서 말한 종류, '결과의 상'의 종류와는 다른 종류의 동기로 우리는 흔히 규정된다. 그때 우리 힘이 미치는 습관적인 활동, 우리가 무서워하거나 존경하거나 사랑하는 사람에 의한 작은 자극, 편리한 것을 하기 좋아하는 나태, 결정적인 순간에 닥치는 대로의 아주 사소한 사건으로 일어난 상상력의 흥분이 영향을 미친다. 아주 변덕스럽게 나타나는 육체적인 것이 영향을 미친다. 참으로 우연히 용솟음쳐 나오려고 준비하고 있던 어떤 감동의 분출이 영향을 미친다. 간단히 말하면, 우리가 일부는 전혀 모르고 일부는 아주 조금밖에 알지 못하는 동기, 또 이전에는 서로 전혀 계산할 수 없던 동기가 영향을 준다. 이 동기들 사이에도 싸움이, 쫓음과 내쫓음이, 저울추의 균형과 저하가 있다는 것은 있을 법한 일이다. 그리고 이것이 원래 '동기들 간의 싸움'일 것이다.

동기들 간의 싸움은 우리에게는 전혀 보이지도 않고 의식되지도 않는다. 나는 결과와 성과를 계산하고, 그리하여 하나의 대단히 중요한 동기를 동기의 전열(戰列)에 편입시켰다. 그러나 나는 이 전열 자체를 보지 않는 것과 마찬가지로, 편성도 하지 않는다. 싸움 자체가 나에게는 감추어져 있다. 승리 자체도 마찬가지다. 왜냐하면 내가 마지막에 무엇을 하는가는 내가 잘 알고 있지만, 어떤 동기가 그것에 의해 승리를 거두게 되었는가는 알지 못하기 때문이다. 이들 모든 무의식적인 과정을 고려하지 않고 의식할 수 있는 한에서만 행동할 준비를 생각하는 것이 바로 우리의 습관이다. 그래서 우리는 동기들 간의 싸움을 다양한 행위들이 초래할 수 있는 결과들의 비교와 혼동한다. 이 혼동은 가장 영향력이 있고 도덕의 발달에 가장 치명적으로 작용하는 혼동 가운데 하나이다!

130

목적인가? 의지인가? 우리는 두 개의 나라, 목적 및 의지의 나라와 우연의 나라를 믿는 데 익숙해져 왔다. 우연의 나라에서는 무의미한 일이 일어난다. 거기서는 살고 존재하고 소멸하지만, 아무도 그 이유와 목적을 말할 수 없다. 우리는 이 크고 우주적인 우둔의 강력한 나라를 두려워한다. 왜냐하면 우리는 이 나라가 보통 다른 세계, 목적과 의도의 세계로 지붕에서 기와가 떨어지는 것처럼 떨어져 무언가 아름다운 목적을 살해해 버린다는 것을 알고 있기 때문이다. 두 나라에 대한 이 신앙은 아주 오래된 낭만주의이고 우화이다. 우리 현명한 난쟁이는 자신의 의지와 목적을 가지면서도, 바보 같고 어리석기 짝이 없는 거인, 즉 우연에 의해 고통당하고 부딪쳐 쓰러지고 자주 짓밟혀 죽는다. 그러나 그럼에도 우리는 이 이웃 관계에 대한 무서운 시(詩)가 없어지기를 바라지는 않는다. 왜냐하면 목적이라는 거미줄 속의 우리 생활이 너무 지루하거나 염려될 때, 저 괴물들이 종종 찾아와서 그 손으로 단호하게 그물을 잡아 찢음으로써 기분전환을 해 주기 때문이다.

이 비이성적인 것들이 그것을 바라는 것은 아니다! 그들의 뼈만 앙상한 손은 우리의 그물을 마치 공기이기나 한 것처럼 붙잡고서 뚫고 지나간다. 굶겨 죽일 그리스인은 이 측정할 수 없는 나라, 숭고하고 영원한 우둔의 나라를 모이라[67]라고 불렀고, 그것을 신들이 영향을 미칠 수도, 볼 수도 없는 지평선으로 신들 주위에다 설정했다. 이것은 신들에 대한 은근한 반항심에 의한 것이다. 이러한 반항은 신들을 실제로 숭배는 하지만 신들에 대한 최후의 때는 수중에 남겨 둔다는 형태로 몇몇 민족에게서 나타난다. 예를 들어 인도인이나 페르시아인처럼 신들이 인간의 희생에 의존한다고 생각하면, 인간은 최악의 경우에는 신들을 굶겨 죽일 수 있다. 또는 가혹하고 우울한 스칸디나비아인처럼, 악의적인 신들이 자기들에게 주는 끊임없는 공포의 대가로 앞으로 신들에게 황혼[68]이 찾아온다고 생각하며 조용한 복수의 즐거움을 만들어낸다.

한편 기독교는 인도적이지도, 페르시아적이지도, 그리스적이지도, 스칸디나비아적이지도 않다. 기독교의 근본적인 감정은 먼지 속에서 힘의 정신을 숭배하고, 먼지에 입 맞출 것을 명했는데—다음의 것을 암시했다. 즉, 저 강대한 '우둔의 나라'는 겉으로 보이는 것만큼은 우둔하지 않다. 오히려 우리가 어리석다. 이 나라의 배후에는 경외할 만한 하느님이 존재하는데, 하느님은 어둡고 구부러진 기이한 길을 사랑하지만, 결국 모든 것을 멋지게 끌고 나온다는 사실을 우리는 깨닫지 못한다. 지금까지 거인족 혹은 모이라로 오인받았는데, 하느님은 우리 지성보다 더욱 정교하게—지성으로 이해할 수 없는, 아니 몰이해라고 생각될 수밖에 없을 정도로—목적과 그물을 스스로 엮었다. 이 신에 대한 새로운 우화(寓話), 이 우화는 대단히 대담한 역전이고 과감한 역설이었기 때문에, 일이 아무리 바보 같고 모순된다고 생각되더라도 너무나 고상해진 고대 세계는 우화에 저항할 수 없었다. 왜냐하면 만약 우리의 지성이 신의 지성과 목적을 추측할 수 없다면, 우리는 어디에서 자기 지성의 이 성질을 추측했을까? 또 어디에서 신의 지성이 이 성질을 추측했을까 하는 모순에 부딪혔기 때문이다.

근대에는 실제로 지붕에서 떨어지는 기와는 정말 '신의 사랑'에 의해 던져지는 것인가 하는 불신이 커졌다. 그리고 인간은 거인과 난쟁이의 낭만주의의 낡은 발자취에 다시 빠져들기 시작한다. 따라서 지금이 절호의 시기이기 때문에 우리가 추구하는 목적과 이성의 특수한 나라에서도 똑같이 거인이 지배하고 있다는 사실을 배우자! 따라서 우리의 목적과 이성은 난쟁이가 아니라 거인이다! 우리의 그물은 우리에 의해 기와에 잡아 찢겨지는 것과 마찬가지로 자주 천하게 잡아 찢겨진다! 그리고 목적이라고 불리는 것 모두가 목적이 아니며, 의지라고 불리는 것 모두가 의지가 아니다!

만약 그대들이 "그러므로 단 하나의 나라, 우연과 우둔의 나라가 존재하는 것에 불과한 것일까?" 이렇게 추론하고 싶다면, 다음과 같이 덧붙여야 한다. '그렇다. 아마 단 하나의 나라가 존재할 것이다. 아마 의지도 목적도 존재하지 않을 것이다. 그리고 그것들은 우리가 잘못 상상했던 것이다.' 우연의 주사위 통을 흔드는 필연적인 저 손은 끝없이 승부를 건다. 그때 주사위는 완전히 합목적적이고 합리적으로 보이도록 던져질 것임에 틀림없다. 아마 우리 의지의 작용, 우리의 목적은 그러한 주사위의 던짐 이외의 아무것도 아닐 것이다. 그리고 우리는 너무 제한되어 있고 너무 자만심이 강하기 때문에 우리가 극도로 제한되어 있다는 것, 즉 우리가 쇠로 된 손으로 주사위통을 흔드는 것이고 우리가 가장 의도적인 행위로 필연적인 승부를 하는 것 외에는 아무것도 하고 있지 않다는 것을 파악할 수 없다. 아마! 이 아마를 뛰어

넘기 위해 우리는 모든 표면적인 것을 뛰어넘어 이미 죽은 자의 세계에서 손님이 되어 페르세포네[69]의 탁자에서 그녀와 함께 주사위를 흔들고 내기를 걸었어야 했을 것이다.

131

도덕적인 유행. 도덕적인 전체 판단은 얼마나 변화했는지! 예를 들어 에픽테토스같이 고대 윤리의 가장 경이적 인물들은, 현재 세간에서 타인을 생각하고 타인을 위해 사는 것을 전혀 찬양할 줄 몰랐다. 그들은 우리의 도덕적인 유행에 따르면 참으로 비도덕적이라고 불려야 할 것이다. 왜냐하면 그들은 전력을 다해 자신의 자아를 위해 싸웠고 타인에게(특히 타인의 괴로움과 윤리적 결함) 동정을 느끼는 것에 저항했기 때문이다. 아마 그들은 우리에게 다음과 같이 대답할 것이다. "그대들이 자신에게 그토록 지루하거나 추한 대상이라면, 자기를 생각하기보다 아무쪼록 타인을 생각하기 바란다! 그렇게 하는 것이 좋다!"

132

도덕에서 사라져가는 기독교적인 경향. "동정에 의한 것이 아니라면 사람은 선하지 않다. 따라서 우리의 모든 감정 속에는 동정이 없으면 안 된다."[70] 오늘날 사람들은 도덕을 이렇게 생각한다! 이것은 어디에서 유래할까? 동정적이고 공평하며 공익에 기여하고 사회적 행위를 하는 인간이 오늘날 도덕적인 인간으로 느껴지고 있다는 것, 이것은 아마 기독교가 유럽에 초래한 가장 일반적인 영향이며, 심경의 변화일 것이다. 그것이 기독교의 의도도 아니고 가르침도 아니었음에도 말이다. 그러나 그것은 '오직 하나의 것만 필요하다'는 극히 상반되고 철저하게 자기중심적인 믿음,[71] 즉 개인의 영원한 구원이 절대적으로 중요하다는 근본적인 믿음이, 그것이 의존하고 있는 교의와 함께 점차적으로 후퇴하고, 그 때문에 '사랑'과 '이웃사랑'에 대한 부속적인 신앙이 교회의 자비라는 거대한 실천으로 대두되었던 때의 기독교적 경향의 잔재였다.

교의에서 벗어나면 벗어날수록, 더 한층 사람들은 인류애를 숭배함으로써 이 이탈에 대한 변명을 찾았다. 이 점에서 기독교의 이상에 뒤떨어지지 않고, 할 수 있다면 그것을 능가하는 것이 볼테르에서 오귀스트 콩트에 이르는 모든 프랑스 자유사상가들의 숨겨진 동기였다. 그리고 후자는 유명한 타인을 위해서 산다[72)는 도덕적 정식을 통해 실제로 기독교를 초기독교화했다.

독일에서는 쇼펜하우어가, 영국에서는 존 스튜어트 밀이 행위의 원리로써 동정적 호의설, 동정설, 이타설에 가장 큰 명성을 주었다. 그러나 그들은 단지 하나의 반향에 지나지 않았다. 그러한 설은 대략 프랑스 혁명의 시대 이래, 거대한 추진력으로 곳곳에서 더욱이 가장 조잡한 형태와 정교한 형태를 띠고 무럭무럭 자라났다. 그리고 모든 사회주의적인 체계는 무의식적인 것처럼 이 설들과 공통의 지반 위에 서 있었다. 무엇이 원래 도덕적인 것을 형성하는가를 알고 있다는 선입견보다 사람들이 더 잘 믿는 선입견은 없을 것이다. 오늘날 사람들은 사회가 개인을 일반적인 요구에 적응시키려 하고 있고, 또한 개인의 행복과 개인의 희생은 자기를 전체의 유익한 지체와 도구로 느끼는 데 있다는 것을 들을 때 기뻐하는 것처럼 보인다. 단지 사람들은 어디에서 이 전체를 찾을 수 있는가, 현행 국가인가 그렇지 않으면 건립되어야 할 국가인가, 혹은 국민인가, 혹은 여러 민족의 단결인가, 혹은 작은 새로운 경제적 공동체인가 하는 물음에 여전히 동요하고 있다. 현재 이것에 대한 많은 숙고, 회의, 싸움, 흥분과 정열이 있다.

그러나 자아는 전체에 대한 적응이라는 형식으로 그 권리와 의무의 확실한 영역을 지금 다시 획득할 때까지, 즉 그것이 완전히 새로운 것, 다른 것이 될 때까지 자기를 부인하지 않으면 안 된다고 하는 요구에 불가사의할 정도로 정확히 응하고 있다. 사람들은 개인의 철저한 변형, 아니 약화와 지양 이외의 어떤 것도 바라고 있지 않다. 그것을 고백하든 고백하지 않든, 사람들은 이제까지 개인적인 존재의 형식 속에 있는 모든 악, 적의, 낭비, 비용, 사치를 낱낱이 거론하고 고소하는 데 지치지 않는다. 사람들은 커다란 신체와 그 지체가 있다면, 더욱 염가로 안전하고 균일하고 통일적으로 살림살이를 꾸려갈 수 있다고 기대한다.

어쨌든 이 신체와 지체를 형성하고 있는 충동 및 그 보조적 충동에 어울리는 것은 모두 선하게 느껴진다. 이것이 우리 시대의 도덕적인 근본 조류이다. 거기에서는 공감과 사회적 감각이 서로 섞여서 떠돌며 움직인다. (칸트는 아직 이 움직임 밖에 있다. 그는 우리의 선행이 도덕적인 가치를 가져야 한다면, 우리는 타인의 괴로움에 대해 공감해야 한다[73]고 명확하게 가르친다. 쇼펜하우어가 이 말에 크게 분개하며 칸트다운 촌스러움이라고 부르고 있는데, 이해가 가는 일이다.)

133

"더 이상 자신을 생각하지 않는다." 정말 철저하게 신중히 생각하기 바란다. 눈앞에서 누군가가 물 속에 빠지면, 비록 그가 전혀 마음에 들지 않다고 해도 우리가 그를 따라 뛰어드는 것은 어째서일까? 동정 때문이다. 그때 우리는 타인만을 생각한다고 깊이 생각하지 않은 채 말한다. 누군가가 피를 토하면, 그에게 악의와 적의마저 가지고 있다 해도 우리가 고통과 불쾌감을 느끼는 것은 어째서일까? 동정 때문이다. 우리는 그때 더 이상 자기를 생각지 않는다고 똑같이 깊이 생각하지 않고 말한다.

사실상 우리가 동정이라고 말할 때—나는 잘못된 방식으로 동정이라고 말하는 것이 일반적이라 생각하고 있는데—우리는 물론 더 이상 의식적으로 우리를 생각하지 않지만, 무의식적으로 아주 강하게 우리를 생각하는 것이다. 마치 발이 미끄러졌을 때 우리에게 현재 의식되지 않지만 가장 목적에 들어맞는 반사운동을 하고, 동시에 명확하게 우리의 지성을 사용하는 것처럼, 타인의 불행은 우리의 감정을 해친다. 우리가 타인을 도우려 하지 않으면, 그것은 우리의 무력함, 아마 우리의 비겁함을 확인시킬 것이다. 혹은 이미 그것 자체로 타인에 대한 우리의 명예, 또는 우리 자신에 대한 우리의 명예를 필연적으로 실추시킬 것이다. 또는 타인의 불행과 괴로움은 우리도 겪을 수 있다는 위험을 지시해준다. 그리고 인간적인 위태로움과 연약함을 보여주는 표시만으로도 그것은 우리에게 고통을 느끼게 한다. 우리는 동정하는 행위를 통해 이런 종류의 고통과 모욕을 거절하고 그것들에 보복한다.

동정적인 행위에는 정교한 정당방위, 혹은 복수도 있을 수 있다. 우리가 근본적으로 강하게 우리를 생각한다는 것은, 우리가 괴로워하는 광경, 궁핍에 시달리는 광경, 비탄하는 광경을 피할 수 있는 모든 경우에 우리가 하는 결심에서 추측된다. 우리가 더욱 강력한 존재, 돕는 존재로서 나타날 수 있을 때, 갈채를 받는 것이 확실할 때, 행복을 느끼기를 바라거나 불행의 모습을 보고 지루함에서 탈출할 것을 기대할 때, 우리는 이것을 피하지 않으리라고 결심한다.

  그러한 광경을 볼 때 우리에게 가해지고 더욱이 매우 다양하게 있을 수 있는 걱정과 괴로움을 동정이라고 부르는 것은 잘못된 것이다. 왜냐하면 어떤 사정이 있더라도, 그것은 우리 앞에서 괴로워하고 있는 자와는 관계가 없는 괴로움이기 때문이다. 그 괴로움이 그 자신의 것인 것처럼 우리의 괴로움은 우리의 것이다. 그러나 우리가 동정이라는 행위를 할 때 우리가 우리 자신에게서 없애는 것은 자기 자신의 괴로움뿐이다. 우리는 이런 종류의 것을 결코 하나의 동기에서 행하지 않는다. 우리가 그때 괴로움에서 해방되기를 바라는 것이 아주 확실하듯이, 우리가 같은 행위에서 쾌락의 행동에 복종하는 것도 역시 확실하다. 쾌락은 우리의 상태와는 반대되는 모습을 볼 때 생긴다. 즉, 우리가 원하기만 하면 도울 수 있다는 생각을 가질 때 생긴다. 우리가 도와준 경우, 칭찬받고 감사받는다는 생각을 품을 때 생긴다. 돕는 행위가 한 걸음 한 걸음 성공하게 되어 돕는 사람에게 기쁨을 줄 때, 돕는다는 행위 자체 속에서 생긴다. 특히 우리의 행위가 분노를 불러일으키는 불의를 제한한다는 감각(우리의 분노를 폭발시키는 것으로도 기분을 상쾌하게 한다)에서 생긴다.

  이 모든 것에 더 정교한 것을 덧붙이면, '동정'[74]이 된다. 언어는 그 하나의 말을 사용하여 그토록 얼마나 졸렬하게 중음적(重音的)인 존재를 파악하려 하는지! 이에 반하여 괴로워하는 사람을 바라볼 때 일어나는 동정은 그 괴로움과 같은 종류의 것, 혹은 동정은 괴로워하는 사람을 특별히 섬세하고 철저하게 이해한다는 것, 이 두 가지 점은 경험과 모순된다. 그리고 동정을 바로 이 두 시점에서 칭찬한 자는, 이 도덕적인 것의 영역에서 충분한 경험을 하지 않았던 것이다. 이것이 쇼펜하우어가 동정에 대해 말했던 모든 믿기 어려운 사항을 내가 읽고 회의를 느끼게 된 이유이다. 그는 우리에게 그의 신발명품을 믿게 하려 하고 있다. 동정은, 그가 매우 불완전하게 관찰하고, 지독히 조잡하게 기술한 바로 그 동정은 과거와 미래의 모든 도덕적 행위의 원천이라는 것이다. 이런 주장은 그가 처음으로 날조하여 동정에 덮어씌운 바로 그 능력을 위한 것이다.

  끝으로 동정이 없는 인간과 동정하는 인간은 무엇으로 구별하는가? 여기서도 역시 조잡하게 말할 뿐인데, 무엇보다 동정이 없는 인간은 공포라는 자극받기 쉬운 상상력과 위험을 탐지하는 날카로운 능력을 가지고 있지 않다. 더욱이 무슨 일이 일어나도 그들이 저지할 수 있다면 그들의 자만심은 그토록 빨리 상처입지는 않는다. (그들 신중한 긍지는 관계없는 일에 무익한 간섭을 하지 않도록 그들에게 명령한다. 그뿐 아니라 그들은 각 사람이 자신을 돕고 자신의 트럼프로 노는 것을 즐긴다.) 더군다나 그들은 대체로 동정적인 인간보다 고통을 견디는 데 익숙해져 있다. 그리고 그들 자신이 괴로워해 왔기 때문에, 타인이 괴로워하는 것은 그들에게 그리 불공평한 것처럼 생각되지 않는다.

마지막으로 동정하는 인간에게 스토아주의적인 무관심 상태가[75] 고통인 것처럼 그들에게는 부드러운 마음의 상태가 고통이다. 그들은 그 상태를 경멸하며 자기의 남자다움과 차가운 용기가 그것으로 위험에 놓였다고 생각한다. 그들은 눈물을 타인의 눈앞에서 감추고, 자신에게 화내고, 그것을 닦는다. 그것은 동정하는 인간과는 다른 종류의 이기주의이다. 그러나 그들을 탁월한 의미에서 나쁘다고 부르고 동정하는 인간을 좋다고 부르는 것은 시대를 지배한 하나의 도덕적인 유행일 뿐이다. 마치 반대의 유행이 한때를 더구나 오랜 동안 지배했던 것처럼!

134

어느 정도까지 동정을 경계하지 않으면 안 되는가. 동정은 실제로 괴로움을 만들어내는 한—이것이 여기에서 우리의 단 하나의 관점인데,—유해한 감정에 홀리는 것처럼 약해진다. 동정은 이 세상의 괴로움을 증대시킨다. 동정의 결과로 때때로 간접적으로 괴로움이 감소하고 배치되는 일이 있을지라도, 전체적으로 볼 때 중요하지 않은 결과를 동정의 본질을 변명하는 데 이용해서는 안 된다. 그 본질은 앞에서 말한 것처럼 유해하기 때문이다. 비록 하루만이라도 동정이 지배한다고 하자. 그러면 인류는 그 결과 즉시 파멸할 것이다.

동정은 그 자체로서는 어떤 충동과 마찬가지로 좋은 성격을 가지고 있지 않다. 동정이 요구되고 찬양받을 때 비로소—이 점은 사람들이 동정에서 유해한 것을 파악하지 않고 쾌락의 원천을 발견할 때 생긴다—가책 없는 양심이 동정에 따르게 된다. 그때 비로소 사람들은 기쁘게 그것에 몰두하고, 그

것을 알리는 것을 주저하지 않는다. 동정이 유해하다는 것이 파악되는 다른
상황의 경우에는 동정이 약한 것으로 인정된다. 혹은 그리스인의 경우처럼
때때로 그것을 임의로 폭발시킴으로써 위험성을 빼앗을 수 있는 병적이고,
주기적인 감정으로 인정된다. 시험 삼아 한 번, 잠깐 동안 실생활 속에서 동
정을 불러일으키는 계기를 일부러 뒤쫓아 자기의 환경에서 붙잡을 수 있는
모든 비참함을 끊임없이 상상해 보면, 누구나 병이 들고 우울해지는 것을 피
하기 어렵다. 더군다나 의사로서 무언가의 의미에서 인류에게 봉사하려고
하는 사람마저도, 그 감정에 주의할 필요가 있을 것이다. 그 감정은 결정적
인 순간에 그를 마비시키고, 그의 지식과 그의 돕기 좋아하는 섬세한 손을
가로막는다.

135

동정 받는 것. 미개인 사이에서는 동정 받는 것에 도덕적인 공포심이 있
다. 동정을 받으면 그들은 덕을 온통 상실하고 만다. 그들에게 동정을 베푸
는 것은 경멸하는 것과 같다. 경멸할 만한 인간이 괴로워하는 것을 그들은
보고 싶어하지 않는다. 이것은 아무런 즐거움도 주지 않는다. 이에 반해 그
들이 자신과 동등하게 긍지가 높다고 인정하고, 가책을 받더라도 그 긍지를
내버리지 않는 적이 일반적으로 동정의 외침에, 즉 가장 불명예스럽고 가장
심각한 굴욕에 따르려 하지 않으면서 괴로워하는 것을 보는 것은 최고의 즐
거움이다. 그때 미개인의 마음은 경탄으로까지 고양된다. 그는 그런 용감한
자를 손아귀에 쥐면 결국 죽여 버린다. 그리고 불굴의 사람에게 그 최후의
명예를 준다. 만약 그가 애통해하면서 차가운 조롱의 표정을 잃어버린 채 자
신을 경멸할 만한 존재로 드러냈다면, 그는 개처럼 살아가는 것이 허용되었
을 것이다. 그는 구경꾼의 긍지를 더 이상 자극하지 않았을 것이다. 그리고
경탄 대신에 동정을 받았을 것이다.

136

동정 속의 행복. 인도인처럼 지성의 활동 목표로 인간의 비참함이라는 인
식을 내세우고, 많은 세대의 정신을 통해 어디까지나 그러한 무서운 목표를
바꾸지 않는다고 하자. 마침내 그러한 유전적인 염세주의를 가진 인간의 눈

에는 혐오와 공포의 전율 때문에 삶을 내팽개치는 것이 낫게 보일지라도, 동정은 여전히 삶을 참고 견디기 위한 힘으로서 새로운 가치를 획득한다. 동정은 쾌락을 포함하고 조금이나마 우월을 맛보게 하는 감정으로서 자살의 해독제가 된다. 그것은 우리에게서 빠져 나와 마음을 가득 채우고 공포와 무감각을 쫓아버리고, 말, 탄식, 행위 등을 활기 있게 한다. 개인을 모든 방향에서 궁지와 어두움에 빠뜨려 심히 놀라게 하는 인식의 비참함에 비하면, 동정은 하나의 행복이다. 그러나 행복은 그것이 무엇이든 간에 공기, 빛, 자유로운 움직임을 준다.

137

어째서 이중적 '자아'가 되는가! 타인의 체험을 바라보는 눈으로 우리 자신의 체험을 바라보는 것, 이것은 우리의 마음을 매우 부드럽게 해주는 권장할 만한 약이다. 이에 반해 동정 철학이 요구하는 것처럼 타인의 체험을 마치 우리의 것인 양 바라보고 받아들이는 것 이것은 우리를 파멸로 인도할 것이다. 더구나 극히 짧은 시간 안에. 어디 그것을 체험해 보라. 거기에 상상을 덧붙이지 말기를! 확실히 저 첫 원칙은 이성과 합리성에 대한 선한 의지에 더 적당하다. 왜냐하면 우리는 어떤 사건의 가치와 의미에 대해, 예를 들면 사망, 금전적 손해, 중상(中傷)의 가치에 대해 그 사건이 우리의 몸이 아니라 타인의 몸에서 일어날 때 더 객관적으로 판단하기 때문이다. 이에 반해 타인이 괴로워하고 있는 그대로 타인의 재난을 괴로워하라고 요구하는 행위 원리로서의 동정은 다음 것을 필연적으로 수반하게 될 것이다. 즉, 자아라는 관점은 과장되고 일탈하게 되면, 타인인 동정하는 자의 관점도 되어야 한다. 그러므로 우리는 우리의 자아와 타인의 자아 때문에 괴로워해야 하며, 자신의 무거운 짐을 가능한 한 적게 하는 대신에 자발적으로 이중의 비합리성으로 괴로움을 당하게 될 것이다.

138

더욱 다정해지는 것. 우리가 누군가를 사랑하고 존경하고 찬탄하고 있는데 나중에 그가 괴로워하고 있다는 것을 알면—우리는 그로부터 솟아나오는 행복이 그 자신의 풍부한 행복의 샘에서 나온다는 것 이외에는 생각하지 않

기 때문에 언제나 크게 놀란다—우리의 사랑, 존경, 찬탄 등의 감정은 본질
적인 점에서 변화한다. 그것은 더욱 다정해진다. 즉, 그와 우리 사이의 틈에
다리가 놓인 것처럼 생각된다. 평등으로 접근해가는 것처럼 보인다. 그는 이
전에 우리의 감사하는 마음에 초연하게 우리 마음속에서 살고 있었지만, 지
금 처음으로 그에게 되돌려 줄 수 있는 일이 가능한 것처럼 보인다. 이 되돌
려 줄 수 있다는 것은 우리에게 커다란 기쁨과 마음의 고양을 준다. 우리는
어떻게 해야 그의 고통을 완화할 수 있는지 알아내려 힘쓰고, 이것을 그에게
준다. 그가 위로의 말, 눈길, 친절한 언행, 봉사, 선물 등을 원하면, 우리는
그것을 준다. 그러나 무엇보다도 우리가 그의 슬픔에 괴로워하는 것을 그가
원한다면 우리는 괴로워하는 모습을 보여준다.

그럼에도 불구하고 우리는 감사의 마음을 실행하는 기쁨을 갖는다. 그것
은 간단히 말하면 선한 복수이다. 그가 우리에게 아무것도 바라지 않고 아무
것도 받아들이지 않으면, 우리는 냉정해지고 슬퍼지며 거의 마음이 상처 입
은 것처럼 되어서 떠난다. 마치 우리가 표한 감사의 마음이 거부된 것처럼.
그리고 이렇게 체면이 손상될 경우에는 가장 선량한 인간도 역시 신경과민
이 된다. 이 모든 것에서 우리는 가장 잘 되어 간 경우라도 괴로움 속에는
무언가 품위를 떨어뜨리는 것이 있고, 동정 속에서 무언가 높이는 것, 우월
을 주는 것이 있다고 결론지을 수 있다. 이러한 사실이 쌍방의 감정을 영원
히 서로 분리시키는 것이다.

139

이른바 높은 도덕! 그대들은 동정의 도덕이 스토아주의의 도덕보다 더 고
급이라고 말하는 것인가? 증명하라! 그러나 도덕의 '고급'과 '저급'은 다시
금 도덕적인 척도로는 잴 수 없다는 것에 주의하라. 왜냐하면 절대적인 도덕
이라는 것은 존재하지 않기 때문이다. 그래서 기준은 어딘가 다른 곳에서 가
져와야 한다. 자, 정신 차려라!

140

찬양과 비난. 전쟁이 불행한 결말로 끝나면 사람들은 전쟁에 '책임'이 있
는 사람을 마음에 둔다. 전쟁이 승리로 끝나면 사람들은 전쟁을 일으킨 사람

을 찬양한다. 책임은 실패가 있는 곳이라면 어디에서나 추궁된다. 왜냐하면 실패는 필연적으로 의기소침을 수반하기 때문이다. 이 의기소침을 통해 단 하나의 치료법이 알게 모르게 적용되는데, 그것은 힘의 감정이라는 새로운 흥분이다. 이 흥분은 '책임자'에 대한 단죄로 나타난다. 이 책임자가 다른 사람들의 죄를 대속하는 희생양과 같은 것은 아니다. 그는 약한 사람들, 굴욕을 느낀 사람들, 의기소침한 사람들의 희생물이다. 이 사람들은 아직 강함을 가지고 있다는 것을 어떻게 해서든 스스로 증명하고자 한다. 또한 자신에게 유죄 판결을 내리는 것도, 패배 뒤에 자신에게 강함의 감정을 달성시키는 수단일 수 있다.

이에 반해 전쟁을 일으킨 사람을 찬양하는 것은 흔히 다른 충동이 자기의 희생을 가지기를 바라는 것처럼 맹목적이다. 이번에는 희생이 희생되는 동물에게 달콤하고 유혹적인 냄새를 풍긴다. 즉 어떤 민족이나 사회의 힘의 감정이, 매혹적인 성공 때문에 흘러넘쳐서 승리의 권태가 나타나면 사람들은 그 긍지의 일부를 나누어 준다. 헌신의 감정이 높아지고 그 대상을 찾게 된다. 비난받든 찬양받든, 우리는 통상적으로 그때 이웃 간에 증대된 비난이나 찬양의 충동을 발산시킨다. 더욱이 대단히 많은 경우 우리는 마음대로 머리털이 붙잡혀서 질질 끌려 다닌다. 이것이 바로 우리 이웃을 위한 기회이다. 양쪽의 경우 우리는 아무런 공덕도 되지 않고, 또 조금도 감사받지 못하는 선행을 이웃들에게 실제로 보인 것이다.

141

더 아름답지만 가치는 더 적다. 그림처럼 아름다운 도덕, 그것은 곧바로 용솟음쳐 나오는 감동의 도덕이고, 험한 통로의 도덕이고, 격앙되고 강렬하고 끔찍하고 장엄한 거동과 어조의 도덕이다. 그것은 도덕의 미개 단계이다. 그 미적인 자극에 의하여 부추겨져서, 더 높은 순위를 그것에 할당해서는 안 된다.

142

공감. 타인을 이해하기 위해, 즉 그의 감정을 우리의 내면에 그대로 그리기 위해 우리는 실제로 자주 그의 이러저러한 일정한 감정의 원인을 찾고,

왜 그는 슬퍼하고 있을까 하고 묻는다. 그러면 똑같은 원인으로 자신도 슬퍼진다. 그러나 그것보다 훨씬 일반적인 것은 그렇게 하지 않고 타인에게서 일어나고 나타나는 감정의 결과에 따라 그 감정을 우리가 갖게 되는 것이다. 즉, 우리는 타인의 눈, 그의 소리, 그의 발걸음, 그의 태도가 보이는 표현을 (혹은 말, 회화, 음악에 있어서 모방된 형상마저도) 우리의 신체에 모방하여 그림으로써(적어도 근육의 운동, 신경 지배의 아주 작은 유사함에 이르기까지) 그 감정을 갖게 되는 것이다. 그렇게 하면 우리의 내면에 후퇴도 전진도 할 수 없도록 훈련받고 있는 운동과 감각의 오래된 연합 작용의 결과로 유사한 감정이 나타난다.

타인의 감정을 이해하는 이 기술 면에서 우리는 진보했다. 그래서 우리는 어떤 사람을 만나면, 거의 자기도 모르는 새에 언제나 이 기술을 실행에 옮긴다. 특히 여성의 얼굴 윤곽에서 나타나는 움직임은 완전히 얼굴 주위에서 느껴지는 끊임없는 모방과 반영 때문에, 흔들리거나 빛나는 것처럼 보인다. 그러나 감정을 재빠르게, 그리고 날카롭게 추측하거나 공감하는 점에서 우리가 얼마나 숙련가인가를 가장 분명하게 보여주는 것은 음악이다. 음악은 감정의 모방에 대한 모방이고, 더구나 이 거리와 모호함에도 불구하고 우리를 자주 그 감정에 참여시킨다. 그러므로 우리는 상을 당할 기회가 없더라도 상을 당한 사람들의 습관적인 음성의 울림과 움직임을 무언가의 형태로 상기시키는 소리나 선율을 듣기만 해도 마치 바보처럼 슬퍼지는 것이다.

이런 이야기가 있다. 어떤 덴마크 국왕이 어느 가수의 음악을 듣다가 극히 전투적인 흥분 상태에 빠져서는 자리에 모여 있던 대신들에게 달려들어 다섯을 죽였다고 한다. 전쟁도 없었고 적도 없었으며 오히려 무엇보다도 그 반대 상황이었다. 그러나 감정에서 원인을 역으로 추리하는 힘은 실제로 보는 것과 이성을 압도할 수 있을 만큼 강력했다. 그러나 이것은 거의 언제나 나타날 수 있는 음악의 작용이었다(음악이 작용한다면 말이다). 이 점을 통찰하기 위해서는 그것만큼 역설적인 사례는 필요치 않다. 음악에 의해 우리가 끌려 들어가는 감정의 상태는 거의 우리의 실제 상황의 외관, 더욱이 이 실제 상황과 그 원인을 인식하는 이성과 모순된다. 우리는 무엇 때문에 타인의 감정을 모방하는 데 그토록 숙달되었는가 물어 보자. 그러면 그 답에 대해선 아무런 의심도 남지 않는다.

모든 생물 중에서 가장 겁이 많은 인간은 섬세하고 취약한 본성인 공포심 때문에 타인(또한 동물)의 감정에 대한 공감을 재빨리 이해하는 교사가 되었다. 수천 년이나 오랫동안 인간은 모든 미지의 것, 살아있는 것 속에서 위험을 보았다. 인간은 그러한 모습을 접하면 즉시 얼굴과 태도의 표현을 모방하고, 이들 얼굴과 태도의 배후에 있는 나쁜 의도를 추론했다. 인간은 모든 움직임과 윤곽을 이렇게 의도와 연관시켜서 해석하는 것을 영혼 없는 사물의 본성에 적용했다. 영혼 없는 것은 존재하지 않는다고 잘못 생각하고서 말이다.

하늘, 들판, 바위, 숲, 천둥과 번개, 별, 바다, 풍경, 봄 등을 바라볼 때, 우리가 자연감정이라고 부르는 것은 모두 여기에 그 기원이 있다고 나는 믿는다. 이 모든 것을 그 배후에 있는 제2의 의미로 꿰뚫어보는 저 오랜 공포에 대한 연습이 없다면, 우리는 현재 자연에 대해 아무 기쁨도 가지지 못했을 것이다. 마치 저 이해를 가르치는 교사, 즉 공포가 없다면 우리가 인간 및 동물에 대해 아무런 기쁨도 가질 수 없었을 것처럼. 즉 기쁨, 유쾌함, 놀람, 마지막으로 우스움의 감정은 공감보다 나중에 태어난 아이이고, 공포의 훨씬 나이 어린 형제이다. 재빠른 이해의 능력은—이것은 재빨리 위장하는 능력에 의거하는데—긍지가 높고 자주적인 인간과 민족에게는 감소한다. 그들은 공포가 적기 때문이다. 이에 반해 겁 많은 민족에게는 모든 종류의 이해와 위장이 성행하고 있다. 여기에는 또한 모방하는 예술과 높은 지성이 일반적으로 나타날 수 있는 기반이 잡혀 있다.

여기서 내가 제안하는 공감이론, 즉 현재 참으로 인기 있고 신성한 것으로 이야기되고 있는 신비적인 과정의 이론—동정을 통해 두 개의 존재를 하나로 만들고, 한 쪽이 다른 쪽을 직접적으로 이해하는 것을 가능하게 한다는 이론을 생각하면, 그리고 쇼펜하우어 같은 명민한 두뇌가 그와 같은 열광적이고 무가치한 실없는 소리에 기쁨을 느끼고, 이 기쁨을 다시 명민한 두뇌와 절반쯤 명민한 두뇌에 이식한 것을 생각하면, 나의 놀람과 연민은 그칠 줄 모른다. 파악할 수 없는 무의미한 것에서 우리는 얼마나 큰 기쁨을 얻는가! 완전한 인간이라도 자기의 내밀한 지적인 소망에 따를 때면, 변함없이 얼마나 미치광이처럼 서 있는가!

(무엇 때문에 쇼펜하우어는 칸트에게 그토록 깊은 의무를 느꼈을까? 이것

은 분명하게 드러난다. 어떻게 하면 칸트의 정언명법[76]에서 감추어진 성질[77]을 제거하여, 그것을 파악하기 쉬운 것으로 만들 수 있을까 하고 누군가가 이야기한 적이 있었다. 쇼펜하우어는 이것에 대해 다음과 같은 말로 외쳤다. "정언명법이 파악하기 쉽다니! 근본적으로 틀린 생각이다! 완전한 암흑[78]이다! 정언명법이 좀더 파악하기 쉬워지다니 말도 안 되는 이야기다! 참으로 파악될 수 없는 것이 있다는 사실, 이렇게 비참한 지성과 그 개념이 제한되고 제약되고 유한하며 사람을 속인다는 사실에 대한 이 사실에 대한 확신이 칸트의 선물이다." 처음부터 도덕적인 사항을 파악할 수 없는 신앙을 가지고 행복하다고 느끼고 있는 누군가가, 도덕적인 사항을 인식하려는 좋은 의지를 가지고 있는지 그렇지 않은지 숙고해 보라! 신에게서 온 깨달음, 마법, 정령의 출현, 두꺼비 같은 형이상학적 추함을 변함없이 정직하게 믿고 있는 자가!)

143

이 충동이 사납게 날뛰기만 하면, 화 있으리라! 타인에 대한 애착과 배려의 행동('동정적 호의')이 현재의 두 배 강도가 된다면, 지상에서의 삶은 견딜 수 없을 것이다. 하루하루, 시시각각, 각 사람이 자기 자신에 대한 애착과 배려로부터 어떤 어리석은 짓을 범하는가, 또 그때 그가 얼마나 견디기 어려워하는가를 그저 생각해보면 된다. 우리가 타인에게 이제까지 그들 자신만을 괴롭혀 온 어리석은 짓과 뻔뻔스러운 언동의 대상이 된다고 하면 어떻겠는가! 그때는 '이웃'이 가까이 오자마자 우리는 맹목적으로 도망치지 않을까? 우리가 현재 이기주의에 뒤집어씌우는 것처럼 비난의 말을 동정에 뒤집어씌우지는 않을까?

144

타인의 비참함에 귀를 막는다. 타인의 비참함과 괴로움 때문에 우리가 음울한 기분이 되고 우리 자신의 하늘을 구름으로 덮는다면, 도대체 누가 이 음울의 결과를 책임져야 하는가? 바로 타인이다. 더구나 그들이 짊어지고 있는 모든 무거운 짐 위에 덧붙여서! 우리가 그들의 비참함의 반향이고 싶다고 생각해도, 그뿐 아니라 우리가 언제나 오직 그들 쪽에 귀를 기울이고 있을 때라도, 우리는 그들에게 도움을 줄 수도 원기를 줄 수도 없다. 우리가 올림푸스 신들의[79] 솜씨를 습득하여 장래에 인간의 불행으로 인해 불행하게 되지도 감동하지도 않는다면 말이다. 그러나 이것은 우리에게는 약간 지나치게 올림푸스 적이다. 우리가 비극을 즐김으로써 이미 이 이상적인 신들의 잔인함을 향하여 한 걸음 내딛었다고 할지라도.

145

'이기적이지 않은!' 저 사람은 공허하기 때문에 가득 채워지기를 바란다. 이 사람은 흘러넘치고 있는데, 텅 비기를 바란다. 둘 다 그 때문에 도움이 되는 개인을 찾도록 채찍질당하고 있다. 그리고 이 과정은 최고의 의미로 이해되었을 때, 어떤 과정이나 사랑이라는 한 단어로 불린다. 뭐라고? 사랑은 이기적이지 않다고?

146

이웃도 넘어서. 뭐라고? 도덕적인 것의 본질은 우리의 행위가 타인에게 미치는 가장 가깝고도 직접적인 결과를 주목하고, 그것에 따라 결심하는 데 있는 것일까? 이것은 좁은 소시민적인 도덕에 불과하다. 그것이 도덕일지라도. 그러나 타인에 대한 이 가장 가까운 결과도 무시하고 사정에 따라서는 타인의 괴로움을 통해서라도 좀 먼 목표를 촉진하는 것이 나에게는 고차원적이고 더 한층 자유롭다고 생각된다. 즉 우리 자유정신은 당분간 직접적으로 타인을 회의, 비애, 좀 더 형편이 나쁜 것으로 떨어뜨릴 것이라는 통찰에도 불구하고 인식을 촉진하는 것이 자유롭고 고차원적으로 보이는 것이다. 적어도 우리가 자신을 취급하는 것처럼 이웃을 취급하는 것은 허용되지 않는가? 그리고 우리는 자기의 경우, 직접적인 결과와 괴로움에 대해 그토록 좁은 소시민적인 생각을 가지지 않는데도, 왜 타인의 경우에는 그런 생각을 가지게 되는 것일까? 만일 우리가 자기에 대한 희생심을 가지고 있다고 하자. 이웃을 함께 희생시키는 것—마치 지금까지 국가와 군주가 이른바 '공급의 이익을 위해서' 한 시민을 다른 시민의 희생물로 만든 것처럼—을 우리에게 금하는 것은 무엇일까? 그러나 우리 역시 공공의 이익을 가지고 있다.

어째서 미래 세대를 위하여 현재 세대의 몇몇 개인이 희생되면 안 되는 것일까? 새 쟁기날이 토지를 갈아서 모든 사람을 위해 풍요롭게 만들어야 하기 때문에, 현재 세대의 비탄, 동요, 절망, 실책, 불안정한 발걸음이 필요한 것이다. 마지막으로 우리는 이웃이 자기를 희생으로 느낄 수 있는 신념을 이웃에게 전한다. 우리는 이웃을 이용하려고 하는 과제를 그에게 설득한다. 도대체 우리는 동정을 갖지 않은 걸까? 그러나 우리가 동정을 넘어서 자신의 승리를 얻으려면, 이것은 어떤 행위가 이웃을 기쁘게 하는가, 고통을 주는가를 이해하고 스스로 안심했다고 생각할 때의 태도나 기분이라기보다는 고차원적이고 자유로운 태도나 기분은 아닐까? 우리는 이웃과 함께 희생으로써 인간 힘의 전면적인 감정을 강하게 하고 높이 울릴 것이다. 우리가 더 이상 아무것도 획득하지 않을지라도. 그러나 이것만으로도 행복이 적극적으로 증대하리라. 끝으로 만약 이것마저도……그러나 여기에는 더 이상 할 말이 없다! 눈으로 충분하다. 그대들은 나를 알았던 것이다.

147

'이타주의'의 원인. 인간은 일반적으로 사랑을 조금밖에 가지지 못했고, 이 음식을 배가 차도록 먹을 수 없었기 때문에, 사랑을 강조하고 우상화해서 이야기해 왔다. 그래서 사랑은 인간에게 '신들의 음식'이 되었다. 시인이 언젠가 이상향을 묘사하여 보편적인 인간애가 존재한다는 것을 보여주려 한다면, 확실히 지상에 아직 존재한 적이 없는 고뇌에 가득 찬, 더구나 우스꽝스런 상태를 나타내야 할 것이다. 누구나 현재와 같이 한 사람의 애인으로부터 꿈속에서도 숭배받고 괴로움당하고 열망되는 것이 아니다. 몇 천의 애인으로부터, 아니 누구에게서나 억제하기 어려운 충동으로 그러한 일을 당한다. 그때 사람들은 이전의 인류가 이기심을 매도하고 저주한 것처럼 그 충동을 매도하고 저주할 것이다.

그리고 그러한 상태에서 시인들은, 만약 시를 지을 여지가 허용된다면 행복하고 사랑이 없었던 과거, 숭고한 이기심, 일찍이 지상에 가능했던 고독, 고요함, 인기 없음, 증오 받는 것, 경멸당하는 것, 또 우리가 살고 있는 다정한 동물 세계의 한없는 비루함 전체—그것이 어떻게 불리든 간에—만을 꿈꿀 것이다.

148

먼 곳 바라보기. 잘 정의되어 있는 것처럼 타인을 위해, 더구나 타인을 위해 행하는 행위만을 도덕적이라고 한다면, 도덕적인 행위는 존재하지 않는다! 의지의 자유에 따라 행하는 행위만을 도덕적이라고 한다면—다른 정의는 그렇게 말하는데—마찬가지로 도덕적인 행위라는 것은 존재하지 않는다! 그렇다면 사람들이 그렇게 이름 붙이는 것과 어떻게 해서든 존재하고 설명이 필요한 것은 무엇인가? 그것은 약간의 지적인 오류의 결과이다. 만일 사람들이 이 오류를 면하게 된다면, '도덕적인 행위'는 어떻게 될까?

이 오류 덕분에 우리는 지금까지 약간의 행위에 그것이 소유하고 있는 것보다도 고차원적인 가치를 주었다. 우리는 이 행위들을 '이기적'인 행위와 '부자유스런' 행위에서 분리했다. 우리는 현재 이 행위들을 이기적이고 부자유스런 행위에 다시 순서를 맞추어서 덧붙인다. 그렇게 하지 않으면 안 되는 것처럼. 그러면 우리는 확실히 이 행위들의 가치(그 가치감정)를 저하시킨다. 더욱이 정당한 척도 이하로 저하시킨다. '이기적'이고 '부자유스런' 행위는 지금까지 가장 깊고 가장 내면적인 차이로 인해 너무나 낮게 평가받았기 때문이다. 그렇다면 이 행위들은 이제부터 크게 평가받지 못하기 때문에 앞으로는 드물게 행해져야 하는 것일까? 이것은 피할 수 없는 일이다! 적어도 당분간은. 가치감정의 저울이 이전에 있던 오류의 반영을 받아들이는 한은 그럴 것이다! 그러나 이기적인 것으로 비난받아 온 행위를 하는 뛰어난 용기를 인간에게 돌려주고 이 행위들의 가치를 회복할 것이다. 우리는 이 행위를 통해 양심의 거리낌을 제거한다! 그러나 이 행위들은 지금까지 가장 빈번한 행위였고 또한 앞으로도 그러할 것이기 때문에, 우리는 행위와 인생의 전체 모습에서 그 꺼림칙한 겉모습을 제거하는 것이다! 이것은 대단히 중요한 성과이다! 만약 인간이 자기를 더 이상 악하다고 생각하지 않으면 인간은 더 이상 악한 존재가 아니다.

<h1 style="text-align:center">제Ⅲ서</h1>

149

조금 벗어난 행위가 필요하다. 관습의 여러 문제와 관련해서 자기의 더 뛰어난 통찰에 반하는 행동하는 것, 정신적인 자유는 자기의 손에 남겨 두면서 관습에 복종하는 것, 모든 사람과 같은 방식을 취하면서 우리의 의견이 관습에서 벗어나고 있는 것을 보상하기 위한 것처럼 모든 사람에게 선하게 행동하고 친절을 다하는 것, 그것은 지적인 인간에게 상당히 자유롭고 위험하지 않다고 생각될 뿐만 아니라 '존경할 만한', '인간적인', '관용의', '세세한 일에 얽매이지 않는' 것으로 생각되며, 지적인 양심이 잠들게 하는 아름다운 말을 사용해 평가한다.

그래서 이 사람은 자식을 교회에 데리고 가 세례를 받게 하면서도 무신론자이다. 또 저 사람은 아무리 민족 간의 증오를 저주할지라도 세상 일반사람들과 똑같이 병역에 복종한다. 그리고 또 다른 사람은 여성과 함께 교회로 간다. 그녀에게 믿음이 깊은 친척이 있기 때문이다. 그리고 부끄러워하지도 않고 사제 앞에서 서약한다. "모든 사람이 영구히 행하고 행해 온 것을 우리와 같은 자가 역시 행하더라도 중요하지 않다." 조잡한 편견은 이렇게 들린다! 큰 잘못이다! 왜냐하면 이미 강력하고 유서가 깊고 비이성적인 것으로 인정되고 있는 것이, 이성적이라고 세상에 정평이 나 있는 자의 행위에 의해 다시 한번 확인받는 것보다 더 중요한 것은 없기 때문이다. 이리하여 그것을 듣는 모든 사람은 이성의 허가를 받는다! 그대들의 의견을 존중하라! 그러나 소소하고 조금 벗어난 행위는 더 가치가 있다.

150

우연한 결혼. 내가 신이라면, 더욱이 호의를 가진 신이라면, 인간의 결혼은 다른 모든 것보다도 나를 초조하게 할 것이다. 한 사람의 남자는 그 70년 아니 30년 동안에 훨씬, 훨씬 멀리 전진할 수 있다. 신들마저도 놀랄 만한 일이다! 그러나 그가 이 결투와 승리의 유산과 유언장, 그리고 그의 인간성의 월계관을 닥치는 대로 아무 데나 걸고 한 여성이 그것을 잡아 뽑는 것을 보면, 그는 획득하는 일은 잘 하지만 보존 방법은 졸렬하게 밖에는 모른다는 것을 본다. 그뿐 아니라 아이를 낳음으로써 더 승리에 빛나는 인생의 준비를 할 수 있다는 것을 전혀 생각지 않는 것 등을 보면, 우리는 앞에서 말한 바와 같이 초조해하며 혼잣말을 한다. "인류는 결국 어쩔 도리가 없다. 개인은 소비되는 것이다. 우연한 결혼이 인류의 위대한 발걸음의 이성을 완전히 불가능하게 해 버린다. 우리는 목표 없는 이 연극의 열렬한 관객과 어릿광대가 되는 것을 그치자!" 일찍이 에피쿠로스의 신들[80]은 이 기분으로 그 숭고한 정적과 더없는 행복으로 돌아갔다. 그들은 인간과 그들의 연애에 싫증났던 것이다.

151

여기서 새로운 이상이 만들어진다. 연애 상태일 때, 자기 인생의 결단을 내리거나 격렬한 변덕 때문에 자기 배우자의 성격을 확실히 결정해 버려서는 안 된다. 우리는 애인끼리의 맹세를 공개적으로 무효라 선언하고, 그들에게 결혼을 허용하지 말아야 한다. 우리는 결혼을 입으로는 말할 수 없을 정도로 중요하다고 생각해야 하기 때문이다! 그러므로 결혼은 지금까지 성립했던 경우처럼은 결코 성립하지 않을 것이다! 대부분의 결혼은 증인으로서 제3자를 원하지 않는 종류의 것이 아닐까? 그런데 이 제3자, 즉 자식이야말로 거의 언제나 존재한다. 더군다나 그것은 증인 이상의 존재, 즉 속죄양이다!

152

선서의 양식. "내가 지금 거짓말을 하면 나는 더 이상 진지한 인간이 아니다. 그리고 누구나 내 앞에서 그렇게 말해도 된다." 이 양식을 나는 법정의 선서와 선서에서 관습으로 되어 있는 신에 대한 부르짖음 대신에 권장한다. 이것이 더 강하다. 믿음이 깊은 사람이라도 이것에 반대할 이유는 없다. 즉 지금까지의 선서가 더 이상 쓸모없게 된다면, 믿음이 깊은 사람은 그 신앙문답서에 따라야 한다. 그것은 명령한다. "너는 너의 하나님 여호와의 이름을 망령되이 일컫지 말라!"

153

불평가. 그는 늙은 용사 중의 하나이다. 그는 문명이 모든 좋은 것, 즉 명예, 부, 미인을 비겁자의 손에 들어갈 수 있도록 한다고 생각하기 때문에 문명에 대해 화를 낸다.

154

위험에 빠진 자의 위로. 그리스인은 커다란 위험과 와해에 대단히 가까이 살면서, 숙고와 인식에서 일종의 안정감과 마지막 피난처를 발견했다. 우리는 비교가 안될 정도로 안전한 상황 아래에서 숙고와 인식 속으로 위험성을 가지고 들어갔던 것이고, 삶을 통해 이 위험성으로부터 안전을 회복하는 것이다.

155

사라진 회의. 근대에는 대담한 모험이 고대나 중세보다 드물다. 아마 근대가 징조, 신탁, 별, 예언자 등에 대한 신앙을 더 이상 가지고 있지 않기 때문일 것이다. 즉 우리는 고대인이 믿었던 것처럼, 우리에게 정해진 장래를 믿을 수는 없게 되었기 때문이다. 고대인은 우리와 달리 지금보다 다가올 것에 관해서 오히려 훨씬 더 회의적이었다.

156

불손으로 인한 악. "아무쪼록 우리가 너무 유쾌한 기분이 들지 않기를!" 그것은 좋은 시대에 그리스인이 느꼈던 은근한 심통이었다. 그 때문에 그들은 절도를 자신에게 설교했다. 그러면 우리는!

157

'자연음(自然音)'의 예배. 우리의 문화가 고통의 표현에 대해, 그리고 눈물, 비탄, 비난, 분노의 태도, 굴욕의 태도에 대해 참을성이 있을 뿐만 아니라, 그것들을 시인하고 꽤 고상하고 불가피한 것 가운데 하나로 여기는 것은 무엇을 의미하는가? 고대 철학 정신은 그들에게 경멸의 눈을 던지고 전혀 필연성을 인정하지 않았다. 심히 비인간적인 철학자는 아니었던 플라톤이 비극의 필록테테스[81]에 관해서 말하는 것을 상기하기 바란다. 우리의 근대 문화에는 어쩌면 ‘철학’이 결여되어 있는 것은 아닐까? 우리는 저 고대 철학자들의 평가에 따르면, 어쩌면 한 사람도 남지 않고 ‘어리석은 대중’에 속해 있는 것은 아닐까?

158

아첨꾼의 태도. 이제 더 이상은 비열한 아첨꾼을 군주 근처에서 찾아선 안 된다. 군주는 모두 군인 취향을 갖고 있다. 아첨꾼은 이 취향에 거슬린다. 그러나 은행가와 예술가 부근에서 그 꽃은 지금도 변함없이 만발해 있다.

159

죽은 자를 부활시키는 것. 허영심이 많은 인간들은 그들이 과거의 일부를 감각을 통해 재현할 수 있는 순간부터(특히 재현하는 것이 곤란할 때) 그 과거를 더 높게 평가한다. 그뿐 아니라 그들은 그것을 다시 부활시키고 싶어 한다. 그러나 허영심 많은 인간은 언제나 무수히 많기 때문에 시대 전체가 역사 연구에 전념하게 되면, 그 연구의 위험은 실제로 적지 않은 것이 된다.[82] 너무나 많은 힘이 온갖 죽은 자의 부활을 위해서 낭비되는 것이다. 아마 낭만주의 운동 전체는 이 시점에서 가장 잘 알 수 있을 것이다.

160

허영심 많고 인색하고 현명하지 못한. 그대들의 욕망은 지성보다 크고 그대들의 허영심은 욕망보다 더 크다. 그대들 같은 인간에게는 많은 기독교적인 실천과 그에 덧붙여서 약간의 쇼펜하우어적인 이론이 권장된다!

161

시대에 맞는 아름다움. 만약 조각가나 화가나 음악가가 시대감각을 정확하게 파악하려고 한다면, 그들은 아름다움을 팽창된 거대하고 신경질적인 것으로 형상화해야 한다. 마치 그리스인이 절도라는 도덕에 매혹되어서 아름다움을 벨베데레의 아폴론[83]으로 보고 숭배했던 것처럼. 우리는 이 아폴론을 원래는 추하다고 불러야 할 것이다! 그러나 깊이 생각하지 못한 '고전주의자'들이 우리의 정직성을 빼앗아 버렸다!

162

현대인의 아이러니. 현재 모든 관심을 반어적으로 취급하는 것이 유럽인의 방식이다. 그들은 그 일들로 바쁜 까닭에 그것을 진지하게 생각할 여유가 없기 때문이다.

163

루소에 반대하여. 우리 문명이 무언가 가련한 것 자체를 가지고 있다는 것이 사실이라면, 루소와 함께 "이 가련한 문명은 우리의 나쁜 도덕에 대해 책임이 있다"고 결론을 내리거나, 루소에 반대하여 다음과 같이 반대의 결론을 내려야 할 것이다. "우리의 탁월한 도덕은 문명의 이 가련한 상태에 대해 책임이 있다. 선악에 대한 우리의 약하고 남성답지 않은 사회적 개념과 심신에 대한 그 절대적인 지배는, 모든 신체와 마음을 약화시켜 버렸고, 자주적이고 독립적이고 구속받지 않은 인간, 즉 강한 문명의 지주를 파괴해 버렸다. 나쁜 도덕과 현재 마주치는 경우, 이 지주들의 최후의 파편을 볼 수 있다." 그래서 이렇게 역설에 역설을 대립시키라! 이 경우 진리가 어느 쪽에나 있기란 불가능하다. 그러면 진리는 도대체 어느 쪽에 있는 것일까? 시험해 보라.

164

아마 너무 이를 것이다. 이러한 시도는 현행 풍습과 법을 지키지 않는 사람들이 조직을 만들어 자기의 권리를 손에 넣으려는 시도가 오늘날 이루어지고 있는 것처럼 보인다. 이러한 시도는 가지각색의 잘못되고 매혹적인 이름 아래에서 대체로 모호하게 이루어지고 있다. 지금까지 그들은 범죄자, 자유사상가, 비도덕자, 악인으로서 비난받고, 추방 상태와 양심의 가책에 속박당하면서 자신과 다른 사람을 파멸시키며 살아왔지만, 비록 그것이 앞으로

오는 세기를 위험한 것으로 만들고 각 사람의 어깨에 총을 짊어지게 할지라
도, 대체로 우리는 이것을 정당하고 좋다고 인정해야 할 것이다. 이미 이것
과 함께 그저 도덕적으로 만들 뿐인 도덕은 존재하지 않으며, 오로지 자신을
긍정하는 도덕에는 어느 것이나 너무 많은 좋은 힘을 죽이고 인류에게 너무
값비싼 대가를 치르게 한다는 것을 항상 상기시키는 반대세력이 존재한다.
도덕적으로 빗나간 사람들은 흔히 독창적·생산적인 사람들인 경우가 많은
데, 이들이 더 이상 희생되어서는 안 된다. 행위와 사상에서 도덕으로부터
벗어나는 것을 더 이상 불명예스런 것으로 여겨서는 안 된다. 삶과 사회 속
에서 무수한 새로운 실험을 행해야 한다. 양심의 가책이라는 거대한 짐은 말
살되어야 한다. 성실하고 진리를 찾는 모든 사람들이 이 가장 보편적인 목표
들을 인지하고 촉진해야 한다.

165

　어떤 도덕이 지루하게 하지 않는가. 어떤 민족이 몇 번이고 되풀이하여 가
르치고 설교하는 윤리적인 주요 명령은 그 민족의 중요한 결점과 관계가 있
다. 그러므로 그것이 그 민족에게 지루한 것이 되지 않는다. 절도, 침착, 공
정감, 일반적으로 현명함을 너무 자주 잃는 경향이 있었던 그리스인은 소크
라테스의 네 가지 덕을 듣는 데 귀를 기울였다. 그들은 그 덕이 필요했지만,
그것에 대한 재능이 극히 적었기 때문이다!

166

　갈피를 못 잡다. 쳇! 그대들은 완전히 바퀴가 되지 않으면 바퀴 밑에 깔
려버린 하나의 조직 속에 들어가려 한다! 거기서는 누구나 위로부터 만들어
진다는 사실이 그대로 판명된다! 거기서는 '연고관계'를 찾는 것이 당연한
의무에 속한다! 거기서는 눈짓으로 어떤 사람에게 "그는 언젠가 당신에게
도움이 될지도 모른다!" 하고 알려 준다해도 누구나 모욕이라고는 느끼지
않는다! 거기서는 어떤 인물의 중재를 간청하기 위해서 방문하는 일이 부끄
러움이 되지 않는다! 거기서는 사람들이 그러한 풍습에 일부러 끼어듦으로
써, 어떻게 다른 사람들이 그다지 책임을 느끼지 않고 소비하거나 파괴할 수
있는 자연의 값싼 도기라는 꼬리표를 자기에게 붙였는가를 알아차리지도 않

는다! 사람들은 마치 이렇게 말하는 것 같다. "나와 같은 종류에는 부족함
이란 전혀 없을 것이다. 나를 받아들여 달라! 주저하지 말고!"

167

　　무조건적 충성의 맹세. 가장 많이 읽는 독일의 철학자, 가장 많이 듣는 독
일의 음악가, 가장 신망이 있는 독일의 정치가에 생각이 미치면, 나는 고백
하지 않을 수 없다. 독일인, 이 무조건적인 감정의 민족은 바로 지금 아주
쓰라린 경험을 하고 있다. 그것도 독일 위인들 때문에. 지금 화려한 극이 세
번 상연된다. 그때마다 각각의 흐름이 스스로 판 밑바닥 위로 흐르고, 사납
고 빠르게 흘러 자주 산으로 오르려고 하는 것처럼 보인다. 그럼에도 그가
얼마나 존경을 떨치든 간에, 모든 점에서 쇼펜하우어와 다른 의견을 갖고 싶
어 하겠는가! 또 현재 대규모든 소규모든 리하르트 바그너와 같은 의견을
가진 사람이 있겠는가? 바그너가 충격을 받거나 줄 때는 언제나 하나의 문
제가 숨어 있다고 누군가 말한 것이 아무리 사실이더라도 바그너 자신이 그
문제를 밝혀내지 않는다. 그리고 마지막으로 만약 비스마르크가 단지 스스
로 어떤 원칙적인 의견을 가졌고 또 앞으로 그렇게 하는 체만 한다고 할지라
도, 얼마나 많은 사람이 진심으로 비스마르크와 같은 의견이고 싶겠는가!
물론 활발한 정신은 근본적인 충동을 가지고 있고, 강력하고 근본적인 충동
에 봉사하지만, 원칙이 없기 때문에 정치가에게는 조금도 기이할 것이 없고
오히려 당연하고 자연스러운 것으로 여겨져야 할 것이다. 그러나 유감스럽
게도 그러한 것은 지금까지 전혀 독일적이지 않았다!
　　음악을 둘러싼 소음과 음악가를 둘러싼 불협화음과 불쾌함이 독일적이지
않았던 것처럼, 쇼펜하우어가 선택한 새로운 입장이 독일적이지 않았다. 즉
사물을 넘는 것과 사물 앞에 무릎을 꿇는 것, 둘 다 역시 독일적이라고 할
수 있다. 사물에 반대한다! 황당무계하다! 더구나 불쾌하다! 사물과 같은
계열에 몸을 두고 게다가 사물의 적대자로서, 결국은 자기 자신의 적대자로
서 있다니! 무조건적인 숭배자가 그러한 모범을 얼마나 잘 실행할 수 있는
지! 그리고 서로 간에 스스로 평화를 지키려고 하지 않는 세 가지 모범을
얼마나 잘 실행할 수 있는지! 쇼펜하우어는 바그너 음악의 적대자이고, 바
그너는 비스마르크 정치의 적대자이고, 비스마르크는 바그너파 및 쇼펜하우

어파 모두의 적대자이다! 어떻게 하면 좋겠는가! '충심으로 충성하고픈' 갈망을 품고 어디로 향하면 좋을지! 어쩌면 저 음악가의 음악에서 들려오는 수백 개의 좋은 가락이 사람의 심금을 울리고, 또 감동을 받은 사람들이 자기가 받은 감동에서 좋은 음악의 가락을 뽑아낼 수 있을까. 이 작은 획득물에 만족하고 나머지 전체를 잊을 수 있겠는가? 그리고 저 철학자와 정치가에 대해서도 그러한 화해를 발견하는 일, 즉 뽑아내고, 마음에 감명을 주고, 특히 나머지는 잊는다는 것이 가능할까? 그렇다, 망각이라는 것이 그렇게 어렵지 않으면 가능하지 않겠는가!

대단히 긍지가 높은 인간이 있었다. 그는 어디까지나 자신에게서만 좋은 것, 나쁜 것을 받아들이려고 했다. 그러나 그가 망각을 필요로 했을 때 자기 혼자서는 그것을 얻을 수 없어서, 세 번 정령을 주문으로 불러내야 했다. 정령은 와서 그의 열망을 듣고 마침내 말했다. "그것만은 우리에게 벅차다!" 독일인은 만프레드[84]의 경험을 이용하지 않는 것이 좋을까? 어째서 새삼스럽게 정령을 주문으로 불러내는 것인지! 쓸데없는 일이다! 사람들은 잊으려고 하면 잊지 못한다. 그리고 앞으로도 이 세 사람의 위인들을 숭배하기 위해 잊어야만 하는 '나머지'는 얼마나 큰 것인지! 그렇다면 역시 이 좋은 기회를 이용하여 무언가 새로운 것을 시도하는 것이 낫다. 즉 자신에게 더 성실하고 위인들을 마음 깊이 믿고, 통분하는 맹목적인 적개심을 품은 민족을 조건적으로 찬성하고 호의적으로 반대하는 민족이 되는 것이다. 그러나 당장 배워야 할 것은 인물에 대한 무조건적인 충성의 맹세는 무언가 우스꽝스럽다는 것, 이 점에 대해 다시 배우는 것은 독일인에게 불명예스럽지 않다는 것, "중요한 것은 결코 사람이 아니라 사물이다"[85]라는 깊게 명심할만한 금언이 있다는 것이다.

이 금언은 그것을 말한 사람처럼 위대하고, 정직하고, 간소하고 과묵하다. 군인이고 공화주의자였던 카르노처럼 그러나 그와 같이 프랑스인에 대해, 더군다나 공화주의자에 대해 독일인에게 말해도 상관없을까? 아마 쓸데없을 것이다. 그뿐 아니라 니부어가 그의 시대에 독일인에게 해야 했던 것조차도 생각해서는 안 될 것이다. 즉, 카르노만큼 나에게 참된 위대함의 인상을 준 사람은 없다는 말을.

168

하나의 모범. 나는 투기디데스의 어떤 점을 사랑하는가? 내가 그를 플라톤보다 더 존경하는 이유는 무엇일까? 그는 인간과 사건의 모든 전형적인 것에서 가장 광범위하고 편견 없는 기쁨을 느끼고, 또 어느 전형에도 얼마만큼의 좋은 이성이 속해 있다는 것을 발견한다. 그는 이것을 발견하려고 노력한다. 그는 플라톤보다 크고 실제적인 공정성을 가지고 있다. 그는 자기의 마음에 들지 않았던 인간, 혹은 인생에서 자기에게 고통을 주었던 인간을 비방하거나 헐뜯는 사람이 아니다. 그렇기는커녕 그는 전형만을 봄으로써 모든 사물과 인물 속 깊은 곳에서, 그리고 그것에 덧붙이는 가운데 무언가 위대한 것을 꿰뚫어 본다. 그가 자기의 저작을 바치는 후세인들 역시 전형적이지 않은 것에 무슨 관심이 있겠는가! 이리하여 투키디데스라는 인간 사색자에게서 가장 편견 없는 상식적 지식의 문화, 최후의 화려한 번성이 끝나는 것이다. 이 문화는 시인 소포클레스를, 정치가 페리클레스를, 의사 히포크라테스, 자연 연구자 데모크리토스를 두고 있었다. 그 문화에는 그 교사인 소피스트라는 이름을 붙일 만한데, 유감스럽게도 명명되는 이 순간부터 갑자기 우리에게 희미하고 파악하기 어려운 것이 되기 시작한다. 왜냐하면 플라톤 같은 철학자가 소크라테스학파와 함께 싸운 저 문화는 비윤리적인 문화였음에 틀림없다고 오늘날 우리는 잘못 생각하기 때문이다! 진리는 여기에서 심하게 뒤얽혀 있고, 물림쇠가 걸려 있기 때문에 그 뒤엉킴을 푸는 일은 불쾌감을 일으킨다. 옛 오류(오류는 진리보다 단순하다)[86]가 그 옛길을 달리고 있는 것이다!

169

우리에게 매우 낯선 그리스적인 것. 동양적이든 근대적이든, 아시아적이든 유럽적이든, 이 모든 것들은 그리스적인 것과 비교하면 풍성한 양으로 숭고한 것을 표현하는 것이 특징이다. 우리는 페스툼, 폼페이, 아테네에서, 또 그리스 건축물 앞에서 그리스인이 얼마나 적은 양으로 숭고한 것을 표현할 수 있고 표현하기를 좋아하는가에 놀란다. 마찬가지로 그리스인에게는 인간이 그들의 생각 속에서 얼마나 단순했던지! 인간에 대한 지식이란 점에서 우리는 그들보다 얼마나 뛰어난지! 또한 우리의 영혼과 영혼에 관한 관념은 그들의 것에 비하면 얼마나 미로처럼 보이는지! 우리 영혼의 방식에 따른 건축술을 우리가 원하고 또 짓는 것을 감행한다면(그러기에는 우리는 너무 겁이 많다!) 미로가 우리의 모범이어야 하는 것인지! 우리에게 고유하고 우리를 실제로 표현하고 있는 음악이 이것을 이미 분명하게 보여주는 것이다! (즉 사람들은 음악을 통해 그 자신을 발견할 수 있는 사람이 아무도 없다고 생각하기 때문에, 음악에다 자신을 있는 그대로 드러내는 것이다.)

170

감정의 다른 전망. 그리스인에 대해 우리는 얼마나 실없는 이야기를 하고 있는가! 그들의 예술에 대해 도대체 우리는 무얼 알고 있는가. 그리스 예술의 혼은 남성의 나체미에서 느껴지는 정열이다! 그들은 오로지 거기에서 여성의 아름다움을 느꼈다. 따라서 그들은 여성미에 대해 우리와는 완전히 다른 관점을 가지고 있었다. 그리고 그들의 여성에 대한 사랑도 마찬가지이다. 그들의 존경은 다른 것이었고, 그들의 경멸도 다른 것이었다.

171

근대인의 교양. 근대인은 많은 것을, 아니 거의 모든 것을 소화할 줄 안다. 이것이 근대인의 명예심이다. 그러나 이것을 모른다면, 그는 좀더 고차원적일 것이다. 모든 것을 먹는 인간[87]은 가장 세련된 종이 아니다. 우리는 우리보다 더 정신이 나가고 완고한 취미를 가지고 있던 과거와 아마 더 고상한 취미를 가지게 될 미래 사이에서 살고 있다. 우리의 생활방식은 중간적이다.

172

비극과 음악. 예를 들면 아이스킬로스 시대의 그리스인처럼 심정의 근본적 상태가 전투적인 사람들은 좀처럼 감동하지 않는다. 그러나 동정이 일단 그들의 무정함을 이기면, 그것은 그들을 꿈꾸는 상태처럼, '마물의 힘'처럼 감동시킨다. 그들은 그때 자유롭지 않음을 느끼고, 종교적인 외경의 마음으로 흥분한 상태가 된다. 뒤늦게 그들은 이 상태에서 생각을 돌린다. 그러나 이 상태에 있는 한, 그들은 괴로움이라는 가장 쓰라린 고뇌가 섞여 있는, 자신을 잊은 상태와 놀라운 환희의 상태를 향락한다. 그 환희는 전사의 음료이고, 쉽사리 주어지지 않는 무언가 드물고, 위험하고, 달고 쓴 것이다. 이와 같이 동정을 느끼는 영혼에게 비극은 묻는다. 돛이 바람에 열려 있는 것처럼 '동정적인 호의'[88]에 열려 있는 사람들에게는 비극이 무슨 소용이 있는가! 비극은 공포에 의해서든 동정에 의해서든 쉽사리 정복당하지 않지만, 때때로 유연해질 필요가 있는 영혼들을 위한 것이다. 아테네 시민들이 플라톤 시대에 더 유약하고 더 감상적으로 되었을 때, 역시 철학자들은 이미 비극의 유해함을 호소했다. 아, 그들은 역시 우리 대도시와 소도시 시민들의 감상에서 얼마나 멀리 떨어져 있는 것인지! 마치 방금 시작된 시대처럼, 위험으로 가득 차고 용기와 남자다움이 절대로 요구되는 시대는 아마 점차적으로 비극 작가들을 필요로 할 정도까지 영혼을 다시 경직된 것으로 만들 것이다. 그러나 가장 온건한 말을 사용하자면 한때는 비극 작가들이 남아돌아갔다. 그리하여 아마 음악에도 역시 다시 한번 좋은 시대가 올 것이다. (분명히 그것은 더 나쁜 시대이리라!) 그때에는 예술가들이 단호한 인격을 가지고, 내심 견고하고, 자기 자신의 정열의 어두운 진지성에 의해 지배받고 있는 인간에게 음악으로 호소해야만 한다. 그러나 현재의 너무나 격동하기 쉽고, 미성숙하고, 반(半)인격적이고, 호기심 강하고, 무엇이든 탐내는, 소멸해가는 시대의 이러한 작은 영혼에게 음악이 무슨 소용 있겠는가!

173

노동의 찬미자[89] 사람들이 '노동'을 칭찬하고 '노동의 축복'에 대해 지치는 일 없이 이야기할 때, 나는 공익적이고 비개인적인 행위가 찬양받을 때와 같은 의도, 즉 모든 개인적인 것에 대한 공포라는 계획을 본다. 노동—저 이른 아침부터 밤늦게까지 일에 열심인 것이 항상 생각나는데—을 바라볼 때, 그 노동은 최상의 경찰이며, 각 사람을 억제하고, 이성, 열망, 독립욕의 발전을 강력하게 저지할 수 있다는 것을 실제로 느끼게 된다. 왜냐하면 노동은 이상하게 많은 신경의 힘을 소모하고, 숙고하고 골몰하며 몽상, 관심, 사랑, 미움에 쓰일 힘을 빼앗는가 하면, 조그마한 목표를 언제나 겨냥하면서 손쉬운 규칙적인 만족을 이루어 주기 때문이다. 이리하여 끊임없이 괴로운 노동을 행하는 사회는 더 안전해질 것이다. 그래서 안전이 현재 최고의 신성으로 숭배된다. 그럼 이번에는! 오싹하다! ‘노동자’가 위험한 존재가 되었다! ‘위험한 개인들’이 우글대고 있다! 더구나 그들 뒤에는 위험 중의 위험이 있다. 개인이라는 위험이!

174

산업 사회의 도덕적 유행. 현재 도덕적 유행의 원칙인 “도덕적인 행위란 타인에 대한 동정적인 행위다”, 이 배후에 공포심이라는 사회적 충동이 지배하는 것을 본다. 그 충동은 위의 방식으로 지적인 가면을 뒤집어쓰고 있다. 이 충동은 우리 사회에서 최고이고 가장 중요하고 우리와 가장 가깝다. 그것은 이전에 인생에 있던 모든 위험성이 제거되기를, 더욱이 모든 사람은 전력을 다하여 서로 도와주기를 바란다. 그러므로 공공의 안전, 사회의 안정감을 목표로 하는 행위만이 ‘선하다’고 평가해도 된다! 그러한 공포심을 지배하는 전제정치가가 최고의 윤리 법칙을 지령하는데, 사람들은 자기와 자기의 옆을 간과한다. 그러나 이들은 다른 장소에서는 모든 어려운 처지나 괴로움을 살쾡이 같은 눈으로 살펴보라는 명령을 극히 모순 없이 받아들인다. 그 때문에 오늘날 사람들은 그것 자체로 아주 적은 기쁨밖에 누리지 않을 것이다! 우리는 인생에서 모든 날카로운 것들과 모난 것들을 박탈한다는 터무니없는 의도를 가짐으로써 인류를 모래로 만드는 최상의 길을 걷고 있는 것은 아닐까? 모래! 작고, 부드럽고, 둥글고, 무한한 모래! 그것이 그대들의 이상인가. 그대들 동정적인 호의의 전령이여! 그러는 동안, 언제나 타인에게 직접 달려가서 도와 줄 때와—그러나 이것은 전체적으로 간섭하거나 개혁하지 않는다면 극히 표면적으로밖에는 행해질 수 없는데—자신을 타인이 즐겁게 봐줄 때, 예를 들면 폭풍과 길가의 먼지를 막는 높은 벽이 있지만 손님을 후대하는 문도 역시 붙어 있는 아름답고 조용하고 종합적인 정원을 만들 때, 어느 쪽이 타인에게 더 많은 이익을 주는가 하는 문제마저도 해결되지 않은 상태이다.

175

상인 문화의 근본 사상. 개인적인 경쟁이 고대 그리스인의 정수였고 전쟁, 승리, 법이 로마인의 정수였던 것처럼, 상업이 정수인 사회의 문화가 성립해

가는 것을 우리는 지금 거듭 보고 있다. 상인은 모든 것을 만들지 않고 평가하고, 더욱이 그 자신이 개인적인 수요에 따르지 않고 소비자의 수요에 따라 평가할 줄 안다. "누가 얼마만큼 이것을 소비하는가?"가 그의 최대 문제이다. 이 평가의 형태를 그는 지금 본능적으로 끊임없이, 모든 것에 따라서 예술과 학문의, 사상과 학자, 예술가, 정치가 등의, 민중과 당파의, 시대 전체의 소산에 적용한다. 그는 만들어지는 모든 것에 대해 공급과 수요를 묻고, 혼자 힘으로 어떤 것의 가치를 확정한다. 이것을 문화 전체의 성격으로 이해하고, 무제한적으로 가장 세세한 점에 이르기까지 숙고하고, 모든 것의 의욕과 능력을 어떤 형태에 넣어서 판단한다. 이것이야말로 그대들 다음 세기의 사람들이 자랑으로 삼을 만한 것이다. 만약 상인계급의 예언자들이 다음 세기를 그대들의 손에 건네주리라는 것이 확실하다면 말이다! 그러나 나는 이 예언자들을 그다지 신용하지 않는다. 호라티우스의 말을 빌려서 말하자면 유대인 아펠라를 믿게 하라. [90]

176

선조에 대한 비판. 어째서 사람들은 아주 최근의 과거에 대해서도 그 참된 모습을 말하는 것일까? 이 과거에 대립하는 것을 느끼고, 이 비판을 통해 힘의 감정의 첫 열매를 맛보는 새로운 세대가 언제나 거기에 있기 때문이다. 이전에는 반대로 새 세대는 옛 세대에 바탕을 두기를 원했다. 새로운 세대는 선조의 견해를 받아들일 뿐만 아니라, 더 엄격하게 취급함으로써 자기를 느끼기 시작했다. 선조에 대한 비판은 당시에는 악덕이었다. 현재는 젊은 이상주의자들을 비판하기 시작한다.

177

고독을 배운다. 오, 그대들 세계정책의 대도시에 사는 가련한 놈들이여. 그대들 젊고 재능이 풍부하고, 명예욕으로 괴로워하는 사람들이여. 그대들은 언제나 어떻게든 일어나는 모든 사건에 대해 한마디 하는 것을 의무로 알고 있다! 그대들은 이런 식으로 먼지를 일으키고 떠들어대면, 역사의 수레가 된다고 믿는다! 그대들은 언제나 귀를 기울이고, 언제나 한마디 내던져 넣을 수 있는 기회를 노리고 있기 때문에 참된 생산력을 모조리 잃어버린다! 설사 그대들이 아무리 큰 사업을 바랄지라도, 잉태의 깊은 침묵은 결코 그대들에게 오지 않는다! 시대의 사건이 그대들을 쓸데없는 쓰레기처럼 쫓아간다. 그대들은 사건을 추억할 심산인가 본데, 가련한 이들이여! 무대에서 주역을 맡으려면, 합창하는 것을 생각해선 안 된다. 아니, 합창 방법조차도 알고 있어선 안 된다.

178

매일 써서 닳아지는 사람들. 이 젊은이들에게는 인격도 재능도 근면함도 부족하지 않다. 그러나 그들에게는 자신에게 어떤 방침을 주는 시간이 허용되지 않았다. 오히려 그들은 어린 시절부터 어떤 방침을 받아들이게끔 길들었다. 그들이 '황야에 보내지기'에 족할 만큼 성숙했을 그때, 좀 다르게 다루어졌다. 그들은 이용당했다. 그들은 자신을 박탈당했다. 그들은 매일 사용되어 닳아지도록 교육받았다. 그것이 그들의 윤리학이 되었다. 그래서 지금 그들은 그 윤리학 없이는 더 이상 지낼 수 없고, 그것 이외의 것을 원하지도 않는다. 이 가련한 수레를 끄는 우마(牛馬)에게 '휴가'를 주도록 허용한다. 이 과도의 세기에 한가함이라는 이상을 휴가라고 부르는데, 이때 사람들은 마음껏 어슬렁대도 좋고, 바보나 어린아이처럼 굴어도 좋다.

179

국가를 가능한 한 작게! [91] 모든 정치와 경제 사정은 가장 많은 소질을 타고난 정신의 소유자들이 관계할 필요가 있을 정도로, 또 관계하지 않으면 안 될 정도로 가치 있는 것은 아니다. 그러한 정신 낭비는 실제로 긴급 사태보다 나쁘다. 그것은 열등한 두뇌의 소유자를 위한 노동 영역이며, 이제부터도 그렇다. 열등한 두뇌의 소유자 이외의 사람들은 이런 일에 봉사해서는 안 될 것이다. 오히려 기계가 다시 한번 조각조각 나는 편이 낫다! 그러나 현재의 양상을 보면, 모든 사람들은 날마다 그 사정을 알아야 한다고 믿을 뿐만 아니라, 누구나 모든 기회를 붙잡아 정치와 경제를 위해 일하고 싶다고 바라고, 그 때문에 자신의 일을 돌보지 않는다. 이것은 우스꽝스러운 광기의 산사태이다.

'공공의 안녕'은 이 대가로는 너무나 비싸다. 그리고 가장 바보 같은 것은 사람들은 원래 의도와는 달리 '공공의 안녕'과 정반대되는 것을 초래한다는 것이다. 우리의 사랑하는 세기는 이런 일이 아직 한 번도 증명된 적이 없는 것처럼 증명하려 한다. 사회를 도난과 화재로부터 안전하게 하고, 모든 상업을 더할 나위 없이 편리하게 하고, 국가를 좋은 의미에서나 나쁜 의미에서 섭리로 바꾸는 것, 이것은 더 낮고 보잘것없고 전혀 불가결하다고는 말할 수 없는 목표이다. 우리는 무릇 존재하는 최고의 수단과 도구를 사용하여, 이 목표를 달성해서는 안 된다. 이 수단과 도구는 가장 높고 드문 목적을 위해서 남겨두어야 한다! 우리 시대는 경제에 대해 많이 말하면 할수록 낭비의 시대이다. 그것은 가장 귀중한 것, 즉 정신을 낭비한다.

180

전쟁. 현대의 거대한 전쟁은 역사적 연구의 성과이다.

181

지배한다. 어떤 사람들은 지배욕으로 인해 지배한다. 다른 사람들은 지배당하지 않기 위해 지배한다. 후자에게는 그것이 두 개의 악(惡) 중에서 적은 악에 불과하다.

182

조잡한 일관성. 우리는 대서특필하여 말한다. "이 자야말로 특색 있는 인물이다!" 그렇다! 그가 조잡한 일관성을 보일 때, 그것이 흐릿한 눈에도 분명할 때! 그러나 더욱 날카롭고 심오한 정신의 소유자가 지배하면서, 고차원적 방식으로 일관성을 보일 때, 관객은 그가 특색 있는 인물이라는 것을 부인한다. 그래서 교활한 정치가는 일반적으로 조잡한 일관성으로 자신을 위장한 채 연극을 한다.

183

늙은이나 젊은이나. "의회에는 무언가 비도덕적인 것이 있다." 변함없이 많은 사람들이 이렇게 생각한다. "왜냐하면 의회에서는 정부에 반대되는 견해도 가질 수 있기 때문이다!" "우리는 언제나 은혜로운 군주가 명하는 견해를 가져야 한다." 이것은 특히 북독일에서 많은 정직한 낡은 머리의 소유자들이 특별하게 받드는 제11계명이다. 우리는 지나간 유행을 비웃는 것처럼 그것을 비웃는다. 그러나 이전에 그것은 도덕이었다! 아마 우리는 또 다시 의회에서 교육받은 젊은 세대 사이에서 현재 도덕적이라고 여겨지고 있는 것을 비웃을 것이다. 즉, 자기의 생각보다 당파의 정책을 중시하고, 공공의 복지에 관한 어떤 문제에 대해서도 그것이 당파에게 순풍을 맞은 돛이 되도록 답하는 것을 비웃을 것이다. "우리는 당파의 상황이 필요로 하는 견해를 가져야 한다." 이것이 현재의 규준일 것이다. 그러한 도덕에 봉사하기 위해 현재 모든 종류의 희생, 자제(自制), 순교가 있다.

184

무정부주의자의 산물인 국가. 길들여진 사람들의 나라에는 여전히 길들여지지 않은 나머지 사람들이 충분히 있다. 지금 그들은 다른 어느 곳보다도 사회주의의 진영에 많이 모여 있다. 그들이 일단 법을 만들게라도 되면, 그들은 자기를 쇠사슬에 묶고 무서운 규율에 따를 것이다. 그렇게 짐작할 수 있다. 그들은 자기를 알고 있다! 그래서 그들은 자기 스스로 법을 만들 것을 의식하고, 그것에 견딜 것이다. 힘의 감정, 더구나 이 힘의 감정은 너무나 생기 있고 매력 있기 때문에, 그들은 모든 것을 견디는 것이다.

185

구걸하는 사람들. 구걸은 금해야 한다. 구걸하는 사람들에게 주는 것도, 주지 않는 것도 우리를 화나게 하기 때문이다.

186

실업가. 그대들의 업무, 그것은 그대들의 가장 큰 편견이다. 그 편견이 그대들의 현장, 사회, 경향에 그대들을 붙들어 맨다. 업무는 진지하지만 정신은 게으르다. 그대들은 자신의 빈약함에 만족하고, 의무의 앞치마를 이 만족 위에 두르고 생활하고 있다. 그대들은 그대들의 아이들도 역시 그렇게 하기를 바란다!

187

있을 수 있는 미래로부터. 범죄자는 스스로 만든 법을 매우 존경하고, 자기를 처벌함으로써 자기의 힘, 즉 입법자의 힘을 행사하는 자랑스런 감정으로 자신을 고발하고 자신에게 그 벌을 공적으로 부과하는 상태는 생각할 수 없는 것일까? 그는 법을 어길 수도 있다. 그러나 자발적인 처벌로 그 위반을 극복한다. 그는 솔직함, 위대함, 평온 등으로 잘못을 씻어낼 뿐만 아니라 거기에 하나의 공공적인 선행을 더한다. 이런 사람은 미래에 있을 수 있는 범죄자이다. 이러한 범죄자는 물론 미래의 입법, 즉 "하나하나로서나 전체로서, 나는 스스로 만든 법에만 굴복한다"는 근본 사상의 입법도 전제로 한다. 아직은 많은 실험이 행해질 필요가 있다! 아직은 많은 미래가 나타날 필요가 있다!

도취와 영양. 민중이라는 것은 몹시도 속임을 당한다. 그들은 언제나 속이는 자를, 즉 그들의 감각을 흥분시킬 술을 구하기 때문이다. 그들은 그것을 손에 넣기만 하면 거친 빵으로도 만족한다. 그들에게는 음식물보다 도취 쪽이 가치가 있다. 여기에 그들이 항상 물어뜯고 싶어하는 먹이가 있다! 찬란한 정복자, 또는 화려한 군주의 혈통과 비교하면, 그들 사이에서 뽑힌 인물은―가장 노련한 수완가일지라도―어떠한지! 인망이 높은 사람은 적어도 민중에게 정복과 화려함을 약속해야 한다. 그러면 아마 그는 신뢰를 얻을 것이다. 민중은 만일 그것에 도취할 수 있다면 항상 정복하고 정복 이상의 일도 한다! 월계관과 사람을 열광케 하는 힘이 없을 때는 민중에게 안심과 만족조차도 제공해선 안 된다. 그러나 영양보다 도취가 더 중요하다고 생각하는 이 어리석은 대중의 취미는 결코 가슴 깊은 곳에서 일어난 것이 아니다. 그것은 오히려 가슴 깊은 곳으로 운반되어 심어지고, 거기에서 넘칠 정도로 풍부하게 싹을 내었던 것이다. 그것은 가장 높은 지성의 소유자들에서 비롯되었고, 몇 천 년 동안이나 그들 사이에서 번성했던 것이다. 민중은 이 훌륭한 잡초가 아직도 무성해질 수 있는 마지막 미개지이다. 뭐라고! 그렇다면 민중에게 정치를 맡겨야 하는가? 민중이 정치를 통해 매일 도취될 수 있도록?

위대한 정책에 관해. 국민과 개개인의 이익과 허영심이 아무리 많이 위대한 정책에 협력할지라도, 그것을 전진시키는 가장 강력한 흐름은 힘에 대한 감정의 욕구다. 이 욕구는 군주나 권력자의 마음뿐만 아니라 국민의 낮은 계층 속에도 영원히 마르지 않는 샘물처럼 때때로 급격하게 용솟음쳐 나온다. 대중에게는 그들 최고의 즐거움을 발견하고 승리를 거둔 국민으로서, 또 전제적이고 제멋대로인 국민으로서 다른 국민을 마음대로 지배하기 (혹은 마음대로 지배하고 있다고 스스로 생각하기) 위해 그의 생명, 능력, 양심, 미덕 등을 걸 각오를 할 때가 몇 번이고 되풀이하여 찾아온다. 그때 낭비적이고, 희생적이고, 희망적이고, 자신만만하고, 대담하고, 공상적인 감정이 풍부하게 솟아나오기 때문에, 야심만만하거나 주의 깊은 군주는 트집을 잡아 전쟁을 일으켜서, 국민의 거리낌 없는 양심을 주장하며 자기의 불의를 위장한다. 위대한 정복자들은 언제나 사람의 마음을 움직이는 미덕의 언어를 입에 담아 왔다. 그들의 마음에는 언제나 대중이 있었다. 대중은 흥분한 상태에 있었고, 대단히 의기를 높이는 말만 듣고 싶어했다. 도덕적인 판단의 놀랄 만한 어리석음! 인간은 힘의 감정을 가질 때, 자신을 선하다고 느끼고 선한 사람이라고 부른다. 바로 그때 그가 자신의 힘을 방출해야 할 대상인 타인들은 그를 악한 사람이라고 부른다!

헤시오도스는 세대에 대한 우화에서 호메로스의 영웅 시대와 같은 시대를 두 번 계속해서 묘사하고, 하나를 둘로 만들었다. [92] 이 모험적이고 힘이 있는 자들의 엄격하고 무서운 중압 아래에 있었던 사람들, 혹은 선조로부터 그 사실을 들은 사람들이 보면, 그 시대는 나쁜 것처럼 보인다. 그러나 이 기사 종족의 자손은 그것을 좋고 오랜 행복한 시대로 숭배했다. 그래서 저 시인은 그렇게 둘로 나누는 것 외에는 도리가 없었다. 그는 아마 양쪽 종류의 청중을 주위에 두고 있었던 것이리라!

190

옛날의 독일적인 교양. 독일인이 유럽의 다른 국민의 관심을 끌기 시작한 것은—그리 오래 되지는 않았은데—독일인이 오늘날 더 이상 소유하고 있지 않은 교양 덕분이었다. 그들은 그 교양이 마치 병이기나 한 것처럼 맹목적인 열성으로 뿌리쳐 버렸다. 더욱이 독일인은 교양을 정치적이고도 국민적인 광기와 바꾸었다. 물론 독일인은 당시에 다른 국민의 관심을 이 교양보다는 광기에 훨씬 더 많이 집중시켰다. 그래서 독일인은 만족했다! 그럼에도 우리는 저 독일적인 교양이 유럽인을 바보로 만들었다는 것은 그렇게 관심을 끌 만한 가치가 없을 뿐 아니라 그렇게 모방하거나 경쟁하여 자기의 것으로 만들 만한 가치도 없다는 것을 부정할 수 없다.

오늘날 실러, 빌헬름 폰 훔볼트, 슐라이어마허, 헤겔, 셸링 등을 돌아보라. 그들의 서간을 읽고, 그들 신봉자들의 무리에 들어가 보라. 그들에게 공통적인 것은 무엇인가? 그들의 어떤 영향을 받아서, 우리가 현재 그처럼 혹은 심하게 견디기 어려운 생각을 하고, 혹은 심하게 마음이 동요되어 동정적으로 되는 것일까? 첫째는 어떻게 해서라도 도덕적으로 격앙되어 있는 것처럼 보이고 싶다는 욕망이다. 다음은 빛나기는 하지만 뼈대 없는 보편성에 대한 열망이고, 또한 모든 것(인물, 정열, 시대, 풍습)을 더 아름답게 보고 싶다는 의도이다. 그러나 이 아름다움이란 유감스럽게도 열등하고 불명료하지만 그리스인의 혈통을 이어받았다는 것을 자부하는 취미에 따른 것이다. 그것은 유약하고 온순하며 은빛으로 빛나는 이상주의이다. 무엇보다도 고귀한 겉치레의 거동과 고귀한 체하는 음성을 가지고 싶어한다. 또 그것은 순수함을 잃은 오만한 것이며, '냉정한' 현실 또는 '메마른' 현실, 해부학, 완전한 정열, 모든 종류의 철학적인 절제와 회의, 특히 종교적인 상징으로 사용될 수 없는 자연 인식에 대한 철저한 증오로 가득 차 있다.

괴테는 이 떠들썩한 독일적 교양을 곁에 두고, 온건하게 반항하고, 과묵하게 그 자신의 탁월한 길을 걸음으로써 자기를 점점 더 강화시키는 그다운 방식을 지켰다. 그것을 역시 쇼펜하우어도 지켰는데 조금 늦게 지켰다. 그는 현실적인 세계와 악마적인 세계를 보게 되었다. 그리고 그것에 대해 열광적으로 말하면서 독설을 퍼부었다. 왜냐하면 이 악마에게는 그 아름다움이 있기 때문이다! 그렇다면 외국인들은 근본적으로 무엇에 유혹당했기 때문에 괴테와 쇼펜하우어처럼 그것을 지키지 못했고, 혹은 그것을 무시하지도 못했을까? 그것은 이 교양 주위에서 발하는 저 희미한 빛과 수수께끼 같은 은하의 빛 때문이었다. 외국인들은 그것을 보았을 때 혼잣말을 했다. "그것은 우리에게서 훨씬, 훨씬 멀리 떨어져 있다. 우리로서는 볼 수도, 들을 수도,

이해할 수도, 즐길 수도, 평가할 수도 없다. 그럼에도 그것은 별일지도 모른다! 독일인은 은밀하게 하늘의 한 귀퉁이를 발견하여, 거기에 정주한 것일까? 우리는 독일인에게 더욱 친밀해지도록 노력해야 한다." 그래서 그들은 독일인에게 더욱 접근했다. 그런데 독일인들은 거의 얼마 지나지 않아서 은하의 빛을 자기에게서 떨쳐버리려고 애쓰기 시작했다. 독일인은 너무나 잘 알고 있었다. 자기들은 하늘에 있었던 것이 아니라 어두운 구름 속에 있었다는 것을!

191

더 좋은 인간들. 세상에서 우리의 예술은, 탐욕스럽고 만족할 줄도 모르고 길들여지지 않고 혐오감을 일으키고 죽도록 고뇌하는 현대인을 위한 것이다. 그들에게 그 황폐한 모습과 함께 더없는 행복, 높음, 탈속의 모습을 보여준다. 그러므로 현대인은 언젠가 망각하고 안심할 수 있을 것이다. 아니, 아마 저 망각에서 벗어나 회심을 향한 추진력을 함께 가지고 돌아올 것이다. 가련한 예술가여, 그러한 대중을 가지고 있다니! 절반은 사제 같고 절반은 정신병 의사 같은 그런 저의를 가지고 있다니! 세비네 부인이 코르네이유라는 완벽한 남성에게 여성다운 악센트를 넣어서 '우리 위대한 코르네이유'라고 소리쳤을 때 그는 얼마나 더 행복했을까! 그가 기사의 덕, 엄격한 의무, 고결한 희생, 늠름한 자세의 모습 등으로 기쁘게 할 수 있었던 관객은 얼마나 고차원적이었는지! 코르네이유와 세비네 부인은 얼마나 다른 식으로 삶을 사랑했는지! 그들은 멸할 수 없기 때문에 경원당하는 맹목적이고 혼돈된 '의지'로써 삶을 사랑한 것이 아니라, 위대함과 인간성이 공존 가능한 장소로써 사랑한 것이다. 여러 형식의 가장 엄격한 강제 또는 군주나 성직자의 멋대로의 의지에 대한 복종조차도 모든 개인의 긍지, 기사도, 우아함, 정신을 억압할 수 없었다. 오히려 그것들은 타고난 자긍심과 유전적인 의욕과 정열의 힘에 반대되는 자극과 박차로써 삶을 사랑했던 것이다!

192

더할 나위 없이 완전한 상대를 원한다. 프랑스인이 이 세상에서 가장 기독교적인 국민이었다는 것은 논란의 여지가 없다. 그 이유는 대중의 믿음이 다른 곳보다 더 깊었기 때문이 아니라, 가장 실현시키기 어려운 기독교의 이상을 구체화하여 단지 표상이나 단서, 어중간한 것에 머무르지 않았기 때문이다. 거기에는 파스칼이나 열정, 정신, 성실이 합일된, 모든 기독교도 중의 제일인자가 있다. —여기에 합일되어 있는 것을 생각해 보라! 거기에는 페늘롱처럼 교회 문화의 모든 힘을 완전하고 매력적으로 표현한 사람이 있다. 그는 우리가 역사가라면, 불가능한 것이라고 증명하고 싶었을지도 모르는 중용의 덕을 실현시켰다. 그것은 단지 말로 나타낼 수 없을 만큼 어렵고 있을 법하지도 않은 것이었는데, 그와 같은 프랑스 정적주의자[93]들 사이에 귀용 부인이라는 신물이 있다.

사도 바울이 웅변과 열정으로 기독교의 가장 숭고하면서도 사랑에 넘치고, 조용하면서도 열광되고, 절반쯤 신인 상태에 관해 추측하려고 노력했던 그 모든 것이 거기서 귀용 부인에게는 진리가 되었다. 그리고 그것은 말과 거동 속에 나타난 진실하고, 여성적이고, 고상하고, 고귀하고, 고대 프랑스적인 소박성 덕분에 신에 대하여 품었던 바울의 저 유대적인 뻔뻔스러움을 내버렸다. 또한 트라피스트파 수도원의 설립자[94]가 있는데, 그는 기독교의 금욕적 이상을 프랑스인의 예외자로서가 아니라, 프랑스인으로서 진지하게 실현시키고자 했던 마지막 인물이었다. 그가 만든 희미한 창조물은 지금까지 프랑스인 사이에만 토착화되어 활기를 띨 수 있었기 때문이다. 그것은 알사스와 알제리에 있는 프랑스인에게까지 퍼져 갔다. 우리는 위그노파[95]를 잊지 말자. 전투적이고 근면한 마음, 고상한 풍습, 기독교적인 엄숙함을 위그노파 이상으로 아름답게 합일한 사람들은 지금까지 없었다. 그리고 기독교의 위대한 학식은 포르 르와알[96]에서 최후의 꽃을 피웠다.

프랑스의 위대한 인물은 다른 어느 곳의 인물보다 이 개화를 잘 알고 있다. 위대한 프랑스인은 표면적인 존재와는 거리가 멀며, 언제나 그의 표면, 즉 그의 내용과 깊이에 대한 자연적인 피부를 가지고 있다. 위대한 독일인의 마음속은 그 견고하고 기이한 껍질로서 광선과 제멋대로 만지는 손에서 자기를 지키려고 하는 영약처럼, 대체로 복잡한 형태의 상자 안에 밀봉되어 있다. 그러면 기독교도의 완전한 전형을 가진 민족이 왜 비기독교적인 자유정신이라는 완전한 반대의 전형을 만들어낼 수밖에 없었는지 추측하기 바란다! 프랑스의 자유정신은 그 내면에서 항상 위대한 인물과 싸웠던 것이지,

다른 국민의 자유정신처럼 단지 교의와 숭고한 괴물하고만 싸웠던 것이 아니다.

193

에스프리[97]와 도덕. 독일인들은 정신, 지식, 심정을 가지고 있으면서도 지루함이라는 비밀을 잘 알고 있고, 지루함을 도덕적인 것으로 느끼는 데 길들여져 있다. 그런 독일인은 프랑스의 에스프리를 생각할 때 그것이 도덕의 눈을 뽑아내지나 않을까 하는 불안을 갖는다. 그러면서도 칭칭 감은 뱀을 눈앞에 둔 작은 새가 느끼는 불안처럼 쾌감을 갖는다. 유명한 독일인 중에서 아마 헤겔보다 더 에스프리를 많이 가지고 있던 사람은 없을 것이다.

그러나 헤겔은 그 대가로 그것에 대한 매우 큰 독일적 불안도 품고 있었다. 그 때문에 이 불안이 그 특유의 형편없는 문체를 만들어 냈다. 그 문체의 본질은 핵심이 실에 몇 번이고 휘감겨서 거의 안을 들여다볼 수 없을 정도가 된다. 여성 혐오가였던 고대의 아이스킬로스의 말을 빌리자면, 그의 문체는 "젊은 여성들이 베일을 통하여 바라보는 것처럼[98]" 부끄러워하면서 호기심에 차 있는 듯하다. 그러나 핵심은 극히 정신적인 주제에 대한 재치 있고 때때로 경박스러운 착상이며, 정교하고 대담한 어구로 짜여 있고, 학문의 반찬으로서 사상가 사회의 일부가 된다. 그러나 저처럼 실에 휘감겨 있기 때문에, 그것은 난해한 학문으로, 더구나 최고로 도덕적인 지루함으로 모습을 나타낸다!

독일인은 거기에서 그들에게 허용된 에스프리의 형식을 가졌다. 그리고 그들은 쇼펜하우어 같이 극히 뛰어난 지성이 그 앞에 멈춰 섰을 정도의 어쩔 줄 모르는 황홀경에 빠져서 그 형식을 즐겼다. 쇼펜하우어는 독일인이 그에게 제공하는 극을 일생 동안 꾸짖었지만, 그것에 설명을 붙일 수가 없었다.

194

도덕 교사의 허영심. 전체적으로 볼 때 도덕 교사가 성공하는 일이 적다. 그러한 사실은 그들이 너무 많은 것을 동시에 원했던 것, 즉 지나치게 야심에 불타올랐다는 것으로 설명된다. 그들은 너무나 기꺼이 모든 사람들에게 처방전을 주려고 했다. 그러나 이것은 모호한 것 속에서 방황하는 것을 의미하고,

동물을 인간으로 만들기 위해 동물을 향해 연설하는 것을 의미한다. 동물이 이것을 지루하다고 생각하는 것은 놀라운 일이 아니다! 도덕 교사들은 좁은 범위를 골라내어, 그들을 위한 도덕을 찾고 촉진해야 할 것이다. 마치 늑대를 개로 만들기 위해 늑대 앞에서 연설하는 것처럼. 그러나 무엇보다 위대한 성공은 언제나 모든 사람이나 좁은 범위의 사람들이 아니라, 한 사람을 교육하려 하고 쓸데없이 좌우를 둘러보지 않는 사람의 것이다. 이전 세기가 우리 세기보다 뛰어난 점은 거기에 개별적으로 교육받은 많은 사람들이 있었다는 것이고, 이것과 함께 그러한 사람들을 교육하면서 자신의 삶의 과제를 발견한 동일한 수의 많은 가정교사가 있었다는 것이다. 또한 그들은 이러한 삶의 과제와 함께, 자기와 다른 모든 '상류사회'에 대한 위엄을 발견했다.

195

이른바 고전 교육. 우리의 삶은 인식에 바쳐지고 있다. 이 봉헌식이 우리의 삶을 보호해주지 않는다면, 우리는 인생을 내던질 것이다. 아니! 내던져 버렸을 것이다. 이러한 점을 발견하면 우리는 다음의 시에 자주 감동하며 진실로 느낀다.

　　운명이여, 너를 따르리!
　　하고 싶지 않을 때도
　　그렇게 하지 않으면 안 되는 나 한숨짓는다!

그런데 일생을 회고하면, 다시 돌이킬 수 없는 것이 있다는 것을 마찬가지로 발견한다. 우리의 교육자들은 왕성한 지식욕을 자랑하며 열렬하게 지식을 갈망하며 세월을 보낸다. 사물의 인식으로 우리를 돌리기 위해서가 아니라 이른바 '고전 교육'으로 돌리기 위해서 우리 청춘을 낭비하다니! 굶주리는 자에게만 먹을 것을 주라고 하는 모든 교양의 최고 명제와는 달리, 우리가 그리스인과 로마인과 그들 언어에 관한 빈약한 지식을 서투르게, 또 번거롭게 가르침 받았을 때 우리 청춘이 얼마나 낭비되는가! 먼저 우리를 무지의 절망으로 이끌어들이고, 우리의 작은 하루하루의 생활, 우리의 일, 낮이나 밤이나 집과 작업장에서 하늘과 땅에서 일어나는 모든 것을 수천 가지 문제, 즉 고통을 주고, 부끄러워하게 하고, 자극을 주는 문제로 분해하고 우리가 수학적 지식과 역학적 지식을 가장 절박하게 필요로 한다는 것을 보여주고, 더욱이 이 지식의 절대적인 일관성에 대한 최초의 학문적인 환희를 가르치는 대신에 우리에게 수학과 물리학이 무리하게 강요되었을 때 우리의 청춘은 얼마나 낭비되는가! 우리가 하다못해 이 학문들에 대한 외경만이라도 가르침받았다면, 하다못해 한 번만이라도 우리의 영혼이 위인들의 투쟁, 패배, 재기 후의 계속되는 투쟁 등에 의해, 즉 엄밀한 학문의 역사가 바로 순교에 의해 전율을 일으키기라도 했다면!

　오히려 우리에게 내뿜어졌던 것은 역사, '형식도야', '고전적인 것'에 유리하지만, 원래의 학문에 대해서는 일종의 경멸적인 숨결이었다! 그리고 우리는 아주 쉽게 속임을 당했다! 형식도야! 우리는 고등학교의 가장 훌륭한 교사들에게 웃으면서 "그러면 형식도야란 어디에 있는가? 그리고 만약 그것이 부족하다면 그대들은 어떻게 그것을 가르칠 것인가?" 물을 수도 있었던 것이 아닐까? 고전적인 것! 우리는 고대인이 청년들을 교육한 바로 그 점에 관해 무엇을 배웠는가? 우리는 고대인처럼 읽고 고대인처럼 쓰는 것을 배웠는가? 우리는 대화의 검법을, 즉 변증법을 끊임없이 배웠는가? 우리는 그들처럼 아름답고 자랑스럽게 움직이는 것을, 그들처럼 격투하고 던지고 권투하는 것을 배웠는가? 우리는 단 하나의 고대의 미덕이라도 연습해서 익혔는가? 그것도 고대인의 연습 방식으로. 우리의 교육에는 일반적으로 도덕에 관한 전체적인 숙고가 결여되지는 않았는가? 하물며 그 단 하나의 가능한 비판, 즉 이런저런 도덕 속에서 산다고 하는 혹독하고 용감한 실험은 더욱 많이 결여되어 있지는 않았는가? 근대인보다 고대인에게 더 높이 평가되었던 어떤 감정이 우리의 내면에서 일어났는가? 고대의 정신에 의한 하루하루의 구분, 인생의 구분, 인생의 목표를 우리가 보았는가? 우리는 하다못해 우리가 현존하는 민족들의 언어를 배우는 것처럼 즉 유창하고 훌륭하게 이야기하기 위해 고대의 언어를 배우기라도 했는가? 쓰라림으로 가득 찬 세월의 성과인 진정한 새로운 능력은 아무 데도 존재하지 않는다! 이전에 인간이 할 수 있었고 해낼 수 있었던 것에 관한 지식은 있다! 이런 지식은 어떠한 지식인지! 모든 그리스적, 고대적인 본질은 우리의 눈앞에 극히 간단하고 이미 알려진 것처럼 보이지만, 대단히 이해하기 어렵고, 그뿐 아니라 거의 접근할 수 없는 것이라는 점과, 더욱이 그리스인에 대해 보통 가볍게 말하고 있지만, 이는 경솔이든가 예부터 계승되어 온 깊이 생각하지 못한 자만에 의한 것이라는 점이다. 이런 사실 이상으로 나에게 세월이 지날수록 분명해지는 것은 없다.

유사한 말과 개념은 우리를 속인다. 그러나 그들의 배후에는 언제나 근대적인 감각에 대해 필연적으로 낯설거나, 이해할 수 없거나, 고통스러울 수밖에 없는 감각이 잠복해 있다. 이것이 소년들이 이리저리 뛰어다녀도 되는 범위이다! 어쨌든 우리는 소년 시절에 그렇게 했다. 그리고 거의 언제까지나 고대에 대한 반감을, 겉보기에는 너무나 친밀함에서 생기는 반감을 가지고 집으로 돌아갔던 것이다! 우리의 고전 교육자들은 이를테면 고대인을 소유하고 있다고 할 정도로까지 오만해졌다. 그러한 소유는 아마 사람을 행복하게 할 수는 없겠지만, 정직하고 불쌍하고 바보 같고 늙은 책의 용들에게는 충분히 만족스러울 것이라는 의심을 품게 하며 교육을 받은 사람들에게 더욱 영향을 미치기 때문이다. "이 용들이 그 보물을 부화하면 좋겠는데! 아마 그들에게 어울릴 것이다!" 이 은밀한 생각과 함께 우리의 고전 교육은 완성되었다. 이것은 다시 되돌릴 수 없다. 그러나 우리는 우리만을 생각하지 않도록 하자!

196

진리에 관한 가장 개인적인 문제. "내가 하고 있는 것은 도대체 무엇인가? 나는 그것으로 무엇을 원하는 것일까?" 이것은 우리의 오늘날 교양의 양상으로는 가르칠 수 없고, 따라서 물어지지도 않는 진리 문제이다. 그 문제를 생각할 시간이 없다. 이에 반하여 아이에게는 농담을 하지, 진리를 말하지 않는다. 나중에 어머니가 되어야 할 여성에게는 얌전함을 말하지, 진리는 이야기하지 않는다. 청년에게는 그의 장래와 즐거움에 대하여 이야기하지, 진리는 말하지 않는다. 그렇게 할 시간과 마음은 언제나 있는데도! 그러나 도대체 70년이 무엇인지! 달려가서 곧 끝난다. 어떤 식으로 어디로 흐르는가를 파도가 알고 있을지라도 문제되지 않는다! 아니 모르는 편이 현명할지도 모른다. "그럴지도 모른다. 그러나 한 번도 그것을 문제 삼지 않는 것은 자랑이 아니다. 교양은 인간에게 자랑을 주지 않는다." 더욱 좋다!

"정말인가?"

197

　계몽주의에 대한 독일인의 적의. 금세기 전반의 독일인이 그 정신적인 노동으로 일반 문화에 기여한 것을 숙고해 보라. 첫째로, 독일의 철학자를 생각하자. 그들은 최초이자 가장 오래된 사변의 단계로 돌아갔다. 왜냐하면 그들은 몽상적인 시대의 사상가들과 마찬가지로 설명이 아니라 개념에 만족했기 때문이었다. 그들은 과학 이전의 철학의 종류를 다시 소생시켰다. 둘째로, 독일의 역사가와 낭만주의를 생각하자. 그들은 일반적으로 더 오랜 소박한 감각, 특히 기독교, 민족정신, 민간전승, 민족의 언어, 중세적인 것, 동양적인 금욕의 가르침, 독일 문화 등을 널리 깨닫는 일에 노력했다. 셋째로 자연 연구자를 생각하자. 그들은 뉴턴과 볼테르의 정신과 싸우고, 괴테와 쇼펜하우어처럼 신격화된 자연, 혹은 악마화된 자연 및 세상에서 행하고 있는 그 윤리적·상징적인 의의 등의 사상을 다시 유지하려고 노력했다.

　독일인의 전체적인 경향은 계몽주의와 사회의 혁명에 대한 반대였다. 그들은 혁명을 계몽주의의 결과라고 오해했다. 아직 존속해 있는 모든 것에 대한 경건을 지금까지 존속한 모든 것에 대한 경건으로 바꾸려고 노력했는데, 다만 혼과 정신이 다시 충만하게 되어 장래의 혁신적인 목표가 들어설 여지가 더 이상 없도록 하기 위해서였다. 이성에 대한 숭배 대신에 감정에 대한 숭배가 생성되었다. 그리고 독일의 음악가는 눈에 보이고 열광적이고 동화적이고 동경적인 것의 예술가로서, 말과 사상의 예술가보다 더 효과적으로 이 신전을 건설했다. 수많은 성취들이 그 이후로 정당하게 판정되고 있다. 이것을 우리가 고려하더라도, 역시 일반적으로 말하면 다음의 문제가 여전히 남아 있다. 즉, 과거의 것에 대한 완전하고 가장 궁극적 인식을 일반적으로 감정 밑으로 억압했다는 것이 자신의 과제를 그와 같이 규정한 칸트의 말을 빌려서 말하면 "지식에 그 한계를 보여줌으로써 신앙에 다시 길을 열었던"[99] 것은 결코 적지 않은 일반적인 위험이었다는 것이다.

　다시 자유로운 대기를 호흡하자. 이 위험의 때는 지나갔다! 그러나 기이한 일은 독일인들이 그처럼 웅변을 떨치고 주문으로 불려나온 정신의 소유자들이, 때가 지나는 가운데 자기들을 주문으로 불러낸 자들의 의도에 가장 유해한 것이 되었다는 사실이다. 역사, 기원과 발전의 이해, 과거의 것에 대한 공감, 감정과 감정의 새로이 자극받은 정열 모두는 잠깐 동안 모호하게 하고 열광시키는 반동적인 정신에 도움이 되는 무리인 것처럼 보인 뒤에, 어느 날 다른 성질을 갖게 되었다. 그것들은 주문으로 불려나온 때의 상태였던 바로 저 계몽주의의 새롭고 보다 강한 수호신으로서 지금 날개를 가장 넓게 펼치고서, 자기들을 일찍이 주문으로 불러낸 자들을 날아 지나가서 높이 올라간다. 이 계몽주의를 우리는 현재 계속하지 않으면 안 된다. '대혁명'과 그것에 대한 '대반동'이 있었다는 것, 아니 양쪽 모두 아직 존재한다는 것을 두려워하지 말자. 우리가 그것을 타고 또 타려고 하는 참으로 위대한 조류와 비교하면, 그것들은 실제로 파도 위의 노을에 불과하다!

198

품격을 그 국민에게 준다. 많은 위대한 내면적 경험을 가지고, 정신적인 눈으로 그 경험을 응시하고 조망하는 것, 이것이 문화인을 만들어 낸다. 그들이 그의 국민에게 품격을 준다. 프랑스와 이탈리아에서는 귀족이 이것을 행했다. 귀족이 지금까지 일반적으로 정신의 빈곤자에 속해 있던 (아마 더 이상 오래가지는 않겠는데) 독일에서는 사제, 교사, 그들의 자손이 이것을 행했다.

199

우리는 더 고귀하다. 충실, 관용, 명성에 대한 수치심, 이 셋이 하나의 정신과 결합하면 우리는 그것을 귀족적, 고귀, 고결이라 부른다. 우리는 이 덕분에 그리스인을 능가한다. 우리는 이 미덕들의 오랜 대상에 대한 존경이 엷어졌다(그것은 당연한 일인데)고 느껴도 그러한 덕들을 내버리지 말고, 이렇게 계승된 우리의 귀중한 충동에 새로운 대상을 신중하게 밀어 넣자. 가장 고귀한 그리스인의 정신조차도 여전히 기사적이고 봉건적인 우리의 고귀함 한가운데서는 보잘것없고 거의 호감이 가지 않는 것으로 틀림없이 느낄 것이다. 이 점을 이해하려면 오디세우스가 굴욕적인 상황에 처했을 때 말한 위안의 격언을 상기하면 된다. "나의 사랑하는 영혼이여, 부디 견뎌내게! 너는 지금까지 더욱 비참한 일에도 견뎌왔다!"[100] 거기에다 이 신화풍인 전형이 응용된 저 아테네 장교의 이야기를 생각하라. 그는 참모부 전체 앞에서 다른 장교로부터 몽둥이로 위협을 당했을 때, 이 치욕을 다음과 같은 말로 털어버렸다. "자 때려! 그렇지만 내가 말하는 것도 들어!"[101] (이렇게 말한 것은 테미스토클레스, 고전 시대의 아주 유능한 오디세우스이고, 그야말로 이 치욕의 순간에 저 위로의 시, 고통의 시를 그 '사랑하는 혼'에 보내기에 어울리는 인물이었다.)

그리스인은, 계승되어 온 기사적 모험성과 희생욕에 감명을 받아서 삶과 죽음을 치욕 때문에 가볍게 생각하는 우리와는 거리가 멀었다. 혹은 우리가 결투에서 하는 것처럼 삶과 죽음을 명예로운 경기에 걸 기회를 찾는 것, 또는 악명을 획득—그것이 명성과 힘의 감정과 양립할 때—하기보다 더 좋은 이름(명예)의 유지를 높게 평가하는 것, 더 나아가서 만약 계급적인 편견과 신조들이 전제군주가 되는 것을 방해할 그것들을 충실히 따르는 것, 이것들은 그리스인과는 거리가 멀었다. 왜냐하면 다음 사실이 모든 그리스 귀족의 고결하다고는 할 수 없는 비밀이었기 때문이다! 그는 가장 깊은 질투심 때문에 그 계급 동료의 각각이 자기와 대등하다고 생각한다. 그러나 어떤 순간에도 범처럼 그 포획물, 즉 전제정치를 향하여 돌진할 용의가 있었다. 그때 그에게는 거짓말, 살인, 배반, 고향 도시의 매각은 아무 상관이 없었다! 이런 종류의 인간에게는 올바르다는 것은 대단히 어렵고 거의 믿을 수 없는 것처럼 보였다. '올바른 사람', 그것은 그리스인들에게는 기독교인들에게 있어서의 '성자'같이 들렸다.

그러나 그렇기는커녕 소크라테스가 "가장 덕 있는 자는 가장 행복한 자이다" 말했을 때, 사람들은 자기 귀를 믿지 않고, 무언가 정신 나간 것을 들었다고 생각했다. 왜냐하면 고귀한 혈통의 인물은 누구나, 가장 행복한 자의 모습이란 오만과 쾌락을 위해서 모든 것과 모든 사람을 희생으로 하는 전제군주의 방약무인(傍若無人)한 행동과 악마적인 소행이라고 생각했기 때문이다. 슬그머니 그러한 행복을 자유분방하게 공상한 인간들 사이에서는 물론 국가에 대한 존경이 아주 깊게 뿌리내릴 수밖에 없었다. 그러나 나는 이렇게 생각한다. 고귀한 그리스인처럼 권력욕이 더 이상 그토록 맹목적으로 날뛰지 않는 인간들은, 당시에 그 욕망을 억제했던 국가 개념의 저 우상숭배도 더 이상 필요로 하지 않는다고.

빈곤을 견딘다. 귀족 출신의 커다란 장점은 그 출신 때문에 빈곤을 더 잘 견딘다는 것이다.

귀족의 미래. 고귀한 사람들의 거동은 그들의 신체 속에서 끊임없이 힘의 의식이 매력적인 놀이를 하고 있다는 표현이다. 그래서 귀족적인 풍습의 인간은 남성이든 여성이든 아주 피로한 듯이 안락의자에 기대어 앉는 것을 싫어한다. 모든 사람들이 열차 안에서 편안하게 등을 기대고 있어도 그는 그것을 피한다. 그는 궁정에서 몇 시간씩 서 있어도 피곤하지 않은 것처럼 보인다. 그는 자기 집을 아늑하게 정돈하지 않고, 더 커다란(또 더 한층 키가 큰) 생물의 처소처럼 광대하고 장중하게 만든다. 그는 도전적인 말에 대해서도 침착과 정신의 쾌활을 잃지 않고 응답한다. 서민들처럼 놀라거나 압도되거나 부끄러워하거나 숨막혀 하지 않는다. 언제나 커다란 육체적인 힘이 지금 있는 그의 외관을 유지할 수 있다. 마찬가지로 그는 곤경에 처해서도 끊임없이 쾌활함과 친절함을 유지하면서 그 영혼과 정신이 위험과 기습에 견뎌낼 힘이 있다는 인상을 유지하기를 원한다.

고귀한 문화는 정열적이고, 신경질이 심하고 기품이 높은 말을 스페인 풍의 보조로 달리게 해서 큰 기쁨을 느끼는 기수(騎手)와 비슷하다. 루이 14세 시대를 상상해 보라. 그는 말도 기수도 정신을 잃을 정도의 극한까지 가서도 그 말이 안장 밑에서 질풍처럼 돌진하는 것을 느끼고, 바로 그때 역시 높게 머리를 쳐들고 기쁨을 향락하는 기수와 꼭 닮았다. 어느 경우에나 고귀한 문화는 힘을 호흡한다. 그리고 이 문화가 자주 그 풍습에서 힘의 감정의 외관만을 요구할지라도, 우월감은 고귀하지 않은 자들에게 주는 인상과 고귀하지 않은 자들이 받는 인상 때문에 끊임없이 증대한다. 고귀한 문화의 이 의심의 여지가 없는 행복은 우월감에 바탕을 둔 것으로, 오늘날 더욱 높은 단계로 올라가기 시작하고 있다. 왜냐하면 지금 모든 자유정신 덕분에 귀족으로 태어나 교육받은 자가 인식의 교단에 들어가서 지금까지보다 더 정신적인 감격을 얻고 고도의 충실한 의무를 배우고 아직 일찍이 어떤 시대도 현재 도래하려는 시대처럼 양심의 거리낌 없이는 자기 앞에 제시할 수 없었던,

저 승리를 거둔 지혜의 이상을 올려다보는 것이 허용되고, 그것은 더 이상 치욕이 아니기 때문이다. 마지막으로 날이 갈수록 정치에 종사하는 것이 비천하다고 생각된다면, 도대체 귀족은 장차 무엇에 종사하면 좋겠는가?

202

건강을 돌보기 위해. 범죄자의 생리학을 고찰하기 시작하면, 범죄자와 정신병자 사이에는 본질적인 구별이 없다는 피할 수 없는 통찰 앞에 서게 된다. 이것은 사람들이 세상의 도덕적인 사고방식을 정신적인 건강의 사고방식이라고 믿는다는 것을 전제할 때의 이야기이다. 현재 이 신앙만큼 변함없이 잘 믿어지고 있는 것은 없다. 그래서 무엇보다 오만한 자비심에서가 아니라 의사의 현명함과 좋은 의지로써 단호하게 결론을 이끌어내어, 범죄자를 정신병자로 취급한다. 범죄자에게는 변화하는 땅, 다른 사회, 일시적인 실종, 어쩌면 고독과 새로운 일 등이 필요하다. 좋다! 아마 그는 어떤 기간 동안 계속 형무소에서 생활하며, 자기 자신과 무거운 짐이 되는 잔학한 행동으로부터 해를 입지 않도록 보호하는 것이 자기에게 이익이 된다고 생각할 것이다. 좋다! 범죄자에게는 치유(저 충동의 근절, 개간, 순화)의 가능성과 수단, 그리고 형편이 나쁜 경우에는 치유될 것 같지 않다는 것을 명백하게 제시해야 한다. 자기 자신에게마저 공포의 대상이 되고 있는 불치의 범죄자에게는 자살의 기회가 제공되어야 한다. 이것을 최종적인 진정제로 남겨둔 뒤에, 무엇보다 범죄자에게 좋은 기분과 자유로운 기분을 다시 주기 위해 무엇 하나라도 등한시 해서는 안 된다. 양심의 가책을 불결한 것처럼 그의 영혼에서 닦아 내고, 그가 아마 어떤 사람에게 가한 손해를 타인에 대한, 아니 어쩌면 사회 전체에 대한 선행으로써 어떻게 보상하고 어떻게 비싼 값을 매기는가 하는 것을 그에게 지시해 주어야 한다. 모두 아주 조심스럽게 돌보면서! 그리고 특히 익명과 새로운 이름을 사용하고, 자주 장소를 옮김으로써 그의 평판과 장래 생활이 가능한 한 위험에 덜 빠지도록 해야 한다. 물론 현재에도 변함없이 손해를 입은 자는 어떻게 하면 이 손해가 보상될까를 도외시하고, 복수심을 가지고 재판을 청한다. 이것으로 우리의 불행한 형법은 소매상인처럼 저울질하는 성격과 벌로 죄를 보상하려고 하는 성격을 당분간 유지한다. 그러나 우리는 이것을 넘어서야 하지 않을까? 죄에 대한 신앙과

제Ⅲ서 625

복수하는 오랜 본능에서 벗어나고, 기독교와 함께 그 적에게 축복을 기원하고, 우리를 모욕한 자에게 선행을 베푸는 것을 행복한 자의 탁월한 현명이라고 생각한다면, 인생의 일반적인 감정은 얼마나 즐거워질 것인가!

우리는 죄라는 개념을 치워버리자. 그리고 그 바로 뒤를 따라 벌이라는 개념을 보내자! 이 추방당한 괴물들이 만약 끝까지 살아남으려고 하고 자기혐오로써 멸망하지 않는다면 이제부터 인간이 사는 곳이 아닌 어딘가 다른 곳에서 생활하기 바란다! 뭐니 뭐니 해도 사회와 개인이 범죄자 때문에 입는 손실은 병자로 인해 입는 손실과 같다는 점을 생각하라. 병자는 걱정과 불쾌를 퍼뜨리고, 아무것도 생산하지 않고, 타인의 수익을 먹어 없애고, 간호사와 의사와 위로를 필요로 하고, 건강한 자의 시간과 힘으로 살고 있다. 그럼에도 병자에게 복수를 하려고 하는 자는 오늘날 비인간적이라고 불릴 것이다. 이전이라면 물론 복수를 했지만, 문화가 미개 상태인 때, 또 현재도 변함없이 많은 야만 민족 사이에서 병자는 실제로 범죄자로, 공동체의 위험 인물로, 죄의 결과 병자와 하나가 된 무언가 악마적인 존재로 취급된다. 거기서는 어떤 병자나 모두 죄인이다!

그렇다면 우리는 아직 그것과 반대의 견해를 가지게 될 정도로 성숙되지 않은 것일까? 우리는 아직 어떤 '죄인'도 병자라고 해서는 안 되는 것일까? 그렇다. 그때는 아직 오지 않았다. 무엇보다도 우리가 지금까지 실천도덕이라고 부른 것이 그의 의술과 의학의 일부분으로 바꿀 수 있는 의사들이 아직 없다. 일반적으로 아직 이들 사항에 대한 절망적인 관심이 아마 언젠가 저 오랜 종교적 흥분의 질풍노도 시대와 비슷하게 보일 관심이 부족하다. 교회는 건강을 돌보는 사람이 아직 없다. 신체와 식사에 대한 가르침은 아직 모든 초급학교와 고급학교의 의무가 아니다. 재판의 원조와 범인에 대한 벌과 복수 등의 포기를 서로의 의무로 하는 자들의 비밀결사도 아직 존재하지 않는다. 사회와 개인의 건강을, 또 얼마만큼 많은 기생동물을 견딜 수 있는가에 따라 평가하려는 용기를 낸 사상가는 아직 한 사람도 없었다. 그리고 쟁기의 날을 저 관대하고 부드러운 화술 속에 담긴 정신으로 이끌었던 국가 건설자는 한 사람도 없었다. "그대가 땅을 경작하려고 한다면, 쟁기로 경작하라. 그대의 쟁기 뒤에 오는 새와 늑대는 그대 안에서 즐거워한다. 모든 생물은 그대 안에서 기뻐한다."[102]

203

나쁜 식사에 반대하여. 호텔에서든 사회 상류계급이 생활하는 곳에서든, 오늘날 사람들이 하는 식사로 말할 것 같으면 형편없다! 크게 존경할 만한 학자가 모일 때도 그 식탁을 점하는 것은 은행가의 식탁과 같은 풍습이다. '다량으로', '다양하게', 이것이 그 규칙이다. 그 결과 요리는 인상을 주기 위해 만들어지지 영양까지 생각해서 조리되지 않는다. 그래서 위와 뇌의 중압을 몰아내기 위해 자극적인 음료가 필요해진다. 바보같이, 그 일반적인 결과를 말하자면 얼마나 방종하고 감상적인지! 불쌍하게도 그들은 어떤 꿈을 꾸는지! 어리석게도 어떤 예술과 책이 이런 식사의 후식으로 제공되는지! 그리고 그들이 무엇을 하려 하든 그 행위를 지배하는 것은 후추와 모순, 혹은 염세일는지 모른다! '영국의 유복한 계급은 소화불량과 두통에 견디기 위해 기독교를 필요로 한다.' 마지막으로 식사의 혐오할 만한 점뿐만 아니라 그 즐거운 점을 말한다면, 이 사람들은 결코 미식가들이 아니다. 우리 세기와 그 분주한 성격은 그들의 위보다 신체를 더 잘 지배한다. 그렇다면 이 식사는 무엇을 원하는 걸까? 그것은 대표한다! 무엇을, 천지신명에게 맹세코? 신분을? 아니 돈이다. 우리는 더 이상 신분을 가지지 않는다! 우리는 '개인'이다! 그러나 돈은 힘이고 명성이고 위엄이고 우위이고 세력이다. 돈은 현재 그 소유에 따라 인간에게 크고 작은 도덕적 편견을 준다! 누구든 그것을 되 밑에 두려 하지 않는다. [103] 누구든 그것을 식탁 위에 두고 싶어 하지 않는다. 따라서 돈은 우리가 그것을 식탁 위에 둘 수 있는 대표자를 가져야 한다. 우리의 식사를 보라!

204

다나에와 황금의 신. [104] 범죄 성향과는 반대되는 경향을 더 잘 초래할 듯한 상황에서 오늘날 사람들을 범죄자로 만드는 이 극단적인 초조감은 어디에서 오는 것일까? 여하튼 어떤 사람은 불공정한 저울을 사용하고, 어떤 사람은 고액의 보험을 든 뒤에 자기 집에 방화한다. 세 번째 사람은 위조지폐 제조에 참가한다. 상류사회 사람의 4분의 3은 합법적인 사기에 몰두하고, 거래와 투기에 의한 양심의 가책으로 괴로워하지 않으면 안 된다. 그렇다면 그들은 무엇 때문에 그렇게 괴로워하는가? 그것은 실제로 궁핍하기 때문은 아니

다. 그들은 그리 심하게 형편이 나쁘지 않고 아마 음식에 대한 염려도 없을
것이다. 그게 아니라 돈이 쌓이는 속도가 너무 늦다는 무서운 초조감과 쌓인
돈에 대해 마찬가지로 무서운 욕망과 애착이 낮이나 밤이나 그들을 괴롭히
는 것이다. 그러나 이 초조감과 애착 속에서 힘의 욕망이라는 저 광신이 다
시 나타난다. 그 광신은 옛날에 진리를 소유하고 있다는 신념으로 불타올랐
고, 대단히 아름다운 이름을 가지고 있었기 때문에, 양심의 가책 없이 비인
간적인 일(유대인, 이단자, 책 따위를 태우고, 페루와 멕시코 같은 고도의
문화 전체를 근절하는 일)을 감히 할 수 있었을 정도였다. 힘에 대한 욕망을
채우는 수단은 바뀌었다. 그러나 같은 화산이 여전히 불타고 있다. 초조감과
극단적인 애착은 그것의 희생물을 바라고 있다. 그리고 옛 사람들이 '신을
위해서' 행했던 일을, 지금 사람들은 돈을 위해서 행한다. 즉, 현재 힘의 감
정과 가책 없는 양심을 제공하기 위해서 행하는 것이다.

205

이스라엘 민족에 대해. 우리를 초대해 주는 다음 세기의 연극 가운데 하나
가 유럽의 유대인 운명을 결정한다. 유대인이 주사위를 던지고 루비콘 강을
건넜다는 것은 명백하다. 그들은 유럽의 주인이 되든가, 바로 그들이 언젠가
훨씬 전에 비슷하게 이것인가 저것인가에 직면하여 이집트를 잃었던 것처럼
유럽을 잃든가 할 것이다. 그러나 그들은 유럽에서 다른 어떤 민족도 여기서
할 수 없는 약 2세기 간에 걸친 훈련을 졸업했다. 더구나 이 무서운 연습 시
간의 경험은 사회보다는 더 한층 개인에게 도움이 되었다. 그 결과 현재 유
대인의 영혼과 정신의 자원은 비범한 것이다. 곤궁에 처했을 때 심각한 곤란
에서 벗어나기 위해 술잔을 들거나 자살하는 일은—재능이 뒤떨어지는 사람
들이 범하기 쉬운데—유럽에 사는 모든 사람들 중에서 유대인에게 가장 드
물다. 어떤 유대인이라도 그 아버지들과 할아버지들의 역사 속에, 무서운 상
황 하에 있을 때의 가장 냉정하고도 깊은 생각과 굽히지 않는 인내를 보인
실례들과 불행과 우연을 최상으로 이용한 책략의 보고를 가지고 있다. 가련
한 굴종으로 위장한 그들의 용기와, 자기가 무시당하는 것을 무시하는 그들
의 영웅주의는 모든 성자의 미덕도 능가한다.

사람들은 2천 년 동안 유대인들을 경멸하고, 모든 명예와 명예로운 일에

접근하지 못하도록 하고, 그 대신 그들을 더욱 부정한 생업에 밀어 넣음으로써 조롱하려고 했다. 실제로 그들은 이 처치를 받아도 전보다 순수해지지는 않았다. 그렇지만 경멸할 만한 존재가 되었는가? 그들은 단 한 순간도 자신들이 최고의 사명을 갖고 있다는 것을 의심하지 않았다. 마찬가지로 모든 괴로워하는 자의 미덕도 그들을 장식하기를 그치지 않았다. 그들의 선조와 자손을 존경하는 방식과 결혼 및 결혼 풍습의 합리성 때문에, 그들은 모든 유럽인 중에서 우수하다. 이 모든 것에 더하여, 그들은 사람들이 그들에게 위탁한(혹은 사람들이 그것들에 그들을 위탁한) 바로 그 생업에서 힘과 영원한 복수의 감정을 만들어 냈다.

유대인의 고리대금에 대해서조차도 다음과 같이 변호하지 않으면 안 된다. 즉, 그들을 경멸하는 자에게 이따금 이러한 유쾌하고 이익이 되는 가책을 주지 않고는 자신에 대한 존경을 그렇게 오랫동안 유지할 수 없었을 것이라고. 왜냐하면 우리의 자신에 대한 존경은 좋은 것이든 나쁜 것이든 우리가 보복할 수 있는 것과 관련되어 있기 때문이다. 그때 그들은 복수심의 끈을 분별없이 너무 가혹하게 자르지 않는다. 왜냐하면 그들은 장소, 풍토, 이웃과 압제자의 풍습 등이 자주 바뀜에 따라 교육받아 자유로운 사고방식과 영혼의 독립심도 가지고 있기 때문이다. 그들은 폭넓고 매우 커다란 경험의 소유자로서 모든 인간적인 교제에서 정열에 휩싸일 때에도 이 경험의 신중함을 여전히 훈련한다. 그들은 정신의 민활함, 빈틈없음에 자신 있기 때문에, 가장 고통스러운 상황에서도 거친 노동자, 인부, 농부로서 육체의 힘을 이용해 빵을 얻으려 하지 않는다. 그들의 행동을 보면 그들에게는 기사의 고귀한 감각이 그 영혼에, 아름다운 무기가 그 신체에 주어진 일은 한 번도 없다는 것을 알 수 있다. 무언가 강요하는 듯한 것이, 흔히 상냥하지만 거의 언제나 견딜 수 없는 굴종적 태도와 교체한다.

그러나 오늘날 그들은 불가피하게 해마다 유럽의 최고 귀족과 친척관계가 되어 가기 때문에, 머지않아 정신적·신체적 태도의 훌륭한 재산을 상속할 것이다. 그러므로 그들은 백 년 뒤에 이미 주인으로서 그들에게 복종하는 자들에게 치욕을 느끼게 하지 않기에 충분할 만큼 고귀한 눈길을 던질 것이다. 이것은 그들에게 중요하다! 그러므로 그들의 문제 해결은 현재는 너무 이르다! 그들은 스스로도 유럽의 정복과 그것을 위해 무언가 폭력을 가하는 것

따위는 생각할 수 없다는 사실을 잘 알고 있다. 그렇지만 유럽이 앞으로 언젠가 그들이 손쉽게 뻗칠 수 있는 잘 익은 과실처럼 그들의 수중에 떨어질 것이라는 사실도 가장 잘 알고 있다. 그럼에도 그들은 스스로 결정할 정도로 진보할 때까지 유럽의 모든 우수한 영역에서 특별한 영예를 얻고 제일인자의 대열에 드는 것이 필요하다. 그때 그들은 유럽인의 발명자, 안내자로 불리면 더 이상 유럽인의 수치심을 모욕하지 않을 것이다. 그리고 유대인의 모든 가정에 유대인들의 역사를 구성해주는 이 풍부하게 축적된 위대한 인상, 즉 모든 종류의 이 풍부한 정열, 미덕, 결의, 체념, 투쟁, 승리 등이 최후에 위대한 정신적인 인간과 작품 속으로 흘러가지 않는다면 어디로 흘러갈 것인가! 유대인이, 경험이 짧고 얇은 유럽의 민족들이 만들어내지도 못하고 또 만들어내지도 못했던 보석과 황금의 용기를 자기의 작품으로 내보인다면, 또 이스라엘이 그들의 영원한 복수를 유럽의 영원한 축복으로 변화시킨다면, 바로 그때 옛 유대의 신이 자신과 자신의 창조물과 그 선민에 대해 기뻐해도 되는 제7일이 또다시 올 것이다. 그리고 우리는 모두 빠짐 없이 그와 함께 기뻐하고 싶다!

206

불가능한 계급. 가난하면서도 즐겁고, 독립적인 것! 이것은 동시에 가능하다. 가난하면서도 즐겁고, 노예라는 것! 이것도 가능하다. 나는 공장 노예제도의 노동자들이 이것보다 더 좋은 상태에 있다고 말할 수 없다. 만약 그들이 지금 상태처럼 기계의 나사로, 또 말하자면 인간 발명술의 충전물로서 소비되는 것을 일반적으로 치욕이라고 느끼지 않는다고 가정하면 말이다! 임금이 높아진다고 그들의 비참한 삶이 본질적으로 제거될 수 있다고 믿는 것은 어리석다! 즉 임금이 오른다고 그들의 비인격적인 노예화가 사라지는 것은 아니다. 이 비인격성이 증대하는 새로운 사회의 기계적인 기업 내부에서는, 노예제도의 치욕이 미덕이 될 수 있다는 이야기를 곧이듣는 것은 어리석다! 더 이상 인격에 머무르지 않고, 나사가 될 가치밖에 가지고 있지 않다니, 당치도 않은 말이다! 그대들은 무엇보다 가능한 한 많이 생산하고, 가능한 한 유복해지려는 국민이 오늘날 저지르고 있는 어리석은 짓의 공모자인가? 내면적인 가치의 얼마나 커다란 총액이 그러한 외면적인 목표를 위해서 내던져지는 것인가! 이러한 차이를 제시하는 것이야말로 그대들의 문제일 것이다.

그러나 자유롭게 호흡한다는 것이 무엇인가를 그대들이 더 이상 알지 못한다면 그대들의 내면적인 가치는 어디에 있는가? 그대들이 임시방편으로 자기를 뜻대로 하는 힘마저도 갖고 있지 않는다면? 그대들이 김빠진 음료와 같은 자신에 극도로 자주 진저리가 난다면? 권력, 돈, 여론의 급격한 부침(浮沈)으로 인해 욕망이 싹트고, 신문에 귀를 기울이고, 유복한 이웃에 탐욕스런 눈길을 준다면? 그대들이 누더기를 입고 있는 철학과 욕심 없는 자의 솔직함을 더 이상 믿지 않는다면? 그대들 중의 상당히 정신적인 사람들에게는 참으로 마음에 들 돈도, 직업도, 배우자도 없는 자유롭고 목가적인 생활 방식이 그대들에게 웃음거리로 된다면? 반대로 그대들을 미치광이 같은 희망으로 선동하려는 사회주의의 쥐 잡는 사람들의 피리소리가 항상 귀에 들린다면? 그들은 그대들에게 준비만 하고 그 이상 하지 말라, 오늘도 내일도 준비하라 명령한다. 그러므로 그대들은 외부로부터 무언가가 올 것을 기다리고 또 기다리고, 그 외의 모든 점에서는 예전처럼 산다.

이 기다림이 기아가 되고, 기갈이 되고, 열병이 되고, 광기가 되고, 마침내 승리로 우쭐대는 짐승[105])의 날이 정말 장엄하게 솟아오를 때가 된다면? 그러나 이것에 대해서는 누구나 마음속에서 다음과 같이 생각해야 할 것이다. "차라리 이민을 가자. 세계의 미개하고 신선한 토지의 주인이 되고, 또 무엇보다도 자신의 주인이 되도록 노력하자. 아직 무언가 노예제도의 징후가 손짓하여 부르는 한, 장소를 바꾸자. 모험과 전쟁을 피하지 말고 가장 상황이 나쁜 경우에는 죽을 각오를 하자. 이 무례한 노예제도만은 더 이상 안 된다. 이 음침하고 악의적이며 불순하게 변하는 것만은 더 이상 안 된다!" 올바른 의향은 다음과 같은 것이리라. 유럽의 노동자는 계급으로서 미래 인간에게는 불가능하다고 언명해야 하고, 대개의 경우에 그런 것처럼 단지 딱딱하고 부적당하게 조직된 것이라고 언명해서는 안 된다. 그들은 유럽이라는 꿀벌의 집 속에서 지금까지 체험한 적이 없는, 커다란 분봉(分蜂)의 시대를 이끌어야 한다. 이러한 대규모적이고 자유로운 이민에 의해 기계, 자본, 또 현재 그들을 위협하고 있는 국가의 노예가 되지 않으면 안 된다든지, 혁명당의 노예가 되지 않으면 안 된다고 하는 선택에 반대해야 한다.

유럽의 주민 중 4분의 1이 빠져나가면 좋으련만! 멀리 떨어져서야 비로소, 떼를 지어 이동하는 이주 행렬에 의해 사람들은 어머니 유럽이 얼마나 많은 탁월한 이성과 공정을, 얼마나 많은 건전한 의식을 그 아이들에게 주었는가를 잘 알 수 있을 것이다. 또한 그 반면에 그 아이들이 어머니, 즉 느리고 둔한 노파 곁에서는 더 이상 견딜 수 없고 어머니와 마찬가지로 성미가 까다롭고 화를 잘 내고 쾌락을 탐닉하게 될 위험에 빠지게 될 것이라는 것도 잘 알 수 있을 것이다. 유럽 밖에서 유럽의 미덕은 이 노동자들과 함께 편력할 것이다. 그리고 고향 안에서 위험한 불만과 범죄적인 경향으로 변질하기 시작했던 것은 그 밖에서는 야성 그대로의 아름다운 자연성을 획득하여 영웅주의로 불릴 것이다. 이리하여 결국 다시 한번 더 맑은 공기가 지금은 인구과잉이고 내면적으로 침잠해 있는 늙은 유럽에 찾아온다면 좋을 텐데! 설사 그때 '노동력'이 어느 정도 부족하더라도! 아마 그때 사람들은 욕구를 만족시키기가 매우 쉬워진 때 이후 처음으로 많은 욕구에 길들여졌다는 것을 자각할 것이다. 사람들은 약간의 욕구를 다시 잊을 것이다! 아마 사람들은 그때 정말로 중국인을 데리고 올 것이다. 중국인은 근면한 개미에 맞는 사고방식, 생활방식을 가질 것이다. 그뿐 아니라 그들은 전체적으로 불안하고 지쳐나자빠진 유럽의 피와 근육에 무언가 아시아적인 정적과 명상과—아마 가장 필요한 것인데—아시아적인 끈기를 주는 데 도움이 될 수 있을 것이다.

207

도덕에 대한 독일인의 태도. 독일인은 위대한 일을 할 능력이 있는데도 위대한 일을 할 듯하지 않다. 왜냐하면 복종할 때만 위대한 일을 할 수 있기 때문이다. 이것은 원래 나태한 정신에 적합한 방법이다. 독일인은 고립되어 나태에서 벗어날 곤경에 처하면, 즉 총액 속에 하나의 숫자로 끼어드는 것이 (독일인은 이 특성에서 프랑스인이나 영국인과 같은 가치가 있다고는 아무래도 말할 수 없다) 더 이상 가능하지 않게 되면 자기의 힘을 발견한다. 그때 그는 위험하고, 악의 있고, 심각하고, 무모한 인간이 되어 자기 속에 가지고 있는 그 존재를, 그 외의 누구도(그 자신도) 믿지 않았던 잠자고 있던 힘이라는 보물을 드러낸다. 독일인이 그러한 경우 자신을 따른다면—이것은 예외인데—그는 그것을 보통 그의 군주나 직무상의 의무에 따르는 것과 마찬가지로 서툴게, 가차 없이, 영속적으로 행한다. 그러므로 그는 그때 앞서 말한 바와 같이, 그가 마음속에서 가정하고 있는 '약한 성격'과 조금도 관계가 없는 위대한 것을 견뎌낼 힘이 있다.

그러나 그는 보통 자기 자신에만 의존하는 것과 즉흥시를 짓는 것을 무서워한다. 그 때문에 독일인은 그토록 많은 관리와 그토록 많은 양의 잉크를 소모하는 것이다. 경솔은 그와는 무관하다. 경솔해지기에는 그는 너무나 소심하다. 그러나 그를 졸음에서 끌어내는 완전히 새로운 상황이 되면, 그는 거의 경솔해진다. 그는 그때 새로운 상황의 진기함을 도취를 향락하는 것처럼 향락한다. 그래서 그는 도취에 정통한다! 이리하여 독일인은 현재 정치면에서 거의 경솔하다. 여기서도 그는 자신들이 철저하고 진지하다는 선입견을 품고 그것을 다른 정치적인 강국과의 교제에 충분히 이용한다. 그러나 독일인은 언젠가는 열중하게 되고, 변덕스러워지고, 혁신적으로 변해도 된다는 자부심과 인물, 당파, 희망을 가면처럼 바꿔도 된다는 비밀스런 자부심으로 가득 차 있다. 지금까지 독일인 중에서 가장 독일적인 인물이라는 존경을 받은 독일 학자는 독일 군인과 마찬가지로 우수했고 아마 오늘날도 변함없이 그럴 것이다. 그것은 모든 외면적인 사항에서 그들은 거의 아이 같이 깊게 복종하고 학문에서는 단독이어야 할 때가 많으며, 더구나 책임을 져야 할 때가 많다는 강제 때문이다.

독일인들이 긍지가 높고 솔직하고 참을성 강한 방식과, 정치적 어리석음으로부터 자유를 형세가 변한 시대에도 지킬 수 있다면, 더욱 위대한 것을 그들에게 기대할 수 있다. 현재(혹은 과거) 상태에서 그들은 고차원적인 것의 태아 상태이다. 학자를 포함한 독일인의 장점과 단점은 지금까지 그들이 다른 민족보다도 미신과 신앙욕에 빠지기 쉬웠다는 것이었다. 그들의 악덕은 여전히 음주벽과 자살벽이다. (자살벽은 정신이 서툴다는 징후이다. 이 정신은 자신에 대한 통제력을 쉽게 잃어버린다.) 그들의 위험은 지성의 힘을 속박하고 감동을 통제할 수 없는 모든 것 속에 있다(예를 들면 음악이나 알코올 음료의 과도한 사용처럼). 왜냐하면 독일인의 감동은 자신의 이익과는 반대 방향으로 향해 있고, 술에 취한 사람의 감동처럼 자기 파괴적이기 때문이다. 감격이 독일에서는 다른 곳보다 가치가 적다. 그것은 열매를 맺지 않기 때문이다.

일찍이 독일인이 무언가 위대한 일을 했다면, 그것은 곤경에 처해 용감한 상태, 이를 악무는 상태, 매우 긴장한 신중의 상태, 자주 관용의 상태인 때에 이루어졌다. 그들과의 교제는 권할 만하다. 거의 어떤 독일인이라도 어느 정도 줄 것을 가지고 있기 때문이다. 만일 사람들이 독일인에게 권하여 그것을 발견하게 되고, 재발견하게 할 수 있다면(독일인의 내면은 반듯하지 못하다) 말이다. 그런데 이런 종류의 민족이 도덕에 관심을 갖는다고 하자. 이 민족에게 만족을 주는 것은 어떤 도덕일까? 분명히 이 민족은 무엇보다 복종적 성향이 도덕 가운데 이상화되어 나타나기를 바랄 것이다. "인간은 무조건 복종할 수 있는 어떤 것인가를 가지지 않으면 안 된다." 이것이 독일적인 감각이고, 독일적인 일관성이다. 사람들은 모든 독일에서 성행하는 도덕설의 밑바닥에서 이것과 만난다. 고대 도덕 전체에 직면할 때, 우리는 얼마나 다른 인상을 받게 되는지! 이 모든 그리스 사상가들의 모습은 아주 각양각색으로 우리에게 다가오는데, 도덕학자로서 그들은 청년에게 다음과 같이 소리지르는 체조 교사와 비슷한 것처럼 보인다. "자, 와! 나를 따르라! 나의 훈련에 따르라! 그러면 너는 진보해서, 모든 그리스인 앞에서 상을 받을 것이다!" 개인의 영예, 이것이 고대의 미덕이다. 공공연히 또는 은밀히 굴종하고 복종하는 것, 이것이 독일의 미덕이다.

칸트와 그의 정언명법 훨씬 이전에 루터는 똑같은 감각으로 말했다. 인간은 무조건 신뢰할 수 있는 존재가 있어야 한다. 이것이 신의 존재에 대한 그의 증명이었다. 그는 칸트보다 더 거칠고 통속적으로, 사람들이 개념이 아니라 인격에 무조건 복종하기를 원했다. 결국 칸트 역시 인격에 대한 복종에 도달하기 위해서만 도덕이라는 우회로를 걸었다. 이것이 바로 독일인의 예배다. 독일인에게 종교의 예배가 적게 남으면 적게 남을수록 그렇다. 그리스인과 로마인은 다른 식으로 느꼈기 때문에 그러한 "하나의 존재가 있어야 한다"는 말을 비웃었을 것이다. '무조건적인 신뢰'에서 벗어나 영혼의 깊은 곳에서 신이든, 인간이든, 개념이든, 모든 것에 대해 작은 의심을 품는 것이 그들의 남국적인 감정의 자유에 어울렸다. 고대의 철학자는 말할 것도 없다! '어떤 것에도 경탄하지 않는 것'[106] 이 경구에서 그는 철학을 본다. 그리고 한 사람의 독일인, 즉 쇼펜하우어는 반대로 경탄하는 것이 철학하는 것[107]이라고 말한다. 그러면 독일인이 언젠가, 그렇게 생각되는 것처럼 위대한 일을 할 수 있는 상태에 빠진다면 어떠할까? 예외의 때, 불복종의 때가 온다면? 나는 쇼펜하우어가 '독일인이 다른 민족에 대해 가진 단 하나의 장점은 독일인 중에는 다른 민족보다 무신론자가 많다는 것이다' 말한 점을 옳다고 생각지 않는다. 그러나 다음 사실을 나는 알고 있다. 독일인이 위대한 일을 할 수 있는 상태에 빠진다면, 독일인은 언제라도 도덕을 눈 아래로 내려다본다! 그는 그렇게 하지 않을 수 있을까? 지금 그는 무언가 새로운 일을 해야만 한다. 즉 명령하는 일을 자기 또는 타인에게! 그러나 그의 독일적 도덕은 명령하는 것을 그에게 가르친 적이 없다! 명령하는 것은 독일적 도덕에서는 잊혀졌다!

제Ⅳ서

208

양심의 문제. "그렇다면 요컨대 그대들은 도대체 어떤 새로운 것을 원하는가?" 우리는 더 이상 원인을 죄인으로, 결과를 사형 집행인으로 만들고 싶지 않다.

209

가장 엄밀한 이론의 효용. 사람들은 어떤 사람이 항상 가장 엄밀한 도덕 이론을 신봉한다고 공언한다면, 그의 많은 도덕적인 약점을 너그럽게 보고 대충대충 넘어간다! 이에 반해 사람들은 자유정신을 가진 도덕학자의 생활은 항상 현미경으로 조사해 왔다. 그의 생활에 과실이 있으면 달갑잖은 인식을 가장 확실하게 반대하는 것이라는 저의를 품고서.

210

그것 '자체'. 옛 사람들은 우스꽝스러운 성질의 사물이 우리 외부에 존재하기라도 하듯 우스꽝스러운 것은 무엇인가 물었다. 그리고 백방으로 묘안을 짜냈다. (어떤 신학자는 그것을 '죄의 소박함'이라고도 생각했다.) 오늘날 사람들은 웃음이란 무엇인가, 웃음은 어떻게 일어나는 것인가 묻는다. 사람들은 생각한 끝에 좋은 것 자체, 아름다운 것 자체, 숭고한 것 자체, 나쁜 것 자체는 존재하지 않지만, 우리가 자기의 외부와 내부의 사물에 그러한 말을 주는 영혼의 상태는 존재한다고 마침내 확정했다. 우리는 사물의 술어를 다시 되찾았다. 혹은 적어도 우리가 술어를 사물에 빌려 주었다는 것을 생각해 냈다. 이 통찰을 얻음으로써 우리는 빌려주는 능력을 잃지 않도록, 좀더 유복함과 동시에 좀더 탐욕스럽게 되지 않도록 조심하자.

211

영생을 꿈꾸는 사람들에게. 그러면 그대들은 자신의 아름다운 의식이 영원히 지속하길 원하는가? 뻔뻔스러운 것은 아닌가? 다른 모든 것이 기독교적인 인내 이상의 인내로 그대들을 지금까지 견뎌 온 것처럼, 그대들을 이제부터 영원히 견뎌야 하는 것을 도대체 그대들은 생각지 않는가? 혹은 그대들에 대한 영원한 쾌감을 그것들에 줄 수 있다고 생각하는가? 이 세상에 불사의 인간이 단 하나 있어도 이 세상에 있는 모든 다른 것은 그에 대한 불쾌감 때문에 자신을 죽음과 익사로 몰아넣기에 충분한 욕망을 갖게 될 것이다! 그리고 수천분의 일이라는 적은 개념을 가지고 있는 그대들, 이 세상의 주민이 영원하고 보편적인 존재에게 영원히 무거운 짐이 되기를 바라다니! 이것보다 더 강요하는 듯한 것이 있겠는가! 마지막으로 말하겠는데, 70년 동안 사는 생물에 대하여 친절하자! 그는 자기의 '영원한 권태'를 마음에 그릴 때, 그 상상력을 연마할 수 없었다. —그에게는 시간이 충분치 않았다!

212

어디에서 자기를 아는가? 동물은 다른 동물을 보면 마음속에서 그것과 우열을 겨룬다. 그리고 미개 시대의 인간도 똑같이 그랬다. 대부분의 경우 어떤 인간이든 거의 자신이 갖는 방어력과 공격력에 관해서만 자신을 안다는 사실이 밝혀진다.

213

인생에 실패한 사람들. 어떤 사람들은 사회가 그들을 이런저런 인간으로 만들어도 되는 그러한 재료로 이루어져 있다. 어떤 일이 있어도 그들은 형편이 좋고, 인생의 실패를 한탄할 필요는 없을 것이다. 다른 사람들은 특수한 재료—그렇다고 특히 고귀한 것일 필요는 없고, 비교적 진기한 것이기만 하면 되는 재료—로 만들어져 있기 때문에 그들이 그 단 하나의 목적에 따라 살 수 없다면 삶의 형편이 나빠질 수밖에 없을 것이다. 그렇지 않은 모든 경우에는 사회가 그 때문에 손해를 입게 된다. 왜냐하면 자신의 삶이 실패했다고 생각하면, 불쾌·마비·병·신경질·열망과 같은 그의 중압감 전체에 대한 책임을 사회로 돌리기 때문이다. 이리하여 사회의 주위에는 나쁘고 답답한 공기가 발생하고, 가장 형편이 좋은 경우에도 폭풍우가 솟아난다.

214

얼마나 관대해야 하는가! 그대들은 그대들의 고통으로 괴로워할 때는 사물과 다른 사람들에게 그대들이 부당한 짓을 하더라도 우리가 그대들에게 관대해질 것을 열망한다! 그런데 우리의 관대함 따위는 문제가 아니다! 그대들은 자신을 위해 더 한층 주의 깊어져야 한다! 자기의 괴로움을 달래고 더욱이 자기의 판단에 손해를 주는 것은 훌륭한 방법이다. 그대들이 무언가를 비방하면 그대들이 행한 복수는 자신에게 돌아온다. 그대들이 복수로 흐릿하게 하는 것은 그대들의 눈이지 타인의 눈이 아니다. 그대들은 잘못 보고 비뚤어지게 보는 데 익숙해지는 것이다!

215

희생물의 도덕. "감격하며 헌신한다", "자기 자신을 희생으로 바친다"—이것이 그대들이 내세우는 도덕의 표어다. 그리고 나는 그대들이 말하는 것처럼 그대들이 '그것에 대해 성의를 가진다는' 것을 기쁘게 믿는다. 다만 나는 그대들의 '정직'이 그러한 도덕과 손에 손을 잡고 갈 수 있다면, 그대들이 자기를 아는 것보다도 더 잘 그대들을 알게 될 뿐이다. 그대들은 그러한 도덕의 높은 경지에서 극기, 엄격, 복종을 요구하는 다른 냉정한 도덕을 내려다본다. 아마 그대들은 그것을 자기중심적이라고도 부를 것이다. 그것은 분명하다! 그것이 그대들의 마음에 들지 않는다면 그대들은 자신에 대해 정직한 것이다. 그것은 그대들의 마음에 들 리가 없다! 왜냐하면 그대들은 감격하여 헌신하고 자기를 희생함으로써, 신이든 인간이든 자기를 바치는 강력한 존재와 지금 하나가 되었다고 생각하고 도취되기 때문이다. 그대들은 참으로 다시 희생으로 확정된 저 강력한 존재의 힘의 감정에 탐닉한다. 사실 그대들은 단지 자기를 희생한 것처럼 보일 뿐이다. 그대들은 오히려 생각 속에서 신으로 변하고, 자기를 신으로서 즐기는 것이다. 이 즐거움에 비하면 복종, 의무, 배려를 내세우는 '자기중심적'인 도덕은 그대들에게 얼마나 약하고 또 빈약하게 보이는지. 여기서는 그대들이 망상하듯이 희생자는 신으로 변한다고 망상하지 않으면서도, 실제로 희생하고 헌신하지 않으면 안 된다. 그래서 이 도덕은 그대들의 마음에 들지 않는다. 간단히 말해서 그대들은 도취와 과잉을 원한다. 또 그대들이 경멸하는 저 도덕은 도취와 과잉에 반대의 손을 든다. 그것이 불쾌감을 준다고 말할 때, 나는 그대들의 말이 진심이라고 생각한다!

216

악인(惡人)과 음악. 무조건적인 신뢰 속에 있는 사랑의 완전한 행복이 깊은 의심을 품고 악의를 지녔던 메스꺼운 인간들 말고 다른 인간들에게 일찍이 주어진 일이 있을까? 이러한 인간들은 사랑의 행복을 만나, 놀랍고 믿어지지도 않고 믿을 수도 없는 그들 예외적인 영혼을 즐긴다! 그들의 비밀스런 생활과 눈에 보이는 생활 전체가 뚜렷하게 보이는, 저 제한 없고 꿈꾸는 듯한 감각이 어느 날 그들을 덮친다. 멋진 수수께끼와 기적 같고, 황금색의 빛남으로 가득하고, 어떤 말로나 그림으로 형용하기 어려운 감각이다. 무조건적 신뢰는 사람을 침묵시킨다. 아니 괴로움과 우울함마저도 이 행복한 침묵 속에 있다.

그러므로 그러한 행복에 압도된 영혼 또한 다른 모든 안락한 영혼보다 음악에 감사하는 것이 일반적이다. 왜냐하면 그들은 음악을 꿰뚫고 마치 색채의 어떤 연기를 통하는 것처럼, 그 사랑이 말하자면 좀더 멀고, 좀더 감동적이고, 좀더 경쾌하게 된 것을 보고 또 듣기 때문이다. 음악은 그들에게 자기의 이상한 상태를 방관하고, 더욱이 일종의 낯설음과 안도감을 품고 처음으로 그 모습에 참여하는 단 하나의 수단이다. 사랑하는 사람은 누구나 음악을 듣고 생각한다. "이것은 나에 대하여 말하고 있다. 나 대신 이야기하고 있다. 음악은 모든 것을 알고 있다!"

217

예술가. 독일인은 예술가를 통해 일종의 몽상적인 정열에 휩싸이기를 원한다. 이탈리아인은 예술가를 통해 자기의 헌신적인 정열을 멈추고 휴식하기를 바란다. 프랑스인은 예술가를 통해 자기의 판단을 표명할 기회와 이야기의 꼬투리를 만들길 원한다. 따라서 우리가 공정하기를!

218

그의 약점을 예술가로서 처리한다. 우리가 어디까지나 약점 없이는 지낼 수 없고, 그것을 우리를 지배하는 법칙으로서 결국 인정해야 한다면, 나는 각 사람에게 적어도 그가 자신의 약점을 통해 자기의 미덕을 돋보이게 하고, 그 약점에 의해 우리가 그의 미덕을 열망할 수 있을 정도의 예술가적인 힘을 갖기를 희망한다. 이것은 위대한 예술가들이 대단히 탁월하게 터득하고 있던 것이다. 사실 때때로 베토벤의 음악에는 거칠고 독선적이고 성급한 음색이 있다. 모차르트의 경우에는 마음과 정신이 약간 견뎌야 하는 정직한 패거리들의 쾌활함이 있다. 리하르트 바그너에는 아주 참을성 강한 자라도 좋은 기분이 금방 없어질 것 같은, 껑충거리고 번거로운 동요가 있다. 그러나 바그너는 그래서 자신의 힘을 회복한다. 앞의 두 사람도 마찬가지다. 그들은 모두 약점에 의해 그들의 미덕에 대한 갈망과 정신의 울림, 미의 울림, 선의 울림에 대한 열 배나 예민한 혀를 우리에게 주었던 것이다.

219

겸양의 기만. 그대는 깊이 생각하지 않고 일을 저질렀고, 그대의 이웃에게 깊은 고통을 주었고, 되돌릴 수 없을 정도로 그들의 행복을 파괴했다. 그리고 지금 그대는 그에게 가기를 그대의 허영심에게 요구한다. 그대는 그에게 굴종하고, 그대의 깊지 못한 생각이 그의 앞에서 경멸당하는 대로 맡긴다. 이렇게 괴롭고 대단히 성가신 장면이 지나가면, 결국 모든 일이 다시 해결된다고 생각한다. 자기의 자발적인 의지에 의해 명예가 손실되면 다른 사람이 본의 아니게 상실한 행복을 보상한다고 생각하는 것이다. 이러한 감정으로 그대는 기분이 북돋워지고, 그대의 미덕을 되찾고서 물러간다. 그러나 다른 사람은 여전히 깊은 고통을 품고 있다. 그대가 깊이 생각하지 않고 그것을 말했다는 점에서 그는 아무 위로도 받지 못한다. 그는 그대가 그의 앞에서 자기를 경멸했을 때 보인 고통스런 모습조차도 그대 때문에 입은 새로운 상처인 것처럼 회상한다. 그러나 그는 복수를 생각하지 않으며, 어떻게 그대와 그 사이에서 무언가가 청산될 수 있는지 이해하지 못한다. 결국 그대는 저 장면을 그대 앞에서, 자신을 위해서 상연한 것이다. 그대는 그 때문에 증인을 초청한다. 다시 또 그대를 위해서이지 그를 위해서가 아니다. 그대 자신을 속이지 말라!

220

위엄과 공포심. 의식, 직무와 지위상의 의복, 진지한 얼굴 표정, 근엄한 눈초리, 느린 발걸음, 완고한 어법, 위엄이라고 불리는 모든 것은 실제로 공포심을 지닌 사람들의 위장 방식이다. 그들은 이러한 방식을 통해(자기 혹은 그들이 대표하는 것에) 공포를 주려는 것이다. 공포심이 없는 사람들, 즉 항상 분명하게 두려움을 일으키는 사람들은 위엄과 의식을 필요로 하지 않는다. 그들은 자신감에 찬 무서운 인간이라는 징후로서 정직, 말과 행동의 솔직성이 평판을 얻고, 게다가 배척당하기도 한다.

221

희생의 도덕. 희생의 정도에 따라 자기를 측정하는 도덕은 미개한 단계의 도덕이다. 이성은 그때 영혼의 내부에서 그저 어려운 피투성이의 승리를 거둘 뿐이다. 강력한 반대운동이 박살나지 않으면 안 된다. 그러한 승리는 잔인한 신들이 갈망하는 희생의 경우처럼, 일종의 잔혹함을 통해서만 획득할 수 있다.

222

광신이 바람직한 경우. 점액질의 사람들은 그들을 광신적으로 만들 경우에만 겨우 감격할 뿐이다.

223

사람들이 무서워하는 눈. 예술가, 시인, 문필가 등이 무서워하는 것은 그들의 작은 기만을 꿰뚫어 보는 눈이다. 그 눈은 그들이 얼마나 자주 천진스런 자기만족에 빠질 것인지 호평(好評)을 얻는 쪽으로 향할 것인지의 경계선에 섰던가를 나중에 알아차린다. 그것은 그들이 소량을 다량인 것처럼 팔아 치우려고 했을 때, 그들의 마음이 고양되지 않는 데도 감격하거나 겉치레하려 했을 때, 그 의도를 간파할 수 있다. 그 눈은 그들 예술의 모든 기만을 꿰뚫고 처음으로 그들 앞에 있던 그대로의 사상을 사랑스러운 천사인 것처럼 보면서도, 아마 일반 세상의 도난품으로 볼 것이다. 사상이 그들을 무엇인가로 만드는 것이 아니라 그들이 사상을 무엇인가로 만들기 위해 잡아 늘이고, 축소하고, 색칠하고, 싸고, 양념을 쳐야 했던 재료로서 일상 사상을 꿰뚫어 보는 것이다. 오, 이 눈, 그것은 그대들의 모든 동요를, 그대들의 정찰과 치우쳐 감을, 그대들의 모방과 비싼 값매김(이것은 단지 질투심으로 가득한 모방에 불과하다)을 그대들의 작품에서 본다. 그것은 그대들의 얼굴 붉힘과, 이 얼굴 붉힘을 감추고 자신에 대한 해석을 고치는 그대들의 술책을 잘 알고 있다!

224

이웃의 불행으로 '고무되는' 것. 그는 불행하다. 그래서 '동정하는 사람들'이 찾아와서 그에게 그 불행을 선명하게 묘사한다. 마침내 그들은 만족하고 고무되어서 떠난다. 그들은 자신의 놀람과 마찬가지로 불행한 자의 놀람을 즐기며, 근사한 오후를 보낸 것이다.

225

빨리 경멸당하는 법. 빨리 그리고 많이 말하는 사람은 아무리 그럴듯한 말을 하더라도 아주 짧은 기간 동안의 교제만으로 우리의 신뢰를 아주 급격하게 잃는다. 그는 우리에게 귀찮게 느껴지는 정도를 넘어 훨씬 심하게 평가되는 것이다. 왜냐하면 우리는 그가 이미 얼마나 많은 인간에게 성가신 부담이 되었는가를 추측하고, 그가 주는 불쾌에다 우리가 그에 대해 가정하는 경멸을 덧붙이기 때문이다.

226

명사와의 교제에 관하여. 갑 : 그러나 어째서 그대는 이 위대한 사람을 피하는가? 을 : 나는 그를 오해하고 싶지 않다! 우리의 결점은 서로 조화되지 않는다. 나는 근시이고 의심이 많으며, 그는 가짜 다이아몬드를 진짜인 것처럼 몸에 달고 다니기를 좋아한다.

227

사슬에 묶여 있는 것. 사슬에 묶여 있는 모든 정신을 주의하라! 예를 들면 그 운명 때문에 좁고 숨 막히는 지경에 빠져, 거기에서 늙어가는 현명한 여성들을 주의하라. 확실히 그녀들은 겉으로는 나태하고 반쯤 맹목적으로 거기에서 볕을 쬐고 있다. 그러나 어떤 모르는 사람의 발소리에도, 어떤 생각지도 않은 일에도 그녀들은 뛰어올라 문다. 그녀들은 자신의 개집에서 도망가는 모든 것에 복수하는 것이다.

228

찬사 속의 복수심. 여기에 찬사로 가득 찬 한 페이지가 있다. 그대들은 그것을 천박하다고 말한다. 그러나 이 찬사 속에 복수심이 숨어 있다는 것을 알아채면, 그대들은 그것이 지나칠 정도로 정교하다는 것을 알 것이다. 그리고 간결하고 대담한 필치와 비유의 풍부함을 즐길 것이다. 그와 같이 정교하고 풍부하며 독창적인 것은 그 사람이 아니라 그의 복수심이다. 그 자신은 거의 아무것도 그에 관해 알아채지 못한다.

229

긍지. 그대들은 모두 고문을 당한 자가 고문 뒤에 비밀을 품은 채 독방으로 끌려 돌아갔을 때 느끼게 되는 감정을 모른다! 그는 변함없이 이를 악물고 비밀을 굳게 지키고 있다. 그대들은 인간의 긍지에서 나오는 환호에 대해 무엇을 알고 있는가!

230

효용적. 현재 도덕적인 일에 대한 감각은 대단히 흔들리고 있기 때문에, 어떤 도덕은 이 사람에게는 도덕의 효용에 의해 제시되고, 다른 사람에게는 바로 효용에 의해 반박된다.

231

독일인의 덕에 대해. 어떤 민족이 솔직함은 열등한 것이고[108] 솔직한 인간은 열등한 인간이라고 평가했을 때, 이 민족은 매우 타락했고, 품위·신분·복장·화려·사치 등에 얽매인 노예와 같은 존재가 되었음에 틀림없다! 독일인의 도덕적인 오만에 언제나 '열등한'이라는 말을 덧붙여 주어야할 뿐, 그 이상은 필요하지 않다.

232

어떤 토론에서. 갑 : 친구여 그대는 목이 쉬었군요! 을 : 그렇다면 나는 논파당한 것입니다. 이제 그 이야기는 더 이상 하지 맙시다!

233

'양심적'인 사람들. 그대들은 어떤 사람이 가장 엄격하게 양심적인 것에 가장 많은 가치를 인정하는지 주의해 본 적이 있는가? 많은 비참한 감각을 의식하고 자기의 일을 스스로 염려하고 타인을 무서워하며 그 내심을 가능한 한 숨기려고 하는 사람들이다. 양심과 의무를 엄격하게 지킴으로 틀림없이 타인이(특히 부하가) 그에게서 받게 될 엄하고 가혹한 인상의 힘으로 자신에게 외경의 마음을 일으키려는 것이다.

234

명성을 꺼림. 갑 : 사람이 그 명성을 피하는 것, 그에게 찬사를 던지는 자를 고의로 모욕하는 것, 찬사를 꺼리고 자기에 대한 판단을 듣기를 꺼리는 것, 이것은 실제로 발견되고, 흔히 있는 일이다. 믿든지 믿지 않든지 말이다! 을 : 그것은 분명하고 당연한 일이다! 조금만 참아 주게. 오만한 귀공자 양반!

235

감사를 거절한다. 청은 거절해도 상관없지만, 감사는 결코 거절해선 안 된다. (혹은 같은 것인데, 감사를 차갑게 형식적으로 받아들여서는 안 된다.) 이것은 상대방에게 깊은 모욕이다. 그런데 어째서일까?

236

벌. 기이한 것이다, 우리의 벌이라는 것은! 벌은 범죄자를 정화하지 않는다. 벌로 죄를 씻을 수 없다. 그렇기는커녕 벌은 범죄 자체 이상으로 얼굴을 마구 더럽힌다.

237

당파의 곤란. 거의 어떤 당파에도 우스꽝스럽지만 위험할 수밖에 없는 슬픔이 있다. 어떤 사람들은 오랜 세월 동안 당파의 정책을 충실하고 존경할 만하게 변호하면서도, 갑자기 어느 날 훨씬 강력한 인물이 나팔을 손에 잡은 것을 알아채고는 이 슬픔으로 괴로워한다. 무엇 때문에 그들이 침묵을 지켜야 하는 상황을 견디려 하겠는가! 그래서 그들은 시끄러워지고, 때로는 새로운 음조에 맞추어서 떠든다.

우아함을 향한 노력. 만일 강한 성격의 사람이 잔혹한 경향을 갖지 않고 언제나 자신에게 사로잡혀 있지 않는다면, 그는 자기도 모르게 우아함을 추구하게 된다. 이것이 그의 표지이다. 이에 반해 약한 성격의 사람은 신랄한 판단을 좋아한다. 그들은 인간을 경멸하는 영웅들과 존재를 종교적 또는 철학적으로 비방하는 자들의 패거리가 되거나, 엄한 풍습과 괴로운 '직업'의 배후에 틀어박힌다. 이리하여 그들은 성격과 일종의 강함을 얻으려고 노력한다. 그리고 이것을 똑같이 자기도 모르는 사이에 행하는 것이다.

239

도덕학자에게 주는 충고. 우리 시대의 음악가들은 커다란 발견을 했다. 흥미를 끄는 추함은 그들의 예술에서도 역시 가능하다는 사실을! 그래서 그들은 술 취한 것처럼, 추한 것이라는 이 열린 대양(大洋)에 몸을 던진다. 음악을 만드는 일이 그토록 쉬운 적은 지금까지 없었다. 아름다운 음악의 아무리 작은 빛마저도 황금과 에메랄드의 빛남을 얻을 수 있는 어두운 색의 배경을 바로 지금 처음으로 그들은 얻은 것이다. 이제 그들은 감히 먼저 청중을 폭풍과 격앙에 휩쓸리게 하고, 숨을 멈추게 한다. 그리고 나서 정적으로 잠겨드는 순간에 청중에게 행복감을 준다. 이 행복감 때문에 청중은 일반적으로 음악을 호의적으로 평가한다. 그들은 대조를 발견한 것이다. 이제 비로소 최대의 효과가 가능해졌다. 그것도 값싸게. 더 이상 아무도 좋은 음악을 문제 삼지 않는다. 그러나 그대들은 서둘러야 한다! 어떤 예술도 이러한 발견에 도달했을 때, 아주 잠깐 동안의 시간밖에 남아 있지 않기 때문이다. 오, 우리의 사상가들이 우리 음악가들의 음악을 매개로 그들 영혼의 내부를 듣는 귀를 가지고 있다면! 내면적인 인간의 나쁜 행위와 그 행위의 천진함을 포착할 수 있는 기회가 다시 발견될 때까지, 얼마나 오래 기다려야 하는지! 우리 음악가들은 자신의 역사를, 영혼이 추해져가는 역사를 음악에 투영한다는 것을 조금도 냄새 맡지 못하기 때문이다. 이전에 좋은 음악가는 대체로 자신의 예술을 위해 훌륭한 인간이 되어야 했다. 그런데 지금은!

240

무대의 도덕에 대해. 셰익스피어의 연극에는 도덕적인 효과가 있고, 〈맥베스〉를 보는 관객이 공명심이라는 악을 틀림없이 던져 버릴 것으로 생각한다면, 그 사람은 잘못 생각하는 것이다. 그리고 셰익스피어가 자기와 똑같이 느꼈다고 믿는다면, 그는 또 한번 잘못 생각하는 것이다. 실제로 열렬한 공명심에 사로잡힌 자는 이런 그의 모습을 기쁜 마음으로 본다. 그리고 주인공이 자신의 정열 때문에 파멸한다면, 이것이야말로 기쁨이라는 뜨거운 음료 속의 가장 자극적인 향료가 된다. 시인도 이렇게 느끼지 않았을까? 그가 그리는 야심가는 커다란 범죄를 저지르는 순간부터 얼마나 왕자답고, 또 얼마나 악한답지 않게 그의 길을 달려가는가! 그때부터 비로소 야심가는 '악마적'으로 사람을 매혹하고, 유사한 성격의 사람을 자극하여 모방하게 한다. 악마적이라는 것은 여기서는 이익과 생명을 거부하고, 어떤 사상과 행동을 선택한다는 의미이다. 도대체 그대들은 트리스탄과 이졸데[109] 두 사람 모두 간통 때문에 파멸함으로써 간통하지 말아야 한다는 교훈을 준다고 생각하는가? 그것은 시인들을 오해하는 것이 될 것이다. 시인들, 특히 셰익스피어 같은 사람들은 정열 자체에 빠져 있는 것이지, 그 죽음을 각오한 기분—저 영혼이 풀잎의 한 방울 이슬만큼도 단단하지 않게 생명에 집착하지 않는 기분—에 빠져 있는 것은 아니다. 죄와 그로 인한 나쁜 결과는 셰익스피어나 (아이아스, 필록테테스, 오이디푸스의 저자) 소포클레스[110]에게 중요하지 않다. 위의 경우에서 죄를 연극의 지레로 삼는 것이 쉬웠을 뿐이며, 그들은 그것을 명백하게 물리쳤을 것이다. 마찬가지로 비극 시인은 그의 인생상을 통해 인생에 대해 반감을 품으려고 하지 않는다! 그는 오히려 외친다. "이 자극적이고 변하기 쉽고 위험하고 음울하며 자주 태양의 작열로 불타오르는 존재, 그것은 모든 매력 중의 매력이다! 산다는 것, 그것은 모험이다. 이 방식을 취하든 저 방식을 취하든, 산다는 것은 항상 이 성격을 지속할 것이다!" 이와 같이 그는 피와 힘이 넘쳐 어지간히 취하고 마비된 채 동요하고 힘으로 가득 찬 시대에서 말한다. 우리 시대보다도 악한 시대에서. 그러므로 우리는 셰익스피어 연극의 목적을 우선 정돈하고 정당화하는 것, 즉 그것을 이해하지 않는 것이 필요하다.

241

공포와 지성. 현재 가장 단호하게 주장되듯이 검은 피부 색소의 원인을 광선에서 찾을 수 없다는 것이 진짜라면, 그것은 아마 빈번하게 수천년 동안 쌓인 분노의 발작(및 피하충혈)에 대한 궁극적 결과가 아닐까? 한편 다른 보다 지성적인 종족에서는 분노의 발작과 마찬가지로 잦은 놀람과 창백함이 흰 피부를 가져온 것은 아닐까? 왜냐하면 공포심을 품는 정도는 지성의 정도와 일치하기 때문이고, 자주 맹목적인 분노에 몸을 맡기는 것은 동물성이 아직 남아있고 그것이 다시 확고한 지반을 차지하고 싶다는 표시이기 때문이다. 따라서 회갈색이 아마 인간의 원색—당연한 것이지만 무언가 원숭이나 곰 같은 색깔—일 것이다.

242

자주(自主). 자주(가장 작은 형태로는 '사상의 자유'라고 불린다)란 권력을 좋아하는 자가 결국 받아들이는 체념의 형식이다. 그는 자신이 지배할 수 있는 것을 오랫동안 찾았으나 자기 이외에는 아무것도 발견하지 못한 사람이다.

243

두 개의 방향. 만일 우리가 거울 자체를 관찰하고자 한다면, 우리는 결국 거울에 비친 사물 이외에는 아무것도 발견하지 못할 것이다. 만약 우리가 사물을 잡으려고 한다면, 우리는 결국 거울 이외에는 어떤 것에도 도달하지 못할 것이다. 이것이 인식의 가장 일반적인 역사이다.

244

현실적인 것에 기뻐함. 현재 우리는 현실적인 것에 기뻐하는 경향을 가지고 있는데, 이 경향은 우리가 대단히 오랫동안 그리고 신물이 날 정도로 비현실적인 것에 기뻐해 왔다는 사실로써만 이해할 수 있다. 지금 나타나고 있는 것처럼 선택도 하지 않고 세련되지도 않은 양상으로는, 그것이 자체로서 위험하지 않은 경향은 아니다. —그 경향 중 가장 덜 위험한 것은 무(無)취미다.

힘의 감정의 예민함. 나폴레옹은 이야기에 서투르다는 것에 기분이 상했지만, 이 점을 속이지 않았다. 그러나 그의 야심은 어떤 기회도 무시하지 않았고, 그의 예민한 정신보다 더 예민했기 때문에 그가 할 수 있는 것보다 더 그의 이야기를 서투르게 했다. 그래서 그는 자신의 화가 난 것에 복수했고(그는 모든 자신의 감동을 질투했다. 그것들에는 힘이 있었기 때문이다) 자신의 독재적인 취향을 즐겼다.

다음에 듣는 사람의 귀와 판단에 대하여 그는 이 멋대로 함을 또 한번 즐겼다. 마치 그들에게 그런 식으로 이야기하는 것이 변함없이 아주 잘한 일인 것처럼. 그뿐 아니라 그는 힘과 천재성의 결합에서 비롯된 최고 권위인 천둥과 번개로 판단을 약화시키고 취함을 혼란시켰다는 생각으로 은근히 우쭐해했다. 이 두 가지 것이 그의 내심에서 이야기가 서투르다는 진리를 냉정하고 자랑스럽고 단단하게 붙잡고 있었는데도, 나폴레옹은 하나의 충동이 최후까지 완성된 전형으로서 고대적인 인간성에 속해 있다. 그에게서 우리는 단순한 구성과 하나의 동기 또는 소수의 동기를 독창적으로 형성하고 생각해내는 인간의 특징을 쉽게 인식할 수 있다.

아리스토텔레스와 결혼. 위대한 천재들의 자식에게는 광기가, 위대하고 덕있는 사람들의 자식에게는 우둔이 갑자기 튀어나온다고 아리스토텔레스는 말한다. 그는 이 말로 예외적인 인간들에게 결혼을 권할 생각이었을까?

나쁜 성질의 유래. 많은 인간들의 기질이 부정(不正)한 점과 엉뚱한 점, 그들의 칠칠치 못함과 절제 없음 등은 그 선조가 범한 수많은 논리적인 부정확, 불철저, 성급한 추론 등의 결과이다. 이에 반해 좋은 기질을 지닌 인간은 이성을 높이 평가해 온 신중하고 철저한 종족의 자손이다. 이 경우 칭찬할 만한 목적 때문인가 나쁜 목적 때문인가는 별로 문제되지 않는다.

248

의무로서의 위장. 친절은 친절하게 보이도록 오랫동안 위장함으로써 가장 많이 발전되어 왔다. 위대한 힘이 존재했던 곳에서는 어디서나, 바로 이런 종류의 위장의 필연성이 인정되었다. 그것은 안전감과 신뢰감을 일으키고, 물리적인 힘의 실제 총액을 백 배로 증대시킨다. 거짓은 친절의 어머니는 아닐지라도 그 유모이긴 하다. 정직도 마찬가지로, 정직하고 올바르게 보이라는 겉치레의 요구 때문에 세습적인 종족사회에서 가장 많이 육성되어 왔다. 위장의 영속적인 연습은 결국 본성이 된다. 위장은 최후에는 자신을 지양한다. 그리고 기관과 본능은 기대하지도 않았는데 위선의 뜰에서 영근 과실이다.

도대체 누가 언제 고독해질까! 공포심을 가진 자는 고독이 무엇인지 모른다. 그가 앉는 의자의 뒤에는 언제나 적이 있다. 오, 고독이라고 불리는 저 섬세한 감정의 역사를 누가 우리에게 이야기해 줄 수 있는가!

밤과 음악. 사람들이 어둠에 대한 두려움에 사로잡혔던 시대는 인류 역사상 가장 길었던 시대였다. 이러한 시대의 생활양식에 따라 두려움의 감각 기관인 귀는 밤과 어두운 숲과 동굴의 어둠 속에서만 오늘날 볼 수 있는 것처럼 훌륭하게 발전할 수 있었다. 밝은 곳에서 귀는 그다지 필요치 않다. 그 때문에 밤과 석양의 예술이라는 음악의 성격이 탄생된 것이다.

스토아주의적. 스토아주의자는 스스로 자기의 소행에 의식을 명한다. 이런 태도 때문에 가슴이 답답하게 느껴질 때, 스토아주의자의 쾌활함이 생긴다. 그는 그때 지배자로서 자기를 즐기는 것이다.

고려하라! 벌을 받는 자는 더 이상 범죄를 저지른 사람과 같지 않다. 그는 언제나 속죄하는 희생양이다.

실제로 보이는 것. 슬프다! 슬프다! 우리가 가장 잘, 그리고 가장 완고하게 증명해야 하는 것은 실제로 보는 것이다. 왜냐하면 너무나 많은 사람들에게 보는 눈이 없기 때문이다. 그러나 그것은 너무 지루하다!

앞서서 하는 사람들. 시인의 성격을 가진 사람들에게 있는 특징이면서도 위험이기도 한 것은 쓸 대로 다 써버린 그들의 상상력이다. 그것은 일어날 것, 일어날지 모르는 것을 미리 행하는가 하면 미리 즐기고, 미리 불러오고, 학수고대하던 사건과 행위의 순간이 오면 이미 지치고 마는 상상력이다. 이 모든 것을 너무 잘 알고 있던 바이런 경은 그의 일기에 이렇게 썼다.
"나에게 아들이 있다면 완전히 산문적인 인간으로 만들겠다. 법률가나 해적으로."

255

음악에 관한 대화. 갑 : 당신은 이 음악을 어떻게 생각합니까? 을 : 압도당했습니다. 말할 게 아무것도 없습니다. 귀 기울여 주시오! 새로 시작합니다! 갑 : 더 좋습니다! 우리가 이번에는 음악을 압도하도록 주의 깊게 들어봅시다. 이 음악에 대해 몇 마디 해도 되겠습니까? 그러고 나서 아마 당신이 듣기만 해도 다시는 보고 싶지 않을 극을 보여주어도 괜찮겠습니까? 을 : 좋습니다! 나에게는 귀가 둘 있습니다. 필요하다면 그 이상도 있습니다. 나에게 가까이 오십시오! 갑 : 이것은 아직 그가 우리에게 말하고 싶은 것은 아닙니다. 그가 지금까지 약속한 것은 '무언가를 말할 것이다. 이 몸짓으로 암시하고 있는 것처럼 무언가 들은 적이 없는 것을 말할 것이다'에 불과합니다.

몸짓이 그것을 보여 주고 있습니다. 그가 눈짓하는 방식! 벌떡 일어나는 모습! 팔을 휘두르는 방법! 지금 그는 가장 긴장한 순간에 이른 것 같습니다. 그리고 나팔이 두 번 울리고 나서 그는 그의 주제를 고귀한 보석이 내는 음과 같이, 화려하고 아름답게 전개하는 것입니다. 그것은 아름다운 여성일까요? 그렇지 않으면 아름다운 말(馬)일까요? 특히 그는 넋을 잃고 주위를 둘러봅니다. 그는 황홀하게 넋 잃은 시선을 모아야 하기 때문입니다. 이제 그는 그 주제가 완전히 마음에 들었습니다. 이제 그는 독창적으로 되어, 새롭고 대담한 활동을 합니다.

그 몸짓은 어떻게 그 주제를 전개해 가는지요! 아! 주의하십시오. 그는 주제를 장식할 뿐만 아니라 겉치레할 줄도 압니다! 그렇습니다. 그는 건강의 색이 무엇인지 알고 있습니다. 그는 그 색을 표현할 줄 압니다. 그는 내가 생각한 것보다 더 자기 인식에 빈틈이 없습니다. 그리고 지금 그는 청중을 설복시켰다고 확신하고 있습니다. 그는 자기의 착상을 마치 태양 밑에서 가장 중요한 것인 양 내놓습니다. 그는 그 주제가 마치 이 세상에 너무 고차원적인 것인 양 뻔뻔스럽게 가리킵니다. 아 그는 얼마나 의심이 많은지요! 우리가 지치지 않을까 염려하는 것입니다! 그래서 그는 자기의 선율을 달콤하게 흘려보냅니다. 지금 그는 우리의 거친 감각에다 외치고 우리를 흥분시키며, 이리하여 다시 그의 지배 아래 둡니다.

잘 들으십시오. 그 몸짓이 폭풍우와 우레 같은 선율로 가장 근원적인 힘을 불러내는 것을! 그리고 이번에는 이 선율이 우리를 붙잡고, 목을 조르고, 거의 짓눌러 부수게 된다는 것을! 이것을 깨닫기 때문에 그는 그 주제를 다시 기본적인 놀이 속에다 섞고, 어지간히 마비되고 깊이 감동된 우리에게 '우리의 마비와 감동은 그의 불가사의한 주제의 결과'라는 것을 설득시키려고 합니다. 그래서 청중이 그를 신뢰하게 됩니다. 소리가 들리기 시작하면 청중의 마음속에는 깊게 감동이 일어나 근원적인 힘의 활동을 기억하게 됩니다. 이 기억이 이제는 주제에 도움이 됩니다.

주제는 지금 '초자연적'이 된 것입니다! 그는 얼마나 혼의 정통자인지! 그는 대중에게 호소하는 연설가의 기량으로 우리를 마음대로 움직이는 것입니다. 그러나 음악이 그쳤습니다! 을 : 음악이 그쳐서 다행입니다! 당신이 말하는 것을 더 이상 참고 들을 수가 없기 때문입니다! 나는 당신 방식으로 한 번 진리를 아는 것보다 오히려 열 번 속고 싶습니다! 갑 : 그것이야말로 내가 당신에게 듣고 싶었던 말입니다. 지금은 가장 뛰어난 사람들도 당신처럼 생각합니다.

그대들은 속는 데 만족하고 있는 겁니다! 그대들은 조잡하고 음탕한 귀를 가지고 있습니다. 그대들은 들을 때 예술의 양심을 더 이상 가지고 있지 않습니다. 가장 뛰어난 성실을 도중에 내던져 버린 것입니다! 그리고 그 때문에 그대들은 예술과 예술가를 타락시키고 있습니다! 그대들이 손뼉을 치고 환호할 때는 언제나 예술가들의 양심을 손아귀에 넣고 마음대로 할 수 있습니다. 그런데 슬픈 일입니다. 그대들의 죄 없는 음악과 죄가 있는 음악을 구별할 수 없다는 사실을 예술가들이 깨닫는다면! '좋은' 음악과 '나쁜' 음악이라고 말할 생각은 없습니다. 후자에도 전자에도 두 종류가 있습니다! 그러나 내가 죄 없는 음악이라고 부르는 것은 완전히 자기만을 생각하고, 자기를 믿고, 자기의 세계를 잊는 음악입니다. 자기에 관하여 자기와 말하면, 듣는 자, 귀담아듣는 자, 세력, 오해, 실패 등이 외부에 있다는 것을 더 이상 알지 못하는, 가장 깊은 고독의 저절로 울리는 소리입니다.

마지막으로 우리가 들은 음악은 이 고귀하고 귀한 종류의 것이고, 내가 당신들에게 말한 것은 모두 거짓이었습니다. 내가 놀린 것을 용서해 주십시오. 만일 그렇게 해 주실 수 있다면! 을 : 오, 그러니까 당신도 이 음악을 좋아합니까? 그러면 당신의 많은 죄를 용서하겠습니다!

256

악인들의 행복. 이 조용하고 음울한 악인들은 그대들이 겨룰 수 없는 것을 가지고 있다. 즐거운 안일[111] 속에 있는 기이한 향락을. 너무나 자주 감동으로 인해 소진되고 잡아 찢어지고 독으로 더럽혀진 가슴만이 알고 있는 해질 녘의 정적을, 낙조의 정적을.

우리의 마음에 떠오르는 말. 우리는 자신의 생각을 언제나 그때그때 말로 표현한다. 나의 의심을 모두 말로 나타낸다면, 우리는 어떤 순간에도 말로 표현할 수 있는 생각밖에 가지고 있지 않다.

개에게 아첨한다. 한 번이라도 좋으니 이 개의 털을 쓰다듬어 보라. 즉시 그것은 다른 아첨꾼처럼 치직대며 불꽃을 흩날린다. ─그리고 그 나름의 방식으로 재치가 있다. 어째서 우리는 이 개를 그와 같이 참아서는 안 되는 것인지!

일찍이 찬사를 말한 자. "비록 그가 지금 내 진실을 알고 있고 진실을 말할 수 있더라도 그는 나에 대해 한마디도 하지 않았다. 그러나 진실을 말하면 복수처럼 들릴 것이다. 더구나 그는 진실을 매우 존중한다. 이 존경할 만한 남자는!"

종속적인 사람들의 부적. 지배자에 종속되는 것을 피할 수 없는 자는 공포감을 일으켜서 지배자를 억제하는 무언가, 예를 들면 정의라든가 솔직이라든가 독설을 가져야 한다.

왜 이토록 숭고한가! 오, 나는 이 동물을 알고 있다! 물론 그것은 두 발로 '신처럼' 활보하는 것을 좋아한다. 그러나 나는 그것이 다시 네 발로 걷는 쪽이 더 마음에 든다. 그것은 전혀 비교할 수 없을 정도로 그것에게 자연스런 모습이다!

힘의 마력. 필요도 아니고 욕망도 아니다. 아니, 힘에 대한 사랑이야말로 인간이 가진 마력이다. 인간에게 모든 것을, 건강을, 영양을, 주거를, 오락을 주라. 인간은 여전히 변함없이 불행하고 변덕스러울 것이다. 왜냐하면 마력적인 존재가 기다리고 기다리며, 만족하기를 바라고 있기 때문이다. 인간들에게서 모든 것을 빼앗고 마력적인 존재를 만족시키라. 그렇게 하면 그들은 거의 행복해진다. 바로 인간과 마력적인 존재가 도달할 수 있는 정도로 행복해진다. 그러나 어째서 나는 이 점을 또 말하는가? 루터는 이미 그것을 나보다 더 능숙하게 다음 구절에서 말했다. "그들이 우리로부터 신체, 재산, 명예, 아이, 아내 등을 빼앗을지라도 내버려 두겠다. 그러나 나라는 우리에게 남아야 한다!" 그렇다! 그렇다! '나라'는!

263

육체와 영혼에서 볼 수 있는 모순. 이른바 천재에게는 하나의 생리학적인 모순이 있다. 그는 자연스럽고, 무질서하고, 무의식적인 많은 움직임과, 또 최고의 목적이 있는 많은 활동의 움직임을 소유한다. 동시에 천재는 이 두 움직임을 병치하고 뒤섞으며 자주 대립시켜 비추는 거울을 소유한다. 이러한 광경의 결과로서 천재는 흔히 불행하다. 그런데 천재가 창조할 때 가장 행복해지는 것은 바로 지금 최고의 목적 있는 활동을 통해 무언가 공상적인 것, 비합리적인 것을 하는 것이고(바로 이것이 예술이다) 해야 한다는 점을 잊고 있기 때문이다.

264

잘못 생각하고 싶어한다. 예민한 후각을 갖춘 질투가 많은 인간은 경쟁자에게 우월감을 품기 위해, 그들과 더 친밀한 사이가 되려고 노력하지 않는다.

265

연극은 그것의 때가 있다. 어떤 민족의 상상력이 쇠하면, 그 민족에게는 전설을 무대에서 상연하고자 하는 경향이 생긴다. 이제 민족은 상상력의 조잡한 대용물을 견뎌내는 것이다. 그러나 서사시가 음송되었던 저 시대에는 연극과 영웅으로 분장한 배우는 상상력의 날개가 아니라 방해물이다. 너무 가깝고, 너무 확고하고, 너무 무겁고, 꿈과 새의 비상이 너무 적다.

266

우아함이 없다. 그에게는 우아함이 없다. 그는 그것을 알고 있다. 오, 그는 이것에 가면을 씌우는 방법을 얼마나 잘 알고 있는지! 엄한 덕목에 의해, 음울한 눈길에 의해, 인간과 존재에 대한 거짓된 불신에 의해, 노골적인 못된 장난에 의해, 품위 있는 생활 방식의 경멸에 의해, 격정과 요구에 의해, 견유학파[112]의 철학에 의해 참으로 그는 끊임없이 자기의 결함을 의식함으로 특색 있는 인물이 되었던 것이다.

267

왜 이렇게 자랑스러운지! 고귀한 성격이 비천한 성격과 구별되는 것은, 비천한 성격처럼 약간의 습관과 관점을 갖고 있지 않다는 점 때문이다. 그것들은 고귀한 성격에 우연히 계승되지도 습득되지도 않았다.

268

연설가의 스킬라와 카리브디스.[113]—아테네에서는 형식으로 반발하게 하거나 형식으로 본제로부터 빗나가지 않고, 본제를 위해 청중을 설득하는 것이 얼마나 어려웠는지! 그와 같이 쓰기는 프랑스에서도 얼마나 어려운 일인지!

269

병자와 예술. 모든 종류의 비탄과 영혼의 비참한 상태를 극복하기 위해서는 우선 식단을 바꾸고 육체적인 고된 일을 시도해야 한다. 그러나 인간은 이 경우, 마취제에 손을 뻗치기 십상이다. 예를 들면 예술에. 그것은 그들에게나 예술에나 화가 된다! 그대들이 병자로서 예술을 열망하면, 그대들이 예술가를 병들게 한다는 것을 깨닫지 못하는가?

270

겉으로 드러나는 관용. 이것은 학문에 대한, 그리고 학문을 위한 선량하고 호의적인 분별이 있는 말이다. 그러나! 그러나! 나는 학문에 대한 그대들 관용의 배후를 본다! 그럼에도 불구하고 그대들은 마음 한 구석에서 생각한다. 특히 학문이 그대들의 의견에 대해 이 관대함을 보이지 않는데도, 그대

들이 관용을 받아들이고 곤용의 변호자가 되는 것은 그대들이 관대하기 때
문이라고! 그대들은 알고 있는가, 그대들에게는 이 관대를 보여줄 아무 권
리도 없다는 것을? 이 자비로운 태도는 누군가 어떤 오만한 사제나 예술가
가 학문에 보이는 공공연한 경멸보다 더 난폭하게 학문을 비방하는 것이라
는 사실을? 그대들에게는 참으로 있는 것, 실제로 있는 것에 대한 엄격한
양심이 없다. 학문이 그대들의 감각과 모순된다는 것이 드러나더라도, 그것
은 그대들을 고뇌하게 하지 않고 가책도 주지 않는다. 그대들은 인식의 탐욕
스런 동경이 그대들을 지배하는 법칙이라는 것을 모른다. 그대들은 인식되
는 경우에는 어디에서나 눈을 뜨고 그 자리에 있고 싶다는 욕망과, 인식되는
것은 하나라도 빠뜨리지 않으려는 욕망에 아무 의무도 느끼지 않는다. 그대
들은 자신이 그렇게 관대하게 취급하고 있는 것을 모르는 것이다! 그리고
그것을 모르기 때문에 그처럼 자비로운 얼굴을 할 수 있는 것이다! 바로 그
대들이야말로 학문이 그 눈으로 그대들을 언젠가 똑바로 비추려고 할 때, 분
노에 찬 광신적인 눈길을 줄 것이다! 그대들이 환영에 대해 관대할지라도
그것이 우리와 무슨 관계가 있는지! 그리고 우리에 대해 결코 관대하지 않
더라도 우리와 무슨 관계가 있는가!

271

축제 기분. 가장 열렬하게 힘을 얻으려고 노력하는 인간들에게 참으로 말
할 수 없을 정도로 유쾌한 것은, 자기가 압도당하고 있다고 느끼는 일이다!
소용돌이에 빠지듯이 갑자기 깊게 어떤 감정 속으로 빠지는 일이다! 고삐를
손에서 빼앗기고, 어떤 움직임—어디로 향하는지 누가 아는가? —을 지켜보
는 일이다! 우리를 위해서 헌신을 다하는 것은 누구이고 무엇인가. 그것은
커다란 헌신이다. 우리는 행복하고 평온하며, 대지의 가장 중심 밑바닥에 있
는 것 같은 예외적인 평온을 몸 주위에서 느낀다. 참으로 완전히 무력하게!
근원적인 힘에 농락당하면서! 이 행복 속에는 휴식, 커다란 짐을 던져버린
느낌, 맹목적인 중력 속에 있는 것처럼 어떤 수고도 없이 아래로 굴러떨어지
는 느낌이 있다. 그것은 그 목표를 위쪽에 두고는 있지만 도중에 녹초가 되
어 언젠가 잠에 빠져서, 정반대의 행복을—참으로 아무런 노력도 하지 않고
아래로 굴러떨어지는 것을—꿈꾸는 등산가의 꿈이다. 나는 현재 분주하고

힘을 갈망하고 있는 유럽 사회와 미국 사회에서 생각할 수 있는 행복을 묘사하고 있다. 여기저기에서 이런 사회들은 언젠가 무력으로 비틀거리며 돌아오려고 한다. 이 향락을 제공하는 것은 전쟁, 예술, 종교, 천재 등이다. 만일 우리가 모든 것을 삼키고 짓눌러 부수는 인상에 언젠가 몸을 맡긴다면, 그것이 근대적인 축제 기분이다! 우리는 다시 한층 자유로워지고, 회복하고, 냉정해지고, 엄격해지고, 그리고 물리지도 않고, 더 나아가서 반대의 것, 즉 힘을 얻으려고 노력하는 것이다.

272

종족의 순화. 아마 순수한 종족이라는 것은 없으리라. 순수해진 종족만이 있을 뿐이다. 더구나 이것도 아주 진기하다. 자주 눈에 띄는 것은 잡종뿐이다. 그것들에서는 언제나 신체 구조의 부조화(예를 들면 눈과 입이 서로 조화가 안 된다)와 함께, 습관과 가치 개념의 부조화 또한 인정할 수밖에 없다. (리빙스턴은 누가 "신은 백인과 흑인을 창조했는데, 악마는 잡종을 만들었다"라고 말하는 것을 들었다.) 동시에 잡종은 끊임없이 잡종 문화이고, 잡종 도덕이다. 그것들은 대체로 악하고, 잔인하고, 소란스럽다. 순수성은 수많은 적응, 흡수, 분리 등의 궁극적 성과이다. 순수성을 향하는 진보는 어떤 종족 속에 존재하는 힘이 이전에는 너무 많이, 또 자주 모순되는 것을 배려해야 했는데, 점점 소수의 선택된 기능으로 제한된다는 점에서 모습을 나타낸다. 그러한 제한은 언제나 역시 빈약을 의미하는 것처럼 보일 것이다. 그래서 신중하고 동정심 있는 판단이 요구된다. 그러나 마지막으로 순수화의 과정이 성공하면, 이전에 부조화한 성질의 투쟁에 소비되었던 모든 힘은 전체적인 유기체에 예속된다. 그 때문에 순수하게 된 종족은 점차로 강함도 아름다움도 증가해 온 것이다. 그리스인은 우리에게 순수해진 종족과 문화의 모범을 보여 준다. 그리고 언젠가 순수한 유럽적인 종족과 문화도 성취될 것이다.

273

칭찬. 그대를 칭찬하려 하는 것을 알아챈 사람이 여기에 있다. 그대는 혀를 깨물고 그대의 가슴은 죄어온다. 아, 그 성배(聖杯)가 지나가 버렸으면 좋겠는데! 그러나 그것은 지나가지 않고 온다! 그렇다면 우리는 찬사를 보내는 자의 알랑대는 뻔뻔스러움을 마시자. 그의 찬사의 핵심에 대한 혐오와 깊은 경멸을 억제하자. 감사에 대한 기쁨의 주름살을 온 얼굴에 짓자! 그는 분명히 우리를 기쁘게 하려고 했던 것이다! 그러나 그것이 지나간 뒤에 우리는 그가 자기를 대단히 탁월하다 느끼고 있다는 것을 안다. 그는 우리에게 승리를 거두었다. 그렇다! 자신에게도 승리를 거두었다, 개자식! 왜냐하면 이 찬사를 그에게서 싸워 얻기란 쉽지 않았기 때문이다.

274

인간의 권리와 특권. 우리 인간은 일이 잘 되지 않을 때는 잘 안 된 문장을 그어 없애듯이 자신을 없앨 수 있는 단 하나의 생물이다. 인류의 명예를 위해서든, 인류에 대한 동정에서든, 자신에 대한 반감에서든.

275

변화된 사람. 지금 그는 품행이 방정하게 되었지만, 그것으로 단지 타인에게 고통을 줄 뿐이다. 그렇게 여러 번 그를 주시하지 말라!

276

얼마나 자주! 얼마나 예기치 않게! 얼마나 많은 결혼한 남성이 그의 젊은 아내가 재미없고 더구나 아내 스스로는 그렇지 않다고 믿고 있는 사실을 깨달으며 아침을 맞이했는가! 육체는 뜨거운데, 마음이 약한 여성들[114]은 말할 것도 없이!

277

따스한 덕과 차가운 덕. 사람들은 냉정한 대담성인 거침없는 태도의 용기와 열렬하면서도 반쯤은 맹목적인 용기 둘 다 하나의 이름으로 부르고 있다! 그러나 차가운 덕은 따스한 덕과 얼마나 다른지! '선함'이 따스함에 의해서만 생긴다고 생각하는 자는 바보일 것이다. 그것을 차가움에 의해서만 가능하다는 것도 그에 못지않게 바보일 것이다! 인류는 따스한 용기와 차가운 용기가 쓸모 있다는 점을 발견했으며, 게다가 충분히 자주 발견했기 때문에 두 가지 색의 용기를 모두 보석에 속하는 것으로 평가할 수 없었다.

278

친절한 기억. 귀한 사람은 친절한 기억을 사들이는 것이 좋다. 즉 한 사람 한 사람에 대해 생각할 수 있는 모든 좋은 점을 인정하고, 나머지는 지워버리는 것이 좋다. 그럼으로써 사람들을 기꺼이 자신에게 의존하게 한다. 사람들은 자신에게도 똑같이 취급할 수 있다. 자신이 친절한 기억을 갖는가 갖지 않는가는 결국 자신에 대한 자신의 태도를 결정하고, 자신의 기호와 의도를 고귀하고 관대하게 보는지 혹은 불신하는지 결정하며, 마지막으로 다시 기호와 의도 자체의 종류를 결정한다.

279

우리가 예술가가 되는 점. 누구라도 어떤 사람을 우상으로 삼으면, 그 사람을 이상으로 높임으로써 자신에게 변명을 하려고 한다. 그는 선한 양심을 가지기 위해 예술가가 된다. 그가 괴로워할지라도 무지로 괴로워하는 것이 아니라, 자기가 무지한 것 같은 자기기만으로 괴로워하는 것이다. 그런 인간의 내면적인 고통과 쾌감은 보통의 두레박으로는 다 퍼낼 수 없다. 모든 정열적인 연인들이 여기에 속한다.

280

아이 같은. 아이처럼 사는 사람은 언제까지나 아이 같다. 따라서 자기의 빵을 위해서 싸우지 않고, 자기의 행위에 결정적인 의의가 속해 있다고 믿지 않는다.

281

자아는 모든 것을 가지려고 한다. 인간은 일반적으로 소유하기 위해서만 행동하는 것처럼 보인다. 이러한 생각은, 적어도 과거의 모든 행위를 통해 마치 우리가 무언가를 소유하고 있는 것처럼 간주하는 말에 암시되어 있다 ('나는 말했다, 싸웠다, 이겼다'[115] 이것은 나는 지금 나의 말, 싸움, 승리를 소유하고 있다는 것이다). 이 경우에 인간은 얼마나 탐욕스럽게 보이는가!

과거조차 자기 몸에서 떼어버리려 하지 않고, 그것을 변함없이 가지려고 하는 것이다!

283

아름다움이 지닌 위험. 이 여성은 아름답고 현명하다. 아, 그녀가 아름답지 않았다면, 얼마나 더 현명하게 되었을까!

283

가정의 평화와 영혼의 평화. 우리의 일반적인 기분은 자기의 환경을 유지할 수 있는 상태에 좌우된다.

284

새로운 것을 낡은 것처럼 말한다. 많은 사람들은 새로운 사건을 들으면 불안하게 느낀다. 그들은 새로운 사건이 그것을 먼저 안 사람에게 우월감을 준다고 느끼는 것이다.

285

자아는 어디에서 끝나는가? 대부분의 사람들은 자기들이 알고 있는 사항을 자기의 보호 아래 둔다. 마치 알고 있으면 그것이 이미 자기의 소유물이 되는 것처럼. 자아 감정의 소유에는 끝이 없다. 높은 사람들은 마치 시대 전체가 자기 배후에 있고, 자기들은 이 긴 신체의 머리인 것처럼 이야기한다. 귀부인들은 아이, 의상, 개, 의사, 도시 등의 아름다움을 자기의 것으로 여긴다. 그저 "이 모든 것이 나입니다" 감히 말하지 않을 뿐이다. 이탈리아에는 이런 말이 있다. '소유하지 않는 사람은 존재하지 않는다'[116]

286

가축, 애완동물 및 그 동족. 가장 흉포한 적으로서 처음부터 식물과 동물 사이를 마구 헤집고 다니며, 마지막에는 쇠약해지고 불구가 된 그의 희생물에게 더욱이 동정마저 요구하는 생물이, 식물과 동물에 대해 품는 감상보다 더 혐오할 만한 것이 있을까! 이런 종류의 '자연'에 직면했을 때, 인간에게는 무엇보다도 진지함이 어울린다. 만일 그가 생각하는 인간이라면 말이다.

287

두 친구. 친구들이 있었다. 그러나 그들은 친구이기를 그만두고, 둘 다 동시에 우정을 버렸다. 한쪽은 자기가 너무 오해받았다고 생각했기 때문이고, 다른 쪽은 자기가 너무 많이 알았다고 생각했기 때문이다. 그러나 두 사람 모두 그때 잘못 생각하고 있었다! 그들 중 누구도 자신을 충분히 알고 있지 않았기 때문이다.

288

품위 있는 사람들의 희극. 진심으로 품위 있는 친밀감을 잘 나타내지 못하는 사람들은 자신들의 품위 있는 성격을 자제와 엄격함, 그리고 친밀감에 대한 경멸 등을 통해 추측케 하려고 노력한다. 그들은 강한 친밀감을 갖고 있기 때문에 친밀감을 보여주기가 부끄럽다고 생각하는 것이다.

289

미덕에 반대되는 것은 조금도 말해선 안 되는 경우. 겁쟁이들한테 용감함에 거슬리는 것을 말하는 것은 비열하게 들리고 경멸을 일으킨다. 그리고 무자비한 인간들은 동정에 반대되는 것을 들으면 격분한다.

290

낭비. 흥분을 잘하고 성급한 성격의 사람들이 처음에 하는 말과 행위가 거의 언제나 그들 본래의 성격을 특징짓는 것은 아니다. (그것들은 환경에 의해 일어난 것으로 말하자면 환경의 정신을 모방한 것이다.) 그러나 그것들은 확실히 말해지고 행해졌기 때문에, 본래의 성격에서 비롯되는 나중의 말과 행위는 자주 이전의 말과 행동을 균형을 잡거나 철회하거나 혹은 잊게 만드는 것 등으로 낭비된다.

291

오만. 오만이란 겉치레의 거짓된 긍지다. 그러나 긍지의 특유한 점은 그것이 장난도, 위장도, 위선도 아니며, 원할 수도 없는 것이라는 점이다. 그 점에서 오만이란 위선의 재능이 없는 위선이고, 대단히 곤란한 것이고, 대체로는 실패하는 것이다. 그러나 오만한 인간이 흔히 그러하듯이, 그때 의중을 간파당하면 삼중의 불쾌한 일이 그에게 일어난다. 그가 우리를 속이려고 했기 때문에 우리는 그에게 화를 낸다. 그가 우리보다 우월하다는 것을 보이려 했기 때문에 우리는 그에게 분노한다. 그리고 마지막으로 그가 둘 다 실패했기 때문에 우리는 그를 조롱한다. 따라서 오만은 정말 그만두라고 충고해야 하는 것이다!

292

일종의 오해. 우리는 누군가의 이야기를 들을 때 단 하나의 자음 (예를 들면 r의) 울림만으로도 그의 감각이 정직한지 의심을 품기에 충분하다. 우리는 이 울림에 길들여져 있지 않기 때문에, 제멋대로 그것을 만들어야 한다. 우리에게 그것은 '만들어진 것'처럼 들린다. 여기에 가장 큰 오해의 영역이 있다. 그리고 일반 세상의 습관이 아닌 습관을 지닌 작가의 문체에도 그와 똑같은 것이 적용된다. 그 '자연스러움'은 그만이 느끼는 것이다. 그 자신이 참으로 '만들어진 것'으로 느끼는 것을 사용하면, 아마 그의 마음에 들고 또 신뢰감을 불러일으킬 것이다. 그는 그것으로 확실히 유행과 이른바 '좋은 취미'에 양보했기 때문이다.

293

감사의 마음. —1 그란[117]의 감사의 마음과 은혜를 고맙게 여기는 것도 너무 많다. 이 경우에 우리는 악덕으로 괴로워하는 것처럼 그것에 괴로워한다. 우리는 자기의 자주성과 정직과 함께 양심의 가책에 빠진다.

294

성자. 여성에게서 벗어나고 육체를 고문해야 하는 사람들이야말로 가장 감각적인 사람들이다.

295

빈틈없는 봉사. 봉사라는 위대한 기술 중에서 가장 빈틈없는 임무 가운데 하나가 제어하기 어려운 야심가에게 봉사하는 것이다. 그는 모든 면에서 가장 심한 이기주의자면서도 결단코 그렇게 여겨지기를 원하지 않는다. (바로 이것이 그의 야심 가운데 일부다.) 그에게는 모든 것이 그의 의지와 일시적인 기분에 따라 일어나야 하고, 더구나 그는 늘 자기를 희생하는 것이지 자신을 위해서는 아무것도 탐내지 않는 것처럼 보여야 한다.

결투. 누군가 말했다. "꼭 필요한 때 결투할 수 있는 것은 이익이라고 생각한다. 왜냐하면 나의 주위에는 언제나 용감한 동지들이 있기 때문이다." 결투라는 것은 마지막으로 남겨진 아주 영예로운 자살을 향한 길이다. 그러나 유감스럽게도 우회로이며 아주 확실한 길도 아니다.

청년을 망치는 것. 똑같이 생각하는 사람을 다르게 생각하는 사람보다 더 높이 존경하라고 청년을 지도하는 것은 그 청년을 가장 확실하게 망치는 길이다.

영웅 숭배와 그 광신자. 피가 통하는 이상을 가진 광신자는 보통 부정하는 한 옳다. 이 점에서 그는 무서운 자이다. 그는 부정당하는 것을 자신처럼 잘 알고 있다. 그 이유는 그가 거기에서 왔고 그곳이 고향이며, 그곳으로 역시 돌아갈 수밖에 없는 것이 아닌가 하고 언제나 은근히 두려워하기 때문이다. 그는 그 부정의 방법에 의해 자기의 귀환을 불가능하게 만들려고 한다. 그러나 그는 긍정하자마자 절반쯤 눈을 감고 이상화하기 시작한다. (그럼으로써 종종 고향에 남아 있는 사람들을 슬프게 할 뿐이다.) 이것은 아마 예술적인 것이라고 불릴지도 모른다. 좋다. 그러나 거기에는 불성실한 것도 있다. 어떤 인물을 이상화하는 자는 이 인물을 더 이상 명확하게 볼 수 없는 먼 곳에 둔다. 그런데 지금 그는 아직 보이는 것을 '아름다운 것', 즉 균형 잡힌 것,

부드러운 곡선을 가진 것, 모호한 것으로 해석한다. 먼 곳에서 높게 떠오르고 있는 그 이상을 지금 숭배하려고 하기 때문에, 그는 비속한 백성[118]을 피하기 위해 자기가 숭배할 수 있는 사원을 건립할 필요가 있게 된다. 그는 여기에 그가 그 외에 아직 소유하고 있는 존경할 만한 대상, 신성한 대상들을 가지고 들어온다. 그것들의 마력이 이상에 도움이 되고, 이상은 이 영양을 공급받아 성장하고 점점 거룩하게 된다. 드디어 그는 정말로 자기의 신을 완성했다.

그러나 그 숭배에 항의하는 것이 또 하나 있다. 그것은 신격화된 자 자신이다. 그는 지금 예배, 찬미, 향내 때문에 견딜 수 없게 되어 불쾌한 모습을 보이며, ‘자기는 신이 아니다. 인간이다’ 라는 비밀을 누설한다. 이제 이렇게 되면 그러한 광신자에게는 도망칠 겨우 하나의 길밖에 남아 있지 않다. 그는 자신과 그 동류가 학대받는 것을 참고, 모든 비참함을 새로운 종류의 자기기만과 고상한 거짓말로 신의 더욱 큰 영광을 위한[119] 것이라고 해석한다. 그는 비참한 처지를 견디며 적시당하고 학대받는 자로서, 또 해석하는 자로서 마치 순교라도 한 것처럼 느낀다. 이리하여 그는 자만의 절정에 다다른다. 이런 종류의 인간은 예를 들면 나폴레옹 주위에 있었다. 아니 나폴레옹이야말로 ‘천재’와 ‘영웅’에 대한—계몽주의 정신과는 소원한—낭만주의적인 굴종을 우리 세기의 영혼에 주었던 사람일 것이다. 나폴레옹에 대해서는 바이런 같은 사람도, 그에 비하면 자기는 ‘구더기’라고 말하는 것을 부끄러움으로 여기지 않았다. (그러한 방식의 굴종은 저 늙고 거만하며 혼란스러운 두뇌를 가진 불평가 토마스 칼라일에게서 발견되었다. 그는 긴 생애를 영국인의 이성을 낭만적으로 만드는 데 사용했는데, 쓸데없었다!)

299

영웅주의의 외관. 적의 한가운데로 몸을 던지는 것은 비겁의 표시일지도 모른다.

300

아첨꾼에게 관대한 사람. 만족할 줄 모르는 야심가들의 최고 행동은 아첨꾼의 모습을 볼 때 자신들의 경멸감을 그들이 눈치 채지 못하게 하고, 그들에게 역시 관대한 모습을 보이는 것이다. 참으로 관대할 수 있는 신처럼.

301

'강한 성격'. '나는 한번 말한 것은 한다'. 이런 사고방식은 성격이 강한 것으로 간주된다. 많은 행위들은 가장 이성적인 행위로 선택되어 수행된 것이 아니라, 마음에 떠올랐을 때 무언가의 방법으로 우리의 명예심과 허영심이 자극받아 맹목적으로 수행된 것이다! 이리하여 그 행위들은 우리 자신에게 우리의 성격과 가책 없는 양심에 대한 믿음, 즉 일반적으로 우리의 힘에 대한 믿음을 증가시킨다. 이에 반해 가능한 한 이성적인 행위를 선택하면, 자기에 대한 회의와 그만큼 악한 감정이 우리 내면에 존속하게 된다.

302

한 번, 두 번, 세 번 옳다! 인간이라는 것은 말할 수 없을 정도로 자주 거짓말을 한다. 그러나 그들은 나중에 그 점을 생각지 않으며, 그런 일이 있다고는 일반적으로 믿지 않는다.

303

인간에 정통한 자의 심심풀이. 그는 나와 이런저런 교제를 하기 때문에 나를 알고 있다고 믿고, 자신이 품위 있고 훌륭하다고 자부한다. 나는 그를 실망시키지 않으려고 신경을 쓴다. 왜냐하면 내가 그에게 의식적인 우월감을 안겨주었기 때문에 그가 지금 내게 호의를 갖고 있는데, 내가 그를 실망시키게 되면 나는 보상을 해야 하기 때문이다. 또 다른 사람이 있다. 그는, 내가 그를 알고 있다고 생각하는 것을 두려워하고, 그 때문에 자신이 비천해졌다고 생각한다. 그래서 그는 모호한 행동을 하고, 그 자신에 대해 나를 혼미케 하려고 노력한다. 그래서 그 자신을 나 이상으로 다시 높이 올리는 것이다.

304

세계의 파괴자. 이 사람은 어떤 일이 잘 되지 않는다. 결국 그는 화를 내며 소리친다. "세계가 모두 멸망해 버리면 좋겠다!" 이 혐오할 만한 감정은 질투심에서 비롯된 것으로 다음과 같이 추론한다. 나는 어떤 것을 소유할 수

없다. 그렇기 때문에 전세계는 아무것도 가져서는 안 된다! 전세계를 무
(無)로 하고 싶다!

305

인색. 물건을 살 때 물건이 싸면 우리의 인색함은 증가한다. 왜? 작은 값
의 차이가 이제 막 인색의 작은 눈을 만들었기 때문일까?

306

그리스인의 이상. 그리스인은 오디세우스의 어떤 점을 찬탄했는가? 무엇
보다도 거짓말하는 능력, 교활하고 무서운 보복의 능력, 상황을 수습할 수
있는 능력, 필요하다면 고귀한 자보다 더 고귀하게 보이는 능력, 자신이 원
하는 것이 될 수 있는 능력, 영웅적인 고집, 모든 수단을 마음대로 하는 능
력, 재기를 갖는 능력. 그의 재기는 신들이 찬탄하는 바였다. 신들은 그 점
을 생각하며 웃는다. 이 모든 것이 그리스인의 이상이다! 가장 주목할 만한
점은 여기에서는 가상과 존재의 대립이 전혀 느껴지지 않고, 또한 윤리적으
로도 계산되지 않는다는 것이다. 일찍이 그렇게 철저한 배우가 있었는가!

307

사실! 그렇다, 허구의 사실! 역사가는 실제로 일어난 일이 아니라, 추정
된 사건만을 관계한다. 왜냐하면 사건만이 영향을 미쳤기 때문이다. 이와 마
찬가지로 그는 추정된 영웅하고만 관계한다. 역사가의 주제, 이른바 세계사
는 추정된 행위와 추정된 동기에 관한 의견이다. 이것들은 다시 의견과 행위
에 대한 실마리를 주는데, 그것들의 실재성은 다시 곧 증발되어 버리고 증기
로서만 영향을 미친다. 세계사란 바닥을 알 수 없는 현실이라는 깊은 구름
위에 존재하는 환영의 끊임없는 출산과 잉태다. 모든 역사가는 상상 이외에
는 결코 존재하지 않았던 사물에 대해 이야기한다.

308

상거래에 정통하지 않은 것이 고귀하다. 교사로서, 공무원으로서, 예술가
로서 그 미덕을 가장 높은 가격으로만 팔거나, 그것으로 고리대금업을 하는

것은, 천부의 재능과 소질을 소매상품으로 만드는 것이다. 사람은 어떻든 그 지혜를 약삭빠르게 이용하려고 해서는 안 된다!

309

공포와 사랑. 공포는 사랑보다 인간에 관한 일반적인 통찰을 촉진해 왔다. 왜냐하면 공포는 타인이 누구인가, 무엇을 할 수 있는가, 무엇을 원하는가를 추측하려고 하기 때문이다. 이 점을 잘못 생각하면 위험과 불이익을 초래하게 될 것이다. 반대로 사랑은 타인에게서 가능한 한 많은 아름다운 것을 보고자 하거나 그를 가능한 한 높이 올리고자 하는 은밀한 충동을 갖는다. 그때 잘못 파악하는 것은 사랑에게는 기쁨이고 이익일 것이다. 그래서 사랑은 잘못 파악하는 것이다.

310

선량한 사람들. 선량한 사람들은 그 조상이 외적의 간섭에 대해 끊임없이 공포를 느낌으로써 그들의 인품을 계승해 왔다. 조상들은 부드럽게 하고, 가라앉히고, 사죄하고, 몸을 굽히고, 기분을 돌리고, 아첨을 하고, 머리를 숙이고, 고통과 불쾌를 감추고, 곧 또다시 안색을 고쳤다. 그래서 마침내 그들은 이 섬세하고 훌륭하게 연주되는 장치 전체를 자손들에게 전했다. 자손들은 운명이 꽤 순조로웠기 때문에 끊임없는 공포의 동기는 갖지 않았다. 그럼에도 그들은 끊임없이 그 악기를 연주하고 있다.

311

마음. 인간에게 쉬운 것이고, 그 결과 그가 기쁘고 유쾌하게 행하는 내면적인 움직임의 총체를 그 사람의 마음이라고 부른다. 그 내면적인 움직임에서 수고와 딱딱함이 인지되면, 그 사람은 마음이 없다고 여겨진다.

312

잘 잊어버리는 사람들. 정열이 폭발할 때, 꿈과 광기의 환상에 빠져 있을 때, 인간은 자신과 인류의 선사(先史), 즉 야만적이고 비뚤어진 얼굴을 가진 동물성을 재발견한다. 그의 기억은 충분히 멀리 과거로 거슬러 올라간다.

인간의 문명 상태는 이 근본 경험의 망각에서, 그러니까 기억의 중단에서 발전하는 것인데도 말이다.

가장 잘 잊어버리는 종류의 인간으로서 이 모든 것에서 언제나 매우 멀리 떨어져 있는 자는 인간을 이해하지 못한다. 그러나 '인간을 이해하지 못하고', 말하자면 신에게서 만들어졌고 이성에서 태어난 소수의 사람들이 가끔 있다는 것은, 모든 사람에게 이익이 된다.

313

더 이상 바람직하지 않은 친구. 사람들은 그 희망을 만족시켜 줄 수 없는 친구가 오히려 적이기를 바란다.

314

사색자의 사회로부터. 생성(生成)의 바다 한가운데서 모험가이자 철새인 우리는 나룻배보다 크지 않은 작은 섬 위에서 깨어나 잠시 동안 주위를 둘러본다. 가능한 한 빨리 호기심을 품고. 왜냐하면 갑자기 바람이 불어서 우리를 날려버리거나 파도가 이 작은 섬을 넘어서, 더 이상 우리가 거기에 있을 수 없게 될지도 모르기 때문에! 그러나 여기서, 이 작은 장소에서 우리는 다른 철새를 발견하고, 이전의 철새에 대해 듣는다. 그래서 우리는 즐겁게 날갯짓을 하고 지저귀면서 인식과 추측의 귀중한 시간을 보내고, 대양에 조금도 뒤지지 않는 긍지를 품고, 정신의 모험을 찾아 태양 위로 날아간다.

315

단념한다. 자신의 소유물 일부를 단념하고 그 권리를 포기하는 것은 만일 그것이 큰 부(富)를 암시한다면, 즐거움이다. 관용은 여기에 속한다.

316

약한 종파. 변함없이 약체일 것이라고 느끼고 있는 종파는 소수의 지적인 신자를 얻으려고 안달한다. 그리고 부족한 양을 질로 보충하려고 한다. 이 점이 지식계급에 존재하는 적지 않은 위험이다.

317

저녁 때의 판단. 일이 끝나고 지쳤을 때, 그 하루의 일과 일생의 일을 반성하면 누구나 보통 우울한 고찰에 빠진다. 그러나 이것은 그의 하루와 일생 탓이 아니라 피곤 탓이다. 한창 일할 때는 보통 인생과 존재에 관해 판단할 여유를 갖지 못한다. 또 한창 즐길 때도 마찬가지다. 그러나 결국 여유가 생기면, 제7일과 안식을 기다리며 존재하는 모든 것을 매우 아름답다고 생각한 사람들의 판단을 더 이상 옳다고 생각지 않는다. 그는 보다 좋은 순간을 지나쳐온 것이다.

체계를 세우는 자를 조심하라! 체계를 세우는 자의 연극이 있다. 그들은 체계를 완성하려 하고 그 주위의 지평선을 둘러 약한 성질을 강한 성질의 양식에 등장시키는 시도를 하려 한다. 그들은 완전하고 균일하게 강한 성격을 가진 사람들의 역할을 하려고 한다.

환대. 환대하는 관습의 의미는 타인의 적의를 마비시키는 것이다. 만일 우리가 타인을 더 이상 적으로 느끼지 않는 경우, 환대는 줄어든다. 환대는 그것의 악의를 지닌 전제가 강할수록 거창해진다.

날씨에 대해. 날씨가 매우 이상하고 예측할 수 없으면, 인간도 서로 신뢰하지 않게 된다. 게다가 인간은 개혁을 좋아한다. 왜냐하면 그 습관을 벗어나야 하기 때문이다. 그 때문에 전제군주는 날씨가 도덕적인 모든 지방을 좋아한다.

순진의 위험. 순진한 사람은 모든 점에서 희생물이 된다. 그들은 그 무지 때문에 적당함과 과도함을 구별하거나, 적당한 때에 자기 자신을 조심할 수 없기 때문이다. 그래서 순진한, 즉 무지한 젊은 부인은 자주 부부관계를 즐기는 데 길들여져서, 남편이 병에 걸리거나 일찍 쇠약해진 말년에는 향락으로 인해 심하게 부자유스럽게 된다. 남편과의 잦은 성관계가 마치 당연하고 일반적인 일인 것처럼 순진하게도 굳게 믿어 버리면, 그녀들은 어떤 욕망을 일으키고 그 때문에 나중에 매우 혹독한 시련과 나쁜 사태에 처하게 된다.

그러나 일반적으로 생각하자. 어떤 인간과 사물을 알지 못하는 채 사랑하는 사람은 만일 그가 그것을 볼 수 있었다면, 도저히 사랑하지 못했을 어떤 것의 포로가 된다. 경험, 주의, 균형 잡힌 태도 등이 필요한 곳에서는 어디서나 순진한 자가 가장 쓸모없게 된다. 왜냐하면 그는 눈도 보이지 않는 채 모든 찌꺼기와 가장 밑바닥의 독을 마셔버려야 하기 때문이다. 모든 군주, 교회, 종파, 당파, 단체 등의 실행을 고려하라. 언제나 순진한 사람은 가장 매력적인 미끼로서 아주 위험하고 흉악한 사건에 사용되지 않는가? 마치 오디세우스가 병들고 늙어 추한 레므노스의 은자120)로부터 활과 화살을 빼앗기 위해 순진한 네오프톨레모스를 사용하듯이.

기독교는 세계를 경멸함으로써 무지를 하나의 미덕, 즉 기독교적인 순진으로 만들었다. 아마 이 순진의 가장 잦은 결과는 바로 암시한 것처럼 죄이고, 죄악감이고, 절망일 것이다. 그러므로 지옥이라는 우회로를 거쳐 천국에 이르는 하나의 미덕이다. 이제야 비로소 기독교적인 구원의 음울한 성문이 열릴 수 있기 때문이고, 이제야 비로소 나중에 태어난 제2의 순진의 약속이 효과를 갖기 때문이다. —이것은 기독교의 가장 멋진 발명 가운데 하나다!

322

의사 없이 산다. 나에게는 병자가 의사에게 치료받을 때가 혼자서 자기의 건강에 신경을 쓸 때보다 경솔한 것처럼 보인다. 전자의 경우 지시받은 것만 엄밀하게 따르면 충분하다. 후자의 경우 우리는 지시가 목표로 하는 것, 즉 우리의 건강을 의사로부터 권유받아서 하는 것보다 더 양심적으로 주목하고, 훨씬 많은 것을 주목하고, 훨씬 많은 것을 자신에게 명령하고 금지한다. 모든 규칙은 다음과 같은 효과를 갖는다. 즉 규칙의 배후에 있는 목적에서 주의를 돌리게 하고 보다 경솔하게 만든다. 그래서 일찍이 인류가 의사로서의 신에게 '신의 뜻대로'라는 말에 따라 모든 것을 완전하고 성실하게 맡겼다면, 인류의 경솔함은 얼마나 억제하기 어려운 파괴적인 것으로 높아졌겠는가!

323

하늘이 어두워진다. 그대들은 마치 자기 손발을 훔쳐 온 것처럼 사회에서 행동하는 소심한 인간들의 복수를 아는가? 지상의 어떤 곳이든지 단지 소리 없이 지나가는, 겸허한 기독교적인 영혼을 가진 자들의 복수를? 언제나 즉석에서 판단하고, 언제나 즉석에서 잘못 생각하는 사람들의 복수를? 아침이 하루 중에서 가장 기분 나쁜, 그러한 모든 종류의 술고래의 복수를? 건강해지는 원기를 더 이상 갖고 있지 않은 모든 종류의 병자들, 허약한 사람들, 의기소침한 사람들의 복수를? 이러한 조그마한 복수심에 불타는 사람들의 수와 더욱이 그들의 작은 복수 행위의 수는 엄청난 것이다. 대중 전체가 그들의 악의에서 발사된 크고 작은 화살로 끊임없이 윙윙대고 있다. 그러므로 단지 그들에게뿐만 아니라 오히려 우리, 다른 것, 나머지 것에게도 인생의 태양과 하늘은 더욱더 어두워지는 것이다. 이것은 그 화살이 너무나 자주 우리의 피부와 심장에 상처를 입히는 것보다 더 상태가 나쁘다. 우리는 이따금 태양과 하늘을, 실로 오랫동안 보지 않았다는 이유만으로 부인하지 않는가? 따라서 고독하다! 그 때문에 역시 또 고독하다!

324

배우의 심리학. 위대한 배우들은 자기들이 연기하는 역사적 인물이, 자신들이 연기를 하고 있을 때 느끼는 기분과 실제로 똑같았을 거라고 착각하고서 행복해진다. 그러나 그들은 그 점에서 매우 잘못 생각하고 있다. 그들이 천리안적인 능력이라고 즐겨 사칭하는 모방력과 추측력은 바로 태도, 목소리, 시선 등 일반적으로 외면적인 것을 설명하는 깊이밖에 도달하지 못한다. 즉 그들로부터 손에 잡을 수 있는 것은 위대한 영웅, 정치가, 군인, 야심가, 질투하는 인간, 절망하는 인간 등의 영혼의 그림자이다. 그들은 영혼의 근처까지는 돌진하지만, 그 정신 속까지는 들어가지 못한다. 무언가 상태의 본질을 비추어 내기 위해서는 모든 사상가, 달인, 전문가 대신에 천리안적인 배우만 있으면 족하다는 것은 물론 멋진 발견일 것이다! 그러나 이러한 지나침이 드러날 때 배우는 참으로 이상적인 원숭이이기 때문에, '본질'과 '본질적인 것'을 전혀 믿을 수 없다는 사실을 우리는 잊어서는 안 된다. 배우에게는 모든 것이 연기, 목소리, 태도, 무대, 무대장치, 관객이 되는 것이다.

325

고고하게 살고 믿는다. 자기 시대의 예언자와 기적을 행하는 자가 되기 위한 수단은 옛날이나 오늘날이나 같다. 즉, 적은 지식과 약간의 사상과 대단히 많은 자만심을 품고 멀리 떨어져서 사는 것이다. 그러면 마침내 우리가 분명하게 인류 없이도 잘 되어가기 때문에, 인류는 우리 없이는 잘 될 수 없다고 하는 믿음이 모습을 나타낸다. 이 신앙이 생기면, 사람들은 우리를 믿게 된다. 마지막으로 신앙을 필요로 할지도 모르는 사람을 위해서 충고한다. (이것은 웨슬리가 그의 선생 뷜러에게서 받은 것이다.)[121] "그대가 신앙을 가질 때까지 신앙을 설교하라. 그러면 다음부터는 신앙을 가지고 있기 때문에 신앙을 설교할 것이다!"

326

자기의 환경을 안다. 우리는 자신의 여러 가지 힘을 평가할 수 있지만 힘 자체는 평가할 수 없다. 환경은 이 힘을 우리에게 감추거나 보이기만 하는 것은 아니다. 그렇기는커녕! 환경은 이 힘을 크게 하거나 작게 한다. 우리는 자신을 변화할 수 있는 양(量)으로 보아야 한다. 그것의 수행 능력은 축복받은 환경의 경우, 아마 최고의 능력을 발휘할 수 있을 것이다. 그러므로 우리는 환경을 숙고해야 하고, 그것을 관찰할 때 어떤 노력도 아끼지 말아야 한다.

327

우화. 인식의 돈 후안. 그는 아직 어떠한 철학자와 시인에 의해서도 발견된 적이 없다. 그에게 없는 것은 그가 인식하는 사물에 대한 사랑이다. 그러나 그는 인식의 가장 높고 먼 별에 이르기까지 인식의 수렵과 음모를 향한 정신, 갈망, 향락을 가지고 있다.

그 결과 그가 사냥에서 획득하는 것은 인식이라는 절대적으로 고통을 주는 것밖에 남지 않는다. 끝내 압상트주와 초산을 먹는 술꾼과 같이. 이리하여 그는 마지막으로 지옥행을 갈망한다. 그것은 그를 유혹하는 최후의 인식이다. 아마 지옥 역시 인식된 모든 것처럼 그를 환멸케 할 것이다! 이리하여 그는 영원히 멈춰선 채로 있어야만 할 것이다. 환멸에 단단히 못박히고,

스스로 돌의 손님이 되고, 더 이상 그에게 분배되지 않는 인식의 만찬을 열망하면서! 왜냐하면 사물의 세계는 더 이상 이 굶주린 자에게 줄 한 조각의 먹이도 가지고 있지 않기 때문이다.

328

이상주의적인 이론은 무엇을 추측하게 하는가? —이상주의적인 이론과 가장 확실하게 마주치는 것은 망설이지 않는 실천가들이다. 왜냐하면 그들은 자기의 평판을 위해서 그 이론의 광채를 필요로 하기 때문이다. 그들은 본능으로 그것을 붙잡으며, 게다가 전혀 위선으로 생각하지 않는다. 영국인이 기독교도라는 것과 안식일을 지키는 것을 위선으로 느끼지 않는 것과 같다. 반대로 모든 공상에 대항하여 규율을 지키고, 열광이라는 평판도 두려워하는 관상적인 사람들은 엄격한 현실주의적인 이론에만 만족한다. 그들은 마찬가지로 이 이론을 본능적으로 붙잡는데, 그때 그들의 정직성을 잃지는 않는다.

329

쾌활함을 비방하는 자. 인생에서 깊은 상처를 입은 사람들은 모든 쾌활함에 의심을 품었다. 마치 쾌활함이란 언제나 아이 같고 유치한 것으로, 죽음을 앞둔 아이가 침대에서 여전히 장난감을 소중하게 다루는 것과 같이, 연민과 동정밖에 느낄 수 없는 어리석은 것을 드러내는 것처럼 쾌활함을 의심했다. 그런 사람들은 장미 밑에 비밀의 무덤이 숨겨져 있는 것을 본다. 오락, 소동, 즐거운 음악 등은 그들에게는 인생의 도취를 다시 한번 잠깐이나마 돌이키고 싶다고 생각하는 중한 병자의 단호한 자기기만처럼 보인다. 그러나 쾌활함에 대한 이 판단은 쾌활함의 빛이 피곤과 병이라는 어두운 땅 위에서 굴절한 것에 불과하다. 이 판단은 그것이 연민을 일으키고, 어리석고, 동정을 일으키는 것이고, 그뿐 아니라 아이 같은 것, 유치한 것이기도 하다. 그러나 그것은 늙은이의 뒤를 쫓고 죽음을 눈앞에 둔 제2의 소년 시대에 기초를 둔다.

330

아직 충분하지 않다. 어떤 것을 증명하는 것으로는 아직 충분하지 않다.

사람들은 인간을 유혹하여 그것을 하게 하거나, 인간을 고양해야 한다. 그러
므로 지식 있는 자는 지혜를 말하는 법을 배워야 한다! 더욱이 그것이 자주
어리석게 들릴 정도로.

331

옳음과 한계. 금욕주의는 감성적인 충동이 맹수처럼 광포하게 날뛰기 때
문에 이것을 근절해야 하는 사람들에게 딱 알맞은 사고방식이다. 그리고 실
제로 그러한 사람들에게만 해당되는 사고방식이다!

332

오만한 양식. 크게 부푼 감정을 작품 속에 부어넣고 안심하는 것이 아니라
오히려 부푼 감정 자체를 전하려고 하는 예술가는 과장하는 것이며, 그의 양
식은 오만한 양식이다.

333

'인간성'. 우리는 동물을 도덕적인 존재라고 생각하지 않는다. 그러나 그
대들은 동물이 우리를 도덕적인 존재라고 여길 것으로 생각하는가? 말할 줄
아는 어떤 동물은 이렇게 말했다. "우리 동물은 적어도 인간성이라는 편견
으로 괴로워하지 않는다."

334

자선가. 자선가는 자선을 베풀어 자기 기분의 욕구를 만족시킨다. 그는 이
욕구가 강하면 강할수록, 그 욕구를 만족시키는 데 기여하는 타인을 덜 고려
한다. 사정에 따라선 그는 동정심이 없어지고 타인의 감정을 해친다. (유대
인의 선행과 자비에 대한 이런 험담이 있다. 잘 아는 바와 같이 그것은 다른
민족들보다 좀 심하다.)

335

사랑이 사랑으로 느껴지기 위해. 우리는 자신에 대해 정직하고 자신을 잘
알 필요가 있다. 타인들에게 사랑과 친절이라고 불리는 저 인도주의적인 위

장을 할 수 있으려면.

336

우리는 무엇을 할 수 있는가? 어떤 사람이 불량하고 음흉한 아들로 인해 하루 종일 괴로움을 당하다가, 저녁에 아들을 때려죽이고 깊이 숨을 쉬고는 남은 가족에게 말했다. "자! 이제 우리는 안심하고 잘 수 있다!" 환경이 우리를 어디로 몰아갈 수 있는지에 대해 우리는 무엇을 아는가!

337

'자연적인'. 그의 결점은 적어도 자연적이다. 아마 이것은 기교적이고 그렇지 않으면 어디에서나 배우인 체하는 가짜 예술가에 대한 최후의 찬사이리라. 그러므로 그러한 존재는 자기의 결점을 뻔뻔스럽게 누설할 것이다.

338

보충 양심. 어떤 인간은 다른 인간의 양심이 된다. 그리고 이것을 다른 인간이 그것 이외의 양심을 전혀 가지고 있지 않을 때 특히 중요하다.

339

의무의 변화. 의무가 무겁지 않게 되면, 또 의무가 오랫동안 행해진 뒤에 즐거움에 찬 취미와 필요로 바뀌면, 그때 우리의 의무—지금은 우리의 취미—와 관련된 타인의 권리는 무언가 다른 것이 된다. 즉, 우리에게 유쾌한 감각의 동기가 된다. 타인은 그 권리 덕분에 이때부터 사랑할 만한 존재가 된다(이전처럼 존경할 만하고 무서운 존재인 대신에). 우리가 타인의 힘의 영역을 시인하고 유지할 때, 우리는 우리의 즐거움을 구하는 것이다. 정적주의자들이 그들의 기독교에 대해 더 이상 아무런 무거운 짐도 느끼지 않고 신 속에서 단지 즐거움을 발견했을 때, 그들은 '모든 것은 신의 영광을 위하여!'라는 표어에 따랐다. 그들이 이 의미에서 무엇을 하려 하든 간에 그것은 더 이상 희생이 아니었다. 그것은 '모든 것은 우리의 만족을 위해서!'와 같은 것을 의미했다. 의무가 항상 무언가 무거운 짐이기를 바라는 것—칸트가 바란 것처럼—은 의무가 결코 습관과 풍습이 되지 않기를 바라는 것이다.

이 바람 속에는 가혹한 금욕의 약간의 잔재가 숨어 있다.

340

걸모습은 역사가에 반(反)한다. 인간이 자궁에서 나오는 것은 증명된 사항이다. 그럼에도 그 어머니와 나란히 서 있는 성장한 아이들은 이 가설을 아주 불합리한 것처럼 보이게 한다. 이 가설에는 그것과 반대되는 그러한 걸모습이 있다.

341

오해의 이익. 어떤 사람이 말했다. 우울한 기질을 지닌 자가 사람들의 마음에 들고 싶어 변덕에 대해 어린 시절에 경멸했기 때문에, 인생의 중간에 이르기까지 자기가 어떤 기질인지, 즉 자기가 우울한 기질인지 모르고 있었다고. 그는 이것을 모든 생각할 수 있는 무지 중에서 최상의 것이라고 말했다.

342

혼동해서는 안 된다! 그렇다! 그는 그 물건을 모든 측면에서 관찰한다. 그래서 그대들은 이 자야말로 인식에 딱 맞는 사람이라고 생각한다. 그러나 그는 값을 깎으려고 할 뿐이다. 그는 그것을 사고 싶은 것이다!

343

도덕적이라고 자칭하는. 그대들은 결코 자기에게 불만을 품으려 하지 않고, 자기에 대해 괴로워하려 하지 않는다. 그리고 그대들은 이것이 그대들의 도덕적인 경향이라고 말한다! 그러면 좋다. 다른 사람들은 그것을 그대들의 비겁이라고 말할지 모른다. 그러나 다음 한 가지는 확실하다. 그대들은 결코 세계(그것은 그대들 자신이다)일주 여행을 하지 않을 것이다. 그대들은 자신이 하나의 우연으로, 그리고 흙덩이 위의 한 움큼 흙덩이로 머물 것이다! 도대체 그대들은 다른 생각을 가진 우리가 아주 바보 같은 짓을 하기 때문에 자신의 황무지·늪지·빙산의 여행에 몸을 맡기거나 기둥 위에서 고행하는 사람처럼 자신에 대한 고통과 혐오를 자발적으로 골라낸다고 생각하는가?

344

교묘한 잘못. 사람들이 말하는 것처럼 호메로스가 가끔 잠을 잤다고 해도, 그는 조금도 눈을 붙이지 않는 야심가인 예술가보다 현명했다. 우리는 찬미자를 때때로 비난자로 바꿈으로써 찬미자의 숨을 회복시킬 필요가 있다. 왜냐하면 끊임없이 빛나고 잠을 깨우는 호의에는 어느 누구도 견딜 수 없기 때문이다. 이런 명인(名人)들은 사람을 기쁘게 하는 대신에 우리 앞에 서서 걷는데도 사람들로부터 미움을 받을 정도로 엄격한 교사가 된다.

우리의 행복은 찬반의 논거가 안 된다. 많은 사람이 아주 작은 행복밖에 느낄 수 없다. 그들의 지혜가 더 이상 행복을 줄 수 없다는 것은 그들의 지혜에 대한 이의가 아니다. 의술이 많은 사람을 치료할 수 없으며 다른 사람들은 언제나 병약하다는 것이 의술에 대한 이의가 아닌 것처럼. 어떤 사람이라도 최고의 자기 행복을 실현할 수 있는 인생관을 발견하고 싶어한다. 그때가 되어도 그의 생활은 변함없이 비참하고, 부러워할 만한 것이 못 될 수도 있지만.

여성 혐오증. "여성은 우리의 적이다." 남성으로서 이와 같이 다른 남성들에게 말하는 자는 자신을 증오할 뿐만 아니라 자기의 수단도 증오할 만큼 억제할 수 없는 충동 때문에 그렇게 말한다.

웅변가의 학파. 일년 동안 침묵하고 있으면 우리는 지껄임을 잊고, 웅변을 배운다. 피타고라스 학파 사람들은 그 당시 최상의 정치가였다.

힘의 감정. 다음 사실을 잘 구별하라. 우선 힘의 감정을 획득하려고 하는 자는 모든 수단을 붙들고 그 감정을 기르는 것을 부끄러워하지 않는다. 그러나 힘의 감정을 소유하고 있는 자는 취향이 몹시 까다롭고 고상하다. 그가 어떤 것인가에 만족하는 일은 드물다.

349

그렇게 중요하지 않다. 사람들이 죽는 것을 보면 보통 어떤 생각이 떠오르는데, 우리는 곧 예의를 지킨다는 잘못된 감정을 통해 그 생각을 마음속에서 눌러버린다. 그 생각이란 이렇다. '죽는 행위는 일반적으로 외경의 마음으로 주장되는 것처럼 중요하지 않으며, 죽어가는 사람은 그가 여기서 곧 잃을 것보다 좀더 중요한 것을 살아 있는 동안에 잃었으리라.' 그렇다면 종말은 여기에서 분명히 목표가 아니다.

350

가장 좋은 약속 방법. 어떤 약속이 이루어질 때, 약속을 하는 것은 말이 아니라 말의 배후에서 말로 표현되지 않는 것이다. 그뿐 아니라 말은 약속을 하는 힘의 일부분에 해당되는 힘을 방출하고 소비함으로써 약속을 약하게 한다. 그러므로 그대들은 손을 뻗고 동시에 손가락을 입에다 대라. 그러면 그대들은 가장 확실하게 약속한 것이 된다.

351

보통 오해되고 있는 것. 대화 중에 사람들은 어떤 사람이 다른 사람을 함정에 빠뜨리려고 노력한다는 것을 깨닫는다. 이것은 사람들이 생각하는 것처럼 악의에서가 아니라 자신의 교활을 즐기기 위해서이다. 그런가 하면 다른 사람이 익살을 부리도록 준비해 두는 사람들과 다른 사람이 매듭을 풀도록 고리를 묶어 두는 사람들이 있다. 이것도 사람들이 생각할지도 모르는 것처럼 호의에서가 아니라 악의에서이고, 조잡한 지성에 대한 경멸심에서이다.

352

중심. "내가 세계의 중심이다!" 이 감정은 우리가 갑자기 치욕감에 사로잡힐 때 대단히 강하게 일어난다. 우리는 그때 부서진 파도 한가운데서 마비된 것처럼 서 있고, 사방에서 우리를 내려다보고 지켜보는 거대한 눈에 현혹된 듯한 느낌이 든다.

353

언론의 자유. "진리는 이야기되어야 한다. 비록 세계가 산산조각이 나더라도!" 위대한 피히테는 큰 소리로 이렇게 외친다! 그렇다! 그렇다! 그러나 우리는 진리를 실제로 가져야 할 것이다! 그러나 피히테는 비록 모든 것이 혼란에 빠진다 해도 사람들이 자기의 의견을 말해야 한다고 생각했다. 이점에 관해서는 피히테와 더 논쟁할 수 있다.

354

괴로움에 대한 용기. 우리는 현재와 같은 상태에서 꽤 많은 불쾌를 견딜수 있다. 우리의 위는 이 무거운 음식물을 소화하는 데 알맞게 되어 있다. 아마 괴로움이 없다면 인생의 식사는 무미건조하게 생각될 것이다. 고통에 대한 좋은 의지가 없다면 우리는 너무나 많은 기쁨을 놓칠 게 분명하다!

355

숭배자. 너무 숭배한 나머지 숭배하지 않는 사람을 십자가에 매다는 자는그의 당파의 사형 집행인 가운데 하나이다. 비록 그와 꼭 같은 당파일지라도사람들은 그와 악수하지 않도록 주의한다.

356

행복의 효과. 행복의 첫 효과는 힘의 감정이다. 이 힘은 자신에 대해서든, 다른 인간에 대해서든, 표상에 대해서든, 상상된 것에 대해서든 자기를 나타내려고 한다. 자기를 나타내는 가장 흔한 방식은 선물하는 것, 조롱하는 것, 파괴하는 것이다. 이 셋은 모두 하나의 근본적인 충동에 바탕을 둔다.

357

도덕적인 등에. 인식에 대한 사랑이 없고 사람을 괴롭히는 기쁨만 알고 있는 도덕학자들은 소도시민의 재치와 지루함을 느낀다. 그들의 잔혹하고 가슴 아픈 위로는 이웃을 경계하는 것이고, 이웃이 찔리도록 살짝 바늘을 꽂아

놓는 것이다. 그들에게는 살아 있는 것과 죽은 것을 포획하거나 학대하지 않으면 즐겁지 않았던 어린 시절의 나쁜 장난이 남아 있다.

358

이유와 그것이 이유가 되는 것. 그대는 그를 혐오하고, 이 혐오에 대한 이유를 풍부하게 제시한다. 그러나 나는 그대의 혐오를 신뢰할 뿐 그대의 이유는 신뢰하지 않는다! 본능적으로 생기는 것을 자신과 상대에게 삼단논법처럼 제시하는 것은 자기 자신의 아첨이다.

359

어떤 것을 긍정한다. 우리가 결혼을 인정하는 것은 첫째, 우리가 아직 결혼을 모르기 때문이고 둘째, 결혼에 길들여져 있기 때문이고 셋째, 결혼했기 때문이다. 즉, 거의 모든 경우를 긍정한다. 그러나 일반적으로 결혼이 좋은 것인지 나쁜 것인지는 이러한 긍정으로 증명되어 있지 않다.

360

공리주의자가 아니다. "많은 악을 행하여 기억에 남는 힘은 단지 선한 것으로 평가되는 무력보다 가치가 있다." 그리스인들은 이렇게 느꼈다. 즉, 그들은 힘의 감정을 무언가 이익과 명성보다 더 높게 평가했다.

361

추하게 보인다. 중용을 지키는 사람은 자신을 아름답다고 생각한다. 중용을 지키지 못하는 과도한 눈에 적당히 천하고 평범하며, 따라서 추하게 보인다는 것을 모른다.

362

증오의 다양함. 많은 사람들은 약하고 피곤하다고 느낄 때 비로소 증오한다. 그렇지 않을 때 그들은 공정하고 너그럽다. 다른 사람들은 복수의 가능성이 있음을 간파할 때 비로소 증오한다. 그렇지 않을 때 그들은 은밀하거나 공공연한 분개를 모두 피하고, 분노가 일어날 기미가 있을 때는 생각을 돌린다.

우연한 인간. 모든 발명의 본질적인 점을 수행하는 것은 우연이다. 그러나 대부분의 인간은 이 우연과 만나지 못한다.

환경의 선택. 우리는 위엄있게 침묵을 지킬 수 없고, 고차원적인 것을 이야기할 수 없기 때문에 우리의 불평과 요구, 우리의 어려움에 대한 이야기 등을 알릴 도리밖에 없는 환경에서 생활하는 것은 피해야 한다. 그때 우리는 자기에게 불만을 느끼고 이 환경에 불만을 느낀다. 그뿐 아니라 우리는 언제나 자기를 불평가로 느끼는 혐오감을 불평하게 하는 어려운 지경에 덧붙인다. 오히려 우리는 자기에 대해 이야기하는 것을 부끄럽게 여기고 그럴 필요가 없는 곳에서 생활해야 한다. 그러나 그런 것을, 그런 것을 선택하는 일을 누가 생각하겠는가! 우리는 자신의 '숙명'에 대해 말하고 참을성 있게 입장을 정하고 한숨을 쉰다. '불행한 아틀라스[122] 같은 나!' 이렇게 말하면서.

허영심. 허영심이란 독창적이라고 생각하는 것에 대한 공포심이다. 그러므로 긍지의 결여다. 그러나 반드시 독창성이 결여되었다는 것은 아니다.

범죄자의 비애. 범죄자라는 사실이 발각되었을 때, 그가 괴로워하는 것은 범죄 때문이 아니라 치욕과 자신이 바보 같은 짓을 한 것에 대한 혐오 때문이고, 보통의 생활필수품이 없기 때문이다. 이 점을 구별하기 위해서는 좀처럼 볼 수 없는 민감함을 필요로 한다. 형무소나 강제 노동장에 자주 드나든 사람이면 누구나, 거기에서 분명하게 '양심의 가책'을 느끼는 사람이 얼마나 드문가에 놀란다. 여기에서 그는 오래 전부터 친근한 악한 범죄에 대한 향수와 더 많이 마주친다.

367

언제나 행복한 것처럼 보인다. 3세기에 그리스에서 철학이 공개적인 경쟁의 대상이 되었을 때, 적지 않은 철학자들은 다른 원리에 따라 생활하기 때문에 괴로워하는 다른 철학자들이 자기들의 행복에 시기할 것임에 틀림없다고 생각했다. 그들은 자기들의 행복으로 다른 철학자들을 가장 잘 반박했다고 믿었다. 그들은 그 때문에 언제나 행복한 것처럼 보이려고 했다. 그러나 그때 그들은 행복해야만 했다! 이것이 예를 들면 견유학파의 운명이었다.

368

많은 오인의 이유. 증가해 가는 신경의 힘에 바탕을 둔 도덕은 유쾌하면서도 혼란스럽다. 감퇴해 가는 신경의 힘에 바탕을 둔 도덕은—해질녁, 병자, 노인의 경우—괴로워하고, 진정된 상태이고, 방관적이고, 슬프고, 그뿐 아니라 음울한 경우도 드물지 않다. 우리는 전자를 갖는가 후자를 갖는가에 따라 우리에게 결여되어 있는 도덕을 이해하지 못하고, 타인이 가진 도덕을 자주 비윤리적이고 약점이라고 해석한다.

369

자기의 비참함을 넘어서 높아지는 것. 자기들의 위엄과 중요성의 감정을 만들어 내기 위해 호통을 치거나 폭행을 가하는 사람들의 상대 사람들, 즉 거만을 떨거나 화를 내는 사람들의 상대가 되어 무력하고 비겁한 모습을 보이는 사람들을 언제나 먼저 필요로 하는 사람들은 나에게 자부심이 강한 사람들로 보인다. 그러므로 그들은 잠깐 동안 자기 자신의 비참함을 넘어서 높아지기 위해 그 환경이 비참할 필요가 있다! 그 때문에 많은 자는 개를, 다른 자는 친구를, 또 다른 이는 여성을, 또 어떤 이는 당파를, 그리고 드문 일이지만 어떤 자는 시대 전체를 필요로 한다.

370

사상가는 어디까지 자기의 적을 사랑하는가. 그대의 사상과 반대되는 어떠한 생각도 결코 억제하지 마라. 침묵하지 말라! 스스로 굳게 맹세하라! 그것은 사색의 첫 번째 정직에 속한다. 그대는 매일 자신에 대한 투쟁을 시도해야 한다. 승리와 진지를 정복하는 것은 더 이상 그대의 문제가 아니고, 진리의 문제다. 그러나 그대의 패배 또한 더 이상 그대의 문제가 아니다.

371

강함의 악. 정열의, 예를 들면 분노의 결과로서의 폭행은 생리학적으로 말해서 질식의 발작이라는 무서움을 예방하는 시도로 이해할 수 있다. 다른 사람에게 자기를 숨김없이 털어놓는 수많은 오만한 행위는 강한 근육운동에 의해 갑작스럽게 몰린 피를 다른 곳으로 내보낸다. 아마 '강함의 악' 전체는 이 시점에 속할 것이다. (강함의 악은 타인에게 고통을 준다. 그것은 자기를 밖으로 내보내지 않을 수 없다. 약함의 악은 사람에게 고통을 주고 괴로움의 표지를 보기 원한다.)

전문가의 명예를 위해. 어떤 사람이 전문가도 아닌데 심판관의 역할을 한다면, 그 사람이 남성이든 여성이든 우리는 즉시 항의해야 한다. 어떤 사물과 어떤 인간에 대한 열중과 황홀은 논거가 되지 않는다. 혐오나 증오 역시 논거가 되지 않는다.

비밀을 누설하는 비난. "그는 인간을 모른다." 이 말이 어떤 사람의 입에서 나오면 "그는 세속적인 것을 모른다"는 것을 의미한다. 다른 사람의 입에서 나오면 "그는 이상한 것을 모르고, 세속적인 것을 너무 잘 알고 있다"라는 것을 의미한다.

희생의 가치. 국가와 군주로부터 개인을 희생할 권리(사법과 종군 등의 경우와 같이)를 박탈하면 할수록 자기희생의 가치는 더욱 높아질 것이다.

너무나 분명하게 이야기한다. 우리가 분명하고 지나칠 정도로 음절을 나누어서 이야기하는 데는 여러 가지 이유가 있다. 첫째, 새롭고 익숙하지 않은 언어를 사용할 때 자신을 믿지 못하기 때문이다. 둘째, 타인이 우둔하거나 이해가 느리다고 해서 타인을 신뢰하지 않기 때문이다. 대단히 정신적인 사항인 경우에도 그렇다. 우리의 마음을 털어놓는 방법은 때때로 너무나 분명하고 면밀할 때가 있다. 그렇게 하지 않으면 상대방이 우리의 마음을 이해하지 못하기 때문이다. 따라서 완전하고 경쾌한 표현은 완전한 청중에게만 허용된다.

376

많이 잔다. 지쳐서 자신에게 싫증이 났을 때, 원기를 회복하려면 어떻게 하면 좋을까? 어떤 사람은 도박장, 다른 사람은 기독교, 또 다른 사람은 전기요법을 권장한다. 나의 친애하는 우울병자여, 가장 좋은 것은 역시 실제적으로나 비유적으로나 많이 자는 일이다! 그러면 아침을 다시 가질 것이다! 삶의 지혜라는 재주는 어떤 종류의 잠이든 딱 알맞을 때 잠이 들 수 있다.

377

공상적인 이상은 무엇을 추측하게 하는가. 우리에게 결점이 있는 경우 우리의 열광은 탄생한다. '원수를 사랑하라!' 이 열광적인 명제는 지금까지 존재한 사람들 중에서 최대의 증오자인 유대인이 발견해야 했다. 순결에 대한 가장 아름다운 찬미는 청년 시대에 방탕과 무도의 생활을 보낸 사람들이 창작했다.

378

깨끗한 손과 깨끗한 벽. 신(神)도 악마도 벽에 그림을 그려서는 안 된다. 그러면 벽과 그 주위가 못 쓰게 된다. [123]

있을 법하기도 하고, 있을 법하지 않기도 하다. 어떤 여성이 은밀하게 어떤 남성을 사랑하고, 그를 자기보다 높은 곳에 모셔 놓고 아주 은밀하게 백 번이나 이렇게 말했다. "저런 분이 나를 사랑해 주신다면 그것은 은총과 같은 것이고, 나는 은총에 엎드려야 하겠지!" 그런데 남성도 이 여성에 대해 똑같은 감정을 품고 있었다. 그래서 그 역시 아주 은밀하게 이 생각을 스스로 말했다. 마침내 두 사람의 입이 열려서 서로 마음속에 간직하고 있던 비밀을 모두 말했을 때, 마지막으로 침묵과 약간의 반성이 있었다. 그러고 나서 여성이 차가운 음성으로 말하기 시작했다. "그렇지만 분명해졌습니다! 우리 두 사람 모두 우리들이 사랑하고 있던 사람은 아닙니다! 당신이 당신이 말한 그와 같은 존재이고 그 이상이 아니라면, 나는 나 자신을 헛되이 비하해서 당신을 사랑했던 것입니다. 악마가 당신을 유혹한 것처럼 나를 유혹했던 것입니다." 이 있을 법한 이야기는 일어나지 않는다. 어째서일까?

380

확실한 조언. 위로를 필요로 하는 사람들에게, 그대들의 경우에는 어떤 위로도 되지 않는다는 주장만큼 효과적인 위로 수단은 없다. 여기에는 그들이 다시 머리를 쳐드는 그러한 영예가 있다.

381

자신의 '특징'을 안다. 처음으로 우리를 보는 낯선 사람의 눈에는 우리가 스스로 생각하고 있는 것과는 완전히 다르게 보인다는 것을 우리는 너무나 쉽게 잊는다. 인상을 결정하는 것은 대체로 분명하게 드러나는 특징일 뿐이다. 그래서 아주 부드럽고 공정한 사람이 단지 기다란 콧수염을 기르고 있다면, 그는 그 덕분에 더구나 편안하게 자리에 앉아 있을 수 있다. 보통 사람의 눈은 그를 기다란 콧수염의 부속물로 본다. 즉 군대식의 노하기 쉬운, 사정에 따라서는 난폭한 성격으로 본다. 그리고 이 인상에 따라 그의 앞에서 행동한다.

382

정원사와 정원. 우중충하고 구름 낀 날들, 고독, 우리에게 오는 애정 없는 말에서 버섯처럼 결론이 자란다. 어느 날 아침에, 어디에서 왔는지는 모르지만 이러한 결론들은 나타난다. 그리고 음울하고 불쾌하게 우리를 조사한다. 정원사가 아니라 식물의 지반에 불과한 사상가들에게 화(禍)가 있으리라!

383

동정의 희극. 비록 우리가 아무리 불행한 사람에게 관심을 기울인다 해도, 우리는 그 앞에서 언제나 일종의 희극을 연출한다. 우리는 중병에 걸린 자의 침대 곁에 있는 의사의 신중함을 갖고 우리가 생각하는 많은 것과 생각한 그대로의 많은 것을 말하지 않는다.

384

기인(奇人). 자기 최상의 작품과 활동을 하찮게 여기고, 그것을 털어 놓거나 말하지 못하는 소심한 사람들이 있다. 그러나 일종의 복수심에서 그들은 타인의 동정도 하찮게 여기거나 전혀 동정을 믿지 않는다. 그들은 자신에게 마음을 뺏기는 것처럼 보이는 것을 부끄러워하고, 웃음거리가 되는 것에 반항적인 쾌감을 느낀다. 이것은 우울한 예술가의 혼의 상태이다.

385

허영심 강한 사람들. 우리는 상품을 진열해놓은 가게와 같다. 우리는 거기에 타인이 주는 우리의 특질이라는 것을, 언제나 스스로 정돈하거나 감추거나 내놓는다. 자기를 속이기 위해서이다.

386

비장한 사람들과 소박한 사람들. 관객들이 가슴을 치며 후회하고 자신을 비참하고 보잘것없다고 느끼는 것을 상상하는 즐거움을 위해서 비장하게 보일 수 있는 기회를 빠뜨리지 않는 것은 고귀하지 않은 습관일지도 모른다. 따라서 비장한 상태를 조롱하거나 그 상태일 때 자기에게 어울리지 않는 행동을 하는 것은, 고귀한 마음의 표시일지도 모른다. 프랑스의 옛 군인 귀족은 이런 종류의 고귀함과 세련됨을 몸에 지니고 있었다.

387

결혼 전 숙고의 견본. 그녀가 나를 사랑한다면, 오랜 시간이 흐른 뒤 그녀는 나에게 얼마나 무거운 짐이 될 것인가! 또 그녀가 나를 사랑하지 않는다면, 오랜 시간이 흐른 뒤 결국 그녀는 나에게 얼마나 무거운 짐이 될 것인가! 두 가지 다른 종류의 무거운 짐이 문제될 뿐이다. 그러므로 우리는 결혼하자!

388

양심의 가책 없는 못된 짓. 하찮은 거래에서 속는 것, 그것은 많은 지방에서, 예를 들면 티롤 같은 곳에서는 너무나 불쾌한 일이다. 왜냐하면 우리는 하찮은 거래를 손해를 보는 것 외에도 속이는 상인의 마음속에서 우리에 대해 일어나는 양심의 가책, 거친 적의와 함께 심술궂은 얼굴과 얼굴에 나타난 야비한 욕망을 경험하기 때문이다. 이에 반해 베니스에서는 속인 자는 성공한 속임수에 진심으로 만족하고, 속은 사람에 대해 조금도 적의를 품지 않는다. 그뿐 아니라 속은 자에게 친절을 베풀거나, 특히 속은 자가 기분이 내키면 함께 웃고 말기도 한다. 요컨대 못된 짓에도 재기와 가책 없는 양심을 가져야 한다. 이것은 속은 자를 그 사기와 화해시키는 일이다.

조금 무거운. 참 정직하긴 하지만 친절하다든가 사랑할 만한 인물이라고 하기에는 좀 무거운 사람들은, 찬사를 들으면 즉시 진심으로 봉사를 하거나 자기의 능력을 제공하여 이것에 보답하려고 한다. 다른 사람이 금을 입힌 동전을 내밀었을 때, 그들이 자기의 금화를 부끄러워하면서 꺼내는 모습을 보는 것은 괴롭다.

재능을 감춘다. 누군가가 그 재능을 우리에게 감추는 현장을 붙잡으면, 우리는 그를 나쁘다고 말한다. 더구나 점잖음과 박애 때문에 그는 그렇게 할 수밖에 없었다고 우리가 잘못 생각할 때 더 한층 그렇게 말한다.

악한 순간. 활발한 성격의 사람들은 한순간밖에 거짓말을 하지 않는다. 그 뒤 그들은 스스로 자신을 속이고, 확신을 가지며, 자신이 옳다고 생각한다.

예의의 조건. 예의는 아주 좋은 것이고, 참으로 네 가지 주된 덕 가운데 하나(그 최후의 것이라고 할지라도)이다. [124] 그러나 우리가 서로 예의 때문에 무거운 짐이 되지 않도록 하기 위해서는, 내가 관계하고 있는 바로 그 상대의 예의가 나의 예의보다 한 단계 낮든가 높아야 한다. 그렇지 않으면 우리는 진보하지 않는다. 그리고 향유(香油)는 우리를 매끄럽게 할 뿐만 아니라 우리를 꽉 들러붙게 한다.

393

위험한 미덕. "그는 아무것도 잊지 않는다. 더구나 그는 모든 것을 너그럽게 본다." 그때 그는 이중으로 미움을 받는다. 왜냐하면 그는 자기의 기억과 관용으로 인해 이중으로 사람을 부끄럽게 하기 때문이다.

394

허영심을 갖지 않는다. 정열적인 인간은 다른 사람들이 생각하는 것을 별로 생각지 않는다. 그들의 상태는 마음을 허영심 이상으로 높이는 것이다.

395

명상. 어떤 사상가에게는 그 특유의 명상적인 상태가 언제나 공포의 상태에 이어서 생기고, 다른 사상가에게는 언제나 열망의 상태에 이어서 생긴다. 따라서 전자에게 명상은 안전감과 연관되고, 후자에게는 만족감과 연관되는 것처럼 보인다. 즉, 전자는 그때 용감한 기분으로 되고, 후자는 포만 상태의 무관심한 기분이 된다.

396

사냥. 저 사람은 유쾌한 진리를 붙잡으려고 사냥을 한다. 이 사람은 불쾌한 진리를 붙잡으려고 사냥을 한다. 그러나 전자도 역시 포획물보다 사냥이 좋은 것이다.

397

교육. 교육이란 생식(生殖)의 연속이다. 또 나중에 자주 덧붙여지는 생식의 얼버무림이다.

성급한 사람은 어디에서 알 수 있는가. 서로 싸우거나 사랑하거나 찬미하는 두 사람 중에서, 성급한 사람은 언제나 불리한 역할을 맡는다. 똑같은 사실이 두 민족에게도 들어맞는다.

자기변호. 많은 인간은 여차여차한 행위를 할 최상의 권리를 갖는다. 그런데 그들이 그 때문에 자기를 변호하면, 우리는 더 이상 그것을 믿지 않는다. 그리고 잘못 생각한다.

도덕적 유약(柔弱). 성공할 때마다 부끄러움을 느끼고 실패할 때마다 양심의 가책을 느끼는, 예민하고 도덕적인 성격의 사람들이 있다.

가장 위험한 망각. 우리는 타인을 사랑하는 것을 잊는 일에서 시작해 자기 자신에게서 사랑할 가치가 있는 것을 더 이상 발견하지 못하는 일로 끝난다.

역시 관용. "불타는 석탄 위에 일 분 더 올려놓고 조금 태운다고 해서 사람이나 밤(栗)이 해를 입는 것은 아니다! 이 약간의 괴로움과 딱딱함이 있어야 비로소 마음이 얼마나 달콤하고 부드러운가를 맛볼 수 있다." 그렇다! 그대들과 같은 향락가는 그와 같이 판단한다! 그대들과 같은 숭고한 식인종들은!

403

서로 다른 긍지. 여성은 연인이 자기에게 어울리지 않을지도 모른다고 상상함으로써 얼굴이 창백해진다. 남성은 자기가 그 연인에게 어울리지 않을지도 모른다고 상상함으로써 얼굴이 창백해진다. 여기에서 문제시되는 것은 완전한 남성과 여성이다. 보통 확신과 힘의 감정을 지닌 인간인 남성은 정열의 상태에 빠지면 수줍어하고 자기를 의심한다. 그러나 여성은 평상시에는 언제나 자기는 약하고 몸을 바칠 마음가짐이 되어 있다고 느끼지만, 정열이 고조되는 특별한 때가 되면 긍지를 지니고 힘의 감정을 갖는다. 이렇게 해서 여성은 묻는다. 누가 나에게 어울릴까?

404

정당하게 평가받는 일이 드문 사람. 많은 사람들은 무언가 어떤 식으로든 심하게 부정한 일을 하지 않고는 좋은 일, 위대한 일에 열중할 수 없다. 이것은 그들의 타고난 도덕이다.

405

사치. 사치적 성향은 인간의 마음 밑바닥에까지 미치고 있다. 남아 돌아가는 것, 과도한 것은 그의 영혼이 가장 즐겨 헤엄치는 물이라는 사실을 보여 준다.

406

불멸로 만들다. 적을 죽이려고 하는 자는, 바로 그 때문에 적이 자기 마음 속에서 영원한 존재가 되는 것이 아닌가 잘 생각해 보는 것이 좋다.

407

우리의 성격에 반(反)하여. 말하지 않으면 안 되는 진리가 우리의 성격과 반대될 때—이것은 흔히 있는 일인데—우리는 서투른 거짓말을 하는 듯한 행동을 하여 불신을 초래한다.

408

관대가 필요한 곳. 많은 사람들은 공공연한 악인이 되든지, 은밀하게 괴로움을 당하는 자가 되든지 둘 중의 하나를 선택할 뿐이다.

409

병(病). 병이란 늙음과 추악함, 염세적인 판단 등이 일찍 찾아오는 것이다. 이것들은 서로 관련되어 있다.

410

소심한 자. 서투르고 소심한 사람들이야말로 살해자가 되기 쉽다. 그들은 작은, 목적에 들어맞는 방어나 복수를 이해하지 못한다. 정신과 침착한 마음가짐이 결핍되었기 때문에 그들의 증오는 절멸 이외의 타개책을 찾지 못한다.

411

미움을 품지 않고. 그대는 정열에 이별을 고하려 하는가? 그렇다면 정열에 미움을 품지 말고 그렇게 하라! 그렇게 하지 않으면 그대는 제2의 정열을 갖게 된다. 죄에서 해방된 기독교도의 영혼은 보통 나중에 그 죄에 대한 미움 때문에 파멸하게 된다. 위대한 기독교도들의 얼굴을 보자! 그것은 커다란 증오를 지닌 자의 얼굴이다.

412

영리한데 도량이 좁다. 그는 자기 이외에는 누구도 존중할 줄 모른다. 그래서 타인을 존중하려고 하면, 그는 언제나 먼저 타인을 자기로 바꾸어야 한다. 그러나 이 점에서 그는 기지가 있다.

413

공(公)과 사(私)의 고발자. 고발하고 심문하는 모든 사람을 잘 관찰하라. 그는 그때 자기의 성격을 드러낸다. 더구나 그가 그 범죄를 추적하고 있는 희생자의 성격보다 더 좋지 않은 성격을 드러내는 일이 드물지 않다. 고발자는, 어떤 범죄나 범죄자에 대항하는 사람은 반드시 원래 좋은 성격이어야 하거나, 또는 좋다고 여겨져야 한다는 것을 전적으로 믿는다. 그래서 그는 제멋대로 군다. 그는 의중을 분명히 드러낸다.

414

자발적으로 눈이 머는 것. 어떤 인물이나 당파에 대한 일종의 열광적이고 극단적인 헌신이 있다. 이것은 우리가 은밀하게 그것들에 대해 우월감을 갖고 그것들 때문에 우리 자신에게 분노한다는 것을 보여 준다. 우리 눈이 너무 많은 것을 본 죄에 대한 벌로서, 말하자면 우리는 자발적인 의지로 우리의 눈을 멀게 하는 것이다.

415

사랑의 치료법.[125]—사랑에는 대부분의 경우 오래된 근치요법(根治療法)이 여전히 잘 듣는다. 즉 사랑을 사랑으로 갚는 것이다.

416

가장 나쁜 적은 어디에 있는가? 자기의 일을 훌륭하게 끝낼 수 있고 그 점을 의식하고 있는 자는, 그 적에게 대체로 화해적인 성향을 품고 있다. 그러나 자신이 한 일이 훌륭한 일이라고 믿으면서도 그것을 지키는 데 노련하지 않다는 것을 알면, 자기 일의 적대자에 대한 원한으로 가득 차서 화해할 수 없는 증오가 탄생한다. 각 사람은 그것에 따라 가장 나쁜 적을 어디에서 찾을 수 있는지 헤아려 보는 것이 좋다!

417

모든 겸손의 한계. 불합리하기 때문에 그것을 믿는다고 말하고 자기의 이성을 희생으로 바치는 겸손은, 아마 이미 많은 사람이 완수해냈을 것이다. 그러나 내가 아는 한, 그것에서 어쨌든 한 걸음만 떨어져 있고 내가 불합리하기 때문에 나는 믿는다[126]고 말하는 겸손을 완수한 자는 없다.

418

진실의 유희. 많은 사람들은 성실하다. 이것은 그들이 감각을 속이는 것을 싫어하기 때문이 아니라 그 거짓을 사람들에게 믿게 하는 일이 잘 되기 때문이다. 요컨대 그는 배우로서 자신의 재능을 신뢰하지 않고, 진실, '진실한 유희'를 좋아하는 것이다.

419

당파 속의 용기. 불쌍한 양들은 대장에게 말한다. "어쨌든 앞장서서 가라. 그러면 우리는 그대를 따라 갈 용기를 잃지 않을 것이다." 그렇지만 불쌍한 대장은 마음속으로 생각한다. "어쨌든 내 뒤를 따라 와라. 그러면 나는 그대들을 인도할 용기를 잃지 않을 것이다."

420

희생물의 교활함. 우리가 어떤 사람을 위해 희생했을 경우, 그 사람을 오해하면서 우리가 원하는 대로 그의 모습을 보여줄 기회를 그에게 주는 것은 슬픈 교활함이다.

421

다른 사람을 통해. 다른 사람을 통해 깜빡깜빡 빛나는 것 이외에는 보이기를 원하지 않는 사람들이 있다. 그리고 여기에는 깊은 사려가 있다.

422

다른 사람을 기쁘게 한다. 다른 사람을 기쁘게 하는 것은 왜 모든 기쁨보다 나을까? 우리는 그럼으로써 자신의 쉰 가지 충동을 단번에 기쁘게 하기 때문이다. 하나하나는 아주 작은 기쁨일지도 모른다. 그러나 만일 우리가 그것 모두를 하나의 손 안에 넣으면, 이제까지 없었던 정도로 우리의 손은 가득 차게 된다. 그리고 마음도 마찬가지다!

제 V 서

거대한 침묵 속에서. 여기는 바다다. 여기서 우리는 도시를 잊을 수 있다. 바로 지금도 도시의 종은 아베마리아를 울리고 있다. 그것은 낮과 밤의 십자로의, 저 어둡고 어리석은 그러나 감미로운 울림이다. 그러나 단지 잠깐 동안 울릴 뿐이다! 지금은 모두 침묵한다! 바다는 푸르고, 빛나면서 누워 있다. 그것은 말할 수 없다. 하늘은 빨강, 노랑, 초록 등의 색으로 그 영원한 황혼녘의 무언극을 연출한다. 그것은 말할 줄 모른다. 가장 고독한 장소를 발견하려 하는 것처럼 바다 속으로 뚫고 들어가는 작은 암초와 바위는 말이 없다. 그것들은 모두 이야기할 줄 모른다. 우리를 불시에 습격하는 이 거대한 침묵은 아름답고 무시무시하다. 가슴은 그 때문에 충만하게 된다. 오, 이 무언의 아름다운 위선이여! 그것은 원한다면 얼마나 고상하게, 또 얼마나 서투르게 말할 수 있는 것인지! 묶여 있는 혀와 얼굴에 떠 있는 괴로운 행복은 그대의 공감을 비웃기 위한 술책이다! 상관 없다! 나는 그런 힘에서 비웃음을 당하는 것이 부끄럽지 않다. 그러나 자연이여, 나는 그대가 침묵할 수밖에 없기 때문에 그대를 동정한다. 비록 그대의 혀를 잡아매는 것이 그대의 악의에 불과할지라도. 아니, 그뿐 아니라 나는 그대의 악의를 위해서 그대를 동정한다! 아, 점점 조용해진다. 그리고 다시 한번 나의 가슴은 충만해진다. 그것은 새로운 진리를 두려워하고 있다. 그것도 역시 이야기할 수 없다. 입이 이 아름다움 속에 무언가를 외칠 때, 나의 가슴은 함께 비웃고 스스로 자기 침묵의 감미로운 악의를 즐긴다. 이야기하는 것, 아니 사색하는 것이 나에게 밉살스러워진다. 도대체 나에게는 모든 말의 배후에서 오류, 공상, 광기가 웃고 있는 것이 들리지 않는 걸까? 나는 나의 동정을 비웃어야 하는 것은 아닐까? 나의 비웃음을 비웃어야 하는 것이 아닐까? 오, 바다여! 오, 저녁이여! 그대들은 나쁜 스승이다! 그대들은 인간에게 인간이기

를 그치라고 가르친다! 인간은 그대들에게 헌신해야 한다는 말인가? 인간
은 그대들이 현재 그런 것처럼, 푸르고, 빛나고, 침묵하고, 거대하고, 자신
을 넘어서 평안하게 되어야 한다는 말인가? 자기 자신을 넘어서 숭고해져야
한다는 말인가?

424

누구를 위하여 진리는 존재하는가. 이제까지 오류라는 것은 위안을 주는 힘
이었다. 오늘날 사람들은 인식된 진리에 똑같은 효과를 기대하고, 벌써 오랫
동안 오기를 기다리고 있다. 진리가 바로 이것—위로하는 것—을 해낼 수 없
다면 어떠할까? 도대체 이것은 진리에 대한 이의일까? 이 진리들은 괴로워하
고 위축되어 있고 병든 인간들의 상태와 어떤 공통점이 있고, 바로 이 인간들
에게 이익이 되어야 하는 것일까? 어떤 식물이 병든 인간의 쾌유에는 아무것
도 기여하지 않는다는 것이 확증되더라도, 이것이 그 식물의 진리에 대한 반
증은 되지 않는다. 그러나 옛날 사람들은 인간은 자연의 목적이라고 확신했기
때문에 인간에게 유익하지 않고 또 이익이 되지 않는 것은 인식에 의해서도
발견되지 않는다고 가정했다. 그뿐 아니라 인간에게 도움이 되는 것 이외의
사물은 아무것도 존재할 수 없고 존재하는 것은 허용되지 않는다고 가정했을
정도였다. 아아, 이 모든 것에서 다음과 같은 명제가 도출될 것이다. 전체적
인 것, 연관되어 있는 것으로서의 진리는 동시에 강력하고 순진하고 기쁨과
평안에 가득 차 있는 영혼(아리스토텔레스의 영혼이 그랬던 것처럼)에게만
존재한다. 이 영혼이 실제로 또 진리를 구할 수 있다. 왜냐하면 다른 사람들
은 아무리 자기의 지성과 지성의 자유를 자랑스럽게 생각할지라도, 진리가 아
니라 자기를 치료해주는 약을 구하기 때문이다. 따라서 이 다른 사람들은 학
문에 대한 참된 기쁨을 느끼는 일이 매우 적고, 학문의 냉정함과 메마름과 비
인간성을 비난하게 된다. 이것이 건강한 사람들의 유희에 대한 병자의 판단이
다. 그리스 신들도 역시 위로할 줄 몰랐다. 결국 그리스인도 모두 병에 걸렸
는데, 이것이 그 신들이 몰락하게 된 한 가지 원인이었다.

425

우리 추방된 신들! 인류는 자신들의 기원, 독자성, 사명에 관한 오류에

의해, 더구나 이들 오류에 바탕을 두고 제기된 요구에 의해 의지를 높여 왔고, '자기 능력 이상의 일을 해' 왔다. 그러나 똑같은 오류로 말로 다 할 수 없을 만큼 많은 괴로움, 상호간의 박해, 헐뜯음, 오해, 그리고 개인이 느끼는 더욱 많은 비참이 생겨났다. 인간은 그 도덕의 결과 괴로워하는 생물이 되었다. 인간이 그것으로 얻게 된 것은 전체적으로 보아서 자기들은 실제로 이 세상에 대하여 너무 선량하고 중요하기 때문에, 아주 잠깐 동안 이 세상에 머무는 것이라고 말하는 듯한 감정이다. '괴로워하는 오만한 자'가 당분간 변함없이 인간 최고의 전형(典刑)이다.

426

사상가의 색맹. 우리가 인정하는 것처럼 그리스인들은 파랑색과 녹색을 보는 눈이 멀어 있고, 파랑 대신에 짙은 갈색을, 녹색 대신에 노랑을 보았다고 하면(예를 들어 그들이 검은 머리카락의 색과 수레바퀴국화의 색과 남국의 바다색을 같은 말로 표현하고, 더욱이 가장 짙은 녹색의 식물, 인간의 피부, 꿀, 노란색 송진 등의 색을 똑같은 말로 불렀다. 그렇기 때문에 최고의 화가조차도 그 세계를 검정, 하양, 빨강, 노랑만으로 재현한다면), 그리스인들은 자연에 대해 얼마나 다른 방식으로 보고 있는 것인가. 그들에게 자연은 얼마나 다르게 보였던가. 그들의 눈에 인간의 색은 자연 속에서도 역시 우위를 점하고 있고, 자연은 말하자면 인류의 색의 에테르 속에 떠 있었기 때문에 자연은 얼마나 인간에게 친밀하고 가까운 것으로 보였던 것이다! (다른 모든 색보다 파랑과 녹색은 더 자연을 비인간화한다.)

자연현상을 신들과 반신(半神)으로서, 즉 인간적인 형태로는 그리스인을 특징짓는 경쾌한 유희는, 이 결함에 의거하여 크게 자랐다. 그러나 이것은 이하의 추정을 위한 비유에 불과하다. 어떤 사상가도 존재하는 것보다 더 적은 색으로 그의 세계와 모든 사물을 그리며, 몇 가지 색에 대해서는 눈이 멀어 있다. 이것은 단지 결함만은 아니다. 사상가는 이 접근과 단순화 덕택에 색의 조화를 사물 속에 넣어서 본다. 이 사물은 커다란 매력을 가질 수 있으며, 자연을 풍부하게 할 수 있다. 어쩌면 이것을 통해 인류가 어떤 존재를 보는 데서 처음으로 즐거움을 배웠을 것이다. 즉 이 존재는 인류에게 당분간 하나 또는 두 개의 색조로, 더구나 조화된 형태로 눈앞에 보였을지도 모른다. 인류는 여러 가지 다양한 색조로 옮겨가기 이전에, 말하자면 이 소수의 색조를 연습했던 것이다. 그리고 많은 개인은 오늘날에도 역시 부분적인 색맹 상태에서 더 풍부하게 보는 것, 구별하는 것으로 옮겨간다. 그러나 그때 그는 단지 새로운 즐거움을 발견할 뿐만 아니라 언제나 이전에 느꼈던 약간의 즐거움을 포기하고 잃지 않을 수 없다.

427

과학의 미화. 로코코 정원 예술이 "자연은 추악하고, 야생이고, 지루하다. 자! 우리는 이것을 미화하고 싶다!"(자연을 아름답게 만들고 싶다)[127]라는 감정에서 발생한 것처럼. "과학은 추악하고 메마르고, 즐거움이 없고 어렵고 따분하다. 자! 우리가 과학을 아름답게 꾸미게 해 주게!"라는 감정에서 철학이라고 불리는 것이 되풀이하여 발생한다. 철학은 모든 미술과 문학이 원하는 것처럼 무엇보다 즐겁게 해 주려고 한다. 그러나 철학은 이것을 그 전통적인 긍지에 따라 한층 숭고하고 고차원적인 방식으로 뛰어난 정신의 소유자들에게 그것을 수행하려 한다. 이 사람들을 위해 정원술을 공급하는 것—그 주된 매력은 '보다 통속적인' 정원 예술의 경우와 마찬가지로 눈을 기만하는 것이다(비유로 말하면 사원, 원경(遠景), 동굴, 미로, 용 등에 의한)—과학을 골라내어 각종 놀랄 만한 조명을 받으며 눈앞에 보이고, 사람들이 그 속을 '마치 야생의 자연 속처럼', 그러나 아무런 피로도 지루함도 없이 걸어 다닐 수 있을 정도로, 많은 애매함, 불합리, 몽상을 거기에 섞는 것, 이것은 결코 조그마한 야심은 아니다.

이런 야심을 가진 자는, 이전의 인간에게 최고의 담화술을 맡겼던 종교를 이러한 방식으로 무용하게 만드는 것도 몽상한다. 지금 이것이 진행되고 있으며, 언젠가 최고조에 도달할 것이다. 현재 이미 철학에 대한 반대의 소리가 커지기 시작했다. 그 소리는 외친다. "과학으로 돌아가라! 과학의 자연으로, 자연스런 것으로 돌아가라!" 아마 이것과 함께, 마치 우리가 루소 이래 높은 산과 사막의 아름다움에 대한 감각을 처음으로 발견한 것처럼, 과학의 '야생적이고 추악한' 부분 속에서 가장 강력한 아름다움을 발견하는 시대가 시작될 것이다.

428

　두 종류의 도덕학자. 자연의 법칙을 처음으로 보고 전면적으로 보는 것, 즉 제시하는 것(예를 들면 인력과, 빛의 반사와 반향의 법칙)은 자연의 법칙을 설명하는 것과는 다르며 다른 정신을 요구하는 일이다. 마찬가지로 인간의 법칙과 습관을 보고 제시하는 도덕학자들—귀, 코, 눈이 예민한 도덕학자들—도 관찰된 것을 설명하는 도덕학자들과 전적으로 구별된다. 후자는 무엇보다도 발명의 재능이 있어야 하고, 또 예지와 지식에 의한 분방한 상상력을 가져야 한다.

429

　새로운 정열. 야만으로 돌아갈 수 있다는 것을 우리는 어째서 두려워하고 싫어하는가? 야만이 인간을 현재보다 불행하게 할 것 같기 때문인가? 아, 틀렸다! 모든 시대의 야만인들은 더 행복했다. 잘못 생각하지 않도록 하자! 우리의 인식 충동이 너무 강하기 때문에 우리는 아직 인식 없는 행복, 혹은 강하고 확고한 망상의 행복을 평가할 수 없는 것이다. 우리는 그러한 상태를 생각하는 것만으로도 고통이다! 발견과 추측의 불안은 불행한 사랑이 사랑하는 사람에게 그런 것처럼, 우리에게 매우 매력이 있고 또한 없어서는 안 될 것이 되었다. 사랑하는 자는 불행한 사랑을 결코 무관심한 상태에 넘겨주려고 하지 않을 것이다. 아니 어쩌면 우리 역시 불행한 사랑을 품은 사람일지도 모른다! 인식은 우리 마음속에서 정열로 바뀌었다. 이 정열은 어떤 희생에도 놀라지 않고, 근본적으로 자신의 소멸을 제외하고는 아무것도 두려워하지 않는다. 전 인류는 이 정열의 압박과 고뇌 아래에서 이전에 야만의 결과로 나타난 거친 유쾌함에 대한 질투를 아직 극복할 수 없었을 때보다 더 자신을 숭고하게 확신을 가지고 믿음에 틀림없다. 우리는 인류가 인식에 대한 이런 정렬 때문에 인류가 파멸할 것이라는 사실을 솔직하게 믿는다! 이 사상 또한 우리를 어떻게 할 수도 없다! 도대체 기독교는 일찍이 이것과 비슷한 생각을 두려워한 적이 있었는가? 사랑과 죽음은 동포가 아닌가? 그렇다. 우리는 야만을 싫어한다. 우리는 모두 인식의 퇴보보다 오히려 인류의 파멸을 바란다! 그리고 마지막으로, 만일 인류가 정열 때문에 파멸하지 않는다면, 인류는 약함 때문에 파멸할 것이다. 우리가 무엇을 더 좋아하는가?

이것이 근본 문제이다. 우리는 인류의 종말이 불과 빛 속에서 일어나기를 바라는가. 그렇지 않으면 모래 속에서의 종말을 바라는가?

430

역시 영웅적. 우리가 감히 입에 담지 않을 정도로 지극히 평판이 나쁘지만 유익하고 필요한 일을 행하는 것. 이것 역시 영웅적이다. 그리스인은 헤라클 레스[128]의 위대한 일에 외양간 청소를 포함시키는 것을 부끄러워하지 않았다.

431

적의 의견. 좋은 두뇌라도, 천성적으로 얼마나 치밀한가 또는 얼마나 약한 가를 측정하기 위해서는 적의 의견을 어떻게 파악하고 재현하는가를 주의하 는 것이 좋다. 이때 각각의 지성의 타고난 정도가 나타난다. 완전한 현인은 자신의 의지와 상관없이 그의 적을 이상으로 높이고 적의 모순을 모든 오점 과 우연성에서 해방시킨다. 그것으로 그의 적이 빛나는 무기를 가진 신이 되 었을 때 비로소 그는 적과 싸우는 것이다.

432

탐구자와 시험자. 학문에서 지식을 얻는 유일한 방법이라는 것은 없다! 우 리는 사물에 대해 실험적인 방식을 취해야 한다. 우리는 사물에 대해 어떤 때 는 호의적이고 어떤 때는 악의를 가져야 하며, 그것들에 대한 공정, 정열, 냉 정함을 차례차례 가져야 한다. 어떤 사람은 경관으로서, 다른 사람은 고해신 부로서, 또 다른 사람은 나그네로서, 호기심 많은 사람으로서 사물과 이야기 해야 한다. 어떤 때는 동정을 품고, 어떤 때는 무리하게 사물로부터 무언가를 강탈할 것이다. 어떤 사람은 사물의 비밀에 대한 외경을 통해 또 어떤 사람은 비밀을 설명할 때의 무분별함과 악의를 통해 전진하고 통찰력을 얻게 된다. 우리 탐구자는 모든 침략자, 발견자, 선원, 모험가 등과 같이 대담한 도덕을 가지고 있으며, 전체적으로 악한 사람으로 여겨지는 것을 참아야 한다.

433

새로운 눈으로 본다. 예술에서 아름다움이라는 것은 어떤 시대, 어떤 민족, 자신에게 법칙을 부여하는 어떤 위대한 개인이 마음에 그리는 행복의 모방이라고 이해한다면 나는 이것을 진리라고 생각하는데—현대 예술가의 이른바 사실주의는 우리 시대의 행복에 관해 어떤 암시를 주는가? 현재 우리가 가장 쉽게 파악하고 즐길 수 있는 것은 의심할 것 없이 이런 종류의 아름다움이다. 따라서 우리는 오늘날 독자적인 행복이 사실주의적인 것 속에, 즉 현실적인 것의 가능한 한 예리한 감각과 충실한 파악 속에 있는 것이고, 그렇기 때문에 실재 속에 있는 것이 아니라 실재에 관한 지식 속에 있다는 사실을 믿어야 한다. 학문의 영향은 이미 그와 같이 대단히 깊고 넓게 미치고 있기 때문에, 금세기의 예술가들은 그것을 바라지도 않는데 이미 학문적인 '복음' 자체의 찬미자가 되고 말았던 것이다!

434

대변한다. 위대한 풍경 화가를 위해서는 소박한 지방이 있다. 주목할 만한 진기한 지방은 시시한 풍경 화가를 위해 있다. 즉, 자연과 인간성의 위대한 것은 그 숭배자들 중에서 작고 평범하고 야심적인 사람들을 대변해야 한다. 그러나 위대한 사람은 단순한 것을 대변한다.

435

눈치 채지 못한 채 파멸되는 것을 피하는 법. 우리의 유능함과 위대함은 단번에 무너지는 것이 아니라 끊임없이 잘게 부서져 간다. 모든 것 속으로 들어가서 자라고, 어디에서나 단단하게 매달릴 줄 아는 작은 식물, 이것이 우리가 가지고 있는 위대한 것을 황폐하게 한다. 그것은 우리 환경의 매일매일, 매 시간 시간 간과되고 있는 비참함이고, 이런저런 작은 감각과 소심한 감각의 수많은 작은 뿌리로서 우리의 이웃, 우리의 직장, 우리의 교제, 우리의 일과 등에서 자라난다. 만일 이 작은 잡초를 조심하지 않으면 우리는 눈치 채지 못한 채 그 때문에 파멸해 버린다! 그래서 어떻게 해서라도 파멸되고 싶지 않다면, 단번에 파멸하라. 그러면 아마 그대들의 고귀한 파편이 남을 것이다! 그리고 현재 그 두려움이 있는 두더지의 땅은 남지 않는다! 또 이전처럼 겸손하고 더군다나 스스로 개가를 올리기에는 너무나 비참한, 작은 승자인 풀과 잡초가 그 위에 남지도 않는다!

결의론적(決疑論的). 아무리 용감하고 강한 성격이라도 견뎌낼 수 없는, 어떤 심각한 딜레마가 있다. 어떤 배에 타고 있는데, 선장과 조타수가 위험한 잘못을 범하며 그들보다 자기가 더 항해의 지식 면에서 뛰어나다는 것을 발견한다. 그래서 다음과 같이 묻는다. 네가 그들에게 폭동을 일으키고 그들 두 사람을 감금해 버린다면 어떻겠는가? 너는 그들보다 우월하니 그렇게 할 의무가 있지 않은가? 그렇다면 네가 그들도 복종하지 않는다는 이유로 너를 감금할 권리가 있지 않은가? 이것은 고차적인, 좀더 나쁜 상황에 대한 비유이다. 그러한 경우 우리의 우월감과 자신감에 대한 우리의 신념을 보증하는 것은 무엇인가 하는 문제가 최후까지 남는다. 그러나 그때 우리는 모든 위험, 즉 우리뿐만이 아니라, 배에 대한 위험을 생각해서라도 무언가를 이미 행했어야 한다.

특권. 자기를 진정으로 소유하고 있는 자, 즉 자기를 궁극적으로 정복해버린 자는 자기를 벌하거나 용서하거나 불쌍히 여기는 것을 그 뒤로는 고유의 특권으로 간주한다. 그는 이 특권을 어느 누구에게도 내어줄 필요가 없지만 남에게, 예를 들면 친구에게 주는 것은 자유롭게 할 수 있다. 그러나 그는 그럼으로써 하나의 권리를 준다는 사실을, 또한 인간은 힘의 소유로만 권리를 줄 수 있다는 사실을 알고 있다.

인간과 사물. 왜 인간은 사물을 보지 않는가? 그 자신이 방해가 되고 있기 때문이다. 그는 사물을 은폐하고 있는 것이다.

행복의 특징. 모든 행복에는 공통된 특징 두 가지가 있다. 감정의 충실과 그 점에서 생기는 자부심이다. 그렇기 때문에 우리는 물고기처럼 자기의 기본 요소를 주위에서 느끼고 그리로 뛰어든다. 훌륭한 기독교도는 기독교적인 자유분방함이 무엇인지 알게 될 것이다.

440

체념하지 마라! 수녀처럼 세상을 모르는 채 세상을 체념하는 것은 열매를 맺지 못하는, 우울한 고독을 낳는다. 이것은 사상가의 명상적인 생활의 고독과는 공통점이 없다. 사상가가 명상적인 생활을 선택하는 경우, 그는 결코 체념하지 않을 것이다. 오히려 실천적인 생활 속에서 참고 견디는 것이 그에게는 체념, 우울, 자기 자신의 파멸이 될 것이다. 그는 그러한 실천적인 생활을 알고 자기를 알고 있기 때문에 그 실천적인 생활을 단념한다. 그래서 그는 자기의 물 속으로 뛰어들고, 이리하여 쾌활함을 획득한다.

441

가까운 것이 점점 멀어지는 이유. 우리가 과거에 존재한 것, 미래에 존재할 것 모두를 생각하면 생각할수록, 현재 존재하는 것은 더욱 색이 바랜다. 우리가 죽은 사람들과 함께 살고 그들이 죽을 때 함께 죽는다면, 그때 우리에게 '가까운 사람들'이란 무엇인가? 우리는 더 고독해진다. 인간성의 전 조류가 우리 주위를 흐르고 있기 때문이다. 모든 인간적인 것에 집중하는 우리의 정열은 점점 증대한다. 그 때문에 우리는 우리를 둘러싸는 것을 마치 그것이 더 중요치 않은 것, 그림자 같은 것이 된 것처럼 바라본다. 그러나 우리의 차가운 시선은 사람을 감정 상하게 한다.

442

규칙. "규칙은 나에게 언제나 예외보다 더 흥미가 있다." 이렇게 느끼는 사람은 인식이 멀리 나아가 있는 사람이며 전문가에 속한다.

443

교육을 위해. 우리 방식의 교양과 교육의 가장 일반적인 결함이 점차 나에게 분명해졌다. 아무도 고독에 견디는 것을 배우지 않고 갈망하지 않고 가르치지 않는다.

444

저항에 놀란다. 어떤 것이 우리에게 투명해졌기 때문에 그것은 더 이상 아무런 저항도 할 수 없을 것이라고 우리는 생각한다. 그러나 그때 우리는 꿰뚫어 보면서도 관통할 수 없다는 것에 놀란다! 이것은 파리가 유리창 앞에서 빠지는 것과 같은 어리석음이고 놀라움이다.

445

가장 고귀한 것에 대해 잘못 생각하는 점. 우리는 결국 누군가에게 우리의 가장 좋은 것, 우리의 보석을 준다. 그때 사랑은 더 이상 주어야 할 것을 가지고 있지 않다. 그러나 그것을 받는 사람은 그것을 분명히 자기에게 가장 좋은 것이라고는 생각지 않는다. 따라서 주는 자가 믿고 있는 완전하고 최고의 감사의 마음이 그에게는 없다.

446

순위. 첫째로 천박한 사상가가 있다. 둘째로 사물의 깊은 곳으로 들어가는 심오한 사상가가 있다. 셋째로 사물의 근본을 규명하는 철저한 사상가가 있다. 이것은 단지 사물의 깊음으로 내려가는 것보다 훨씬 더 커다란 가치가 있다! 마지막으로 머리를 진흙탕에 박는 사상가가 있다. 그러나 이것은 깊음의 표시도, 철저함의 표시도 아니다! 그들은 사랑스러운 지하인들이다.

447

선생과 제자들. 제자들에게 조심시키는 것은 제자를 사랑하는 선생의 도리이다.

448

현실을 존경한다. 우리는 어떻게 이 환호하는 민중을 눈물 없이, 감동 없이 바라볼 수 있겠는가! 이전에 우리는 그들이 환호하는 대상을 잘 생각하지 않았고, 우리가 환호를 체험하지 않았다면 여전히 그렇게 생각할 것이다! 그러므로 체험이 우리를 어디로 휩쓸어 가는가! 우리의 의견이란 무엇인가! 우리는 이성을 잃지 않기 위해 체험을 피해야 한다! 그래서 플라톤은 현실에서 도망쳐 사물을 단지 색이 바랜 추상물로만 바라보려고 했다. 그는 감성이 풍부한 사람이었으며, 감성의 파도가 얼마나 쉽게 자신의 이성을 때려 부수는가를 알고 있었다. 따라서 이 현자는 다음과 같은 독백을 하지 않으면 안 되었으리라. "나는 현실을 존경하고 싶다. 그러나 나는 그것을 알고 두려워하기 때문에 거기에서 등을 돌리고 싶다." 아프리카의 종족이 왕에게 등을 돌리고 가까이 가는 것만으로 불안과 동시에 존경을 나타내는 것처럼 플라톤도 그런 태도를 취해야 했을까?

449

정신이 궁핍한 자들은 어디에 있는가? 아! 다른 사람에게 나의 사상을 강요하는 것은 얼마나 나를 불쾌하게 만드는지! 다른 사람의 사상과 나의 사상이 교환할 때, 모든 기분과 내 내면의 은밀한 개심(改心)은 얼마나 나를 기쁘게 하는지! 그러나 때때로 좀더 고차원적인 축제가 있다. 고해신부처럼 자기의 정신적인 집과 재산을 선사하는 것이 언젠가 허용될 그때이다. 나는 고해신부처럼 구석에 앉아 궁핍한 자가 찾아올 때 그 사상의 곤궁을 이야기하고, 그럼으로써 다시 한번 그 사람의 손과 마음을 충만하게 해 주고 불안한 영혼을 달래주기를 열망한다. 그럼으로써 어떤 명성도 얻으려 하지 않을 뿐만 아니라 감사도 피하고 싶은 것이다. 왜냐하면 감사는 주제넘은 것이고 고독과 침묵에 대해 아무것도 꺼리는 것이 없기 때문이다.

이름도 없이 자칫하면 경멸당하면서 살아가고, 질투심과 적의를 눈뜨게 하기에는 너무나 천하고, 마음이 가난한 자는 한줌의 지식과 작은 자루에 가득 찬 경험으로 준비할 것, 말하자면 정신을 무료로 치료해주는 의사로서 많은 의견에 의해 혼란스런 머리를 가진 이런저런 사람들을 누가 도와주었는지 전혀 눈치 채지 못하게 도울 것! 상대에 대해 권리를 갖거나 승리를 축하하려 하지 않고, 별로 눈에 띄지 않는 조그마한 암시나 반론 뒤에 옳은 것을 스스로 말하고 그것에 대해 자랑을 품고 나아가도록 상대에게 이야기할 것! 궁핍한 사람을 거절하지 않지만 나중에는 잊혀지든가 조롱당하는 싸구려 여관이 되도록 할 것! 뛰어난 것은 조금도 갖지 않을 것, 보다 나은 식물, 보다 맑은 공기, 보다 즐거운 정신도 갖지 말고 오히려 주고, 돌려주고, 나누고, 보다 가난해질 것! 많은 사람과 가까이할 수 있고 누구에게도 굴욕을 느끼게 하지 않기 위해 저속해질 수 있을 것! 많은 숨겨진 영혼의 비밀스런 길을 통해 그 영혼에 도달할 수 있기 위해서 많은 부정을 몸에 짊어지

고, 모든 종류의 오해의 괴로움에 휘감길 것! 언제나 사랑 가운데 있고, 언
제나 이기심과 자기 향락 가운데 있을 것! 어떤 명령권을 가지고 동시에 숨
고 체념할 것! 끊임없이 우아함이라는 태양과 부드러움 속에 눕고, 또 숭고
한 것으로 올라가는 길이 가까이에 있다는 사실을 알고 있을 것! 이것이 인
생이라면 장수할 만한 이유가 된다!

450

인식의 유혹. 학문의 문을 엿보는 것은 정열적인 정신의 소유자들에게는
매력 중의 매력으로 작용한다. 그리고 아마 그들은 그때 공상가로, 형편이
좋을 때는 시인이 될 것이다. 인식하는 자들의 행복에 대해 그들은 그처럼
강한 열망을 품는다. 얼마 많지 않은 말로, 더군다나 가장 뛰어나고 가장 아
름다운 말로 학문이 자신의 복음을 선포한 이 달콤한 유혹의 울림—그것은
그대들의 감각 전체를 꿰뚫지 않겠는가. "망상을 사라지게 하라! 그러면
'아 슬프다!' 역시 사라지고 만다. 그리고 '아 슬프다'와 함께 슬픔 또한 사
라진다."(마르쿠스 아우렐리우스)

451

어릿광대가 필요한 사람. 대단히 훌륭한 사람들, 매우 선량한 사람들, 매
우 힘 있는 사람들 등은 어떤 것에 대해 완전하면서 보통의 진리를 들어서는
아는 일이 거의 없다. 왜냐하면 그들 앞에서 사람들은 본의 아니게 약간 거
짓말을 하기 때문이다. 사람들은 그들의 영향을 느끼고, 이 영향에 따라 진
리를 적합한 형식으로 말하기 때문이다. (즉, 사람들은 사실의 색과 정도를
위조하고, 세부적인 점을 생략하거나 덧붙이며, 완전히 적합하게 되지 않는
것을 제쳐 둔다.) 이런 종류의 인간들이 그럼에도 불구하고 무슨 일이 있어
도 진리를 듣고 싶다면, 그들은 어릿광대를 두어야 한다. 적응할 수 없는 광
인의 특권을 지닌 존재를.

452

성급함. 행동가와 사상가에게는 어느 정도 성급함이라는 것이 있다. 이 성
급함은 그들이 실패했을 때 즉시 그것과 정반대의 나라로 옮겨가고, 거기에

서 열정을 갖고 새로운 기획에 종사할 것을 그들에게 명한다. 성공이 늦어져 그들이 여기서 또 다시 추방될 때까지. 이리하여 그들은 많은 나라와 자연을 체험하면서 강인하게 돌아다닌다. 결국 그들은 거대한 방황과 연습의 결과인 인간과 사물에 관한 많은 지식을 갖게 되고 충동이 약간 완화되면서 강력한 실천가가 될 수 있다. 이렇게 해서 성격의 결함은 천재의 학교가 된다.

453

이름뿐인 도덕의 시대. 언젠가 도덕적인 감정과 판단을 대체하게 될 것을 누가 지금 벌써 기술할 수 있겠는가! 그것들은 기초의 모든 부분에서 설계가 잘못되었고, 그 건축물이 개수가 불가능하다는 사실을 우리가 확실히 통찰하고 있다 할지라도, 이성의 구속력이 감소하지 않는 한 그것들의 구속력은 날이 갈수록 감소할 것임에 틀림없다! 인생과 행위의 법칙을 새롭게 세우는 과제를 위해서는 생리학, 의학, 사회학, 고독학이라는 우리의 학문은 아직 자신에게 충분한 확신을 갖고 있지 않다. 그러나 이들 학문에서만 우리는 새로운 이상을 위한 초석을(새로운 이상 자체는 아니라고 해도) 얻을 수 있다. 그래서 우리는 각각 취미와 천부의 재능에 따라 앞서가는 존재로서 살든지 뒤쫓아 가는 존재로서 산다. 그리고 이 이름뿐인 시대에서는 가능한 한 우리 자신이 주권자가 되어 작은 실험국가를 건설하는 것이 가장 좋은 방법이다. 우리는 실험적인 존재이다. 또 그러하기를 원하자!

454

방백(傍白). 이 책과 같은 책은 통독하거나 읽어서 들려주기 위한 것이 아니라, 펴서 읽기 위한 것이다. 특히 산보나 여행할 때, 사람들은 이 책 속에 머리를 찔러 넣었다가는 언제라도 다시 빼낼 수 있어야 하고, 진부한 것은 아무것도 주변에서 발견해서는 안 된다.

455

첫 번째의 천성. 현재 우리가 교육받고 있는 대로 우리는 처음으로 제2의 천성을 얻는다. 세상 사람들이 우리를 '성숙했다. 성년에 달했다. 쓸모 있다' 말할 때, 우리는 그것을 갖고 있는 것이다. 몇몇 소수자들만이 그들의 껍질 밑에서 그 첫 번째의 천성이 성숙하게 된 바로 그때, 이 껍질을 벗어 던질 수 있다. 대부분의 사람에게 첫 번째 천성의 싹은 말라 죽는다.

456

성장해가고 있는 덕. 덕과 행복의 일치에 관하여 고대 철학자들 주장과 약속, 혹은 기독교의 "먼저 하나님의 나라를 구하라, 그러면 이 모든 것을 너희에게 더할 것이다!"[129] 이 주장과 약속은 결코 전적으로 정직하게 행해지지 않았을 터인데, 언제나 양심의 가책 없이 행해졌다. 사람들은 그것이 진리이기를 몹시 열망하면서 명제를 외관에 반대되는 진리로서 대담하게 주장했으며, 그때 종교적 혹은 도덕적인 양심의 가책을 느끼지 않았다. 왜냐하면 사람들은 덕이나 신의보다 큰 영광을 위해[130] 현실을 초월했고, 이기적인 의도는 가지고 있지 않았기 때문이다! 아직 많은 정직한 인간들이 이 사실의 단계에 있다. 그들이 자기들은 죄 없다고 느낄 때 그들에게는 진리를 더 가볍게 생각해도 되는 것처럼 보인다. 그러나 소크라테스의 덕이나 기독교의 덕에서 정직은 나타나지 않는다는 것에 주의하라. 정직은 가장 최근의 덕 가운데 하나이고, 아직 성숙되지 않았고, 또 자주 혼동되고, 오해되고, 자신을 아직 거의 의식하고 있지 않다. 그것은 우리가 촉진시키거나 저지할 수 있는, 성장해가고 있는 어떤 것이다.

457

최후의 침묵. 몇몇 사람들은 보물을 파내는 사람과 같다. 그들은 타인의 영혼에 감추어져 있는 것을 우연히 발견하고 그것에 관해 지식을 쌓는다. 이러한 지식은 자주 견디기 어렵다! 우리는 사정에 따라서는 살아 있는 사람들과 죽은 사람들을 어느 정도까지 잘 알고 그 내심을 밝혀낼 수 있지만, 그들에 대해 타인에게 이야기하는 것은 고통이 된다. 우리는 말 한마디 한마디마다 무분별하게 되지는 않을까 염려한다. 가장 현명한 역사가마저도 갑자기 말이 없게 되는 것을 나는 상상할 수 있다.

458

일등 당첨. 훌륭하게 형성된 지성을 가지고 있고, 그러한 지성에 속한 성

격, 기호, 체험도 가지고 있는 인간, 매우 드문 일이고, 더군다나 황홀하게
하는 것이다.

459

사상가의 관용. 루소와 쇼펜하우어 두 사람 모두 '인생을 진리에 맞춘
다'[131)는 표어를 자신의 존재에 각인할 만큼 긍지가 높았다. 그리고 또 두 사
람 모두 이해하고 있던 진리를 인생에 맞추는[132) 일이 성공하지 못했을 때,
또 그들 인생이 선율에 일치하지 않는 변덕스러운 베이스처럼 그들의 인식
과 나란히 달려갔을 때 얼마나 그 긍지에 괴로워했는가! 그러나 인식이 각
각의 사상가에게 바로 그의 신체에 적합할 정도만 할당된다면, 인식은 곤란
한 상태에 빠질 것이다! 그리고 사상가들의 허영심이 정도로만 참을 수 있
다면, 사상가들의 형편의 곤란할 것이다! 위대한 사상가의 첫 번째 미덕,
즉 관용은 그가 인식하는 자로서 자신과 자기의 생명을 용감하게, 자주 부끄
러워하면서, 자주 숭고한 조소를 품고 미소지으면서 희생한다. 바로 그런 점
에서 관용은 빛나는 것이다.

460

위험한 때를 이용한다. 우리와 우리가 가장 사랑하는 자에 대한 재산, 명
예, 생사 등에 관계된 위험이 어떤 인간이나 어떤 상태의 움직임 하나하나
속에 숨어 있다면, 우리는 그 인간과 상태를 완전히 다른 식으로 인식하게
된다. 예를 들면 티베리우스는 황제 아우구스투스의 내면과 그의 통치의 내
면에 대해 가장 현명한 역사가도 할 수 없을 정도로 깊게 생각했고, 그것에
대해 많은 것을 알고 있었음에 틀림없다. 그런데 우리는 비교적 너무 안전한
상태에서 살고 있기 때문에 뛰어난 인간에 대해 정통한 사람이 될 수 없다.
어떤 사람은 취미로, 어떤 사람은 권태로워서, 또 어떤 사람은 습관적으로
인식한다. "인식하라, 그렇지 않으면 파멸하라!" 이것은 조금도 중요하지
않다. 진리가 칼날로 우리의 육신을 베어내지 않는 한, 우리는 마음속에 진
리에 대한 경멸을 은밀히 유보하고 있다. 진리는 변함없이 우리에게는 '날개
가 달린 꿈'과 비슷하게 보인다. 마치 우리가 그것을 갖거나 갖지 않을 수
있는 것처럼, 그 얼마가 우리 마음대로 되는 것처럼, 그리고 우리가 이 진리

로부터 눈뜰 수 있는 것처럼!

461

이곳은 로도스 섬이다, 여기서 춤춰라. [133] 우리의 음악, 그것은 바다의 악마처럼 그 자체의 성격을 갖고 있지 않기 때문에, 모든 것으로 변화할 수 있고 또 변화해야 한다. 이 음악은 이전에는 기독교의 학자를 쫓아갔고, 그의 이상을 울림으로 옮길 수 있었다. 어째서 그것은 결국 이상적인 사상가에게 어울리는 보다 밝고 보다 즐거운, 보편적인 울림을 발견하지 못했을까? 그의 떠돌아다니는 커다란 활 모양의 영혼 속에서 비로소 고향에 온 것처럼 신체를 상하로 흔들 수 있는 음악을 발견하지 못했을까? 우리 음악은 지금까지 매우 위대하고 훌륭했다. 거기에서는 어떤 것도 불가능하지 않았다! 그러니 음악이여, 다음 세 가지, 즉 숭고함, 깊고 따스한 빛, 최고의 일관성이라는 환희를 동시에 느끼는 것이 가능하다는 것을 보여줘라!

462

서서히 하는 치료. 영혼의 만성적인 병은 신체의 만성적인 병과 같이, 신체와 영혼의 법칙을 크게 한 번 위반하는 것으로만 생기는 일은 대단히 드물다. 보통은 알아챌 수 없는 무수한 작은 소홀함 때문에 발생한다. 예를 들면 매일 눈에 띄지 않을 정도로 아주 약한 호흡을 하고 폐에 아주 적은 공기밖에 넣지 않기 때문에, 폐가 전체적으로 충분한 긴장이나 연마도 되지 않는 그런 사람은 결국 그 때문에 만성 결핵에 걸린다. 그런 경우 치유는 예전과는 반대로 수없이 호흡하면서 알지 못하는 사이에 다른 습관이 길러지도록 하는 수밖에 없다. 예를 들면 매일 15분마다 한 번 강하게 호흡하는 것을 규칙으로 삼는 것이다. (아마 침대에 비스듬히 누워 있으면서. 15분마다 울리는 시계가 그때 생애의 동반자로 선택되지 않으면 안 되리라.) 이 모든 치료는 서서히 세밀하게 진행된다. 자기의 영혼을 치유하려는 자도 아주 작은 습관의 변경을 고려해야 한다. 많은 사람들은 매일 열 번 자기 주위의 사람들에게 악의에 가득 찬 냉정한 말을 퍼붓고, 그때 자기를 거의 생각지 않는다. 특히 몇 년 지나면, 지금도 매일 열 번 그의 주위 사람들의 비위가 상하도록 자신을 강요하는 습관의 법칙을 만들어냈다는 것은 생각지 않는다. 그러나 그는 주위의 사람들을 열 번 기쁘게 하도록 자신을 길들일 수도 있다!

463

일곱째 날에. "그대들은 저것을 나의 창조로 찬양하는가? 나는 나의 무거운 짐이 되는 것을 없앤 것에 불과하다! 나의 영혼은 창조하는 자의 허영심을 마음에 두지 않는다. 그대들은 이것을 나의 체념으로 찬양하는가? 나는 무거운 짐을 없앤 것에 불과하다. 나의 영혼은 체념한 자의 허영심을 마음에 두지 않는다."

464

선물하는 자의 부끄러움. 언제나 주는 자, 선물하는 자가 되면서 그때 자기의 얼굴을 보이는 것은 정말 아량이 부족한 것이다! 주고 선물하되, 자신의 이름과 호의를 감출 것! 자연 속에서는 결국 더 이상 선물하는 자, 주는 자와 만나지 않고, 더 이상 '자비로운 얼굴'과 만나지도 않지만, 바로 이것이 모든 것보다 더 우리의 기분을 상쾌하게 한다. 물론 그대들은 이 상쾌함을 놓치고 만다. 왜냐하면 그대들은 신을 이 자연 속에 밀어 넣었기 때문이다. 그래서 지금 다시 모든 것이 부자유스럽게 되고 불안하게 되었다! 뭐라고? 자기만 단독으로 존재하는 것이 허용되지 않는다고? 언제나 다른 사람이 우리 주위에 있다면, 세상에서 가장 좋은 용기와 친절도 불가능해진다. 하늘의 이 주제넘은 간섭, 이 피할 수 없는 초자연적인 이웃에 대해 우리는 화가 나서 견딜 수 없다! 그러나 그럴 필요는 없다. 그것은 꿈에 지나지 않는다. 눈을 뜨자!

465

어떤 마주침에서. 갑 : 그대는 어디를 바라보고 있는가? 그대는 꽤 오랫동안 여기에 멈춰 서 있다. 을 : 언제나 낡은 것과 새로운 것을 보고 있다! 어떤 문제가 닥치면 나는 그 속으로 너무도 넓고 깊게 끌려들어가서 그 근본을 규명한다. 그리고 거기에는 전혀 그런 큰 가치가 없다는 것을 알아차린다. 그러한 경험의 끝에는 일종의 비애와 마비가 있다. 나는 이것을 매일 하나씩 세 번은 체험한다.

466

명성 속의 손실. 유명하지 않은 인물로서 사람들에게 이야기해도 괜찮다는 것은 얼마나 큰 이점인가! 신들은 우리에게서 익명을 빼앗아 우리를 유명하게 하는 경우 '우리 덕의 절반'을 빼앗는다.

467

두 차례의 인내! "그것으로 그대는 많은 인간에게 고통을 준다." 나는 그것을 알고 있다. 그리고 나는 그 때문에 이중으로 괴로워해야 한다는 것도 알고 있다. 첫째 그들의 괴로움에 대한 동경 때문에, 둘째 그들이 나에게 되돌려 줄 복수 때문에 그러나 그럼에도 나와 같은 방식으로 행동하는 것도 필요하다.

468

아름다움의 나라는 한층 크다. 우리는 노련하고 즐겁게 자연 속을 돌아다니고, 모든 것에서 고유의 아름다움을 발견하고, 그 현장을 붙잡는다. 또 우리는 어떤 때는 햇빛 아래에서, 어떤 때는 소나기가 올 듯한 하늘 밑에서, 어떤 때는 아주 창백하게 황혼이 질 무렵에, 바위와 후미진 곳이 있고 올리브 나무와 소나무가 자라고 있는 저 해변의 한 곳이 완전한 걸작이 된 것을 본다. 그것과 똑같이 우리는 인간 사이를 돌아다니고, 그들의 발견자·감시자로서 선과 악을 실제로 보여주고, 그럼으로써 어떤 사람에게는 햇빛 아래에서, 어떤 사람에게는 소나기가 올 듯할 때, 또 어떤 사람에게는 황혼과 비오는 하늘일 때 비로소 전개되는, 그들의 고유한 아름다움이 나타나도록 해야 할 것이다. 악한 인간이 선량하고 합법적으로 처신하고 있는 한 우리의 눈에는 잘못된 묘사나 만화처럼 보이고, 또 자연 속의 오점으로 우리에게 고통을 준다. 이 악인을 고유의 대담한 선과 빛의 효과를 가진 자연 그대로의 풍경으로 향락하는 것은 금지되어 있는 것인가? 그렇다. 금지되어 있다. 이전에는 도덕적으로 선한 것에서만 아름다움을 구해야 했다. 이것이 우리가 아주 조금밖에 발견하지 못했고, 뼈 없는 공상적인 아름다움을 얻으려고 열심히 노력해야만 했던 충분한 이유이다! 악인에게는 덕 있는 사람들이 예감하지 못하는 백 가지 종류의 행복이 있다는 것이 확실한 것처럼, 악인에게는 백 가지 종류의 아름다움 역시 있다. 더구나 대부분 아직 발견되지 않았다.

469

현자의 비인간성. 불교의 노래에 따르면 '무소의 뿔처럼 혼자서 걷는 현자가 모든 것을 분쇄하며 내딛는 무거운 발걸음에는 때때로 화해적이고 부드러운 인간성이 필요하다. 더구나 더욱 신속한 발걸음과 재기발랄하면서도 사교적인 붙임성, 기지와 일종의 자기 조소뿐만 아니라 모순도, 즉 세상에서 유행되고 있는 불합리와 임기응변으로 복귀하는 것도 필요하다.

숙명처럼 굴러가는 롤러와 유사하지 않기 위해서는 도를 설파하려는 현자는 자기의 결함을 사용해서 자기를 그럴듯하게 꾸며댄다. 그리고 그는 "나를 경멸하라!" 말함으로써 불손한 진리의 대변자가 되는 것을 허가해달라고 간청한다. 그는 그대들을 산으로 데리고 가려 한다. 그는 아마 그대들의 생명을 위험에 빠뜨릴 것이다. 그 대신에 그 이전에도 그 이후에도 그러한 안내자에게 복수하는 것을 기쁘게 그대들에게 맡긴다. 그것은 앞서가는 향락을 그가 즐기기 위한 보수다. 언젠가 그가 어두운 동굴을 통과하여 미끄러지기 쉬운 길로 그대들을 데리고 갔을 때, 그대들은 마음에 떠올랐던 것을 기억하는가? 두근거리고 불쾌했던 그대들의 가슴이 어떻게 속삭였는지 기억하고 있는가.

"저기에 있는 이 안내자는 이곳을 기어 돌아다니는 일보다 훌륭한 일을 할 수 있을 텐데! 그는 호기심 많은 게으름뱅이 가운데 한 사람이다. 그의 뒤를 쫓아가면 우리는 그의 가치를 승인하는 것처럼 보이는데, 이것은 이미 그에게 너무 커다란 명예는 아닐까?"

470

많은 사람이 모인 향연에서. 면밀하게 검토하거나 가치를 생각하지 않고 새에게 모이를 주는 사람의 손에서 우리가 새처럼 양육된다면, 얼마나 행복하겠는가! 왔다가는 날아가고, 이름을 부리에 매달고 있지 않은 새와 같은 삶은 얼마나 행복하겠는가! 그래서 많은 사람이 모인 향연에서 포식하는 것은 나의 즐거움이다.

471

다른 이웃사랑. 흥분을 잘 하고, 잘 떠들고, 변덕스럽고, 신경질적인 사람은 커다란 정열과는 정반대이다. 커다란 정열은 조용하고 어두컴컴한 화염처럼 내면에 살고 거기에서 모든 열기를 모으면서 그러한 정열을 지닌 사람을 외관상으로는 차갑고 무관심한 모습을 갖게 하고, 무감각한 표정을 짓게 한다. 그러나 사람들도 때로는 이웃사랑이 가능하리라. 그러나 이 이웃사랑은 사교적이고 인기를 얻고자 하는 사람들의 것과는 다른 종류의 것이다. 그것은 부드럽고, 사색적인 취향의 침착한 호의이다. 그들은 말하자면 요새이고, 그렇기 때문에 감옥 같은 그들의 성 창문에서 바라본다. 낯선 것, 널찍한 것, 다른 것을 바라보는 것은 그들을 아주 기쁘게 한다!

472

변명하지 않는다. 갑 : 그런데 왜 그대는 변명하려 하지 않는가? 을 : 이 일에도, 백 가지 일에도 나는 변명할 수 있다. 그러나 나는 변명 속에 숨어 있는 만족을 경멸한다. 그런 일들은 나에게 그다지 중요한 것이 아니기 때문이다. 오히려 나는 오점을 몸에 붙이고 있는 것이 저 도량이 좁은 사람들에게 음흉한 기쁨을 주는 것보다 낫다. "그는 이 일들을 매우 중요하다고 생각한다!" 그들은 이렇게 말할지도 모른다. 그러나 그것은 틀렸다! 내가 잘못된 생각을 바로잡는 의무를 갖기 위해서는 아마 나 자신을 좀더 중요하게 생각해야 할 것이다. 나는 자신에게 너무 무관심하고 무성의하며, 나를 위해 일어나는 것에도 역시 그렇다.

473

사람은 어디에 집을 세워야 하는가. 만약 그대가 고독할 때 위대하고 생산적이라고 생각한다면, 사교는 그대를 작게 만들고 황폐하게 할 것이다. 그 역(逆)도 참이다. 아버지의 힘찬 온화함, 이 기분이 그대를 감동시키는 곳에 그대의 집을 건설하라. 혼잡 속이든 정적 속이든 간에. 내가 아버지인 곳, 거기에 조국이 있다. [134]

474

단 하나의 길. "변증법은 신적인 존재와 현상이라는 베일의 배후에 도달하기 위한 단 하나의 길이다." 플라톤은 이 말을 쇼펜하우어가 변증법의 반대를 주장하는 것과 같이 동일하게, 장엄하고 정열적으로 주장한다. 그런데 두 사람 모두 틀렸다. 그들이 우리에게 보여주고자 한 그 길은 존재하지 않기 때문이다. 그리고 인류의 모든 위대한 정열은 지금까지 무(無)에 대한 정열이 아니었을까? 그리고 인류의 모든 장엄함은 무에 관한 장엄함이 아니었을까?

475

무거워진다. 그대들은 그를 모른다. 그는 많은 추를 신체에 매달 수 있다. 그리고 그것들을 모두 높이 들어 올릴 수 있다. 그래서 그대들은 그대들의 작은 날갯짓에 따라, 그가 이 추들을 몸에 매달고 있기 때문에 밑에 머무르고 싶은 것이다! 라고 결론짓는다.

476

정신의 추수제에서. 경험과 체험, 그것들에 관한 사상, 그리고 이 사상들에 관한 꿈이 날마다 쌓이고 솟아 나온다. 측량할 수 없는 매력적인 재산이다! 그것을 바라보면 현기증이 난다. 어떻게 마음이 가난한 사람들이 행복하다[135]고 칭찬할 수 있는지 나는 이해할 수 없다! 그러나 나는 때때로 지쳤을 때 그들을 부러워한다. 왜냐하면 그러한 부를 관리하는 것은 어렵고, 그 어려움이 모든 행복을 눌러 죽이는 일은 드물지 않기 때문이다. 그렇다, 그 부를 바라보는 것만으로 충분하다면! 우리가 자기 인식의 수전노라면!

477

회의에서 구제되어. 갑 : 다른 사람들은 불쾌해지고, 연약해지고, 부식되고, 침식되고, 그뿐 아니라 반쯤 물어 뜯겨져서 일반적·도덕적인 회의를 벗어난다. 그러나 나는 이전보다 더 용감해지고 건강해져서, 다시 획득한 본능을 가지고 벗어난다. 매서운 바람이 휘몰아치고 바다가 거칠게 요동하며, 벗어나야 할 위험이 작지 않은 곳에서 나의 기분은 좋아진다. 나는 때때로 벌레처럼 일하거나 파고들어야 했지만, 벌레가 되지는 않았다. 을 : 그대는 회의가가 아니군! 그대는 부정하기 때문이다! 갑 : 그런데 동시에 나는 다시 긍정하는 것을 배웠다!

478

지나가자! 그를 소중히 하라! 그를 고독에 맡겨 두어라! 그대들은 그를 완전히 망치려고 하는 것인가? 그는 갑자기 아주 뜨거운 것이 부어진 컵처럼 금이 갔다. 그는 너무도 귀중한 컵이었다!

479

사랑과 진실. 사랑 때문에 우리는 진리에 악한 범죄자가 되고, 우리에게 진짜로 보이는 것 이상을 진짜로 만들어 버리는 습관적인 장물아비이자 도둑이 된다. 그러므로 사상가는 그가 사랑하는 사람들(이들은 반드시 그를 사랑하는 사람들은 아닐 것이다)을 몇 번이고 때를 보아서 몰아내야 한다. 그것은 그들이 그 가시와 악의를 보이지 못하도록, 또 그들이 사상가를 유혹하는 일을 그치도록 하기 위해서이다. 따라서 사상가의 친절은 충만할 수도 부족할 수도 있다.

480

피할 수 없는. 그대들에게 호의를 품지 않은 자는 그대들이 무엇을 체험하려 할 때 그 체험에서 그대들을 헐뜯을 기회를 찾아낸다! 그대들이 심정과 인식의 가장 깊은 혁명을 경험하고, 비로소 회복해 가는 병자처럼 애달픈 미소를 머금고 자유와 환한 정적 속에 다다랐다고 할지라도. 어느 누군가가 말할 것이다.
"저 남자는 그 병을 논거라고 생각하고, 그 무력함을 모든 사람이 무력한 증명이라고 생각한다. 괴로워하는 자의 우위를 느끼기 위해 병이 들 정도로 그는 자만심이 강하다." 또 누군가가 자신의 사슬을 부수고, 그때 깊은 상처를 입었다고 하자. 다른 자는 비웃으면서 그것을 지적할 것이다. "얼마나 서투른지! 자기의 사슬에 길들여져 있고 더욱이 그것을 분쇄하려고 할 정도로 어리석은 인간은 이런 처지에 빠진다!" 그는 말할 것이다.

481

두 사람의 독일인. 정신에 관해서가 아니라 영혼에 관해서, 칸트와 쇼펜하우어를 플라톤, 스피노자, 파스칼, 루소, 괴테 등과 비교하면, 처음에 말한 두 사상가는 불리한 입장이 된다. 그들의 사상은 정열적인 영혼의 역사를 형성하고 있지 않다. 거기에서는 이야기도, 위기도, 파국도, 임종도 전혀 추측할 수 없다. 동시에 그들의 사색은 영혼의 무의식적인 전기가 아니다. 칸트의 경우에는 두뇌의 역사이고, 쇼펜하우어의 경우에는 성격('불변의 성격')의 기술과 반영이며, '거울' 자체의, 즉 뛰어난 지성의 기쁨이다.

칸트는 그 사상을 통해 그가 반짝반짝 빛날 때 최상의 의미에서 성실하고 존경할 만한 가치가 있는 존재처럼 보이지만, 하찮은 존재처럼 보이기도 한다. 그에게는 넓이와 힘이 부족하다. 그는 그다지 많은 체험을 하지 않았다. 더구나 그의 방식은 중요한 것을 체험할 시간을 그에게서 빼앗는다. 당연한 말이지만, 나는 외면적인 거친 '사건'을 생각하고 있는 것이 아니다. 한가하고 사색의 정열에 불타고 있는, 정말 고독하고 참으로 조용한 생활이 귀속되어 있는 운명과 전율을 생각하고 있는 것이다. 쇼펜하우어는 칸트보다 뛰어나다. 그는 적어도 천성적으로 어떤 종류의 지독한 추함을 지니고 있다. 증오, 욕망, 허영심, 억측이란 점에서 그는 어느 정도 야성적인 기질의 소유자였고, 이 야성을 위한 시간과 여유를 가지고 있었다. 그러나 그에게 '발전'이 부족했던 것처럼 그의 사상에도 발전이 부족했다. 그는 어떤 '역사'도 갖지 않았다.

482

교제하고 싶어한다. 적당한 때 불 속에 넣었다 끄집어 낸 밤처럼 부드럽고, 맛이 좋고, 영양이 풍부해진 사람들과의 교제를 바란다면, 우리가 너무 많은 것을 바라는 것일까? 인생을 조금밖에 기대하지 않고, 더구나 그것을 당연한 일로 받아들이는 것이 아니라 마치 새나 벌이 날라다 준 것처럼 받아들이는 사람들과의 교제를 구한다면? 긍지가 높기 때문에 자기에게 언제나 보수가 주어졌다고 느낄 수 없는 사람들과의 교제를 구한다면? 또 그 인식과 성실의 정열이 너무 진지하기 때문에 그 외에 명성에 대한 시간과 호의를 가진 적이 없는 사람들과의 교제를 구한다면? 이런 사람들이라면 우리는 철학자라고 부를 것이다. 그러나 그들은 변함없이 좀더 겸손한 이름을 혼자서 발견할 것이다.

483

인간에 대한 혐오. 갑 : 인식하라! 그렇다! 그러나 항상 인간으로서! 뭐라고? 언제나 똑같은 희극 앞에 앉을 것인가, 같은 희극을 상연할 것인가? 이 눈 이외의 눈으로는 사물을 전혀 볼 수 없는가? 더구나 인식하기에 한층 알맞은 기관을 가진 존재는 얼마나 무수한 종류가 있는지! 인류는 그 모든 인식 끝에 무엇을 인식할 것인가? 인류의 기관이라니! 아마 그것은 인식의 불가능성일 것이리라! 비참하고 불쾌하다! 을 : 이것은 나쁜 습격이다. 이성이 그대를 습격한 것이다! 그러나 내일이 되면 그대는 다시 인식의 한가운데 있을 것이다. 그와 동시에 또 비이성의 한가운데, 즉 인간적인 것의 기쁨 속에 있을 것이다. 바다로 가자!

484

자기의 길. 우리가 결정적인 수단을 갖추고 '자기의 길'로 걸어 들어갈 때, 갑자기 하나의 비밀이 우리 앞에 모습을 나타낸다. 우리에게 우정과 친밀감을 품고 있던 사람들은 모두 지금까지 우리보다 우월하다고 굳게 믿고 있었고 이제 감정이 상한다. 그들 중에서 가장 나은 사람들은 관대하며, 우리가 '옳은 길'—그들은 그것을 알고 있기도 하다! —을 꼭 다시 한 번 발견할 것이라고 참을성 있게 기다린다. 다른 사람들은 비웃고, 우리가 일시적으로 바보가 된 것처럼 행동하고, 또는 심술궂게 유혹자의 상표를 붙인다. 좀더 나쁜 사람들은 우리를 자만심이 가득 찬 바보라고 공언하고, 우리의 동기를 비방하려고 한다. 그리고 가장 나쁜 사람들은 우리를 그들에게 가장 좋지 않은 적, 즉 오랫동안 그들에게 예속되었던 것에 대해 복수를 갈망하는 적으로 보고 우리를 두려워한다. 그렇다면 어쩌면 좋은가? 나는 이렇게 충고한다. 우리가 일 년 전부터 아는 사람 모두에게 모든 종류의 죄를 사면하겠다고 약속함으로써 우리의 주권을 행사하라고.

먼 시야. 갑 : 그러나 이 고독은 어떤 이유에서일까? 을 : 나는 누구에게도 원한을 품지 않는다. 그런데 나는 친구들과 함께 있을 때보다 혼자 있을 때 그들을 더 분명하고 아름답게 본다고 생각한다. 그리고 내가 음악을 가장 사랑한다고 느꼈을 때, 나는 음악에서 떨어져 생활하고 있었다. 사물을 잘 생각하기 위해서는 먼 시야가 필요한 것처럼 보인다.

황혼과 기아. 그가 만지는 모든 것을 황금으로 바꾸는 인간이 가끔 있다. 어느 날 그는 자신이 그 때문에 굶어 죽지 않으면 안 된다는 것을 발견하리라. 그의 몸 주위의 모든 것은 광채가 있고, 멋있고, 이상적이고, 접근할 수 없다. 그래서 지금 그는 황금으로 바꿀 수 없는 사물을 갈망한다. 더군다나 얼마나 갈망하는지! 마치 음식물을 찾는 굶주린 사람 같다! 그는 무엇을 붙잡을 것인가?

치욕. 거기에 땅바닥을 긁고 있는 훌륭한 말이 있다. 그것은 코를 킁킁거리고, 질주를 열망하며, 평소 타고 달릴 사람을 필요로 하고 있다. 그러나 오, 치욕! 오늘 그는 뛰어 올라탈 수 없다. 그는 지쳐 있다. 이것은 지친 사상가가 그 자신의 철학에 대해 느끼는 치욕이다.

사랑의 낭비에 반대하여. 우리는 자신이 격렬한 증오에 빠져 있는 장면을 붙잡으면, 얼굴이 빨개지지 않을까? 그러나 우리는 격렬한 애착의 경우에도 역시 거기에 숨어 있는 부당함 때문에 얼굴이 빨개져야 할 것이다! 그런데 더 나아가 어떤 사람들은 누군가가 애착을 계속해서 주면서 다른 사람들에게서 얼마간의 애착을 빼앗을 때, 마음이 죄어드는 것처럼 느끼는 인간들이 있다. 우리는 선택되었고, 대우받았다는 소리를 듣는다면 마음이 죄어드는 느낌이 들 것이다! 아, 나는 이 선택에 감사할 수 없다. 나는 나를 그렇게 특별히 취급하려는 사람에게 불만을 품었다는 것을 깨닫는다. 나는 다른 사

람들을 희생시키면서 나를 사랑하게 해서는 안 된다! 나로서는 어떻게 해서
라도 견디게끔 조심할 생각이다! 그리고 여전히 가슴을 충만하게 하고 내
멋대로 굴 이유가 나에게는 자주 있다. —그런 것을 가지고 있는 인간에게
는, 다른 사람들이 필요로 하는 것을, 무섭게 필요로 하는 것을 아무것도 제
공해서는 안 된다!

489

역경에 처했을 때의 친구. 가끔 우리는 친구 하나가 우리보다도 다른 어떤
사람과 더 가깝다는 것을 알아차린다. 그의 예민한 감정이 이 결론 때문에
괴로워하고 있고, 또 그의 이기심 때문에 이 결론에 도달하지 못한다는 것을
알아챈다. 그때 우리는 그의 부담을 덜어주고 그를 모욕하여 쫓아내야 한다.
이것은 우리가 그에게 어떤 해를 끼칠지도 모른다는 생각을 할 때도 똑같이
필요하다. 즉, 그에 대한 우리의 애정은 우리가 불의를 감수함으로써 그가
거리낌 없는 양심을 지닌 채 우리와 절교할 수 있도록 우리를 몰아치는 것이
어야 한다.

490

이 작은 진리! "그대들은 이 모든 것을 알고 있다. 그러나 그대들은 그것
을 체험한 적이 없다. 나는 그대들의 증명을 받아들이지 않는다. 이 '작은
진리'! 그것은 그대들에게는 작게 생각된다. 그대들은 그것에 자신의 피를
지불한 적이 없기 때문이다!" 그러나 그것은 우리가 그것에 너무 많이 지불
했기 때문에 위대한 것일까? 피를 요구하는 것은 언제나 지나치다! "그대
들은 그렇게 믿는가? 그대들은 얼마나 피를 아까워하는지!"

491

고독의 또 다른 이유! 갑 : 그렇다면 그대는 다시 그대의 사막으로 돌아간
다는 건가? 을 : 나는 민첩하지 않다. 나는 내 자신을 기다려야 한다. 내 자
아의 샘에서는 물이 언제나 늦게 나온다. 그래서 인내하기보다는 자주 오랫
동안의 갈증으로 고통스러워해야 한다. 그 때문에 나는 고독으로 들어간다.
모든 사람을 위한 물통에서 물을 마시지 않기 위해. 많은 사람들 사이에서

나는 사람들처럼 생활하지, 내 방식대로 생각지 않는다. 그때 언제나 조금 지나면, 그들이 나를 나 자신에게서 추방하고 나로부터 영혼을 빼앗으려는 것이 아닌가 하는 기분이 든다. 그래서 나는 모든 사람에게 악의를 품으며, 모든 사람을 두려워한다. 사막은 그때 내가 다시 건강해지기 위해 필요한 것이다.

492

남풍 밑에서. 나는 더 이상 나를 모른다! 어제까지만 해도 나의 내면은 심한 폭풍이 몰아쳤고 그와 동시에 아주 따뜻했고, 상당히 볕이 잘 들었고 극도로 밝았다. 그러나 오늘은! 모든 것은 지금 조용하고 넓고 우울하고 어둡다. 베니스의 포구 같다. 나는 아무것도 원하지 않고, 동시에 깊게 숨을 쉰다. 그러나 나는 이 아무것도 바라지 않는 것에 마음속으로 은근히 화를 내고 있다. 이와 같이 나의 우울한 호수에서는 파도가 밀려왔다가 되돌아가면서 철썩철썩 소리를 낸다. 을 : 그대는 거기에서 작고 유쾌한 병을 묘사해 보인다. 이 다음의 북동풍이 그것을 그대에게서 불어 없앨 것이다! 갑 : 도대체 왜 그래야 하는 건가!

493

자기의 나무에서. 갑 : 어떤 사상가의 사상을 듣더라도, 나는 자신의 사상만큼 많은 만족을 느끼지 못한다. 물론 이 점은 그것들의 가치에 대해서는 아무것도 의미하지 않는다. 그러나 우연히 나에게 가장 맛있는 과일들이 나의 나무에서 자란다고 해서 내가 그것들을 경시한다면 나는 바보임에 틀림없다! 그러나 나는 일찍이 이런 바보였다. 을 : 다른 사람들은 그것과 반대다. 그리고 이것 역시 그들 사상의 가치에 관해 아무것도 의미하지 않는다. 특히 그것들의 가치와 반대되는 것은 아직 아무것도.

494

용감한 사람의 최후의 논증. "이 덤불 속에는 뱀이 있다." 좋다, 내가 덤불로 들어가서 그것을 죽이겠다. "그러나 아마 그대는 그때 희생될 것이다. 더구나 뱀은 결코 그대의 손에 잡히지 않을 것이다!" 나에게는 문제가 안 된다!

우리의 선생. 청년기에 우리는 선생과 안내자를 현실 속에서 우리가 실제로 만날 수 있는 사람 중에서 뽑는다. 현재 우리에게 다른 어떤 사람들보다 적합한 선생이 있음에 틀림없다. 별로 찾지 않아도 선생은 발견됨에 틀림없다고 우리는 확신한다. 이러한 어린애 같은 생각 때문에 우리는 나중에 심한 몸값을 치러야 한다. 우리는 우리 선생의 죄를 스스로 보상해야만 한다. 그 뒤에 우리는 아마 참된 안내자를 찾아 이전 시대를 포함한 전 세계를 돌아다닐 것이다. 그러나 너무 늦을 것이다. 그리고 최악의 경우에는 우리가 젊었을 때 그들이 살고 있었는데, 당시에 그들을 놓쳤다는 사실을 발견하게 된다.

나쁜 원리. 철학적인 사색자는 현존하는 모든 사회 한가운데서 얼마나 극악무도한 전형으로 생각되는가를 플라톤은 멋지게 서술했다. 철학적인 사색자는 모든 풍습의 비판자로서 윤리적인 인간과 반대되고, 또 새로운 풍습의 입법자가 될 만큼 뛰어나게 되지 않는다면, 그는 사람들의 기억 속에 '나쁜 원리'로 남기 때문이다. 여기에서 우리는 꽤 자유로운 사고를 했던 개혁 취향의 도시 아테네가 플라톤이 살아 있었을 때 그의 평판에 어떻게 협력했는지 추측할 수 있다. 플라톤 스스로 말했듯이, '정치적 충동'을 지녔던 그가 당시에 그리스인 전체의 지중해 국가가 준비되고 있는 것처럼 보였던 시칠리아 섬에서 세 번 실험을 했다는 것은 얼마나 기이한가? 플라톤은 이 국가에서, 그리고 그 원조를 얻어 모든 그리스인을 위해 나중에 마호메트가 아라비아인을 위해서 했던 일—크고 작은 관습, 특히 모든 사람의 하루하루의 생활양식을 확정하는 일—을 하려고 생각했다. 그의 사상은 마호메트의 사상이 가능했던 것과 같이 확실히 가능했다. 더욱 더 믿어지지 않는 기독교의 사상도 실현 가능하다고 증명되지 않았는가! 약간의 우연이 줄고, 다른 우연이 늘어났다면 세계는 유럽 남부의 플라톤화를 체험했을 것이다. 그리고 이 상태가 오늘날 여전히 계속되었다면, 아마 플라톤 속의 '좋은 원리'가 우리에게 존경받을 것이다. 그러나 그는 성공하지 못했다. 그래서 그에게는 공상가이자 이상국가론자라는 평판이 남았다. 더욱 혹독한 이름은 고대 아테네와 함께 파멸했던 것이다.

497

순수하게 하는 눈. 플라톤, 스피노자, 괴테 등의 경우처럼 정신이 성격과 기질로부터 손쉽게 분리되고, 그리하여 그것들을 훨씬 넘어서 높아질 수 있는 날개 달린 존재로서, 성격과 기질에 느슨하게 묶여 있는 것처럼 보이는 사람들, 이들을 우리는 천재라고 부를 수 있을 것이다. 이에 반해 그 기질로부터 결코 유리되지 않고, 그것에 가장 정신적이고 가장 크고 보편적인, 그뿐 아니라 사정에 따라서는 우주적인 표현을 부여할 줄 알았던 (예를 들면 쇼펜하우어 같은) 사람들은 가장 활발하게 자기들의 '천재성'에 대해 말했다. 이 천재들은 자기를 넘어서 날아오를 수 없었다. 그러나 그들은 어디로 날아가도 자기를 발견하고 재발견한다고 믿었다. 이것이 그들의 '위대함'이고, 또 위대함일 수 있다! 천재라는 이름이 원래 어울리는 사람들은 순수하면서도 순수하게 하는 눈을 가지고 있다. 이 눈은 그들의 기질과 성격에서 성장한 것으로는 생각되지 않는다. 이것은 그것들로부터 자유롭게, 그리고 대체로 그것들에 부드럽게 반대하면서, 신을 바라보는 것처럼 세계를 바라보며 이 신을 사랑한다. 그러나 그들에게 이 눈이 단번에 선사된 것은 아니다. 보는 일에는 실습과 예비교육이 필요하다. 그리고 정말 운이 좋은 자는 알맞을 때에 역시 순수하게 보는 일을 가르쳐주는 선생을 발견한다.

498

요구하지 마라! 그대들은 그를 모른다! 그렇다, 그는 인간과 사물에 쉽게 자발적으로 복종하고, 이 둘에게 호의를 갖는다. 그의 단 하나의 소원은 방해받지 않는 것이다. 그러나 이것은 단지 인간과 사물이 복종을 요구하지 않는 한에서만 가능하다. 모든 요구는 그의 긍지를 높이고 그를 부끄럽게 하고 게다가 용감하게 만든다.

499

악인. 디드로가 외쳤다. "고독한 자만이 악하다!" 그래서 곧 루소는 치명상을 입은 느낌이 들었다. 그러므로 그는 디드로가 옳다는 것을 인정했다.

실제로 모든 악한 경향은 사회와 교제 한가운데서 극도로 자제하고, 아주 많은 가면을 쓰고 자주 자신을 덕이라는 프로크루스테스의 침대[136]에 드러눕혀야 하기 때문에, 우리는 전적으로 악한 순교에 대해 말할 수 있을 정도이다. 고독의 경우 이런 모든 것은 없어져 버린다. 악한 자는 고독할 때 가장 많이, 그리고 가장 탁월하게 악하다. 따라서 어디서나 연극만을 보는 자의 눈은 역시 가장 아름답게 악하다.

500

성미에 맞지 않는다. 어떤 사상가가 몇 년 동안이나 성미에 맞지 않는 사색을 하는 일이 있었다. 내가 말하는 것은 그의 내면에서 발생하는 사상에 따르는 것이 아니라 직무, 규정된 시간의 구분, 제 나름대로의 근면 등을 위해 그의 의무인 것처럼 보이는 사상에 따르는 것이다. 결국 그는 병에 걸릴 것이다. 왜냐하면 이 외견상 도덕적인 자제는, 규칙이 된 방탕만이 할 수 있는 것과 같이 철저하게 그의 신경의 힘을 망치기 때문이다.

501

죽어야 할 영혼! 인식에 관한 가장 유용한 업적은 아마 영혼불멸에 대한 믿음이 포기되었다는 것이리라. 현재 인류는 기다릴 수 있다. 현재 인류는 일찍이 그렇게 해야만 했던 것처럼 쩔쩔매고, 반밖에 검토되지 않은 사상으로 갈증을 채울 필요는 더 이상 없다. 당시는 가련한 '영원한 영혼'의 구제는 짧은 인생 동안에 영혼을 인식하는 것에 좌우되었고 영혼은 오늘부터 내일에 걸쳐서 결심해야 하고 '인식'은 놀랄 만한 중요성을 가지고 있었기 때문이다! 우리의 방황, 실험, 잠정적인 생각에 대한 원기 등을 다시 획득했다. 모든 것은 그다지 중요하지 않다! 바로 그렇기 때문에 현재 개인과 세대는 이전 시대에는 광기로 생각되고 천국과 지옥을 상대로 한 놀이로 생각되었을 위대한 과제를 주시할 수 있다. 우리는 자기 자신을 실험해도 된다! 그뿐 아니라 인류가 그 자신을 실험해도 된다! 가장 큰 희생은 아직 인식에 바쳐지지 않았다. 아니, 현재 우리의 행위에 앞서 달리는 사상을 단지 예감하는 것만으로도 이전에는 신성 모독이자 영원한 구원의 포기였을 것이다.

세 개의 다른 상태를 위해 한마디. 정열에 사로잡히면, 어떤 사람에게는 야만적이며 무섭고도 싫은 동물이 갑자기 나타난다. 다른 사람은 정열 때문에 고결하고 위대하고 훌륭한 태도로 고양된다. 이 경우와 비교하면 그 외의 존재는 빈약하게 보인다. 철두철미하게 고귀한 제3의 사람은, 역시 가장 고귀한 질풍노도 시대를 경험한다. 이 상태일 때 그는 야성미를 갖춘 자연이며, 그가 보통 표현하는 위대하고 조용한 아름다운 자연보다 한 단계 낮을 뿐이다. 그러나 그는 정열에 사로잡혀 있을 때 사람들에게 더 잘 이해되고, 바로 이 순간 때문에 더 많이 존경받는다. 그때 그는 사람들에게 한 걸음 더 가까이 가고 친해진다. 사람들은 이러한 광경에 접하면 더할 나위 없는 기쁨과 경탄을 느끼고, 바로 그때 그가 신 같다고 말한다.

우정. 근대인은 철학적인 생활을 하는 우리가 친구에게 쓸모없게 된다고 보는, 철학적인 삶에 대한 저 항의를 받아들이지 않을 것이다. 그 항의는 고대의 것이다. 고대는 우정을 깊고 강하게 체험했고 생각했으며 그것을 거의 자기와 함께 무덤에 매장해 버렸다. 이 점을 볼 때 고대는 우리보다 우위에 있다. 이것에 대해 우리는 이상화된 성애(性愛)를 보여줄 수 있다. 고대인이 지닌 위대한 수완은 남성과 함께 서 있는 것은 남성이라는 것, 여성은 남성이 사랑해야 할 가장 가까운 것, 최고의 것일 뿐 아니라 단 하나의 것이다—그렇게 느끼도록 정열이 가르친다—라는 요구를 허용하지 않는다는 점에 근거했다. 아마 우리의 나무는 그것에 휘감겨 있는 담쟁이와 포도 때문에 그다지 높게 성장하지 않을 것이다.

화해시킨다! 철학의 과제는 아이가 배운 것과 어른이 인식한 것을 화해시키는 것일까? 청년들이 아이와 어른의 중간에 있고 중간의 욕망을 가지고 있기 때문에, 철학은 청년들의 과제일까? 철학자들이 현재 어떤 연령에서 철학의 구상을 품는지를 생각하면 거의 그렇게 생각된다. 철학의 구상을 품을 때는 신앙에는 너무 늦고 인식하기에는 아직 너무 이르기 때문이다.

505

실제가들. 우리 사색자들은 모든 사물의 좋은 맛을 우선 확인하고 필요할 때는 그것을 결정해야 한다. 실제가들은 결국 우리의 판단을 받아들인다. 우리에 대한 그들의 의존은 믿어지지 않을 정도로 크다. 그래서 세상에서 가장 우스운 광경은, 그들이 우리에게 의존한다는 사실을 거의 깨닫지 못하고 매우 오만하게 비실제적인 인간들을 무시하고 중요시하지 않는다는 것이다. 그러나 우리가 실제적인 삶을 경멸하려고 한다면 그들 또한 자신들이 실제적인 삶을 경멸할 것이다. 우리는 때때로 조그마한 복수욕에 부추겨져서 그렇게 할지도 모른다.

506

모든 좋은 것에 필요한 건조. 뭐라고! 우리가 어떤 작품을, 그것을 만들어낸 시대와 아주 꼭 같이 파악해야만 한다고 말하는 것인가? 그러나 우리가 작품을 그렇게 파악하지 않을 때가 기쁨도 놀람도 많고 그것에서 배우는 것 또한 많다! 어떠한 새롭고 좋은 작품이라도 그 시대의 습한 공기와 접촉하는 한, 그 최소의 가치밖에 소유하지 않는다는 것을 그대들은 깨닫지 못했는가? 그 이유는 그것에 시장, 적, 최신의 의견 등의 냄새를, 내일도 모르는 무상한 것 모두를 지니고 있기 때문이다. 이렇게 해서 나중에 작품은 건조해지고, 그 '시대성'은 사멸한다. 그때 비로소 그것은 깊은 빛과 좋은 향기, 그뿐 아니라 그것이 어울릴 때는 조용한 영원의 눈을 손에 넣게 된다.

507

참된 존재의 전제정치에 대한 반대. 비록 우리의 모든 의견이 참이라고 생각할 정도로 우리가 미치광이같이 된다고 할지라도, 우리는 이 의견들만이 존재하는 것은 바라지 않을 것이다. 나는 진리의 단독 지배와 전능(全能)이 어째서 바람직한 것인지 나는 모른다. 진리가 커다란 힘을 가진다는 것만으로 나에게는 충분하다. 그러나 진리는 싸울 수 있어야만 하고 적을 가져야 한다. 그리고 우리는 때때로 진리에서 벗어나 원기를 찾아야 한다. 그렇지 않으면 진리는 우리에게 지루하고 무력하고 맛없는 것이 되고, 또 우리를 역시 그런 것으로 만들어버릴 것이다.

508

비장하게 생각지 않는다. 우리가 자기의 이익을 위해 하는 일은 타인으로부터도, 우리 자신으로부터도 도덕적인 찬사를 받아서는 안 된다. 우리가 자기를 기쁘게 하기 위해 하는 일도 마찬가지로 찬사를 받아서는 안 된다. 그런 경우에 비장하게 생각하는 것을 거절하고 스스로 비장한 것을 내던져야 한다. 이러한 태도는 고차원적인 인간에게서 볼 수 있는 기품 있는 태도이다. 그리고 이 기품 있는 태도에 익숙해진 사람들은 소박함을 다시 선사받는다.

509

제3의 눈. 뭐! 그대는 아직 극장이 필요한가! 그대는 아직 그렇게 젊은가? 현명해져라. 그리고 비극과 희극을, 그것들이 가장 잘 연출되는 곳에서 구하라! 좀더 흥미가 있고 좀더 관심을 끄는 일이 일어나는 곳에서 구하라! 그렇다, 그때 바로 단순한 관객으로 머물러 있는 것은 아주 쉬운 일이 아니다. 그러나 그것을 배우라! 그렇게 하면 비록 그대의 정열이 그대에게 내리덮칠 때라도 그대에게 어렵고 고통스럽게 느껴지는 거의 모든 경우, 그대는 기쁨에 이르는 작은 문과 피난처를 갖게 된다. 연극을 보는 그대의 안목을 열라. 두 개의 다른 눈을 통해 세계를 바라보는 커다란 제3의 눈을 열라!

510

자기의 미덕에서 도망친다. 때때로 자신의 미덕에서 도망칠 수 없다면, 사상가 따위는 생각할 수도 없다! 사상가는 말할 것도 없이 '단순한 도덕적인 존재'로 머물러서는 안 된다!

511

유혹자. 정직은 모든 광신자들의 위대한 유혹자이다. 악마의 모습, 혹은 아름다운 여성의 모습을 하고서 루터에게 접근하는 것처럼 보인다. 루터가 조야한 방법으로 자기를 지키기 위해 방어했던 것은 아마 정직이었으며, 더구나 어쩌면 드문 경우에는 진리이기도 했을 것이다.

사물에는 용감한. 천성적으로 사람에게는 동정심을 느끼거나 소심하지만, 사물에 대해서 용감한 자는 새로운 사람들과 친밀해지는 것을 꺼리고, 옛 지인들과의 교제를 제한한다. 그것은 그의 익명성과 진리를 위해서는 그런 용기를 증대시켜야 하기 때문이다.

제한과 아름다움. 그대는 아름다운 교양을 가진 인간을 찾는가? 그렇다면 그대는 마치 아름다운 지방을 찾을 때처럼 역시 제한된 전망과 광경을 감수해야 한다. 확실히 파노라마적인 인간들도 있다. 분명히 그들은 파노라마적인 지방처럼 교훈적이고 눈부시다. 그러나 아름답지 않다.

강한 사람들에게. 그대들, 강하고 오만한 정신의 소유자들이여, 단 하나 그대들에게 소원이 있다. 우리 타인에게 새로운 무거운 짐을 지우지 말고, 우리 무거운 짐의 얼마만큼을 그대들이 떠맡아 달라. 그대들은 강한 사람들이기 때문이다! 그러나 그대들은 흔히 반대되는 짓을 한다. 왜냐하면 그대들은 날고 싶기 때문이다. 그 때문에 우리는 우리의 무거운 짐에 덧붙여서 그대들의 무거운 짐도 져야 한다. 즉, 우리는 기어야만 한다!

아름다움의 증대. 어째서 아름다움은 문명과 함께 증대하는 것일까? 문명인에게는 추악하게 하는 다음 세 가지 기회가 생기는 일은 드물고, 점점 더 드물게 나타나기 때문이다. 첫째로 감동의 아주 열렬한 폭발, 둘째로 극도의 육체적 노력, 셋째로 모습에 의해 공포감을 일으킨다고 하는 필요성이다. 이 필요성은 낮은 문화의 단계와 위험에 처한 문화의 단계에서는 대단히 크고 또 흔하기 때문에 태도와 의례마저도 확정하고 추악을 의무로 한다.

자기의 내적인 힘이 가까운 사람들 속에 들어가게 하지 말라! 어쨌든 우리 시대에는 호의와 친절이 좋은 인간들을 형성한다는 것을 고집하자. 단지, "그가 처음으로 자신에게 호의를 가지고, 친절이라는 마음가짐을 가지면!" 하고 덧붙이게 해 달라. 그렇지 않다면, 즉 만일 그가 자기로부터 도망치고 자기를 미워하고 자기에게 해를 입힌다면, 분명히 그는 좋은 인간이 아니기 때문이다. 그때 그는 타인들 속에서만 자신의 해를 면한다. 이러한 타인들은 그가 아무리 호의적으로 보이더라도 그 때문에 곤란하게 되지 않도록 주의하는 게 좋다! 그러나 지금까지 우리는 이것, 즉 자아를 피하고 미워하고, 타인 속에서 살고 타인을 위해서 산다는 것을 확신하고, 경솔하게 '이타적'이라며 '좋다'고 불러왔다!

517

사랑하도록 유혹한다. 우리는 자기 자신을 미워하는 자를 꺼려야 한다. 우리가 그의 분노와 복수의 희생이 될 것이기 때문이다. 그러므로 우리는 그를 유혹하여 자신을 사랑하도록 만들자!

518

체념. 체념이란 무엇인가? 그것은 병자의 가장 기분 좋은 상태이다. 그는 체험을 발견하기 위해 오랫동안 고뇌하며 이리저리 뒤척였고, 그 때문에 지쳤다. 그리고 비로소 그것을 진정으로 발견했다.

519

속는다. 그대들은 행동을 하려고 하자마자, 의심으로 향한 문을 닫아야만 한다. 이렇게 행동하는 자가 말했다. 그러나 그대는 이런 식으로 속은 자가 되는 것을 염려하지 않는가? 하고 명상적인 자가 대답했다.

520

영원한 장례식. 역사를 넘어 연속해서 조사(弔辭)를 듣는다고 생각하는 자가 있을지도 모른다. 우리는 언제나 가장 사랑하는 것과 사상과 희망을 매장했고 또 매장하고 있다. 그리고 그 대가로 긍지와 이 세상의 영광을, 즉 조사의 허식을 받았고 또 받고 있다. 그것으로 모든 일이 해결된다! 그리고 조사를 읽는 자는 변함없이 가장 큰 공공적인 자선가이다!

521

예외적인 것에 허영심이 강한. 어떤 사람은 고귀한 성질을 지니고 있고, 그것이 그의 위로가 되고 있다. 그는 그 본성의 나머지를—거의 모두가 나머지이다!—경멸적으로 흘낏 훑어본다. 그러나 그는 자기의 성전으로 가면, 자신으로부터 자신을 회복한다. 그에게는 그곳으로 가는 길이 이미 넓고 완만한 계단을 올라가는 것처럼 보인다. 그러나 잔혹한 사람들은 그 때문에 그는 허영심이 강하다고 한다!

522

귀를 갖지 않은 현명함. 사람들이 우리에 대해 이야기하는 것을 매일 듣거나, 우리에 관해 생각하는 것을 생각해 내면, 아무리 강한 사람이라도 파멸해 버린다. 뿐만 아니라 타인은 매일 우리에 대해 판단을 내리기 위해 우리를 살려 둔다! 만일 그들에 대해 우리가 판다하거나 판단하기를 바란다면, 그들은 틀림없이 우리를 견뎌낼 수 없을 것이다! 요컨대 우리는 일반적인 융화를 위해 희생을 바치자. 우리가 이야기되거나 칭찬받거나 비난받거나 기대되거나 희망의 대상이 된다고 할지라도, 거기에 귀를 기울이지 않도록 하자. 그것에 관해 생각조차도 하지 말자!

523

배후의 문제. 어떤 인간이 아무리 다 털어내 보이더라도, 사람들은 다음과 같이 물을 수 있다. 무엇을 감추고 있는 것일까? 어디에서 시선을 돌리게 하는 것일까? 어떤 편견을 자극할까? 그리고 더욱이 다음에 이 위장의 정교함은 어디까지 미칠까? 그리고 그때 어디에서 그는 실패할까?

524

고독한 사람들의 질투. 사교적인 성격의 사람들과 고독한 성격의 사람들 사이에는(모두 재기가 있다고 해도) 차이가 있다. 전자는 어떤 사물에—그것이 무엇이든—그것을 전하는 적절한 표현방법을 자기의 재기 속에서 발견한 순간부터 만족하거나 거의 만족한다. 이것은 그들을 악마와도 화해시킨다! 그러나 고독한 사람들은 사물에 대해 가슴에 숨긴 환희와 고뇌를 품는다. 그들은 그 깊숙이 숨긴 문제들을 재기발랄하고 찬란하게 진열하는 것을 싫어한다. 이것은 그들이 그 애인의 고상한 의상을 싫어하는 것과 같다. 그때 그들은 애인이 타인의 마음에 들려고 한다는 의심을 품는 것처럼, 애인을 우울하게 응시한다! 이것은 모든 고독한 사상가와 정열적인 몽상가가 에스프리에 대해 품는 질투심이다.

525

칭찬의 효과. 어떤 사람들은 큰 칭찬에 수줍어하고, 어떤 사람들은 뻔뻔스러워진다.

526

상징이기를 바라지 않는다. 나는 군주 때문에 슬퍼한다. 그들은 일시적으로라도 신분을 파기한 교제를 해서는 안 된다. 그래서 그들은 유쾌하지 못한 상태와 위장(僞裝)에 의해서만 인간을 알게 된다. 큰 인물이 되라는 부단한 강제로 인해 그들은 결국 사실상 점잔빼는 영(零)이 된다. 그리고 이것은 상징으로 존재하는 것이 의무인 모든 사람들에게 해당된다.

527

숨어 있는 사람들. 그의 황홀한 마음도 단단히 붙잡아 누르면서 절도(節度)라는 순결을 잃을 바에는 차라리 벙어리가 되겠다고 생각하는 사람들을 아직 발견한 적이 없는가? 인정받으려 하지 않고, 모래에 찍힌 그 발자취를 되풀이하여 없애고, 게다가 언제까지나 숨어 있으려 하고, 타인과 자기를 속이는, 귀찮기는 하지만 흔히 극도로 마음이 좋은 사람들을 그대들은 역시 아직 발견하지 못했는가?

528

좀처럼 볼 수 없는 절제. 남을 판단하려 하지 않고 남에 대해 생각하는 것을 거부하는 것은 흔히 인간성의 가치가 적지 않다는 증표이다.

529

인간과 국민은 무엇에 의해 빛이 나는가. 어떤 것을 행하기 전에 그것들이 오해받는 것을 간파하거나 잘못 추측해서 얼마나 많은 순수하게 개인적인 행위를 중지하는지! 그러한 행위들은 좋든 나쁘든 일반적으로 가치를 가지고 있다. 따라서 어떤 시대, 어떤 국민이 개인을 존중하는 정도가 높으면 높을수록, 그리고 개인에게 권리와 우위가 보다 많이 인정하면 인정할수록, 그만큼 더 저런 종류의 행위는 감히 나타나려고 할 것이다. 이리하여 결국 좋든 나쁘든 정직과 순수의 빛남이 시대와 국민 전체 위에 펼쳐지고, 그 시대와 국민들은 그리스인처럼 그 몰락 뒤에도 수천 년 동안 많은 별과 같이 빛나는 것이다.

530

사색가의 우회. 많은 사색가들은 그 사색 전체의 발걸음이 엄격하고 매우 대담할 뿐 아니라 때때로 자기에게도 잔혹하다. 그러나 세부적으로 그들은 온화하고 부드럽다. 그들은 같은 일 주변을 호의적으로 주저하면서 열 번이나 돈다. 그러나 결국 그들은 그 엄격한 길을 계속 간다. 그것은 많은 우회로와 고독한 은둔소를 가진 흐름이다. 그 흐름에는 자신과 숨바꼭질을 하거나 섬, 나무, 동물, 폭포로 짧은 전원시(田園詩)를 짓는 장소가 있다. 그리고 흐름은 다시 바위를 넘고, 대단히 단단한 암석도 무리하게 뚫고서 흘러간다.

531

예술을 다른 식으로 느낀다. 사람들은 고독하면서도 사교적이고, 흡수하면서 흡수되고, 깊고 결실이 풍부한 사상을 가지면서도 겨우 그 사상만으로 사는 시대가 되고나서부터 예술에서 더 이상 아무것도 바라지 않거나 이전과는 완전히 다른 것을 바란다. 즉, 사람들은 취미가 바뀌었다. 사람들은 이전에는 예술의 문을 통해 현재 우리가 영속적으로 살고 있는 바로 그 본령으로, 잠깐이라도 다시 들어가려고 했다. 그럼으로써 소유의 환희를 꿈꾸었다. 현재 우리는 소유하고 있다. 그렇다, 이제는 우리가 현재 소유하는 것을 일시적으로 내던지고, 아이, 거지, 바보로서 꿈을 꿀 수 있다. 이것은 지금부터 우리를 때때로 환희에 넘치게 할지도 모른다.

532

'사랑은 평등하게 한다.' 사랑은 몸을 바치는 상대에게서 서먹서먹함의 감
정을 모두 없애려고 한다. 따라서 사랑은 위장과 유사함을 가장하는 것으로
가득 차 있다. 사랑은 끊임없이 속이고, 실제로 존재하지 않는 평등을 연기
한다. 더구나 이것은 매우 본능적으로 일어나기 때문에 사랑하는 여성들은
이 위장과 극히 동정심 많은 끊임없는 기만을 부인하고, 사랑은 평등하게 한
다(즉 사랑은 기적을 행한다!)고 대담하게 주장한다. 이 경과는 한 쪽 인간
이 사랑받고 위장할 필요를 느끼지 않고, 위장을 오히려 상대인 사랑하는 인
간에게 맡길 때에는 간단하게 진행된다. 그러나 두 사람 모두 서로 완전히
정열에 사로잡혀 있고, 따라서 양쪽 모두 자기를 버리고 상대와 대등하게 되
려 하고, 더군다나 상대하고만 평등하게 되려 한다. 이보다 더 혼란스럽고
꿰뚫어 볼 수 없는 연극은 없다. 마지막에는 두 사람 다 무엇에 몸을 바쳐야
하는가 이외에는 무엇을 모방해야 하는지, 무엇 때문에 위장해야 하는지 더
이상 알지 못하게 된다. 이 연극의 멋진 어리석음은 이 세상에서는 너무 훌
륭하고 인간의 눈에는 너무 미묘하다.

533

우리 초심자! 어떤 배우가 다른 배우의 연기를 볼 때, 그는 모든 것을 헤
아리고 꿰뚫어 본다! 어떤 근육이 어떤 거동일 때 마음대로 움직여 주지 않
는 경우, 그는 그것을 알고 있다. 하나하나 침착하게 거울 앞에서 연습해 두
었지만 전체에 어울리지 않는 사소하고 부자연스런 몸짓을 그는 구별한다.
배우가 무대에서 자신의 창작에 놀라고 있는 경우, 그리고 놀람 때문에 무대
를 망치는 경우, 그는 그것을 느낀다. 한편 화가는 그 앞에서 움직이는 인간
을 얼마나 다른 방식으로 보는 것인지! 특히 그는 면전에 있는 것을 완전하
게 하기 위해, 또 전체적인 효과를 거두기 위해 즉시 많은 것을 덧붙여서 본
다. 그는 같은 대상의 여러 종류의 명암 배치를 마음속에서 시도한다. 그는
자기가 덧붙이는 대조로 효과 전체를 나누어 본다. 이 배우와 이 화가의 눈
을 우리가 인간 영혼의 나라에 대해 가지기만 한다면!

적은 복용량. 가능한 한 깊숙한 곳까지 변화시키려고 한다면, 우리는 가장 적은 복용량으로 장기간에 걸쳐서 끊임없이 약을 주는 것이 좋다! 어떤 커다란 것이 단번에 완성될 수 있겠는가? 그래서 우리는 우리가 길들여져 있는 도덕 상태를 사물의 새로운 평가와 서둘러서 무리하게 교환하지 않도록 주의하려 한다. 그렇다, 우리는 이 상태 속에서 더욱 오래 오래 살려 한다. 아마 아주 오랜 뒤에 새로운 평가가 우리 내면에서 우세한 힘이 되고, 우리가 앞으로 익숙해져야 한다는 평가의 적은 복용량이 새로운 본성을 내면에 길렀다는 사실을 깨닫게 될 때까지. 우리는 말할 것도 없이 다음 사실을 통찰하기 시작했다. 즉, 평가를 크게 변화시키려는 정치적인 일에 관한 최근의 실험—'대혁명'—은 비장하고 피투성이의 엉터리 치료 이상의 것이 아니라는 사실을. 이 엉터리 치료는 갑작스런 위기를 통해 믿음이 깊은 유럽에 갑작스런 치유를 향한 희망을 제시할 수 있었다. 그리고 그것으로 모든 정치적인 환자를 이 순간에 이르기까지 초조하고 위험하게 했다.

진리는 힘을 필요로 한다. 비록 언변에 능숙한 계몽주의자가 아무리 그 반대를 말하는 데 익숙해져 있다고 할지라도—진리는 그 자체로는 결코 힘이 아니다! —진리는 오히려 힘을 자기편으로 끌어들이거나 힘의 편이 되어야 한다. 그렇지 않으면 진리는 몇 번이고 되풀이하여 파멸할 것이다! 이것은 지금 충분히, 지나치게 충분할 만큼 증명되고 있다.

엄지손가락 조임[137] 사람들이 그의 약간의 사적인 미덕을 우연히 그것을 갖고 있지 않은 타인의 계산서에 써 넣거나 타인을 들볶거나 괴롭히는 것을 자꾸 되풀이해서 보면, 결국 분개하지 않을 수 없다. 그러니 우리는 '성실감'도 인간적으로 진척시키자. 오늘날도 여전히 엄지손가락 조임 기구라는 것이 있어서 자기의 신앙을 성실하게 전 세계에 강요하려는 당당한 이기주의자들 모두가 죽임을 당할 정도로 괴로워하고 있다. 이 기구의 성능이 아주 확실하긴 하지만 우리는 우리 자신에게 그것을 시험해 보고 알았다!

노련. 노련함은 사람들이 실행하면서 잘못해 손상시키지도 않고 주저하지도 않을 때 도달하게 된다.

천재의 도덕적인 광기. 어떤 종류의 위대한 정신의 소유자들에게는, 고민으로 가득 차 있고 어떤 부분에서는 무서운 모습을 관찰할 수 있다. 즉 그들의 가장 결실이 풍부한 순간, 위로나 저 멀리로 향하는 비상은 그들 체질 전체에 어울리지 않고 어떤 방법으로든 그 체질의 힘에 벅찬 것처럼 보이기 때문에, 그때마다 어떤 결함이, 또 오래 계속되는 동안에는 기계의 결함이 남는다. 그러나 이 기계의 결함은 여기서 생각되고 있는 것처럼 고도의 정신적인 사람들에게는 육체적인 고뇌상태보다 훨씬 규칙적으로 모든 종류의 도덕적이고 지적인 징후로 정체를 드러낸다. 따라서 그것들로부터 갑자기 튀어나오는 이해할 수 없는 소심함, 자만, 심술궂음, 질투심, 강박과 억압, 루소와 쇼펜하우어 같은 사람들이 지닌 너무나 개인적이고 자유롭지 못한 증세는 정말 주기적인 심장병의 결과인지도 모른다. 이 심장병은 또한 신경질환의 결과이고, 이 신경질환은 결국 광기의 결과이다. 수호신이 우리 내면에 깃들어 있는 한 우리는 용감하고, 아니 미친 것 같고, 인생, 건강, 명성을 고려하지 않는다. 우리는 낮에는 독수리보다 자유롭게 날아다니고, 밤에는 부엉이보다 더 안전하다. 그러나 갑자기 수호신이 우리를 떠나면 깊은 공포감이 우리를 덮친다. 우리는 자기를 더 이상 알지 못한다. 우리는 체험한 모든 것 때문에 괴로워하고, 또 체험하지 않은 모든 것 때문에 괴로워한다. 우리는 폭풍을 앞에 두고 벗겨진 바위 밑에 있는 듯하고, 동시에 덜컹대는 소리와 그림자를 겁내는 불쌍한 아이의 마음 같다. 세상에서 행해지는 악의 4분의 3은 공포감에서 일어난다. 그리고 공포감은 무엇보다 생리학적인 현상이다!

그대들은 자신이 무엇을 바라고 있는지 실제로 알고 있는가? 자신들이 참인 것을 인식하는 데는 전혀 쓸모없을지도 모른다. 이 불안 때문에 그대들은 괴로워한 적이 없는가? 자신들의 감각은 너무나도 무디고 자신들의 민감한 감각조차도 역시 너무나 거칠다는 불안 때문에? 자기들이 보는 것의 배후에 어떤 의지가 지배하고 있는가를 언젠가 그들이 알아차린다고 하면? 예를 들어 그대들이 어제는 타인보다도 더 많이 보려고 하거나, 오늘은 타인과는 다르게 보려고 하거나 그대들이 처음부터 사람들이 이전에 발견했다고 생각한 것과의 일치, 혹은 반대를 발견하려고 갈망하고 있다는 것을 알아차린다면! 오, 치욕스러운 욕망! 그대들이 참으로 지쳐 있기 때문에 자주 효과가 강한 것을, 자주 진정시키는 것을 찾는다는 것을 알아차렸다면! 진리는 언제나 그대들이 받아들일 수 있는 성질의 것이어야 한다는 완전하고 비밀스런 숙명이 있다! 그렇지 않으면 그대들은 겨울의 밝은 아침처럼 얼어붙고 메말랐으며 마음에 걸리는 어떤 것도 가지고 있지 않기 때문에 오늘은 더 좋은 눈을 가지고 있다고 생각하는가? 열정과 열광이 사고의 산물을 올바르게 취급하는 데 필요하지 않을까? 바로 이것이 본다고 하는 것이다! 마치 그대들은 인간과의 교제와는 다른 식으로 사고의 산물과 교제할 수 있는 것처럼 생각한다. 그러나 이 교제 속에는 같은 도덕, 같은 존경, 같은 저의, 같은 이완, 같은 공포감—그대들의 사랑스러운 자아와 미운 자아의 전체가 있다! 그대들의 육체적인 피로는 사물에 우중충한 색을 준다. 그대들의 열은 그것들을 괴물로 만든다! 그대들의 아침은 사물 위에서 저녁과는 다른 방식으로 빛나지 않는가? 그대들은 모든 인식의 동굴 속에서 그대들의 유령을 진리가 변장한 허수아비로서 재발견하는 것을 두려워하지 않는가? 그대들이 그처럼 깊이 생각하지 않고 공연하고 싶다고 생각하는 것은 무서운 희극이 아닌가?

540

습득. 미켈란젤로는 라파엘에게서 면학을, 자기에게서는 천성을 보았다. 그리고 라파엘에게서 습득을, 자기에게서 천부의 재능을 보았다. 그러나 이 위대하지만 사소한 일에 까다로운 사람에게 경의를 표하며 말하는데, 이것은 사소한 일에 구애되는 것이다. 도대체 천부의 재능이란 우리 선조의 단계이든 좀더 예부터이든 습득, 경험, 예술, 획득, 섭취의 오래된 부분에 대한 이름 이외에 무엇이겠는가! 그리고 또 습득하는 자는 자기에게 스스로 부여하는 것이다. 그렇다고 해도 습득하는 것은 그렇게 쉽지 않다. 그리고 그저 선한 의지의 문제가 아니다. 우리는 습득할 수 있어야 한다. 예술가들은 자주 질투, 혹은 낯선 것을 느끼면 즉시 그 가시를 세워서 습득하려 하지 않고 방어적인 태도를 취하게끔 자존심을 세워 습득에 반항한다. 라파엘은 괴테와 마찬가지로 질투도 자존심도 없었다. 그러므로 그들은 위대한 습득자이지, 그 선조가 남긴 표석(漂石)과 역사로부터 여과된 광택의 단순한 착취자가 아니었다. 라파엘은 습득하는 자로서 그의 위대한 상대가 자기에게 '본성'이라고 이름붙인 것을 획득하는 동안 우리의 눈앞에서 사라져 버린다. 이 고귀한 도둑인 라파엘로는 매일 그 본성의 일부분을 옮겨갔는데, 미켈란젤로 전체를 자기 속에 운반해 들이기 이전에 죽어 버렸다. —그래서 새로운 면학계획의 시초로서 그의 작품 가운데 마지막 계열은 덜 완전하며 덜 훌륭하다. 왜냐하면 이 위대한 습득자는 죽음으로 그 어려운 과제를 방해당하고 자기가 기다리고 있던 궁극적 목표를 죽으면서 갖고 갔기 때문이다.

541

사람은 어떻게 화석이 되는가. 보석처럼 천천히, 천천히 단단해진다. 그리고 마지막으로 조용하게 영원의 기쁨을 누리며 움직이지 않고 있다.

542

철학자와 노년. 저녁에게 낮을 판결케 하는 것은 현명하지 않다. 왜냐하면 그때는 피로가 힘과 성공, 선한 의지 등의 판사가 되는 일이 너무 흔하기 때문이다. 그래서 아주 똑같이 노년과 노년에 이르러 그 인생을 판단하기 위해서는 최고의 신중한 태도가 필요하다. 특히 노년은 저녁과 마찬가지로 새롭고 매혹적인 도덕으로 변장하기를 좋아하고, 저녁 노을, 황혼, 평화로운 고요, 또는 동경으로 가득 찬 고요함으로 낮의 얼굴을 붉히게 할 수 있기 때문이다. 우리가 노인에게 보이는 존경은 특히 그가 노년의 사상가나 현자일 때, 자칫 그의 정신이 노쇠했다는 사실을 못 보게 한다. 그래서 노쇠와 피로의 징후를 그 숨겨진 곳에서 끌어내는 것, 즉 도덕적인 찬성 의견과 편견의 배후에 있는 생리학적 현상을 끌어내는 것이 존경에 눈먼 자와 인식의 가해자가 되지 않기 위해 항상 필요하다. 즉 노인은 위대한 도덕적 갱신과 재생이라는 망상에 빠지고, 이 감각에서 마치 바로 지금 겨우 그의 통찰력을 갖게 된 것처럼, 그 생애의 업적과 지나온 경로에 대해 판결을 내리는 일이 드물지 않다.

그러나 이 쾌감과 이 확신에 찬 판단의 배후에서 그것들을 원조하는 것은 현명함이 아니라 피로이다. 이 피로의 가장 위험한 특징은 아마 천재 신앙일지도 모른다. 천재 신앙 즉 예외적 권리에 대한 신앙은 이 생애의 마지막이 되어서야 겨우 위대한 정신의 소유자들과 반쯤 위대한 정신의 소유자들을 덮친다. 이 신앙에 사로잡힌 사상가는 이제 문제를 가볍게 다루고 증명하지 않은 채 천재로 공표하는 것이 허용된다고 생각한다. 그러나 피로한 정신이 갖는 안식에 대한 충동이야말로 신앙의 가장 강한 원천일 것이다. 이 충동은 어떻게 다른 방식으로 나타나든 시간적으로 신앙에 선행한다. 겉으로는 정반대로 보일지라도 말이다. 사람들은 이때 모든 피로한 사람들과 노인들의 향락욕에 따라, 자기 사색의 결과를 다시 검토하고 전파하는 대신에 그 자체를 향락하려 한다. 그 때문에 그 결과를 자기의 입에 맞게 만들어 그 건조함, 차가움, 맛없음을 없앨 필요가 있다. 그래서 노(老)사상가는 자기 생애의 업적을 넘어서는 의견을 드러내지만, 실제로는 그 업적을 뒤섞인 열광, 단맛, 약맛, 시적인 안개, 신비적인 빛으로 쓸모없게 만드는 일이 일어난다. 플라톤이 결국 그렇게 되었고, 엄밀한 여러 학문을 뒤얽혀 길들이는 사람으로서 금세기의 독일인과 영국인 어느 누구도 필적할 수 없는 위대하고 정직한 프랑스인 오귀스트 콩트도 결국 그렇게 되었다.

피로의 세 번째 징후. 젊었을 때, 위대한 사상가의 가슴속을 돌진하고 당시 어떤 것에서도 만족을 발견하지 못했던 명예심은 이제는 역시 늙고 말았다. 그는 더 이상 잠시도 지체할 수 없는 사람처럼 거칠고 폭 넓은 만족의 수단으로, 즉 활동적이고 지배적이고 폭력적이고 정복적인 성격의 사람들이 가진 수단으로 손을 뻗친다. 앞으로 그는 그의 이름을 등록하는 시설을 창설하려 하지, 더 이상 사상의 건축물을 세우려 하지 않는다. 그에게 증명과 반박의 나라에 얻을 수 있는 에테르 같은 승리와 존경은 이제 와서 무슨 의미란 말인가! 그에게 책 속에서의 불멸, 독자의 혼 속에서 전율하는 환희가 무슨 의미란 말인가! 이에 반해 이 시설은 하나의 사원이다. 이 점을 그는 잘 알고 있다. 그리고 석조로 된 영속하는 사원은, 부서지기 쉽고 보기 드문 영혼의 제물보다도 그의 신의 생명을 보다 확실히 유지한다. 아마 그는 이때

역시 처음으로 인간보다 신에 더 어울리는 사랑을 발견하리라. 그래서 그의
인품 전체는 그러한 태양 밑에서 가을의 과일처럼 부드러워지고 단맛을 갖
게 된다. 그뿐 아니라 그는 한층 장엄하고 아름다워진다. 이 위대한 노인은.

그러나 그럼에도 그가 그처럼 성숙하고, 조용해지고, 여성의 찬란한 우상
숭배 속에서 휴식할 수 있는 이유는 노년과 피로 때문이다. 참된 제자들, 즉
참된 사상의 후계자들, 말하자면 참된 적대자들을 찾는 이전의 반항적인 자
신의 자아를 능가하는 열망은 이제는 지나갔다. 그 열망은 약해지지 않은 힘
에서, 언제나 역시 자신이 자신의 학설에 대한 반대자이자 불구대천의 적이
될 수 있다는 의식적인 긍지로부터 발생했다. 지금 그는 굳건한 당원, 위험
없는 동지, 장군, 전령, 사람의 눈을 끄는 종자이기를 원한다. 그는 지금,
앞으로 먼저 날아가는 모든 정신이 살고 있는 무서운 고립에 더 이상 견디지
못한다. 그는 앞으로 존경, 공동체, 감동, 사랑 등의 여러 대상으로 자신을
둘러싼다. 그는 결국 모든 종교가들처럼 역시 언젠가 유쾌해지려 하고, 자기
가 존중하는 것을 공동체 속에서 축하하려고 한다. 그뿐만 아니라 단지 공동
체를 가지기 위해 그는 종교를 생각해낼 것이다.

현명한 노인은 이와 같이 살고 동시에 자기도 모르는 사이에 슬픈 일이지
만 사제나 시인 같은 일탈에 접근하게 된다. 우리는 그때 그의 현명하고 엄
격한 청춘, 당시 그의 두뇌의 엄격한 도덕, 착상과 열광에 대한 참으로 남자
다운 그의 수치를 거의 기억해 낼 수 없을 정도다. 이전에 그가 좀더 나이
많은 다른 사상가들과 자신을 비교한 것은, 자기의 약점을 진지하게 그들의
힘과 비교하고 자신에 대해서 보다 냉정하고 보다 자유로워지기 위해서 한
일이었다. 지금 그가 그것을 하는 것은, 비교함으로써 자신의 망상에 감격하
기 위해서일 뿐이다. 이전에 그는 확실한 기대를 품고, 앞으로 올 사상가들
을 생각했다. 그뿐 아니라 언젠가 자기가 그들의 더욱 풍부한 광채 속에서
몰락하는 것을 무한한 기쁨으로 바라보았다. 지금 그를 괴롭히는 것은 자신
이 마지막 사람으로 존재할 수 없다는 점이다.

그는 인간에게 주는 유산과 함께 인간에게 최고의 사색을 제한하는 수단
을 숙고한다. 그는 정신을 가진 개개인의 긍지와 자유에 대한 갈망을 무서워
하고 또 중상한다. 그의 뒤를 잇는 어떤 사람도 더 이상 그 지성을 완전히
자유롭게 생각하는 대로 두어서는 안 된다. 그는 스스로 사색의 파도가 부딪

치는 방파제로서 영구히 선 채로 있으려고 한다. 이것들이 그의 은밀한, 어쩌면 반드시 은밀하지는 않은 바람이다! 그러나 그러한 바람의 배후에 있는 가혹한 사실은 그 자신이 자신의 학설 앞에 정지하고, 그 학설 안에 자기의 경계석을, 즉 스스로 '여기서부터 더 이상 나가지 않겠다는 의지를 세웠다는 것이다. 그가 자신을 성도의 반열에 넣음으로써 그는 자기의 사망증명서도 교부했다. 앞으로 그의 정신은 이 이상의 발전이 허용되지 않는다. 그의 시대는 끝났다. 시계 바늘이 떨어진다. 위대한 사상가가 자기를 미래의 인류에 대한 의무적인 시설로 세우려 할 때, 그는 자기 힘의 정점을 넘고 몹시 피로하고 그 황혼에 대단히 가깝게 접근해 있다고 확신해도 좋을 것이다.

543

정열을 진리의 논거로 삼지 말라! 오, 그대들 마음씨 곱고 고귀하기까지 한 열광자들이여, 나는 그대들을 알고 있다! 그대들은 어디까지나 바르게 있으려 한다. 우리에 대해, 또 자기들에 대해, 무엇보다 특히 자기들에 대해! 그리고 대단히 민감하고 섬세한 양심의 가책이 그대들을 자극하고 자기의 열광에 반대하라고 촉구한다! 그때 그대들은 이 양심을 책략에 싣거나 마비시킨다는 점에서 얼마나 재기발랄해지는지! 그대들은 정직한 사람들과 소박한 사람들, 그리고 순수한 사람들을 얼마나 미워하고 그들의 죄 없는 눈을 부러워하는지! 그들이 그 대표하고, 자신의 내면에서 그대들의 신념을 의심한다는 소리를 너무나 공공연하게 드러내는 보다 뛰어난 지식을 나쁜 습관으로, 시대병으로, 그대들의 정신적 건강을 경시하는 것이고 감염시키는 것으로 얼마나 그대들을 중상하려고 노력하는가! 그대들은 비판, 학문, 이성을 증오하기까지 한다!

그대들은 역사를 그대들의 증인으로 만들기 위해 왜곡해야만 한다. 그대들은 덕에 그대들의 우상과 이상의 빛을 빼앗기지 않기 위해 덕을 부인해야만 한다. 이성의 근거가 필요한 곳에 채색화! 표정의 정열과 힘! 은빛의 안개! 감미로운 밤! 그대들은 비추는 것과 어둡게 하는 것에, 더군다나 빛으로써 어둡게 하는 것에 통달해 있다! 그리고 실제로 그대들의 정열이 미쳐 날뛰게 될 때, 그대들이 자신에게 다음과 같이 말할 순간이 찾아온다. 지금 나는 거리낌 없는 양심을 얻었다. 지금 나는 관대하고, 용감하고, 극기하며, 당당하다. 지금 나는 정직하다! 그대들은 얼마나 이 순간을 갈망하는지. 그대들의 정열이 자신에게 부여한 완전히 무조건적인 권리와 순진무구한 순간을 갈망하는지. 그대들이 투쟁, 도취, 용기, 희망에서 그대 자신들을 잃고 모든 의심을 넘어서는 순간을 갈망하는지. "우리와 마찬가지로 우리를 잊는 자가 아닌 자는 진리가 무엇이고 어디에 있는지 전혀 알 수 없다!" 하고 그대들이 지령하는 순간을 갈망하는지. 같은 신념을 가진 인간들을 이 상태에서―그것은 지성의 악덕 상태이다―발견하고, 그들의 화염으로 그대들의 불꽃에 점화해 주기를 그대들은 얼마나 갈망하고 있는가! 오, 그대들의 순교라니! 신성하게 말한 그대들 거짓말의 승리라니! 그대들은 그토록 많은 괴로움을 자기에게 덧붙이지 않으면 안 되는가? 그렇게 하지 않으면 안 되는가?

544

오늘날 사람들의 철학 연구 방법. 오늘날 철학적으로 생각하는 우리의 청년들, 여성들, 예술가들은 그리스인이 철학에서 받아들인 것과 정반대의 것을 요구한다는 것을 나는 충분히 알아차리고 있다. 플라톤 대화편의 문답을 꿰뚫고 가는 영속적인 환호, 이성적인 사색이라는 새로운 발명의 환호를 듣지 않는 자가 플라톤에 대해 무엇을 알 것이며, 고대 철학에 대해 무엇을 알겠는가? 개념, 개괄, 반박, 엄밀한 제시라는 엄격하고 냉정한 놀이를 행했던 당시에 사람들의 영혼은 도취로 가득 차 있었다. 아마 이 도취는 고대의 위대하고 엄밀하고 냉정한, 음악의 대위법자들도 알고 있었을 것이다.

당시 그리스인들의 혀에는 다른 더 오랜 옛날의 전능했던 맛이 아직 남아 있었다. 이 맛에 대비해 새로운 것은 대단히 매력적이고 뛰어나게 보였기 때문에 사람들은 변증법, '신적인 기술'에 대해 마치 연애에 미쳐 있을 때와 같이 노래하고 중얼거렸다. 그러나 저 오래된 것은 윤리가 지배하는 사고이고, 그것에는 단지 확립된 판단, 확정된 사실이 있을 뿐 권위라는 근거 이외에 다른 근거는 없었다. 그러므로 사고는 흉내이고, 이야기와 대화의 모든 향락은 형식 속에 있어야 했다. (내용이 영원하고 보편타당하다고 생각되는 곳에서는 어디서나 하나의 커다란 매력밖에 없다. 변화하는 형식, 즉 유행의 매력이다. 호메로스 시대 이래, 그리스인은 시인들도, 그 뒤에는 조각가조차도 독창성이 아니라 그 반대를 즐겼다.) 소크라테스야말로 그것과는 반대의 매력, 즉 원인과 결과, 근거와 귀결의 매력을 발견한 사람이었다.

우리 근대인은 논리학의 필요에 길들여져 있고 그것을 교육받고 있기 때문에 우리의 혀는 논리학을 보편적인 맛으로 느낀다. 그러한 맛을 호사가나 건방진 자들은 싫어할 것이 틀림없다. 그런 맛에 비해 특별해 보이는 맛이 이 사람들을 열광시킨다. 그들은 자신들이 예민한 명예심을 갖고 있어서 자신들의 영혼이 특별하고, 변증법적·이상적인 존재가 아니라, 예를 들면 '내적 감각(內的感覺)' 혹은 '지적 직관(知的直觀)'이 주어진 '직관적 존재'라고 믿으려 한다. 그러나 무엇보다 특히 그들은 머리에 수호신을 품고 있고 신체에 마력을 지니고 있어서 이 세상과 저 세상에 대한 특전, 특히 불가사의하다는 신들의 특전을 지닌 '예술가적인 성격'의 소유자이고 싶어한다. 이것을 지금 철학도 연구하고 있다! 그들이 언젠가 잘못 다루어서 손상시켰다는 것을 깨닫지나 않을까 하고 나는 우려한다. 그들이 바라는 것, 그것은 종교다!

545

그러나 우리는 그대들을 신뢰하지 않는다! 그대들은 자신이 인간에 정통하다는 것을 보이고 싶어한다. 그러나 우리는 그대들의 잘못을 간과하지 않을 것이다! 그대들이 실제 이상으로 경험이 풍부하고 깊이가 있으며 열정적이고 완전한 사람처럼 보이려 한다는 것을 우리가 알아채지 않겠는가? 어떤 화가가 붓을 움직이는 방식에서 이미 자만이 드러나 있다는 것을 우리가 분명히 느낀다. 마찬가지로 분명히 우리는 음악가가 주제를 도입하는 방식에서 주제를 실제보다 더 고차원적이라고 사칭하고 싶어한다는 것을 저 음악가에게서 느낀다. 그대들은 내면에서 역사를, 진동을, 지진을, 오랫동안의 비애를, 번개와 같은 기쁨을 체험했는가? 그대들은 크고 작은 바보처럼 바보였는가? 그대들은 좋은 인간들의 망상과 비탄을 참으로 견뎠는가? 그에 덧붙여서 극악한 사람들의 비탄과 행복의 종류에 견뎠는가? 그렇다면 나에게 도덕에 대해 말하라. 그렇지 않았다면 말하지 말라!

546

노예와 이상주의자. 에픽테토스적인 인간은 확실히 오늘날 이상을 얻으려고 노력하는 사람들의 취미에 맞지 않을 것이다. 그의 본성의 끊임없는 긴장, 내면으로 향해진 지치지 않는 눈길, 그 눈이 일단 외계로 향했을 때의 닫혀 있음, 신중함, 마음을 터놓지 않음, 게다가 침묵 또는 간결한 이야기, 이 모든 것이 대단히 엄격한 용기의 표시다. 이것은 무엇보다도 특히 확장을 탐내고 있는 우리 이상주의자들에게 무엇이겠는가! 더군다나 그는 광신적이지 않다. 그는 우리 이상주의자들의 과시와 자만을 미워한다. 그의 자부심은 매우 크지만, 타인을 방해하려고 하진 않는다. 그는 어떤 종류의 조용한 접근을 용인하고, 어떤 사람의 좋은 기분이라도 망치려 하지 않는다. 그렇다, 그는 미소 지을 수 있다! 이 이상 속에는 대단히 많은 고대적 인간성이 존재한다! 그러나 첫째가는 미덕은 신에 대한 불안이 그에게는 없다는 것이고, 그가 이성을 철저하게 믿고 있다는 것이며, 그가 참회를 권유하는 설교자가 아니라는 것이다.

에픽테토스는 노예였다. 그가 생각하는 이상적인 인간은 계급이 없고, 모든 계급이 다 가능했다. 그러나 이 이상적인 인간은 일반적인 노예 상태에서 조용하게 자기의 위치를 감수하는 자로서, 비천한 대중 속에서 찾아야 할 것이다. 무엇보다도 외부에 대해 자기를 지키고, 끊임없이 최고의 용기를 갖고 산다. 기독교도와 그는 확연히 다르다. 기독교는 희망과 '말로 표현할 수 없는 영광'이라는 위안을 품고 산다. 기독교도는 선물을 받으며 최상의 것을 자신에게가 아니라 신의 사랑과 은총에 기대하고 받아들인다. 한편 에픽테토스는 희망하지 않고, 그 최상의 것을 선물로 받지 않는다. 그는 그것을 소유하며 그것을 용감하게 손에 쥐고 있다. 만약 전 세계가 그것을 그에게서 빼앗으려고 하면, 그는 전 세계와 싸운다. 기독교는 고대 다른 종류의 노예, 즉 의지와 이성이 약한 노예, 다시 말해 대다수의 노예들을 위해 만들어졌다.

547

정신의 폭군들. 너무나 오랫동안 그랬던 것처럼, 학문의 진행은 오늘날에는 더 이상 인간이 대략 70년 정도의 수명을 갖고 있다는 우연적인 사실에 방해받지 않는다. 일찍이 사람들은 이 시기 동안에 인식의 마지막에 도달하려 했고, 이 일반적인 욕망에 따라 인식의 방법을 평가했다. 작은 개개의 문제와 실험은 경멸할 만한 것으로 생각되었다. 사람들은 가장 가까운 길을 원했다. 세계의 모든 것은 인간에 의해 정돈되고 있는 것처럼 보였기 때문에, 사물의 인식 가능성도 역시 인간적인 시간의 단위에 의해 정돈되어 있다고 사람들은 믿었다. 사람들은 모든 것을 단숨에 한마디로 해결하는 것을 은밀하게 갈망했다. 고르디우스의 매듭[138] 혹은 콜럼버스의 달걀 등의 비유로 사람들은 과제를 생각했다. 인식에서도 또한 알렉산더 혹은 콜럼버스의 방식으로 목표에 도달하는 것이 가능하고, 모든 문제를 하나의 답으로 해결하는 것이 가능하다는 것을 의심하지 않았다. "수수께끼를 해결하지 않으면 안 된다." 이렇게 인생의 목표는 철학자의 눈앞에 나타났다. 처음으로 수수께끼가 발견되고, 그것에서 세계의 문제가 가장 단순한 수수께끼의 형식으로 모아야 했다. '세계의 수수께끼를 해결하는 자'라고 하는 한없는 명예심과 환호가 사상가의 꿈이 되었다. 그를 위해 모든 것을 해결하는 수단이 없다면, 아무것도 노력할 만한 가치가 있다고는 생각되지 않았다. 이리하여 철학은 정신의 압제적인 지배권을 얻으려는 일종의 최고 격투였다. 그러한 것이 어떤 대단히 행복하고 총명하며 독창적이고 대담하며 강력한 자인 단 한 사람을 위해 유보되어 있고 남겨져 있다는 것을 의심하는 자는 아무도 없었다. 몇몇 사람들은 마지막에는 쇼펜하우어마저도 이 단 한 사람이 되기를 망상했다. 이것에서 일반적으로 학문은 지금까지 그 신봉자(信奉者)의 도덕적인 편협 때문에 늦어지고 있고, 더욱이 학문은 앞으로 더 높고 더 관용이 있는 근본적인 감각에 의해 연구되어야 한다는 것이 밝혀진다. "나 따위는 문제가 아니다!" 장래 사색가의 문에 씌어 있다.

548

　힘에 대한 승리. 지금까지 '초인적인 정신'으로서, 또 '천재'로서 존경받아 온 것 모두를 고려하면, 대체로 인류의 지성은 아무래도 저열하고 비참한 것이었음에 틀림없다는 슬픈 결론에 도달한다. 바로 현저하게 인류를 넘어서 있다는 느낌을 갖기 위해서는 지금까지 적은 정신으로 충분했다! 아, '천재'의 값싼 명성이라니! 얼마나 빨리 그의 왕좌가 세워지고 그의 숭배가 습관으로 되었는지! 옛날 노예의 습관에 따라 여전히 사람들은 힘 앞에 무릎 꿇는다. 존경할 만한 가치가 있는지 확정되어야 한다면, 힘 속에 깃든 이성의 정도가 결정적이다. 바로 힘이 더욱 높은 것에 의해 어느 정도까지 극복되고,

앞으로 어느 정도 이성의 도구 또는 수단으로 봉사하는가 하는 것이 측정되어야 한다! 그러나 그러한 측정을 잘하는 눈은 아직 조금밖에 없다. 그뿐 아니라 천재를 측정하는 것도 아직 대개는 모독으로 간주되고 있다. 그래서 아마 가장 아름다운 것은 변함없이 암흑 속에서 생겨나고, 태어나자마자 영원한 밤에 잠길 것이다. 즉 천재가 작품이 아니라 작품으로서 자기에 사용하는 그 자신의 제어, 그의 공상의 순화, 과제와 착상의 쇄도 속에서 질서를 세우고 선택하는 데 사용하는 힘의 연극이다. 위대한 인간은 변함없이 존경을 필요로 하는 가장 위대한 지점에서는 너무나 멀리 떨어진 별처럼 눈에 보이지 않는다. 힘에 대한 그의 승리를 보는 눈이 없고, 또한 노래도 가수도 없다. 모든 과거의 인류에 대한 위대함의 순위는 여전히 아직 확정되어 있지 않다.

549

'자기도피'. 바이런 혹은 알프레드 드 뮈세처럼, 자신에 대해 조급하고 음울하고 그들이 행하는 모든 점에서 벗어나 달려가는 말과 비슷하고, 그뿐 아니라 자신의 창작으로부터 짧은 혈관을 거의 파열시키는 듯한 기쁨과 정열만을 획득하고, 그 뒤에 그만큼 더 겨울 같은 적막과 비탄을 획득하는 지적이고 발작적인 인간들. 그들은 어떻게 자기의 내면에게 참을 수 있겠는가! 그들은 '자기의 밖'의 것으로 동화하기를 갈망한다. 만일 어떤 사람이 그런 갈망을 갖고 있는 기독교도라면, 그는 신에게 동화되는 것을, '신과의 완전한 일체화'를 목표로 한다. 만약 그가 셰익스피어라면 가장 정열적인 삶을 묘사할 때 처음으로 만족하게 된다. 만일 바이런이라면 그는 행위를 갈망한다. 행위는 사상, 감정, 작품보다 더 우리를 자기에게서 자신을 끌어내기 때문이다. 그렇다면 아마 행위의 충동은 근본적으로 역시 자기도피일까? 파스칼이라면 이렇게 우리에게 물을 것이다. 그런데 사실이다! 행위 충동을 최고도로 경험한 모험에서 이 명제는 증명될 수 있을 것이다. 이 점은 정신과 의사의 지식과 경험을 바탕으로 한다. 모든 시대에 걸쳐 가장 강하게 행위를 갈망한 사람들 중 네 사람이 간질병자이고(즉 알렉산더, 시저, 마호메트, 나폴레옹), 마찬가지로 바이런이 이 병에 걸려 있었다는 것이 고려되었으면 한다.

인식과 아름다움. 사람들이 여전히 그들의 존경과 행복감을 상상과 위장의 작품에서 느낀다면, 그들이 상상과 위장이 대립하는 것에 냉담하고 불쾌하게 느낀다고 해서 놀랄 필요는 없다. 아무리 작은 것이라도 인식이 확실하고 결정적인 과정과 진보를 이루었을 때 끊임없이 발생하는 환희, 오늘날의 학문에서 대단히 많은 사람들이 풍부하게 맛보는 환희는 언제나 현실을 돌아보지 않고 가상의 깊이에 도약하는 것만으로 환희하는 모든 사람들에게는 당분간 믿어지지 않는다. 이 사람들은 현실을 추하다고 생각한다. 그러나 그들은 가장 추한 현실에서도 그 인식이 아름답다는 점을 생각지 않는다. 마찬가지로 그들은 자주 많이 인식하는 자는 현실을 인식하고 큰 행복을 느낄 수 있었기 때문에 현실의 커다란 전체가 추한 것이라고는 느끼지 않는다는 사실을 생각하지 않는다. 도대체 '그것 자체가 아름다운' 것이 있을까?

인식하는 사람들의 행복은 세계의 아름다움을 증대시키고, 거기에 존재하는 것 모두를 더 분명하게 한다. 인식은 그 아름다움을 사물 주위에 놓을 뿐만 아니라, 오랜 시간이 지난 후에는 사물 속에다 넣는다. 미래의 인류가 이 명제에 그들의 증명서를 교부해 주기를! 그러는 동안 우리는 옛 경험을 마음속으로 생각한다. 플라톤과 아리스토텔레스처럼 근본적으로 다른 두 사람이, 그들 또는 인간뿐 아니라 궁극적인 행복을 누리는 신들에 대해서도 무엇이 최고의 행복을 형성하는가 하는 의견에서는 일치했다. 그들은 그것을 인식 속에서 발견하고 발명하는 숙련된 지성의 활동 속에서 발견했다. (독일의 어중간한 신학자들과 완전한 신학자들처럼 '직관'에서도 아니고, 신비주의자처럼 환상에서도 아니고, 모든 실제가처럼 실행에서도 아니다). 마찬가지로 데카르트와 스피노자가 판단했다. 그들은 모두 인식을 얼마나 향락했는지! 그리고 그 때문에 사물의 찬미자가 되는 것은 그들의 정직성에 얼마나 큰 위험이었는지!

미래의 덕에 대해. 세계가 이해할 수 있는 것이 되면 될수록, 모든 종류의 장엄함은 왜 감소할까? 모든 미지의 것, 신비적인 것에 직면했을 때 우리를 덮치고, 이해할 수 없는 것 앞에 쓰러져서 은총을 구하라고 우리에게 가르친, 저 외경의 대단히 근본적인 요소는 공포였기 때문일까? 우리가 공포감을 갖지 않았기 때문에 세계가 우리에 대한 매력도 잃은 것은 아닐까? 우리는 공포감과 함께 존엄과 장엄, 우리 자신이 지닌 두터운 것도 더욱 천해진 것은 아닐까? 우리가 세계와 우리에 관해 용감하게 생각하게 된 이래, 세계와 자신을 낮게 평가하는 것은 아닐까? 사색의 이 용기가 증대하고 이 용기가 극단적인 오만으로서 인간과 사물을 뛰어넘었다고 느낄 정도로 증대되는 이래, 즉 현자가 가장 용기 있는 자로서 자신과 존재를 가장 낮게 내려다보는 미래가 오지나 않을까? 지금까지 인류에게는 일탈한 관용으로부터 별로 멀지 않은 이 종류의 용기가 결여되어 있었다. 오, 시인들이 일찍이 그러했던 것처럼 가능한 것 가운데 몇 가지를 우리에게 이야기해 주는 투시자가 되려고 한다면! 현재의 것과 과거적인 것이 점점 시인들의 손에서 벗어나고, 또 벗어날 수밖에 없는 지금이 바로 좋은 기회다. 왜냐하면 무해한 가짜 돈이 판치는 위조지폐 시대는 끝났기 때문이다! 그들이 우리에게 미래의 덕에 대해 무언가를 미리 느끼게 해 준다면! 또는 세계의 어딘가에는 존재할 수 있다고 하더라도, 세상에는 결코 존재하지 않을 덕에 대해, 보랏빛으로 작열하는 아름다운 별의 모습과 은하 전체에 대해! 그대들 이상(理想)의 천문학자들이여, 그대들은 어디에 있는가?

552

　이상적인 이기심. 임신 상태보다 더 신성한 상태가 있을까? 우리가 하는 모든 것은 우리 내부에서 성장해가는 것에 어떤 방식으로든 틀림없이 쓸모 있을 것이라는 은밀한 신념 아래에서 행해진다! 그것은 우리가 환희를 느끼게 되는 것의 신비적인 가치를 틀림없이 높일 수 있다는 은밀한 신념 아래에서 행해진다! 그때 우리는 심하게 자신을 강제할 필요도 없이 많은 것을 억제한다. 그때 우리는 격한 말을 억제하고 화해의 악수를 한다. 아기는 가장 부드럽고 최선의 것에서 탄생해야 한다. 우리는 자신의 격함과 당돌함에 몸서리친다. 마치 그것들이 가장 사랑하는 사람의 생명의 잔에 한 방울의 화를 떨어뜨리는 것처럼! 모든 것이 감추어져 있고 예감으로 가득 차 있다. 우리는 어떻게 되고 있는지 아무것도 모른다. 우리는 준비하며 기다리려고 한다. 그때 드리워진 막을 앞에 두고 관객이 품는 것과 같은, 순수하고 순화된, 깊은 무책임의 감정이 우리의 내면을 지배한다. 아기는 성장하여 백일하에 모습을 드러낸다. 우리는 그 가치와 그 시각을 규정하는 것을 아무것도 갖고 있지 않다. 축복을 주거나 보호하는 모든 간접적인 영향만을 우리는 의지하고 있다.

'여기서 성장하는 아기가 우리보다 위대하다'는 것이 우리의 가장 은밀한 희망이다. 아기가 순조롭게 태어나오도록 우리는 모든 것을 준비한다. 단지 쓸모 있는 모든 것뿐만 아니라, 우리 영혼의 진심이 깃든 언동과 화관도 준비한다. 이 장중함 속에서 우리는 살아야 한다! 살 수 있다! 그리고 기대되는 것이 사상이든, 행위이든 우리는 모든 본질적인 완성을 위해 임신이라는 관계 이외의 관계를 갖지 않는다. 그래서 우리는 '의욕'과 '창조'라는 오만한 이야기는 흘려들어야 한다! 이것이 참된 이상적인 이기심이다. 우리의 임신 능력이 아름다운 결실을 맺도록 언제나 깨어 있고 배려하여 영혼을 조용한 상태로 두는 것이다! 이와 같이 우리는 이 간접적인 방법으로 모든 사람의 이익을 배려하고 깨어 있다. 그리고 우리가 살고 있는 기분, 이 긍지가 높으면서도 부드러운 기분은 우리 주위로부터 넓게 불안한 사람들의 영혼 속으로 퍼져가는 기름이다. 그러나 임신한 사람들은 기이하다! 그러므로 우리 또한 기이할 것이다. 그리고 타인이 그럴 수밖에 없다고 해도 그들을 나쁘게 보지 않도록 하자! 그리고 형편이 나쁘고 위험한 곳으로 들어섰을 때도, 우리는 성장해 가고 있는 자를 외경한다는 점에서 판사에게도, 사형 집행인에게도 임신한 여성에게 손대는 것을 허용하지 않는 세상의 정의에 뒤지지 않도록 하자!

553

길을 우회하여. 이 철학 전체는 모든 우회로를 통해 어디로 가려하는 걸까? 끊임없는 강한 충동—부드러운 태양, 밝고 동요하는 대기, 남쪽의 식물, 바다의 숨결, 고기와 달걀과 과일의 가벼운 식사, 마시기 위한 뜨거운 물, 수일간의 조용한 도보여행, 적은 말수, 드물지만 주의 깊은 독서, 혼자서 살아감, 말쑥하고 꾸밈없고 거의 병사와 같은 습관 등의 충동,—간단하게 말해서 가장 적합하고 가장 효과가 있는 모든 사물에 대한 충동을, 말하자면 이성으로 해석하는 것 이상의 일을 철학은 행하는가? 철학은 근본적으로 개인이 건강해지려는 본능이 아닐까? 나의 대기, 나의 높이, 나의 기후, 나의 방식의 건강을 두뇌라는 우회로에서 구하는 본능이 아닐까? 다른 많은, 그리고 좀더 숭고한 철학들이 존재한다. 나의 철학보다 더 음울하고 더 까다로운 철학들이 존재한다. 아마 그것들도 역시 모두 그러한 개인적인 충동의 지성적인 우회로에 불과한 것은 아닐까? 그러는 동안 나는 새로운 눈으로, 많은 훌륭한 식물이 살고 있는 바위로 된 해안가에서 나비 한 마리가 은밀하고 고독하게 높이 날며 춤추는 것을 본다. 나비는 이제 하루밖에 살지 못한다는 것, 그 허약한 날개에는 밤이 너무 차가울 것이라는 점을 염려하지 않고 날아다닌다. 아마 나비를 위해서도 철학은 존재할 것이다. 비록 그것이 철학이 아닐지 모른다고 할지라도.

554

전진. 우리가 진보를 찬양할 때, 우리는 사실상 움직임과 우리를 그 장소에 정지시키지 않는 사람들을 찬양하는 것이다. 그리고 그것은 사정에 따라서, 특히 우리가 이집트인 사이에서 생활할 때는 대단히 중대하다. 그러나 나는 움직임이 사람들이 말하듯이 '자명하게'—아, 우리에게 그 얼마만큼이라도 분명해진다면 좋으련만! —이해되는 유럽에서는 전진과 전진하는 사람들을 찬양한다. 즉 자신을 되풀이하여 추월하고, 다른 누가 뒤에 따라오든지 어떤지에 대해 전혀 생각지 않는 사람들을 찬양한다. "내가 정지하는 곳에서 나는 혼자라는 것을 깨닫는다. 무엇 때문에 정지해야 하는가! 사막은 더 넓다!"—전진하는 자는 이렇게 느낀다.

555

가장 사소한 것이라도 이미 충분하다. 우리가 가장 사소한 것에서 이미 충분히 강하게 인상받는 것과 더구나 그것들을 피할 수 없다는 것을 알았다면, 우리는 사건들을 피해 주어야 한다. 사상가는 그가 체험하려는 사물의 모든 대체적인 규준을 알고 있어야 한다.

556

네 가지 미덕. 우리와 평상시에 우리의 친구에 대한 성실, 적에 대한 용기, 패자에 대한 관용, 한결같은 공손함. 이 네 개의 주된 덕은 우리에게 이렇게 존재하기를 원한다.

557

적을 향하여. 우리가 적을 향해 행진할 때, 나쁜 음악과 나쁜 이유가 얼마나 달콤하게 들리는지!

558

그러나 그의 덕도 역시 숨기지 말라! 투명한 물에서 포프의 말을 빌려서 말하면, "자신의 밑바닥에 있는 더러운 것도 보여주는" 인간을 나는 사랑한다. 그러나 그들에게도 역시 허영심이 있다. 물론 좀처럼 볼 수 없는 세련된 종류의 것이긴 하지만. 그들 중 두세 사람은 우리가 참으로 불결한 것만을 보고, 이것을 보여주는 물의 투명도를 무시하기를 원한다. 고타마 붓다는 "그대들의 죄를 사람들 앞에 보이고, 그대들의 덕을 감추라!"는 정식으로 이 소수 사람들의 허영심을 생각해 냈다. 그러나 이것은 멋진 연극을 세계에 준다는 의미가 아니다. 그것은 취미를 거스르는 죄이다.

559

'지나침을 피하라!' 적어도 자기의 힘이 최고도로 긴장했을 때 달성할 수 있는 것에 도달하려 할 때 도달할 수 없는, 자기의 힘에 부치는 목표를 세우라고 얼마나 자주 개인에게 권해지는가! 그러나 이것이 실제 그토록 바람직한 일인가? 이 교훈에 따라 생활하는 최상의 인간들과 그들 최상의 행위는 그 가운데에 너무나 많은 긴장이 있기 때문에, 필연적으로 도를 넘은 것, 비틀어진 것이 되지는 않을까? 그리고 항상 싸우는 경기자와 무서운 몸짓은 발견하지만, 월계관을 쓴 채 승리를 자랑하는 승자는 어디에서도 발견하지 못한다는 사실로 인해 음울한 일말의 헛수고가 온 세계에 퍼지지는 않을까?

560

우리가 자유롭게 할 수 있는 것. 우리는 원예가처럼 충동을 마음대로 처리할 수 있다. 그리고 아는 사람은 적지만, 분노, 동정, 사색, 허영심의 싹을

격자 울타리의 아름다운 과실처럼 결실이 풍부하고 유익하게 키울 수 있다. 우리는 원예가의 좋은 취미와 나쁜 취미에 따라 그렇게 할 수 있고, 또 프랑스풍으로도, 영국풍으로도, 네덜란드풍으로도, 중국풍으로도 그렇게 할 수 있다. 자연 그대로 두고, 이곳저곳을 조금씩 손질하며 돌볼 수도 있다. 우리는 마지막으로 또 모든 지식과 고려도 없이 식물을 자연 그대로의 혜택과 장애 속에서 성장시키고 서로 싸우게 할 수도 있다. 그뿐 아니라 우리는 그러한 야생 상태에 기쁨을 느끼고, 비록 그것이 어찌할 수 없게 되더라도 다름아닌 이 기쁨을 느끼려 한다. 이 모든 것이 우리 마음대로 된다. 그러나 우리 마음대로 이것을 할 수 있다는 사실을 도대체 얼마만큼의 사람들이 알고 있는가? 대부분의 사람들은 자기를 완전히 성장한 실존 인물이라고 믿고 있지는 않은가? 위대한 철학자들은 성격은 변하지 않는다는 학설도 이 편견을 확증하지 않았는가?

561

그 행복 또한 빛나게 한다. 실제 하늘의 짙게 빛나는 색조에 아무래도 도달할 수 없는 화가는, 풍경을 위해서 그들이 사용하는 모든 색을 자연이 나타내는 것보다 약간 색조를 낮추어서 사용한다. 또한 이 기교로 다시 유사한 광채와 자연의 색조에 대응하는 조화로운 색조에 도달한다. 시인과 철학자도 행복이라는 빛나는 광채에 도달할 수 없을 경우에 어떻게든 곤궁을 타개해 가야 한다. 그들은 모든 사물을 실제보다 약간 어둡게 칠하기 때문에, 그들이 정통해 있는 그 빛은 거의 태양과 같은 완전한 행복의 빛과 유사한 작용을 한다. 모든 사물에 가장 음울하고 암담한 색을 주는 염세가는, 단지 불꽃과 번개, 천국의 영광, 번쩍번쩍 빛나는 빛의 힘으로써 눈을 어지럽히는 모든 것을 사용한다. 그에게는 빛은 공포를 증대하고 사물의 실제 이상의 무서움을 예감시키기 위해서만 존재한다.

562

정주(定住)해 있는 사람들과 자유로운 사람들. 죽은 자의 세계에서 비로소 우리는, 오디세우스와 그 동류의 사람들 주위에 영원한 바다의 빛처럼 존재하는 모험가의 행복이라는 모든 음울한 배경 몇 가지를 보게 된다. 그때 더 이상 잊혀지지 않는 배경 몇 가지가 드러난다. 오디세우스의 모친은 그 자식에 대한 비통과 열망 때문에 죽었다! 한 사람은 여기저기 돌아다니고, 정주해 있는, 사랑이 깊은 다른 한 사람은 그 때문에 비탄에 빠진다. 언제나 그런 것이다! 비애 때문에 비탄에 빠지는 사람은 그들의 가장 사랑하는 사람이 그들의 의견, 신념을 버리는 것을 체험한다. 이것은 자유정신이 창조하는 비극의 일부이다. 자유정신은 때때로 이 비극을 알고 있다. 그때 그들은 역시 언젠가 오디세우스처럼 죽은 자에게로 내려가서 죽은 자의 비통함을 제거하고 죽은 자의 우울한 마음을 달래야 할 것이다.

563

세계에 윤리적 질서가 있다는 망상. 모든 죄가 속죄받는 것을 요구하는 영원한 필연성은 전혀 존재하지 않는다. 그러한 것이 존재한다는 것은 죄로 느껴지는 모든 것은 죄라는 생각이 망상인 것과 마찬가지이다. 이 망상은 무서우면서도 아주 적은 부분만이 유익하다. 사물이 아니라 전혀 존재하지 않는 사물에 관한 의견이 인간의 마음을 그렇게 뒤집어 놓았던 것이다!

564

경험의 바로 곁에서! 천재들 또한 그들 다섯 손가락 폭의 경험을 가질 뿐이다. 그 바로 옆에서 그들의 숙고는 그친다. 그리고 그들의 무한한 진공과 어리석음이 시작된다.

565

위엄과 무지의 동맹. 우리가 무언가를 이해할 때는 우리는 점잖아지고 행복을 느끼고 깊이 생각하게 된다. 그리고 우리가 충분히 배우고 눈과 귀를 연 곳이라면, 어디서나 우리 힘의 유연함과 아름다움은 증대한다. 그러나 우리는 조금밖에 이해하고 있지 않고 배운 것도 시시하기 때문에, 우리가 어떤 일을 포용하면서 스스로 사랑스러운 태도를 취하게 되는 일은 좀처럼 없다. 오히려 우리는 도시, 자연, 역사를 완고하면서도 무감각하게 빠져나가고, 이 태도와 차가움을 마치 우월의 결과인 것처럼 자만한다. 그렇다, 우리의 무지와 빈약한 지식욕은 위엄과 성격을 가장하면서 거만하게 걷는 것을 멋지게 터득하고 있다.

566

값싸게 산다. 가장 값싸고 가장 순진한 삶의 방식은 사색가의 삶의 방식이다. 왜냐하면 단도직입적으로 말해 그는 다른 사람들이 경시하거나 남기는 사물을 가장 많이 필요로 하기 때문이다. 또한 쉽게 기뻐하고, 돈이 드는 오락 수단도 모르기 때문이다. 그의 일은 힘들지 않고 말하자면 남국적이다. 그의 낮과 밤은 양심의 가책으로 파괴되는 일은 없다. 그는 그 정신이 점점 냉정하고 강력하고 밝아지는 표준에 맞추어서, 움직이고 먹고 마시고 잔다. 그는 자신의 육체에 기뻐하고, 그것을 두려워할 아무런 이유도 갖고 있지 않다. 나중에 그는 때때로 자신의 고독을 더 깊은 사랑으로 포옹하기 위한 사교가 아니면 사교를 필요로 하지 않는다. 그는 죽은 사람들로 살아 있는 사람들을 보충한다. 그리고 친구가 아닌 사람들로 친구를 대신 한다. 즉 지금까지 살았던 최상의 사람들로 보충한다. 인간의 생활을 값비싸게 하고, 따라서 괴롭고 자주 참기 어렵게 만드는 것은 이것과 정반대 되는 욕망과 습관이 아닐까 생각하는 것이 좋다. 물론 다른 의미에서는 사색가의 삶은 가장 값비싸다. 그에게는 아주 좋은 것은 없다. 그런데 최상의 것이 결여되어 있다는 것이야말로 여기서는 견디기 어려운 궁핍일 것이다.

567

전쟁터에서. "우리는 사물을 실제로 재미있는 것보다 더 재미있게 생각해야 한다. 우리는 오랫동안 그것을 실제로 심각한 것보다 더 심각하게 생각해 왔기 때문이다." 인식하는 용감한 병사들은 이렇게 이야기한다.

568

시인과 새. 불사조가 시인에게 불타서 숯이 되려는 두루마리 하나를 보였다. "놀라지 마라!" 불사조는 말했다. "이것은 그대의 작품이다! 이것은 시대정신을 갖고 있지 않고, 말할 것도 없이 시대에 거스르는 사람들의 정신 따위도 가지고 있지 않다. 따라서 이것은 태워버려야 한다. 그러나 이것은 좋은 징후이다. 많은 종류의 아침놀이 존재한다."

고독한 사람들에게. 우리가 다른 인간의 명예를 공적으로 존중하는 것과 마찬가지로 혼잣말을 할 때도 소중히 다루지 않는다면, 우리는 행실이 나쁜 인간이다.

570

손실. 우리의 영혼이 어떤 손실을 입게 된다면, 우리는 비탄을 억제하고, 마치 높고 어두운 실측백나무 밑에 있는 것처럼 침묵하며 걷는 숭고함을 얻게 된다.

571

영혼의 야전약국(野戰藥局). 가장 센 약은 무엇일까? 승리다.

572

우리는 인생에서 휴식을 바란다. 사색가처럼 일반적으로 사상과 감정의 커다란 흐름 속에서 살고, 밤의 꿈마저도 이 흐름을 흘러간다면 사람들은 인생에서 휴식과 고요를 원한다. 다른 사람들은 성찰에 몸을 맡길 때, 참으로 인생에서 떨어져 쉬고 싶다는 생각을 한다.

573

허물을 벗는다. 허물을 벗을 수 없는 뱀은 파멸한다. 의견을 바꿈에 있어 방해받는 정신의 소유자들도 마찬가지다. 그들은 정신이기를 그친다.

574

잊지 마라! 우리가 높이 올라가면 올라갈수록, 날 수 없는 사람들에게는 더 우리가 작게 보인다.

575

우리, 정신의 비행사들! 멀리, 아주 멀리 날아가는 이 모든 대담한 새들. 분명히 그것들은 더 이상 나아갈 수 없게 되어 어딘가에서 돛대나 보잘것없는 암초에 웅크리고 앉을 것이다. 더군다나 이 비참한 피난처에 매우 감사하면서! 그러나 그 사실에서 그것들 앞에는 거대한 자유로운 길이 더 이상 없다든가, 그것들은 날 수 있는 최대한을 날았다든가 하고 추론해서는 안 된다! 우리의 위대한 스승과 선구자들도 결국 멈추어 섰다. 그리고 이 피로한 사람들은 고귀한 몸짓으로도 우아한 몸짓으로도 서지 않았다. 나도 그대도 그런 형편이 될 것이다! 그러나 그것은 나에게나 그대에게 무슨 관계가 있겠는가! 다른 새가 더 멀리 날아갈 것이다! 이 우리의 통찰과 신념은 그것들과 서로 경쟁하며 날아오르고, 높이 날고, 곧바로 우리의 머리와 그 무력을 넘어서 높이 오르고, 거기에서 먼 곳을 보고, 우리보다 훨씬 강력하게 우리가 가려고 했던 방향을, 더구나 모두가 바다, 바다, 바다인 곳을 목표로 할 새의 무리를 전방에 본다! 그렇다면 우리는 도대체 어디로 가려 하는가? 우리는 왜 바다를 넘기 원하는가? 어떤 욕망보다 더욱 우리에게 중요한 이 강력한 욕망은 우리를 어디로 끌고 가는가? 더군다나 무엇 때문에 이 방향으로, 지금까지 인류의 모든 태양이 가라앉은 저편으로 끌고 가는가? 어쩌면 언젠가 사람들은 이렇게 말하지 않을까. 우리 또한 서쪽으로 진로를 정하고 인도에 도달하려 했다고. 그러나 우리의 운명은 무한성에 좌초되어서 난파하는 것이었다고, 나의 형제들이여, 그렇지 않은가?

〈주〉

1) 이 표현에 대해서는 가스트에게 보낸 편지(1880년 7월 18일)의 다음 부분을 참조할 것. "또한 나는 열심히 나의 도덕의 광산을 파고, 그때 때때로 완전히 지하에 있는 듯한 기분이 듭니다. 이것저것 하는 동안 나는 마치 통로와 도피로를 발견한 것처럼 생각됩니다. 그러한 것은 백 번이나 믿어지거나 비난받겠지만."

2) Trophōnios. 보이오티아의 레버디어에 이름난 신탁소를 가진 영웅. 아가메디스와 함께 유명한 건축가. 그 신탁소는 깊은 동굴 속에 있었다.

3) 현재의 서문은 1886년 가을 제노바 교외의 루타에서 쓰여 1887년의 신판(제2판)에 붙어서 라이프치히의 E.W. 프리치 출판사에서 출판되었다.

4) 본 역서에서는 일관하여 '도덕'을 Moral, Moralität(여기서는 전자) '윤리'는 Sittlichkeit, '풍습'은 Sitte이다. 그리고 '도덕적'은 moralisch, '윤리적'은 sittlich, ethisch이다.

5) 다음 서문의 초고 일부를 참조할 것. "예전부터 전해온 도덕가들은 조금도 대단할 것이 없다. 그들은 보통 스스로 어떤 도덕의 명령 아래 있고, 근본적으로는 그것을 선

전하는 일 외에는 아무것도 하지 않는다. 일반적으로 그들의 잘못은 민중이 그 도덕 (그러므로 그 유래, 시인, 합리성)에 대해 가지고 있는 어리석은 의견을 비판하고, 그럼으로써 비이성적인 이 잡초와 함께 무성하게 덮인 도덕 자체를 비판했다고 믿는 것이다. 그렇지만 '너는 해야 한다'라는 지령의 가치는 이 지령에 관한 의견에 의존하고 있지는 않다. 바로 약제의 가치가 의학에 관하여 내가 학문적으로 생각하든 늙은 부인처럼 생각하든 전혀 관계없는 것과 같다. 〔그들은 알지 못한 채 도덕의 지배하에 있고, 근본적으로는 도덕에 자기들의 신앙이 승리하도록 돕는 일이아니면 어떤 일도 하지 않는다. 그 이유는 이러이러한 것을 믿는다, 이러이러한 것이 전적으로 '참'이어야 한다고 하는 그들 자신의 의지만을 증명하기 때문이다.〕

혹은 또 그들은 민중의, 적어도 순종하는 민중의 도덕과 어떤 종류의 사물에 관한 무언가 일치한다고 주장하고, 그것으로부터 그대에 대해서도 나에 대해서도 도덕의 무제약적인 의무를 추론한다. 모두 똑같이 너무 소박하다."

6) Kirke, Circe. 아이아이에라는 섬에 사는 여신. 마법에 뛰어나다.

7) aere perennius. 호라티우스의 《카르미나》에 나오는 구절.

8) 예를 들면 칸트의 《순수이성비판(1781, 제2판 87)》과 《프롤레고메나(1783)》에는 다양한 형태로, 칸트의 인식비판 과제는 이성(오성)의 능력에 대한 비판이라고 나와 있다. "순수이성비판이라고 말할 때 나는 책의 체계를 비판하려고 하는 것이 아니다. 이성능력이 모든 경험에서 독립하여 구할 수 있는 모든 인식에 대해, 인식능력 일반에 대해 비판하려 하고 있다. 즉, 형이상학 일반의 가능성·불가능성의 결정, 형이상학의 원천, 마찬가지로 그 범위와 한계의 규정을 비판하려는 것이다. 그러나 모든 것은 원리로부터 이루어진다."(AⅫ).

9) 이 항목 전체와 거의 같은 의미가 유고에 있다(ⅩⅣ, 3). "우리 철학자들이 철학은 인식능력의 비판으로 시작해야 한다고 요구하는 것은 우습다. 사람들은 재래의 인식의 성과에 불신의 마음을 품고 있는데도, 인식 기관이 자신을 '비판'할 수 있다는 것은 극히 있을 법하다고 생각하지 않는가? 철학을 '인식론에 대한 의지'로 환원하는 것은 우습다. 마치 대단히 확실한 것이 발견되는 것처럼!" 니체가 비판하는 하나의 지주는 〈인간적인 것〉 제1권 제2절에 있다. "역사적 감각이 결여되어 있는 것이 모든 철학자들의 유전적 결함이다." "인간이 생성된 것이라는 점을, 인식능력도 역시 생성된 것이라는 점을 그들은 배우려 하지 않는다." "그러나 모든 것은 생성된 것이다. 영원한 사실이라는 것은 존재하지 않는다. 절대적인 진리가 존재하지 않는 것처럼. 따라서 앞으로는 역사적인 철학적 사색이 필요하고, 동시에 겸손의 덕이 필요하다."

10) 《순수이성 비판》〈선험적 변증론〉 A319= B375f

11) 주 10)과 같음.

12) 앞의 책. A319= B375

13) 아마 《순수이성비판》의 감성론을 가리킬 것이다. 단 칸트의 생각을 '감각론'으로 이
　　해하는 것은, 니체의 일반적인 인식의 파악 방법—최초의 좋은 예는 《도덕 외의 의
　　미에서의 진리와 거짓에 관하여》(Bd. Ⅲ, S. 309~322)이다—으로서의 해석이다. 감
　　각론이라는 것은, 전세기의 "감각론과 쾌락주의는 이 세기를 만든 최상의 유산이
　　다."(ⅩⅢ 328)

14) de fonder sur la terre l'empire de la sagesse, de la justice et de la vertu.

15) 독일적, 독일인, 독일문화에 대해서는 이 책의 167, 190, 193, 197, 207절 참조.
　　니체의 저작으로부터는 〈반시대적 고찰〉, 〈즐거운 지식〉 357절, 《'독일적이란 무엇
　　인가'라는 낡은 문제》를 참조하기 바란다.

16) credo quia absurdum est. Tertullianus(160—222)의 말이라고 한다. 단, 그는 '신의
　　아들'의 십자가형, 죽음, 부활에 대해 "이것은 불가능하기 때문에 확실한 것이다"
　　말했다고 한다.

17) 예를 들면 〈즐거운 지식〉 297절 〈모순될 수 있다〉 참조. 헤겔에 대해서는 같은 책
　　《'독일적이란 무엇인가'라는 낡은 문제》 참조. 더욱이 《반시대적 고찰》 〈생애 대한
　　역사의 공과〉 제8절 참조.

18) 즉 credo와 absurdum을 대치시킨다. 요컨대 그 모순을 더욱 더 의식한다.

19) "자기를 '이상주의'라고 부르고 싶어한다. 어쨌든 이상주의를 믿고 있는 모든 근대
　　적인 자의 가장 내면적인 페시미즘을 의미한다"(Bd. Ⅱ. S. 878) (《도덕의 계보》).
　　190절 참조.

20) Wir Immoralisten, wir Gottlosen von heute 〈도덕을 부정하는 자〉에 관해서는 《선악
　　을 넘어서》 226절(Bd. Ⅱ, S. 690) 참조. 1888년 가을에 〈반그리스도〉, 〈자유정신〉,
　　〈도덕을 부정하는 자〉, 〈디오니소스〉의 출판을 생각했고, 그 첫 권 〈반그리스도〉가
　　완성되었다. 또 〈권력에의 의지〉 참조.

21) Iento

22) 예를 들면 44절, 123절을 참조하라.

23) Sittlichkeit der Sitte. 본 절 외에 이 '풍습의 윤리'는 14, 18, 33절에 나타난다.

24) der Brahman. 브라만, 크샤트리아, 바이샤, 수드라의 인도 계급 중에서 왕족, 농공
　　상업자, 노예 위에 있는 사제 계급.

25) post hoc. 자세한 것은 post hoc, ergo propter hoc(이것 뒤에, 그러므로 이것 때문
　　에). 단순한 시간적 전후관계를 곧바로 인과관계로 생각하는 오류.

26) G.E. 레싱(1729~1781)에게 《인류의 교육 Die Erziehung des Menshengeschlechts》
　　(1780)이라는 역사철학의 저작이 있다. 역사는 신의 인류에 대한 교육이고, "계시는

인류에게 일어난 혹은 일어나고 있는 교육이다."(제2절)

27) 이것에 대해서는 예를 들면《플루타르크 영웅전》참조.

28) Angekok(Angakut, Angekkok). 에스키모인의 마술사, 마법사, 샤만.

29) Paje. 포르투갈어로 샤만, 마술사, 마법사.

30) 기둥 끝에 올라가서 정좌하고 고행한 행자, 은자들. 5〜12세기 경.

31) 9절을 참조.

32) Freitäter와 Freidenker 이 '자유사상가'와 '자유정신'의 상위에 관하여는《인간적인》의
서문 초안에 분명히 나와 있다. "나를 그들로부터 가르는 것은 평가 Wertschätzungen
이다. 왜냐하면 그들은 모두 민주주의적인 운동에 속하고 모든 사람에 대한 평등한 권
리를 원한다. 그들은 전해오는 옛 사회의 형태들 속에서 인간의 결함과 타락의 원인을
본다. 그들은 이 형태의 파괴에 열광한다."(ⅩⅣ, 396f., Nr. 267) 그들은 '평균화하는
자'이고, 그 의미에서 시대적이다. 그러므로 니체가 대립시킨 '자유정신'과 '속박된 정
신'(Bd. I. S. 584 ff.) 중에 후자에 속한다고 생각하면 된다.

33) 113절 참조.

34) mimicry

35) pia fraus. 즉 좋은 목적을 위한 허위.

36) 34절 참조.

37) Eris. 불화, 싸움의 의인화된 여신.

38) vita contemplativa 42, 88, 440절 참조.

39) vita practica 440절 참조.

40) pudenda origo

41) abstracta

42) (homo sum,) nihil humani a me alienum puto. Terentius(B.C. 194〜159경)의 말.

43) spernere se sperni. Filippo Neri(1515〜1595)의 말.

44) spernere se ipsum

45) Mitleid. 슬픔, 고뇌를 함께 하는 것. 116, 132, 133, 142절 참조.

46) Ein—Leid. 슬픔, 고뇌를 하나로 하는 것.

47) Einleidigkeit. 하나의, 같은 괴로움, 슬픔.

48) odium generis humani

49) religiosi

50) ein Schächer am Kreuze. 예를 들면 마태복음 27장 38절(이때에 예수와 함께 강도 둘
이 십자가에 못박히니 하나는 우편에, 하나는 좌편에 있더라), 누가복음 23장 33절
(해골이라 하는 곳에 이르러 거기서 예수를 십자가에 못 박고 두 행악자도 그렇게 하

니 하나는 우편에, 하나는 좌편에 있더라) 참조.

51) 예를 들면 사도행전 22장 7절(내가 땅에 엎드러져 들으니 소리 있어 가로되 사울아 네가 왜 나를 핍박하느냐 하시거늘), 26장 14절(우리가 다 땅에 엎드러지매 내가 소리를 들으니 히브리 방언으로 이르되 사울아 사울아 네가 어찌하여 나를 핍박하느냐 가시채를 뒷발질하기가 네게 고생이니라) 참조.

52) 고대 페르시아어의 미트라, 그리스어의 미트라스. 빛의 신, 페르시아의 태양신이었는데 로마 시대에 널리 융성했음.

53) 이시스는 이집트의 저승의 신 오시리스의 처. 그리스·로마 시대에는 비교(秘敎)를 가진 지배자로서 숭배받았다.

54) 예를 들면 마카베오하 제7장 참조. 이교도인 안티오쿠스 왕이 하나님을 믿는 히브리 여인과 그녀의 일곱 아들들을 심문하여 고문하는 내용. 안티오쿠스는 이 히브리 사람들에게 그들의 율법에 금지되어 있는 돼지고기를 먹으면 온갖 명예와 부귀영화를 주겠고, 그렇지 않으면 잔혹하게 죽임을 당할 것이라고 위협한다. 그러나 이들은 하나님께서 내려주신 율법을 어기느니 차라리 죽음을 택하겠다는 단호한 태도를 보인다. 급기야 왕은 첫째아들부터 막내아들에 이르기까지 차례로 심문하여 혀와 사지를 자른 뒤 불가마에 던져 죽이고 이를 지켜보고도 전혀 미동조차 하지 않는 그들의 어머니까지 죽인다.

55) 예를 들면 히브리서 12장 6절(주께서 그 사랑하시는 자를 징계하시고 그의 받으시는 아들마다 채찍질하심이니라 하였으니) 참조.

56) Eros. 그리스의 사랑의 남신, 아프로디테의 아들.

57) Aphrodite. 아프로디테는 그리스의 사랑, 미의 여신.

58) 스페인의 Tirso de Molina(1571(83)경~1648)가 《세빌리아의 바람둥이와 돌의 객인》(1630)에서 처음으로 돈 후안의 성격을 창조했다. 탕아에 초대되어서 석상이 만찬에 오는 이야기는 유럽에 있었는데, 방탕하고 신을 두려워하지 않는 성격이라고 한 것은 이 티르소의 희극이라고 한다. 또 몰리에르의 《동 쥐앙》, 모차르트의 가극 《돈 조반니》는 유명하다.

59) 예를 들면 로마서 13장 7절(모든 자에게 줄 것을 주되 공세를 받을 자에게 공세를 바치고 국세받을 자에게 국세를 바치고 두려워할 자를 두려워하며 존경할 자를 존경하라) 참조.

60) Prometheus. 그리스 신화 티탄신 족의 일인. 제우스가 숨긴 불을 훔쳐서 인간에게 주었기 때문에 인간에게 문화를 준 것으로 본다.

61) deus absconditus.

62) in effigie.

63) In hoc signo vinces, 콘스탄티누스 황제의 말이라고 한다. 표시는 십자가의 원뜻. 단 여기서는 전적으로 십자가의 의미는 아니다. 본 절과 575절에는 모두 '인도'가 나오는데, 니체가 당시의 유럽 문화를 뛰어넘으려 하는 의지와의 관련에서 그렇게 말하는 것이지, 인도 문화를 직접 이상으로 삼는 것은 아니다.

64) 예를 들면 마태복음 27장 46절(제 구 시 즈음에 예수께서 크게 소리질러 가라사대 엘리 엘리 사박다니 하시니 이는 곧 나의 하나님, 나의 하나님, 어찌하여 나를 버리셨나이까 하는 뜻이라) 참조.

65) 1864년의 《쇼펜하우어의 수기 유고에서》로부터 인용한 것이다. (G.F. Wagner, Schopenhauer-Register, hrsg. v.A Hübscher, 1960 참조)

66) H. 볼프는 '몽상적'을 '지성'에 의해 '창조된'이라고 생각해야 한다고 한다. (H.M. Wolff, Friedrich Nietzsche, 1956, S. 133)

67) Moira 복수형은 Moirai. 그리스 신화에서 모이라는 운명의 여신으로 의인화된다. 또 운명이라는 의미도 있다. 여기서는 후자의 의미일 것이다.

68) Götter—Dämmerung, 바그너에게는 1874년에 같은 이름의 작곡이 있다.

69) Persephone. 페르세포네는 그리스 신화에서 제우스와 데메테르의 딸로 명계(冥界)의 신 하데스에게 납치되어 지하에서 석류를 먹었기 때문에 일 년에 8개월이나 6개월은 지하에서 지내야 했다.

70) On n'est bon que la pieté : il faut donc qu'il y ait quelque pitié dans tous nos sentiments.

71) 예를 들면 누가복음 10장 42절(그러나 몇 가지만 하든지 혹 한 가지만이라도 족하니라. 마리아는 이 좋은 편을 택하였으니 빼앗기지 아니하리라 하시니라.) 참조.

72) vivre pour autrui

73) 칸트는, 도덕적 행위는 '경향성'으로 행해야 하는 것이라고 한다. 예를 들면 '경향이 아니라 의무로써' 행동한다면 이러한 '태도야말로 처음으로 참된 도덕적 가치를 가질 수 있다'고 한다. '경향성으로부터의 독립'이라는 리고리스무스(Rigorismus)를 그는 《실천이성비판(Kriltik der praktischen Vernunft)》(1787)에서 말한다. "경향성은 선의 이든 아니든 맹목적이고 노예적이다. 그리고 이성은 도덕이 문제될 때에는 단지 경향성의 후견인 역할을 맡기만 해선 안 된다. 그것은 경향성을 고려하지 않고 순수실천이성으로서 독자의 관심을 완전히 독립적으로 배려해야 한다."

74) 여기서 지금까지 말하지 않았던 쇼펜하우어의 '동정'에 관한 생각을 간단히 소개하겠다. "이 자연적 동정은 그러나 부정하기 어려운 인간 의식의 사실이다. 특별히 인간은 본질적으로 자연적 동정을 갖고 있다. 그것은 가설·개념·종교·교의·신화·교육·교양에 의존하지 않고, 근원적·직접적이고, 인간 본성 자체에 존재한다."(Schopenhauer, Auswahl u. Einleitung v.R. Schneider, 1956, S. 157). '인간성'은 '동정'과 동의어라 할

수 있다. "동정은 유일한 참된 도덕적 동기다." 그것에는 두 개의 다른 정도가 있는데, 하나는 '정의', 하나는 '인간애'로 인도된다.

75) 스토아학파에서는 인간의 불행과 악은 파토스(격정)에 의해 지성과 혼이 어두워지는 것이다. 이에 반해 행복과 선은 파토스에 의해 마음이 동요되지 않는 상태이다.

76) kategorischer Imperativ. 칸트 도덕철학의 근본 원리인 인간의 완전히 자발적인 실천 이성 자체의 명령. 그것은 경향성·소질·대상의 유무에 관계없이 무조건적으로 명령 하기 때문에, 어떤 특정한 조건 아래서는 그것을 채우기 위해서 명령되는 가언명법 (hypothetischer Imperativ)과 구별되어야 한다. 서문 4에 있었던 "너는 해야 한다(du sollst)" 그리고 207절의 "인간은 무조건 복종할 수 있는 어떤 것을 가져야 한다"는 니체가 칸트적인 정언명법을 독일적 성실이라는 기반 위에서 받아들인 뒤 파악한 것 이다. 칸트의 《실천이성비판》에서 유명한 "네 의지의 준칙이 언제나 동시에 보편적 입법의 원리로서 타당할 수 있도록 행위하라"를 소개하겠다.

77) qualitas occulta. 스콜라 철학에서 사물의 설명 불가능한 성질이라고 되어 있는 것이 원뜻.

78) 원어는 Ägyptische Finsternis. 출애굽기 10장 22절(모세가 하늘을 향하여 손을 들매 캄캄한 흑암이 삼 일 동안 애굽 온 땅에 있어서) 참조. 쇼펜하우어는 이 부분을 《아 르투르 쇼펜하우어의 수기 유고》에서 인용했다.

79) 그리스 최고봉인 올림푸스 산정에 신들이 산다고 생각되고 있었다.

80) 예를 들면 《에피쿠로스─설교와 편지─》에 의하면, "신은 불사(不死)이고 더없이 행 복한 생자(生者)"인데, "생각하건대 신들은 언제나 그들 고유의 덕에 익숙해져 있기 때문에 그들과 유사한 사람들을 받아들이고, 그렇지 않은 자는 모두 인연이 먼 자라 고 생각하는 것이다."

81) Philoktētēs. 소포클레스가 기원전 409년에 상연한 비극.

82) 《반시대적 고찰》 제2편 '생에 대한 역사의 공과' 참조. 특히 그 해(害)에 관하여.

83) Apollo vom Belvedere. 기원전 2세기 경의 작품이라고 이야기되는 유명한 그리스의 아폴로상. 발견 연대는 불명. 현재 바티칸에 있다. (K. Clark. The Nude, 1960, P.366 참조)

84) 바이런의 《만프레드 Manfred.》(1817년 출판, 초연 1824)

85) Ce qui importe, ce ne sont point les personnes:mais les choses.

86) error veritate simplicior

87) homo pamphagus

88) sympathische Affektion 132, 143, 174절 참조.

89) 토마스 칼라일의 당시 영향에 대항해서 써졌다고 한다.

90) Credat Judaeus Apella, (non ego.) 호라티우스의 말. 유대인(의 미신가) 아펠라에게 이것을 믿게 하라(나는 믿지 않는다)의 뜻.

91) 이것과 같은 구절로 시작되는 수기가 있다(XI, 368f., Nr. 557.).

92) 헤시오도스의 다섯 시대, 다섯 종류의 인류는 황금의 종족, 은의 종족, 구리의 종족, 반신이라고 불린 영웅들의 거룩한 종족, 그리고 철의 종족이다. 헤시오도스의 이 점에 관한 니체 자신의 생각은 《도덕의 계보》 제1논문 11절(Bd. II, S. 785ff.)에 나온다.

93) Quiétisme, Quietismus(정적주의)는 17세기 가톨릭교회 내의 신비주의적 운동. 자기의 내면에 침잠하여 신을 보고, 자기의식을 잃을 때의 내적인 고요(quies)를 중심으로 하는 생각.

94) Le Bouthillier de Rancé(1626—1700)가 La Trappe 수도원을 개혁한(1664) 것에서 시작된다.

95) Huguenots, die Hugenotten. 프랑스 칼뱅파의 프로테스탄트교도에게 붙인 명칭. 대체로 16세기 경부터 융성.

96) Port Royal. 16, 7세기 경 프랑스의 베르사이유 근처의 쟝세니즘의 수도원, 이곳의 아르노와 니콜 편 《포르 르와얄의 논리학》(1662)은 유명하다. 파스칼도 관계가 있다.

97) esprit.

98) 아마 《아가멤논》 중 카산드라가 한 다음 말일 듯. "그렇다 하더라도 나의 예언은 아직 식을 올리고 있는 신부가 면사포 속에서 엿보고 있는 것 같은 것이 아니라, (분명히) 아침 해가 돋을 때 점점 심하게 부는 바람처럼 힘차게 나타나는 것입니다……."

99) 칸트의 말대로 하면, "그래서 나는 신앙에 장소를 얻기 위해 지식을 채워야 했다……." 《Kritik der reinen Vernunft》 BXXX.

100) 호메로스 《오디세우스》 제20권의 다음 말인 듯. "참으라, 마음이여. 광포한 퀴크로프스가 늠름한 자들을 삼켰던 그날에는 더 심한 일을 참지 않았는가."

101) 테미스토클레스의 이야기는 헤로도토스의 《역사》에 나온다. "때리려면 때려, 그렇지만 듣기만은 해" 테미스토클레스는 에우리비어데스에게 말했다.

102) 1876년 가을 《쟁기》라는 제목의 잠언집이 만들어졌는데, 첫 장의 표어에 이렇게 나와 있다. "네가 나를 따르려 한다면 쟁기로 갈라! 그렇게 하면 많은 것이 너로 인해 기뻐할 것이다. 가난한 자도 부자도 확실히 너로 인해 기뻐할 것이고, 늑대도 독수리도, 모든 생물도 너로 인해 기뻐할 것이다." 《Der Meier Helmbrecht》(XI, 396).

103) 예를 들면 마태복음 5장 15절(사람이 등불을 켜서 말 아래 두지 아니하고 등경 위에 두나니 이러므로 집안 모든 사람에게 비춰느니라), 누가복음 11장 33절(누구든지 등불을 켜서 움 속에나 말 아래 두지 아니하고 등경 위에 두나니 이는 들어가는 자로 그 빛을 보게 하려 함이니라) 참조.

104) Danae. 아르고스의 왕 아크리시오스의 딸. 신탁에 의해 그는 딸로부터 살해당할 것이기 때문에, 다나에를 청동의 방에 가둔다. 제우스는 황금의 비로 변신하여 다나에에게 온다. 그 둘 사이의 아이가 페르세우스이다.

105) bestia triumphans.

106) nil admirari. 호라티우스의 말.

107) admirari id est philosophari. 예를 들어 쇼펜하우어의 저서 《의지와 표상으로서의 세계》에는 플라톤의 "놀라는 것은 매우 철학적인 감동이다"라는 말과 아리스토텔레스의 "왜냐하면 경탄에 의해 인간은 지금이나 옛날이나 철학적인 사색을 시작했기 때문에"라는 말이 인용되어 있다. 또 인간에게는 '놀라는 것'이 내재해 있고, 이것은 인간을 철학적 동물(animal metaphysicum)이게 한다. '경탄'은 '철학의 어머니(Mutter der Metaphysik)'이다. (A. Schopenhauer, 《Die Welt als Wille und Vorstellung》 Ergänzungen zum ersten Buch, § 17.).

108) das Schlichte는 das Schlechte라는 《도덕의 계보》제1논문 '선과 악', '우와 열' 제4, 11절(Bd. Ⅱ, S. 774f., 785ff.)에 나온다. 그리고 슐레히트의 의미의 외연 속에 슐리히트의 의미가 포함되어 있음은 보통의 사전이 보여주는 대로다.

109) Tristan und Isolde(Tristan 〔Tristram〕 and Iseult)는 1100년 경 발생한 켈트족의 설화로, 그 뒤 영·독·불문학에서 자주 다루어진다. 트리스탄은 양친과 사별하고 백부인 콘월의 왕 마르크 밑에 있는데, 아일랜드의 왕녀 이졸데를 마르크의 비(妃)로 맞아들이기 위해 파견되었다가 귀국선에서 그녀와 사랑에 빠진다. 나중에 마르크에게 발견되어 노르망디로 도망친다. 그러나 이졸데를 기다리다 병상에 눕게 되어 죽고 만다.

110) 괄호 내는 소포클레스 비극의 이름.

111) dolce far niente.

112) 퀴니코스학파는 소크라테스의 제자 안티스테네스에서 시작된다. 그 파 사람들의 생활과 그 학교의 이름에서 영향 받아 'Kuon(개)과 같은'이라고 불리고, 견유학파(犬儒學派)라고도 번역된다. 덕을 실현할 때는 외계에 있는 모든 속박에서 이탈하는 것이 목표이기 때문에 반습속적 경향으로 된다.

113) Skylla는 카리브디스에 면한 동굴에 사는 바다의 여자 괴물. Charybdis는 스킬라와 상대한 바다의 소용돌이로 의인화된 여자 괴물. 후세에는 이탈리아와 시실리 섬 사

762 아침놀

이의 멧시나 해협에서 산다고 한다.

114) 예를 들면 마태복음 26장 41절 "마음에는 원이로되 육신이 약하다"와는 반대되는
    것이 있다.

115) 'ich habe gesprochen, gekämpft, gesiegt.'

116) Chi non ha, non è.

117) 1그란 (Gran)은 0. 06그램.

118) profanum vulgus.

119) in majorem dei gloriam.

120) 헤라클레스의 활을 맡은 활의 명수 필록테테스. 트로이 원정 도중 물뱀에게 물렸기
    때문에 레므노스 섬에 버려지게 되었다. 여기서 말하는 오디세우스, 필록테테스,
    네오프톨레모스의 관계는 소포클레스의 《필록테테스》에 따르고 있다.

121) John Wesley는 77절의 화이트필드 (George Whitefield)와 함께 메토디스트파(감리
    교)의 설립에 힘을 쏟았다. 웨슬리는 그 원조로 일컬어진다. 1736년 미국 전도여행
    에서 돌아오는 길에 모라비아파 사람들에게 감명을 받았다. 뵐러 (Peter Böhler)는
    같은 모라비아파의 목사이고, 웨슬리의 신앙상의 전기에 큰 영향을 미쳤다.

122) 아틀라스(Atlas)는 하늘을 받치고 있는 거인 신. 티탄 신족과 올림푸스의 신들이
    싸웠을 때의 벌로서 서쪽 끝의 땅에서 하늘을 바칠 것을 명령받았다고 한다.

123) 악마를 벽에 그려서는 안 된다, 즉 "재수가 나쁜 것은 말하는 게 아니다"라는 격언
    이 있다.

124) 556절 참조.

125) remedium amoris.

126) credo quia absurdus sum.

127) embellir la nature

128) Hēraklēs. 제우스와 아르크메네의 아들. 제우스의 아내 헤라의 질투 때문에 박해를
    받으며 성장한다. 메가라와 결혼하는데, 헤라에 의해 미치게 되어 처자를 죽이고
    벌로 12년간 12개의 어려운 과제를 수행한다. 그 하나로 마우게이어스의 가축우리
    의 청소가 있다.

129) 예를 들면 마태복음 6장 33절 참조.

130) in honorem majorem

131) vitam impendere vero

132) verum impendere vitae

133) Hic Rhodus, hic salta

134) Ubi pater sum, ibi patria.

135) 예를 들면 마태복음 5장 3절(심령이 가난한 자는 복이 있나니 천국이 저희 것임이
    요) 참조.

136) 그리스신화에 나오는 괴한. 폴리페몬 또는 다마스테스라고도 한다. 메가라에서 아
    티카로 가는 길을 지키고 있다가 지나가는 나그네를 붙잡아 쇠침대에 눕혀 키가 침
    대보다 크면 긴 만큼 자르고, 짧으면 망치로 쳐서 늘렸다고 한다.

137) 엄지손가락을 죄는 옛날의 고문도구.

138) 내란이 거듭되어 혼란을 겪고 있는 프리지아에 이륜마차를 타고 오는 첫 번재 사람
    이 나라를 구하고 왕이 될 것이라는 신탁이 내려진다. 이 신탁대로 왕이 된 인물이
    고르디우스이다. 그는 왕이 된 기념으로 신전에 마차를 묶어 두었는데, 매듭이 복
    잡하게 얽혀 있어 좀처럼 풀리지 않았다. 이 매듭을 푸는 사람이 아시아의 지배자
    가 될 것이라는 신탁이 내려지고, 많은 사람들이 매듭을 풀려고 했으나 풀지 못했
    다. 마침 원정길에 나선 알렉산더대왕이 이곳을 지나다 매듭을 풀려고 했는데 풀리
    지 않아서 칼로 잘라버렸다. 이렇게 해서 알렉산더대왕은 아시아의 지배자가 된다.
    고르디우스의 매듭은 아무리 애를 써도 해결하기 어려운 문제나 대담한 행동으로
    복잡한 문제를 해결한다는 의미로 쓰인다.

Zur Genealogie der Moral
도덕의 계보

서문

1

  우리는 우리 자신을 잘 모른다. 우리 인식자조차, 우리 자신을 아직 잘 모른다. 그것도 그럴만한 충분한 이유가 있다. 우리는 일찍이 자신을 탐구해본 적이 없다. —그렇다면 우리가 우리 자신을 찾아낼 것이라는 따위의 일이 어떻게 있을 수 있단 말인가? "네 보물이 있는 그곳에 네 마음도 있느니라."(마태복음 6장 21절)라고 말한 것은 옳다. 우리의 보물은 우리 인식의 벌통이 있는 곳에 있다.

  우리는 태어날 때부터 날개 달린 동물로서, 또한 정신의 벌꿀을 모으는 자로 항상 그 벌통으로 가는 길 위에 있다. 본래 우리는 오직 한 가지의 일만을 위해서, 바로 무엇인가를 '집으로 가지고 돌아가는' 일만을 위해서 애쓰고 있다. 그 이외의 생활, 즉 '체험'에 관해서 말한다면, —우리 가운데 누가 그런 일을 살필 만큼 진지성을 지니고 있을 것인가? 혹은 그런 시간이라도 지니고 있을 것인가? 그런 일에 관해서 아마도 우리는 정말로 '그 일에 전념했던' 적이 없었는지도 모른다. 참으로 우리의 마음은 거기에 없는 것이다. —아니 귀(耳)마저도 없다! 오히려 신적인 경지에 젖어 있는 사람의 귀에, 마침 시계가 온 힘을 다해서 정오(한낮)를 알리는 열두 시를 쳤을 때, 그 사람이 갑자기 눈을 뜨고 "아니 몇 시를 쳤지?" 하고 묻는 것처럼, 우리도 때때로 훨씬 뒤에서야 귀를 후비며 아주 당황해서 "우리가 도대체 무엇을 체험했던가?" 하고 물을 뿐이다. 또한 "우리는 도대체 누구인가?" 하고 물으며, 앞서 말한 것처럼 뒤에 이르러서야 우리의 체험, 우리의 생활, 우리 존재의 열두 시 종소리 진동을 꼼꼼히 세어보는 것이다.

  —아아! 그러나 우리는 그것을 잘못 세는 것이다. 우리는 어디까지나 우리 자신에게 있어 필연적으로 이방인이다. 우리는 자신을 이해하지 못한다. 우리는 자신을 혼동하지 않을 수 없다. 자신에 대해서 "모든 사람은 자신에

대해 가장 먼 사람이다"라는 격언이 적용되는 것이다. ─우리 자신에 대해서 우리는 결코 '인식자'가 아닌 것이다……

2

─우리 도덕적 선입견의 유래에 관한 나의 사상은─이들 선입견이야말로 이 논박서에서는 문제가 되기 때문에─《인간적인 너무나도 인간적인. 자유 정신을 위한 책》이라는 제목을 지닌 잠언집 속에서 이미 간략하나마 첫선을 뵌 셈이었다. 그 책은 소렌토에서 쓰기 시작했는데, 그것은 내가 방랑자처럼 발걸음을 멈추고, 그 때까지 나의 정신이 거쳐 온 드넓고 위험한 땅을 바라보도록 나에게 허락해 준, 어느 겨울이었다. 그것은 1876년부터 77년 겨울까지의 일이었다. 그러나 사상 자체는 그전부터 있었던 것이다. 그것은 내가 다음의 여러 논문에서 다시 취급하게 되는 사상과 같은 것이었다. ─바라건대, 이 오랜 중간 시기가 이들 사상을 위해 도움이 되었으며, 그 사상이 한층 원숙해지고, 명석해지고 강력해졌으며, 완전한 것이 되어 있기를!

어떻든 내가 지금도 그 사상들을 고집하고 있다는 것은, 또한 그 사상들이 그 시기 중에 더욱 긴밀하게 결합되고, 아니, 서로 얽혀서 성장하여 왔다는 것은, 내 마음에 간직한 즐거운 확신을 굳게 해준다. 이 사상들은 원래 내 안에 따로따로, 제멋대로 제각기 나타난 것이 아니고, 하나의 공통 뿌리에서, 즉 마음 밑바닥에서 명령하고 더욱 명확하게 단언하며, 더욱 확고한 것을 추구하는 인식의 근본 의지에서 나타났을 것이라고 확신한다. 왜냐하면 철학자에게 사상 발생의 상황이란 마땅히 그래야 하기 때문이다.

우리는 어떠한 일에서나 개별적으로 따로따로 있을 권리를 갖고 있지 않다. 우리는 개별적으로 그르칠 수도 없고, 개별적으로 진리를 파악할 수도 없다. 오히려 한 그루의 나무가 그 열매를 맺는 경우와 똑같은 필연성으로서 우리의 사상, 가치, '긍정'과 '부정' 및 '가정'과 '그런가 아닌가'가 우리 내부에서 나타나는 것이다. ─모두가 서로 밀접한 관계를 맺고 있으며, 하나의 의지, 건강, 땅, 태양이라는 존재의 증언으로 나타나는 것이다. ─이들 열매가 그대들의 입에 맞는지 안 맞는지? ─이런 것은 이 나무에게는 아무런 상관이 없다. 우리 철학자에게도 물론 상관이 없는 것이다!

나로서는 인정하고 싶지 않은 내가 가진 특유한 의혹, ―왜냐하면 그것이 도덕애, 이제까지 지상에서 도덕으로 찬양하여 온 모든 것에 관계되는 것이기 때문이다.

―그것은 나의 소년 시절부터 억누를 수 없이 자발적으로, 환경이나 연령이나 계율 혹은 관습에 대항해서 나타난 것으로, 선천성이라고 불러도 무방할 만한 의혹이지만, ―이 의혹 때문에 나의 호기심과 의심은, 우리의 선악이란 원래 어떤 기원을 가지고 있는가 하는 문제 앞에 부딪치지 않을 수 없었다. 사실 나는 열세 살 소년 시절에 이미 악의 기원 문제에 관해서 골몰하였다. '가슴속에 반은 어린이를, 반은 신을' 품고 있었을 시절, 나는 이 문제 때문에 최초의 문학적인 어린애 장난, 나의 최초의 철학적 습작에 마음을 쏟았다. ―그 문제에 대한 당시 나의 '해결'이란 어떤 것인가를 말한다면, 당연한 일이지만 신에게 영예를 돌려 신을 악의 아버지로 여겼던 것이다. 그러나 그러한 것을 나에게 요구한 것은 바로 나의 '선천성'이었던가? 저 새롭고 부도덕적인, 적어도 비도덕적인 '선천성'과 그 '선천성'이 말하는 반(反)칸트적이며 수수께끼 같은 '정언명령'이었던가? (물론 이 정언명령은 이럭저럭하는 사이에 내가 차츰 귀를, 귀 이상의 것까지 기울이게 되었지만)……

다행히도 나는 일찍이 신학적 선입견을 도덕상의 선입견에서 떼어 놓을 수가 있었으며, 이제는 악의 기원을 세계의 배후에서 찾는 일 따위의 짓은 하지 않게 되었다. 심리학적 문제 일반에 관한 선천적인 감식력도 있었기에, 약간의 역사적 및 문헌학적 수련은 마침내 내 문제를 다른 것으로 변경시켰다. ―인간은 어떤 조건 밑에서 선악이라는 가치 판단을 생각해 냈던가. 그리고 그 가치 판단들 자체는 어떠한 가치를 지니고 있는가? 그 가치 판단은 이제까지 인간의 성장을 저지하여 왔던가, 그렇지 않으면 촉진시켜 왔던가. 그 가치 판단들은 삶의 위기, 삶의 빈곤, 삶의 퇴화의 징조인가? 그렇지 않으면 오히려 삶의 충실, 삶의 힘, 삶의 의지, 그리고 용기, 스스로에 대한 믿음, 그 미래가 나타나 있는가? ―

이러한 문제에 관해서 나는 내 나름으로 여러 해답을 발견하기도 하고, 또한 감히 그 해답을 시도해 보기도 하였다. 나는 여러 시대, 여러 민족, 개개인의 등급을 구별해 보았고, 나의 문제를 세세한 부분까지 전개시켜 보았다.

각각의 해답에서는 또한 더욱 나아가 새로운 의문과 새로운 탐구, 새로운 추측, 새로운 예측이 나왔다. —그 결과 나는 드디어 나 자신의 영토, 나 자신의 대지를 갖기에 이르렀다. 가지가 무성하고 꽃이 만발한 하나의 숨겨진 세계를, 말하자면 아무도 눈치채지 못하는 비밀 정원을 갖기에 이르렀다. 오오, 우리 인식자는 얼마나 행복할 것인가, —다만 오래도록 침묵을 지킬 줄만 안다고 한다면!

4

도덕의 기원에 관한 내 가설의 일부를 공개하도록 처음으로 동기를 준 것은, 명쾌하고 깨끗하고 솜씨 있고 얄궂다고도 할 수 있는 조그마한 책이었다. 나는 그 속에서 불합리하고 비꼬인 계보학적 가설을, 그것도 원래는 영국식의 가설로 쓰인 것을 읽게 되었다. 그것이 나의 마음을 끌었다. —모든 반대를, 모든 적대물이 지닌 매력으로써.

그 작은 책의 표제는 《도덕적 감정의 기원》이라는 것이며, 저자는 파울 레 박사, 출판된 것은 1877년이었다. 이 책만큼 한마디 한마디를, 또 결론이라는 결론마다 마음속으로 '아니'라고 말하면서 읽은 것은 아마 없었을 것이다. 그러나 혐오감이라든가 초조함 같은 것은 전혀 느끼지 않았다. 나는 당시 집필 중이던 먼저 말한 저서 속에서, 기회가 있을 때마다 이 책의 문구를 인용하고 대조했지만, 그러나 이것도 그 문구들을 반박하기 위한 것은 아니었다. —반박해 보았댔자 별 것 있을 것인가! —오히려 그것은 적극적 정신에 알맞은 방법으로, 진실답지 않은 것 대신에 진실다운 것을 바꾸어 놓고, 때에 따라서는 하나의 오류에 다른 오류를 바꾸어 놓기 위해서였다. 먼저 말한 바와 같이 그 무렵 나는 앞으로 나올 여러 논문에서 취급하려는 계보학적 가설을 비로소 공개한 것이었지만, 그 미숙함은 내 자신이 너무나도 잘 알 정도였으며, 또한 자유로운 데가 없었고, 이같이 특별한 일을 다루는 데 있어 독특한 말도 모르며, 게다가 수없이 후퇴하고 있었다. 여기에 대해서는 《인간적인 너무나도 인간적인》이라는 책의 45절에서 '선악의 이중적 선사(先史)'에 관한 서술(즉 귀족 계급에 기원을 가진 것과 노예 계급에 기원을 가진 것)을 참조하기 바란다. 그리고 금욕주의적 도덕의 가치 및 계보에 관해서는 136절 이하를 참조하기 바란다. 이타주의적 평가 양식(모든 영국의 도덕 계보학자들과 똑같이 레 박사도 이 평가 양식 속에 도덕적 평가 양식 자체를 인정하고 있다)과는 하늘과 땅처럼 동떨어진, 그것보다도 훨씬 오래 되고 훨씬 근본적인 도덕, 즉 '풍습의 도덕'에 관해서는 96절, 99절 및 하권 89절을 참조하기 바란다. 그리고 동등한 권리를 지닌 사람들 사이의 균형 (모든 계약, 따라서 모든 법의 전제로서의 균형)으로서의 정의의 계보에 관해서는 92절 및 《방랑자》의 26절, 《아침놀》의 112절을 참고하기 바라며, 또한 형벌(刑罰)의 기원에 관해서는 《방랑자》의 23절, 33절을 참조하기 바란다. ―형벌에 있어서 폭행의 목적이라는 것은 본질적인 것도 근원적인 것도 아니다. (레 박사도 주장하는 바와 같이, ―그것은 오히려 어떤 특수한 사정 아래, 또한 늘 하나의 첨가물로서, 어떤 부가물로서 형벌 속에 끼워넣는 데 불과하다.)

5

사실 바로 그 무렵, 도덕의 기원에 관한 나의 가설이나 다른 사람의 가설 보다도 훨씬 중대한 것이 내 마음에 자리잡고 있었다. (더 정확히 말하면 나 는 그러한 가설을 단순히 어떤 목적을 위한 것으로 생각하였으며, 그것은 그 목적에 대한 많은 수단 가운데 하나에 불과했다.) 나에게 중요한 것은 도덕 의 가치였다.

―이에 관해서 나는 위대한 스승인 쇼펜하우어와 거의 맞서서 대결해야만 했다. 그래서 그 책, 그 책의 정열과 내적인 항의는, 마치 눈앞에 있는 사람 을 대하는 것처럼 이 사람에게 향해졌다. (―그것은 그 책도 하나의 반박서 였기 때문이다.) 특히 문제되는 것은 '비이기적인 것'의 가치, 즉 동정, 자 기 부정, 자기 희생 등의 본능적인 가치였지만, 이 본능들이야말로 쇼펜하우 어가 참으로 오랫동안 미화하고, 신성시하고 피안화(彼岸化)한 것이었다. 그 결과 마침내 그것이 그에게는 '가치 자체'로 남게 되었던 것이며, 이것을 근거로 그는 삶에 대해서, 또한 자신에 대해서까지 부정을 말하였던 것이다. 그러나 바로 이 본능들에 대해서 더욱 깊이 파고드는 하나의 의혹이 내 안에 서 항의를 하였다! 바로 이 점에서 나는 인류의 커다란 위험을, 가장 숭고 한 매혹과 유혹을 보았다. ―그러나 그것은 어디로? 허무로인가? ―이 점에 서 나는 종말의 시작을, 머무름을, 회고적인 권태를, 삶에 반항하는 의지를,

상냥하고 우울한 모습을 나타내는 마지막 병을 보았다. 차츰 만연하여 철학자들마저 휩쓸어 병들게 하는 동정의 도덕을, 나는 섬뜩하게 된 우리 유럽 문화의 가장 무서운 징조로 해석하고, 새로운 불교, 유럽적인 불교, —허무주의에 이르는 우회로로 해석하였다…… 현대 철학자들의 이러한 동정에 대한 편애와 과대평가는 생각하건대 하나의 새로운 현상이다. 그 까닭은 바로 동정의 무가치라는 것에 관해서, 이제까지의 철학자들은 의견이 일치해 있었기 때문이다. 나는 플라톤, 스피노자, 라 로슈푸코 및 칸트의 이름만 들지만, 이들 네 사람의 정신은 대체로 생각할 수 있는 모든 점에서 서로 달랐다. 그러나 동정을 경시한다는 점에서는 의견이 일치하고 있었다.

6

동정과 동정 도덕의 가치 여하라는 이 문제는 (—나는 수치스러운 감정의 현대적 약화에 대한 반대자다—) 처음에는 단순히 고립적인 문제, 단순한 하나의 의문 부호에 불과한 것처럼 보였다. 그러나 일단 이 문제에 마음을 두고 이것을 문제시하게 된 사람은 나에게 일어났던 것과 똑같은 것이 일어날 것이다—다시 말해 하나의 어마어마하게 큰 새로운 전망이 그의 눈앞에 전개되어, 어떤 가능성이 현기증처럼 그를 붙잡고, 모든 종류의 불신, 의심, 공포가 뛰쳐나와 도덕에 대한, 모든 도덕에 대한 신앙이 흔들리고, —마침내는 새로운 요구가 들려오게 된다.

이 새로운 요구, 그것을 우리는 아래와 같이 표현해 보자. —우리는 여러 도덕적 가치의 비판을 필요로 하는 이 여러 가치들의 가치를 우선 문제로 삼아야 할 것이다. 그러기 위해서는 이 모든 가치들을 발생하게 하고 발전시키고 전개시켜 온 여러 조건과 사정에 관한 지식이 필요하게 된다. (결과로서의, 징조로서의, 가면으로서의, 위선으로서의, 질병으로서의, 오해로서의 도덕. 또 한편 원인으로서, 치료약으로서, 자극제로서, 억제제로서, 독약으로서의 도덕.) 그와 같은 지식은 이제까지 존재한 적도 없으며, 또한 필요성을 느끼지도 않았다.

사람들은 이들 '여러 가치'의 가치를 주어진 것으로서, 사실로서, 모든 의문을 초월한 것으로서 받아왔다. 이제까지는 '선인'을 '악인'보다 훨씬 가치가 있는 것으로 평가하였고, 대체로 인간이라는 것에 있어 진보, 공리, 번영

(인간의 미래도 포함시켜)이라는 점에서 선인을 한층 높이 평가하는 데 대
하여 조금도 의심의 여지가 없었다. 그러나 어떤가? 만일 그 반대가 진리라
고 한다면? 만일 '선인' 속에도 후퇴의 징조가 숨겨져 있다면? 마찬가지로
어쩌면 현재를 위해서 미래를 희생시키려는 위험, 유혹, 독약, 마취제가 숨
어 있다고 한다면? 그리고 아마도 현재가 보다 안락하게, 보다 위험성이 적
고, 또한 더욱 아담하게, 보다 저열하게 살려고 한다면? ……그 결과 도덕
에 바로 인간 종족이 도달할 수 있는 최고의 강력함과 호화로움에 도달하지
못하는 책임이 지워진다면? 그 결과 도덕이야말로 위험 가운데에서도 가장
위험한 것이라고 한다면?

7

하여튼 이러한 전망이 내 앞에 전개된 이래, 까닭이 있어 나는 박식하고
대담하고 근면한 친구를 찾게 됐다. (나는 오늘도 역시 그 일을 계속하고 있
다.) 이제야말로 나는 전혀 새로운 문제를 갖고, 새로운 안목으로 도덕의—
실제로 존재하였고, 실제로 생명을 지니고 있었던 도덕의—광막하고 한없이
아득히 숨겨진 나라를 여행하지 않으면 안 되는 것이다. 그리고 이것은 이
땅을 처음으로 발견하는 것과 거의 같은 일이 아닐까? 이런 경우 내가 다른
학자들과 더불어 앞서 이름을 들었던 레 박사를 생각하였다면, 나로서는 그
가 자신의 문제의 성질상 해답을 얻기 위해서 어쩔 수 없이 보다 좋은 방법
을 선택하지 않을 수 없었다고 믿어 의심치 않았기 때문이다.
　나는 그 점에 있어 잘못 생각을 한 것이었던가. 그러나 어떻든 내가 원하
는 바는, 그처럼 날카롭고 공정한 눈을 가진 자가 보다 좋은 방향으로 진실
한 도덕 역사의 방향을 지향하게 하여, 푸른 허공을 헤매는 것 같은 엉터리
영국식 가설들에 빠지지 않게끔 기회를 이용해 경고해 주는 일이었다. 도덕
계보학자에게 그 푸른색보다 몇 백 배나 중요한 것이란 어느 색이어야 하는
가 하는 것은 너무나도 명백한 일이다. 바로 그것은 회색이다. 다시 말하면,
기록을 들추어 낼 수 있는 사실, 현실적으로 확증할 수 있는 사실, 실제로
있었던 사실이다. 이것은 요컨대 인간 도덕사에 있어 오랫동안 해독하기 어
려웠던 상형문자 전체다! 이 문자를 레 박사는 알지 못했다. 그러나 그는
다윈을 읽고 있었다. —그래서 그의 가설 속에는 다윈식의 야수와 '이제는

물지 않는' 현대적인 예의 바른 도덕적이고 나약한 남자가 어딘가 선량해 보이는데다 새침하고 무관심한 표정을 띤 얼굴에, 일말의 비관주의와 권태가 뒤섞인 빛조차 띠고 있다. 그것은 마치 이들 모든 것을—도덕적 문제를—그처럼 진지하게 다룬다는 것은 헛수고일 뿐이라고 말하려는 것 같다. 그러나 나는 그와 반대로 진지하게 다룰 만한 보람이 반드시 있는 것처럼 생각된다. 보람이 있을 것이라는 한 예를 들면, 언젠가는 이 문제를 털어 내놓고 취급할 수 있게 될지도 모른다는 것이다.

즉, 이 명랑성, 나의 말로 말한다면 즐거운 지식(die fröhliche wissenschaft)이—수고에 대한 보람인 것이다. 더구나 이것은 오랫동안의 과감하고 근면하고 남모르는 진지성, 물론 누구에게서나 구하기 어려운 진지성에 보답되는 수고에 대한 보람이다. 그러나 우리가 언젠가 마음속에서 "전진하라! 우리의 낡은 도덕도 희극에 속하는 것이다!"라고 외칠 때가 오면, 그때 우리는 "영혼의 운명"이라는 디오니소스적인 희곡을 쓰기 위한 새로운 갈등과 가능성을 발견하게 되리라. —그리고 그는 우리의 현존하는 위대하고 노련하고 영원한 희극 시인은, 내기를 해도 좋은데, 반드시 그것을 이용할 것이다!

8

이 책이 어떤 사람에게는 이해하기 어렵고 귀에 좀 거슬린다 하더라도, 나는 그것이 결코 나의 잘못이라고는 생각지 않는다. 만일 사람들이 이미 이전의 내 저서를 읽고, 그리고 그 때 조금이라도 수고를 아끼지 않았다고 한다면, 이 저서는 알기 쉬울 것이다.

사실 나의 이전 저서는 그리 접근하기 쉬운 것이 아니었다. 예를 들어 《차라투스트라》에 대해서 말한다면, 그의 한마디 한마디에 때로는 심한 노여움을 느끼고, 때로는 깊은 매력을 느낀 적이 없었던 사람이라면, 그 책을 제대로 읽은 자라고는 볼 수 없다. 그 까닭은 그처럼 노여움을 느끼고 매력을 느낀 자만이 비로소 그 작품이 태어나게 한 조용한 경지에, 그리고 그 태양빛이 넘치는 명랑성, 아득함, 드넓음, 외경의 생각을 지니고자 참여하는 특권을 누릴 수 있기 때문이다. 또 하나는 잠언의 형식이 이해하기 어렵게 한다. 그것은 오늘날 이 형식이 너무나도 안이하게 취급되어 있기 때문이다. 충분히 갈고 닦아 이루어진 잠언이란, 글자만을 읽고는 도저히 해독될 수 있는 것이 아니다. 거기에서 우선 해석이 시작되어야 하지만, 거기에는 또한 해석의 기술이라는 것이 필요하다. 바로 이 저서의 제3 논문에서 나는, 이런 경우 내가 '해석'이라고 부르는 하나의 견본을 들어 보았다.

—이 논문의 첫머리에는 하나의 잠언이 있으며, 논문 자체는 그것의 주석에 불과하다. 물론 이처럼 읽는 기술을 수련하기 위해서는 무엇보다도 오늘날 가장 잊혀져 있는 한 가지 일이 필요하다. —이 일을 망각하였기에 내 책을 읽을 수 있게 되기까지에는 역시 시간을 필요로 하는 것이다. —이 하나를 위하여 사람들은 거의 소가 되어야 하며, 어떠한 경우에도 '현대인'이어선 안 된다. 그 하나의 일이란 무엇인가? 그것은 되새김하는 것을 말한다……

오버엥가딘의 실스 마리아에서

1887년 7월

제1논문 '선과 악' '좋음과 나쁨'

1

　—이제까지 도덕의 발생 역사를 해명하려고 시도한 것은 영국의 심리학자들뿐이었지만—그 사람들이 우리에게는 적지 않은 수수께끼가 되고 있다. 그뿐만 아니라 솔직히 말해서 그들이 바로 수수께끼의 화신으로서, 그들의 저서 이전의 어떤 본질적인 것을 표현하고 있다고까지 말할 수 있다. 즉, 그들 자신이야말로 바로 흥미 있는 존재이다! 이 영국의 심리학자들—그들은 도대체 어떻게 할 작정인가? 언뜻 보기에 그들은 스스로 하고자 해서 하는지 어떤지는 제쳐두고 언제나 같은 일에 종사하고 있다. 다시 말해 우리 내면 세계의 '치부'를 폭로하여, 인간의 지적 긍지가 한사코 남에게 보여지기를 싫어하는 그 장소에(예를 들면 습관의 타성 속에, 혹은 망각 속에, 혹은 맹목적이고 우연적인 관념의 연결이나 기구 속에, 혹은 어떤 순수하고 수동적인 것, 자동적인 것, 반사적인 것, 분자적인 것, 또는 근본적으로 둔한 과정 속에) 진정한 활동적인 요소, 지도적인 요소, 발전을 위한 결정적인 요소를 발견하려고 하고 있다.

　—도대체 무엇이 이 심리학자들을 늘 이 방향으로 움직이게 하는가? 그것은 내적으로 음험하고 비속한, 아마도 그들 자신마저도 알 수 없는 인간 멸시의 본능이 아닐까? 혹은 어쩌면 어떤 염세주의적인 의혹에서 그러는 것이 아닌가? 환멸을 느끼고 음울하게 되어, 원한을 품은 듯이 퉁명스러운 이상주의자의 의심이었던가, 혹은 그리스도교(및 플라톤)에 대한, 일찍이 한 번도 의식의 경계선을 넘어선 일이 없는 희미하고 잠재적인 적의와 원한이었던가? 혹은 오히려 현존하는 기괴한 일, 애통할 만큼 역설적인 것, 의심스러운 것, 무의미한 것에 대한 일종의 호색적 취미는 아닌가? 혹은 마지막으로, —그 모든 것들의 약간의 비속함, 음울함, 반(反) 그리스도성(性), 후춧가루를 원하는 약간의 근질거리는 욕망 등이었을까?

그러나 남의 말로는 마치 그 곳이야말로 자기에게 가장 알맞은 장소라고, 즉 늪이라고 말하려는 듯 인간의 언저리를 기어다니거나 인간 속에 뛰어들거나 하는 것은, 늙고 싸늘하게 지쳐 버린 개구리들뿐이다. 그러나 나는 이런 의견에는 반대라기보다 오히려 그런 것을 믿지 않는다. 또한 사정을 알 수 없는 상황에서는 바랄 수가 있다고 한다면, 나로서는 영국의 심리학자들의 경우엔 사정이 그와는 반대이기를 바라는 바다. 즉, 이들 영혼의 탐구자들과 영혼의 현미경적 연구자들이 사실 용감하고 도량이 넓고 긍지를 지닌 동물이며, 자기의 심정과 고통을 억제할 줄 알며, 진리를 위해서는 모든 소망을 희생시킬 만한 각오를 하게끔 바랄 정도다. 더구나 어떠한 진리를 위해서도 노골적이고 불쾌하고, 추악하고 적의 있는 비그리스도교적이고 부도덕적인 진리를 위해서도 그러기를 바란다…… 그러한 진리도 존재하기 때문이다. ─

2

그렇기 때문에 이 도덕 역사가들 속에서 위세를 부리려고 하는 선한 정령들에게 진심으로 경의를 표하자! 그러나 유감스럽게도 그들에게는 역사적 정신이 결여되어 있으며, 역사의 모든 선한 정령으로부터 방치되어 있다! 대체로 그들은 누구나 아직도 철학자들의 낡은 수법이 그런 것처럼, 본질적으로 비역사적인 생각을 하고 있다. 이 점은 조금도 의심할 여지가 없다. 그들이 제시하는 도덕 계보학의 정도는 '좋음'이라는 개념과 판단의 유래를 밝히는 것이 문제가 될 때 갑자기 그 미숙함이 폭로된다.

그들은 선언한다. ─"본래 비이기적 행위란, 그 행위가 표시되어서 그것에 의해 이익을 얻은 사람들로부터 찬양되어 '좋음'으로 불리었다."

그 후에 사람들은 이 찬양의 기원을 망각하게 되었고, 비이기적 행위는 단지 습관적으로 늘 '좋음'으로 찬양되었다는 이유로 그대로 '좋음'으로 느끼게끔 되었다. ─마치 그 행위 자체가 어떤 '좋은' 것인 것처럼. 이 기원론의 최초의 것이 이미 영국의 심리학자 기질의 전형적인 특색을 표시하고 있는 것은 첫 추론으로 봐서도 분명하다. ─'공리', '망각', '습관' 그리고 마지막에 '오류', 이러한 모든 것이 평가의 기초가 되어 있으며, 이제까지의 고급적 인간은 이 기초 위에 서 있음으로서, 인간 일반의 특권인 양 뽐내어 왔다. 우리는 이 자랑스러움을 꺾고, 이 가치 평가를 무가치로 해야 한다. 그러나 그것이 이루어졌던가?

그러나 나에게 무엇보다도 분명한 것은, 이 이론에 있어 '좋음'이라는 개념의 본래 발상지가 잘못된 장소에서 구해져 있으며, 또한 그렇게끔 상정되어 있다는 것이다. 달리 말하면 '좋음'이라는 판단은 '좋은 것'을 받는 사람들 측에서 나타나는 것이 아니다! 도리어 '좋음'이라는 것은 '좋은 인간' 자신에 있었던 것이다. 바로 고귀한 사람들, 강력한 사람들, 드높은 사람들 및 고매한 사람들에게 있었다. 이러한 자들이 모든 저급한 자, 비천한 자, 비속한 자 및 천민적인 자들 비해서 자신 및 자기의 행위를 '좋음'으로 느끼고 '좋음'으로 평가한다. 다시 말해 제1급의 것으로 느끼고 그렇게 평가하는 것이다. 그들은 이러한 거리감에서 비로소 가치를 창조하고, 가치의 이름을 새기는 권리를 스스로 획득하였던 것이다. 그들에게는 공리란 안중에도 없는 것이었다! 이처럼 등급을 정하고, 등급을 분명케 하는 최고의 가치 판단이 격렬하게 용솟음치는 곳에서는, 공리의 관점은 인연이 멀고 부적당한 것이었다. 이러한 경우에 있어 감정이야말로 모든 영리한 타산, 모든 공리적인 셈의 기초를 이루고 있는 미온적인 것과는 정반대인 것이다.

─더구나 그것은 한 번만 그렇다든가, 한때에 한해서 예외적으로 그렇다는 것이 아니다. 영구적으로 그렇다는 것이다. 고귀함과 거리와의 파토스, 즉 먼저도 말한 것처럼 고급의 지배자적 종족이 하급의 종족, 즉 '하층자'에 대해 지니고 있는 지속적이고 지배적인 전체 감정 및 근본 감정─이것이 '좋음'과 '나쁨'과의 대립의 기원이다. 이름을 부여하는 지배권은 말 자체의 기원을 지배자의 권력 표시로 간주함을 허용하는 정도에까지 이른다. 그들은 '이것은 이러이러하다'라고 말한다. 그들은 모든 사물과 사건을 한마디 소리로 봉인하고, 그것들을 점유해 버린다.

이러한 기원을 지니고 있는 한, '좋음'이라는 말은 원래 그 도덕 계보학자들의 미신이 억측하는 것처럼, '비이기적 행위'와 처음부터 필연적으로 결부되어 있는 것은 아니었다. 오히려 '이기적' '비이기적'이라는 대립 전체가 인간의 양심을 더욱 강력히 압박하게끔 되는 것은, 귀족적 가치 판단의 몰락을 계기로 비로소 일어나는 것이다. ─이 대립에 의해 결국 표현되는(가지각색의 말로서 표현되기도 하는) 것은, 내 말을 사용해 본다면 무리 본능이다. 또 그런 경우에도 역시 이 본능이 주인이 되어 도덕적 평가가 대립에 직접 결합하고 부착할 만큼 되기까지 무척 오랜 세월을 필요로 하는 것이다. (예를 들면, 오늘날의 유럽에서 그렇다. 그 까닭은 오늘날에는 '도덕적'과 '비이기적'과 '몰리적(沒利的)'이라는 것을 같은 의미로 보는 선입관이 이미 하나의 '고정 관념'이나 정신병과 같은 세력으로 유행하고 있기 때문이다.)

3

그리고 '좋다'는 가치 판단의 유래에 관한 그 가설이 역사적인 근거가 없는 것이라고 하는 것은 별개의 문제로 하더라도, 역시 그 가설은 하나의 심리학적 모순에 걸려 있다. 비이기적 행위의 공리성이 그러한 행위에 대한 찬양의 기원이며, 더구나 이 기원이 망각되었다고 설명하는 것이지만, ―도대체 이러한 '망각'이라는 것이 있을 법한 일인가? 그러한 행위의 공리성이 어느 곁에 멈춰 버렸다는 것인가? 사실은 그 반대인 것이다. 즉, 이 공리성은 오히려 언제나 불변하는 일상적 경험이며, 따라서 부단히 새롭게 강조되어 온 것이다.

따라서 그것은 의식에서 사라져 없어지기는커녕, 즉 잊어버리기는커녕 더욱 확실하게 의식에 아로새겨지지 않으면 안 되었던 것이다. 예를 들면 허버트 스펜서에 의해 대표되는 반대설이 얼마나 합리적이었던가. (그렇다고 해서 이 이론이 좀더 진실이라는 것은 아니지만―)

스펜서에 의하면 '좋다'는 개념은 '공리적'이나 '합목적적'이라는 개념과 본질적으로 동일시되어야 하며, 인류는 공리적이고 합목적적인 것에 관한, 반공리적이고 반목적적인 것에 관한 그들의 잊지 못하는, 그리고 잊을 수 없는 경험을 '좋음'과 '나쁨'이라는 개념에서 요약하였고 결정하였다는 것이다. 이 설에 따르면, '좋음'이라는 것은 이전에 그 공리성이 증명된 것의 속성이었다. 이 때문에 그것은 '최고로 가치가 있다'라든가, '그 자신에게 있어 가치가 있다'고 말하는 의미로 인정되게끔 되는 것이다. 앞서 말한 것처럼 이러한 설명법도 또한 잘못된 것이지만, 적어도 설명 자체는 합리적이며, 심리학적으로도 근거가 있는 것이다……

4

여러 가지 말로 확실하게 표현된 '좋음'이라는 명칭이 어원학적으로 원래 어떠한 의미를 지니고 있는가 하는 물음이, 나에게 올바른 길을 제시해 주었다. 그리하여 내가 발견한 것은 다음과 같은 것이다. 바로 그 명칭들은 어느 것이나 동일한 개념 변화에 기인되는 것이다.

　—어느 언어에서나 신분상의 의미에 있어서 '귀족적인', '고귀한'이라고 하는 기본 개념이 있으며, 거기에서 정신적으로 '귀족적인', '고귀한'이라든가, '정신적으로 고결한 것을 지닌', '정신적으로 특권을 지닌'이라든가 하는 의미로서의 '좋음'의 개념이 필연적으로 발전해 오는 것이다. 이 발전과 평행하여 나아가는 또 하나의 발전이 있으며, 이것은 '비속한'이라든가 '천민적인'이라든가 '나쁨(Schlecht)'이라는 개념으로 바꾸어버리는 것이다. 이 후자에 대한 가장 웅변적인 예증은 '슐레히트(Schlecht)'라는 독일말이다. '슐레히트(Schlecht)'는 '슐리히트(Schlicht, 소박한)'와 같은 말이다. —'슐레히트벡(Schlechtweg)' '슐레히터딩스(Schlechterdings)'와 대조해 보라.

　그것은 원래 그저 귀족과 대립하여 있을 뿐인, 이상야릇한 곁눈질 같은 것을 하지 않는 소박한 자, 즉 평민을 의미하는 것이었다. 그것이 대체로 30년 전쟁 무렵에, 따라서 훨씬 뒤에 이르러 오늘날 사용하고 있는 것과 같은 뜻으로 변경되었다. —이것은 나에게는 도덕 계보학에 관한 하나의 본질적인 통찰처럼 생각된다. 이 통찰이 이처럼 훨씬 후에 이르러서야 겨우 이루어졌다는 것은, 현대 세계의 내부에 있는 민주주의적 선입관이 모든 유래 문제에 해로운 영향을 미치고 있기 때문이다. 그리고 이 영향은 겉으로 보기에 가장 객관적인 자연과학 및 생리학의 영역에까지 미치고 있지만, 그 점에서 대해서는 여기서는 암시하는 정도에 그칠까 한다.

　어떻든 이 선입관이 한번 고삐를 풀고 증오로까지 이르렀을 때, 특히 도덕과 역사 위에 어떠한 불법을 저지를 것인가는, 악평 높은 '버클'의 경우가 보여 주는 바다. 영국에 유래되는 현대 정신의 평민주의가 '버클'에 의해서 또 한 번 그 본토에서 화산과 같은 맹렬성과 이제까지 모든 화산에 따르던, 저 매섭고 시끄럽고 야비한 웅변으로 폭발하였던 것이다.

5

　우리의 문제—그것은 그러한 이유에서 내적 문제라고 부를 수 있는 것이며, 선택된 몇몇 사람의 귀만 상대로 하는 것이다. 그렇지만, 이 문제가 적지 않게 흥미 있는 점은 '좋음'이라는 의미를 나타내는 여러 가지 말이나 어근(語根) 속에는, 아직도 귀족적인 인간들이 자기들이야말로 고급적인 인간이라고 느끼는 근거가 된 근본적인 뉘앙스가 다채롭게 반짝이는 것을 확인할 수 있기 때문이다. 물론 그들은 아마 대개의 경우, 단순히 권력이라는 점에서 탁월하다는 사실로부터 자신을 '세력가', '지배자', '명령자'라고 부르고, 혹은 이 탁월이라는 사실에 대한 가장 명백한 특징에 따라 '부자'라든가 '재산가'(이것이 '아리아(arya)'란 말의 의미이며, 이것에 상당한 말은 이란어에도 슬라브어에도 있다)라고 부른다. 그러나 그들은 또한 어떤 전형적 특징에 따라 스스로를 부르기도 한다. 여기서 우리가 문제 삼는 것은 이 뒤의 경우이다.

예를 들면 그들은 스스로를 '성실한 자'라고 부른다. 그 선구자는 그리스의 귀족으로 메가라의 시인 테오그니스를 대변자로 하고 있다. 이것을 명백히 나타내기 위해서 만들어진 '에스틀로스($\epsilon\sigma\theta\lambda\hat{o}s$, 좋음)'라는 말은 어원적으로는 존재하는 자, 현실성을 지닌 자, 현실적인 자, 진실한 자를 의미한다.

'진실한 자'는 마침내는 주관적인 뜻으로 진화되어 '성실한 자'를 뜻하게 되었다. 개념 변화의 단계에 있어서 이 말은 귀족의 슬로건이나 표어가 되어 '고귀한'이라는 뜻으로 완전히 바뀌어 버렸다.

이것은 테오그니스가 다루어 묘사한 것처럼 거짓말쟁이인 평민과의 구별을 표시하기 위한 말이 되었다. ―그리고 결국 그 말은 귀족의 몰락 이후 단순히 정신적인 '고귀성'을 표시하는 것으로서만 남게 되고, 말하자면 익어서 달콤하게 되었다.

'카코스($\kappa\alpha'\kappa\hat{o}s$, 나쁨)'라는 말과 '데이로스($\delta\epsilon\lambda\hat{o}s$, 비겁한)'라는 말(이것은 '좋음·고귀한'에 대해서 천민을 뜻한다)에는 비겁이라는 것이 강조되어 있지만, 이것은 아마도 여러 가지 뜻으로 해석되는 아가토스($a'\tau a'\theta o's$)란 말의 어원이 어떠한 방향으로 탐구되어야 할 것인가의 문제에 관해서 암시를 줄 것이다.

라틴어의 '마루스(maluo, 나쁨)'(이 말을 나는 '메라스($\mu\epsilon\epsilon\lambda\hat{a}s$, 검은·어두운)'라는 말과 나란히 놓고 싶다)라는 말에서, 평민은 어두운 피부를 가진 사람들로서, 특히 검은 머리카락을 가진 사람들(이 사람은 '뱃속'이 검다)로서 특징지워져 있는데, 이것은 지배자가 된 금발의 아리아계(系) 정복 종족과는 빛깔로 가장 확실하게 식별할 수 있는 이탈리아 토착인인 아리아 이전의 주민을 가리키는 것이었다.

적어도 켈트어는 이것과 아주 일치하는 경우를 우리에게 보여준다. —'fin'(예를 들면 Fin-Gal이라는 이름에 있어서)이라는 것은 귀족을 가리키는 말이며, 이것이 마침내는 선하고 고결하고 귀족적인 순수 혈통의 종족을, 즉 원래는 어두운 피부색에 검은 머리카락을 지닌 원주민과 구별하는 금발족을 의미하는 것이 됐다.

말이 나온 김에 덧붙여 말한다면, 켈트족은 금발 종족이었다. 독일에서 비교적 정밀한 인종학 지도에 보이는 본래 검은 머리카락을 지닌 주민의 지대를, '필코'가 하는 것처럼, 어떤 점에서 켈트 사람의 피와 혼혈 관계가 있는 것으로 보는 것은 잘못이다.

오히려 이 지역에서는 독일의 아리아 이전의 주민이 우세하게 자리 잡고 있다. (똑같은 말이 거의 전(全) 유럽에도 적용된다. 즉, 실제 여기서도 결국 피정복 종족이 피부색과 두개골이 적은 것에 있어서 뿐 아니라 지적 및 사회적 본능에 있어서까지도 우세하게 되었다. 현대적인 민주주의, 또한 그보다 더욱 현대적인 무정부주의, 특히 오늘날의 유럽에 있어서 모든 사회주의자들에 공통된 '공동체'와 원시적 사회 형식의 경향이 근본에 있어서 하나의 거대한 선조 복원(先祖復元 nachschlag)을 의미하는 것이 아닐까—정복 종족이며 지배 종족인 아리아 종족이 생리학적으로도 열등한 위치에 있지 않다고 누가 보증할 수 있을 것인가? ……

라틴어의 '보누스(bonus, 좋음)'는 '전사(戰士)'로 해석해도 좋으리라 생각한다. 물론 이것은 '보누스'란 말이 그보다 훨씬 오래된 '도오누스(duonus, 둘)'에 그 어원을 찾을 수 있다는 것이 정당하다고 할 때 그렇다. (참고로 '벨룸(bellum, 싸움)'·'두엘름(duellum, 다툼)'·'두엔-룸(duen-lum, 둘 사이의 다툼)'을 비교해 보라. 여기에는 'duonus'의 본 뜻이 내포되어 있을 것으로 보인다.)

이런 까닭으로 '보누스'란 싸우는 사람, 분쟁(duo)하는 사람, 즉 전사를 뜻하는 것으로 생각된다. 여기에서 고대 로마에서는 남자의 '좋음'을 무엇으로 생각하였던가를 알 수 있다. 독일어의 'Gut'이란 자체도 'der Göttliche

(신과 같은 사람, 신성한 종족)'을 뜻하는 것이 아닐까? 그리고 이것은
'Gote(고트인)'이라는 민족(원래는 귀족)의 이름과 같은 것이 아닐까? 이
추측의 근거에 대해서는 여기에서는 이만 해두기로 한다. ―

6

　최고의 세습 계급이 성직자 계급이며, 따라서 그 성직자의 기능을 생각하
게 하는 칭호가 우선적으로 그들의 총칭으로서 선택되었을 경우, 정치적 우
위를 표시하는 개념이 언제나 정신적 우월을 표시하는 개념으로 변해 버린
다는 이 일반적 법칙에는 아직 아무런 예외를 볼 수가 없다. (예외가 나타날
수 있는 실마리는 있을지언정.)

　이러한 경우, 처음에는 예를 들면 '순수'와 '불순'이 신분적 차별의 표시로
서 대립한다. 그리고 여기에도 이윽고 '좋음'과 '나쁨'이라는 대립이 벌써 신
분적인 것이 아닌 의미에서 발전한다.

　그것은 그렇다 치고, 이 '순수'와 '불순'이라는 개념을 처음부터 너무나 무
겁게, 너무나 넓게, 오히려 너무나 상징적으로 취급하지 않았으면 한다. 그
까닭은 고대인의 모든 개념은 처음에는 우리에게는 거의 헤아릴 수 없을 만
큼 커다랗고 서투르게, 외면적이고 비좁게, 솔직하고 특히 비상징적으로 해
석되었기 때문이다. '순수한 사람'이란 원래는 단순히 신체를 씻는 자, 피부
병을 일으킬 만한 어떤 음식을 취하지 않는 자, 신분이 더러운 여자와 동침
하지 않는 자, 피를 싫어하는 자를 말하는 것일 뿐이었다. ―그 이상의 것도
그 이외의 것도 아니었다. 그러나 바로 여기에서! 왜 처음부터 평가의 대립
이 위험스럽게도 심각화하고 날카롭게 되었던가 하는 것, 물론 본질적으로
성직자적인 귀족 사회의 성질에서 분명하게 된다. 그리고 사실 이 평가의 대
립에 의해 마침내 인간과 인간과의 사이에는 자유 정신의 아킬레스조차도
전율하지 않고는 뛰어넘을 수 없는 깊은 틈바구니가 생기게 됐다.

　이러한 성직자적 귀족 사회 속에는 거기에 지배하고 있는 행동 기피적인,
한편 침울하고 한편 폭발적인 습관 속에 처음부터 어쩐지 건강하지 못한 것
이 잠재하고 있다. 그러한 습관의 결과로서 어떠한 시대의 성직자에게나 거
의 불가피한 운명처럼 눌어붙어 있는 내장 질환과 신경쇠약이 나타나는 것
이다. 그러나 이러한 질환에 대한 치료법으로서 그들이 창안해 낸 것은, ―

결국 치료해야 할 병보다 그 부작용이 몇 백 배나 위험한 것으로 입증되었다고 말하지 않을 수 없는 것이 아닌가? 인류 자체가 지금도 역시 이 성직자들이 창안한 어리석은 치료법의 여독으로 고통받고 있는 것이다!

예를 들면 어떤 식이요법(육식 금지), 단식, 성적 금욕, '사막으로의' 도피(이것은 웨어 미첼식의 격리법이며, 그 뒤에 금욕주의적 이상의 모든 히스테리에 대해 가장 잘 듣는 치료법인 비만 요법과 과식 요법을 수반하는 것은 물론이다) 등을 생각해 봄이 좋다. 또한 육욕을 적대시하고 나태와 교활을 이끌어들이는 성직자의 형이상학 전체를 생각하며, 이슬람교 성직자와 브라만승—'브라만'을 유리로 만든 단추나 고정 관념처럼 이용한다—의 방식에 따른 그들의 자기 최면도 생각해 봄이 좋으리라. 또한 근본 요법, 즉 허무(또는 신, —신과의 '신비적 합일을 바라는 갈망은 불교도에게 있어서의 허무에 대한 갈망', '열반'을 향한 갈망이다. —그리고 그 이상의 아무것도 아니다!)에 의한 너무나도 당연한 최후의 보편적인 포만 상태를 생각해 보는 것도 좋을 것이다. 성직자들의 경우에는 실로 모든 것이 훨씬 위험하게 된다. 단지 치료약과 치료법뿐만 아니라 거만과 복수와 명민과 방종과 사랑과 야심(권세욕)과 덕과 병도 또한 훨씬 위험하게 된다. —물론 다소 공평하게 보아서 거기에 덧붙인다면, 인간의, 즉 성직자적 인간의 이러한 본질적으로 위험한 생존 형식의 지반 위에 서서 비로소 인간이란 흥미 있는 동물로된 것이며, 여기에 비로소 인간의 영혼은 보다 높은 뜻에서 깊이를 더하였고 또한 나쁘게 됐던 것이다. —이것이야말로 인간이 이제까지 다른 짐승에 대해 지니고 왔던 우월성의 두 가지 근본 형식이었던 것이다! ……

7

—성직자의 평가 양식이 기사적·귀족적 평가 양식에서 분리되어, 마침내는 그것과 대립하기까지 발전할 수 있는 것이 얼마나 쉬운가를 그대들은 이미 잘 알았을 것이다. 특히 성직자 계급과 전사 계급이 서로 질투하면서 대항하고, 포상 문제로 서로 의견을 달리하려 할 때에는 늘 이 대립에 박차를 가했었다.

기사적·귀족적인 가치 판단이 전제로 하는 것은 억센 육체, 젊고 풍요하고 넘치는 건강 및 그것을 지니기 위하여 필요한 여러 가지 조건, 즉 전쟁,

모험, 수렵, 춤, 격투 기술 및 일반적으로 억세고, 자유롭고 쾌활한 행동에 속하는 것이다. 이에 반해서 성직자의 고귀한 평가 양식은—우리가 이미 보아 온 바와 같이—, 이것과는 다른 전제를 가지고 있다. 그것이 전쟁에 관한 이야기라면 그들에게는 무척 형편이 나쁘다는 것이다! 성직자들은 다 아는 바와 같이 최악의 적이다. —도대체 왜 그럴까? 그들은 가장 무력한 자이기 때문이다. 그들에게는 그 무력한 데서 증오가 태어났으며, 그것이 기괴하고 불쾌한 것, 가장 정신적이며 가장 해로운 것에까지 성장한다.

세계사에 있어서 거대한 증오자는 늘 성직자였다. 가장 영리한 증오자도 역시 성직자였다. —성직자의 복수 정신에 비하면 다른 정신 같은 것은 거의 문제도 되지 않는다. 인간의 역사는 이러한 무력자들에 의해 주입된 정신이 없었다면, 그야말로 너무나도 엉터리없는 것이었을 것이다. —우리는 그 가장 위대한 보기를 들어보기로 하자. 이 지상에서 '고귀한 자'·'강력한 자'·'지배자'·'권력자'에 대항해서 이룬 어떠한 일이라 할지라도, 유대인이 이들에 반항하였던 것에 비하면 아무것도 아니다. 성직자 민족인 유대인은 그들의 원수 및 압제자에게 앙갚음을 하는 데에 있어서, 결국은 이들 모든 가치의 철저한 가치 전환에 의해서만, 즉 가장 정신적인 복수에 의해서만 할 줄 알고 있었다. 이것이야말로 성직자 민족에게, 음험한 성직자의 복수욕을 가진 민족에게 더할 나위 없이 어울리는 행위였다. 유대인이야말로 무서운 철저성으로 귀족적 가치 방정식(좋은=고귀한=강력한=아름다운=행복한=신의 사랑을 받는)에 대한 역전을 감행하고, 가장 심각한 증오(무력한 증오)에 이를 갈면서 이것을 고집했던 장본인이다. 바로 "가련한 자만이 착한 자다. 가난한 자, 힘없는 자, 천한 자만이 착한 자다. 괴로운 자, 결핍된 자, 병든 자, 추한 자만이 유일하게 경건한 자이며, 신에 귀의하는 자이며, 그들을 위해서만 축복이 있다. —이에 반해서 그대들 고귀하고 강력한 자, 그대들은 영원히 나쁜 자, 잔인한 자, 음란한 자, 탐욕한 자, 신에 거슬리는 자다. 뿐만 아니라 그대들은 영원히 구원받을 수 없는 자, 저주받을 자, 죄 많은 자이다!"라고……

이 유대적 가치 전환의 유산을 상속한 자가 누구인가를 우리는 알고 있다. 유대인이 한 온갖 선전포고 중에서도 가장 근본적인 이 선전포고에 의해 행사하게 된 어마어마하고, 가장 숙명적인 주도권에 관해서는 다른 기회에 내가 말한 문구를 상기시켜 주기를 바란다. (《선악의 피안》 195절)—즉 그 문구에는 "유대인과 더불어 도덕에서의 노예 폭동이 시작되었다"라고. 이 폭동은 그 배후에 2천 년의 역사를 지니고 있으며, 더욱이 그것이 오늘날 우리의 눈앞에서 물러선 것은 그것이—이미 승리를 획득하였기 때문일 뿐이다.

8

그러나 그대들에게는 이것이 이해가 안 가는가? 승리를 획득하기 위해서는 2천 년을 필요로 했던, 저 일을 간파하는 눈이 그대들에게는 없단 말인가? 그렇다고 하더라도 별로 이상할 것은 없다.

오랜 세월에 걸친 모든 사건을 본다는 것, 조망한다는 것이 무척 어렵기 때문이다. 그런데 그 사건이란 다음과 같은 것이다. 복수와 증오, 유대적인 증오—일찍이 그 유래를 볼 수 없었던 가장 깊고 가장 숭고한 증오, 즉 이상을 창조하고 가치를 재창조하려는 증오,—의 나무줄기에서 똑같이 비교할 수 없을 만한 어떤 것, 즉 하나의 새로운 사랑이, 모든 사랑 중에서도 가장 깊고 가장 숭고한 사랑이 발생하였던 것이다. —그렇지만 그 사랑이 다른 어떤 줄기에서 발생할 수 있었던가? 그 사랑은 복수심의 진정한 부정으로서, 즉 유대적 증오의 반대물로서 성장했는지도 모른다는 등등의 상상은 하지 말기를 바란다! 아니, 사실은 바로 그 반대이다! 이 사랑은 증오의 나무줄기에서 발생했던 것이다. —그 나무줄기의 수관으로서, 맑게 개인 명랑성과 넘치는 태양빛 속에 차츰 넓게 뻗어가는 수관으로서. 더구나 이 수관은 증오의 뿌리가 벗어날 수 없는 절망적인 어둠을 지닌 사악한 모든 것 속에 더욱 깊숙이, 더욱 탐욕스럽게 내려갔던 것과 같은 충동으로, 말하자면 빛과 높고 먼 나라 속으로 증오의 목표, 승리, 획득물, 유혹 등을 구하여 뻗어갔던 것이다.

사랑과 복음의 화신으로서 나사렛의 예수, 가난한 자, 병든 자, 죄 많은 자에게 축복과 승리를 가져오는 이 '구세주'—그야말로 가장 섬뜩하고 가장 저항하기 어려운 형태의 유혹이 아니었던가. 바로 유대적인 가치와 이상의 혁신을 향한 유혹이며 우회로가 아니었던가? 이 '구세주', 겉보기로는 이스라엘의 적대자이며 해체자인 이 인물의 우회로에 의해서만이, 이스라엘은 그 숭고한 복수욕의 마지막 목표에 도달한 것이 아니었던가?

이스라엘이 전 세계 앞에서 복수의 진정한 도구를, 마치 불구대천의 원수인 것처럼 부인하여 십자가에 못 박지 않을 수 없었던 까닭으로, '전 세계', 즉 이스라엘의 모든 적은 주저하지 않고 이 미끼에 달려들게 되었지만, 이것이야말로 위대한 복수 정책이며, 멀리 볼 수 있고 사람의 눈에 잘 띄지 않는 예정 계획에 따라 마수를 펼쳐가는 복수의 흑마술이라고도 할 수 있는 것이 아닌가?

돌이켜 생각하건대 아무리 간교한 지혜에 능한 자라 할지라도, 과연 이 이상으로 위험한 미끼를 생각해 낼 수 있을 것인가? 유혹하고, 도취시키고, 마비시키고, 타락시키는 힘에 있어, '신성한 십자가'라는 상징에 견줄 만한 것, '십자가 위의 신'이라는 무서운 역설, 인간 구원을 위해서 신 스스로 십자가에 달린다고 하는 상상을 넘어선 극단적이고 잔인무도한 기적극에 견줄 만한 것을 그 누가 생각해 낼 수 있을 것인가? 적어도 '이 기호 아래' 이스라엘이 복수와 모든 가치의 가치 전환으로 이제까지 몇 번이고 되풀이된 모든 이상, 모든 고귀한 이상에 대해 다시 승리했다는 것은 의심치 않는 것이다.

9

그런데 또 당신은 보다 고귀한 이상 같은 것을 이야기하는가! 우리는 사실에 따라야 할 것이다. ─어떻든 민중이 승리했던 것이다. ─이것을 '노예'라든가, '천민'이라든가, '무리'라든가, 그 밖에 어떻게 부르든 당신 멋대로지만, ─이것이 유대인에 의해 일어났다고 한다면 그것도 좋을 것이다!

그러나 그들 이상으로 세계사적 사명을 지닌 민족이란 없었다. '주인'이란 걷어치워 버리고 평민의 도덕이 승리했던 것이다. 이 승리를 피에 독을 탄 것으로 보는 자도 있을 것이다. (이 승리로 인종의 혼합이 일어났기 때문이다.)─나는 이것을 부인하지 않는다. 그러나 이 독을 탄 것이 성공했다는 것은 의심할 여지 없는 사실이다. 인류의(즉 그의 '주인'으로부터의) '해방'은 무척 순조로웠다. 모든 것은 눈에 띌 만큼 유대화되고, 그리스도교화되고, 혹은 천민화되고 있다. (말씨는 어떻든 좋다!) 이 독이 인류의 전신을 구석구석 침투해 가는 것은 멈춰질 수 없는 것으로 보이며, 그뿐만 아니라 그 속도와 걸음걸이는 앞으로 더욱 완만하고 세세하게, 조용히, 그리고 신중하게 되리라고 생각된다.

—무엇보다 시간은 충분하기 때문에……이 점에서 교회는 오늘날도 역시 필연적인 사명을 지니고 있는 것일까? 과연 아직도 생존권을 지니고 있는 것일까? 그렇지 않으면 교회 없이도 그대로 지낼 수 있는 것인가? 이것은 문제이다. 교회는 독의 침투를 촉진시키기보다는 오히려 그것을 저지하고 가로막고 있는 것처럼 보이지는 않는가?

그렇다. 그 점이야말로 교회가 유용한 이유일지도 모른다. 확실히 교회는 차츰 정교한 지성과 현대적인 취미에 거슬리는 거칠고 야비한 것이 되어 왔다. 교회는 적어도 얼마쯤은 때가 벗어져야 했을 것이 아닌가? 그것은 오늘날 사람을 매혹시키기보다는 오히려 멀리하고 말았다. 교회가 없었다고 한다면, 우리 중의 어느 누가 자유정신을 갖게 되었을 것인가? 우리가 구역질을 내는 것은 교회이지 그 독이 아니다. 교회를 도외시한다면 우리에게도 그 독은 비위에 맞는 것이다……—이것이 '자유 정신', 어떤 존경할 만한 동물(그가 충분히 정체를 표시한 바와 같이)뿐만 아니라 어떤 민주주의자가 내 말에 첨부한 '에필로그'였다. 그는 그 때까지 내 말에 귀를 기울이고 있었으나, 내가 입을 다물어 버린 것을 보고 견딜 수 없었던 것이다. 나로서는 이 경우, 말하지 않고 그대로 두어야 할 일이 매우 많았기 때문이었다.

10

도덕에서의 노예 폭동은 원한 자체가 창조적이 되고, 가치를 산출하게 되었을 때 비로소 일어난다. 여기서 원한이라고 말하는 것은 실제의 '반응', 즉 행위에 의한 반응이 거부되어 있기 때문에, 단순히 상상의 복수를 통해 그것을 메꿀 수 있을 만한 자들의 원한이다.

모든 귀족의 도덕은 자신에 대한 의기양양한 긍정에서 생기는 것임에 반해서 노예의 도덕은 처음부터 '밖에 있는 것' '다른 것' '자기가 아닌 것'을 부정한다. 이 부정이야말로 노예 도덕의 창조적 행위이다. 가치를 평가하는 시선의 역전—자신에게 되돌아오는 대신에 밖으로 향하는 이 필연적인 방향—이것이야말로 원한의 본성이다. 즉, 노예 도덕이 성립되기 위하여는 늘 먼저 하나의 대립적인 외부 세계를 필요로 한다. 생리적으로 말하면 그것은 일반적으로 행동을 일으키기 위한 외적 자극을 필요로 하는 것이다. —따라서 노예 도덕의 행동은 근본적으로 반동이다.

귀족적 평가 양식에서는 사정이 반대다. 그것은 자발적으로 행동하고 성장한다. 그것이 스스로의 대립물을 구하는 것은 자기 긍정에 더 한층의 감사와 환호를 수반케 하기 위한 것이다. 귀족적 평가 양식에 있어 부정적 개념인 ‘비천함’ ‘비속함’ ‘열등감’은 생명과 정열로써 구석구석에까지 젖어 있는 긍정적 근본 개념인 ‘우리들 고귀한 자, 우리들 선량한 자, 우리들 아름다운 자, 우리들 행복한 자!’에 비하면, 늦게 태어난 창백한 대조물에 불과하다.

이 귀족적 평가 양식이 잘못 되어 현실에 불법을 범하는 일이 있다고 하면, 그것은 이 평가 양식이 충분히 알지 못하는 영역, 아니 오히려 그것에 대해 실제로 알기를 매정하게 거부하는 영역에서만 일어나는 것이다. 이 평가 양식일지라도, 사정에 따라서는 스스로 경시하는 영역, 즉 평민, 하층민의 영역을 잘못 볼 수도 있다. 그러나 잘 생각해 주기 바라는 것은, 설령 이 경멸·멸시·우월감이 경멸당한 상대방의 모습을 위조하는 일이 있다 하더라도, 그것은 늘 무력한 사람의 음험한 증오와 복수가 그 적에 대해서—물론 그 ‘초상(肖像)’에 있어서—위조하는 것에 비하면 발뒤꿈치에도 미치지 못하리라는 것이다.

사실 이 경멸 속에는 너무나도 많은 태만, 너무나도 많은 경시, 너무나도 많은 무시와 성급함, 그리고 너무나도 많은 자기 희열까지 혼합되어 있기 때문에, 상대방을 순전히 풍자적인 모습이나 허수아비로 바꾸어 버릴 수는 없을 것이다. 더욱이 귀담아 들어주기를 바라는 것은, 그리스의 귀족이 하층민을 자기들과 구별짓기 위해 사용한 여러 말에 포함된 호의적이라고도 할 수 있는 ‘뉘앙스’다. 그 말들에는 끊임없이 하나의 연민, 동정, 관용이 혼합되어 있는 결과, 마침내는 평민에 대해서 사용되는 거의 모든 말이 ‘결국은 불행한’, ‘불쌍한’이라는 뜻을 표현하는 것으로서 남게 되었다. (‘데이로스($\delta\epsilon\iota\lambda\acute{o}s$, 가련한), 데이라이오스($\delta\epsilon\iota\lambda\alpha\iota os$, 불쌍한), 포네로스($\pi o\nu\eta\rho\acute{o}s$, 마음 아픈), 모크테로스($\mu o\chi\theta\eta\rho\acute{o}s$, 비참한)’라는 말을 참조하라. 맨 뒤의 두 마디는 본래 농노나 짐승과 같은 평민의 특징을 표시하는 것이다.) —또 한편 ‘나쁜’·‘천한’·‘불행한’이라는 말은, 그리스 사람들의 귀에는 언제나 ‘불행한’이라는 동일한 음조로 들리게 되었다. 이것이야말로 경멸에 있어서까지도 그 본래의 모습을 버리지 않는 고대의 고귀한 귀족 도덕의 유산이다. (—언어학자들은 '오이치로스($o'ïζυ p ós$, 비참한)' '아놀보스($ǎνολβos$, 불행한)' '틀레몬($τλήμων$, 마음 아픈)' '디스티케인($δυsτχεῖν$, 불우한)' '킴포라($ευμφορ ά$, 운명)'라는 말이 어떠한 뜻으로 사용되었는가를 상기하여 보는 것이 좋을 것이다.)

  '출신이 좋은 사람'은 자신을 '행복한 사람'으로 느꼈다. 그들은 먼저 적의 모습을 고려함으로써 자기들의 행복을 인위적으로 꾸미거나, 경우에 따라서는 그럴듯한 말로 설득하거나, 기만할(모든 원한을 지닌 사람들이 언제나 하듯이) 필요가 없었다. 또한 그와 같이 그들은 충실하고 힘이 넘쳐흐르는, 따라서 필연적으로 능동적인 인간으로서 행복과 행동과를 분리할 수 없었다. —그들에게는 활동하고 있다는 것이 필연적으로 행복의 일부를 이루고 있었던 것이다. (여기서부터 에우 프라테인($εὐ πράττειν$), 즉 '잘 행동하다·다행스러운 일이다'라는 말이 나왔다)—모든 것이 무력한 자, 억압당한 자, 악독한 증오 감정으로 번민하는 자들 층에서의 '행복'과는 현저한 대조를 이루고 있다. 이 사람들에게 행복은 본질적으로 마취·혼미·안정·평화·'안식일'·방심·안도로서, 한마디로 말하면 수동적인 것으로 나타난다. 고귀한 인간이 자신에 대한 신뢰와 개방성으로 살아가는 데 반해 ('겐나이오스($γεννιάos$, 고귀한 혈통의)'라는 말은 '솔직한'이라는 '뉘앙스'와 '순박한'이라고 하는 '뉘앙스'를 강조하는 말이다). '원한'을 지닌 인간은 정직하지도 순박하지도 않으며, 또한 자신에 대해서 정직하지도 순박하지도 않으며 진지하지도 순직하지도 않다. 그의 영혼은 곁눈질을 한다. 그의 정신은 은닉처를, 샛길을, 뒷문을 좋아한다. 모든 은밀한 것이 그에게는 자기의 세계, 자기의 안전 지대, 자기의 위안 장소로서 좋게 여겨진다. 그는 침묵을 지키는 법, 잊어버리지 않는 법, 기다리는 법, 우선 자기를 낮추고 굴종하는 법을 안다. 이러한 '원한'을 지닌 인간들의 종족은, 마침내는 귀족적 종족보다 훨씬 영리하게 된다. 그들은 영리하다는 것을 전혀 다른 척도를 근거로 하여, 즉 최고급의 생존 조건으로서 존중하게 된다. 이에 반해서 귀족적 인간에게 있어서의 영리하다는 것에는 자칫하면 사치라든가 세련이라든가 하는 미묘한 풍미가 수반되기 쉽다. —영리함이라는 말은 여기에서는 그다지 중요한 것은 아니다. 오히려 무의식적인 본능의 완벽하고 확실한 조절 기능의 중요성과는 비교할 바가 못되며, 위험을 향해서든, 적을 향해서든 용감하게 돌진하는 것 같은 그런 무분별성이, 혹은 어느 경우에는 귀족적인 영혼이 서로 인지하기 위한 표시가 된 분노·사랑·외경·감사·복수 등의 열광적인 분출이 여기서는 훨씬 중요한 것이다.

귀족적 인간의 '원한' 자체는, 만일 그것이 나타나는 일이 있을지라도 바로 이어져 오는 반동으로 깨끗하게 지워져 버리기 때문에, 사람에게 아무런 해독을 끼치지 않는다. 모든 약한 자와 무력한 자에게서라면 나타나지 않을 수 없는 무수한 경우에도 전혀 나타나지 않는다. 자기의 적, 자기의 재난, 자기의 비행(非行) 자체까지 그렇게 오래도록 진지하게 생각할 수는 없다는 것―이것이야말로 조형하고 형성하고 완치시키고 잊어버리게도 하는 힘을 넘칠 만큼 지니고 있는 강하고 충실한 인간의 표시이다. (현대 세계에서 그 좋은 예가 미라보다. 그는 사람들이 자기에게 가한 모욕과 비열한 행위에 대해서 아무런 기억이 없었다. 이미 잊어버렸기 때문에 용서할 수도 없었다.) 이러한 인간은 다른 인간의 경우라면 몸 속에 파고드는 많은 구더기를 단번에 뒤흔들어 떨어 버린다. 대체 이 지상에―진짜 '적에 대한 사랑' 같은 것이 있을 수 있다면, 이와 같은 인간에게만 있을 수 있는 것이다. 귀족적 인간이라는 것은, 자기의 적에 대해서 얼마나 많은 외경(畏敬)을 지니고 있는 것일까! ―그리고 이와 같은 외경은 이미 그것으로서 사랑에 이르는 하나의 다리이다…… 그러한 인간은 사실 스스로를 위해서, 자기를 두드러지게 하기 위해서 적이 필요하기까지 한다! 사실 그가 적으로 삼을 만한 것은 조금치도 경멸할 만한 점이 없고, 진실로 존경할 만한 자에 한하는 것이다! 이에 반해서 '원한'을 지닌 인간이 생각할 수 있는 '적'을 상상해 보자. ―바로 거기에야말로 그의 행위가 있으며, 창조가 있다. 그는 먼저 '나쁜 적'을, 즉 '악인'을 마음속에 구상한다. 더구나 이것을 기본 개념으로, 다시 거기에서 그것의 모상(模像) 또는 대립물로서 '선인'이라는 것을 생각해 낸다. ―이것이야말로 그 자신이다!

11

귀족적 인간의 경우는 정반대이다! 귀족적 인간은 '좋음'이라는 기본 개념을 우선 자발적으로, 즉 자기 자신에게서 생각해 내고, 거기에서 '나쁨'이라는 관념을 만들어 낸다. 귀족적인 기원의 이 '나쁨(schlecht)'과 한없는 증오의 술독에서 생겨난 ‘나쁨(böse)’을 대비한다면, —전자가 하나의 모조품이며 첨가물이며 보색(補色)인 데 비해, 후자는 원형이며 시원이며, 노예 도덕의 구상에 있어서 본래적인 행위다. —겉으로는 동일한 ‘좋음(gut)’이라는 개념에 대치된 두 개의 말—‘나쁨(schlecht)’과 ‘나쁨(böse)’이라는 말은 얼마나 다른 것일까! 더욱이 그 ‘좋음(gut)’이란 말조차도 사실 동일한 개념은 아니다. 오히려 원한 도덕의 입장에서 ‘나쁨(böse)’으로 취급되는 것은 대체 누구인가 하는 문제가 제기되어야 한다. 이에 대해 가장 준엄한 대답을 한다면 다음과 같다.

—귀족 도덕에 있어서 ‘좋은 사람’, 즉 고귀한 자, 강력한 자, 지배자가 원한의 독기 어린 눈초리로 변색되고, 의미가 바뀌며, 반대적인 관찰을 당한 데 불과한 것이다. 여기서 우리는 적어도 다음 일만은 부정하고 싶지 않다. 즉, 저 ‘좋은 사람’들을 적으로서만 보게 된 자는 동시에 그것을 단지 나쁜 적으로서만 알게 되었다는 것이다. 그리하여 풍습, 존경, 습관, 감사에 의해서, 더구나 보다 많은 상호 감시에 의해서, ‘동등한 사람 사이의’ 질서에 의해서 매우 엄격하게 구속된 사람들, 또한 상호 간의 태도에 있어서 고려, 자제, 온정, 성실, 긍지, 우정이라는 점에서 매우 재치가 풍부한 사람들, —그러한 사람들이 외부를 향해서, 즉 자기들과 색다른 것, 낯선 것에 접하게 되기 시작하면, 풀어 놓은 맹수와 그리 다를 바가 없다. 그들은 거기서 모든 사회적 구속으로부터의 자유를 누린다. 그들은 사회의 평화 속에 오랫동안 폐쇄되어 왔던 까닭에 나타난 긴장을 황야 속에서 풀어 버린다. 그들은 아마도 차례차례로 행해진 소름 끼치는 살육, 소진, 능욕, 고문 등에서 태연자약하고 의기양양하게 개선하는 기쁨에 넘친 괴물처럼, 맹수가 지니는 양심의 순진함 속으로 되돌아간다. 그것은 마치 학생들의 축제를 방불케 하며, 그때 그들은 시인(詩人)들이 오랜만에 다시 노래 부르거나 떠들어대거나 할 수 있는 재료가 손에 들어오는 것으로 확신하고 있다.

우리는 이러한 귀족적 종족의 뿌리에 맹수를, 노획물과 승리를 갈구하여 방황하는 아름다운 금발의 야수를 인식하지 않을 수 없다. 이 숨겨진 근저에서는 때때로 발산이 필요하다. 야수는 다시금 풀어져야 한다. 그리고 다시금 황야로 되돌아가야 한다. —로마, 아라비아, 게르만, 일본의 귀족, 호메로스의 영웅들, 스칸디나비아의 해적들—그들은 그러한 욕망을 지니고 있는 점에서는 모두 같다. 귀족적 종족이란, 그들이 통과해 가는 발자취에 '야만인'이라는 개념을 남겨 놓은 자들이다. 그들 최고의 문화 속에도 역시 이 사실에 관한 의식을 엿볼 수 있고, 그것에 대한 자랑마저 엿볼 수 있다. (예를 들면 페리클레스는 유명한 추도 연설 속에서 그 때의 아테네 사람들에게 다음과 같이 말하고 있다. '우리의 대담한 모험으로 모든 대륙과 바다에 길을 열어, 지상의 곳곳에다 좋게든 나쁘게든 불멸의 금자탑을 세웠다.')

미치광이 같다고도, 우스꽝스럽다고도, 당돌하다고도 말할 수 있는 귀족적 종족들의 이 '대담한 모험', 무슨 일을 저지를지 예상하기 어려운 그들 모험의 불가측성—페리클레스는 아테네 사람들의 '사려 없음'을 특히 찬양하고 있다. —안전·육체·생명·유쾌에 대한 그들의 무관심과 경시, 모든 파괴에서, 또한 승리와 잔인에 대한 모든 탐닉에서 보이는 그들 쾌락의 놀라울 만한 명랑성과 같이—이들 모든 요소가 그 피해자들의 손으로 이루어진 결과로 '야만인'이라든가 '나쁜 적'이라든가 혹은 '고트 사람'이라든가 '반달 사람'이라든가 하는 모습이 형성된 것이다. 독일 사람이 권력을 쥐자마자(오늘날도 역시 그렇지만) 야기되는 깊고도 얼음처럼 싸늘한 불신, —그것마저도 수세기에 걸쳐 유럽에 게르만의 금발 야수가 드러낸 광포함을 목격함으로써 맛본 지워 버릴 수 없는 공포의 여운인 것이다. (고대 게르만 사람과 현대의 독일 사람 사이에는 개념상의 관계는 거의 없고 혈연관계 같은 것은 아무것도 없지만).

일찍이 나는 헤시오도스가 문화 시대의 순서를 생각하여, 이것을 금과 은과 청동이라는 순서로 나눠서 표시하려고 했을 때 느낀 당황스러움에 관해서 주의를 환기시킨 바 있다. 헤시오도스는 호화로운, 그러면서도 실로 무섭고 포학한 호메로스의 세계가 나타내는 모순을 해결할 때, 하나의 시대를 둘로 나누어 그것을 전후로 배열하는 이외에 달리 방법이 없었다.

—그 하나는 트로이와 테베의 영웅과 반신(半神) 시대이며, 그 후예인 고귀한 문벌을 가진 자들의 기억에 남아 있는, 그들의 선조가 활약하였던 세계이다.

또 하나는 청동 시대이며, 짓밟힌 자, 약탈당한 자, 학대받은 자, 추방당한 자, 팔려간 자들이 후예의 눈에 비친 똑같은 세계이다. 바로 이것이야말로 방금 말한 것처럼 가혹하고, 냉혹하고, 잔인하며, 감정도 양심도 없는, 모든 것을 부수어 버리고 피투성이로 하는 청동 시대이다. '인간'이라는 맹수를 잘 길들여서 온순하고 개화된 동물, 즉 가축으로 만드는 데에야말로 모든 문화의 의의가 있다는 것은 오늘날 어떻든 '진리'로 믿어지고 있는 일이다. 하지만 만일 그것이 정말이라고 한다면, 귀족적 종족과 그 이상을 결국은 함께 결단내고 압도하는 힘이 된 모든 반동 본능과 원한 본능이야말로, 바로 진정한 문화의 도구라고 보아야 할 것이다.

이렇게 말한다고 해서 그 도구의 소유자가 동시에 그 문화의 표현자이기도 하다는 것은 아니다. 오히려 그 반대가 진실하다고 할 뿐만 아니라―아니! 이것이야말로 오늘날에는 명백한 사실이다! 이들 억압적이고 보복적인 본능의 소유자들, 모든 유럽적 및 유럽적이지 않는 노예 계급의 자손들, 특히 모든 아리아 이전의 주민의 자손들,―그들은 인류의 퇴보를 대표하고 있다! 이러한 '문화의 도구'는 인간의 치욕일 뿐더러, 오히려 '문화' 일반에 대한 의혹이며 반론이다! 사람들이 모든 귀족적 종족의 근저에 스며 있는 금발의 야수를 무서워하며 그것을 경계하는 것은 극히 당연한 일일지도 모른다.

그러나 무서워하지 않아도 되는 대신에, 이제는 덜돼먹은 자, 위축된 자, 여윈 자, 병든 자들을 보는 구역질나는 환경에서 빠져나갈 수 없는 것이라면, 오히려 몇 백 배나 더 무서운 쪽을―동시에 경탄할 수 있는 것으로서―기꺼이 선택하지 않을 자가 있을 것인가? 그리고 그러한 기로에 서게 되는 것이 우리의 숙명이 아니겠는가? 무엇이 오늘날 '인간'에 대한 혐오감을 우리에게 일으키게 하는가? ―의심할 여지도 없이 우리가 인간으로 인해서 괴로워하고 있기 때문이다. ―그것은 결코 공포가 아니다. 오히려 그것은 우리가 인간을 무서워해야 할 아무것도 지니지 않았다는 것이다. '인간'이라는 구더기가 날뛰고 우글거리고 있다는 것이다. '온순한 인간', 구제할 수 없을 정도로 평범하고 생기가 없는 무리들이 벌써 자기들 목표이며 정점으로서, 역사의 의의로서, '보다 높은 인간'으로서 자부할 줄을 알았다는 것이다. ―아니 오히려 그러한 인간이, 오늘날 유럽이 그것 때문에 악취를 발산하기 시작한 어중이떠중이의 무수한 불구자, 병자, 피로한 자, 노쇠한 자들과 스스로를 구별하여, 자신을 적어도 비교적 잘된 자, 적어도 아직 생활력을 가진 자, 적어도 삶에 대해서 긍정을 말할 수 있는 자로 생각하고 있는 한, 그가 스스로를 '보다 높은 사람'이라고 자부할 만한 권리를 지니고 있다는 것이다.

12

나는 여기서 탄식과 마지막 희망을 말하려 한다. 나에게 있어서 정말 참기 어려운 것이란 무엇일까? 홀로 나만이 탈피하지 못한 것, 나를 질식시켜 애타게 하는 것은 무엇인가? 그것은 나쁜 공기다! 무엇인가 잘못된 것이 나에게 다가오고 있다는 것, 잘못된 영혼의 오장 육부에서 악취를 맡지 않으면 안 된다는 것이다! 그 밖의 일이라면 어떠한 고생이든, 어떠한 궁핍이든, 어떠한 중병이든, 어떠한 어려움이나 고생스러움이든, 어떠한 고독이든 견디지 못할 것이 무엇이겠는가? 사실 사람들이 지하의 투쟁적인 생존을 영위하기 위해 태어난 이상, 다른 것은 무엇이든 다 결국은 잘 해낼 수 있는 것이다. 사람들은 몇 번이고 태양빛 아래 태어나 몇 번이고 승리의 황금 시대를 체험한다. —그리고 그 때 사람들은 선천적인 성격으로 부러지지 않고 팽팽하게 당겨져, 위급한 경우에 부딪치면 부딪칠수록 더욱 강력하게 당겨지는 활처럼 새로운 것, 보다 어려운 것, 보다 아득히 먼 것을 향하는 마음의 태도를 가다듬고 서 있는 것이다.

—그러나 때로는—선악(善惡)의 저 편에 자애로운 여신이 있다면—나에게도 한 번 볼 수 있게 허용해 달라! 역시 무서워할 만한 완전한 것, 최고로 완성된 것, 행복한 것, 강력한 것, 의기 등등한 것을 한 번이라도 볼 수 있기를! 이 인간을 위해서 변호하는 인간을 한 번이라도 볼 수 있기를! 인간을 보충하고 구원하여, 인간에 대한 신앙을 확보해 줄 만한 행복을 한 번이라도 볼 수 있기를!

유럽에서의 인간의 왜소화, 평균화의 광경에는 그것을 보는 사람의 마음을 권태롭게 하기 때문이다. 그리고 그 안에 우리의 가장 큰 위험을 숨기고 있기 때문이다. 오늘날 나에게는 보다 커지려고 하는 어떤 것, 어떠한 것도 눈에 뜨이지 않는다. 모두가 더욱 아래로 아래로 굴러 떨어져 가며 보다 희박한 것, 보다 선량한 것, 보다 영리한 것, 보다 안일한 것, 보다 평범한 것, 보다 냉담한 것, 보다 중국인적인 것, 보다 그리스도교적인 것으로 굴러 떨어져 가는 것을 우리는 예감하는 것이다. —인간은 의심할 것 없이 더욱 '보다 좋게' 되어 간다. 여기에 바로 유럽의 숙명이 있다. —인간에 대한 공포와 더불어 우리는 인간에 대한 사랑, 인간에 대한 외경, 인간에 대한 희망, 아니 인간에 대한 의지마저도 상실하고 말았다.

인간의 광경은 이제 보는 자의 마음을 싫증나게 한다. —이것이 허무주의가 아니라면, 오늘날 허무주의란 무엇인가? 우리는 인간이라는 것에 지쳐 버린 것이다.

13

그런데 우리는 다시 되돌아가 보자꾸나. '좋음'의 또 하나의 기원 문제, 즉 원한을 지닌 인간이 생각해 낸 '좋음'이라는 문제가 그 해결을 기다리고 있기 때문이다. —어린 양들이 커다란 맹금류를 싫어하는 것은 그다지 이상하지 않다. 그렇다고 해서 커다란 맹금류가 어린 양을 채어 가는 것을 비난할 이유는 되지 않는다. 그러나 어린 양들이 저희끼리 "이 맹금류는 나쁘다. 따라서 맹금류와는 될수록 먼 것, 오히려 그 반대물, 즉 어린 양이야말로— '좋은' 것이라고 말할 수 있는 것이 아닐까?" 라고 말을 주고받을지라도, 이 이상을 수립하는 데는 조금도 비난할 점이 없다. 더구나 맹금류는 이것을 약간 비웃는 듯 바라보며, "우리는 그들을, 이 선량한 어린 양들을 조금도 원망하지 않는다. 그렇기는커녕 우리는 그들을 사랑할 정도다. 연한 어린 양처럼 맛있는 건 없으니까 말이야"라고 아마 혼잣말로 중얼거릴 것이다. —강한 것에 대해서 그것이 강한 것으로 나타나지 않기를 요구하며, 그것이 압박욕, 승리욕이 아닌 것이기를 요구하는 것은, 약한 것에 대해서 그것이 강한 것으로 나타나기를 요구하는 것과 마찬가지로 불합리하다. 어떤 양(量)의 힘(力)이란, 그것과 같은 양의 충동, 의지, 활동을 말하는 것이다. —아니 오히려 이 충동 작용, 의지 작용 자체에 불과하다. 그것이 그렇지 않은 것처럼 보이는 것은 모든 작용을 작용자에 의해서, 즉 하나의 '주체'에 의해서 제약된 것으로 해석하고, 오해하는 언어의 유혹(더욱이 언어 속에 화석이 된 이성의 근본적 오류)에 사로잡히기 때문이다. 그것은 마치 일반 민중이 번개를 그 섬광과 분리하여 섬광을 번개라고 부르는 주체의 활동이며 작용이라고 생각하는 것처럼, 민중의 도덕도 또한 강한 것을 강한 것의 표출에서 분리하여, 마치 강한 것을 나타내는 것도 나타내지 않는 것도 자유자재로 하는 초연한 기체가 강자의 배후에 있는 것처럼 생각하는 것이다. 그러나 그와 같은 기체는 존재하지 않는다.

활동, 작용, 생성의 배후에는 어떠한 '존재'도 없다. '활동자'란 단순한 상상에 의해서 활동에 부과된 것이다. —활동이 그 전부인 것이다. 민중들이 번개를 번쩍거리는 것이라고 할 때, 사실 이것은 활동을 중복시키고 있다. 이것은 활동(작용)—활동이라고도 해야 할 것이며, 같은 일을 우선 원인으로 보고, 다음 또 한 번 그것을 결과라고 보는 것이다. 자연과학자들이 "힘은 움직인다. 힘은 무엇을 일으키는 원인이다"라고들 말하지만, 그들은 그것에 의해서 보다 더 사태를 잘 파악했다고는 볼 수 없다.

—오늘날 우리의 모든 과학은 온갖 냉정성, 냉담성에도 불구하고, 역시 말의 유혹에 사로잡히고 있으며, '주제'라는 악마에 뒤바뀌어진 보기 흉한 기형아인 미신에서 벗어나지 못하고 있다. (예를 들면 원자가 바로 그러한 기형아이며, 칸트의 '물 자체'도 또한 같다.) 뒤로 물러나 몰래 희미하게 빛을 내며 불타고 있는 복수와 증오의 감정이, "약하게 되는 것은 강자의 자유이며, 어린 양(羊)이 되는 것은 맹금류의 자유다"라는 이 신앙을 스스로를 위해서 이용하고, 게다가 이것을 어떠한 신앙보다도 훨씬 열렬하게 견지한다 하더라도 별로 이상스러울 것이 못 된다.

—이 신앙에 의해서야말로 그들은 맹금류에 대해서 맹금류라는 책임을 지우는 권리를 획득하는 것이다. 억압당한 자, 유린당한 자, 압박당한 자가 너무나 무력하기 때문에 복수에 불타올랐던 간계에서 "우리는 악인과 다른 것으로, 즉 선인이 되어야 할 것이다! 그리고 그 선인이란 대체로 억압을 하지 않는 자, 누구에게도 상처를 주지 않는 자, 공격하지 않는 자, 보복하지 않는 자, 복수를 신에게 맡기는 자, 우리처럼 숨어서 조용히 사는 자, 모든 악을 물리치고, 또한 인생에 요구하는 것이 적은 자, 그리고 우리처럼 인내심이 강한 자, 겸손한 자, 공정한 자를 말한다"라고 스스로를 위로하지만, —이것은 냉정하게 선입관 없이 들었다 하더라도, 본시 "우리와 같은 약자는 어차피 약한 것이다. 우리는 자기의 힘이 미치지 못하는 것은 무엇 하나 하지 않는 바, 이것이 우리의 좋은 점이다"라고 말하는 것에 불과하다. 그럼에도 이 가혹한 사태가 곤충류(커다란 위험에 부닥치면, '지나친' 일을 하지 않기 위해 곧잘 죽은 체하는 곤충류)마저도 지니고 있는 극히 저급한 이 영리함은, 무력함으로써 저지르게 되는 화폐 위조와 자기 기만 덕택에, 체념 속에 묵묵히 기다리고 있다는 미덕이라는 화려한 옷을 입었던 것이다. 마치 그것은 약자의 약한 것 자체—다시 말하면 약자의 본질, 그의 행동, 그의

유일하고 피할 수도 없고, 풀 수 없는 현실성의 전체가—하나의 임의적 수행 능력, 어떤 의욕된 것, 어떤 선택된 것, 하나의 업적, 하나의 공적인 것처럼 보였다. 그러한 종류의 인간은 모든 위치를 신성화하는 것을 상습으로 하는 자기 보존, 자기 긍정의 본능에서, 선택의 자유를 지닌 초연한 '주체'에 대한 신앙을 필요로 하는 것이다. 이러한 주체(혹은 통속적으로 말하면 영혼)가 이제까지 이 지상에서 최고의 신념이었다고 하는 것은 아마도 이것이 죽어야 할 인간의 대다수에게, 모든 종류의 약자 및 피압박자에게 약한 것, 그 자체를 자유로 해석하고, 그들의 현재 있는 모습을 공적(功蹟)으로 해석하는 숭고한 자기 기만을 가능케 하였기 때문일 것이다.

14

이 지상에 어떻게 해서 이상이라는 것이 제조되는가 하는 비밀을 잠깐이라도 굽어보고 싶어하는 자는 없을까? 그러한 용기를 지닌 자는 없을까?……좋다! 여기서라면, 그 어두운 공장의 내부가 잘 보인다. 나의 호기심 많은 모험가들이여, 잠시 기다려라. 그대들의 눈은 먼저 이 현혹적이며 오색으로 영롱한 빛에 익숙해야 한다…… 그런가! 그러면 좋다! 자, 이야기해 보라! 그 밑에서 무엇이 일어나고 있는가? 위험천만한 호기심을 지닌 사람들이여, 그대들 눈에 비친 대로 말해 보려무나—이번엔 내가 들을 차례다. —"아무것도 보이지 않습니다. 다만 더욱 잘 들릴 뿐입니다. 구석구석에서 조심스럽고 음침한, 낮은 속삭임과 귓속말이 들려옵니다. 나에게는 사람들이 거짓말을 하고 있는 것처럼 생각됩니다. 한마디 한마디가 사탕발림 소리입니다. 약한 것을 기만하여, 공적으로 바꾸어 놓으려고 하고 있습니다. 아마 틀림없을 겁니다. —바로 당신이 말씀한 그대로입니다."
　—그 다음!
　—"보복을 하지 않는 무력감은 '선'으로 바뀌고, 겁 많은 비열함은 '겸허'로 바뀌어 증오를 지닌 상대에 대한 복종은 '순종'(자세히 말하면, 이 복종을 명령하는 자에 대한 순종, —이 자를 그들은 신이라고 부르고 있다)으로 바뀝니다. 약자의 무사주의, 약자가 풍성하게 지니고 있는 비겁함, 그의 '문 앞에 서서'라는 미명으로 불립니다. 그것은 또한 덕(德)이라고 불리는가 봅니다. '복수할 수 없는' 것이 '복수하고프지 않은' 뜻으로 되고, 아마도 관용

이라는 뜻으로까지 되었습니다. ('그들은 자기들이 무엇을 하고 있는지를 모르기 때문에—그들이 하고 있는 것을 알고 있는 것은 우리들뿐입니다') 게다가 사람들은 '그들의 적에 대한 사랑'에 관해서도 이야기합니다. —더구나 땀을 뻘뻘 흘리면서"

　—그 다음!

　—"그들은 어깨를 맞대고 웅크리고 서로 의지하고 있지만, 모든 밀담자들과 화폐 위조자들은 의심할 여지없이 비참합니다. —그러나 그들이 말하는 바에 의하면, 그들의 비참함은 신의 뜻에 의한 특별한 영예이며, 사람들이 가장 사랑하는 개를 때리는 것과 같은 것입니다. 아마도 이 비참함도 역시 하나의 준비, 하나의 시련, 하나의 훈련일 겁니다. 어쩌면 그 이상의 것일지도 모릅니다. —즉 언젠가는 보상되고, 막대한 이자를 붙여서 금화로, 아니, 행복으로 변제될지도 모를 일입니다. 그들은 그것을 '축복'이라고 부릅니다."

　—그 다음!

　—"이제 그들은 나에게 이런 일을 알게 해 줍니다. 그들이 그 침을 핥아야 할(그것은 공포에서가 아니다. 결단코 공포에서가 아니다! 오히려 모든 당국의 지시에 경의를 표시할 것을 신이 명하였기 때문입니다.) 지상의 권세가, 지배자들보다도 단순히 좀더 좋을 뿐만이 아니다. —단순히 좀더 좋을 뿐만이 아니라 '좀더 행복'하기도 한 것이다. 적어도 언젠가는 좀더 행복하게 될 것이라고. 그러나 이제 충분합니다! 충분합니다! 이 이상 더 견딜 수가 없습니다. 나쁜 공기! 나쁜 공기입니다! 이 이상이 제조되는 이 공장은 —나에게는 새빨간 거짓말투성이의 악취로 가득 차 있는 것 같습니다."

　—아니, 잠깐 기다려요! 모든 검정으로부터 하얀 것을, 젖과 순진함을 만드는 마술사들의 걸작에 관해서 그대는 아직 아무것도 이야기하지 않았다. —그들의 정련된 완성 상태, 그들의 가장 대담하고 섬세하고, 가장 교묘하며 가장 기만적인 재주 부림이 무엇인가를 그대는 눈치채지 못했는가? 주의해서 잘 보려무나! 복수와 증오로 가득 차 있는 이 지하실의 짐승들—그들이 복수와 증오에서 도대체 무엇을 만들어 낼 것인가? 그대는 이제까지 이런 말을 들은 적이 있는가? 만일 그대가 그들의 말만을 믿고 있었다 한다면, 그대는 자기가 원한을 지닌 사람들 사이에만 있다는 걸 느낄 것인가? —

　—"알았습니다. 다시 한 번 잘 들어 보지요. (아아! 아아! 아아! 하고

코를 잡는다). 그들이 벌써 몇 번이고 되풀이한 저 말이 이제 겨우 들립니다. '우리 착한(좋은) 사람—우리야말로 올바른 자다.' 그들이 멸망하는 것을, 그들은 보복이라고 부르지 않고 도리어 '정의의 승리'라고 부릅니다. 그들이 미워하는 것은 그들의 적이 아닙니다. 그렇습니다! 그들이 미워하는 것은 '부정'입니다. 그리고 '신이 없는' 것입니다. 그들이 믿고 또한 바라는 것은 복수에 대한 희망, 달콤한 복수(—'꿀보다 달콤한'이라고 이미 호메로스가 말하였던)를 향한 도취가 아니고, 오히려 '무신론자에 대한 신의 승리, 정의의 신의 승리'입니다. 그들이 사랑해야 할 것으로서 지상에 남아 있는 것은 서로 미워하는 형제가 아니라 '서로 사랑하는 형제'입니다. 그들의 말에 의하면, 이 지상의 모든 착한 사람, 올바른 사람입니다."

　—그러면 그들에게 있어 인생의 모든 괴로움에 대한 위로가 되는 것, —그들이 그리고 있는 미래의 축복에 대한 환상을 그들은 뭐라고 부르고 있을까?

　—"어떻습니까? 잘못 들은 것이 아닐까요? 그들은 그것을 '최후의 심판', 그들의 나라, 즉 '신의 나라'의 도래라고 말하고 있습니다. —그러나 그 날이 오기까지는 그들은 '믿음 속에' '사랑 속에' '희망 속에' 사는 셈입니다."

　—이제 그만! 이제 그만!

15

　무엇에 대한 신앙으로써? 무엇에 대한 사랑으로써? 무엇에 대한 희망으로써? —이 약한 자들—그들도 역시 언젠가는 강자가 되고 싶어 하고 있다. 이것은 조금도 의심할 여지가 없다. 언젠가는 그들의 '나라'도 와야 할 것이다. —앞서 말한 것처럼, 그것은 그들 사이에서는 그저 '신의 나라'라고 불리고 있다. 사실 그들은 무엇에나 이처럼 겸손하다! 그 나라가 오는 것을 보기 위해서만으로도 오래 산다는 것이, 죽음을 넘어서 산다는 것이 필요한 것이다. —'신앙 속에, 사랑 속에, 희망 속에' 사는 이 세상 생활에 대한 보상을, 영원히 '신의 나라'에서 받기 위해서는 영원한 생명이 필요하다. 그러나 무엇을 보상하는가? 무엇에 대한 보상인가?……

　'단테'가 놀라운 창의로, 그가 묘사한 지옥의 문 위에 "영원한 사랑이 나 또한 창조하였나니"라는 명문을 걸었던 것은 너무나도 큰 과오를 범했던 것으로 생각된다. ―그것은 그렇다고 치고, 그리스도교의 천국과 그 영원의 축복의 문 위에는 "영원한 증오가 나 또한 창조하였나니"라는 명문을 거는 것이 더 알맞을 것이다. ―허위에 이르는 문 위에 진리를 걸어놓아도 좋다고 한다면, 도대체 저 천국의 축복이란 무엇인가? ―우리는 그것을 아마도 이미 알고 있다고 하는 것이 좋으리라. 그러나 이러한 일에 관해서는 가볍게 여겨선 안 될 권위자로, 위대한 교사이며 성자인 토마스 아퀴나스에게 분명히 증언을 들어두는 것이 더욱 좋을 것이다.

"천국에 있는 축복받은 사람들은" 하고 그는 어린 양(羊)처럼 부드럽게 말한다. "지옥에 떨어진 자들이 벌 받는 것을 보고, 그것으로 스스로가 더욱 축복을 기쁘게 여기리라". 또는 예를 들면 의기양양한 한 교부의 입에서 힘찬 어조로 그것을 말하는 것을 듣고 싶다는 것인가. 이 교부는 그의 성도들에 대해 공개적인 구경거리의 잔인한 환락을 멈추도록 타일렀지만, ―이것은 도대체 무슨 까닭인가? "신앙은 참으로 우리에게 훨씬 많은 것을 베풀어 준다"―라고 그는 말한다.

―"훨씬 더 힘찬 것을 제공한다. 구원에 의해서, 참으로 전혀 다른 기쁨이 우리의 마음대로 된다. 우리는 투기하는 자들 대신에, 우리의 순교자들이 있다. 우리가 피를 바란다면, 그렇다면 우리에게는 그리스도의 피가 있다. ……그러나 그리스도가 재림하는 날, 그 승리의 날이 되면, 우리를 기다리고 있는 것은 무엇인가!"

―또한 이 기뻐 날뛰는 환상가는 계속한다. "그러나 그 날이 오면 또 다른 구경거리가 있다. 그것은 최후의, 그리고 영원한 심판의 날, 이교도들이 예기치 않았던 웃음거리를 보게 될 그 날에는, 그처럼 오랜 낡은 시대와 그처럼 많은 소산이 모조리 같은 하나의 불길 속에 타 버리는 것이다.

그 날의 광경이야말로 얼마나 장관이겠는가! 어떻게 탄복해야 할 것인가! 얼마나 웃어야 할 것인가! 얼마나 기뻐해야 할 것인가! 어디서 어떻게 춤춰야 할 것인가! 천국에 영접되었다고 하는 그처럼 많은 고명한 왕들이, 주피터와 또 그들의 승천을 목격한 증인들과 더불어, 암흑의 지옥에서 신음하는 꼴을 보았을 때! 또한 주의 거룩한 이름을 멸망케 한 총독들이 스스로 그리스도교도를 불태워 죽였던 능욕의 불길보다 더 광란하는 화염 속에 녹아 타버리는 것을 볼 때! 또한 현명한 철학자들이 제자들과 더불어 불태워지면서, 일찍이 신과 관계되는 것이란 아무것도 없다고 가르쳤고, 영혼이란 존재하지 않는다든가, 혹은 적어도 원래의 육체로 다시 되돌아오지 않는다고 가르쳤던 제자들 앞에서, 얼굴을 붉히면서 스스로를 부끄럽게 여기는 것을 볼 때! 그리고 시인들이 라다만투스나 미노스의 법정이 아니고 뜻밖에도 그리스도의 법정 앞에서 떨고 있는 것을 볼 때! 그 비극 역할을 하는 자들의 대사가 물론 자기 자신 위에 덮친 불행을 한탄하는 소리(소리 높여 부르짖는 뼈아픈 절규)를 더욱 잘 들을 수 있을 것이다. 그 때 그들의 몸짓이 불길로 하나하나 뚜렷이 비쳐진 모습이 보일 것이다. 그 때, 전차 경주의 마부가 전신을 불태우면서 화염에 싸인 차를 모는 광경이 보일 것이다. 그 때 경기장에서가 아니라 화염 속에서 경주자들이 창 던지기를 겨루는 모습이 보일 것이다. 물론 나로서는, 그들이 그 때까지 살아 있기를 바라지는 않지만. 그 까닭은 나로서는 오히려 주를 욕되게 한 자들을 끝까지 주시해 보고 싶기에 말이다. '이것이야말로—나로서 이야기한다면—목수나 매춘부의 아들(이하의 말 전체로 보아, 특히 이 탈무드 법전에서 잘 알려지게 된 예수 어머니의 칭호에 의해서도 알 수 있듯이, 테르툴리아누스는 여기서부터는 유대 사람을 말한다), 안식일의 파괴자, 사마리아 사람, 귀신에 홀린 자다. 이것이야말로 그대들이 '유다'에게서 사들인 자이며, 갈대와 주먹으로 두들겨 맞은 자, 침으로 모욕당한 자, 쓴 물과 신 즙을 먹은 자다. 이것이야말로 부활했다는 말을 듣기 위해 제자들의 손으로 남몰래 도적맞은 자, 혹은 많은 사람들 때문에 심은 식물이 짓밟히지 않도록 정원사에 의해 운반해 버린 자다.' 대법관이든, 집정관이든, 검찰관이든, 사제직이든, 그들이 아무리 관대하다 하더라도 이만한 구경거리를 보여 주고, 이처럼 마음을 즐겁게 해주는 자가 있을 것인가? 그러나 적어도 우리는 신앙에 의해서 이 광경을 조금이라도 이미 마음에 생각하여 그려볼 수가 있다. 그러나 '눈으로 보지 못하고 귀로도 듣지 못하고 사람의 마음으로도 생각하지 못하였다'(고린도전서 2장 9절)라고 말하는 것은 도대체 무슨 일인가? 내가 믿는 바로는 그것은 원형 경기장보다도 두 개의 관람석(1등 관람석과 4등 관람석, 혹은 일설에 의하면 희극 무대와 비극 무대)보다도, 또한 어떠한 경기장보다도 한층 더 눈을 즐겁게 해주는 광경을 말하는 것이다."

　—신앙에 의해서(Per fidem)라고 그렇게 기록되어 있다.

16

결론을 내리기로 하자. '좋음'과 '나쁨', '선과 악'이라는 두 쌍의 대립 가치는 수천 년 간 지속되는 무서운 싸움을 이 땅에서 해왔다. 두 번째 가치가 오랫동안 우세하였다고 하지만, 지금도 역시 그 싸움은 승패를 결정하지 못한 채 싸움을 계속하고 있는 곳도 있다. 그 사이 싸움은 더욱 치열해져, 더욱 정신적으로 되었다고까지 말할 수 있을 것이다. 그 결과 오늘날에 있어 아마도 '더욱 높은 존재', 더욱 정신적인 존재의 표시로서는 이 뜻에 있어서 갈등하고 있다는 것, 현재 이 대립을 위한 전쟁터라는 것 이상으로 결정적인 것은 아무것도 없다는 정도로 되어 버렸다. 인간 역사의 전 과정을 통해서 오늘날까지 읽을 만한 것으로서 남아 있는 어떤 문서의 기록에 의하면, 이 싸움의 상징은 '로마 대 유대', '유대 대 로마'로 불리고 있다.

　—오늘날까지 이 싸움, 이 문제, 이 불구대천의 적대 관계보다 큰 사건은 없었다. 로마는 유대인 속에 자연에 반하는 그 자체라고 할 수 있는 것을, 말하자면 자기와 대치적인 괴물을 느꼈다. 로마에서는 유대인이 '전 인류에 대한 증오의 죄를 입증케 하는 것'으로 보았다. 인류의 축복과 미래를 귀족적 가치, 즉 로마적 가치의 무조건적 지배와 결부시키는 것이 정당하다고 하는 한, 그것은 정당하였다. 그러나 한편 유대인은 로마에 대해 무엇을 느꼈던가? 그대들은 그것을 거의 무수한 징조에서 읽을 수 있을 것이다. 그러나 〈요한묵시록〉을, 가슴속 깊이 간직한 복수심의 폭발을 기록한 모든 문서 중에서도 가장 황당한 책을 다시 한 번 마음에 상기해 보면 충분할 것이다. (역시 그대들은 이 증오의 책 표제에 사랑의 사도의 이름을 기록하고, 그리하여 열광적으로 반하였던 복음을 이 사도의 것으로 한 그리스도교적 본능이 지닌 논리의 오묘함을 얕잡아봐선 안 된다. —얼마나 많은 문헌의 위조가 이 목적을 위해서 필요하였다 하더라도, 역시 거기에는 하나의 진리가 숨겨져 있는 것이다.) 확실히 로마 사람은 강한 자였고 고귀한 존재였다. 그들보다 강하고 고귀한 자는 이제까지 지상에 존재하지 않았으며, 일찍이 몽상조차도 하지 못했었다. 그들의 모든 유적의 하나하나, 그 묘비명 하나하나는 거기에 쓰인 것이 무엇인가를 읽을 수만 있다면 모든 사람을 매혹시켜 버린다. 그 반대로 유대인은 유별나게 뛰어난 원한의 성직자 민족이며, 민중의 도덕에 관해서 더할 나위 없이 독창성을 구비한 민족이었다. 시험 삼아 그대

들은 이와 유사한 천성을 지닌 여러 민족과, 예를 들어 중국인이나 독일 사람과 비교해 본다면, 어느 것이 제1급이며, 어느 것이 제5급인가를 느낄 수 있을 것이다.

우선 로마와 유대는 어느 쪽이 승리를 했던가. 이것은 물론 조금도 의심할 여지조차 없다. —시험 삼아 그대들은 오늘날 로마에 있어서—또한 로마에서뿐만 아니라 거의 지구상의 절반에 걸쳐서, 대체로 인간이 회유되고 회유되는 것을 바라는 곳에서는 어디서든지—, 사람들이 모든 최고 가치의 정수로 보고, 그 앞에 머리를 숙이고 있는 자는 누구인가. 다 아는 바와 같이, 그것은 세 명의 유대인 남자와 한 명의 유대인 여자(나사렛의 예수, 어부 베드로, 양탄자 짜는 바울, 거기에 맨 먼저 이름을 들었던 예수의 어머니 마리아)인 것이다. 주목할 만한 일은 로마가 분명히 패망하였다는 것이다. 물론 르네상스에 이르러 고전적 이상에 대한 모든 사물의 귀족적 평가 양식이 화려하고 무서울 정도로 부흥했다. 자기의 머리 위에 세워진 새롭게 유대화된 로마의 압박 아래서, 세계적 유대 교회당의 모습을 하여 '교회'라고 불린 로마의 압박 아래서, 옛 로마 자체가 마치 가사 상태에서 소생한 것처럼 몸을 꿈틀거렸다. 그러나 이윽고 유대는 종교 개혁이라고 불리는, 근본적으로 천민적인 (독일과 영국의) 원한 운동의 덕택으로 다시 승리의 개가를 올리게 되었던 것이다.

이 점에 관해서 종교 개혁의 필연적인 결과인 교회의 부흥—또한 고전적 로마의 옛 묘지의 고요함에 대한 재현이라는 것도 생각해 볼 만하다. 이때의 승리보다도 훨씬 더 결정적으로 깊은 의미에서 또 한 번 유대는 프랑스 혁명과 더불어 고전적 이상에 승리를 거뒀다. 이것으로 유럽에 존재하였던 마지막 정치적 귀족주의, 17·8세기 프랑스의 정치적 귀족주의는 민중의 원한 본능 아래 붕괴되고 말았다. —일찍이 지상에서 이보다도 더 큰 환호, 더 소란스럽고 열광적인 소리가 들린 적은 없었다!

그런데 바로 그것이 한창일 때, 너무나도 기괴하고 참으로 의외의 사건이 일어났다. 바로 고대적 이상이 살아 있는 모습으로, 더구나 더할 나위 없이 화려하게 인류의 눈과 양심 앞에 나타났던 것이다. —다수자의 특권이라는 원한의 낡은 허위의 암호에 대해서, 그리고 인간을 비천하고 평균화시키며 인간의 퇴폐화와 몰락으로 이끄는 의지에 대해서, 또 한 번 소수자의 특권이라는 무섭고도 매혹적인 반대의 암호가 예전보다도 훨씬 강렬하게, 훨씬 단순하게, 훨씬 통렬하게 울려 퍼졌다! 또 하나의 다른 길로의 마지막 암시처럼, 일찍이 존재하였던 가장 독특하고 가장 뒤늦게 태어난 인간 나폴레옹이 나타났던 것이다. 그리고 이 인물 속에 고귀한 이상 자체가 살아 있는 문제가 되었다. ─그대들은 그것이 어떠한 문제인가를 잘 생각해 보라. ─이 비인간(unmensch)과 초인(übermensch)의 종합인 나폴레옹을······

17

이것으로 문제는 끝났는가? 모든 이상의 대립 중에서도 가장 큰 것인 대립이 이것으로 영원히 정리된 것인가? 그렇지 않으면 단순히 연기되었을 뿐인가? 아니 더욱 멀리 연기되었을 뿐인가? ······ 아주 오랫동안 불타고 있었던 낡은 불등걸이 언젠가는 꼭, 전보다도 훨씬 무서운 화염을 일으키고 타오르는 일이 있지는 않을까? 혹은 오히려 그렇게 되기를 전력을 다하여 바라야 할 것이 아닌가? 스스로 그것을 의욕해야 할 것이 아닌가? 스스로 그것을 촉진해야 할 것이 아닌가? ······나의 독자들처럼, 여기서 깊이 생각하고 고찰하기 시작하는 자는 이 문제에 대뜸 결말을 짓기는 어려울 것이다. ─그러나 나는 그것에 결말을 지을 수 있을 만한 충분한 근거를 가지고 있다. 단지 이것은 내가 말하려고 하는 것이 나의 최근 저서에 갖다 붙인 '선악을 넘어서'라는 위험한 표어로써, 내가 말하려고 하는 것이 벌써 충분히 양해되었다는 전제 아래에서 하는 말이지만······그것은 적어도 '좋음과 나쁨의 저편'이라는 뜻은 결코 아니다. ─

─

저자 주. 나는 이 논문이 나에게 준 기회를 이용하여, 이제까지는 단지 학자들과의 그때 그때의 대화에만 언급해 왔던 내 소망을 여기에 공개적으로, 그리고 정식으로 표명하고 싶다. 그 까닭은 어떤 대학 철학과가 일련의 현상 논문을 모집함으로써 도덕사 연구를 촉진하는 데 공헌해 주었으면 하고 생각하기 때문이다. ─아마도 이 책은 이 방향에 하나의 강력한 충격을 주는 것이 될 것이다. 이러한 가능성을 지니고 있는 것으로 생각하여, 나는 다음과 같은 문제를 제기하고 싶다. 이것은 본래 철학 전문의 학자뿐만 아니라 문헌학자와 역사학자에게도 주목할 만한 문제이다.

　"도덕적 개념의 발달사에 대해서 언어학, 특히 어원학적 연구는 어떠한 시사를 주는가?"

　―다른 일면에서는 물론 이 문제(이제까지의 가치 평가의 가치는 어떤가 하는 문제)에 대해서 생리학자와 의학자의 관심을 일으키게 하는 것도 똑같이 필요하다. 그 때 이들 하나하나의 경우에 있어서 대변자 및 중개자의 역할을 하는 일을, 전문적인 철학자의 손에 맡기는 것이 좋을 것이다. 그러나 그 전제로는 철학과 생리학과 의학 사이에 존재하는 원래부터 냉담한 관계를, 아주 친밀하고 생산적인 좋은 교우 관계로 개선한다는 점에 대체로 성공해야 하겠다. 사실 역사와 비교 민족학적 연구에 알려져 있는 모든 재산 목록, 모든 '그대는 해야 한다'는 것은, 심리학적인 해명이나 설명보다도 우선 생리학적인 설명과 해석을 필요로 하는 것이다. 또한 의학 방면에서의 비판을 기다리고 있다. "이러한, 그리고 저러한 재산 목록과 '도덕'에는 어떠한 가치가 있는가?" 하는 문제는 여러 가지 관점에서 제기되어야 할 필요가 있다. 특히 "무엇을 위해서 가치가 있는가?"라는 문제는 충분하고 자세하게 해명하기는 무척 곤란하다. 예를 들면 한 종족의 최대 지속력(혹은 특정한 풍토에 대한 그 종족의 순응력의 증대, 혹은 최대 다수자의 보존)에 관해서 분명히 가치를 지닌 일은, 한층 더 강한 형태의 종족을 형성하는 것이 문제가 되는 경우에는 결코 전과 같은 가치를 갖지 않을 것이다. 다수자의 복리와 소수자의 복리는 서로 대립하는 가치 관점이다. 전자가 본래보다 높은 가치를 지닌다고 보는 것을, 우리는 영국의 순진한 생물학자들에게 맡기기로 하자…… 모든 과학은 이제야말로 철학자의 미래의 임무를 위해서 준비를 하지 않으면 안 된다. 그 임무란, 철학자는 가치의 문제를 해결해야 한다는 것, 가치의 등급을 결정해야 한다는 것이다.

제2논문 '죄', '양심의 가책' 그리고

1

약속을 할 수 있는 동물을 기를 것—이것이야말로 자연이 인간에 관해 스스로에게 내린 역설적인 과제가 아닐까? 이것이야말로 인간에 관한 진정한 문제가 아닐까? 이 문제가 고도의 해결을 이루었다는 것은 망각이라는 반대 방향으로 작용하는 힘을 충분히 중하게 여기는 것을 아는 사람에게는 더욱 놀랄 만한 일로 생각될 것이다. 망각이라는 것은 천박한 무리들이 믿는 것 같은 단순한 타성의 힘이 아니다. 이것은 능동적이고, 엄밀한 의미에서의 적극적인 저지 능력이며, 이 능력에 의해서 우리가 체험하고, 경험하고, 섭취하는 것이 소화 상태(이것을 '정신적 동화'라고 불러도 좋다)에 있는 동안은 우리의 육체적 영양, 이른바 '육체적 동화'가 영위되는 여러 가지 과정과 마찬가지로 우리 의식에 떠오르지 않는다.

의식의 문과 창들을 일시적으로 닫는 것, 우리 의식 이하의 세계의 예속적인 여러 기관이 서로 협동하든가 대항하든가 하기 때문에 일어나는 소란스러움과 싸움에서의 도피, 새로운 것에 대한, 특히 고등 기능과 고등 기관에 대해서, 그 통제와 예측과 예정(우리의 유기체 조직은 과두적인 조직이기에)에 대해서, 자유로운 여지를 주기 위한 약간의 정적과 백지 상태,—이것이야말로 방금 말한 것처럼 능동적인 망각의 심적 질서와 안정, 예법의 문지기이며 관리자인 망각의 효용이다. 여기에서 바로 알 수 있는 것은 망각이 없다면, 어떠한 행복도, 명랑도, 희망도, 긍지도, 현재도 있을 수 없다는 것이다. 이 저지 장치가 파손되거나 정지하거나 하는 인간은 소화 불량 환자에 견줄 만한 것이다. (아니 견줄 만한 것 이상의 것이다)—그는 무엇에나 '마무리를 지을' 수가 없다⋯⋯이처럼 필연적으로 망각이어야 하는 동물에게 있어서는 망각이란 하나의 힘, 억센 건강의 한 형식을 표시하는 것이다. 하지만 이 같은 동물이 이제 그것과 반대의 능력, 즉 어떤 경우에 망각을 제거하는 역할을 하는 기억이라는 능력을 길렀던 것이다. —여기서 어떤 경우란, 약속을 하지 않으면 안 될 경우를 말하는 것이다. 따라서 그것은 일단 새겨진 인상에서 다시 벗어날 수 없다는 수동적인 상태가 아니고, 또한 단순히 저당잡힌 언질을 다시금 되찾을 수 없다는 소화 불량도 아니다. 오히려 다시 벗어나지 않으려는 하나의 능동적인 의욕, 일단 의욕한 것은 어디까지나 계속하려는 의욕, 즉 본래적인 의지의 기억이다.

따라서 본래의 '나는 하고 싶다', '나는 할 것이다'와 의지의 진정한 표현, 의지의 활동과의 사이에는 신기한 사물과 사정뿐만 아니라 신기한 의지 활동까지도 지닌 세계가 쉽게 끼어들어 와도 상관없으며, 그로 말미암아 이 긴 의지의 연쇄가 단절되어 버리는 것과 같은 일도 없다. 그러나 이 모든 것의 전제가 되는 것은 무엇인가! 이처럼 미래를 미리 마음대로 처리할 수 있기 위해서 인간은 먼저 필연적인 사건을 우연적인 사건과 구별짓는 것, 일을 인과적으로 고찰하는 것, 멀리 앞일을 현재의 일처럼 관찰하고 예견하는 것, 무엇이 목적이며 무엇이 수단인가를 확실히 결정하여 이것을 계산하고 산출할 수 있도록 배워야 하지 않았던가! —이를 위해서, 더욱이 대체로 약속한 이로서는 그래야 하듯이 마침내는 미래의 자기를 보증할 수 있게끔 되기 위해서, 인간은 스스로 먼저 자신의 관념에 대해서조차 산출할 수 있는 규칙적이고 필연적인 존재가 되었어야 하지 않았던가?

2

이것이야말로 책임의 유래에 관한 오랜 역사이다. 약속할 수 있는 동물을 육성한다는 과제 속에는 우리가 이미 이해한 바와 같이, 그 조건 및 준비로서 먼저 인간을 어느 정도까지 필연적이고 균일하며 동등한 이들 간에 동등하고 규칙적인, 따라서 또한 산출 가능한 것으로 한다는 한층 더 절박한 과제가 포함되어 있다.

내가 '풍습의 윤리'라고 부른 거대한 사업—인류에게 가장 오랫동안에 인간이 자신에 관해서 해온 본래의 사업, 즉 인간의 역사 이전의 사업 전체는 설령 상당히 많은 냉혹함과 포학함과 우둔함과 무지가 내포되었다 하더라도, 그 과제에 관한 점에 있어서 의의를 가지며 당당한 명분을 지니게 되는 것이다. 그 까닭은 인간은 풍습의 윤리와 사회적 구속이라는 의복의 도움으로 실제로 예측할 수 있게 만들어졌기 때문이다. 그러나 만일 우리가 이 거대한 과정의 종점, 즉 나무가 마침내 그 열매를 맺고, 사회와 그 풍습의 윤리가 그것의 수단에 불과하였던 본래의 목적이 마침내 실현되는 지점에 서서 본다면, 그 때 우리는 그 나무의 가장 잘 익은 과실로서 주권자적인 개체를 발견할 것이다. 이것이야말로 자신에게만 동등한 개체, 풍습의 윤리에서 다시금 벗어난 개체, 자율적이며 초윤리적인 개체(그렇게 말하는 것은 '자율적'과 '윤리적'은 서로 용납하지 않기에), 요컨대 자기 고유의 독립적인 의지를 지닌 약속할 수 있는 인간이다. —그리고 이와 같은 인간 안에는 마침내 달성되어 그 자신이 그것의 화신(化身)이 된, 근육을 경련시킬 만한 자랑스러운 의식, 진정한 권력과 자유의 의식이, 인간 자체로서의 완성된 감정이 보이는 것이다. 진실로 약속할 수 있는 자유가 된 인간, 자유 의지의 지배자, 이 주권자는 약속이나 자신의 보증을 할 수 없는 다른 사람에 비해서 자기가 얼마나 뛰어났는가를, 얼마나 많은 신뢰, 얼마나 많은 공포, 얼마나 많은 경외—그는 이 세 가지를 받을 만한 가치가 있다—를 일으키는가를 어찌 모를 수 있겠는가? 동시에 자기에 대한 지배와 더불어 환경을 지배하는 것, 그리고 자연 및 의지가 부족해 신뢰하기 어려운 피조물을 지배하는 것도 자신에게 맡겨져 있다는 것을 어찌 모르겠는가? 그는 자기를 기준으로 하여 거기에서 타인을 바라보면서, 존경하기도 하고 경멸하기도 한다. 그는 필연적으로 자기와 동등한 자들, 강자와 신뢰할 수 있는 자들(약속할 수 있는 자들)을 존경한다. —요컨대 주권자처럼 육중하고 드물게 약속하는 자, 쉽사리 타인을 신뢰하지 않고, 일단 신뢰했다 하면 이것을 찬양하는 자, 자기의 한마디의 말에 대해 많은 고초를 겪으면서까지, '운명에 항거하면서'까지 지킬 만큼 충분히 자기가 강하다는 것을 알기 때문에, 신뢰할 수 있을 만한 언질을 타인에게 주는 자, 이러한 사람 모두를 존경하는 것이다. —또한 필연적으로 그는 지키지 못하면서 약속하는 허풍쟁이에 연약한 체질의 인간은 걷어차려고 할 것이며, 입술에 침이 마르기도 전에 벌써 그 약속을 저버리는 거짓말쟁이들에게 응징의 채찍을 휘두르려고 채비할 것이다.

책임이라는 이상한 특권에 관한 자랑스러운 자각, 이 희한한 자유의 의식, 자기와 운명을 지배하는 이 권력의 의식은 본능에까지, 지배적인 본능으로까지 되어 있다. —만일 그것으로 이것을, 이 지배적인 본능을 한마디로 이름 붙일 필요가 있다면, 그는 이것을 무엇이라고 부를 것인가? 의심할 여지도 없이 주권자적 인간은 이것을 자기의 양심이라고 부른다.

3

자기의 양심? 미리 짐작할 수 있는 일이지만, 우리가 여기에서 거의 괴이할 정도의 모습으로 접하는 이 '양심'이라는 개념은, 이미 오랜 역사와 변천을 그 배후에 지니고 있다. 자기에 대해서, 더구나 긍지로서 보증할 수 있는 것, 또한 자기 자신에 대해서 그렇다고 긍정할 수 있는 것—이것은 앞서 말한 것처럼 성숙한 과일이며, 완전히 익은 과일이다. —이 과일은 얼마나 오랫동안 시고 떫은 채 나뭇가지에 매달려 있어야만 했던가! 그리고 그보다 훨씬 오랫동안 이와 같은 과일은 전혀 사람의 눈에 띄지도 않았다. —분명히 나무에는 모든 준비가 이루어졌고 오로지 열매의 성숙을 향해서 모든 일이 진행되고 있었음에도 불구하고, 누구 하나 그 과일이 성숙하리라고 약속할 수 있는 자는 없었다.

—'어떻게 해서 인간이라는 동물에 기억이 심어질 수 있었을까? 어떻게 해서 이 어리석고 거의 우둔한 순간적 오성(悟性)에, 이 망각의 화신에게 언제까지고 사라지지 않는 인상이 새겨지는가?'……이 극히 고색창연한 문제는 누구나 느끼는 바와 같이 늘 부드러운 해답과 방법으로 해결되지는 않았다. 뿐만 아니라 아마도 인간의 선사 시대 전체를 통해서 인간의 기억술만큼 무서운 것은 하나도 없었는지 모른다. '무엇을 달군다고 하는 것은 이것을 기억에 남기기 위해서다. 고통을 부단히 주는 것만이 기억에 남는다.'—이것이야말로 이 땅에서 가장 낡은(유감스럽게도 또한 가장 오래 된)심리학의 근본 문제이다.

오늘날도 아직 지상에서, 인간이나 민족의 생활 속에 장엄하고 엄숙하고 신비스럽고 음울한 색채가 있는 곳에는 어디나, 일찍이 곳곳에서 약속하고 저당 잡히고 서약을 할 때 끼어 다니던 공포의 영향을 남기고 있다고 해도 좋을 것이다. 과거가, 가장 오래되고 가장 심오하고 가장 냉혹한 과거가, 우리가 '진지하게' 될 그 때에 우리에게 숨결을 불어 넣어 우리의 가슴속에 용솟음쳐 오르는 것이다. 인간이 자기에게 기억을 새겨야만 할 필요가 있을 때, 일찍이 단 한 번이라도 피와 고문과 희생 없이 끝난 적은 없었다. 너무

나도 소름끼치는 희생과 저당(장남을 바치는 희생도 그 중의 하나), 가장
혐오스러운 신체 훼손(예를 들면 거세), 모든 종교적 의례에 있어서 가장
잔인한 형식(모든 종교는 가장 깊은 뿌리에 있어서 잔인한 세계다)—이 모
든 것은 고통이야말로 기억술의 가장 유력한 수단이라는 것을 알아낸 본능
에서 생긴 것이다. 어떤 의미에서는 금욕주의도 이에 속한다. —여기서는 약
간의 관념이 지워 버릴 수 없고 늘 눈앞에 있어 잊을 수 없는 '고정적'인 것
이 되지 않으면 안 되기 때문에, 그것이 이 '고정 관념'들에 의해서 신경과
지성의 모든 조직에 최면을 걸기 때문이다.

　—금욕주의적인 수법과 생활 형식은 이 관념들을 다른 모든 관념과의 경
합에서 떼어서, 이것을 '잊을 수 없는' 것으로 만들기 위한 수단이다. 인류
가 '기억에 남겨 둔' 것이 나쁘면 나쁠수록 인류의 습관은 그만큼 더욱 무서
운 모습을 드러낸다. 그 중에서도 특히 형법의 준엄성은 인류가 망각을 극복
하기 위해서, 또한 사회적 공동생활에서 보이는 약간의 원시적 요건을 일시
적으로 감정과 욕망의 노예가 된 사람들의 뇌리에서 사라지지 않도록 하기
위해서, 얼마나 고생을 했는가를 알 수 있는 하나의 척도이다.

　우리 독일 사람은 확실히 자기 자신을 특별히 잔인하고 냉혹한 민족이라
고는 생각하지 않는다. 더구나 특별히 경박하고 무위도식하는 민족이라고도
생각하지 않는다. 그러나 하나의 '사상가 민족'(그것은 오늘날 역시 최대한
의 신뢰와 진지함과 무취미 및 실용성을 몸에 지니고 있으며, 이 특질들을
구비해 있기에 유럽의 모든 종류의 고관을 육성할 만한 권리가 있다고 주장
하는 유럽 민족을 가리키는 것이다)을 육성하기 위해서 지상에서 얼마의 고
생이 지불되었던가를 간파하기 위해서는 우리의 옛날 형벌 제도를 살펴 보
는 것만으로 충분하다.

　독일 사람들은 자기의 천민적인 근본 본능과 그것에 수반되는 야수적인 만
행을 통제하기 위해서 무서운 수단을 사용하여 자신에게 기억을 새겼던 것이
다. 그대들은 독일의 옛날 형벌을 생각해 보라. 예를 들면 돌로 치는 형벌(—
이미 전설로도 되어 있듯이 맷돌을 죄인의 머리 위에 떨어뜨리는), 수레바퀴
에 매달아 사지를 찢어 죽이는 형(형벌에 있어 독일적 천재가 가장 독자적인
창의를 발휘한), 말뚝으로 꿰뚫는 형, 말로 찢어발기거나 밟아 터뜨리는 형
(넷으로 찢는 형), 기름이나 술로 범죄인을 삶는 형(14·5세기에도 역시 행해

졌다), 인기 있었던 사람의 껍질을 벗기는 형('가죽 끈 만들기'), 가슴에서 살을 저미어 내는 형, 또한 범죄자에게 꿀을 바르고 강렬한 햇빛 아래 파리 떼들이 우글거리게 하는 형 등등을 생각해 보라. 이와 같은 가지각색의 광경이나 전례(前例)를 보게 함으로써 사람들은 마침내, 사회생활의 이익을 누리기 위해 약속했던 일에 관해서 몇몇 개의 '나는 그것을 바라지 않는다'는 것을 기억에 새기게 되는 것이다. —그리고 이와 같은 기억 덕택으로 사람들은 마침내 '이성에' 도달한 것이다.

아아, 이성과 진지함과 감정의 통제와 숙고 등으로 불리고 있는 이러한 음울한 일 전체, 인간의 이러한 모든 특권과 사치, 이들에 대해 지불된 대가가 얼마나 컸던가! 모든 '좋은 일'의 근저에는 얼마나 많은 피와 전율이 있었던가! ……

4

그러나 죄에 대한 책임 의식, '양심의 가책'이라는 또 하나의 '음울한 사실'은 도대체 어떻게 해서 세계에 나타났던가? —이 문제와 더불어 우리는 다시 도덕 계보학자들 곁으로 되돌아가자. 거듭 말하거니와—혹시 내가 아직 전혀 아무 말도 하지 않았던가—그들은 전혀 쓸모없는 자들이다. 기껏해야 다섯 뼘 정도의 가련하고 단순한 '현대적' 경험뿐이며, 과거에 대한 지식도 없고, 과거를 알고자 하는 의지도 없고, 더구나 역사적 본능도 지니고 있지 않다. 실로 여기서야말로 필요한 '제2의 시각'도 없는 주제에—그럼에도 도덕의 역사 같은 것을 연구하려고 한다. 그것이 단순히 진리와는 거리가 먼 관계만이 아닌 결과로 끝난다는 것도 당연한 일이라고 해야 한다.

이제까지의 도덕 계보학자들이 예를 들어 '죄(Schuld)'라는 도덕상의 주요 개념이 '부채(Schulden)'라는 극히 물질적인 개념에서 유래되었다는 것을 막연하게나마 몽상하였던 일이 있었던가? 혹은 형벌이 하나의 보복으로서, 의지의 자유 혹은 부자유에 관한 어떠한 전제와도 무관하게 발전하였다는 것을 막연하게나마 생각하였던 일이 있었던가? —그런데 사실은 반대로 '인간'이라는 동물이 '고의'라든가 '과실'이라든가 '우연'이라든가 '책임 능력'이라든가 하는 소박한 구별과 그 반대물을 만들어, 이것을 형벌을 측정할 경우에 고려하게끔 하기 위해서는 먼저 고도의 인간화의 단계를 필요로 할 정도였다. 오늘날에는 그처럼 값싸고 겉보기에는 무척 자연스러운 필연적인 사상, 도대체 정의감이 어떻게 지상에 나타났는가 하는 문제의 해명 역할까지도 맡아야 할 만한 그 사상, 즉 "범죄자는 형벌할 만하다. 왜냐하면 그는 다르게도 행동할 수 있었기에"라고 하는 그 사상은, 실제에 있어 인간이 훨씬 후에 이르러서 달성한 아주 교묘한 인간의 판단과 추리의 한 형식이다. 이 사상을 처음부터 있었던 것으로 여기는 사람은 고대 인류의 심리에 거친 손길로 폭행을 가하는 것이다. 인류 역사의 극히 오랜 시간을 통해서, 악행의 주모자에게 그 행위의 책임을 지운다는 이유로 형벌을 가하는 일은 전혀 없었으며, 따라서 죄가 있는 자만이 벌을 받아야 한다는 전제 아래서 형벌을 가한 적도 없었다. ―오히려 오늘날도 역시 어버이가 아이들을 벌주는 것과 같이, 가해자에 대해서 나타내는 피해자의 분노에서 형벌이 가해졌던 것이다. ―그러나 이 분노는, 모든 손해에는 어딘가에 그 보상이 될 만한 등가물이 있으며, 그것은 가해자에게 고통을 준다는 수단으로서라도 사실상 배상될 수 있는 것이라는 관념으로 제한되고 완화되었다. ―이 극히 오래고 깊은 뿌리를 박은, 아마도 오늘날에는 벌써 끊을 수 없는 관념, 손해와 고통은 같은 가치라는 이 관념은 어디서 그 힘을 얻어 왔던 것인가? 그 비밀은 이미 내가 말한 것이지만, 그 힘의 출처는 채권자와 채무자와의 계약 관계 속에 있다. 이 계약 관계는 대체로 '권리 주체'라는 것의 존재와 똑같이 오래된 것이며, 이 계약 관계 자체가 또한 매매, 교환, 교역 등의 근본 형식에 환원되는 것이다.

5

이와 같은 계약 관계를 확실하게 머릿속에 그려 볼 때, 물론 이미 이제까지 말해 온 것으로서도 바로 예상될 수 있는 일이지만, 그러한 관계를 창조하고 승인하였던 고대 인류에 대해서 여러 가지 의혹과 저항을 일으키게 한다. 그러나 이 관계에 있어서 바로 약속이 이루어지는 것이었다. 여기서야말로 약속자에게 기억하게 하는 것이 문제가 된다. 바로 여기에 냉혹함, 잔인함, 고통의 출생지가 있을지도 모른다. 채무자는 그의 상환 약속에 대한 신용을 얻기 위해서, 또한 그 약속의 엄숙함과 신성함에 대한 보증을 주기 위해서, 그리고 그 자신으로서는 상환을 의무나 책임으로서 자기의 양심에 새

기기 위해서 채권자와의 계약에 따라, 만일의 경우 상환하지 않을 때의 대상
물로서 자기가 '소유'하고 있는 어떤 다른 것을, 그리고 그의 권한 안에 속
하는 어떤 것을 채무자에게 저당잡히는 것이다. 그 저당물은 예를 들면 자기
의 육체이기도 하며, 자기의 아내이기도 하며, 자기의 자유이거나 생명이기
도 하다. (혹은 일정한 종교적 전제가 있는 곳에서는 자기의 축복과 영혼의
구제까지도, 마침내는 무덤 속의 안식까지도 저당잡히는 것이다. 예를 들면
이집트에서는 그랬기 때문에 채무자의 시체는 무덤 속에서까지도 채권자 앞
에서 휴식을 얻을 수가 없었다. —이집트 사람에게도 이 휴식이 중요한 것이
었던 것은 말할 나위도 없다.)

더구나 특히 채권자는 채무자의 육체에 모든 종류의 능욕과 고문을 가할
수가 있었다. 예를 들면, 부채의 액수에 상당할 만한 것을 채무자의 육체에
서 살로 잘라 낼 수 있었다. —그래서 오래 전부터 곳곳에서, 이러한 견지에
서 정밀하고 때로는 무서우리만큼 자세하게 사지 및 신체의 각 부분의 하나
하나에 대한 세세하고 합법적인 가격 산정이 행해졌다. 로마의 '12 표법(表
法)'은 이와 같은 경우 채권자가 잘라 낼 수 있는 분량의 많고 적음은 문제
삼지 않는다('보다 크게, 혹은 보다 작게 잘라 낼지라도 그것은 불법이 되지
않는다')라고 선포되었지만, 나는 이것을 이미 보다 자유롭고 보다 우람하며
보다 로마적인 법률관의 증거이며, 진보라고 생각한다. 이 배상 형식 전체의
논리를 설명해 본다면, 그것은 정말 기묘한 것이다. 즉, 이 경우 보상은 다
음처럼 성립된다. —채권자는 직접적인 이익을 받음으로써 손해를 메우는 대
신에(즉 금전이나 토지나 그 밖에 어떤 소유물을 배상으로 받는 대신에) 일
종의 쾌감을 배상으로서 맛보는 것이 허용되었다. —이 쾌감이란, 자기의 권
력을 무력한 자 위에 아낌없이 발휘할 수 있다는 쾌감이기도 하며, '악을 저
지르는 즐거움(재미)을 위해서 악을 저지른다'라는 즐거움이기도 하며, 폭행
을 가한다는 향락이기도 하다.

이러한 향락은 채권자의 사회적 지위가 낮고 천할수록 더욱 높이 평가되
어, 자칫하면 이것이 그에게는 더할 나위 없는 진수성찬, 아니 드높은 지위
라는 맛처럼 생각되었다.

채무자에게 '형벌'을 가함으로써 채권자는 일종의 지배권이라는 것에 참여
하는 것이다. 그리하여 마침내는 그도 역시 다른 사람을 '아래에 있는 존재'

로서 경멸하고 학대할 수 있다는 우월감을—혹은 적어도 실제의 형벌권, 즉
형의 집행권이 이미 당국의 손에 넘어갔을 경우에는 다른 사람이 경멸당하
고 학대받는 것을 본다는 우월감을 지닐 수 있게 되는 것이다. 요컨대 보상
이란, 잔인한 행위를 지시하고 요구하는 권리를 가지고 있다는 데서 성립되
는 것이다.

6

따라서 이 영역, 즉 채무법 속에 '죄'라든가 '양심'이라든가 '의무'라든가
'의무의 신성'이라든가 하는 도덕적인 개념 세계의 발상지가 있는 것이다. —
이 개념 세계의 발단은 지상의 모든 큰 사건의 발단과 똑같이 참으로 오랫동
안 피로 물들여졌다. 여기에 이렇게 부가해서 말해도 괜찮지 않을까? —개념
세계에서는 피와 고문의 냄새가 완전히 씻어진 일은 없었다고. (늙은 칸트
에 있어서조차도 그렇다. 그의 정언명령에는 잔인한 냄새가 난다) 그와 아
울러 여기에 또한 '죄에 대한 책임과 괴로움'이라는 무섭고도 풀어 버릴 수
없는 굳은 관념의 결합이 처음으로 고정되었다.

또 한 번 묻겠는데, 괴로움이 어떻게 해서 '부채'의 보상이 될 수 있는가?
그것은 괴롭히는 것이 최고도의 쾌감을 주는 것이기 때문이며, 피해자가 그
손해 및 손해에 수반되는 불쾌함의 보상으로서 이상한 만족감을 받기 때문
이다. 즉, 괴롭게 하는 것은—이것은 일종의 진정한 축제이며, 이미 말한
바와 같이 채권자의 신분이나 사회적 지위가 낮으면 낮을수록 그만큼 반대
로 더욱 높이 흥정되는 것이다. 이것은 추측해서 말한 것에 불과하다. 그 까
닭은 이러한 의식의 비밀적인 일은 그렇게 하는 것이 못 견딜 일이라는 것이
제쳐두고라도 철저하게 규명한다는 것이 무척 어려운 일이기 때문이다. 또
한 이 경우에 있어서 '복수'라는 개념을 서투르게 사용하는 자는 통찰을 더
쉽게 하기보다는 오히려 통찰을 가로막고 더욱 어둡게 할 뿐이다. (—복수
자체는 "괴롭히는 것이 어떻게 보상이 될 수 있는가?" 하는 것과 같은 문제
로 되돌아올 뿐이다.)

잔인함이라는 것이 고대 인류의 얼마나 큰 축제의 환락이 되어 있었던가!
아니, 그것이 얼마나 거의 모든 환락 속에 구성 성분으로서 뒤섞여 있었던
가. 또 한편 그들의 잔인함에 대한 욕구가 얼마나 천진난만하게 나타났던

가! 또한 '사심 없는 악의'(혹은 스피노자의 말을 빌리면 '악의 있는 동정')
가 그들에게 얼마나 근본적으로 인간의 자연스럽고 정상적인 성질로 보였으
며—그것에 대해 양심이 어떻게 충심으로써 긍정을 말할 것으로 보였던가.
이러한 일을 눈앞에 그려본다는 것은 내가 보는 바로는 잘 길들인 가축, 다
시 말하면 현대인, 즉 우리 자신의 섬세한 감정에 이렇게 말하는 것보다는
오히려 그 위선에 거슬리는 것으로 생각된다.

보다 깊은 시선으로 관찰을 해보면 아마도 오늘날이라 할지라도 역시 인
간에게 있어 최고의, 그리고 가장 근본적인 축제의 환락을 충분히 엿볼 수
있을 것이다. 《선악을 넘어서》194절에서(그 이전에 이미 《아침놀》18절,
77절, 113절에서), 나는 고차적인 문화의 전체 역사를 통해서 보이는 (어떤
중대한 의미에서는 그 역사를 형성하고 있기까지 하다) 잔인성이 차츰 정신
화되고 '신성화'되는 것을 조심스럽게 지적해 두었다.

아무튼 사형과 고문, 혹은 '이단자에 대한 처형'을 빼놓고서는 가장 대규
모적인 왕후의 결혼식이나 민족적 축제는 생각할 수 없었으며, 또한 주저하
지 않고 악의나 잔인한 조롱을 퍼부을 수 있는 상대 없이는 귀족의 가정생활
을 생각할 수 없었다는 것은 그다지 먼 옛날 이야기가 아니다. (예를 들면 공
작부인의 궁정에서의 돈키호테의 일을 상기하여 봄이 좋을 것이다. 우리는
오늘날 돈키호테를 읽을 때, 거의 고문이라고 해도 좋을 만한 쓴 맛을 느끼
게 된다. —그들은 이 책을, 세상에서 더할 나위 없는 명랑한 책으로서, 양
심의 가책 같은 것은 조금도 느끼지 않고 읽었으며, 읽고선 죽도록 웃었던
것이다). 괴로워하는 것을 보는 것은 유쾌하다. 괴로워하게끔 하는 것은 더
욱 유쾌하다. —이것은 잔인한 명제다.

그러나 이것은 하나의 낡고 억세며 인간적인, 너무나도 인간적인 근본 명
제이며, 아마도 원숭이조차도 이것을 인정할 것이다. 그 까닭은 들리는 소문
에 의하면, 원숭이는 가지가지의 진기하고 잔인한 짓을 생각해 냄으로써 이
미 충분히 인간성을 예고했으며, 또한 이른바 인간성의 '서곡을 연주하고'
있는 것이라고 설명되기 때문이다. 잔인함 없이는 축제도 없다. 인간의 가장
오래고 가장 긴 역사는 그렇게 가르쳐 주고—그리고 형벌에도 역시, 참으로
많은 축제적인 것이 보인다! —

말이 나온 김에 이야기해 두지만, 이러한 사상으로 우리 염세주의자들의 삶의 권태라는, 음조가 틀리고 삐걱삐걱 소리가 나는 물레방아에 새로운 물줄기를 대는 데 도와줄 의도는 전혀 없다. 반대로 나는 인류가 그 잔인함을 아직 부끄럽게 여기지 않았던 당시가 염세주의자들이 존재하는 현재보다도 이 지상 생활이 더욱 명랑하였다는 것을 분명히 입증하려고 생각하고 있다. 인간의 인간에 대한 부끄러움이 증대되면서 인간의 머리 위를 뒤덮고 있는 하늘의 구름은 더욱 더 커져갔다. 지쳐 버린 비관적인 눈매, 인생의 수수께끼에 대한 의혹, 삶에 대한 구역질나는 얼음과 같은 싸늘한 부정, —이들은 인류 최악의 시대를 나타내는 징조가 아니다. 그것들은 오히려 늪 지대의 식물과 같은 것으로, 그것이 성장하기에 알맞은 늪지대가 이루어졌을 때 비로소 햇빛을 보는 것이다.

내가 최악의 시대를 나타내는 징조라고 말하고 있는 것은 '인간'이라는 동물로 하여금 마침내 그 모든 본능을 부끄럽게 여기도록 한, 병적인 유약화와 도덕화에 관한 것을 말하고 있는 것이다. '천사'(여기서는 이 이상으로 가혹한 말을 피하기로 하자)가 되는 도중에 인간은 그처럼 위(胃)를 악화시키고 혓바늘을 돋게 했기 때문에, 동물적인 즐거움과 순진함을 맛볼 수 없게 되었을 뿐 아니라 삶 자체까지도 싱거운 것이 되어 버렸다. —그 까닭에 그는 때때로 코를 쥐고 멍하니 서 있으며, 교황 이노센트 3세와 더불어 불만스럽게 자기가 싫어하는 것의 목록을 만드는 것이다. ('불결한 생식, 모태 내에서의 언짢은 양분, 인간 발육에 필요한 나쁜 양분, 무서운 악취, 침과 오줌과 대변의 분비와 배설'). 괴로움이 늘 생존에 반대되는 논거 중의 첫째 것으로서, 또 생존의 가장 불결한 의문부호로서 활보하고 있는 오늘날에는 이것과는 반대되는 판단이 이루어졌던 시대를 떠올리는 것이 좋을 것이다. 왜냐하면 사람들은 괴롭히는 일 없이는 지낼 수가 없으며, 괴롭히는 것에 가장 큰 매력을, 삶을 향한 진정한 유혹을 발견하였기 때문에 아마도 그 시대에서는 —이렇게 말하면 유약한 남자들의 위안이 되겠지만—고통이라는 것이 아직 오늘날처럼 혹독하지 않았다. 적어도 가장 억센 체질을 지닌 유럽 사람들까지도 거의 절망에 빠지게끔 하는 심한 내부 염증에 걸린 흑인(이것을 선사적 인간의 대표로 본다면—)을 치료해 본 적이 있는 의사는 그러한 결론을

틀림없이 내릴 것이다. —흑인에게 있어서 그 고통은 유럽 사람이 겪는 정도
는 아니다. (인간이 고통을 느낄 수 있는 감수성을 표시하는 곡선은 지나치
게 개화된 상층부의 1만 내지 1천만 명을 경험하면, 바로 이상하리만큼 갑
작스럽게 하강하는 모양이다. 그리고 나 개인도 이것은 의심치 않지만, 단
한 번 신경질적인 발작을 일으킨 교양 있는 여인의 하룻밤 고통에 비하면,
이제까지의 과학적 연구를 목적으로 해부의 칼을 댄 모든 동물의 고통 같은
것은 이것을 다발로 묶어 봐도 전혀 문제가 안 된다.) 그뿐만 아니라 아마도
우리는 잔인함에 대한 쾌감도 역시 사실은 전혀 없어진 것이 아닐지 모른다
는 것을 인정해도 좋을 것이다. 다만 이 쾌감이란 오늘날에는 고통이 옛날보
다 훨씬 혹독하게 느끼게끔 되었다는 사실에 비추어, 아마도 일종의 순화와
세련됨을 필요로 했을 뿐이다. 그것은 특히 상상의 것 및 정신적인 것으로
번역되어, 극히 섬세하고 위선적인 양심에까지도 아무런 의심을 일으키지
않을 만큼 완곡한 문구로 장식하지 않으면 안 되게 되었다. ('비극적 동정'
이라는 것이 그러한 완곡법의 한 이름이며 '십자가를 향한 향수'라는 것 역
시 또 하나의 이름이다). 괴로움이 사람을 분노하게 하는 것은 원래 괴로움
자체 때문이 아니고, 오히려 괴로움의 무의미함 때문이다. 그러나 괴로움을
하나의 신비적인 구원 장치라고 해석한 그리스도교도들에게도 역시 모든 괴
로움을 방관자의 견지에서, 그리고 괴롭히는 자의 견지에서 해석하는 것만
을 알았던 그때의 순박한 사람들에게도, 그 무의미한 괴로움 같은 것은 전혀
존재하지 않았다. 숨겨지고 알 수 없는, 눈에 띄지 않는 괴로움을 세계에서
없애고, 이것을 깨끗이 걷어치울 수 있게끔 하기 위해서, 그 당시 사람들에
게는 아무래도 신들과 여러 가지 중간적 존재를 발명하는 것이, 즉 숨겨진
장소도 거닐고, 어둠 속에서도 눈이 보이며, 흥미 있는 아픈 광경을 좀처럼
놓치지 않는 어떤 존재를 발명하는 것이 필요하였던 것이다. 이러한 발명 덕
택으로 그 당시 사람들의 삶은 늘 교묘하게 자기를 정당화하든가 자신의 '재
앙'을 정당화하든가 할 수 있는 재주에 능통하게 되었던 것이다.

오늘날에는 아마도 그 밖에 더욱 다른 보조적 발명(예를 들면, 수수께끼
로서의 인생이라든가, 인식 문제로서의 인생이라든가 하는)을 필요로 할 것
이다. "신이 바라보고 즐거워하는 모든 재앙은 의롭다고 하였다"라고 역사
이전의 감정의 논리가 울려 퍼졌던 것이다. —그리고 실제로, 그것은 단순히

선사적인 논리일 뿐이었던가? 잔인한 광경을 즐기는 것으로 생각되었던 신들—오오, 이 먼 옛날의 관념 자체가 지금도 우리 유럽의 문명 속에 얼마나 깊숙이 파고들어 있는 것일까! 이 점에 관해서는 칼뱅이나 루터의 의견을 들어 봄이 좋을 것이다. 그러나 어떻든 그리스 사람들이라 할지언정 그들의 신들을 즐겁게 하기 위해서 잔인함의 즐거움 이상으로 더 좋은 간식을 바칠 줄 몰랐다는 것은 확실하다. 그대들은 도대체 호메로스가 그 신들에게 어떠한 눈으로 인간의 운명을 내려다보게끔 하였다고 생각하는가? 트로이 전쟁과 그와 유사한 무서운 비극적인 사건은 결국 어떠한 궁극적 의미를 지니고 있었던가? 의심할 것도 없이 그 사람들의 의미는, 그것이 신들을 위한 축제극이었다는 것이다. 또한 그러한 것에 관해서는 시인이 다른 사람들보다 한층 뛰어나게 '신적'인 성격을 지니고 있다는 점에서, 분명히 그것은 시인들을 위한 축제극이기도 하였다. 후에 이르러 그리스의 도덕 철학자들이 도덕적 싸움이라든가, 덕이 있는 자의 영웅주의라든가, 자기 가책 행위 위에 신들의 시선이 던져지고 있다는 생각을 한 것도 똑같은 이유에서였다. '의무를 진 헤라클레스'는 무대에서 각광을 받고 있었으며, 그는 그것을 의식하고 있기도 했다. 목격자가 없는 덕행이라고 하는 것은, 이 배우의 민족에게는 전혀 생각할 수 없는 일이었다. '자유 의지'의 발명, 즉 선악에 있어 인간의 절대적 자발성이라는 발명은 당시 처음으로 유럽을 위해서 이루어진 참으로 대담무쌍하고 숙명적인 철학자의 발명이었지만, 이것 역시 인간과 인간의 덕행에 대한 신들의 관심이 결코 고갈되지 않는다는 관념을 정당화하기 위해서 조작된 것이 아니었던가? 이 자유 의지라는 지상 무대에서는 정말 새로운 사건, 정말로 전대미문의 긴장과 갈등과 파국에 연극거리가 떨어져서는 안 된다는 것이었다. 그 까닭은 완전히 결정론적으로 생각된 세계라면 신들에게는 무엇이나 앞일을 다 알 수 있는 것이 되며, 따라서 금방이라도 싫증이 나게 되기 때문이다. —그러므로 이 신들의 벗인 철학자들이 신들에게 그러한 결정론적인 세계를 요구하지 않았던 것에는 충분한 이유가 있었던 것이다! 모든 고대 인류는 연극과 축제를 빼놓고는 행복이라는 것을 생각할 수 없었던, 하나의 철저하게 공개적이고 근본적으로 관극적인 세계로서, 늘 '관중'이라는 것에 대해서 자상하고 세심한 주의를 했던 것이다. —따라서 이미 말한 바와 같이 커다란 형벌에까지도 참으로 많은 축제적인 것이 엿보이는 것이다! ……

8

다시 우리는 연구의 원래 과정을 추구하기로 한다. ―죄에 대한 감정과 개인적 책임의 감정은 이미 우리가 보아온 바와 같이, 그 기원을 있을 수 있는 가장 최고의 가장 원시적인 개인 관계 속에, 즉 파는 자와 사는 자, 채권자와 채무자라는 관계 속에 지니고 있다. 이 관계 속에서 비로소 개인이 개인과 상대하였으며, 여기에서 비로소 개인이 개인과 견줄 수가 있었다. 이 관계가 조금이라도 인정될 수 있을 만큼 저급한 문명이라는 것은 아직 발견되지 않고 있다.

값을 정하고, 가치를 따지고, 동등한 가치의 것을 생각해 내며, 교환하는 ―이 일련의 일은, 어떤 의미에서는 그것이 사고(思考) 자체라고 할 수 있으리만큼 인간의 가장 기본적인 사고를 미리 지배하고 있었다. 여기서 가장 오랜 종류의 명민성이 길러졌던 것이다. 또한 여기서 인간의 긍지나 다른 동물에 대한 인간의 우월감이 처음으로 싹을 틔웠다고 추정해도 좋을 것이다. 아마도 '인간'(Mensch)이라는 말 역시 이 자기 감정의 그 무엇을 표현하고 있는지도 모른다. 즉, 인간의 특질은 가치를 재는 존재, '본래는 평가하는 동물'로서 가치를 측정하고 평가하는 존재이어야 했던 것이다. 사고 파는 것은 그 심리적인 부속물과 더불어, 어떠한 사회적인 조직 형태나 결합의 시초보다 훨씬 오래된 것이었다. 교환, 계약, 부채, 권리, 의무, 결산 등의 감정의 싹은―권력과 권력을 비교하거나 권력을 권위로 재어 보거나 헤아려 보거나 하는 습관과 더불어―먼저 개인의 권리라는 가장 초보적인 형식에서 가장 거칠고 가장 원시적인 사회 복합체(유사한 복합체와 비교해서)로 옮겨졌던 것이다. 이리하여 인간의 눈은 이 원근법에 초점을 맞추게 되었던 것이다. 그리고 기우뚱거리면서도 단호하게 동일한 방향으로 곧장 돌진하는 고대 인류 사상에 특유하고 둔중한 일관성으로써, 사람은 머지않아 "모든 사물은 그 가격을 지닌다. 세상의 온갖 것이 그 대가로서 지불될 수 있다"고 하는 전 세계적인 일반적 명제에 도달하였던 것이다. ―이것이 정의(正義)의 가장 소박하고 오래된 도덕적 규범이며, 지상에서는 모든 '호의(好意)', 모든 '공정(公正)', 모든 '선의', 모든 '객관성'의 발단이다.

이 최초의 단계에서 정의라는 것은, 거의 동등한 권력을 지닌 사람들 사이에서 서로 타협하려고 하는 하나의 조정으로 다시금 '협조'하려는 선의이며, —그리고 권력이 열등한 자들에 관해서 말한다면, 그들을 강제하여 그들 상호간에서 조정을 시키려는 선의인 것이다. —

9

하여튼 선사 시대의 척도로서 잰다면(말이 나온 김에 말이지만, 선사 시대란 어느 시대에나 현존해 있는 것이며 또한 있을 수 있는 것이다) 공동체와 그 구성원과의 관계도 또한 채권자와 채무자라는 중대한 근본 관계를 본질로 하고 있다. 사람이란 누구나 하나의 공동체 속에서 생활하고 있으며, 공동체의 이익을 누리고 있다. (오오, 얼마나 이익일 것인가! 우리는 오늘날 이것을 때때로 과소평가하고 있다.) 사람들은 보호되고 아낌을 받고 외부에 있는 사람, 즉 '평화롭지 않은 자'가 당면하고 있는 어떤 침해나 적의에 대한 걱정 없이 평화와 신뢰 속에서 살고 있다. —독일 사람은 '비참(Elend)'이라는 말의 본래 뜻이 무엇인가를 잘 알고 있다. —즉, 그러한 침해와 적의를 고려하였기에 사람들은 자기 자신을 공동체에 저당잡혔던 것이며, 공동체에 대해 의무를 지고 있는 것이다.

만일 이것을 하지 않았다면, 어떠한 결과가 될 것인가? 기만당한 채권자로서의 공동체는 당연히 예상되는 바와 같이, 그 사람에게 될 수 있는 한의 변상을 시킬 것이다. 이 경우, 가해자가 일으킨 직접적인 손해 같은 것은 거의 문제가 안 된다. 직접적인 손해라는 것은 도외시하더라도 범죄자는 먼저 '파괴자'가 되며, 이제까지 그가 관여하여 온 공동생활의 모든 재산과 편리에 관해서 말하면, 전체에 반역하는 계약 위반자, 약속의 파기자가 되는 것이다. 이 범죄자는 이제까지 자기에게 대여된 이익과 가불을 상환하지 않을 뿐 아니라, 자기 채권자에게 폭행을 가하기까지 하는 채무자인 것이다. 그러므로 그는 이후에는 당연하게도 이 재산과 이익을 모조리 상실할 뿐만 아니라—오히려 이제 이 재산들이 자기에게 얼마나 중요한 것이었던가를 알게 된다.

피해를 입은 채권자인 공동체의 분노는 범죄자를 이제까지의 보호로부터 벗어나게 하고, 그를 다시 야만적인 상태 속으로 추방한다. 공동체는 그를 몰아내는 것이다. ―이것은 그에게는 모든 적의를 퍼부어도 좋다는 의미이다. 이 문명화 단계에 있는 '형벌'이라는 것은, 간단히 말해서 증오당하고 무장 해제당하고 굴복한 적, 모든 권리와 보호뿐만 아니라 모든 은혜마저 박탈당한 적에 대한 정상적인 조치의 단순한 모사이며 '흉내'인 것이다. 따라서 거기에는 모든 무자비함과 잔인함으로 가득 찬 '정복당한 자는 가련하도다!'라는, 군법(軍法)과 전승(戰勝) 축제가 있을 뿐이다. ―여기에서 분명해진 것은 역사상에 형벌이 나타났던 때의 그 모든 형식은 전쟁 자체―전쟁의 희생제도 포함하여―가 준 것이라고 하겠다.

10

공동체는 차츰 그 권력이 증가되면서 개인의 위법 행위를 이제는 그다지 중요하게 생각하지 않게 된다. 그 까닭은 공동체는 이제 개인을 이전만큼 전체의 존립에 있어 위험한 반란 분자로 간주하지 않아도 되기 때문이다. 범죄자는 이제 '법의 보호를 빼앗겨서' 추방당하는 일이 없다. 일반의 분노는 이제 이전처럼 제멋대로 개인에게 퍼붓는 것을 허락하지 않는다. ―오히려 이제 범죄자는 이러한 분노에 대해서, 특히 그로 인한 직접적인 피해자의 분노에 대해서 전체의 입장에서 용의주도하게 방어되고 보호된다. 직접적으로 범행을 당한 자들의 분노를 누그러지게 하기 위한 타협, 사건의 범위를 국한시켜서 확산되거나 일반화되는 사람들의 관여나 불안, 동요를 예방하려는 노력, 등가물을 찾아내어 소송 사건 전체를 조정하려는 시도(조정 작업Composition), 특히 모든 범죄를 어떤 의미로든 변상할 수 있는 것으로 간주하고, 그럼으로써 적어도 어느 정도까지는 범죄자와 그 행위를 떼어 놓고 생각하려는 의지가 차츰 분명하게 나타난다는 것, ―이러한 일들은 그 후 형법 발달상 더욱 확연하게 표시되는 여러 특징이다. 공동체의 권력과 자기 의식이 증대함에 따라, 형법도 또한 그 엄격성을 완화시킨다.

공동체의 권력이 약해지고 그 위기가 길어지면서 형법은 다시 준엄한 형식을 취하게 된다. '채권자'는 늘 부유해지면서 관대하게 되었다. 결국 채권자가 얼마만큼 괴로워하지 않고 피해에 견딜 수 있는가 하는 것이 그의 부유함의 척도이기도 하였다. 가해자를 처벌하지 않은 채 두는 것―이처럼 고귀한 사치를 기꺼이 허용할 수 있는 사회의 권력 의식이라는 것도 생각할 수 없는 것은 아닐 것이다. 그 때 사회는 "이 기생충 따위의 일이 도대체 나에게 무슨 관계가 있단 말인가? 멋대로 처먹고 살찌게 놔두려무나. 나에게는 아직 그만한 힘은 충분히 있으니 말이야!" 하고 말할 것이다.

……"모든 것이 변상될 수 있다. 모든 것이 변상되어야 한다"라는 명제로 시작된 정의는 지불 능력이 없는 자들을 관대하게 보아 그냥 방임함으로써 끝난다. ―이 정의는 지상의 모든 좋은 사물과 똑같이 자기 자신을 지양하는 것으로서 끝나는 것이다. ―정의의 자기 지양, 이것이 어떠한 미명으로 불리고 있는가를 세상 사람들은 잘 알고 있다. ―그 이름은 은혜이다. 말할 것도 없이, 이것은 늘 가장 강한 특권이며, 더욱 적절한 말을 사용한다면 그의 '법의 피안(彼岸)'이다.

11

정의의 기원을 이것과는 전혀 다른 기반 위에―즉 '원한(怨恨)' 위에서 구하려고 하는, 최근의 유난히 눈에 띄는 시도에 대해 몇 가지 반박을 하고자 한다. 만일 심리학자로서 원한의 현상을 한번 차분히 연구하고자 생각하는 자가 있다면, 먼저 다음과 같은 일을 귀담아들어야 한다. 그것은 이 원한이라는 식물이 오늘날 무정부주의자와 반유대주의자들 사이에서 가장 아름답게 꽃피고 있으며, 이제까지도 늘 그랬던 것처럼, 향기는 다를지언정 제비꽃처럼 남몰래 숨어서 피어 있다는 것이다. 그리고 동일한 것에서는 반드시 동일한 것이 나타나야 한다면, 마치 그러한 무리들 중에서 이제까지도 이따금 보아온 것처럼(제1논문 14절 참조) 정의의 이름으로 복수를 신성화하려는 기도와 (마치 정의란 근본에 있어서 피해 감정의 한 발전에 불과하다고 하려는 것처럼), 또한 복수와 더불어 반동적 감정으로 모조리 일괄해서 받들려고 하는 시도가 나타나는 것을 볼 수 있다고 하더라도 놀랄 일은 아니다.

이 후자의 시도 자체에 대해서는 나로서도 별다른 이의를 주장하지 않겠다. 그것은 생물학적 문제 전체(이 문제를 취급하는 데 있어서는 이제까지 그것들의 반동적 감정은 경시되어 있었다)에 관한 하나의 공적이라고까지 생각되기 때문이다. 다만 한 가지 주의를 환기해 두고 싶은 것은, 이 새로운 '뉘앙스'를 가진 과학적 공정성(증오, 질투, 시기, 의심, 숙원, 복수에 유리하게 되는)이 발생하는 것은 원한의 정신이라고 하는 사정이라는 것이다.

즉, 이 '과학적 공정'이란 반동적 감정보다도 훨씬 드높은 생물학적 가치를 지니고 있으며, 따라서 과학적으로는 한층 더 높이 평가되고 존중되어야 할 것이라고 생각되는 다른 무리의 감정이 문제가 되면, 바로 사라져서 극단적인 적의와 편견을 강조하는 데 자리를 양보하는 것이다. 여기서 다른 한 무리의 감정이란 지배욕이라든가 소유욕이라든가 하는 실로 능동적인 감정들을 말하는 것이다. (오이겐 뒤링의 《생명의 가치》《철학의 과정》, 그리고 그의 작품 전체) 이러한 경향에 관해서 일반적으로 말하는 것은 이 정도로 해두자. 그러나 한 가지 "정의의 고향은 반동적 감정의 지역에서 구해져야 한다"라고 말하는 뒤링의 개별적인 명제에 관해서는, 우리는 진리를 사랑하기 때문에 무자비하게 뒤집어 "정의의 정신에 의해서 점령된 최후의 지역이야말로 반동적 감정의 지역이다!"라고 다른 명제를 대립시킨다.

만일 올바른 인간이 자기의 가해자에 대해서까지 늘 올바른 태도를 지니며(단순히 냉정하고 적당히 무관심한 태도로 서 있다는 것뿐만 아니라, 올바른 태도를 지닌다는 것은 늘 하나의 적극적인 태도이다), 개인적인 훼손과 모욕과 비방을 당하면서도 올바른 심판의 눈이 드높고 맑고 깊으며 부드러운 객관성을 흐리게 하지 않는다는 것이 진실이라면, 이것이야말로 지상에서의 완성품이며 최고의 원숙함일 것이다.

─뿐만 아니라 이것은 기대하지 않는 것이 현명하며, 어차피 여간해서는 쉽사리 믿어지지도 않을 것 같은 어떤 것이리라. 일반적으로 가장 청렴한 인물에게도 약간의 공격, 악의, 아부 등을 가하기만 해도, 벌써 그 눈을 충혈시키고, 그 눈에서 공정성이 사라지는 것은 확실한 일이다. 능동적이고 공격적인 인간은 반동적인 인간보다 언제나 훨씬 정의에 가깝다. 그러한 능동적인 인간에게는 반동적 인간이 하는 것과 같은, 또한 하지 않을 수 없는 방법으로 대상을 기만적이고 편협하게 평가할 필요는 없다. 사실 그렇기 때문에 어떠한 시대나 공격적인 인간은 좀더 억세고, 좀더 용감하고, 좀더 고귀한 인간으로서, 좀더 자유로운 눈과 보다 결백한 양심을 자기 편에 들게 하여 왔던 것이다. 그 반면, 이미 알고 있으리라고 믿지만, 도대체 '양심의 가책' 같은 것을 발명하고서 양심의 가책으로 괴로워할 자가 누구겠는가. ─말할 것도 없이 그것은 원한을 지닌 인간이다! 어떻든 마지막으로 역사 속을 살펴보자! 이제까지 대체로 법의 운영 전체, 그리고 법에 대한 진정한 요구가

지상에 뿌리를 박게 된 것은 도대체 어떤 영역에서였던가? 반동적 인간의
영역이었던가? 천부당만부당하다. 반대로 그것은 능동적이고 강력하며 자발
적인, 공격적인 인간의 영역에서였다.

　역사적으로 고찰하면 지상의 법이 제시해 주는 것은—위에서 이름을 들었
던 선동가의 비위를 거슬릴 것을 각오하고 말하자면 (사실 그는 스스로 "복
수설은 정의의 붉은 실처럼 나의 모든 제작과 노력을 일관하여 왔다"라고
고백하고 있는 정도이다.)—바로 반동적 감정에 대한 투쟁이며, 능동적이고
공격적인 권력 쪽에서 도전하는 감정과의 싸움이다. 물론 이 권력은 자기의
억센 힘의 일부를 사용하여 이 반동적인 파토스(Pathos)가 정상을 벗어나지
못하도록 억제하고, 협조를 강요한다. 정의가 행해지고 정의가 유지되는 곳
에서는 어디서나, 보다 강한 권력이 하급의 보다 약한 자들(집단이든 개인
이든 불문하고)에 대해서, 그 원한의 극단적인 광란을 진압시키기 위한 수
단을 강구하는 것을 볼 수 있다.

　그 수단으로서 때로는 원한의 대상을 복수의 손길에서 빼앗거나, 때로는
복수 대신에 평화와 질서의 적에게 투쟁을 하거나, 또한 타협을 생각해 내거
나 제의하든가, 경우에 따라서는 타협을 강요하든가 때로는 손해를 보상할
만한 등가물을 규범화하여, 이후 원한을 풀 수 있도록 어쨌든 이것을 기준으
로 하여 손해를 보상하게 하든가 한다. 그러나 최고의 권력이 우세한 반항
감정과 복수 감정에 대해 채용하고 실시하는 최후의 결정적인 수단은—최고
의 권력은 어떻게든 이 수단을 채용할 수 있을 만한 힘을 갖게 되면 반드시
그렇게 한다—법률의 제정이다. 요컨대 이것은 그러한 최고 권력의 눈으로
보아 일반적으로 무엇이 허용된 것이며, 무엇이 올바른 것이며, 무엇이 금지
된 것이며, 무엇이 부정한 것인가에 관한 명령에 대한 명백한 포고이다. 그
리하여 최고 권력은 법률이 제정된 후, 개인 혹은 집단 전체의 침해 행위와
횡포를 법률에 대한 침범으로, 최고의 권력 자체에 대한 반역으로 취급함으
로써, 그 예속자들의 감정을 침범으로 야기된 직접적인 손해에서 벗어나게
한다. 그리고 마침내는 그저 피해자의 입장만을 보거나 인정하거나 하는 모
든 복수가 바라는 것과는 정반대의 것에 도달한다—. 그러한 후에 사람의 눈
은 행위를 차츰 비개인적으로 평가하게끔 훈련된다. 피해자의 눈마저도 그렇
게 훈련된다. (단 이것은 앞서 말한 것처럼 최후에 이르러 행해지는 것이지

만)—이래서 법률의 제정이 있은 후에 비로소 '법'과 '불법'이라는 것이 나타나는 것이다. (이것은 뒤링의 주장처럼 침해 행위가 있은 후에 나타나는 것은 아니다). 법과 불법을 그 자체로서 논하는 것은 전혀 무의미한 것이다. 삶은 본질적으로, 즉 그 근본 기능에 있어서 침해적, 폭압적, 착취적, 파괴적으로 작용하는 것이며, 그러한 성격 없이는 전혀 생각할 수 없는 것인 한, 침해도 폭압도 착취도 파괴도 그 자체로서는 전혀 '불법적인 것'일 수 없는 것은 물론이다. 그리고 더욱 중대한 것을 인정해야 한다. 즉, 최고의 생물학적 견지에서 보면, 법률 상태라는 것은 권력을 목표로 하는 본래의 삶의 의지를 부분적으로 제약하는 것으로서, 또한 이 삶의 의지의 전체적 목적에 종속하는 개별적 수단으로서, 요컨대 좀더 거대한 권력 단위를 창조하기 위한 수단으로서 늘 예외적 상태일 뿐이라는 것이다.

법질서라는 것이 권력 복합체 사이의 투쟁 수단으로서가 아니라 무릇 투쟁이라는 모든 것에 대항하는 수단으로서, 지상적이며 또한 보편적인 것이라고 생각된다면, 그것은 "제각기의 의지는 제각기 동등한 것으로서 취급해야 한다"는 뒤링의 공산주의자적 견해의 조그만 모형을 본뜬 것이라 할 것이며, 삶의 절대적인 원리에 불과하다. 또 인간의 파괴자이며 해체자이고, 인간의 미래를 암살하려는 기도이며, 권태의 한 징조, 허무를 향한 하나의 샛길일 것이다.

12

여기서 형벌의 기원과 목적에 관해서 한 마디 더 덧붙여 보자.—형벌의 기원과 목적은 각기 다른 것으로 취급해야 할 두 가지 문제인데도 유감스럽게도 일반적으로 하나로 취급된다. 이러한 경우를 이제까지 도덕 계보학자들은 도대체 어떻게 취급하여 왔던가? 그들은 언제나 그렇듯이 변함없이 소박한 취급을 하고 있다―. 그들은 형벌 속에, 예를 들면 복수라든가 위협이라든가 하는 어떤 '목적'을 찾아내고, 그 다음에는 이 목적을 천진난만하게도 형벌을 '유발한 원인'으로 여겨 사건의 단서에 둔다. 그리하여―그것으로서 모든 일이 다 끝난 것으로 여긴다. 그러나 '법에 있어서의 목적'이라는 것은, 법률 발생사에서는 마지막에 채택되어야 할 것이다. 아니, 오히려 모든 종류의 역사에 있어서 다음 명제보다도 더욱 중대한 명제는 하나도 없다.

그 명제라는 것은 손에 넣자면 무척 힘이 들지만, 기필코 실제 손에 넣지 않으면 안 되는 것이다. —그것은 모든 사물의 발생 원인과 그 궁극적 효용, 그 실제적 사용 및 그의 목적 체계에 대한 편입과는 하늘과 땅처럼 거리가 있는 것이라고 하는 명제다. 다시 말하면 현존하는 사물, 어떻게 되었건 발생된 것은 그보다도 우세한 힘에 의해서 몇 번이고 되풀이해서 새로운 목표로 향해지고, 새로운 용도에 돌려지며, 새로운 효용으로 바꾸어 만들어지고, 바꾸어 향해진다는 것이다. 또한 유기적 세계에서의 모든 사건은 제압이며, 지배이며, 또한 모든 제압과 지배는 하나의 새로운 해석, 하나의 조정이다. 이것에 의해 이제까지의 '의미'와 '목적'이 필연적으로 불명하게 되든가, 혹은 아주 말살되지 않을 수 없다는 것이다. 예를 들면 어떤 생리적 기관(혹은 어떤 법률 제도나 사회적 풍습, 정치적 관습, 예술상의 형식 또는 종교적 의례의 형식)이 지닌 효용을 아무리 잘 이해한다고 하더라도 그것만으로는 아직 발생점을 이해했다고는 볼 수 없다.

이렇게 말하면 고루한 사람들에게는 몹시 비위에 맞지 않고 불쾌하게 들릴지도 모른다. —왜냐하면 오래 전부터 사람들은 어떤 사물, 어떤 형식, 어떤 제도의 명백한 목적과 효용 속에 그 발생의 근거도 포함되었다고 믿어 왔기 때문이다. 예를 들면, 눈은 보기 위해서 만들어졌고, 손은 붙잡기 위해서 만들어진 것이라고 말이다. 그처럼 형벌도 처벌하기 위해서 고안된 것이라고 생각되어 왔다. 그러나 모든 목적과 효용은 어떤 권력에 대한 의지가 권력이 약한 자를 지배하여, 스스로 하나의 기능이라는 의의를 그 사람 위에 새겼다고 하는 표시에 불과하다. 따라서 어떤 '사물', 어떤 기관, 어떤 관습의 역사도 똑같은 이유로 늘 새로운 해석과 조정에 대한 계속적인 기호의 연쇄일 수 있으며, 이들 해석과 수정의 원인 자체는 서로 연관성을 지닐 필요는 없다. 오히려 경우에 따라서는 단지 우연히 일어나고 교체하는 것에 불과한 것이다. 그러므로 어떤 사물, 어떤 관습, 어떤 기관의 '발전'이란, 하나의 목표를 향한 진보는 아니며, 더구나 최소한의 힘과 희생으로 도달되는 논리적이고 가장 짧은 진보 과정 같은 것은 결코 아니다. —오히려 그것은 여러 가지의 정도로 깊어지는, 조금이라도 서로 독립적인 이 사물과 관습과 기관들 위에 미치는 제압 과정의 연속이며, 반면에 또한 이 제압에 대해 행해지는 그 때 그 때의 반항이며, 변화와 반동을 목적으로 시도되는 형식 변화이며, 또한 성공한 반대 활동의 성과이기도 한 것이다.

형식도 고정적인 것이 아니지만, '의미'는 더욱 고정적인 것이 아니다. 개개의 유기체 내부에 있어서까지도 사정은 동일하다. 즉, 유기체 전체의 본질적인 성장이 있을 때마다 개개 기관의 '의미'도 또한 변한다. —경우에 따라서는 기관의 일부가 소멸하든가 그 수가 줄든가(예를 들면 중간지(中間肢)가 소멸됨으로써) 하는 것이, 유기체의 증대하는 힘과 완전성의 표시일 수 있다. 내가 말하고자 한 것은—부분적으로는 효용성이 없는 것, 위축과 퇴화, 의미와 합목적성의 상실, 요컨대 죽음도 현실의 진보 조건에 속한다는 것, 다시 말해 현실의 진보는 늘 좀더 큰 권력을 향한 의지와 행로라는 형식으로 나타나며, 또한 늘 다수의 약한 권력을 희생시킴으로써 이루어진다는 것이다. 그뿐만 아니라 어떤 '진보'의 크기는 그 때문에 희생되어야 했던 모든 것의 양에 따라 측정된다. 집단으로서의 인류가 개개의 뛰어나고 억센 인종의 번영을 위해서 희생된다는 것—이것이야말로 진보라고 하는 것일 것이다…… 나는 역사적 방법론이라는 이 기본적 관점을, 그것이 근본에 있어서 오늘날 참으로 지배적인 본능과 시대적 취미에 위배되면 될수록 더욱 이것을 강조한다.

이 본능과 시대적 취미는 모든 사건 속에 작용하고 있는 권력 의지의 이론을 받아들이지 않고, 오히려 모든 사건의 절대적 우연성, 아니 그의 기계론적인 무의미성과 결합하려고 하고 있다. 현재 지배하고 있고, 또한 지배하려고 하는 모든 것에 대한 민주주의적인 특이체질, 현대적인 지배자 혐오주의(나쁜 사실에 대해서 나쁜 말을 만들어 본다면)는 차츰 정신적인 것에서 가장 정신적인 것에까지 변화하여 변장함에 이르렀기 때문에, 오늘날에는 그것이 이미 한 걸음 한 걸음 가장 엄밀하고 얼핏 보기에 가장 객관적인 과학 속에까지 침입하고, 또한 침입해도 무방할 정도의 것으로까지 되었다. 그뿐만 아니라 이미 생리학과 생물학 전체까지 지배하는 것같이 보인다. 말할 것도 없이 그것은 생리학과 생물학에서 하나의 근본 개념, 진정한 능동성이라는 개념을 마법으로 축출하여 그 학문에 손해를 입히고 있다. 그리고 한편에 있어서는 '민주주의적' 특이체질의 압력에 의해서 '적응'이라고 불리는 것이 앞에 밀려나온다. 즉, 그것은 제2급의 능동성이며, 단순한 반동성이다. 그리하여 참으로 삶 자체까지도, 외적 환경에 대해 차츰 합목적성을 증가해 가는 내적 적응이라고 정의되기에 이르렀다(허버트 스펜서). 그러나 이 정의는 삶의 본질을, 그 권력을 향한 의지를 빠뜨리고 있다.

이 정의는 자발적이고 공격적이며 침략적인 새로운 해석을 내리고, 새로운 방향을 정하는 형성적인 여러 힘―그 여러 힘들의 작용에 의해서 비로소 '적응'도 이루어지는 것이다―의 원리적인 우월성을 빠뜨리고 있다. 또한 이 정의는 유기체 자체에 있어서 삶의 의지가 그 속에 능동적, 형성적으로 나타나는 최고의 여러 기관의 지배적 역할을 부인하고 있다. 여기서 헉슬리가 스펜서를 비난한 것―그의 '행정적 허무주의'를 비난한 것을 기억해야 할 것이다. 그러나 문제는 '행정' 이상의 것이다······

13

여기서 우리는 원래 문제인 형벌 문제로 되돌아가, 이것에 관하여 두 종류의 것을 구별해야 한다. 하나는 형벌에 있어 비교적 항구적인 것, 즉 관습, 동작, '극(劇)', 여러 가지 절차에 있어 수속의 일정하고 엄격한 연속이 그것이다. 또 하나는 형벌에 있어서 일시적인 것, 즉 의의, 목적, 절차 수속의 실행에 결부되어 있는 기대이다. 이 경우, 먼저 말했던 역사적 방법론의 기본 관점에서 '유추에 의해' 바로 예상되는 것은, 절차 자체는 형벌의 효용보다는 한층 오래 된 것, 한층 앞섰을 것이라는 것, 이 형벌에 대한 효용이라는 것은 후에 이르러 (극히 오래 전부터 존재하고는 있었지만, 그러나 다른 의미에 있어서 행해졌다) 절차 속에 삽입되었고 해석되었을 거라는 것, 요컨대 사실은 이제까지 우리 소박한 도덕 계보학자와 법률 계보학자들이 가정하여 왔던 것과 같은 것은 아니라는 것이다.

이 계보학자들은 모든 사람들이 손이란 잡기 위하여 만들어진 것이라고 생각해 온 것처럼, 절차란 형벌을 가할 목적 때문에 고안된 것이라고 생각해 왔다. 그런데 형벌에 있어서 또 하나의 요소인 일시적인 것, 즉 형벌의 '의미'에 관해서 말하면, 극히 후기의 문화 상태(예를 들면 현대의 유럽)에 있어서 '형벌'이라는 개념은 사실상 전혀 단일적인 의미를 지니는 것이 아니고, 오히려 '많은 의미'의 전체적인 종합을 제시하고 있다.

대체로 이제까지의 형벌의 역사, 즉 참으로 다양한 목적으로 형벌이 이용된 그 사실의 역사는 결국 분해하기 어렵고 분석하기 어려운, 또한 그만큼

아주 정의하기 어려운(이 점은 특히 강조해야 하지만) 일종의 통일체로 결
정(結晶)화된다. (오늘날 도대체 무엇을 위해서 형벌이 행해지는가를 명확
하게 설명하기는 불가능하다. 기호학적으로 말해서 과정 전체가 그 안에 요
약되어 있는 개념은 모두 정의하기 어려운 것이다. 정의할 수 있는 것은 역
사를 지니지 않는 것뿐이다.) 이에 반하여 초기 문화 단계에서는, '많은 의
미'의 종합체는 역시 분해도 할 수 있으며 변경도 할 수 있는 것처럼 보인
다. 하나하나의 경우에 있어서 그 종합체의 여러 요소가 어떻게 자신의 가치
를 변화하고, 그것에 응해서 그 위치를 변화하는가를, 그래서 때로는 갑의
요소가, 때로는 을의 요소가 나머지 여러 요소를 희생하고 나타나서 지배하
며, 때에 따라서는 하나의 요소(예를 들면 위협의 목적과 같은)가 기타의
모든 요소를 버리는 것처럼 보이는 것을 역시 우리는 인정해야 한다.

　형벌의 '의의'가 얼마나 불안정하며 추가로 덧붙는 것이며, 얼마나 우연적
인가, 또한 동일한 절차가 얼마나 근본적 차이가 있는 목적으로 이용되며,
적용되고 준용(準用)될 수 있는가에 관해서, 적어도 하나의 관념을 주기 위
해서 여기에 내가 비교적 적은 우연의 재료에 근거하여 생각해 낸 몇 개의
예를 들어보자. 위해(危害)를 제거하는 것으로서, 또 계속적인 해를 끼치는
것을 저지하는 것으로서의 형벌. 피해자에 대한 그 어떤 형태의(감정상의
변상이라도) 손해배상으로서의 형벌. 소란스러움의 확대를 방지하기 위해서
교란자를 격리시키는 것으로서의 형벌. 형을 결정하고 집행하는 자에 대한
공포심을 일으키게 하는 것으로서의 형벌. 범죄자가 이제까지 누려 온 이익
에 대한 일종의 조정으로서의 형벌(예를 들면 범죄자가 광산 노예로 일하는
경우). 퇴화적 요소를 제거하는 것으로서의(때로는 중국의 법률에서 보는
바와 같은 일족 전체를 제거하는 것으로, 이 점에서는 종족의 순결을 유지하
거나 사회 형식을 확정하거나 하는 수단으로서의) 형벌. 축제로서의 형벌,
즉 마침내 타도된 적에 대한 박해와 조롱으로서의 형벌. 수형자에 대해서든
—이른바 '교도(敎導)'이든—형 집행의 목격자에 대해서든, 이것에 기억을
새기게 하는 것으로서의 형벌. 범죄자를 극단적인 복수에서 보호하는 권력
에 대한, 지정된 사례(謝禮)의 지불로서의 형벌. 복수가 억센 종족에 의해
여전히 유지되고, 또한 특권으로서 요구되어 있는 한에 있어서 복수의 자연
상태와의 타협으로서의 형벌. 평화의 적, 법률의 적, 질서의 적, 정부의 적,

이것은 공동체에게는 위험한 자로서, 공동체의 전제인 계약을 파기하는 자
로서, 반역자, 배신자, 평화의 파괴자로서, 전쟁에 사용하는 것과 똑같은 무
기로서 공격해야 할 적이지만, 이 적에 대한 선전 및 작전 수단으로서의 형
벌. ―

14

이 항목은 분명히 완전한 것은 아니다. 형벌에 모든 종류의 효용을 지나치
게 짊어지게 한 것은 분명하다. 그럼으로써 오히려 이것을 실마리로 하여 사
람들은 상식적으로는 확실히 형벌의 가장 본질적인 효용이라고 생각되고 있
는 효용을 형벌에서 제거할 수가 있다. ―오늘날 여러 가지 이유에서 동요해
온 형벌에 대한 신앙은, 역시 의연하게 그 효용 위에 유력한 발판을 발견하
고 있다. 형벌은 죄가 있는 자에게 죄책감을 일으키게 하는 가치를 지니고
있다고 보고 있다. 그리하여 사람들은 '양심의 가책'이라든가 '회한'으로 불
리는 정신적 반응을 일으키는 특유한 도구를 형벌 속에서 구하려고 한다. 그
러나 이러하기 때문에 우리는 오늘날에도 역시 현실과 심리를 잘못 파악하
는 것이 되는 것이다. 하물며 인간의 가장 오랜 역사, 즉 인간의 선사 시대
에 관해서는 얼마나 엄청나게 오류를 범했겠는가? 진정한 양심의 가책이라
는 것은, 범죄자나 수형자 사이로 가장 드문 일이어서, 감옥이나 교도소는
이 양심의 가책(회한)이라는 집게벌레 종족이 번식하기에 적합한 부화 장소
는 아니다. ―이 점에 관해서는 많은 경우 그러한 판단을 내리기를 매우 싫
어하며, 본의에 어긋나는 짓이라고 생각하는 양심적인 관찰자들도 의견이
일치하고 있다.

대체로 말해서 형벌은 사람을 비정하게 하며 냉혹하게 만든다. 형벌은 또
한 사람을 자기 집중적으로 만든다. 형벌은 소외감을 날카롭게 한다. 저항력
을 강하게 한다. 형벌이 인간의 기력을 꺾고, 비참한 허탈감과 자기 비굴함
을 초래케 한다면, 이러한 결과는 분명 삭막하고 음울한 엄숙성이라는 특징
을 지니고 있는 보통 형벌의 일반적인 효과보다도 더 부정적인 것이다. 그러
나 인간 역사에 선행하는 수천 년의 일을 생각한다면, 아무런 주저함도 없이
우리는 바로 형벌에 의해서만 가장 효과적으로 죄책감의 발달이 억제되어 왔
다고 단정할 수 있다. ―적어도 형벌의 강권 발동을 입은 희생자에 관한 한

제2논문 '죄', '양심의 가책' 그리고　831

그렇다. 범죄자가 재판 수속이나 집행 처분을 실제로 목격함으로써, 얼마나 자기 행실과 자기 행위를 그 자체로써 비난해야 할 일이라고 느끼지 못하도록 방해하는가 하는 점을 특히 경시해서는 안 될 것이다. 왜냐하면 범죄자는 실제로 자기와 아주 똑같은 행실이 정의를 위해서 행해졌고, 더구나 그 경우에는 그것이 시인되며, 양심의 가책 없이도 행해지는 것을 눈으로 보기 때문이다. 간첩 행위, 책략, 매수, 모함, 요컨대 경찰관과 검찰관들이 수작하는 교활한 술수의 전체, 게다가 각양각색의 형벌 속에 확실히 표시되는 것과 같은, 감정으로서는 용서할 수 없는 것이지만 원칙상으로는 허용되는 강탈, 압제, 능욕, 감금, 고문, 살해 등, ─이 모든 것이 그의 재판관들에 의해 그 자체로서는 결코 비난되고 처벌해야 할 행동이라고 간주되지 않고, 오히려 그것이 신중한 생각에서 이용되고 있을 뿐이라는 것을 범죄자는 보기 때문이다. '양심의 가책'이라고 하는 이 지상의 식물 속에서도 가장 불쾌하고 흥미 깊은 식물은, 결코 이 형벌의 지반 위에서 성장한 것은 아니다.

─사실 재판관과 형 집행자들의 의식에는, 극히 오랫동안 자기들이 '죄가 있는 자'를 취급하고 있다는 의식이 거의 염두에 떠오르지 않았다. 오히려 그들이 취급하고 있는 것은 손해를 일으킨 자, 책임이 없는 숙명적인 존재였던 것이다. 그리고 그 후에 형벌이 또한 하나의 숙명처럼 희생자의 머리 위에 떨어져 왔을 때, 이 희생자 자신으로서는 아무런 '내적인 고통' 같은 건 느끼지 않았다. 그는 단지 어떤 예측하기 어려웠던 사건, 어떤 무서운 자연 현상이 돌발했을 때와 같은 느낌, 바위덩이가 무너져 내려 어쩔 수 없이 짓눌리게 되는 것 같은 느낌밖에는 없었던 것이다.

15

이 사실은 이윽고 위험한 방법으로서 스피노자가 깨닫게 되었다. (이것이 예를 들면 쿠노 피셔처럼 이 점에서 스피노자를 오해하려고 노력하고 있는 스피노자 해석자들에게는 비위에 거슬리는 일이다.) 그것은 그가 무엇인가 회상을 하면서, 과연 자기에게는 아직 양심의 가책이라는 것이 남아 있을 것인가 하는 의문에 잠겨 있었던 어느 날 오후의 일이었다. ─스피노자는 선악을 인간의 상상에 속하고 있는 것으로 생각했으며, 또한 신은 모든 것을 '선의 견지 아래에서' 행한다고 주장하는, 신을 모독하는 어떤 자들(그러한 주장은 "그러나 신을 운명의 지배 아래에 둔다는 뜻이며, 따라서 실로 모든 불합리 중에서도 최대의 것이라고 여겨야 할 것이다"—)에 대해 분노하여 자신의 '자유로운' 신의 영예를 변호하고 있었다.

이제 바야흐로 세계는 스피노자에게는 양심의 가책이라는 것이 창안되기 이전의 단순한 상태로 되돌아갔다. 여기에 있어서 양심의 가책(회한)은 어떻게 되었던가? 그는 마침내 스스로에게 말했다. "이것은 환희의 반대물,—모든 기대에 반하는 결과가 된 과거 사물의 표상에 수반되는 슬픔이다"(《윤리학》 제3부, 정리 18, 참조 1, 2). 갑자기 형벌을 받게 된 죄악자들이 수천 년 동안에 걸쳐서 자기의 '범행'에 관해 느껴온 것도, 스피노자의 이 감회와 같은 것이었다. 그것은 "생각지도 않은 실수를 했구나" 하는 느낌이었다. 결코 "그런 짓은 하지 말았어야 할걸"이라는 느낌은 아니었다. 그들은 사람이 어떤 질병이나 불행이나 죽음에 복종하는 것과 똑같이, 예를 들면 오늘날에도 러시아 사람은 생명을 취급함에 있어 우리 유럽 사람들보다 훌륭한 것처럼, 반항을 모르는 용감한 숙명관으로 형벌에 복종했던 것이다.

만일 그 당시 행위의 비판이라는 것이 있었다고 한다면, 그 행위에 비판을 가했던 것은 신중함밖에 없었을 것이다. 의심할 것도 없이 우리는 형벌의 본래 효과를 무엇보다도 형벌이 더욱 신중해야 한다는 점에서, 기억을 연장시킨다는 점에서, 장래는 더욱 신중하게, 더욱 의심스럽게, 더욱 은밀하게 일을 진행시키려고 하는 의지에서, 많은 일을 하기에는 사람이란 어차피 힘이 미치지 못한다는 것을 깨닫게 하는 점에서, 즉 자기 비판을 하는 가운데 일종의 개선을 초래하는 점에서 구해져야만 한다. 인간에게 있어서든 동물에게 있어서든, 대체로 형벌로 이루어지는 것은 공포의 증대이며 조심성의 증진이며, 욕망의 지배이다. 그러고 보면, 형벌이란 인간을 길들일지언정 인간을 '더 좋은' 것으로 만들지는 않는다. —오히려 이 반대를 주장하는 것이 더 올바르다고 말할 수 있을 것이다. (속말에도 '혼을 내줘야 약아진다'는 말이 있다. 그러나 영리해질수록 나쁘게 되기도 한다. 다행히 우둔해지는 경우도 적지 않다).

16

이제 나는 '양심의 가책'의 기원에 대한 내 가설을 우선 잠정적으로나마 말하지 않을 수 없게 되었다. 이 가설은 쉽사리 사람들 귀에 들어갈 수 없는 것이며, 오랫동안의 고려와 주의와 숙고가 필요할 것이다. 나는 양심의 가책이라는 것을, 인간이 일찍이 체험한 모든 변화 중에서도 가장 근본적인 변화의 압력 때문에 걸리지 않을 수 없었던 무거운 병이라고 생각한다.

—가장 근본적인 변화란, 인간이 결국은 사회와 평화와의 구속에서 벗어날 수 없는 것을 알았을 때의 변화를 말하는 것이다. 육지 동물이 되든가, 그렇지 않으면 사멸해 버리든가의 선택을 강요당했을 때에 바다 동물이 경험해야만 했던 것과 아주 똑같은 일이, 야만과 전쟁, 방랑, 모험에 곧잘 적응했던 인간이라는 이 반(半)동물들에게도 일어났다. —그들의 모든 본능은 단번에 그 가치를 상실하고, '고리가 빠져' 버렸다. 그들은 이제까지는 물로 운반되었던 곳을 이제는 발로서 걷고 '자기가 자기를 운반'해야만 하게 되었다. 엄청난 무게가 그들의 몸을 눌러 왔다. 극히 간단한 일을 할 때도 그들은 스스로를 거북스럽게 느꼈다. 이 새로운 미지의 세계에 대해서 그들은 노련한 안내인, 무의식중에서도 확실히 인도하여 주는 통제 본능을 지니지 않게 되었다. —이 불행한 반(半)짐승들, 그들은 오로지 사유와 추리, 계산, 인과적 결합에만 의존하고, 가장 빈약하고 가장 과오를 범하기 쉬운 기관인 그들의 '의식'에만 의존하게 되었던 것이다! 생각하건대, 이처럼 비참하고 무거운 불쾌감은 일찍이 지상에 존재한 적이 없었을 것이다.

—물론 그렇다고 해서 오래된 본능이 그 요구를 돌연 멈춘 것은 아니었다! 단지 그 본능들의 요구를 충족시키는 것이 곤란하며, 거의 불가능하게 되었을 뿐이다. 요컨대 이 본능들은 새로운, 말하자면 지하적인 충족을 요구하지 않을 수 없게 되었다. 밖을 향해서 발산되지 않는 모든 본능은 안으로 향해진다. —이것이야말로 내가 말하는 인간의 내면화라는 것이다. 이에 의해서 비로소 후에 '영혼'이라고 불리는 것이 인간 안에서 생장하는 것이다. 처음에는 두 개의 피부 사이에 펼쳐진 것처럼 얇았던 내면세계 전체는, 인간 본능의 밖으로의 발산이 저지되어 가면서 더욱 분화되고 팽창하여, 길이와 넓이와 높이를 얻게끔 되었다.

오래된 자유의 본능에 대해서 국가 조직이 스스로를 지키기 위해서 구축한 무서운 방어벽—그 중에는 형벌도 방어벽의 하나이지만—은 거칠고 자유롭고 방랑적인 인간의 모든 본능에 되돌아서서, 이것을 인간 자신 쪽으로 돌렸던 것이다. 적의와 잔인함, 박해와 습격과 변혁과 파괴의 즐거움—이 모든 것이 본능의 소유자 자신에게로 방향을 돌리는 것, 이것이야말로 '양심의 가책'의 기원이다. 외부의 적과 저항이 없어졌기 때문에, 관습의 억누를 것만 같은 협소함과 단조로운 규칙 속에 처박혀진 인간은 참을 길이 없어 자신을 찢고, 책하고 물어뜯고, 할퀴고, 괴롭혔다. '길들이려'고 하고 있는 이 짐승, 자기 감옥의 창살에 몸을 부딪혀서 상처투성이가 된 이 짐승, 스스로 모험과 고문대와 불안으로 위험한 야만 상태를 만들지 않고는 배길 수 없었던 이 궁핍자, 황야에 대한 그리움에 지쳐 버린 이 사람,—이 바보, 그리움에 지치고 절망해 버린 이 죄인이야말로 '양심의 가책'을 발명한 사람이 된 것이다. 더구나 아울러 인류가 오늘날 역시 치료되지 못하고 있는 가장 무겁고 불쾌한 병조차도 비롯되었던 것이다. 즉, 인간이 인간다운 것에, 자신다운 것에 괴로워하는 병이다. 이것은 인간이 야수적인 과거에서 억지로 떼어 버린 것의 결과, 말하자면 새로운 상태와 새로운 생존 조건 속에 뛰어들었던 것의 결과, 이제까지 그의 힘과 즐거움과 공포의 근거였던 오랜 본능에 대해 선전포고를 한 결과였다. 여기서 덧붙여서 말해두지만—또 한편에 있어서 동물의 마음이 자기 자신을 배반하고 자기의 적과 짝이 되었다는 이 사실과 더불어 지상에는 어떤 새로운 것, 깊은 것, 아직 듣지 못했던 것, 수수께끼 같은 것, 모순으로 찬 미래의 것이 일어났으며, 그 때문에 이 지상의 광경은 근본적으로 변해 버렸다는 것이다. 사실, 그 때 시작되어 아직 그 결말이 전혀 보이지 않는 저 구경거리의 가치가 결정되기 위해서는 신들과 같은 관객이 필요했다. —그것은 이상한 천체를 무대로 그저 아무렇게나 출연하기에는 너무나도 불가사의하고 역설적인 구경거리이다. 그 때부터 인간은 헤라클레이토스가 말하는 '커다란 어린이(grosse Kind)'—그것은 제우스라고도 불리고 운(우연)이라고도 불리는데—가 하는 전혀 예기치 못한 가장 자극적인 도박 가운데 하나로 생각되었다. —인간은 자기 자신에 대해서 하나의 흥미를, 하나의 긴장을, 하나의 희망을, 하나의 확신이라고도 할 것을 불러일으켰다. 마치 인간이라는 것에 의해 무엇인가가 고시되고 무엇인가가 준비되는 것처럼. 마치 인간은 목표가 아니라 단지 하나의 길, 하나의 우발적인 사건, 하나의 건너기 위한 다리, 하나의 커다란 약속인 것처럼……

17

양심의 가책의 기원(起源)에 관한 이 가설의 전제는, 첫째 변화가 점차적인 것도 자발적인 것도 아니고, 또한 유기적 발전에 의해서 새로운 여러 조건 속에 나타난 결과도 아니다. 오히려 하나의 단절, 비약, 불가피한 숙명으로서 나타난 것이며, 그것에 대해서는 아무런 싸움도 없었고 또한 '원한'도 없었다는 것이다.

둘째, 이제까지는 방해받지도 않고 형태도 이루어지지 않았던 주민을 하나의 고정된 틀 속에 틀어박는 작업이 폭력 행위로써 시작된 것처럼, 또한 똑같이 단지 순전한 폭력 행위로만 끝맺어졌다는 것—그러므로 가장 오래된 '국가'는 무서운 폭정으로서, 인정사정없이 으깨 버리는 기계 장치로서 나타나 작업을 계속했던 결과, 마침내 민중과 반동물이라는 원료는 철저하게 반죽되어 부드럽게 되어버렸을 뿐 아니라 형태를 이루게끔 도야되기도 하였다는 것이다. '국가'라는 말을 사용했지만, 그것이 무엇을 뜻하는 것인가 하는 것은 말을 하지 않아도 분명하다. —그것은 금발 맹수의 한 무리, 어떤 정복자, 지배자 종족을 말하는 것이며, 그들은 전투적 체제로 편성되었고, 조직력을 지니고 있으며, 수로 보면 압도적으로 우세하면서도 아직 형태를 이루지 못하고 유랑적인 주민에게 주저 없이 그 무서운 발톱을 들이댔던 것이다. 이렇게 해서 이 땅에 '국가'가 시작되었던 것이다. 이것으로 국가는 '계약'으로 비롯되었다고 하는 몽상은 정리되었다고 생각한다.

명령할 수 있는 자, 천성적으로 '지배자'인 자, 행위에서나 태도에서나 폭압적으로 나타난 자, —그러한 자에게는 계약 같은 것이 다 무슨 소용이란 말인가! 이와 같은 자와는 아무런 상의도 있을 수 없다. 그들은 운명처럼 다가오는 것이다. 거기에는 이유도, 이성도, 구실도 없다. 그들은 번개처럼 거기에 와 있는 것이다. 너무나도 무섭게, 너무나도 갑자기, 너무나도 압도적으로, 너무나도 '이상'하기 때문에 미워할 겨를도 없을 정도다. 그들의 일은 본능적으로 형식을 창조하는 것, 형식을 새겨 넣는 것이다. 그들은 존재하는 중에서는 가장 무의식적인 예술가다. —요컨대 그들이 나타나는 곳, 거기에는 어떤 새로운 것, 하나의 살아 있는 지배 조직이 성립된다. 물론 이 지배 조직 속에 있어서는 여러 가지 부분과 여러 기능은 그 한계가 정해지면서 관계를 이루었고, 또한 전체에 대해서 '의미'를 지니지 않은 것은 결코 자리를 허용치 않는다. 이 천성적인 조직자들은 죄에 대한 책임이 무엇인가를 모른다. 그들 안에는 무서운 예술가적 이기주의자가 지배하고 있으며, 이것은 청동처럼 빛나고 있으며, 마치 어머니가 그 아이들에게 정당화되는 것처럼, 스스로가 그 작품 속에서 이미 영원히 정당화되어 있는 것을 알고 있다. '양심의 가책'이 발생한 것은 그들 사이에서가 아니었다는 것, 이러한 일은 처음부터 알고 있었던 일이다. ―그러나 이 추악한 식물은 그들이 없었더라면 생장하지 못했을 것이다. 그들의 망치로 두들기는 것과 예술가적 포학함으로 압도당하여 어마어마한 양의 자유가 이 세계에, 적어도 볼 수 있는 한계에서 구축되고, 그리하여 잠재적인 것으로 되지 않았다면, 이 식물은 생기지 않았을 것이다.

　폭력에 의해 잠재적인 것이 되어 버린 이 자유의 본능, ―이것은 이미 우리가 분명히 알고 있는 것이지만―도로 밀어내고, 뒷걸음질치고, 마음속에 유폐되어, 마침내 자신에 대해서만 폭발하게끔 된 이 자유의 본능, 오직 이것이야말로 양심의 가책에 있어 시작인 것이다.

18

　이 현상 전체가 워낙 추악하고 참담하다고 해서, 이것을 조금이라도 경시해서는 안 된다. 사실 폭력적인 예술가와 조직자들 속에서 대규모적으로 활동하여 국가를 건설하는 것과 거의 같은 능동적인 힘이, 여기서는 내면적으로 조촐하고 옹졸하게, 퇴행적으로, 괴테의 말을 빌리면 '가슴의 미궁' 속에서 스스로 양심의 가책을 창조하고 부정적인 이상을 구축하고 있는 것이다. 이 힘이야말로 바로 자유의 본능(내 말로는 권력에 대한 의지)인 것이다. 단지 여기서 조형적이고 폭압적인 본성을 지닌 이 힘이 작용하는 재료는 다름 아닌 인간 그 자체이며, 인간의 동물적인 오래된 자기의 전체이다. ―대규모적이고 보다 현저한 현상의 경우에 있어서처럼 다른 인간과 다른 인간들이 아니라고 하는 차이가 있을 뿐이다. 이 은밀한 자기 학대, 예술적인 잔인함, 둔중하고 반항적이고 고뇌하는 재료인 자신에게 형태를 주며, 여기에 하나의 의지와 비판과 모순과 모멸과 부정을 구워 붙이는 쾌감, 자기 분열을 즐기고 괴롭게 하는 영혼의 이 섬뜩하고 무서운 쾌감에 넘친 일, 요컨대 이 능동적인 '양심의 가책' 전체야말로 결국에는―이미 아는 바와 같이―여러 가지 이상적이거나 공상적인 사건의 진정한 모체(母體)로서 헤아릴 수 없는 신기한 아름다움과 긍정을 출현하게 한 것이며, 아름다움이라는 것을 처음으로 출현하게 한 것이기도 하다. ……만일 처음에 아름다움과 모순된 것이 스스로를 의식하지 못했다면, 처음에 추악한 것이 자신에게 '나는 추하다'라고 말하지 않았다고 한다면, '아름다움'이란 도대체 무엇인가? …… 적어도 이러한 정도의 암시를 준 뒤에는 자기 무시라든가 자기 부정이라든가 자기 희생이라든가 하는 모순된 개념 속에, 이상과 아름다움이 얼마나 암시되어 있을 수 있는가 하는 수수께끼도 그다지 풀기 어려운 것은 아닐 것이다. 또한 바로 다음의 일도 알게 될 것이다. —이것은 내가 의심치 않는 바이지만 — 그것은 자기 무시자, 자기 부정자, 자기 희생자가 맛보는 쾌락은 원래 어떠한 종류의 것이었던가 하는 것이다. 바로 그 쾌락은 잔인함의 일종이다. —도덕적 가치로서의 '비이기적인 것'의 유래와 이 가치를 발생하게 한 지반의 표시에 관해서는, 먼저 다음과 같은 점만을 시사해 두자. 양심의 가책이야말로, 자기 학대에 대한 의지야말로 비이기적인 것의 가치를 낳게 하는 전제가 되었던 것이다. —

19

양심의 가책은 하나의 병이다. 이것은 아무런 의심의 여지가 없다. 그러나 이것은 임신이 하나의 병이라고 하는 것과 같은 의미에서의 병이다. 만일 이 병이 가장 무섭고 가장 숭고한 정점에 도달했을 때의 여러 조건을 찾아본다면, —이 질병과 더불어 도대체 무엇이 처음으로 이 세계 속에 일어났던가를 알게 될 것이다. 그러나 여기에는 여유있는 침착성이 필요하다. —그리하여 우리는 또 한 번 앞에서 말한 관점으로 되돌아가야 한다. 이미 앞에서 계속 말했던 채무자의 채권자에 대한 사법적 관계는, 또다시 역사적으로는 매우 주목할 만하고 의심스러운 방법으로, 우리 현대인에게는 아마도 몹시 이해하기 어려운 다른 관계로, 즉 현재 존재하는 자의 선조에 대한 관계로 해석을 변경하기에 이르렀다. 원시적인 종족 사회—우리는 먼 옛날의 것을 말하고 있지만—의 내부에서는 언제 어떠한 경우에도 현재 세대는 선행 세대에 대해서, 특히 종족을 창시한 최초의 세대에 대해서 일종의 법률상의 의무를 지고 있다는 것을 인정한다. (그러나 이것은 결코 단순한 감정상의 책임이 아니다. 이 책임은 인류 일반의 극히 오랜 존속을 위해서는 이유 없이 부정되어야 할 것은 아닐 것이다) 거기에서 종족은 철저하게 단지 선조의 희생과 공헌의 덕택으로 존속한다는 확신이—따라서 그것은 희생과 공헌에 의해서 선조에 지불되어야 한다는 확신이 지배하고 있는 것이다. 그것은 하나의 채무가 승인됐다는 것이며, 더구나 이 채무는 그 선조가 위력 있는 영혼으로서 지금도 역시 살아 있으며, 그 힘에 의해서 새로운 이익과 선취권이 종족에게 주어진다는 확신으로 부단히 증대하여 간다.

선조는 아무런 대가 없이 그러는가? 그러나 '대가 없이'라는 것은 소박하고 '마음이 가난한' 시대에는 전혀 없었던 것이다. 그러면 무엇으로 환불하면 좋을 것인가? 말할 것도 없이 희생(대체로 말해서 처음에는 음식물), 축제, 예배당, 예배, 특히 복종으로서이다. —이렇게 말하는 것은 모든 관습이 선조의 손으로 만들어진 것으로서, 그들의 법령이고 명령이었기 때문이다—. 그러나 그것으로서 선조에 대한 충분한 지불이 되었을 것인가? 이러한 의심은 계속 남아서 차츰 커진다. 이 의심은 때때로 거액의 상환을 단번에 강요하여, 어떤 무서운 대상의 지불을 강요한다. (예를 들면 악명 높은 첫아이의 희생, 언제나 피, 그것도 인간의 피) 선조와 그 위력에 대한 공포, 선조에 대한 부채 의식은 이런 따위의 논리에 따라 종족 자체의 권력 증대에 비례해서, 또한 종족이 더욱 승리를 이루고, 독립성을 증가하고, 존엄성의 증대에 비례해서 반드시 증대한다. 결코 그 반대는 아니다! 종족이 쇠퇴해 가는 한 걸음 한 걸음, 모든 비참한 불의의 사고, 모든 퇴화의 징조, 해체되기 시작하는 온갖 징조, 이러한 것은 오히려 종족의 창건자의 영혼에 대한 공포를 감소시키고, 창건자의 영명함과 그 위력에 관한 생각을 더욱 약화시킨다.

이러한 소박한 논리가 도달하는 종점을 생각하면 어찌 될 것인가. 그 때에는 가장 억센 종족의 선조는 상상되었던 공포의 증대로 마침내는 무섭고 거대한 것으로까지 성장하고, 신적인 무서움과 신비의 어둠 속으로 밀려들어가지 않을 수 없게 된다. —그리하여 선조의 모습은 마침내 하나의 신으로 변경되고 만다. 아마도 여기에 바로 신들의 기원, 즉 공포로부터의 기원이 있다! ……그러나 여기서 '그러나 경건으로부터의 기원도!'라고 덧붙여야 할 것이라고 생각하는 사람은 인류의 가장 오랜 시대, 인류의 원시 시대에 대해서는 도저히 그 주장을 유지하기 어려울 것이다. 더구나 고귀한 여러 종족이 형성된 중간 시대에 대해서는 말할 필요도 없을 것이다. —사실 이 고귀한 종족들은 이 시기에 그것 속에 구현된 여러 특성, 그 고귀한 모든 특성을 그들의 창시자와 선조들(영웅, 신들)에게 이자까지 붙여서 반환하였다.

신들의 귀족화와 고귀화(물론 이것은 결코 신들의 '신성화'가 아니다)에 관해서는 뒤에 또 살펴보자. 지금은 그저 이 채무 의식이 발전하는 전 과정을 일단 끝까지 따라가 보기로 한다.

20

역사가 가르치는 것에 의하면, 신적인 것에 대해서 부채가 있다는 의식은 '공동체의 혈연적 조직 체제'가 쇠망한 후에도 없어지지 않았다. 인류는 '좋음과 나쁨'의 개념을 세습 귀족에게서 (계급적 서열을 설정하려는 그들의 심리적 근본 경향과 더불어) 이어받은 것과 똑같은 방법으로 종족신과 부족신까지도 유산으로 이어받았고, 그와 더불어 아직 지불되지 않은 부채의 부담과 그 상환을 바라는 열망까지도 계승했다. (그의 과도적인 역할을 하는 것은 광범한 노예와 농노 주민들이지만, 그들은 강제에 의하든, 굴종에 의하든, 모방에 의하든, 그들 지배자들의 신앙적인 일에 순응해 버렸다. 그리하여 이 유산은 그들을 통해 사방팔방으로 넘쳐흘러 갔다). 이러한 신에 대한 채무 감정은 수천 년에 걸쳐서 끊임없이 성장하여 갔다. 더구나 그것은 지상에서 신의 관념과 신에 대한 감정이 발달하고 고양되면서 성장했던 것이다. (서로 다른 종교 사이의 투쟁, 승리, 화해와 융합의 모든 역사, 모든 인종의 종합에 있어 민족적인 요소의 결정적인 서열에 선행하는 전체적인 일이 그 민족들의 신의 계보의 혼란에 반영되고 있으며, 또한 신들의 다툼, 승리, 화해에 관한 전설 속에 반영되고 있다. 세계 제국을 향한 길은 또한 세계의 신을 향한 길이기도 했다. 독립적인 귀족을 압제하여 행해지는 전제 정치는 언제나 또한 일신교(一神敎)로 통하는 길을 여는 것이었다.)

이제까지 도달한 최고의 신인 그리스도교 신의 출현은, 그렇기 때문에 또한 최대한의 채무 감정을 이 지상에 가져왔던 것이다. 만일 우리가 점차 반대 방향의 운동을 일으켰다고 한다면, 그리스도교의 신에 대한 신앙은 끊임없이 쇠퇴하여 갔을 것이 틀림없으며, 벌써 오늘날에는 인간의 채무 의식의 현저한 쇠퇴를 가져왔으리라는 충분한 확실성을 지닌 결론을 내릴 수 있을 것이다. 또한 무신론의 완전하고 결정적인 승리에 의해서 인류는 그들의 태초, 즉 제1원인에 대해서 부채가 있다는 이 뿌리 깊은 감정에서 완전히 해방될지도 모른다는 가능성도 없지 않다. 무신론과 일종의 제2의 순결성은 서로 의존하고 있는 관계에 서 있는 것이다.

21

이상으로 간단하게나마 '죄에 대한 책임'이라든가 '의무'라든가 하는 개념과 종교적 전제와의 관련에 관해서 말하였다. 나는 이제까지 이들 개념의 본래의 도덕화(그것을 양심 속에다 되돌리는 것, 더 분명히 말하면 양심의 가책과 신의 관념과 연루시키는 것)에 관해서는 일부러 도외시해 두었다. 뿐만 아니라 나는 앞의 절 끝에서 마치 이러한 도덕화가 전혀 존재하지 않는 것처럼, 따라서 그 개념들은 우리의 '채권자'인 신에 대한 신앙이라는 그 전제가 무너졌다고 한다면, 필연적으로 사라져 없어져 버리는 것과 같은 표현까지도 사용했다. 그러나 사실은 이와는 무서울 정도로 다르다. 다시 말해 죄와 의무의 개념을 도덕화하여, 이것들을 양심의 가책 속에 되돌리는 시도와 더불어 방금 말했던 발전 방향을 역전시키려는 시도, 적어도 이 발전의 움직임을 정지시키려는 시도가 행해졌다. 그리하여 이제 비관적인 일이지만 부채의 완전 상환에 대한 전망은 궁극적으로 폐쇄되지 않을 수 없게 된다.

이제 눈은 강철과 같은 불가능성 앞에 부닥쳐 절망적으로 되돌아오지 않을 수 없게 된다. '죄'나 '의무'의 개념은 뒤로 향하지 않을 수 없게 된다. ― 도대체 누구에게 향하는 것일까? 의심할 것도 없이 그것은 먼저 '채무자'에게로 향했던 것이다. 그리하여 채무자에게 양심의 가책이 뿌리깊이 뻗치고 파고들어, 무좀처럼 넓고 깊게 생장한다. 그 결과 부채의 상환이 불가능하게 되는 것과 더불어 죄의 보상도 불가능하게 되고, 속죄도 불가능('영원한 벌')하다는 사상이 싹트게 되었다―그러나 마침내는 그것이 '채권자' 쪽에까지 향하게 된다. 이 점에 관해서 그대들은 시험 삼아 인간의 제1원인, 인류의 시작, 이제 저주가 주어지고 있는 인류의 시조('아담', '원죄', '의지의 부자유')를 생각해 보는 것이 좋을 것이다. 혹은 인간을 탄생시킨 모체인데, 이제 그 속에 악의 원리가 투입되어 있는 자연을 생각해 봄이 좋을 것이다.

('자연의 악마화') 아니면 그 자체로서는 무가치한 것이 되어 남아 있는 생존 일반을 생각하여 봄이 좋으리라. (생존으로부터 허무주의적인 도피, 허무를 향한 갈망, 혹은 생존의 '반대물', 다른 존재, 불교 및 그것과 유사한 것에 대한 갈망)—결국 우리는 가책을 받은 인간이 우리에 의해 그 자리의 위안을 발견하게 된다는 역설적이고 무서운 미봉책 앞에, 그리스도교의 천재적인 장난 앞에 서게 된 것이다. 장난이란 이렇다. —신 스스로가 인간의 부채 때문에 자기를 희생한다. 신 스스로가 자기를 자기에게 지불한다. 신이야말로 인간이 상환할 수 없게 된 것을 인간을 대신하여 상환할 수 있는 유일한 존재이다. —채권자 스스로가 채무자를 위해서 희생이 된다. 그것도 사랑 때문에(그대들은 그것을 믿을 것인가? —) 자기의 채무자에 대한 사랑 때문에! ……

22

이상의 상황과 더불어, 또한 그러한 상황 아래 도대체 무슨 일어났던가는 이미 아는 것이다. 즉, 내면화되어 자신 속으로 몰린 동물적 인간, 길들이기 위해 '국가' 속에 갇혀진 동물적 인간의 자기 가책에 대한 의지, 뒤로 물러앉은 잔인성이 바로 그것이다. 이 동물적 인간은 고통을 주려고 하는 의욕의 보다 자연적인 구실이 막혔기 때문에, 자신을 괴롭히려고 하는 양심의 가책을 발명하였다. —양심의 가책을 지닌 이 인간은 그 가책을 소름끼치는 냉혹성과 준엄성의 극한까지 밀어 젖히기 위해서 종교적 전제를 자기 것으로 만들었다.

신에 대한 죄책감, 이 사상이 인간에게는 고문하는 도구가 된다. 그는 신 속에 자기의 고유하고 벗어나기 어려운 동물적 본능과 대립되는 것으로 생각되는 궁극적인 반대물을 본다. 그는 이 동물적 본능 자체를 신에 대한 부채로('주님', '아버지', 세계의 시조 및 태초에 대한 적의, 반역, 반란으로서) 해석한다. 그는 '신'과 '악마'와의 모순 사이에 스스로를 끼운다. 그는 자신과 자기 존재의 자연, 천진, 사실에 대해서 '아니다'라고 말하는 이 모든 부정을 자신의 밖에다 내던지며, 감히 이것을 거꾸로 긍정하여 존재하고 살아 있는 현실자로 생각하고, 신으로 생각하고, 신의 신성으로 생각하고, 신의 심판으로 생각하고, 신의 처형으로 생각하고, 피안(彼岸)으로 생각하고, 영원으로, 영원한 가책으로, 지옥으로, 헤아릴 수 없는 벌과 죄책감으로 생각하였다. 이것이야말로 어디다 견줄 데가 없는 정신적 잔인성에 있어서 일종의 의지 착란이다. 그것은 자신을 구원할 수 없을 만큼 죄가 있고, 저주받아야 할 것으로 보려는 인간의 의지이다. 어떠한 벌을 받아도 자기의 죄를 보상할 수 있는 길은 도저히 없다고 생각하려는 인간의 의지인 것이다. 사물의 깊숙한 내부에 죄와 벌의 문제를 감염시켜서 이것을 해독시킴으로써, 이 '고정 관념'의 미궁에서 단번에 탈출하려는 인간의 의지인 것이다.

하나의 이상—'신성한 신'이라는 이상—을 세워 그 앞에서 자기의 절대적 무가치를 분명히 확인시키려고 하는 인간의 의지인 것이다. 오오, 이 미쳐버린 가련한 인간 짐승이여! 그들은 행위의 야수성을 조금이라도 방해받게 되었을 때, 무엇을 생각해 낼 것인가! 어떠한 반자연적인 괴상한 일이, 어떠한 어처구니없는 발작이, 관념의 야수성이 폭발하는 것일까! ……이 모든 것은 극도로 흥미 있는 일이지만, 또한 암담하고 음울하고 쇠잔한 우수에 휩싸여 있는 것이기도 하다. 따라서 이 심연을 너무나도 오랫동안 굽어보는 것은 부디 삼가야 할 것이다. 의심할 것도 없이 여기에는 병이 있다. 이제까지 인간 속에 창궐하였던 가장 무서운 병이 있는 것이다. —그러나 이 가책과 부조리의 암흑 속에 어떻게 사랑의 외침이, 그리움에 불타는 환희의 외침이, 사랑에 있어서의 구원의 외침이 울려 퍼졌는가를 들을 수 있는 자는(그러나 오늘날에는 벌써 그것을 들을 수 있는 귀를 지닌 자는 없다! —) 누를 길 없는 전율에 휩싸여 얼굴을 돌린다. ……인간에게는 그처럼 깜짝 놀랄 일이 많이 존재하고 있다! ……이 대지는 이미 너무나도 오랫동안 정신병원이었다.

23

'신성한 신'의 유래에 관해서는 이것으로 충분할 것이다. —신들의 관념은 그 자체로서는 반드시 우리가 생각해 내지 않을 수 없었던, 그와 같은 퇴폐적인 상상에 이르는 것은 아니다.

유럽은 수천 년에 걸쳐서 자기 고행과 자기 능욕에 비범한 수완을 표시하고, 그리하여 신들의 발명을 인간의 자기 고행이나 자기 능욕을 위해서 사용해 왔다. 그러나 그와 같은 사용법보다도 고귀한 사용법이 있다는 것, —이런 일은 다행히도 그리스의 신들에게 던지는 시선에서도 알 수 있는 것이다. 그리스의 신들은 고귀하고 자주 독립적인 인간의 모습에 대한 반영이며, 그 것에 비추어서 인간의 안에 있는 야수성은 스스로 격화되었음을 느꼈던 것이며, 결코 그것에 의해서 자신을 물어뜯지도 않았고, 자신에게 사납게 굴지도 않았다!

이 그리스 사람들은 '양심의 가책'을 가까이 하지 않고, 그 영혼의 자유를 언제까지나 즐길 수 있게끔, 극히 오랫동안 그들의 신을 이용하였다. 신들을 이용한 것이 그리스도교가 신을 이용한 것과는 아주 반대되는 의미의 것이었다. 그들, 훌륭한 사자와 같은 용맹심을 지닌 순박한 어린이들은, 이 점을 참으로 극단적으로까지 밀고 나갔다. 그리하여 그들이 지나치게 경솔하다는 것을 때때로 이해시키려고 한 호메로스가 노래한 제우스의 권위 자체보다 더 사소한 권위는 없다. '이상한 일이도다!'라고 일찍이 제우스는 말했다. — 에기스토스의 경우, 그것도 매우 나쁜 경우가 문제되고 있다. —

죽을 운명의 자들이
신들을 책망하다니
괴이한 일이도다!
오직 우리에게서만
악이 빚어지는 것이라고
그들은 말하지만, 그러나 그들 자신은,
어리석음 때문에,
숙명을 넘은 괴로움을 맛보는구나.

그럼에도 불구하고 사람들은 이 경우에 또한 이 올림푸스의 목격자, 심판자가, 그 때문에 인간들을 원망하거나 악의를 품거나 하지 않는다는 것을 들을 것이며 볼 것이다. '그들은 얼마나 어리석은가!' 그렇게 그 목격자는 죽을 운명의 인간들이 나쁜 짓을 저지르는 것을 보고 생각한다. —그리고 '어리석음', '무분별', 약간의 '머리의 혼란', 이러한 것들은 가장 강하고 용감하였던 시대의 그리스 사람들이라 할지라도, 이것을 많은 재앙과 재악(災惡)의 원인으로 인정하고 있었다. —그러나 인정된 것은 어리석음이지 죄는 아니었다! 그대들은 그것을 알았는가? ……그러나 이 머리의 혼란조차도 하나의 문제였다. ―

"그런데 어찌 그러한 혼란이 가능했던가? 도대체 그것은 어디서 왔는가? 우리 고귀한 품성을 지닌 인간, 행복한 인간, 잘생긴 인간, 가장 좋은 사회의 인간, 귀족적인 인간, 덕이 있는 인간이 지니고 있는 머리에?"

―수세기 동안 고귀한 그리스 사람은 그의 무리의 누군가가 범한 이해할 수 없는 잔인무도한 악행을 볼 때마다 그렇게 스스로 물었다. 마침내 그는 머리를 흔들면서 자기에게 말했다.

"아마도 신이 그를 기만했음에 틀림없어"라고……

이러한 핑계는 그리스 사람에게 전형적인 것이었다…… 이처럼 당시는 재앙에 있어서까지도 인간을 어느 정도까지 변호하는 데 신들이 필요하였던 것이다. 즉, 신들이 악의 원인으로 필요하였던 것이다. ―당시 신들은 벌을 주는 것을 맡은 것이 아니라 오히려 보다 더 고귀한 것, 즉 죄를 맡은 것이었다……

24

나는 그대들 앞에 세 가지 물음을 던짐으로써 결말을 지으려 한다. '도대체 여기서 이상(理想)이 세워지는가? 그렇지 않으면 도리어 파괴되는가?' 이렇게 나에게 묻는 사람이 있을지도 모른다…… 그러나 그대들은 이 지상에서 모든 이상의 수립이 얼마나 높은 대가를 치렀던가를 스스로 물어 본 일이 있는가? 그 때문에 늘 얼마나 많은 현실이 비방되고 오해되었으며, 얼마나 많은 거짓이 신성화되었으며, 얼마나 많은 양심이 교란당하였으며, 얼마나 많은 '신'이 그 때마다 희생당해야 했던가? 하나의 성전이 건립되기 위해서는 하나의 성전이 파괴되어야 한다. 이것이 원리이다. ―이 원리에 반대되는 경우가 있다면 나에게 제시해보라! ……

우리 현대인은 수천 년에 걸친 양심 해부와 자기 동물성 학대의 상속인이다. 이 점에 있어서야말로 우리는 가장 오랜 훈련을 쌓았으며, 아마도 그 점에 우리의 예술적 기질이 있으며, 아무튼 거기에는 우리의 세련됨, 우리의 풍요한 취미가 있다. 인간은 너무나도 오랫동안 스스로 자연의 성질을 '나쁜 눈초리'로 보아왔기 때문에, 마침내 이 자연의 성질은 그 안에서 '양심의 가책'과 밀접하게 연결되었다. 본래는 그것과 정반대되는 시도가 가능할 것이다. —그러나 그것을 할 만한 강력한 자가 있을 것인가? —정반대의 시도란, 부자연스러운 성질들을 피안적인 것, 관능에 반하는 것, 본능에 반하는 것, 반자연적인 것, 반동물적인 것에 대한 모든 열망을, 요컨대 삶에 적대되는 이상, 세계를 비방하는 이상이었던 이제까지의 이상들을 양심의 가책과 밀접한 인연을 맺으려는 시도인 것이다. 그러나 오늘날, 그러한 희망과 요구를 누구에게 말하면 좋다는 것인가? ……

이에 의해 아마도 우리가 상대해야 할 것은 바로 선량한 인간일 것이다. 게다가 더 덧붙인다면, 당연한 일이지만 안일한 인간, 유화적인 인간, 허영심이 있는 인간, 몽상적인 인간, 지쳐 버린 인간들일 것이다. …… 자기 자신을 대하는 데 얼마나 준엄하고 고매한가를 알게끔 하는 것보다 더 사람에게 깊은 상처를 주는 것이 또 있을까. 그처럼 근본적으로 사람을 배신하게 하는 것이 있을까. 반대로 또한—우리가 세상 사람 전체와 똑같이 행동하고, 똑같이 '그저 되어 가는 대로' 세상을 살아갈 때, 세상 사람들은 우리를 얼마나 환영하며 호의적일 것인가! ……목표에 도달하기 위해서는 바로 이 시대에 있을 만한 정신과는 색다른 정신이 필요하다! 그것은 전쟁과 승리에 의해서 단련되었으며, 정복과 모험과 위험과 고통까지도 필수품으로 되어 있는 정신이다. 그것은 또한 거세고 높은 지대의 공기나 겨울의 방랑에 익숙해져 있어야 하며, 모든 의미에 있어서 얼음과 산악에도 또한 익숙해져야만 할 것이다. 또한 일종의 숭고한 악의까지도 필요하며, 더구나 커다란 건강의 한 계기가 되어 주는 가장 극단적이고 자기 확신성을 갖는 인식의 방자한 마음 또한 필요한 것이다. 간단하게 그리고 좀 가혹하게 말하면, 이 커다란 건강이야말로 필요한 것이다! ……

이것이 오늘날 과연 가능할 것인가? 그러나 언젠가는 이 썩어 버린 자기 회의적인 현대보다 훨씬 억센 시대가 되면, 커다란 사랑과 모멸을 지닌 구원의 인간이, 자기의 강박력에 의해 모든 해탈의 경지에서 되풀이 되어 밀려나오는 창조적 정신이 반드시 우리에게 오고야 말 것이다. 그의 고독은 현실에서의 도피인 것처럼 민중에게 오해받기도 한다—그러나 이것은 사실 현실 속에 잠기는 것, 몰두하는 것에 불과하며, 그리하여 그는 언젠가 거기에서 뛰쳐나와 다시금 세상 사람들 앞에 모습을 나타낼 때, 이 현실의 구원, 즉 이제까지의 이상에 의해 걸러졌던 저주로부터 현실의 구원을 가져오게 하는 것이다. 이 미래의 인간은 이제까지의 이상에서 우리를 구원해 줄 뿐 아니라, 또한 그 이상에서 발생하지 않을 수 없었던 것에서도, 다시 말해 커다란 구역질에서, 허무의 의지에서, 허무주의에서도 우리를 구원해 줄 것이다. 여기에 울려 오는 정오의 커다란 결의의 종소리는 다시금 의지를 자유롭게 하며, 대지에는 목표를, 인간에게는 희망을 되돌려 줄 것이다. 이 반그리스도자, 반허무주의자, 이 신과 허무를 초극한 자, ─그는 언젠가는 오지 않을 수 없다. ……

25

─지금 나는 무슨 주제넘은 말을 하고 있는 것일까? 이제 그만두자! 이젠 그만두라! 여기서 나에게 가장 어울리는 일은 오직 침묵하는 것뿐이다. 그렇지 않으면 나는 나보다도 젊은 자, '보다 훨씬 미래에 넘치는 자', 보다 억센 자에게만 허용되었던 권한을 침해하는 것이 된다. ─무신론자 차라투스트라에게만 허용된 그 권한을……

제3논문 금욕주의적 이상의 의의

냉담하게, 조소적으로, 포악하게—
지혜는 우리에게 이러한 것을 요구한다.
지혜는 여성이기에, 지혜는 항상 오직
전사만을 사랑한다.

《차라투스트라는 이렇게 말했다》

1

금욕주의적 이상은 무엇을 의미하는가? 예술가에게 있어서는 아무것도 의미하지 않든가, 너무나도 각양각색의 것을 의미하는 것이다. 철학자나 학자에게 있어서는 높은 정신성을 위한 가장 좋은 선행 조건을 냄새 맡는 후각이나 본능 같은 것을 의미한다. 여성에게 있어서는 기껏해야 더 유혹하기 위한 애교나, 아름다운 육체를 돋보이게하는 요염함, 포동포동한 귀여운 동물의 천사 같은 부드러움을 뜻한다. 생리적 실패자와 부조화자들(죽어야 할 인간의 대다수)에 있어서는 이 세계에 적응하기에는 자기들이 '너무나도 선량한' 것처럼 보이려고 하는 하나의 시도를 뜻하며, 음탕의 신성한 한 형식을 뜻하며, 만성적인 고통이나 권태와 싸우기 위한 그들의 주요 무기를 뜻한다.

성직자들에게는 본래의 성직자적인 신앙을, 그들 권력의 최고 도구를, 또한 권력에 대한 '최상'의 면허를 의미한다. 마지막으로 성도들에게는 동면(冬眠)을 위한 구실이며, 그들의 욕망으로서의 영예욕이며, 허무('신')에 있어서의 휴식이며, 착란의 형식이다. 그러나 일반적으로 금욕주의적 이상이 인간에게 그처럼 많은 의의를 지니고 있다는 그 속에는 인간 의지의 근본적 사실, 즉 이 의지에 있어서 '공허에 대한 공포'가 확실히 표시되어 있다. 인간 의지는 하나의 목표를 필요로 한다. —이 의지는 아무것도 의욕하지 않기보다는 오히려 허무를 의욕한다. —그대들은 내가 말하는 것을 이해하겠는가

……'전혀 모르겠습니다! 선생님!'—그렇다면 처음부터 다시 시작해 보자.

2

금욕주의적 이상은 무엇을 의미하는가? —자주 내 의견을 청했던 하나의 특수한 사례를 든다면, 가령 리하르트 바그너와 같은 예술가가 만년에 이르러 순결에 경의를 표하는 경우, 그것은 무엇을 의미하는가? 어떤 의미에서는 물론 그는 언제나 순결을 지켜 오기는 했다. 그러나 금욕주의적인 의미에서 그것을 지키게 된 것은 극히 최근에 이르러서였다. 이 '의미'의 변화, 이 근본적인 '의미' 전환은 무엇을 의미하는가? —그 까닭은 그것이 바그너에게 단번에 그 반대로 급변하게 해버렸기 때문이다. 한 예술가가 반대로 급변한다는 것은 무엇을 의미하는가? ……

이 문제에 대해 잠시 이야기하기로 하자. 여기서 바로 우리가 생각하는 것은 아마도 바그너의 일생 중에서도 가장 좋고, 가장 강하고, 또한 가장 쾌활하고 용감하였던 때의 일이다. 그것은 그가 마음 깊이 〈루터의 결혼〉에 대한 악상에 잠겨 있었던 시절이었다.

오늘날 우리가 이 혼례곡 대신에 《마이스터징거》를 보게 되었다는 것은 도대체 어떤 우연의 장난이었던가? 어쩌면 후자 속에는 전자의 여운이 얼마나 더 남아 있기라도 하단 말인가? 이것을 누가 알 것인가? 그러나 이 〈루터의 결혼〉에서도 정결의 찬미가 주제로 되어 있으리라는 것에는 의심할 여지가 없다. —나는 이것이야말로 당연한 일이라고 생각했으며, 그럼으로써 '바그너적(的)'이었다고 말할 수 있을 것이다. 왜냐하면 정결과 관능 사이에 필연적인 대립 같은 건 없기 때문이다. 모든 좋은 결혼, 모든 진정한 정사(情事)는 그러한 대립을 초월한 것이다. 생각하건대, 만일 바그너가 이 가상할 사실을 상냥하고 웅장한 루터 악극에 의해서 또 한 번 독일 사람의 마음 깊이 느끼게 해 줬더라면, 얼마나 좋았을까. 그것은 독일 사람 중에는 언제나 관능의 비방자가 많이 있었으며, 또한 있기 때문이다. 그리고 아마도 루터의 공적의 가장 커다란 점은 바로 그가 자기 관능에 대한 용기를 지니고 있었다고 하는 데에 있었다. (—당시 관능은 퍽이나 조용하게 '복음적 자유'라는 부드러운 말로 불렸지만) 또한 정결과 관능 사이에 대립이 실제로 존재하는 경우라 할지라도, 다행히도 그것은 또한 비극적 대립으로까지 될 필요는 없을 것이다. 이것은 적어도 '동물과 천사' 사이의 균형의 불안정성을 바로 생존의 반대 이유로 생각하지 않는, 심신(心身)이 경건하고 매우 쾌활한 모든 사람에게 해당될 것이다. —괴테나 하페즈와 같은 아주 섬세하고 명랑한 사람들은 오히려 거기에 더 많은 풍족한 삶의 매력까지도 보았던 것이다.

그러한 '모순'이야말로 사람을 생존하도록 유혹하는 것이다……한편 또한 실패의 몸인 돼지들이 한번 정결을 숭배하게끔 되면—그러한 돼지들이 있을 것이다! —그들은 거기에 자기들의 반대되는 것, 실패한 돼지의 반대물만을 보고 그것을 숭배하게 된다는 것, 이것은 너무나도 명백한 것이다. —오오, 얼마나 비장한 울부짖음과 열중으로서 그렇게 하는가! 그대들에게는 그것이 상상이 될 것이다—. 그런데 이 비참한 과잉의 반대물을 리하르트 바그너는 그 일생의 말기에도 역시 음악으로 표현하고, 무대에 오르게 하려고 했다는 사실은 말할 나위도 없는 것이다. 그러나 도대체 무엇 때문에? 이렇게 물어봐도 당연한 것이다. 도대체 돼지들이 바그너와 무슨 관계가 있었던가. 우리와는 무슨 관계가 있었던가? —

3

물론 여기서 또 하나의 문제, 즉 남자다운(아아, 매우 남자답지 못한) '우둔한 시골뜨기'가 바그너의 유혹적인 수단에 걸려서, 마침내 가톨릭교도가 되어 버린 가련한 놈, 자연의 아들인 파르지팔이 도대체 바그너와 어떠한 관계에 있었던가 하는 문제를 피할 수는 없다. —그러면 어땠을 것인가? 도대체 이 파르지팔은 진지하게 취급되었던가? 아마도 사람들은 그 반대를 추측하고 싶은 심정, 아니 바라고 싶은 심정조차도 들 것이다. ……즉 바그너의 〈파르지팔〉은 말하자면 '종막극(Schluß Stück)' 또는 사티로스적인 막간극으로서 명랑하게 취급되어 있으며, 이 희극으로 비극 작가 바그너는 그에게 아주 어울리는 방법으로 우리에게서, 그리고 자신에게서, 더구나 비극에게서 결별을 고하려고 하였다고 추측하고 싶어질 것이다. 그러나 그는 비극적인 것 자체에 대해서, 옛날부터 오늘날까지의 전율할 만한 지상의 엄숙함과 비탄 전체에 대해서, 금욕주의적 이상의 반자연성이 지닌 극복된 가장 조잡한 형식에 대해서, 극도로 방자한 패러디로 이 결별을 고하려고 했다고 추측하고 싶을 것이다. 그렇다면 앞서 말한 것처럼, 그것은 위대한 비극 작가에게만 어울리는 것이었으리라. 그것은 모든 예술가와 똑같이 비극 작가도 또한 자기 및 자기의 예술을 발밑으로 내려다볼 수 있는 때야말로—자신을 비웃을 수 있을 때야말로 비로소 스스로가 위대성의 절정에 도달하기 때문이다. 과연 바그너의 〈파르지팔〉은 자기 자신을 내려다보는 그의 은근한 우월감의 웃음이었을 것인가. 그가 마지막에 도달된 최고의 예술가적 자유, 예술가적 초연성의 개가였던가? 다시 말하거니와 그대들은 그러하기를 바랄 것이다. 도대체 진지하게 취급된 파르지팔이란 어떠한 것이어야 하는가? 정말로 우리는 그 속에 (사람들이 나에게 반대해서 한 말을 사용한다면) '인식과 정신과 관능에 대한 광적인 증오의 산물'을 보지 않으면 안 되었던가? 감성과 정신에 대한, 증오와 숨결을 같이한 저주를 보아야만 했던가? 그리스도교라는 병에 걸린 비개화주의적 이상을 향한 개종(改宗)과 전향을 보아야만 했던가? 그리고 결국은 이제까지 자기 의지의 전력을 기울여 그것과는 정반대되는 것을, 즉 자기 예술의 최고 정신화와 관능화를 노려 온 예술가의 입장에서 스스로에 의한 자기 부정, 자기 말살까지 보아야만 했던가? 그것도 단지 자기의 예술뿐만 아니라 자기 삶의 최고의 정신화와 관능화까지도 노려 온 예술가의 자기 부정, 자기 말살을 말이다. 일찍이 바그너가 얼마나 감격해서 철학자 포이어바흐의 뒤를 따랐던가를 생각하여 봄이 좋을 것이다.

'건강한 관능'이라는 포이어바흐의 말—이것이야말로 1830년대에서 40년대에 걸쳐 많은 독일 사람들(—'청년 독일파'라고 자칭하였던)에게 있어서와 같이 바그너에게도 구원의 말씀처럼 들렸던 것이다. 그는 마침내 이것을 달리 생각하는 법을 배웠던가? 적어도 그는 최후에는 그것에 관해서 다시 배우려고 한 것처럼 생각되기 때문이다……그것도 단지 무대 위에서 파르지팔의 큰 나팔을 마구 불어대는 것만으로 한 것은 아니다. —그의 만년의 음울하고 꾀죄죄하고 초점이 없는 저작 속에는 남모르는 소망과 의지가, 맥 풀리고 위태로운 의지가 도처에 모습을 나타내고 있다. 그 의지는 진정으로 회개나 회심이나 부정이나 그리스도교나 중세기를 설교하여 자기의 신도들에게 '여기에는 아무것도 없다! 다른 곳에서 구원을 청하라'고 말하려고 한다. 그뿐만 아니라 '구원자의 피'까지도 애절하게 구하고 있다.

4

많은 고통스러운 일을 내포하고 있는 이와 같은 경우에 대한 나의 의견을 말해 보자. —이것은 하나의 전형적인 경우이지만— 나의 의견은 이렇다. 어떤 예술가를 그 작품에서 될수록 떼어 놓고, 예술가 자신을 그 작품과 같은 정도로 진지하게 취급하지 않는 것이 좋은 태도이다. 예술가 자신은 결국 그 작품의 선행 조건, 모태, 토양일 뿐이며, 경우에 따라서는 작품이 그것을 근거로 하고, 양분으로 하여 생장하는 퇴비나 비료에 불과하다. —그러므로 대개의 경우 작품 자체를 즐기려고 생각할 때는 작가의 일이란 잊어버려야 하는 것이다. 어떤 작품의 계보를 조사해 보는 것은 정신의 생리학자나 해부학자의 일이지, 결코 심미가나 예술가들이 할 일은 아닌 것이다!

〈파르지팔〉의 작자, 창작자에게는 중세적인 영혼의 모순 속으로의 깊고 철저하고 무서울 만한 몰두, 또한 정신적인 높이와 준엄과 단련에서 적의를 보이는 격리가, 그리고 일종의 지적 이상(異常)(이러한 말의 사용을 용서받기도 하고)이 마치 임신한 여성이 임신에 수반되는 구토와 이상한 느낌을 면하기 어려운 것과 똑같이 벗어나기 어려운 것이었다. 물론 이러한 증상은 방금 말한 것처럼 어린 아이의 탄생을 기뻐하기 위해서는 잊어야 할 일이다. 그대들은 예술가가 영국 사람의 영어로 이른바 심리적 접근으로 너무나도 쉽사리 빠지는 혼동에 대해서, 즉 예술가 그 자신과 그가 묘사하고 구상하고 표현할 수 있는 것을 같은 것인 것처럼 보는 혼동에 대해서 경계하여야 한다. 사실 예술가가 그가 묘사하고 표현하는 그 자체와 똑같은 것이라고 한다면, 단연코 그는 그것을 묘사하고 구상하고 표현하는 짓은 하지 않을 것이다.

만일 호메로스가 아킬레스와 같은 인물이며, 괴테가 파우스트와 같은 자였다고 한다면, 호메로스는 아킬레스를 창작하지 않았을 것이며, 괴테는 파우스트를 창작하지 않았을 것이다. 완전무결한 예술가라고 하는 것은, '실재적인 것'이나 현실적인 것과는 영원히 다른 존재이다. 또 한편, 다 아는 것이지만 그러한 예술가는 자기의 가장 내적인 존재의 이 영원한 '비실재성'과 허구가 때로는 견딜 수 없을 정도로 싫증이 날 때도 있으며, —그러한 경우 반드시 그는 바로 자신에게야말로 엄하게 금지되어 있는 것, 현실적인 것에 손을 뻗어 현실적이 되고자 할 것이다. 그것이 어떠한 결과가 될 것인가?

대개 상상할 수 있으리라……거기에 예술가의 전형적인 충동이 나타난다. 노년의 바그너도 이 충동에 사로잡혀, 이것 때문에 그처럼 값비싸고 숙명적인 대가를 지불하지 않으면 안 되었다. (그는 이 충동 때문에 귀한 친구들을 잃었다) 그러나 결국 이와 같은 충동은 도외시하더라도, 바그너가 다른 방법으로, 즉 파르지팔 같은 것에 의해서가 아니고, 오히려 승리의 기세로 자신에 넘치는 보다 더 바그너적인 방법으로—자기의 모든 의욕에 관해서 더욱 기만적이 아니고, 더욱 애매하지 않고, 더욱 쇼펜하우어적이 아니고, 더욱 허무주의적이 아닌 방법으로, 우리와 자기의 예술에 결백을 고하여 주었으면 하고, 바그너를 위해서 원하지 않는 사람이 있을 것인가? ……

5

　—그러면 금욕주의적 이상은 무엇을 의미하는가? 예술가의 경우에는 얼마 후에 확실히 알게 되는 것처럼, 그것은 아무것도 뜻하지 않는다! ……혹은 전혀 아무것도 뜻하지 않는다고 말할 수 있을 만큼, 사실 많은 뜻을 갖고 있다! 결국 그런 것이 무엇이란 말인가? 예술가들은 오랫동안 세상 속에서도, 세상에 대해서도 그들의 가치 평가나 가치변화가 그 자체로서 관심의 중심이 될 정도로는 충분한 독립성을 가지고 있지 못했다! 그들은 어느 시대에 있어서나 어떤 도덕, 어떤 철학, 어떤 종교의 시녀였다. 그들이 유감스럽게도 참으로 자주 그들을 둘러싼 무리들과 애호자들의 비위를 맞추는 아첨자였거나, 구세력과 신흥 세력을 예민하게 분간하는 추종자였거나 한 것 등은 별도의 문제로 하고서라도 그렇다. 적어도 그들은 늘 하나의 방책이라든가, 후원군이라든가, 기성적인 권위를 필요로 한다. 예술가들은 결코 독립적으로 서 있지 못하고, 홀로 선다는 것은 그들의 가장 깊은 본능에 위배된다. 　그러므로 예를 들면 리하르트 바그너는 '때가 왔다' 하게 되면, 철학자 쇼펜하우어를 자기의 선행자나 그 보호벽으로 삼았던 것이다. —그가 쇼펜하우어의 철학이 제공한 후원 없이, 1870년대의 유럽에 압도적이게 된 쇼펜하우어의 권위 없는 금욕주의적 이상에서 용기를 가졌으리라고 하는 것을 도대체 누가 생각할 수 있을 것인가? (물론 이 경우 새로운 독일에 있어서의 예술가로서, 경건한 조국에 대한 경건한 주의나 신념의 우유를 마시지 않았던 자가 도대체 있을 수 있을 것인가 하는 문제는 다른 일이지만)—그런데 이

제 우리는 한층 더 진지한 문제에 당면하고 있다. 즉, 진정한 철학자로서, 쇼펜하우어처럼 진정한 자주 독립적인 정신으로서 자기 자신에 대한 용기를 가지고 혼자 설 수 있으며, 이제는 선배나 위로부터의 지시 같은 것을 필요로 하지 않는 청동과 같은 눈빛을 지닌 남자이며 기사이면서, 금욕주의적 이상을 신봉한다면, 그것은 무엇을 의미하는가? —여기서 바로 우리는 여러 부류의 사람들을 매혹시키기도 하였던 예술에 대한 쇼펜하우어의 주목할 만한 태도를 검토해 보기로 하자. 왜냐하면 이것이야말로 분명 무엇보다도 바그너를 쇼펜하우어에게게로 달려가게 한 것이며(모두 다 아는 바와 같이 시인 헤르벡에게 설득당하여), 또한 이 때문에 바그너의 초기와 후기의 미적(美的) 신념 사이에 완전한 이론적 모순이 생기는 지경에까지 이르렀기 때문이다. —그의 초기 미에 대한 신념은 예를 들면 《오페라와 드라마》 속에 표현되어 있으며, 후기의 것은 1870년 이후에 간행된 저작 속에 표현되어 있다. 이것은 가장 기이한 일이지만, 특히 이 무렵부터 바그너는 음악 그 자체의 가치와 지위에 관한 자기의 의견을 거침없이 변경하였다. 그 때까지 그는 음악을 하나의 수단, 하나의 매개체, 하나의 여성—아름답고 화려하기 위해서는 필요로 하는 하나의 목적, 하나의 남성을, 즉 희곡을 필요로 하는—으로 간주하였지만, 이제 그런 것은 그에게 아랑곳없는 것이었다. 쇼펜하우어의 이론과 혁신으로서 한다면, 다시 말해 쇼펜하우어가 해석하는 것과 같은 음악의 주권으로서 한다면 그는 '음악의 영광을 빛나게 하기 위해서' 보다 많이 기여할 수 있다는 것을 갑자기 깨달았던 것이다.

쇼펜하우어가 해석하는 바로는, 음악이란 다른 모든 예술과는 본질적으로 다른 것으로 그 자체로서 독립적인 예술이며, 다른 예술처럼 현상계의 모사를 제공하는 것이 아니다. 음악은 의지 자체의 언어를 직접 '심연'에서, 가장 독자적이고, 가장 근원적이며, 가장 본원적인 계시로서 끄집어내어 말하는 예술이다. 쇼펜하우어의 철학에서 비롯되었다고 생각되는 음악의 이 이상한 가치 상승과 더불어 음악가 자체의 가치도 갑자기 더할 나위 없이 뛰어올랐다. 이제 음악가는 신탁자, 성직자이며, 아니 성직자 이상의 것이 되어, 물건 '그 자체'의 통화구(通話口)가 되고, 저 너머로부터의 전화기가 되기에 이르렀다. 그후 이 신의 복화술사는 음악만을 말한 것이 아니다. —그는 형이상학을 말하게 되었던 것이다. 그리하여 언젠가는 그가 금욕주의적 이상을 말하게끔 되었다 하더라도 별로 이상할 것은 없지 않겠는가? ……

6

쇼펜하우어는 미학적 문제에 관한 칸트의 견해를 이용하였다. —그러나 그가 그것을 칸트적인 눈으로 보지 않았던 것은 확실하다. 칸트는 아름다움의 술어 중에서도 인식이 자랑으로 삼고 있는 것을 우대하고 중요시하는 것이 예술에 경의를 표하는 길이라고 생각하였었다. 즉, 그것은 비개인성과 보편 타당성의 계기인 것이다. 이것이 본질적으로 그릇되지 않았던가는 지금 여기서 논할 것이 못 된다. 오직 하나 내가 강조해 두고 싶은 것은, 칸트도 모든 철학자와 똑같이 예술가(창작가)의 경험에서 미학적 문제를 검토하지 않고, 오직 '관람자'의 입장에서만 예술과 미에 관해서 고찰하고, 그 경우 남몰래 '관람자' 자신을 '미'의 개념 속에 집어넣었다는 것이다. 그러나 적어도 이 '관람자'만이라도 미의 철학자들에게 충분히 알려져 있었다면 좋았을 것을! —그것이 하나의 커다란 개인적인 사실 및 경험으로서, 미의 영역에 충만한 가장 독특하고 강렬한 체험, 욕망, 경이, 황홀로 알려져 있다면! 그러나 생각했던 바와 같이 사정은 언제나 반대였다. 그래서 우리는 칸트가 미에 관해 내린 유명한 정의에 있어서와 같이, 좀더 미묘한 자기 경험의 결여라는 근본적인 오류가 통통하게 살이 찐 구더기처럼 그 속에 살고 있는 여러 가지 정의를 그들에게 주는 결과가 되는 것이다. 칸트는 '미(美)란 무관심하게 사람을 즐겁게 하는 것이다'라고 말한다. '무관심하게'라고!

그대들은 이 정의와 진정한 '관람자'이면서 예술가였던 스탕달이 내린 또 하나의 다른 정의를 비교해 보라! 스탕달은 일찍이 미를 '행복의 약속'이라고 불렀다. 어떻든 여기서는 칸트가 미적 상태의 유일한 특색으로서 강조했던 것, 즉 무관심성이 거부되고 삭제되어 있다. 옳은 것은 칸트인가 스탕달인가? —물론 우리 미학자들이 칸트의 편을 들어 미의 마력 아래에서라면, 한 올의 실도 걸치지 않은 여인의 입상이라도 '무관심'하게 바라볼 수 있다고 끝까지 주장한다고 하면, 그들의 허튼 수작을 약간 비웃어 주는 것이 좋을 것이다. 예술가들의 경험이란 이러한 미묘한 점에 관해서는 '보다 더 관심이 깊은' 것이다. 그래서 어쨌든 피그말리온은 반드시 '미적 취미가 없는 인간'은 아니었다. 그런 만큼 우리는 그러한 논증 속에 반영되어 있는 우리 미학자들이 천진난만하다는 것을 더욱 호의적으로 생각해 주기로 하자. 그리고 예를 들면 칸트가 시골 목사와 같은 순진성으로, 촉각의 특질에 관해서 설명할 수 있는 방법을 알고 있었다는 것을 칸트의 명예로 간주하기로 하자! 여기서 쇼펜하우어에게로 되돌아가기로 하는데, 그는 칸트보다 훨씬 예술을 잘 이해하고는 있었지만, 그래도 역시 칸트가 정의한 속박에서 벗어나지는 못했다. 도대체 이것은 무슨 까닭이었던가? 여기에는 참으로 기묘한 사정이 있었다. 즉, 그는 '무관심'이라는 말을 극히 개인적인 투로, 그에게는 평상시에 있는 일반적인 일이었음에 틀림없을 그러한 경험으로 해석했던 것이다.

미적 관조의 효과에 관해서만큼 쇼펜하우어가 확신을 가지고 말한 것은 별로 없었다. 미적 관조야말로 성적(性的)인 '관심 상태'를 저지하는 작용을 한다. 그는 그것은 마치 장뇌(樟腦)가 작용하는 것과 같은 것이라고 말한다. 그는 '의지'로부터의 이러한 탈출이야말로 미적 상태의 커다란 장점이며 효능이라고 찬미하는 데 여념이 없었다. '의지와 표상'에 관한 그의 근본 사상, '의지'로부터의 구원은 '표상'에 의해서만 가능하다는 사상은, 성적 경험을 일반화하는 것에서 온 것이 아닌가 하고 묻고 싶은 것도 무리가 아닐 것이다. (말이 나온 김에 첨부해 두지만, 쇼펜하우어 철학에 관한 문제를 생각함에 있어서는 그것이 26세의 청년의 착상이었다는 것, 따라서 그것은 쇼펜하우어 개인의 특성을 지니고 있을 뿐 아니라, 대개 인생의 그 나이 또래의 특성도 지니고 있었다는 것을 잊어서는 안 된다.) 지금 그 한 예로서 그가 미적 상태를 칭찬하기 위해서 쓴 수없이 많은 구절 속에서도 가장 표현이 선명한 일절에 귀를 기울여 보자. ('의지와 표상으로서의 세계' 제1권 231면) 즉, 다음과 같은 말이 지니고 있는 그 어조, 고뇌, 행복, 감사를 들어 보기로 하자. "이것이야말로 에피쿠로스가 최고의 선으로서, 또한 신들의 상태로 찬미했던 고통 없는 상태다. 이 순간이야말로 우리는 비천한 의지의 충동에서 해방되고 있는 것이다. 우리는 의욕이라는 고역의 안식일을 축하하고 익시온(Ixion)의 수레는 조용히 멈추는 것이다"…… 이 얼마나 격렬한 어조인가. 얼마나 고통스럽고 긴 권태라니 이 무슨 묘사란 말인가! '그 순간'이라는 것과 그 밖에 '익시온의 수레', '의욕이라는 고역', '비천한 의지의 충동' 등이 얼마나 병적일 만큼 시간적으로 비교되어 있는가! —그러나 쇼펜하우어가 아무리 옳았다 하더라도, 그것으로 미(美)의 본질을 통찰하는 데 무슨 일을 할 수 있다는 것인가? 쇼펜하우어는 미의 효과 가운데 하나를, 즉 의지의 진정이라는 효과를 말하였다. —그러나 도대체 이것이 정상적인 효과일 것인가? 스탕달은 쇼펜하우어에 못지않게 관능적이지만, 더욱 행복에 넘친 천성의 소유자였는데, 앞서도 말한 것처럼 미의 또 하나의 효과를 강조하고 있다. 즉, '미는 행복을 약속한다'라고. 그로서는 미에 의한 의지의 ('관심'의) 자극이야말로 사실이라고 생각되었다. 여기서 결국 우리는 쇼펜하우어에게 다음과 같이 항의를 할 수 있지 않을까? 그가 이 점에서 자신을 칸트를 잇고 있다고 생각하고 있는 건 너무나도 틀린 일이다. 그는 칸트의 미의 정의를 전혀 칸트식으로는 이해하지 않았다. —그로서도 미(美)가 유쾌한 것은 어떤 '관심' 때문이다. 그것도 가장 강렬하고 극히 개인적인 관심, 즉 고문을 당하고 있는 사람이 그 고통에서 벗어나려고 하는 관심 때문이다라고……우리는 처음의 문제로 되돌아가기로 하자. "철학자로서 금욕주의적 이상을 신봉한다고 하면 그것은 무엇을 의미하는가?"—우리는 여기서 적어도 그 최초의 힌트를 얻었다. 그러한 철학자는 고통에서 벗어나려고 하고 있는 것이다. —

7

'고문'이라는 말을 들었다고 해서 바로 어두운 얼굴을 하지 않도록 주의하자. 이러한 경우야말로 충분히 고려하고, 충분히 생각해야 할 것이 남아 있다. 무엇인가 웃어야 할 만한 것조차 남아 있는 것이다. 특히 우리가 경시해서는 안 될 것은 쇼펜하우어가 정사를 (그 도구인 여자, 이 '악마의 도구'까지 포함시켜서) 실제로 개인적인 적으로 취급했음에도 불구하고, 언제나 좋은 상태를 유지하기 위해서는 적을 필요로 했었다는 것, 또한 그가 노기에 찬 담즙과 같은 검푸른 말을 즐겼다는 것, 격정에 넘쳐 화내기 위해 화냈다는 것, 또한 그가 적도 없고 헤겔도 없고 여자도 없고 관능도 없고 생존이나 살아가는 것에 대한 의지도 전혀 없었다면, 병이 들고 염세주의자가 되었을 거라는(그 까닭은 아무리 그렇게 되려고 원했을망정, 그는 질병도 들지 않고 염세가도 아니었기 때문이다) 것이다. 내기를 해도 좋지만 그런 것이 없었다면 쇼펜하우어는 살아 있지 않았을 것이며, 인생에 작별을 고했을 것이다. 그러나 그의 적이 그를 이 세상에 멈추게 했으며, 그의 적이 끊임없이 그를 생존하도록 유혹했던 것이다. 그에게 있어서 분노는 고대 견유학파(犬儒學派)의 사람들과 마찬가지로 청량제이며, 그의 휴양이며 보수이며, 구토 방지제이며, 행복이었던 것이다.

쇼펜하우어에 있어서 극히 개인적인 일에 관해서는 이 정도로 해두자. 그러나 다른 한편, 그에게는 역시 어떤 전형적인 것이 있다. 여기서 비로소 우리는 우리의 문제로 되돌아가게 된다. 지상에 철학자가 존재하는 한, 또한 철학자가 존재하는 곳에서라면 어디서나(철학에 대한 천분이라는 점에서 반대되는 양극을 들어서 말한다면, 인도에서 영국에 이르기까지) 관능에 대한 철학자 특유의 노여운 기운과 원한을 볼 수 있다는 것은 틀림없는 사실이다. —쇼펜하우어는 이런 예의 가장 웅변적이고 그것을 들을 수 있는 귀를 지닌 사람에게는 가장 요염하고 매혹적인 폭발을 표현하는 것에 불과하다—. 또한 거기에는 금욕주의적 이상에 관한 철학자 특유의 편협과 애착이 보이는 것도 어김없는 사실이다. 방금 말한 것처럼 이 두 사실은 유형적인 것이라고 보아야 할 것이다. 철학자로서 이 두 가지를 지니지 못했다고 한다면, 그는 틀림없이 '자칭 철학자'에 불과한 것이다. 이것은 무엇을 의미하는가? 이렇게 묻는 것도 우리는 먼저 이 사실을 해석해야 하기 때문이다. 즉, 그것도 이 사실이 그 자체로서 모든 '물건 자체'와 똑같이 영원히 우매한 채로 거기에 서 있기 때문이다. 어떠한 동물도, 따라서 철학자라는 동물도 자기의 힘을 충분히 발휘할 수 있어 최대한의 힘의 감정에 이르는데 안성맞춤인 최선의 조건들을 본능적으로 추구하여 노력하는 것이다. 어떠한 동물도 역시 본능적으로, 더구나 '모든 이성보다 뛰어난' 예민한 후각으로 이 최선을 향한 길을 막는, 또한 막을지도 모르는 방해자와 장애물을 피한다. (내가 말하고 있는 것은 '행복'을 향한 길이 아니고 권력을 향한, 행위를 향한, 가장 힘찬 행동을 향한 길이며, 대개의 경우 이것은 실제로는 불행으로의 길이다). 이러한 연유로 철학자는 결혼이나 결혼할 것을 권할지도 모르는 모든 것을 기피한다. 결혼이야말로 자기 최선의 길을 가로막는 장애물이며 재앙이라고 생각했다. 이제까지 위대한 철학자 가운데 결혼한 자가 과연 있었던가?

헤라클레이토스, 플라톤, 데카르트, 스피노자, 라이프니츠, 칸트, 쇼펜하우어, 그들은 결혼하지 않았다. 뿐만 아니라 우리는 그들이 결혼했을 경우를 생각할 수조차 없다. 결혼한 철학자라는 건 희극에 속하는 것이다. 이것이야 말로 나의 신념이다. 그런데 소크라테스라는 예외자에 관해서 말하면, —심술궂은 소크라테스는 바로 이 신념을 일부러 입증하려고 아이러니컬하게도 결혼한 것 같다. 철학자라면 누구나, 일찍이 석가가 그 아들의 탄생을 들었을 때 말했던 것과 똑같은 것을 말할 것이다. "나에게 라훌라(Rahula)가 탄생했다. 나에게는 구속이 씌워졌다"(라훌라는 여기서는 '작은 악령'을 뜻한다)라고. 어떠한 '자유 정신'적인 자로서도, 만일 오래 전부터 이제까지 그저 무료하게 지내왔다면, 일찍이 석가가 부닥쳐 온 것과 똑같은 반성의 시기가 올 것임에 틀림없다.

　—석가는 홀로 생각하였다. "집에 들어앉은 생활은 번거롭도다. 이것은 깨끗한 장소가 아니로다. 자유는 집을 뛰쳐나가는 데 있다." '이렇게 생각하였기에 그는 집을 저버렸던 것이다'. 금욕주의적 이상 속에는 독립에 이르는 수많은 다리가 이미 암시되어 있다. 그래서 철학자는 일찍이 모든 부자유에 대해 단호히 부정을 선언하여 어딘가 황야로 달려간 모든 결심자들의 이야기를, 설령 그 결심자들이 억센 나귀에 불과하며, 억센 정신이란 전엔 반대의 것이었다 하더라도, 진심에서 우러나오는 환희와 박수가 아니면 들을 수가 없었다. 그렇다고 한다면, 금욕주의적 이상이란 철학자에게 있어서 어떤 의의를 갖는가? 나의 대답은—그대들은 이미 잘 알고 있으리라고 생각되지만—이렇다. 즉, 철학자는 이상에 눈을 던질 때, 가장 드높고 가장 대담한 정신성에 있어 최선의 조건들을 인정하여 미소짓는 것이다. —그는 그것에 의해서 '생존'을 부정하지는 않는다. 오히려 그는 그 속에서 오직 자기의 생존만을 긍정한다. 더구나 그는 그것을 아마도 '세계는 멸망할지언정 철학은 이루어지고, 철학자는 살고 나도 살지어다!'라는 건방진 소망과 그리 멀리 있지 않을 정도까지 긍정한다.

8

　보는 바와 같이 철학자들은 조금도 금욕주의적 이상의 가치에 대한 청렴한 증인도 재판관도 아니다! 그들은 자신의 일을 생각하고 있는 것이다. — 그들에게 있어서 '성도가 무슨 관계가 있단 말인가! 그 때 그들이 염두에 두고 있는 것이란, 그들에게 절대 필요한 것, 그것이다. 그것은 구속이나 방

해나 소음으로부터의 자유, 용무나 의무나 우려로부터의 자유이다. 또한 그
것은 두뇌의 명석함이며, 사상의 춤과 도약과 비상이다. 모든 동물적 존재가
정신화되어 날개를 갖게끔 되는 드높은 산의 공기처럼 희박하고, 청명하고,
자유롭고 건조된 좋은 공기이다. 모든 지하실 속의 안식인 것이다. 소리 없
이 쇠사슬에 묶여 있는 것이다. 그것은 적개심과 참을 길 없는 복수심도 아
니고, 상처받은 명예심의 번민도 아니다. 오히려 겸손하고 공손한 마음씨를
지니고 맷돌처럼 부지런하고, 더구나 눈에 띄지 않고 있는 것이다. 낯선 것,
저편 세계의 일, 미래의 일, 죽은 뒤의 일을 은근히 생각해 보는 심정을 지
니고 있다는 것이다.

　—요컨대 그들이 금욕주의적 이상에 있어 생각하고 있는 것은 신적인 것
이 되어 날개가 달리게 된 동물처럼, 오히려 그러기에 삶을 휴식하려고 하는
것보다는 삶의 위를 날아다니는 동물처럼 명랑한 금욕주의인 것이다. 금욕
주의적 이상의 세 가지 거창한 수식어가 무엇인가를 그대들은 다 알고 있다.
그것은 청빈과 겸손과 정결이다. 그러면 그대들은 시험 삼아 모든 위대하고
생산적이고 독창적인 정신을 지닌 사람들의 생활을 가까이 서서 주시해 보
려무나. 그러면 거기에 이 세 가지의 것이 모두 어느 정도까지는 발견될 것
이다. 새삼스레 말할 필요도 없는 것이거니와 그것은 그들의 덕과 같은 것은
결코 아니다. 이 따위 인간에게 덕이 무슨 관계가 있단 말인가! 오히려 그
것은 그들 최선의 생존, 그들 최대의 미(美)에 풍요성을 위한 가장 고유하
고 가장 자연적인 조건으로서 그러한 것이다. 그 경우, 충분히 생각될 수 있
는 것은 그들의 지배적인 정신성이 억제할 길 없는, 또한 민감한 자부심이나
제멋대로의 관능을 먼저 제어하지 않으면 안 되었으리라는 것, 또 그들의 정
신성은 사치품과 특제품을 좋아하는 성향에 대해서, 낭비적인 관대한 정
(情)에 대해서, ‘황야’를 향하는 의지를 유지하는 것에 고심참담했으리라는
것이다. 그러나 이 정신성이야말로 다른 어떠한 본능에도 반항하여 자기의
요구를 관철시키는 지배적 본능으로 그 의지를 행했던 것이며, 지금도 역시
그렇게 하고 있는 것이다. 이것을 하지 않는다면 그것은 도저히 지배적인 것
이라고는 말할 수 없다. 게다가 방금 내가 말한 그 황야, 저 억세고 자주적
인 자질로 태어난 정신이 고독을 찾아 물러앉는 황야—아아, 그것은 교양
있는 사람들이 몽상하는 황야와는 얼마나 다른 것이었을까—경우에 따라서

는 바로 이 교양 있는 사람들 자신이 이 황야인 것이다. 정신의 모든 배우들이 이 황야 속에서 도저히 견딜 수 없었다는 것은 확실하다. 그들에게 황야는 전혀 낭만적이지도 않고 시리아적도 아니고, 또한 무대로 사용하는 황야도 아니다! 사실, 거기에도 낙타가 없는 것은 아니다. 그러나 진짜 황야와 유사한 점이라고는 단지 그것뿐이다. 아마도 제멋대로의 감춤, 자기 자신으로부터의 도피, 소란스러움이나 숭배나 신문이나 영향에 대한 공포, 하나의 조그마한 역할, 일상적인 일, 눈에 띄게 드러내는 것보다 숨겨둘 만한 어떤 것, 눈을 즐겁게 하는 천진난만하고 명랑한 동물을 상대로 하는 것, 때때로 산과 벗하는 것—그것도 죽은 산이 아니라 눈을 가진(즉 호수와 함께 있는) 산을 벗으로 하는 것, 때로는 사람을 잘못 볼 염려도 없으며 누구와 이야기를 나눠도 책망당할 염려가 없는 모든 사람을 위한 여관방 하나—그것이 바로 여기서 말하는 '황야'이다. 아아, 이것은 실로 적막한 일이로다. 내가 말하는 것을 믿어다오! 그 옛날 헤라클레이토스가 거대한 아르테미스 신전의 넓은 뜰과 주랑에 숨었을 때, 그 '황야'는 더욱 장엄한 것이었음을 나는 인정한다. 왜 우리는 그와 같은 신전을 지니지 못했던가. (—어쩌면 우리도 그런 걸 지니고 있는지도 모른다. 지금 나는 '산 마르코 광장'의 더할 나위 없이 아름다운 내 서재를 생각하고 있다. 그 때는 봄날이었고, 그것도 오전, 시간은 10시부터 12시 사이.) 그러나 헤라클레이토스가 피했던 것은 역시 우리가 오늘날 피하는 것과 똑같은 것이었다. 바로 에페소스 사람들의 소란스러움과 민주주의자들의 수다, 그들의 정치, '제국'(물론 페르시아를 말한다)에 관한 뉴스, 이른바 '현세'에 관한 시장의 고물상이 그것이다. —그 까닭은 우리 철학자란 무엇보다도 어떤 한 가지 일로부터, 즉 모든 '현세'적인 것으로부터의 휴식을 필요로 하기 때문이다.

　우리는 정적과 냉정함, 고귀함, 요원한 것, 과거의 것을 존중한다. 그것을 바라보더라도 영혼이 스스로를 변호할 필요도 없고 스스로 긴장할 필요도 없는 모든 것을 존중한다. —소리높이 말하지 않더라도 이야기할 수 있는 것이라면, 무엇이든 이것을 존중한다. 하나의 정신이 말할 때, 그 정신이 지닌 음색을 귀담아듣는 것이 좋을 것이다! 모든 정신은 그 고유의 음색을 지니고 있으며, 그 음색을 사랑한다. 예를 들면, 거기의 그 정신은 아마도 선동자임에 틀림없다. 말하자면 머리가 텅 빈 바보든가 속이 빈 단지도, 그 속에 들어간 것은 어떤 것이라도 모두 커다란 공허의 울림을 받아 둔하게 그 속에서 되돌아오는 것이다. 또한 저기 저 정신은 거의 언제나 목쉰 소리로만 이야기하는데, 아마도 목쉰 소리로 생각해 왔던 것일까? 이것은 있을 만한 일이다—생리학자에게 물어 보는 것이 좋으리라—. 그러나 말로써 생각하는 자는 연설가로서 생각하고 있기에, 사상가로서 생각하고 있는 것은 아니다. (이것은 그가 근본적으로 사물을 생각지도 않고, 사물을 있는 대로만 생각하지 않고, 단지 사물에 관해서만 생각하고 있음에 불과하다는 것, 그는 본래 자신 및 그 자신의 청중을 생각하고 있다는 것을 표시하고 있다.) 또한 거기 세 번째의 정신은 끈질기게 이야기를 한다. 그는 우리 몸에 바싹 다가와서 숨결이 우리 몸에 닿을 정도가 된다.—설령 그가 하는 말이 책을 통해서일지라도 우리는 모르는 사이에 입을 다물어 버린다. 왜 그런지는 그의 문체의 어조가 이유를 말해준다.—나에게는 시간이 없다. 나는 자신을 아무래도 믿을 수가 없다. 나는 오늘이 아니고는 결코 이야기할 시간이 없다고. 그러나 자신에게 확신을 갖는 정신은 나직한 목소리로 말한다. 그는 감추어진 것을 찾으며, 사람을 기다리게 한다. 철학자는 세 가지 현란하고 시끄러운 것, 즉 명예와 왕후와 여자를 멀리한다는 점에서 인정된다. 그러나 이 세 가지가 그의 곁으로 가까이 오는 일이 없다는 것을 뜻하는 건 아니다. 그는 너무 밝은 빛을 싫어한다. 그러므로 자기의 시대와 '대낮'을 싫어한다. 거기에서 그는 그림자와 같으며, 해가 지면서 차츰 크게 되는 것이다. 또한 그의 '겸손'에 관해서 말하면, 그는 어둠에 견디는 것처럼 어떤 종류의 종속이나 비천함에도 견딘다. 게다가 그는 번개로 마음이 혼란스러워지는 것을 두려워한다. 또한 변덕스러운 악천후에 휘말리기도 하는 한 그루의, 너무나도 외로운 나무의 무방비한 상태에 공포를 갖고 있다.

그가 지닌 '모성적' 본능, 자기 안에 자라고 있는 것에 대한 이 은밀한 사랑은 그에게 자신의 일을 생각하지 않고 지닐 만한 지위에 자리잡을 것을 명령한다. 이것은 여성에게 있어 모성 본능이 이제까지 여성 일반의 예속적 지위를 유지하여 온 것과 똑같은 의미이다. 이 철학자들이 요구하는 것은 결국 아주 미미한 것이다. 그들의 표어는 '소유하는 자는 소유당한다'는 것이다—. 되풀이해서 말하지만, 이것은 덕에서, 만족과 검소함을 향한 훌륭한 의지에서 나온 것은 아니다. 반대로 그들 최고의 지배자가 이것을 그들에게 요구하는 데서, 교묘하고 준엄하게 요구하는 데서 나온 것이다. 이 최고의 지배자는 단지 한 가지 일에만 마음을 두고, 시간과 힘과 사랑과 관심 등 모든 것을 그 하나의 일을 위해서만 집중하며, 그 일을 위해서만 저장한다. 이런 인간은 적의에 의해서 방해되는 것을 싫어하며, 우정에 의해 방해되는 것도 싫어한다. 그들은 쉽사리 잊어버리고, 쉽사리 경멸한다. 그들에게는 순교자가 된다는 것이 악취미라고 생각된다. '진리를 위해서 고생한다.'—이런 것을 그들은 야심가나 정신의 주역자나 그 밖에 그것을 할 만한 여가를 가진 자들에게 위임한다. (—그들 자신, 즉 철학자들은 진리를 위해서 해야 할 그 무엇이 있는 것이다)

그들은 거추장스러운 말을 하기를 삼가한다. 그들은 '진리'라는 말조차 그것이 허풍선이의 냄새가 난다고 해서 싫어한다. ……마지막으로 철학자들의 '정결'에 관해서 말한다면, 이런 정신의 다산성은 분명히 어린애를 낳는다는 것보다도 다른 곳에 있다. 아마도 그들 이름의 존속, 그들의 조그마한 불멸성도 역시 다른 곳에 있을 것이다. (고대 인도의 철학자에게는 한층 대담하게 표현되어 있다. —"스스로의 영혼이 세계 그 자체라고 여기는 자에게는 자손이 무슨 필요가 있단 말인가?"). 이 태도 속에는 금욕주의적 의혹이나 관능에 대한 증오에서 오는 정결의 흔적 같은 것은 전혀 없다. 그것은 투기하는 자나 경마 기수가 여자를 멀리하는 것이 정결이 아닌 것과 똑같은 것이다. 오히려 그들의 지배적인 본능이, 적어도 임신기에 있는 여자를 멀리하고자 하는 것이다. 커다란 정신적 긴장과 준비 상태에 있는 경우 동침이 얼마나 해로운 결과를 초래하는가는 모든 예술가가 아는 것이다. 그들 중에서 가장 강하고 가장 확실한 본능을 지닌 자들에게, 그것을 알기 위해 반드시 경험을, 더구나 쓰라린 경험이 필요한 것은 아니다. 오히려 이 경우, 생장하고 있는 작품을 위해서, 저축되고 준비된 다른 모든 힘과 동물적 생명의 활력을 남김 없이 처리하는 것은 바로 그들의 '모성적' 본능이다. 이 때에는 좀더 커다란 힘이 좀더 적은 힘을 소모해 버리는 것이다. 여기서 우리는 이와 같은 해석을 근거로 하여, 먼저 말한 쇼펜하우어의 경우를 올바르게 보자. 그에게 미의 관조는 분명히 그의 본성의 주요 능력(성찰력과 통찰력)을 해방시키는 자극으로서 작용했다. 그 결과, 그 주요 능력은 폭발하여 의식의 지배자가 되었다. 그러나 이 일은 미적 상태의 고유하고 독특한 감미로움과 풍요함이 바로 '관능'이라는 성분에서 유래할 수 있다(묘령의 처녀에게 특유한 '이상주의'도 관능이라는 동일한 기원을 지니는 것같이)는 가능성을 제외하는 것은 아니다. —따라서 관능은 쇼펜하우어가 믿었던 것처럼, 미적 상태에 나타날 때에 소멸되는 것이 아니고 다만 변모하는 것뿐이며, 그것이 성적 자극으로서는 의식에 떠오르지 않는다는 것뿐이다. (이 관점에 관해서는 다른 기회에, 이제까지 한 번도 언급도 되지 않고 해명도 되지 않았던 미학의 생리학에 속하는 한층 미묘한 문제들과 관련하여 다시 한 번 논할 것이다.

9

우리가 보아 온 것에 의하면 어떤 금욕주의, 즉 더할 나위 없이 훌륭한 의지의 준엄하고 명랑한 금욕은 최고의 정신성이 지닌 유익한 조건 가운데 하나인 동시에 또한 가장 자연적인 결과 가운데 하나이기도 하다. 그러고 보면 금욕주의적 이상이 바로 철학자들에 의해서, 언제나 어느 정도 편견적인 것으로서 취급되어 왔다고 하더라도 그다지 이상한 일은 아닐 것이다. 그뿐만 아니라 역사적 검토를 신중히 가해 본다면, 금욕주의적 이상과 철학과의 유대는 훨씬 긴밀하고 견고하다는 것이 증명된다. 대개 철학은 이 금욕주의적 이상의 걸음마 끈을 붙잡고서 비로소 지상에 그 최초의 아장걸음을 옮기게끔 되었다고 말해도 좋을 것이다—아아, 얼마나 서투른 모습일까! 아아, 얼마나 찌푸린 표정일까! 금시라도 굴러 떨어질 것 같은 모습이 아닌가! 이 얼마나 꾀죄죄하고 겁 많고 우스꽝스러운 나약한 자인가! 철학에 있어서도 처음엔 사정은 모든 좋은 사물에 있어서와 똑같은 운명을 거쳤다.

그들은 오랫동안 자신에 대한 용기를 갖지 못하여, 언제나 누군가가 도와주려고 오지 않나 하고 사방을 두리번거리고 있었으며, 자기들을 보고 있는 모든 사람들을 두려워하기까지 했다. 시험삼아 철학자의 충동이나 덕성을 하나하나 순서대로 세어 보자. —그의 의혹적 충동, 부정적 충동, 대기적(억제적) 충동, 분석적 충동, 연구하고 탐구하고 감행하는 충동, 균형화와 평균화의 충동, 중립성과 객관성을 향한 의지, 모든 '노여움이 없고 편애가 없는' 공평을 향한 의지—이 모든 것이 극히 오랫동안 도덕이나 양심의 첫째 요구에 역행하였다는 것을 그대들은 이미 충분히 이해하고 있을 것이다. (루터도 즐겨 '영리한 창부의 영리한 부인'이라고 부른 이성에 관해서는 전혀 아무런 말도 하지 않기로 하더라도.) 철학자가 만일 자기를 의식하게끔 되었다고 한다면, 그는 반드시 자기를 '우리는 금단의 것을 추구한다'는 것을 느끼지 않을 수 없었으리라는 것, —따라서 그는 '자기를 느끼지' 않게끔, 자기를 의식치 않게끔 주의했으리라는 것, 이 점도 이미 충분히 이해하고 있는 것일까? ……방금 말한 것처럼 우리가 오늘날 자랑으로 여기고 있는 모든 좋은 사물에 있어서도 사정은 다를 바가 없다. 고대 그리스 사람의 척도로 재어본다 하더라도, 우리의 모든 현대적 존재는 약함이 아니고 오히려 권력이며 권력 의식인 한, 그것은 순수한 오만이며 배신인 것처럼 보인다. 그 까닭은 오늘날 우리가 숭배하고 있는 것과는 반대의 사물이야말로 극히 오랫동안 양심을 자기편으로 하여 신을 자기의 경호원으로 여겨 왔기 때문이다. 오늘날 오만이란, 자연에 대한 우리의 태도이며, 기계나 전문가적이고 기술가적인 발명의 도움에 의해서 우리가 자연에게 가하는 포학이다.

오만은 신에 대한 우리의 태도다. 다시 말하면 인과율이라는 어마어마한 그물 뒤에 숨어 있는, 이른바 목적과 윤리라는 거미에 대한 우리의 태도인 것이다. —우리는 루이 11세와 싸운 찰스 왕처럼 '짐은 세계적인 거미와 싸운다'고 말할 수도 있으리라—. 또한 자기 자신에 대한 우리의 태도는 오만이다. 왜냐하면 우리는 어떠한 동물에게도 감히 할 수 없는 실험을 스스로에게 하며, 스스로의 살아 있는 육체 속에 깃든 영혼에 호기심으로 즐겨 메스를 가하고 있다. 이제 영혼의 '구원' 같은 것이 우리에게 무슨 소용이 있단 말인가! 후에 이르러 우리는 자기 자신을 구원하는 것이다. 병에 걸리는 것은 유익한 것이 많으며 건강한 것 이상으로 배우는 것이 많다. 이 일을 결코 우리는 의심하지 않는다. —오늘날에는 병들게 하는 자가 의사라든가 '구세주'라든가 하는 자보다 훨씬 필요하다고까지 생각된다. 의심할 여지도 없이 이제 우리는 자기 자신에게 포학을 가하고 있다. 우리는 우리 영혼의 호두를 까는 자다. 산다는 것이 마치 호두를 까는 것에 불과한 것처럼 우리는 묻는 자이며, 의문을 품는 자이다. 그 때문에 우리는 필연적으로 또한 더욱 의문을 품는 자, 물을 만한 가치가 있는 자가 되지 않을 수 없다. 바로 그런 까닭에 또한 아마도 더욱 살 만한 가치가 있는 자가 되지 않을 수 없는 것이 아닐까? ……모든 좋은 사물은 이전에는 모두 나쁜 것이었다. 하나하나의 원죄에서 덕이 발생하였다. 예를 들면 결혼은 오랫동안 공동체의 법에 대한 침범으로 간주되었다. 옛날에는 불손하게도 한 여자를 독점한다는 것에 대해서 배상을 지불하였던 것이다. (낡은 '양풍미속'의 수호자인 성직자들의 특권으로 되어 있는 '초야권(初夜權)'이 그 하나의 보기다). 저 부드럽고, 상냥하고, 온순하며, 동정심 많은 감정—이것은 후에는 높이 평가되어 거의 '가치 그 자체'로까지 되게끔 되었으나—이 감정은 사실 오랫동안 그것을 지닌 사람 자신에게마저도 천하게 여겨졌다.

옛날 사람들은 오늘날 우리가 냉혹함을 부끄럽게 여기는 것처럼 온순함을 부끄럽게 여겼다. 법에 대한 복종, 오오, 지상의 곳곳에서 고귀한 종족들은 '앙갚음'을 스스로 단념하여 법의 위력에 굴복하는 데에 얼마나 양심의 저항을 느꼈던가! '법'이란 건 오랫동안 금지된 것이며, 불법이며 혁신이었다. 그것은 폭력으로 나타나 사람들은 법에 복종하는 것을 치욕으로 여겼던 것이다. 이 지상의 아무리 작은 한 발자국일지라도, 그 옛날은 정신적 및 육체적인 고문의 괴로움과 싸워 나갔던 것이다. "단지 전진할 뿐만 아니라, 그렇다! 어떠한 진행 운동이나 변화로 그것을 위한 헤아릴 수 없는 순교자를 필요로 하였다." 대개 이러한 견해는 모두 오늘날의 우리에게는 정말 이상하게 생각된다. —나는 이 견해를 《아침놀》(18절)에 분명히 밝혀 두었다. "오늘날 우리가 자랑으로 삼고 있는 약간의 인간 이성과 자유의 감정만큼 높은 가치로 취급된 것은 없었다. 그러나 이러한 자부심이 있기 때문에 바로 오늘날 우리에게는 인류의 성격을 확정한 진정하고 결정적인 주요한 역사로서 '세계사'에 선행하는, 풍습의 도덕의 광대한 시기에 동감하는 것이 거의 불가능하게 되었다. 그 시기에는 괴로움이 덕으로서, 잔인이 덕으로서, 위장(僞裝)이 덕으로서, 복수가 덕으로서, 이성의 부정이 덕으로 인정됐고, 그 반면 평안이 위험으로, 지식욕이 위험으로, 평화가 위험으로, 동정이 위험으로, 동정받는 것이 모욕으로, 노동이 모욕으로, 광기가 신성함으로, 변화가 부도덕한 것이며 파멸을 내포하는 것으로 통용되었던 것이다!"

10

그 책의 제42절에서는 관상적(觀想的) 인간의 가장 오랜 종족이 어떠한 평가 속에, 어떤 평가의 압력 아래서 살지 않으면 안 되었던가를 논하였다. —사실 그들은 무서워하지 않을 만큼, 그 정도로 경멸당했다! 관상은 가장

한 모습으로, 애매한 외모로서 심술궂은 마음을 지니고, 또한 때때로 불안한 머리로 처음으로 이 지상에 나타났다. 이것은 아무런 의심할 여지가 없다. 관상적 인간은 그 본능에 숨어 있는 비활동적인 것, 사변적인 것, 비전투적인 것 때문에 오랫동안 깊은 불신에 휩싸여 있었다. 이것을 타파하기 위해서는 자신에 대한 명확한 공포를 불러일으키는 것 이외에 다른 방법이 없었다. 그리하여 예를 들면 고대의 브라만들은 이것을 알고 있었다! 이 가장 오랜 철학자들은 그들의 존재와 출현에 하나의 의미, 하나의 근거와 배경을 주는 방법을 알고 있었으며, 그것으로 사람들을 공포에 떨게 하였다. 그러나 이것은 더욱 면밀하게 고려한다면, 그보다도 훨씬 기본적인 요구에서, 즉 그들이 자신에 대해서 공포와 경외심을 지니게끔 되고 싶어하는 요구에서 나왔던 것이었다. 그 까닭은 그들은 자신에 반대되는 모든 가치 판단을 자신 속에서 발견하였기 때문이며, '자신 속에 있는 철학자'에 반대하는 모든 종류의 의혹과 반항을 극복하지 않으면 안 되었기 때문이다. 그들은 이 일을 무서운 시대의 인간으로서 무서운 수단으로 수행했다. 즉, 자기 자신에 대한 잔인함과 독창적인 고행으로 그것을 수행했다. —이것이야말로 권력에 굶주린 숨어 있는 자나 사상 혁신자들의 주요 수단이었으나, 그들로서는 자신의 혁신을 믿을 수 있기 위해서 먼저 자신의 안에 있는 신들과 인습을 극복하지 않으면 안 되었던 것이다.

여기서 내가 떠올리는 것은 비슈바미트라 왕의 유명한 이야기다. 그는 수천 년에 걸친 자학적 고행의 결과, 커다란 권력 감정과 자신을 얻어, 새로운 천국을 세우려고 시도하기에 이르렀다. 이것이야말로 이 지상에 있어 가장 오래되고 가장 새로운 철학자 이야기의 무서운 상징이다. —일찍이 '새로운 천국'을 세운 사람들은 그것을 세우기 위한 권력을 먼저 자신의 지옥 속에서 발견하였다……이 사실의 전체를 간결한 방식으로 요약하면 다음과 같이 말할 수 있다. 즉, 철학자 정신은 그것이 어느 정도 존재하기 위해서는 무엇보다도 늘 관상적 인간이라는 이전부터 확정되어 있는 형태로써 자기를 가장하고 모습을 바꾸어, 성직자나 마술사나 예언자로서 일반적으로 종교적 인간이 되지 않으면 안 되었다. 금욕주의적 이상은 오랫동안 철학자에게는 그 출현을 위한 형상으로서, 그 실존의 전제로서 도움이 되어 왔다. 철학자이기 위해서는 이 이상을 표명하지 않으면 안 되며, 이것을 표명할 수 있기 위해서는 그것을 믿지 않으면 안 되었다. 철학자들에게 특유한 세계 부정적인 삶을 적대시하는 관능을 믿지 않는 초탈적 태도는 최근에 이르기까지 유지되어 왔던 것이며, 그리하여 이것이 거의 철학자의 태도 자체로 간주하게끔 되었는데, 이러한 태도는 무엇보다도 철학이 일반적으로 성립하고 존속하기 위한 불가결한 조건에서 발생한 결과이다. 즉, 금욕주의적 외투나 옷 없이, 금욕주의적인 자기 오해 없이는 그처럼 오랫동안에 걸쳐 철학이 이 지상에 존재하기는 도저히 불가능했을 것이다. 이것을 일목요연하게 표현한다면, 금욕주의적 성직자는 최근에 이르도록 적의 있는 음울한 송충이의 모습을 하고 있었으며, 이러한 모습을 함으로써만 철학은 살 수 있었으며 기어 다녔던 것이다…… 이러한 양상은 정말로 변하였던가? 이 송충이 속에 숨어 있었던 다채롭고 위험한 날짐승인 '정신'은, 정말로 한층 양지바르고 따스한 밝은 세계 덕분에 마침내는 옷을 벗고 햇빛 속으로 뛰쳐나올 수 있었던가? 바야흐로 이제는 충분한 긍지, 과감성, 용기, 자신감, 정신의 의지, 책임에 대한 의지, 의지의 자유가 구비되어, 정말 지금이야말로 이 지상에 '철학자'가 존재하게끔 되었단 말인가? ……

11

금욕주의적 성직자에 관해서 살펴본 후, 이제 비로소 우리는 "금욕주의적 이상은 무엇을 의미하는가?"라는 우리의 문제와 진지하게 대결하게 되었다. 이제야 비로소 그것이 '진지'한 것이 되었던 것이다. 이제야말로 우리는 진지함의 진정한 대표적 문제와 마주 서 있는 것이다. "모든 진지함은 무엇을 의미하는가?" 이 근본적인 문제가 아마도 여기서 제일 먼저 우리들 입술에 오르게 될 것이다. 당연히 이것은 생리학자에게 있어서의 문제이긴 하지만, 지금은 이에 대해 언급하지 않기로 하자. 금욕주의적 성직자는 금욕주의적 이상에 있어서 다만 그의 신앙뿐만 아니라 그의 의지, 그의 권력을 같이한다. 그러므로 만일 우리가 이 이상의 반대자라고 한다면, 바로 이 성직자라는 무서운 적에게 부닥친다는 것이 무엇이 이상할 것인가? 즉, 자기의 존재를 유지하기 위해서 이 이상의 부정자와 싸우는 무서운 적에게 부닥친다고 하더라도 별로 이상할 것은 없다. ……그러나 한편, 문제에 대한 이러한 우리의 편파적인 태도가 이 문제를 해명하는 데 있어 특별히 효과적이라고는 처음부터 생각되지 않는다. 금욕주의적 성직자는 그 자신의 이성에 대한 가장 적절한 변호자가 되기조차 어렵다. 그것도 여성에게는 '여성 자체'를 변호하려고 하더라도 잘 되지 않는다는 것과 같은 이유에서이다. 더구나 금욕주의적 성직자는, 여기서 야기된 논쟁의 가장 객관적인 비판자나 심판자가 될 수 없는 것은 물론이다. 따라서 우리로서는 그에게 아주 교묘하게 반박당하는 것을 무서워하기보다는, 오히려 그가 우리에 대해서 자신을 변호할 수 있게끔 도와줘야 할 것이다—이것은 이미 너무나도 명백한 일이다—. 여기서 논쟁의 중심이 되어 있는 사상은, 금욕주의적 성직자 측에서 본 우리 삶의 평가가 어떤가 하는 것이다. 그들의 손에 걸리면, 우리의 삶은 (이 삶까지도 안에 포함시키는 '자연'이나 '세계', 즉 생성과 사멸의 모든 영역과 더불어) 삶에 대립적이며, 서로 용인될 수 없을 만한 아주 다른 종류의 생존과 관계된다. 단, 삶이 때때로 자신을 배반한다든가 자기 자신을 부정하든가 하는 경우는 다른 것이며, 이런 경우 금욕주의적 삶의 경우에 있어, 이 삶은 다른 종류의 생존을 위한 하나의 다리로 간주된다.

금욕주의자는 삶을 결국은 그 처음의 출발점까지 되돌려져야 할 하나의 미로로 취급한다. 혹은 행위에 의해 반박당하고—반박당해야 할 오류로 취급한다. 왜냐하면 그는 사람들이 자기와 동행하는 것을 요구하며, 또한 가능하면 생존에 대한 자기의 평가를 강요하기 때문이다. 이것은 무엇을 의미하는 것인가? 이와 같은 괴상한 평가법은 인류의 역사 속에 예외적인 일이나 진기한 일로서 기입되어 있는 것이 아니라, 극히 넓은 범위에 걸쳐서 영속적으로 존재하는 사실이다. 만일 이것을 먼 천체로부터 읽었다고 한다면, 아마도 우리 지구상의 생존이라는 대문자(大文字)는 오해되어 다음과 같은 결론으로 사람을 끌어들일지도 모른다. —이 지구는 금욕주의적인 별이다. 자기 자신이나 대지나 모든 삶에 대한 깊은 불만에서 벗어난 일이 전혀 없고, 고통을 주는 것을 즐거움으로 느끼고—아마도 유일한 즐거움으로 느끼고—자기 자신에게 될 수 있는 한 많은 고통을 준 불평과 불만을 가진 오만불손하고 더러운 생물들의 은닉처라고. 어쨌든 우리는 금욕주의적 성직자가 얼마나 규칙적으로, 얼마나 보편성 있게, 얼마나 거의 모든 시대에 나타나는가를 잘 고려해 보자. 금욕주의적 성직자는 하나의 종족에 속해 있는 것이 아니다. 그는 곳곳에서 자라며 모든 계급에서 발생한다. 그는 결코 자기의 평가

법을 유전으로 배양하거나 증식시키거나 하지 않는다. 사실은 그 반대이며, ─대체로 말해서 오히려 어떤 깊은 본능이 그에게 번식이라는 것을 금하고 있다. 이 삶을 적대시하는 종족을 되풀이해서 계속 생장시키며 번식시키는 것은 최고급의 필요성이 틀림없다. 이러한 자기 모순적인 전형이 사멸하지 않게끔 하는 것은, 아마도 삶 자체의 관심사임에 틀림없을 것이다. 금욕주의적인 삶이란 하나의 자기 모순이기 때문이다. 거기에는 견줄 데 없는 원한이 지배하고 있으나, 이것은 삶의 어떤 부분이 아니라 삶 그 자체를, 기초적인 조건들을 제압하려는 한없는 본능과 권력 의지와 원한이다. 여기서는 힘의 원천을 틀어막기 위해 힘을 이용하려는 시도가 행해지는 것이다. 여기서는 생리적인 발달 자체에 대해서, 특히 그 표현이나 미(美)나 기쁨에 대해서 질투심 많은 음침한 눈초리가 퍼부어진다. 그 반대로 잘못된 것이나 발육 부진이나 고통이나 불행, 추악한 것이나 자발적인 희생, 자기 상실이나 자기 징벌, 자기 희생에 대해서는 어떤 희열을 느끼기도 하고 또한 요구되기도 한다. 이 일들은 모두 극히 역설적이다. 여기서 볼 수 있는 것은 자기 자신을 분열시키려고 바라는 분열성이고, 이 분열성은 이러한 고뇌 속에서 자신을 향락할 뿐 아니라, 그 자신의 전제 조건인 생리적 생활력이 감소하는 데 따라 더욱 자신을 얻고, 더욱 의기양양하게 된다.

 ‘죽음이라는 괴로움 속의 승리’, 이 최고급의 깃발 아래 예부터 금욕주의적 이상은 싸워 왔다. 이 유혹의 수수께끼 속에, 이 황홀함과 고민의 영상 속에, 그 이상은 자기의 가장 밝은 빛을, 자기의 구원을, 자기 최후의 승리를 인정했던 것이다. ‘십자가, 호두, 빛’─이 세 가지는 금욕주의적 이상에 있어서는 하나가 되어 있다─

12

 모순과 반자연(反自然)을 향해 육체를 구비한 의지가 철학을 하게 되었다고 한다면, 이 의지는 자기의 가장 내면적인 자의를 어디로 향하게 할 것인가? 아마도 가장 확실하게 진실이라고 느껴진 것, 실재적이라고 느껴진 것으로 향해질 것이다. 이 의지는 진정한 삶의 본능이 가장 무조건적으로 진리를 설정하는 바로 그 장소에서 오류를 찾게 될 것이다. 이 의지는 예를 들면 베단타 철학의 고행자들이 한 것과 같이 육체적인 것을 환영으로 격하시키고, 고통이나 다수성이나 ‘주관’과 ‘객관’이라는 개념적 대립의 모든 것까지도 격하시킬 것이다. ‘오류다. 오류 외에는 아무것도 아니다!’ 라고 할 것이다. 자기의 자아에 대한 신앙을 거절하고, 자신의 그 ‘실재성’을 부정한다. —얼마나 대단한 승리인가! —이것은 이제 단순과 관능이나 목격에 대한 제압의 승리가 아니라 그보다도 훨씬 높은 종류의 승리이며, 이성에 대한 하나의 포학함이며 잔인함이다. 그러한 승리로서의 환락은 이성의 금욕주의적인 자기 경멸과 자기 조소가 “진리와 존재의 왕국이 있다. 그러나 이 이성은 거기에서 축출되고 있다!”라고 선언함에 이르러 절정에 달한다. ……(말이 나온 김에 말해 두지만, ‘사물의 예지적 성격’이라는 칸트의 개념 속에서도 이성으로 하여금 이성에 대립하게 하기를 좋아하는 탐욕적이고 금욕주의자적인 분열성이 얼마만큼 남아 있다. 즉, 칸트에 있어서 ‘예지적 성격’이라는 것은 지성에게는 그것이—전혀 붙잡을 수 없다는, 단지 그 일만이 지성에 이해될 만한 사물의 어떤 종류의 성질을 의미한다.) 그러나 결국 우리는 바로 인식자로서 오랫동안 정신이 자신에게 무익하다고 생각되는 포학함을 가하여 온 일반적인 원근법이나 평가를 그렇게까지 과감하게 역전시킨 데 대해 감사하지 않으면 안 된다. 요컨대 이처럼 단호하게 견지를 변경하는 것, 견지를 변경하려고 원하는 것은 지성이 후에 그 ‘객관성’에 도달하기 위한 적지 않은 훈련이며 준비인 것이다. —여기서 말하는 ‘객관성’이란, ‘관심 없는 직관’이라고 해설되어서는 안 되며 (그것은 무의미이며 불합리다), 오히려 지성의 향배(向背)를 멋대로 좌우하여, 이것을 자유자재로 걸었다 떼었다 하는 능력이라고 해석해야 할 것이다. 그것을 위해서만 사람은 가지각색의 원근법이나 감정적 해석의 차이를 인식을 위해서 이용할 수가 있었을 것이다. 그렇다면 우리 철학자 여러분이여! 우리는 이제부터 ‘순수하고 의지가 없고’ 고통이 없으며 시간이 없는 인식 주관을 설정한, 위험하고 낡은 개념적 허구에 대해서, 이제까지보다 더욱 경계하지 않으려는가? 또한 ‘순수 이성’이라든가 ‘절대적 정신성’이라든가, ‘인식 자체’라든가 하는 것과 같은 모순된 개념의 촉수에 대해 경계하지 않으려는가. 이러한 개념에 있어서는 늘 생각할 수도 없을 만한 하나의 눈을 생각하여야 된다는 것이 요구되고 있다. 즉, 전혀 아무런 방향조차 갖지 않은, 더욱이 그것에 의해서 비로소 ‘보는 것’이 정말로 ‘무엇인가를 보는 것’이 되게끔 하는 능동적이며 해석적인 기능이 억압당하고, 결여되어 있는 것과 같은 하나의 눈을 생각하는 것이 요구되고 있다. 따라서 거기에는 늘 모순과 불합리가 눈에 대해 요구되고 있다. 거기 있는 것은 단지 하나의 원근법적으로 보는 것, 단지 하나의 원근법적 '인식'뿐이다. 그러나 우리가 한 사물에 관해서 보다 많은 감정에게 발언하게 하면 할수록 그 동일한 사물에 대해서 보다 많은 눈, 가지각색의 눈을 돌릴 수 있다면 그럴수록 그만큼 그 사물에 관한 우리의 '개념', 우리의 '객관성'은 보다 완벽하게 될 것이다.

그런데 의지를 아주 배제하고 감정을 남김없이 제거한다는 것은, 설령 그것이 우리에게 가능하다 하더라도, 어떨까? 그것은 지성을 거세하는 것은 아닐까? ……

13

그러나 이야기를 원점으로 되돌려 보자. 금욕주의자에게 나타나고 있는 것처럼 보이는 자기 모순, 즉 '삶에 거스르는 삶'이라는 자기 모순은—이 점만은 우선 분명한 일이지만—, 심리학적으로 볼 것까지도 없고, 생리학적으로 생각해도 단지 무의미한 것이다. 자기 모순이라고 해도 그것은 일종의 잠정적인 표현이며, 하나의 해석, 방식, 조정이며, 그 진정한 본성이 오랫동안 이해되지 못하고, 오랫동안 확실하게 밝혀지지 않았던 것에 관한 심리학적 오해에 불과하다. —그것은 인간 인식의 오랫동안의 틈바구니에 끼어졌던 헛소리에 불과하다. 그러나 이에 대해서 사실을 간결하게 말한다면 다음과 같다. —금욕주의적 이상은 퇴화되어 가고 있는 삶의 방위 본능과 구원 본능에서 발생한 것이다. 그러한 삶은 모든 수단으로써 자기를 유지시키려고 노력하며, 자기의 생존을 위해서 싸운다. 이것은 거기에 국부적인 생리적 장애와 피로가 있다는 표시이며, 그것을 이겨낼 만한 삶의 가장 깊은 본능, 상처 없이 남아 있는 본능이 끊임없이 새로운 수단과 연구로써 싸우고 있는 것이다.

금욕주의적 이상은 그러한 수단이다. 그러므로 사실은 이 이상의 신봉자들이 생각하고 있었던 것과는 아주 정반대이며, —삶은 이 이상에 있어서, 이 이상을 통해서 죽음에 대항해 싸운다. 금욕주의적 이상은 삶을 유지하기 위한 책략인 것이다. 이 이상이 인간을 지배하고 통제하게끔 되었다는 것, 특히 인간의 개화(開化)와 순화(馴化)가 성취된 곳에서는 어디서든 그랬었다는 것은 역사가 가르치는 바와 같지만, 이 일 속에는 다음과 같은 커다란 사실이 표현되어 있다. 바로 그것은 이제까지 전형적 인간의, 적어도 길들여진 전형적 인간의 병적 상태, 즉 인간의 죽음과 생리적 싸움(더욱 엄밀하게 말하면 삶의 권태와 피로에 대한 '종말'을 바라는 소망에 대한 생리적 싸움)이라는 사실이다. 금욕주의적 성직자는 다른 존재가 되고 싶고, 다른 곳에 있고 싶다고 하는 소망의 화신이며, 더구나 이 소망의 정점이며, 이 소망의 진정한 열정이며, 격정이다. 그러나 그의 이 소망의 힘이야말로 그를 이 지상에 묶어 두는 질곡이기도 한 것이다. 이 힘을 위해서 그는, 이 지상에서 인간으로서 존재하기 위한 한층 더 유리한 조건들을 만들어내기 위한 도구로서 작용하지 않으면 안 되는 것이다. ─사실 이 힘을 위해서만 그는 본능적으로 모든 종류의 불구자, 병신, 파산자, 실패자, 고통받는 자의 모든 무리의 목자가 되어 이것을 선도하고, 그들을 생존에다 묶어 두는 것이다. 내가 말하는 것을 이미 알고 있겠지만, 이 금욕주의적 성직자, 이 외견상 삶의 적대자, 이 삶의 부정자─이 사람이야말로 참으로 삶의 커다란 보수적인 힘이며 긍정적인 힘이다. ……그러나 이 병적 상태는 무엇에 원인이 있는 것일까? 그것은 인간이 다른 동물보다도 병적이며, 불안정하며, 변하기 쉽고 불확정한 것이기 때문이다. 이것은 의심할 여지가 없다. ─인간이란 실로 병든 동물이다. 이것은 무엇에 기인하는 것일까? 사실 인간은 다른 모든 동물을 한데 묶은 것보다 훨씬 과감하며, 혁신적이며, 반항적이며, 운명에 대해 도전적이었다. 이 위대한 자기 실험자인 인간, 최후의 지배권을 획득할 동물, 자연과 신들과 싸우며 만족과 싫증을 모르는 인간, ─언제까지나 정복되지 않는 인간, 자기 자신의 충동적인 힘 때문에 조금도 쉴 줄을 모르는 이 영원히 미래적 존재인 인간, 그 때문에 그의 미래가 가차 없이 박차(拍車)처럼 모든 현재의 살 속에 파고드는 이 인간, ─그처럼 용감하고 훌륭한 동물이 어째서 가장 위험한 동물이 아니고, 또한 모든 병적인 동물 속에서도 가장 오래고 가장 깊은 병을 지닌 동물이 아니라고 하는가? ……인간은 그런 일에 싫증이 나 버렸다. 그것도 자주 이 싫증이 마치 질병처럼 유행한다. (예를 들면 1348년경의 '죽음의 무도'의 시대에) 그러나 이 구역질, 권태, 자기 혐오까지도─이 모든 것은 인간에게는 매우 억세게 나타나기 때문에, 그것은 또한 새로운 질곡이 되어 버린다. 인간이 삶에 대해서 말하는 '부정'은 마법처럼 한층 더 상냥한 '긍정'을 넘칠 정도로 가득히 가져온다. 참으로 이 파괴의 거장, 자기 파괴의 거장인 인간이 자기 신에게 상처를 주는 경우라 할지라도, —바로 이 상처야말로 뒤에 그에게 살 것을 강요하는 것이다.

14

인간에게 이러한 병적 상태가 정상적인 것이 될수록—우리는 이 정상적이라는 성격을 부정할 수가 없다. —그만큼 인간에게 복된 행운으로서의 정신적, 육체적 강인함이라는 드문 경우는 한층 드높이 존중되어야 하며, 또한 그만큼 건전한 자들은 최악의 공기, 병적인 공기에서 한층 엄하게 보호되어야 한다. 그러나 이런 일이 이루어지고 있는가? ……병자야말로 건강한 자에게는 최대의 위험이다. 강자에게 있어 재앙이란 가장 강한 자에게서 오는 것이 아니라 가장 약한 자에게서 온다. 이것이 알려져 있는 것일까? ……대체로 인간에 대한 공포로서 감소되기를 원해야 할 만한 것은 하나도 없다. 왜냐하면 이 공포야말로 강자에 대해서는 싫어도 강하게 해주며, 때에 따라서는 무서운 자가 되게끔 강요하기 때문이다. —이 공포야말로 건전한 인간의 전형을 보존하는 것이다. 두려워해야 할 것, 다른 어떤 숙명보다도 더욱 숙명적으로 작용하는 것은 인간에 대한 거대한 공포가 아니라, 오히려 인간에 대한 끔찍한 구역질일 것이다. 마찬가지로 인간에 대한 거대한 동정일 것이다. 만일 이 두 가지가 언젠가 교미했다고 한다면, 곧 반드시 불쾌한 것, 즉 인간의 '마지막 의지', 그 허무에 대한 의지, 허무주의가 세상에 태어날 것이다. 그리고 사실 그것을 위한 많은 준비가 이루어지고 있다. 냄새 맡기 위한 코뿐만 아니라 눈과 귀를 가지고 있는 자는, 오늘날 그가 어디로 들어가든 간에 거의 도처에서 정신병원의 공기 같은 것을 느끼고 있다. 내가 말하는 것은 당연한 일이지만 인간의 문화권에 대한 이야기다. 차츰 이 지상에 모습을 드러내는 모든 종류의 '유럽'을 말하는 것이다. 인간의 커다란 위험은 병자이며, 악인도 '맹수'도 아니다. 원래부터의 파탄자, 패배자, 좌절된 자, 이들 가장 약한 자들이야말로 가장 심하게 인간 삶의 토대를 허물어뜨려 위험에 빠뜨리며, 삶이나 인간이나 우리 자신에 대한 우리의 신뢰에 위험천만한 독을 주입시키고, 이것을 의혹 속에 넣는 것이다.

어디로 가면 우리는 깊은 비애를 전염시키는 저 음울한 눈매, 선천적으로 불구자인 저 주저주저하는 눈매, 혼잣말로 중얼거리고 있는 저 눈매에서, 탄식 자체인 것 같은 저 눈매에서 도망칠 수 있을 것인가! 그 눈매는 이렇게 탄식한다. "나는 무엇이든 다른 인간이었다면 좋았을 것을! 그러나 이젠 아무런 희망이 없구나. 나는 어디까지나 나다. 어떻게 하면 나는 자신에게서 벗어날 수가 있을까? 어떻든 나는 내가 싫어졌다!"……자기 멸시의 이 땅에, 진정한 늪 지대에 모든 잡초와 독초가 무성하다. 더구나 그 모든 것은 퍽이나 꾀죄죄하게, 퍽이나 조용하게, 퍽이나 비굴하게, 퍽이나 달착지근한 모습으로 말이다. 거기에는 복수심이나 원한의 구더기가 우글거리고 있다. 거기에는 비밀스런 계획이나 비밀의 악취로 공기가 퀴퀴하다. 거기에는 가장 악랄한 음모의 그물망, 건전한 자, 승리자들에 대한 음모의 그물망이 부단히 펼쳐져 있다. 거기에서는 승리자의 모습이 증오의 대상이 된다. 더구나 이 증오를 증오로서 인정하지 않으려고 무슨 기만을 수작하는 것일까! 호언장담이나 거추장스러운 태도는 이 무슨 낭비일까! '그럴싸한' 비방은 무슨 잔꾀일까! 이 불구자들의 입술에서 얼마나 고귀한 웅변이 흘러나올 것인가! 그들의 눈은 얼마나 많은 달콤하고 진득거리며 겸허한 체념으로 젖어 있는 것일까! 그들은 도대체 무엇을 바라고 있는 것일까? 적어도 정의, 사랑, 지혜, 우월을 자랑하는 것, 이것이야말로 이 '최하등자'들의, 이 '병자'들의 야심이다!

이러한 야심은 사람을 얼마나 교묘한 자로 만드는가! 특히 그들이 이 경우 미덕을 각인하거나 울리는 소리, 미덕의 황금의 음색까지 흉내내는 화폐 위조자의 묘기는 경탄할 만하다. 어김없이 이 약자나 불치병자들은 이제 미덕이 순전히 자기의 것인 것 같은 표정을 짓고 있다. "우리만이 선인이며 의인이다. 우리만이 '선의의 인간'이다"라고 그들은 말한다. 그들은 비난의 화신(化身)으로서, 우리에 대한 경고로서 우리 사이를 배회한다. —마치 건강과 성공과 긍지와 권력 감정이 그 자체로서 이미 그만한 대가를 치러야 하는 악한 것이며, 따라서 언젠가는 벌 받아야 할 자, 더구나 엄하게 벌 받아야 할 자인 것처럼 말이다. 오오, 그들은 얼마나 마음속에서부터 벌을 주려고 노리고 있는 것인가. 그들은 얼마나 형무관이 되려고 갈망하는 것일까. 그들 중에는 재판관으로 변장한 복수심에 들끓는 사람들이 우글거리며, 부단히 '정의'라는 말을 독기서린 침처럼 입에 담고, 언제나 입 끝을 날카롭게 하며,

만족스러운 얼굴로 의기양양하게 거리를 걷는 모든 사람에게 침을 뱉으려고 노리고 있다. 그들 중에는 또한 허영적 존재 중에서도 가장 가증스러운 종류, 거짓말쟁이의 불구자들도 있으나, 그들은 '아름다운 영혼'을 자랑하려고, 예를 들면 자기들의 못쓰게 된 관능을 시구(詩句)나 그 밖의 기저귀에 싸서, 이것이야말로 '마음의 순결'이라고 하는 듯이 시장에 내다 팔려고 노리고 있다. 이러한 것이 도덕적으로 자위하는 자, '자기 만족자'의 무리들이다. 어떠한 형태로든 우월을 자랑하려는 병자들의 의지, 건강한 자를 포학하게 하는 샛길을 구하는 그들의 본능,—참으로 가장 허약한 자들의 이 권력에 대한 의지, 그것을 발견할 수 없는 곳이 있을 것인가! 특히 병든 여자는 그 지배적이고 포학스러운 교활함에 견줄 자가 없을 정도다. 게다가 병든 여자는 살아 있는 자이든 죽은 자이든 조금도 인정사정없다. 그녀는 가장 깊이 감춰 둔 것까지도 다시 파헤친다. (보고스족이 말하는 바에 의하면, '여자는 하이에나=탐욕스럽고 잔인한 자다') 모든 가족, 모든 단체, 모든 공동체의 배후를 들여다보라! 거기에는 곳곳에 건강한 자에 대한 병자의 싸움이 있다. —그것도 소리 없는 싸움이며, 대개는 독이 섞인 분말이나 콕 찌르는 싫은 소리나 음험한 인내자의 무언극을 무기로 하여, 때로는 몸짓만은 '고귀한 분노'를 연출하고 싶어 어쩔 줄 모르는 병자의 바리새주의를 무기로 행해지고 있다. 이 병든 개들의 목쉰 외침, 이러한 '고귀한' 바리새 사람들의 미친 개와 같은 기만과 격노, 그것이야말로 과학의 성역 속에까지 들려오는 일이 있다. (귀 있는 독자라면 오늘날 독일에도 도덕적 허풍선이의 가장 보기 흉한, 가장 혐오를 느끼게 하는 수법을 가진 베를린의 복수의 사도 오이겐 뒤링을 다시 상기해 주기 바란다. 뒤링은 그의 동료인 반유대주의자들 중에서조차 오늘날 첫째가는 도덕적 허풍선이이다). 이 생리적인 파탄자이며 불구자들은 모두가 원한의 인간이며, 지하적인 복수에 의해서 천지가 뒤흔들리는 듯한 인간이며, 그들은 행복한 인간들에 대한 폭발에 있어서도, 또한 복수의 가장무도회를 하는 데 있어서도, 복수의 구실을 만드는 데 있어서도 권태를 모르며 싫증을 모른다.

도대체 그들은 어느 때에나 가장 세련되고 가장 숭고한 복수의 마지막 개가를 올리게 될 것인가? 그것은 자신의 비참함을, 무릇 비참이라는 전부를 행복한 인간들의 양심 속에 밀어 넣는 데에 그들이 성공할 그 때이다. 그 때가 되면, 행복한 사람들은 이윽고 자신의 행복을 부끄럽게 여기게 되며, 그리하여 아마도 이렇게 서로 이야기를 주고받을 것이다. "행복한 것은 치욕이다. 비참한 것이 너무나도 많은데야!"……그러나 행복한 인간, 정신과 몸이 더불어 의심하기 시작하는 것 이상으로 커다란 숙명적인 오해는 아마도 없을 것이다. 이처럼 '거꾸로 된 세계' 같은 건 없어져라! 이처럼 부끄러운 감정의 유약화같은 것은 내쫓아 버려라! 병자가 건강한 자를 병들게 하는—이것이 그 유약화일 것이다—일이 없다는 것, 이것이야말로 이 지상에 있어서 최고의 관점이어야 할 것이다. —그러나 그러기 위해서는 무엇보다 건강한 자가 병자와 격리되어 있으며 병자의 모습조차 볼 수 없게끔 되어 있다는 것, 또한 건강한 자가 병자와 자기를 뒤바꾸는 일이 없게끔 하는 일이 필요하다. 그렇지 않으면 간호사나 의사가 건강한 자의 임무여야 하는 것일까? ……그러나 이 이상으로 심하게 건강한 자의 임무를 오인하고 부인한 자는 다시없을 것이다. —고급자는 저급자의 도구에까지 자기를 떨어뜨려서는 안 된다! 거리감이 이들 양자의 임무를 영구히 떼어 놓아야 할 것이다! 건강자의 생존 권리, 즉 음조가 틀린 깨진 종에 대해서 완전한 울림을 지닌 종의 특권은 천 배나 큰 것이다. 다만 그들만이 미래를 보증하는 자이며, 그들만이 인류의 미래에 대한 책임을 지고 있는 것이다. 그들이 할 수 있는 것, 그들이 해야 할 일은 결코 병자들이 할 수 없는 것이며, 또한 해서는 안 될 일이다.

그러나 그들만이 해야 할 일을 그들이 할 수 있게끔 하기 위해서 병자의 의사, 위안자, '구세주'의 역할을 하는 것이 그들에게 허용되었다는 것은 어찌 된 일인가? ……그렇기 때문에 좋은 공기가 필요한 것이다! 좋은 공기가! 그리하여 문화의 모든 정신병원이나 병원의 근처에서 멀리 떨어져 있는 것이 필요하다! 또한 별 수 없을 때에는 고독하게 지낼 뿐이다! 그러나 어떻든 내향적인 퇴폐와 내밀적인 병자의 부패에서 오는 악취에서 몸을 멀리 할 필요가 있다! ……나의 벗들이여, 그것도 결국은 바로 우리 자신을 위해서 간직해 두었는지 모르는 두 개의 가장 악질적인 질병에서, 적어도 잠깐이라도 우리 자신의 몸을 지키기 위해서이다. —인간에 대한 커다란 구역질에서! 저 인간에 대한 커다란 동정에서!

15

병자를 간호하고 병자의 건강을 회복시켜 주는 것이 건강한 자의 임무가 될 수 없다는 이유를 깊이 이해한 자는—나는 이것을 사람들이 깊이 이해하고 파악할 것을 간절히 바라지만—그와 더불어 또한 꼭 있어야 할 일—자신도 병에 걸려 있는 의사나 간호사가 꼭 있어야 한다는 것도 이해하게 되는 것이다. 여기서 우리는 이제 금욕주의적 성직자라는 것의 의미를 분명히 파악했다. 우리가 보는 바에 의하면, 금욕주의적 성직자라는 것은 병든 무리의 예정된 구원자, 목자, 변호인에 불과하다. 이렇게 보아서 비로소 우리는 그의 거대한 역사적 사명을 이해할 수가 있다. 고통받는 자들에 대한 지배가 그의 왕국이며, 이 지배를 그에게 명령하는 것은 그의 본능이며, 이 지배 속에 그의 더할 나위 없이 독특한 기교, 탁월한 기술, 독특한 형식의 행복이 보이는 것이다.

병자나 패잔병들을 이해하기 위해서—그리고 그들과 마음을 통하고 지내기 위해서, 그는 우선 자신이 병들어 있어야 하고, 그들과 아주 밀접하게 되어 있어야 한다. 또한 그는 강하기도 해야 하며, 타인에게 대하는 이상으로 자신에 대한 지배자가 되어야 하며, 특히 권력에 대한 의지에 있어서 손색이 없어야 한다. 그래야만 그는 병자들의 신뢰와 외경을 얻을 수 있으며, 그래야만 그들을 위한 근거지가 되며, 방어벽이 되며, 지주가 되며, 강압, 폭군, 신이 될 수 있다. 그는 그들을, 즉 그 무리를 지켜야 한다. —누구에게 대해서인가? 건강한 자에 대해서다. 의심 없이 그것은 건강한 자에 대한 질투에 대해서도 그렇다. 그는 모든 거칠고, 격렬하며 방자하고 냉혹하며 맹수처럼 포학한 건강과 강건함에 대한 천성적인 적수이며 또한 경멸자이어야 한다. 성직자는 보다 섬세한 동물의 최초의 형태이며, 증오하기보다는 오히려 즐겨 경멸하곤 한다. 그는 맹수들과의 싸움을 피할 수가 없다. 물론 그것도 폭력에 의한 싸움이 아니고 오히려 교활한 꾀에 의한('정신'에 의한) 싸움이다. —그 때문에 그는 경우에 따라서는 자기 자신 위에 거의 새로운 형태의 맹수를 만들게끔 하는 것, 적어도 그렇게 보이는 것이 필요하게 된다. —그 맹수란 북극의 곰과 민첩하고 냉정하고 침착한 표범과 적지 않은 여우의 요소가 결합되어, 매력적이고 두렵기도 한 통일체를 이루고 있는 것처럼 보이는 새롭고 무서운 짐승이다. 만일 그 필요에 강요를 당하게 되면, 그는 한층 신비적인 위력의 포고자, 대표자가 되어, 아마도 곰처럼 장중하게, 위험을 지니고, 침착하게, 냉정하게, 또한 극히 교묘한 술책을 사용하면서 다른 종류의 맹수들의 한가운데까지도 들어갈 것이다. 그 때 그는 이 대지에 가능한 한 고뇌와 분열과 자기 모순의 씨를 뿌리려고 결심하고 있으며, 또한 늘 고통받는 자들을 지배할 수 있다는 자기의 수완에 깊은 확신을 가지고 있다. 그가 향유와 연고를 지니고 있는 것은 확실하다. 그러나 그로서는 자기와 의사가 되기 위해서는 먼저 상대자에게 상처를 주지 않을 수 없다. 그래서 그는 상처에서 오는 고통을 가라앉히면서 동시에 상처에 독을 뿌린다. ─이 마술사이며 맹수를 다루는 자인 그는 무엇보다도 이 일에 숙달되어 있다. 그의 곁에 있으면 모든 건강한 자가 반드시 병에 걸리며, 모든 병자가 반드시 온순하게 된다. 이 기묘한 목자는 그의 병든 무리를 참으로 잘 지켜 준다. ─그는 그들 무리를 그들 자신에게서도 지켜 준다. 즉, 무리 그 자신 속에 불타고 있는 악과 간계와 악의와 그 밖의 모든 환자와 병자의 고유한 독소에서 지켜 주는 것이다. 원한이라는 위험한 폭발물이 부단히 축적되어 있는 무리 내부의 무정부 상태와 그 내부에서 시작되고 있는 자기 해체에 대해서, 그는 기민하고 준열하게, 또한 은밀하게 싸우는 것이다. 이 폭발물로 무리와 목자가 폭파되지 않게끔 그것을 잘 취급하는 것, 이것이야말로 그의 진정한 장기이며, 그의 최상의 효용성도 거기에 있는 것이다. 만일 우리가 성직자의 실존적 가치를 가장 간단한 한마디로 표현하려고 한다면, 단적으로 이렇게 말해도 좋을 것이다. 성직자란 원한의 방향 전환자라고. 즉, 모든 고통받는 자는 본능적으로 자기 고통의 원인을 찾는다. 더 정확히 말하면, 그 고통을 일으킨 행위자를 찾는다. 더 분명히 말하면, 고통에 대한 감수성을 지닌 죄가 있는 행위자를 찾는다. 요컨대 그가 자기의 격정을 행위나 상상 속으로 어떠한 구실을 만들어 터뜨릴 수 있는 살아 있는 자를 찾는 것이다. 왜냐하면 격정을 폭발시키는 것은 고통받는 자가 고통을 가라앉히는 시도, 즉 마비시키는 시도로서는 가장 효과적인 것이며, 어떠한 종류의 고민에 대해서도 아무런 생각 없이 요구되는 마취제이기 때문이다.

내가 추측한 바로는 단지 이 점에서만, 즉 격정으로 고통을 마비시키려는 갈망 속에서만 원한과 복수와 그런 따위의 진정한 생리적인 원인이 발견되는 것이다. ─보통 이 원인은 방어적 반발 충동에서 구해지지만, 이것은 너무나도 큰 오류라고 본다. 그러한 반발 충동은 반동이라는 단순한 방어책, 즉 어떠한 돌발적인 상태나 위험에 부닥쳤을 경우의 '반사 운동'이며, 예를 들면 목을 잘린 개구리가 역시 부식성의 산성액에서 벗어나려고 움직이는 것과 똑같은 것이다. 그러나 다음의 두 경우는 근본적으로 다르다. 즉, 그 하나는 더 이상의 피해를 방지하려는 경우이며, 다른 하나는 내밀하게 마음을 괴롭히는 견딜 수 없는 고통을 보다 강렬한 감정으로 마비시켜, 적어도 일순간이나마 그것을 의식에서 지우려고 하는 경우다. 이것을 위해서는 하나의 감정, 다시 말해 될수록 격렬한 감정이 필요한 것이며, 또한 이 감정을 발생하게 하기 위해서는 그때그때의 구실이 필요하게 된다. '내가 불쾌한 것은 누군가의 책임일 것이다.' 이처럼 추론하는 것이 모든 병약자들이 하는 짓이다. 더구나 이런 일을 하면 할수록 그들의 눈에는 자기들의 불쾌함의 진정한 원인, 즉 생리적 원인은 더욱 파악하기 어려워진다. (그 원인은 어쩌면 '교감신경'에 병이 있는지도 모르며, 혹은 과도한 담즙 분비라든가, 혈액 중의 유황산칼리나 인산칼리의 결핍이라든가, 혈액 순환을 방해하는 하복부의 압박 상태에 있는지도 모르며, 혹은 난소나 그 밖의 기관의 퇴화에 있는지도 모른다.) 고통받는 자는 누구나 다 고통을 주는 감정에 대해 구실을 꾸미는 것에 놀라울 정도로 열심이며 독창적이다. 그들은 자기들의 의심까지도 향락하며, 졸렬한 일이나 외견상의 상해 사건에 관해서 샅샅이 파헤치기를 즐긴다. 그들은 자기들의 과거나 현재의 오장 육부를 파헤쳐 이상하고 야릇한 이야기를 찾아내어 거기에서 멋대로 괴로울 만큼 의심에 젖고, 악의의 독특한 독에 취한다. —그들은 가장 오랜 상처를 째어, 아주 오래 전에 치유된 흉터에서 피를 흘린다. 그들은 친구와 아내와 아들과 그 밖의 무척 친밀한 사람들을 악인으로 만든다. "나는 괴롭다. 이것은 누군가의 책임임에 틀림없다."—이렇게 병든 양(羊)은 생각한다. 그러나 그의 목자인 금욕주의적 성직자는 그를 향해서 말한다. "나의 양이여! 그 말이 옳다. 그것은 누군가의 책임임에 틀림없다. 그러나 이 누군가라는 것은 사실은 그대 자신이다. 단지 그대가 책임자인 것이다—그대의 책임자는 그대 자신뿐이다!"……이것은 무척 대담한 말투이며, 전혀 당치도 않은 말이다. 그러나 이것으로써 적어도 하나의 일은 달성되고 있다. 즉 앞서 말한 것처럼, 이것으로써 원한의 방향 전환이 이루어지고 있는 것이다.

16

내가 말하는 것으로 미루어 보아, 삶을 치료하는 의사의 본능이 금욕주의적 성직자를 통해서 적어도 무엇인가를 하려고 시도했거나 또한 그가 '죄책', '죄악', '유죄', '타락', '영원한 벌' 등과 같은 역설적이고 불합리한 개념의 일시적인 위세를 무엇 때문에 필요로 하였던가는 이미 잘 알았을 것이다. 다시 말해 그것은 병자들을 어느 정도까지 해롭지 않도록 하는 것, 불치병자들을 자멸케 하는 것, 비교적 가벼운 환자를 준엄하게 자기 자신에게로 향하게끔 하여 그들의 '원한'을 역방향으로 전환시키는 것('필요한 것은 단지 이것뿐이다'—), 그리하여 모든 고통받는 자의 나쁜 본능을 자기 훈련, 자기 감시, 자기 극복을 위해서 이용하는 것이었다. 새삼스레 말할 것도 없이 이 따위 '치료법', 즉 감정 치료법에서는 생리적인 의미로서의 진정한 병자의 치료라는 것은 전혀 문제가 될 수 없다. 이 경우에 삶의 본능이 어떠한 형태로의 치료를 기대하고 의도하고 있었다는 것은 도저히 주장될 수 없을 것이다. 한 쪽에는 병자들의 집결과 조직(—'교회'라는 말은 그것의 가장 통속적인 명칭이다), 다른 쪽에는 비교적 건강하게 생긴 자, 비교적 완전하게 만들어진 자들을 위한 일종의 일시적인 방호 시설, 이렇게 해서 건강과 병 사이에 하나의 틈바구니가 벌어져 있었다. —오랫동안 모두가 그랬었다! 더구나 그것은 심했다! 실로 매우 심했다! ……"보시는 바와 같이 나는 이 논문에서는, 내가 필요로 하는 독자에 대해서는, 새삼스레 그 이유를 설명할 필요도 없는 하나의 전제에서 출발하고 있다. 그것은 인간에게 있어서의 '죄과'라는 것은 결코 어떤 사실이 아니며, 오히려 생리적 장애라는 사실의 해석에 불과하다. —더구나 이 생리적 장애가 우리에게 더 이상 구속력을 갖지 않는 도덕적, 종교적인 원근법 아래서 보인 것에 불과하다는 것이다. 그러므로 누군가가 스스로 '책임이 있다'든가 '죄가 있다'든가 하고 느낀다는 사실은, 그것으로 조금치도 그 느낌의 정당성을 증명하는 것은 아니다. 그것은 누군가가 자기를 건강하다고 느꼈다고 해서 그가 반드시 건강하다고 볼 수 없는 것과 똑같다. 시험 삼아 그대들은 유명한 마녀 재판을 상기해 보는 것이 좋으리라. 당시에는 가장 혜안을 지녔고 가장 인자한 재판관들마저도 거기에 죄가 있다는 것을 의심치 않았다. '마녀들' 자신들도 그것을 의심치 않

있다. —그럼에도 불구하고 죄 같은 것은 거기에 없었다. 나의 전제를 더 자세히 부연해서 표현한다면, 다음과 같다. '영혼의 괴로움' 자체라는 것은 나에게는 전혀 사실로 생각되지 않는다. 오히려 그것은 이제까지 정확히 방식화될 수 없었던 사실들에 대한 한 해석(인과론적 해석)에 불과하다고 생각된다. 따라서 전혀 불확정적이며 과학적으로 규명되지 않는 어떤 것에 불과한 것처럼 보인다. —이것은 요컨대 사실 여원 의문부호를 대신해서 살찐 용어가 등장하였다는 것뿐이다. 누구든 '영혼의 괴로움'을 해결할 수 없는 것이라고 한다면, 대범하게 말해서 그것은 그 자의 '영혼' 탓은 아니다. 오히려 그의 배(腹) 탓이라고 하는 것이 맞을 것이다. (대범하게 말해서라고 했지만, 그렇다고 해서 대범하게 들어도 좋다든가, 대범하게 이해해도 좋다는 것은 아니다……) 강건하고 건전한 인간은 딱딱한 음식물을 삼켜 버려야 할 때라도 그 음식물을 소화하듯이, 또한 그는 자기의 체험(가지각색의 행위와 비행을 포함해서)도 소화한다. 만일 그가 체험을 '처리할 수 없다'고 한다면, 이 따위의 소화불량도 음식물의 소화불량과 똑같이 생리적인 것이며, —더구나 사실 때때로 그것은 음식물의 소화불량의 한 결과에 불과하다. —이러한 견해를 가지면서 좀 내면적인 이야기지만, 사람들은 역시 모든 유물론의 가장 단호한 반대자일 수 있다……"

17

그런데 도대체 이 금욕주의적 성직자는 과연 의사라고 할 수 있는 것일까? —이미 우리가 이해하는 것이지만, 그가 아무리 스스로를 '구원자'라고 느끼고, '구원자'로서 숭배받고 싶다고 할지언정 그를 의사라고 부르는 것은 거의 허용될 수 없는 것이다. 그가 치료할 수 있는 것은 그저 괴로움 그 자체와 고통받는 자의 불쾌뿐이며, 그것의 원인도 아니고, 진짜 병도 아니다. —그렇다고 한다면 우리는 성직자의 치료에 대해서 원칙적인 이의를 주장하지 않을 수 없다. 그러나 만일 우리가 성직자만이 알고 있으며 가지고 있는 원근법 아래 몸을 두었다면, 그 원근법 아래 그가 도대체 무엇을 보며, 무엇을 구하며, 무엇을 발견하였는지를 깨닫고 경탄하지 않을 수 없다. 고뇌를 감소시키는 모든 종류의 '위로', 이것이야말로 그의 천재성인 것만은 확실하다. 자기의 위안자로서의 임무를 수행하는 데 그는 얼마나 연구를 했을 것인가! 그러기 위한 수단을 선택하는 데 얼마나 그는 과감하고 대담하였던가! 특히 그리스도교야말로 가장 영묘한 위로 수단의 거대한 보물창고라고 불려야 할 것이다. 그처럼 많은 청량제, 진통제, 마취제가 그 속에 산더미처럼 쌓여 있다. 그처럼 많은 위험천만한 수단, 대담무쌍한 수단이 이 목적을 위해서 감행되었던 것이다. 특히 그리스도교는 생리적으로 억압된 자들의 깊은 침울함, 납덩이처럼 무거운 피로, 암담한 우수를 적어도 일시적으로나마 극복할 수 있기 위해서 어떠한 감정적 자극을 주면 좋을 것인가를 정교하고 세련되게, 그것도 참으로 남국적인 세련됨으로 간파하고 있었다. 그 까닭은 일반적으로 말해서, 유행병으로까지 되어 버린 일종의 피로와 중압적인 것을 극복하는 것이 모든 종교에 있어 주요 문제였기 때문이다. 지상의 특정한 장소에서 때로는 거의 필연적으로 어떤 생리적 억압감이 광범위한 대중을 지배하지 않을 수 없게 되리라는 것은 처음부터 있음직한 일이라고 볼 수 있다. 그러나 이 억압감은 생리적 지식의 결핍 때문에 그런 것으로서는 의식될 수가 없고, 따라서 그 '원인'도 치료도, 단지 심리적, 도덕적으로만 요구되고 시도되는 데 불과하다. (—내 생각으로는 이것이 바로 보통 '종교'라고 불리는 것에 대한 가장 일반적인 형식이다) 이러한 억압감의 기원은 참으로 가지각색이다. 그것은 너무나도 이질적인 종족 교배의 결과라고도 볼 수 있다. (혹은 이질적인 계급 혼합의 결과라고도 볼 수 있다—계급이라는 것은 늘 계보적, 인종적 차이를 나타내는 것이다. 유럽의 '세계 고통'나 19세기의 '염세주의'는 원래 극단적으로 급격한 계급 혼합의 결과이다). 혹은 가장 잘못된 이주의 결과—어떤 종족이 충분히 적응할 수 없는 풍토 속에 들어간 결과일지도 모른다. (인도에 있어서 인도 사람의 경우) 혹은 종족의 노화와 피로의 여파일지도 모른다. (1850년 이후 파리 사람의 염세주의) 혹은 음식을 잘못 먹었는지도 모른다. (중세의 알코올 중독, 셰익스피어의 작품에 나오는 귀족 크리스토프의 권위를 배경으로 삼고 있는 채식주의자들의 바보 같은 짓) 혹은 또 패혈증, 말라리아, 매독 등의 결과일지도 모른다. (30년 전쟁 후에 독일의 우울증은 독일의 태만에다 나쁜 질병을 유행시켜 독일적 노예 근성과 소심함을 위한 길을 터놓았다) 그러한 경우에는 언제나 불쾌감의 싸움이 크게 벌어진다. 그 가장 중요한 책략과 형태에 관해서 간단히 말해 두기로 한다. (여기서는 당연하지만, 그 싸움과 동시에 행해지는 불쾌감에 대한 철학자의 진정한 싸움에 관해서는 도외시하기로 한다. —물론 이 싸움은 매우 흥미 있는 것이지만, 너무나도 어처구니없는 것, 너무나도 현실과 동떨어진 것, 너무나도 거미줄과 같은 것이다. 예를 들면 고통 속에 착각이 인정되기만 한다면 고통은 사라져 없어질 것임에 틀림없다는 소박한 전제 아래, 고통의 착각임을 증명하려는 경우가 그것이다. —그러나 보라. 고통은 사라져 버리지 않으려고 조심하고 있다……) 가장 먼저 우월적인 불쾌감을 극복하는 수단으로서, 생활 감정 일반을 맨 밑까지 끌어내리는 일이 행해진다. 가능하면 어떠한 의욕, 어떠한 원망도 지니지 않게끔 하는 것, 감정을 자극하든가 '피'를 만들든가 하는 모든 것을 피하는 것, (소금을 금할 것. 이슬람교도의 위생법) 사랑하지 않고, 미워하지 않고, 마음을 움직이지 않고, 복수하지 않고, 부자가 되지 않고, 일하지 않고 걸식하는 것, 가능하면 아내를 갖지 않는 것, 혹은 가능한 한 아내의 수를 적게 할 것, 정신적인 점에서는 '우둔해야 한다'고 하는 파스칼의 원리를 취할 것, 이 결과는 심리적, 도덕적으로 말하면, '탈아(脫我)', '성화(聖化)'가 된다. 이것을 생리적으로 말하면 '최면'—즉 몇 종류의 동물에게 있어서의 겨울잠이나 열대 지방의 많은 식물에 있어서의 여름잠과 비슷한 상태를 인간을 위해서 만들려고 하는 시도이며, 거기에서는 생명의 기능이 의연히 유지는 되어 있을망정, 실제로는 벌써 의식되지 못하게 된 최소한의 소모이자 신진대사이다. 이 목적을 위해서 놀랄 만큼 많은 인간의 정력이 소비되어 왔다. —그것은 헛된 것이었던가? ……모든 시대에, 또한 거의 모든 민족에게서 수없이 볼 수 있는 이와 같은 '신성'한 스포츠맨들이 실제 그들이 매우 엄격한 훈련을 통해 극복하려고 했던 것으로부터의 진정한 해탈을 발견하였다고 하는 것에는 조금도 의심할 여지가 없다. —즉, 그들은 모든 경우에 최면술적 수단의 힘을 빌림으로써 깊은 생리적 침울에서 정말로 벗어날 수가 있었다. 그러므로 그들이 생각해 낸 방법은 가장 일반적인 인종학적 사실 가운데 하나로 간주된다. 그래서 또한 육체와 욕망을 굶주리게 하려는 그 기도를 이미 광기의 한 징조라고 보는 것은(쇠고기를 질겅질겅 씹는 '자유 정신'이나 귀족 크리스토프와 같은 깨어난 무리들이 하고 싶어하는 것이지만) 도저히 허용할 수 없는 것이다. 거꾸로 오히려 훨씬 확실한 것은 그러한 기도야말로 가지각색의 정신 착란을 향한 길, 예를 들면 아토스산의 헤쉬카스트파처럼 '내적인 빛'이라든가,

환청이나 환시라든가, 또한 관능의 음탕한 범람이나 황홀(성녀 테레사의 이야기)에 이르는 길을 열고, 또한 열 수 있다는 것이다. 이러한 정신 착란 상태에 있는 자들이 그 상태에 관해서 주는 해석은, 말할 것도 없지만 늘 더할 나위 없이 열광적이고 잘못된 것이다. 우리는 그러한 해석을 하고 싶은 의지 속에서 이미 울려져 있는 맹신적 감사의 어조를 귀담아듣지 않으면 안 된다. 최고의 상태, 해탈 그 자체, 마침내 도달한 완전한 최면 상태와 정적, 이것이 그들에게는 최고의 상징으로써도 다 표현할 수 없는 신비 그 자체이며, 사물의 근거 속에 파고 들어가는 것, 모든 망념에서의 해방, '지식', '진리', '실재', 모든 목적, 모든 소망, 행위로부터의 이탈, 그리고 또한 선악의 저편이라고 생각되는 것이다. 불교도는 말한다. "선과 악, 이것은 둘 다 결박이다. 완전한 자는 이들 어느 것에 대해서나 지배자가 된다". 베단타의 신앙자는 말한다. "한 일이나 하지 않은 일이나 그를 괴롭히는 일은 없다. 깨달은 자는 선도 악도 자기 몸에서 흔들어 떨어뜨린다. 그의 세계는 벌써 어떠한 소행으로서도 침해되지 않는다. 선과 악, 이 둘을 함께 해탈한다."—이것이 바라문교도에게나 불교도에게나 공통된 인도의 전반에서 보이는 것이다. 인도의 사고 방식에 있어서든, 그리스도교의 사고 방식에 있어서든, 덕의 최면적 가치가 그처럼 드높이 평가되어 있음에도 불구하고, '해탈'이 그 덕에 의해서, 즉 도덕적 정진에 의해서 달성된다고는 생각되지 않는다. 이 점을 그대들은 확실히 마음에 새겨 두기를 바란다. —그뿐만 아니라 이것은 완전히 사실과 일치하기도 한다. 이 점에 끝까지 진실하게 머물러 있다는 것, 이것이야말로 다른 점에서도 그처럼 철저하게 도덕화되어 있는 3대 종교의 현실주의적 성격을 가장 잘 표시하는 것으로 보아도 좋을 것이다. "깨달은 자에게는 의무 같은 것은 없다."……"덕을 증가시키는 것으로서는 해탈을 이룰 수 없다. 해탈에 도달하는 것은 완전성의 증가로는 미칠 수 없는 '브라만'과의 합일에 있어서이기 때문이다. 그것은 또한 잘못을 벗어버리는 것에 의해서도 도달될 수 없다. 그것과의 합일에 있어서 해탈이 얻어지는 법은 영원히 순수하기 때문이다." (이 문구들은 샹카라의 주석 속에 보이는 것인데, 이것을 나는 유럽에서의 인도 철학에 대해 진정한 첫 정통자인 나의 친구 파울 도이센에게서 빌렸다.) 이러한 까닭으로 우리로서는 이 대종교들에 있어서의 '해탈'에 대해 경의를 표하기로 하자. 그것도 꿈꿀 수가 없을 만큼 지쳐 버린 삶의 피로자들이 깊은 잠에 대해 가한 평가를 진지하게 취급한다는 것은 우리에게는 다소 어려운 일이다. —깊은 잠이란, 방금 말한 브라만에 대한 몰입, 신과의 신비적 일치의 성취를 말하는 것이다. 이에 관해서 가장 오래고 가장 존중할 만한 '경전'에는 다음과 같이 말하고 있다. "이윽고 그가 완전한 잠에 들고, 완전한 안정에 도달되어 이제 꿈마저 볼 수 없게 되었을 때, 그때야말로 그는, 오오 친애하는 자여, 실재자와 하나가 된 것이며, 그리하여 자신 속에 몰입하였던 것이다. —절대 지식과 같은 자아에 안겨서 이제 그는 외적인 것도 내적인 것도 전혀 의식하지 않는다. 낮과 밤도, 연령도, 죽음도, 괴로움도, 착한 일도, 악한 일도, 이 다리를 넘는 일은 없다." 또한 3대 종교 중에서도 가장 깊은 이 종교의 신자들은 다음과 같이 말한다. "깊은 잠 속에서 영혼은 이 육체에서 벗어나 최고의 빛 속으로 들어가고, 스스로의 본래 모습을 나타낸다. 거기에서 영혼은 거니는 최고 정신 자체가 되어, 혹은 여자와 놀고, 혹은 수레를 타고, 혹은 벗과 즐긴다. 거기에서는 벌써 영혼이 말과 소가 수레에 연결되어 있는 것처럼 프라나(생명의 숨결)가 연결되어 있는 이 육체라는 부속물을 회상하지 않는다." 그러나 우리는 여기에서도 '해탈'의 경우와 똑같이, 다음 점을 염두에 두기로 하자. 즉, 그 문구들은 아무리 심하게 동양적인 과장된 문자로 장식되어 있을지라도, 명철하고 냉정하며 그리스적으로 냉정한, 그러나 고뇌하는 에피쿠로스의 것과 똑같은 평가를 표현하고 있음에 불과하다는 것이다. 요컨대 최면적인 허무 감정, 가장 깊은 잠 속에서의 안식, 즉 근심이 없는 상태—이것이야말로 고통받는 자나 실의자들에게는 참으로 최고의 선, 최고의 가치로 봐야 할 것이며, 이것은 그들에 의해서 적극적인 것으로 평가되며, 적극적인 것으로서 느껴져야 할 것이다. (이것과 동일한 감정의 논리에 의해서 모든 염세주의적 종교에 있어서 허무란 신으로 불린다.)

18

　감수성, 즉 고통에 대한 감수성을 이처럼 최면술적으로 마비시키는 데에는 이미 비범한 힘이나 특히 용기, 추측에 대한 경멸, '지적 스토아주의'를 필요로 하는 것은 물론이지만, 침울한 상태에 대한 치료법으로서는 그러한 최면술적 마비보다도 훨씬 빈번하게, 적어도 그것보다는 훨씬 쉬운 다른 훈련이 시도된다. 즉, 기계적 활동이 그것이다. 이로써 생존의 고뇌라는 것이 적지 않게 경감된다는 데에는 아무런 의심도 없다. 오늘날 이 사실을 사람들은 좀 솔직하지 못하지만 '근로의 축복'이라고 부르고 있다. 이 경우 고뇌를 줄이는 것은, 고통받는 자의 관심이 거의 고뇌에서 다른 곳으로 빗나가게 하는 데에 있다. —다시 말하면, 부단히 되풀이되어 하나의 행위만이 의식을 독점하고, 그 때문에 거기에는 고뇌가 들어설 여지가 거의 없어진다는 데에 있다. 왜냐하면 인간의 의식이라는 이 방은 너무나도 좁기 때문이다! 기계적 활동과 부속적인 것—예를 들면 절대적인 규칙의 정확성, 아무 생각 없이 하는 복종, 천편일률적인 생활양식, 시간 이용, '비인격성'이나 자기 망각이나 '자기 무시'에 대한 일종의 허가, 아니 오히려 훈련 등—이러한 것을 금욕주의적 성직자는 고뇌와의 싸움에 당면하여 얼마나 철저하고 얼마나 교묘하게 이용할 줄을 알았던가! 그가 하층 계급의 고통받는 자나 노동 노예나 죄수들(혹은 여성들, 여성이라는 것은 대개의 경우 동시에 노동 노예이며 죄수이기도 하다)을 상대로 해야 했을 그 때, 개칭이라든가 개명이라든가 하는 아주 간단한 농간만으로, 그들로 하여금 증오의 대상이 된 사물 속에까지도 무엇인지 모를 은혜, 어떤 상대적인 행복을 인정하게 할 수가 있었다. —노예들이 자기의 비운에 대해서 지니는 불만은, 어떻든 성직자들에 의해서 만들어지지는 않았던 것이다. —침울함과 싸울 때의 더욱 귀중한 방어책이라고 한다면, 복용하기 쉽고 상용될 수 있는 조그마한 즐거움을 처방한다는 것이다. 이 치료법은 때때로 방금 말한 치료법과 함께 사용된다. 이처럼 즐거움이 치료약으로서 처방되는 가장 일반적인 형식은 사람을 즐겁게 (예를 들면 자선, 위안, 원조, 권장, 위로, 칭찬)하는 즐거움이다. 금욕주의적 성직자는 '이웃에 대한 사랑'을 처방함으로써, 극히 신중한 저울질을 함으로써만 삶의 가장 긍정적인 강한 충동—즉 권력에 대한 의지를 처방하는 것이다. 모든 자선, 은혜, 원조, 발탁 등의 행위에 필연적으로 수반되는 '최소의 우월감'이란 행복이야말로 생리적 장애자들이 사용하는 가장 좋은 위안 수단이다. 물론 이것은 그들이 그 용법에 관해서 좋은 조언을 받고 있는 경우의 일이며, 그렇지 않은 경우에는 똑같은 근본 본능에 따르면서도 서로 상처를 입힌다. 그대들이 로마 세계에서 그리스도교 초창기를 살펴볼 때, 거기에는 당시 사회의 최하층에서 발생한 상호 부조를 위한 모임, 빈곤자나 병자의 모임, 또한 매장을 위한 모임 등이 발견되려니와, 그러한 하층 사회에서는 조그마한 즐거움, 상호 구제라는 침울함에 대한 중요한 대치되는 약이 의식적으로 배양되었다. ―아마도 당시 이것은 어떤 새로운 것, 하나의 진정한 발견이 아니었던가? 이렇게 해서 불러일으켜진 '협력에 대한 의지', 무리 생활에 대한, '공동체'에 대한, '수도원 식당'에 대한 의지 속에서, 이제 더욱 극히 희미하면서도 그것에 의해 유발되었던 권력에 대한 의지가 하나의 새롭고도 한층 완전한 모습을 취하여 나타난다. 무리 생활은 침울함과의 싸움에 있어서 결정적인 전진이며 승리다. 공동체가 성장함에 따라 개인도 역시 그에게 때때로 그 자신의 불쾌와 불만의 가장 개인적인 것, 자신에 대한 혐오(횔링크스가 말하는 '자기 멸시')를 초탈하게 하는 새로운 관심이 강해져 온다. 모든 병자, 병약자는 음울한 불쾌감이나 허약감을 뿌리쳐 버리고 싶은 희망에서 본능적으로 무리 조직을 추구한다. 금욕주의적 성직자는 이 본능을 간파하여 이것을 더욱 조장한다. 무리의 성립에 이어서 그 무리를 바란 것은 허약 본능이며, 그것을 조직화한 것은 성직자의 재주였다. 왜냐하면 이 점을 빠뜨려서는 안 되지만, 강자들은 필연적으로 서로 분리하려고 노력하지만, 약자들은 필연적으로 단결하려고 노력하기 때문이다. 강자들로써 결합하는 일이 있다고 한다면, 그것은 그들의 권력에 대한 의지의 공격적인 전체 행동과 전체 만족을 기대하여 행해지는 것에 불과한 것이다. 따라서 개개의 커다란 저항을 받는다. 이에 반하여 약자들이 서로 단결하는 것은 바로이 단결 자체에 쾌락을 느끼기 때문이다. ―이에 의해서 약자들의 본능은 만족되지만, 그만큼 또한 천성적인 '주인'(즉 고립적 맹수인 인간 족속)들의 본능은 조직에 의해 자극과 동요를 받는다. 모든 과두 정치 아래서는―모든 역사가 가르치는 것이지만―늘 전제적 욕망이 숨어 있다. 모든 과두 정치는 그것에 관여하는 각 개인이 이 욕망을 누르고 있어야 할 긴장 때문에 늘 떨고 있다. (예를 들면 그리스의 과두 정치가 그랬다. 그것에 관해서는 플라톤이 수백 곳에서 증언하고 있다. 자기의 동료들도―또한 자기 자신조차도 잘 알고 있던 플라톤이 말이다……)

19

이제까지 우리가 알 수 있었던 금욕주의적 성직자의 수단―삶의 감정의 전체적 마비, 기계적 활동, 조그마한 즐거움, 특히 '이웃에 대한 사랑'의 즐거움, 무리 조직, 공동체적 권력 감정의 환기, 그리하여 개인의 자기 혐오가 공동체의 번영을 즐거워하는 쾌감에 의해 지워져 버린다. ―이러한 것은 근대적 척도로 잰다면, 불쾌와의 싸움에서의 금욕주의적 성직자의 수단이다. 그런데 우리는 이제 한층 흥미 깊은, '죄 있는' 수단 쪽으로 눈을 돌리기로 하자. 그러한 모든 수단에 있어서 긴요한 일은 감정의 탈선이라는 문제다. ―이것은 음울하고, 마비시키는 것과 같은 오랜 고통에 대해서 가장 효력 있는 마취제로서 사용된다. 그러므로 다음과 같은 문제를 생각해 내는 데에 성직자의 독창성이 무한하게 발휘됐다. 그것은 '무엇에 의해서 감정의 탈선이 초래되었던가?' 하는 문제다. ……이런 말은 듣기 거북하지만, 예를 들면 "금욕주의적 성직자는 언제든 모든 강렬한 감정 속에 내포되어 있는 열광을 이용한다"고 말한다면, 이것은 분명히 더 기분 좋고 부드럽게 들릴 것이다. 그러나 무엇 때문에 오늘날 약자들의 약한 귀를 쓰다듬어 줘야 한단 말인가? 무엇 때문에 우리 측에서 그들 말의 위선에 한 발자국이라도 양보할 필요가 있는가? 우리 심리학자들로서는 그것이 우리에게 구역질을 일으키게 한다는 것은 둘째로 치고라도, 그렇게 하는 데는 이미 행위에 대한 위선이 있다고 생각된다. 즉, 심리학자라는 것이 오늘날 어떠한 점에서 좋은 취미 (―다른 사람이라면 이것을 성실이라고 말할지도 모르지만)를 갖는다고 한다면, 그것은 그가 인간이나 사물에 관한 모든 현대적 판단을 차츰 끈적거리게 하는, 비열할 정도로 도덕화된 말투에 반항하는 그러한 의미에서다. 그렇게 말하는 것도 다음과 같은 점을 잘못 보이기 싫어하였기 때문이다. 즉, 현대적 영혼이나 서적의 가장 고유한 특징은 허위가 아니고 오히려 가장 도덕주의적 거짓이 천진난만하게 구체화된 순진성이라는 점이다. 이 순진성을 곳곳에서 다시 발견해야 한다는 것, ―이것이야말로 아마도 오늘날의 심리학자가 인수해야 할, 본래는 뒷걸음치고 싶은 모든 일 중에서도 우리들이 가장 싫어하는 일인 것이다. 그것은 우리에게 있는 커다란 위험 가운데 하나이기도 하다. ―그것은 아마도 우리를 심한 구역질로 인도하는 길이기도 하다. ……나는 이 일을 믿어 의심치 않는데, 대개 오늘날의 서적(물론 염려할 것도 없이 그것들이 영속성을 지니고 있는 것으로서, 또한 동시에 언젠가는 가장 준엄하고 가장 강건하며 가장 건강한 취미를 지닌 후세대가 온다고 하여)이 무엇을 위해서 필요한가를 말한다면—또 대개 모든 현대적인 것이 이후 세대에 있어서 무엇을 위해서 소용되는가, 소용될 수 있는가를 말한다면, 말할 것도 없이 그것은 구토제로서 활용된다는 것이다. —물론 그것도 도덕적인 감미로움과 허위에 의해 곧잘 스스로를 '이상주의'라고 부르고 싶어하며, 또한 스스로를 이상주의라고 믿고 있는 가장 내적인 여성주의에 의해서이다. 오늘날의 교양인들, '선량한 자'들은 거짓말을 하지 않는다. —이것은 정말이다. 그러나 그것이 그들의 명예가 되는 것은 아니다! 진정한 거짓말, 진실하고 과감한 '정직한' 거짓말(이 가치에 관해서는 플라톤에게서 듣는 것이 좋을 것이다)은 그들에게 너무나도 지나치게 강렬한 것이다. 그러한 진정한 거짓말을 그들에게 요구한다면, 그것은 그들에게 요구해야 할 것이 아닌 것을 요구하는 것, 즉 그들이 자신에 대해서 눈을 뜨고, 스스로 '참'과 '거짓'과를 구별할 수 있게끔 되는 것을 요구할 것이다. 그들에게 알맞은 것은 부정직한 거짓말뿐이다. 오늘날 자기 자신을 '선량한 인간'으로 느끼고 있는 무리들은 모두가 무엇을 대하거나 부정직한 거짓말, 근거도 없는 거짓말을 하는 것 이외에는 아무것도 할 수 없지만, 동시에 그들은 그것이 죄없는 거짓말, 충심으로부터의 거짓말, 파란 눈의 거짓말, 유덕한 거짓말로서 행하는 것이다. 이들 '선량한 인간'들, —그들은 이제 모조리 끝에서 끝까지 도덕화되어, 정직이라는 점에 관해서는 영구히 오점을 남기고 망가뜨리고 말 것이다. 그들 중의 누가 역시 '인간에 관한' 진실에 견딜 수 있을 것인가! ……더 구체적으로 말한다면, 그들 중의 누가 진정한 전기(傳記)라는 것에 견딜 수 있을 것인가! ……약간의 실례를 들어 보자. 바이런 경은 자기 자신에 관한 극히 개인적인 사실을 조금 기록해 두었으나, 그것에 대해 토머스 모어는 '너무나도 너그러운' 태도를 취했다. 그는 그의 친구의 기록을 불태워 버렸던 것이다. 쇼펜하우어의 유언 집행자였던 그빈너 박사도 똑같은 일을 했다고 한다. 그 까닭은 쇼펜하우어도 역시 자기 자신에 관한 기록을 약간 남겼지만, 자기 자신에게 불리한 기록도 조금 남겼기 때문이다. 베토벤의 전기 작가인 유능한 미국인 세이어는 갑자기 자신의 일을 중지했었다. 그는 존경할 만한 순진한 생애의 어느 지점에 도달했을 때, 벌써 그것을 견딜 수 없게 되었던 것이다……도덕—도대체 영리한 인간이 오늘날도 역시 자기에 관해서 정직한 말을 쓸 것인가. —그것을 감히 한다고 한다면, 반드시 그는 성만용파(聖蠻勇派)의 신자임에 틀림없다. 리하르트 바그너의 자서전이 나온다고 하는데, 그것이 훌륭한 자서전일 것이라는 것을 그 누가 의심할 것인가? ……또한 가톨릭 신부 얀센이 독일 종교개혁 운동에 관한 그의 이상하리만큼 공정하고 악의 없는 묘사를 통해 독일 내에 불러일으킨 우스꽝스러울 정도의 놀라움을 상기해 보기로 하자. 만일 누군가가 우리에게 이 운동을 그것과는 다른 형태로 이야기해 준다고 한다면, 만일 한 사람의 진정한 심리학자가 진실한 루터를 이야기한다고 하면, 벌써 시골 목사의 도덕주의적 순박성이 아니고, 또한 신교적 역사가의 달콤한 겸양적인 신중성으로서가 아니고, 오히려 텐과 같이 대담무쌍하게 이야기해 주었다고 한다면, 그것도 강한 것에 대한 현명한 관용에서가 아니고, 영혼의 강함에서 이야기하여 주었다고 한다면, 도대체 어떻게 될 것인가? ……(말이 나온 김에 말하지만, 독일 사람은 결국에는 이러한 현명한 관용의 고전적 전형을 참으로 훌륭하게 끄집어 냈다. —그들은 이것을 자기들의 공으로 돌리고 자기들의 보물로 여겨도 좋을 것이다. 즉, 그들의 레오폴트 랑케에 있어서, 이 모든 '보다 강한 원인'의 천성적으로 모범적인 변호인, 모든 현명한 '사실주의자' 중에서도 가장 현명한 이 인물에 있어서, 그러한 관용의 고전적인 전형이 산출되었던 것이다.)

20

그러나 내가 말하고자 하는 것은 이미 잘 이해했을 것이다. —결국 우리 심리학자란 오늘날 우리 자신에 대한 약간의 불신에서 벗어나지 못하고 있다는 것에도 충분한 이유가 있는 것이 아닌가? ……아마도 우리 역시 지금 우리의 일에 대해서 '너무나도 너그럽다'고 할 것이다. 우리도 역시 이 도덕화된 시대적 취미의 희생물이며, 먹이이며 환자일 것이다. 아무리 우리가 이 취미의 경멸자라고 자부할지언정 그렇다. 아마도 이 취미는 우리에게도 역시 전염되어 있을 것이다. 외교관이 그의 벗들에게 다음과 같이 말했을 때, 도대체 그는 무엇을 경계하라고 주의시켰던 것인가? 그는 말했다. '그대들이여, 우리는 무엇보다도 우리 최초의 마음의 움직임에 불신을 가지련다! 그것은 거의 언제나 좋은 것이다'라고……오늘날 모든 심리학자는 그 벗들을 향해서 이와 같이 또한 말해야 할 것이다. ……그런데 우리는 이렇게 해서 우리의 문제에 되돌아가게 되는데, 그것은 사실 우리에게 약간의 준엄성을 요구하는 것, 특히 '최초의 마음의 움직임'에 대한 불신을 요구하는 것이다. 감정의 탈선을 초래하는 데 필요한 금욕주의적 이상—앞의 논문을 상기할 수 있는 사람이라면 이 몇 마디 말 속에 압축되어 있는, 이 이후에 말하고자 하는 내용의 요점을 이미 알 수 있을 것이다. 인간의 영혼을 아주 지리멸렬하게 해 놓고, 이것을 경악, 오한, 정염, 광희(狂喜) 속에 잠겨 놓고, 그리하여 영혼을 모든 자질구레한 불쾌, 음울함에서 전격적으로 해방시키는 것—이 목적에 도달하기 위해서는 어떠한 방도를 취할 것인가? 또한 어떠한 방도가 가장 확실한 것인가? ……분노, 공포, 음욕, 복수, 희망, 승리, 절망, 잔인 등의 커다란 감정은, 그것이 갑자기 격발하는 것이기만 하면 그러한 목적 달성의 능력을 지니고 있는 것이다. 또한 실제에 있어서 금욕주의적 성직자는 인간 안에 있는 들개의 모든 무리를 주저 없이 자기를 위해서 써먹고, 때로는 이 개를, 때로는 저 개를 풀어놓으면서 언제고 똑같은 하나의 목적, 즉 인간을 완만한 비애에서 일으켜, 적어도 일시적이나마 그 음울한 고통이나 머뭇거리는 비참함을 씻어 버리려는 목적을 성취하려고 하였다. 더구나 그것은 또한 늘 종교적인 해석과 '변명' 아래 행해졌던 것이다. 이러한 감정의 탈선은 어느 것이나 후에 제각기 대가를 받게 된다는 것, 이것은 명백한 일이다. —다시 말해 그것은 병자를 더욱 병들게 한다—. 그러므로 그러한 따위의 고통의 치료법은 현대적인 척도로 잰다면, 일종의 '죄 있는' 치료법이라 할 것이다. 그러나 공정해야 하기 때문에 다음과 같은 점은 더욱 강하게 주장되어야 한다. 바로 그러한 치료법이 양심의 가책 없이도 사용되었다는 것뿐만 아니라 금욕주의적 성직자는 자기가 만들어 낸 참상에 스스로도 참으로 자주 마음이 아프게 되면서도 그 치료법의 효력, 아니 그 절대적 필요를 마음 깊이 믿어 그것을 처방하였다는 것이다. 게다가 이러한 치료의 탈선에 따르는 아주 좋지 않은 생리적인 반응, 아마도 정신적 착란까지도 원래 이 치료법의 의의 자체에 반드시 있는 것은 아니다. 먼저 말한 바와 같이, 이 치료법이 의도하는 것은 병의 치료에 있는 것이 아니라 오히려 침울함이라는 불쾌감을 극복하는 것, 그 불쾌감을 줄이고 그것을 마비시키는 데에 있었다. 이 목적은 그렇게 함으로써만 이루어졌던 것이다. 인간의 영혼에 모든 종류의 비통함과 광희(狂喜)의 음악을 울려 줄 만한 금욕주의적 성직자가 일부러 시도한 기본적인 조작법은—누구나 다 아는 바와 같이—죄책감을 이용하는 것이었다. 이 감정의 유래에 관해서는 앞의 논문에서 간단히 시사해 두었다. —단지 동물 심리의 한 편에 불과한 것으로서. 그런 경우에 죄책감은 말하자면 원료의 상태대로 나타났다. 그것이 죄책감을 취급하는데, 진정 타고난 예술가인 성직자의 손에 의해서 비로소 그 형태를 이루게 되었던 것이다. 오오, 그러나 이 얼마나 괴상한 형태인가! '죄악'이라는 것—이렇게 말하는 것은 사실 동물적인 '양심의 가책'을 성직자식으로 해석하여 변경한 것이지만—은 병든 영혼의 역사에서 이제까지 가장 큰 사건이었다. 거기에는 종교적 해석의 가장 위험하고, 가장 숙명적인 재주가 표시되어 있다. 인간은 무엇인가 모르지만, 어떻든 생리적으로는 마치 우리 속에 넣은 짐승처럼, '왜?' '무엇 때문에?'도 모른 채 자기 자신을 괴로워하고 있으며, 때문에 그는 절실하게 그 이유를 찾는다. 이유를 알면 괴로움도 가벼워지기 때문에—또한 절실하게 의약품이나 마취제를 갈구하고, 마침내는 비밀을 알고 있는 한 사람의 인간에게 조언을 요청한다. —그러면 어떤가 보려무나! 그는 하나의 암시를 받는다. 그의 마술사인 금욕주의적 성직자에게서 그의 고뇌의 '원인'에 관해서 최초의 암시를 받는 것이다. '그대는 그 고뇌의 원인을 그대 자신 속에, 죄책 속에, 과거의 한 상황 속에서 구하는 것이 좋을 것이다. 그대의 고뇌 자체를 하나의 형벌 상태로 이해해야 할 것이다'라고. ……이 불행한 자는 이것을 듣기도 했으며, 이해도 하였다. 이제 그는 몸 둘레에 선을 그은 암탉처럼 된다. 이 선의 원 밖으로는 두 번 다시 그는 나갈 수가 없다. 그리하여 병자는 '죄인'이 되어 버렸던 것이다…… 이 뒤부터 우리는 이 새로운 병자인 '죄인'의 모습을 본 뒤, 수천 년에 걸쳐서 벗어나지 못한 채 있다. —언젠가 또 벗어날 수 있는 날이 있을 것인가? —어디다 눈을 돌린들, 곳곳에 최면술에 걸린 죄인의 눈초리가 있어 언제나 그것이 하나의 방향만으로(고뇌의 유일한 원인으로 보는 '죄책'으로의 방향만을) 움직이고 있다. 곳곳에 양심의 가책이, 루터가 말하는 '무서운 짐승'이 보인다. 또한 곳곳에 과거가 반추되고, 행위가 왜곡되고, 모든 행위에 질투의 '파란 눈'이 향해져 있다. 곳곳에 고뇌를 오해하려는 의욕이 삶의 내용으로 되어 있고, 고뇌가 죄책, 공포, 형벌의 감정으로 해석되어 버렸다. 도처에 채찍질이 있고, 털 셔츠가 있고, 굶주린 육체가 있으며, 회한이 있다. 곳곳에 죄인이 자기 몸을 불안하고 병적으로 호색적인 양심의 잔인한 톱니바퀴에 걸어서 스스로를 능지처참에 맡기고 있다. 또한 도처에 소리 없는 고민, 극도의 공포, 가책 받는 마음이 겪는 죽음의 고통, 알지 못한 행복의 경련, '구원'을 구하는 외침이 있다. 사실 그러한 수속으로 오랜 침울함과 우울함, 권태는 철저하게 극복되어, 삶은 다시금 진실로 흥미 있는 것이 되었다. 이 비밀 속에 넣어진 '죄인'으로서의 인간은—영원히 눈뜨고 있으며, 밤을 새워 뜨겁게 불타고 있으며, 재와 먼지가 되고 있으며, 다 소모해 버렸으며, 그럼에도 역시 피로의 기색이 보이지 않았다. 불쾌와의 싸움에 있어서 이 늙은 대마법사, 이 금욕주의적 성직자—그가 승리를 얻은 것은 확실하다. 그의 왕국이 도래했다. 이제 사람들은 고통에 대해서 탄식하지 않았다. 오히려 사람들은 고통을 갈망하였다. '더욱 많은 고통을! 더욱 많은 고통을!' 이렇게 그의 제자나 신도들은 고통을 열망하여 몇 세기 동안 부르짖어 왔다. 고통을 주는 모든 감정의 탈선, 좌절, 분쇄, 암살, 열중하게 하고 황홀하게 하는 모든 것, 고문실의 비밀, 지옥의 발명—모든 것이 이제 발견되고 간파되고 이용되었다. 이러한 모든 것을 마술사가 이용하게 되었으며, 그 후 그 모든 것이 그의 이상, 즉 금욕주의적 이상의 승리에 이용되었다. ……'나의 나라는 이 세계의 것이 아니다.'—이렇게 그는 늘 똑같이 말했다. 과연 그는 이렇게 말할 권리를 가지고 있었던가? ……괴테는 말했다. 비극적 장면이라는 것은 서른여섯 가지밖에 없다라고. 여기서 미루어 보면—그 이외에서는 알 수 없는 것이라고 하더라도—, 괴테가 결코 금욕주의적 성직자 같은 것이 아니었다는 것을 알 수 있을 것이다. 금욕주의적 성직자라는 것은—더욱 많은 장면을 알고 있다……

21

모든 이런 종류의 성직자의 치료법, 즉 '죄 있는' 종류의 치료법에 관해서는 이러니저러니 비평할 필요가 없다. 그러한 치료법을 취하는 경우에 금욕주의적 성직자가 그의 환자들에게 늘 처방으로 사용하였던(물론 가장 신성한 이름 아래, 또한 자기 목적의 신성감에 충만되어) 감정의 탈선이 어떤 환자에게 실제로 효험이 있었다고 하는 주장을 고집하려고 하는 자가 도대체 있을 것인가? 적어도 '효험이 있다'는 말의 의미에 관해서는 그대들도 알아두어야 할 것이다. 만일 그러한 방식의 치료법이 인간을 향상시켰다는 의미라면, 나도 아무런 이의가 없다. 단지 부언해 둘 것이란 나의 경우 '선량화'란, '길들이다', '약하게 하다', '풀이 죽게 하다', '섬세하게 하다', '유약하게 하다', '거세하다' 등등의(따라서 거의 손상시키는 것과 같은……) 의미와 똑같다는 것이다. 그러나 병자나 우울자나 용기를 상실한 자들이 문제가 되는 경우, 이와 같은 치료 방법은 환자를 '선량화'하였다고 간주될 때도, 사실은 결국 더 병들게 하고 있는 것이다. 속죄의 고행, 회한, 구원의 경련 등이 일정한 방법에 따라 계획적으로 적용되면, 어떠한 결과를 발생할 것인가는 정신병 의사에게 물어보는 것이 좋을 것이다. 또한 역사에 물어 봄이 좋으리다. 금욕주의적 성직자가 이 치료법을 행했던 곳에서는 어디서든, 언제고 반드시 병세가 섬뜩할 정도로, 또한 급속도로 길고 넓게 진행해 갔다. 그 '결과'는 언제나 어떻게 되었던가? 그렇지 않아도 이미 병들어 있던 것이, 설상가상으로 신경 계통을 파괴하는 지경에 이르렀다. 이 현상은 빈부귀천을 가리지 않고, 개인이건 단체이건 가리지 않고 동일하였다. 속죄나 구원의 훈련 결과로는 무서운 간질병의 유행을 볼 수 있는데, 예를 들면 중세의 성(聖)비투스 무도병이라든가 성(聖)요한 무도병의 유행 같은 것은 역사에 알려진 것으로서 최대의 것이다. 또 그러한 훈련의 악영향의 다른 형태로는 무서운 마비증과 만성 우울증이 보이며, 이에 의해서 때로는 한 민족이나 한 도시(제네바, 바젤)의 기질이 아주 정반대의 것으로 변해 버렸다. ―몽유병과 유사한 마녀 히스테리도 그런 악영향 가운데 하나다. (1564년부터 1605년까지만 해도 8회나 크게 유행하여 발생한 일이 있었다)―. 또한 그러한 훈련의 결과로서 죽음을 그리워하는 집단적 정신착란증이 발견되지만, 그 무서운 외침인 '죽음만세!'는 때때로 호전적인 특이체질과 병적인 파괴욕에 의해 저지되면서도 유럽 전체에 울려 퍼졌다. 오늘날에도 금욕주의적 죄악설은 다시금 커다란 성공을 거둘 만한 경우에는 언제 어디서나, 그와 똑같은 감정적 변화가 똑같은 간헐성과 급변성으로 일어나는 것을 알 수 있다. (종교적 신경병은 '악마'의 한 형태로서 나타난다. 이것은 의심할 여지도 없는 것이다. 이것은 무엇인가? 이것이 문제이다.) 대체로 말해서 금욕주의적 이상과 그 숭고한 도덕적 의례, 즉 신성한 목적을 구실로 한 감정 탈선의 모든 수단의 가장 교묘하고도 가장 대담한, 그리고 가장 위험한 체계화는 무섭고도 잊을 수 없는 방도에 의해서 인류의 모든 역사 속에 기록되어 있는 것이다. 더구나 그것은 슬프게도 단지 인류의 역사 속에 뿐만이 아니다……특히 유럽 사람의 건강과 인종적 정력에 대해서, 이 이상처럼 파괴적인 작용을 미친 것을 다른 것으로 제시하는 것은 나로서는 거의 불가능하다. 그것은 아무런 과장도 없이 유럽 사람의 건강의 역사에서 본래의 숙명이라고 불려야 할 것이다. 이 이상의 영향과 그럭저럭 견줄 만한 것이라고 한다면, 겨우 게르만인의 독특한 영향 정도일 것이다. 내가 말하는 것이란 유럽의 알코올 중독에 관한 것이지만, 이것은 이제까지 게르만인의 정치적 또는 인종적인 우세와 엄밀하게 보조를 맞추어 온 것이다. (게르만인은 그들의 피를 주입시킨 장소에 그들의 악덕마저도 주입시켰다). 세 번째는 매독을 들 수 있을 것이다—'멀리 떨어져 있으면서 아주 가까운 것'.

22

　금욕주의적 성직자가 지배하였던 곳곳에서 영혼의 건강이 망가졌다. 따라서 그는 '예술과 문학'상의 취미도 망가뜨려 버렸다. 지금도 역시 망치고 있는 것이다. '따라서'? —바라건대 이 '따라서'라고 내가 말하는 것을 모두 허용해 달라! 적어도 나는 첫 시작으로 이것을 증명하고 나갈 생각은 없다. 단지 한 가지 암시를 한다면, 그것은 그리스도교 문헌의 원본, 그 진정한 원전, 이른바 '책 자체'에 관계한 것이다. 이른바 서적의 황금시대이기도 했던 그리스 로마의 황금시대가 한창일 때, 이제까지 한 번도 이지러지지도 무너지지도 않았던 고대의 저작 세계를 앞에 두고서, 오늘날의 문헌 절반과 바꾸어서라도 손에 넣고 싶은 약간의 책을 아직 읽을 수 있었던 시대에, 이미 그리스도교의 선동가—세칭 교부(敎父)라고 불리는—는 그 단순성과 허영심으로서 뻔뻔스럽게도 이렇게 선언하였다. '우리도 고전 서적을 가지고 있다. 우리는 그리스 사람의 것을 필요로 하지 않는다.' 이렇게 말하고서 그들은 자랑스럽게 성도전(聖徒傳)이나 사도의 편지, 선교용 소책자를 들어 보인다. 그것은 대개 오늘날 영국의 '구세군'이 유사한 문헌으로 셰익스피어나 그 밖의 '이교도'와 싸우고 있는 것과 같았다. 이미 짐작하겠지만, 나는 《신약성서》를 좋아하지 않는다. 가장 존중되고 너무 지나칠 정도로 중시되고 있는 이 책에 대한 나의 취미가 이처럼 고립적이라는 것은 나를 불안하게 하기까지 한다. (2천년간의 취미가 나에게 반대하고 있기 때문이다) 그러나 어쩔 수 없다! '나는 여기 서 있다. 이 외에 달리 어쩔 수가 없다.'—나는 내 악취미를 끝까지 지킬 만한 용기를 가지고 있다. 《구약성서》—그렇다, 이것은 다르다. 《구약성서》에는 모든 경의를 표해도 좋으리라. 그 속에는 위대한 인간들, 영웅적인 광경, 이 지상에서 가장 드문 어떤 것, 즉 강건한 심정의 견줄 데 없는 순진성을 발견할 수 있다. 게다가 거기에는 하나의 민족이 발견된다. 이에 반해서 신약 속에 보이는 것은 자질구레한 종파적인 것일 뿐이다. 영혼의 로코코풍뿐, 허식적이고 우툴두툴하고 기괴한 것들, 비밀 예배의 공기만이 있을 뿐이다. 단, 이 시대(그리고 로마 영토)에 특유한, 유대적이라기보다는 오히려 때로는 향기롭다는 것을 잊어서는 안 될 것이다. 겸손과 거드름이 결합되어 있으며, 귀청이 떨어져 나갈 듯한 감정적인 지껄임이 있고, 정열이 없는 흥분이 있으며, 차마 눈뜨고 볼 수 없을 정도의 광증이 있다. 그러나 거기에는 분명히 좋은 교육이라는 것이 결핍되어 있다. 여기서 볼 수 있는 신앙 깊은 난쟁이들처럼, 자기의 자질구레한 부도덕 때문에 이처럼 대소동을 피울 필요가 어디 있는가! 그런 것으로는 수탉일지라도 울어대지는 않을 것이다. 하물며 신에 있어서랴. 이 모든 비천한 시골뜨기들, 그들은 결국 '영원한 생명의 관'마저도 손아귀에 넣고 싶어하는 것이다. 무엇 때문에? 어떤 보수로? 이 이상 뻔뻔스러운 것도 없을 것이다. '죽지 않는' 베드로라는 것, 이것이야말로 견딜 수 없는 괴물이다! 그들이 지니고 있는 야심은 그저 우스꽝스러울 뿐이다. 베드로의 극히 사적인 생활, 그 우둔함이나 비애나 걷잡을 수 없는 근심 같은 것을, 마치 그러한 것을 염려하는 것이 어쩔 수 없는 의무이기도 한 것처럼, 아주 꼼꼼하게 설명해서 들려주는 것은 바로 이 야심이다. 이 놈은 신 자체까지도 그들이 잠겨 있는 사소한 비판 속에 휘말려 들어가게 하려고 끝까지 싫증도 내지 않고 노력한다. 신과의 끊임없는, 그대와 나라는 관계의 익숙함이 최악의 취미! 신에 대한 이 유대인적인, 아니 단순히 유대인적인 것만에 그치지 않고 입과 손의 열두 가지 재주를 가졌다는 뻔뻔스러움! ……아시아의 동방에는 멸시당한 조그마한 '이교민족'들이 있었는데, 이 초기 그리스도교도들은 그들에게서 어떤 중요한 일, 즉 외경의 요령이라고도 할 수 있는 것을 배웠더라면 좋았을 것이다. 그리스도교의 선교사들이 증언하는 바에 의하면, 그 이교민들은 적어도 그들 신의 이름을 입에 오르내리게 한 일은 없었다고 한다. 이것은 무척 '민감'하게 생각되었다. 그것은 다만 '초기' 그리스도교도들에게만 그렇다는 것은 아니다. 이것과 대조적인 보기를 보고 싶다면 그대들은 루터를, 일찍이 독일이 낳은 '가장 웅변적이고' 가장 불손한 농부를 상기하여 봄이 좋을 것이다. 또 신과의 대화에 있어서 그가 즐겨 사용한 루터식의 어조를 상기해 보는 것이 좋으리라. 교회의 중개자적 성도들(특히 '악마의 돼지 교황')에 대한 루터의 반항은 의심할 것 없이 결국은 교회의 좋은 예법에 화를 낸 하나의 우악스러운 반항, 즉 보다 깨끗한 자, 보다 말이 없는 자만을 가장 성스러운 장소에 들게 하며, 우악스러운 자는 축출해 버리는 성직자 취미의 외경의 예법에 화를 낸, 우악스러운 자의 저항이었던 것이다. 그처럼 우악스러운 자는 여기서는 절대로 입을 열어서는 안 되는 것이다. 그러나 농부였던 루터는 그것을 아주 변혁시키려고 하였다. 그런 것은 그에게는 충분히 독일적이라고 말할 수 없는 것이었다. 그는 무엇보다도 자기의 신과 자기 입으로 직접 이야기하기를, '어려움이 없이' 이야기하기를 바랐다. ……그리고 사실 그는 그것을 행하였던 것이다. 아마도 벌써 알고 있으리라고 생각되지만, 금욕주의적 이상은 언제 어떠한 경우라 할지라도 결코 좋은 취미의 학교는 아니었다. 하물며 좋은 예법의 학교는 더욱 아니었다. 그것은 겨우 성직자 취미의 학교일 뿐이다. 다시 말해 그것은 모든 좋은 예법의 불구대천의 원수라고 할 수 있는 것을 자신 속에 지니고 있었다. 즉, 절도가 결여되어 있다는 것, 절도에 대한 반감이 그것이다. 이것은 그 자체가 '이것을 넘어서는 자 없도다'라는 것이다.

23

금욕주의적 이상은 단지 건강과 취미를 망가지게 했을 뿐만이 아니다. 그것은 또한 제3, 제4, 제5, 제6의 것도 망가뜨렸다. 이것들 하나하나를 모두 이야기하는 것은 좀 삼가려 한다(끝이 없을 터이니). 내가 여기서 밝혀 두려고 하는 것은, 이 이상이 야기시킨 것은 무엇인가 하는 것이 아니다. 오히려 그것이 무엇을 의미하는가, 그것이 무엇을 알게끔 하는가, 그 배후에, 그 아래에, 그 속에 숨어 있는 것은 무엇인가, 그것이 의문부호와 오해를 태산처럼 짊어지고 있으면서도, 막연히 표현하고 있는 것은 무엇인가 하는 것뿐이다. 이 목적 때문에 나는 독자 여러분에게 이 이상의 영향, 더구나 그 숙명적인 영향의 무서운 모습을 주시하여 주기를 바랐던 것이다. 그것은 결국 이 이상의 의미를 끝까지 물어감으로써 나에게 보이게 되는 최후의 가장 무서운 광경에 대해서, 독자에게 마음의 준비를 바라는 데에 있었다. 이 이상의 위력, 이 위력의 무서울 만큼 거대함은 무엇을 의미하는가? 왜 이 이상에 그처럼 광범위한 활동 영역이 주어졌던가? 왜 더욱 충분한 반항이 행해지지 않았던가? 금욕주의적 이상은 하나의 의지를 표현하고 있다. 이것과 반대의 이상을 표현하고 있는 반대의 의지는 어디 있는가? 금욕주의적 이상은 하나의 목표를 가지고 있다. 이 목표는 일반적인 것이며 이것을 기준으로 한다면 인간 생활의 나머지 모든 관심은 미미한 것으로밖에는 보이지 않게 된다. 금욕주의적 이상은 시대와 민족과 인류를 거리낌 없이 이 유일한 목표에 비추어 봐서 설명한다. 그것은 어떠한 다른 목표도 인정하지 않으며, 단지 자기 해석의 의향에 따라서 거부하고, 부정하고, 긍정하고, 시인한다. (일찍이 이 이상으로 철저한 해석 방식이 있었던가?) 그것은 어떠한 권력에도 굴하지 않고, 오히려 모든 권력에 대한 자기의 우월을 믿고, 모든 권력에 대한 자기의 절대적인 계급적 간격을 믿고 있었다. 그것은 이 지상에 존재하는 어떤 권력이라 할지라도 자기의 일을 위한 도구, 자기의 유일한 목표를 위한 방편 및 수단으로서 자기에 의해서 비로소 하나의 의미, 하나의 생존권, 하나의 가치가 주어져야 할 것으로 믿고 있는 것이다…… 이와 같은 의지, 목표, 해석의 폐쇄된 체계에 대한 반대물은 어디 있을 것인가? 왜 반대물이 없는가? ……그것과는 다른 '유일한 목표'는 어디에 있을 것인가? ……그러나 이렇게 나에게 말하는 사람이 있다. 그것은 없는 것이 아니다. 그것은 이상과의 오랜 싸움에 승리만 거둔 것은 아니다. 그것은 오히려 모든 중요한 일에 관해서 이미 이상을 지배하고 있다. 우리의 모든 현대 과학이 그것을 증명한다. 현대 과학, 이것이야말로 진정한 현실 철학으로서 분명히 자기 자신만을 믿고 있으며, 분명히 자기에 대한 용기, 자기에 대한 의지를 가지고 있으며, 더구나 이제까지 신도, 저편의 세계도, 동정적인 덕도 없이 잘 헤쳐 왔던 것이다. 그러나 그들은 그처럼 소란스러움이나 선동적 요설로는 조금도 나를 설득시킬 수 없다. 그러한 현실주의적 나팔수들은 보잘것없는 음악가들이며, 그들의 소리는 심연에서 오는 것처럼 들리지 않는다. 그들의 입에서 나오는 것은 과학적 양심의 심연의 소리가 아니다. 오늘날의 과학적 양심은 하나의 심연이지만. 그러나 나팔수들의 입에 오르는 '과학'이라는 말은, 단지 하나의 음란함, 남용, 뻔뻔스러움일 뿐이다. 그들이 주장하는 것과는 반대의 것이야말로 진리이다. 과학은 오늘날 전혀 자기를 향한 신앙을 갖지 못했다. 더구나 자기를 넘어선 이상을 향한 신앙 같은 것은 말할 나위도 없다. —그리고 과학이 요컨대 정열이며 사랑이며 격정이며 고통일 경우에도, 그것은 금욕주의적 이상의 반대물이 아니고 오히려 그것의 가장 새로운, 그리고 가장 고귀한 형식 자체인 것이다. 이렇게 말하면 독자들에게는 이상하게 들릴 것인가! ……물론 오늘날의 학자들 중에도 용감하고 겸허한 노동자 무리가 꽤 있다. 그들에게는 자기들의 조그마한 구석이 마음에 드는 것이며, 마음에 들기 때문에 그들은 때때로 약간 지나쳐서, 우리는 '어떻든 오늘날 만족해야 한다. 특히 과학에 있어서는 만족해야만 한다. 여기에 실로 많은 유익한 일이 있는 것이 아닌가'라는 요구를 공언하게끔 된다. 나는 이에 반대하지는 않는다. 이 근로자들이 그들의 일에 대해 지니고 있는 즐거움을 훼손시키려는 생각은 조금도 없다. 나도 그들의 일을 즐거워하고 있기 때문이다. 그렇다고 해서 오늘날 과학에 있어서의 작업이 엄격하게 다루어지고 있으며, 또한 그것에 만족한 근로자들도 있다는 사실은, 오늘날 과학이 전체로서의 하나의 목표, 하나의 의지, 하나의 이상, 하나의 커다란 신앙에 대한 정열을 지니고 있다는 증명은 되지 않는다. 앞서 말한 것처럼 그 반대야말로 진실이다. 과학이 금욕주의적 이상의 새로운 현상 형식이 아닌 경우—이것은 너무나도 드물고 귀중하며 특별한 경우이며, 이에 의해서 전체의 판단이 그르쳐지는 일은 있을 수 없지만—오늘날 과학은 모든 불만, 불신, 회한, 자기 멸시, 양심의 가책의 은닉처인 것이다. —과학은 이상을 상실한 불안이며, 커다란 사랑의 결여에서 오는 고뇌이며, 본의 아닌 만족 상태에 대한 불만이다. 아아, 과학은 오늘날 이 모든 것을 어찌 감추고 있는 것일까! 적어도 얼마나 많은 것을 감추어야 하는가! 우리의 가장 우수한 학자들의 재능, 그들의 무분별한 정진, 밤낮을 가리지 않고 열심히 일하는 두뇌, 일에 대한 탁월한 재주 자체—이 모든 것들의 진정한 의미가 얼마나 자주 그들의 눈에 사실은 무엇인가를 보이지 않게 하는 것일까! 자기 마비의 수단으로서의 과학, 그대들은 그러한 것을 알고 있는가? ……우리는 그들을 때로는 아무렇지도 않은 한마디 말로—이것은 학자와 교제하는 자는 누구나 경험하는 것이지만—뼈 속까지 상처를 준다. 그들에게 경의를 표하려고 생각한 그 순간에 우리의 박학한 벗들을 화나게 한다. 상대가 도대체 어떤 자였다는 것만으로도 그들을 그저 화나게 한다. 그 까닭은 그들은 자기가 어떤 자인가를 어떻게든 알고 싶어하지 않는 고통받는 자이기 때문이며, 제 정신으로 돌아간다는 그 일 하나만을 두려워하는 마취에 걸린 신을 잃어버린 자이기 때문이다.

24

그런데 이제 눈을 돌려서 먼저 말했던 한층 드문 경우, 즉 오늘날 철학자나 학자들 중에 발견되는 최후의 이상주의자에 관해서 고찰하기로 하자. 어쩌면 그들 중에 우리가 찾고 있는 금욕주의적 이상의 반대자, 즉 반이상주의자가 있지 않을까? 사실 이 '불신자들'은 (이렇게 말하는 것도 그들은 모두가 불신자이기에) 스스로를 그러한 존재라고 믿고 있다. 이 이상의 반대자라는 것이야말로 그들 신앙의 마지막 일부인 것처럼 생각된다. 그러기에 그들은 이 점에 관해서는 참으로 진지하며, 그 일이라면 그들의 말, 그들의 태도는 무척 정밀하게 될 것이다. 그렇다고 해서 그들의 믿는 바가 그대로 진실이라고 해도 좋을 것인가? ……우리 '인식자'는 모든 종류의 신자라는 것에 대해서 차츰 불신한다. 우리의 불신은 차츰 우리를 사람들이 이전부터 해온 추론과는 반대의 추론을 하게끔 하였다. 즉, 어떤 신앙의 강함이 두드러지게 눈에 띄게 되는 데서는 언제나 거기에 믿어지고 있는 일의 증명이 어쩐지 곤란하리라는 것, 그것이 진실이 아닐 것이라는 것을 추리하게끔 하였던 것이다. 신앙이 사람을 '축복케 한다'는 것은 우리로서도 부정하지는 않는다. 그러나 그러기 때문에 우리는 신앙이 무엇을 증명한다는 것을 부정하는 것이다. 사람을 축복하게 하는 강력한 신앙이라는 것은 사실 그 신앙의 대상에 대한 하나의 의혹이다. 그것은 '진리'를 입증하고 있는 것이 아니고, 어떤 개연성—그것이 미망일지도 모른다는 개연성을 입증하고 있는 것이다. 그렇다고 한다면, 지금의 경우는 어떻게 되는 것일까? 이 현대의 부정자나 반대자들, 지적 결백을 요구한다는 한 가지 일에만 열중하는 이 사람들, 우리 시대의 명예가 되는 이 준엄하고 엄격하고 억압적이고 영웅적인 정신을 지닌 사람들, 이 모든 창백한 무신론자, 반그리스도자, 비도덕주의자, 허무주의자들, 이 회의주의자들, 정신적 결핵 환자들(어떤 의미에서는 그들은 모조리 결핵 환자다), 오늘날에는 오직 홀로 지적 양심을 지니고 구현하고 있는 이 최후의 인식의 이상주의자들, 이 '자유의 극히 자유로운 정신'들은 자기들이 정말로 금욕주의적 이상에서 떨어져 있을 수 있을 만큼 멀리 떨어져 있는 것으로 믿고 있다. 그러나 내가 그들이 볼 수 없는 것—그들이 너무나도 가까이 있기 때문에—을 확실히 그들에게 보인다면, 이 금욕주의적 이상이야말로 그들의 이상이기도 하며, 아마도 그들 자신이야말로 오늘날 이 이상을 구현하고 있는 것이다. 또 이 이상의 가장 정신적인 소산이며, 또한 그의 최전선의 척후병이며, 그 가장 위험하고 미묘하며 가장 붙잡기 어려운 유혹 형식이기도 한 것이다. 만일 내가 여기서 어떤 수수께끼를 푼다고 한다면, 다음과 같은 명제로서 하려고 생각한다. ……"그들은 아직 너무나도 자유로운 정신이 아니다. 왜냐하면 그들은 아직 진리를 믿고 있기 때문이다"라고…… 그리스도 십자군의 병사들이 동방에서 격파하기 어려운 암살자 교단, 특히 자유정신의 교단(그 가장 하급자들마저도 어떠한 성직자 단체도 미칠 수 없을 정도로 규율이 지켜져 있던)에 부닥쳤을 때, 그들은 어떠한 방식으로 그 교단의 가장 상위자들만이 알고 비밀스레 전하고 있는 상징과 부호에 관해서도 알고 있었던 것이다. 그 부호란 "아무것도 진리가 아니다. 모든 것은 허용돼 있다(Nichts ist wahr, alles ist erlaubt)라는 것이었다. ……진실로 그것은 정신의 자유였다." 그것에 의해 진리 자체에 대해서마저 신앙의 파기가 통고되었던 것이다…… 일찍이 유럽적 자유정신, 그리스도교적 자유정신은 이 명제와 그 미궁의 귀결 속에 헤맨 적이 있었던가? 이 동굴의 괴물 미노타우로스를 실제로 들어본 일이 있었던가? ……나는 그것을 의심한다. 그것뿐만이 아니다. 오히려 나는 사실은 그것과 다른 것임을 알고 있다. 이 오직 한 가지 일에 열중하는 자들, 이른바 이 '자유정신'에게 실로 의미의 자유와 해방처럼 인연이 먼 것도 없다. 그들은 다른 점에서 그렇게 강하게 구속되지 않았다 하더라도, 바로 진리를 향한 신앙이라는 점에서는 다른 누구에게서나 볼 수 없을 만큼 굳게 무조건적으로 구속되어 있다. 나는 이러한 모든 일을 지나칠 정도로 잘 알고 있다. 그러한 신앙 때문에 어쩔 수 없게 된 존경할 만한 철학자적 절제, 마침내는 부정도 긍정도 똑같이 엄격하게 금하게 되는 지성의 스토아주의 사실 앞에, '냉엄한 사실' 앞에 서 있으려는 의욕, 오늘날 프랑스의 과학이 독일의 과학에 대해서 일종의 도덕적 우월을 자랑하기 위해서 구하고 있는 '조그마한 사실'의 숙명주의(나의 호칭으로 부른다면 '이 조그마한 사실주의'), 해석이라는 것 일반에 대한 (폭력, 수정, 간략, 생략, 날조, 변조, 위조, 그 밖의 해석의 본질에 속하는 것에 대한 모든 것) 단념, 이러한 것은 대체로 말해서 덕행이라는 금욕주의의 표현인 동시에 어떤 관능 부정의 표현이기도 하다. (그러한 것은 결국 이 관능 부정의 한 양상에 불과하다) 그러나 그러한 금욕주의를 강제하는 것, 즉 진리를 향한 무조건적 의지란 사실 금욕주의적 이상 자체에 대한 신앙이다. 설령 그것이 이 신앙의 무의식적인 명령으로 보아야 한다 하더라도 그렇다. 이점을 착각해서는 안 된다. 그것은 형이상학적, 진리의 가치 그 자체에 대한 신앙이며, 더구나 이 가치는 금욕주의적 이상 속에서 보증되고 확인될 수 있는 것이다. (이 가치는 그 이상과 더불어 성패를 같이한다) 엄밀하게 말해서 '전제 없는' 과학이라는 것은 하나도 있을 수 없다. 그런 걸 생각하는 건 황당무계한 일이다. 하나의 철학, 하나의 '신앙'이 늘 먼저 거기에 있어야 하며, 거기에서 비로소 과학은 하나의 방향, 의미, 하나의 한계, 하나의 방법, 하나의 생존권을 얻는 것이다. (이것과는 반대로 생각하는 자, 예를 들면 '엄밀한 과학적 기초 위에' 철학을 세우려고 하는 자는 그 때문에 먼저 철학뿐만 아니라 진리 자체에도 거꾸로 곤두세워서 시작해야 한다. 그처럼 귀한 두 숙녀를 대우하는 것으로서는 이 이상 심한 무례가 없을 것이다!) 그렇다, 이것은 의심할 여지도 없는 것이다. 이 점에 관해서 나의《즐거운 지식》의 말을 빌리기로 하자. "과학에 대한 신앙이 전제로 하고 있는, 저 대담하고 극단적인 의미에서 성실한 인간은 그 신앙에 의해서 삶·자연·역사의 세계와는 다른 세계를 긍정한다. 그리고 이 인간이 이러한 '다른 세계'를 긍정하는 한에 있어서는 어떻게 되는 것일까? 나는 바로 그것에 의해서 그 세계와는 반대적인 것, 즉 이 세계, 우리의 세계를 부정하지 않고는 있을 수 없는 것이 아닌가? ……우리의 과학에 대한 신앙이 지반으로 삼고 있는 것은 역시 형이상학적 신앙이다. 우리 현대의 인식자, 무신론자이며 반(反)형이상학자로도 역시 1천 년에 걸친 낡은 신앙, 즉 신은 진리이며 진리는 신적이라는 그리스도교의 신앙—이것은 플라톤의 신앙이기도 하였다—그러나 불붙은 횃불에서 우리의 불을 얻는 것이다. ……그러나 이 신앙의 내용이 더욱 믿을 수 없는 것이 되어, 만일 오류나 미망이나 허위라고 하는 것 이외에는 무엇 하나 신적인 것으로서 증거를 표시할 수 없다고 한다면, 신 자체가 극히 오랫동안의 허위였다는 것이 증거로 표시된다고 한다면 어떻게 될 것인가?" 이쯤 해서 멈추고, 차분히 생각해 보아야 할 것이다. 과학은 지금 변명을 필요로 하고 있다. (이렇게 말했다고 해서 그러한 과학을 위한 변명이 존재한다고 하는 것은 아니다) 이 문제에 비춰서 가장 오래 전부터 최근에 이르는 철학자들을 검토해 봄이 좋을 것이다. 그들에게는 모두 진리에 대한 의지 자체가 얼마나 변명을 필요로 하는가 하는 문제에 관한 의식이 결핍되어 있다. 이 점에 바로 모든 철학의 결점이 있다. 이것은 무엇에 원인이 있는가? 그것은 이제까지 금욕주의적 이상이 모든 철학을 지배해 왔기 때문이다. 진리가 존재로서, 신으로서, 최고의 법정 자체로서 세워졌기 때문이며, 진리를 문제로 삼는 것이 허용되지 않았기 때문이다. 이 '허용되는 것'이라는 의미를 아는지? 금욕주의적 이상의 신에 대한 신앙이 부정되는 그 순간부터 새로운 문제도 발생한다. 진리의 가치에 관한 문제가 그것이다. 진리에 대한 의지는 비판이 필요하다. 여기서 우리 자신의 문제를 규정해 두려고 한다. 즉, 시험삼아 한 번은 진리의 가치를 문제삼아야 한다고…… (이것으로서는 너무나도 간략하다고 여기는 독자들에게는 《즐거운 지식》의 '어떠한 점에서 우리는 경건한가'라는 표제의 344절을 참조할 것을 권한다. 물론 그 저서의 제5장 전체와 《아침놀》의 머리말을 아울러 참조해 준다면 더 이상 바랄 나위 없지만.)

25

아니다! 내가 금욕주의적 이상의 적수를 찾을 때, "그것과 반대적 이상이 표현되고 있는 반대의 의지는 어디 있는가?"라고 물을 때, 나에게 과학을 가지고 왔던들 아무 소용이 없다. 그렇게 되기 위해서는 아직 과학은 충분한 자립성에 도달되지 못했다. 과학은 모든 점에서 먼저 하나의 가치 이상, 가치 창조적인 권력을 필요로 하며, 이 권력에 봉사함으로써 비로소 과학은 자기 자신을 믿을 수가 있으며, 과학 자체로는 결코 가치 창조적인 것이 아니다. 과학과 금욕주의적 이상의 관계는 그 자체로서는 아직 절대적인 관계는 아니다. 그뿐만 아니라 오히려 과학은 대체로 아직 이상의 내적 형성을 위한 추진력이 되어 있는 것이다. 그것의 반항과 싸움은 자세히 음미해보면, 결코 이상 자체에 관한 것이 아니며, 단지 그것의 외벽·의상·가면극에만 관계하며 일시적인 경화, 강직화, 교리화에 관한 것에 불과하다. 과학은 이상의 외면적인 요소를 부정함으로써, 그 이상의 내적인 생명을 다시 자유롭게 하였다. 과학과 금욕주의적 이상, 이 두 가지는 동일한 지반 위에 서 있는 것이다. —이것은 이미 암시해 두었던 일이지만—. 즉, 양자는 진리에 대한 똑같은 과대평가 위에 서 있다. (더 정확하게 말하면, 진리란 평가할 수 없고 비판할 수 없다는 것에 대한 동일한 신앙 위에 서 있는 것이다) 바로 이 이유 때문에 양자는 필연적으로 동맹 관계가 되어 있으며, 그러므로 또한 양자는 공격당하는 경우에는 언제나 함께 공격당하며, 함께 문제가 되는 것이다. 금욕주의적 이상의 가치 평가는 불가피하게 과학의 가치 평가마저 자기 쪽으로 끌어당긴다. 이 사실에 대해서 눈을 크게 뜨고 귀를 기울여 보아야 한다. 예술—나는 후일 그것에 관해서 다시 더 자세히 언급하려 하지만, 여기서 예비적으로 말해 두면, 예술이야말로, 거기에 있어서는 허위 자체가 신성화되었으며, 기만에 대한 의지가 양심의 가책 없이 작용할 수 있기 때문에 과학보다도 훨씬 근본적으로 금욕주의적 이상에 대립되는 것이다. 플라톤, 이제까지 유럽이 낳은 이 위대한 예술의 적수인 플라톤의 본능은 이것을 알았다. 플라톤 대 호메로스, 이것이야말로 완전히 진정한 적대 관계다. 전자는 최선의 의지를 지닌 '저편 세계의 사람', 삶의 커다란 비방자이며, 후자는 삶의 무심한 숭배자이자 황금의 자연이다. 그러므로 예술가가 금욕주의적 이상을 위해서 봉사한다는 것은, 아마 있을 수 있는 예술가의 부패 중에서도 최악의 것이지만, 유감스럽게도 그것은 가장 통례적인 부패 가운데 하나다. (그 까닭은 예술가처럼 부패되기 쉬운 것은 없기 때문이다.) 생리학적으로 검토해 보더라도 과학은 금욕주의적 이상과 동일한 지반 위에 서 있는 것이다. 즉, 양자의 어느 경우나 일종의 삶의 빈곤화가 전제로 되어 있다. 거기에서는 감정이 냉각하여 '템포'가 느리며, 변증법이 본능으로 되어 있으며, 얼굴 모습에나 몸짓에나 진지함이 분명히 나타나 있다. (신진대사가 어렵게 됐다는 것과 노력과 수고가 증가된 생활이 나타내는 가장 명료한 징조인 진지함). 학자가 중요시되고 있는 민족의 시대를 보라. 그것은 피로의 시대이며 때로는 황혼의 시대, 쇠망의 시대다. 벌써 거기에는 넘치는 힘, 삶의 확신, 미래에 대한 확고한 신뢰가 상실되어 있다. 중국식의 고관이 권세를 떨치는 사태는 결코 좋은 일이 아니다. 민주주의의 도래, 전쟁 대신 평화적 중재 재판의 등장, 남녀동등권 주장, 동정 종교의 출현, 그 밖의 대체로 하강하는 삶의 징조라고 볼 수 있는 모든 것도 또한 좋은 일이라고는 볼 수 없다. (과학을 문제로 삼는 것, 도대체 과학은 무엇을 의미하는가? —이에 관해서는 《비극의 탄생》 서문을 참조하라.)—그렇지 않다! 이 '현대 과학'이라는 것은—그대들이여! 주의해 보라. 지금은 금욕주의적 이상의 최선의 동맹자이다. 그것도 과학이 가장 무의식적이고 가장 자연적이며 가장 은밀하고 지하적인 동맹자이기 때문이다! 그들은 '마음이 가난한 자들'과 이상의 과학적 적수들과는 오늘날까지 같은 장난을 해 왔다. (말이 나온 김에 말하거니와, 이 과학적 적수가 '마음이 가난한 자'와는 반대의 것, 말하자면 '마음이 풍요한' 자라는 것 등은 생각하지 마라. 그들은 그러한 것이 아니다. 나는 그들을 정신의 결핵 환자라고 불러 왔다). 과학의 유명한 승리, 사실 그것은 승리이지만, 도대체 무엇에 대한 승리인가? 그 승리는 금욕주의적 이상에 대한 승리는 아니었다. 이 이상은 그것 때문에 오히려 더욱 강하게 되었다. 다시 말해 더욱 붙잡기 어려운 것, 더욱 정신적인 것, 더욱 취급하기 어려운 것이 되었다. 그 까닭은 이상의 언저리에 구축되어 외관을 큼직한 것으로 하였던 성벽이나 외벽이, 되풀이되는 과학의 공격에 거침없이 파괴되어 버렸기 때문이다. 사실 도대체 누가 신학적 천문학의 패배가 이상의 패배를 뜻한다고 생각할 것인가? ……또한 그 이후 이 생존이 사물의 가시적인 질서 속에 더욱 임의적인 것, 우연적인 것, 소용없는 것으로 보였기 때문에, 인간은 자기 생존의 수수께끼에 관한 저편 세계에서 해석을 너무나 필요로 하지 않게 되었다고 하는 것이 아닐까? 실로 인간의 자기 멸시는, 그리고 자기 멸시에 대한 의지는 코페르니쿠스 이후 부단히 증진되어 왔던 것이 아닌가? 아아, 존재의 서열 중에서 인간의 품위 독자성, 보상할 수 없는 것에 대한 신앙은 상실되어 버렸다. 인간은 참으로 동물이 되어버렸다. 비유도 아니고, 할인도 제한도 없이 동물이 되어버렸던 것이다. 일찍이 스스로를 거의 신('신의 아들' '신인(神人)')으로 믿고 있었던 그 인간이 말이다…… 코페르니쿠스 이래 인간은 어떤 낭떠러지에 떨어진 것 같다. 이제 인간은 더욱 속력을 더하여 중심점에 굴러 떨어져 가고 있다. 어디로? 허무 속에? '뼈속으로 스며드는 자기의 허무감' 속에? …… 그렇다! —이것이야말로 곧장 달리는 길이 아닌가—낡은 이상을 향해? …… 모든 과학(그것은 결코 천문학만에 한정되지 않는다. 천문학이 인간을 비굴하게 하고 비하시키는 영향에 관해서는 칸트가 "그것은 나의 중요성을 부정한다"고 주목할 만한 고백을 한 바 있다……), 모든 과학은 그것이 자연적인 것이든, 비자연적인 것—인식의 자기비판을 나는 그렇게 부르는 것인데,—이든 오늘에는 인간이 이제까지 품고 왔던 자존심을, 마치 기묘한 자부심 이외의 아무것도 아닌 것처럼 주장하여 이것을 버리게끔 하려고 하고 있다. 뿐만 아니라 그 노고 끝에 얻어진 인간의 자기 멸시를 자존심에 대한 인간의 마지막 진지한 요구로서 견지하는 것에 과학 자신의 특유한 자랑, 과학 자신의 스토아적 평정심의 준엄한 형식이 있다고 말해도 좋을 것이다. (사실 이렇게 말하는 것은 옳다. 왜냐하면 경멸하는 자는 언제나 또한 '존경하는 것을 잊지 않았던' 자이기도 하기 때문이다……) 그러나 도대체 그것으로 금욕주의적 이상에 반대한 것이 될 수 있을 것인가? 신학적인 개념의 독단론('신'·'영혼'·'자유'·'불멸')에 대한 칸트의 승리가 이상을 부수어 버렸다고들 말하는 것을 사람들은 진정으로 생각하고 있는 것일까? (신학자들이 오랫동안 그렇게 믿고 있었던 것처럼) 이 경우 우리에게는 칸트 자신이 과연 그와 같은 것을 시도하고 있었던가 하는 것은 우선 문제가 아니다. 확실한 것은 모든 종류의 초월론자들이 칸트 이후 다시 승리의 기회를 붙잡았다는 것이다. 그들은 신학자들의 손에서 해방되었다. 얼마나 행복할 것인가! 칸트는 그들에게 앞으로 자기의 힘에 의해서, 또한 최선의 과학적 예법으로서 '그들 마음속의 소망'대로 나아갈 수 있는 샛길을 가르쳐 주었던 것이다.

이렇게 될 터인데, 이제 불가지론자들이 미지의 것, 신비적인 것의 숭배자로서 의문부호 자체를 신으로 경배함에 이르렀다고 해서, 누가 이것을 탓할수가 있을 것인가? (일찍이 샤베 두당이 '단지 단순히 미지의 것 속에 멈추려고 하는 것이 아니라, 풀 수 없는 것을 찬미하기까지 하는 습관'에서 발생한 폐해에 관해서 이야기한 적이 있다. 그에 의하면 고대인은 그러한 폐해에서 벗어나 있었다고 한다.) 인간이 '인식하는' 모든 것이 인간의 소망을 채워 주지 못하고, 도리어 그것에 거슬리며 전율케 하는 경우, 그 책임을 '소망'에가 아니라 '인식'에 요구하는 것이 허용된다고 하는 것은 얼마나 훌륭한 핑계일 것인가! …… "인식이란 존재하지 않는다. 그러므로 신은 존재한다."

제3논문 금욕주의적 이상의 의의 907

얼마나 새로운 '우아한 추론'일 것인가! 얼마나 금욕주의적 이상의 승리일 것인가!

26

또는 근대의 역사 기술 전체가 삶과 이상에 하나의 확신 있는 태도를 표시 했다고 말할 것인가? 현대 역사 기술의 가장 드높은 요청은 오늘날에는 거 울이 되라는 것에 있다. 그것은 모든 목적론을 배척한다. 그것은 이미 아무 것도 '증명'하려고 하지 않는다. 그것은 심판관으로서의 역할을 하는 것을 싫어하며, 더구나 그 점에 자기의 좋은 취미가 있다고 믿고 있다. 그것은 궁 정도 하지 않을 뿐만 아니라 부정도 하지 않으며, 단지 확정하며 '기술할' 뿐이다…… 이 모든 것들은 고도로 금욕주의적이다. 그러나 동시에 한층 고 도로 허무주의적이다. 이 점을 잘못 생각해서는 안 된다! 거기에는 슬프고 냉엄한, 그러면서도 단호한 눈초리를 볼 수 있다. 고독한 북극 탐험가의 그 것처럼 밖의 세계를 쳐다보는 눈초리가. (아마도 안의 세계를 보지 않기 위 해서? 뒤를 보지 않기 위해서? ……) 여기에는 눈(雪)이 있고, 여기에는 생 명이 입을 다물고 있다. 여기서 울고 있는 최후의 까마귀들은 '무엇을 위해 서?' '부질없다!' '무(無)다!'라고 말하고 있다. 여기에는 벌써 풀 한 포기 나지 않는다. 있는 것이란 겨우 페테르부르크의 초정치론이든가 톨스토이식 의 '동정'이 있을 뿐이다. 그런데 다른 종류의 역사가, 아마도 '보다 현대적' 인 종류의 역사가, 향락적이고 음탕하여 삶에게나 금욕주의적 이상에게나 한결같이 추파를 던지는 역사가, 더구나 '예술'이라는 말을 장갑처럼 사용하 여 오늘날 관조에 대한 찬사를 모조리 자기의 것으로 해버리는 역사가들에 있어 사정은 어떤가. 오오, 이 달콤한 재치꾼들까지도 금욕주의자나 겨울 경 치를 얼마나 갈망하고 있는 것일까! 아니다! 이러한 '정관적(靜觀的)'인 무 리는 악마가 잡아 가라! 이러한 무리들과 행동을 같이 하는 것보다는, 역사 적 허무주의자들과 더불어 가장 음울한 회색의 차가운 안개 속을 방황하는 것이 훨씬 나을 것이다! 만일 어느 쪽만을 선택해야 된다면, 그야말로 정말 비역사적, 반역사적인 자들에게 귀를 기울이는 것조차 구태여 사양하지 않 을 것이다(예를 들면 뒤링과 같은 자에게 귀를 기울이는 것도 마찬가지다. 오늘날의 독일에서는 아직 수줍어하며 공공연히 이름을 내걸지 않고 있는

'아름다운 영혼'의 한 종족이, 즉 교양 있는 프롤레타리아 내부의 무정부주의족이 뒤링의 음성에 도취되고 있으나) 그들보다도 백 배나 기분이 언짢은 것은 '정관적'인 무리들이다. '객관적'인 안락의자, 향수 냄새를 풍기는 역사 향락주의자, 반은 성직자이며, 반은 호색가인 르낭의 향기만큼 구역질을 나게 하는 것이 또 있을 것인가. 르낭은 이미 그 갈채의 드높은 가성(假聲)으로서, 무엇이 자기에게 없는가, 어디에 자기의 결함이 있는가, 어디서 이 경우 운명의 여신이 그 잔인한 가위를(아아! 너무나도 외과 의학적인 수법으로서) 다루었던가를 표시하고 있다! 그러한 일은 나의 취미에는 맞지 않는 것이며 나에게는 견딜 수 없는 일이다. 그러한 광경을 보고도 별로 괴로워하지 않는 사람이라면, 참고 보는 것이 좋을 것이다. 나는 그러한 광경을 보면 분노를 느낀다. 르낭과 같은 '관객'이 있으면 나는 '구경거리'에 대해 화가 난다. 구경거리(알고 있는 일이지만 역사 그 자체)에 대해서보다는 관객에 대해서 더욱 화가 난다. 그러한 경우 나도 모르는 사이에 아나크레온적인 기분이 된다. 황소에게는 뿔을, 사자에게는 '크게 벌린 입'을 준 자연, 그 자연이 나에게 발을 준 것은 무엇 때문일까? ……신성한 아나크레온에게 맹세코 말하지만, 그것은 결코 도망치기 위한 것이 아니고 밟기 위한 것이었다! 썩은 안락의자, 비겁한 정관성(靜觀性), 역사에 대해 호색적인 내시 근성, 금욕주의적 이상에 대한 추파, 성적 불능이 정의인 체하는 위선을 짓밟기 위한 것이다! 금욕주의적 이상에 대해서 나는 충분한 경의를 표할 작정이다. 그것이 정직할 경우에 한해서! 그것이 자신을 믿고, 우리에게 장난을 걸어오지 않는 한! 그러나 나는 온갖 아양을 부리는 빈대들을 싫어한다. 이 무리들의 싫증을 모르는 명예심은 무한한 냄새를 풍기려고 하여, 마침내는 무한한 것이 빈대 냄새가 나게 한다. 나는 인생을 구경거리로 만들어버리는 '하얗게 칠한 무덤'들을 싫어한다. 나는 지혜에 휩싸여 '객관적'으로 바라보는 저 피로하고 지쳐 버린 자들을 싫어한다. 나는 짚수세미로 만든 머리 위에다 이상이라는 두건을 뒤집어쓰고 영웅인 체하는 선동가들을 싫어한다. 나는 금욕주의자나 성직자인 체하고 싶으면서도 사실은 비극적인 익살꾼에 불과한 야만적인 예술가를 싫어한다. 나는 또 이상주의를 신봉하는 최근의 투기자들을 싫어한다. 그들은 오늘날 그리스도교적·아리아적·양민적인 눈을 까뒤집고, 가장 값싼 선동 수단인 도덕적 자세를 견딜 수 없을 만큼 남용함으로써, 민중 속의 멍청이들을 모조리 선동하려고 하고 있다. (오늘날 독일에 있어 모든 종류의 사기적인 정신주의가 성공을 거두고 있다는 사실은 이제 부정할 수 없는 명백한 독일 정신의 황폐화와 관련된 것이다. 내가 본 바로는 이 정신의 황폐화 원인은 신문과 정치와 맥주와 바그너의 음악을 지나치게 섭취한 데에 있다. 게다가 이 음식법의 전제가 되는 것도 또한 그 원인 속에 포함된다. 즉, 먼저 국민적인 강박과 허영, '독일이여, 독일이여, 만방에 빛나는 독일이여!'라는 저 강렬하면서도 편협한 원리, 그리고 '현대적 이념'의 간질병적인 마비가 그것이다) 유럽은 오늘날 무엇보다도 흥분제로 충만해 있고, 또한 그 발명에도 뛰어나다. 자극제와 독한 술만큼 필요한 것은 아무것도 없는 것처럼 보인다. 그러므로 이상의 어마어마한 위조 사태라는 가장 강렬한 정신의 독주도 필요하게 되며, 또한 곳곳에 잠겨 있는 불쾌하고 악취 나며 기만적인 알코올 냄새의 공기도 필요하게 되는 것이다. 이 유럽의 공기가 다시금 청결한 냄새를 풍기게끔 하기 위해서, 오늘날 유럽에서 얼마나 많은 위조된 이상주의나 영웅의 복장, 호언장담이라는 장난감이, 얼마나 많은 사탕을 넣은 동정주(상표 : '고민의 종교')가, 얼마나 많은 정신적인 편평족(扁平足) 환자를 돕기 위한 '고귀한 분노'라는 의족이, 얼마나 많은 그리스도교적·도덕적 이상의 희극 배우가 수출되어야 했는가를 알고 싶다……이와 같은 과잉 생산에 대해서는 분명히 새로운 무역의 가능성이 열려 있다. 분명히 작은 이상의 우상과 그의 부속된 '이상주의자들'을 상대로 새로운 '장사'를 시작할 수 있는 것이다. 이 정도로 노골적인 유혹의 말을 귀담아 들으려무나! 이 새로운 장사를 할 만한 용기를 가진 자가 누구인가? 전세계를 '이상화'하는 것도 우리의 손아귀에 있다! ……그러나 용기 같은 것은 아무래도 좋다. 여기서 필요한 것은 오직 하나, 즉 손뿐이다. 하나의 잡히지 않는, 전혀 잡히지 않는 손이 그것이다……

27

이젠 그만두자! 이젠 충분하다! 우스꽝스럽기도 하고 불쾌하기도 한 가장 현대적인 정신의 이 기묘하고 복잡한 것에 대해 더 이상 언급하는 것을 그만두자. 당면한 우리의 문제, 금욕주의적 이상의 의의에 관한 문제에는 그런 것은 아무런 필요가 없다. 이 문제는 어제와 오늘에 관계되는 것이 아니다! 현대 정신의 그 기묘하고 복잡한 것에 관해서는 다른 기회에 더욱 근본적으로, 더 엄밀하게 논할 작정이다. '유럽 허무주의의 역사'라고 제목을 붙여서. 이것에 관해서는 내가 준비 중인 저서《권력에의 의지. —모든 가치의 가치 전도의 시도》를 소개한다. 그러나 여기서 꼭 하나 지적해 두어야 할 것은 이러한 것이다. 즉, 금욕주의적 이상은 가장 정신적인 영역에 있어서도 우선은 언제나 한 종류만의 실제상의 적과 가해자가 있다. 즉, 그것은 이러한 이상의 희극 배우들이다. 그 까닭은 이 무리들은 불신을 불러일으키기 때문이다. 오늘날 정신이 엄하게, 힘차게, 정직하게 활동하고 있는 다른 곳에서는, 이제 정신에게는 대체로 이상이라는 것이 불필요하게 되었다. —그러한 절제를 보통 '무신론'이라고 말하지만—, 다만 그 진리를 향한 의지는 예외로 하고서다. 그러나 이 의지, 이상의 잔여물은, 내가 말하는 바를 믿어주기 바라지만, 사실 가장 엄격하게 정신적으로 정식화(定式化)된 이상 자체이며, 모든 외벽을 제거한 아주 신비로운 것이다. 따라서 그것은 이상의 찌꺼기라기보다는 오히려 핵심이다. 그러므로 절대적으로 성실한 무신론(그 공기만을, 우리들, 이 시대의 보다 정신적인 인간인 우리가 호흡하고 있다!)은 겉보기처럼 그렇게 이상에 대립된 것이 아니다. 오히려 이상의 마지막 발전 단계의 하나, 이상의 추리 형식 및 내면적 귀결의 하나에 불과하다. 그것은 2천 년에 걸친 진리를 향한 훈련의 무서운 파국이며, 이것이 마침내 신에 대한 신앙의 허위를 스스로 금지하게끔 한 것이다. (이와 똑같은 발전 과정은 인도에서도 발견되지만, 그것은 아주 독립적으로 발전되었던 것이기에 그 진실을 입증하는 것이라고 말할 수 있다. 이 경우에도 동일한 이상이 어쩔 수 없이 같은 귀결에 도달하고 있다. 이 발전이 결정적인 점에 도달한 것은 유럽의 기원보다 5세기 전의 일로 부처 시대의 일이었다. 더 자세히 말한다면 그것은 이미 '수론파(數論派)' 철학에 의해 이루어졌는데, 이것이 마침내 부처의 손으로 통속화되고 종교가 된 것이다.) 아주 엄밀하게 생각한다면, 도대체 그리스도교의 신을 이겨낸 것은 무엇인가? 그 대답은《즐거운 지식》제357절에 있다. "그것은 그리스도교적 도덕성 자체, 더 엄밀하게 해석된 성실성의 개념, 모든 희생을 통해 과학적 양심·지적 결백으로까지 번역되고 순화된 그리스도교적 양심의 고해 신부와 같은 예민성이다. 자연을 신의 선의와 보호의 증거처럼 보는 것, 역사를 신적 이성에 경의를 표하여 윤리적 세계 질서나 윤리적인 마지막 목적의 영속적인 증인으로 해석하는 것, 자기의 경험을 경건한 사람들이 꽤 오랫동안 해석하여 왔던 것과 똑같이 무엇이고 섭리이고 경고이며, 영혼의 구원을 위해서 고안되고 증정된 것처럼 해석하는 것, 이러한 생각은 이제 과거의 것이 되었다. 그것은 양심에 거슬린다. 그것은 모든 섬세한 양심에게는 야비한 것, 불성실한 것, 기만·우유부단·소심함·비겁함으로 생각된다. 만일 무엇에 의해서 바로 우리가 선량한 유럽 사람이며, 먼 옛날 이래의 가장 용맹스러운 유럽의 자기 초극의 계승자라고 한다면, 그것은 이러한 준엄성에 의해서였다."……모든 위대한 사물이란 자기 자신에 의해서, 자기 지양이라는 작용에 의해서 몰락하는 것이다. 삶의 법칙, 삶의 본질에 숨어 있는 필연적인 '자기 초극'의 법칙이 이것을 바라는 것이다. "그대 스스로 제정한 법에 복종하라"고 하는 외침은 언제나 입법자 자신에게 향해지는 것이다. 그리하여 교의로서의 그리스도교는 자신의 도덕에 의해 몰락했다. 그리하여 이제 도덕으로서의 그리스도교도 몰락하지 않을 수 없다. 이 사건의 입구에 우리가 서 있는 것이다. 그리스도교적 성실성은 하나의 결론을 이끌어 낸 후, 마지막에는 그 최강의 결론, 즉 자기 자신에게 반대되는 결론을 이끌어 내는 것이다. 그러나 이 일이 일어나는 것은 그 성실성이 "모든 진리를 향한 의지는 무엇을 의미하는가?"라고 묻는 그 때다. ……여기서 다시금 나는 나의 문제, 아니, 우리의 문제를 언급하는 것이다. 내가 알지 못하는 벗들이여, (이렇게 말하는 것은, 나는 아직 한 사람의 벗도 모르기 때문이다) 우리의 존재 의미가 우리 안에서 진리를 향한 의지가 자신을 문제로서 의식하게끔 된다는 의미를 갖지 않는다고 한다면, 도대체 그것은 어떤 의미를 가질 것인가? ……진리를 향한 의지가 이처럼 자기를 의식함에 이를 때, 이후 그것에 의해—조금도 의심치 않는 바이지만—도덕은 몰락한다. 이것이야말로 유럽의 다음 두 세기를 위해서 놓여진 100막의 위대한 연극이며, 모든 연극 중에서도 가장 무섭고 가장 문제적인, 아마도 또한 가장 희망에 넘치는 연극일 것이다……

28

금욕주의적 이상을 제외하고는 인간이라는 동물은 이제까지 아무런 의미도 지니지 않았다. 지상에 있어서 인간의 생존에는 아무런 목표도 없었다.

“도대체 인간이란 무엇을 위해 있는가?” 이것은 해답이 없는 물음이었다. 인간과 대지를 위한 의지가 결여되어 있었다. 모든 인간 운명의 배후에는 더 커다란 ‘부질없다!’ 라는 후렴이 울리고 있었다.

무엇인가가 결여되어 있었다는 것, 거대한 공간이 인간을 둘러싸고 있었다는 것, 이것이야말로 금욕주의적 이상이 뜻하는 것이다. 인간은 자기 자신을 변명하고, 설명하고, 긍정하는 기술을 알지 못했다. 인간은 자기 존재의 의미라는 문제로 고심했다. 그는 이밖에도 여러 가지 일로 고심했다. 인간은 요컨대 병든 동물이었던 것이다.

그러나 고뇌 자체가 문제였던 것은 아니고, “무엇 때문에 고뇌하는가?”라는 물음에 대한 해답이 없다는 것이야말로 문제였다. 인간이라는 이 용감하고 괴로움에 익숙한 동물은 괴로움 그 자체를 거부하지는 않는다. 아니 괴로움의 의미, 괴로움의 목적이 표시되었다고 한다면, 인간은 괴로움을 바라고 괴로움을 찾기까지 한다.

이제까지 인류의 머리 위에 퍼져 있던 저주는 괴로움의 무의미함이었으며, 괴로움 자체가 아니었다. 그러나 금욕주의적 이상은 인류에게 하나의 의미를 주었다! 그것이 이제까지 유일한 의미였다. 어떻든 하나의 의미가 있다는 것은 아무런 의미가 없는 것보다는 낫다.

금욕주의적 이상은 어느 점에서 보더라도 이제까지 존재했던 것으로서 최상의 ‘어쩔 수 없는 대용품’이었다. 그 이상으로 괴로움은 해석되었다. 저 거대한 공간은 채워진 것처럼 보였다. 모든 자살적 허무주의에 대해 대문이 닫혔다.

그러나 이 해석은—의심할 여지도 없이—새로운 괴로움을 가져왔다. 그것은 보다 깊고 보다 내면적인, 좀더 독이 있고 보다 삶을 좀먹는 괴로움이었다.

그 해석은 모든 괴로움을 죄의 원근법 아래로 이끌어 갔다. ……그러나 그럼에도 불구하고 인간은 그것에 의해 구원되었다. 인간은 하나의 의미를 지니게 됐다.

그 이후 인간은 바람에 휘날리는 한 잎의 나뭇잎과 같은 것이 아니었다. 이제 불합리나 ‘무의미’의 놀이공이 아니다. 이제 인간은 무엇인가를 의욕하게끔 되었다. 어디를 향해서 무엇 때문에, 무엇으로서 의욕했던가는 어떻든 좋다.

요컨대 의지 자체가 구원된 것이다. 금욕주의적 이상에 의해서 방향이 정해진 모든 의욕이, 도대체 무엇을 표현하고 있는가는 도저히 숨길 수 없게 되었다.

즉, 인간적인 것에 대한 증오, 그보다 더욱 동물적이고 게다가 물질적인 것에 대한 증오, 관능과 이성 자체에 대한 증오, 행복과 미에 대한 공포, 모든 가상에서 변화, 생성, 죽음, 원망, 욕망 자체에서까지 도망치려고 하는 욕망, 이 모든 것은 일부러 이것을 규정한다면, 허무에 대한 의지이며, 삶에 대한 혐오이며, 삶의 가장 기본적인 전제에 대한 반역이다.

그러나 이것 역시 결국 하나의 의지이다…… 그래서 처음에 말한 것을 마지막에 또 한 번 되풀이한다면, 인간은 아무것도 의욕하지 않는 것보다는 오히려 허무를 의욕한다……

Ecce Homo
이 사람을 보라

머리글

1

머지않아 나는 인류에게 여태껏 제기된 어떤 문제보다도 어려운 요구를
해야 되겠기에, 먼저 내가 누구인가를 밝혀 두어야 할 듯하다. 사람들은 내
가 누구인지를 이미 알고 있을 수도 있다. 내가 '신분을 밝히지 않은 적'이
없었으니 말이다. 그런데 내 사명(使命)의 위대함과 동시대인들의 하찮음
사이의 불균형은, 사람들이 내 말을 들어 보려 하지도 않고 나를 쳐다보려
하지도 않았다는 사실로 나타난다.

나는 내 자신의 신용에 의해서만 살아간다. 내가 살아 있다는 것이 한갓
편견일 수도 있지 않을까? ……내가 살아 있지 않다는 것을 스스로 확신하기
위해서는 그저 여름 어퍼 엔가딘에 오는 '어느 지식인'과 잠시 이야기를 나
누어보면 되리라. 이런 상황에서는 나의 습관도, 아니 여러 본능에 대한 긍
지(矜持)도 사실 저항을 느끼지만, 그래도 감히 다음과 같이 말하는 것이
나의 의무일 것이다. 내 말을 들어라! 나는 이러저러한 사람이니, 나를 다
른 사람과 혼동하지는 말라!

2

예컨대 나는 허수아비도 아니고 도덕의 괴물도 아니다. 그렇기는커녕, 나
라는 인간은 여태껏 사람들이 덕망 높다고 칭찬하는 그런 종류의 인간과는
정반대 성격을 지니고 있다.

우리끼리 하는 이야기이지만, 바로 이것이야말로 내가 자랑처럼 여기는
것이다. 나는 철학자 디오니소스의 제자 가운데 한 사람이다. 성자이기보다
는 오히려 사티로스인 편이 더 나을 것이다. 아무튼 사람들은 그저 이 글을
읽기만 하면 된다. 성공했는지 모르지만, 이 글은 이러한 대조적인 것을 명
랑하고 인간적인 방법으로 표현하는 것 말고는 다른 의미는 갖고 있지 않는

듯하다.

인류를 '개선한다'는 따위의 약속을 나는 결코 하지 않을 것이다. 무슨 말을 하든, 거기서 어떠한 새로운 우상이 세워지는 일은 없다. 낡은 우상들은 진흙으로 만들어진 다리가 대체 무엇이 되어가고 있는가를 알 것이다. 우상을 (내가 '이상'을 가리키는 말) 뒤엎는 일——그것은 내 직업 가운데 하나였다. 사람들이 이상적인 세계를 날조했을 때, 그들은 그만큼의 가치와 의미와 성실성을 현실 세계에서 앗아가 버렸다. …… 그렇게 되어 '진실의 세계'와 '날조된 세계'——사실대로 말한다면, 진실의 세계란 허위의 세계이며, 표면상의 세계란 현실의 세계이다……이상이라는 이 거짓말이 이제까지 현실 세계를 책망하는 저주였다.

이 저주 때문에 인류는 그 본능의 맨 밑바닥에 이르기까지 거짓말쟁이가 되고 위조품이 되어 버린 것이다. 그리하여 마침내 인류는 처음 인류가 번영과 미래와 미래에 대한 높은 권리를 보장해준 가치와는 정반대의 가치를 숭배하는 지경에까지 이르게 된 것이다.

3

내 글의 공기를 호흡할 줄 아는 사람이라면 그것이 높은 곳의 공기이며, 강렬한 공기임을 알고 있을 것이다. 이 공기를 마시자면 그만한 자질을 갖추고 있어야 한다. 그렇지 않으면 그 찬 공기에 휩싸여 감기에 걸릴 위험성이 적지 않으니 말이다. 얼음은 가까이에 있으며, 고독은 엄청날 만큼 지독하다. 그러나 얼마나 고요하게 빛 속에 놓여 있는가! 얼마나 자유로이 사람은 호흡하는가! 얼마나 많은 것이 자기 아래에 있는 것처럼 느끼는가! 내가 여태껏 철학을 이해하며 살아온 대로, 철학은 얼음과 높은 산맥 속에서 자발적으로 사는 생활이다——삶 속의 온갖 낯설고 의심스런 것을 찾아내는 것이고, 도덕 때문에 이제껏 추방되었던 모든 것을 찾아내는 일이다.

나는 금지된 구역 안에서 방황하며 얻은 경험으로 도덕화시키고 이상화(理想化)시킨 원인들을 원래 생각했던 것과는 달리 보는 법을 배웠다. 철학가들의 숨겨진 역사, 그들의 위대한 명성의 심리학이 내게 분명히 드러났다. 곧, 하나의 정신이 얼마나 많은 진실을 견딜 수 있을까? 감히 얼마나 많은 진리를 말할 수 있을까? 이것이 내게는 갈수록 확고한 가치기준이 되었던 것이다. 오류(이상에 대한 믿음)는 맹목이 아니다. 오류는 비겁한 것이다. ……인식의 성과와 전진은 용기로부터, 자신에 대한 준엄함과 순수함에서 생긴다. ……나는 모든 이상을 반박할 생각은 아니다. 나는 그저 이상 앞에서 장갑을 낄 따름이다. ……우리는 금지된 것을 구한다. 이 표지 아래 언젠가 나의 철학은 승리를 거두리라. 이제까지는 원칙적으로 언제나 진리만이 금지되었기 때문이다.

4

내 글들 가운데서 《차라투스트라는 이렇게 말했다》는 독자적인 자리를 차지하고 있다. 이 책으로 나는 여태껏 인류가 받은 선물들 가운데 가장 큰 선물을 준 것이다. 수천 년을 넘어 울려 퍼질 소리를 지닌 이 책은 이 세상에 존재하는 최고의 책일 뿐만 아니라 참다운 높이를 지닌 책이다. 인간이라는 사실 전체가 그 밑에 터무니없이 멀리 가로놓여 있다. 그것 또한 가장 깊이 있는 책이며, 그 속에 두레박을 내리면 황금과 자비를 가득 끌어올릴 수 있는, 아무리 퍼도 바닥이 나지 않는 샘이다.

이 책 속에서 지껄이고 있는 자는 예언자가 아니다. 종교의 창시자라 불리는, 질병과 권력에 대한 의지(意志)가 합쳐진 소름끼치는 잡종도 아니다. 차라투스트라의 지혜에 무자비하게도 부당한 일을 저지르지 않기 위해 사람들은 무엇보다도 이 입에서 나오는 소리를, 이 부드러운 소리를 들어야 한다. "폭풍을 일으키는 것은 더없이 조용한 말들이오, 비둘기처럼 다가오는 사상은 세계를 이끄나니."

무화과 열매가 나무에서 떨어진다. 그것은 탐스럽고 감미롭다. 한데 그것들이 떨어지는 것과 더불어 붉은 껍질이 벌어진다. 나는 잘 익은 무화과 열매를 떨어뜨리는 북풍이다. 내 벗들이여, 그래, 무화과 열매처럼, 이 가르침이 그대들에게로 떨어진다. 이제 그 과즙을 마시고 그 감미로운 살을 먹어라! 온 사방이 가을이고 하늘은 청명하며 대낮이다.

여기서 지껄이고 있는 이는 광신자가 아니다. 여기서는 아무런 '설교'도 없고 신앙이 요구되지도 않는다. 무한한 빛과 깊은 행복에서 한 방울 또 한 방울, 한마디 또 한마디 떨어지는 것이다. 이 지껄임의 템포는 약하고 느리다. 이토록 약하고 느린 말은 특정한 사람에게만 들린다.

여기서 듣는 자가 된다는 것은 그 무엇과도 비할 데 없는 특권이다. 누구나 차라투스트라의 말을 듣는 귀를 갖고 있는 것은 아니기 때문이다. 혹시 차라투스트라는 유혹자가 아닐까? 그러나 그가 처음으로 자기의 고독 속으로 되돌아갈 때, 그는 대체 혼자서 뭐라고 중얼거리는가? 그 어느 '현자'나 '성자'나 '세계의 구세주', 그리고 다른 타락자가 그러한 경우에 말할 법한 것과는 정반대의 말을 하였으리라. 그는 남과 다르게 말할 뿐만 아니라, 정말로 다른 존재인 것이다.

이제 나는 혼자서 가련다. 내 제자들아! 너희들도 이제 이곳을 떠나 혼자서 가거라! 나는 그러기를 바란다.

나를 떠나가서 차라투스트라에 맞서 자기를 지켜라! 그리고 그를 섬겼다는 것을 부끄러워하는 것이 좋으리라! 아마도 그가 너희들을 속였을 것이므로.

인식하는 인간은 원수만 사랑할 것이 아니라, 벗들도 미워할 줄 알아야 한다.

너희들이 언제나 제자로만 머물러 있다는 것은 스승에게 보답하는 길이 아니다. 그런데 왜 너희들은 내 월계관을 낚아 채려 하지 않는가?

너희들은 나를 존경한다. 그러나 너희들의 존경심이 어느 날 뒤집힌다면 그땐 어찌할 것인가? 서 있던 조각상에 깔려 죽지 않도록 조심하여라.

너희들은 차라투스트라를 믿는다고 말하는가? 그러나 차라투스트라에게 무엇이 있단 말인가! 너희들은 내 신도다. 그러나 신도들에게 무엇이 있단 말인가!

너희들은 자기를 탐구할 줄 알기 전에 나를 발견했다. 모든 신도들은 다 그런 법이다. 그러므로 모든 신앙은 이처럼 공허하다.

이제 나는 너희들에게 명한다. 너희들은 나를 버리고 너희 자신을 발견하라. 너희들이 모두 나를 부인한 다음에야 나는 너희에게 되돌아가리라 ······.

프리드리히 니체

****

이 완벽한 날, 포도송이가 고동색이 되고 모든 것이 익는 지금, 한줄기 햇살이 내 삶 위에 비쳐든다. 나는 살아온 길을 되돌아보았다. 나는 앞을 내다보았다. 내가 이렇게 많은 그리고 이렇게 좋은 것들을 한꺼번에 본 일은 여태껏 한 번도 없었다. 오늘 나의 마흔 네 번째의 해를 그저 매장한 것은 헛되지 않다. 나는 그것을 매장할 '권리'를 갖고 있다. 그 속에 생명을 지닌 것은 구제되어 불멸할 것이다.

《모든 가치 전도》의 제1권, 〈차라투스트라의 노래〉, 망치로 철학하려는 나의 시도인 《우상의 황혼》──이 모든 것이 올해의, 아니 그 마지막 석 달의 선물이었다! 어찌 내가 내 온 생애에 감사하지 않을 수 있겠는가! 그러므로 나는 내 생애를 이야기하려는 것이다.

****

나는 왜 이렇게 현명한가

1

내 삶의 행복, 내 삶의 유일무이한 것은 아마도 내가 타고난 숙명 가운데 있는 것이리라. 그것을 수수께끼처럼 표현한다면, 나의 아버지는 이미 죽었고, 어머니는 아직 살아 있으며, 앞으로 늙어갈 것이다. 흡사 생명의 사다리 맨 위와 맨 아래 계단의 혈통을 이어받고 태어난 듯한 이 이중의 내력, 동시에 퇴화하기도 했거니와 시초이기도 하다. 이것이야말로, 내 중립성을, 아마도 나의 특징을 이루고 있을, 생의 문제에 대한 관계에의 자유를 설명해주는 것이리라.

나는 상승과 하강의 징조에 대해서 이제까지 다른 사람이 지니고 있던 것보다 더 섬세한 후각을 갖고 있다. 나는 여기에 대해선 뛰어난 선생님이다──나는 이 두 가지를 알고 있으며, 내가 바로 이 두 가지이기도 하다.

나의 아버지는 서른여섯 살에 세상을 떠났다. 그는 그저 스쳐지나가도록 운명지어진 존재처럼 화사하고 얌전하고 사랑스럽고 허약했다. 삶 자체라기보다 오히려 삶에 대한 아련한 추억만을 갖도록 규정된 존재 같았다. 그의 삶이 내리막길을 간 것과 같은 나이에 나의 삶도 역시 내리막길을 걸었다. 나는 서른여섯 나이에 생명력의 최저점에 이르렀던 것이다. 그때의 난 살고는 있었으나 세 발짝 앞도 보지 못했다.

1876년 당시 나는 바젤 대학의 교수직을 사임하고 여름 내내 장크트모리츠에서 마치 그림자처럼 지냈고, 내 평생 가장 햇볕이 귀했던 다음 겨울은 나움부르크에서 그림자처럼 살았다. 이것은 내 생명력의 최저점이었다. 《방랑자와 그 그림자》는 그 사이에 나왔다. 의심할 것도 없이 그 무렵 나는 그림자에 대한 모든 것을 꿰뚫고 있었다. ⋯⋯그 다음해 겨울, 내가 처음으로 제노바에서 지낸 그 겨울에 피와 근육의 극단적인 빈곤으로 이루다시피 한 저 감미롭고 영화 같은 감정이 《새벽빛》을 낳았다. 그 작품이 반영하고 있는

완벽한 명랑성과 쾌활성, 심지어 정신의 풍요는 내게 가장 깊은 심리적 쇠약
과, 또한 과도한 고통과 화합이 된다. 힘겹게 구토를 하던 사흘 동안 쉴 새
없이 이어지던 두통이 가져오는 가책의 한복판에서도 나는 뛰어난 변증론자
적 명석함을 지니고 있었으며, 건강한 상태였다면 결코 세련되지도 충분히
냉정하게 처리하지도 못했을 일을 매우 냉혹하게 숙고했다.

독자들은 어떤 면에서 내가 변증법을 퇴폐의 징후로 간주하고 있었던가를
아마 알고 있으리라. 예컨대 가장 유명한 경우 곧, 소크라테스와 같은 경우
말이다. 나는 어떤 장애에 부딪혀서도, 심지어는 열에 수반하는 혼수상태에
서조차도 병 때문에 지력이 감퇴되는 일은 전혀 경험해 보지 못했다. 열이
높아지면 혼수상태가 된다고들 말하지만 나는 그렇게 되어 본 적이 한 번도
없다. 그것들의 특성과 발생 빈도수를 나는 책을 읽고 알았을 뿐이다. 내 피
는 천천히 흐른다. 이제까지 나한테서 열이 있는 것을 확인할 수 있었던 사
람은 없다. 오랫동안 나를 신경쇠약 환자로 치료한 의사가 마침내 다음과 같
이 말했다. "아닙니다! 당신의 신경은 아무런 이상이 없습니다. 내가 신경
과민이었을 뿐입니다." 내 몸의 어떤 부분적인 퇴화는 전혀 입증된 바 없다.
온몸이 피로하여, 위가 매우 심하게 약해져 아프더라도 위 조직이 원인이 되
어 생겨난 통증은 아니다. 장님이 될 위험에 처한 눈의 통증도 역시 눈 자체
가 원인이 아니라 결과에 불과하다.

그래서 생명력이 커짐에 따라 시력도 언제나 다시 나아졌던 것이다. 나에
게 회복이란 길고 긴 세월을 의미한다. 그토록 긴 세월이 흐른다는 것은 유
감스럽게도 데카당스의 재발, 악화의 주기적 반복도 뜻한다. 이 모든 이야기
끝에 내가 데카당스 문제에 대해서는 전문가라는 것을 굳이 말할 필요가 있
을까? 나는 데카당스라는 말을 앞에서부터 그리고 뒤에서부터 한 자 한 자
더듬어 보았다. 심지어는 손으로 만져 보고 분별하는 저 세공 기술이든, 뉘
앙스를 감독하는 손가락이든, '보이지 않는 곳까지 꿰뚫어 보는' 심리학이
든, 그 밖의 나의 특기라고 할 만한 것들은 모두 그때 습득된 것이다. 그리
고 모든 것은 관찰하는 모든 기관과 관찰 그 자체까지도, 내게서 다듬어졌을
때 나의 참된 선물이 된다. 병자의 광학(光學)으로부터 좀 더 건강한 개념
들과 가치들을 바라다보고, 다시금 거꾸로 풍부한 삶의 충만과 자신으로부
터 데카당스 본능의 은밀한 작업을 내려다보는 일——이것은 나의 오랜 연

습이었으며 진실한 경험이었다. 만일 그 무엇에서 내가 명인(名人)이 되었
다면 바로 여기서이다.

나는 이제 그것을 손아귀에 넣었다. 나는 관점을 바꿔 맞추는 일에 능숙한
손도 갖고 있다. 왜, 나 혼자만 '가치의 전환'을 할 수 있단 말인가. 그 첫째
이유가 바로 여기에 있다.

2

내가 데카당이라는 사실은 별도로 하고, 나는 그것의 반대이기도 하다. 나
쁜 상태에 놓였을 때 나는 언제나 본능적으로 올바른 방법을 선택했기 때문이
다. 데카당은 언제나 자기에게 불리한 방법을 선택하는 법이다. 전체적으로
보면 나는 건강하다. 그러나 특수한 면에서는 나는 데카당이다. 절대적으로
고독해지려 하고 익숙한 생활환경에서 자기를 분리해 내려는 에너지, 자신을
더 이상 돌보지 않고 의사의 치료를 받게 하지 않으려는 자신에 대한 강요—
—이것은 당시 내게 필요했던 것이 무엇인지에 대해 내 본능이 확실히 알고
있었다는 것을 말해준다.

나는 나를 맡았다. 그리고 스스로 다시 건강하게 만들었다. 그럴 수 있었
던 것은——어떠한 생리학자도 그것을 인정할 것이다——근본적으로 건강
했기 때문이다. 전형적으로 허약한 자는 건강해질 수 없을뿐더러 자신을 건
강하게 만들 수도 없다. 건강한 자에게는 반대로 병을 앓는 일이 오히려 삶
에 대한 힘찬 자극일 수도 있다. 실제로 지금이 내게는 오랫동안 병들어 있
는 시기로 여겨진다.

나는 삶을, 그리고 나 자신을 마치 새로 발견한 사람 같다. 다른 사람들은
쉽사리 맛볼 수 없을 온갖 좋은 것들과 변변치 않은 것까지도 나는 맛보았
다. 나는 건강에의 의지와 삶에의 의지로부터 나의 철학을 만들어 냈다. …
…왜냐하면 내가 가장 활력이 없었던 시기는 바로 내가 염세주의자이기를
그만둔 때였기 때문이다. 자기 재건의 본능이 나에게 빈곤과 의욕 상실의 철
학을 금지했다. ……그런데 도대체 어디서 인간의 선함을 알아차린단 말인
가! 선한 인간은 우리에게 좋은 인상을 준다. 선한 인간은 천성이 단단하면
서도 부드러우며 향긋한 나무 냄새가 난다. 그에게는 자기에게 이로운 것만
이 맛이 있다. 그의 호감이나 맛보고 싶은 욕망도 이로운 것의 척도에서 벗

어나면 사라지고 만다.

그는 손상된 것을 치료하는 법을 알아낸다. 그는 간혹 거북한 일이 생길지라도 자기의 이익으로 만든다. 요컨대 그를 죽이지 않는 것이라면, 그를 더 강하게 만들어 주는 것이다. 그는 본능적으로 자기가 보고 듣고 경험하는 모든 것을 한데 모아서 나름대로 총계를 내고 답을 낸다. 그가 선택의 원칙이다. 그는 많은 것을 버린다. 그는 책과 더불어 사귀든지, 인간들이나 풍경과 더불어 사귀든지 항상 무엇과 함께 있다. 그는 선택하며 허가하며 신뢰하며 경의를 나타낸다. 그는 모든 종류의 자극에 서서히 반응한다. 오랜 주의와 의지적인 긍지가 그에게 길러준 저 완만성을 갖고 말이다. 그는 다가오는 자극을 음미한다. 그것을 마중 나가기에는 그는 너무 멀리 떨어져 있다. 그는 '불행'도 '죄'도 믿지 않는다. 그는 자기 자신과 남을 조절하며, 잊어버릴 줄도 안다. 모든 것이 그에게는 최대한으로 공급 되지 않으면 안 될 만큼 그는 충분히 강하다. 좋다. 나는 데카당의 반대다. 나는 지금 나 자신에 대해 이야기하고 있는 것이니 말이다.

3

경험의 이중 계열(二重系列), 언뜻 분리된 듯한 두 세계의 어느 쪽에도 드나들 수 있다는 이 사실은 어느 점으로 보나 나의 천성 가운데서 되풀이된다. 나는 이중인격자이다. 나는 첫 번째 얼굴 외에 두 번째 얼굴도 갖고 있다. 그리고 아마 세 번째 얼굴도……이미 나는 혈통 덕분에 내가 태어난 지방이나 국가에 얽매인 좁은 시야를 뛰어넘어 사물을 보는 눈의 혜택을 입고 있다. 훌륭한 유럽인이 되는 것쯤은 내게는 문제도 안 된다. 반면에 오늘날의 독일인들, 제국국민에 불과한 독일인들이 아무리 독일인다워진다고 하더라도 아마 그보다 내가 더 독일적일지도 모른다. 최후의 비정치적인 독일인인 내가 말이다. 그러나 나의 조상은 폴란드의 귀족이었다. 그 때문에 나는 몸 속에 많은 종족 본능을 갖고 있다. 누가 알겠는가, 내가 결국에는 폴란드 의원이 가지는 전통적 특권 중 하나인 거부권까지도 갖고 있다는 사실을. 사람들은 길에서 가끔 나를 폴란드인으로 보고 말을 걸어오기도 하고, 심지어 폴란드인들조차도 나를 동포로 본다. 나를 독일인으로 보는 사람은 퍽 드물다. 그런 일을 생각하면, 나는 알록달록한 잡종 독일인일 뿐인 것처럼 여겨지기도 한다.

그러나 나의 어머니 프란체스카 윌러는 어쨌든 독일인다운 사람이었으며, 친할머니 예르트무테 크라우제도 마찬가지였다. 할머니는 소녀시절에 괴테의 영역과 무관하지 않은 옛 바이마르에서 살았다. 쾨니히스베르크의 신학 교수였던 할머니의 오라버니 크라우제는 헤르더가 죽은 뒤 총감독으로 바이마르에 초빙되었다. 그러니까 할머니의 어머니가 젊은 괴테의 일기장에 '무트겐'이라는 이름으로 나오는 것도 전혀 있을 수 없는 일은 아니다. 할머니는 아일렌부르크의 지방 교구장 니체와 재혼했다. 더욱이 나폴레옹이 참모들과 함께 아일렌부르크에 입성한 전쟁의 해, 1813년 10월 10일에 할머니는 아버지를 낳으셨다. 할머니는 작센인으로서 대단한 나폴레옹 숭배자였다. 할머니의 피를 이어받았으니 나 역시 그럴지도 모른다. 아버지는 1849년에 돌아가셨다. 그는 뤼첸에서 멀지 않은 뢰켄교구의 목사직을 맡기 전 여러 해 동안 알텐부르크성(城)에서 살았으며, 그곳에서 네 명의 공주를 가르쳤다. 하노바의 왕비, 콘스탄틴 공비, 올덴부르크의 태공비, 그리고 작센 알텐부르크의 테레제 공주가 바로 그 공주들이다. 그는 프러시아 왕 프리드리히 빌헬름 4세에 대해 깊은 충성심을 가졌으며 목사직도 바로 이 왕에게서 받았다. 1848년의 사건들은 그를 매우 슬프게 했다. 앞서 말한 왕의 생일날, 곧 10월 15일에 출생한 나는 당연한 듯이 프리드리히 빌헬름이라는 호엔솔레른 왕가의 이름을 얻었다. 이날 태어나서 유리한 점이 하나 있긴 했다. 내 생일이 소년시절 동안 나라의 축제일이었기 때문이다.

나는 그러한 아버지를 가졌다는 것을 하나의 커다란 특권으로 생각한다. 그 밖에 내가 다른 특권으로부터 받고 있는 모든 것도 그러하다. 삶에 대한 위대한 긍정은 계산에 넣지 않고 말이다. 무엇보다 내가 스스로 높고 아련한 사물들의 세계에 들어가기 위해서는 그러한 의도가 아닌, 단순한 기다림만이 필요했던 것이다. 그곳이 나에겐 집이고 그곳에서 비로소 나의 가장 내적인 정열이 자유로워지는 것이다.

나는 이 특권의 대가로 생명의 일부까지 값을 치렀으나 밑지는 장사를 했다고는 생각지 않는다. 나의 차라투스트라에 대해 조금이라도 이해하려면, 아마도 나와 같은 조건 혹은 비슷한 조건을 갖추고 있지 않으면 안 되리라. ——한쪽 발을 삶의 저쪽 언덕에 두는 일 말이다……

4

나에게 반감을 품게 하려면 어떻게 해야 좋을지 도무지 모르겠다. 이것도 내 아버지의 덕분이다. 그렇게 될 수만 있다면 얼마나 좋을까 생각될 때도 그렇게 되지 않는다. 반그리스도교도적으로 보일지 모르겠지만, 나는 나 자신에게도 악의를 가져본 적이 없다. 내 생애를 이리저리 뒤집어 보라. 아무도 거기서 누군가가 나에 대해 악의를 가진 흔적을 거의, 아니 단 한 번도 발견하지 못할 것이다. 오히려 숱한 선의의 흔적들뿐…… 심지어 누구나 나쁜 경험을 하는 사람들과의 경험에서조차 나는 예외 없이 그들에게 유리하게 말해 준다.

나는 온갖 곰들을 길들이고, 어릿광대도 예의 바르게 만든다. 바젤의 고등학교 최상급반에서 그리스어를 7년 동안 가르친 적이 있었는데, 거기서도 나는 학생들에게 벌을 줄 만한 어떤 계기도 발견할 수 없었다. 가장 게으른 학생들도 내게 배울 때는 부지런했다. 나는 어떤 일이 돌발적으로 일어나도 거기에 대처할 줄을 안다. 내 자신을 마음대로 제어하기 위해선 어떠한 준비도 하지 말아야 한다. '인간'이라는 악기가 음률이 맞지 않을 수 있듯이 어떤 악기가 음률이 맞지 않을지라도, 만일 내가 그것한테서 뭔가를 듣지 못한다면, 나는 병을 앓고 있는 것임에 틀림없으리라.

나는 악기들 스스로가 여태껏 한 번도 그런 연주를 한 일이 없었다고 말하는 소리를, 얼마나 자주 들었던가. 가장 아름다운 소리를 낸 사람은, 용서할 수 없을 만큼 젊어서 죽은 하인리히 폰 슈타인이었으리라. 그는 어느 날, 신중히 면회 허가를 요청한 다음 3일 동안 실스 마리아에 나타나서, 자기가 엥가딘을 구경하려고 온 것은 아니라고 모두에게 설명했던 것이다. 프러시아 귀족의 거친 단순성을 갖고 바그너 늪 속에 철벅거리며 들어간(그밖에도 뒤링 늪 속에까지!) 이 뛰어난 인물은 이 3일 동안, 마치 갑자기 자기의 높이에 올려지고 날개를 얻게 된 사람처럼, 자유의 폭풍 때문에 완전히 달라져 버린 듯했다.

그것은 여기 이 높은 곳의 좋은 공기 탓이었다. 여기서는 누구나 그렇게 된다. 공연히 바이로이트로부터 6천 피트나 높이 올라온 것은 아니라고 나는 자꾸만 그에게 말했다. 그러나 그는 내 말을 믿으며 하지 않았다. …… 그럼에도 내가 크고 작은 나쁜 일을 당했을 때도 그것은 '의지' 때문에 일어난 것은 아니었으며 악의 때문에는 더더욱 아니었다. 오히려 나는 이미——
막 암시한 바 있지만——적지 않게 내 삶에서 행패를 부린 선의에 대해 불
평해야 할 것이다. 나의 경험은 '사심 없는' 충동, 즉 이리저리 참견할 준비
를 하고 있는 모든 '이웃에 대한 사랑'을 믿지 않을 권리를 주고 있다.

그것은 나에게 그 자체가 약점으로써, 자극에 저항할 수 없는 낱낱의 경우
로 평가된다. 동정이란 데카당에게만 미덕이라 불린다. 나는 동정하는 자들
을 비난하는데, 그 이유는 그들에게서 수치감, 공경심, 소원 앞에서의 민감
성이 쉽게 없어져 버리기 때문이다. 그리고 동정이란 순식간에 천민 냄새를
풍기고 나쁜 행실과 혼동할 만큼 닮아 보이기 때문이며, 동정심이 많은 손은
경우에 따라선 아주 파괴적으로 위대한 운명 속에, 상처 입은 고독 속에, 무
거운 죄책을 짊어질 특권 속에 내리쳐 뻗칠 수 있기 때문이다. 동정의 극복
을 나는 고귀한 미덕으로 생각한다.

나는 '차라투스트라의 시련'이라 하여 어떤 경우를 설정한 적이 있다. 그
것은 커다란 비명이 들려오고 동정이 최후의 죄처럼 차라투스트라를 덮쳐와
그를 자신으로부터 등지게 하려는 장면이다. 여기서 자기 자신을, 즉 자기
사명의 높이를, 이른바 사심 없는 행위 속에서 활동하고 있는 훨씬 더 낮고
근시안적인 충동으로부터 순순히 간직한다는 것, 그것이야말로 시련, 곧 차
라투스트라와 같은 사람이 치러야 할 마지막 시련일 것이다. 그것은 그가 지
닌 힘의 증거이다.

5

또한 다른 한 가지 점에서도 나는 아버지를 쏙 빼닮았으며 너무도 일찍 죽
은 아버지의 나머지 생을 이어서 사는 것 같다. 한 번도 자기와 같은 사람들
사이에서 살아 보지 못하고, '동등'이라는 개념과 마찬가지로 '보복'이라는
개념도 통하지 않는 사람처럼 누군가 크고 작은 바보 같은 짓을 내게 하는
경우, 나는 그것에 대한 온갖 대비책이나 방비책도, 온갖 변호와 온갖 '정당
화'도 스스로 금한다. 나의 보복 방법은 될 수 있는 대로 빨리 영리함이 어
리석음을 뒤쫓게 하는 것이다.

그렇게 하면 어쩌면 어리석음을 따라잡을 만한 시간이 있을지도 모른다.
비유적으로 말한다면, 나는 신맛 나는 이야기에서 벗어나기 위해 설탕물에

절인 과일을 보내는 것이다. …… 누가 나에게 어떤 나쁜 짓을 한다면, 나는 그것에 대해 '보복'한다. 그것은 틀림없다. 나는 곧 그 '악행자'에게(심지어는 가끔 그 악행에 대해서까지) 감사하는 마음을 표현할 기회를 발견하고, 그렇지 않으면 그에게 무언가 부탁할 기회를 발견한다. 부탁하는 것은 무엇을 주는 것보다 더 정중할 수도 있으니까. 또 가장 난폭한 말, 가장 난폭한 편지일지라도 침묵보다는 훨씬 얌전하고 단정한 것 같다. 침묵하는 자들은 거의 언제나 마음 속에 섬세함과 은근함이 결여되어 있다. 침묵은 하나의 반박이다. 말을 그냥 삼키면 반드시 성격이 나빠지는 법이다. 그것은 심지어 위까지도 망쳐 버린다. 침묵하는 사람은 모두 소화 불량 환자다. 그러므로 사람들은 내가 난폭함을 과소평가하고 싶어하지 않는다는 것을 안다.

난폭함은 가장 인간적인 반박 형식이니 말이다. 그리고 유약한 지금 시대 한가운데서 그것은 으뜸가는 미덕 가운데 하나이다. 사람이 충분히 난폭하다면, 부당한 말을 하는 것조차도 하나의 행복이다. 만일 신이 이 땅 위에 온다면 그는 부당한 일을 하는 것 말고는 다른 일은 전혀 할 수 없을 것이다. 벌이 아니라 죄를 스스로 짊어지는 것이야말로 비로소 신적인 것이리라.

6

원한으로부터 자유로운 것, 원한을 계몽하는 것——이 문제에서 내가 얼마나 내 오랜 병환의 덕을 입고 있는가를 누가 알겠는가! 이것은 간단한 문제가 아니다. 자신의 강함과 약함을 통해 그것을 경험해 보지 않고는 언급할 자격이 없다. 병을 앓는 것과 허약하다는 것에 반대해서 반드시 그 무엇인가가 통용되게 만들어야 한다면, 본래의 치유 본능, 곧 인간 속에 있는 방어 및 공격 본능을 쇠퇴시켜야 한다.

사람은 아무것도 뿌리칠 줄 모르고 아무것도 끝낼 줄을 모르며, 모든 것에 상처를 줄 뿐이다. 인간과 사물은 너무 집요하게 붙어 다니며, 경험은 너무 깊은 충격을 주고, 추억은 하나의 곪은 상처와도 같다. 곧, 앓고 있다는 것은 일종의 원한 그 자체이다——여기에 대해서 환자는 단 하나의 치료 방법을 갖고 있을 뿐인데——나는 그것을 러시아적 숙명론이라고 부른다. 진군하는 것이 너무 힘겨워진 러시아의 한 병사가 마침내 눈 속에 드러눕게 되는 반항 없는 숙명론 말이다. 더 이상 아무것도 받지 않는 것, 받아들이지 않는 것, 자기 안에 받아 넣지 않는 것, 더 이상 반응을 보이지 않는 것……, 이 숙명론의 위대한 이성은 언제나 죽음에 대한 용기만은 아니다. 그것은 생명이 위태로운 상황 아래에서 목숨을 부지하는 것으로 신진대사를 저하시키며, 목숨을 완만하게 이끄는, 일종의 겨울잠에 대한 의지이기도 하다. 이 논리에서 몇 발짝 더 나간다면, 몇 주일이나 한 무덤 속에서 자는 회교 수도승을 보게 된다. 만일 그가 반응하면 너무 빨리 자기를 소모할 것이기 때문에, 더 이상 그는 반응하지 않는 것이다.

이것이 그 논리이다. 사람은 원한으로써 가장 빨리 불타 사라진다. 노여움, 병적인 민감성, 복수에 대한 무력, 복수하려는 욕망과 갈증, 어떤 의미에서 독약을 조제하는 것——이것은 기진맥진한 자에게 확실히 가장 불리한 반응 방법이다. 이것은 신경의 급속한 소모, 해로운 배설의 병적 증가, 예컨대 담즙이 위 안에 나오는 현상 따위를 일어나게 한다. 원한은 환자에겐 그 자체로서 금물이다. 그에게 악인 것이다.

그러나 유감스럽게도 그것은 그의 가장 자연스런 습성이기도 하다. 조예 깊은 생리학자인 부처는 그것을 이해했다. 그리스도교와 같이 측은한 것들과 혼동하지 않을 정도로 위생학이라고 일컬어도 될 그의 '종교'는 그 효력을, 원한 극복에 두었던 것이다. 원한으로부터 영혼을 해방시키는 것——그것은 회복을 향한 첫걸음이다. '적의로써 적의는 끝나지 않는다.' 오로지 우정으로써 적의는 끝이 나는 것이다. 이것은 부처의 가르침에 모두 들어 있는 말이다. 그런데 이렇게 말하는 것은 도덕이 아니라 생리학이다. 원한이 허약해서 생겼을 경우에는 원한은 누구보다도 그 약자 자신에게 해롭다. 그렇지 않고 풍부한 천성에서 비롯된 경우에는 풍부한 감정이 원한을 억제하고 있다는 것을 증명해 준다.

나의 철학이 복수심과 뒷감정과의 싸움을 '자유 의지'의 교훈에 이르게 한다는 사실을 아는 사람이라면——그리스도교와 싸움은 그 중 단 하나의 예에 불과하다——왜 내가 개인적인 태도를, 실제로 나타난 본능의 확실성을 이 자리에서 공개하는지를 이해할 것이다. 데카당스 시기에 나는 그것을 해로운 것으로 여기고 금지했다. 또한 삶이 다시 충분히 풍부해지고 자랑스러워지자, 이번엔 내 아래에 있는 것이라 하여 그것을 금지했다.

거의 참을 수 없는 형편, 장소, 사교가 한 번 우연히 주어진 뒤에 내가 그것을 몇 년이고 끈질기게 고수했을 때, '러시아적 숙명론'이 내게도 나타났다. 그렇게 하는 것이 그것들을 바꾸는 것보다, 바꿀 수 있다고 느끼는 것보다, 그것들에 반항하는 것보다 나았다. 이 숙명론에 잠겨 있는 나를 방해하고 억지로 일깨워 주는 일을 그 당시 나는 매우 나쁘게 생각했다. 사실 그것은 엄청나게 위험했던 것이다. 자신을 숙명처럼 생각하는 일, 자신을 '달리' 바라지 않는 일──그것이야말로 그러한 상태에서는 위대한 이성 그 자체라 할 수 있다.

7

그러나 전쟁은 다르다. 성품만을 본다면 나는 호전적이다. 공격은 내 본능 속에 있다. 적이 될 수 있다는 것, 적이 되어 있는 것──그것은 아마도 강력한 천성을 전제로 하는 일이리라. 아무튼 그것은 모든 강력한 천성 속에만 나타난다. 그것은 저항을 필요로 하며, 따라서 저항을 찾는다. 마치 복수심과 뒷감정이 약함에 따르는 것처럼, 이러한 공격적 파토스는 강함에 따르게 마련이다.

여자는 복수심이 강하다. 남의 곤궁에 대해 민감한 것도 마찬가지로 여자의 약한 천성 속에 들어 있다. 공격하는 자가 얼마나 강한지 알려면 그가 필요로 하는 적대자를 보면 된다. 그 가운데 일종의 척도가 있기 때문이다. 모든 성장은 강력한 적대자 혹은 강력한 문제를 찾는 데서 나타난다. 호전적인 철학가는 문제들에 대해 격투를 건다. 하지만 그의 사명은 저항하는 상대를 정복하는 일이 아니다. 자기의 온 힘, 융통성, 그리고 대가다운 무술을 동원해야 하는 것──동등한 적대자를 정복하는 일이다…… 적에 대한 대등함──그것이야말로 정정당당한 결투에서 기본 전제인 것이다.

상대를 얕보는 경우에는 전쟁을 할 수가 없다. 명령하는 경우에나, 무엇인가 자기 아래로 내려다보이는 것이 있을 때는 전쟁을 해서는 안 된다. 나의 전법은 네 개의 조항으로 요약된다.

첫째, 나는 승자들만 공격한다. 경우에 따라선 그것들이 승자가 될 때까지 기다린다.

둘째, 편을 발견하지 못할 경우, 곧 혼자 서 있을 경우──나 혼자만 위험에 처할 것 같은 경우에만 공격한다──나 자신을 위험하게 하지 않는 공격을 한 번도 공공연하게 한 적이 없다. 내게는 이것이야말로 올바른 행동의 판단 기준이다.

셋째, 나는 결코 인신공격을 하지 않는다. 나는 한 사람을 그저 강력한 확대경의 하나로 이용할 뿐이다. 일반적이긴 하나, 그것을 갖고 살금살금 걸어 다니면 거의 잡을 수 없는 위험 상태를 눈으로 볼 수 있다. 그래서 나는 다비드 슈트라우스를, 더 정확히 말해서 독일의 '교양'한테서 거둔 노쇠한 책의 성공을 공격한 적이 있었다. 나는 이놈의 교양을 현행범으로 잡은 것이다……그래서 나는 바그너를, 더 정확히 말해서 닳아빠진 자들을 풍부한 인물로, 뒤처진 자들을 위대한 인물로 혼동하는 우리 '문화'의 허위성, 그 본능의 잡종성을 공격했던 것이다.

넷째, 모든 개인차가 배제되어 있는 경우나 못된 경험의 배경이 없는 경우에만 그것을 공격한다. 그와 반대로 공격이란 나에게는 호의의 증거이며, 때론 감사의 증거이기도 하다. 나는 내 이름을 하나의 사물이나 한 인물의 이름과 결부시킴으로써 내 이름을 높여 주고 칭찬한다. 편들거나 반대하거나 나에겐 이 점에서는 마찬가지다. 만일 내가 그리스도교와 전쟁을 한다면, 내가 그쪽으로부터 어떠한 재난이나 해를 입은 적이 없었기 때문에 전쟁을 할 수 있는 것이다. 진지한 그리스도교 신자들은 늘 나에게 호의를 갖고 있었다. 나는 그리스도교를 혹독하게 반대하는 사람이지만, 수천 년의 숙명을 갖고서 결코 한 개인에게 앙심을 품지는 않는다.

8

사람들과 사귀는 데 적지 않은 어려움을 주는 내 천성의 마지막 특징을 또 하나 암시해도 좋을까? 나는 아주 징글맞을 정도로 순수함이라는 본능에 민감하다. 나는 모든 영혼의 근접을 또는——무어라 말할까? —영혼의 가장 깊은 곳, 그 '내장'을 지각하고 냄새 맡을 수 있다. 나는 이 민감성으로 인해 심리적인 촉각을 갖고 있는 셈인데, 그것으로 나는 온갖 비밀을 느끼고 움켜잡는다.

여러 천성의 밑바닥에는 숱한 오물이 숨어 있다. 아마도 나쁜 피 때문에 생겨났을 테지만 교육으로도 뒷받침된 오물을 나는 한 번만 접촉해보고도 대부분 의식할 수 있다. 내가 올바르게 관찰했다면, 나의 순수함에 해로운 천성들도 그것대로 구토증을 유발하지 않으려고 조심한다. 그렇다고 냄새가 더 좋아지는 것은 물론 아니다. 내가 늘 습관처럼 그래왔듯이 스스로에 대한 순수함은 내게 생존조건이다. 정결치 못한 조건 아래에서는 나는 죽는다. 말하자면 끊임없이 물 속에서, 완전히 투명하고 반짝이는 원소 속에서 나는 헤엄치고 목욕하고 철퍼덕거리고 있다.

그것이 인간들과의 사귐에 적지 않은 인내의 시련을 가져다준다. 내 인간성은 그 인간이 어떠한가를 공감하는 데 있는 것이 아니라, 내가 그를 공감한다는 것을 견디는 데 있다. 나의 인간성은 끊임없는 자기 극복이다. 그러나 나는 고독이 필요하다.

그렇다. 회복, 자기에로의 복귀, 자유롭고 가벼우며 희롱하는 공기의 호흡이 필요하다. 나의 차라투스트라 전체는 고독에 바치는 송가이다. 사람들이 내 말을 이해한다면, 순수함에 대한 송가일 것이다. 다행히도 순수한 바보짓에 대한 송가는 아니다. 색을 보는 눈을 갖고 있는 사람이라면, 그것을 다이아몬드 빛이라고 부를 것이다. 인간, 즉 '천민'에 대한 구토증은 늘 나에게 가장 큰 위험이었다. 차라투스트라가 구토증으로부터의 구제에 대해 하는 이야기를 들어보겠는가?

나에게 무슨 일이 일어났단 말인가? …… 어떻게 나는 구토증에서 구제되었던가? 누가 내 눈을 젊어지게 했던가? 어떻게 나는 샘가에 천민도 없는 이 높은 곳까지 날아왔는가?

내 구토증이 날개와 샘을 예감하는 힘을 나에게 만들어 주었는가? 진정 기쁨의 샘을 다시 발견하기 위해 나는 가장 높은 곳까지 날아올라야 했노라!

오, 나는 그것을 발견했던 것이다. 형제들이여! 여기 이 가장 높은 곳에 있는 기쁨의 샘이 내게로 흘러나오는구나! 어떤 천민도 더불어 마시지 못하는 그러한 생명이 있다!

너무 요란하다고 할 만큼 그대는 내게로 용솟음쳐 오누나, 환락의 샘이여! 그대는 잔을 채우려 그것을 다시 비우는구나.

아직 나는 더 알맞게 그대에게로 가까이 가는 법을 배워야 한다. 너무도 격렬하게 내 마음이 아직 그대를 향해 용솟음치기 때문이다.

짧지만 뜨거우며, 우울하면서도 신나는 여름이 내 심장 위에서 작열하고 있다. 나의 이 심장이 얼마나 그대의 차가움을 바라고 있단 말인가!

봄의 망설이는 우수는 지나가 버렸다! 6월의 원한의 눈송이도 가버렸다! 나는 송두리째 여름이 되었다. 더욱이 여름의 대낮이.

차가운 샘과 행복한 정적이 깃든 가장 높은 곳의 여름. 오, 오너라. 내 벗들이여, 이 정적이 한결 더 복되도록!

이것은 우리의 높은 곳이며 고향이기에, 온갖 불결한 것이 갈망하는, 너무나 높고 험한 이곳에 우리는 살고 있다.

그저 그대들의 순수한 눈물을 내 기쁨의 샘 속에 던져라. 그대 벗들이여! 어찌 그 때문에 샘이 흐려지겠는가? 순수함으로 그것은 그대들에게 웃음을 보내리라.

미래의 나무 위에 우리는 둥우리를 짓는다. 독수리들이 우리 고독한 자들에게 먹이를 가져오리라!

진정, 불결한 자들은 함께 먹을 수 없는 먹이를! 그들이 그것에 입을 대면 불을 먹는 것처럼 입을 델 것이다.

진정, 우리는 여기에 불결한 자들을 위해서는 한 채의 집도 마련해 놓지 않았다! 그들의 행복도, 그들의 육체와 정신에게는 얼음 동굴인 것이다.

우리는 마치 세찬 바람처럼 그들이 있는 곳보다 아득히 높은 곳에 서련다. 독수리의 이웃, 눈의 이웃, 해의 이웃으로, 그렇게 세찬 바람은 살고 있노라.

그리하여 한 줄기 바람처럼 나는 언젠가 또 그들 사이로 불어가서 내 정신으로 그들 정신에게서 숨을 앗아가련다. 그렇게 하길 나의 미래는 바라고 있노라.

진정, 차라투스트라는 모든 낮은 것에겐 세찬 바람이어라. 그의 적과 그에게 침을 뱉는 모든 자들에게 충고한다. 바람에 거슬러 침 뱉지 않도록 조심할지어다! ……

나는 왜 이렇게 영리한가!

1

왜 나는 다른 사람보다 더 많이 아는가? 왜 나는 도대체 이렇게 영리한가? 나는 한 번도 문제가 되지 않는 문제에 대해서는 곰곰이 생각해 본 적이 없다. 나는 자신을 낭비하지 않았다. 예컨대 나는 본래 종교적 어려움 같은 것은 겪어보지 못해서 그에 대해 아는 것이 없다. 얼마만큼 내가 '죄가 많은가' 하는 문제는 내게서 완전히 사라져 버렸다.

마찬가지로 나에게는 무엇이 양심의 가책이냐 하는 믿을 만한 기준이 없다. 그것에 대해서 말하는 바를 듣자 하니, 양심의 가책이란 전혀 존경할 만한 것이 못되는 듯하다. 나는 내가 한 행위를 나중에 가서 본체만체하고 싶지 않다. 나는 나쁜 절망을, 곧 결과를 원칙적으로 가치문제에서 떼어놓기를 더 좋아할 것이다. 사람이란 결과가 나쁠 때에는 자기가 한 일에 대해 가졌던 올바른 눈을 너무도 쉽게 잃는다. 양심의 가책이란 나에게는 일종의 '흉악한 눈초리'이다. 실패한 것은 실패했기 때문에 더욱더 존경스럽다. 그것이 오히려 내 도덕에 속한다. '신', '영혼의 불멸성', '구제', '피안', 심지어는 내가 어린이였을 때조차도 그 어떤 주의나 약간의 시간조차도 쏟아 본 적이 없는 개념들에 주의를 기울이거나 시간을 쏟기에 충분할 만큼 어린이다웠던 적이 나는 한 번도 없었던 것일까? 나는 무신론이라는 것을 결과로 받아들이지 않는다. 사건으로는 더더욱 아니다.

무신론은 나에게는 본능으로 이해된다. 나는 주먹구구식의 대답으로 만족하기에는 너무나 호기심이 많고 의심이 많으며 교만하다. 신은 우리 사상가에게는 주먹구구식 대답이며 맛없는 음식이다. 결국 우리에 대해 주먹구구식 금지를 할 뿐이다. 너희들은 생각하지 말지어다! …… 그와는 달리 나에게 흥미를 주는 문제는, 신학자의 골동품보다 '인간의 구제'가 더 많이 걸려 있는 문제이다.

곧 영양의 문제이다. 그것은 흔히 쓰이는 말로 다음과 같이 표현된다. "르네상스식 힘인 미덕을 위선 없는, 덕성의 최고점에 이르게 하기 위해 너는 스스로 어떤 영양을 섭취해야 하는가?" 이 문제에 대한 나의 경험은 형편없이 나쁘다.

이 문제를 이렇게 늦게야 듣고, 이 경험에서 그렇게 늦게야 '이성'이라는 것을 배운 데 대해 나는 어이없어 할 따름이다. 단지 우리 독일 교양의 완전한 무가치성——그 '이상주의'——만이 내가 왜 바로 이 점에서 늦게 깨달아 성스러울 지경에까지 이르게 되었던가를 어느 정도 나에게 설명해 준다. 철두철미하게 문젯거리인 '이상적'인 목표, 예컨대 '고전적 교양' 같은 것을 추구하기 위해 이놈의 교양은 처음부터 '현실'을 눈앞에서 잃어버릴 것을 가르친다. 마치 처음부터 '고전적'이라는 말과 '독일적'이라는 말은 하나의 개념 속에 융합하지 못하도록 불행하게도 운명지워져 있기라도 한 것처럼 말이다!

그뿐 아니라 그것은 흥겹기까지 하다. '고전적 교양을 갖춘' 라이프치히 사람을 한번 생각해 보라! 사실 나는 성숙한 나이가 될 때까지 늘 안 좋은 식사를 해 왔다. 도덕적으로 표현한다면 '비개인적으로', '무사(無私)하게', '이타적으로', 요리사들과 다른 그리스도교 교우들을 위해서 말이다. 예컨대 나는 라이프치히 요리를 알고 쇼펜하우어를 처음 공부하면서 내 '생애의 의지'를 진지하게 부정하게 되었다.

영양 부족을 목적으로 위까지도 망치는 일——나는 앞서 말한 요리가 이 문제를 놀랍게도 잘 해결해 주는 것이라 여겼다. (1866년은 바로 이 점에서 내게 하나의 전환을 가져왔다는 소문이 있다) 그러나 모든 책임은 독일의 전반적인 요리에 있는 것이다!

식사 전의 수프(16세기의 베네치아 요리책에서도 독일식이라고 일컬었다), 푹 삶은 고기, 밀가루로 버무린 채소, 서진(書鎭) 모양으로 바뀌어 버린 푸딩! 여기에다가 옛 독일인의, 아니 전혀 옛 독일인의 것만은 아니다. 아무튼 그 짐승 같은 식후 음주욕을 덧붙인다면 독일 정신의 내력도 알 만하다. 그것은 혼탁한 오장으로부터 나온 것이다! 독일 정신은 소화불량에 걸려 아무것도 소화시키지 못하는 것이다.

그러나 영국의 식사는 독일의 식사, 심지어는 프랑스의 식사와 비교해 볼 때 일종의 '자연에로의 복귀', 곧 식인종의 식사에로의 복귀이다. 하지만 이 또한 내 본능에 역행한다. 그것은 정신에 무거운 다리를 달아놓은 것 같다. 영국 여자들의 그 무거운 다리를……. 가장 좋은 요리는 피에몬트 요리이다. 술은 내게 좋지 않다. 내 인생을 '눈물의 계곡'으로 만들기에는 한 잔의 포도주나 맥주면 충분하다. 뮌헨에는 나와 반대되는 사람들이 살고 있다.

내가 이것을 좀 늦게 깨닫기는 했지만 그것을 경험한 것은 어릴 때였다. 소년 시절에 나는 포도주를 마시는 것은 담배를 피우는 것과 마찬가지로 처음에는 젊은 사나이들의 허영으로 시작되어 나중에 나쁜 습관으로 자리잡은 것이라고 믿었다. 아마도 내가 이런 신랄한 판단을 내린 데는 나움부르크의 포도주에게 책임이 있을 것이다. 포도주가 사람을 명랑하게 한다는 말을 믿기 위해서는 그리스도교도가 되어야 하며, 부조리한 것을 믿어야 할 것이다.

나는 물을 아주 많이 탄 적은 양의 알코올을 마시면 매우 정신이 혼미해지는데, 거꾸로 많은 양의 알코올을 마셨을 때는 거의 뱃사람처럼 강해진다. 이것은 참으로 이상한 노릇이다. 소년 시절에 나는 벌써 이런 부분에 용맹성을 드러냈다. 나는 그 엄격성과 간결성에서 본보기로 삼은 살루스티우스의 전례를 따르려는 공명심을 펜에 담아 밤새워 한 편의 긴 라틴어 논문을 써내려 가며, 가장 독한 그로크주 몇 잔을 내 라틴어 위에 쏟아 넣었다. 이 일은 그 명예로운 포르타교(校)의 학생으로서 내 생리와 모순이 되지 않았으며, 아무리 영예로운 포르타교와 모순이 되었다고 하더라도 살루티우스의 생리에는 어긋나지는 않았을 것이다. 그 뒤, 중년이 될수록 나는 더 엄격하게 온갖 '알코올' 음료를 거부하기로 결심했다.

나를 개종시켜 준 리하르트 바그너와 마찬가지로 경험을 통해서 채식주의에 반대하는 모든 정신적인 천성을 가진 사람들에게 무조건 알코올을 삼가기를 진정으로 권한다. 물은 좋다……나는, 어디서나 철철 흐르는 샘물을 퍼 마실 수 있는 곳들(니스, 토리노, 시일스)을 좋아한다. 한 개의 조그만 잔이 마치 한 마리의 개처럼 내 뒤를 따라다닌다. 포도주 속에 진리가 있다. 나는 이 점에서도 '진리'라는 개념에 관해서 세상과 의견을 같이하지 않는 것처럼 보인다. 나에게 정신이란 물 위를 떠도는 것이다……. 내 도덕관에 대해서 두서너 가지만 더 적기로 한다. 알찬 식사가 간단한 식사보다 쉽게 소화될 수 있다. 위 전체가 활동을 시작하는 것이 소화가 잘 되기 위한 첫 번째 조건이다. 사람은 자기 위의 크기를 알고 있어야 한다. 똑같은 이유에서 나는 정식 석상에서의 지루하게 오래 끄는 식사는 하지 말도록 충고한다. 간식도 안 되고 커피도 안 된다. 커피는 마음을 어둡게 한다. 아침에 홍차를 마시는 것은 좋다. 적은 양으로 진하게. 만일 조금이라도 묽으면, 홍차는 매우 해로우며 온종일 병약하게 만든다.

이 문제에서는 사람마다 알맞은 정도가 다르다. 그 사이에는 아주 섬세하고 미묘한 한계가 있다. 자극이 강한 풍토에서는 처음엔 홍차가 적합하지 않다. 한 시간 전에 진한 코코아를 미리 한 잔 마셔 두어야 한다. 될 수 있는 대로 조금만 앉아 있도록 한다. 야외에서 혹은 자유로운 운동으로써 생겨나지 않은 사상이라면, 또한 거기서 근육도 축제를 벌이고 있지 않은 사상이라면 그 어떤 것도 믿지 말아야 한다. 온갖 편견은 내장으로부터 나오는 법이다. 오래도록 버티고 앉아 있는 궁둥이——벌써 한 번 말한 적 있었지만——그것이야말로 성령에 거역하는 본래의 죄악이다.

2

영양 문제와 가장 밀접한 관련이 있는 것은 장소와 풍토의 문제이다. 어디서나 살도록 되어 있는 사람은 아무도 없다. 모든 힘을 짜내 위대한 과제를 풀어야 할 사람은 이 점에서 선택의 폭이 매우 좁다. 장소와 풍토를 잘못 선택한다면, 그 풍토적인 영향이 신진대사를 저해하고 촉진하게 되므로, 그 사람은 자기 과제로부터 멀리 떨어질 뿐 아니라 송두리째 자신을 잃어버릴 수도 있는 지경에까지 내몰리게 된다. 그는 그 과제와 한 번도 대면할 수 없다. 그 사람에게는, 사람들이 '나 혼자만이 할 수 있는 일이다' 하고 인식할 때 정신 속으로 물밀 듯 넘쳐흐르는 자유에 도달할 수 있었던 만큼 동물적인 생기가 충분히 커진 적이 한 번도 없다.

나쁜 습관에 젖어 버린 사소한 내장의 게으름조차도 천재를 변변치 못한 사람으로, '독일적인'것으로 만들기에 충분하다. 강력하고 그 자체로서 영웅적인 소질을 가진 오장의 기운을 빼 버리기엔 독일의 풍토만으로도 족하다. 신진대사의 속도는 정신의 발이 빠르냐 느리냐에 정확히 비례한다. '정신' 자체도 이러한 신진대사의 일종이기 때문이다. 세련과 악의가 행복을 이루는 곳, 천재가 거의 반드시 그 풍토에 익숙해졌던 곳, 이러한 곳들의 일람표를 만들어 보라.

이곳들은 모두 기가 막히게 건조한 공기를 갖고 있다. 파리, 프로방스 지방, 플로렌스, 예루살렘, 아테네——이 이름들이 무언가를 증명해 주고 있다. 천재는 건조한 공기에 의해, 순수한 하늘에 의해 조건지어져 있다. 곧 신속한 신진대사에 의해, 심지어는 굉장한 양의 힘을 계속하여 공급할 수 있는 가능성에 의해 조건지어져 있다는 말이다. 나는 뛰어나고 자유로운 소질을 타고난 한 정신이 풍토를 선택하는 본능이 부족해서, 움츠러드는 전문가가 되고 뚱딴지가 되어 버린 경우를 보았다.

그런데 병이 나를 이성으로 향하도록, 현실 가운데서 이성을 성찰하도록 강제로 이끌었다. 그렇지 않았던들, 나도 결국 이와 같이 될 수도 있었을 것이다. 지금, 나는 오랜 훈련을 통해 풍토 및 기상이 미치는 여러 영향을 마치 한 개의 섬세하고 믿을 수 있는 측정 기구가 그러한 것처럼 뚜렷이 읽을 수 있다. 예를 들어 토리노에서 밀라노로 가는 짧은 여행에서도 벌써 습도의 변화를 생리학적으로 산출해 낼 수 있는 지금, 나는 생명이 위독했던 지난 10년 동안에 내 삶을 언제나 잘못된 곳, 나에게는 금지되어 있는 곳에서만 꾸려나갔다는 섬뜩한 사실을 생각할 때 소름 끼치지 않을 수 없다. 나움부르크, 슐포르타, 튀링겐주(州) 일대, 라이프치히, 바젤, 베네치아는 모두 내 생리에는 맞지 않는 불행한 곳들일 뿐이다. 내가 유·소년 시절의 바람직한 추억을 갖고 있지 않다는 데서 이른바 '도덕적' 원인을 찾을 때, 이론의 여지가 없을 정도로 충분한 교제가 없었다는 것을 말하는 것은 바보 같은 짓이리라. 교제가 부족하다는 것이, 과거에도 그러했고 지금도 마찬가지이지만, 결코 내가 명랑하고 용감하게 되는 데 방해가 되지 않았기 때문이다.

내 인생에서 재앙은 생리학에 대한 무지——그 저주받을 '이상주의'——인 것이다. 이것이야말로 내 인생에 남은 것이며 어리석은 것이다. 그것에는 어떠한 좋은 것도 자라나지 않으며 아무런 배상도 보상도 받을 수 없다. 이 이상주의의 결과로 나는 모든 실수, 본능의 착각, 그리고 인생의 과업에서 벗어난 '겸손함', 예컨대 나를 언어학자가 되게 한 그러한 겸손함을 설명한다. 왜 나는 의사나 그 밖에 눈을 뜨게 해주는 그 무엇이 되지 않았는가? 바젤 시절 나의 정신적인 식이요법은 어떻게 하루를 나누는가까지 포함해서 뛰어난 힘을 쓸데없이 소모하는 것에 불과했다. 소모된 부분을 다시 채울 힘

의 공급도 없이, 소모하고 보충하는 일에 대해서 생각해 보는 일조차 없이
말이다.

섬세한 자기의식이라곤 없었다. 명령적인 본능의 보호도 없었다. 누군가
와 자기를 동일시하고, 자기를 상실하고, 타인과의 거리를 망각하는 이런 점
들에서 나는 나 자신을 결코 용서할 수 없었다. 내가 거의 마지막까지 갔을
때 바로 내가 거의 마지막에 이르렀다는 이 사실로써 나는 내 삶의 이러한
근본적인 무지각, 즉 '이상주의'에 대해 곰곰이 생각해 보게 되었다. 병이
나를 비로소 이성에게 이끌어 주었던 것이다.

3

영양 섭취의 선택 및 풍토와 장소의 선택——이 두 가지에 이어지는, 절
대 잘못을 저질러서는 안 되는 세 번째 일은, 자기 나름대로 휴식을 취하는
방법을 선택하는 일이다. 여기서도 역시 한 정신의 됨됨이에 따라 그에게 허
용된 것, 다시 말해 유용한 것의 한계는 갈수록 더 좁아진다. 나의 경우 온
갖 독서가 내 휴식 방법에 속한다. 독서는 나를 해방시켜 주고, 낯선 학문과
영혼 속에서 산책하게 해 준다. 그러나 나는 더 이상 이를 진지하게 받아들
이지 않는다. 독서는 나를 진정으로 쉬게 해준다. 내가 일에 골몰해 있는 시
기에는 아무도 내게서 책을 볼 수 없다. 나는 누가 가까이에서 지껄이거나
어떤 일을 생각하는 일조차 못하게 할 것이다.

이것이야말로 독서하는 것이리라. ……잉태할 때 정신을, 근본적으로는
온 조직을 긴장하게 되는데, 여기에 우연이, 즉 온갖 종류의 바깥 자극이 너
무도 격렬하게 너무도 깊이 '파고드는' 것을 관찰한 적이 있는가? 사람은 우
연을, 바깥 자극을 될 수 있는 대로 피해야 한다. 일종의 자기 성을 쌓는 일
은 정신적 잉태의 첫째가는 본능적 영리성에 속하는 것이다.

어떤 낯선 사상이 몰래 성벽을 타고 넘어오는 것을 나는 보고만 있을 것인
가? 그런데 이것이야말로 독서하는 것이리라. 일과 결실의 시간이 지나면
휴식의 시간이 뒤따른다. 다가오라! 그대 유쾌한 자들, 그대 재기발랄한 자
들, 그대 재치 있는 책들아! 이런 책들이 과연 독일 책일까? 내가 책 한 권
을 손에 쥐고 있는 장면을 포착하기 위해 나는 반년을 거슬러 올라가야만 한
다. 그것은 대체 무엇이었던가? 그것은 빅토르 보르차드의 저서 《그리스의

회의주의자들》이었다. 거기서는 나의 라에르티우스론도 잘 이용되고 있다. 회의주의자는 이중적이고 오중적이기까지 한 철학자들 사이에서 존경할 만한 유형이다! 그 밖에 나는 거의 언제나 똑같은 책들에서 피신처를 찾는다.

이것은 몇몇 책에 불과하지만 나에게는 입증된 책들이다. 많은 책을 읽는 것과 여러 가지 책을 읽는 것은 아마도 내 성미에 맞지 않는 일인 것 같다. 서재는 나를 병들게 만든다. 많은 책을 사랑하는 것이나 여러 가지 책을 사랑하는 것도 역시 내 성미에 맞지 않는 듯하다. 새로운 책들에 대한 조심성, 심지어 적대심은 '관용'이나 '너그러움' 그리고 그 밖의 '이웃에 대한 사랑'보다 오히려 더 내 본능에 가깝다. 결국, 내가 자꾸만 되돌아가는 곳은 소수의 옛날 프랑스 사람들이다. 나는 프랑스의 교양만을 믿으며, 그 밖에 유럽에서 '교양'이라고 불리는 것은, 독일의 교양에 대해서는 더 말할 필요도 없고, 모두 오해라고 생각한다. 내가 독일에서 만난 소수의 높은 교양은 모두 프랑스 계통이었다.

무엇보다도 바그너의 부인 코지마는 특히 취향의 문제에 관한 한 내가 들은 목소리 중에서 단연 으뜸이다. 나는 파스칼의 책을 읽지는 않았지만 파스칼을 사랑한다. 그는 처음에는 육체적으로, 다음에는 심리적으로 서서히 살해당하면서 그리스도교의 가장 교훈 많은 제물로서 비인간적인 잔인함의 몸서리나는 형식의 논리를 썼다. 나는 이 논리를 읽지 않고도 그를 사랑하는 것이다.

나는 몽테뉴의 방자함 가운데 얼마만큼을 정신 속에, 모르긴 몰라도 아마 몸속에도 갖고 있을 것이다. 나의 예술가적 취향은 몰리에르, 코르네유, 그리고 라신의 이름을, 원한 감정이 없진 않지만 셰익스피어와 같은 조잡한 천재 앞에서 비호해 준다. 나는 옛날 프랑스 사람만을 언급했지만, 그렇다고 해서 최근의 프랑스 사람들이 매력적인 친구들이 아니란 것은 아니다. 역사상 어느 세기에 오늘날의 파리처럼 그렇게 호기심 많고 그렇게 섬세한 심리학자들이 모인 적이 있었는지 모르겠다.

나는 시험 삼아——그 수가 결코 적은 게 아니니까——폴 부르제, 피에르 로티, 지프, 메일락, 아나톨 프랑스, 쥐르 르메트르를 들어 본다. 아니면 이 강력한 종족 가운데 한 사람, 내가 특히 마음이 끌리는 진정한 라틴사람인 모파상을 들 수 있다.

우리끼리 이야기지만, 나는 이 세대를, 심지어는 그들의 위대한 선생님들
보다도 더 좋아한다. 그들의 위대한 선생들은 모조리 독일의 철학자들 때문
에 망가졌다(예컨대 텐 씨는 헤겔 때문에 위대한 인간과 시대를 오해했다).
독일이 미치는 곳은 어디든 문화가 망가진다.

전쟁이 비로소 프랑스의 정신을 '구제'했다. 스탕달, 내 인생에서 가장 아
름다운 우연——그도 그럴 것이 내 인생에서 획기적인 모든 것은 우연의 결
과이지 결코 누군가 권유해서 얻은 것은 아니다——가운데 하나인 그는 먼
저 알아차리는 심리학자의 눈, 가까이 가장 위대하고 사실적인 것이 있음을
상기시켜 주는, 사실 파악력(손톱을 보고 나폴레옹을 알아차린다)을 갖고
있는 존재이다. 그것은 그가 정직한 무신론자이기 때문이다.

프로스페르 메리메가 있긴 하나, 이것은 프랑스에서는 거의 찾아보기 어
려운 족속이다. 나는 스탕달을 시기하고 있는 것일까? 내가 바로 가질 수도
있는 무신론자의 가장 좋은 위트를 그가 내게서 빼앗아 갔으니 말이다. 그
위트란 다음과 같은 것이다. "신의 유일한 변명은 자기가 존재치 않는다는
것이다."

내 자신도 어디선가 말한 바 있다. 이제까지 존재에 대한 가장 큰 반증은
무엇이었던가? 그것은 신이다.

4

서정 시인에 대해 내게 최고의 개념을 준 것은 하인리히 하이네였다. 나는
수천 년 내 모든 나라에서 그처럼 감미롭고 정열적인 음악을 찾아보았으나
소용이 없었다. 완전한 것을 상상할 수 없는 그러한 신적인 악의를 그는 갖
고 있었다. 나는 인간과 종족의 가치를, 그들이 얼마나 필연적으로 신을 사
티로스와 분리하지 않고도 잘 이해했는가에 따라 평가한다. 그리고 어떻게
하이네가 독일어를 다루고 있는가! 언젠가 사람들이 하이네와 내가 월등하
게 독일어를 다룬 첫 예술가들이었다고 말할 날이 올 것이다. 우리는, 그저
독일인에 불과한 사람들이 독일어로 한 모든 일과 측량할 수 없을 만큼 동떨
어져 있다. 바이런의 만프레드와 나는 틀림없이 깊은 관계가 있으리라.

나는 내 안에서 그의 모든 심연을 발견했다. 열세 살의 나이로 이 작품을
이해할 만큼 나는 성숙해 있었다. 나는 만프레드가 있는 앞에서 파우스트라

는 말을 감히 입 밖에 내는 그런 자들에 대해선 뭐라 대꾸할 말이 없다. 그저 흘겨볼 따름이다. 독일인들은 위대함의 개념에 대해서 무지하다. 그 증거가 슈만이다. 나는 이 달콤한 작센인에 대한 원한으로, 일부러 만프레드에 붙이는 서곡을 작곡한 일이 있다. 이 서곡에 대해서 한스 폰 뷜로는 오선지 위에 그러한 것이 작곡되어 있는 것은 한 번도 본 적이 없다고 말했다. 그것은 음악의 여신 에우테르페에 대한 폭행이라는 것이다. 셰익스피어에 대한 최고의 문구를 찾을 때면 나는 늘 그가 시저의 유형을 구상했다는 말밖에는 발견하지 못한다. 이런 유형은 짐작하여 쓸 수 있는 것이 아니다. 자신이 그런 유형이어서 그런 인물을 묘사할 수 있거나 그런 유형이 아니기 때문이다.

위대한 시인은 나중에는 자기 작품을 더 이상 견디지 못할 지경에까지 이른다. 《차라투스트라는 이렇게 말했다》에게 눈길을 던지고 나면, 나는 참을 수 없는 흐느낌의 발작을 억제할 힘도 없이 반시간이나 방 안에서 왔다 갔다 한다. 나는 셰익스피어보다 더 마음을 갈기갈기 찢어놓는 작품을 알지 못한다. 그토록 어릿광대가 되어야 했다면 그 인간은 얼마나 고민했을까! 사람들이 햄릿을 이해 할까? 사람을 미치게 하는 것은 회의가 아니라 확실성이다. 그러나 그렇게 느끼기 위해서는 깊어지고 심연이 되고 철학자가 되지 않으면 안 된다. 우리는 모두 진리를 무서워한다…… 그리고 나는 고백한다. 베이컨 경이 이러한 가장 섬뜩한 종류의 문학의 창시자이며 자학자라는 것을 본능적으로 확신해 마지않는다. 미국의 정신착란자와 바보 대가리들의 측은한 잡담 같은 것이 나와 무슨 상관이 있는가?

그러나 환상의 가장 힘찬 현실에 도달하려는 힘은 행위로, 기괴함으로, 범죄로 이끌어 주는 가장 강력한 힘과 화합될 뿐 아니라, 그것 자체를 전제하고 있다. 우리는 아직도 말의 온갖 위대한 의미에서 첫 현실주의자인 베이컨 경에 대해 알지 못한다. 그가 무슨 일들을 했는가, 무엇을 하려 했는가, 그리고 무엇을 체험했는가를 알 만큼 충분히 알지 못한다는 것이다. 더욱이 악마에게나 가라고 저주하고 싶은 것은 비평가들이다! 만일 내가 나의 차라투스트라를 다른 낯선 이름으로, 예컨대 리하르트 바그너라는 이름으로 출판했다고 가정한다면, 그 뒤 2천 년 동안 배출될 그 어떤 비평가의 눈으로도 《인간적인 너무나도 인간적인》의 저자가 차라투스트라의 환상을 지녔던 사람과 같은 인물이라는 것을 알아내지 못할 것이다.

내 인생의 휴식에 대해서 이야기하는 지금, 나를 가장 마음 속 깊이 휴식하도록 해 준 것에 대하여 감사의 뜻을 표하기 위해 한 마디 하고 싶다. 그것은 바로 리하르트 바그너와의 친밀한 교우 관계였다.

나는 내 인간관계에서 그 나머지 것은 쉽게 내버릴 수 있다. 그러나 트립센에서의 나날만은 내 생애에 어떠한 일이 생기더라도 내어주고 싶지 않다. 신뢰와 쾌활과 숭고한 우연의 나날, 깊은 순간들의 나날……다른 사람들이 바그너와 함께 무엇을 경험했는지 나는 모른다.

그러나 우리 위의 하늘에는 한 점의 구름조차 흘러가지 않았다. 여기에서 나는 화제를 다시 한 번 프랑스로 돌리기로 한다. 자기들한테서 바그너와 닮은 점을 발견하는 것이 그를 존경하는 것이라고 믿는 바그너 숭배자 및 그와 비슷한 패거리에 대해서는 탓할 까닭이 없다. 나는 그저 입가에 멸시의 빛만을 띨 따름이다. 어찌나 내가 가장 깊은 본능 속으로부터 독일적인 것과는 완전히 거리가 멀었던지 독일인이 하나 가까이 있기만 해도 벌써 소화가 잘 안될 정도였을 테니까.

바그너와의 첫 접촉은 내 생애에서 처음으로 내쉰 안도의 한숨이기도 했다. 나는 그를 외국인으로서, 온갖 '독일적인 미덕'에 대한 대립으로서, 그리고 인격화된 항의로서 느끼고 또 존경했다. 50년대의 늪지대와 같은 공기 속에서 자란 우리는 '독일적'이라는 개념에 대해서는 필연적으로 염세주의자일 수밖에 없었다. 우리는 혁명가 말고 다른 것은 아무것도 될 수가 없다. 우리는 위선자들이 기분 좋게 버티고 있는 상태를 인정하지 않을 것이다. 그 위선자가 오늘날에는 다른 빛깔의 옷을 입고 장난을 치는지, 진홍빛 옷을 입는지, 경기병의 군복을 입는지에 대해서는 나는 전혀 관심이 없다……좋다! 아무튼 바그너는 혁명가였다. 그는 독일인들에게서 도망쳐 달아났다. 유럽에선 예술가에게 파리 이외에 다른 고향은 없다. 바그너 예술의 전제인 모든 예술, 오관(五官)의 섬세성, 뉘앙스를 알아차리는 손가락, 심리학적인 병증, 이런 것들은 파리 아닌 다른 곳에는 존재치 않는다.

그 밖의 어느 곳에도 이러한 형식 문제에서의 정열, 연출에서의 진지성은 없다. 그것은 뛰어난 파리의 진지성이다. 독일은 한 파리 예술가의 영혼 속에 살고 있는 굉장한 야망에 대해 전혀 아무런 개념도 갖고 있지 않다. 독일인은 마음씨가 좋다. 바그너는 전혀 마음씨 좋은 사람은 아니었다······.

그러나 나는 바그너가 어디에 속하고, 누구에게서 자기와 가장 닮은 모습을 발견하는가에 대해서는 이미(《선악을 넘어서》에서) 충분히 피력했다.

그것은 프랑스의 후기 낭만주의 저 높이 나는, 그러한 사람을 높이 채 가지고 올라갈 줄 아는 들라크루아나 베를리오즈와 같은 종류의 예술가들이다. 병을 지닌, 본질적으로 불치병을 지닌, 마음속 한 구석 밑바닥을 갖고 있는 표현의 광신자들, 철두철미한 거장들······대체 누가 최초의 지성적인 바그너 숭배자였던가? 그것은 샤를 보들레르였다. 그는 처음으로 들라크루아를 이해했던 사람들 가운데서 예술가 족속으로 다시 인지된 전형적인 데카당이다. 아마도 마지막 데카당이기도 했을 것이다. 내가 바그너를 결코 용서하지 않은 이유는 무엇 때문이었던가? 그것은 그가 독일인들에게 항복했다는 것이다. 그가 독일제국적으로 되었다는 것이다. 독일은 자신이 닿는 곳이 어디든 그곳 문화를 망쳐 버린다.

6

모든 것을 생각해 보아도 바그너의 음악이 없었다면 나는 청년 시절을 견디어 내지 못했을 것 같다. 나는 독일인이 되도록 태어났기 때문이다. 만일 사람이 참을 수 없는 압박에서 벗어나려고 한다면, 마취제가 필요한 법이다.

그렇다, 나는 바그너가 필요했던 것이다. 바그너는 모든 독일적인 것에 대한 뛰어난 해독제——이것도 독이다——였다. 이 사실에 이의를 제기하지는 않는다. 트리스탄의 발췌곡이 존재하게 된 순간부터——내 치하를 받으십시오, 폰 뷜로씨! 나는 바그너 숭배자가 되었다. 바그너의 옛날 작품들을 나는 얕잡아보았다. 아직 너무도 통속적이고, 너무도 '독일적'이었으므로······. 그러나 나는 오늘날까지도 트리스탄처럼 위험한 매혹을 지닌, 몸서리치도록 감미롭고 무한성을 지닌 작품들을 찾고 있다. 나는 모든 예술의 영역 속에서 속절없이 찾고 있는 것이다. 레오나르도 다빈치의 신비함도 〈트리스탄〉의 첫 음조로 마력을 상실한다. 이 작품이야말로 바그너의 최고 정점이다.

그는 〈트리스탄〉에서 〈마이스터징거〉와 〈니벨룽겐의 반지〉로 휴양을 했다. 더 건강해지는 것, 이것이야말로 바그너와 같은 천성을 지닌 사람에게는 뒷걸음질이다. 내가 이 작품을 이해할 수 있을 정도로 성숙해지기 위하여 알맞은 때, 바로 독일인들 사이에 살았음을 가장 큰 행운이라 여긴다. 내게서 그만큼 멀리 심리학자의 호기심이 뻗어간 것이다.

이 세계는 '지옥의 쾌락'을 맛보기에 넉넉할 만큼 병든 적이 없는 사람에게는 빈약하다. 여기서 신비주의자의 문구를 적용하는 것이 허용되어 있으며 거의 꼭 필요하다고 볼 수 있다. 나는 바그너가 창조해 낼 수 있는 엄청난 일, 그 말고는 아무도 거기에 날아갈 날개를 갖고 있지 않는 낯선 황홀의 세계 50가지를 누구보다도 더 잘 알고 있다.

그런데 나는 내게 가장 의심스러운 것과 가장 위험한 것도 내게 이로운 것으로 돌리고, 그것으로써 더욱 강해질 정도로 강하기 때문에 바그너를 내 생애의 가장 위대한 은인이라 부르는 것이다. 우리는 서로 닮았다. 동시대 인간들이 번민할 수 있었던 것보다 한결 더 서로에 대해서 깊이 번민했다는 점에서 말이다. 그 사실이 다시 우리의 이름을 영원히 한데 맺어 주었다.

그리고 바그너가 독일인들 사이에서 확실히 오해에 불과했던 것처럼 나 또한 확실히 오해에 불과하며, 언제나 오해인 채로 있을 것이다. 나의 게르만 민족이여! 2세기 동안 심리학적이며 예술적인 훈련이 우선 필요하다. ……그래도 만회하지는 못할 것이다.

7

가장 훌륭한 귀를 가진 분들에게 또 한마디 하겠다. 도대체 내가 음악에 무엇을 바라는가를. 나는 음악이 쾌활하고 깊고, 흡사 10월의 어느 청명한 오후와 같기를 바란다. 나는 음악이 특수하고 제멋대로이고 싹싹하고, 그리고 조그마하고 겸손하고 우아한 사랑스러운 여자이기를 바란다.

나는 독일인이 음악이 무엇인가를 알 수 있다고는 인정하지 않는다. 독일 사람들이 음악가라고, 그중에서도 가장 위대한 음악가라고 부르는 이들은 외국인들이다. 슬라브 사람, 유고슬라비아 사람, 이탈리아 사람, 네덜란드 사람 또는 유태인이다. 다른 경우에는 이미 고인이 된 독일인들로 하인리히 쉬츠, 바흐, 헨델과 같은 강한 종족의 독일인들이다. 나 자신은 폴란드인이므로 쇼팽을 위해서라면 나머지 음악은 모두 버려도 좋다. 하지만 세 가지 이유로 바그너의 〈지크프리트〉 목가는 예외로 한다. 또 고귀한 오케스트라

악센트가 다른 음악가들보다 뛰어난 리스트의 곡도. 마지막으로 알프스 산맥 저 편에서 자란 모든 것도——지금 내가 있는 곳에서 본다면 이쪽이지만……로시니 없이 나는 어떻게 하면 좋을지 모르겠다. 음악에서 나의 남쪽 나라, 나의 베네치아 음악가인 피에트로 가스티 없이는 더욱 그러하다.

그런데 내가 알프스 산맥의 저쪽이라고 말할 때는 오로지 베네치아만을 가리키는 것이다. 음악에 대한 대명사를 찾을 때, 나는 항상 베네치아라는 말을 발견하게 된다. 나는 눈물과 음악을 구별할 줄 모른다. 두려운 전율 없이는 행복, 그 남쪽 나라를 생각할 줄 모른다.

얼마 전 고동색 밤에
나는 다리에 서 있었다.
멀리서 들려오는 노랫소리
황금 물방울이 되어
떨리는 수면 위를 넘쳐 흘러갔다.
곤돌라와 불빛과 음악에
취한 채 황혼 속을 헤엄쳐 나갔다.

리라의 줄처럼 나의 영혼도
눈에 보이지 않는 손길에 닿아 노래하며
살며시 곤돌라의 노래를 반주했다.
오색의 행복에 겨워 떨리는 소리로
——누군가 내 영혼에 귀 기울였던가?

8

이 모든 점이——영양 섭취, 장소와 풍토, 휴양의 선택에서——명령하는 것은 자기 보존 본능이다. 이 본능은 자기 방어 본능으로서 가장 뚜렷하게 나타나는 것이다. 많은 것을 보지 않는 것, 듣지 않는 것, 자기에게로 다가오지 못하게 하는 것——이것들은 첫째가는 영리함이며, 사람은 우연이 아니라 필연의 첫째가는 증거이다.

이 자기 방어의 본능을 흔히 쓰는 말로 하면 취향이다. 그것은 긍정하는 대답이 '내가 무존재'가 될지도 모를 경우에 '아니다'라는 부정적 대답을 하도록 명령하며, '아니다'라는 대답을 될 수 있는 대로 적게 말하도록 명령하기도 한다. 자꾸만 되풀이해서 '아니다'라고 대답해야 할 경우에서 멀어지도록 말이다. 방어의 지출은 설령 아무리 작더라도 규칙이 되고 습관이 됨으로써 순전히 무용지물에 불과한 엄청난 빈곤화를 가져오기 때문이다.

커다란 지출은 적게 자주 지출한 것이 모인 것이다. 방어하는 것과 다가오지 못하게 하는 것은 일종의 지출이다. 이 점을 잘못 생각해서는 안 된다. 그것은 부정적인 목적을 위해 낭비되는 힘인 것이다. 단순히 끊임없는 방어의 필요성 속에서 사람은 자기를 더 이상 방어할 수 없을 정도로 약해지기도 한다.

내가 집에서 나와 발견한 것이, 조용하고 귀족적인 토리노가 아닌 독일의 소도시였다고 가정해 보자. 이 납작 눌린 비겁한 세계로부터 침입해 들어오는 모든 것을 되물리치기 위해, 나는 본능적으로 내 자신을 폐쇄해야 할 것이다. 그렇지 않으면 내가 독일의 대도시를 발견한다고 하자. 아무것도 성장하는 것이라고는 없으며 좋고 나쁘고 할 것 없이 다 끌어들여 만들어진 이놈의 패덕 덩어리를 말이다. 이 현실 속에서 나는 고슴도치가 되어야 하지 않을까? 그러나 가시를 갖고 있다는 것은 낭비다. 하지만 가시 없이 맨손이어도 좋다면 그것은 이중의 사치이다.

또 다른 영리성과 자기 방어는 될 수 있는 대로 드물게 반응을 한다. 그리고 자기의 '자유', 즉 자기의 주도권을 떼어 내고, 단순한 시약이 되도록 선고받을 위험성이 있는 상황이나 관계를 피한다. 이에 대한 비유로 책과의 교제를 들어보자. 그저 책을 '뒤지기만 하는' 학자——줄잡아 하루 2백 권 정도가 적당하다고 하는 문헌학자——는 마침내 혼자서 생각하는 능력을 잃어버리고 만다. 책을 뒤지지 않을 때는 그는 생각하지도 않는다. 그가 생각할 때도 하나의 자극에 대해(방금 읽은 책에 나온 하나의 사상에 대해) 대답하는 것이다. 그는 결국 그저 계속해서 반응하고 있을 뿐이다.

학자는 이미 사유된 것에 대해 '그렇다', '아니다'라고 말하며 비평하는 데 온 힘을 허비해 버린다. 그리하여 자신은 이미 생각하지 않는다. 그의 자기 방어 본능이 물렁물렁해져 버린 것이다. 그렇지 않다면 그는 책으로부터 자기를 방어할 것이다. 학자란 데카당이다. 그것을 나는 눈으로 직접 보았다.

천부적 소질을 타고 났으며 풍부하고 자유로운 소질을 가진 사람이 벌써 30대에 '독서로 결단이 나 버린' 것이다. 그는 결국 불꽃을——'사상'을 튀기기 위해서는 누군가와 충돌하지 않으면 안 되는 성냥개비 같은 존재가 되고 말았다. 아침 일찍 동이 틀 무렵 온갖 신선함 속에서 이제 막 힘이 여명처럼 솟아오를 때 한 권의 책을 읽는 일, 그것을 나는 악덕이라고 부른다.

9

여기에서는 이제 '어떻게 사람이 본래의 자기가 되는가'라는 질문에 대답하는 것을 더 이상 피할 수 없었다. 그리하여 나는 자기 보존의 예술 걸작품——즉 이기심을 건드리게 된다. 다시 말해서 과업, 즉 과업의 운명이 보통 수준을 상당히 웃돌 경우, 이 과업을 짊어진 자신의 얼굴을 맞대는 일보다 위험한 일은 없다. 사람이 본래의 자기가 되는 것은, 조금이라도 무엇이 본래의 자기인가 하는 것을 짐작조차 못한다는 것을 전제로 한다.

이러한 관점에서 본다면 인생의 실수조차도 그 자체로의 의미와 가치를 지니고 있는 것이다. 잠시 옆길로 샜다거나 길을 잘못 들었다거나 주저했던 일, '겸손', 진지성, 본래 자기 과업의 저편에 있는 잡다한 과업에 정력을 낭비하는 것 같은 일들도 말이다. 그러한 일 가운데 위대한 영리성이, 심지어 최고의 영리성이 나타난다. '너 자신을 알라'가 몰락을 위한 처방일 경우에는 자기 망각, 자기 오해, 자기 약화, 자기 협소화, 자기 평범화는 이성 자체가 된다.

도덕적으로 표현한다면 이웃에 대한 사랑, 다른 사람과 다른 것을 위한 인생은, 가장 견고한 자기만의 성을 유지하기 위한 보호책일 수도 있다는 말이다. 이것은 내 규칙과 확신과는 반대로 '이기적이지 않은' 충동, 여기서는 이기(利己), 자기도야(自己陶冶)를 위해 봉사하는 것을 의미한다. 사람은 의식의 표면을——의식이란 하나의 표면이다——그 어떤 명령으로부터도 순수하게 유지해야만 한다.

온갖 거창한 말, 거창한 태도에 주의하라! 본능이 너무 일찍 '스스로를 알아차리는' 것은 참으로 위험한 일이다. 그러는 사이 타고난 이념이 조직하고 지배하도록 깊은 곳에서 자라고 또 자라는 것이다. 이념은 명령하기 시작하고 옆길과 엉뚱한 길에서 서서히 되돌아가게 하고, 언젠가 전체를 이루는 수단으로써 그것이 꼭 필요한 것임을 보여줄 낱낱의 성질과 능력을 준비한다. 그 이념은 지배하고 있는 과업, '목표', '목적', '의미'에 대해 무언가를 누설하기 전에, 거기에 봉사하는 능력을 순서에 따라 형성하는 것이다. 이 측면에서 관찰해 볼 때 나의 생애는 그저 경이적일 뿐이다. 가치 전도의 과업을 위해서는 아마도 한 개인 안에 함께 살고 있던 것보다 더 많은 능력이 필요했을 것이다. 무엇보다도 또 서로 방해하거나 파괴해서는 안 되는 능력의 대립이라는 것이 필요했을 것이다.

능력의 등급, 거리, 적대 관계가 되지 않게 갈라놓는 기술, 아무것도 섞지 않는 일, 아무것도 '화해'시키지 않는 일, 거대한 다양성이면서도 혼돈과 반대되는 것——이것이 내 본능의 전제 조건이며 오랫동안 비밀스레 해왔던 일이며 예술가 기질이었던 것이다. 내 본능의 고등한 보호력은 대단히 강하게 나타나서, 나는 내 안에 무엇이 자라는가를 한 번도 예감조차 하지 못했을 정도이다. 나의 모든 능력이 갑자기 성숙해져서 어느 날 완성된 모양으로 뛰쳐나왔을 정도였던 것이다.

나는 일찍이 애를 썼던 적이 없다. 내 생애에서 분투의 흔적은 한 줌도 찾아볼 수 없다. 나는 영웅적인 성격과는 대조적인 성격을 갖고 있다. 무엇을 '하려 하기', 무엇을 얻으려고 '애쓰기', '목적'이나 '소망' 갖기——이런 것을 나는 한 번도 경험해보지 못했다. 이 순간에도 나는 내 미래를——넓은 미래를! ——매끄러운 바다를 내려다보듯이 내다보고 있다. 어떠한 욕망도 그 위에서 출렁거리고 있지 않다.

나는 그 어떤 것도 지금과 달라지기를 바라지 않는다. 나 자신도 달라지기를 바라지 않는다. 나는 항상 이렇게 살아 왔다. 그 어떤 소망도 갖고 있지 않았다. 마흔 네 살이 넘은 지금까지 한 번도 명예, 여자, 돈 때문에 애를 쓴 적이 없다. 그것이 내게 결여되었다는 말은 아니다…… 예를 들자면 나는 어느 날 대학 교수가 되었다. 그렇게 되리라고는 꿈에도 생각지 않았다. 그때 겨우 스물네 살이 될까 말까 했으니 말이다.

그보다 2년 전 나는 어느 날 문헌학자가 되었다. 어떤 의미에서 나는 나의 시작이라고 볼 수 있는 최초의 문헌학적 논문을 나의 스승 리칠 선생에게서 그가 발행하는 잡지 〈라이니셰스 무제움〉에 실으라는 청탁을 받은 것이다. (나는 존경심을 갖고 이 말을 하는데, 내가 오늘날까지 만나본 유일한 천재적 학자이다. 그는 우리 튀링겐 사람들의 특색을 나타내고 있으며 독일인까지도 호감을 갖는 유쾌한 퇴폐성을 지니고 있었다. 우리 튀링겐 사람은 진실에 도달하기 위해서는 샛길도 좋아한다. 나는 이 말로 더 가까운 고향 사람인, 영리한 레오폴트 폰 랑케를 과소평가하려는 것은 아니다…….)

10

사람들은 나에게, 대체 왜 이 모든 사소하고 아무래도 좋은 것들을 이야기했는지, 그리고 그렇게 해서 스스로를 해치는 것은 아닌지 물을 것이다. 만일 내가 위대한 과업을 대표로 수행하는 운명을 타고났다면 더욱 그러하다고 말이다. 내 대답은 이렇다. 이 사소한 것들——영양 섭취, 옷, 풍토, 휴양, 이기심의 결의론——은 모든 개념을 넘어서 사람들이 이제까지 중요하다고 생각했던 것보다 더 중요한 것이다.

바로 이 점에서 사람은 다시 배우는 일을 시작해야 한다. 인류가 이제까지 진지하게 숙고해 온 것이란 사실이기는커녕 단순한 상상이며, 더 엄격히 말한다면 가장 깊은 의미에서 해로운 천성들의 나쁜 본능에서 나온 거짓말이다. '신', '영혼', '미덕', '죄악', '피안', '진리', '영생' 같은 모든 개념이 말이다. 그러나 사람들은 그것들 가운데서 인간 천성의 위대성, 그 '신성(神性)'을 찾아왔다. 정치, 사회질서, 교육, 모든 문제가 그 때문에 밑바닥에 이르기까지 변조되어, 사람들은 가장 해로운 인간을 위대한 인간으로 생각했다. '사소한' 것들이야말로 생명의 근본 문제인데도 불구하고, 그것들을 멸시하도록 가르쳤던 것이다. 이제 나 자신을, 사람들이 여태껏 최고의 인간이라고 존경했던 인간들과 비교해 보면 그 차이는 분명하다. 나는 이른바 '최고의 인간'을 인간으로도 보지 않는다. 그들은 인류의 찌꺼기이며 병과 복수심 많은 본능의 소산이다.

그들은 온통 재수 없고 근본적으로 치유 불가능한, 삶에 복수하려는 비인간적인 존재들이다. 나는 그들과 대조적인 인간이고자 한다. 나의 특권은 건강한 본능의 모든 징조를 알아차리는 최고의 섬세함을 지니고 있다는 것이다. 나에게는 병적인 특징이라곤 없다. 나는 심지어 중병에 걸렸던 시절에조차도 병적이지는 않았다. 내 본질 가운데서 광신주의의 흔적을 한 가닥 찾으려 해도 아무 소용없다.

내 생애의 어떤 순간에서도 그 어떤 외람되고 격정적인 태도를 사람들은 찾아낼 수 없을 것이다. 꾸며진 행동의 파토스는 위대성에 속하지 않는다. 꾸민 행동을 필요로 하는 자는 가짜이다. 그림같이 풍채 좋은 인간을 조심하라! 내게 삶은 가벼워졌다. 삶이 나에게 가장 어려운 일을 요구했을 때, 그것은 가장 가벼웠던 것이다. 어떤 인간도 나를 모방하지 않았고, 나는 후세에 이어질 수천 년에 대한 책임감으로 스스로에게도 다시 해 보이지 못할 최고의 일만을 가을의 70일 동안 쉴 새 없이 했다. 그 시기에 사람들은 내게서 긴장된 흔적을 알아차리기는커녕 넘쳐흐르는 신선미와 쾌활함을 보았을 것이다.

그때보다 더 유쾌하게 식사한 적도, 더 잘 잔 적도 없었다. 위대한 과업과 사귀는 데 있어 나는 유희 이외의 다른 방법을 알지 못한다. 유희는 위대성의 징조이자 본질적인 전제 조건이다. 사소하기 짝이 없는 강압, 음산한 얼굴 표정, 잠긴 목구멍 속에서 나는 칼칼한 목소리, 이런 것들은 모두 인간에 대한 반론이며 그의 작품에 대해서는 몇 갑절이나 더 그러하다! ……튼튼한 신경을 가져야 된다. 고독에 고민하는 것도 역시 일종의 반론이다. 나는 오로지 '많은 사람들의 등쌀'에 늘 괴로워해야 했다…… 어린 시절, 일곱 살의 나이로 나는 벌써, 인간의 말이 한마디도 나에게 와 닿지 않으리라는 것을 알고 있었다.

그런데 내가 그 일 때문에 우울해 하는 것을 누가 본 일이 있었는가? 나는 오늘날에도 누구에게나 똑같이 붙임성 있다. 나는 가장 낮은 사람들을 대하는 데도 아주 뛰어난 솜씨를 갖고 있다. 이 모든 일에 약간의 교만이나 남몰래 하는 멸시도 없다. 내가 멸시하는 자는 나에게서 멸시당한다는 것을 짐작한다. 나는 그저 내 존재를 통해서 몸에 나쁜 피를 가진 모든 것에 대해 화를 내고 있을 뿐이다!

인간의 위대함을 표현하는 내 문구는 운명애이다. 즉, 지금 모습과 다른 뭔가가 되기를 조금도 바라지 않는 일, 앞으로도, 뒤로도 안 그렇고 영원토록 그러지 않는 일이다. 운명애는 필연적인 것을 단순히 견디는 일도 아니고 그것을 숨기는 일은 더더욱 아니다. 모든 이상주의란 필연적인 것 앞에선 거짓말이지만, 그것을 사랑하는 일이다.

나는 왜 이렇게 좋은 책을 쓰는가

1

한 가지는 나요, 다른 한 가지는 내 글이다. 여기서는 내 글에 대해 이야기하기에 앞서 이 글이 이해되는 일, 또는 이해되지 않는 일에 대해 말해 보기로 한다. 나는 그것을 어떻게든 지금 시점에서 알맞은 정도로만 다룰 수밖에 없다. 왜냐하면 이 문제는 다루기에 아직 이르기 때문이다. 나 자신도 아직 이르다. 몇몇 사람들은 죽은 뒤에 태어나기도 하는 것이다. 그 언제든 사람들은, 내가 살고 가르칠 줄 아는 것처럼 살고 가르칠 기관을 필요로 하게 되리라.

아마도 그때는 차라투스트라 해설을 위한 몇몇 강좌가 개설될지도 모른다. 그러나 내가 오늘 벌써 나의 진리를 위한 귀와 손을 기대한다면, 그것은 나에 대한 완전한 모순이 될 것이다. 사람들이 오늘날 내 말을 듣지 않고, 나에게서 가르침을 받을 줄을 모른다는 것은 이해할 만한 일일 뿐만 아니라 나 자신에게도 올바른 일로 여겨진다.

나는 혼동되기를 바라지 않는다. 여기에는 내가 내 자신을 혼동하지 않는다는 의미도 들어 있다. 다시 되풀이하면, 내 삶에서는 '악의'에 대해 입증·할 만한 것이 거의 없다. 문학적인 '악의'에 대해서도 나는 거의 한 가지도 이야기할 거리를 갖고 있지 않다. 그 대신 너무도 많은 순수한 바보짓! …… 누가 내 책 한 권을 손으로 잡는다면, 그것은 그 사람이 내게 표시할 수 있는 가장 드문 표창 가운데 하나이다. 나는 심지어 그가 그러기 위해 구두를 벗으리라고 가정한다. 장화는 더 말할 것도 없고……언젠가 하인리히 폰 슈타인 박사가 차라투스트라의 한마디도 이해할 수 없다고 정직하게 불평을 하기에, 나는 그에게 말해 주었다.

"그것은 당연하다. 그 책에서 여섯 개의 문장을 이해했다면, 즉 체험했다면, 그것은 '현대의' 인간들이 도달할 수 있는 단계보다 더 높은, 무상한 인간 단계에 높이 올라가는 것을 뜻한다.”

이런 거리감을 갖고서 어떻게 ‘현대인들’에게 내가 읽히기를 바랄 수 있겠는가! 나의 승리는 쇼펜하우어의 승리를 바로 뒤집어 놓은 것이다. 나는 말한다.

“나는 읽히지 않는다. 나는 읽히지 않을 것이다.”

내 글에 대해 여러 차례나 부정하는 사람들의 천진함을 보았을 때, 내가 맛본 재미를 과소평가하고 싶지는 않다.

올 여름에도 내가 무거운, 너무 무거운 책들로 세상의 나머지 책들이 놓인 저울의 균형을 깨뜨릴 수 있었을 그때도, 베를린 대학교의 한 교수는 호의적으로 나에게 암시해 주었다.

“당신은 다른 형식을 사용해야 할 것이오, 이 따위 책은 아무도 읽지 않으니 말이오.”

마지막으로 두 개의 극단적인 예를 제공해 준 것은 독일이 아니라 스위스였다. ‘니체의 위험한 책’이라는 제목이 붙은, 《선악을 넘어서》에 관한 〈분트〉지(誌)에 실린 비드만 박사의 논문과 역시 〈분트〉지에 수록된 카를 슈피틀러가 쓴 내 책 전반에 관한 종합 보고는 내 생애 최고의 것이다. 어떤 최고인가에 대해서는 말하지 않겠지만……후자는 예컨대 나의 차라투스트라를 고급의 문체 연습으로 취급하고, 다음부터는 내용에 대해서도 내가 마음을 썼으면 좋겠다는 소망을 덧붙였다.

비드만 박사는 모든 품위 있는 감정들을 없애려고 애쓴 용기에 대해 나에게 경의를 표해 주었다. 그 논문에서는 하나의 조그만 우연의 장난으로 내 논리 정연한 모든 명제를 뒤집었는데, 나는 이 점에 놀라지 않을 수 없었다. 눈에 띄는 방법으로 나의 급소를 찌르기 위해서 사람들은 결국 모든 ‘가치를 전도하는’ 외에는 할 일이 없었다. 내 머리에 못을 박는 대신 말이다. 그러면 그럴수록 나는 설명을 해야 한다. 결국 아무도, 책까지 포함하여 모든 사물들에게서 자기가 이미 습득한 것 이상을 드러낼 수는 없다. 체험을 거울삼아 그것에 들어갈 수 있는 통로가 없는 것에 대해서는 아무도 귀를 기울이지 않는 법이다.

우리는 이제 극단적인 한 경우를 생각해 보자. 예를 들면 책이 빈번히 또는 아주 드물게 일어나는 아주 바깥에 놓여 있는 가능성 있는 체험만을 이야

기하는 경우——새로운 경험에 대해 최초로 말하고 있는 경우를 생각해 보
도록 하자. 이 경우에는 아무것도 들리지 않는다. 아무것도 들리지 않는 곳
에는 아무것도 없다는 음향학적 착각이 있을 뿐이다. ……이것이 결국 나의
평균적인 경험이며, 원한다면 내 경험의 독창성이라 불러도 좋다. 나에 대해
서 다소 이해했다고 믿는 사람은 자기의 모습에 따라 나로부터 무엇을 만든
다. 나와 반대되는 것, 예컨대 한 사람의 '이상주의자'를 만드는 경우도 드
물지 않을 것이다. 나에 대해서 아무것도 이해하지 못한 사람은 내가 관찰의
대상이 된다는 것부터 부인한다. '초인'이라는 말은 '현대적인' 인간, '선량
한' 인간, 그리스도교도, 기타의 허무주의자들과는 달리 최고로 잘된 인간
유형에 대한 명칭으로 쓰인다. 도덕의 파괴자인 차라투스트라와 같은 사람
의 입에서 나오면 그것은 생각할 만한 단어가 된다. 그런데 거의 어디서나
그 말의 가치가 차라투스트라의 모습에서 나타나게 되었던 것과는 정반대의
가치로 천진하게 이해되었다.

  말하자면 그들은 더 고급종인 '이상주의적' 유형으로 반은 '성자', 반은
'천재'라고 말하려 하는 것이다. 그 때문에 다른 바보는 나에게 다원주의자
라는 혐의를 걸었다. 지식과 의지에 반한 위대한 화폐 위조범, 칼라일의 '영
웅숭배'에 내가 그토록 악의에 차 거부했는데도 말이다. 심지어 그들은 이것
을 차라투스트라에서 다시 인지하기도 했다. 내가 어떤 사람에게 파르지팔
보다 오히려 케사레 보르자를 염두에 두고 찾아보라고 귓속에 속삭이자, 그
사람은 자기 귀를 의심했다. 내 책에 대한 서평, 특히 신문을 통한 서평에
대해서 내가 전혀 호기심이 없는 것을 사람들은 용서해 주어야 할 것이다.

  친구들과 내 책을 펴낸 출판자들은 그것을 알고 있다. 그래서 나에게 그런
것에 대해서 말해 주지 않는다. 특별한 한 경우에서 나는 내 한 권의 책에
——그것은 《선악을 넘어서》였다——어떤 허물이 씌워지고 있는 것을 본
적이 있다. 나는 그 일에 대해 정중히 보고서를 쓸 수도 있었다. 〈국민신문
〉에서는——외국인 독자들을 위해 설명하자면 그것은 프러시아의 신문인
데, 미안하지만 나는 〈쥬르날 데 데바〉 외에는 읽지 않는다. ——아주 진지
하게 그 책을 '시대의 징후', 진짜 우익 귀족의 철학이라 했다. 또한 〈크로
이츠 차이퉁〉은 용기가 부족할 뿐인 귀족 철학이라고 시사했음을 믿을 수
있겠는가?

나는 왜 이렇게 좋은 책을 쓰는가 955

앞서 한 말은 독일인들을 위해 한 말이다. 그밖에도 나는 세계 각국에 독자를 갖고 있다. 선택된 지성, 높은 지위와 의무 속에서 교육받은 확고한 성격의 독자들 말이다. 나의 독자들 가운데는 천재들도 있다. 빈, 페테르부르크, 스톡홀름, 코펜하겐, 파리, 그리고 뉴욕 어디서나 나를 찾을 수 있다. 그렇지 않은 곳은 유럽의 평지 독일뿐이다. 그런데 고백하자면, 나는 내 책을 읽지 않은 사람들이 더 좋다. 내 이름도 철학이라는 말조차도 들어 본 적이 없는 그러한 사람들 말이다. 그들은 내가 어디로 가든, 예컨대 이곳 트리노 사람들은 나를 보면 곧 온 얼굴이 밝아지고 온화해진다.

이제까지 나를 가장 기분 좋게 한 일은, 늙은 여자 노점상인들이 나에게 그들의 포도송이 가운데서 제일 단 놈을 골라 주느라 시끌벅적하게 소란을 피운 일이다. 철학자라면 이 정도는 되어야 한다. 아무 이유 없이 폴란드인이 슬라브인들 사이의 프랑스인이라고 불리는 것은 아니다. 상냥한 러시아 여자라면 한 번만 보아도 내가 어느 나라 인종인가를 한 눈에 알아맞힐 것이다.

나는 격식을 차릴 수가 없다. 기껏해야 낭패에 빠지기 일쑤다. 독일식으로 생각하기, 독일식으로 느끼기——이 모든 것을 나는 할 수 있다. 그러나 그것만은 내 힘에 벅차다. 나의 옛 스승 리칠 선생은 내가 문헌학적 논문까지도 파리의 소설가처럼——허무맹랑한 것을 재미나게 쓴다고 주장했다. 파리에서조차도 '나의 대담함과 섬세함'은——이 표현은 텐 씨에게서 따 온 말이다——사람들을 깜짝 놀라게 했다.

송가의 최고 형식 속에서까지 내가 소금을 섞은 것을 사람들이 발견할까 두렵다. 결코 어리석게 '독일적으로' 되는 일이 없는 에스프리라는 소금을 말이다. 내게는 다른 도리라곤 없다. 신이여 나를 도와주소서! 아멘. 당나귀가 무엇인지 우리는 모두 안다. 몇몇 사람은 경험을 통해서까지 그것을 안다. 좋다. 나는 내가 가장 작은 귀를 갖고 있다고 감히 주장하겠다. 이것이 여자들의 관심을 적지 않게 끈다. 여자들은 내가 그들을 더 잘 이해하면 내가 그들을 좋아하는 것으로 여긴다……나는 뛰어난 반 나귀이며 세계사적인 괴물이다. 나는 그리스어로 그리고 그리스어로만 그런 것은 아니지만, 안티크리스트(반그리스도인)이다.

나는 작가로서 내 특권을 어느 정도 안다. 또한 몇몇 경우에 내 글에 익숙해지는 일이 얼마나 심하게 취미를 '망치는가' 하는 것이 내게 확인되기도 했다. 내 책에 익숙해진 뒤에 사람들은 다른 책을 더 이상 참지 못하게 된다. 그중에서도 가장 참지 못하는 것은 철학책이다. 나의 고귀하고 미묘한 세계에 발을 들여놓는다는 것은 비할 나위 없는 영예이다. 그러기 위해서는 독일 사람이어서는 결코 안 된다. 그것은 결국 모든 사람이 당연히 받아야 할 영예인 것이다. 그러나 나와 비슷한 높이의 의지를 가진 사람은 내 책을 읽을 때 진정한 배움의 황홀경을 경험한다. 나는 여태껏 한 마리의 새도 날아올라간 적이 없는 높은 곳에서 내려왔으니 말이다. 어떤 발도 길 잃은 적이 없었던 심연을 나는 알고 있으니 말이다.

내 책을 손에서 내려놓는다는 것은 불가능하다. 심지어 내 책이 밤의 안식도 방해한다고 사람들은 말하곤 한다. 내 책보다 더 자랑스럽고 세련된 종류의 책은 존재하지 않는다. 그것은 지상에서 도달할 수 없는 최고의 높이, 즉 냉소주의에 도달한다. 내 책을 읽는 사람은 그것을 가장 보드라운 손가락으로, 가장 용감한 주먹으로 정복해야 한다. 영혼에 어떠한 결함이 있어도 안 된다. 절대 안 된다. 심지어는 소화불량도 있어서는 안 된다. 사람은 건강한 신경을 가져야 한다. 그는 튼튼한 배를 갖고 있어야 한다.

가난과 영혼의 구석에 고인 공기보다, 비겁함, 불결, 오장 속에 깃든 남모르는 복수심이 훨씬 더 냉소주의에 도달하지 못하도록 막는다. 내 한마디 말이면 모든 나쁜 본능을 얼굴에 몰아넣을 수 있다. 내가 알고 있는 사람들에게는 내 책에 대한 여러 반응을 알게 하는 다양한 실험용 동물 같은 면이 있다. 내 글의 내용과는 아무 관계도 없다고 주장하려고 하는 자, 예컨대 스스로 내 친구라 일컫는 자들은 그 경우 '당당해'진다. 그들은 다시 '책이 나온 데' 대해 나에게 축하를 한다. 또 이제까지보다는 훨씬 더 밝아진 논조 가운데서 발전이 엿보인다느니 하고 말이다. 완전히 악덕적인 '정신들', '아름다운 영혼들', 밑바닥까지 거짓말쟁이인 그런 자들은 이 책을 갖고 어떻게 해야 할지 전혀 알지 못한다. 그래서 그들은 이 책들을 자기 아래로 내려다본다. 이것이 모든 '아름다운 영혼들'의 아름다운 논리인 것이다.

내가 아는 사람들 가운데 우둔한 이들은, 실례지만 모두 단순한 독일인들인데, 언제나 내 의견과 같지는 않지만 가끔 동의한다고 암시한다. 심지어 차라투스트라에 관해서 이런 말을 하는 것을 들은 적도 있다. 마찬가지로 인간 속에, 남자 속에 깃들어 있는 '여성 숭배'는 나에게로 통하는 문을 닫아 버린다. 그것은 대담한 인식의 미궁 속에 들어서지 못하게 한다. 온통 가혹한 진리들 틈바구니에서 유쾌하고 명랑하기 위해서는 결코 자신을 아껴서도 안 되며 자기의 습관 가운데 가혹함을 갖고 있어야만 한다.

완전한 독자 한 사람의 형상을 상상해 보면 거기에는 항상 용기와 호기심으로 가득 찬 괴물이 생겨난다. 그 밖에도 무언가 유연한 것, 교활한 것, 조심성 있는 것, 타고난 모험가, 그리고 발견이 있다. 결국 나는 도무지 누구에게 이야기를 하고 있는가에 대해서 차라투스트라가 이야기한 것보다 더 잘 말할 수는 없다. 차라투스트라는 누구에게 수수께끼를 던지는가?

그대들, 대담한 탐색자들에게, 모험자에게, 그리고
교활한 돛을 갖고 무서운 바다 위로 출범한 적이
있는 자들에게——
그대들, 수수께끼에 취한 자들에게, 황혼을 기꺼워
하는 자들에게, 영혼이 피리 소리와 함께
심연으로 이끌려 들어가는 자들에게,
——그대들은 비겁한 손으로 한 올의 실을 더듬어
찾으려고 하지 않으므로,
그대들은 알아맞힐 수 있을 때, 추론하려고
하지 않는다.

4

여기서 또한 내 문체 기법에 대해 한마디 하겠다. 파토스의 내적 긴장을 기호를 통해서, 물론 기호의 속도까지 포함하여 전달하는 것——그것은 문체의 의미이다. 그런데 나의 내적 상태가 다양하다는 점을 미루어 보면, 내게는 많은 문체의 가능성이 있다. 이제까지 어느 누구도 갖고 있지 못했던 문체의 다양한 기법이 말이다.

내적인 상태를 생생하게 전달하는 모든 문체, 기호와 기호의 속도, 그리고 몸짓——복합문의 모든 법칙인데——을 잘못 다루지 않는 문체는 모두 좋은 문체이다. 나의 본능은 이 점에서 틀리는 일이 없다. 좋은 문체는 순진한 바보짓이며, 예컨대 '아름다움 자체'처럼, '선 자체'처럼, '사물 자체'처럼 단순한 '이상주의'이다. 그러나 그것은 듣는 귀가 있다는 것, 그와 똑같은 파토스를 가질 능력이 있고 그럴 만한 가치가 있다는 것, 자기를 전달할 만한 사람들이 없지 않다는 것을 전제로 한다. 예를 들면 나의 차라투스트라도 아직 당분간 그러한 사람들을 찾고 있는데——아! 그는 아직도 오랫동안 찾아야 할 것이다! 사람들은 그를 음미할 만한 가치를 지녀야 한다. 그런 사람이 나타나기까지, 차라투스트라에서 마음껏 구사된 기법을 이해하는 사람은 아무도 없을 것이다.

나를 제외하고 이제까지 새롭고 들어본 적이 없는 차라투스트라를 위해 처음으로 창조된 예술 수단을 마음껏 구사해야 하는 사람은 아무도 없었다. 그러한 것이 바로 독일어로 가능했음이 비로소 입증되었다. 나 스스로가 그 이전에는 강경하게 그것을 거부했을 것이다. 나 이전에 사람들은 독일어로 무엇을 할 수 있는지, 도대체 언어를 가지고 무엇을 할 수 있는지도 알지 못했다. 위대한 리듬의 예술, 복합문 기법의 위대한 문체, 미묘한 초인적 정열의 굉장한 상승과 하강을 표현하기 위한 이런 것들은 내가 처음 발견한 것이다. 차라투스트라 제3부의 '일곱 개의 봉인'이라는 제목이 붙은 마지막 송가로 나는 이제까지 시(詩)라 불리던 것을 넘어 수천 마일이나 앞서 날아갔던 것이다.

5

내 글에서는 그 유래를 찾아볼 수 없는 한 심리학자가 이야기를 하고 있다. 이것이 아마도 좋은 독자가 처음으로 도달하게 되는 통찰일 것이다. 나에게 어울리는 독자란, 옛날의 훌륭한 언어학자들이 호라티우스를 읽은 것처럼 나를 읽는 사람이다. 근본적으로는 온 세상이 의견을 함께 하는 문장들이——통속 철학자, 도덕주의자, 그 밖의 텅 빈 냄비 같은 자와 양배추 대가리 같은 자들은 물론 말할 것도 없고——나에겐 천진한 실책처럼 드러난다.

예컨대 자아 자체는 '보다 고차적인 사기', 즉 '이상'인 데 반하여 '비이기적'과 '이기적'은 서로 대립 개념이라는 믿음이 그렇다. 세상에는 이기적인 행위도 없거니와 이기적이지 않은 행위도 없다. 이 두 개념은 심리학적인 모순이다. 또는 '인간은 행복을 추구한다'라는 문장, '행복은 미덕의 대가이다'라는 문장, 또는 '쾌락과 불쾌는 반대 개념이다' 따위의 문장은 인류의 키르케(마녀)인 도덕이 모든 심리학적인 사상을 송두리째 위조해 버렸고 도덕화해 버렸다. 사랑은 '비이기적인 것'이어야 한다는 따위의 소름 끼치는 넌센스에 이르기까지 말이다. 사람은 확고하게 자기 위에 앉아 있어야 한다. 사람은 용감하게 자기의 두 다리로 서 있어야 한다. 그렇지 않으면 전혀 사랑할 수가 없다.

여자들은 이 점을 너무도 잘 알고 있다. 그들은 이기적이지 않은 남자들, 그저 객관적일 뿐인 남자들 같은 건 바보로 취급한다. 여기서 내가 여자를 안다는 추측을 감히 해도 좋을까? 이것은 내가 디오니소스한테서 받은 지참금이다. 누가 알겠냐마는, 어쩌면 나는 영원히 여성적인 것을 아는 최초의 심리학자인지도 모른다. 여자들은 모두 나를 사랑한다. 이것은 새삼스런 이야기가 아니다. 불쌍하게 된 여자들, 아이를 낳는 도구를 상실한 '해방된 여자들'은 제외하고 말이다. 다행히도 나는 나를 갈기갈기 찢으려고 하지는 않는다. 완전한 여성은 사랑할 때는 상대를 갈기갈기 찢는 법이다. 나는 이러한 사랑스런 바카스의 무녀들을 안다……아, 이 무슨 위험하고, 살금살금 조심스레 걸어 다니는 지하의 조그만 맹수인가!

그런데 그러면서도 기분이 좋다! 복수를 뒤쫓는 조그만 여자는 운명마저 넘어뜨릴지 모른다. 여자는 남자보다 말할 수 없이 간악하고 영리하다. 착한 여자란 이미 퇴화한 한 형태를 의미한다. 이른바 '아름다운 영혼'이라는 것에는 그 밑바닥에 생리학적인 결함이 있다. 나는 전부를 말하지는 않겠다. 전부를 말하면 의학적으로가 아니라 반견유학적(半犬儒學的)으로 될 것이니 말이다. 심지어 평등권을 위한 싸움도 병의 한 증세이다. 의사는 누구나 이것을 안다. 여자는 여성스러우면 여성스러울수록, 두 손과 두 발로 무릇 권리라는 것에 대해 저항하니까. 두 성 사이의 영원한 '전쟁'이라는 자연 상태는 여자를 훨씬 우위에 놓아 주니 말이다. 사람들이 사랑에 대한 내 정의에 귀를 기울였던가? 그것은 철학자에 어울리는 유일한 정의이다.

사랑이란 그 방법에서는 전쟁이요, 그 밑바탕에서는 두 성의 철저한 증오이다. 어떻게 여자를 치료하는가, 어떻게 여자를 '구제'하는가 하는 문제에 대한 내 해답을 사람들은 들은 적이 있었는가? 그것은 여자에게 아이를 만들어 주면 된다는 것이다. 여자에겐 아이가 필요하다. 남자란 항상 그 수단에 불과하다. 차라투스트라는 이렇게 말했다. '여성 해방'은 불완전한 여자, 다시 말해 아기를 낳을 능력이 없는 여자가 정상적인 여자에 대해 품는 본능적 증오이다. '남성'에 대한 싸움은 항상 수단이며 구실이며 전술이다. 그들은 자기들만을 '여자', '고급 여성', 여성 '이상주의자'로 높이 끌어올림으로써, 여성의 일반적인 수준을 끌어내리려 한다. 그러기 위한 수단이 고등 교육, 양복 바지, 줏대 없는 선거권이라는 것이다.

궁극적으로 해방된 여성들이란 '영원히 여성적인' 세계에서는 무정부주의자들이며, 복수를 본능의 가장 밑바닥에 품고 있는 그릇되어 먹은 자들이다. 질이 나쁜 '이상주의'를 지닌 패거리들 말이다. 그런데 이상주의는 남성에게도 나타나는데, 예컨대 전형적인 노처녀의 기질을 보이는 헨릭 입센의 경우가 그렇다——이와 같은 사람들은 성적 사랑에서의 양심과 자연을 독살하는 것을 목표로 삼는다. 나는 이 과정에서 정직함과 아울러 엄격한 신념에 의혹의 여지를 남기지 않기 위해, 악덕에 대한 내 도덕 법전에서 하나를 더 소개하려 한다.

나는 '이상주의'와 '악덕'이라는 말로 자연을 거스르는 것과 아름다운 말을 사랑하는 사람과 싸운다. 아무튼 그 문장은 다음과 같다. "순결성을 지키라는 설교는 자연을 거스르라는 공공연한 선동이다. 성생활의 모든 멸시, 성생활을 '불순'이라는 개념으로 더럽히는 것은 인생 자체에 대한 범죄이다. 인생의 성령을 거스르는 본래의 죄악인 것이다."

6

심리학자로서의 나를 이해시키기 위해 《선악을 넘어서》에 나오는 진기한 심리학의 한 절을 인용하겠다. 그러나 내가 여기서 누구의 이야기를 쓰고 있는가에 관한 온갖 억측은 금한다.

"저 위대한 은둔자가 지니고 있는 마음의 천재는 유혹자, 신, 양심이라는 쥐를 잡는 천부적 쥐잡이, 그 목소리는 모든 영혼의 밑바닥 깊숙이 내려갈 줄 알며, 유혹의 동기와 저의가 깃들어 있지 않은 어떠한 말도 하지 않고,

어떠한 눈초리도 던지지 않는 자, 겉모습을 내보일 줄 아는 것이 그의 특기인 자——그런데 그것은 있는 그대로의 외관이 아니라 그를 따르는 자들에게는, 자꾸만 그에게로 가까이 몰려가게 하고, 갈수록 더 그를 열렬하고 철저하게 따르게 하려는 강제가 붙는 외관인 것이다.”…… 마음의 천재, 그는 모든 소리와 자기도취를 침묵하게 하고 귀 기울여 듣는 법을 가르쳐 주며 거친 영혼을 매끄럽게 해주고 그 영혼으로 하나의 새로운 소망——조용히, 거울처럼, 깊은 하늘이 그 위에 비치도록 누워 있으려는 소망을 맛보게 해주는 것이다…… 마음의 천재, 그는 거칠고 날쌘 손을 주저하게 하고, 보다 우아하게 잡는 법을 가르쳐 준다.

그것은 숨겨져 잊혀진 보물과 선의와 감미로운 한 방울의 정신성을 두껍고 탁한 얼음 밑에서 찾아내고, 오랫동안 많은 수렁과 모래의 감옥 속에 묻혀 있던 한 알 한 알의 황금을 찾아내는 마술 지팡이이다…… 마음의 천재, 그가 건드리면 누구나 풍부해져서 떠나간다.

은총을 받거나 놀라서 혹은 낯선 선물을 받아 기쁘거나 마음에 걸리거나 해서가 아니라, 전보다 자신이 더 풍부해지고 새로워지고, 트이고, 눈 녹이는 봄바람에 비밀을 드러내고, 아마도 보다 불안정해지고, 사랑스러워지고, 보다 물러지고, 보다 유약해지고, 아직 아무런 이름도 없는 희망과 새로운 의지와 흐름에 가득 차서, 새로운 반(反) 의지와 역류에 가득 차서 말이다.

비극의 탄생

1

《비극의 탄생》(1872)을 바르게 이해하기 위해서는 몇 가지를 잊어버려야 한다. 이 작품은 실패한 부분으로 오히려 효과를 올리고, 심지어 사람의 마음을 매혹했던 것이다. 즉, 바그너가 마치 시대의 상승 기류이기라도 한 것처럼 바그너주의에 이용됨으로써 말이다. 바로 그 때문에 이 글은 바그너의 생애에 하나의 사건이었다. 그때부터 비로소 바그너라는 이름에 커다란 희망이 붙어 다니게 되었던 것이다.

그러나 오늘날 사람들은 경우에 따라서는 파르지팔의 한가운데서 이 문화 가치에 관해 그토록 높은 평가가 대두된 데 대해 내가 얼마나 양심의 가책을 받고 있는가를 떠올리게 한다. 나는 그 글이 여러 차례 '음악의 정신으로부터 비극의 탄생'이라고 인용되어 있음을 발견했다.

사람들은 단지 바그너의 예술, 의도와 과업에 대한 새로운 공식을 듣는 귀밖엔 갖고 있지 않았으며, 내 글의 깊은 곳에 숨어 있는 귀중한 것을 흘려버렸던 것이다. '그리스 정신과 염세주의', 이런 제목이 차라리 오해를 피할 명료한 제목이었으리라. 즉, 어떻게 그리스 신들은 염세주의를 극복했는가, 무엇으로 그들은 그것을 극복했는가에 관한 최초의 가르침으로써 말이다. 비극이야말로 바로 그리스인들이 염세주의자가 아니라는 증거이다.

쇼펜하우어는 다른 모든 점에서 잘못 파악하고 있다. 다소 중립적으로 본다면 《비극의 탄생》은 시대에 적합하지 않은 듯하다. 이 책이 뵈르트 근교 전장의 포화 밑에서 시작되었다는 것을 사람들은 꿈에도 상상하지 못하리라.

나는 이 문제들을 차가운 9월에 메츠 성벽 앞에서 밤마다 부상병을 간호하면서 생각해 냈다. 사람들은 오히려, 그 글이 50년은 더 되었으리라고 믿을 것이다. 그것은 정치적으론 냉담하여——오늘날 사람들은 '비독일적'이라고 말할 것이다──불쾌하게도 헤겔적인 냄새가 난다. 그리고 두서너 어투에 쇼펜하우어의 향기가 배어 있다. 하나의 '이념'──디오니소스적인 것과 아폴론적인 것의 대립──은 형이상학적인 것으로 옮겨져 있다. 역사 자체는 이 '이념'의 전개로 간주된다. 비극에서는 이 대립이 통일을 지양하고 있다.

이런 관점 아래에서 보면 아직까지 한 번도 대면해 본 일이 없던 사물들이 갑자기 대치되고 서로를 조명하고 납득한다. 예컨대 오페라와 혁명이 그렇다. 이 책은 두 개의 결정적인 개선을 나타냈다. 그 하나는 그리스인들이 이해하는 디오니소스적인 현상이다. 이 현상에 대한 최초의 심리학이 제시되어 있다. 이 책은 그 현상 가운데 모든 그리스 예술의 한 근원을 보여준다.

또 다른 하나는 소크라테스주의의 이해이다. 소크라테스가 그리스 해체의 도구로서, 전형적인 데카당으로서 처음으로 인식된 것이다. 본능에 거역하는 '이성', 그것은 어떠한 대가를 치르든 위험하고 삶을 뒤집어엎는 힘이다. 이 책에는 그리스도교에 대한 깊고 적의에 찬 침묵이 있다. 그리스도교는 아폴론적이지도, 디오니소스적이지도 않다.

그리스도교는 모든 미적 가치를 부정한다. 《비극의 탄생》이 인정하는 유일한 가치를 말이다. 디오니소스적인 상징 속에서 긍정이 극한까지 도달해 있는 것과 반대로 그리스도교는 가장 깊은 의미에서 허무주의적이다. 이 책에서 그리스도교의 목사들을 '심술궂은 난쟁이', '심술궂은 지하 존재의 일종'이라고 풍자한 데가 한 군데 있다.

2

그 시작은 굉장히 기묘하다. 나는 나의 가장 내적인 경험에 대한 역사상 유례없는 유일한 비유와 그 경험에 맞는 짝을 발견했다. 바로 그것으로 나는 디오니소스적이라는 신기한 현상을 맨 처음 이해한 사람이 되었던 것이다.

마찬가지로 소크라테스를 데카당으로 인식함으로써 나는, 내 심리학적인 파악의 확실성이 그 어떤 개인의 도덕적 성벽으로 위험에 부딪치는 일이 얼마나 드문가 하는 것을 뚜렷이 증명하게 되었다. 도덕 자체를 퇴폐의 징후로 보는 것은 인식의 역사에서 하나의 혁신이며 전무후무한 일이다.

이 두 가지를 갖고서 낙천주의 대 염세주의라는 가련하고 우매한 자의 지껄임을 이 얼마나 높이 뛰어넘었던가! 나는 본래의 대립을 최초로 보았다. 지하의 복수욕을 갖고 삶을 적대하고 퇴화시키는 본능——그 전형적 형식으로는 그리스도교, 쇼펜하우어의 철학, 어떤 의미에서는 이미 플라톤의 철학, 모든 이상주의를 들 수 있다——이 충만과 과잉에서 태어난 최고 긍정의 문구, 즉 고뇌 자체에 대해서, 죄 자체에 대해서, 존재 자체의 온갖 의심스런 것과 낯선 것에 대해서 아무런 유보 없이 긍정하는 본능과 대립하는 것을 보았다. 삶에 대한 긍정, 최후의 가장 기꺼운, 생기발랄하기 이를 데 없는 이 긍정은 최고의 통찰일뿐더러 또한 진리와 학문으로써 가장 엄격히 확인되고 어렵게 유지된 가장 깊은 통찰인 것이다.

존재하는 것 가운데 빼버릴 수 있는 것은 아무것도 없다. 그리스도교도들과 그 밖의 허무주의자들이 거부한 존재의 측면도 가치의 순위에서는 퇴폐 본능이 인정하고 좋다고 하는 그 어떤 것보다 문학 수준이 높다.

이것을 이해하는 데는 용기가 필요하다. 용기를 갖기 위해서는 넘쳐나는 힘이 필요하다. 용기가 앞으로 나가도 괜찮은 만큼, 꼭 힘의 정도만큼 사람은 진리에 가까이 가기 때문이다. 인식한다는 것, 즉 현실을 긍정한다는 것은 강자에게 필요한데, 그것은 약자가 유약성의 영감을 받아 현실에 대한 공포와 도피, 즉 이상을 필요로 하는 것과 같은 맥락이다. 인식한다는 것은 약자에게는 마음대로 되는 일이 아니다. 퇴폐주의자들은 거짓말을 필요로 한다. 거짓말은 그들의 자기 보존 조건 중의 하나이기 때문이다. '디오니소스적'이라는 말 가운데서 자기를 이해하는 자는 플라톤이나 그리스도교나 쇼펜하우어를 논박할 필요가 없다. 그것들의 썩은 냄새를 맡을 수 있으니 말이다.

3

어느 정도로 내가 '비극적'이라는 개념, 비극의 심리학은 무엇인가에 관한 최종적인 인식을 발견했는가에 대해선 이미 《우상의 황혼》에서 다음과 같이 표명했다. "나는 인생의 가장 낯설고 가혹한 문제 속에서조차도 인생을 긍정하고 삶을 향한 의지를 가졌다. 그러면서 인생에서 겪는 가장 전형적인 것들을 희생시키며 스스로의 무한성을 향수했다. 나는 이것을 디오니소스적이라 부르며 비극적인 시인의 심리에 이르는 다리로 이해했다. 그것은 경악과 동정에서 벗어나기 위한 것도, 맹렬하게 폭발해서 위험한 흥분으로부터 자신을 정화하기 위한 것도 아니다. 아리스토텔레스는 이렇게 오해했다. 그러나 그것은 오히려 경악과 동정을 넘어서서 스스로 생성의 영원한 쾌락이기 위해서였다. 파괴의 쾌락까지 포함해서 말이다."

이런 의미에서 나는 나 자신을 최초의 비극적인 철학자로서 이해할 권리가 있다. 즉, 염세주의적인 철학가에 극단적으로 반대하는 대척자로서 말이다. 나 이전에는 아무도 디오니소스적인 것을 철학적인 파토스에 옮겨 쓰지 않았다. 비극적인 지혜가 결여되어 있었던 것이다. 나는 철학으로 위대한 그리스인들, 소크라테스 이전 2백 년의 그리스 철학자들에게서까지 그 징후를 찾아보려 했으나 소용이 없었다.

헤라클레이토스 가까이에 있으면, 나는 다른 어느 곳에서보다 마음이 훈훈해지고 아늑해지는데, 그에게만은 아직도 의문이 남아 있다. 무상(無常)과 파괴의 긍정, 이것은 디오니소스적인 철학에서 결정적인 것이다. 나는 그 어떤 일이 있더라도, 대립과 전쟁에 대한 긍정과, '존재'라는 개념조차도 과격하게 거부하면서 내거는 생성이 이제까지 생각된 것 중에서 나와 가장 가깝다는 것을 인정하지 않을 수 없다. '영원한 윤회'에 대한 가르침, 즉 모든 사물의 무조건적이고 무한히 되풀이되는 순환에 대한 가르침——차라투스트라의 이 가르침은 결국 이미 헤라클레이토스가 설교했는지도 모른다.

적어도 거의 모든 그들의 원칙적인 관념을 이어받은 스토아학파에겐 그런 흔적이 있다.

4

이 책에서는 굉장히 희망에 찬 말을 하고 있다. 결국 나에게는, 음악의 디오니소스적 미래에 대한 희망을 철회할 아무런 이유도 없다. 1세기 앞을 한번 내다보자. 그리고 2천 년간의 반자연과 인간모독에 대한 나의 암살이 성공할 경우를 가정하자. 인류의 보다 높은 도약을 맡은 삶의 저 새로운 당파는 온갖 과업 가운데 가장 위대한 과업——모든 퇴화된 것과 기생충 같은 것의 가차 없는 박멸을 포함하여——을 달성하며 '삶의 충일'을 지상에 다시 가능하게 할 것이다. 그것에서 디오니소스적인 상태도 다시 자라날 것임에 틀림없다.

나는 비극적인 시대를 약속한다. 삶에 대해 긍정하는 최초의 예술, 즉 비극은 인류가 가장 가혹하지만 가장 필요한 전쟁의 의식을 괴로움 없이 겪은 다음에서야 다시 탄생할 것이다. 심리학자로서 나는 내가 젊은 시절에 바그너 음악에서 들었던 것이 바그너와는 아무런 상관도 없다는 사실을 덧붙여도 될 것이다.

내가 디오니소스적인 음악에 대해 쓸 때는 내가 들었던 것에 대해 썼다. 나는 본능적으로 모든 것을 내 안에 간직하고 있는 새로운 정신으로 해석하고 변형해야 했다. 그 가장 강력한 증거는 《바이로이트에서의 바그너》라는 내 글이다.

그런데 그 글의 심리학적으로 결정적인 곳에서는 모두 나에 대해서만 이야기를 하고 있다. 그 글에 바그너라는 말이 나오면 그 자리에 거침없이 내 이름이나 '차라투스트라'를 넣어도 된다. 송가적 예술가의 모습은 차라투스트라라는 뛰어난 시인의 모습이다. 심연 같은 깊이로 그려져 있고 잠시도 바그너적인 현실을 건드리지 않는다.

바그너도 그것을 알고 있었다. 그는 그 글에서 자기를 다시 알아차릴 수 없었던 것이다. 마찬가지로 '바이로이트의 사상'도 내 차라투스트라를 잘 아는 사람들에겐 수수께끼가 될 수 없는 그 무엇으로 변해 있었다. 즉, 뽑히고 뽑힌 자들이 온갖 과업 가운데 가장 위대한 과업에 자기를 바치는 '위대한 대낮'에 말이다. 누가 알겠는가? 언젠가 내가 체험하게 될 축제의 참다운 환상을……. 맨 처음 몇 페이지의 파토스는 세계사적이다. 그 처음 부분에 언급되어 있는 그 눈초리는 사실 차라투스트라의 눈초리다.

바그너, 바이로이트, 보잘것없이 작은 독일적 비참성은 미래의 무한한 신기루가 반영되는 한 점의 구름이다. 심리학적으로도 내 고유한 천성의 온갖 결정적인 특색은 바그너의 것으로 그려져 있다. 가장 가볍고 가장 불길한 힘의 공존, 결코 인간이 소유해 본 일이라곤 없었던 권력에 대한 의지, 정신적인 면에서 앞뒤를 헤아리지 않는 용감성, 행위를 향한 의지가 짓눌리는 일 없이 배우려는 무한한 힘, 이 모든 것이 이 책에서는 예고적이다. 그리스 정신이 다시 올 날이 가까워졌다는 것, 고르디아스의 노끈 같은 그리스 문화의 노끈을 간추린 다음에 다시 묶는 반알렉산더파의 필요성……그것으로 '비극적 신념'이라는 개념이 도입된 세계사적인 강조를 들어 보라.

이 글에는 온통 세계사적인 강조투성이다. 이것은 세상에 존재할 수 있는 것 중에서 가장 낯선 '객관성'이다. 내가 누구인가 하는 것에 대한 절대적인 확실성이 어떤 우연한 현실 위에 투영되었으니 말이다. 그리고 나에 관한 진실을 소름끼치도록 깊은 곳에서 이야기했으니 말이다. 71쪽에서는 차라투스트라의 문체가 결정적인 확실성을 갖고 설명되었으며, 미리 이야기되었다. 그리고 사람들은 41쪽에서 44쪽까지에서 발견된 것보다 더 대단한 차라투스트라라는 사건, 그리고 인류의 터무니없는 정화와 성화의 행위를 발견하지는 못할 것이다.

반시대적 고찰

1

네 편의 반시대적 고찰은 철저하게 호전적이다. 그것들은 내가 '몽상가 한스'가 아니었다는 것, 단검을 뽑는 것이 내게는 재미있다는 것, 또 내 손목이 위험할 정도로 내가 자유롭다는 것을 증명해 준다. 첫 번째 반시대적 고찰은(1873) 그 당시 이미 내가 가차 없는 멸시감을 갖고 쳐다보던 독일의 교양에 대한 것이다. 그것은 의미도, 실체도, 목적도 없으며 '여론'에 불과하다. 독일인들의 군사적 성공이 행여 교양 덕택이라는 것, 또는 심지어 프랑스에 대한 교양의 승리라는 것을 입증한다고 믿는 것보다 더 악의적인 오해는 없다. 두 번째의 반시대적 고찰은(1874) 우리의 학문 경영 가운데 깃들인 위험성, 삶을 침식하고 중독시키는 것을 온 세상에 폭로한다. 이 비인간화된 톱니바퀴와 기계 장치에서, 노동자의 '비인격성'에서, '노동 분업'이라는 그릇된 경제로 삶은 병들어간다. 문화라는 목적은 상실되었고 수단, 즉 현대의 학문적 경영은 야만화되었다……. 이 논문에서 비로소 금세기가 자랑하고 있는 '역사적 의미'가 처음으로 병으로서 퇴락의 전형적인 징조로서 인식되었다. 세 번째와 네 번째 반시대적 고찰에서는 문화의 보다 높은 개념에 대한, 즉 '문화' 개념의 회복에 대한 지표로서 가장 가혹한 자기 욕심과 자기 도야의 두 모습을 제시한다. 이것들은 뛰어난 반시대적 전형들로서, 그 주변에서 '제국', '교양', '그리스도교', '비스마르크', '성공'이라 불리는 모든 것에 대한 최고의 멸시에 가득 차 있다. 그것은 쇼펜하우어와 바그너, 또는 한마디로 하면 니체인 것이다.

2

이 네 개의 암살 계획 가운데 첫 번째 것은 굉장한 성공을 거두었다. 그것이 불러일으킨 소란은 그 모든 의미에서 호화판이었다. 나는 승리한 국민의 상처를 건드렸던 것이다. 그들의 승리는 문화 사건이 아니라 아마도 전혀 다른 무엇일 것이다. 거기에 대한 대답은 사방에서 왔으며 비단 다비드 슈트라우스의 옛 친구한테서만 온 것은 아니다.

나는 슈트라우스를 독일적인 교양을 갖춘 속물이자 자기 만족자의 전형으로서, 간단히 말해 '구신앙과 신신앙'에 대한 맥주집 복음서의 저자로서 조롱한 바 있었다. (교양을 갖춘 속물이라는 단어는 내 글에서 처음 나타나 지금도 독일어 가운데 남아 있다.) 뷔르템부르크 사람이며 슈바벤 사람인 이들 옛 친구들에게 내가 깊숙이 일침을 가하고 그들의 슈트라우스를 우스꽝스럽게 여기자, 그들은 내가 예상하지 못한 완고하고 거친 응답을 보내왔다.

프로이센인들의 대응책은 훨씬 영리했다. 그들은 '베를린 블루'를 더 많이 자신들 안에 간직하고 있었던 것이다. 가장 점잖지 못한 짓을 한 것은 라이프치히의 한 신문으로, 평판이 좋지 않은 〈그렌츠보텐〉지였다. 나는 이 신문 기사에 격분한 바젤의 친구들을 진정시키느라고 애를 먹었다. 무조건 내 편을 든 것은 몇몇 늙은 신사들뿐이었는데 그것도 잡다하고 다분히 이해할 수 없는 이유에서였다.

그런 사람들 가운데 한 사람인 괴팅엔의 에발트는 나의 습격이 슈트라우스에게 치명상을 입혔음을 암시했었다. 늙은 헤겔주의자 브루노 바우어도 마찬가지였는데, 이때부터 나를 가장 주목하고 있는 독자 가운데 하나가 되었다. 만년에 그는 내 책을 읽도록 사람들에게 즐겨 권했다. 예컨대 프로이센의 역사 편수관 폰 트라이츠케에게, '문화'라는 말의 개념을 누구한테서 되찾을 수 있는가에 대해 암시를 주었던 것이다.

내 글과 나에 대해 가장 신중하고도 가장 길게 평한 사람은 철학자 폰 바더의 옛 제자인 뷔르츠부르크의 호프만 교수였다. 그는 내 글에서 나의 위대한 사명을 예견했다. 무신론의 문제에서 일종의 위기와 최고의 결말을 초래하려는 사명을 말이다. 그리고 내가 그 무신론의 가장 본능적이고 무자비한 전형이라는 것을 알아차렸다.

나를 쇼펜하우어에게로 이끌어 준 것은 바로 이 무신론이었다. 그보다도 사람들이 가장 잘 듣고 가장 신랄하게 느낀 것은 힐레브란트의 붓을 통한, 강하고 용감한 변호였다. 그는 평상시엔 아주 온화하고 인도적인 성품을 지니고 있었다. 사람들은 〈아우크스부르거 알게마이네 차이퉁〉에 실린 그의 글을 읽었다. 오늘날에는 그의 전집에서 더 조심스레 다듬어진 그의 글을 읽을 수 있다. 여기서는 내 글이 하나의 사건, 전환점, 최초의 자기반성, 가장 좋은 징조로, 또한 정신적인 일에서 독일의 진지성과 독일적인 정열의 실제적인 귀환으로 그려져 있다.

힐레브란트는 글의 형식에 대해, 그 원숙한 취향에 대해, 인물과 사물을 구별하는 그 완벽한 절도에 대해서 높은 찬사를 아끼지 않았다. 그는 내 글을 독일어로 씌어진 가장 좋은 논쟁의 책이라 칭찬했다. 바로 독일인들에게는 그토록 위험하고 권할 만한 것이 못되는 논쟁서 말이다. 그는 무조건 긍정하고 심지어는 내가 독일에서의 언어 타락에 대해 말했던 것을 더욱 강화하여(오늘날 독일인들은 국어 정화자인 체하면서 문장조차 제대로 구성하지 못하는 형편이다), 독일 민족의 '최고 문필가들'에 대해 똑같은 멸시를 나타내며, 나의 용기에 대한 감탄을 표현하면서 끝을 맺었다. 바로 한 민족의 인기 작가들을 피고석으로 몰아넣는 최고의 용기라고 말이다.

내 글의 영향은 내 평생에는 평가하기가 불가능하다. 이제까지 나에게 논쟁을 걸어 온 자는 아무도 없다. 사람들은 잠자코 있다. 독일에서 나는 외면당하며 조심스럽게 취급되고 있다. 여러 해 동안 나는 무조건적인 언론의 자유를 행사해 왔다. 아무도 오늘날, 더욱이 제국 내에서 언론의 자유를 그토록 마음껏 누릴 수 있는 수완을 가진 사람이라곤 없다.

나의 천국은 '내 칼의 그늘 안에' 있다. 결국 나는 스탕달의 격언을 실행한 것이다. 그는 격투로써 사회에 들어서라고 권하고 있다. 그리고 나는 이렇게 내 적을 골랐던 것이다! 사실 이렇게 해서 아주 새로운 종류의 자유정신 활동이 처음으로 표현된 셈이다. 오늘날까지도 나에게는 온 유럽과 미국의 '자유사상가' 패거리보다 더 낯설고 친근하지 않은 것은 없다. 이 얼간이들이 이른바 근대 사상을 이룩해 내는 교정 불가능한 속물이며 마술사인지라, 나는 그들 적대자들과 더 깊은 갈등 속에 처해 있는 것이다. 그들 역시 그들 나름대로 자기들 생각에 따라 인류를 '개선'하려고 했다. 그러기 때문에 내가 누구인가, 또 무엇을 하려는가를 안다면 화해할 수 없는 싸움을 걸어 올 것이다. 그들이 그것을 이해한다고 가정한다면 말이다. 그들은 모조리 아직도 '이상'을 신봉하고 있다. 그러나 나는 최초의 비도덕주의자다.

쇼펜하우어와 바그너의 이름으로 표시된 반시대적 고찰이 특히 이 두 사람에 대한 이해를 위해서나 단순히 심리학적인 확인을 위해서 도움이 될 거라고 주장하고 싶진 않다——당연히 몇몇 경우는 예외로 한다. 예컨대 여기서는 깊은 본능의 확실성을 갖은 바그너의 천성 중 기초적인 것이 배우의 소질로 특징지어져 있으므로, 이러한 배우 소질은 그 방법과 의도 가운데서 귀결을 찾을 수 있다.

나는 원래 이 반시대적 고찰로 심리학과는 전혀 다른 그 무엇을 해보려고 했다. 유례 없는 교육의 문제, 자기도야, 가혹하기까지 한 자기 방어의 새로운 개념, 위대성과 세계사적인 과업을 향한 길에 대한 표현이 최초로 요구된 것이다. 크게 잡아 말한다면 나는, 유명하지만 아직 확인되지 않은 두 유형의 사람의 정수리를 움켜잡았던 것이었다. 무엇을 표명하기 위해 두서너 가지 말투, 기호, 언어 수단을 더 많이 손안에 넣어 사람이 기회의 정수리를 움켜잡듯이 말이다.

이것은 결국 아주 징글맞을 정도로 명민성을 갖는 세 번째 반시대적 고찰의 350쪽에도 암시되어 있다. 이런 식으로 플라톤 또한 소크라테스를 이용했다. 즉, 플라톤 자신을 위한 기호학의 하나로써 말이다. 어느 정도 떨어져서 이 반시대적 고찰의 상태를 돌이켜보는 지금, 나는 그 고찰이 결국은 내 자신에 대해서만 이야기하고 있다는 것을 부인하고 싶진 않다. 〈바이로이트에서의 바그너〉라는 글은 내 미래의 비전이다. 그와 반대로 〈교육자로서의 쇼펜하우어〉에는 나의 가장 내적인 역사, 나의 성장 과정이 적혀 있다. 무엇보다도 나의 서약이! 오늘날 내 모습, 오늘날 내가 있는 곳이.

나는 더 이상 입술로가 아니라 번개로 말을 하고 있는 높은 곳에 있는데——오, 그때까지만 해도 얼마나 나는 그것에서 멀리 떨어져 있었던가! 그러나 나는 육지를 보았다. 나는 한순간도 길, 바다, 위험, 그리고 성공을 착각한 적이 없었다! 약속 가운데서의 커다란 안정, 약속에만 그쳐서는 안 되는 미래를 행복하게 내다보는 것, 여기서는 하나하나의 낱말이 체험되었다. 깊이 그리고 은밀하게. 가장 고통스러운 낱말이 없는 것은 아니다. 정말 피비린내 나는 낱말들도 그 속에 있다.

그러나 위대한 자유의 바람이 모든 것 위를 지나간다. 상처조차도 다른 뜻으로 작용하지 않는다. 어째서 내가 철학자들을 모든 것을 위험에 빠뜨리는 무서운 폭약으로 이해하는지. 그리고 어째서 내가 '철학자'라는 개념을, 심지어 칸트 같은 철학자까지도 포함하는 개념으로부터 멀리 떼어 놓는지. 학구적인 '반추 동물들'과 기타의 철학 교수들에 대해서는 말할 것도 없이 말이다.

아무튼 그런 것에 관하여 이 고찰은 평가할 수 없을 정도로 귀중한 교훈을 준다. 설사 여기서는 결국 '교육자로서의 쇼펜하우어'가 아니라 그 반대 즉 '교육자로서의 니체'가 발언할 기회를 갖고 있다는 것을 인정한다고 하더라도 말이다. 그 당시 내 직업이 학자였다는 것, 그리고 아마도 내가 내 직업을 이해했을 것이라는 점을 고려한다면, 이 고찰에서 불현듯 나타나는 학자적 심리학의 신랄한 한 편의 글도 의미 없는 것은 아니다.

그것은 거리감을 표현하며, 나에게 무엇이 과업이며, 무엇이 단순한 수단이며 막간이며 부업일 것인가에 대한 깊은 확실성을 표현하고 있다. 나의 영리함은 하나의 것이 되기 위해 하나의 것에 이르기 위해 많은 것이 되어보고 여러 곳에 가 보았다. 나는 한동안 학자이기도 해야 했던 것이다.

인간적인 너무나 인간적인
두 개의 속편과 함께

1

《인간적인 너무나 인간적인》은 위기의 기념비이다. 이 책은 나 스스로 칭하길, 자유로운 정신을 위한 책이다.

이 책에서는 거의 모든 문장마다 하나의 승리를 표현하고 있다. 그것으로 나는 내 천성에 맞지 않는 것에서 내 자신을 해방시켰던 것이다. 나에게 맞지 않는 것은 이상주의다. 이 표제는 "너희가 이상적인 것들을 보는 곳에서 나는 인간적인 것을 본다. 아, 너무도 인간적인 것을!"이라고 말한다. 나는 인간을 더 잘 알고 있다. '자유로운 정신'이라는 말은 여기서 다른 어떤 의미로도 이해되기를 바라지 않는다. 즉, 자기 자신을 다시 자기 것으로 삼는 자유로운 정신 말고는 어떤 의미로 해석되어서는 곤란하다는 것이다.

이 책에서는 문장의 어조, 음향이 완전히 달라졌다. 사람들은 이 책을 영리하고, 차갑고, 경우에 따라서는 가혹하고 조소적이라 느낄 것이다. 고상한 취향을 가진 하나의 정신성이, 끊임없이 토대를 이루는 보다 정열적인 흐름에 대해 우위를 지키고 있는 것처럼 보인다. 이와 관련해서 이 책이 볼테르 서거 백 주년을 기념하여 쓰였다는 사실은 의미가 있다. 이로써 이 책을 1878년에 출판한 것은 변명이 되는 셈이다. 그도 그럴 것이 볼테르는 그 이후에 무언가를 쓴 다른 사람들과는 반대로 무엇보다도 정신의 귀족이었기 때문이다.

바로 나도 그러하다. 내 책 가운데 하나에 볼테르라는 이름이 나오는 것, 그것은 정말 하나의 진보였다. 내 자신을 향한……세밀하게 관찰해 보면, 사람은 이상이 깃들어 있는 모든 소굴을 발견하게 된다. 안전한 지하 감옥이며 말하자면 최후의 안전을 누리고 있는 모든 소굴을 아는 무자비한 정신을 발견하게 된다. '망설이지 않는' 빛을 발하는 횃불을 손에 들고 예리한 조명으로 이상의 지하 세계를 내리비친다. 이것은 전쟁이다. 화약도, 연기도, 전투 자세도, 파토스도 없는 전쟁이다.

이 모든 것은 '이상주의'이다. 이 전쟁에서는 오류가 연이어 침착하게 얼음 위에 놓인다. 이상은 반박당하지는 않는다. 그것은 얼어 죽는다……. 여기서는 예컨대 '천재'가 얼어 죽는다. 한 모퉁이 더 가서는 '성자'가 얼어 죽는다. 두꺼운 고드름 끝에서는 '영웅'이 얼어 죽는다. 마지막으로 얼어 죽는 것은 '신앙', 이른바 '확신'이다. 또한 '동정'도 냉각된다. 거의 어디서나 '물건 그 자체'가 얼어 죽는다.

2

이 책의 첫머리는 맨 처음 바이로이트 축제극이 상연되던 몇 주일 동안 내가 쓴 것이다. 그곳에서 나를 에워싸고 있던 것에 대한 낯선 느낌이 이 책의 전제 조건 가운데 하나이다. 어떠한 환상이 그때 벌써 내 길 위에서 어른거렸는가를 이해하는 사람이라면, 내가 어느 날 바이로이트에서 눈을 떴을 때 기분이 어떠했을지 알 수 있을 것이다.

꿈을 꾸고 있는 것 같았다. ……도대체 나는 어디 있었던가? 나는 아무것도 다시 알아보지 못했다. 바그너마저 거의 다시 알아보지 못했다. 나는 내 추억을 이리저리 뒤적거렸으나 소용이 없었다.

트립센——그것은 멀리 떨어진 행복한 자들의 섬에 불과했다. 바이로이트와 조금도 닮은 데라곤 없었다. 기공식이 있었던 나날, 그 기공식을 축하하고 섬세한 문제를 이해할 수 있던 자그마하게 서로 짜인 집단, 이제는 닮은 데라곤 그림자조차 없다.

무슨 일이 일어났던가? 사람들이 바그너를 독일어로 번역한 것이다! 바그너 숭배자들이 바그너 위에 군림하게 되었다! 독일의 거장, 독일의 맥주 위에도! 바그너의 예술이 우리, 어떤 종류의 세련된 예술가들에게, 어떠한 취미의 세계주의자들에게만 이야기를 하고 있는가를 너무나도 잘 아는 사람들은, 독일의 '미덕'으로 장식되어 있는 바그너를 다시 발견하자 어쩔 줄을 몰랐다. 나는 바그너 숭배자들을 알고 있다고 생각한다. 나는 바그너를 헤겔과 혼동한 고(故) 브렌델을 비롯하여 바그너를 자신과 혼동하고 있는 〈바이로이터 블래터〉의 이상주의자들까지 '경험'했다. 나는 바그너에 관한 '아름다운 영혼들의' 온갖 종류의 고백을 들었다. 한마디의 재치 있는 말이라도 있었다면 왕국이라도 주리라! 사실 이들은 머리털을 곤두세우게 만드는 패거리이다.

놀, 폴, 콜 등 기이한 사람들, 그들 사이에는 실패자 아닌 이가 아무도 없다. 반유태주의자까지도. 가여운 바그너! 그는 어디로 빠져든 것일까! 차라리 돼지들 사이에라도 들어갔다면 좋으련만! 그런데 독일인들 사이에 빠져들었다니! 결국 후세에 대한 교훈으로 한 사람의 골수 바이로이트 사람을 박제로 만들어 놓아야 할 것이다. 아니 차라리 알코올에 넣어 두는 편이 나으리라. 그들에겐 정신(Spiritus)이 부족하니까. 그 위에 사람들이 '제국'을 세운 '정신'의 꼴은 이러했다고 써 붙여서 말이다. 이 정도면 충분하다. 나는 그 행사 도중에 2, 3주 예정으로 여행을 떠나 버렸다. 아주 갑작스럽게, 매력적인 한 파리 아가씨가 나를 위로해 주려고 애를 썼음에도 불구하고 말이다.

나는 바그너에겐 한 통의 전보로 사과를 했을 뿐이다. 뵈머발트 숲 속 깊숙이 숨겨진 클링엔브룬에서 나는 나의 우울증과 독일인에 대한 멸시를 병(病)처럼 이리저리 끌고 다녔다. 그리고 때때로 나는 '쟁기의 날'이라는 제목으로 문장을 하나씩 수첩에 적어 넣곤 했다. 온통 가혹한 심리학적 고찰뿐인데, 아마도 《인간적인 너무나 인간적인》에서 다시 찾아볼 수 있을 것이다.

3

그 당시 나에게 결정적이었던 것은 바그너와의 절교 따위가 아니었다. 바그너건 바젤의 교수직이건, 이러한 실책의 하나하나가 단순히 하나의 징조에 불과한, 내 본능의 전체적 착란을 느꼈던 것이다. 내 자신에 대한 조급증이 나를 엄습해 왔다. 이것이 자신을 돌이켜 반성할 가장 좋은 때임을 나는 알아차렸다. 끔찍하게도 모든 일들이 뚜렷해졌다.

얼마나 많은 세월이 벌써 낭비되었는가——얼마나 쓸모없이, 얼마나 제멋대로 나의 문헌학자로서의 생애가 내 본연의 사명에 두드러져 나타났는가. 이러한 그릇된 겸손이 나는 부끄러웠다. 흘러간 10년은 본연의 의미에서 정신의 영양 섭취가 멈춰버린 내가 그 어떤 쓸모 있는 것도 배우지 못하고, 먼지투성이 학식의 잡동사니를 뒤지느라고 바보처럼 많은 것을 잊어버린 세월이었다. 고대 그리스의 운율학자를 약한 눈으로 세밀하고 철저하게 읽어 내는 일——이 지경에까지 내가 이르다니! ——에 몰두한 것이었다. 나는 아주 메마르고 굶주려 야윈 나 자신을 연민을 눈으로 바라보았다. 내 지식 속에는 현실이 결여되어 있었다. '이상적인 것들'이 무슨 소용이 있었던가! 정말 타는 듯한 갈증이 나를 사로잡았다.

그때 이후로 나는 사실상 생리학과 의학과 자연과학 이외의 아무것도 더 이상 하지 않았다. 본래의 역사적 연구까지도. 과업이 나에게 강제적으로 명령하자 나는 비로소 되돌아왔다. 또한 본능에 반해서 선택된 활동, 즉 소명이라고 할 수 없는 '직업'과 마취제 같은 예술, 예컨대 바그너의 예술을 통해서 적막감과 공복감을 마비시키려는 욕구 사이에 연관이 있음을 그 당시 처음으로 알아차렸던 것이다.

조심스럽게 사방을 살펴보니 참으로 많은 젊은 사람들이 똑같은 위험 상태에 놓여 있었다. 하나의 반자연이 그대로 두 번째의 반자연을 강제로 유발시키는 그러한 위험 상태에 말이다. 독일에서는, 명백하게 말하자면 '제국'에서는 너무도 많은 사람이 너무 일찍 직업을 결정하고, 그리고 나서 내던질 수 없게 되어버린 그 짐의 중압감 아래 쇠약해 가도록 운명지어져 있다. 이들은 아편을 갈망하는 것처럼 바그너를 갈망한다. 그들은 자기를 잊고 잠시 동안, 아니 족히 대여섯 시간은 자기로부터 해방된다.

4

그 당시 나의 본능은 더 오래 지속되는 무기력과의 동행, 자기 자신을 혼동하는 일에 가차 없이 반대하기로 결심했다. 온갖 종류의 삶, 가장 불리한 조건들, 질병, 빈곤——이 모든 것이 나에게는 염치없는 '자기부정'보다 나은 것처럼 보였다. 그런데 처음에는 무지하고 젊어서 그 속에 빠져들었지만, 나중에는 타성에서, 이른바 '의무감'에서 그냥 그 상태에 머무르고 있었다.

이때 내가 아무리 감탄해도 충분하지 않을 방법으로 아주 적절한 시기에 내 아버지로부터 전해진 고약한 유전이 나를 도우러 달려왔다. 단명하도록 되어 있는 운명 말이다. 병이 서서히 나를 풀어 주었다. 그 덕택에 나는 모든 절교와 모든 폭력적이며 불쾌한 짓을 하지 않아도 되었다. 또한 남의 호의를 잃기는커녕 훨씬 더 많은 호의를 얻었다. 병은 모든 습관을 완전히 뒤집어엎을 권리를 주었다. 병은 나에게 망각을 허용했고 또 명령했다. 병은 나에게 안식, 한가로움, 기다림과 인내의 필요성을 선사해 주었다. 그것이 바로 사색한다는 것이 아닌가! 내 눈만이 온갖 책들, 알기 쉽게 말한다면 문헌학과 절연케 했다.

나는 '책'으로부터 구제되고 여러 해 동안 더 이상 아무것도 읽지 않았다. 이것이 내가 나 자신에게 베푼 가장 큰 은혜였다! 다른 사람의 자아에 끊임 없이 귀를 기울여야 하는(이것이 바로 독서한다는 것 아닌가!) 짐 밑에 깔려, 말하자면 소리를 죽이게 되었던 저 밑바닥의 자아가 서서히 수줍게 의심 스런 듯이 눈을 떴다. 그리고 마침내 그것이 다시 말하기 시작했던 것이다. 내 생애에서 가장 병이 심했고 가장 고통스럽던 시기만큼 많은 행복을 가졌 던 때는 한 번도 없었다.

이 '자기를 향한 귀환'이 무엇이었던가를 이해하기 위해서는 《아침놀》이나 《방랑자와 그 그림자》 같은 작품을 보면 된다. 그것은 최고 형태의 회복 그 자체였던 것이다! 다른 회복은 이것의 결과에 불과했다.

5

《인간적인 너무나 인간적인》은 엄격한 자기 도야의 기념비이다. 그것은 온 갖 '고등 사기', '이상주의', '아름다운 감정', 그리고 그 밖에 여성적인 것들 에 난데없는 종말을 마련해 주었다. 그 주요 부분이 소렌토에서 집필되었으 나 마지막 부분과 그 최종적인 형태는 소렌토의 환경과는 비교할 수 없을 정 도로 불리한 환경, 즉 겨울에 바젤에서 완성했다.

본래 이 책의 책임은 그 당시 바젤 대학에 재학하면서 나에게 큰 도움을 준 페터 가스트 씨가 맡았다. 나는 머리를 동여매고 고통에 힘겨워하면서 그 에게 구술했고 그는 그것을 받아썼다. 그리고 교정도 보았다. 따지고 보면 난 단순한 작가에 불과했고 그가 진정한 필자였다. 책이 마침내 완성되어 손 에 들어오자——그것은 중환자인 나에게 깊은 감동을 주었다——나는 바이 로이트에도 두 권을 보냈다.

그런데 우연 속에 깃들인 의미심장한 기적으로 인해 그와 동시에 한 권의 아름다운 파르지팔 텍스트가 나에게 도착했다. 거기에는 나에게 붙이는 '고귀 한 벗 프리드리히 니체에게, 교직자 회원 리하르트 바그너로부터'라는 헌사가 적혀 있었다. 책 두 권의 이러한 엇갈림, 불길한 소리가 들려온 것 같았다.

흡사 두 개의 단검이 교차하는 것과 같은 소리가 나지 않았던가? 아무튼 우리 두 사람은 그렇게 느꼈다. 둘 다 침묵을 지켰으니 말이다. 이 무렵에 〈바이로이터 블래터〉가 처음으로 나왔다. 나는 무엇을 할 때가 무르익었는지 깨달았다. 믿을 수 없는 일! 바그너가 신앙심이 두터워졌다니…….

6

그 당시(1876년) 내가 나 자신을 어떻게 생각했던가, 어떠한 터무니없는 확실성을 갖고 내 과업과 거기에서의 세계사적인 의의를 파악했던가를 이 책의 전체가, 무엇보다도 아주 뚜렷한 한 부분이 증명을 해 준다. 단지 나는 여기서도 본능적인 간계를 부려 '나'라는 단어를 피하고 이번에는 쇼펜하우어나 바그너가 아니라 탁월한 내 친구 파울 레 박사를 세계사적인 영광으로 찬연히 빛나게 해 주었다. 다행히도 그는 너무나도 섬세한 위인이었다. 다른 사람들은 그보다 훨씬 덜 섬세했다.

이것은 내가 내 독자들 중에서 가장 절망적인 사람, 예컨대 전형적인 독일 교수들이 파울 레와 관계된 이 부분으로 이 책 전체를 고차원적인 리얼리즘으로 이해해야 한다고 믿고 있는 데서 알 수 있다. 사실 그 책은 내 친구 파울 레의 대여섯 개의 문장을 반박하고 있었을 뿐이다. 이 일에 관해서는 《도덕의 계보》에 붙이는 서문을 다시 읽기 바란다. 거기에는 다음과 같이 적혀 있다.

가장 대담하고 냉정한 사상가의 한 사람, 《도덕적 감정의 기원에 관하여》의 저자(최초의 반도덕주의자 니체라 이해할 것)가 사람 행위에 대한 종횡무진한 분석으로 도달할 주제는 대체 무엇인가? "도덕적인 인간이 자연적인 인간보다 예지적인 세계에 더 가까이 있는 것은 아니다. 예지적인 세계란 존재하지 않기 때문이다……." 이 문장은 역사적인 인식의 망치질(모든 가치의 전환이라 읽을 것)로 단단하고 예리해져서, 아마도 장래의 언젠가는——1890년! —인간의 '형이상학적 욕구'의 뿌리를 내리칠 도끼가 될 것이다. 그것이 인류가 축복할 일인지 저주할 일인지 누가 말할 수 있겠는가?

그러나 아무튼 좋은 결실을 거둘 수 있는 동시에 무섭기도 하며, 모든 위대한 인식에 따르기 마련인 저 이중의 눈초리로 세계를 들여다보는, 가장 중요한 결과를 자아내는 주제이다.

아침놀
선입견으로서의 도덕에 관한 생각

1

이 책으로 도덕에 대한 나의 원정은 시작된다. 그러나 이 책에서는 조금도 화약 냄새가 나지 않는다. 예민한 코를 갖고 있는 사람은 거기서 전혀 다른 훨씬 사랑스런 냄새를 맡을 것이다. 큰 포격도 작은 포격도 없다. 만일 책의 효과가 부정적이라면, 그 수단은 그러면 그럴수록 덜 부정적이다. 그 효과는 포탄처럼 따르는 것이 아니라 결론처럼 따르는 수단인 것이다.

사람이 이 책과 이제까지 도덕이라는 이름 밑에 존경, 심지어 숭배까지 받게 되었던 모든 것과 조심스럽게 작별한다는 것은, 이 책 가운데 어떠한 부정적인 말도, 공격도, 악의도 나오지 않는다는 사실과 일치한다. 그리고 그것은 바위들 사이에서 햇볕을 쬐는 바다동물처럼 몸을 둥글게 하고 행복하게 햇볕 속에 누워 있다는 사실과도 일치한다. 결국 이 바다동물은 나였던 것이다.

이 책의 거의 모든 문장은 아직도 바다와 더불어 비밀을 간직하고 있던 제노바 근처의 어지러운 바위들 사이에서 혼자 있을 때 생각해낸 것이다. 오늘날에도 이 책을 우연히 건드릴 때면, 거의 모든 문장은 바위 모서리로 변하여 거기서 비할 나위 없는 것을 깊은 곳으로부터 다시 끌어낸다. 이 책의 피부는 추억의 부드러운 전율에 오들오들 떠는 것이다.

이 책이 장기로 삼고 있는 기술은, 가볍게 소리도 없이 스쳐 지나가는 사물들, 내가 신적인 도마뱀이라고 부르는 순간들을 조금 붙잡아 두는 데 있다. 그것은 결코 하찮은 기술이 아니다. 가벼운 도마뱀을 그저 창으로 찌르는 젊은 그리스 신의 잔인성 같은 것을 갖고 그러는 것은 아니다. 아무튼 끝이 뾰족한 것을 사용하는 것만은 사실이다. 즉, 펜촉을 갖고 말이다. "아직도 빛나지 않은 많은 서광이 있다."——인도의 묘비에 새겨진 이 글이 책의 입구에 적혀 있다. 이 말을 한 사람은 어디서 새로운 아침을, 그처럼——
아, 새로운 나날의 연속과 온 세계가 시작되는, 이제까지 발견되지 않은 저
붉은 노을을 찾고 있는 것일까?

그는 모든 가치의 전도 속에서, 모든 도덕 가치에서 헤어 나오는 가운데,
이제까지 금지되고 멸시되고 저주되었던 모든 것을 긍정하고 신뢰하는 가운
데서 서광을 찾고 있다.

이 긍정하는 책은, 그 볕을, 그 사랑을, 그 상냥함을 온통 나쁜 것들 위에
쏟아 낸다. 이 책은 그것들에게 '영혼'과 양심, 존재에 대한 높은 권리와 특
권을 되돌려 주는 것이다.

도덕이 공격을 받는 것은 아니다. 그것은 단지 더 이상 고찰 대상이 되지
못할 뿐이다. 이 책은 '혹은?'이라는 한마디로 끝맺는다. 이 책은 '혹은? '이
라는 한마디 말로 끝맺는 유일한 책인 것이다.

2

내 과업은 인류 최고의 반성의 순간을 인류가 되돌아보고 또 앞을 내다보
며 '왜, 무엇 때문에 인류가 우연과 사제의 지배에서 벗어나는가?'라는 물음
을 처음으로 제기하면서 위대한 대낮을 준비하는 것이다. 이 사명은, 인류가
스스로 올바른 길 위에 있지 않고 전혀 신적으로 다스려지고 있지 않으며,
오히려 가장 성스러운 가치 개념 밑에 있는 부정 본능, 부패 본능, 퇴보 본
능에 의해 유혹적으로 지배되어 왔다는 통찰에서 필연적으로 생겨난다. 여
기에서 도덕적인 가치의 내력에 대한 의문이 제기되는 것이다. 도덕적 가치
는 인류의 미래를 결정하기 때문에 나에게는 가장 큰 문제이다. 도덕적 요
구, 즉 모든 요구는 사실 가장 어진 손 안에 들어 있다. 한 권의 책, 즉 성
서가 인류의 운명 속에 있는 신의 인도와 예지에 대해 궁극적인 안도감을 준
다는 것을 믿으라고 사람들에게 요구한다는 것은 현실적으로 뒤집어 해석하
면, 그것에 대한 측은한 반대 사실에 관한 진실을 드러내지 않으려는 의지이
다. 즉, 인류가 이제까지 가장 나쁜 손 안에 들어 있었다는 것, 잘못된 자
들, 교활하고 복수에 주린 이른바 '성자들', 이 세계의 비방자들과 인간 모
독자들이 인류를 지배해 왔다는 진실을 말이다. 사제가——숨어 있는 사제
들, 즉 철학자들까지 포함하여——일정한 종교적인 집단 안에서뿐만 아니라

인류의 지배자가 되었다는 것, 도덕이 퇴폐적으로 변질되었다는 것, 종말에의 의지가 도덕 자체로 간주된다는 것, 이것이 나타나는 결정적인 징조는 이 세상 어디서든 이기적이지 않은 사람이 받는 무조건적인 가치와 이기적인 사람이 받는 적개심이다.

이 점에 대해서 나와 의견을 같이하지 않는 자를 나는 감염된 것으로 본다. 그러나 세상은 나와 의견을 같이하고 있지 않다. 생리학자는 그러한 가치 대립을 전혀 의심하지 않는다. 유기체 안의 아무리 보잘것없이 작은 기관이라도 아주 조금만 자기 보존, 힘의 보충, '이기주의'를 완전하게 확실히 관철하는 일을 게을리 한다면, 그 유기체 전체가 퇴보한다.

생리학자는 이 퇴보된 부분을 잘라낼 것을 요구한다. 그는 퇴보된 것과의 유대를 거부한다. 그는 그것을 조금도 동정하지 않는다. 그러나 사제는 전체, 즉 인류의 퇴보를 바란다. 그래서 그는 퇴보해 가는 것을 그냥 보존하고, 그 대가로서 그는 인류를 지배한다.

……도덕의 보조 개념, '영혼', '정신', '자유로운 의지', '신', 이러한 여러 거짓 개념들은, 인류를 생리학적으로 실험한다는 의미가 아니라면 어떤 의미를 갖고 있단 말인가? 만일 사람이 자기 보존, 체력, 즉 생명력의 정진에 대해 진지하게 생각지 않는다면, 또한 빈혈증에서 이상을, 육체의 멸시에서 '영혼의 구원'을 꾸민다면, 그것이 퇴보로 인도하는 처방과 무엇이 다르겠는가? 중력의 상실, 자연스런 본능에 대한 저항, 한마디로 '자기 소멸'——다시 말해 이제까지의 도덕에 《아침놀》로서 나는 처음으로 싸움을 걸었다.

즐거운 지식

la gaya scienza

《아침놀》은 긍정적인 책으로서 깊으면서도 밝고 호의적이다. 이와 똑같은 표현이 다시 최고 의미에서 《즐거운 지식》에도 해당된다. 이 책의 거의 모든 문장에서 심오함과 오만이 정답게 손을 잡고 있다.

내가 경험한 가장 멋있었던 1월에 대한 감사를 표현하고 있는 한 편의 시가——이 책 전체가 1월의 선물이다——어떤 깊은 이유에서 '학문'이 즐거운 것이 되었는지 충분히 설명해 주고 있다.

> 불꽃의 창으로
> 내 영혼의 얼음을 부수어
> 이제 영혼을 설레게 하면서
> 그 최고의 희망의 바다로 서둘러 가게 하는 그대,
> 사랑스런 필연 속에서 자유로이——
> 자꾸만 밝아지고 자꾸만 건강해져
> 이렇게 내 영혼은 그대의 기적을 찬양하노라.
> 그지없이 아름다운 1월이여!

여기서 '최고의 희망'이라 불리는 것이 무엇인가에 대해 제4권의 끝, 차라투스트라의 첫 말에서 다이아몬드와 같은 아름다움이 빛나는 것을 본 사람이라면 그 누가 의심을 품겠는가? 또는 최초로 영원에 걸친 한 운명이 정식으로 표현되었던 제3권의 끝에 나오는 화강암 같은 문장들을 읽는 사람이라면 누가 의심을 품겠는가? 대부분 시칠리아에서 쓰인 〈포겔프라이 왕자의 노래〉는 '즐거운 지식'이라는 프로방스적 개념을 뚜렷이 떠올리게 한다. 프로방스 사람들의 놀라운 초기 문화를 애매한 모든 문화들과 뚜렷이 구별해 주는 시인과 기사, 그리고 자유정신의 일치를 말이다. 특히 맨 마지막의 〈미스트랄에 붙임〉이라는 시는, 실례지만 도덕의 머리 위를 춤추며 지나가는 한 편의 자유분방한 춤곡으로서 완전한 프로방풍이다.

차라투스트라는 이렇게 말했다
모두를 위하면서도 아무도 위하지 않는 책

1

나는 이제 차라투스트라의 이야기를 하겠다. 이 작품의 근본 개념, 영원 회귀 사상, 도달할 수 있는 긍정의 최고 형식은 1881년 8월에 쓰였다. 그것은 한 장의 종이 위에 다음과 같은 단서와 함께 메모되었다.

"인간과 시간의 저편 6천 피트."

나는 그날 실바프라나 호수를 따라 숲 속을 거닐고 있었다. 나는 수르레이에서 멀지 않은 곳에 거대한 피라미드 모양으로 솟아 있는 바위 옆에 멈췄다.

그때 나에게 그 생각이 떠올랐던 것이다. 이날로부터 2, 3개월 거슬러 올라가 생각해 보면, 그 징후로 취향의 가장 깊은 것에서 갑작스럽게 결정적인 변화를 일으킨 것을 발견했다. 무엇보다도 음악에서. 사람들은 아마도《차라투스트라》전체를 음악으로 생각해도 될 것이다. 확실히 듣는 기술의 부활이 그 전제조건이었던 것이다.

베네치아에서 멀지 않은 레코아로라는 조그만 산간 온천장에서 나는 1881년 봄을 보냈다. 여기서 나는 내 음악 교사이며 친구인, 나처럼 '다시 태어난 자'인 페터 가스트와 함께, 음악의 불사조가 이제까지 나타났던 것보다 더 가볍고 반짝이는 날개를 지닌 채 우리 옆을 날아 지나가는 것을 발견했다. 그날로부터 1883년 2월 갑작스럽고 있을 법하지 않은 환경에서 일어난 출산에 이르기까지를 생각해보면——내가 서문에서 두서너 문장을 인용한 그 끝 부분은 리하르트 바그너가 베네치아에서 죽은 바로 그 시간에 완성되었다——이 책의 잉태 기간이 18개월이라는 결과에 이른다.

18개월이라는 수는 적어도 불교도들 사이에서는 내가 사실 한 마리의 암코끼리라는 생각을 하게 할지도 모른다. 그 사이에, 나는 뭔가 비할 나위 없는 것이 가까이 있다는 수백 가지 징조를 갖고 있는 《즐거운 지식》을 썼다. 결국 그것은 《차라투스트라》의 첫머리를 그대로 싣고 있고 제4권의 마지막에서 두 번째 부분에는 《차라투스트라》의 근본 사상을 보여주고 있다. 마찬가지로 2년 전 라이프치히의 프리취 출판사에서 나온 〈생에 대한 찬가(혼성 합창단과 오케스트라를 위한)〉도 이 사이에 쓴 것이다.

이것은 아마 내가 비극적 파토스라 부르는 저 뛰어난 긍정적인 파토스가 최고로 나에게 깃들어 있던 그해의 상태를 보여주는 중요한 징후였으리라. 이 노래는 나중에 나에 대한 추모곡으로 불릴 것이다. 한 가지 오해가 퍼지고 있기 때문에 분명히 말해두는데, 그 텍스트는 내가 쓴 것이 아니다.

그것은 내가 당시 친교를 맺고 있던 젊은 러시아 여성, 루 폰 살로메 양이 놀라운 영감으로 쓴 것이다. 아무튼 그 시의 마지막 구절에서 의미를 찾아낼 줄 아는 사람이라면, 왜 내가 그 시를 좋아했고 찬탄했는가를 알 수 있을 것이다. 그 마지막 구절은 위대함을 지니고 있다. 고통이 삶에 대한 비난으로 간주되어 있지 않다. "그대에겐 이미 나에게 줄 행복이 더 이상 남아 있지 않다. 그래도 좋다! 그대에겐 아직도 고뇌가 있나니……." 아마도 내 작곡 역시 이 부분에 위대함이 있는 것이리라. (A 클라리넷의 마지막 음은 c가 아니라 cis임. 오자다.) 그해 겨울을 나는 제네바에서 멀지 않은 쾌적하고 고요한 라팔로 만에서 보냈다. 이곳은 카발리와 포르토 피노 구릉 지대 사이에 파고든 곳이다. 나의 건강은 썩 좋은 상태가 아니었다. 겨울은 추웠고 지나치게 비가 많이 왔다. 바닷가에 바로 붙어 있는 조그만 여관에서 나는 파도가 높이 치는 바다 때문에 밤이면 잠을 못 이뤘으며, 모든 점에서 거의 내가 바라던 것과는 정반대였다.

그럼에도 결정적인 모든 일은 '그럼에도 불구하고' 일어난다는 내 명제가 옳다는 것을 증명이라도 하듯, 나는 《차라투스트라》를 그해 겨울 이러한 악조건에서 썼다. 오전에 남쪽으로 뻗어 있는 소알리로 향한 멋있는 길을 따라, 전나무 곁을 지나 멀리 바다를 내려다보면서 언덕에 올랐다. 오후에는 건강이 허락하기만 하면 산타 마게리타에서 포르토 피노의 뒤쪽에 이르기까지 만 전체를 돌았다. 이곳과 이곳의 풍경은 황제 프리드리히 3세 또한 몹시 사랑해서인지 한결 더 마음에 가깝게 다가왔다.

나는 1886년 가을 우연히 다시 이 해변에 왔는데, 마침 프리드리히 3세가 마지막으로 이 작고도 잊혀진 행복의 세계를 방문했을 때였다.

　이 두 길을 거니는 동안 《차라투스트라》 제1부가, 무엇보다도 차라투스트라 자체가 하나의 유형으로 떠올랐다. 더 정확하게 말한다면 그가 나를 기습했던 것이다.

2

　이 유형을 이해하려면 우선 그의 생리학적인 전제를 분명히 알아두어야 한다. 그 전제란 내가 위대한 건강이라 부르는 것이다.

　나는 이 개념을 《즐거운 지식》 제5권의 마지막 장에서 가장 개인적으로 이미 잘 설명해 두었다. "우리 새로운 자, 이름 없는 자, 이해하기 고약한 자." 거기서는 이렇게 말하고 있다. 아직 증명되지 않은 미래의 조산아인 우리에게는 새로운 목적을 위해 새로운 방법, 다시 말해서 이제까지보다 더 강하고, 약고, 질기고, 담대하고, 기꺼운 새로운 건강이 필요하다. 이제까지의 가치와 바람직한 것들의 모든 범위를 체험하기를 바라고 이 이상주의적인 '지중해'의 모든 해변을 두루 항해하기를 갈망하는 영혼을 가진 자, 그리고 이상의 정복자와 발견자의 기분이 어떠한지, 또 예술가, 성자, 입법자, 현자, 학자, 신앙자, 옛날 방식으로 신이 들린 자의 기분이 어떠한지를 가장 독자적인 경험을 통해 알려고 하는 사람은 그러기 위해 무엇보다도 먼저 필요한 것이 있다.

　즉, 위대한 건강이 필요하다. 건강을 갖고 있을 뿐만 아니라 건강을 끊임없이 획득하고 또 획득해야 한다. 왜냐하면 건강을 자꾸만 버리고 버려야 하기 때문이다. ……그리고 이상의 아르곤호 승무원들인 우리는 영리하다기보다는 용감하고, 자주 난파당하고 파손당하면서도 얄미울 정도로 또는 위험할 정도로 건강하고 어떠한 피로에도 곧 건강을 되찾는다. 그것은 마치 오랫동안 이 상태로 항해를 계속한 그 대가로 그 경계를 아직 아무도 내다본 일이 없고, 한 번도 발견된 적이 없는 나라, 이제까지의 모든 나라들과 고을들의 피안을 보고 있는 것처럼 여겨질 것이다. 호기심은 물론이거니와 소유욕까지 넋을 잃을 정도로――아, 이젠 다른 아무것으로도 충족되지 않을 만큼 그렇게 풍족하게 이들 낯선 곳, 의심스런 것, 무서운 것과 신적인 것을 간직한 하나의 세계를 눈앞에 보고 있는 것처럼 말이다!

그러한 것을 지식과 양심의 갈망을 갖고서 본 뒤에 여전히 현재의 인간에 만족할 수 있겠는가? 현재의 인간이 품은 가장 소중한 목표와 희망을 잠자코 진지하게 바라본다는 것, 아니 어쩌면 한 번도 바라보지 않을지도 모른다는 것, 이것은 매우 고약하긴 하나 어쩔 수 없는 일이기도 하다. 하나의 다른 이상——신기하고, 유혹적이고, 위험이 많은 이상——이 우리 앞에 달려 온다. 우리는 아무에게도 그 이상을 갖도록 설득하고 싶지 않다. 그 누구도 그것에 대한 권리가 있다고 우리는 쉽사리 승인해주지 않기 때문이다. 그 이상이란 자연히 용솟음쳐 넘치는 풍요와 힘에서 뛰노는 소박한 정신의 이상이다. 그리고 이제까지 성스럽고 선량하고 불가침이며 신적이라 불려져 왔던 모든 것이다. 당연히 가치 척도로서 갖고 있는 최고의 것이 이러한 이상의 정신은 민중에게는 이미 위험, 타락, 굴욕 같은 것 아니면, 최소한 휴양이나 맹목성, 일시적인 자기망각 같은 것으로 보일 것이다. 예컨대 이제까지 지상에서 진지하던 몸짓, 말, 음향, 시선, 도덕 과업을 이루기 위한 온갖 의식 옆에 이상이 그것들과 가장 닮은 풍자시처럼 놓인다면, 그 인간적이면서도 초인간적 안녕과 호의를 지님에도 불구하고 위대한 진지함으로 시작되고 본연의 의문 기호가 찍힐 것이다. 그러면 영혼의 운명이 방향을 바꾸고 시계 바늘이 움직이며, 그곳으로부터 비극이 시작될 것이다.

3

19세기 말 강력한 시대의 시인들은 영감이라 불렀던 것에 대해 뚜렷한 개념을 갖고 있는가? 갖고 있지 않다면 내가 그것을 묘사하리라. 자기 안에 조금이라도 미신의 잔재를 갖고 있다면, 자기가 단순한 화신, 단순한 입, 단순히 강렬한 힘들의 매개체에 불과하다는 상념을 좀처럼 몰아낼 수 없을 것이다. 계시라는 개념은 뭔가가 갑자기 이루 말할 수 없는 확실성과 미묘성을 갖고 사람의 가장 깊은 곳에 충격을 주거나, 감동시키는 뭔가가 눈에 보이고 귀에 들리게 된다는 의미에서 그저 상황을 묘사하는 것이다. 사람은 듣는 것이지 찾는 것이 아니다.

사람은 누가 거기서 주는가를 묻지 않고 받는 법이다. 번갯불처럼 어떤 생각이 번쩍 떠오른다. 필연적으로 망설이지 않는 형태로. 나는 한 번도 선택해 본 일이 없었다. 그 굉장한 긴장이 때로 눈물의 강물로 녹아 흘러 황홀경에 빠진다. 그때는 발걸음이 무의식중에 빨라졌다 느려졌다 한다. 발가락까지 수없이 잔 전율과 넘쳐흐르는 뚜렷한 의식이 느껴지는 완전한 무아경 속에서 가장 고통스러운 것과 우울한 것이 대립하지 않고 서로를 제한한다. 그리고 본능은 빛의 충만 속에서 필연적인 빛깔로 작용하는 행복, 심연, 형식들의 넓은 공간 위에 퍼진 율동적 관계를 감시한다. 멀리 퍼져 있는 율동, 그 길이를 감지하려는 욕구는 영감의 힘을 재는 척도이다. 그 압력과 긴장에 작용하는 조화로운 모든 일은 가장 나의 뜻과 반대로 일어난다.

그러나 마치 자유 감정의 폭풍, 필연적인 힘이라는 신성한 폭풍 속에서처럼 상징의 반의지성, 비유의 반의지성은 가장 진기한 일이다. 사람은 상징이 무엇인가, 비유가 무엇인가를 더 이상 알지 못할 것이다. 모든 것은 가장 가까운, 가장 올바른, 가장 단순한 표현으로 나타난다.

차라투스트라의 말을 떠올려 보면 거기에선 마치 사물들이 다가와서 자기를 비유적으로 제공해 주는 것처럼 보이는 것이다. "여기서 모든 사물은 애무하면서 그대의 역설에 다가와서 아첨한다. 그것은 그대의 등을 타고 가려 하기 때문이다. 그대는 모든 비유를 타고 진리에 도달할 수 있다. 여기서는 모든 존재의 말과 말의 상자가 튕겨 열린다. 모든 존재가 말이 되려 한다. 모든 생성이 그대에게서 말하는 법을 배우려 한다." 이것이 영감에 대한 나의 경험이다. "내 영감도 역시 그러하오." 이렇게 말할 수 있는 누군가를 발견하기 위해서는 수천 년을 거슬러 올라가야 한다는 것을 나는 의심치 않는다.

4

그 뒤 2, 3주일 동안 나는 제네바에서 앓아누워 있었다. 그러고 나서 로마에서의 우울한 봄이 이어졌다. 여기서 나는 삶을 겨우 살았다. 쉬운 일은 아니었다. 내 뜻으로 선택한 곳도 아니었고, 차라투스트라의 시인에게는 지상 최악의 고장이었기 때문에 나는 짜증이 났다. 나는 그곳에서 벗어나 아퀼라로 가려고 했다. 이곳은 로마에 대한 반대 개념으로, 내가 언제고 하나 세우고 싶은 도시였고 로마에 대한 적대감에서 세워진 곳이다.

이곳은 무신론자이며 교회의 적, 즉 나의 가장 가까운 친척 가운데 하나인 호엔슈타우펜의 위대한 황제 프리드리히 2세를 기념하기 위해 세워졌다. 그

차라투스트라는 이렇게 말했다 989

러나 나는 재수가 없었다. 되돌아오지 않으면 안 되었던 것이다. 반그리스도 교적인 지방을 찾으려다가 지쳐서 결국 나는 바르베리니 광장으로 만족하기로 했다. 한번은 나쁜 냄새를 될 수 있는 대로 피하기 위해 델 쿠이니랄 궁전에 철학자를 위한 조용한 방이 있는가 알아 본 일이 있지 않았나 생각된다. 그곳에서 로마를 조망할 수 있고 저 아래 깊숙한 분수대의 물이 좔좔 흐르는 소리가 들리는 바르베리니 광장 위 높은 전망대에서 시 가운데 가장 외로운 시, 바로 밤의 노래가 지어졌다.

이 시절에 이루 말할 수 없는 우울한 선율이 늘 나의 주변에 떠돌았는데, 그 후렴을 나는 '불멸성 앞에서 죽은……'이라는 말 가운데서 다시 찾았다. 여름에 차라투스트라에 대한 생각의 첫 번갯불이 뇌리에 스쳤던 그 성지로 돌아와서 《차라투스트라》 제2부를 얻었다. 열흘로 충분했다. 나는 어떤 경우에도, 제1부도 마지막 제3부도 그보다 더 많은 시간이 필요하지 않았다. 그해 겨울 처음으로 내 인생을 비춘 니스의 온화한 하늘 아래에서 나는 《차라투스트라》의 제3부를 발견했다. 그리고 그것은 완성되었다.

모두 통틀어 1년이 채 걸리지 않았다. 니스의 풍경에서 숨겨진 많은 장소들과 언덕들이 잊을 수 없는 순간들을 통해 나에게 바쳐졌다. '낡은 판자와 새 판자에 대하여'라는 제목을 붙인 그 결정적인 부분은 정거장에서 기막힌 무어인들의 바위성에 싸여 아주 힘들여 올라가며 쓴 것이다. 창조적인 힘이 가장 풍부하게 흐를 때면 언제나 근육이 민첩하게 움직였다. 육체는 영감을 받고 있었다. 우리 '영혼'은 빼고 이야기하자. 사람들은 자주 내가 춤추는 것을 보았을 것이다. 나는 피곤이라는 것을 몰랐으며 7, 8시간쯤은 산을 돌아 다닐 수 있었다. 나는 잠을 잘 잤고 많이 웃었다. 완전히 건강했으며 참을성이 있었다.

5

이 30일 동안의 작업을 제외한다면, 《차라투스트라》를 쓴 해와 그 뒤 여러 해는 비할 나위 없는 비상상태였다. 사람은 불멸하기 위해 비싼 대가를 치러야 한다. 살아 있을 때 여러 차례 죽어야 하는 것이다. 내가 위대한 것의 원한이라 부르는 것이 있다. 작품이든 행위이든 그 어떤 위대한 것이 일단 완성되면, 그것은 당장 그것을 행한 사람에게 대항한다. 그가 그것을 했다는 이유 때문에 그는 이제 쇠약해진다. 그는 자기의 행위를 더 이상 견디지 못하고 그것의 얼굴을 더 이상 들여다보지 못한다. 한 번도 바랄 수 없었던 그 무엇을 뒤에 갖고 있는 일, 그 속에 인류 운명의 매듭이 맺어지는 그 무엇을 말이다. 이제 그것을 짐 지고 있는 일! 그것은 그를 거의 깔려죽게 한다.

위대한 것의 원한! 그것은 주위에서 들리는 몸서리나는 정적이다. 고독은 일곱 겹의 피부로 싸여 있다. 아무것도 더 이상 그것을 뚫고 나가지 못한다. 사람들에게로 다가가고 친구들에게 인사를 해도 말이다. 새로운 적막이 감돌고 더 이상 인사하는 눈초리라곤 없다. 그나마 나은 경우에는 일종의 반란이 있을 뿐이다. 그러한 반란의 징조는 참으로 가지가지였으나 가깝게 지내던 거의 모든 사람에게서 경험했다. 갑자기 거리를 느끼게 하는 것보다 더 모욕적인 것은 없는 듯하다. 고귀한 천성을 지닌 사람치고 존경하는 일 없이 어떻게 살아야 하는지를 모르는 경우는 드물다.

세 번째 원한은 피부가 조그만 자극에도 터무니없을 정도로 민감하다는 것, 즉 온갖 사소한 일에 일종의 당혹감을 느낀다는 것이다. 이 당혹감은 온갖 방어력이 막대하게 소모되어서 생기는 것 같다. 한데 이 방어력의 소모는 모든 창조적인 행위, 가장 독자적이고 가장 내적인, 가장 밑바닥에서 나오는 행위의 전제가 되는 것이다.

그렇게 해서 조그마한 방어 능력은 사라질 뿐이다. 이 방어 능력에는 더 이상 아무런 힘도 흘러들어가지 않는다. 그런 사람은 소화를 잘 못 시키고 좀처럼 움직이려 하지 않고 한기나 불신감에 내맡겨져 있다고 나는 감히 암시한다——대개 단지 병원학적인 실책에 불과한 불신감에 말이다. 그러한 상태에서 어느 땐가 더 온화하고 더 어진 생각을 다시 하게 되면서, 나는 소 떼가 가까이 있음을 느꼈다. 그것을 보기도 전에 말이다. 온화하고 어진 생각 자체는 온기를 지니고 있다.

6

이 작품은 철저하게 홀로 서 있다. 시인들은 제쳐 놓기로 하자. 이 작품처럼 넘치는 힘으로 쓰인 것은 하나도 없을 것이다. '디오니소스적'이라는 나의 개념은 이 작품에서 최고의 행위가 되었다. 이것에 비하면 나머지 인간이 행한 것은 모두 구차하고 한정된 것처럼 보인다.

괴테나 셰익스피어 같은 시인도 이와 같은 정열과 경지에서는 한순간도 숨을 쉬지 못했을 것이다. 차라투스트라에 비하면 단테도 그저 신봉자에 불과하며, 진리를 먼저 창조하는 자도 세계를 지배하는 정신이나 운명도 아니다. 베다의 시인들도 사제에 불과하며 차라투스트라의 구두끈을 풀어줄 만한 가치조차 없다. 이 모든 것은 최소한의 것으로, 작품이 살고 있는 거리에 대해, 하늘빛 고독에 대해 일깨워 주지는 못한다.

차라투스트라는 다음과 같이 말할 권리를 영원히 갖고 있다. "나는 내 둘레에 원을 만들어 성스런 경계를 완성한다. 산이 높아질수록 나와 더불어 오르는 사람은 점점 줄어 간다. 나는 갈수록 성스러워지는 산들을 모아 하나의 산맥을 만든다." 모든 위대한 영혼의 정신과 자애를 한데 모은다고 하자. 그래도 차라투스트라의 말 한마디를 내놓지는 못할 것이다. 그가 오르내리는 사다리는 거대하다. 그는 그 어떤 인간보다 더 멀리 보고 더 멀리 바라고 더 멀리 갈 수 있었다.

그는 모든 말로 항변을 한다. 모든 정신 가운데서 가장 긍정하는 이 정신, 그 속에서 모든 대립이 새로운 통일을 이룬다. 인간이 타고난 최고의 힘, 최저의 힘, 가장 감미로운 것, 가장 경쾌한 것, 가장 무서운 것이 하나의 샘에서 불멸의 확실성을 갖고 용솟음쳐 나온다. 그때까지는 사람들은 높이가 무엇인지, 깊이가 무엇인지를 알지 못한다. 진리가 무엇인지는 더욱더 모른다. 이러한 진리의 계시 속에는 이제까지 가장 위대한 자들 가운데 한 사람도 알아차린 순간은 하나도 없었다. 차라투스트라 이전에는 지혜도, 영혼 탐구도 어떠한 이야기법도 없었다. 가장 비슷하고 가장 일상적인 말이 《차라투스트라》에서는 전대미문의 이야기가 되는 것이다. 잠언은 정열에 떨고 웅변은 음악이 되며 번갯불은 이제까지 추측된 일 없는 미래를 향해 미리 내던져진다.

이제까지 있었던 비유는 아무리 강력하더라도 빈약하며 상징적인 천성으로 되돌아온 언어에 비한다면 장난에 불과하다. 그런데 차라투스트라는 어떻게 산에서 내려와 모든 사람들에게 가장 자비로운 말을 하는 것일까. 어떻게 그는 심지어 자신의 적인 사제들까지 부드러운 손으로 잡고, 그들과 함께 그들 때문에 괴로워한단 말인가! 여기서 인간은 모든 순간마다 극복되고, '초인'이라는 개념이 가장 큰 현실이 되었다.

여태껏 인간들이 위대하다고 일컫던 모든 것은 초인과는 무한히 먼 곳에 있다. 그 누구도 평온함이나 가벼운 발걸음, 악의와 교만의 편재, 그리고 차라투스트라의 유형에 있는 전형적인 모든 것을 위대성의 본질이라고 생각지 않았다.

차라투스트라는 바로 자기가 차지하는 공간이 넓다는 이유에서, 대립하고 있는 것에서도 마음대로 드나들 수 있다는 이유에서 스스로를 온갖 존재하는 것들 중 최고의 유형으로 느끼는 것이다. 그런데 그가 이것을 어떻게 정의하는가를 듣는다면 사람들은 그의 비유를 찾겠다는 생각을 단념할 것이다.

> 가장 긴 사다리를 갖고 있으며 가장 깊은 곳까지 내려갈 수 있는 영혼,
> 자기 속에서 가장 멀리 달리고, 그 속에서 길을 잃고 방황할 수 있는 가장 폭넓은 영혼,
> 기꺼이 우연 속에 떨어지는 가장 필연적인 영혼,
> 생성 속으로 들어가려는 존재하는 영혼,
> 의지와 욕망 속으로 들어가려는 소유하는 영혼——
> 스스로에게서 도망치고, 가장 넓은 원 안에서
> 다시 스스로를 따르는 영혼,
> 바보 같은 소리가 가장 감미롭게 말을 거는 가장 지혜로운 영혼,
> 온갖 사물들 안에서 순류(順流)와 역류(逆流)를 거듭하며, 썰물과 밀물을 교차시키는, 자기 자신을 가장 사랑하는 영혼——

이것이야말로 디오니소스의 개념 그 자체이다. 다른 생각도 바로 이 개념에 이끌려 간다. 차라투스트라 유형의 심리학적인 문제는 이러하다. 여태껏 사람들이 긍정한 모든 것에 대해 한 번도 들은 일이 없을 정도로 부정하고 부정의 행동을 하는 자가 어떻게 부정하는 정신의 반대일 수 있는가 하는 것이다. 또한 가장 무거운 운명과 과업의 숙명을 이고 있는 정신이 어떻게 가장 경쾌한 정신, 가장 피안적인 정신일 수 있는가 하는 것이다. ——차라투스트라는 춤추는 자이다. 현실에 대해 가장 가혹하고 무서운 달관을 하고 있으며 '가장 심연적인 사상'을 사유한 정신이 어떻게 그 가운데서 존재에 대한 어떠한 항변도, 심지어 존재의 영원한 회귀에 대한 어떠한 항변도 찾지 못하

는가 하는 것이다. 게다가 오히려 자기 자신이 모든 사물을 영원히 긍정하는 이유, 즉 "터무니없이 무제한으로 긍정과 아멘을 말하는" 이유를 어떻게 발견하는가 하는 것이다. ……"모든 심연 속에까지 나는 축복하는 긍정의 말을 갖고 가노라"……그런데 이것이야말로 또다시 디오니소스의 개념인 것이다.

7

그러한 정신이 자기 자신과 이야기할 때는 무슨 언어를 사용할까? 그것은 송가의 언어(바카스 찬가)이다. 나는 송가의 발명가이다. 차라투스트라가 해뜨기 전에 자기 자신과 어떻게 이야기하는가를 들어보라. 에메랄드 빛 행복, 그러한 신적인 상냥함을 입에 올린 사람은 나 이전엔 아무도 없었다.

디오니소스의 가장 깊은 우수도 송가가 된다. 이에 대한 표시로서 나는 밤의 노래를 들어보겠다. 햇볕과 넘치는 힘으로 말미암아, 그의 태양 같은 천성으로 말미암아 사랑할 수 없는 운명을 타고난 불멸의 비탄을.

> 밤이어라. 이제 솟아오르는 모든 샘들이 소리 높여 이야기하도다. 한데 내 영혼 또한 솟아오르는 샘이어라.
> 밤이어라. 이제 비로소 연인들의 모든 노래가 눈을 뜨도다. 한데 내 영혼 또한 사랑하는 사나이의 노래이어라.
> 진정되지 않은 것, 진정될 수 없는 것이 내 안에 깃들어 있어 소리 높여 지껄이려 하노라. 사랑하려는 갈망이 내 안에 깃들어 있어 스스로 사랑의 언어를 지껄이도다.
> 나는 빛이어라. 아, 밤이고도 싶도다! 그러나 빛에 둘러싸여 있으니 이것이 나의 고독이어라.
> 아, 내가 어둡고 밤이라면 좋으련만! 얼마나 내가 빛의 젖가슴을 빨고 싶었던가!
> 너희들 반짝이는 별들과 저 하늘 위 개똥벌레들이어! 너희들마저 나는 축복하고 싶노라. 너희 빛의 선물을 받고 나는 즐거웠다.
> 그러나 나는 내 빛 속에서 사노라. 나는 내게서 빠져나간 불꽃을 내 속에 되삼키노라.
> 나는 받는 자의 행복을 알지 못하노라. 그래서 자주 나는 꿈을 꾸었나

니, 훔치는 것이 받는 것보다 차라리 복되리라고.

내 손은 빛을 남에게 주노라. 한 번도 쉬는 일 없는 이 손이 나의 가난이어라, 기다리는 눈을 보고 밝게 비춰진 동경의 밤을 보며 나는 부러워하노라.

오오, 주기만 하는 자들의 불행이여! 오 어두워 가는 나의 태양이여! 오, 갈망을 향한 갈망이여! 오, 포만 속에 지독한 허기여!

그들은 내게서 받노라. 그러나 나는 그들의 영혼을 건드리는가? 받는 것과 주는 것 사이에는 심연이 있나니, 가장 작은 심연에 다리 놓기는 제일 어려운 일이어라.

나의 아름다움에서 허기가 싹트노라. 내가 비추는 자들에게 나는 상처를 주고, 내가 베푼 것들을 훔쳐 내고 싶어라. 이처럼 나는 악에 굶주려 있노라.

누가 손을 뻗치면 나는 손을 움츠리노라. 쏟아져 내리면서도 머뭇거리는 폭포처럼 나는 망설이노라. 이처럼 나는 악에 굶주려 있노라.

그러한 복수를 생각해 낸 것은 나의 충만이었노라. 그러한 간계가 나의 고독에서 넘쳐 나왔도다!

베푸는 나의 행복은 베푸는 가운데 죽어 버리고 내 덕망은 그 도가 지나쳐 스스로 지쳤도다!

베풀기만 하는 자의 위험은 부끄럼을 잃는 것이니, 나누어주기만 하는 자의 손과 마음은 온통 나누어주느라 멍이 드노라.

간청하는 자의 부끄럼 앞에서도 내 눈은 더 이상 넘쳐흐르지 않고, 눈물은 채워진 손의 떨림을 느끼기엔 너무 굳어 버렸노라.

내 눈의 눈물과 내 가슴의 솜털은 어디로 가버렸나? 오, 주는 자들의 고독이여! 오, 비추는 자들의 침묵이여!

숱한 태양이 거친 공간 속을 빙글빙글 돌고 있노라. 어두운 것에게 태양은 빛으로 이야기하나 나에겐 묵묵히 말이 없도다.

오, 이것은 비추는 자에 대한 빛의 적의! 냉엄하게 빛은 제 길을 가노라.

비추는 자에게 바르지 못한 마음을 깊이 품고 다른 태양들에게 냉정히 그렇게 태양은 모두 돌고 있노라.

폭풍처럼 태양들은 제 길을 돌아가노라. 가차 없는 의지에 따르노라. 이
것이 그들의 냉엄성이도다.

오, 너희들 어두운 자들, 밤과 같은 자들, 너희들이야말로 비추는 자에
게서 온기를 만드는 자들이도다! 너희들이야말로 빛의 젖가슴에서 우유
와 청량 음료를 마시는 자들이도다!

오, 내 둘레엔 얼음이 차 있도다. 내 손은 얼음에 화상을 입노라! 오,
내 안에는 갈증이 있도다. 너희들의 갈증을 찾아 야위어 가는 갈증이!

밤이어라. 아, 내가 빛이어야 하다니! 밤 같은 것에 대한 갈증이여! 고
독이여!

밤이어라. 이제 샘처럼 내게서 갈망이 터져 나오노라. 이야기하려는 나
의 갈망이!

밤이어라. 이제 모든 솟아오르는 샘물이 소리 높여 이야기하도다. 한데
내 영혼 또한 솟아오르는 샘이어라.

밤이어라. 이제 연인들의 모든 노래가 눈을 뜨도다. 한데 내 영혼 또한
사랑하는 사나이의 노래이어라.

8

이와 같은 것은 이제까지 한 번도 씌어지지도, 느껴지지도 않았으며 그렇
게 괴로워했던 적도 없었다. 이렇게 괴로워하는 고독의 송가에 대한 응답은
아리아드네일 것이다. 아리아드네가 무엇인가를 아는 사람이 나 외에 누가
있을까! 그 모든 수수께끼에 대해서 이제까지 해답을 얻은 사람은 아무도
없었다.

여기서 수수께끼가 있다는 것을 본 사람이 과연 있었는지도 나는 의심스
럽다. 차라투스트라는 언젠가 자기 과업의——나의 과업이기도 하다——의
미에 대해 사람들이 오해하는 일이 없도록 다음과 같이 규정했다. 그는 모든
지나간 것을 정당화할 정도로, 그것들을 구제할 정도로 긍정적이다.

나는 인간들 사이를, 미래의 파편들 사이를 방황한다. 내가 바라다보는
그 미래를.

파편이고, 수수께끼이며, 무서운 우연인 것을 하나로 농축하여 수집하

는 것, 그것이 나의 시작(詩作)이며 노력이다.

만일 인간이 시인이나 수수께끼를 푸는 자, 우연의 구제자가 아니라면 어떻게 나는 내가 인간임을 견딜 것인가?

지나가버린 것들을 구제하기도, 모든 '있었다'를 '그렇게 나는 하려고 했다!'로 고치는 것, 그것이 비로소 내가 구제라 부르는 것이리라.

차라투스트라는 또 다른 곳에서 될 수 있는 대로 엄격하게 오직 무엇만이 그에게 인간일 수 있는가를 규정하고 있다. 인간은 결코 사랑이나 동정의 대상이 아니다. 차라투스트라는 인간에 대한 엄청난 구토도 극복했다. 그에게 인간이란 조각가를 필요로 하는 하나의 기형, 하나의 재료, 하나의 추악한 돌이다.

더 이상 바라지 않는 것과 평가하지 않는 것, 그리고 더 이상 창조하지 않는 것, 오오, 이 커다란 권태가 영원히 내게서 멀리 떠나 버렸기를!

인식에서도 나는 내 의지의 생산과 생성의 의욕만을 느낀다. 만일 내 인식 가운데 천진성이 들어 있다면, 그것은 생산에 대한 의지가 거기에 있기 때문이다.

신들에게서 나를 멀리 유혹하여 끌어낸 것은 이 의지였다. 만일 신들이 거기에 존재한다면, 도대체 무엇을 만들 수 있단 말인가?

의지는 나를 인간에게로 다시금 내쫓는다. 내 불타는 창조 의지가 망치로 돌을 쪼는 것과 마찬가지로.

아, 너희 인간들이여! 돌 속에 하나의 상(像)이, 상 가운데 상이 잠들어 있다. 아, 그것이 가장 딱딱하고 추악한 돌 속에서 잠자고 있어야 하다니!

이제 내 망치는 잔인하게도 그 감옥을 향해 광폭하게 덤벼든다. 돌에서 파편이 흩날린다. 그것이 내게 무슨 상관이랴!

나는 그것을 완성하려 한다. 하나의 그림자가 내게로 왔으니 말이다. 모든 것들 중에서 가장 조용하고 가장 가벼운 것이 왔다!

초인의 아름다움이 그림자가 되어 나에게로 온 것이다. 이제 나에게는 신들이 무슨 상관이랴!

나는 마지막 관점을 강조하려 한다. 밑줄을 친 시구가 계기를 제공한다. 디오니소스적인 과업에는 망치의 딱딱함이나 파괴에서 느끼는 쾌락이 결정적인 전제 조건이다. '딱딱해지라!'는 명령은 모든 창조자가 딱딱한 것에 가장 기본적인 확실성을 갖는다는 것인데, 이것이야말로 디오니소스적인 천성의 표시이다.

선악을 넘어서
미래 철학의 서곡

1

그 뒤 계속되는 수년 동안의 내 과제는 가능한 한 엄격하게 예정되어 있었다. 내 과제 중 긍정하는 부분이 풀리면 이번에는 부정하고 부정을 행하는 과제의 나머지 반쪽이 풀릴 차례가 온다. 그것은 이제까지 가치의 전환인 위대한 싸움이 결정의 날을 불러내는 일이다.

이 과제에는, 강한 힘을 갖고 있어서 파괴를 위해 나에게 손을 빌려 줄 그러한 지지자들을 찾아 천천히 사방을 둘러보는 일도 포함되어 있다. 그때부터 내 글들은 낚싯바늘이 되었다. 어쩌면 나는 그 누구보다 낚시하는 법을 잘 알고 있지 않을까? 아무것도 잡히지 않았으나 그건 내 잘못이 아니다. 물고기가 없었던 것이다.

2

이 책(1886년)은 본질적으로 현대성을 비판한다. 현대과학, 현대예술, 심지어는 현대정치까지도 제외되어 있지 않다. 동시에 이것은 그 반대 전형, 즉 가능한 한 덜 현대적인 고귀하고 긍정하는 전형에 대한 암시이기도 하다. 후자의 의미에서 이 책은 귀공자의 학교이다. 이 개념을 이제까지 이해된 것보다 한결 더 정신적이고 과격하게 해석해서 말이다. 이 개념을 견뎌 내려면 사람은 몸에 용기를 지니고 있어야 한다. 무서움을 배워서는 안 된다. 이 시대가 자랑으로 삼는 모든 것들은 이 유형과 모순되어 거의 나쁜 관습으로 느껴진다.

예컨대 그 유명한 '객관성'이나 모든 고뇌하는 자들에 대한 동정, 남의 취미에 굴복하고 하찮은 일 앞에 엎드려 복종하는 '역사적 감각', '과학성' 따위가 있다. 이 책이 《차라투스트라》를 뒤따른다는 점을 생각한다면, 이 책이 만들어진 섭생법을 알게 될 것이다. 강요로 말미암아 멀리 보는 습관이 들어버린 눈이——차라투스트라는 러시아 황제보다 더 원시적이다——여기서는 가장 가까운 것을, 시대를, 우리 주변의 것을 예리하게 파악하도록 강요받는다.

그러므로 이 책의 모든 부분에서, 특히 형식에서 차라투스트라를 가능하게 했던 본능의 고의적 배반을 발견할 것이다. 형식과 의도와 침묵의 기술에서 세련됨이 전면에 두드러져 나타난다.

또 심리학이 혹독하고 잔인하게 뚜렷이 구사된다. 이 책에는 친절한 말이란 찾아볼 수 없다. 이 모든 것이 휴양을 취한다. 차라투스트라처럼 선의를 낭비한 뒤에 어떤 휴양이 필요한지 누가 알겠는가? …… 신학적으로 말한다면——내가 신학자로서 이야기하는 일은 드무니 귀를 기울여 주기 바란다——일과 후 인식의 나무 아래 뱀이 되어 드러누운 것은 신 자신이었다.

그런 식으로 신은 자기가 신이라는 것에서 벗어나 휴양했던 것이다. 신은 모든 것을 너무도 아름답게 만들었다. 악마란 7일째의 신의 한가로움에 불과하다.

도덕의 계보
논쟁의 책

이 계보를 이루고 있는 세 편의 논문은 아마도 표현, 의도, 놀라게 하는 기술 면에서 이제까지 쓰인 것 중 가장 끔찍한 것이리라. 알다시피, 디오니소스는 암흑의 신이기도 하다. 세 편마다 시작 부분이 사람을 어리둥절하게 한다. 차갑고 과학적이고 심지어는 풍자적이고 일부러 눈에 띄게 하고 끈덕지게 늘어지기도 한다. 또 차츰 불안이 더해간다. 산발적인 번갯불, 불쾌한 진리가 멀리에서 들리는 둔중한 소리와 함께 요란해지면서——거친 템포에 도달하기까지 모든 것이 굉장한 긴장 속에 앞으로 내닫는다.

마지막 부분에는 완전히 소름끼치는 폭음 아래 두꺼운 구름 사이에서 새로운 진리가 눈에 보인다.

첫 번째 논문의 진리는 그리스도교의 심리학이다. 그리스도교는 원한의 정신에서 탄생했다. 흔히들 믿고 있듯이 '정신'에서 나온 것이 아니다. 그것은 본질적으로 하나의 반대 운동이며 고귀한 가치의 지배에 맞선 커다란 반란이다.

둘째 논문은 양심의 심리학을 그리고 있다. 양심이란 보통 생각하는 것처럼 '인간 내부에서 나오는 신의 소리'가 아니다. 양심은 더 이상 밖으로 방출할 수 없게 될 때 자신에게로 그 방향을 돌리는 잔인함의 본능이다. 잔인함은 가장 오래 되고 도저히 빠뜨릴 수 없는 문화적 토대 가운데 하나로, 여기에서 처음으로 뚜렷이 제시되어 있다.

세 번째 논문은 금욕적인 이상, 즉 사제적 이상은 몹시 해로운 데다 종말로 치달으려는 의지를 지닌 퇴폐적인 이상임에도 불구하고 어디서 굉장한 힘을 가져오는가 하는 물음에 대답한다. 그 대답은, 흔히 믿듯이 신이 사제들의 뒤에서 움직이고 있기 때문이 아니라 그런 이상 보다 나은 것이 없기 때문이라는 것이다. 그러니까 이제까지 그것이 단 하나의 이상이었고 아무런 경쟁자도 없었기 때문이다.

"인간은 의지하지 않기보다는 차라리 무(無)를 의지하려 한다." 무엇보다 대항하는 이상이 없었다고——차라투스트라가 나오기 전에는——사람들은 이해하고 있었다. 모든 가치의 전환을 위한 심리학의 세 가지 결정적 예비 공작을 말이다. 이 책은 최초로 사제 심리학을 내포하고 있다.

우상의 황혼
어떻게 사람은 망치를 갖고 철학을 하는가

1

150쪽도 채 안 되는 책, 그 어조는 명랑하고 숙명적이며, 껄껄대는 악마이다. 어찌나 짧은 시간 안에 완성되었는지 며칠이라는 숫자를 더 써도 망설일 지경인 이 작품은 모든 책 가운데서도 가장 특별하다. 이보다 더 알맹이가 풍부하고 독립적이고 파괴적이고 더 악의적인 책은 없다.

나 이전에 모든 것이 어떻게 뒤집혔는가를 간단하게 알고자 한다면, 이 책부터 읽기 시작하라. 표지에 씌어 있는 우상이라는 것이 무엇인가는 간단하다. 우상은 이제까지 진리라 불렸던 바로 그것이다. 우상의 황혼——독일어로 쉽게 말하면, 낡은 진리는 끝장이 난다는 뜻이다.

2

이 책에서 건드리지 않은 현실이나 '이상성'은 없다. (건드리다, 이 얼마나 조심스럽고 완곡한 표현인가.) 그저 영원한 우상들뿐만 아니라 젊은 우상들, 가장 어린 우상들도 건드린다. 예컨대 '현대적 이념' 따위 말이다. 큰 바람이 나무들 사이를 지나가고 곳곳에 열매들——진리라는 열매들이 떨어진다. 그 속에 풍족한 가을의 낭비가 있다. 사람은 진리에 걸려 비틀거리고, 심지어는 몇몇 진리를 밟아 죽이기까지 한다. 진리가 너무 많은 것이다.

그러나 사람이 손에 넣는 것, 그것은 이미 의심스러운 것이 아니다. 그것은 결단들이다. 나는 처음으로 '진리'에 대한 척도를 손에 넣었다. 내가 처음으로 결정할 수 있는 것이다. 마치 내 안에 두 번째 의식이 눈뜬 것 같다. 내 안의 '의지'가 여태껏 내리막길을 달렸던 경사진 길 위에 불을 켜기라도 한 것 같다. 경사진 길——사람들은 그것을 '진리'를 향해 가는 길이라 불렀다.

모든 '어두운 열망'은 끝났다. 선량한 인간일수록 올바른 길을 의식하지 못했다.

그리고 진지하게 말해서 나 이전에 올바른 길, 올라가는 길을 알고 있었던 사람은 아무도 없다. 내게서부터 비로소 희망, 과업, 문학의 규정될 수 있는 길이 다시 존재하게 된 것이다——나는 이것을 전하는 사도이다. 바로 이 때문에 나는 또한 운명이기도 한 것이다.

3

이 작품을 끝낸 뒤, 하루도 헛되이 보내는 일 없이 나는 가치 전환이라는 거대한 과업에 들어갔다. 무엇과도 비교되지 않는 나의 불멸성을 의식하고 청동판에 순간마다 한 자씩 운명의 확신을 갖고 새겨나갔다. 그 서문은 1888년 9월 3일에 썼다.

내가 이것을 쓴 다음 바깥에 나가자, 오버엥가딘이 일찍이 내게 보여준 것 가운데서 가장 아름다운 날이 내 앞에 펼쳐져 있었다. 투명하고 여러 빛깔로 불타며 얼음과 남국과의 사이에 온갖 대립, 온갖 중용을 모두 품고 있는 날 말이다. 홍수로 인해 예정보다 더 머무르다가 9월 20일에 이르러서야 나는 실스 마리아를 떠났다. 결국 나는 이 경이로운 곳의 유일한 손님으로 남아 있다. 감사 표시로 영원히 기억될 이름을 선사하고 싶다. 아주 늦은 밤에 홍수가 난 코모에 도착해 생명의 위협을 겪기까지 하는 등 여러 사건을 만난 뒤, 나는 21일 오후에 토리노에 도착했다.

나는 그해 봄에 묵었던 집을 다시 빌렸다. 비토리오 에마누엘레가 태어난 카를로 알베르토 광장은 물론이고 나아가서는 구릉지대까지 내다보였다. 나는 웅장한 카리냐노 궁 맞은편에 있는 카를로 알베르토 가(街) 6번지 4층에서 지체 없이, 잠시 기분 전환할 겨를도 없이 다시 일을 시작했다.

그 작품의 마지막 4분의 1만이 남아 있었다. 그러다가 9월 30일 대 승리의 날을 맞았다. 7일 만이었다. 포 강가를 따라 걸으며 산이 그러하듯 7일 만에 휴가를 즐겼다. 그날 《우상의 황혼》에 부치는 서문도 썼는데, 나는 이 《우상의 황혼》의 교정을 9월 중 휴양 삼아 보았던 것이다. 나는 한 번도 그러한 가을을 경험한 일이 없었다.

또한 지상에서 그러한 종류의 것이 가능하다고도 생각해보지 못했다. 클로드 로랭 같은 화가가 끝없이 추구하듯이 모든 하루하루가 완벽했다.

바그너의 경우
한 음악가──문제

1

이 책을 올바르게 평가하기 위해서는 쓰라린 상처로 괴로워하듯 음악의 운명에 괴로워해야 한다. 음악의 운명에 괴로워한다면, 나는 무엇에 괴로워하는 것일까? 나는 음악이 세계를 밝게 해주는 긍정의 성격을 잃어버렸다는 것에, 다시 말해 그것이 퇴폐적 음악이며 더 이상 디오니소스의 피리가 아니라는 것에 괴로워하는 것이다. 그러나 음악의 문제를 자기 자신의 문제처럼, 자신의 수난사처럼 느끼는 사람이라면, 이 책이 사려 깊고 매우 온화하게 느껴질 것이다.

그러한 경우에 쾌활하고 기분 좋게 자신을 조롱하는 것──진리를 말하여 온갖 가혹성을 정당화할 때 웃으면서 준엄한 일을 말하는 것──그것은 인간성 그 자체이다. 늙은 포병인 내가 바그너에 대해 포문을 여는 일쯤은 문제가 없다는 것에 누가 의심하겠는가? 나는 이 문제에서 모든 결정적인 것을 그냥 보류했다. 나는 바그너를 사랑했다. 결국 다른 사람이 쉽게 알아맞힐 수 없는, 섬세한 미지의 한 사나이에 대한 공격이 내 과업의 의미요, 방법이다. 오오, 나는 엉터리 음악인과는 아주 다른 '미지의 사나이들'을 폭로해야 한다. 물론 정신적인 일을 할수록 게을러지고 본능이 궁핍해지고 정직해지는 독일 국민에 대해서는 그 이상의 공격이 필요하다.

독일 국민은 부러워할 만한 식욕으로 대립된 것들에게서 영양을 섭취하고 있으며, '신앙'도 과학과 마찬가지로, '그리스도교적 사랑'도 반유태주의와 마찬가지로, 권력(제국)에의 의지도 천한 자들의 복음(註60)과 마찬가지로 아무 문제 없이 소화시킨다. 대립된 것들 사이에서 어느 당의 편도 들지 않는 것! 이 위장의 중립성과 '무사성(無私性)'! 모든 것에 똑같은 권리를 주며──모든 것을 다 맛있게 느끼는──독일인 미각의 공평한 감각……의심할 여지없이 독일인들은 이상주의자들이다. 마지막으로 독일을 방문했을 때, 나는 바그너와 재킹엔의 트럼펫 연주자에게 똑같은 권리를 주려고 애쓰는 독일인의 취향을 발견했다.

단순한 독일 제국의 국민이 아니라 옛날 의미에서 독일적인, 가장 진정한 독일적인 음악가인 거장 하인리히 쉬츠에게 경의를 표하기 위해서라고 말하면서, 사람들이 라이프치히에 교활한 교회 음악을 보급할 목적으로 리스트 협회를 설립하는 것을 나는 직접 목격했다. 의심할 여지없이 독일인들은 이상주의자들이다.

2

아무도 내가 여기서 험상궂게 독일인들에게 두서너 가지의 가혹한 진리를 말하는 것을 방해해서는 안 된다. 나 아니면 누가 그것을 할 것인가? 나는 역사적인 사항에서 그들의 볼썽사나움에 대해 이야기하려 한다. 독일의 역사가들은 문화의 과정이나 가치에 대한 위대한 시선을 송두리째 잃어 버렸을 뿐만 아니라, 모조리 정치의 (혹은 교회의) 어릿광대이다.

그들은 이 위대한 시선을 추방해버렸다. 사람은 일단 '독일적'이어야 하고 '종속적'이어야 한다는 것이다. 그래야 역사적인 일에 모든 가치와 무가치를 결정할 수 있다는 것이다. '독일적'이란 것은 하나의 근거이며, '모든 것 위에 우뚝 솟은 독일'은 원칙이다.

게르만인들은 역사상 '도덕적인 세계 질서'이다. 로마 제국과의 관계에서는 자유의 기수요, 18세기와의 관계에서는 도의의 재건자, 즉 '정언적 명령'의 재건자이다. 이제는 독일제국의 역사 기술이 있으며, 심지어 반유태적인 역사 기술이 있을지도 모른다. 궁정적 역사 기술이라는 것도 있는데, 폰 트라이치케 씨는 이를 창피하게 생각지도 않는다.

최근 역사적 사건에 대한 한 바보 같은 판단이, 즉 다행히도 죽은 슈바벤의 미학자 피셔의 한 문장이 모든 독일인이 반드시 긍정해야 할 하나의 진리로써 독일의 신문들에 반복 게재되었다. "르네상스와 종교 개혁, 이 두 가지가 합쳐져야만 비로소 전체를 이룬다. 미학적 부활과 도덕적 부활"——이런 문장을 보면 나는 더 이상 참을 수가 없다. 이 모든 일에 그들이 얼마나 많은 책임이 있는가를 독일인들에게 한 번 말해 주고 싶은 생각이 들며 심지어 그것을 의무로 느낀다. 4백 년 동안 일어난 모든 큰 문화 범죄에 독일인들은 책임이 있다! 그런데 그것은 항상 똑같은 이유에서 비롯된다. 즉 진리에 대한 비겁함에서, 현실에 대한 그들의 가장 내적인 비겁함에서, 그들에게는 본능이 되어 버린 허위성에서, '이상주의'에서 나온 것이다. 독일인들은 유럽의 마지막 위대한 시대, 즉 르네상스 시대의 수확과 의미를 없애 버렸다. 이제는 더 높은 가치질서와, 고귀한 생명, 긍정적인 가치와 미래를 보증하는 가치가 몰락한 반대 가치에 굴복하고 거기 앉아 있는 자들의 본능 속에까지 들어간 순간이었다. 루터, 이 재앙의 사제가 교회를 부흥시켰다. 그리고 수천 배 더 고약한 일은 그가 그리스도교를 부흥시켰다는 것이다.

그리스도교가 쓰러져 가던 그 순간에 말이다. 그리스도교, 삶을 위한 의지의 부정이 종교가 되어버리다니! 루터는 자기가 받아들여질 수 없다는 이유 때문에 교회를 공격하고, 결과적으로 교회를 재건했다. 가톨릭 신자들이야말로 루터 축제를, 그리고 루터 극을 만들 만한 이유가 있을 것이다. 루터, '도덕적 부활', 심리학 같은 건 모두 없어져 버려라! 의심할 여지없이 독일인들은 이상주의자들이다. 독일인들은 굉장한 용기와 자기 극복으로써 올바르고, 명료하고, 완전히 과학적인 사고방식을 달성했을 때, 두 번씩이나 옛날의 '이상'으로 가는 샛길을, 진리와 '이상'의 화해로 가는 샛길을, 사실은 과학을 거부하는 권리, 거짓말을 할 수 있는 권리에 대한 규칙을 발견할 줄 알았다.

라이프니츠와 칸트, 이 두 명이 유럽의 지적인 성실성을 크게 방해했다. 독일인들은 마침내 퇴폐적인 두 세기를 연결하는 다리 위에서 유럽의 통일, 정치적이고 경제적인 통일을 이루어내기에 충분한 천재와 의지의 불가항력이 눈에 보이자, 세계 재패를 목표로 '자유 전쟁'을 수단으로 하여 나폴레옹의 존재 속에 들어 있는 의미, 그 기적과도 같은 의미를 유럽에서 말살해 버렸다. 따라서 그들은 그 다음에 온, 오늘날의 모든 것에 책임이 있다. 이 세상에 존재하는 이러한 반문화적인 병과 비이성, 민족주의적인 유럽이 앓고 있는 국민적 노이로제, 유럽의 소국 분립과 소극 정치의 영구화에 책임이 있는 것이다. 그들은 심지어 유럽에서 유럽의 의미를, 그 이성을 망쳐 버리고 유럽을 막다른 골목에 몰아넣었다. 나 말고 누가 이 막다른 골목에서 나오는 길을 아는가? 모든 민족을 다시 결합하려는 하나의 큰 과업을 말이다.

그런데 왜 나는 나의 의혹을 입 밖에 내서는 안 된단 말인가? 독일인들은 나에게도 하나의 터무니없는 큰 운명으로부터 생쥐 한 마리를 낳게 하려고 온갖 짓을 다 할 것이다. 그들은 이제까지 나와 적당히 타협해 왔다. 그들이 미래에 더 잘하리라고는 믿지 않는다. 아, 내 자신에 대해 말한다면 나는 여기서 차라리 엉터리 예언자가 되고 싶다!

나의 독자나 청중은 원래부터 러시아인, 스칸디나비아인, 그리고 프랑스인이다——항상 이런 식으로 될 것인가? —독일인들은 인식의 역사에 온통 애매한 이름들만 기입했다. 그들은 언제나 '무의식적인' 위폐 제조자만을 낳았다. 피히테, 셸링, 쇼펜하우어, 헤겔, 슐라이어마허는 물론 칸트와 라이프니츠도 이에 해당된다. 모두 다 베일을 만드는 자들에 불과하다. 그들은 결코 영예를 가져서는 안 된다. 다시 말해 그들의 정신이 정신의 역사 가운데서 최초의 올바른 정신, 즉 4천 년 동안의 위조지폐 제조 행각을 재판하는 진리의 정신과 하나로 간주되는 영예를 누려서는 안 된다는 것이다.

'독일 정신'은 내게는 나쁜 공기다. 독일인의 모든 말, 모든 얼굴 표정에는 심리학적인 일에서 본능이 되어 버린 불결함이 드러나 있고, 이것이 가까이 있으면 나는 숨쉬기가 힘들다. 그들은 프랑스인들처럼 17세기의 가혹한 자기 시험을 한 번도 겪지 않았다. 라 로슈푸코나 데카르트와 같은 사람은 가장 뛰어난 독일인들보다 정직성에서는 백 배나 능가한다. 오늘날까지 독일인 중에는 한 사람의 심리학자도 없다. 심리학은 거의 한 종족의 순수성, 또는 불순성의 척도인데도 말이다. 순수하지 않은 사람이 어떻게 깊이를 가질 수 있겠는가? 독일인과 사귀는 것은 거의 여자하고 사귀는 것과 같다. 결코 깊이 빠져들지 못하는 것이다.

독일인에게는 밑바닥에 이르는 깊이가 없다. 그것이 이유이다. 그러나 독일인이 천박하다는 말은 아니다. 독일에서 '깊다'라고 일컬어지는 것은 내가 바로 지금 이야기하고 있는, 자기 자신에 대한 본능적 불결성이다. 독일인은 자신을 분명하게 보기를 원치 않는다. '독일적'이라는 말을, 이 심리학적인 부패를 보여주는 국제적인 동정으로 부르자고 제안할 순 없을까? ——예컨대 이 순간에 독일 황제는 아프리카의 노예들을 해방시키는 일을 자기의 그리스도교적 의무라 일컫고 있다.

그러나 우리, 다른 유럽인들은 그것을 단순히 '독일적'이라고 말할 것이다
——독일인들이 깊이를 가진 책 한 권이라도 내놓은 적이 있었는가? 심지어
는 그들에게는 책에서 '깊다'라는 것이 무엇인가에 대한 개념도 없다. 나는
칸트를 깊다고 생각한 학자들을 만나보았다. 프로이센의 궁정에서는 폰 트
라이치케 씨를 깊다고 여길 것이다. 그리고 내가 가끔 스탕달을 깊은 심리학
자라고 칭찬할 때면, 그 이름의 철자를 알려 달라는 독일의 대학 교수와 만
나게 된다.

4

왜 내가 끝까지 말하지 않겠는가? 나는 깨끗이 처리하는 것을 좋아한다.
뛰어난 독일인 멸시자라고 인정받으려는 공명심까지도 갖고 있다. 독일적인
성격에 대한 불신감을 나는 이미 26세 때 《반시대적 고찰》 제3편에서 표현
했다. 독일인들은 나에게는 가당치도 않게 여겨진다.

내가 나의 모든 본능에 거역하는 인간을 생각해 낼 때면, 늘 독일인이 나
타난다. 내가 사람의 마음을 떠보는 첫 번째 기준은, 그가 거리 감각을 몸에
지니고 있는가, 그가 어디서나 인간과 인간 사이의 등급, 정도, 서열을 매기
는가 하는 것이다. 그렇게 하는 사람은 귀공자가 된다. 그렇지 않은 경우엔
구제받을 길 없이 마음 넓은, 아! 마음이 어진 천민의 개념에 속하게 된다.

그런데 독일인들은 천민이다. 아! 그들은 마음이 아주 어질다. 독일인과
사귐으로써 사람은 저속화된다. 독일인은 평등하기 때문이다. 몇몇 예술가
들과의, 특히 리하르트 바그너와의 교제를 제외한다면, 나는 독일인들과 즐
거운 시간을 보낸 적이 한 번도 없었다.

수천 년 동안의 가장 깊은 정신이 독일인들 사이에 나타난다면, 카피톨을
구해 준 그 한 마리의 거위도 자기의 아름답지 못한 영혼 또한 적어도 고려
의 대상은 될 수 있으리라고 생각할 것이다.

나는 이 종족을 참을 수가 없다. 이 종족은 항상 사귀기 나쁘고 뉘앙스를
느낄 손가락을 갖고 있지 않다. 아뿔사! 그런데 나는 하나의 뉘앙스이다.

그 종족은 발에 아무런 에스프리(정신)를 지니고 있지 않으며 걸어갈 수
조차도 없다. 독일인들은 발을 갖고 있지 않다. 그들은 다리를 갖고 있을 뿐
이다. 독일인들은 자신들이 얼마나 천한지 전혀 모른다.

그러나 최고로 천한 것은 그들이 독일인일 뿐이라는 것을 부끄러워하지 않는다는 사실이다. 그들은 온갖 것에 참견한다. 그리고 자신에게 결정권이 있다고 생각한다.

내 추측으로, 그들은 나에 대해서까지 결정을 내려 버린 것 같다. 내 인생이 이 모든 명제에 대한 엄연한 증거이다. 내 삶 속에서 나에 대한 그들의 절도(節度)의 표지, 섬세의 표지를 찾아보았지만 소용없었다. 유태인한테라면 몰라도. 그러나 독일인들한테는 아직 한 번도 그런 절도나 섬세함을 찾아볼 수가 없었다. 나는 누구나 온화하고 호의적으로 대하고 싶다——나는 아무런 차별도 하지 않을 권리를 갖고 있다——이것은 내가 눈을 뜨고 있는 것을 방해하지는 않는다.

나는 누구도 예외로 취급하지 않는다. 친구들에 대해서는 더욱 그러하다. 나는 결국 이것이 그들에 대한 나의 휴머니티에 어떠한 손해도 끼치지 않기를 바란다!

나를 항상 존경의 대상이 되게 했던 대여섯 가지가 있다. 그런데도 수년 동안 내게 오는 거의 모든 편지는 풍자로 느껴진다. 나에 대한 호의 가운데는 증오보다 풍자가 더 많이 깃들어 있다. 나는 모든 친구들의 얼굴에다 대고, 내 책 중 어느 하나라도 연구할 만한 가치가 있다고 그들이 결코 생각지 않았다는 것을 말한다. 그 책 속에 무엇이 담겨 있는지 그들이 조금도 알고 있지 않음을 나는 가장 작은 표정을 보고도 알아차린다.

심지어 차라투스트라에 대해 말하더라도 내 친구들 중에 누가 이 책에서 다행히도 자기와는 전혀 상관이 없는, 허용되지 않는 불순 이상의 것을 보았을까? ……10년 동안, 내 이름은 불합리한 침묵에 파묻혀 있지만 그 침묵에 맞서서 내 이름을 변호해야 한다고 양심의 가책을 느낀 사람은 독일에서는 아무도 없었다. 그렇게 하기에 충분한 본능의 자유와 용기를 맨 처음 가진 사람은 한 덴마크 사람이었는데, 그는 나의 친구들에 대해 노여워했다.

……작년 봄 게오로그 브란데스 박사가 코펜하겐 대학에서 그 자신이 심리학자임을 다시 한 번 증명한 것처럼, 독일의 어느 대학에서도 나의 철학에 대한 강의가 가능할 것인가? 나는 한 번도 이 모든 일에 괴로워하지 않았다. 필연성이 나에게 상처를 입히진 않는다. 운명이야말로 나의 가장 내적인 천성이다.

그러나 그렇다고 내가 풍자를, 심지어 세계사적인 풍자를 좋아한다는 사실이 사라지는 것은 아니다. 그리하여 나는 지구를 경련 속에 몰아넣게 될 가치 전환의 파괴적인 벼락이 있기 2년 전에 《바그너의 경우》를 세상에 내놓았다. 독일인들이 다시 한번 나에게 불멸의 실책을 저지르고 그 실책을 영원화하도록 말이다! 그러기 위해선 아직 시간 여유가 있다! 도달되었는가? 기가 막힌다. 게르만인 여러분! 여러분에게 경의를 표하노라.

왜 나는 하나의 운명인가

1

나는 내 운명을 안다. 언젠가는 내 이름에 뭔가 거대한 일에 대한 추억이 결부되리라. 이 지상에서는 찾아볼 수 없는 위기의 추억, 그지없이 깊게 양심이 갈등한 추억, 이제까지 믿고 요구되고 신성화되었던 모든 것에 대항한 격정의 추억 말이다.

나는 인간이 아니다. 나는 다이너마이트다. 그래도 내 안에는 종교의 창시자 같은 것은 아무것도 없다. 종교란 천민의 일이다. 종교적인 인간과 접촉한 다음에는 나는 손을 씻는다. 나는 '신자'를 원치 않는다. 생각하건대 나는 내 자신을 믿기에는 너무도 악의적이다. 나는 절대로 집단을 상대로 이야기하지 않는다. 사람들이 언젠가 나를 신성하다고 말할까봐 겁이 난다.

무엇 때문에 내가 이 책을 미리 출판하는가! 사람들은 알아차릴 것이다. 그것은 사람들이 나에게 행패를 부리지 않도록 예방하자는 것이다.

나는 성자가 될 의향은 없다. 차라리 어릿광대가 낫다. 아마도 나는 어릿광대인지도 모른다. 여태껏 성자보다 더 거짓된 것은 아무것도 없으니 말이다. 진리는 나를 통해서 이야기 한다. 그러나 나의 진리는 무섭다. 이제까지 사람들이 진리라고 한 것은 거짓말이었기 때문이다.

모든 가치의 전환은 내 안에서 살이 되고 천재가 되어 있는 인류 최고의 자기 성찰 행위에 대한 공식이다. 나의 운명은, 내가 최초의 분별 있는 인간이 되고, 수천 년 동안의 거짓말에 대한 반대로서 자신을 자각하기를 바라고 있다. 나는 처음으로 진리를 드러내 놓았다. 내가 처음으로 거짓말을 거짓말로 느낌으로써——냄새 맡음으로써 말이다. 나의 천재는 콧구멍에 들어 있다. 나는 한 번도 거역된 일이 없었던 만큼 그렇게 거역한다. 그러나 부정하는 정신과는 정반대이다.

나는 이제까지 존재한 일이 없었던 기꺼운 사도(使徒)이다. 그것에 대한 개념이 지금까지도 결여되어 있을 정도로 높은 과업을 나는 안다. 나로부터 비로소 다시 희망이 생기게 되었다. 이 모든 것에도 불구하고 나는 또한 필연적으로 숙명적 인간이다. 진리가 수천 년 동안의 거짓말과 싸움을 시작하면, 우리는 한번도 꿈조차 꾸어 본 일이 없는 것 같은 충격을, 지진의 경련을, 산과 골짜기의 이동을 경험할 것이다.

그러면 정치라는 개념은 완전히 도깨비 싸움이 되어 버린다. 낡은 사회의 모든 권력 구조는 공중에 흩날리고 만다. 싸움은 모조리 거짓말에서 나온 것이다. 이 지상에 아직 한번도 없었던 것 같은 전쟁이 있을 것이다. 비로소 지상에는 나로부터 위대한 정치가 존재하는 것이다.

2

그러한 인간이 되는 운명의 공식을 바라는가? 그 공식은 내 차라투스트라 속에 씌어 있다.

선과 악의 창조자가 되려는 자는 먼저 파괴자가 되어 가치를 때려 부수지 않으면 안 되노라. 따라서 최고의 악은 최고의 선에 속한다. 그러나 후자는 창조적 선이다.

나는 남달리, 이제까지 존재했던 가장 무서운 인간이다. 그렇다고 이 사실이 내가 가장 자선적인 사람이 되리라는 것을 배제하는 것은 아니다. 나는 파괴하려는 의욕을, 내 파괴력에 알맞는 정도를 안다. 이 두 가지 경우에 나는 부정하는 행위를 긍정하는 말에서 분리할 줄을 모르는 내 디오니소스적 천성에 복종한다. 나는 최초의 비도덕자이다. 따라서 나는 뛰어난 파괴자인 것이다.

3

다름 아닌 최초의 비도덕자인 내 입에서 나온 차라투스트라라는 이름이 무엇을 의미하는지 아무도 묻지 않았다. 나에게 그것을 물었어야 했는데 말이다. 왜냐하면 역사에서 페르시아인을 아주 독자적인 존재로 만들어 주고 있는 것은 바로 비도덕자의 반대 진영이기 때문이다. 차라투스트라는 처음으로 선과 악의 싸움에서 사물들이 움직이는 본연의 바퀴를 보았던 것이다. 도덕을 힘으로, 원인으로, 목적 그 자체로, 즉 형이상학적인 것으로 옮기는 것이 그의 일이다. 그러나 이 질문은 따지고 보면 이미 해답이 된다. 차라투스트라는 이놈의 가장 숙명적인 오류, 즉 도덕을 창조했다. 그는 그것을 인정하는 첫 번째 사람이 될 수밖에 없다.

그가 이 문제에서 다른 사상가보다 더 오랜, 그리고 더 많은 경험을 갖고——모든 역사는 이른바 '도덕적 세계 질서'라는 명제(命題)를 실험적으로 반박한다——있어서가 아니다. 그보다 더 중요한 것은 차라투스트라가 그 어떤 사상가보다도 더 성실하다는 사실이다. 그의 가르침은 성실성을 최고의 덕으로 삼고 있다. 사실에 맞닥뜨리면 도피해 버리는 이상주의자의 비겁성과는 반대되는 것 말이다.

차라투스트라는 모든 사상가들을 한데 모은 것보다 더 많은 용기를 지니고 있다. 진실을 이야기하고 화살을 잘 쏘는 일, 이것은 페르시아적인 미덕이다. 사람들은 나를 이해하는 것일까? 진실성에서 나오는 도덕적 자기 극복, 도덕가의 자기부정——내 안으로의 자기 극복——은 내 입에서 나온 차라투스트라를 의미하는 것이다.

4

결국, 비도덕자라는 내 말은 두 개의 부정(否定)을 의미한다. 나는 이제까지 최고의 전형, 선인들, 선인의 인간들, 자선가들로 간주되던 한 인간의 전형을 부정한다. 한편 나는 도덕 자체로, 지배적인 것으로 통용된 퇴폐적인 도덕, 손쉽게 말하면 그리스도교적 도덕을 부정한다. 두 번째 반박은 더 결정적인 것으로 간주될 수 있으리라.

왜냐하면 자선과 선의의 과대 평가는, 크게 본다면 벌써 퇴폐의 결과로, 약함의 징후와 상태로, 또한 상승하며 긍정하는 삶을 참지 못하는 것으로 여겨지기 때문이다. 부정과 파괴는 긍정의 조건이다. 나는 우선 선량한 인간의 심리학 옆에 멈춰 서기로 한다. 한 인간 유형이 얼마만큼의 가치가 있는가를 평가하기 위해서는 그를 유지하는 데 드는 비용을 계산해 보아야 한다. 그의 존재 조건을 알아야 한다는 것이다. 선량한 사람들의 존재 조건은 거짓말이다. 달리 표현하면 어떠한 일이 있더라도 현실이 실제로 어떻게 만들어져 있는가를 보지 않으려는 것이다.

이를테면 현실이 언제나 호의적인 본능을 불러내지는 않는다는 것과, 더욱이 근시안적인 선의의 손이 언제나 내뻗쳐지는 것을 현실이 좋아하지는 않는다는 것을 절대로 보지 않으려는 것이다. 온갖 종류의 긴급 상태를 대립적인 것으로, 또는 없애야 하는 그 무엇으로 보는 것은 터무니없이 어리석은 일이다. 크게 보아서 그것에 따르는 결과는 불행이며 바보 같은 운명이다. 가난한 사람들에 대한 동정으로 나쁜 날씨를 아예 없애려는 의지처럼, 거의 그 정도로 천치 같은 것이다. 전체의 큰 경제에서는 현실의(정열, 욕망, 권력에 대한 의지에서의) 무서움은 조그만 행복의 형식, 이른바 '선의'보다 헤아릴 수 없을 만큼 더 필요하다. 선의는 본능을 기만하는 데서 나오기 때문에, 선의에게 한 자리를 베풀어 주기 위해서 사람은 너그럽지 않으면 안 된다. 나는 전체 역사에 대한 낙천주의, 이 낙천적 인간의 유산이라는 섬뜩한 결과를 증명할 큰 기회를 갖게 될 것이다. 낙천주의자도 염세주의자와 마찬가지로 퇴폐주의자이다.

낙천주의가 염세주의보다 더 해로울 것이라는 것을 맨 처음 깨달은 차라투스트라는 아마 이렇게 말할 것이다. 착한 인간들은 절대로 진실을 말하지 않는다. 허위의 해변과 안전을 너희들에게 가르친 것은 착한 사람들이었다. 그들의 거짓말 속에서 너희들은 태어났고 보호되었다. 그들로 인해 모든 것은 밑바닥까지 거짓이 되었으며 비뚤어졌다. 이 세상은 다행히도 단순히 마음만 어질 뿐인 짐승 무리가 행복을 발견해낼 만한 본능에 기초해 만들어져 있진 않다. 모두가 '착한 인간', 짐승 무리, 푸른 눈이 되어야 한다든가, 선의적인 '아름다운 영혼'이 되어야 한다든가, 이 허버트 스펜서 씨가 바라는 것처럼 이타적이 되어야 한다고 요구하는 것은 존재로부터 위대한 성격을 빼앗으라고 명령하는 것과 같다. 또한 인류를 거세하고 초라한 상태로 떨어뜨리도록 명령하는 것과 같다. 그런데 이런 것을 사람들은 추구해 온 것이다. 그리고 어것을 도덕이라고 불렀다. 이런 의미에서 차라투스트라는 착한 사람들을 '최후의 인간들'이라고 부르는가 하면, '종말의 시초'라고 부르기도 한다. 차라투스트라는 그들을 가장 해로운 종류의 인간으로 느낀다. 왜냐하면 그들은 진리뿐만 아니라 미래까지도 희생시켜 자기들의 존재를 관철하기 때문이다.

착한 사람들——그들은 창조하지 못한다. 그들은 항상 종말의 시초이다. 그들은 새로운 가치를 새로운 팔에 적는 자를 십자가에 못 박는다. 그들은 자기들을 위해 미래를 희생시키고, 모든 인간의 미래를 십자가에 못 박는다! 착한 사람들은 항상 종말의 시초였다. 세계 비방자들이 그 어떤 손해를 끼친다 해도 착한 사람들이 끼치는 손해보다는 낫다.

5

따라서 선한 사람들의 첫 심리학자인 차라투스트라는 악인들의 친구이다. 퇴폐주의적 인간형이 최고의 인간 유형으로 올라왔다면 그들의 반대쪽에 있는, 강력하고 삶에 대한 신념이 두터운 종류의 인간들을 희생시켜야 한다. 짐승의 무리가 순수하기 이를 데 없는 광채 속에 빛난다면, 그 예외적인 인간은 악인으로 격하될 수밖에 없다. 기만이 어떤 희생을 무릅쓰고라도 '진리'라는 말을 자기의 광학을 위해 요구한다면, 정말 성실한 자는 최악의 이름들 사이에서 다시 발견되어야 한다. 차라투스트라는 이 점에 의심의 여지를 남기지 않는다. 그는 착한 사람들에 대해 '최고의 인간'을 인식하고부터 바로 인간 전반에 대해 경악하게 되었다고 말한다. 이 혐오가 그에게 '먼 미래로 날아 들어가게 하는' 날개를 만들어 준 것이다. 그는 숨기지 않는다. 자기와 같은 유형, 비교적 초인적 유형이 착한 사람들과 비교하면 그야말로 초인이라는 사실을, 그리고 착한 사람들과 의로운 자들이 그의 초인을 악마라고 부르리라는 것을…….

내 눈이 마주친 그대들 최고의 인간들이여, 이것이 그대들에 대한 나의 의혹이며 은밀한 웃음이다. 나는 헤아리노라. 그대들이 나의 초인을 악마라고 부르는 것을!
그대들의 영혼은 위대한 자에겐 낯설므로 초인이 선의를 갖고 있어도 그대들은 무서우리라.

차라투스트라가 무엇을 바라는가를 이해하려면 다른 곳이 아닌 바로 이곳에서 단서를 잡아야 한다. 차라투스트라가 기초하는 인간은 현실을 있는 그대로 생각한다. 그는 그렇게 하기에 충분히 강하다. 그는 현실에서 소외되어

있지 않으며 멀리 떨어져 있지도 않다. 그는 현실 그 자체이다. 그는 현실의
모든 무서운 것과 의심스런 것을 아직도 자기 안에 갖고 있다. 그렇게 해야
만 인간은 위대성을 가질 수 있는 것이다.

6

그러나 나는 또 다른 의미로 비도덕자라는 말을 나를 위한 칭호로, 명예의
칭호로 골랐다. 나는 나를 온 인류와 구별해 주는 이 말을 가진 것이 자랑스
럽다. 아무도 여태껏 그리스도교적 도덕을 자기 아래의 것으로 느낀 사람은
없었다. 그러기에는 높고 먼 조망, 이제까지 들어 본 일이 없는 심리학적인
깊이와 심연성이 따라야 했던 것이다.

그리스도적 도덕은 모든 사상가의 키르케였다. 사상가들은 키르케를 위해
봉사했다. 나보다 먼저 누가 이상의 독기——세계를 비방하는 이런 종류의
독기가 넘쳐흐르는 동굴 속에 내려간 일이 있단 말인가? 누가 그러한 동굴
들이 존재한다는 것을 감히 예상이나 했단 말인가? 나 이전의 철학자 중 누
가 심리학자였던가? 아니 오히려 그 반대의 것, '고등 사기꾼', '이상주의자'
가 아니었던가?

나 이전에는 심리학이라는 것이 존재치 않았다. 이런 시기에 첫 번째 심리
학자라는 것은 저주일지도 모른다. 아무튼 그것은 운명이다. 그도 그럴 것이
첫 번째 심리학자인 사람은 멸시하는 데도 첫 번째이기 때문이다. 인간에 대
한 구토가 바로 내가 처한 위험인 것이다.

7

나를 이해했는가? 나를 다른 사람들로부터 구별 짓고 예외로 만드는 것은
그리스도교적인 도덕을 폭로했다는 것이다. 그러므로 모두에 대한 도전의
의미를 포함하는 하나의 단어가 내게는 필요했다. 그리스도교적 도덕에 더
일찍 눈을 뜨지 않았다는 것은 인류가 반드시 책임져야 할 불결성이며, 본능
이 되어 버린 자기 기만, 모든 사건, 모든 원인, 모든 현실을 보지 않으려는
원칙적인 의지이자, 심리학적인 일에서 범죄에 이르기까지의 위조 행각이
다. 그리스도교에 대한 맹목성은 특히 더 무거운 범죄이다——생에 대한 범
죄인 것이다. 수천 년 동안 민족들, 최초의 사람들과 최후의 사람들, 철학자

들과 노파들——역사의 대여섯 순간과, 일곱 번째 순간인 나를 제외하고서
——이들 모두 그리스도교에 맹목적이라는 죄를 진 것이다. 그리스도교는
이제까지 '도덕적 본질'로서, 비할 나위 없이 기이했다. 그리고 '도덕적 본
질'로서 인류 최대의 멸시자조차 꿈꿀 수 없었을 정도로 부조리하고 기만적
이고 허영에 차 있고 경솔했으며, 기독교 자신에게도 해로웠던 것이다.

그리스도교적 도덕——거짓말에 대한 의지의 가장 악질적인 형태, 인류
본연의 마녀 키르케, 인류를 망쳐 버린 것, 이런 광경들이 나를 놀라게 하는
데, 이것은 착각으로서의 착각이 아니다. '선의', 도야, 단정함, 정신성 가운
데서의 용감성은 수천 년 내려오는 결핍, 즉 그 착각이 승리했을 때 나타나
는 그러한 결핍은 아니다. 그것은 자연의 결핍인 것이다.

반자연 자체가 도덕으로써 최고의 영예를 받고, 법칙으로써, 정언적 명령
으로써 인류 위에 드리워져 있었다는 것은 소름 끼치는 사실이다. 한 개인
도, 한 민족도 아닌 인류가 이 정도로 그릇된 짓을 저지르다니! 삶의 가장
으뜸가는 본능을 멸시하도록 가르친 일, 육체를 결단내기 위해 '영혼'과 '정
신'을 날조한 일, 삶의 전제, 즉 성적인 것 가운데서 불결한 것을 느끼도록
가르친 일, 성장을 위한 가장 깊은 필연성 속에서, 엄격한 자기 사랑 속에서
(이 말은 벌써 비방적이다!) 나쁜 원리를 찾는 일, 그와 반대로 몰락과 반
본능의 전형적인 징조 가운데서, '나를 없애는 일' 가운데서, 중력의 상실
가운데서, '비개인화'와 '이웃에 대한 사랑' 가운데서 최고의 가치를 찾도록
한 일. 내가 무슨 말을 하고 있나! 아니, 가치 그 자체를 보는 일! 어찌 이
런 짓을 저질렀단 말인가! 인류 자체가 퇴폐적이란 말인가? 언제나 그러했
던가? 확실한 것은 인류에게 퇴폐적 가치만이 최고의 가치로 여겨져 왔다는
사실이다. 자아를 없애는 도덕은 전형적인 몰락의 도덕이며 '나는 몰락한다'
가 된다. 그런데 그것은 단지 명령형으로만 옮겨진 것은 아니다! 이제까지
가르쳤던 유일한 도덕, 즉 자아를 없애는 도덕은 종말을 향한 의지를 드러낸
다. 그것은 가장 깊숙이 삶을 부인하는 것이다.

여기에는 인류가 퇴화한 것이 아니라 단지 저 기생충 같은 사람, 즉 도덕
으로 사람들을 속여서 가치 결정자로 올라온——그리스도교적 도덕에서 권
력에 이르는 수단을 알아차린——사제 족속만이 퇴화한 것이리라는 가능성
이 해결되지 않은 채 남아 있다. 그리고 사실 이것이 나의 통찰이다. 인류의

선생, 지도자, 신학자 무리는 모조리 데카당이다. 그러므로 모든 가치를 생명에 적대적인 것으로 전환시켰고 도덕이 생긴 것이다. 도덕이란 삶에 대해 복수하려는 숨은 뜻을 갖고 있는, 그것에 성공한 데카당의 병적 성질이다. 나는 이 정의에 가치를 둔다.

8

나를 이해했는가? 나는 지금, 5년 전에 내가 차라투스트라의 입을 통해서 했던 말은 한마디도 하지 않았다. 그리스도교적 도덕을 샅샅이 파헤치는 것은 유례를 찾아볼 수 없는 사건이며, 진정한 대참사이다. 도덕이 무엇인지 깨우쳐 주는 자는 하나의 불가항력, 즉 운명이다. 그는 인류의 역사를 두 조각으로 갈라놓았다. 사람은 그 이전에 살았고 그 이후에도 산다. 진리의 벼락이 이제까지 가장 높은 데 있던 것에 명중했다. 그때 파괴된 것이 무엇인가를 이해하는 자는, 아직 자기 손 안에 도대체 무엇이 있는가를 볼 것이다.

이제까지 '진리'라 불린 모든 것은 가장 해롭고 음험하고 가장 밑바닥에 있는 형식의 거짓으로 인식되었다. 인류를 '개선한다'는 성스러운 구실이 삶 자체의 피를 빨아 삶을 빈혈증을 앓게 하는 간계로 인식되었다. 흡혈귀로서의 도덕……도덕을 폭로하는 사람은, 이제껏 신뢰받고 지금도 신뢰받고 있는 모든 것이 아무 가치도 없다는 것을 아울러 폭로한 것이다.

그는 가장 존경받은, 심지어 성스럽다고 일컬어진 유형의 사람 가운데서 더 이상 존경할 만한 가치를 찾지 못한다. 그는 그 가운데서 가장 불길한 종류의 기형아를 보는 것이다. 그들이 불길한 것은 사람을 매혹했기 때문이다. 삶에 대한 반대 개념으로서 고안된 '신'이라는 개념——그 가운데서 온갖 해로운 것, 중독시키는 것, 비방적인 것, 삶에 대한 온갖 적대심이 끔찍하게도 하나가 되었다!

현존하는 유일한 세계를 무가치화하기 위해 고안된 '피안', '참된 세계'라는 개념——그것들은 지상의 현실에 대한 어떠한 목표, 성질, 과업도 남겨 놓지 않기 위해 발명된 것이 아닐까?

'영혼', '정신', 마지막으로 심지어는 '불멸의 영혼', 이러한 개념은 육체를 멸시하기 위해, 육체를 병들게——'성스럽게'——하기 위해, 삶에서 중요시 되는 온갖 것들, 즉 영양, 주거, 정신적 섭생법, 병의 치료, 정결성, 날씨

등의 문제에 몸서리나도록 경솔하게 대처하려고 고안된 것이다.

건강을 대신한 '영혼의 구원'은 참회의 경련과 구제의 히스테리 사이를 오가는 주기적 광기라 부르리라! 본능을 교란시키기 위해, 본능에 대한 불신을 제2의 본성으로 만들기 위해, 그것에 따르기 마련인 고문 장치, 즉 '자유 의지'라는 개념과 함께 고안된 '죄'라는 개념!

'이기적이지 않은 사람', '자기 자신을 부인하는 자'의 개념 속에서는 본래 퇴폐적인 징후 즉 해로운 것에 유혹당한다는 것과 자기에게 필요한 것을 더 이상 발견할 수 없게 된다는 것, 자기 파괴가 가치 표지로, '의무'로, '신성'으로, 인간 가운데 '신적인' 것으로 되어버린다!

마지막으로——이것이 가장 무서운 것인데——착한 인간의 개념 속에는 모든 약자, 병자, 불구자, 스스로 괴로워하는 자들, 즉 몰락해야 할 모든 것이 들어 있다. 도태의 법칙은 가로막혀 있다. 이상은 긍지 높고 행실 좋은 인간에 대한 반박에서, 그리고 긍정하는 인간과 미래를 확신하고 미래를 보증하는 인간에 대한 반박에서 만들어졌다.

이러한 사람들을 지금은 악인이라 부른다. 그리고 이 모든 것이 도덕으로 신봉되었다! 이 파렴치한 것을 산산이 부셔 버려라.

9

나를 이해했는가? 디오니소스 대 십자가에 못박힌 자…….

연보

1844년
10월 15일, 프리드리히 빌헬름 니체, 독일 작센 주 뢰켄에서 목사의 장남
으로 태어나다.

1846년 (2세)
7월 10일, 누이동생 엘리자베트 태어나다.

1848년 (4세)
2월, 동생 요제프 태어나다.

1849년 (5세)
7월 30일, 아버지 별세하다.

1850년 (6세)
2월, 동생 요제프 죽다. 4월, 가족이 나움부르크로 이사하다. 초등학교에
들어가다. 벨헬름 빈데르 및 구스타프 크룩과 친구가 되다.

1858년 (14세)
10월, 나움부르크 근교의 슐포르타 학교에 입학하다. 파울 도이센과 평생
에 걸친 교제가 시작되다.

1860년 (16세)
빈데르 및 크룩과 함께 나움부르크에서 문학과 음악 그룹 '게르마니아'를
만들다.

1861년(17세)

크룩을 통해 리하르트 바그너의 〈트리스탄〉 피아노 발레곡을 알게 되다. 자신도 작곡을 해보다. 부활절에 도이센과 함께 견신례를 받다. 10월, 편지로 자기가 애호하는 시인을 친구에게 추천하는 형식으로 횔덜린을 논하다. 12월, '게르마니아' 집회에서 바이런 연주를 발표하다.

1862년(18세)

가끔 두통을 앓다(아버지가 뇌경색으로 별세했기 때문에 유전적인 것으로 생각하다). '게르마니아' 모임에서 논문 〈운명과 역사〉 발표하다.

1863년(19세)

독서 리스트 톱에 에머슨을 들다. 〈에르마나리히론〉을 쓰다.

1864년(20세)

9월 7일, 슐포르타 학교를 졸업하다. 시 〈알지 못하는 신에게〉 발표. 10월, 본 대학에 입학, 신학과 고전문헌학을 전공하다. 리츨 교수에게 배우다.

1865년(21세)

10월, 리츨 교수를 따라 라이프치히 대학으로 옮겨가다. 고전문헌학을 전공하다. 전학 당시 우연히 헌책방에서 쇼펜하우어의 《의지와 표상으로서의 세계》를 발견하여 탐독하다.

1866년(22세)

65년, 리츨 교수의 권고로 결성된 '문헌학회'에서 1월 18일, 그리스 시인 테오그니스에 관한 연구 발표를 하고, 리츨 교수의 칭찬을 받게 되어 문헌학자가 될 것을 결심하다. 여름, 랑게의 《유물론사》를 읽다. 엘빈 로데와의 교제가 시작되다.

1867년(23세)

10월 9일, 나움부르크 포병 연대에 입대하다.

1868년(24세)

3월 14일, 말을 타다가 떨어져 가슴을 다치고 염증을 일으켜 눕게 되다. 10월 15일, 제대하여 라이프치히 대학에 복학하다. 10월 28일, 〈트리스탄〉과 〈뉘른베르크의 명가수〉 서곡을 듣고 바그너 음악에 완전히 심취하다. 11월 8일, 리츨 부인의 소개로 라이프치히의 헤르만 브로크하우스 집에서 바그너를 만나다. 그 뒤로 더욱 바그너에 열중하다.

1869년(25세)

2월 13일, 리츨 교수의 추천으로 학위를 받기에 앞서 연봉 3천 프랑의 바젤 대학 고전문헌학 조교수로서 초빙되다. 3월 23일, 무시험으로 학위를 받다. 4월 17일, 프러시아 국적을 포기하고 스위스인이 되다. 5월 17일, 처음으로 뤼체른 근교 트립센에 있는 바그너의 집을 방문하다. 5월 28일, '호메로스와 고전 문학'이라는 제목으로 바젤 대학 취임 강연을 하다. 사판(私版)으로 인쇄하다. 동료 야곱 부르크하르트와의 교우 관계 시작되다.

1870년(26세)

1월 18일, '그리스의 악극'이란 제목으로 공개 강연을 하다. 2월 1일, '소크라테스와 비극'이란 제목의 공개 강연을 하다. 《비극의 탄생》의 원형이다. (사판으로 이듬해 바젤에서 인쇄되었으나 간행된 것은 1927년). 4월 9일, 교수로 승진하다. 여름에 '디오니소스적 세계관'을 집필하다(발표된 것은 1928년). 8월, 보불전쟁에 위생병으로 지원 종군, 중병을 얻어 10월 말 바젤로 돌아오다. 동료인 신학자 프란츠 오버벡을 알게 되어 그와 함께 5년 동안 바우만 집에 하숙하다.

1871년(27세)

2월 25일, 건강상의 이유로 휴가를 얻어 4월 초까지 누이동생과 함께 루가노에 체재하다. 《비극의 탄생》 원고 집필하다.

1872년 (28세)

연초에 《음악의 정신에서 나온 비극의 탄생》 출판하다. 1월 16일부터 3월 23일에 걸쳐, '우리나라 교육 시설의 장래에 대해'라고 제목을 붙인 연속 공개 강연을 5회에 걸쳐 행하다. 4월 25일~27일, 마지막으로(23회째) 트립센에 있는 바그너를 방문하다. 5월에 문헌학자 비라모이츠 멜렌돌프에 의한 《비극의 탄생》에 대한 공격문이 나오고, 친구인 로데가 다시 이것을 반박하다.

1873년 (29세)

이때부터 계속 어딘가 몸이 좋지 못하고, 특히 심한 편두통을 앓게 되다. 전년 겨울부터 단편 《그리스 사람의 비극 시대에 있어서의 철학》을 집필하다. 《반시대적 고찰, 제1편, 신앙 고백자며 저술가인 다비드 슈트라우스》, 라이프치히의 E 프리츠 서점에서 출판하다.

1874년 (30세)

《반시대적 고찰, 제2편, 삶에 대한 역사의 이해》 프리츠 서점에서 출판하다. 《반시대적 고찰, 제3편, 교육자로서의 쇼펜하우어》 프리츠 서점에서 출판하다. 바그너의 초대로 8월 4일에서 15일까지 바이로이트에 머물다. 에머슨을 읽다.

1875년 (31세)

눈병과 위장병이 악화되다. 《반시대적 고찰》의 첫 3편에 대한 서평이 〈웨스트민스터 리뷰〉에 실리다.

1876년 (32세)

1월 초, 병으로 인해 고등학교에서의 수업을 면제받다. 2월 중순, 강의 중지하다. 4월, 제네바에서 네덜란드의 여류 음악가인 마틸데 트람페다하에 청혼했다가 거절당하다. 7월 초, 《반대적 고찰, 제4편, 바이로이트에서의 리하르트 바그너》 켐니츠의 E. 슈마이츠네르 서점에서 출판하다. 7월 24일, 최초의 바이로이트 축제극을 위해 바이로이트로 갔으나 실망하고 전체 시연을 보지 않고 바이에른의 크림겐부른으로 도피하다. 여기서 《인간적인 너무나 인간적인》의 초고를 쓰게 되다. 10월 15일부터 그뒤 1년 동안, 병으로 인해 바젤 대학의 모든 의무를 면제받다. 10월 20일, 레이와 바젤 대학생인 알베르 브렌넬과 함께 제네바로 가다. 23일, 다시 나폴리로 가다. 모이센부르크도 함께 소렌토에서 겨울을 보내다. 마침 그 무렵 바그너의 가족도 소렌토에 체재하고 있어서 바그너와 니체의 마지막 교제가 이루어지다.

1877년(33세)

마리 바움가르트너에 의한 《바이로이트에 있어서 바그너》의 프랑스어 번역판이 출판되어 나오다. 소렌토에서 라가츠, 로젠라위를 거쳐 9월 다시 바젤로 돌아오다. 9월 1일 이후로 누이동생과 함께 지내다 가스트가 조수로서 함께 있게 되다.

1878년(34세)

5월, 《인간적인 너무나 인간적인―자유정신을 위한 책》 켐니츠의 슈마이츠네르 서점에서 출판하다. 바그너와의 우정이 단절되다. 1월 3일, 바그너가 〈파르치팔〉을 니체에게 보낸 것이 마지막 기증이며, 이에 대해 5월 《인간적인 너무나 인간적인》을 기증하며 함께 보낸 편지가 니체의 마지막 편지가 되다. 〈바이로이트 브레테르〉 8월호에 바그너는 니체에 대한 공격문을 싣다. 6월, 누이동생과의 공동 생활을 끝내고, 누이동생은 어머니에게로 돌아가다. 건강 상태 악화되다.

1879년(35세)

《인간적인 너무나 인간적인》 제2부 상권에 해당하는 〈여러 가지 의견과 잠언〉 슈마이츠네르 서점에서 출판. 병의 악화로 인해 6월 14일부로 바젤 대학을 퇴직, 3천 프랑의 연금을 받게 되다. 6월 말, 오베르엔가디엔에서 최초로 체류하다. 9월, 누이동생과 함께 나움부르크로 돌아오다. 그의 '생애의 가장 어두운 겨울'에 《인간적인 너무나 인간적인》 제2부 하권에 해당하는 〈방랑자와 그림자〉를 집필하다. 이 1년 동안 맹렬한 발작에 시달리게 되다. 발작 일수 1백 18일이나 되다.

1880년(36세)

《방랑자와 그림자》, 슈마이츠네르 서점에서 출판하다. 3월 12일부터 6월 말까지 베니스에서 체류하다. 베니스에 체류하는 동안 스탕달과 슈티프터의 《늦여름》 등을 읽다. 7월, 8월, 마리엔바트에 머무르면서 메리메, 생트 뵈브를 읽다. 자주 바그너의 꿈을 꾸다. 9월, 나움부르크의 집으로 돌아오다. 11월부터 제네바에서 최초의 겨울을 보내다.

1881년(37세)

1월, 전년부터의 《아침놀, 도덕의 편견에 관한 사상》 완성, 슈마이츠네르 서점에서 출판하다. 7월 4일~10월 1일, 실스 마리아에서의 최초의 여름, 이 동안 8월, 실바푸라나 호숫가에서 영원회귀의 사상이 움트게 되다. 10월 초부터 제네바에 체류하다. 11월 27일 처음으로 비제의 〈카르멘〉을 듣고 감동하다.

1882년(38세)

시 〈메시나의 목가〉 발표, 3월 29일, 제네바에서 메시나로 가다. 4월 20일까지 메시나에 체류하다. 모이센부르크와 레의 초청으로 로마로 가서 거기서 루 폰 살로메를 알게 되다. 살로메 모자, 레와 함께 뤼체른 등지로 여행하다. 니체와 레가 함께 살로메에게 구혼했다가 거절당하다. 여름을 타우텐부르크에서 살로메와 함께 보내고 《즐거운 지식》을 탈고, 슈마이츠네르 서점에서 출판하다(제4권까지의 구판). 8월 말, 나움부르크로 돌아가다. 살로메의 시 〈고뇌에 부친다〉를 작곡해서 〈삶에 바치는 찬가〉를 짓다. 11월 23일 이후 라파로에 체류, 해를 넘기다. 1882년 무렵부터 1888년에 걸쳐 이른바 《권력에의 의지》로 불리는 '80년대의 유고'가 씌어지다(누이가 엮은 전집의 제15권에 1901년 《권력에의 의지》라는 타이틀로 발간되었을 때는, 483편의 짧은 장밖에 수록되어 있지 않았는데 1906년, 누이와 가스트에 의해 문고판에서, 처음으로 그때까지 여러 판에서 행해지고 있는 것처럼 한장 총수 1067로 되었다. 칼 슐레히타는 이것이 누이와 가스트의 합작에 의한 날조라고 해서 맹렬한 공격을 가하고 그가 엮은 3권으로 된 《저작집》에서 '80년대의 유고에서'라는 표제 아래, 새로운 객관적 배열을 하고 있다).

1883년(39세)

라파로에서 2월 2일~13일의 열흘 동안에 《차라투스트라는 이렇게 말했다》 제1부를 완성하다(1883년 인쇄). 3월 13일, 바그너 영원히 잠들다. 5월 4일~6월 16일, 로마에 체류하다. 6월 24일 이후, 실스 마리아에 체류하다. 《차라투스트라는 이렇게 말했다》 제2부를 완성하다(1883년 인쇄). 3월부터 니스에서의 최초의 겨울을 보내다(1883부터 1888년까지, 습관적으로 여름을 실스 마리아에서 겨울은 니스에서 보내게 됐다).

1884년(40세)

1월, 니스에서 《차라투스트라는 이렇게 말했다》 제3부를 완성하다(1884년 인쇄)

1885년(41세)

2월, 《차라투스트라는 이렇게 말했다》 제4부 완성, 출판자가 나타나지 않아 사판으로 인쇄하다. 아우구스티누스의 《고백》을 읽다. 5월 22일, 누이 엘리자베트, 푀르스터와 결혼하다.

1886년(42세)

누이가 남편 푀르스터와 함께 파라과이로 이주하다. 5월 초까지 니스에 체류하다. 여기서 《선악의 저편, 장래의 철학에의 서곡》 완성하다(1886년 8월, 라이프치히의 C.G. 나우만 서점에서 자비 출판). 니스를 떠나 베니스, 뮌헨을 거처 5월 중순부터 6월 27일까지 라이프치히에 체류하다. 라이프치히 대학에서 친근한 로데의 강의를 듣다. 이것이 로데와 함께 한 마지막 생활이었다. 9월 16일, 17일, 이틀간에 걸쳐 베른의 〈분트〉 지상에 비트만의 《선악에 저편》에 대한 서평이 실리다. 《즐거운 학문》의 제5권 '우리들 공포를 모르는 사람'을 탈고하다. 《비극의 탄생》의 부제를 '그리스 정신과 페시미즘'이라고 바꾸고 '자기 비평의 시험'을 덧붙인 신판을 라이프치히의 프리츠 서점에서 출판하다. 《인간적인 너무나 인간적인》 제1권 및 제2권에 각각 새로운 서문을 붙여 프리츠 서점에서 출판하다.

1887년(43세)

새로운 서문을 첨부한 《아침놀》의 재판이 프리츠 서점에서 간행되다. '포겔 프라이 공자의 노래' 및 제5권 '우리들 공포를 모르는 사람'을 덧붙인 《즐거운 학문》의 재판, 프리츠 서점에서 간행하다. 《차라투스트라는 이렇게 말했다》의 1부, 2부, 3부 합판을 프리츠 서점에서 간행하다. 《삶에 바치는 찬가, 혼성 합창과 관현악용》 프리츠 서점에서 간행하다. 1월, 몬테카를로에서 처음으로 〈파르치팔〉을 오케스트라로 듣다. 2월, 처음으로 도스토예프스키를 프랑스어 번역으로 읽다. 2월 23일, 니차에 대지진 일어나다. 살로메, 안드레아스와 결혼한다는 것을 통고하다. 로데와 절교하다. 11월 11일, 로데에게 마지막 편지를 쓰다. 6월 20일, 하인리히폰슈타인 죽다. 20일 동안에 《도덕 계보학, 논쟁의 글》을 완성하다(1887년 나우만 서점에서 간행).

1888년(44세)

4월 2일, 니스를 떠나 투린으로 가다. 4월 4일~6월 5일 최초로 투린에 체류하다. 4월초 보란데스, 코펜하겐에서 '독일 철학자 프리드리히 니체에 대하여' 강연하다. 6월 5일~9월 20일, 실스 마리아에서의 일곱 번째 체류, 다시 스탕달을 읽다. 5월 8일부터 8월에 걸쳐 《바그너의 경우, 음악가의 한 문제》 완성, 9월 중순, 나우만 서점에서 출판하다. 《바그너의 경우》에 이어, 주로 8월 중에 《우상의 황혼, 또는 사람은 어떻게 해서 쇠망치를 가지고 철학을 하는가》를 완성하다(이듬해인 1889년 1월 나우만 서점에서 간행). 도이센에게서 저서의 인쇄비로 2천 마르크를 받고 메타 폰 자리스로부터 1천 프랑을 받다. 9월 21일부터 이듬해 1월 9일까지 투린에서 두 번째 체류, 9월 30일 《안티크리스트 기독교에 대한 저주》 탈고하다(1894년 케겔 편찬의 《저작집》에서 처음으로 간행. 그때까지의 모든 판에 복자(伏字)로 되어 있던 부분은 1956년 칼 슐레히타 편찬의 《저작집》 제3권에서 복원되었다). 10월 15일, 그의 44회 탄생일로부터 《이 사람을 보라, 사람은 어떻게 해야 본래의 자신으로 되는가》의 집필을 시작, 11월 4일 탈고하다(1908년 라오르리히타 교수에 의해, 독지가 사이에 배포되는 한정 출판 형식으로 인젤 서점에서 간행, 1911년 처음으로 공간). 11월 8일 〈분트〉 지상에 칼 슈피테레르에 의한 《바그너의 경우》 서평 실리다. 브란데스의 소개로 스트린드베리와

서신 내왕. 12월 중순, 《니체 대 바그너 한 심리학자의 공문서》 완성하다(가스트에 의해 사판으로 이듬해인 1889년 1월, 나우만 서점에서 간행, 공간은 케겔 편찬 《저작집》에 1895년). 시 〈디오니소스 송가〉 완성하다. 연말부터 정신착란 증세가 나타나다.

1889년(45세)

1월 3일, 투린의 카를로 알베르토 광장에서 졸도하다. 1월 3일부터 7일까지 사이에 '디오니소스' 또는 '십자가에 박힌 자'라고 서명한 괴상한 편지를 곳곳에 보내다. 1월 10일, 바젤 정신병원에 인도되다. 의사 비레의 진단은 '진행성 마비증'. 1월 17일, 어머니와 함께 예나로 가서, 예나 대학병원 정신과에 입원하다. 1월 말, 《우상의 황혼》 나우만 서점에서 출판하다. 전년도의 《니체 대 바그너》, 나오만 서점에서 사판으로 간행하다.

1891년(47세)

누이동생이 니체의 작품 공간에 관여하기 시작, 《차라투스트라는 이렇게 말했다》 제4부의 공간을 저지하다(주로 〈당나귀 축제〉 때문에).

1892년(48세)

가스트에 의해 전집의 기획, 유고의 정리 발표가 행해지다. 《차라투스트라는 이렇게 말했다》 제4부 이 판에 의해 처음으로 공간되다.

1893년(49세)

9월, 누이가 사업에 실패하고 파라과이에서 돌아오다.

1894년(50세)

광인이 된 니체는 거의 외출을 못하게 되다. 누이가 가스트에 의한 전집의 중지를 종용하고 2월, 최초의 〈니체 문서보관소〉를 나움부르크의 어머니 집에 차리다.

1895년(51세)

《안티크리스트》 및 《니체 대 바그너》 공간(케겔 편찬의 《저작집》에서). 마비 증세가 자주 나타나게 되다.

1897년(53세)

4월 20일, 어머니 별세하다. 바이마르의 누이 집으로 옮기다.

1899년(55세)

누이에 의해 제3회째의 전집 출판 시작하다. 출판자는 처음에는 나우만, 나중에는 알프레드 크레네르에 인계되어 19권으로 완결되다.

1900년(56세)

8월 25일, 바이마르에서 사망하다. 8월 28일, 뢰켄에 묻히다.

곽복록(郭福祿)
일본 상지(上智) 대학교 독어 독문학과 수학. 서울대학교 문리과 대학 독어독문학과 졸업.
미국 시카고 대학교 대학원 독어독문학과 졸업(석사). 독일 뷔르츠부르크 대학교 독문과
졸업(독문학 박사). 서울대학교·서강대학교 독문과 교수 역임. 국제펜클럽 한국본부 사무
국장 및 전무이사 역임. 한국 독어독문학회 회장. 한국 괴테학회 초대회장. 현재 서강대학
교 명예교수. 저서에《독일문학의 사상과 배경》, 역서에 폰타네의《사랑의 미로》, 토마스
만의《마의 산》, 헤르칸 카자크의《강물 뒤의 도시》, 하인리히 뵐의《아담, 너는 어디 가
있었나》, 프리덴탈의《괴테 생애와 시대》, 슈테판 츠바이크의《어제의 세계》, 요한 볼프강
괴테의《빌헬름 마이스터의 편력시대》등이 있다.

World Book 38
Friedrich Wilhelm Nietzsche
ALSO SPRACH ZARATHUSTRA
차라투스트라는 이렇게 말했다
프리드리히 니체/곽복록 옮김
1판 1쇄 발행/1976. 7. 1
2판 1쇄 발행/2007. 8. 1
2판 6쇄 발행/2022. 8. 1
발행인 고윤주
발행처 동서문화사
창업 1956. 12. 12. 등록 16-3799
서울 중구 마른내로 144(쌍림동))
☎ 546-0331~2 Fax. 545-0331
www.dongsuhbook.com
＊

사업자등록번호 211-87-75330

ISBN 978-89-497-0410-4 04080
ISBN 978-89-497-0382-4 (세트)